信濃毎日新聞
特別縮刷版

2019 台風19号
長野県の災害報道

10.13～12.13
2カ月の記録

信濃毎日新聞社

目次

・この特別縮刷版は2019年10月13日からの約2カ月間、信濃毎日新聞の朝夕刊に掲載した、長野県内を中心とする台風19号災害関連の主な報道紙面を収録しています。

・朝刊の1〜3面、特集面、社会面は、前日夕刊とのセット版紙面を収録したページがあり、掲載写真や記事の構成が当日の統合版紙面とは一部異なっています。あらかじめご了承ください。

・台風19号により被災された皆様に心よりお見舞いを申し上げます。本書の販売収益を、被災地支援の義援金として寄付いたします。

1　第49317号　【明治25年3月15日第三種郵便物認可】　信濃毎日新聞　2019年(令和元年)10月13日　日曜日　日刊　9版★

2019年(令和元年)
10月13日
日曜日

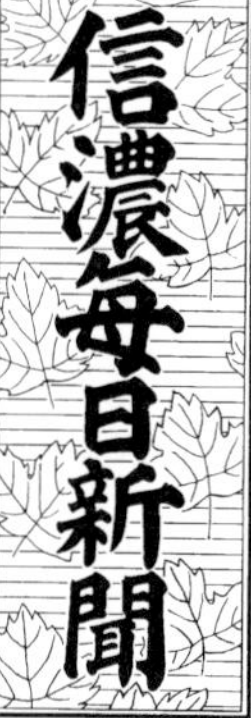

1873年(明治6年)創刊
発行所
信濃毎日新聞社
長野本社　〒380-8546 長野市南県町657番地 電話(026) 受付236-3000 編集236-3111 販売236-3310 広告236-3333
松本本社　〒390-8585 松本市中央2丁目20番2号 電話(0263) 代表32-1200 報道32-2830 販売32-2850 広告32-2860

千曲川　長野・千曲・上田で氾濫

台風19号

東御 車の3人不明

大雨特別警報 県内初

道路が陥没した田中橋付近で捜索活動をする消防隊員＝12日午後7時57分、東御市

大型で非常に強い台風19号は12日、県内に最接近した。気象庁は長野など12都県の自治体に大雨特別警報を発表、大雨・洪水警戒レベルで最高の5に相当し、最大級の警戒や避難を求めた。長野県に同警報が出るのは初めて。東信地方を中心に大雨となり、東御市では同日午後7時ごろ、千曲川に架かる田中橋近くの道路が陥没し、車3台が転落。市によると、計6人が乗っていたが3人救助され、1台の3人が行方不明という。

国土交通省千曲川河川事務所(長野市)によると、午後8時10分に上田市国分、同23分に長野市篠ノ井横田、午後9時27分に同市篠ノ井塩崎、同43分に千曲市雨宮、午後10時15分に長野市篠ノ井杵淵で千曲川の堤防を越える氾濫が発生した。その後、同市松代町柴でも越水。中野市の立ケ花付近では氾濫危険水位に達した。

河川氾濫や孤立地域での人命救助のため陸上自衛隊に災害派遣を要請し、松本駐屯地(松本市)から部隊が長野市に向かった。

県危機管理部によると、東御市の事故は、転落した車3台のうち2台から計3人が自力で逃げ、残り1台は消防が救助中に流された。消防がこの車の成人男性1人と会話したところ、男性はあと2人乗っているとしたという。

千曲市は市内全域の2万3900世帯約6万人に避難指示を発令。上田市や長野市も周辺地域などに避難指示を出した。上田市では午後8時半時点で避難所44カ所に計1088人が避難。同市では千曲川の支流、神川にある県営菅平ダムが水位の上昇に伴って午後8時に放流を始めた。

北佐久郡軽井沢町では住宅の屋根の雨どいを点検していた男性(61)が屋根から約3㍍下の地面に落下。腰を打撲して軽傷とみられる。南佐久郡佐久穂町では午後5時ごろ、屋根の修繕作業をしていた男性が転落し、背中を打撲した。佐久市今井では冠水した車から70代男性が出られなくなり、救助され、けがはなかったという。

県によると、長野市若穂保科では土砂崩落が発生し、9世帯12人が孤立。災害派遣要請を受けた自衛隊は、同地区と同市篠ノ井横田での人命救助に当たる。

佐久市は千曲川の支流の滑津川が危険水位に達したため、周辺に避難勧告を発令。滑津川上流にある黒田区は道路の通行ができなくなったことから、孤立状態となっており、市の職員が13日早朝から向かい、被害状況の把握をする。市災害対策本部によると、千曲川の支流の志賀川や田子川、片貝川などでは一部が決壊。志賀川周辺では数軒が床上浸水した。同市協和では、土砂崩落で住宅が一部損壊した。

この他、下高井郡山ノ内町と南佐久郡川上村、東筑摩郡麻績村の全域、諏訪市、茅野市、駒ケ根市、中野市、小県郡長和町、南佐久郡佐久穂町、上高井郡高山村、上伊那郡宮田村の一部にも避難指示が出た。

千曲川の水位の変化(12日)
篠ノ井　松代町　雨宮　杭瀬下　長野市　群馬県　千曲市　坂城町　東御市　国分　生田　田中橋　上田市　小諸市　塩名田　佐久市　千曲川
氾濫危険水位　避難判断水位
13 14 15 16 17 18 19 20時

全国2人死亡 けが86人

台風19号に伴う突風や河川の増水などの影響による12日の人的被害は、千葉県市原市での竜巻とみられる突風と群馬県富岡市の土砂崩れで計2人が死亡、負傷者は共同通信の集計で27都府県の86人となった。土砂崩れや川に流された人ら行方不明者は計9人に上る。

市原市では午前8時すぎ、竜巻とみられる突風が発生し、車が横転して50代の男性が死亡した。この突風では女性(72)が足の骨を折ったほか、子ども3人を含む計8人が負傷した。

富岡市では同日午後、土砂崩れで3人が行方不明となり、うち男性1人の死亡が確認された。福島県二本松市でも午後10時15分ごろに土砂崩れがあり、2人と連絡が取れなくなった。

県内など57市町村に災害救助法

内閣府は12日、台風19号で浸水などの被害の恐れがあるとして、東京、群馬、長野の3都県の57市町村に災害救助法が適用されたと発表した。内訳は、東京都が9市町村、群馬県が18市町村、長野県が30市町村。国と都県が市町村に代わって避難所運営などの費用を負担する。

台風19号(12日21時現在)
予報円　暴風警戒域
温帯低気圧　13日21時　強風域　13日9時　暴風域

県内 土砂災害に警戒

長野地方気象台は12日午後3時半、県内の広い地域に2013年8月の運用開始以降初めてとなる大雨特別警報を発表。台風による風雨はピークを越えたものの、気象台の内藤宏人台長は「地盤の緩んでいる恐れもあり、(13日も)土砂災害に警戒してほしい」と呼び掛けた。

特別警報が出たのは12日午後11時15分時点で長野、中野、飯山、上田、佐久、松本、諏訪、上伊那地域など。

気象台によると、11日午後1時の降り始めから12日午後5時までの降水量は北相木300㍉、軽井沢270㍉、佐久市233・5㍉、上田市鹿教湯229㍉、立科202・5㍉などとなった。13日午後6時までの24時間降水量は北部150㍉、中部130㍉、南部80㍉と見込んでいる。

天気　最高気温 最低気温
北部　6時 12 18 24　14日 15日 16日
中部　6時 12 18 24　14日 15日 16日
南部　6時 12 18 24　14日 15日 16日

地点	最高気温	最低気温
飯山	18	16
長野	17	16
大町	15	15
松本	19	17
上田	20	17
佐久	19	17
諏訪	17	16
木曽	19	16
伊那	20	17
飯田	23	19

5㍉以上　5㍉未満
25面に詳しい天気情報

斜面

2019.10.13

持つと手になじみ、ほどよい重さが伝わってくる。ページをめくれば小さな風が頬をなでる。パタンと音を立てて閉じるのも楽しい。そんな魅力がある本はどのように作られるのか。長野市の老舗製本会社「渋谷文泉閣」にお邪魔した◆信州の名工に選ばれた1級製本技能士の小林宏一さん(57)。機械製本の基になる「東見本」づくりを担当している。白紙を裁断して折り、束を綴じて表紙でくるむ。ニカワの濃いのりを薄く塗ったり本の背に丸みを出したり。精巧な手作業の世界である◆先代社長が考案した独自技術にも興味を引かれた。背に筒状の紙を貼り背表紙と本体の間に空洞を作る。押さえていなくてもページが閉じない。手に障害がある友人が不便さを訴えたのが開発の動機になったという。楽譜、料理本や教材など開いたまま使いたい本にうってつけだ◆1917年、渋谷鎮社長の曽祖父が東京で印刷会社を創業。太平洋戦争で疎開し、祖父の代に製本業に転換した。近年は営業努力も実って全国に取引先を広げ業績を伸ばしている。先月の第53回造本装幀コンクールで最高賞を受けた本の製本も担当した◆出版不況ながら県内には光を放つ製本の拠点が他にもある。手作業にこだわる「美篶堂」(東京)が伊那市で操業している工場だ。スマホに比べ本の言葉は身体に染み入ると感じるのは活字世代の思い込みだろうか。繊細な技と感性が積み重なる工程を想像すれば、手元の本もいとおしい。

こと映え
意気揚々
威勢が良く、誇らしげ
松本市　しろっぷ
応募方法26面に

素肌乾燥情報　カサカサ、注意、しっとりの3段階

北部

中部

南部

紙面の問い合わせ　本社見学・出前講座　購読のお申し込み　信毎ホームページ
編集応答室　026-236-3111
読者センター　026-236-3215
0120-81-4341
www.shinmai.co.jp

広範囲 長時間の豪雨

特別警報 12都県に

台風の北側 強力な雨雲

台風19号は台風中心付近の非常に発達した雨雲に加え、中心から北側に離れた一帯にも強力な雨雲を伴って日本の南海上から近づいた。そのため各地で降り始めが早まって長時間大雨が続いた結果、過去最多の12都県の自治体という広い範囲で大雨特別警報が発表される事態となった。【1面参照】

大雨の特別警報は警報の発表基準をはるかに超える数十年に一度の雨量が想定され、さらに雨が続き、重大な災害が発生する恐れが著しく高まっている場合に発表する。ただし、既に災害が発生している可能性も高い。

大雨・洪水警戒レベルの5段階区分

警戒レベル	住民が取るべき行動	防災情報
5	命を守る最善の行動を	災害発生情報、特別警報
4	全員が緊急避難	避難指示、避難勧告 土砂災害警戒情報
3	高齢者らは避難	避難準備・高齢者等避難開始 大雨警報、洪水警報
2	避難先やルートを確認	大雨注意報、洪水注意報
1	災害への心構えを	警報級の大雨が降る予報

(高い ↑ 危険度)

台風19号による大雨特別警報発表について質問に答える、気象庁の担当者=12日午後4時53分、気象庁

台風北側の雨雲は12日午前から東海や関東南部にかかり始め、特に台風が運ぶ東寄りの暖かく湿った空気が山地にぶつかり上昇気流が発生した地域では非常に激しい雨となった。台風の北上に伴って次第に北関東甲信越、東北南部まで大雨の範囲は広がった。

気象庁は同日午後3時半に東京、群馬、埼玉、神奈川、山梨、長野、静岡の7都県に大雨特別警報を発表。午後7時50分には宮城、福島、茨城、栃木、新潟の5県を追加した。

焦点

◎特別警報 警報の発表基準をはるかに上回る大雨や大津波などが想定され、重大な災害が起こる恐れが著しく高まった場合、最大級の警戒を求めるために気象庁が発表する。大雨の場合、集中豪雨や台風で数十年に1度の規模の降水量になるなどと予想された時に発表する。ただし、発表時には既に災害が起きた後の可能性もある。2013年8月30日に運用が始まり、西日本豪雨の際は昨年7月6～8日に岐阜、京都、兵庫、鳥取、岡山、広島、愛媛、高知、福岡、佐賀、長崎の11府県に出た。大雨のほか、暴風、高潮、波浪、大雪、暴風雪、地震、津波、火山噴火の9種類ある。

上田市国分の千曲川の氾濫箇所より上流の大石橋。橋まで約1㍍に水位が迫った=12日午後7時34分

「解散風」発信源は首相

衆院解散を巡る主な発言

日付	発言者	発言
10月4日	菅官房長官	「解散は首相の専権事項だ。消費税率を引き上げた今は、経済を軌道に乗せていくことが大事だ」(テレビ番組収録で)
8日	安倍首相	「あいさつと解散は急に来るものだ」(与党参院国対幹部との会食で。突然の発言指名に戸惑う幹部に対し)
9日	安倍首相	「12月の選挙に勝ったことがありますからね」(与党衆院国対幹部との会食で。年内解散論が流れているとの問いに)
10日	公明・北側中央幹事会会長	「全く想定していない。あれこれ推測しても仕方がない」(記者会見で年内解散の可能性を聞かれ)

改憲論議狙い野党揺さぶり

早期の衆院解散論が再び与野党内で広がる気配を見せている。発信源は安倍晋三首相自身。与党幹部との会食で年内の衆院選を視野に入れるかのような発言をしたためだ。憲法改正に消極的な野党を揺さぶるため、解散風を吹かせて改憲論議に引き込む狙いとの見方がもっぱらだが、実際に解散に踏み切れば裏目に出るとの指摘も出ている。

「可能性が高まっているという皮膚感覚は全くない」。自民党の鈴木俊一総務会長は11日の記者会見で早期解散の可能性を問われると、こう述べつつ「衆院議員は常在戦場だ」とも付け加えた。

首相が、衆院解散風を吹かせるのは常とう手段だ。夏の参院選前、内閣不信任決議案提出の構えを見せるなど対決姿勢を強める野党をけん制するため「風は気まぐれで、誰かがコントロールできるようなものではない」と発言。衆参同日選の風を自らあおったが、結局解散を見送った。

今回、解散の微風は4日の臨時国会召集後、程なく吹き始めた。きっかけは「首相が報道関係者に『国民投票法改正案の審議が進まなければ来年1月の通常国会冒頭で解散する』と語った」との情報が出回ったことだ。

軌を一にするように首相は8、9両日夜の与党幹部との会食で解散に言及した。9日に会食した与党幹部は、2012、14両年の衆院選を念頭に首相が「12月の選挙は勝っている」と語ったと記者団に披露。皇位継承に伴う儀式が11月中に一段落した直後の解散を想定している、との受け止めが広がった。

一連の動きは、憲法改正手続きを定めた国民投票法の改正案と絡む。自民、公明両党は今国会成立を目指す。同法改正は具体的な改憲項目の議論に入る前提となるが、審議は1年以上も停滞している。解散をちらつかせて野党を浮足立たせ、衆参両院の憲法審査会を動かしたい思惑があるのは明らかだ。自民党関係者は「首相は雰囲気を出して様子を見ている」と語る。

自民党の衆院憲法審査会メンバーは「議論が進まなければ早期解散は当然あり得る」と風をあおるが、野党も「受けて立つ」(立憲民主党幹部)としている。立民と国民民主党は次期衆院選の候補者調整に着手。一方、首相は解散に踏み切れば、「改憲勢力」が国会発議に必要な3分の2議席を参院と同様に割るリスクを抱える。実際に割れれば改憲は遠のく。

公明党幹部は、現状での解散は逆効果だとくぎを刺す。「国会で与野党が合意する前に解散すれば、選挙後は、さらに合意形成が難しくなる」

各地のダム「緊急放流」

伊那の美和ダム、放流量増

台風19号に伴う降雨で貯水量が増えたため、国土交通省関東地方整備局は12日、荒川水系の二瀬ダム(埼玉県)などで12日深夜から、流入量と同じ分を下流に流す「緊急放流」をすると発表した。相模原市の城山ダム、茨城県の水沼ダム、栃木県の塩原ダムでも各自治体によると緊急放流を実施した。

関東地方整備局によると、ほかに緊急放流するのは利根川水系の草木ダム(群馬県)と川俣ダム(栃木県)、下久保ダム(埼玉県)と川治ダム(栃木県)も緊急放流の可能性がある。実施した場合、下流域で水位が増すとみられ、同局が警戒を呼び掛けた。

ダムの緊急放流を巡っては、2018年の西日本豪雨で氾濫した愛媛県の肱川上流にある野村ダム(同県西予市)と鹿野川ダム(同県大洲市)から、安全とされる基準の6倍の水を放流。両市で下流の約3千棟が浸水被害を受け、8人が死亡した。住民から、避難指示の遅れが被害につながったなどの批判が相次いだ。

一方、東京都奥多摩町の小河内ダムは、11日午後2時から貯水量の増加に備え放流をしていたが、12日の降雨の状況を踏まえ放流量を増やした。

◇

国土交通省は、伊那市の美和ダムの貯水量が満杯になったため、12日午後9時半から放流量を増やした。上流から流れ込んだ水量をそのまま流すため、下流の水位が上昇する恐れがある。

在来線の終日運休を伝える掲示が並び閑散とするJR長野駅の改札口=12日午後2時58分、長野市

あんずちゃん ◂田中しょう▸

どうした?
クジで…地区の役員に当たってしまった……

氾濫 濁流 荒れる県内

台風19号

佐久・上田小県・諏訪地域・千曲など 避難所 不安な夜

「こんな雨めったにない」「初めての避難で不安だった」―。12日に県内に最接近した台風19号による強い雨や河川の増水を受け、佐久、上田小県、諏訪地域や千曲市などで避難所が設けられ、住民たちが自宅の状況を気に掛けつつ不安な夜を過ごした。

【1面参照】

佐久市が佐久城山小学校に設けた避難所は、午後6時時点で約500人が集まった。時折電気が付いたり消えたりする中、家族連れやお年寄りが不安げな表情を浮かべながら身を寄せ合った。

同市内山の福島実さん(82)は妻みさおさん(70)と避難。自宅窓から川の水が畑や道にあふれているのを見て決断した。「避難は初めてで不安もあったけれど、自分の命が大事だから」と話した。

南佐久郡佐久穂町が避難所を設けた町生涯学習館「花の郷・茂来館」にも午後7時半時点で約550人が集まった。受付には小さな子どもを抱える親やつえをついて歩く高齢者らが続々と押し寄せ、行列ができた。

小県郡長和町が避難所を設けた古町公民館に避難した女性(75)は「裏の川がゴトゴトと聞いたこともないような音がしたので避難を決めた」。

上田市川西公民館に設置された避難所には午後5時半時点で22人が身を寄せた。同市小泉の会社員関広喜さん(63)は妻(54)、長女(28)と避難。自宅裏は山で近くには沢があり「山が崩れたら逃げられない」。スマートフォンで情報収集した娘にせかされて避難を決めた」。

千曲市杭瀬下の「ことぶきアリーナ千曲」にも多くの住民たちが避難。同市新田の竹村英雄さん(79)は「年寄りになって、こんな災害が来るとは…」とこぼした。

諏訪市内では午後7時時点で豊田小、湖南小、諏訪南中に設けた避難所に計900人ほどが避難した。諏訪南中に避難した四賀赤沼の男性(75)は102歳の母親、5歳の孫を含む家族5人で避難。「35年近く赤沼に住んでいるが避難は始めて。自宅が上川に近いので、氾濫するかもしれないと思うと不安だ」と話した。

茅野市、岡谷市、諏訪郡富士見町でも避難所に避難した住民がいた。

伊那市は高遠町総合福祉センター「やますそ」などに避難所を開設。12日午後8時半時点で12世帯29人が避難し、毛布にくるまって横になるなどして過ごしていた。

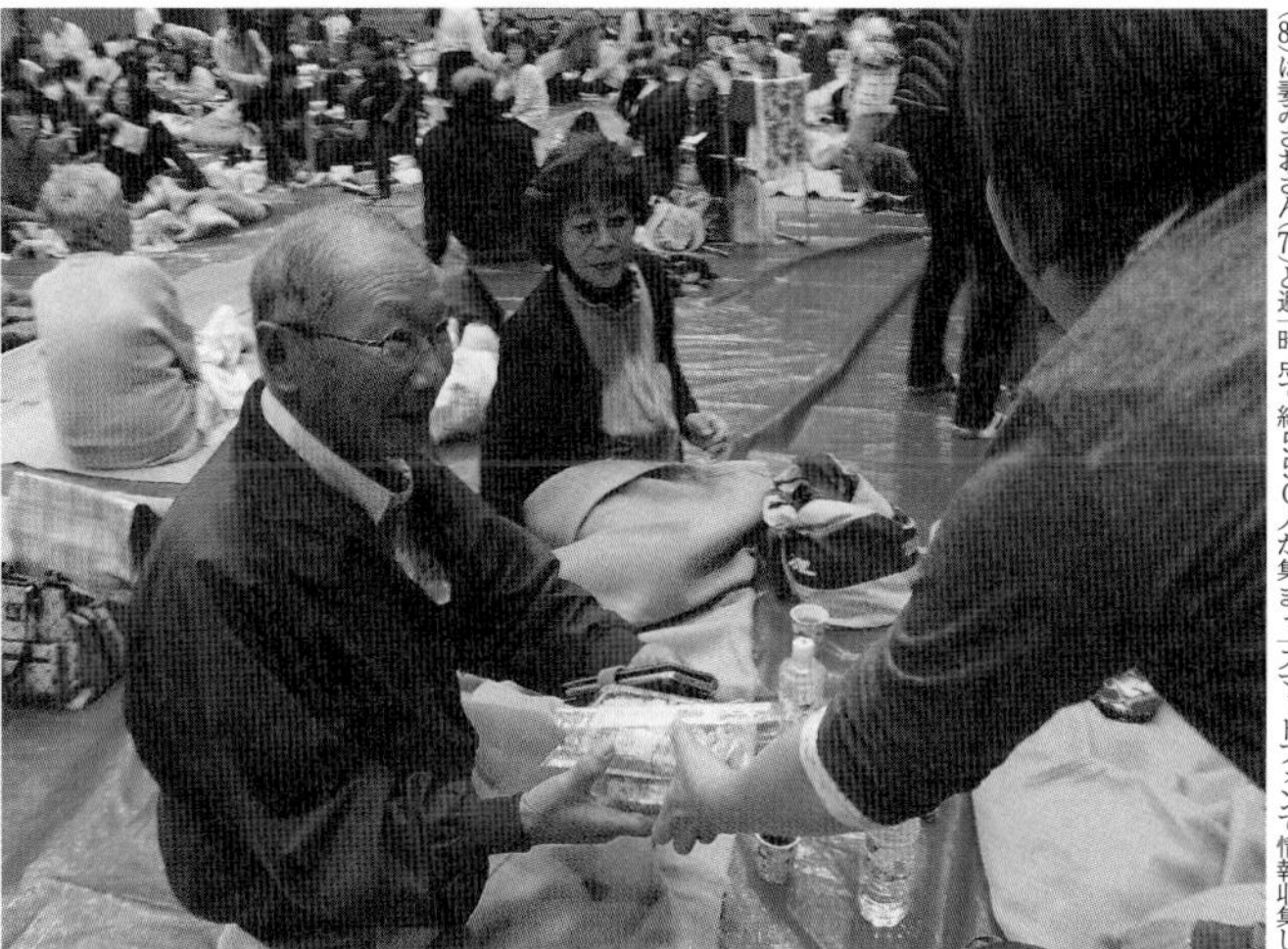

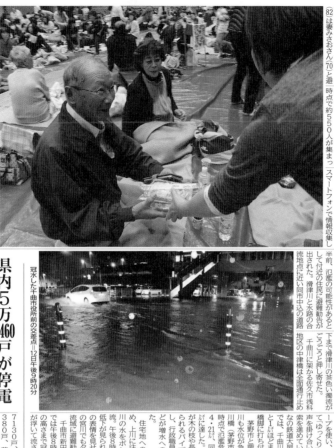

佐久城山小学校に設けられた避難所で食べ物を受け取る男性＝12日午後6時17分、佐久市

各地の河川増水 緊迫

県内では上田市国分などで氾濫した千曲川や、氾濫危険水位を超えた上川など各地で河川が増水。濁流が橋の直下に迫り、周辺で避難勧告が出されるなど流域は緊張感に包まれた。

佐久市の滑津川は午後3時半前、氾濫の可能性があるとして付近の住民に避難勧告が出された。滑津川と水路の合流地点に近い同市中込の道路は膝の上まで冠水し、一部住宅にも浸水。勧告の直前まで地元消防がポンプで排水作業に当たった。近くの60代の男性は「夜から朝にかけてまだ降る。この辺りはもう水に漬かって駄目だ」。近くのJR小海線が通る橋は、橋桁の直下まで滑津川の茶色い濁流がごうごうと押し寄せた。

千曲川に架かる佐久市浅科地区の中津橋は全面通行止めに。午後7時半ごろには水が橋脚の最上部付近まで達し、川岸では水しぶきが跳ね上がっていた。

車3台が道路の陥没部分に落下した東御市の田中橋近くの現場では午後7時半ごろ、上田広域消防本部の隊員がロープを使い、陥没部分に降りて「ゆっくり」「上げろ」などと声を掛け合いながら慎重に捜索を進めていた。上田市のしなの鉄道大屋駅に近い大石橋では、千曲川の水が橋まであと1㍍ほどまで迫り、濁流が橋脚に打ち付けられていた。

茅野市と諏訪市を流れる上川も水位が急激に上昇し、江川橋(茅野市)では午後6時時点で氾濫危険水位を超える4・21㍍、同7時には4・40㍍に達した。茶色く濁った水が木の枝や長さ3㍍以上とみられるパイプなどを押し流し、行政職員や地元消防団などが増水への警戒に当たった。

住宅地への氾濫を防ぐため、上川に注ぐ用水路の小江川の水をポンプで上川に放流。午後8時ごろには水位の低下が見られ、職員らは安堵の表情を見せていた。諏訪市の宮川でも夕方から増水し、流域に避難勧告が出た。

千曲市新田南の交差点付近では午後8時すぎ、膝下ほどの高さまで冠水し、一時、車が浮いて流されるなどした。

冠水した千曲市役所前の交差点＝12日午後9時20分

県内5万4460戸が停電

中部電力長野支店(長野市)によると、台風19号の影響で県内では12日午後11時時点で約5万4460戸が停電。北佐久郡軽井沢町で約1万3960戸、上田市で約7130戸、佐久市で約5380戸、茅野市で約5110戸、南佐久郡佐久穂町で約2770戸などとなっている。

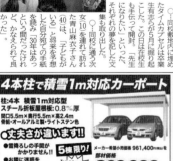

県内など広域 携帯通信障害

KDDI(au)とNTTドコモ、ソフトバンクは12日、台風19号の影響により、千葉県や静岡県、長野県などで携帯電話がつながらないか、つながりにくい状態になったと発表した。停電や通信設備の故障が原因としており、復旧作業を進めている。

KDDIでは同日未明以降、千葉市や千葉県市原市のほか、静岡県南伊豆町、東京都伊豆諸島の新島、神津島、八丈島の一部で通話やインターネット通信が利用しにくくなった。ソフトバンクでも夜になって千葉県南部や群馬県、長野県、静岡県など広域で通信障害が発生した。

李相花さん ゴールイン 小平選手が祝福メッセージ

【ソウル共同】昨年の平昌冬季五輪のスピードスケート女子500㍍銀メダリスト、李相花さん(30)が12日、東京出身で歌手やタレントとして韓国を中心に活動するKangNam(本名・滑川康男)さん(32)とソウルで結婚式を挙げた。

式は非公開だったが、2人は一緒に手でハートをつくるなど報道陣の写真撮影に応じた。李さんは「互いに頼り合いながら、つらいことも共有できるようにしたい」、KangNamさんは「(李さんは)スポーツばかりしてきたから、新婚生活を楽しみ、旅行したい」と話した。

聯合ニュースによると2人は昨年、テレビ番組収録をきっかけに知り合い、交際していた。KangNamさんは母が韓国人、父が日本人。2011年にヒップホップグループでデビューした。

平昌五輪では、優勝した茅野市出身の小平奈緒選手(相沢病院)が、2位に終わってむせび泣く李さんに近寄り、韓国語で「よくやったね」とねぎらい、抱き合う場面が感動を呼んだ。李さんは今年5月に引退を表明した。小平さんは結婚式には出席しなかったが、関係者によると、韓国語でお祝いのメッセージを伝える動画を寄せた。

一緒に手でハートをつくる李相花さん(右)とKangNamさん＝12日、ソウル(共同)

高原調

○…長野市の古里小学校で12日、1990年に埋めたタイムカプセルの開封式典があった＝写真。卒業生や当時の教員、在校生ら約450人が集まり、中に入っていた写真などを見て懐かしんだ。

○…同校敷地内に埋めたタイムカプセルは卒業生有志らが5月に掘り起こした。この日は在校生も手伝って開封。「先生になりたい」といった文集も取り出した。同校に通う次女(10)を連れて訪れた青山麻衣子さん(40)は、「子どもがいる」と将来を予想していた自分宛ての手紙を読み「30年はあっという間だったけれど、かなえられて良かった」。

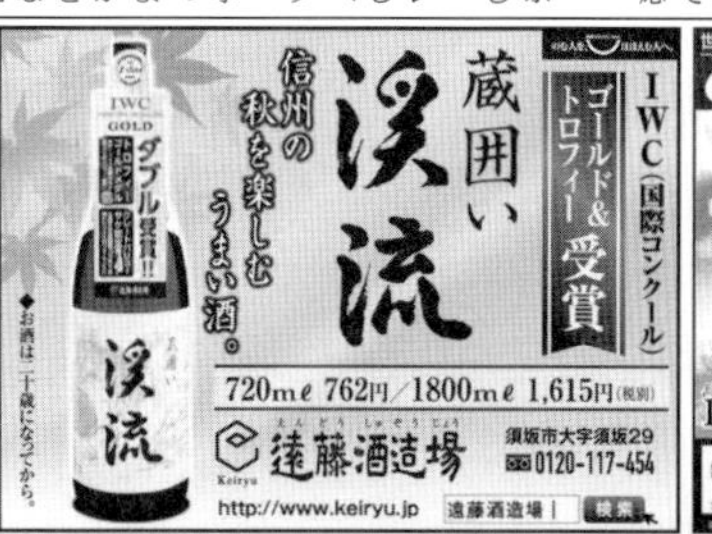

1　【明治25年3月15日第三種郵便物認可】　信濃毎日新聞　2019年(令和元年)10月13日　日曜日

信濃毎日新聞
1873年(明治6年)創刊
発行所 信濃毎日新聞社
長野本社 〒380-8546 長野市南県町657番地 電話(026) 受付236-3000 編集236-3111 販売236-3310 広告236-3333
松本本社 〒390-8585 松本市中央2丁目20番2号 電話(0263) 代表32-1200 報道32-2830 販売32-2850 広告32-2860

号外

長野の千曲川 決壊

県内 1人死亡4人不明

千曲川左岸の堤防が決壊(中央)し、濁流にのまれた長野市穂保付近。写真上は中野、飯山方面＝13日午前8時15分

猛烈な風雨を伴う台風19号が12日夜に県内に最接近し、一夜明けた13日、千曲市から飯山市にかけての千曲川流域で氾濫被害が広がった。長野市穂保では村山橋下流左岸の堤防が約70メートルにわたって決壊。家々が濁流にのまれ、2階近くまで水に漬かった住宅も出ている。自衛隊ヘリなどが取り残された住民らの救助を進めている。

東北信 広範囲で氾濫
新幹線車両センター水没

県によると、千曲川の堤防が決壊したのは1983(昭和58)年以来。

佐久広域連合消防本部などによると、13日午前7時半ごろ、捜索中だった佐久市中込の男性(81)の遺体が市内で見つかった。同市臼田入沢区では、男性が12日夕に「小学校に土のうを取りに行く」と言って外出したまま連絡がとれていない。東御市では同日午後7時ごろ、千曲川の田中橋近くの道路が陥没し、車3台が転落。1台の3人が行方不明になっている。

県などによると、流域では長野市穂保の堤防決壊の他、千曲市雨宮など11カ所で濁流が堤防を越える越水が発生。氾濫は千曲市役所付近、長野市松代、長沼、篠ノ井、須坂市、上高井郡小布施町、中野市立ケ花、飯山市街地などに拡大した。上田市諏訪形では約200メートルにわたって堤防が削られ、決壊の恐れが出ている。この影響で上田電鉄別所線の鉄橋が崩れ落ちた。

千曲川の立ケ花観測所では13日午前3時20分ごろ12・46メートルの水位を観測。83年9月29日に記録した11・13メートルを上回り、過去最高を更新した。

長野市では最大約4500人が避難。千曲市は午前9時時点で457人が避難している。長野市篠ノ井二ツ柳の特別養護老人ホーム「桜ホーム」では入居者約120人、同市穂保のグループホーム「やすらぎの家すばる穂保」でも9人が孤立。同市下駒沢の県立総合リハビリテーションセンターでも入院患者約40人が取り残された。同市豊野支所近くの高齢者施設でも約160人が孤立しているとの情報もある。県警には午前10時20分現在、55件126人の救助要請が入っている。

同市赤沼の長野新幹線車両センターも水没。複数の車両が水に漬かり、JR東日本によると、北陸新幹線は富山―金沢間を結ぶ便を除き終日運休する。

県災害対策本部によると、北佐久郡軽井沢町、上田市、埴科郡坂城町で風にあおられて転倒するなどして負傷者が出ている。

長野地方気象台によると、大雨・洪水警戒レベルで最高の5に相当し、最大級の警戒や避難を求める大雨特別警報は13日午前3時20分に県内は解除された。

台風19号は勢力を弱めて「大型の台風」となり、13日午前9時現在、三陸沖を時速60キロで北東に進んだ。

千曲川が氾濫した場所

中野市 栗林
立ケ花
小布施町
山王島
堤防決壊 穂保
飯田
長野市
北相之島
善光寺
須坂市
塩崎庄ノ宮
横田
篠ノ井
小森
松代町柴
堤防欠損 雨宮
千曲市
上田市
●＝越水(午前8時現在)
坂城町
上信越道
堤防欠損 諏訪形
国分

台風19号 被害ドキュメント

【12日】
15時49分　気象庁が長野市、東御市、上田市、小諸市、佐久市など県内11市町に県内初の大雨特別警報を発表
16・50ごろ　上田市の生田水位観測所で避難判断水位に到達
17・40　生田水位観測所で氾濫危険水位に到達
18・10　千曲市の杭瀬下水位観測所で氾濫危険水位に到達
19時ごろ　千曲川に架かる東御市の田中橋近くで道路が陥没し、車3台が転落。乗っていた6人のうち3人が救助され、1台の3人が行方不明
20・10　国土交通省が上田市国分で越水を確認
20・23　長野市篠ノ井横田で越水を確認
21・27　長野市篠ノ井塩崎庄ノ宮で越水を確認
21・34　県が陸上自衛隊に災害派遣を要請
22・15　国交省が長野市篠ノ井小森で越水を確認
23・18　長野市松代町柴で越水を確認
23・40　中野市の立ケ花水位観測所で氾濫危険水位に到達

【13日】
0・55　国交省が長野市穂保で越水を確認
1・45　須坂市北相之島、上高井郡小布施町飯田で越水確認
2・58　小布施町山王島で越水を確認
3・00　長野市穂保の堤防の欠損を確認
3・25　中野市栗林、立ケ花で越水を確認
5・30　長野市穂保で堤防が決壊したもようと確認
6・00　県が被害状況発表。重傷2人、軽傷6人。
6・30　国交省が上田市諏訪形の堤防の欠損を確認
6・45　長野市穂保で自衛隊ヘリが救助開始
7・10　長野市穂保の堤防決壊箇所に国交省の協定業者がブロック投入を開始
7・30ごろ　行方不明だった佐久市中込の男性の遺体を発見
7・34　飯山市の皿川が氾濫。市街地の一部が冠水
7・55　長野市篠ノ井塩崎の「桜ホーム」に約120人取り残されているとの情報
8・00前　上田市の上田電鉄別所線の鉄橋が崩落
8・08　経済産業省が、県内の停電戸数は約6万3800戸(午前5時現在)と発表
10・20　県が第4回災害対策本部員会議。千曲川流域下水道下流処理区終末処理場が機能停止していると発表
10・47　県警によると10時20分までに55件126人から救助要請

詳細は本紙で

第三種郵便物認可　信濃毎日新聞　2019年(令和元年)10月13日　日曜日　2

冠水した市街地を上空から警戒する自衛隊ヘリ＝13日午前８時16分、長野市穂保

家 鉄道 濁流にのまれ

多くの車両が水に漬かった長野新幹線車両センター＝13日午前７時24分、長野市赤沼

一夜明け、避難所の高台から浸水した地域を見る住民たち＝13日午前８時53分、長野市の豊野西小学校

激流で堤防がえぐられ、大きな音を立てて崩れ落ちる上田電鉄別所線の鉄橋＝13日午前７時58分、上田市天神から撮影

1　第49318号　【明治25年3月15日第三種郵便物認可】　信濃毎日新聞　2019年(令和元年) 10月14日 月曜日　日刊 9版★

体育の日

2019年(令和元年) 10月14日 月曜日

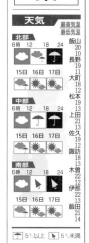

信濃毎日新聞
1873年(明治6年)創刊
発行所 信濃毎日新聞社
長野本社 〒380-8546 長野市南県町657番地 電話(026) 受付236-3000 編集236-3111 販売236-3310 広告236-3333
松本本社 〒390-8585 松本市中央2丁目20番2号 電話(0263) 代表32-1200 報道32-2830 販売32-2850 広告32-2860

長野の千曲川 決壊

台風19号　県内 1人死亡4人不明

東北信 広範囲で氾濫

千曲川左岸の堤防が決壊(中央)し、濁流にのまれた長野市穂保付近。写真上は中野、飯山方面=13日午前8時15分

猛烈な風雨を伴う台風19号が12日夜に県内に最接近し、一夜明けた13日、千曲市から飯山市にかけての千曲川流域で氾濫被害が広がった。長野市穂保では村山橋下流左岸の堤防が約70メートルにわたって決壊。家々が濁流にのまれ、2階近くまで水に漬かった住宅も出た。県によると、千曲川の堤防が決壊したのは1983(昭和58)年以来。

スマホで動画を見られます

佐久広域連合消防本部によると、13日午前7時半ごろ、行方が分からなくなり捜索中だった佐久市中込の中島正人さん(81)の遺体が同市中込で見つかった。中島さんは車の上で救助を待っていたところを流されたという。

同市臼田入沢区では、60代男性が12日夕に「小学校に土のうを取りに行く」と言って外出したまま連絡が取れていない。東御市では同日午後7時ごろ、千曲川の田中橋近くの道路が陥没し、車3台が転落。1台の3人が行方不明になっている。

県によると、負傷者は重傷が長野市、上田市、南佐久郡佐久穂町、埴科郡坂城町の計4人。軽傷が7人。県警、消防、自衛隊は12日から13日午後6時半までに655人を救助した。

県などによると、流域では長野市穂保の堤防決壊の他、千曲市雨宮など11カ所で濁流が堤防を越える越水が発生。氾濫は千曲市役所付近、長野市松代、長沼、篠ノ井、須坂市、上高井郡小布施町、中野市立ケ花、飯山市街地などに拡大した。県は長野市穂保の排水を早ければ14日朝にも完了するとしているが、作業は難航する可能性もある。

上田市諏訪形では約300メートルにわたって堤防が削られ、この影響で上田電鉄別所線の鉄橋が崩れ落ちた。決壊の恐れがあるため、国土交通省千曲川河川事務所が緊急復旧工事に着手した。

県危機管理部などによると、13日午後6時半時点で、県内の避難者は16市町村の1896人。長野市では正午までに指定避難所31カ所に避難したのは4444人、自主避難所23カ所に1747人が避難。中野市は12カ所に最大1656人が避難した。

住宅の床上、床下浸水は長野、須坂、千曲などで多数発生。長野市赤沼の長野新幹線車両センターも水没した。複数の車両が水に漬かったが、JR東日本は13日夜、長野―東京間で北陸新幹線(長野経由)の運転を本数を制限して再開した。長野以北は富山―金沢間を結ぶ便を除き14日も終日運休する。

河川の氾濫により、県と佐久市、飯山市の下水道処理施設が冠水し、下水の受け入れを停止した。対象は長野市や佐久市など東北信地方6市町村の計約20万人。

長野地方気象台によると、大雨・洪水警戒レベルで最高の5に相当し、最大級の警戒や避難を求める大雨特別警報は13日午前3時20分に県内は解除された。

14日午後6時までの県内の24時間降水量は北部、中部、南部でいずれも20ミリと予想。気象台は、大雨で地盤が緩んでいることや河川が増水していることから引き続き警戒を呼び掛けている。

一帯が浸水した須坂市北相之島では13日午後4時半ごろ、無職秋屋好雄さん(78)方から出火。約3時間後に消えたが木造平屋1棟を全焼した。住宅は床上浸水しており、秋屋さんと妻(75)は、12日から避難して不在だった。須坂署が原因を調べている。

◇

国土地理院は13日、台風19号による大雨で千曲川の堤防決壊による長野市の浸水被害が、最大深さ約4・3メートルに達したとの推計を明らかにした。

千曲川が氾濫した場所
中野市
栗林
小布施町
立ケ花
山王島
飯田
北相之島
堤防決壊 穂保
長野市
善光寺
須坂市
塩崎庄ノ宮
横田
松代町柴
小森
篠ノ井
堤防欠損 雨宮
千曲市
上田市
坂城町
上信越道
堤防欠損 諏訪形
国分
●=越水した地点

全国計21河川で決壊

東日本を縦断し、13日に温帯低気圧に変わった台風19号による猛烈な雨の影響で、千曲川など21河川の24カ所で堤防が決壊、住宅地などをのみ込む大規模な洪水被害が各地で発生した。土砂災害も相次ぎ、共同通信の集計によると11県で35人が死亡、17人が行方不明となった。負傷者も多数に上った。孤立状態になった地域も多く、警察や消防のほか災害派遣要請を受けた自衛隊が捜索や救助を行った。

堤防決壊は栃木県佐野市の秋山川や茨城県常陸大宮市の那珂川などでも発生。宮城県丸森町や埼玉県川越市でも広範囲で浸水が起きた。

堤防が決壊しなかった川でも氾濫などが相次ぎ、川崎市高津区ではマンション1階が浸水し、室内で見つかった男性が死亡した。相模原市緑区では13日午前8時すぎ、川の下流で30代の母親と小学生の娘が見つかり、ともに死亡。周辺で前日夜、家族とみられる4人の車が川に落ちたとの通報があった。国交省によると、土石流や崖崩れなどの土砂災害は東北から北陸や東海の15都県で56件発生し、群馬県富岡市で倒壊した住宅から3人が救助されたが死亡し、同県藤岡市でも男性が死亡した。

日本、初の8強　ラグビーW杯

ラグビーのワールドカップ(W杯)日本大会で世界ランキング8位の日本が13日、横浜市の日産スタジアムで行われた1次リーグA組最終戦で同9位のスコットランドを28―21で破って無傷の4連勝とし、9度目の出場で初めて8強入りする歴史的快挙を達成した。
【関連記事8・9・31面に】

日本は勝ち点5を加え、同19でA組を1位通過。20日に東京・味の素スタジアムで行われる準々決勝で、前回2015年大会で金星を挙げた2度優勝の南アフリカ(B組2位)と対戦する。(世界ランキングは12日付)

天気

最高気温／最低気温

地点	最高	最低
飯山	20	10
長野	19	11
大町	18	12
松本	19	13
上田	21	13
佐久	19	12
諏訪	18	13
木曽	22	12
伊那	22	13
飯田	21	14

北部・中部・南部　6時 12 18 24　15日 16日 17日

5ミリ以上　5ミリ未満

27面に詳しい天気情報

配達の遅れをおわびします

災害情報は信毎特設サイトで

台風19号の影響で、13日付朝刊は紙面製作、輸送・配達で特別態勢をとりましたが、一部地域では配達が大幅に遅れ、お届けできない地域もありました。ご迷惑をおかけしたことをおわびいたします。

信濃毎日新聞はニュースをきめ細かくお伝えするため、台風19号による県内の被災状況や生活情報、関連記事などを速報する特設サイトを信毎ホームページに開設しました。アドレスは次の通りです。

https://www.shinmai.co.jp/feature/typhoon19/

また、信毎ｗｅｂのツイッター（@shinmaiweb）でも台風関連の県内情報をお伝えしています。

信濃毎日新聞社

斜面

2019.10.14

「濁流の子」と名付けた作文集がある。1961(昭和36)年、伊那谷の「三六災害」で被災した児童・生徒が書いた。〈ぼくは、かなしくていてしまいました。うちがながされてしまいました。きるものもながれてしまいました〉◆駒ケ根市の小学1年生の作文である。「かばんも」「ふでいれも」「えんぴつも」濁流にのみこまれたと記している。台風19号が去った昨日、千曲川決壊で浸水したわが家や地域を高台から見つめる子どもらの姿があった。濁流の子が流した涙と重なる◆災害は穏やかな日常を容赦なく奪い去る。19号が爪痕を残した全国各地で犠牲者が出ている。家族は胸をかきむしられる思いだろう。東御市では千曲川に架かる橋が崩れ車3台が転落。3人の行方が分からない。屋根に上って助けを待つ人もいる。救助が実ることを祈るばかりだ◆水没した長野市赤沼の新幹線車両センターの近くに「善光寺平洪水水位標」がある。江戸から明治にかけ、同地区を襲った洪水の水位を示している。最も高いのは1742年の「戌の満水」と呼ばれる大洪水である。高さ5メートルの水位標は見上げるほどだ◆地元の篤農家が「洪水の猛威に屈せず先祖の苦労を忘れまい」と私費で建てた。長野から飯山にかけ千曲川沿いには同様の水位標が幾つもある。自然の猛威は気候変動でたけだけしさを増している。命を守るにはどう行動したらいいか。先人の経験を学び、知恵を積み重ねていくほかない。

あすの朝刊休みます　信毎ニュースはテレビ・ラジオで

きょう14日(月)は新聞製作を休み、あす15日（火）の朝刊は休刊とさせていただきます。ご了承ください。この間の主な県内ニュースは、インターネットの信毎ホームページ、信越放送テレビ・ラジオの信毎ニュース、FM長野ニュース、ケーブルテレビ28局の信濃毎日新聞文字ニュースでお伝えします。　信濃毎日新聞社

信毎ホームページ www.shinmai.co.jp
購読のお申し込み 0120-81-4341
紙面の問い合わせ 編集応答室 026-236-3111
本社見学・出前講座 読者センター 026-236-3215

第三種郵便物認可　信濃毎日新聞　2019年（令和元年）10月14日　月曜日　9版　総合　2

東北信に猛烈な雨

同規模台風、今後も懸念
温暖化影響か　警戒必要

12～13日に列島を直撃した台風19号は勢力を大きく落とすことなく上陸した。日本近海の海水温の上昇が要因とみられ、地球温暖化が影響した可能性もある。今後、同クラスの台風がたびたび襲来することが懸念される。住民の災害への危機意識は高まっているが、一層の警戒が必要となる。

気象庁によると、長野県内のアメダス観測点データで13日朝までの24時間の最大雨量は東北信地方で多いことが分かる＝雨量を記した地図。台風19号は県の東側をかすめて通過したが、台風本体の雲が到達する前に発達した雨雲が県東側にかかり、多量の雨をもたらした。

数日前から東日本への直撃が確実視された19号。気象庁の梶原靖司予報課長は11日、死者・行方不明者が1200人を超えた1958年の「狩野川台風」を例に出し、「記録的な降水量の恐れがある」と呼び掛けた。スーパーやデパートでは生活必需品を買い込む人が相次ぎ、空になった商品棚が目立った。

南鳥島近海で6日発生した19号。この時点で強さ・大きさとも特徴はなかったが、海面水温が30度前後のマリアナ諸島付近を通過する際、エネルギー源となる水蒸気を大量に取り込んだ。中心気圧は7日午後6時までのわずか24時間で992ヘクトパスカルから915ヘクトパスカルに低下し、「大型で猛烈な台風」に大化けした。

台風は本来、北上し水温が低い海域に入ると勢力が弱まる。ただ、日本のすぐ南側の海水温は、10月としては平年より1～2度高い水温27～28度だった。このため19号は伊豆半島に上陸する前の12日夕まで「大型で非常に強い」勢力を維持。巨大な雨雲が東日本の大半を覆っていった。

■

台風が長野県の南側から近づくに従い、東側から湿った空気が入り込んだことも、大雨の要因となった。

千曲川の水が急増したことについて、長野地方気象台の内藤宏人台長は「県内の多くの観測地点で観測史上最大を更新するなど、広い範囲で非常に多くの大量の雨が降った」と話した。

19号はたまたま発達した特殊な台風だったのか。温暖化との関係は―。国立環境研究所地球環境研究センターの江守正多副センター長は、直接的な関係は分からないとしつつも「一般に温暖化で海水温が高くなると台風が発達する傾向にある。温暖化が止まらなければ今後、強い台風や豪雨の確率が増える」と警告し、温室効果ガスの排出を減らす必要性を訴えた。

科学者らでつくる国連の気候変動に関する政府間パネル（IPCC）は、温暖化がもたらす熱は海に大量に取り込まれ、海水温の上昇が長期間続くと指摘する。気象庁によると、日本近海の約100年の上昇幅は、世界平均や北太平洋全体より大きい。

■

今回、気象庁だけでなく、国土交通省の出先機関の地方整備局も異例の記者会見を開き、河川の状況など情報発信した。災害リスク学が専門の広瀬弘忠・東京女子大名誉教授は「台風15号から間もないこともあり、住民は相当の危機感を持っていた印象だ」と話す。

ただ、氾濫した河川周辺で逃げ遅れ、孤立した住民らが相次いだことも事実だ。広瀬名誉教授は「危機感が避難行動に結び付いていないのでは。漠然と『逃げろ』と呼び掛けるだけでは人は動かない」と指摘。避難情報を自治体全域にまとめて出すのではなく、地域ごとに具体的な避難先を明示するといった工夫が必要だとする。

防災システム研究所の山村武彦所長は「異常気象が最近の自然災害の激甚化を招いている。根本から考えなければならない時だ」として、災害対応から復旧復興までを一元的に担う防災省の設置を提言する。

ガードレールがひしゃげマンホールがむき出しになった道路を見つめる男性＝13日午後2時40分、佐久市常和

県内主なアメダス観測点の24時間最大雨量（13日朝まで）

飯山市　観測史上最大 野沢温泉村　小谷村　信濃町　鬼無里　千曲川　白馬村　観測史上最大 長野市　観測史上最大 高山村　大町市　上田市　観測史上最大 菅平　観測史上最大 麻績村　東御市　軽井沢町　安曇野市　鹿教湯　立科町　佐久市　松本市　北相木村　諏訪市　木祖村　辰野町　南牧村　原村　木曽町　観測史上最大 茅野市　王滝村　伊那市　宮田村　大桑村　飯島町　南木曽町　大鹿村　阿智村　飯田市　阿南町

100mmまで　100～200　200～300　300以上　10月の観測史上最大

千曲川の支流があふれ浸水した地域でボートを携えて捜索する消防隊員＝13日午前8時20分ごろ、長野市松代町西寺尾

激甚災害指定を要望
知事・長野市長　視察の武田氏に

台風19号による災害を受け、武田良太防災担当相が13日午後、県内被災地を上空から視察し、長野市で阿部守一知事、加藤久雄長野市長と面会した。阿部知事と加藤市長は、国からの財政支援につながる激甚災害への早期指定などを要望。武田氏は面会後、指定について明言を避けつつ「できる限りの手を尽くしたい。被害情報を集約して判断材料としたい」と述べた。

冒頭のみ公開の面会は、同市の県消防学校で約20分間。要望は▽一部損壊家屋も被災者生活再建支援制度の対象にするなどの住民支援▽決壊した堤防などの迅速な復旧対策▽医療・福祉施設や学校の復旧支援▽被災した商工業・農業事業者の支援▽激甚災害への早期指定と県・市町村への財政支援―の5項目だった。

阿部知事は面会後、激甚災害指定に向け「県と市町村から状況を伝える中で、政府の前向きな対応を期待したい」と述べた。

武田氏は面会の前後に、ヘリコプターで長野市や上田市、千曲市など千曲川流域の被災地を視察。内閣府で視察後に記者会見し、被災状況のデータを基に激甚災害指定を検討する考えを改めて示した上で、「あらゆるオプション（選択）を用意して（自治体の）バックアップ態勢を敷いていく」とした。

台風19号被害ドキュメント

【12日】

15時10分　佐久市の下越、塩名田の両水位観測所で氾濫危険水位に到達

15・30ごろ　気象庁が長野市、東御市、上田市、小諸市、佐久市など県内11市町に県内初の大雨特別警報を発表。県が災害対策本部設置

17・40　上田市の生田水位観測所で氾濫危険水位に到達

18・10　千曲市の杭瀬下水位観測所で氾濫危険水位に到達

19時ごろ　千曲川に架かる東御市の田中橋近くで道路が陥没し、車3台が転落。乗っていた6人のうち3人が救助され、1台の3人が行方不明

20・10　国土交通省が上田市国分で越水を確認

20・23　長野市篠ノ井横田で越水を確認

21・27　長野市篠ノ井塩崎庄ノ宮で越水を確認

21・30　南佐久郡佐久穂町大日向地区で停電により断水

21・34　県が陸上自衛隊に災害派遣を要請

21・43　千曲市雨宮で越水を確認

21・50　小県郡長和町大門四泊地区で道路決壊による水道管露出のためバルブを閉栓し断水

22・15　国交省が長野市篠ノ井小森で越水を確認

22・50　東御市の北御牧地区、佐久市の常和地区で水道管破断などによる断水

23・05　佐久穂町余地地区で停電により断水

23・18　長野市松代町柴で越水を確認

23・40　中野市の立ケ花水位観測所で氾濫危険水位に到達

【13日】

0・55　国交省が長野市穂保で越水を確認

1・45　須坂市北相之島、上高井郡小布施町飯田で越水確認

2・35　佐久穂町畑ケ中地区で断水

2・58　小布施町山王島で越水を確認

3・00　長野市穂保の堤防の欠損を確認

3・20　下高井郡野沢温泉村の市川橋水位観測所で氾濫危険水位に到達

3・25　中野市栗林、立ケ花で越水を確認

5・30　長野市穂保で堤防が決壊したもようと確認

5・55　千曲川流域下水道下流処理区終末処理場（長野市赤沼）が冠水

6・00　県が被害状況を発表。重傷2人、軽傷6人

6・15　県が第9管区海上保安本部に救援要請

6・30　国交省が上田市諏訪形の堤防の欠損を確認

6・32　県が緊急消防援助隊に応援要請

6・45　長野市穂保や篠ノ井横田などで自衛隊ヘリコプターが救助開始。県警ヘリが現場の状況把握のため映像撮影

7・10　長野市穂保の堤防決壊箇所にブロック投入を開始

7・30ごろ　捜索中だった佐久市中込の男性(81)の遺体を発見

7・34　飯山市の皿川が氾濫。市街地の一部が冠水

8・00前　上田市の上田電鉄別所線の鉄橋が崩落。県警には8時までに計29件78人から救助要請

8・08　経済産業省が、県内の停電戸数は約6万3380戸（午前5時現在）と発表

8・45　県警ヘリが救助開始

10・00　東御市が災害対策本部会議

10・20　県が第4回災害対策本部員会議。県警への救助要請は計55件126人に

11・00　国交省が非常災害対策本部の初会合。赤羽一嘉国交相は「人命救助を最優先に被災者の救出、救助の支援に全力で当たる」

13・00　長野市が災害対策本部会議

13・10　千曲市が災害対策会議

14・00　須坂市の三木正夫市長が記者会見し「ボランティアセンター設置を検討」

14・07　武田良太防災担当相が県内被災地をヘリで視察後、長野市篠ノ井東福寺の県消防学校に到着

14・21　武田防災担当相と阿部守一知事、加藤久雄長野市長が面会

15・36　加藤市長が記者会見。「被災規模を正確に把握し、被災者が（普段の）生活に戻れるようにする」

20・39　北陸新幹線（長野経由）が東京―長野間の臨時列車で一部運転再開

21・16　県が第5回災害対策本部員会議

けさの一句

2019.10.14

菊の香や出世地蔵ののっぺらぼう　今越（いまこし）みち子

深い慈悲で人々を見守る地蔵菩薩（ぼさつ）。出世地蔵の名はあらたかなご利益から生まれたのだろう。信心における「撫（な）でる」とは形など自身の身代わりにする場合と、慈愛に満ちた体を差し出し福を分配する場合がある。後者である掲句の目鼻もないほどの盛況ぶりに善男善女でありながら現世の出世を願う生身の人間の姿を思う。清らかな菊の香が撫でられ続けたお地蔵様をやわらかに包む。「万象」「りいの」同人。

土肥　あき子（俳人）

濁流の中で 懸命に

建物に取り残され、自衛隊のヘリコプターで救助される人＝13日午前10時28分、長野市大町

長野の決壊 力合わせ救助

浸水した県総合リハビリテーションセンターから救出される患者＝13日午後1時3分、長野市下駒沢

冠水した千曲川方面を見下ろし、しばし言葉を失う人たち＝13日午前9時34分、長野市上野

漬かる新幹線

多くの車両が水に漬かった長野新幹線車両センター＝13日午前7時24分、長野市赤沼

上田 崩れる鉄橋

激流で堤防がえぐられ、大きな音を立てて崩れ落ちる上田電鉄別所線の鉄橋＝13日午前7時58分、上田市天神から撮影

中野市立ケ花

水が引いた後、協力して泥を片付ける住民たち＝13日午前10時10分、中野市立ケ花

長野市豊野町

ボランティアによる炊き出しのラーメンを求め、長蛇の列を作る避難者＝13日午後5時半、長野市豊野町の豊野西小学校

◀飯山市中心部

市役所（右奥）などが浸水した飯山市中心部。奥に増水した千曲川が流れている＝13日午後4時38分（地権者らの許可を得て小型無人機で撮影）

29　第三社会　9版　2019年（令和元年）10月14日　月曜日　信濃毎日新聞　第三種郵便物認可

6市町村の下水処理停止

県内施設冠水　節水呼び掛け

台風19号に伴う河川の氾濫で13日、県と佐久市、飯山市の下水道処理施設が冠水し、下水の受け入れを停止した。対象は長野市や佐久市など東北信地方6市町村の計約20万人。地元自治体はバキュームカーを出動し、下水管から汚水をくみ上げるなどしているが、下水管が満杯になればマンホールからあふれ出す恐れがあるとして、風呂や洗濯の回数を控えるなど節水への協力を呼び掛けている。いずれの施設でも復旧の見通しは立っていない。

長野市赤沼にある県の「千曲川流域下水道下流処理区終末処理場」（クリーンピア千曲）は13日未明、下水処理後の水を放流する千曲川の水位が基準を超えたため放流を停止。同市と須坂市、上高井郡小布施町、高山村からの計約14万3千人分の下水受け入れを止めた。その後、近くの千曲川が決壊し、同処理場の1階が腰の高さほどまで冠水。水位は下がっているものの、同日午後6時時点で冠水状態は続いているという。

県は同処理場から水がはけた後に復旧作業を本格化する予定。ただ、冠水で処理場内の電動ポンプなどの設備が故障している可能性もあり、施設の再開のめどは立っていない。長野市は14日、クリーンピア千曲に向かう下水管を、同市が運営する「東部浄化センター」の下水管につなぐ工事に着手する。

佐久市内で最大の下水処理施設「下水道管理センター」（中込）は13日までに、千曲川支流の滑津川の水が堤防を越えてあふれたために冠水し、下水の受け入れを停止した。市民の半数に当たる約5万人の下水を処理していたが、同日午後6時時点で復旧の見通しは立っていない。

飯山市では、下水を終末処理場へ送る「有尾排水中継ポンプ場」（飯山）が冠水。ポンプが停止した影響で、蓮、静間、飯山、南町、旭の計約1万人の下水を終末処理場へ送れない状態が続いている。

下水の受け入れを停止している主な地域

▽長野市
古里、柳原、長沼、若槻、浅川、朝陽、若穂、古牧、吉田、大豆島、豊野、松代のそれぞれ一部
▽須坂市
上八町と下八町を除くほぼ全域
▽飯山市
蓮、静間、飯山、南町、旭
▽佐久市
野沢、中込、岩村田、臼田
▽小布施町
東町、上町、中町、伊勢町、中央、中扇、横町、福原、栗ガ丘、大島、飯田、林、山王島、六川の一部、松村の一部、水上、松の実、千両、クリトピア自治会
▽高山村
高井

工場やリンゴ畑浸水

台風、県内産業にも影響

台風19号の猛烈な風雨は、県内産業にも大きな爪痕を残した。千曲川が決壊した長野市穂保の堤防近くには中小規模の製造業が集積しており、多くの工場が浸水。県内有数のリンゴ産地の同市豊野町など農地も水に漬かった。県内区間を含む上信越道が通行止めになった影響で、東北信地方のスーパー・コンビニでは品薄になる商品もあった。

決壊現場に近い自動車部品製造の長野鍛工（長野市）の中村千夏社長は13日、水位が高いため現場に近づくことさえできず「設備が心配。早く状況を確認したい」と焦りを募らせた。特殊樹脂開発・製造のニッキフロン、給食受託サービスのミールケアもともに穂保の本社などが浸水。ホクト（同）は同市赤沼のエリンギ生産拠点、同市大町のシイタケ栽培研究施設などが水に漬かった。

建設資材販売などの高見沢（同）は、同市豊野町浅野の生コン工場を含む5拠点で浸水被害を確認。土質・地質調査などの土木管理総合試験所（同）は、同市篠ノ井御幣川の環境分析センターが床上50センチまで浸水し、装置の一部が故障したとみられるという。

ながの農協（本所・長野市）の管内で被害に遭った果樹のほとんどは、これから収穫期を迎えるリンゴ。13日朝、濁った水が流入した豊野町のリンゴを見に訪れた栽培農家の女性は果実まで水に漬かった様子に「信じられない。もう諦めるしかない」。同農協は「かつてない被害になる可能性がある。一日も早い復興を目指す」とした。

松本ハイランド農協（本所・松本市）管内の被害額は松本市と東筑摩郡山形村でネギが約300万円、リンゴが約100万円、同郡朝日村でレタスが約90万円。あづみ農協（本所・安曇野市）管内は松本市梓川地区でリンゴ「シナノゴールド」の被害が120万円余。下高井郡山ノ内町はリンゴを中心に1680万円余の農業被害があった。

県内金融機関の一部店舗や現金自動預払機（ATM）も冠水などの被害を受けた。長野銀行（松本市）は15日、県内全店に被災者対象の特別相談窓口を開設する。

冠水した道路に浮かぶリンゴ＝13日午前8時52分、須坂市小島

台風19号　ライフライン情報

鉄道

【14日の運行予定】

▽北陸新幹線（長野経由）東京―長野間は13日夜から折り返し運転を開始。14日以降も当面、本数を減らして同区間で折り返し運転

▽中央東線の特急あずさは終日運休。中央西線の特急しなのは本数を減らして松本―名古屋間で始発から再開。中央東線の普通は松本―甲府間で、篠ノ井線は長野―篠ノ井間、松本―明科間で本数を大幅に減らして再開。大糸線は始発から運転を再開。小海線、飯山線は終日運休。中央西線の普通と飯田線は13日に既に運転再開

▽しなの鉄道線の小諸―軽井沢間は始発から再開。篠ノ井―小諸間と北しなの線は終日運休。長野電鉄は始発から再開予定。アルピコ交通上高地線は13日午前から運転再開。上田電鉄別所線は再開の見通しが立っていない

道路

▽上信越道松井田妙義インター（IC）―佐久IC間以外は通行止め解除（13日午後5時時点）

・主要道路通行止め（同日午後7時半時点、県警交通管制センターまとめ）

▽国道18号長野市柳原交差点～豊野町浅野交差点

▽国道299号茅野市北山麦草峠

▽国道254号上田市鹿教湯～松本市稲倉

航空

▽フジドリームエアラインズ（FDA）は13日、松本空港発着便を通常運航。14日も通常通り運航予定

電力

▽約4万戸（13日午後8時半時点）が停電。長野市、小川村、信濃町、飯綱町、須坂市、小布施町、高山村、千曲市、坂城町、栄村、飯山市、野沢温泉村、中野市、長和町、上田市、東御市、小諸市、軽井沢町、御代田町、立科町、佐久市、佐久穂町、小海町、南相木村、北相木村、南牧村、川上村、白馬村、池田町、大町市、生坂村、安曇野市、辰野町、中川村、茅野市、岡谷市、伊那市で発生。問い合わせはフリーダイヤル（☎0120・985・232）などへ

ガス

▽長野都市ガスによると、長野市豊野町で約900戸の供給停止。浸水の影響がない約470戸は14日より復旧作業を開始。問い合わせは北信支店（☎026・226・8161、月～土曜は午前9時～午後7時、日曜、祝日は午前9時～午後5時半）へ

通信

▽上田市は上田創造館、川辺小、塩田中、長野大の4避難所に無料Wi−Fi（公衆無線LAN）、スマートフォン（携帯電話）の充電環境を早ければ14日にも整える予定

▽佐久地域のスマートフォン（携帯電話）の充電スポットは、佐久市が佐久情報センター（午前9時～午後6時）、小諸市が市民交流センター（午前8時半～午後9時）、軽井沢町が町役場（8時半～午後5時15分）木もれ陽の里（同）中央公民館（8時半～午後9時）観光振興センター（午前9時～午後5時）観光会館（同）風越公園総合体育館（午前8時半～午後10時）スカップ軽井沢（午前8時半～午後9時）軽井沢さわやかハット・さわやかホール（午前6時～午後11時）軽井沢駅南北自由通路（終日）、御代田町がエコールみよた（午前8時半～午後10時）、佐久穂町が町役場と生涯学習館「花の郷・茂来館」、小海町が町役場

▽**携帯電話障害、東北に拡大**

NTTドコモ、KDDI（au）、ソフトバンクの携帯電話大手の3社は13日、台風19号の影響で、関東甲信越、東海地方に加え、東北地方でも携帯電話がつながらないか、つながりにくくなる通信障害が発生していると発表した。停電や設備故障が原因で、復旧作業を進めている。

3社共通の障害エリアは茨城と埼玉両県の全域と関東1都4県や岩手、宮城、福島、山梨、長野、静岡各県のそれぞれ一部。ドコモは埼玉の一部、KDDIは茨城の一部、ソフトバンクでは茨城と岐阜両県の一部でも障害が続いている。

保険・貯金

▽生命保険協会は被災した契約者の保険料の払い込み猶予期間を最長6カ月延長。保険金、給付金、契約者貸付金の申し出に必要書類の一部省略などで対応する。契約者や被保険者が死亡・行方不明となり、契約の有無が分からず保険金請求が困難な場合、災害地域生保契約照会センター（☎0120・001731）を窓口に加盟社へ調査依頼する

▽**通帳紛失でも預金払い戻しを**

日銀と関東財務局は13日、台風19号に伴い災害救助法が適用された長野県内などの市区町村の被災者について、通帳や印鑑を紛失した場合でも預貯金の払い戻しに応じるよう、銀行などの金融機関に要請した。本人確認による払い戻しや母印の代用を呼び掛けた。保険会社には生命保険金や損害保険金の迅速な支払いに応じるよう求めた。

宅配便

▽ヤマト運輸が東北信地方30市町村で荷物の受け付けや配達を停止

外国人相談窓口

▽14日午前10時～午後6時、長野市新田町のもんぜんぷら座3階に県多文化共生相談センター（☎026・219・3068）を臨時開設

情報提供

▽県防災ツイッター（https://twitter.com/bosainaganopref）。中国語や英語にも対応

ボランティア

▽佐久市災害ボランティアセンター（午前9時から、野沢会館で受け付け）

催しの中止・延期

▽川中島古戦場まつり（長野市）▽ウエルカム三才児まつり（同）▽記念対談「東山魁夷の芸術について 千住博×若林續敏」（同）「ブリリアントフェスタ2019」（上田市）▽「アクア秋まつり」（同）▽「第3回しなのの城ヨガ2019 in上田」（同、延期）▽佐久室内オーケストラ「第25回定期演奏会」（佐久市、延期）

水害後片付け　感染症に注意

防護や消毒徹底を

大量の水が流れ込んだ被災地では、細菌やカビが発生しやすくなるなど衛生環境の悪化により、感染症が流行する危険性が高くなる。被災者やボランティアが、がれきの撤去や清掃を行う際には「感染症はすぐそばにあるものと考え、防護や消毒を徹底することが大切」と東北大の賀来満夫名誉教授（感染症学）は注意を呼び掛ける。

清掃作業はゴム手袋やマスク着用が大事。作業後や食事前後は、手洗いや消毒の徹底がポイントだ。災害発生直後は、傷口から細菌が入って感染する破傷風などが増えやすくなる。

身の回りにいる細菌でも、体力が落ちた時には重い症状につながることも。風邪に似た症状や肺炎を引き起こすレジオネラ菌は土の中にいて、水滴や砂ぼこりに混ざって体に入ることがある。発熱や頭痛を起こすレプトスピラ感染症も汚れた土や水を通じて感染する。多くの人が集まる避難所では、ノロウイルスや食中毒も心配だ。

浸水被害があった建物では、家の中にカビが発生している可能性があり、換気や消毒も重要。発熱や倦怠感、下痢などの症状が出た場合には早期に医療機関を受診し、乳幼児やお年寄りに対する目配りが求められる。

阿武隈川氾濫、泥水覆う

宮城・福島　住民、不安な表情

台風19号の直撃から一夜明けた13日、宮城、福島両県を流れる阿武隈川流域の各地で、住宅1階部分が茶色い水に漬かった。2階のベランダから救助隊員に「まだですか」と訴える表情は不安げで疲労感がにじむ。自衛隊員や消防隊員がボートで救出すると、安堵の様子が浮かんだ。

宮城県丸森町は、町役場を含む中心部一帯が浸水。川の土手からは、住民が水没した自宅を不安な表情で見つめていた。食堂を営む白木順子さん(56)は「家の近くの道路が川のようになっていた。断水し、店の再開のめどが立たない」。

「水が床下から一気に湧いてきた」。丸森町赤堀の笠間彰悟さん(72)は、平屋の自宅が高さ約2メートルまで浸水。自身はテーブルの上に乗り、寝たきりの母親(92)は介護ベッドごと浮き上がり助かった。「一睡もしていない。道路が寸断され、母親を病院にも連れていけない」と話した。

丸森町の避難所となった館矢間小の教室では、着の身着のままで来た被災者がござを敷いた上で毛布にくるまって雑魚寝していた。パートの小野くみさん(48)は自宅が床上浸水した。今後の生活への不安に加えて心配なのが家に置いてきた3匹の猫。早く助けに行きたいが、水が引くには数日かかる可能性がある。

福島県本宮市では、市街地の約1200世帯で浸水被害があった。冠水した道路の水面には油が浮き、ガソリンのにおいが漂う。タイヤや物干しざお、日用品も流れていた。ボートで救助された無職桑島勝也さん(74)は「昨日の午後8時ごろから浸水し始め一気にかさが上がった。もう駄目だと思った」と話した。

宮城県では、県中部を東西に流れる吉田川でも堤防決壊や越水が相次いだ。大崎市の農家佐藤はつ江さん(64)は、収穫直後のコメ十数トンと、冬に収穫を控えていたネギが水没。「農家をやめるかどうか考えないといけない」とうつむいた。

大郷町で障害児らのデイサービス施設を運営する児玉幸司さん(49)によると、施設は浸水し事業用の車も流された。以前にも水害があったといい「町に堤防強化を要望していたのに」と目を赤くした。

台風19号の大雨で浸水した福島県本宮市の住宅街＝13日午前10時47分

埼玉の特養124人孤立

全員救助

埼玉県川越市下小坂の特別養護老人ホーム「川越キングス・ガーデン」が台風19号による浸水で孤立して入居者ら124人が取り残され、13日午後5時15分ごろまでに全員が救助された。川越地区消防組合によると、けが人はいない。一方、県警によると県内では東松山市と鳩山町で男女計2人が死亡した。

県などによると、同ホーム付近では越辺川が氾濫し、広い範囲で住宅などが浸水した。県は13日午前、陸上自衛隊に災害派遣を要請。消防隊員や警察官を含む計200人以上が入居者らをボートで避難所に運んだ。その後、ショートステイの入居者を除き、全員が県内の別の福祉施設に受け入れられた。

川越市は当初、同ホームに隣接する老人ホームの入居者ら約100人も孤立したとみて救助対象としたが、1階が浸水しておらず、救助の必要はないと判断した。

県警などによると、都幾川が氾濫した東松山市では13日、水没した車内で70代の男性が死亡しているのが見つかった。12日午後7時半ごろには、鳩山町赤沼の用水路に架かる橋の上で意識不明の女性が見つかり、病院で死亡が確認された。発見時、橋の上にも水がたまっていたという。

ホームレスが避難断られる

東京・台東区「区民でない」

台風19号が首都圏を直撃した12日、東京都台東区が、自主避難所に身を寄せようとした路上生活者（ホームレス）の2人に対し、「区民を対象としており、それ以外の人は受け入れない」として利用を断っていたことが13日、分かった。

区によると、区が開設した自主避難所の区立忍岡小学校に避難しようとした2人に住所や名前を書くよう促したところ、2人は「住所がない」と話した。

対応した職員が災害対策本部に問い合わせをした上で、利用できないことを伝えたという。区広報課は「住所不定の方の避難所という観点がなく、援助から漏れてしまったのは事実。今後、対応を検討したい」としている。

不自由展、きょう閉幕

鑑賞希望、再開後最多に

愛知県で開催中の国際芸術祭「あいちトリエンナーレ2019」は14日、75日間の会期を終えて閉幕する。8日に再開した企画展「表現の不自由展・その後」は13日、ガイド付きツアーが午前と午後に計6回実施され、抽選に1日当たりで再開後最多となる延べ2964人が応募。221人が鑑賞した。トラブルは報告されなかった。

12日は台風19号の接近を受け、芸術祭の全ての展示やイベントが中止になった。13日は通常どおり午前から開催した。不自由展を鑑賞した大学生徳永直実さん(19)＝名古屋市＝は「話題になり、気になっていたので見に来た」と話した。

不自由展は14日も午前と午後に計6回ツアーを実施する。各回定員40人で公開時間は40～60分。

同展は、国内の公立美術館などで自粛や行政による拒否が理由で公開できなかった作品を展示する。16作家の23作品で構成され、このうち元慰安婦を象徴した「平和の少女像」や昭和天皇の肖像を燃やす場面を含む映像作品などに抗議の電話やメールが殺到し、8月1日の開幕から3日目で中止になった。

「表現の不自由展・その後」のツアーの抽選で、当選番号発表に集まった大勢の鑑賞希望者＝13日午後、名古屋市

▼弘道会本部に使用制限命令

神戸市の指定暴力団神戸山口組系組事務所付近で組員2人が指定暴力団山口組弘道会系組員に射殺された事件を受け、愛知県警は13日、名古屋市中村区の弘道会本部事務所や傘下組織の事務所計5カ所に、暴力団対策法に基づく使用制限の仮命令を出した。

岐阜県警も13日、岐阜市内にある弘道会傘下組織の事務所1カ所の使用を制限する仮命令を出した。同県内での発令は初めてという。

大阪府警も13日、弘道会傘下組織の事務所1カ所と、神戸山口組山健組傘下組織の事務所2カ所に使用制限の仮命令。府内での発令も初という。

第三種郵便物認可 信濃毎日新聞 2019年(令和元年)10月14日 月曜日 9版 第二社会 30

自然の猛威 無念…

流される人 目の当たり

佐久1人死亡、佐久・東御4人不明

中島さんの遺体が見つかった現場近くの住宅地。濁流に流された車や草木の片付けに住民が追われた＝13日午前10時20分、佐久市中込

千曲川を氾濫させた台風19号通過から一夜明けた13日、佐久市中込で近くの中島正人さん(81)が遺体で見つかった。同市臼田、東御市でも計4人が行方不明。濁流に流される人を目の当たりにした救助関係者らは、自然の猛威に無念をかみしめた。

中島さんの遺体が見つかった佐久市中込の現場は、千曲川支流の滑津川の水が引き始めても車数台が横倒しのまま。佐久広域連合消防本部によると、中島さんは道路の冠水で立ち往生し、車外に出たところで流されたとみられる。

同市臼田入沢区では12日夕から60代男性が行方不明で、13日は消防や警察が千曲川支流の谷川沿いを捜索。道は所々陥没し、護岸がえぐれてマンホールや水道管がむき出しに。12日午後5時ごろには水位が橋の直下10センチほどに達していたといい、地元の女性は「いつもはシラサギが飛ぶのどかな川。水位が上がりすごく怖かった」と振り返った。

車が転落して3人が行方不明になっている東御市田中の千曲川。上田広域消防本部などは長野市南部付近まで範囲を広げて捜索した。東御消防署の武舎徳夫署長らによると、12日午後6時45分に119番通報を受け、午後7時前に現場の田中橋に到着。片側車線が大きくえぐれ、陥没した5、6メートル下に軽乗用車2台が落ち、その上に横転した白い乗用車が重なっていた。

軽乗用車の20歳の男女、男性1人は自力脱出したが、横転した乗用車内に男性1人が見えた。乗車人数を確認する救助隊員の呼び掛けに、男性は指を3本立てたという。だが増水で足場が崩れ、クレーンで隊員をつり下げて救助を試みているさなか、車が濁流にのみ込まれたという。武舎さんは、隊員も危険にさらされた困難な救助だったとし、「大変悔しい思いだ」と心の内を吐露した。

車3台が転落した千曲川の田中橋周辺を捜索する消防隊員＝13日午前6時20分、東御市田中

浸水や土砂崩れ 一時孤立

台風19号は千曲川流域の広範囲で浸水や土砂崩れを起こし、一時孤立する集落も出た。取り残される施設もあり、職員は入所者らの安全確保に追われた。

「これはえれぇことだわ」。千曲川の支流があちこちで氾濫し、山沿いの集落に深刻な被害が広がった佐久市。常和地区の男性(87)は市道を流れる濁流や、めくれ上がった舗装を前に立ちすくんだ。

同市原では濁流で市道が崩れ落ち、店舗1棟と住宅1棟が千曲川へ流出。近くの会社役員小倉修治さん(79)は崩落で自宅に入れず「年寄り2人で避難所で暮らすことになるのか」と不安そうだった。

上田市武石地域では12日夜、武石川にかかる県道美ケ原公園沖線の「武石新橋」が崩落し、2トントラックが転落。運転手は軽傷だった。迂回路がなく、上流の268世帯586人が一時孤立した。

同市の国道254号は土砂流出と陥没で、荻窪地区―三才山トンネル料金所間が全面通行止めに。鹿教湯温泉には13日朝時点で60人ほどの宿泊客がとどまっていた。

長野市若穂保科でも土砂流入などで道路が通れなくなり高岡集落で9世帯12人が孤立。自営業竹内憲さん(63)は「道路が復旧しないと仕事にも出られない」とこぼした。

長野市松代町では千曲川の支流があふれ城東、城北団地などが冠水。13日未明に近くのホテルに逃げ込んだ男性(71)は「急に水量が増えて驚いた。命拾いした」。周辺は水深2メートルほどに達して宿泊客約430人が孤立した。

冠水した長野市豊野町では、複数の高齢者施設から市に救助要請があった。「ケアハウスりんごの里」「介護医療院とよの」など計5施設には計約300人が入所しており約100人は14日に他施設へ移すことを決めた。

県総合リハビリテーションセンター(長野市下駒沢)では、施設の入所者19人と病院の入院患者38人が取り残された。午前10時ごろ、ストレッチャーに乗せた患者らを職員らが膝下まで水に漬かりながら道路まで運び、迎えに来た家族に託した。

運転を再開した北陸新幹線から降り、JR長野駅の改札を出る人たち＝13日午後10時26分、長野市

新幹線車両センター浸水

長野・赤沼 3分の1 120両被害

台風19号の記録的な大雨の影響で、長野市赤沼にあるJR東日本の「長野新幹線車両センター」が浸水し、北陸新幹線(長野経由)の車両全30編成のうち3分の1に当たる10編成120両が水に漬かった。JR東日本は13日夜、東京―長野間で運転を再開したが、14日以降も当面、本数を減らして同区間で運転する。

再開して最初の東京発あさまは13日午後10時半前に長野駅に到着。長野市の女性(32)は10日から家族で韓国に旅行した帰りで14日は仕事があるとし「何とか13日中に到着して良かった」と疲れた表情で話した。JRは14日以降に運転を取りやめる新幹線の乗車券などを事前購入した人には、払い戻しで対応する。

新幹線車両の浸水被害について、国土交通省鉄道局は「これまでの規模は知る限りない」。センターでは一時職員が孤立したが無事だった。

同社によると、北陸新幹線はJR東日本所有のE7系19編成、JR西日本のW7系11編成の計30編成で運用しており、水に漬かった10編成はE7系8編成とW7系2編成。場所は屋外が7編成、屋内が3編成だった。JR西日本の2015年3月期の有価証券報告書によると120両の製造費用は約328億円。

高崎―軽井沢間の急勾配も高速で走れるよう強力なモーターを使っている。仮に浸水に遭った車両が長期間使用できなくなれば、運行ダイヤへの影響が続く恐れがある。国交省は「他の新幹線の車両を使おうとしても急勾配が課題になる」としている。

鉄道に詳しい工学院大の高木亮教授は「(車両の)機器内部に水が浸入すれば完全にきれいにすることは難しく、機器の全交換が必要となるのではないか」と指摘。車両を買い替える方が安価に済む可能性もあるとする。北陸新幹線車両の3分の1が被害に見舞われたことには「稼働可能な車両数が不足するので、かなりの列車を運休せざるを得なくなる」と見通した。

上田電鉄の鉄橋落下

上田電鉄(上田市)は13日、千曲川に架かる鉄橋が落下した別所線の14日以降の復旧や運転について「見通しが立たない。何カ月かかるかも分からない」とした。バスによる代替運行も未定。落下によるけが人はいなかった。

鉄橋の名称は「千曲川橋りょう」。全長224メートルのうち左岸側44メートルが落ちた。1924(大正13)年、前身の「上田温泉電軌」が設置。赤い鉄橋はシンボルとして親しまれていた。落下は初めて。

上田市災害対策本部によると鉄橋周辺の堤防道路は石積み。大雨による増水で護岸が削られ別所線との接続部分もえぐり取られたとみられる。

4本あるコンクリート製橋脚は近年、補強していた。同社の矢沢勉運輸課長(54)は復旧には億単位の経費が必要との見方を示し「市、県、国のバックアップをお願いすることになる」と話した。

長31 第一社会 9版 2019年(令和元年)10月14日 月曜日 信濃毎日新聞 新聞定価1カ月4,400円(うち消費税325円) 1部 朝刊150円 夕刊60円(消費税込み) 第三種郵便物認可

日常激変 水没の街

長野の千曲川決壊

間一髪 恐怖に震え

消防隊員に抱きかかえられて救助される人=13日午後3時10分、長野市豊野町豊野

長野市穂保の千曲川の堤防決壊。同市北部ののどかな田園地帯は一面、茶色の濁流にのまれ、13日、間一髪で救助されたり避難所へ逃げたりした住民たちは、その時の恐怖と不安を震える声で振り返った。【1面参照】

「玄関から川のようにすごい勢いで水が流れてきた」。穂保の農業吉村多香子さん(71)は、自衛隊ヘリで救助され、同市の南長野運動公園にたどり着いてこぼした。

自宅で迎えたこの日早朝、外でいったん5㌢ほど水が引いたと感じた直後、家に濁流が流れ込み、「あれよあれよという間に1階の天井近くまで水が来た」。119番通報で救助を求めたが「すぐには難しい」。荷物を持てるだけ持って夫と中2階へ。窓からシーツを振り続け、助けを待つ間、都内にいる子どもたちに携帯電話で励まされた。救助されて「本当にうれしかった」。だが、ヘリから見下ろすふるさとには、育ててきたリンゴの木が水に漬かり、実が浮いていた。

臨時ヘリポートとなった同市の長野運動公園。同市赤沼の自宅から静岡市消防局のヘリで救助された男性(75)は、妻(70)と2人で隊員らに深々と頭を下げた。

12日深夜、雨が強くないうちに妻を車に乗せ、避難所へ向かった。途中で渋滞が発生。車列が動かない間にみるみる周囲の水かさが増した。後ろにも車が続き、引き返すこともできない。「このままドアが開かなくなるのでは」。怖さを感じ、膝丈の水の中を妻と歩いて家に戻った。

暗闇の中を木片や農業用コンテナなどが流れてくる。「テレビで見たことがある災害の光景」の恐怖。自宅も膝下まで浸水していた。夜が明け、上空のヘリを何機も見送り、助けを待った。「一瞬の判断の遅れで怖い思いをした。早い避難がどれだけ大事かが分かった」と話した。

避難所になった長野市豊野西小学校。同市下駒沢の主婦(69)は13日午前5時半ごろ、自宅外が30㌢ほど冠水していることに気付いた。夫と2階へ。ベランダからバスタオルを振り続ける間に家の中に水が流れ込み、みるみる水位が高くなった。午後1時前、ボランティアのボートで救助された。ただ、今後の生活を考えると「もう何もかもだめそう」とつぶやいた。

「体育館の中はたくさん人がいるし、寝る場所もない」。同市豊野町の建設業大川実さん(45)は、避難先の同市豊野西小学校の外で友人とたばこを深く吸った。12日は車の中で一晩を過ごしたという。「(13日も)車の中。多分寝られないですけど」。少し疲れた表情で話した。

助け求める住民 懸命の救助

記者 現場ルポ

ごう音とともに住宅地に流れ込む濁流。救助を求め、自宅2階から懸命に手を振る住民たち。千曲川決壊の現場を取材した記者たちも、想像を超える光景に直面した。

「アップルライン」として知られる国道18号周辺のリンゴ畑は濁流の中。13日午前8時すぎ、長野市穂保の決壊箇所近く。屋根が見える体育館や民家は1階部分が水没し、波しぶきに洗われていた。

6人が2階に取り残されていた民家では窓から救助に入った自衛隊員が1人ずつ15分おきにヘリで引き上げた。お年寄りの姿も見える。決壊部分の水位が数㍍下がった夕方になっても、県警や自衛隊などのヘリが飛び交った。

水が引いた長野市大町の国道18号には県警や消防隊員らが待機。老人ホームに取り残されたお年寄りを自衛隊の車両が運び、救急車へと移した。「寒くない、大丈夫?」。救急隊員が、保温シートにくるまれたお年寄りに声を掛ける。目をつむって気分が悪そうな高齢者もいた。「必ず救助します。2階にいてください」。同市豊野地区では、しなの鉄道北しなの線東側で住宅1階が軒並み水没。取り残された住民に消防隊員らが声を掛け、ボートで懸命の救助作業が続いた。

一帯は未明まで浸水していなかった。2階から脱出し、ボートで救助された男性は「午前6時半ごろから水位が急に上がり、1階天井まで水が届いた」。瞬く間に押し寄せる濁流に逃げる間はなかった。

まるで茶色い湖になった住宅街。逃げ遅れた住民は多く、豊野駅南側の本町では住民自ら救助活動を始めていた。上水内郡信濃町の野尻湖などから人づてにボートを取り寄せ、水に漬かった街にこぎだす。何度も往復し、午後1時半までに約20人を救出した。救出作業に携わった中村文夫さん(64)は「(大雨特別警報が出た)警戒レベル5はうそじゃなかった」。ボートから降り、無事を確認した住民たちは「命があって良かった」と声を掛け合った。

同市大町でも同様に、住民のゴムボートに乗せられて陸地に近づいてくる女性がいた。同市下駒沢の松本裕子さん(64)。1人暮らしで車もなく、そのまま一夜を明かした。午前6時くらいからブクブクという音とともに一階に水が浸入。水かさはどんどん増し、2階に上がり119番通報。救助隊到着の前にゴムボートが通るのを見て「助けて、お願い」と大声を出した。「20年住んでいるがこんなこと初めて。恐ろしくてパニックだった」。そして水浸しの地域を心配そうに見つめ、「これは水引くんかな。嫌だな」とこぼした。(菅沼勇、佐藤勝、有賀史)

自宅2階から住民らにゴムボートで救助された松本裕子さん(中央)。「パニックだった。ほっとした」=13日午前10時54分、長野市大町

被害「まずまずに収まった」

二階氏発言 後に釈明

自民党の二階俊博幹事長は13日、台風19号被害を受けた緊急役員会で「予測に比べると、まずまずに収まったという感じだ。それでも相当な被害が広範囲に及んでいる」と述べた。役員会後、今回の被害が軽いとの趣旨ではないと釈明した。

二階氏は記者団から「まずまずに収まった」と言及した真意を聞かれ「日本がひっくり返るような大災害に比べればという意味。1人亡くなっても大変なことだ」と語った。

ヘリから落下 女性死亡

福島 救助隊員がフック付け忘れ

13日午前10時ごろ、福島県いわき市の平地区で、東京消防庁の大型ヘリコプター「はくちょう」の隊員が、台風19号で孤立状態だった77歳の女性を救助する際、女性の救助装置のフックをロープに付けるのを忘れたまま抱きかかえてつり上げ、上空約40㍍で誤って落下させた。再びつり上げて救助したが、女性は約6時間半後に病院で死亡した。

福島県警は業務上過失致死の疑いも視野に、隊員らから事情を聴き調べている。

東京消防庁は同日午後、庁内で記者会見を開き、清水洋文次長が「申し訳ありませんでした。活動中の手順を誤った」と謝罪した。

同庁によると、いずれも32歳の男性隊員2人が救助に当たっていた。それぞれ航空隊で1年半と2年半の救助経験があった。当時行っていたのは「ホイスト救助」と呼ばれ、袋状の救助装置(長さ約1㍍、幅約60㌢)に女性の体を包み、隊員が抱きかかえてロープでつり上げる方式だった。機内に移す際に落下させたという。隊員のフックはロープとつながれていた。

本紙 避難所で号外配布

信濃毎日新聞社は13日、台風19号通過に伴う千曲川氾濫などを伝える号外を1万1千部発行し、上田市、千曲市、長野市の避難所など16カ所で配った。

長野市金箱の古里小学校で号外を受け取った同市津野の会社員男性(32)は自宅周辺が浸水し、12日午後11時すぎから避難。不安でほとんど眠れなかったといい、「本当にひどい状況」と言葉少な。同市豊野西小学校では、近くの山口洋子さん(77)が前夜から家族ら3人で軽食や毛布などを持って避難。ただ、ひっきりなしに体育館に響き渡る緊急速報で眠れず、自宅も浸水しているようだと言い、「情報がないのが一番不安です」と号外を手にした。

号外を手にした山口さん=13日午後3時半、長野市豊野西小

高原調

○…ラグビーワールドカップ(W杯)の日本対スコットランド戦のパブリックビューイング(PV)が13日夜、飯田市の複合施設「エス・バード」で開かれた。観客約150人が8強入りした日本代表の勝利に沸いた=写真。

○…飯田下伊那地域のラグビー関係者でつくるNPO法人「南信州クラブ」が主催。前半に日本が得点を重ね、勝ち越すと「うそでしょ」「やった」と驚きと喜びの混じった歓声が会場に響いた。

○…歴史的勝利に同クラブ理事長の小沢健さん(62)は「良い戦いを皆で共有できた。これからもPVで応援してラグビー熱を高めていきたい」と興奮気味に話した。

1　第49318号　【明治25年3月15日第三種郵便物認可】　信濃毎日新聞（夕刊）　2019年(令和元年)10月15日　火曜日　2版

信濃毎日新聞
1873年(明治6年)創刊
夕刊
発行所
信濃毎日新聞社
長野本社 〒380-8546 長野市南県町657番地 電話(026) 受付236-3000 編集236-3111 販売236-3310 広告236-3333
松本本社 〒390-8585 松本市中央2丁目20番2号 電話(0263) 代表32-1200 報道32-2830 販売32-2850 広告32-2860

信毎ホームページ www.shinmai.co.jp
読者センター 026-236-3215
編集応答室 026-236-3111
購読申し込み 0120-81-4341

県内死者２人 心肺停止１人

台風19号

長野・穂保 浸水続く

東御の不明 沼津の男性か

復旧工事が急ピッチで進む長野市穂保の千曲川の堤防決壊現場＝15日午前10時33分（河川管理者らの承諾を得て小型無人機で撮影）

台風19号の記録的な大雨の影響で、千曲川が氾濫して冠水した長野市赤沼では、14～15日、男女2人の死亡が確認された。今回の台風による県内の死者は2人で、他に1人が心肺停止。行方不明者は少なくとも2人おり、県警などは15日も捜索を続けた。けが人は14日時点で重傷4人、軽傷7人。同市穂保の千曲川の堤防決壊現場では復旧作業が急ピッチで進んでいるが、周辺では今も浸水している住宅地や農地がある。

赤沼では14日、男性(81)が自宅で心肺停止状態で見つかり、県警ヘリが救助。市内の病院に搬送されたが午前10時14分、死亡が確認された。15日午前7時40分には、地区内の大田神社付近で高齢の女性が倒れているのを自衛隊が発見、心肺停止を確認した。赤沼は、千曲川の堤防が約70㍍にわたって決壊した同市穂保と同じ長沼地区にある。一帯では2階近くまで水に漬かった住宅もあった。

死者はこのほか、佐久市中込の中島正人さん(81)。

一方、佐久市入沢で12日夕に外出したまま連絡が取れていない男性は14日、会社員三石量正さん(68)と判明。家族によると、12日午後5時40分ごろに「土のうを取りに行く」と言って軽トラックで出掛けて連絡が取れなくなり、捜索願を出した。妻(70)は「何とか帰ってきてほしい。奇跡が起きてほしい」と願った。

東御市では12日午後7時ごろ、千曲川の田中橋近くの道路が陥没して車3台が転落し、1台の少なくとも1人が行方不明になっている。当初、車には3人乗っていたとの情報があったが、同乗者はいなかった可能性が高いことが判明。14日午前11時ごろには、上田署員が同橋から約2㌔下流の千曲川の河川敷で転落した車とみられる沼津ナンバーのプレートが付いたバンパーを発見。同署は、流されたのは静岡県沼津市在住の男性(72)とみてさらに捜索している。

ナンバープレートは男性の親族が確認した。同署によると、男性は12日、東御市内の親族を訪ねた。上田市の親族を訪ねると言って1人で乗用車を運転して親族宅を出た。同日夜、上田市の親族が同署に「男性と連絡が取れない」と連絡していた。

県警は14日、情報収集のためのフリーダイヤルを、県内全域から情報を受け付ける県警本部（☎0120・008・197）と、長野市長沼地区などを管轄する長野中央署（☎0120・008・046）に設置した。

県災害対策本部によると、県内の家屋被害は15日午前10時時点で全壊3棟、半壊1棟、床上浸水2170棟、床下浸水1240棟。同時点で長野市や須坂市など14市町村で計1123人が避難している。

内閣府は14日、塩尻市、諏訪郡原村、下高井郡野沢温泉村に災害救助法が適用されたと発表。国と県が市町村に代わって避難所の運営などの費用を負担する。適用は13都県315市区町村（長野県内は44市町村）となった。

豆らんぷ

濁流引き、変わり果てたわが家、街の姿。堤防決壊の長野市。立ち尽くす◇孤立している人は。避難所の環境は。いま何が必要か。状況把握に全力を◇新幹線水没、橋崩落、農業被害…。影響いったいどこまで。まだ見通せず◇同時多発の広域災害、もう毎年のように。時代なのか。人々に覚悟を迫る

全国 死者66人不明15人

台風19号による被害は14～15日にかけて、岩手、宮城、福島、東京、神奈川、長野、静岡の7都県で新たに死者が判明し、共同通信の集計では12都県で死者66人、行方不明者15人となった。国土交通省や総務省消防庁によると、決壊した堤防は7県の47河川66カ所に上り、住宅の床上浸水が6315棟、床下浸水は3517棟に達した。文部科学省によると、福島や長野など計7県の公立の小中学校、高校など計235校が15日の休校を決めた。

水の深さで立ち入りが困難な場所もあり、被害の全容は見通せない。警察や消防、自衛隊が取り残された人の救助や行方不明者の捜索を続行。停電や断水も各地で続いた。

千曲川本流 決壊・越水17ヵ所に

台風19号による大雨で、千曲川本流で堤防の決壊や欠損、川の水が堤防を越える越水した地点は少なくとも計17カ所に上っていることが15日までの県のまとめで分かった。内訳は、国管理が12カ所、県管理が5カ所。

県によると、千曲川の越水が発生したのは、長野市、上田市、須坂市、中野市、東御市、南佐久郡佐久穂町、上高井郡小布施町、下水内郡栄村の8市町村。支流では長野市の浅川、上田市の依田川、佐久市の片貝川など18カ所で越水をした。千曲川本流と支流を合わせ、少なくとも越水は計35カ所。

他に護岸の崩落、陥没も17カ所で確認。佐久市が6カ所、上田市が6カ所、東御市が2カ所で発生。他に長野市、佐久穂町、南佐久郡小海町であった。

千曲川が氾濫した場所

月岡(栄村)
野沢温泉村
飯山市
栄村
木島平村
信濃町
中野市
飯綱町
小布施町
栗林
立ケ花
山王島
堤防決壊 穂保
飯田
長野市
北相之島
山ノ内町
高山村
須坂市
塩崎庄ノ宮
横田
小森
松代町柴
篠ノ井
堤防欠損 雨宮
千曲市
坂城町
上田市
国分
堤防欠損 諏訪形
石井(上田)
海野(東御)
東御市
小諸市
御代田町
軽井沢町
立科町
佐久市
長和町
天神橋付近(佐久穂町)
佐久穂町
●＝越水した地点

7県で公立235校が休校

文部科学省のまとめによると、台風19号の影響で、福島や長野など計7県の公立の小中学校、高校など計235校が15日の休校を決めた。

各県の状況は岩手11校、宮城29校、福島106校、茨城22校、栃木20校、神奈川12校など。学校種別では小学校117校、中学校54校、義務教育学校1校、高校53校、特別支援学校10校となっている。

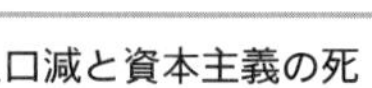

鉄道まひ続く

学校休校 相次ぐ

県内の鉄道は15日、一部で運転を見合わせた。停電や断水が続いている地域もある。被災した地域では小中学校や高校が休校した。

運転を見合わせていた上田電鉄(上田市)別所線は15日、列車と代替バスによる運行を始めた。上下線ともおおむね1時間に1本程度。増水で13日に落下した千曲川の鉄橋の復旧や、本運行の再開は見通しが立っていない。

JR東日本は、山梨県内の中央東線で線路内に土砂が流入したため特急あずさの運行を始発から終日取りやめた。飯山線も線路内に土砂が流入し、復旧作業のため運転を見合わせた。小海線は佐久市内などの河川の増水で線路下の土が流出し、小諸―野辺山間を運休。しなの鉄道は上田―田中間で線路をまたぐ市道の跨線橋が崩落し、安全確認のため同区間を運休した。

中部電力によると、長野県内は15日正午時点で約1万1400戸が停電。復旧作業を進めており、千曲川の氾濫地域を除き、17日までのおおむねの復旧を目指している。県によると、15日正午時点で県内7市町村の4040戸で断水が続いている。

県教育委員会と県の15日朝のまとめによると、台風被害に伴う公立・私立校の休校は小中学校が長野市や佐久市、南佐久郡佐久穂町など25校、高校は長野市、上田市、佐久市、飯山市など23校。

東日本高速道路は14日、佐久市香坂の上信越道下り線で路面のひび割れが見つかったと発表。盛り土崩落の恐れがあり、対策工事のため佐久インター―松井田妙義インター間上下線の通行止めを、さらに少なくとも10日ほど行う見込み。

国土交通省は14日、台風19号の影響で土石流4件、地滑り1件を県内で確認したと発表。土石流は上田市平井で2件、長野市若穂保科で1件、南佐久郡佐久穂町大日向で1件。地滑りは松本市五常の民家近くでごく小規模なものが起きた。

長野地方気象台によると、16、17日の県内は日中に晴れ間が広がるが、朝の最低気温が平年より低く、平地でも10度以下になる可能性がある。同気象台は体調管理に気を付けるよう呼び掛けている。

関連 台風19号
激甚指定へ調査急ぐ　2面
写真グラフ　3面
上田電鉄別所線 代行バスに列　6面
避難所寒い朝 身を寄せ合い　7面

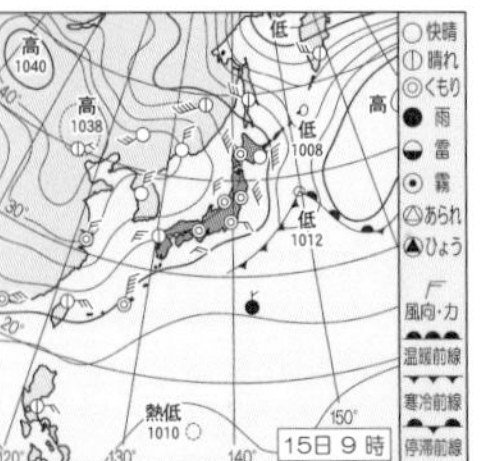

あすの天気

連休に千曲川が氾濫した県内。諏訪市の小野里恵子さん(71)はけさ、泥を片付ける住民の姿をニュースで見て「頑張るしかないから、後々体がつらくなる」と心配した。2006年の豪雨の際は、自宅が腰の高さまで浸水。その時の様子を思い起こし、「ずっと続くわけではないので気をしっかり」と祈った。

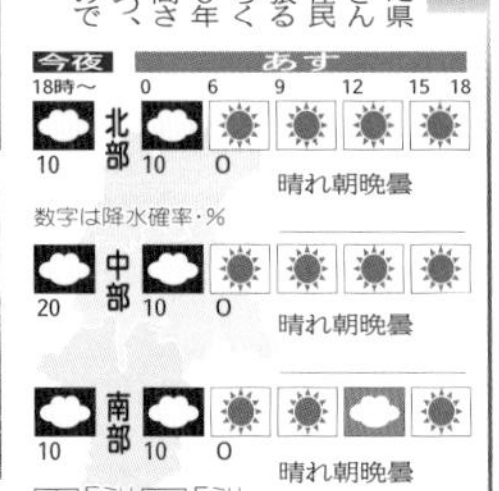
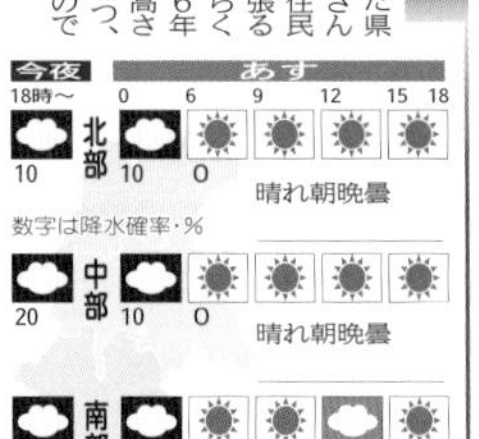

	今夜 18時～	あす 0	6	9	12	15	18
北部	10	10	0	晴れ朝晩曇			
中部	20	10	0	晴れ朝晩曇			
南部	10	10	0	晴れ朝晩曇			

数字は降水確率・%

都市	天気
札幌	曇り時々晴れ
新潟	晴れ時々曇り
東京	曇り後時々晴れ
名古屋	晴れ時々曇り
大阪	晴れ
福岡	晴れ時々曇り

▲気象衛星11時撮影

けさの気温（午前6時）

地点	気温
飯山	12.8
長野	12.5 (1.5)
大町	8.7
上田	12.0
佐久	8.3 (0.9)
軽井沢	11.9 (2.0)
松本	12.2
木曽	12.6 (2.1)
伊那	14.6
諏訪	(3.5)
飯田	

（ ）内は平年比 ▼低

あすの予想気温

地点	最高	最低
長野	19	10
軽井沢	15	7
松本	20	9
諏訪	20	10
飯田	23	11

世界の天気 10月13日～14日

人口減と資本主義の死

今日の視角

2019.10.15　内田 樹

人口問題が口にしたくない話題であるのは世界共通であるらしい。その話題を口にすると、おのれの知性と想像力の限界を問われるような気がするからである。

久しく「人口問題」というのは人口過剰のことであった。1972年に民間シンクタンクのローマクラブが発表したリポート「成長の限界」は、人口増加と環境汚染がこのまま続けば、地球は人類の生存に適さなくなるだろうと暗鬱に予言した。事実、人口は増え続け、当時40億だった世界人口はほぼ倍の76億人が地上にひしめく。国連は2050年までに世界人口はほぼ100億に達するとみている。だが、これは外れそうである。人口動態予測が減少に転じたからである。それも誰も予想しなかったほど急速に。

欧州では人口を維持するのに必要な合計特殊出生率2・1を保持している国はもうほとんど存在しない。世界人口の約40%を占める中国、インドでも出生率は急減している。中国の人口は10年後に14億人でピークアウトし、21世紀末には7億人まで減ると予測されている。

人口減は世界をどう変えるのか。どの国の政府もその話をしないので、代わりに申し上げる。それは「資本主義の死」を意味する。資本主義は人口増と経済成長という「右肩上がり」を前提にして設計された制度であるから、長期的な人口減・高齢化局面では資本主義は機能しない。けれども、「ポスト資本主義」世界で人々が「必要な物を、必要な時に、必要な場所で」手に入れることのできる「豊かな社会」をどう実現したらよいのか、その手立ては誰も知らない。人類が経験したことのない状況についての成功事例は存在しないからである。しかし、だからといっていつまでも思考停止していることは許されないはずである。

第三種郵便物認可 信濃毎日新聞(夕刊) 2019年(令和元年)10月15日 火曜日 2版 6

通勤・通学の足を直撃

北陸新幹線の運行状況
臨時はくたか運転
石川
新潟
上越妙高
車両センター浸水
富山
金沢
富山
長野
群馬
長野
埼玉
本数減らし運転
東京
東京
つるぎ通常運転
50km

全線再開めど立たず
北陸新幹線 長野—上越妙高で運休

長野市赤沼にあるJR東日本の長野新幹線車両センターや近くの本線が浸水し、運行に支障が出ている北陸新幹線は13日夜から東京—長野間で本数を減らして運転を再開。14日は長野—糸魚川間を運休したが、15日からは東京—長野間と上越妙高—金沢間で折り返し運転を始めた。長野—上越妙高間は運休する。東京—長野間では速達型の「かがやき」、停車型の「はくたか」は運転を取りやめ、東京—長野間の「あさま」を全席自由席で、1時間に1、2本運行。同日の「あさま」は早朝から混雑した。

JR東日本は14日、東京—金沢間の全線運転再開について「相当期間を要する」と明らかにした。センターが浸水した13日は、新幹線の全車両の3分の1に当たる10編成120両が水に漬かった。車両の修繕にどのくらいの時間がかかるかや、浸水した本線の被害状況が分かっておらず、全線運転再開のめどが立たないという。

上田電鉄 代行バスに列

千曲川増水で上田市街地と塩田平を結ぶ鉄橋が崩落した上田電鉄別所線は15日朝、下之郷—上田間で代行バス運行を始めた。東御市内で寸断されたしなの鉄道の利用者には、長野市方面への通勤でやむなく新幹線利用に切り替える人も。早期の復旧を願った。

午前7時、別所線下之郷駅前では通勤客ら8人がバスに乗り込んだ。上田市富士山の市職員、工藤秀樹さん(58)は市役所に向かうため「普段より時間に余裕を持って家を出た」。ちょうど定期券の期限切れで、復旧見通しが立たない中、更新を迷いもしただけに、代行バスが動いてほっとした表情を見せた。上田駅までは電車だと17分。上田電鉄によると、バスは見込みより10分短い30分ほどで着いたという。

佐久地方はJR小海線が運休し、東御市本海野の市道の橋が崩落した影響でしなの鉄道も途絶。長野市方面への唯一の鉄路は新幹線となり、この日朝、佐久平駅(佐久市)の切符売り場には行列ができた。佐久市の男性(61)は普段、小海線中込駅から小諸駅でしなの鉄道に乗り換えて長野市内の会社に通勤している。新幹線通勤は高くつくため、「ちょっとしんどい。会社に相談しているが負担してくれるかどうか」とぼやいた。

別所線下之郷駅で上田駅行きの代行バスに乗り換える通勤客ら=15日午前7時38分、上田市

浸水の学校 後片付け
千曲川流域 生徒駆け付け手伝いも

連休明けで本来なら登校風景がみられたはずの15日朝、氾濫した千曲川流域では小中学校、高校が軒並み休校となった。長野市内で浸水被害のあった学校では、教職員が泥をかき出したり、ごみを片付けたり。生徒たちが手伝いに駆け付ける学校もあった。

床上浸水があった同市松代中では、1、2年生約200人が校舎を掃除した。14日にPTAを中心に130人ほどで泥をかき出し、保護者を通してメールで呼び掛けた。

生徒たちは教室や職員室、トイレなどをぞうきんがけし、泥を拭き取った。2年生の丸山敦士さん(13)は汚れた校舎に驚いたといい、「自分たちが通う学校だから、元の状態に戻せるようにしたい」。

同校は18日の授業再開を目指している。

同市東北中でも教職員10人ほどが1階の職員室の荷物を上の階に運んだ。人手はその後30人ほどに増え、生徒の被災状況の把握と、校内の片付けに着手。足を取られながら、ごみを集めたり、床の泥水を掃き出したりした。

浸水で電気や水道、トイレが使えないといい、加藤浩明校長は「学校再開の見込みは分からない」。吹奏楽部が今週末に全国大会を控えているといい、「予定通り出場させたい」と話していた。

避難所になっている同市豊野西小では15日朝、教員らが通学路を安全点検したり、児童の状況確認をしたりした。

泥水が引いた校舎の廊下をぞうきんで拭く生徒たち=15日午前10時、長野市の松代中

全国の堤防決壊 47河川66カ所で
国交省 調査で増加

国土交通省は15日、台風19号による猛烈な雨の影響で決壊した堤防が同日午前5時現在で、7県の47河川66カ所に上ると明らかにした。13日時点では6県の21河川24カ所と説明していたが、その後の調査で増加。福島県内の阿武隈川水系の河川や、新潟県内の矢代川などで決壊を新たに確認した。

このうち国が管理する7河川12カ所では、決壊の長さが20〜600メートルであることも判明。いずれも応急的な復旧作業を始めている。

佐久長聖は4強 上田西は敗退
秋季北信越高校野球

第141回秋季北信越高校野球大会第3日は15日、雨で順延になっていた準々決勝2試合が石川県立、金沢市民の2球場で行われ、上田西は北越(新潟)に2—3で惜敗した。

上田西は五回に梅香の適時打で同点に追い付いたが、投手陣が六、七回に適時打で失点。九回に小林の適時打で1点を返したものの及ばなかった。

第2日の14日は両球場で準々決勝2試合が行われ、佐久長聖が1—0で金沢商(石川)に勝ち、3季ぶりにベスト4入りした。

佐久長聖は三回に花村の適時二塁打で1点を先制し、梅野が2試合連続となる完封勝利を挙げた。

上田西—北越 九回上田西2死三塁、小林の右前適時打で三走柳沢(右)が生還し1点差に追い上げる

▽準々決勝(金沢市民=14日)

金沢商(石川)	000	000	000	0
佐久長聖(長野)	001	000	00X	1

(金商)米沢—室木
(長聖)梅野—横田
二塁打 堀江(金) 花村2(長)

▽準々決勝(金沢市民=15日)

上田西(長野)	000	010	001	2
北越(新潟)	100	001	10X	3

(上西)阿部、山口—小林
(北越)阿部—高橋
三塁打 柳沢(上) 佐藤圭(北)

新幹線浸水 検証が必要
菅官房長官

菅義偉官房長官は15日の記者会見で、台風19号の千曲川堤防決壊に伴いJR東日本の「長野新幹線車両センター」で北陸新幹線の車両120両が水に漬かったことに関し「(JR東自ら)防災対策が万全だったのか検証していくべきだ」との認識を示した。

センターはJR長野駅の北東約10キロ、新幹線沿いにある。営業運転を終えた車両を収容する施設で、検査の機能も持つ。

菅氏は浸水面積の約4割で排水が完了したとの報告を受けたと説明。北陸新幹線全線の早期再開に向け、JR東に「速やかな復旧作業を求めたい」と語った。

15日 県関係の鉄道・高速道の状況

路線	状況
北陸新幹線	始発から東京—長野間と上越妙高—金沢間で運転。長野—上越妙高間は運休。東京—長野間は、速達型の「かがやき」、停車型の「はくたか」は運転を取りやめ、東京—長野間の「あさま」を全席自由席で、1時間に1、2本運転する
中央東線	特急あずさ終日運転見合わせ
飯山線	終日運転見合わせ
小海線	野辺山—小淵沢間で本数を減らして運転
しなの鉄道	しなの鉄道線上田—田中間で終日運休 北しなの線終日運休
高速道路	上信越道佐久IC—松井田妙義ICの上下線で通行止め

放置車両 撤去可能に
長野・須坂 浸水被害の国道など

国土交通省長野国道事務所と長野市、須坂市は14日、台風19号の浸水被災地で緊急車両の通行を確保するため、千曲川の堤防が決壊した長野市穂保周辺の国道18号などで、災害対策基本法に基づき放置車両を強制撤去することができる道路区間を指定した。被災地には濁流で流されたり、浸水で動かなくなったりして置き去りにされた車があるため。

国道18号は長野市柳原—豊野町蟹沢間が対象。他に、浸水被害のあった長野市や須坂市などの県管理の国道403号や県道、市道を指定した。15日から本格的に道路上の土砂の除去を進めるのに合わせ、放置したままの車両があれば、所有者にレッカー移動などを命じる。所有者が動かせない場合や不明だった場合は、道路管理者が撤去できる。

同法は、2014年2月の大雪で立ち往生する車が県内外で相次いだこともあり、同年11月に放置車両の強制撤去が認められるよう改正された。

中電の停電復旧 17日まで見込む

菅原一秀経済産業相は15日の閣議後記者会見で、台風19号により最大約52万戸で発生した広域停電が同日午前7時現在で、3万4千戸程度に減少したことを明らかにした。

菅原氏は会見で、復旧見通しについて「冠水がひどい所は、水が引いてから1週間程度(かかる)と電力会社から報告を受けている」と述べた。

東京電力は土砂崩れなどで復旧作業が困難な地域を除き、20日までにおおむね復旧を目指す。中部電力は千曲川の氾濫地域などを除き17日までのおおむね復旧を見込む。

電力各社の発表によると、15日午前10時現在、東電では台風15号で停電が長期化した千葉県を中心に約2万1千戸、中部電は河川が氾濫した長野県などで約1万1千戸。東北電力は復旧作業が可能な地域は14日中におおむね復旧し、残り2千戸弱となった。

台風19号による停電はピークの約52万戸(13日午前0時ごろ、経産省集計)からは減ったが、土砂崩れや冠水のあった地域については復旧見通しが立っていない。立ち入りできるまで待ち、速やかに作業を始めるとしている。

手話通訳者を被災地派遣へ
「知事の会」など

耳が聞こえない人たちがどこでも手話を使える社会づくりを目指す「手話を広める知事の会」(会長・平井伸治鳥取県知事)は15日、東京都内で総会を開き、全日本ろうあ連盟や各地の聴覚障害者団体と連携し、台風19号の被災地にある避難所に手話通訳者らを派遣することを確認した。

聴覚障害のある人は、避難所の生活でコミュニケーションが困難だったり、必要な情報が伝わらなかったりする。手話通訳者のほか、要約筆記者の派遣連携を緊急提案した平井知事は「台風19号からの復興に向けて全力を挙げたい」と述べた。

総会に先立ち、鳥取県と徳島県の聴覚障害者団体が、災害時に手話通訳者らを派遣し合う連携協定を締結した。両県知事も立会人と出席し、飯泉嘉門徳島県知事は「全国のモデルとして広めていきたい」と述べた。

7 2版 2019年(令和元年)10月15日 火曜日 信濃毎日新聞(夕刊) 新聞定価1カ月4,400円(うち消費税325円)1部 朝刊150円 夕刊60円(消費税込み) 第三種郵便物認可

ズクたん 西沢まもる 13207回

ニャンマ大王や
出てこいや

くやしーイ
くやし涙の大洪水だア

避難所 眠れぬ被災者

千曲川決壊

寒い朝 身を寄せ合い

台風19号の猛威で千曲川流域が氾濫して丸2日たった15日、長野市の避難所ではいまだ家に戻れない被災者が連休明けの朝を迎えた。長野の最低気温は11・6度。約110人が身を寄せた同市三才の北部スポーツ・レクリエーションパークでは、大型ストーブなどで暖をとった。【1面参照】

両親と避難している同市大町の女性会社員(48)は、ブルーシートに毛布を敷いただけだった当初よりは良くなったとしつつ、「あまり眠れなかった」。いつになったら家に帰れるのか、持病があるという傍らの父親の体を案じた。同市三才の馬島久子さん(76)は「毛布をいっぱい掛け、たくさん着てるので大丈夫」。きょうは家の様子を見に行ってみたいと語った。

この朝は長野高専(長野市)の若者たちが豚汁を炊き出したり、子どもの遊び相手にもなったり。4年の堀内朝陽さん(19)は避難所の荷物を運んだ。「避難者の表情から先々への不安を感じる。少しでも力になれたらうれしい」と話していた。

市によると、市内では午前9時現在、指定避難所10カ所と自主避難所4カ所に計673人が避難中。加藤久雄市長は、避難所での寒さ対策や情報提供を挙げ、速やかな対応を職員に指示した。

冷え込んだ朝。避難所で身を寄せ合う人たち=15日午前7時35分、長野市の北部スポーツ・レクリエーションパーク

泥の中 変わり果てた家

長野の冠水地区「どこから手を…」

千曲川の堤防決壊で冠水した長野市長沼地区や豊野地区などでは14日、排水が一定程度進み、住民が自宅の様子を確かめに訪れた。ぬかるみの中をたどり着いたわが家。大量の泥や流木が流れ込んでおり「どこから手を付ければいいのか」と言葉を失った。

同市穂保の吉村義典さん(64)は14日、避難先の息子のアパートから妻や息子と自宅を訪れ、ため息をついた。1階の窓ガラスは大半が割れ、居間には泥まみれの食卓やソファがひっくり返っていた。

堤防決壊場所から100㍍ほど。13日未明、千曲川の濁った水が一気に室内に押し寄せ、86歳の母親や妻と2階に避難した。明るくなって窓を開けると周囲は濁流。同日午前9時ごろ、自衛隊ヘリコプターで3人とも救助された。

仏壇の位牌も流された。火災保険の書類も見つからず「元の生活に戻るにはだいぶんかかりそう」と肩を落とした。

大量の土砂で自宅の中に入れない人も。同市穂保の会社員山口崇文さん(49)は、一緒に避難所にいる70代の両親の着替えなどを取りに来たが、門から玄関先の間に大量の泥がたまっていた。庭にも泥が広がり「家族だけではとても除去できない。家に入れるようにしないと片付けもできず今後を見通せない」。

同市赤沼のパート従業員田中恵子さん(59)は残してきた猫2匹が心配で、次男(34)や三男(29)とともに自宅へ。家の中に泥が入り家具や雑貨が散乱していたが、猫は2階で見つかり、ひと息ついた。来春、小学生になる孫(5)に買っておいたピンク色のランドセルも無事で「よかった」と大切に持ち帰った。

同市豊野町豊野では小学6年生の羽入田幸君が家族と自宅を片付けた。「思っていた以上に家の中がめちゃくちゃ。ランドセルが使えなくなって悲しい」と言い、汚れたCDや靴を運び出した。

一方、千曲川支流の皿川が氾濫した飯山市では14日未明、冠水した市内全域で水が引いた。住民らが残った泥の撤去やごみの搬出に追われた。

ふすまに付いた冠水の跡を見ながら、散乱した室内を片付ける男性=14日午前7時43分、長野市豊野町

ボランティア続々 各地で汗

こんな時こそ力になりたい―。3連休の最終日となった14日、千曲川氾濫による浸水被害などを受けた東北信の各地でボランティアが動きだした。長野市内では泥をかぶった家屋の片付けを手伝ったり、避難所で炊き出しをしたり。県社会福祉協議会によると15日までに上田、佐久、長野、中野、千曲、須坂、飯山市と南佐久郡佐久穂町、北佐久郡立科町、下水内郡栄村の10市町村が災害ボランティアセンターを設置した。

「これは運び出しちゃっていいですか」。長野市松代町の松田理さん(68)宅で14日、岐阜県高山市のNPO法人理事長川上哲也さん(56)が声を掛けた。台風19号被害を知ったメンバー10人ほどが長野県社協を通じ、床上浸水した松田さん宅で家具や家電の運び出しを手伝った。

家の1階部分が高さ50㌢ほど浸水。川上さんらは床下にたまった泥もバケツですくい取った。松田さんの妻、恵子さん(68)は「荒れ果てた家を見た時はあぜんとして体が動かなかった」といい「本当に助かる」と感謝した。

佐久市社会福祉協議会は14日、災害ボランティアの受け付けを開始。市民ら約230人が早速、浸水した同市中込の杉の木地区などで住宅の泥かきなどに汗を流した。佐久長聖高校2年の足立涼太君(17)=佐久市臼田=は「近くで被害があり、いてもたってもいられなくなった。できる限りのことをしたい」。

避難所に出掛けて食事を振る舞う飲食店も出始めた。長野市の北部スポーツ・レクリエーションパークでは14日、市内の鉄板焼き料理店「がじゃの家」が焼きそばを作り、配った。同パークで開催予定だった子ども向けイベントに出店するつもりだったが催しが中止に。小林博文社長(51)は「こんな時こそ鉄板焼き屋の出番」と決めた。

同日夕には市内などに店を構える松栄寿司が塩鍋を提供。日詰店の料理長望月清正さん(44)は「行政は忙しいだろうから地元飲食店としていま頑張らなきゃ」と話した。

東北35人死亡6人不明

台風19号で増水した川に流されたり、土砂崩れに巻き込まれたりして各地で大きな被害が出た。東北は岩手、宮城、福島3県だけで35人が死亡し、6人が行方不明。神奈川県では川で見つかった男児の死亡が確認された。静岡県では田んぼに転落した軽トラックで70代男性が死亡した。水戸市では川の氾濫で、住宅や国道など広範囲に浸水。145人が救助された。

岩手県では2人が犠牲に。宮古市の飲食店経営木村徹さん(59)は土砂崩れに巻き込まれ死亡。田野畑村では同県岩泉町の穂高正美さん(71)が道路の穴に落ちて死亡しているのが確認された。

宮城県では9人が死亡。14日に丸森町の無職鶴巻健一さん(54)、角田市の無職斎藤次郎さん(90)が、浸水した家屋から遺体で発見された。

福島県では24人が死亡した。13日には郡山市で増水した川の土砂から、男児の遺体が見つかった。母親とみられる女性の遺体も。男児のきょうだいも行方不明。

神奈川県では15日、相模原市緑区の川の中州で男児が見つかり、死亡が確認された。上流で一家4人が乗った車が転落したと12日夜に通報があり、行方不明の小2の長男(8)と確認された。これまでに父親(49)、母親(39)と小5の長女(11)の遺体も見つかっている。父親の弟(40)によると、家族は市内にある親族宅の様子を見に行こうとしていたという。

静岡県では13日、牧之原市男神の田んぼで通行人が田んぼに転落した軽トラックを発見。70代男性の死亡が確認された。

茨城県では、風にあおられ転倒し、意識不明となっていた同県桜川市の男性(85)が14日深夜に死亡した。

軽井沢 続く停電 生活影響深刻化

12日以降、一時は県内最多となる約1万4千戸が停電した北佐久郡軽井沢町では15日午前も3千戸余りで続き、住民が「早く復旧してほしい」と待ち望んだ。中部電力長野支店(長野市)は19日をめどに全面復旧を目指しているが、長期化するにつれ生活への影響も深刻化している。

町内で停電が続くのは追分、軽井沢、峠町など。順次復旧しているが、強風による倒木で電線が切れたり傷ついたりした場所が多く、町外でも山間部に電線がある地域は復旧が遅れそうだ。

町は役場など町内9カ所でスマートフォンなどを充電できるよう電源を開放。15日午前には電力会社の協力で、役場の充電設備を増やした。同町発地など100戸余は停電で一部の下水処理設備が停止。仮設トイレを設けるなど対応に追われている。

14日、携帯電話を充電するため町役場を訪れた同町軽井沢の滝沢信子さん(66)は「お風呂も入れず冷蔵庫も使えない。夜に家の中で使う懐中電灯のために電池を買いたいけれど町内では売り切れている」と話し、早期復旧を望んだ。一年の半分を町内の別荘で過ごす森田兼輔さん(82)=東京都=は「電気がないとほとんどの物が動かないと改めて感じた」と漏らした。

高所作業車で電線にかかった倒木を取り除く電力会社の作業員=15日午前10時半、軽井沢町千ケ滝西区

最新AI・IoT一堂に 千葉でシーテック開幕

最新のITやデジタル家電の展示会「CEATEC(シーテック)2019」が15日、千葉市の幕張メッセで開幕した=**写真**。2000年に始まって以来20回目となる今回は、国内外の企業が最先端の人工知能(AI)やモノのインターネット(IoT)の技術を披露。18日までの4日間で約16万人の来場者を見込む。

今年はANAホールディングスや大阪ガスなどが初めて参加。30年の「未来のまち」をイメージした区画では、AIやビッグデータなどの先端技術を駆使した交通やエネルギーの近未来のサービスを展示した。

村田製作所はリチウムイオン電池に続く次世代電池として期待される「全固体電池」を展示。富士通は20年の東京五輪で体操競技に活用されるAIを用いた採点支援システムをアピール。人を乗せて空を移動する「空飛ぶ車」やドローンの出展も相次いだ。

1 第49319号 【明治25年3月15日第三種郵便物認可】 信濃毎日新聞 2019年(令和元年) 10月16日 水曜日 日刊 9版★

2019年(令和元年)
10月16日
水曜日

信濃毎日新聞
1873年(明治6年)創刊
発行所 信濃毎日新聞社
長野本社 〒380-8546 長野市南県町657番地 電話(026) 受付236-3000 編集236-3111 販売236-3310 広告236-3333
松本本社 〒390-8585 松本市中央2丁目20番2号 電話(0263) 代表32-1200 報道32-2830 販売32-2850 広告32-2860

県内 浸水被害8000戸

台風19号 死者3人 1081人避難

台風19号の影響で千曲川が氾濫して冠水した長野市赤沼では15日、女性1人の死亡が新たに確認され、今回の台風による県内の死者は3人となった。行方不明者は少なくとも2人おり、けが人は同日時点で重傷4人、軽傷8人。県のまとめと信濃毎日新聞の取材を総合すると、調査中の自治体があるものの、県内の床上、床下浸水は少なくとも8千戸以上に上る見通しだ。

赤沼で14日に死亡が確認された男性は15日、近くの西沢孝さん(81)と分かった。同日午前に心肺停止状態で発見されたのは近くの69歳の女性と分かり、同日午後4時25分、死亡が確認された。女性は2階建ての自宅で弟と2人暮らしで、被災当時は1階にいたとみられる。県災害対策本部関係者によると、この2人の死因は溺死。死者はほかに、佐久市中込の中島正人さん(81)。

一方、佐久市入沢で12日夕に外出したまま連絡が取れていない会社員三石量正さん(68)の行方が分からなくなっている。東御市では12日、千曲川の田中橋近くの道路が陥没して車3台が転落し、1台の少なくとも1人が行方不明になっている。三石さんの服装は透明なカッパに白っぽい作業ズボン。県警本部(☎0120・008・197)、県危機管理防災課(☎026・235・7184)が情報を募っている。

同対策本部によると、県内の家屋被害は15日午後3時時点で全壊4戸、半壊1戸、床上浸水2237戸、床下浸水1443戸。この他、長野市は床上、床下浸水について調査中だが、計4800戸ほどに上る見通し。北佐久郡軽井沢町などは集計中としており、家屋被害はさらに増えるとみられる。国土交通省北陸地方整備局は15日、長野市の北陸新幹線車両センターを含む地域の浸水は約84%が解消したと発表した。

県内の避難者は15日午後3時時点で長野市や佐久市、須坂市など11市町村で計1081人。

全国 死者73人

記録的な大雨をもたらした台風19号により、宮城、福島各県などで15日午後も新たな犠牲者が判明。共同通信の集計で死者は12都県の73人に上った。行方不明者は13人とみられる。大規模な浸水被害があった宮城県丸森町では道路陥落により一部集落が孤立、被害の全容はなお見通せない。内閣府によると、15日午後2時半時点で13都県の5008人が避難生活を続けている。

都県別の犠牲者数では福島県が最多の26人。うち6人がいわき市で亡くなった。次いで神奈川県14人、宮城県の13人が死亡している。

国土交通省によると、土砂災害は19都県で計170件。決壊した堤防は7県の52河川73カ所に上り、捜索や復旧作業を急いでいる。浸水した地域の水深は、国土地理院の推計によると、水戸市の那珂川流域で最大約7・2メートルに達した。阿武隈川流域では福島県国見町内付近で最大約5・2メートル。

総務省消防庁によると、住宅の床上浸水が5785棟、床下浸水は4177棟。

基礎だけになった新宅跡(右)を見つめる吉村さん。堤防をふさぐ重機の音が響いていた=15日午後2時半、長野市穂保

緊急ルポ 千曲川氾濫 「家が見当たらない」

「家が見当たらない」。台風19号に伴う千曲川の氾濫で、市街地の親戚宅に避難していた長野市穂保の団体職員吉村智さん(55)は13日朝、県外に暮らす長女が無料通信アプリを通じてスマートフォンに送ってきたニュース映像に目を凝らした。堤防が決壊して、濁流にのまれる穂保地区一帯が映っていた。だが、堤防近くにあるはずの自宅がすぐには見つからなかった。

35面に続く

復旧工事が急ピッチで進む長野市穂保の千曲川の堤防決壊現場=15日午前10時17分(河川管理者らの承諾を得て小型無人機で撮影)

「あずさ」再開 月末ごろ
中央道・国道20号にも通行止め区間
北陸新幹線 全線再開へ1~2週間

JR東日本は15日、長野市赤沼の車両センターの浸水で運行に支障が出ている北陸新幹線(長野経由)の東京―金沢間の全線運転再開は少なくとも1〜2週間かかると明らかにした。長野―上越妙高間で信号関係の電源装置の復旧に時間がかかると判断した。東京―長野間と上越妙高―金沢間で折り返し運転を開始しているが、全線再開後も運転本数は通常の5〜6割になる見通し。

また、同社は、線路内への土砂流入があり高尾(東京都八王子市)―大月(山梨県大月市)間で不通となっている中央東線で、18日に不通区間は解消するが、「あずさ」「かいじ」の運転再開は10月末ごろの見込みと発表。16日は塩尻―大月間で普通のみの運転となる。中央道や、東京と山梨をつなぐ国道20号も通行止め区間があり、東京から首都圏へのアクセスに支障が出ている。山梨県によると、国道20号は18日にも復旧予定。国交省は中央道の復旧は約1週間かかる見通しとした。

篠ノ井線、大糸線は、運転を再開している。中央西線の特急しなのも15日、長野―名古屋間の全線で運転を再開した。しなの鉄道は上田―田中間と、北しなの線長野―妙高高原間で運休している。

線路内の流入土砂の影響で運休している飯山線、線路下の土砂の流出により小諸―野辺山間で運休している小海線の運転再開は、11月上旬から下旬になるという。

中部電力によると、長野県内は15日午後8時時点で約970戸が停電している。

首都圏と山梨県の交通寸断

山梨 東京 中央自動車道 高尾 大月 国道20号 神奈川 中央線 5km

JR中央線	高尾―大月間不通、「あずさ」「かいじ」など運休
中央自動車道・国道20号	通行止め区間あり

斜面 2019.10.16

千曲川の水に漬かった長野市赤沼で、きのうまでに高齢の犠牲者が見つかった。逃げ遅れた人がいないのがせめてもの救いかと願ったが、痛ましい事態である。ある車いすの男性は水の中で長時間救助を待ち、低体温症になったという◆災害は弱い人にほど過酷だ。被災地に追い打ちをかける冷え込みも恨めしくなる。一昨日、千曲川をさかのぼると上流域の被害も深刻だった。鉄橋が落ちた上田市。橋の崩落で行方不明者が出た東御市。護岸が崩れて市道もろとも家屋が流された佐久市◆上流域は湿った気流が関東山地にぶつかると大雨になりやすい。今度の台風19号は大雨の範囲が中流域にも及び、勢力の強大さを示した。目についたのは支流の被害も大きいことだ。短い川も濁流があふれ出し、橋や道路が崩落した。電気や水道のない生活を強いられた地域もある◆少子高齢・過疎化が深刻で、かつての災害で発揮された「助け合い」の機能が衰えている。佐久市の滑津川沿いでは、高校生が使えなくなった泥まみれの家財道具を運び出していた。気力もなえそうな被災者には、ありがたい助っ人だろう◆各地でボランティアが動きだしている。弱った地域力を広範囲から参加する善意の力で支えられるといい。それぞれの立場でできることはあるはずだ。もちろん「共助」ばかりを強調してはなるまい。行政の「公助」が被災地再生の鍵になる。こうしてほしいと、はっきり声を上げなくては。

天気 最高気温/最低気温
北部 6時 12 18 24 / 17日 18日 19日
中部 6時 12 18 24 / 17日 18日 19日
南部 6時 12 18 24 / 17日 18日 19日

地点	最高気温	最低気温
飯山	19	6
長野	20	8
大町	19	6
松本	21	9
上田	22	9
佐久	20	9
諏訪	20	10
木曽	22	9
伊那	23	10
飯田	23	11

5ミリ以上 5ミリ未満
28面に詳しい天気情報

素肌乾燥情報 カサカサ、注意、しっとりの3段階
北部 注意 中部 注意 南部 注意

こと映えは休みました

信毎ホームページ www.shinmai.co.jp
購読のお申し込み 0120-81-4341
紙面の問い合わせ 編集応答室 026-236-3111
本社見学・出前講座 読者センター 026-236-3215

第三種郵便物認可　信濃毎日新聞　2019年（令和元年）10月16日　水曜日　9版　総合　2

「適切な堤防」が決壊

国交省の調査委 現地調査を開始

「越水と侵食 可能性」

①13日午前0時55分　右側が千曲川

②13日午前1時10分　左側の千曲川の水が堤防を越えているのが分かる

③13日午前2時15分　千曲川の水が勢いよく堤防を越えて流れ落ちている

長野市穂保の決壊現場を視察する調査委員ら（左側）＝15日午後2時

千曲川を管轄する国土交通省北陸地方整備局（新潟市）は15日、台風19号による大雨で起きた長野市穂保の堤防決壊と、上田市諏訪形の堤防欠損した原因を検討する調査委員会を設置し、現地を調査した。長岡技術科学大教授（長岡市）の大塚悟委員長は長野市での堤防決壊について「越水と侵食で決壊した可能性があり得る」と指摘した。

調査委員会は有識者7人で構成。この日の調査では、堤防決壊と堤防欠損の現場を訪れ、堤防の地質や被害状況を確認した。長野市の決壊について大塚委員長は、堤防上を水が越える「越水」に加え、堤防の下部が水流で削られて崩れる「侵食」も起きていたとの見方を示した。ただ、データが少ないため、詳しい原因については「今後の調査ではっきりさせていく」とした。

同局によると、長野市穂保では13日午前0時55分ごろに越水が始まった。堤防の住宅側ののり面が削られ始め、午前2時20分ごろには堤防脇の支柱に付けてあったカメラ画像が途切れた。その後も水量は増え続け、同局の千曲川河川事務所（長野市）の職員が現地を確認した午前5時半ごろまでの間に決壊した。

約7キロ下流の立ケ花水位観測所（中野市）は、午前3時20分に今回の最高水位（12・46メートル）に到達。1983（昭和58）年の洪水時に観測した最大水位11メートル余を超え、2014年に策定した千曲川の河川整備計画で想定した水位を超過した。

同整備局の岡本弘基河川調査官は「83年時を大幅に上回る水量となり、決壊に至ってしまった」としている。

一方、大塚委員長は上田市の堤防欠損について一帯では川の流れが速いとし「侵食によって削れていって欠損したタイプ」と明言。現場の川の流れは真っすぐではなく、堤防の方に向かって流れたため、「堤防の侵食が著しく進行したと思われる」とした。

千曲川の整備 まだ途上

千曲川の堤防決壊を防ぐため、国は「信濃川水系河川整備計画」を2014年に策定していた。1983年に飯山市戸狩地区で大水害となった規模の雨が降ったとしても、決壊や越水の防止をすることが目的だ。ただ、整備計画では川の断面を広げ、より多くの水を流せるようにするための作業も盛り込まれていたが、現時点では完了していなかった。

計画は2044年ごろまでを整備期間としているが、決壊が起きた堤防自体は1984年に完成した。国土交通省北陸地方整備局の岡本弘基河川調査官は、一帯の堤防の幅は20メートルほどあり、川の規模からみて適切な堤防とする。

同整備局が15日に発表した速報値によると、千曲川の立ケ花地点から上流域の2日間の平均雨量は、26（昭和元）年の統計開始以降で最大の186・6ミリ。記録的な豪雨だった。

岡本調査官は「83年と同規模の雨が降ると、現状の整備では耐えられない」と認める。千曲川の流量を多くするなど、整備計画全体を進める必要性を指摘しつつも、予算などの制約もある。

調査委は今後も調査を続けるが、調査結果や対策を打ち出す時期は未定。岡本調査官は、今後も記録的な大雨が降る恐れがあるとし「今回の件を踏まえた対策を検討し、早く整備を進めていきたい」としている。

長野市穂保 堤防を越える水

国交省北陸地方整備局（新潟市）は15日、長野市穂保に設置し、千曲川の様子を写していたカメラの画像を信濃毎日新聞に公開した。撮影ができなくなった13日午前2時20分までの5分ごとの画像。①は右側が千曲川、②③は撮影方向が切り替わり左側が千曲川。13日午前1時の画像から川の水が堤防を越える様子が写っており、最後の③では堤防を越える水の勢いが増している。【画像は提供】

千曲川が氾濫した場所

月岡　野沢温泉村　栄村　飯山市　木島平村　信濃町　飯綱町　中野市　山ノ内町　栗林　小布施町　立ケ花　堤防決壊 穂保　山王島　長野市　善光寺　飯田　高山村　北相之島　塩崎庄ノ宮　横田　松代町柴　須坂市　篠ノ井　小森　堤防欠損 雨宮　●＝越水した地点　千曲市　上田市　坂城町　国分　東御市　堤防欠損 諏訪形　御代田町　軽井沢町　小諸市　石井　海野　立科町　佐久市　長和町　天神橋付近　佐久穂町　N

越水が起きた千曲川の支流

【佐久市】滑津川、片貝川（2カ所）、吉沢川、中沢川
【軽井沢町】泥川
【上田市】依田川、湯川、武石川、産川、尾根川
【千曲市】更級川
【須坂市】八木沢川
【長野市】岡田川、赤野田川、蛭川、古海川、浅川

即位礼とパレード 予定通りに実施へ

菅義偉官房長官は15日の記者会見で、天皇陛下の即位に伴う22日の「即位礼正殿の儀」と、即位を祝うパレード「祝賀御列（おんれつ）の儀」について、台風19号による被害対応などのために延期することはせず、予定通り実施する考えを示した。広範囲に被害が及んだ台風19号の影響を問われ「準備は淡々と進める」と述べた。

祝賀御列の儀については、今回の台風19号とは別の新たな台風などで荒天が予想される場合、10月26日に延期することが決まっている。

一方、財界などでつくる「天皇陛下御即位奉祝委員会」と超党派の国会議員連盟は15日、合同会合を東京都内で開き、即位を祝う11月9日の「国民祭典」の日程に変更はないことを確認した。

けさの一句

2019.10.16

生きもののおほかた無口秋の空　仙田（せんだ）洋子（ようこ）

言葉を使ったコミュニケーションを行う人間にとって、無口であることは表情のとぼしさにも通じ、関係性が作りづらく短所ともなる。しかし、生きものの世界を見渡せば声帯を持つのは脊椎動物でもほんのひと握り。大半は表情も持たず寡黙な一生を過ごす。言葉には取り返しがつかないほど人を傷つける力もある。底抜けに深い口を開けているような秋の空がとりとめもなく不安にさせる。「天為」同人。

土肥　あき子（俳人）

高齢者逃げ遅れ なぜ

千曲川決壊　長野市長沼地区　2人死亡

夜の洪水 危機感鈍らせたか

市の情報伝達にも課題

台風19号による洪水に見舞われた長野市穂保の千曲川の堤防決壊付近の長沼地区で、犠牲者が出た。気象庁や行政は事前にたびたび警戒情報を出していたものの、失われた尊い命。避難住民の証言などをたどると、洪水発生が夜間だったことが、危機が迫っている認識を鈍らせた可能性がある。高齢者の避難を促す難しさも浮かんだ。周辺では無事救出されたものの、一時孤立した住民や入院患者らもおり、行政側の情報伝達にも課題を残した。

【1面参照】

台風19号の影響で浸水したリンゴ畑を捜索する自衛隊員＝15日午後３時33分、長野市津野

「逃げるのが遅かった。判断が甘かったということか」。13日にヘリコプターで救助された赤沼地区のリンゴ農家、西沢善行さん(69)は15日夕、自宅で片付けを終え、振り返った。穂保、赤沼、津野、大町の4区で「長沼地区」として一つの地域を構成する。

大雨が降り続く中、長野地方気象台は12日午後3時半、長野市全域に大雨特別警報を出した。6時、国土交通省千曲川河川事務所と気象台は、千曲川の上田市生田の観測所で氾濫危険水位を超えたため、氾濫危険情報を出した。その後、赤沼地区などに避難指示が出たのは深夜の11時40分だった。

西沢さんは夜、地区にある防災行政無線が、雨音に混じって警戒を呼び掛けるのを聞いた。「緊急」「放送」など言葉が聞こえたが、あまり危機感を感じなかったという。だが、日付が変わった直後、危機は急速に高まっていった。

13日午前0時45分、千曲川の水位が高いため浅川が流れ込めずにあふれる「内水氾濫」の危険も高まり、市は赤沼地区に再び避難指示を出す。直後に内水氾濫し、さらに2時すぎから明け方にかけて自宅から2㌔弱の穂保地区で千曲川が決壊した。

午前3時か4時ごろ、西沢さんが外を見ると道路に水があふれていた。「車で逃げてももう駄目だ」と2階へ避難。1984（昭和59）年に堤防が強化されており、「安心していた。まさか千曲川が切れるとは思わなかった」とも話す。

ボートで救出された赤沼の深瀬良平さん(93)は、1人暮らし。近所の人から避難を促されたが、家に残った。「耳も遠いし、知らない人ばかりの避難所にも行きたくなかった」。13日朝、自宅の庭にすごい勢いで水が流れ込み、まもなく自宅の1階が水に漬かった。

耳が遠く、補聴器がないと会話がおぼつかない深瀬さん。「今思えば、近所の人と一緒に早めに避難していれば…」と話す。

◇

一方、地域の中には警戒を強め、早めに避難した人たちもいる。同協議会の柳見沢宏会長(67)は、12日午後4時半に同地区の区長らでつくる対策本部を穂保地区の市役所長沼支所に設置。9時40分までそこにいて、その後避難した。

柳見沢さんは自身も堤防の決壊を予想できなかったとしつつ、「（住民の中で）『避難しなくて大丈夫だ』と過信してしまう状況があったのかもしれない」と悔やむ。

「死者だけは出さない目標でやってきたのだが…」。市危機管理部門トップ、鎌田富夫危機管理防災監は15日の取材に沈痛な表情を浮かべる。

◇

市は11日午後4時に災害警戒本部を設置。12日に災害対策本部に切り替え、以降、各地区に避難勧告を出した。

加藤久雄市長は13日、千曲川の決壊は想定外だったとした。「越水すれば（水量が）ばらけて、一部に災害が集中しないと思っていた」が、「途中から大変なことだと覚悟した」とする。

「長野市長 加藤久雄です」という書き出しから始まる緊急の呼び掛けメッセージを市が発したのは、13日午前2時23分。同時に同報無線で市長が肉声で「命を守る最善の行動をとってください」と呼び掛けた。無線などが聞こえない人や移動弱者などが逃げ遅れることを想定したためだ。

ただ、穂保地区の西隣の下駒沢地区への避難勧告、避難指示は遅れた。地区内には県総合リハビリテーションセンターがあり、施設の入所者19人と病院の入院患者38人が一時取り残された。

長野市は気象庁から提供される雨量や、雨がどれほど土中に染み込んだかの土壌雨量などのデータから計算して、土砂災害の危険が高まれば、他の地区同様に避難勧告を出す態勢を取っていた。ただ、下駒沢地区については今回、「予測に時間がかかってしまったかもしれない」（鎌田危機管理防災監）。加藤市長も「反省するところだ」と述べた。

近隣の柳原地区の公民館に移した対策本部で、住民の安否確認や行政との調整を行う長沼地区の住民ら＝14日午後３時、長野市小島

長野市北部の警報や避難指示などの経過
（長野市、国土交通省などによる）

時刻	内容
【12日午後】	
1時40分	国交省千曲川河川事務所と長野地方気象台が千曲川の氾濫注意情報
3時30分	長野地方気象台が長野市全域に大雨特別警報
6時	千曲川河川事務所と長野地方気象台が氾濫危険情報。長野市が赤沼地区などに避難勧告を出し、古里小などに避難所を開設
11時40分	千曲川が堤防越水の可能性があるため、長野市が赤沼地区などに避難指示
【13日午前】	
0時45分	浅川が「内水氾濫」を起こす危険性が高まり、長野市は赤沼地区などに避難指示
1時ごろ	浅川の内水氾濫始まる
1時15分	千曲川河川事務所が長野市穂保地区で千曲川の氾濫発生と発表。その後、決壊
11時5分	長野市が下駒沢地区に避難指示

長野市北部の浸水範囲（国土地理院が13日午後1時までの情報で作成した資料による）

新幹線センター付近 最深

長野の浸水 国土地理院が暫定推定図

国土地理院（茨城県つくば市）は15日までに、長野市北部の千曲川で堤防が決壊した現場周辺の浸水状況について推定図（暫定版）を公表した。被災者がツイッターに投稿した写真などを参考に、標高と照らし合わせ、範囲や水深を推定。浸水の深さは、同市赤沼の長野新幹線車両センター近くの浅川左岸側で、最大約4・3㍍に達したとみている。

国土地理院応用地理部が13日午後1時までに収集した情報でまとめた。0～5㍍の水深で色分けして表示した。

ただ国土地理院応用地理部は、参考にしたツイッターの投稿は5～10件だったとして「あくまでも推定の範囲」と説明。浸水範囲の広さの数値は示していない。今後、上空から撮影した写真などのデータと合わせて精度を向上した推定図を作成し、発表する方針だ。

被害「まずまずに収まった」 二階氏一転 発言を撤回

自民党の二階俊博幹事長は15日夕、台風19号の被害が「まずまずに収まった」とした13日の発言を事実上撤回した。党本部で記者団に「被災地の皆さまに誤解を与えたとすれば、表現が不適切だった」と述べた。15日午前の記者会見では「撤回するもしないもない」と明言を避けていたが、野党からの批判が相次ぎ、方針転換を余儀なくされた格好だ。

同時に、今後は同様の表現を使わないとした上で「発言には気を付けたい。災害には人一倍、先頭に立って取り組んできた。復旧に全力を尽くしたい」と強調した。

二階氏は13日の党緊急役員会で「予測に比べると、まずまずに収まったという感じだ。それでも相当な被害が広範囲に及んでいる」と言及。会合後、被害が軽いとの趣旨ではないと釈明した。

第三種郵便物認可　信濃毎日新聞　2019年（令和元年）10月16日　水曜日　9版　特集　32

15日 電柱が倒れ、建物がつぶれた住宅地＝15日午前9時2分、長野市穂保

15日 避難所に届けられた積み木で遊ぶ小学生＝15日午前9時46分、長野市の北部スポーツ・レクリエーションパーク

元の暮らし いつ

15日 抜井川（右）沿いで損壊した木造2階建て住宅。裏山（左）から流れた水が押しつぶしたとみられる＝15日午後4時11分、佐久穂町大日向

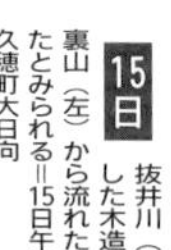

15日 多くの住宅が浸水した松代温泉団地。畳などを取り外した居間の床下を扇風機で乾燥させ、消毒のために石灰をまく人もいた＝15日午後2時21分、長野市松代町

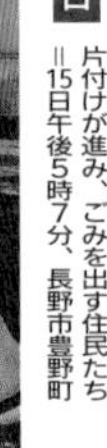

15日 片付けが進み、ごみを出す住民たち＝15日午後5時7分、長野市豊野町

14日 一時孤立した病院から患者を搬送するために待機する救急車＝14日午前7時半、長野市豊野町

14日 中古車販売店から国道18号に流され横転した車＝14日午前10時10分、長野市穂保

15日 膝近くまで泥に埋まりながら周囲を捜索する自衛隊員＝15日午後2時28分、長野市津野

15日 家具や畳が散乱する住宅の中を片付ける住民ら＝15日午前8時55分、長野市穂保

県内企業・農業に痛手

建物・生産設備 水没も
被害状況 確認に追われる

浸水した直営レストランから備品を運び出すミールケアの社員=15日、長野市穂保

工場内に入り込んだ泥をかき出す長野鍛工の従業員=15日、長野市穂保

台風19号の大雨後、初の平日となった15日、事業所が浸水した県内企業は被害状況の確認と清掃作業に追われた。千曲川が決壊した長野市穂保の堤防近くでは、生産設備が水没して操業再開のめどが立たない企業もあり、爪痕の深さが浮き彫りになった。

決壊現場に近い給食受託サービスのミールケア(長野市)は、本社事務所とパン工場、直営レストランが高さ約3メートルまで浸水した。工場の冷蔵庫や冷凍庫はひっくり返り、オーブンも水没。関幸博社長は「設備は全部駄目だろう。木造の建物も使い続けられるか分からない」と肩を落とす。建物内は15日も5センチほど水に漬かった状態で、社員が備品を運び出したり、泥をかいたりしていた。

自動車部品製造の長野鍛工(同)は、工場が高さ約1・5メートルまで浸水し、生産設備が軒並み水没した。設備メーカーの協力を得て点検、修理を進める方針だが、中村千夏社長は「いつ稼働を再開できるかめどが立たない」。特殊樹脂開発・製造のニッキフロン(同)の工場も高さ約1・5メートルまで浸水。オリオン機械(須坂市)子会社で産業用冷熱機器製造のリオン熱学(長野市)も設備が水没した。

トレーラーハウス製造のカンバーランド・ジャパン(同)は、長野市豊野町の工場が浸水被害を受け、災害時の応急仮設住宅用を含めトレーラーハウス25台が全壊した。工場再稼働の見通しが立たない状態だが、原田英世社長は「地元で必要としている人にトレーラーハウスを届けられるよう、全国の販売店などから集めたい」とする。

高見沢(同)は長野市の生コン工場、中野市のコンクリート製品加工工場など7拠点が浸水し、稼働再開のめどが立たない。タンクローリーやクレーン車も水没し、故障している可能性があるという。

ホクト(同)は、年間約3千トンのエリンギを生産する「赤沼きのこセンター」の1階部分が1メートル以上水に漬かり「数カ月は出荷できない可能性がある」。土木管理総合試験所(同)は長野市篠ノ井御幣川の環境分析センターが約50センチ浸水し、本格的な営業再開には1〜2週間程度かかる見込みだ。

エムケー精工(千曲市)は埴科郡坂城町の子会社工場・倉庫、長野市豊野町の工場で浸水したものの、設備への重大な被害はなかった。日精樹脂工業(坂城町)は自社工場に大きな被害はないが、射出成形機の組み立てを委託する長野市内のメーカーが浸水被害を受け、生産に影響が生じる可能性があるとしている。

長野市穂保の国道18号沿いの事業所は15日、社員らが片付け作業に追われた。ながの農協(本所・長野市)の農産物直売所「アグリながぬま」は営業再開の見通しが立たない。住宅建築の丸二林産(長野市)の事務所は、図面などのデータはバックアップがあり「1週間程度で仕事の再開を目指す」(大日方俊彦社長)。リースのサンコーレンタル長野営業所は重機で泥をかき出していた。

スーパー・コンビニ 休業
長野のヤマト拠点 集配滞る

浸水などの被害を受けた県内被災地のスーパーやコンビニには、営業再開のめどが立たない店舗がある。上信越道佐久インター―松井田妙義インター間上下線の通行止めが響き、商品の品薄状態が続く店も。千曲川が決壊した長野市穂保には宅配便大手のヤマト運輸の拠点があり、浸水の影響で集配が滞っている。

ツルヤ(小諸市)と長野県A・コープ(長野市)は、長野市松代町の店舗が浸水し営業再開のめどが立っていない。デリシア(松本市)は長野市赤沼などの計3店が休業。一方、設備工事のため17日から1週間、臨時休業する予定だった「デリシア篠ノ井店」を急きょ通常営業とし、被災地の需要に対応している。

ツルヤ営業本部によると、上信越道や国道254号の一部通行止めの影響で、東御市内の配送センターに仕入れ品が届くのが遅れ、14日までは品薄状態だったが「15日は順次届いている」。同じ理由でA・コープはパンや魚、デリシアは水の仕入れに遅れが出ているという。

コンビニでは、ローソンが休業中の全国10数店のうち、4店が県内の浸水被害。「復旧まで1週間はかかるのではないか」とする。同社は16、17日、休業中の長野穂保店と長野松代町店の一帯で水やおにぎりの移動販売を行う。

ヤマト運輸は東北信の30市町村で集配を止めていたが、15日午後から長野市内の被災地を除く地域で通常の常温荷物のみ取り扱いを再開した。

リンゴ 浸水で打撃
長野市豊野

泥が付いたリンゴを厳しい表情で見つめる笠原さん=14日、長野市豊野町石

県内有数のリンゴ産地の長野市豊野町では浸水したリンゴ畑の水が引き、農家が散乱した実の片付けやリンゴ箱を洗浄する作業を始めた。被害の全体像はまだ分からず、ながの農協(本所・長野市)や市が調査を続けている。

豊野町南郷のリンゴ畑は高さ3メートル近くまで水に漬かった。約60アールで栽培する男性(60)は15日、水が引いてようやく畑の片付け作業に取り掛かれたが「どこから手を付ければ良いのか」。収穫前のリンゴは乾いた泥で白くなり、枝には周囲から流されてきたわらが絡まっていた。枝を支える棒や実が無残に地面に落ち「今年の収穫は諦めるしかない」と肩を落とした。

豊野町石の笠原克彦さん(61)も、数カ所に分かれるリンゴ畑が1・5メートル〜3メートルほど浸水した。実が強風で落ちないよう事前の収穫を急いだが「まさか浸水するとは思わなかった」。事前収穫した果実は地面に置いたままで、全て流された。14日は雨の中、収穫前の実やリンゴ箱に付いた泥に何度も水を散布して洗浄作業を続け「全滅かもしれない」と不安を口にした。

松本ハイランド・松本市・塩尻市

3農協の合併 20年中めどに

松本ハイランド(松本市)と松本市(同)、塩尻市(塩尻市)の松本地方3農協は15日、松本市内で合併研究委員会の設立総会を開いた。3農協は、洗馬農協(同)を含めた4農協で合併協議をしてきたが、洗馬農協が9月に離脱。3農協の枠組みによる合併の期日は、2020年中をめどとすると確認した。

総会では今後の予定などを確認。9月までの4農協の協議内容を基に、各農協の理事会で承認されれば、11月中旬にも、合併研究委から合併推進委員会に移行する。合併の期日は、4農協の枠組みで想定した20年9月から3カ月程度遅れる見通し。

4農協は昨年11月、スケールメリットを生かした農産物販売などを目的に合併研究委を発足。今年8月にも合併推進委に移行する予定だったが、洗馬農協が離脱し、4農協による研究委は解散していた。

けいざい 信州発

VAIO、対話ロボ先行販売
23日から限定500台

23日に先行販売を始める「おしゃべりコウペンちゃん」(右)と内蔵するハードウエア(左)=14日、千葉市の幕張メッセ

パソコン製造などのVAIO(安曇野市)は14日、人と対話できるコミュニケーションロボットで初の自社商品の先行販売を23日に始めると発表した。限定500台。ロボットの開発・商品化を一括して支援する事業を立ち上げており、ノウハウのない企業でも効率的に商品化できるモデルを示す狙いだ。15日に千葉市の幕張メッセで開幕した家電とITの見本市「CEATEC(シーテック)2019」でデモ展示している。

商品名は「おしゃべりコウペンちゃん」。イラストレーター「るるてあ」さんが描くコウテイペンギンのキャラクターの縫いぐるみに、ロボット用のハードウエアが挿入されている。VAIOが提供するロボット用ハードウエアは3種類あり、コウペンちゃんには対話機能に絞った「シンプル」を使用した。価格は税別1万8千円で、専用ホームページから申し込む。

シーテックのブースでは、ほかのハードウエアも展示。簡単な発話だけを目的にした「ミニ」、ロボットの一部を動かす、カメラで人を識別するといった機能を持たせた「ミドル」も、デモを交えて紹介した。ロボットを動かす際に出る機械音を抑えられるモーターも参考展示した。

VAIOが受託製造で手掛けたコミュニケーションロボットも展示した

VAIOによると、対話型ロボットは開発から商品化まで1年以上かかるが、シンプルを使えば最短3カ月ほどで商品化が可能。人型ロボットなど受託製造の事業の拡大を狙う。イノベーション本部ロボット&サービスグループの見嶋信二グループ長は「短期間で効率良くロボットビジネスを始められる」と話した。

県内大型小売店 8月 2カ月ぶり前年上回る
売上高1.3%増加

長野経済研究所(長野市)がまとめた8月の県内大型小売店(百貨店3店、スーパー142店)の売上高は、前年同月比1・3%増の245億円と、2カ月ぶりに前年水準を上回った。

品目別では、食料品が1・3%増の208億2500万円。生鮮食品が堅調で、総菜や飲料の売り上げも伸びた。衣料品は下旬の気温低下で夏物が伸び悩み、3・7%減の12億2800万円。雑貨・その他は化粧品などで消費税増税前の「駆け込み」の需要があり、3・9%増の24億8800万円だった。

飯田の萬田商事 自己破産を準備
負債2億円

貨物自動車運送の萬田商事(飯田市)は15日付で事業を停止し、事後処理を弁護士に一任した。帝国データバンク飯田支店によると負債は約2億円。弁護士によると詳細な負債額は精査中で、自己破産申請の準備に入っている。

同支店によると萬田商事は2011年設立。大手運送会社からの受注で岐阜、新潟両県にも拠点を設けて事業を拡大し、18年8月期は売上高約4億2千万円を計上した。一方、燃料費などのコスト増で赤字を計上し、税金などの支払いが滞っていた。

復旧作業や工事 労災防止を要請
長野労働局が文書

長野労働局は15日、台風19号による被災地の復旧作業・工事の際の労働災害防止を徹底するよう、発注者側の県建設部、受注者側の県建設業協会など関係団体に文書で要請した。十分な準備期間のないまま作業に入ると重大な労災が発生しやすい傾向があり、改めて注意を喚起した。

文書では、事前に現場の危険性を把握し、状況に応じて作業を一時中断するなど労災防止を徹底するよう要請。工事前に河川や山の形状を調べる事前調査、作業員への避難用設備の周知も求めた。県内9市にある各労働基準監督署を通じ、市町村にも労災防止の徹底を呼び掛ける。

物産相場　15日

野菜

(全農県本部調べ)【注】キュウリ、ナメコ、L−M−S、エノキダケ、ブナシメジはA−B、長芋は3L−2L−L

銘柄	LL		L			M		価格動向
▽白菜(10キロ)								
京浜	−	700	650	600		−		→
京阪神	−	700	600	550		−		→
信越	−	550	500	500		−		↗
▽白菜(12キロ)								
京浜	700	950	700	550		−		→
中京	−	900	700	600		−		↘
京阪神	−	950	600	450		−		↘
九州	−	800	800	750		−		↘
信越	−	800	650	500		−		→
▽白菜(15キロ)								
京浜	1050	750	600	550	750	500	400	→
中京	550	750	600	550	550	500	500	→
京阪神	600	900	650	500	650	500	350	→
九州	950	1050	900	800	900	750	650	→
信越	400	650	550	500	500	350	300	↘
▽キャベツ(10キロ)								
京浜	950	1150	1000	900	800	800	800	↗
中京	900	1200	1000	1000	800	800	700	↗
京阪神	850	1200	1000	900	850	700	600	↗
九州	1100	1350	1300	1250	850	800	800	↗
信越	700	1000	950	850	600	600	600	↗
▽グリンボール(10キロ)								
中京	700	950	750	700	600	600	600	→
京阪神	650	950	800	700	650	550	500	→
九州	850	1100	1050	950	750	650	550	→
信越	−	700	650	600	700	700	700	→
▽ホウレン草(200グラム)								
京阪神	78	94	90	87	70	70	70	→
九州	−	103	90	90		−		↘
信越	80	105	100	100		−		↗
▽白ネギ(3キロ)								
中京	1115	1160	1130	1095	1000	1000	1000	→
京阪神	1190	1235	1160	1120	985	840	840	→
▽白ネギ(5キロ)								
京浜	1350	1600	1535	1435	1200	1200	1200	→
中京	1480	1675	1500	1350	1415	1305	1200	→
京阪神	1750	1840	1520	1200	1325	1315	1060	→
九州	2015	2070	1805	1715	1435	1435	1435	→
信越	1510	1525	1515	1450	1300	1300	1300	→
▽セルリー(10キロ)								
京浜	2750	2650	2450	2200	2350	2100	1950	→
中京	2750	2450	2400	2300	2150	2050	1850	→
京阪神	2900	3050	2550	2450	2500	2150	1700	→
九州	3150	3000	2800	2650	2450	2300	2150	→
信越	2800	2500	2500	2450	2200	2200	2200	→
▽アスパラ(100グラム)								
中京	−	120	120	120	95	90	90	→
▽カリフラワー(6キロ)								
京浜	1050	1500	1300	1100	1200	1100	950	→
中京	1150	1600	1500	1350	1100	1050	1000	→
▽ブロッコリー(4キロ)								
京浜	1400	1850	1700	1600	1400	1300	1300	→
中京	1300	1850	1650	1550	1400	1300	1200	→
京阪神	1200	1650	1500	1400		−		↘
信越	1200	1800	1550	1450	1200	1200	1200	→
▽レタス(5キロ)								
京阪神	−	850	850	850		−		→
▽レタス(10キロ)								
京浜	900	1300	1050	850	300	300	300	↗
中京	950	1200	1100	1000	550	450	400	↗
京阪神	1000	1400	1200	1050	1050	800	550	↗
九州	1200	1600	1450	1350	1000	1000	1000	↗
信越	800	1300	1050	900	500	350	300	↑
▽サニーレタス(4キロ)								
京浜	−	900	800	650		−		↑
中京	−	1000	900	800	800	800	800	↑
京阪神	−	1100	850	600	800	800	800	↑
九州	−	1300	1000	850		−		↑
信越	−	900	700	450		−		↑
▽リーフレタス(4キロ)								
京浜	−	850	800	750	600	600	600	↑
中京	−	1050	900	800	500	500	500	↑
京阪神	700	1100	950	650	950	700	600	↑
九州	−	1100	850	700		−		↑
信越	300	950	750	500		−		↑
▽チンゲンサイ(3キロ)								
中京	500	500	450	450	300	300	300	↘
京阪神	550	750	500	400	500	400	300	→
信越	400	700	500	350	200	200	200	↗
▽キュウリ(5キロ)								
中京	1170	1500	1335	1140	1560	1490	1405	→
信越	1065	1290	1105	800	1435	1165	900	→
▽ミニトマト(200グラム)								
京浜	−	150	150	150	160	160	160	→
中京	130	160	137	109	167	153	147	↘
京阪神	170	200	175	150	203	176	176	→
信越	110	170	139	129	170	153	148	↘
▽ピーマン(150グラム)								
中京	50	62	51	50	47	44	41	→
京阪神	55	60	55	50	55	50	50	→
信越	48	54	49	41	40	40	30	→
▽ナメコ(100グラム)								
京浜	−	30	30	30	50	44	38	→
中京	−	37	36	32	60	48	42	→
京阪神	−	39	35	35	50	43	40	→
信越	−	40	39	35	45	42	36	→
▽エノキダケ(100グラム)								
京浜	−	44	30	22	30	27	25	↗
中京	−	36	26	20	10	10	10	↗
京阪神	−	34	28	21	20	20	20	↗
信越	−	30	30	27		−		↗
▽エノキダケ(200グラム)								
京浜	−	50	42	32	35	35	35	↗
中京	−	48	39	33	30	28	20	→
京阪神	−	52	40	31	25	20	20	→
信越	−	46	39	34	30	27	20	→
▽ブナシメジ(100グラム)								
京浜	−	68	40	29		−		↗
中京	−	62	37	28		−		↗
京阪神	−	61	40	30		−		↗
信越	−	45	38	33		−		→

果物

【注】ふじ、サンふじ、小梅は3L−2L−L、桃は4L−3L−2L

銘柄	LL		L			M		価格動向
▽秋映(10キロ)								
京浜	3600	3500	3450	3200	3000	2750	2650	→
中京	3450	3400	3100	2800	2750	2550	2300	→
京阪神	3400	3150	3000	3000	2600	2350	2350	→
九州	3450	3300	3200	3000	2950	2700	2400	→
信越	3500	3400	3150	2650	2700	2500	1700	→
▽シナノスイート(10キロ)								
京浜	4250	4000	3750	3350	3200	3100	2900	↗
中京	4300	4000	3650	3450	3500	3000	2750	→
京阪神	4250	4000	3700	3550	3150	3000	2900	→
九州	4750	3900	3700	3600	3100	3050	3000	→
信越	4200	4000	3750	3500	3200	3050	2950	→
▽紅玉(9キロ)								
信越	3455	3800	3800	3800	2750	1700	1700	→
▽乙女リンゴ(500グラム)								
京阪神	330	300	300	300	280	280	280	↗
▽南水(5キロ)								
京浜	2055	1750	1700	1700		−		→
中京	2200	2000	2000	2000		−		→
京阪神	2200	1900	1755	1715	1800	1700	1600	↘
信越	2200	1850	1800	1800		−		↘
▽ラ・フランス(5キロ)								
京浜	1855	1600	1600	1600		−		→
九州	1820	1690	1615	1530		−		→
▽巨峰(350グラム)								
京浜	282	250	250	250		−		→
中京	283		−			−		—
京阪神	298		−			−		—
信越	277		−			−		—
▽巨峰(6キロ)								
信越	3500		−			−		—

県内企業 四半期決算

(増減は前年同期比)

◇19年1〜9月期

◆HIOKI 減収減益

【連結】▽売上高169億3800万円(1・7%減)▽経常利益21億3800万円(20・3%減)▽純利益16億1500万円(25・9%減)

世界経済減速の影響で電子部品、バッテリーに関連する計測器の需要が鈍化。新製品開発や海外販路開拓に向けた投資の増加もあり減益。

県内 情報リンク

★信大、ドイツの研究機関と連携へシンポ

信州大(本部・松本市)は15日、ドイツの研究機関「フラウンホーファー研究機構」(ミュンヘン)と連携を深めるためのシンポジウムを長野市の信大工学部で開いた=写真。欧州最大の応用研究機関で、IT関連技術を県内企業が活用できるように日独のネットワークづくりを目指す。

信大は研究機構の知見を活用したい県内企業と同機構を結び付ける橋渡し役を担い、共同研究や人的交流も進める方針。シンポでは研究機構側が人工知能(AI)、IoT(モノのインターネット)などの研究内容を紹介した。

シンポに先立ち、研究機構の関係者は県庁に阿部守一知事も訪ねた。

★長野・松本信金がSDGsで保険2社と協定

長野信用金庫(長野市)、松本信用金庫(松本市)はそれぞれ15日、国連の「持続可能な開発目標(SDGs)」を推進する包括連携協定を、三井住友海上火災保険(東京)、損保ジャパン日本興亜(同)と締結した。取引先が研修を開く際の講師派遣などの協力を受ける。

第三種郵便物認可　信濃毎日新聞　2019年(令和元年)10月16日　水曜日　地域　26

東信

上田支社 ☎0268−23−1200 fax. 23−1202 〒386−0018 上田市常田2−35−10
東御支局 ☎0268−62−4181 fax. 62−4189 〒389−0516 東御市田中178−17
佐久支社 ☎0267−62−2141 fax. 62−2533 〒385−0035 佐久市瀬戸1203−1
小諸支局 ☎0267−22−0480 fax. 26−1286 〒384−0023 小諸市東雲1−1−11
軽井沢支局 ☎0267−42−2536 fax. 42−9120 〒389−0102 北佐久郡軽井沢町軽井沢471−5

東信 暮らしを直撃　台風19号

台風19号による記録的な大雨は住民生活を直撃した。堤防が決壊し、鉄橋は落ち、大きな爪痕を残した。

東御市布下 給水車出動

断水のため給水車から水を受ける住民。「トイレも使えない。水がないと何もできない」＝13日午前8時50分、東御市布下

千曲川支流の氾濫で横転したとみられる軽トラック＝13日午前10時7分、佐久市中込の市下水道管理センター

佐久城山小に避難

多くの避難者が身を寄せた佐久市佐久城山小学校の体育館＝12日午後7時17分、佐久市平賀

落下した上田電鉄別所線の鉄橋(奥)を見つめる人たち。「見慣れた鉄橋がこんなことになってしまうなんて」と切なそうに話す人も＝14日午前10時38分

運休していた北陸新幹線が運行を再開。乗車券を求めて窓口に長蛇の列ができた＝14日午前10時37分、上田市のJR上田駅

千曲川の水が堤防を越えて流れ込んだ上田市国分の住宅地で、発生したごみを回収して回る市の収集車＝14日午後1時45分

決壊した志賀川沿いの堤防。重機で補強する作業が続いた＝13日午後2時11分、佐久市志賀

護岸がえぐられてマンホールがむき出しになった谷川沿いの道＝13日午後1時13分、佐久市入沢

きょうの番組

UCV1上田121
6.00 UCVレポート
6.30 おおきくなあれ 田中保育園
6.40 おはなしランド
7.00 第1回真田塾 太陽系の起源を探る旅
8.50 スポーツだより
17.00 UCVレポート

UCV2上田122
6.00 上田三中 合唱コンクール
8.00 上田四中 合唱コンクール
10.00 東御市民大学講座

丸子テレビ121
6.15 旬菜の滋味 再8時15分、11時半 18時15分、21時15分 21時45分
9.00 丸子婦人バレーボール大会・エイコーンー エレガンス 再13、19、22時
15.00 理学療法フェスタ2019
18.00 ケーブルニュース再18時半、21時、21時半

とうみチャンネル
6.00 Weekly！とうみ 東御市内の話題(再) 再12、18時
9.00 ちょこっとずくだし 元気探し研修会 目指せ！素敵な認知症ライフ！？ 堀内ふきさん (再) 再15、21時
番組前15分テレビ回覧板

はれラジ／FMとうみ78.5
7.00 いってらっしゃい
7.40 東御・長和・立科 行政情報
9.00 音楽の森
10.54 ワンダフルハウジング
11.00 COCOらじ
12.00 ランチBOX天・交
12.40 東御市行政情報
16.30 ままやきラジオ
17.00 mizu曜日は晴れ
18.40 東御市行政情報
19.00 今うわさのあの人

CTK12chこもろ
6.30 キラリ★青春 ～技術部～
6.55 ぐるっとふるさと信越
7.30 商工会議所旬鮮情報
8.30 ぴよぴよくらぶ
8.50 TV版広報こもろ
18.30 CTKN&WIDE

佐久ケーブルテレビ
7.00 てんこもり佐久平
7.30 生放送★SAKUいち N天・佐久情報満載！
8.00 けーぶるにっぽん 躍動！JAPAN
10.00 交通安全音楽祭
10.30 ともに生きる佐久
12.10 SAKUいち
13.00 とことこ39
15.30 園児の素顔・総集編
17.30 みんなのラーメン 長野ケーブル制作
19.00 望月小学校運動会※蓼科ケーブル制作

TCV12ch蓼科
8.00 ぐるっとふるさと 図書室だより 再正午、17、19時
9.00 立科町戦没者追悼式
20.00 望月中学校若駒祭2 演劇部発表ほか

YKTV12ch南牧
6.30 社協マレットゴルフ大会、一週間のお知らせ 再　再12時半
18.30 戦没者追悼式 再20時半、22時半

エフエム佐久平　76.5
6.40 マーチング取材番組
6.50 山口先生マーチング
11.00 鈴木カオリのラジコン
16.00 平木円香のごあした
18.30 俊智の新地球シンフォ
19.00 MUSICCROSS
19.30 MO鉄ちゃん鉄分補給
21.00 THE NITE

FM軽井沢　77.5
8.00 モーニングサラダ N・天・ABC・交 お知らせ
12.00 スマイルデイズ 富山情報 N・天・交
17.00 トワイライトアワー N・天・交・サル
18.00 Keep Calm

広告信毎会とは　広告信毎会は地域に根ざし、長野県民の暮らしを応援する企業でつくる信濃毎日新聞の広告組織です。

戦後間もない1953年(昭和28)、長野市内の有力広告主が集まってつくった連携・研究団体「広告信毎会」は、地域商工業会と信濃毎日新聞の共栄をはかる場として発足しました。

その後、県内各地で地域の特色を生かした広告信毎会が誕生し、現在は東京信毎会を含め、県内外主要18地域にあり、参加企業は約250社になります。

広告信毎会についてのお問い合わせ等は、こちらまでお願いします。

「広告信毎会事務局」
Eメール：k-shinmaikai@shinmai.co.jp

信濃毎日新聞社広告局内　広告信毎会事務局
〒380-8546 長野市南県町657
電話：026-236-3311　FAX：026-238-0007

東信

堤防補強工事 急ピッチ

別所線の鉄橋崩落 上田の千曲川左岸

別所線の鉄橋が崩落した千曲川左岸の堤防。国交省が波消しブロック（奥）を投入するなど補強を進めている

台風19号による大雨で増水し、堤防が削られた上田市諏訪形の千曲川左岸堤防では、国土交通省千曲川河川事務所（長野市）が被害拡大を防ぐための緊急復旧工事を急ピッチで進めている。重機で波消しブロックや土のうを投入し、流れが堤防に与える衝撃を緩和する。同事務所は今月27日ごろをめどに完了させたいとしている。

同事務所によると、堤防の欠落部分約300㍍にわたって、波消しブロックを500個設置し、その上に袋詰めした石を積むなどして堤防を補強する。作業は堤防の欠損が確認された13日午前に着手し、夜通し続けている。

現場では堤防が欠損した影響で同日、上田電鉄別所線の鉄橋が崩落。台風前に幅約5㍍あった市道の堤防道路も狭いところで50㌢まで欠損した。再びまとまった雨で増水すれば決壊し、左岸の城下・川辺泉田地域などに甚大な被害をもたらす恐れがある。市は補強工事の進み具合や千曲川の水位低下を受け、左岸地域の保育園や小学校を15日、再開した。

励ましのマッサージ提供

台風被災 佐久の避難所

地元の理学療法士・関口さん 「乗り越えましょう」

鉢巻き姿で避難者の女性にマッサージする関口さん＝13日午前6時、佐久城山小学校

「雨もやんできています。何とか乗り越えましょう」。台風19号が最接近した12日夜から13日にかけて、佐久城山小学校に設けられた避難所では最大523人が雨風をしのいだ。そんな中で同市平賀の理学療法士、関口憲治さん(35)は、被災者を励ましながらマッサージを施していた。

岡山市から移住し、リハビリなどを手掛ける関口さんは、NPO法人「佐久平総合リハビリセンター」の副理事を務める。所属する消防団の活動に加え、「自分ができることをしよう」と避難者のケアを買って出た。同じ姿勢で座ったままだったり、横になるのがきつくて眠れなかったりするお年寄りに声を掛け、数十人の肩や背中を優しくさすり、手足をもんだ。

腰の痛みを訴えた佐藤秋子さん(82)＝佐久市平賀＝は「（体が）軽くなったような気がする。（避難所で）マッサージをしてもらえるなんて夢にも思っていなかった」と笑顔。関口さんは「（同じ姿勢で座り続けて発症する）エコノミークラス症候群の予防にもなる。笑顔になってもらえてうれしい」と話していた。

上田市内の道路 41カ所通行止め

台風19号で通行止めになった上田市内の道路が市管理30カ所、県管理11カ所の少なくとも41カ所に上ることが15日、市災害対策本部のまとめで分かった。大屋橋以西の市中心部の橋は通行止めが解除されている一方、丸子、真田、武石地域で深刻な被害が目立ち、影響が長期化しそうだ。

真田地域自治センターに近い県道長野真田線、市道四日市荒井線は、「四日市橋」の崩落の恐れがあるとして12日夜から通行止め。武石地域の宿泊施設「雲渓荘」と結ぶ市道小沢根線は河川が増水して道路が大規模に陥没している。

被害家屋の調査開始

上田市 災害ごみ回収も

床上まで浸水した家屋を調べる市職員＝14日、上田市国分

上田市は14日、台風19号で千曲川の水が堤防を越え、浸水した同市国分などで家屋の調査を始めた。浸水被害などの全容を把握し、被災者が保険請求などの際に必要な罹災証明書発行の基礎調査にもする。

国分の滝沢玲子さん(78)宅は木造2階建ての1階部分の多くが床上浸水。浸水状況を尋ねる市職員に「家具があるのに畳が浮き上がっていたほど」と訴えた。滝沢さんは「洗濯機やパソコンなど多くの家電製品が壊れた。少しでも多く保険が使えればいいけれど」と心配顔だった。

市は浸水家屋の使用再開に当たり消毒を呼び掛けているが、滝沢さんの家族は「消毒と言っても、これだけ室内が汚れてしまって何をどうすればいいのか」と困惑気味。担当者は、床下の消毒に有効な消石灰や床上に適した「逆性せっけん」を無償配布していることなどを伝えた。

市は14日、旧神川地区公民館の駐車場に仮置き場を設け、災害ごみの回収も始めた。上田クリーンセンター、依田窪プール駐車場でも雨や泥に漬かった家電や家具などを受け入れている。

この日は雨の中、軽トラックなどで家財を運ぶ人が訪れ、布団や畳を運びながら「ぬれるとこんなに重くなるのか」と漏らす人も。ごみを運び入れた上沢自治会長の山本斉さん(74)は「土は片付けたけれど、物が泥でぐしゃぐしゃになってしまった」。実家が床下浸水したという40代女性は「外の物置にあったストーブなどが駄目になって、庭も泥だらけ。床下が腐らないか心配」と話していた。

片付け本格化 支援の手続々

佐久

台風19号で多くの浸水被害などが発生した佐久市で14日、被災住宅の泥かきや片付け、清掃が本格化した。友人や家族、多くのボランティアが手伝いのため集まり、被災者を支えている。

同市中込の杉の木地区は滑津川の堤防が欠けたことで水浸しになり、高さ約2㍍まで床上浸水した住宅もある。住民らは部屋にたまった泥をスコップなどでかき出し、ぬれてずっしりと重くなった畳や家具、家電などを搬出。床の洗浄を進めた。

浸水被害に見舞われた住宅の片付けを進める支援者ら＝14日午前10時1分、佐久市中込

近くの避難所に身を寄せる同地区の男性(75)も頭上の高さまで浸水する被害を受けたが、多くの支援の手に「心苦しく、皆さんに申し訳ない」と感謝。自宅周囲の泥かきにも追われた同地区の会社役員、坂本佳昭さん(60)も「たくさんの人が来てくれて、本当に助かります」と話していた。

千曲川上流域で国交省被害調査

国土交通省は15日、台風19号で被災した千曲川上流域にある県管理の橋や護岸の被害調査を、佐久穂町、小海町、川上村で行った。同省水管理・国土保全局防災課の太田茂登査定官(55)が県の復旧工事の計画作りに向けて助言した。

川上村では太田査定官と県佐久建設事務所職員が千曲川にかかる県道梓山海ノ口線の男橋を視察。1960（昭和35）年に完成した男橋は長さ約89㍍、幅約6㍍。橋脚の基礎部分が下がり、橋の中央部が沈み込んでいた。

太田査定官は「橋の破損が拡大するのを防ぐため、被害の全容を速やかに把握し、復旧工事の計画を立てて」などと助言。県佐久建設事務所担当者は「一日も早い復旧につなげたい」とした。

このほか、小海町東馬流橋上下流の護岸と佐久穂町宿岩橋上流の護岸も回った。

台風19号 生活情報

15日時点、変更の可能性があります

▽上田市
【避難所】市中央公民館、川辺小学校、上田創造館、市築地原トレーニングセンター
【給水】武石余里の断水区域に給水車
【災害ごみ受け入れ】上田クリーンセンター、依田窪プール駐車場（丸子地域対象）、旧神川地区公民館（神川地区対象）
【入浴】別所温泉旅館組合（☎0268・38・2020）、午後5～8時
【ボランティア受け付け】作業従事者は充足。ボランティアの協力が必要な被災者は上田市社会福祉協議会（☎0268・27・2025）
【充電】市中央公民館、川辺小学校、上田創造館、市築地原トレーニングセンター
【ネット環境】市中央公民館、川辺小学校、上田創造館
【バス】上田バス、千曲バスのほとんどが通常ダイヤで運行
【外国人相談窓口】市人権男女共生課（☎0268・75・2245）

▽東御市
【給水】大日向集落センター、東御市ふれあい体育館、光ケ丘集会場、島川原地区農業生活改善施設、布下公民館、常満団地集会場
【休館】北御牧子育て支援センター

▽長和町
【路線バス】15日再開。一部路線で迂回（うかい）しながら運行

▽青木村
【避難所】14日に閉鎖
【給水】村役場（☎0268・49・0111）で飲料水を配布
【入浴】入浴施設が通常通り営業
【充電】公共施設
【路線バス】千曲バス青木線が15日、通常ダイヤで運行再開

▽小諸市
【充電】市立小諸図書館（☎0267・22・1019）
【入浴】中棚荘（☎0267・22・1511）
【通行止め】県道諏訪白樺湖小諸線の布引トンネル付近

▽佐久市
【災害ごみ受け入れ】うな沢第2最終処分場、宇とう南沢処分場
【半額で入浴】あさしな温泉穂の香乃湯、布施温泉、春日温泉もちづき荘、春日温泉ゆざわ荘
【ボランティア受け付け】佐久市社会福祉協議会（☎0267・64・2426）
【充電】佐久市役所、臼田支所、浅科支所、望月支所、佐久情報センター
【下水】下水道管理センターが受け入れ停止。市は広く節水を呼び掛け

▽軽井沢町
【避難所】閉鎖
【充電】役場、木もれ陽の里、中央公民館、観光振興センター、観光会館、風越公園総合体育館、スカップ軽井沢、軽井沢駅さわやかハット・さわやかホール、軽井沢駅南北自由通路
【上下水道】発地地区で下水道が不調。百数十世帯に節水を呼び掛け
【催しの中止】19日の碓氷峠ラン184、20日の軽井沢リゾートマラソン
【休業】風越公園のアイスパークが停電の影響で17日まで休館

▽御代田町
【避難所】閉鎖
【通行止め】面替橋など面替区の2カ所、一里塚地区世代間交流センター、豊昇区内の一部

▽立科町
【災害ごみ受け入れ】旧千草保育園（☎0267・88・8407）
【給水】町役場駐車場前（☎0267・88・8410）
【入浴】（16日）清瀬市立科山荘、コロシアム・イン・蓼科、立科白樺高原ユースホステル、B&Bsora・picnic base
【ボランティア受け付け】町社会福祉協議会（☎0267・56・1825）
【休業】権現の湯、権現山マレットゴルフ場・キャンプ場

▽小海町
【町営バス】
通常通り運行
【通行止め】
県道松原湖高原線の細日トンネル付近が倒木の影響で全面通行止め

▽佐久穂町
【避難所】
生涯学習館「花の郷・茂来館」（☎0267・86・2041）
【福祉避難所】
老人保健施設「さやか」（☎0267・86・5330）
【給水】
大日向、余地の2地区を給水車3台が巡回する
【入浴】
社会福祉協議会こまどり支所（☎0267・88・3545、午後1時～8時）
海瀬館（☎0267・86・2520、午前10時～午後3時）
【充電スポット】
町役場佐久庁舎、生涯学習館「花の郷・茂来館」、社協ふれあい支所、社協こまどり支所、八千穂福祉センター、南佐久環境衛生組合
【災害ごみ受け入れ】
元気が出る公園下の駐車場（午前9時～午後4時）
【ボランティアセンター】
社協ふれあい支所（午前9時からと正午から受付け、☎0267・86・4273）

▽川上村
【給水】秋山公民館、解体工事会社「カクニ」（飲用以外）、宗泉寺、八ケ岳農協居倉集荷場、まつの長野川上集荷センター、村役場
【入浴】ヘルシーパークかわかみ（☎0267・97・3600）

▽南牧村
【通行規制】
県道海ノ口・梓山線が土砂崩落の影響で午前6時～8時 午前11時半～午後1時半、午後5時～6時を除く時間帯で通行止め

▽南相木村
【避難所】14日に閉鎖
【入浴】村の日帰り温泉施設「滝見の湯」（☎0267・91・7700）は通常通り営業
【イベント中止】10月中に予定していた村内のイベントは中止
【村営バス】通常通り運行

▽北相木村
【避難所】村老人福祉複合センター「みどり」
【災害ごみ受け入れ】村社会体育館前駐車場
【村営バス】通常通り運行

第三種郵便物認可　信濃毎日新聞　2019年(令和元年)10月16日　水曜日　地域　26

北信

長野本社　☎026−236−3130　fax. 236−3196
〒380−8546　長野市南県町657
須坂支局　☎026−245−0120　fax. 248−4893
〒382−0094　須坂市屋部町1327
中野支局　☎0269−22−3224　fax. 26−0760
〒383−0025　中野市三好町2−4−41
飯山支局　☎0269−62−2226　fax. 63−3128
〒389−2253　飯山市福寿町1114−10
千曲支局　☎026−273−0062　fax. 273−1134
〒387−0006　千曲市粟佐1305−4

北信被災 疲労の色も

台風19号による記録的な大雨は、北信地方の各地に大きな爪痕を残した。市街地が冠水し、多くの家屋が被災。山間部では土砂災害も起きた。片付けに追われる住民らには疲労の色もにじむ。

飯山市役所 浸水

腰の辺りまで浸水した飯山市役所1階＝13日午前10時3分

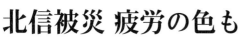

水に漬かった住宅地では排水作業に追われていた＝13日午後0時17分、長野市篠ノ井塩崎

冠水したしなの鉄道北しなの線三才〜豊野駅間の線路。運行は再開されていない＝13日午後2時50分、長野市豊野町南郷

水が引いた住宅では、泥にまみれた床や畳を洗い流す作業に追われていた＝13日午前9時49分、中野市立ケ花

水に漬かった自宅の家具を住民やボランティアらが撤去していた＝15日午前11時40分、須坂市北相之島地区

電柱が倒れたり土砂が流入したりした県道長野菅平線＝13日午前8時15分、長野市若穂保科の持者集落付近

周囲の道路が冠水し一時孤立したロイヤルホテル長野。炊き出しに宿泊客や避難者らが並んだ＝13日午前11時半ごろ、長野市松代町西寺尾

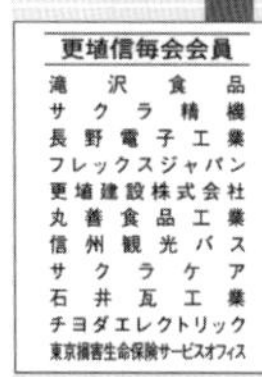

水が引いた後、車庫に残った泥をかき出す住民たち＝13日午後4時ごろ、千曲市杭瀬下

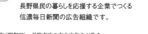

きょうの番組

INC地上11ch
5.00　チャンネルINC「地上11ch」はINCながのニュース以外の番組を中止し台風19号被害に関連する長野市内の情報を文字でお伝えします「災害ごみの分別」「災害ごみ排出場所」「市道通行困難区域」など 情報は随時更新します 河川情報カメラの映像を放送する場合もあります
6.00　INCながのニュース▽台風19号被害▽あすの天気（再後7時・後8時後9時・後10時後11時・深0時）

GLTV　すこうCH地上121
6.00　【4K】北信濃の美景（13時19時24時）
6.30　けーぶるにっぽん躍動JAPAN「突け　未来を」(13時半19時半)
8.00　子育てポケット〜朝ごはん　どうしたら食べてくれる？（11時14時17時20時23時半）
8.30　鹿児島×北信濃「そらじかん」（23時）
9.00　相森中学校　第72回校庭大運動会(15時18時)
1000　みんな集まれ元気っ子〜須坂双葉幼稚園〜
1200　ミュージックジャパン

たかやまch地上122
8.00　こころのプロジェクト「夢先生」（14時20時）
1000　伝統芸能〜三郷
1700　湯こっCha！山田温泉
2200　H28年度　高杜神社御柱祭　斧入〜山出し

地域情報ch　地上111
お天気ch　地上112

テレビ菜の花
6.00　お茶の間ニュース
6.30　村のみんなにご紹介㈲
6.45　観光協会news㈲
7.00　ご近所ネット
9.00　野沢温泉スキー体操

テレビ北信・豊田情報センターデジタル121ch
6.00　気まぐれクッキング
8.00　近隣ケーブル局
10.00　東笠原区春原博さん戦争体験を語る(再21時)
11.00　ふるさと元気印！▽免許自主返納
1545　花物語通信
1800　N・ふるさとステーション▽大学生が農業インターンシップ▽第41回北部少年駅伝大会▽支部対抗球技大会
1900　THV特集「豊田中学校小餅祭」
2200　見楽のススメ▽オリジナルカレー屋を見楽

iネット飯山
7.00　ほっとスタジオ▽退任教育委員へ感謝状▽豪学生と中学校交流▽出会いサポートセンター開所▽いいやま女性セミナー▽みんなのおもしろ広場▽いいやま投句大会（12.30 15.30 17.30 19.30 22.30）
7.45　Net3キッチン
8.00　iネット川柳トークショー▽お題「線」次回「豊作」（12.00 17.00 18.30）
8.30　健康チャンネル（11.30）
9.00　長野県ご当地○○対決▽郷土料理編
10.00　自遊にチャレンジ
10.30　まるごと信州情報ネット
11.00　すまいるone
14.30　のんびりし〜な

ふう太チャンネル
5.00　ご近所NEWS（13.00）
6.25　ぐるっとふるさと信越
6.30　週刊ふう太ニュース（7.30　8.30　9.30）
7.00　日刊ふうタイム（8.00　9.00　12.00）
10.00　農林高校地理特別講義「信越自然郷の可能性と混迷の時代を生き抜く知恵」／整理収納セミナー整理収納の基本（16.00 20.00）
14.30　信越トライウォーク
21.55　ぐるっとふるさと信越

121chネット千曲
6.15　情報チャンネル▽交通
8.15　とびだせ千曲っ子 満照寺保・秋の小遠足㈲5.15、6.15、11.15
8.30　『子育てぽけっと』㈲0.30、6.30、11.30
10.00　ボクシング・宮尾綾香王座統一戦㈲9.00
1.00　QVC／ショッピング
4.00　文字情報・求人情報
5.00　千曲ニュース▽出来事㈲6.00、8.00、11.00
8.15　市民ギャラリー展示
8.30　アクトオンTV▽趣味

11chネット千曲112
9.00　千曲市総合防災訓練▽五加地区㈲7.00
1.00　戸倉上山田温泉夏祭り2019▽2日目㈲8.00

FMぜんこうじ　76.5
7.00　おはよう・ナムゴン　P：塩入美雪　まるまるミュージック　N・天・交通情報　話題の交差点
9.20　ステップワン
11.30　昼どきもんぷらワイド　P：阿藤千鶴子　今日のホット情報　午後のミュージック　N・天・生活情報
2.00　グッドネイバーズ
5.00　ゆうやけスタジオ　P：郷原利枝　伝言なむごん　三菱ミュージック　N・天・交通情報
6.30　グルーヴライン
7.00　ジャム・ザ・ワールド
9.00　SONARMUSIC

UCV1上田121
6.00　UCVレポート
6.30　おおきくなあれ　田中保育園
6.40　おはなしランド
7.00　第1回真田塾　太陽系の起源を探る旅
8.50　スポーツだより
17.00　UCVレポート

UCV2上田122
6.00　上田三中　合唱コンクール
8.00　上田四中　合唱コンクール
10.00　東御市民大学講座

北信

長野市、篠ノ井と松代で受け入れ本格化

市民から災害ごみ続々と

長野市は15日、同市篠ノ井塩崎の篠ノ井運動場と、同市松代町西条の青垣公園運動場で、災害で発生した家庭ごみの受け入れを本格的に始めた。篠ノ井運動場では、ごみをいっぱいに積んだ市民の軽トラックが入り口から列を作り、水にぬれたソファや布団、食器棚などを次々と運び入れていた。16日以降も続けるほか、同日から新たに同市豊野町大倉の豊野東山第一運動場でも受け入れる。

浸水被害で壊れた家具などを運び入れる市民ら＝15日午前10時15分ごろ、長野市篠ノ井塩崎の篠ノ井運動場

きょうから新たに豊野でも

篠ノ井運動場では「不燃物」「可燃混合物」「家電」「畳」など9種類に分別し、ごみを積み上げた。同市篠ノ井会の酒井文彰さん(18)＝松代高校3年＝は自宅1階が浸水し、2階に逃れて助かった。15日は剣道部で使った竹刀や、家庭で利用していたホットプレートなどを搬入。「きょうは学校を休んだ。高校の近くも被災したと聞き、心配だ」と話した。

市生活環境課によると、16日の受け入れ時間は午前9時半～午後4時半の予定。篠ノ井地区でもう1カ所の受け入れを検討している。今後、長野広域連合のごみ焼却施設「ながの環境エネルギーセンター」(長野市大豆島)などで処理する。

長沼・豊野 通行止め続く

長野 復旧へ 作業急ピッチ

千曲川の堤防決壊現場に近い長野市の長沼、豊野の両地区では15日も一般車両の通行止めが続いた。一帯の浸水範囲は縮小しているものの、許可車両で国道や県道を走って確認すると、路面は泥でぬかるみ、リンゴが散乱していた。ブルドーザーや清掃車が行き交い、復旧に向けた作業を急ピッチで進めていた。

国道18号(アップルライン)は柳原北―浅野の交差点間で一般車両が通行できない。ほぼ平行して走る県道村山豊野停車場線も通行止めになっている＝地図。国土交通省北陸地方整備局によると、一帯の浸水範囲は13日に9・5平方キロあったが、15日正午時点では1・5平方キロに縮小した。

村山豊野停車場線は、路面が厚さ10センチほどの泥で覆われていた。堤防決壊地点に近い長沼交流センターの手前では、ブルドーザーが泥の除去作業をしていたが通行できない状態。センターの壁は大きく剥がれ、隣接する長沼体育館も床一面が泥に覆われていた。

国道18号沿いでは、商業施設「ユーパレット赤沼店」の駐車場が水に漬かった状態。コンビニエンスストア2店は泥のかき出しなどを進めていた。長沼小学校や長沼保育園の周囲は田畑から流れ出た泥が厚く積もっていた。被害は津野、穂保の交差点周辺で目立ち、大町の交差点より南側は比較的少なかった。

罹災証明発行へ 調査開始

長野市 被害箇所の撮影を呼び掛け

長野市は15日、罹災証明書の発行に向け被災した住宅の現地調査を始めた。被災状況の全容は不明だが、市は1カ月ほどでの調査完了を目指すと説明。早期に仮住宅への入居募集ができるよう対応を進める。

この日の調査は市資産税課職員らが篠ノ井御幣川付近から開始。会社員高橋浩平さん(46)宅では、高橋さんが撮影した写真や浸水箇所を確認し、申請の手続きを説明した。高橋さんによると13日午前0時すぎ、千曲川支流があふれて浸水。玄関先で止められたが、外の車2台は廃車となり、隣接する事業所からは重油も漏れて周囲に油が浮いた。高橋さんは「準備ができ次第、申請書を提出したい」と話した。

同課は被害箇所をできるだけ撮影するよう呼び掛けている。証明書発行は無料。

また市内では市立の長沼保育園と私立の豊野みなみ保育園が浸水し当面、臨時休園。他園に分散するなどし保育を続ける。市教委によると、浸水した長沼小、東北中、豊野中学校は再開のめどが立っていない。浸水した松代中は18日、避難所の豊野東小は17日再開を目指す。

市は、ふるさと納税専用サイト「さとふる」と「ふるさとチョイス」(茨城県境町が事務を代行)による災害支援の寄付も募り始めた。

飯山市役所 4階が臨時窓口に

1階が浸水被害 市内の温泉施設 無料開放も

飯山市は千曲川支流の皿川の氾濫で中心部一帯が浸水被害に見舞われた。1階が浸水した市役所は15日、役所4階に市民環境課や保健福祉課、税務課などの臨時窓口を開設。信州いいやま観光局(飯山市)と市社会福祉協議会は、それぞれ運営する温泉施設の無料開放を始めた。

浸水被害があった市役所1階では、この日も朝から職員らが泥の撤去や汚れた机の洗浄などの復旧作業に追われた。市によると、週末までに1階での業務再開を目指すという。4階の臨時窓口には、罹災証明書や住民票の発行のため、多くの住民が相談に訪れていた。

飯山市役所4階に設けられた臨時窓口。罹災証明書の発行なども行っている

信州いいやま観光局が21日まで無料開放する同市一山の「いいやま湯滝温泉」では初日の14日、床上浸水などで自宅の風呂が使えなくなった被災者計211人が疲れを癒やしに訪れた。被害の大きかった同市福寿町区に住む江口悦子さん(54)は夫と義母、息子と一緒に温泉を利用。「こんな時だけど、温かいお湯でリラックスできて助かる。無料なのは本当にありがたい」と話していた。

須坂の避難所ですし店夕飯提供

被災者「ほっとする」

須坂市のすし店「松栄寿司」の須坂店、東口店、日詰店の3店舗は15日、市内の避難所を訪問し、夕飯を無償で振る舞った。避難所への食事の提供はこの日で3日目。

避難所の北部体育館と旭ケ丘ふれあいプラザにいる住民に約120人分を準備。午後5時半ごろ、北部体育館では従業員約10人がネギトロ丼や豚汁のうどんなどを提供した。この他、地元の運送会社が無償で提供したシャインマスカットやリンゴなども並んだ。

提供されたネギトロ丼に薬味を乗せる避難所の住民

同館に避難する住民は、ネギトロ丼の上に好みでしょうゆをかけたりネギを乗せたり。北相之島町の女性(79)は「おにぎり以外のご飯を食べるのが久しぶり。温かい汁物もほっとする」と話した。

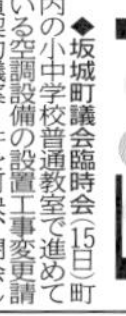

◆坂城町議会臨時会(15日)町内の小中学校普通教室で進めている空調設備の設置工事変更請負契約議案1件を可決、閉会した。配管材料の不足などで設置工事が10月末までかかり、引き上げ後の消費税率で契約を結び直した。事業費は286万円を増額し、総額1億5730万円。

台風19号 生活情報

15日時点、変更の可能性があります

▽長野市

【避難所】(指定避難所)豊野東小、東条小、古里小、豊野西小、豊野西小児童センター、長野運動公園、南長野運動公園、北部スポーツ・レクリエーションセンター、昭和の森フィットネスセンター、(自主避難所)松代支所、篠ノ井総合市民センター、古里総合市民センター、豊野北公民館(15日時点)

【ごみ受け入れ】篠ノ井運動場(篠ノ井)、青垣公園運動場(松代町)、豊野東山第一運動場(豊野)。それぞれ午前9時半～午後4時半

【下水】古里、柳原、長沼、若槻、朝陽、若穂、古牧、吉田、大豆島、豊野、松代のそれぞれ一部で受け入れ停止

【ボランティア受け付け】南長野運動公園屋内ゲートボール場で、第1、第3水曜日と日曜祝日を除く午前9時～正午。災害ボランティアセンター本部(☎080・5072・9607)、依頼に関する住民専用ダイヤル(☎080・5072・9637、080・5072・9647)

【スポーツ施設休館】長野運動公園体育館、南長野運動公園体育館、長沼体育館、北部スポーツ・レクリエーションパーク、豊野体育館、豊野屋内運動場、千曲川水系河川敷のスポーツ施設、サンマリーンながの屋内運動場、篠ノ井運動場、茶臼山運動場、豊野東山第一・第二運動場、青垣公園運動場。いずれも当面の間

【交流拠点休館】かがやきひろば東北と併設の東北いこいの家、かがやきひろば豊野。いずれも当面の間

【支所】長沼支所と豊野支所が業務停止。住民活動などの相談は市地域活動支援課(☎026・224・7615)

【保健センター】豊野保健センターが業務停止。当面、東部保健センターで対応。市保健所健康課(☎026・226・9963)

【休園】長沼保育園、豊野みなみ保育園(保育は他施設で)

【放課後子ども総合プラン】長沼児童センター、松代花の丸児童センターが被災。長沼小、豊野西、豊野東小学校の区域は19日まで実施しない。松代小の区域は他施設で通常実施。市こども政策課(☎026・224・6796)

【外国人相談窓口】市国際交流コーナー(☎026・223・0053)で、第1・第3水曜日と日曜祝日を除く午前10時～午後6時。コーナーが対応しない日は市インバウンド・国際室(☎026・224・5447)で午前8時半～午後5時15分に受け付け

▽飯綱町

【充電】町民会館と飯綱福祉センター。携帯電話の充電、炊飯器などでの一時的な調理場所としても利用可。午前8時半～午後10時

▽須坂市

【ごみ受け入れ】日滝原産業団地内のテニスコート

【入浴】古城荘(☎026・245・1460)、湯っ蔵んど(☎026・248・6868)

【ボランティア受け付け】日野地域公民館(☎026・246・2276)

【下水】上八町と下八町を除くほぼ全域で受け入れ停止。冠水地域などに仮設トイレを設置。バキュームカー処理で対応

▽小布施町

【避難所】老人福祉センター桃源荘、飯田地区の公会堂

【入浴】小布施温泉あけびの湯(☎026・247・4880)

【ボランティア受け付け】町社会福祉協議会(町民・町内勤務の人限定、☎026・242・6665)

【下水】東町、上町、中町、伊勢町、中央、中扇、横町、福原、栗ガ丘、大島、飯田、林、山王島、水上、松の実、千両、クリトピアと、六川と松村の一部で受け入れ停止

▽高山村

【下水】高井地区で受け入れ停止。役場や公民館など公共施設に仮設トイレを設置

▽中野市

【避難所】西部公民館

【ごみ受け入れ】市民プール奥駐車場、東山クリーンセンター

【ボランティア受け付け】市社会福祉協議会(☎0269・26・3111)

▽飯山市

【避難所】市公民館

【ごみ受け入れ】旧城南中学校

【入浴】いいやま湯滝温泉(☎0269・65・3454)、湯の入荘(☎0269・65・3312)

【ボランティア受け付け】飯山市災害ボランティアセンター(☎090・4945・8342、090・4945・8442)

▽千曲市

【避難所】旧更埴庁舎保健センター、健康プラザ

【ごみ受け入れ】名月荘跡地、窪山展望公園、被災した19の区・自治会ごとに集積場所を開設し順次回収

【ボランティア受け付け】市社会福祉協議会(☎080・5072・9750)

▽金融機関

北信の主な金融機関の浸水などによる臨時休業は、八十二銀行豊野支店(長野市豊野町豊野)、長野信用金庫豊野支店(同)、県労働金庫更埴支店(千曲市杭瀬下)。15日午後5時現在、いずれも復旧の見通しは立っていない

▽スーパーの休業状況

浸水などの影響で16日に営業を停止する店舗は、デリシア豊野店(長野市)、ユーパレット赤沼店(同)、ユーパレットみゆき野店(飯山市)、ツルヤ松代店(長野市)など。ベイシア中野店(中野市)、西友栗佐店(千曲市)は12日から臨時休業していたが、15日夕、営業を再開した。

▽風呂の無料開放

長野市妻科の長野県宿泊施設「うるおい館」は、被災者向けに温泉施設を無料開放。午前6～9時と午前10時～午後11時で、フロントで氏名と居住地域を伝える。タオルなどは持参する。問い合わせは同施設(☎026・237・4126)へ

第三種郵便物認可　信濃毎日新聞　2019年（令和元年）10月16日　水曜日　地域　26

諏訪

諏訪支社
〒392−8520　諏訪市小和田南13−6
☎0266−52−0021
fax.　58−8101

岡谷支局
〒394−0002　岡谷市赤羽2−2−13
☎0266−22−2443
fax.　22−2474

茅野支局
〒391−0005　茅野市仲町17−14
☎0266−73−4850
fax.　73−4255

諏訪地方 増水に緊張

台風19号

大型で非常に強い台風19号が列島を襲った先週末、諏訪地方の各地でも避難指示が出され、住民らは不安な時を過ごした。強い風雨の中、避難を呼び掛ける防災無線が市街地に響き渡り、地元消防団らは河川の警戒に当たった。住民が詰め掛けた避難所では、自治体職員らが非常食を用意するなど慌ただしく動き、手伝う中学生の姿もあった。

急激に増水した上川は、江川橋（茅野市）で12日午後6時に氾濫危険水位を超える4・21㍍、同7時には4・40㍍に達した。茶色く濁った水が木の枝や長さ3㍍以上とみられるパイプなどを押し流した。住宅地への氾濫を防ぐため、上川に注ぐ用水路の水もポンプで放流され、上川の水かさは堤防ぎりぎりまで増した。

諏訪市は、上川流域の一部に避難指示を出した。諏訪中学校の体育館には400人以上の住民が避難した。家族と避難した女性（30）は数日前から食料品を買うなど対策をしていたものの、「まさか本当に避難するとは思っていなかった」。非常食の準備などを手伝っていた同中3年の小平茉奈さん（15）は「大変な時だからこそ、少しでも手伝いたいと思った」と話していた。

強風で倒木が相次ぎ、停電も発生。中部電力諏訪営業所（下諏訪町）によると、茅野市、岡谷市、富士見町を中心に諏訪地方で最大約6890戸が停電した。

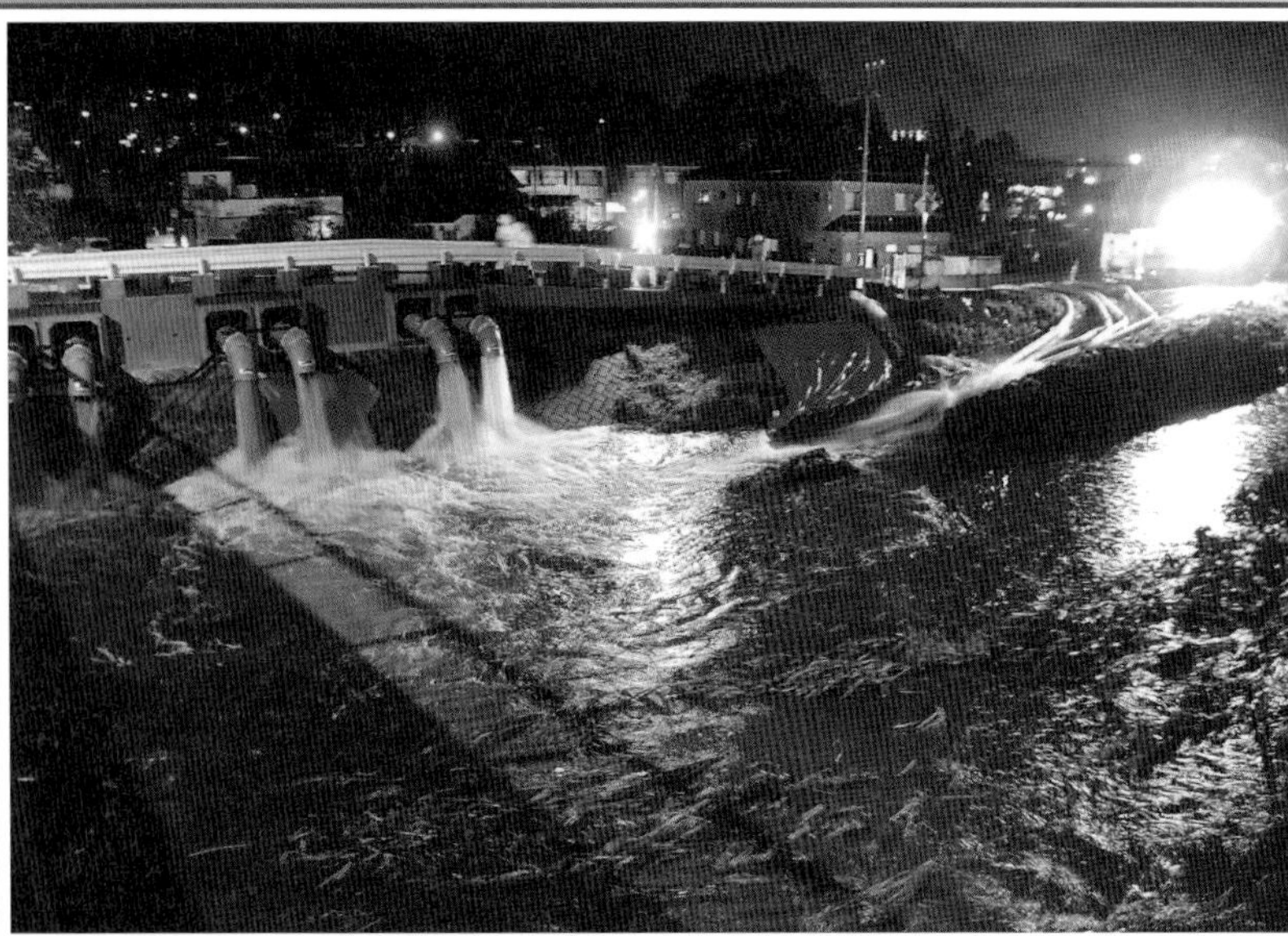

茅野市・江川橋付近　増水した上川の江川橋付近。用水路の水も放流され、堤防ぎりぎりまで水かさが増した＝12日午後8時15分、茅野市ちの

諏訪市・上川流域　上川流域では土のうが積まれ、消防団員らによる警戒が続いた＝12日午後8時37分、諏訪市四賀

諏訪中学校に避難　400人以上の住民が避難した諏訪中学校の体育館＝12日午後7時54分、諏訪市清水

台風に伴う停電で運行を休止した北八ケ岳ロープウェイの山麓駅＝13日午後4時56分、茅野市北山

避難所で非常食を用意する諏訪市職員ら＝12日午後7時58分、諏訪市清水

避難所で非常食の配布の手伝いを買って出た中学生たち＝12日午後8時5分、諏訪市清水

◇おことわり　「小規模企業キラッと17～19日諏訪圏工業メッセ」は休みました。

きょうの番組

LCV−TV121

5.00　スポっち
5.30　手話入りニュース企画
6.00　LCVNEWS＋アイ
6.30　アニメランド◇57体操
7.00　朝の情報番組モーニング7
8.30　LCVNEWS＋アイ
9.00　QVC
9.30　インフォメーション
10.00　MusicParty▽脱力系音楽情報番組
11.00　インフォメーション
0.00　諏訪湖ラジオランチ　LCV−FM同時放送
1.00　QVC▽世界最大級のテレビショッピング
2.00　み～んなげんきっず
2.15　富士見パノラマライド
2.30　インフォメーション
3.00　LCV文字情報（赤ちゃん・行事予定ほか）
4.00　QVC
5.00　LCVNEWS＋アイ
5.30　スポっち
6.00　LCVNEWS＋アイ
6.30　街ぶら！
7.00　LCVNEWS＋アイ
7.30　LCVアニメランド
8.00　スポっち
8.30　クルマでいこう！
9.00　第37回諏訪湖少年野球選手権大会　小学校高学年の部▽決勝戦の模様をお届けします
11.00　LCVNEWS＋アイ
11.30　スポっち
0.00　ショップチャンネル
1.00　LCVNEWS＋アイ
1.30　スポっち
2.00　ショップチャンネル

LCV−TV122

5.00　諏訪エリア映像▽Live映像とBGMでお送りします
7.00　地区運動会　茅野市神之原区▽和気あいあいの運動会をお送りします
8.30　けーぶるにっぽん三重
9.00　地区運動会　富士見町若宮区▽和気あいあいの運動会をお送りします
10.00　QVC▽世界最大級のテレビショッピング
0.00　地区運動会　茅野市豊平区▽2.00茅野市神之原区▽和気あいあいの運動会をお送りします
3.30　けーぶるにっぽん三重
4.00　諏訪エリア映像
5.00　地区運動会　茅野市金沢区▽8.00茅野市神之原区▽和気あいあいの運動会をお送りします
9.30　けーぶるにっぽん三重
10.30　諏訪大社十五夜祭奉納相撲子どもの部▽奉納相撲に参加する子どもたちの様子をお届けします
0.00　QVC

エルシーブイFM　76.9

6.00　Morning Community
6.53　こちら消防団情報局
7.00　モーニング7▽05JR▽30N天道路交通状況▽8.00N天道路交通他
8.30　リメンバーミュージック（邦楽・洋楽）
11.30　諏訪湖ラジオランチ▽0.00N▽15お出かけ▽30シェイプ▽40給食
1.00　リメンバーミュージック◇3.00アフタヌーン
5.00　トワイライト交差点▽20天交通▽6.00N天
6.30　消防団◇36ずくラジ
7.00　激アツロックンロール
8.00　サンプラザ中野くん
9.00　THE NITE 大西貴文
0.00　魁!!ジャンクスリープ
1.00　康成戸井のラジオな話

諏訪

茅野の北山・豊平地区

2年連続 台風で停電

15日中に復旧 住民には疲労の色

大型で非常に強い台風19号の通過に伴う諏訪地方の停電は15日、完全復旧した。中部電力諏訪営業所（下諏訪町）によると、最後まで停電が続いた茅野市北山や豊平の約1430戸への送配電を同日午後3時ごろに再開。一帯の停電は昨年秋に続き2年連続で、台風へのもろさを改めて示した格好だ。住民らは疲れた表情を見せていた。

同地方で最大約6890戸に上った停電戸数の大半を占めた茅野市は、市役所や市北山地区コミュニティセンターで住民がスマートフォンやパソコンに無料で充電できるようにした。別荘地にある自宅が停電したため同センターを訪れた市川和宏さん(71)は、昨年の台風でも数日にわたって停電を経験。「強風が吹けば倒木で毎年のように停電する。困ったもんだ」と話した。市川さんは12日、東京都の親類宅に滞在。13日夜に自宅に戻ると「周辺の家も電気がついておらず、一帯が真っ暗だった」。夜はろうそくや電池式ライトの明かりを頼りに本を読むなどして静かに過ごした。食事も保存食や作り置きを食べたという。

同市北山の温泉旅館「蓼科親湯温泉」は15日、停電で困っている地元住民向けに大浴場を無料開放。柳沢幸輝社長(44)によると、同旅館も営業中の12日に電気が止まり、宿泊客にランタンを配るなどした。柳沢社長は「地元あっての旅館。体を温めてほしい」。16日も正午〜午後3時に無料開放する予定だ。

中部電力諏訪営業所によると、諏訪地方の停電は12日午後から14日午前にかけて発生。台風の強風による倒木が電線を切ったり、大雨で電柱ごと流されたりしたことが主な要因としている。

電源を借りてパソコンやスマホを充電する男性＝15日、茅野市北山地区コミュニティセンター

台風19号に伴う大雨で土砂に押し流され、根元から折れたとみられる電柱＝15日、茅野市北山

停電のため自宅で入浴できない住民向けに大浴場を開放した蓼科親湯温泉＝15日、茅野市北山

八ヶ岳への林道 橋崩落

茅野 登山客ら利用 復旧急ぐ

台風19号の影響で、八ケ岳連峰につながる茅野市玉川の八ケ岳山荘付近にある林道の橋が落ちた。けが人はいなかった。橋は昨年秋の台風でも崩落し、架け替えたばかり。同市は17日までに歩行できるよう復旧したいとしている。

橋は同山荘から徒歩5分ほど歩いた1級河川・柳川に架かっていた。一般車両の通行も可能で、赤岳山荘や美濃戸山荘を経由し赤岳などへ向かう登山客らが利用していた。

八ケ岳山荘の従業員が13日朝、崩落を発見。橋の両岸はえぐられた状態だった。林道の入り口にはバリケードが設けられた。

八ケ岳山麓はこれから紅葉や冬山のシーズンを迎える。市は17日までに人が歩ける仮の橋を架ける方針だが、車が通れる橋のめどは立っていない。赤岳などへは御小屋山を経由して登ることができる。

諏訪地方では15日午後6時時点で、茅野市北山千駄刈―麦草峠の国道299号が冠水の影響で通行止めになっている。

昨年に続いて流されたハケ岳山荘近くの橋＝15日午後0時38分ごろ、茅野市玉川

諏訪圏工業メッセ 17日開会式 知事は欠席

「移動知事室」も中止

諏訪市の旧東洋バルヴ諏訪工場跡地を会場に17〜19日に開く「諏訪圏工業メッセ2019」の実行委員会は15日、17日午前9時からの開会式に来賓として出席する予定だった阿部守一知事が、台風19号への対応のため欠席すると明らかにした。太田寛副知事が代わりに出席する。工業メッセに合わせて17日から2日間の日程で、県諏訪合同庁舎で予定していた「移動知事室」も中止になった。

実行委によると、工業メッセのプログラムに変更はない。ただ、現時点で交通網が完全に復旧していないため、「状況を確認した上で、気を付けて来場してほしい」と呼び掛けている。

諏訪・岡谷両市、職員派遣

台風被災 北信の自治体支援

千曲市への派遣を前に金子・諏訪市長（左）から訓示を受ける職員

台風19号の被害を受けた北信地方の自治体を支援するため、諏訪、岡谷両市が16日から職員を派遣する。県災害対策本部から支援要請があった。派遣職員は、諏訪地方の過去の災害対応に当たった職員らが中心となる。

諏訪市は16日、千曲市に第1班として4人を派遣。17日以降は現地の状況を踏まえ、日替わりで向かわせる。2006年7月豪雨と09年8月に起きた諏訪湖の氾濫や土石流などの豪雨災害を経験した職員を中心に選んだ。千曲市では市役所周辺などで住宅の床上・床下浸水被害が出ており、派遣職員は罹災証明書の発行に必要な手続きを手伝う。

金子ゆかり市長は15日、派遣職員に「諏訪市も過去の水害の時にいろいろな方に助けられた。困っている人のためにぜひ力を尽くしてもらいたい」と訓示。総務課庶務法規係長の土橋拓真さん(43)は「少しでも力になれるよう頑張る」と話した。

岡谷市は19日から22日まで、同市を襲った06年豪雨災害でともに復興業務経験がある社会福祉課統括主幹の菅原浩希さん(48)、財政課主査の山田倫子さん(44)を中野市に派遣。罹災証明書の発行や、家屋被害の認定調査業務に当たる。今井竜五市長は「岡谷も多くの支援を受けた。被災地の力になってほしい」と述べた。

太極拳愛好家 100人で演武

諏訪 県内外の団体が交流

県内外の太極拳愛好家が交流する「諏訪湖太極拳交流演武会」が14日、諏訪市であった。台風19号の影響を避けるため、会場を当初予定した諏訪湖畔の市湖畔公園から市元町体育館に移して開催。8団体約100人が参加し、それぞれの練習の成果を披露した。

参加者は中国風の衣装に身を包み、流れるような動きの演武を披露。棒や剣を使った団体もあり、演武の後には会場から拍手が起きた。参加者全員による演武もあった。

演武会は今回で7回目。実行委員会の印南（いんなみ）昌弘会長＝長和町＝は「観光客も見てくれる諏訪湖畔で開けず、さらに台風の影響で来られない団体もあったのが残念だった。来年は天候に恵まれ、諏訪湖畔で開けるといい」と話していた。

約100人の参加者全員での演武もあった「諏訪湖太極拳交流演武会」

諏訪実高で販売実習

台風影響 一日のみの営業

諏訪実業高校（諏訪市）で14日、生徒による販売実習「諏実タウン」が開かれた。台風19号の影響で、当初予定した12、13日は中止となり、開催はこの日の午前中のみとなったが、会場には多くの人が訪れた。来場者は、生徒が仕入れたり調理したりして用意した商品の買い物を楽しんだ。

リンゴやブドウなどの農産物や、生徒たちが厳選して仕入れた全国各地のプリン、手作りした植物標本「ハーバリウム」を販売。校舎の外には焼きそばや豚汁の屋台も並んだ。飲食チェーン経営テンホウ・フーズ（諏訪市）と生徒が共同で開発した、ギョーザの皮でスイートポテトを覆って揚げた「スイポテぎょうざ」も売り出しており、「おいしい」と、繰り返し購入する人もいた。

諏実タウンの「社長」を務めた同校3年の木村翔瑛（しょうえい）さん(18)は「14日は本当は後片付けの日だった。それでも開催できて、お客もたくさん来てくれたのでよかった」と話していた。

「スイポテぎょうざ」などを売り出した諏訪実業高校の「諏実タウン」

防犯啓発活動へ タオルなど贈る

諏訪・茅野遊技場組合

諏訪、茅野両署管内の13のパチンコ店などでつくる諏訪・茅野遊技場組合はこのほど、全国地域安全運動（20日まで）に合わせて防犯啓発活動に使ってほしいと、諏訪署にタオルなどを贈った。タオルには「特殊詐欺をふきとばそう！」という文字が入っており、組合の呉本成徳さん(38)は「新たな手口が出てきている特殊詐欺を減らすため、少しでも協力したい」と話した。

同組合は、地域安全運動に合わせて毎年物品を寄贈しており、今年は500枚のタオルや、700セットのマスクと除菌シートなどを渡した。原安志署長は「住民に啓発活動をしていく中で有効活用したい」と感謝。タオルなどは地域安全運動の活動を通して配布する予定だ。

原署長に目録を手渡す呉本さん(右)

◆岡谷市議会開会（15日）市は総額3521万円を追加する本年度一般会計補正予算案や2018年度決算認定案など15件を提出。9月1日告示の市長選で、無投票で4選した今井竜五市長は開会あいさつで、「岡谷市の強みである産業集積地を維持発展させ、活力やにぎわいをつくりだす」と述べた。

第三種郵便物認可　信濃毎日新聞　2019年（令和元年）10月16日　水曜日　9版　第二社会　34

生活基盤 復旧長期化も

「ショックなんてもんじゃない」

東信地方 道路や鉄道寸断

護岸もろとも崩れた千曲川沿いの木工所＝15日午前11時半、佐久穂町高野町

台風19号が猛威を振るった12日夜から13日にかけ、東信地方では千曲川や支流が濁流となって橋や道路、ため池に大きな被害をもたらした。生活道路や観光地への道、鉄道も寸断。ライフラインの復旧は長期化しそうだ。

15日午前8時20分ごろ。上田市の国道18号大屋交差点では、渋滞する車列の隣を子どもたちが歩いて追い抜いていった。3、4㌔東の東御市田中橋、海野宿橋が不通。県警によると、一帯では最長4㌔ほどの渋滞となった。

海野宿橋は、重要伝統的建造物群保存地区の海野宿への玄関口。東御市によると、下流の千曲川堤防が破損して市道の一部も崩れ、観光客用の駐車場も被害を受けた。「観光客はゼロ」。農産物や土産物などを扱う栗林大貴さん(26)は3連休最終日の14日、店先でこぼし、規制の長期化を懸念した。

田中橋付近では車3台が転落し、行方不明者も出ている。上田市武石地域でも武石新橋が一部崩落。2㌧トラックが迂回路がなく、268世帯586人が孤立状態に陥った。同市真田町長の神川に架かる四日市橋のたもとが崩れ、通行規制。東御市では生活道路の橋が複数崩落し、うち鹿曲川に架かる切久保橋は水道管が通っていて、420戸で断水が続く。

南佐久郡佐久穂町大日向の抜井川沿いは、国道299号に15日も土砂が堆積していた。90代の女性が一人で暮らしていた木造2階建て住宅は裏山から押し出した泥流で全壊状態。女性は当時不在で事なきを得た。40代女性は、地面から1㍍余り泥に漬かった自宅に「予想はしていたが、まさかこんなにとは…」。

同町曽原地区では曽原山沿いに3カ所あるため池の大半が土砂で埋まった。町は一時、ため池が決壊する恐れがあるとして同地区に避難勧告を出した。町民が避難した生涯学習館「花の郷・茂来館」では、15日も4連泊となる大日向の80代女性が「冬物の服は全てやられた。眠れない」。

同町高野町の千曲川沿いの木工所は護岸がえぐり取られて半分ほど崩れ、旋盤などの加工機械も失った。経営する丸山精一さん(82)は「ショックなんてもんじゃない。再建は別の場所を考えなくては」と嘆いた。

佐久市では14日、田口の蕃松院の裏山で地滑りの危険性があるとして住民に避難を促した。15日に県などが地滑りではないと判断し家に戻れたが、裏山の墓地は倒木などが散乱。檀家の鷲見和人さん(78)は「土砂や材木、他の人の墓石と一緒になってぐちゃぐちゃ。悲しい」。南佐久郡川上村は秋山、居倉、原、大深山の4地区のかんがい施設の取水口が土砂で埋まった。

たもと付近が崩れた東御市の田中橋＝14日

上田で一時孤立 橋渡り支援の手

記者ルポ 武石 住民が物資

上田市武石の武石川に架かる県道美ケ原公園線「武石新橋」。台風19号で一部崩落し、県が仮設歩道を設けた15日、現地を訪ねると、孤立状態に陥った集落の親戚を助けようと、下流側に多くの車が集まっていた。

上流には268世帯が暮らす上本入、下本入の二つの集落がある。だが、橋が使えなくなり、事実上、孤立した。連絡を受けた下流の親戚らが食料品やトイレットペーパーなどの必需品を手に集まり、橋のたもとで受け渡していた。

破損した武石新橋に仮設橋が設けられ、下校する小学生や物資を運ぶ住民らが行き来した＝15日午後3時半

上流からも、軽トラに積んできたブロッコリーを農家が台車に移し、何度も往復。下流側で約3千本を受け取った農協職員の羽田昌三さん(47)は「良い出来。きちんと消費者に届けたい」と口にした。

男性会社員(40)は布団や着替えを抱えて下流側へ。知人宅にしばらく身を寄せるといい、「今日は仕事を休んだ。復旧工事を急いでほしいが、もう流されないようにしてほしい」と口にした。

15日夕、迂回路の通行止めが解除され、孤立は解消された。ただ市街地までは、美ケ原高原などを経由し、1時間ほどかかるという。仕事帰りの比田井八重子さん(66)は2人の孫と落ち合い上流側へ。武石小3年の香澄さん(8)は普段はバス通学だが、この日は橋から学校まで歩いた。1年の心那さん(6)は「遠かった。工事が大変そうだけど頑張ってほしい」。同校によると、教職員が登下校に付き添うという。

（大久保　みちる）

目黒虐待死 父に懲役13年

東京地裁判決「常習的な暴行主導」

東京都目黒区で昨年3月、船戸結愛ちゃん＝当時(5)＝を虐待し死なせたとして、保護責任者遺棄致死などの罪に問われた父親雄大被告(34)の裁判員裁判で、東京地裁は15日、「苛烈な食事制限と常習的な暴行を主導した」として懲役13年の判決を言い渡した。

守下実裁判長は「同種事案で最も重い部類」と指摘。検察側の求刑懲役18年に対しては「従来の量刑傾向から踏み出した重い求刑だ。虐待のひどさが社会の耳目を集めたことを踏まえても、最も重い部類を超えた刑を科すべき根拠は見いだせない」と判断した。弁護側は懲役9年が相当と主張していた。

守下裁判長は判決理由で、一連の虐待を「しつけという観点から懸け離れ、自らの感情に任せた理不尽なもの」と厳しく批判。虐待の発覚を恐れて病院に連れて行かなかった点も「身勝手な保身目的で、生存確保への思いは二の次だった」と非難し、「結愛ちゃんの苦痛、悲しみ、絶望感は察するに余りある」と述べた。

結愛ちゃんが危険な状態にあると認識した時期を、弁護側は死亡前日の昨年3月1日ごろと主張したが、経緯を踏まえて昨年2月27日ごろだったと退けた。

船戸結愛ちゃん（フェイスブックから）

目黒女児虐待死事件　昨年3月2日、東京都目黒区のアパートから救急搬送された船戸結愛ちゃん＝当時(5)＝が病院で死亡。警視庁は翌日、傷害容疑で父親の雄大被告(34)を逮捕した。同年6月に保護責任者遺棄致死容疑で再逮捕する際、母親の優里被告(27)も逮捕。厚生労働省の専門委員会は同年10月、家族の転居に伴う香川県と都の児童相談所の引き継ぎが不十分だったとの報告書をまとめた。事件などを受け、親による子どもへの体罰を禁止し、児相の体制強化を盛り込んだ改正児童虐待防止法と改正児童福祉法が今年6月、成立した。

判決後に記者会見した裁判員からは「許せないという感情的な部分と、過去の量刑傾向とのバランスを取るのが難しかった」といった声が出た。

判決によると、昨年1月下旬から、結愛ちゃんに十分な食事を与えず、顔を殴るなどの暴行を加えて衰弱させた。極度に衰弱しても医療措置を受けさせず、昨年3月2日に死亡させた。食事制限で結愛ちゃんは1カ月余りの間に体重の約25%を失い、異常な痩せ方をしていたと指摘。昨年2月24〜26日ごろには、雄大被告が風呂場で馬乗りになってシャワーで冷水をかけ、顔を多数回殴る暴行を加えたと認定した。

結愛ちゃんは亡くなる前、ノート片やメモ紙に「ゆるしてください　おねがいします」などとつづっていた。

元妻優里被告(27)を懲役8年（控訴）とした9月の判決は、雄大被告の心理的ドメスティックバイオレンス(DV)を認めた上で「優里被告は暴行を知りながら、容認した」としていた。

施設入居者殺害 元職員懲役19年

横浜地裁

神奈川県横須賀市の老人ホームで1月、入居者の菅谷伊津子さん(89)を殺害したとして、殺人や窃盗の罪に問われた元職員田村真樹被告(32)の裁判員裁判で、横浜地裁は15日、懲役19年（求刑懲役20年）の判決を言い渡した。窃盗罪は無罪とした。

青沼潔裁判長は判決理由で、介護職員としての信頼を裏切り、立場を悪用した犯行と指摘。「現金を引き出した上に、菅谷さんに露見すると、他の職員に発覚して仕事を失うのを恐れて殺害した」と述べ、「犯行動機は、保身のためには命を奪うこともいとわない自己中心的なものだ」と非難した。

被告は、菅谷さんの部屋から通帳を持ち出して事務所の机に隠したとされたが、部屋の鍵は5本保管されており、被告以外にも菅谷さんが不在にする時間を把握していたことなどから、第三者の入室が可能とし、無罪と判断した。

難聴に配慮 要約筆記者許可

強制不妊訴訟で札幌地裁

旧優生保護法下で不妊手術を強制されたとして、札幌市の小島喜久夫さん(78)が国に損害賠償を求めている訴訟で、札幌地裁の広瀬孝裁判長は18日の口頭弁論で、難聴の傍聴者に配慮し、法廷のやりとりをパソコンの画面に表示する「要約筆記」の同席を認めたことが15日、弁護団への取材で分かった。

弁護団によると、裁判の傍聴者向けに要約筆記者が配置されるのは珍しい。要約筆記者は、主に言葉が話せるようになってから聴力を失った「中途失聴者」や難聴の人などに、話している内容を要約して文字で伝える。

18日の弁論では傍聴席左前方に要約筆記者用のスペースを確保。パソコン用の机を設置し、難聴の男性1人の両脇に要約筆記者2人が座る。男性から傍聴の希望を受けた弁護団が9月30日に裁判長に申し入れ、録音や録画をしないことなどを条件に認められた。地裁は「裁判所法に基づく裁判長の判断事項のためコメントを控える」としている。

札幌市身体障害者福祉協会から派遣される予定の要約筆記者小林麻里さん(54)は「20年間で1度しか法廷でやったことがない。専門的な内容を正しく伝えられるように頑張りたい」と話した。

小島さんの訴訟を巡っては、これまでにも傍聴席の一部を障害者に対応できるようにし、介助者同伴やたんの吸引を認めるなどの配慮が認められた。

要約筆記者　手話でのコミュニケーションが十分にできない聴覚障害者に、話されている内容を要約し、筆談やパソコンなどを使って伝える。要約筆記者認定協会（名古屋市）が実施する全国統一試験に合格した人などが自治体に登録し、利用者の要望に応じて派遣される。費用は障害者総合支援法に基づき、国や自治体が公費で支出。厚生労働省によると、登録者は2014年3月時点で全国に3513人いる。

上田　薫氏（うえだ・かおる＝教育学者、元信濃教育会教育研究所長）1日午後6時10分、老衰のため東京都世田谷区成田東の自宅で死去、99歳。大阪府出身。葬儀は近親者で密葬を行った。喪主は妻春恵（はるえ）さん。

京都大卒。46年、文部省に入り、小学校社会科の創設に関わった。名古屋大教授、東京教育大（現筑波大）教授、立教大教授を歴任し、84〜90年に都留文科大学長。58年に社会科の初志をつらぬく会を設立。60〜68年と91〜94年に信濃教育会教育研究所長を務め、県内の教育界を指導した。後日、お別れの会を開く。問い合わせは社会科の初志をつらぬく会の水田さん（☎090・8483・2682）へ。

長谷　百合子氏（はせ・ゆりこ＝元社会党衆院議員）13日、脳出血のため東京都内の病院で死去、72歳。名古屋市出身。自宅は東京都港区北青山1の5の12の203。葬儀・告別式は18日午前11時から東京都港区南青山2の26の38、梅窓院で。喪主は夫直（ただし）氏。

90年の衆院選で旧東京11区から初当選し、1期務めた。規則で帽子着用が許されていない衆院本会議場に、ベレー帽をかぶったまま入ったことで話題となった。

三陸鉄道 復旧に1カ月以上

台風19号被害 63カ所

岩手県の沿岸部を走る第三セクター三陸鉄道で、台風19号により線路への土砂流入やのり面崩落が相次いだ問題で、三鉄は15日に記者会見を開き、全面復旧に1カ月以上かかるとの見通しを明らかにした。163㌔の全線で少なくとも63カ所に被害が出ているという。

同社によると、被害が比較的小さく、利用者の多い区間から優先して復旧工事を実施する予定。運休期間中はバスによる代行運転で対応する。

三陸鉄道は東日本大震災で被災。不通だったJR山田線の一部を移管され、今年3月にリアス線として開通した。

長35　第一社会　9版　2019年(令和元年)10月16日　水曜日　信濃毎日新聞　新聞定価1カ月4,400円(うち消費税325円)1部 朝刊150円 夕刊60円(消費税込み)　第三種郵便物認可

あんずちゃん　◀田中しょう

「まさか道の真ん中に」

自宅流され「長い苦しい戦いに」

緊急ルポ　千曲川氾濫(上)　長野市穂保

堤防決壊現場のすぐ近くに暮らす吉村智之さん(55)の家には、妹や80代の両親が暮らす母屋と、吉村さん夫妻の新宅とがあった。台風19号の接近で、吉村さんは12日午後9時ごろ、長野市中心街の妻智恵子さん(55)の実家に一家で避難した。

長女から連絡があったのは翌13日朝。気ばかり焦ったが、自宅周辺は茶色い濁流にのまれ近づけそうにない。状況が落ち着いたかに思えた14日、「実感が湧かない」(智恵子さん)まま自宅に向かう一家に、私も同行させてもらった。少し離れた公園に車を止めて歩き出した。一帯は予想以上に深く水に漬かったままで、途中から進めるのは吉村さん一人になった。吉村さんはぬかるみに足を取られながら、自宅に続く道を曲がった。思わず足が止まった。前方には大量の土砂と崩れかけた住宅。変わり果てた街の風景。まず目に入った車庫のシャッターはぼろぼろ。自家用の軽自動車がなかった。母屋の庭には大量の土砂。車庫まで進めば、その奥に新宅が見える、はずだった。

「いやあ、きれいさっぱり。こんなに広かったんだ」。新宅は基礎が残るだけ。土蔵にあったトラクターは横転。農機具小屋も見当たらない。呆然とした目にはさばさばした様子で、スマホで何度もシャッターを切っていた。

母屋にも泥が入り、畳がめくれ、たんすやテレビ、冷蔵庫などが倒れていた。床上1・5メートルほどの所に水が漬いた跡。「神棚だけは無事だ」。目を閉じ、手を合わせた。

新宅を探し始めた。10分ほど歩き、近くの寺の角を曲がった先に、新宅はそのままあった。母屋から直線距離で約150メートル道上。「粉々になるか、ひっくり返っているかと思ったけど、まさか道路の真ん中にあるとは」。淡々としていた。

吉村さんは15日も、智恵子さんと新宅を見に行き、通用口のドアから家具を乗り越え、中に入った。屋根が崩れ、屋内は土砂にまみれていた。「予想以上」。智恵子さんの声はショックを隠すためか、明るかった。2階から着替えだけ持ち帰った。

吉村さんは泥や水を少しずつスコップで取り除いたり、荷物の整理をしたりを夕方まで続けた。その間にも、建物の傾きが大きくなってきたようだと二人は言った。「これからどうやって普通の生活に戻していくか。『長い、苦しい戦いになる』」と、吉村さんがつぶやいた。

(黒岩 美怜)

流された新宅(左)前の吉村さん。大きく壊れた部分は母屋と結ぶ渡り廊下だった＝15日午後2時、長野市

矢印下から上へ押し流された吉村さんの家。左下は決壊した千曲川堤防＝15日

宮城　支援求める「SOS」

大規模な浸水に見舞われた宮城県丸森町は台風19号の災害発生から3日を経て被害の一端がようやく浮かび始めた。新たな死者や行方不明者も判明し、県警などが救助、捜索活動を継続。地上に「水 食料」のSOSサインが出された地区では孤立状態の住民が支援を待った。7人が犠牲になった福島県本宮市の住民は甚大な被害に落胆し、茨城県常陸大宮市では大規模な断水が続いた。

木々がなぎ倒されて山肌が露出し、住人も犠牲になった丸森町廻倉(まわりくら)地区。膨大な土砂が住宅を押しつぶし、横転した乗用車も。数十人の警察官が住民の捜索に当たり、ひしゃげた車を懸命に掘り起こそうとしていた。

主要な道路は崩落して風景が一変、記者は町の中心部から到達できずに隣の宮城県白石市を経由して現地に入った。

廻倉地区の実家にトラック運転手大槻恵太さん(36)が戻れたのは14日夕。土台しか残らず、土砂とがれきの実家を前に言葉を失った。住んでいた70代の母と90代の祖母は行方が分かっておらず「早く見つかってほしい」と話した。

自宅近くで立ち尽くした大槻武夫さん(75)は土砂が崩落した時の様子を「『ガランゴロン』という雷のような大きな音だった」と振り返った。電柱が倒れ、電線は松や杉の木と共に猛烈な勢いで押し流されたという。

「どこもかしこも…」。本宮市の男性は、ぬちゃりとした大量の泥をスコップでかき出し、大きくため息をついた。

住民の多くは、複数箇所で堤防が決壊した1986年8月5日の大水害の時と比較し、「8・5水害の時は」と口にした。阿武隈川の堤防から約50メートル離れた住宅。家財道具を片付ける男性(69)は「8・5は水の高さが腰ぐらい。どっかのニシキゴイが部屋に流れ込んで驚いたが…」と語り、高さ約2メートルの浸水跡が残る壁に手を伸ばした。

宮城県丸森町の土砂崩れで孤立した集落で行われる住民の救助活動＝15日午後0時57分

那珂川浸水 最大7.2メートル　阿武隈川は5.2メートル

国土地理院は15日までに、台風19号の大雨による河川流域の浸水について、那珂川では、水戸市の常磐自動車道水戸北スマートインターチェンジ南側で、深さが最大約7.2メートルに達したとの推計を明らかにした。阿武隈川では、福島県国見町川内付近で最大約5.2メートル。6河川について、浸水範囲や深さを色付けした地図を地理院ホームページで公開している。

表現の不自由展 終了
愛知知事「全面再開は成果」

企画展「表現の不自由展・その後」を開催していた国際芸術祭「あいちトリエンナーレ2019」は14日、75日間の会期を終えて閉幕した。不自由展は元慰安婦を象徴する「平和の少女像」などの展示に抗議が相次ぎ、一時中止に追い込まれた。また文化庁は「県の申請手続きの不備」を理由に芸術祭への補助金不交付を決めるなど異例の経過をたどった。

芸術祭実行委員会の会長を務める大村秀章愛知県知事は閉幕後、不自由展について「1週間前ではあるが、円満な形で全面再開できたのは一つの成果だ」と記者団に強調。次のあいちトリエンナーレは予定通り3年後の2022年に開催したいとの考えを示した。

今月8日の再開に当たり、入場者を抽選で選ぶガイド付きツアー方式を導入。14日までに延べ1万3298人が抽選に集まり、1133人が鑑賞した。

不自由展は16作家の23作品で構成。少女像に加え、昭和天皇の肖像を燃やす場面を含む映像作品などに電話やメールによる抗議が殺到し、8月1日の開幕から3日で中止になった。抗議は同月1日からの1カ月間に1万件超寄せられた。

再開以降は入場を制限したほか、入場者に金属探知機による検査や身分証の提示を求めた。芸術祭会期中に会員制交流サイト(SNS)に投稿しないとの同意書に署名すれば、写真や動画の撮影を認めた。会場で目立ったトラブルはなかった。

高原調

○…来年3月に就航する新型遊覧船「スワコスターマイン号」の進水式が15日、諏訪市の諏訪湖畔であった。運航を待ち望む親子らが大勢駆け付け、間近で見る船に「きれいで大きい」「乗りたい」と喜んだ＝写真。

○…船は全長29メートル、幅7メートル、高さ7メートルで重さは19トン。展望デッキ付きの定員100人だ。クレーン車でつり上げられ、陸から湖近くの川へ移動。見物人は物珍しそうにカメラやスマホに収めた。

○…船は9月上旬に分割された状態で佐賀県から到着し、組み立てられた。運航する東洋観光事業の小林史成社長(52)は「船らしくなってきました」と自信満々。

長1　第49319号　【明治25年3月15日第三種郵便物認可】　信濃毎日新聞(夕刊)　2019年(令和元年)10月16日　水曜日　2版

信濃毎日新聞
1873年(明治6年)創刊
夕刊
発行所 信濃毎日新聞社
長野本社 〒380-8546 長野市南県町657番地 電話(026) 受付236-3000 編集236-3111 販売236-3310 広告236-3333
松本本社 〒390-8585 松本市中央2丁目20番2号 電話(0263) 代表32-1200 報道32-2830 販売32-2850 広告32-2860

生活再建へ復旧本格化

アップルライン開通

長野 死亡女性の身元判明

台風19号

台風19号の記録的な大雨の影響で千曲川の堤防が決壊し、冠水した長野市赤沼で15日に心肺停止状態で見つかり死亡が確認された女性は16日、同市赤沼の徳永初美さん(69)と判明した。徳永さんは2階建ての自宅で弟と2人暮らしで、被災当時は1階にいたとみられる。死因は溺死。県災害対策本部によると、16日午前10時時点で今回の台風による県内の死者は3人。けが人は重傷3人、軽傷85人となった。関係者によると、行方不明者は少なくとも2人。

【関連記事6・7面に】

長野市　ユーパレット赤沼店　セブンーイレブン長野アップルライン店　浅野　千曲川　小布施町　赤沼　浅川　長沼小　長沼保育園　長沼交流センター　津野　穂保　堤防が決壊した場所　須坂市　ローソン長野穂保店　大町　県道村山豊野停車場線　18　柳原北
15日午後10時通行止め解除
一般車両通行止め

本格的に開通した国道18号。浸水被害にあった家財道具などを積んだ軽トラックなどが通っていた=16日午前10時41分、長野市穂保

急ピッチの工事で決壊部分の復旧が進んだ千曲川の堤防。手前側が浸水地域=16日午前8時42分、長野市穂保

堤防が決壊した千曲川左岸では16日も修復作業が継続。冠水した長野市長沼地区では大動脈の国道18号の通称アップルラインの柳原北交差点—浅野交差点間が15日午後10時に開通し16日朝から本格的に通行できるようになり、通勤や復旧作業に向かう業者やボランティアらの車両が行き交った。国道と交差する県道村山豊野停車場線は全面通行止めが続いている=地図。

長野市穂保の国道18号沿いで車販売店を営む古幡佐智夫さん(56)=中野市=は同日朝に自宅から国道を通って店に来た。店は1・5メートルほど浸水し、展示車などは泥だらけに。「店の再建は見通せないが、主要な道路が復旧すれば利便性は高まる」と話した。

県によると、16日午前10時時点で長野市や上田市など9市町村で計938人が避難している。長野市によると、同日午前9時時点で市内では13指定・自主避難所に計642人が避難している。

中部電力によると、市内の停電は豊野地区で約2千戸、その他、約1400戸で継続。豊野地区では通電に向けた準備は終わっており早期復旧を目指すが、その他の地区は土砂崩れで復旧作業が進まない所もある。長野都市ガスも豊野地区の約900戸で供給開始への作業を進めている。

国土交通省は16日、台風19号の影響で通行止めとなっている全国の高速道路について、今後10日以内に全線で解除の見通しが立ったと明らかにした。同日午前9時半時点で、土砂流入により上信越道など5路線5区間で通行止めが続いている。通行止めになっているのは、上信越道松井田妙義インターチェンジ(IC、群馬県安中市)—佐久IC(佐久市)、中央道八王子ジャンクション(東京都八王子市)—大月IC(山梨県大月市)など。上信越道は10日程度で、他の路線は1週間以内に通行再開となる見通し。

また、同省は16日、台風19号の影響で、新たに東筑摩郡麻績村の麻績川の2カ所で決壊が判明したと発表した。

16日 県関係の鉄道・高速道などの状況

北陸新幹線
東京—長野間と上越妙高—金沢間を臨時ダイヤで運転。東京—長野間は、「かがやき」、「はくたか」の運転を取りやめ、「あさま」を1時間に1、2本運転

中央東線
高尾—大月間不通、特急あずさ終日運休、普通は塩尻—大月間で運転

飯山線
終日運休

小海線
野辺山—小淵沢間で本数を減らして運転

しなの鉄道
長野—上田間と田中—軽井沢間で始発から運転。北しなの線は終日運休

東京方面への道路
上信越道佐久IC—松井田妙義IC、中央道大月IC—八王子JCTの上下線で通行止め。国道20号の相模原—八王子間などで通行止め

全国の堤防決壊 55河川79ヵ所に

記録的な大雨をもたらした台風19号による行方不明者の捜索は、16日も東日本の被災地で続いた。生存率が下がる目安の「災害発生から72時間」を経過したとみられ、時間の猶予はない。大規模な浸水や土砂崩れで複数の孤立集落がある宮城県丸森町の保科郷雄町長は、被害の全体像を「把握できていない」と明らかにした。被災時に町内であった約180件の119番のうち、2割程度は状況を確認できていないことも判明した。

共同通信の集計では、死者は12都県の74人に上った。都県別では福島県が最多の26人、宮城県と神奈川県はいずれも14人。行方不明者は13人とみられる。死者の半数を占める福島、宮城は高齢の溺死者が多く、河川氾濫や堤防決壊による浸水から逃げ遅れたケースが目立つ。

政府によると、堤防の決壊は7県の55河川79カ所になった。住宅の床上浸水が6694棟、床下浸水が5364棟。22都県の国公私立小中学校や高校、大学など1224校で、校舎への浸水や倒木などの被害があった。

豆らんぷ

励まし合い助け合って日常を一歩ずつ取り戻したい。学校の再開も徐々に

◇

若い人らの心強い支え、各地で。長野市のボランティア窓口にも朝から列

◇

ぬかるむ泥、粉じん舞う被災地での作業。けがや感染症に注意くれぐれも

◇

戦火とどめる手だては。シリア侵攻のトルコ、米の圧力にも聞く耳持たず

紙面から

あすの天気

最低気温8・2度と冷えたけさの松本市。猫と触れ合える「ねこカフェもふもふ」の責任者、竹内満美子さんは、譲渡向けの猫たちに下痢や涙目の症状がないか確かめた。「1歳未満の子猫はすぐ風邪をひく」ためだという。夜間に暖房を使う機会も増え、「台風で被災した猫たちも心配」と思いをはせた。

快晴　晴れ　くもり　雨　雷　霧　あられ　ひょう　風向・力　温暖前線　寒冷前線　停滞前線
高 1036　高 1030　高 1028　高 1028　低 1014　熱低 1006　120°　130°　140°　150°　20°
16日9時

札幌　晴れ時々曇り
新潟　晴れ後曇り
東京　曇り
名古屋　曇り後雨
大阪　曇り
福岡　晴れ後曇り

▲気象衛星13時撮影

	今夜 18時〜	あす 0	6	9	12	15 18	
北部	0	10	10				曇
中部	0	10	10				曇夜雨の所
南部	0	10	10				曇夕方から雨の所

数字は降水確率・%　5ミリ以上　5ミリ未満

けさの気温(午前6時)

地点	気温
飯山	9.3
長野	9.8 (▼0.9)
大町	6.7
上田	9.7
佐久	9.2
軽井沢	6.1 (▼1.1)
松本	8.4 (▼1.2)
木曽	8.4
伊那	9.8
諏訪	9.5 (▼0.3)
飯田	11.4 (0.6)

( )内は平年比 ▼低

あすの予想気温

	最高	最低
長野	20	10
軽井沢	16	6
松本	20	9
諏訪	19	10
飯田	21	11

世界の天気 10月14日—15日

	天気	最高	最低
ソウル	晴	20	9
北京	曇	16	4
香港	晴	30	25
バンコク	晴	34	27
シドニー	晴	26	15
ローマ	晴	25	16
パリ	雨	24	14
ロンドン	雨	15	11
モスクワ	雨	17	7
ニューヨーク	晴	23	15
ホノルル	晴	32	24

今日の視角

いのちからすべてを

2019.10.16　落合 恵子

言葉が見つからない…。そんな時がある。そして、いまがそんな時に当たる。

台風19号の豪雨による各河川の氾濫。刻々と変化するそれぞれの現場の状況に言葉を失う。救助に専念される各地の消防隊員の多くのかたがたには、自ら被災したひともいるはずだ。

15号の傷も癒えぬ内に、列島の広範囲で猛威を振るった台風19号。氾濫した大きな河川のひとつに千曲川がある。住宅地や田畑への浸水、崩壊した家々、残された人々…。

東日本大震災のあと、道路などに積み上げられた生活用品を、あれは瓦礫ではない、わたしたちの暮らしのかけがえのない記念品、というようなことを記した一文があったが、確かにそうだろう。

このコラムは信濃毎日新聞東京支社を通して寄稿している。原稿をメールで送り、ゲラになって手元に戻ってくる。的確な指摘や助言が添えられていることもある。ゲラに加筆修正して送り返し、掲載となる。この短いコラムも、多くのかたがたの手を経てはじめて掲載されるのだ。

長野県在住の敬愛する友人知己は大きな被害は受けてはいないと知って一瞬安堵したが、友人知己だけが無事ならいいのか、という後ろめたさが心を打ちのめす。

いまは行方不明になっているひとたちの救助こそが優先されるべきだし、被災した市民への具体的かつきめ細かで、迅速な支援が先決だ。

大きな気候変動に備えての、新たな視点からの治水、防災について改めて考えたい。が、いかなる社会でも、すべては「いのちから」「暮らしから」である。16日午前の時点で、亡くなったかたは全国で74人。ひとりひとり、かけがえのないいのちがあり、ひとつひとつ、明日に繋がる人生があったのだ。

1　第49320号　【明治25年３月15日第三種郵便物認可】　信濃毎日新聞　2019年（令和元年）10月17日　木曜日　日刊　9版★

2019年（令和元年）
10月17日
木曜日

信濃毎日新聞
1873年（明治6年）創刊
発行所 信濃毎日新聞社
長野本社 〒380-8546 長野市南県町657番地 電話(026) 受付236-3000 編集236-3111 販売236-3310 広告236-3333
松本本社 〒390-8585 松本市中央2丁目20番2号 電話(0263) 代表32-1200 報道32-2830 販売32-2850 広告32-2860

最後の姿 悔やむあの時

復旧作業が続く長野市穂保の千曲川の堤防決壊現場。手前側が千曲川で、堤防の奥側が浸水被害で明かりが消えた住宅地＝16日午後7時19分（河川管理者らの承諾を得て小型無人機で撮影）

台風19号

長野の死亡69歳 外に逃げ被災か

目撃の住民「止められず」

千曲川が氾濫した長野市赤沼で心肺停止状態で見つかり、溺死が確認された女性は16日、地元の徳永初美さん(69)と分かった。洪水時、屋外に逃れようとする姿を住民は見ていた。佐久市中込の千曲川支流の氾濫に巻き込まれ、死亡した中島正人さん(81)の遺族も、最後の姿を信濃毎日新聞に語った。残された人は皆、あの時を悔やみきれない。

亡くなった徳永初美さん

「徳永さんをそれ以上止めることができなかった」。深刻な浸水被害の出た長野市赤沼。16日も後片付けすらままならない地元から避難した先で、徳永さん方の近くに暮らす男性は声を落とした。街が深い水に漬かった13日朝、徳永さんは自宅から外へと逃れようとしていたという。

徳永さんと同居する弟(61)によると、13日午前0時すぎに周囲を見回って自宅に戻った際、徳永さんは1階の寝室で寝ていたという。自らは2階で休み、早朝に目を覚ますと、階段まで浸水。徳永さんを呼んでも「音沙汰がなかった」と言う。

近くの男性は午前8時ごろ、自宅前で徳永さんが首の下まで泥水に漬かりながら進む姿を見た。男性は自宅2階の窓から「こんな中で出て行ってはいけない」と叫んだが、「うちにいても怖くて仕方がない」と徳永さんは答え、水をかき分けて近くの神社の方へ向かったという。

複数の近隣住民によると、当時の水量は軽自動車が水没するほど。男性は身の危険さえ感じた。徳永さんの弟は13日午後にヘリコプターで救助されたといい、16日の取材に「姉に何があったのか全く分からない。まさかこんなことになるとは思わず、一緒にいれば助かったのかもしれない」と涙ながらに話した。

徳永さんは15日午前7時40分ごろ、自宅近くの神社辺りで倒れているのを自衛隊員が発見。死亡が確認された。

一方、同じ赤沼の周辺住民らによると、14日に死亡が確認された地元の西沢孝さん(81)は元農協職員。妻と2人暮らしで、最近は福祉サービスを利用していた。親戚の男性(77)は「仕事ができて明るく面倒見が良く、温厚な人だった」。親戚の女性(70)は「（西沢さんが）ずっと心配だった。亡くなったと知って悲しかった」と悼んだ。

（鳥居哲弥、奥川瑞己）

避難途中犠牲 佐久の81歳遺族

「あの道を通らなければ」

「あの道を通らない方が良かったのでしょうか」。中島さんの長女は16日、そう語り、あの時を振り返った。

激しい雨が降っていた。より安全と思われた佐久市内の長男の家に避難するため、中島さんは12日夕、長女の運転する軽自動車で妻、愛犬と自宅を出た。後に氾濫する滑津川はその途上にあった。

国道141号中込大橋を渡る手前の石神交差点で、県道へ左折するようヘルメットをかぶった人に誘導された。それに従い、1キロほど先の市下水道管理センターを過ぎると、路上に通行止めの看板があった。すぐ先には滑津川。Uターンして間もなくだった。

濁った水が押し寄せてかさを増し、アクセルを踏んでも動かなくなった。長男に電話した。通話記録によると、午後6時半ごろだという。

身の危険を感じて車を降りると水は胸まで漬かるほど。妻と長女は近くの屋外トイレの屋根に上った。中島さんは横倒しになった車の側面に乗った。「大丈夫か」「頑張れよ」と励まし合った。激しい雨。午後10時ごろ、中島さんの姿が消えた。

家族らによると、翌13日午前1時ごろ、救助隊員に助けられた。愛犬も無事だった。中島さんは夜が明けて、約300メートル下流で見つかった。

これらの証言について、国道141号を管理する県佐久建設事務所は、中込大橋前後の通行止めは12日午後9時半からで、それ以前の誘導などについては記録がないとする。被災現場となった県道は近くで午後4時半から通行止めだったが、中島さんらがUターンした通行止めの看板は、設置した記録がないという。

（須田充登、河田大輔）

中島さんの車の経路（遺族の証言を基に作成）

佐久市下水道管理センター
中込大橋
滑津川
通行止めの看板
Uターン
被災現場
石神交差点
佐久市
千曲川
141

仮堤防 きょうにも完成

長野市穂保の千曲川

台風19号の記録的な大雨の影響で、約70メートルにわたって決壊した長野市穂保の千曲川左岸の堤防について、赤羽一嘉国土交通相は16日、仮堤防を設置する緊急復旧工事が17日にも完了する見通しを明らかにした。

国交省によると、緊急復旧工事は13日に着手。約70メートルにわたる決壊部分にコンクリートブロックを投入して水の流れを弱めた上で、以前と同じ5メートルの高さまで土を盛ったという。今後、鉄板による補強なども実施する。本格復旧の工法は、土木の専門家らで構成する調査委員会が検討する。

県災害対策本部は仮設住宅になり得る公営住宅や民間住宅、建設候補地を探すなどの準備を始めた。断水は、16日正午時点で7市町村の1401戸。中部電力によると、県内では16日午後8時半時点で約千戸が停電している。

県教委によると、17日は長野市内の5小中学校が休校する。飯山市の飯山小や、東北信の高校数校が休校する。

天気　最高気温／最低気温

北部　6時 12 18 24　18日 19日 20日
飯山 20 / 7
長野 21 / 9
大町 20 / 6

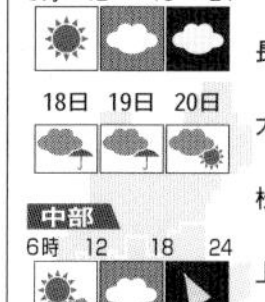

中部　6時 12 18 24　18日 19日 20日
松本 20 / 9
上田 22 / 9
佐久 20 / 7

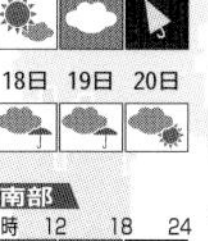

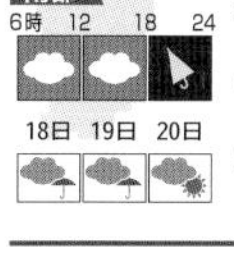

南部　6時 12 18 24　18日 19日 20日
諏訪 20 / 9
木曽 22 / 8
伊那 21 / 9
飯田 21 / 11

5ミリ以上　5ミリ未満
20面に詳しい天気情報

長野市　めめ

こと映え
沈思黙考
じっくり考え込む

斜面

2019.10.17

明治20～40年代、旧長沼村赤沼は千曲川の氾濫で大水害が度重なり主要作物の桑畑に濁流が流れ込んだ。蚕は泥をかぶった桑の葉をはまない。飼育途中の蚕を捨てざるをえなかった。絶望した農家に明かりをともしたのがリンゴだった◆数軒の農家が試しに育てていたリンゴが泥水に漬かっても秋には実をつけたのだろう。県が水害のお見舞いとして全戸に2本ずつ苗を配っている。これも栽培農家を増やす契機になり、やがて南隣の津野、穂保などにも広がった。「長沼村史」に詳しい◆現在の長野市長沼が県内有数のリンゴ産地に育ったゆえんである。作家の井出孫六さんが「新・千曲川のスケッチ」に書いている。千曲川は農民をいためつけてきたものの禍に報いるに豊穣な堆積土を積み足してきた。信州林檎は氾濫がもたらした甘酸っぱい果実である、と◆それにしても農家にはあまりに過酷な仕打ちではないか。台風19号の豪雨で濁流がリンゴ畑をのみこんだ。決壊した穂保の堤防近くでは木が根こそぎ倒れている。泥水に漬かった収穫間際の赤い実が痛々しい。北隣の豊野町を含め被害は広範囲にわたる◆昭和を代表する歌人斎藤史さんは敗戦を疎開先の赤沼のリンゴ倉庫で迎えた。落果を切り干しにする仕事で命をつなぎ現実と向き合って歌作を続けた。村人との交流に支えられながら。〈肉體をたよりのもとと生活し来て明日も生きゆくうたがはずあれ〉。リンゴ農家も、諦めてはいまい。

素肌乾燥情報　カサカサ、注意、しっとりの3段階
北部　注意
中部　注意
南部　注意

紙面の問い合わせ／本社見学・出前講座／購読のお申し込み／信毎ホームページ
編集応答室　026-236-3111
読者センター　026-236-3215
0120-81-4341
www.shinmai.co.jp

対策実らず新幹線浸水

車両センター　過去にも氾濫の地
機構「必要な設計をした」

台風19号の大雨による千曲川の堤防決壊を受け、北陸新幹線（長野経由）の車両が浸水した長野市赤沼の「長野新幹線車両センター」を巡り、センターを建設した鉄道・運輸機構（横浜市）は16日の信濃毎日新聞の取材に「建設当時は必要な設計をした」との考えを示した。一帯は歴史的に氾濫を経験してきた。センターを借り受けて、運営しているJR東日本は「復旧が最優先で、再発防止を考える段階にない」としている。

JR東日本によると、千曲川の西側約1キロに位置するセンターは、北陸新幹線車両の修繕や検査、翌日の運行に備えた留置に利用。1997年の同新幹線長野―東京間の開業に合わせて、同機構前身の日本鉄道建設公団（鉄建公団）が車両基地として設置した。

長沼地区の新幹線対策委員会が93年、県と長野市、鉄建公団と確認書を締結。遊水地的な機能を果たしていた農地に車両基地を建設することを受け入れる一方、県に千曲川支流の浅川上流に現在の浅川ダムを早期完成させるよう求めた経過がある。地元区長の男性（67）によると、一帯はもともと水田が広がり、「長沼や赤沼といった地名が表すように、水害をたびたび被ってきた」。近くで浅川と千曲川が交わり、ずっと氾濫を警戒してきたという。

機構は、そうした土地への建設に当たり、82年に県が作成した浸水被害実績図を参考に盛り土をしたと説明。同年以前の水害で最深の浸水よりも90センチ高くなるようにしたという。再発防止策について、機構は「国や沿線自治体の負担金がなければ難しい」としている。

長野市が「100年に1度」の大雨（計画規模降雨、千曲川流域全体で2日間で186ミリ）を想定して作った防災マップでは、センターは5メートル以上の浸水が見込まれる区域に含まれる。国土交通省北陸地方整備局の速報値では、千曲川の立ケ花地点から上流域の2日間雨量は計画規模降雨とほぼ同じ186・6ミリ。国土地理院の推定では浸水はセンター近くで深さ4・3メートルとなり、事前想定に近かった。

今回の水害では、センターにあった全10編成（1編成12両）の車両下部が水に漬かり、2編成が脱線。北陸新幹線は、これらを含む30編成で運用し、平常時は24編成を営業運転に投入していた。

JR東日本広報部は「検査や予備車の確保もある」として24編成のみでは運行に支障が出ると説明。車両をセンター外に「避難」させなかった理由については「その対応を含めて今後、振り返りたいが、まずは復旧を最優先に考えたい」としている。

新幹線車両センター　豊野駅　赤沼　長野市　穂保　堤防決壊

※国土地理院の台風19号浸水推定図による

水が引き、脱線していることが明らかになった新幹線車両（左）。くの字のように車両が連結している＝16日午後1時33分、長野市赤沼

2編成脱線確認
被害全容なお時間

JR東日本は16日、台風19号で浸水被害を受けた北陸新幹線（長野経由）の線路などの本格的な点検・復旧作業に着手した。信号関係の電源装置に被害が生じており、東京と金沢を結ぶ北陸新幹線全線の運転再開には1～2週間程度かかる見通し。長野市赤沼の長野新幹線車両センターに置かれていた車両10編成120両の具体的な被害状況は確認が進んでおらず、被害の全容判明にはなお時間がかかりそうだ。

JR東によると、車両センターからはほぼ水が引いたという。ただ、新幹線車両は長時間にわたって車体の床下が水に漬かり、このうち2編成は脱線していた。

鉄道システムを専門とする工学院大学の高木亮教授は、浸水状況を踏まえ「モーターの速度を管理するインバーターなど新幹線の心臓部が駄目になった可能性がある」と指摘。「すべて取り換えて修理するより新しく造る方が早い」と述べ、多くが廃車になる可能性を示唆した。

浸水車両は使える見込みが立たないため、全線の運転が再開しても運行本数は通常の5～6割程度にとどまる見込みだ。

記者会見で台風19号の対応を振り返る関田長官＝16日、気象庁

情報発信「検証する」
台風対応で気象庁長官

気象庁の関田康雄長官（上田市出身）は16日の定例記者会見で、台風19号を巡る同庁の対応について「それぞれの時点で、できる限りのことを行った」と振り返りつつ、「甚大な被害が生じたことは重く受け止めている」とし、情報発信などについて検証する考えを示した。

また、被災地に対して「雨に脆弱（ぜいじゃく）な状態。通常は被害が起きないような雨でも、まとまって降ることで新たな災害が起こり得る」と注意を呼び掛けた。

上陸3日前の9日から記者会見を開くなど、「早い段階からわれわれの持つ危機感を発信し、事前の対策に生かしてもらえるよう努めてきた」と説明。復旧活動が一定程度落ち着いた後、住民や自治体の防災対応に生かせる情報発信ができたかどうかを「しっかり検証し、今後につなげたい」とした。

11日の会見で死者・行方不明者が1200人を超えた1958年の「狩野川台風」に匹敵する恐れがあると同庁が指摘したことについては「危機感をしっかり伝えるためにこのキーワードを持ち出すことは適切だろうと判断した」と述べた。

第24回信毎選賞
2氏2団体に

公益財団法人信毎文化事業財団（理事長・小坂壮太郎信濃毎日新聞社社長）は16日、第24回「信毎選賞」を2氏2団体に贈ることを決めました。県内在住、または長野県に関わりの深い41の個人・団体を対象とし、学識者を交えた審査委員会で選考の上、財団理事会で決定しました。贈呈式は11月11日、長野市内のホテルで行い、正賞のメダルのほか、副賞として30万円を贈ります。

（敬称略・順不同）

第16回チャイコフスキー国際コンクールのピアノ部門で2位
藤田（ふじた）　真央（まお）（20）
（上田市育ち、さいたま市在住）

柔道の世界選手権女子57キロ級で初優勝
出口（でぐち）　クリスタ（23）
（塩尻市出身、甲府市在住）

野生鳥獣肉の活用推進へ処理・販売システムを構築
日本ジビエ振興協会（茅野市）

電気自動車で燃費やタイムを競う全国大会高校部門で8連覇
飯田ＯＩＤＥ長姫高校原動機部（飯田市）

【受賞者の紹介は25面に】

長野県の事務　福井県が代行
ふるさと納税

台風19号で被災した長野県へのふるさと納税について、福井県が16日、手続きを代行する支援を始めた。被災県の事務の負担軽減が目的。両県を含めた有志7県は9月、ふるさと納税事務をめぐり、災害時に備え応援県を事前に決めておく制度を設けており、今回が初適用となる。

長野県は台風19号による千曲川の堤防決壊などで広範囲の浸水被害を受けた。福井県は応援県の一つで、長野県に代わりふるさと納税の寄付を受け付け、受領証明書の発行・送付といった事務を行い、後日寄付金を長野県に送る。

長野県幹部は「大規模な被災で、災害への対応の業務があり、事務的な負担の軽減につながる。福井県知事の判断はありがたい」と語った。

制度は、山形、福井、長野、滋賀、鳥取、島根、鹿児島7県が災害時に迅速に対応するため発足させた。

国内短信

▼廃棄物処理に数年か

環境省は16日、台風19号で発生したがれきなどの災害廃棄物は少なくとも数百万トン規模に上り、全ての処理に数年を要するとの見通しを示した。西日本豪雨では岡山、広島、愛媛3県で約190万トンが生じ、処理に約2年かかる見込みだが、浸水範囲からこれを上回るのは確実という。

焼却場などが無事だった自治体には広域処理への協力を要請しており、担当者は「東北のごみを関東に運ぶなど長距離移送も考える必要がある」と説明した。

けさの一句

2019.10.17

藤の実の垂（た）るる昏（くら）さのありにけり　鈴木貞雄（すずきさだお）

藤の名は風に吹かれて舞い散る「吹き散る」が由来といわれ、たっぷりとした花房が風に踊る様子はにぎにぎしく美しい。しかしその実は高貴な花の姿にほど遠い、陰気な豆状のものが長々と幾筋も垂れる。藤はすさまじい蔓（つる）の力で周辺の樹木に絡みつきながら繁茂し、巻きつかれたものは養分が行き渡らず、いずれ枯れてしまう。本性があらわとなった実に、藤の昏さを見るのである。「若葉」主宰。　土肥　あき子（俳人）

全容 いまだ把握できず

河川被害

滑津川（佐久）・麻績川（麻績）の「決壊」も判明

台風19号の豪雨で東筑摩郡麻績村の麻績川（犀川支流）と佐久市の滑津川（千曲川支流）がそれぞれ「堤防決壊」していたことが16日、分かった。麻績川の決壊は国土交通省が発表。滑津川の氾濫については県佐久建設事務所が信濃毎日新聞の取材に明らかにした。県はこれまで、堤防上を水が流れる「越水」としていた。

一方、県建設部が16日に示した県内河川の被災状況では、千曲川本川を除く信濃川水系の被災箇所は30河川の32カ所。だがこの2件の堤防決壊の記載はない。同部は、詳細な河川施設の被災箇所は「現地調査中」として公表していない。広範囲で[illegible]地元地域からは早期復旧を望む声が出ているが、県は県内各地で起きた災害の全容を整理できていないのが実情だ。

【1面参照】

焦点

「工事急いで」県に不満

「大変一生懸命やっていただいているとは思うが、大変のんきな工事に見える。地元の皆さんはフラストレーション（不満）がたまっている」

16日朝、佐久市中込の千曲川沿い。柳田清二市長は視察に訪れた阿部守一知事に対し、対岸の護岸崩落現場で県が行っている応急工事の進み具合をこう表現し、早急な対策を求めた。

現場では店舗などが川へ流出。護岸の安全対策が進まないため、水道工事にも支障が出ている。阿部知事は「国の河川関係者と相談し、最善・最速の方法を研究して最善を尽くす。地元の皆さんの声に応えられるようにしたい」と述べた。

佐久建設事務所によると、佐久地方では千曲川の本流でこうした護岸崩落などの被害が相次いだ他、多くの支流も被災。支流の一つ、滑津川は佐久市中込で約320㍍にわたって堤防が決壊し、一帯は水浸しになった。水に巻き込まれ、車で避難中だった市内の男性1人が亡くなった。

決壊したのは川が右にカーブする地点。同事務所は増水した水によって石積みの堤防が徐々に削られた可能性が高いのではーとみる。同市志賀では、志賀川のやはりカーブ地点で堤防が欠損した。

記録的豪雨に見舞われた佐久地方。佐久市入沢の谷川（やがわ）では長さ1㌔以上にわたって護岸が断続的に崩壊し、護岸上の道路は車で通行できない。同市では田子川や雨川、吉沢川、佐久穂町の余地川や抜井川などでも護岸崩壊が起きた。同事務所によると、佐久地方の河川の被害は15日時点で約190カ所に上り、さらに増える見通しという。

同事務所は大型土のうを配置するといった安全対策工事を進めている。ただ被災箇所が多く調査に時間がかかっているほか、護岸崩落で車が入れない場所もあり、対策が追いついていない箇所も目立つ。

一方、下流の飯山市では、千曲川の水位が高いため、支流などが流れ込めずにあふれる「内水氾濫」が頻発した。千曲市の更級川、須坂市の八木沢川などでも、千曲川の増水による「逆流」を防ぐなどするため、合流地点のゲート閉鎖が相次いだ。

大きな被害をもたらしたのは飯山市街地の皿川。あらかじめ決めた水位に達したため二つの川をつなぐ水門を閉めた後、皿川の水を千曲川にくみ上げて排水するポンプを稼働させたが、排水しきれずに市役所や住宅地にあふれた。床上浸水は473棟、床下は245棟に及んだ。

同市内では他にも小さな川や用水路が千曲川に流れ込めずにあふれ、住宅が浸水した箇所が幾つもある。

千曲川支流の滑津川の堤防が決壊した箇所。手前は被災前は水田だった＝16日午後1時52分、佐久市中込

麻績川の堤防が決壊し、土のうが積まれている現場。JR篠ノ井線ののり面も部分的に崩れた＝16日午後2時、麻績村

組織間の情報共有に課題

県河川課の吉川達也課長は「まだ全ての被害状況は分かっていない」と認める。同課は被災した河川の状況の一覧表を県災害対策本部員会議に提出しているが、例えば、麻績川の決壊もこの一覧表には載っていない。

県松本建設事務所によると、麻績川が決壊したのは2カ所。水田に水や土砂が流れ込んだほか、現場近くのJR篠ノ井線ののり面の一部を崩した。土のうを積んで応急処置し、篠ノ井線は徐行運転している。本格的な復旧は来年以降になる見通しという。

決壊現場は150㍍ほど離れ、堤防の高さはともに約4㍍。それぞれ長さ約50㍍にわたって崩れた。同事務所は13日朝に被害が判明し、14日までに土のうを積んだとする。

吉川課長は「近くに民家がなく、人的被害はないため（一覧表に）載せていない」と説明。人的被害が起きそうな場所から優先的に調査、応急復旧を進めているとする。

一方、同課の資料によると、佐久市の滑津川は「護岸崩落」となっており、決壊とは位置付けられていない。同課と佐久建設事務所で情報の食い違いがあり、各地の被害の正確な把握と情報共有も課題となっている。

県は、河川の被災調査のための応援を国土交通省北陸地方整備局に要請し、15日から派遣を受けている。佐久建設事務所では16日から同局から派遣された4人の職員と一緒に被害状況を調べた。各建設事務所には、原則として通常の河川の維持管理に必要な人員しか配置していない。同整備局は「被害が広範囲になると、自治体職員が足りなくなり、調査の段階で時間がかかってしまう」とする。

吉川課長は「人手は足りないと思うが、現場を知っている建設事務所に頑張ってもらい、優先順位を付けて復旧していく」としている。

阿部知事はこの日の記者会見で、「千曲川の堤防決壊以外に極めて重大な事案が[illegible]」とした上で、「被害状況をできるだけ速やかに把握し、国に報告しないといけない。個々の被害箇所をしっかり拾い出す作業をやっている」と述べた。

台風19号で県建設部が公表した河川被害（信濃川・千曲川水系）

市町村	河川	被害
川上村	千曲川	橋梁被災
南牧村	千曲川	護岸崩落
佐久穂町	千曲川（2カ所）	越水
佐久市	千曲川	護岸崩落
	志賀川	護岸崩落
	滑津川	越水、護岸崩落
	片貝川（大沢など3カ所）	越水や護岸浸食
	雨川	冠水、護岸陥没
	吉沢川	越水
	中沢川	越水
	谷川	護岸崩落
	田子川	護岸崩落
小海町	相木川	護岸崩落
軽井沢町	泥川	越水
東御市	千曲川（田中橋など2カ所）	越水や護岸崩落
	金原川	護岸崩落
上田市	千曲川（国分など4カ所）	堤防越水、堤防欠損、落橋
	神川	護岸崩落
	依田川	越水、護岸崩落
	大門川	越水
	湯川	越水、護岸崩落
	武石川	越水、護岸崩落
	産川	越水、冠水
	尾根川	越水
千曲市	更級川	越水
	沢山川	越水か漏水
	千曲川	堤防越水
須坂市	千曲川	堤防越水
	八木沢川	越水
小布施町	千曲川（山王島など2カ所）	堤防越水
長野市	千曲川（穂保）	堤防決壊
	千曲川（篠ノ井横田など4カ所）	堤防越水
	岡田川	堤防越水、護岸崩落
	赤野田川	堤防越水
	蟹沢川	堤防越水
	古海川	堤防越水
	浅川	堤防越水
中野市	千曲川（立ケ花など2カ所）	堤防越水
飯山市	千曲川（近くの用水路）	内水氾濫
	広井川	排水ポンプ車稼働
	今井川	排水ポンプ車稼働
	皿川	越水か内水被害発生
栄村	千曲川	堤防越水

全国浸水 西日本豪雨超え

千曲川流域 なお調査中

台風19号による河川堤防の決壊や越水などで浸水した範囲が2万3千㌶を超え、昨年の西日本豪雨の際の約1万8500㌶を上回ったことが16日、国土交通省の調査で分かった。特に堤防が決壊した千曲川など河川の流域で被害が目立つ。調査中で面積が判明していない地域も多く、さらに拡大する見通しだ。

国交省が航空写真や地方出先機関の調査を基に算出している16日午後1時時点の数値。

浸水面積は河川の流域別に算出されており、国管理河川では、阿武隈川流域が約1万2600㌶と最大だった。千曲川流域は調査中の地点が多く、今のところ約9950㌶となっている。自治体別の面積は算出していない。都道府県管理の河川は多くが調査中で、国交省担当者は「全容把握のめどは立っていない」としている。

国交省は毎年、洪水や高潮、津波などによる浸水面積を公表しており、2018年の全国の浸水面積は計約2万9千㌶（暫定値）だった。

予備費7億円支出決定

政府 補正予算編成も検討

政府は16日の持ち回り閣議で、台風19号被害への対応に関し、2019年度予算の予備費約7億1千万円の支出を決定した。被災自治体の要請を待たずに水や食料などの物資を送る「プッシュ型」支援の強化に充て、被災各地の避難所に水や食料、段ボールベッド、仮設トイレなどを送る。

19年度の補正予算を編成する検討にも入った。緊急に必要となる生活支援や復旧対策は当面、予備費で対応し、補正予算は復興に向けた公共事業費用を中心に盛り込む見通し。来年1月に召集する通常国会に提出する方向だ。さらに必要な対策は編成中の20年度当初予算でも対応する。

安倍晋三首相は16日の参院予算委員会で「被災自治体が財政上安心して、全力で応急対応、復旧に当たれるよう、その都度必要な手当てを行う」と強調した。激甚災害に指定する方向で調査を進める方針を重ねて示し、普通交付税の繰り上げ交付を迅速に実施する考えも示した。

長野の決壊現場 公明代表が視察

公明党の山口那津男代表は16日、台風19号による大雨で千曲川の堤防が決壊した長野市穂保の被災地を視察した。山口氏は国の支援として「予備費を順番に活用していくが、足りないのであれば補正予算も辞さずという形でやるべきだ」と述べた。

山口氏は国土交通省が堤防の応急復旧工事を進めている現場を訪れた。国交省千曲川河川事務所（長野市）の木村勲所長が、千曲川が越水した際の監視カメラ画像などを見せ、「最大9・5平方㌔（950㌶）が浸水した」と説明した。

山口氏は、1階部分の外壁がなくなった浸水被災地の家屋や体育館を見て、取材に「驚きを禁じ得ない被害。（決壊した）堤防を緊急にふさぐこと、住民の生活支援を進めなければならない」と話した。

復旧中の千曲川堤防から被災地を視察する山口氏＝16日、長野市穂保

上田支社 ☎0268−23−1200 fax. 23−1202 〒386−0018 上田市常田2−35−10
東御支局 ☎0268−62−4181 fax. 62−4189 〒389−0516 東御市田中178−17
佐久支社 ☎0267−62−2141 fax. 62−2533 〒385−0035 佐久市瀬戸1203−1
小諸支局 ☎0267−22−0480 fax. 26−1286 〒384−0023 小諸市東雲1−1−11
軽井沢支局 ☎0267−42−2536 fax. 42−9120 〒389−0102 北佐久郡軽井沢町軽井沢471−5

東信 動きだす支援 台風19号

台風19号で大きな被害を受けた東信地方。被災者を支援する大学生や住民らボランティアが動きだした。

上田市国分

浸水した民家で泥出しのボランティアをする長野大生たち＝15日午前11時51分、上田市国分

立科町古町

立科町は32軒が床下、床上浸水。古町では住民やボランティアが片付け作業をした＝15日午後1時15分

ガードレールなどが崩落した軽井沢町茂沢地区の道路。転落した車や倒木がそのままになっていた＝15日午後4時24分

大門川沿いの道路が崩れて通行止めになっている国道152号＝15日午後1時27分、長和町大門

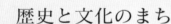

橋脚が沈み込んだ男橋(右奥)を視察する国土交通省の査定官(左から2人目)＝15日午前11時21分、川上村

アート

◇東御市【きもの・洋服作品展】19日まで、田中の土蔵ギャラリー胡桃倶楽部。市内の古布店「いちい」(☎080・1045・2905)による古布から作った洋服やちりめん細工など約50点を展示販売。

イベント

◇佐久市【佐久しあわせ教室】17日午後1時、臼田の清集館。日本舞踊師範の西川智扇洲さんが輪踊りなどを指導する。500円。佐々木さん☎0267・82・4893。

講演会

◇佐久地域【東信地区労働フォーラム】18日午後1時半、佐久市の県佐久合同庁舎。作家の工藤広伸さんが「防ごう介護離職」と題し講演。無料。17日までに申し込む。県東信労政事務所☎0268・25・7144。

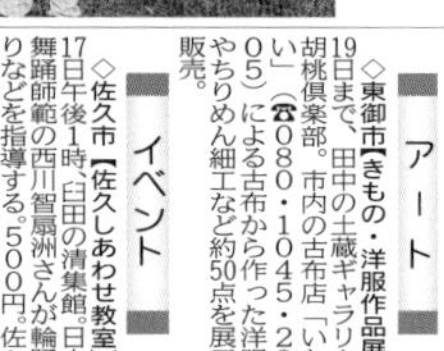
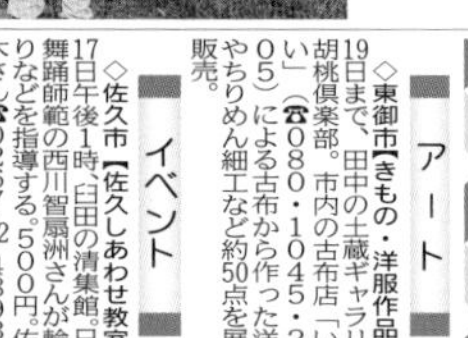

教室

◇上田小県【スコーレ家庭教育セミナー】19日午前10時、上田市福田の川辺・泉田地区防災センター公民館。スコーレ家庭教育振興協会の手塚よし子さんが「仲良し夫婦、仲良し親子で家族の絆を深めよう！」と題して語る。託児あり(各開催前日までに予約)。沓掛さん☎090・4092・7466。

◇上田市【ひきこもり家族教室】24日午後1時半、中央6のひとまちげんき・健康プラザうえだ。認定NPO法人侍学園スクオーラ・今人(いまじん)の校長栗原渉さんと卒業生が「侍学園での『変化・成長』と『自立』」と題して話し、終了後に交流会。無料。申し込みは18日までに市健康推進課☎0268・23・8244。

ライフ

◇佐久市【県書道展佐久地区親子書道教室】19日午前9時〜正午、佐久市の県佐久創造館。書き初めに挑戦し、石に文字を彫りはんこを作る篆刻(てんこく)か、来年の干支(えと)の年賀状印を選び作る。定員は小中学生と保護者の10組。無料。17日までに申し込む。小林さん☎090・3440・4865。

◇佐久市【子どもの心と体を考える会「なんなるの会」】18日午後6時半、市浅間会館。テーマは「子どもと向き合うおとなの姿勢 子どもの声をきいてみよう」。吉田さん☎090・8595・8339。

きょうの番組

UCV1上田121
6.00 UCVレポート
6.20 お天気チャンネル
6.30 千曲川堤防道路ライブカメラ

UCV2上田122
6.00 上田五中合唱コンクール
8.00 上田六中合唱コンクール
10.00 マンドリンサマーコンサート

丸子テレビ121
6.30 みんなのホスピタル 再8時半、11、17時
9.00 丸子早起き野球大会閉幕式再13、19、22時
10.00 ベルポートまるこのど自慢大会 再14、20、23時
12.00 新車情報
15.00 理学療法フェスタ2019
18.00 ケーブルニュース再18時半、21時、21時半

とうみチャンネル
6.00 Weekly！とうみ 東御市内の話題（再）再12、18時
9.00 東部中学校第56回学芸発表会 開会式・ステージ発表 再15、21時
番組前15分テレビ回覧板

はれラジ／FMとうみ78.5
7.00 いってらっしゃい
7.40 東御・長和・立科行政情報
9.00 音楽の森
11.00 音楽の世界旅行
12.00 ランチBOX天・交
13.35 米ライフ・農ライフ
17.00 夕焼け通信785
17.10 GOGOアルティスタ
18.00 オフタイムMUSIC
19.00 うえだ大好き！
19.30 バッカスの微笑み

CTK12chこもろ
6.30 キラリ★青春 〜技術部〜
6.55 ぐるっとふるさと信越
7.30 商工会議所旬鮮情報
8.30 ぴよぴよくらぶ
8.50 TV版広報こもろ
18.30 CTKN&WIDE

佐久ケーブルテレビ
7.00 てんこもり佐久平
7.30 生放送★SAKUいち N天・佐久情報満載！
8.30 佐久のお仕事見学
10.30 ともに生きる佐久
11.30 みんなのラーメン 長野ケーブル制作
12.10 SAKUいち
13.00 ライブTOハート・コスモホール提供
15.30 園児の素顔・総集編
18.00 佐久市広報番組
19.00 切原小学校運動会
23.00 大河ドラマ「義経」

TCV12ch蓼科
8.00 ともだちいっぱい 再正午、17、19時
9.00 立科小学校マラソン大会
20.00 望月中学校若駒祭3 音楽会・閉祭式

YKTV12ch南牧
6.30 戦没者追悼式再 再12時半、18時半 20時半、22時半

エフエム佐久平 76.5
6.40 マーチング取材番組
6.50 山口先生マーチング
11.00 鈴木カオリのラジコン
13.00 クンゴボンゴ
15.00 アフパラ
16.00 和田さきのGOあした
16.55 防災情報
19.00 ハッピーゴーラッキー
21.00 THE NITE

FM軽井沢 77.5
8.00 モーニングサラダ N・天・ABC・交
12.00 スマイルデイズ やまゆり情報 N・天・交
17.00 トワイライトアワー N・天・交・サル
18.00 TheRemedy
21.00 軽井沢組曲

東信

東御 依然420世帯で断水

「水ないと仕事にならない」

住民 確保に奔走

台風19号の影響で東御市島川原や布下、大日向などの420世帯で断水が続いている。住民らは佐久水道企業団（佐久市）が設置した給水タンクから水をくんでしのいでいるほか、湧き水や井戸水などを活用したりして、水の確保に奔走している。

「水がないと仕事にならない」。16日、文房具ファイルを製造する工場の管理部門の遠山光男さん(63)は工場近くの湧き水が出る場所で、農業用のタンクにポンプで水をくみ上げていた。紙製のファイルに印刷する際、水溶性インキを使用するため水が必要で、土地所有者の許可を得て、湧き水を使うことにした。

遠山さんは工場に戻ると、さまざまな容器をタンク代わりに使用して水を確保。この作業を1日に3回ほど繰り返しているという。

給水タンクが設置された布下公民館には16日も、住民が次々にバケツやタンクを持って訪れた。近くに住む男性(67)は、この水を飲用水や歯磨き、手洗いに使う。トイレは自宅にある井戸水を使うが、必要な水の量が多くてくみ上げるのが大変といい「トイレの水が一番困る」。風呂は温泉を、洗濯はコインランドリーを利用する毎日だ。小山裕子さんは「蛇口から出るのが当たり前。日ごろ何も考えずに使っていた」とありがたみを実感していた。

東御市の断水は、水道管が通っていた橋の崩落が原因。佐久水道企業団は仮設の配管を設置する工事を行い、21日に復旧させる予定という。

湧き水からくんできた水を容器に移す遠山さん

佐久市コスモホール

電気系統浸水 休館続く

復旧めど立たず 催し中止に

佐久市コスモホール（下小田切）は台風19号により電気系統が浸水し、休館が続いている。10月中に同ホールで行われる催しは中止。だが、停電で電話が通じないため連絡が行き渡らず、16日にホールを訪れ休館を知った人からは「もっと早く連絡してほしい」などの声が上がった。

「今日は臨時休館となっています。ご迷惑をおかけします」。ホール職員は同日、予定していた催しのためにホールを訪れた人に謝った。松本市から来た会社員男性(70)は「仕事を休んでせっかく来たのに、残念」と話した。

ホールを運営する市文化事業団によると、台風が最接近した12日、ホール近くの農業用水からあふれた水が、主電源がある地下の機械室に流れ込んだ。ホールは急きょ閉館。翌日調べると、機械室は浸水しており停電していた。併設の図書館も休館中だ。

消防団や地元業者らが、連日排水などに当たっているが復旧の見通しは立っていない。同事業団は「主催者などを通じてイベントの中止をチケット購入者などに速やかに連絡するよう努めている。ご不便をかけて申し訳ない」としている。

上田の台風避難収束へ

今後は長期化も想定し検証

台風19号に伴う上田市の指定避難所への避難者は16日正午時点で5人、避難所は2カ所となり、受け入れが収束しつつあることが同日、市災害対策本部のまとめで分かった。12日の開設以降、ピーク時に指定避難所は44カ所開設。最多で2478人が避難し、同市にとっては過去最大規模の避難者対応となった。

上田原の上田創造館には一時550人が身を寄せた。16日は2組計4人となり、一角に毛布が敷かれている以外はがらんとし、毛布やパン、お茶などが保管されていた。

市は12日午前、避難準備・高齢者等避難開始を発令して以降、指定避難所を設置。午後7時40分時点で473人が避難した。県営菅平ダムの放流や千曲川が右岸堤防を越水する恐れが伝わると急増し、午後9時に1371人、同11時に2478人に膨らんだ。風雨が収まり、多くが13日未明に帰宅。13日朝に左岸堤防が崩れ始めると、城下・川辺泉田地域の避難者が一段高い上田創造館などに再び集まった。

12日夜は災害応援協定を結んでいるイオン上田店がカップ麺1100個などを提供、13日は県を通じ上伊那の市町村が非常用のアルファ米1万食、木曽町が毛布700枚を提供するなどし、市の備蓄で賄いきれない分を補った。上田市災害対策本部は、避難の長期化を想定した備えが十分かは「今後十分検証していく必要がある」としている。

南牧村長選 現職大村氏、出馬正式表明

任期満了に伴う11月5日告示、同10日投開票の南牧村長選で、現職で1期目の大村公之助氏(71)＝無所属、海ノ口＝が16日、村内で記者会見し、立候補を正式表明した。大村氏は「1期目の事業が仕上がっていない」とし「継続と発展の村政を進める」と語った。自民党籍があるが無所属で立候補する方針。

南牧村長選への立候補を表明する大村公之助氏

大村氏は「支持者の強い思いを受け出馬に踏み切った」と説明。村内を通る予定の中部横断道について災害時の必要性を強調し「国や県に早期開通を働き掛ける」と述べた。「村職員の力や思いを引き出しながら村民に関心が持たれる村政をつくる」とした。

大村氏は村議を経て2015年の村長選で現職を破り初当選。今年9月の村議会定例会でいったんは不出馬を表明していた。

同村長選を巡っては、新人で獣医師の片桐勝則氏(63)＝野辺山＝が出馬を表明。共産党籍があるが無所属で出馬する方針。他に目立った動きはない。

断水続き復旧へ急ピッチ

佐久地域の一部 台風被害大きく

台風19号で大きな被害を受けた佐久地域は、一部地域で断水が続いている。住民からは不便を訴える声が出ており、関係機関が復旧に急いでいる。

16日夕時点で少なくとも、佐久市は常和、入沢、野沢団地で計106戸、佐久穂町は大日向、余地、かさなりで計500戸が断水。復旧のめどは立っていない。川上村は秋山、居倉で250戸が断水し、早ければ17日夜にも仮復旧する見通し。水が濁り、町内全域2698戸で水道水が飲めなかった立科町は16日に復旧した。

下水道は水道管の損傷などで佐久市の入沢、佐久穂町の余地、大日向、海瀬の計約6000戸で一時、下水が処理場に届かない状態だったが、一部地域で復旧作業に着手。南佐久環境衛生組合によると、入沢と余地は11月上旬ごろには復旧できそうという。下水道管理センターが浸水して下水の受け入れを停止している佐久市はほぼ全域に節水を呼び掛けている。センターの復旧は未定だ。

道路が寸断されるなどした佐久穂町余地の80代女性は、近くの給水所で飲用水を確保するが、「お風呂に入れないのは大変」。電化製品を扱う同町高野町の「でんきランド・オカムラ」は給水と充電環境の提供などを始め、店先に看板を掲げた。「お年寄りなど困り事がある人のためになればいい」と話した。

▼平井寺―三才山トンネル、通行止め解除

県上田建設事務所は16日午後4時半、上田市の国道254号の平井寺トンネル―三才山トンネル料金所間の通行止めを解除した。台風19号の影響で通行止めになっていた。同市と松本市の行き来が再開され、上田市鹿教湯温泉などへの交通の便も回復する。

平井寺トンネルを出た同市荻窪地区から三才山トンネル料金所までの区間は、道路への土砂流出と道路の陥没で、12日から通行止めになっていた。16日までに土砂の片付けは終了し、陥没した部分には迂回（うかい）路を設けた。三才山トンネルは12日から土砂流出などの影響で病院関係車両などの特殊車両以外は通行止めだった。片付けが終わって安全が確認され、15日に通行止めを解除していた。

台風19号 生活情報

27面にも情報　16日時点、変更の可能性があります

▽上田市
【避難所】市中央公民館、上田創造館。充電、ネット環境あり
【災害ごみ受け入れ】上田クリーンセンター、依田窪プール駐車場（丸子地域対象）、旧神川地区公民館（神川地区対象）
【入浴】別所温泉旅館組合（☎0268・38・2020）、午後5～8時、18日まで
【ボランティア】ボランティアの協力が必要な被災者は上田市社会福祉協議会（☎0268・27・2025）
【バス】上田バス、千曲バスのほとんどが通常ダイヤ
【外国人相談窓口】市人権男女共生課（☎0268・75・2245）
【経営者相談窓口】上田商工会議所（☎0268・22・4500）。24日は日本政策金融公庫、県信用保証協会、市が対応
【融資相談窓口】上田信用金庫の各店か本部専用ダイヤル（☎0120・70・1877）
▽東御市
【給水】大日向集落センター、東御市ふれあい体育館、光ケ丘集会場、島川原地区農業生活改善施設、布下公民館、常満団地集会場
【休館】北御牧子育て支援センター
▽長和町
【路線バス】一部路線で迂回（うかい）しながら運行
▽青木村
【給水】村役場（☎0268・49・0111）で飲料水を配布
【入浴】入浴施設が通常通り
【充電】公共施設
【路線バス】千曲バス青木線が通常ダイヤで運行
▽小諸市
【無料で入浴】中棚荘（☎0267・22・1511）
【通行止め】県道諏訪白樺湖小諸線の布引トンネル付近
▽佐久市
【災害ごみ受け入れ】うな沢第2最終処分場、宇とう南沢処分場
【半額で入浴】あさしな温泉穂の香乃湯、布施温泉、春日温泉もちづき荘、春日温泉ゆざわ荘
【無料で入浴】あいとぴあ臼田（☎0267・81・5555）、市老人福祉センター長寿閣（☎0267・67・5575）＝被災地の人が対象。住所や名前を窓口で記入
【ボランティア受け付け】17日は受け付けを行わず、18日から再開する。佐久市社会福祉協議会（☎0267・64・2426）
【充電】佐久市役所、臼田支所、浅科支所、望月支所、佐久情報センター
【下水】下水道管理センターが受け入れ停止。市は広く節水を呼び掛け
▽軽井沢町
【充電】役場、木もれ陽の里、中央公民館、観光振興センター、観光会館、風越公園総合体育館、スカップ軽井沢、軽井沢駅さわやかハット・さわやかホール、軽井沢駅南北自由通路
【上下水道】発地地区で下水道が不調。百数十世帯に節水を呼び掛け
【入浴】風越公園の総合体育館、スカップ軽井沢（ともにシャワーのみ）
【催しの中止】19日の碓氷峠ラン184、20日の軽井沢リゾートマラソン
【休業】風越公園のアイスパークカーリングホールが停電の影響で17日まで休館
▽御代田町
【通行止め】面替橋など面替区の2カ所、一里塚地区世代間交流センター、豊昇区内の一部
▽立科町
【ごみ受け入れ】旧千草保育園（☎0267・88・8407）
【入浴】権現の湯が18日に営業再開
【ボランティア受け付け】町社会福祉協議会（☎0267・56・1825）
【休業】権現山マレットゴルフ場・キャンプ場
▽小海町
【町営バス】
通常通り運行
【通行止め】
県道松原湖高原線の細日トンネル付近が倒木の影響で全面通行止め
【災害ごみ受け入れ】町草刈久保最終処分場（午前8時～正午）で26日まで。20日は搬入不可
▽佐久穂町
【避難所】
生涯学習館「花の郷・茂来館」（☎0267・86・2041）
【福祉避難所】
老人保健施設「さやか」（☎0267・86・5330）
【給水】
大日向、余地の2地区を給水車3台が巡回する
【入浴】
社会福祉協議会こまどり支所（☎0267・88・3545、午後1～8時）
海瀬館（☎0267・86・2520、午前10時～午後3時）
【充電スポット】
町役場佐久庁舎、生涯学習館「花の郷・茂来館」、社協ふれあい支所、社協こまどり支所、八千穂福祉センター、南佐久環境衛生組合
【災害ごみ受け入れ】
元気が出る公園下の駐車場（午前9時～午後4時）
【ボランティアセンター】
社協ふれあい支所（午前9時からと正午から受付け、☎0267・86・4273）
▽川上村
【給水】秋山公民館、解体工事会社「カクニ」（飲用以外）、宗泉寺、八ケ岳農協居倉集荷場、まつの長野川上集荷センター、村役場
【入浴】ヘルシーパークかわかみ（☎0267・97・3600）
▽南牧村
【通行規制】
県道海ノ口・梓山線が土砂崩落の影響で午前6～8時、午前11時半～午後1時半、午後5～6時を除く時間帯で通行止め
▽南相木村
【通行規制】県道栗尾・見上線で一部通行止め、村道に迂回（うかい）路あり
【入浴】村の日帰り温泉施設「滝見の湯」（☎0267・91・7700）は通常通り営業
【村営バス】一部県道を迂回（うかい）しながら通常通り運行
▽北相木村
【避難所】村老人福祉複合センター「みどり」
【災害ごみ受け入れ】村社会体育館前駐車場
【充電】公共施設
【村営バス】通常通り運行

長野本社　☎026-236-3130　fax. 236-3196
〒380-8546　長野市南県町657
須坂支局　☎026-245-0120　fax. 248-4893
〒382-0094　須坂市屋部町1327
中野支局　☎0269-22-3224　fax. 26-0760
〒383-0025　中野市三好町2-4-41
飯山支局　☎0269-62-2226　fax. 63-3128
〒389-2253　飯山市福寿町1114-10
千曲支局　☎026-273-0062　fax. 273-1134
〒387-0006　千曲市粟佐1305-4

千曲市更埴文化会館が浸水
催し再開見通せず

16日　更埴文化会館の地下に通じる階段の踊り場。浸水した状態が続いている＝16日午前10時、千曲市

13日　1階大ホールの一部が浸水した千曲市更埴文化会館＝13日午前3時ごろ

台風19号の影響で千曲市更埴文化会館が浸水し、再開のめどが立っていない。地上1階、地下1階の構造で地下にあった機械空調室などが水没。16日時点で地下室はいまだ浸水しており、被害の状況が見通せていないためだ。市は11月まで、同会館で催しなどを予定していた主催者に「開催できなくなった」と連絡に追われている。

◆

同会館は1990年に開館。1階に事務室や大ホール「あんずホール」、小ホールがあり、地下に軽運動室などがある。

市教委文化課によると、千曲川が増水したことなどで、12日午後11時ごろから浸水が始まった。水位は13日早朝まで上がり続け、1階部分で高さ10㌢ほど浸水。地下室にも水が流れた。地下では市が購入した打楽器など10点ほども水没。1階の大ホールの一部も浸水被害があった。

13日から市教委職員やボランティアらが集まり、1階の通路部分などの清掃と地下の水抜きなどを行っている。16日午前の時点で、地下1階は高さ60㌢ほどまで水に漬かった状態だ。市教委は数日中に水抜きの作業を終え、機械などの被害の程度を調べる予定だ。文化課の宮坂敏課長は「想定を超える被害が出ており、被害の全容が分かっていない。一刻も早く開館できるよう作業を進める」と話した。

利用者らは愛着のある施設の被災に心を痛めている。千曲市と坂城町の住民約50人でつくる千曲市民混声合唱団は、27日に第26回定期演奏会を予定していたが、12月15日に延期。会場は市内の上山田文化会館に移し、入場無料で開催することを決めた。団長の宮坂佐稚朗さん(82)＝千曲市＝によると、今週末に団員が集まり、更埴文化会館の清掃ボランティアに参加する予定。宮坂さんは「音楽だけでなく、千曲市にとって一番大事な場所。率先して片付け、再び開館できるようにしていきたい」と話している。

東北信地方の愛好家でつくる「長野マンドリンアンサンブル」も20日にあんずホールで定期演奏会を予定していたが、11月24日に長野市の篠ノ井総合市民センターに変更して開くことにしたという。

台風19号による千曲川の氾濫で甚大な被害を受けた長野市。市民らは日常生活を取り戻そうと懸命だ。

長野市民　復旧へ懸命

避難所で朝食用に温かい飲み物を作る人たち＝15日午前7時9分、長野市の北部スポーツ・レクリエーションパーク

台風19号に伴う災害ごみが軽トラックで次々に運び込まれた青垣公園運動場＝15日午後1時10分、長野市松代町

水に漬かりソファなどが散乱する調剤薬局。薬剤師がカルテなどを片付けていた＝15日午前10時41分、長野市津野

きょうの番組

INC地上11ch
5.00　チャンネルINC 「地上11ch」はINCながのニュース以外の番組を休止し台風19号被害に関連する長野市内の情報を文字でお伝えします「災害ごみ関連」「市内の道路情報」「ボランティア関連」「休校情報」など情報は随時更新します河川情報カメラの映像を放送する場合もあります
6.00　INCながのニュース▽台風19号被害▽あすの天気(再後7時・後8時後9時・後10時後11時・深0時)

121chネット千曲
6.15　情報チャンネル▽交通
8.15　Vividテレビ版 (再)5.15、6.15、11.15
8.30　みんなのラーメン (再)0.30、6.30、11.30
9.00　nackeyTV (再)0.00、8.15
10.00　ハンガリー人形劇『キップコップとティップトップ』(再)9.00
4.00　文字情報・求人情報
5.00　千曲ニュース▽出来事 (再)6.00、8.00、11.00
7.00　QVC／ショッピング

11chネット千曲112
9.00　千曲市総合防災訓練▽五加地区(再)7.00
1.00　戸倉上山田温泉夏祭り2019▽2日目(再)8.00

ふう太チャンネル
5.00　ご近所NEWS (13.00)
6.25　ぐるっとふるさと信越
6.30　週刊N▽ふるさと探検 俳額と句碑巡り▽中学生ルクセンブルク訪問▽保育園人権教室 (7.30 8.30 9.30 12.30 15.30)
7.00　日刊ふうタイム (8.00 9.00 12.00)
10.00　中学校けやき祭 (16.00 20.00)
14.30　信越トライウォーク
21.55　ぐるっとふるさと信越

GLTV すこうCH地上121
6.00　【4K】北信濃の美景 (13時19時24時)
6.30　けーぶるにっぽん躍動JAPAN「突け 未来を」(13時半19時半)
8.00　子育てポケット～朝ごはん どうしたら食べてくれる? (11時14時17時20時23時半)
8.30　鹿児島×北信濃「そらじかん」(23時)
9.00　相森中学校 第72回校庭大運動会(15時18時)
1000　みんな集まれ元気っ子～須坂双葉幼稚園～
1200　ミュージックジャパン

たかやまch地上122
8.00　こころのプロジェクト「夢先生」(14時20時)
1000　伝統芸能～三郷
1700　湯こっCha!山田温泉
2200　H28年度 高杜神社御柱祭 斧入～山出し

地域情報ch 地上111
1800　【生中継】台風19号災害関連ニュース

お天気ch 地上112

iネット飯山
7.00　ほっとスタジオ▽台風19号 市内大きな被害▽退任教育委員へ感謝状▽豪学生と中学校交流▽雪国大学女性セミナー▽飯水美術展審査会▽いいやま投句大会 (12.30 15.30 17.30 19.30 22.30)
7.45　Net3キッチン
8.00　まるごと信州情報ネット
8.30　健康チャンネル (11.30 15.00 16.30)
9.00　すまいるone (14.00 20.30 23.30)
9.30　のんびりし～な (12.00 17.00)
10.00　長野県ご当地○○対決!▽郷土料理編
11.00　自遊にチャレンジ

FMぜんこうじ 76.5
7.00　おはよう・ナムゴン P:佐々木香代 まるまるミュージック N・天・交通情報 話題の交差点
9.20　ステップワン
11.30　昼どきもんぷらワイド P:郷原利枝 今日のホット情報 午後のミュージック N・天・生活情報
2.00　グッドネイバーズ
5.00　ゆうやけスタジオ P:宮島陽子 伝言なむごん 三菱ミュージック N・天・交通情報
6.30　グルーヴライン
7.00　ジャム・ザ・ワールド
9.00　SONARMUSIC

テレビ北信・豊田情報センター デジタル121ch
6.00　気まぐれクッキング
7.00　Nふるさとステーション▽大学生が農業インターンシップ▽第41回北部少年駅伝大会▽支部対抗球技大会 (再12・18・23時)
8.00　近隣ケーブル局(再13時)
1700　見楽のススメ▽オリジナルカレー屋を見楽
1900　THV特集「豊田中学校小鮒祭」
2200　突撃!ケーブルテレビ▽間もなく開催おごっそフェア

テレビ菜の花
6.00　カメラでスケッチ
6.10　村のみんなにご紹介(再)
6.30　ご近所ネット
7.00　おかわりTV
9.00　野沢温泉スキー体操

UCV1上田121
6.00　UCVレポート
6.20　お天気チャンネル
6.30　千曲川堤防道路ライブカメラ

UCV2上田122
6.00　上田五中合唱コンクール
8.00　上田六中合唱コンクール
10.00　マンドリンサマーコンサート

北信

学校の再開いつに

長野の3小中学校 片付け急ぐ

床上浸水

台風19号で被災した長野市では、床上浸水した長沼小学校と豊野中学校、東北中学校で再開のめどが立っていない。教職員やボランティアを挙げた復旧対応が進む。東北中では16日、保護者ら100人余が泥かきを実施した。3校とも他校に拠点を置き、当面の子どもたちの心身のケアのほか、学習環境の確保方法など対応の長期化を見据えた取り組みに心を砕いている。

「見違えるようで涙が出そうだ」。東北中の加瀬浩明校長は作業への協力に感謝した。同校では20～30センチほど床上浸水し、職員室や保健室などが被害を受けた。15日は職員中心に作業し、16日からPTAらが加わった。感染症などに配慮し生徒は集めず、参加者はマスクを着け、校舎内の泥を水とブラシで洗い流した。

同校近くのグラウンドを練習場所にしている長野日大高校（長野市）サッカー部有志約40人も手伝った。1年の保科遼平さん(16)は「試合などで交流もある。できるだけ協力をしたい」と話した。

市教委によると同校528人を含む3校計約870人の無事を確認。避難所のほか、自宅に戻ったり、親戚宅に身を寄せたりしており、教職員が状況を聞き取っている。不安を抱える生徒のケアのため、スクールカウンセラーも派遣。休校中の学習指導の方法や場所、移動手段などの検討を始めた。

校舎は片付け後の消毒、電気や下水の復旧などが課題。流失物などがある通学路の安全確保も重要だ。加瀬校長は「安全、衛生を徹底する。できる範囲で生徒たちと集まる機会が持てるようにしたい」とする。

他に避難所として200人余が避難中の豊野西小も再開は未定。豊野東小は17日、松代中は18日に再開する。

東北中の保護者やボランティアら100人以上が校舎内の泥をかき出した作業

長野市有77施設被害

長沼交流センターなど半壊

被害総額は不明

長野市は16日、市有の77施設が台風19号の被害に遭ったと明らかにした。市長沼支所併設の長沼交流センターと、市消防団の長沼分団詰め所の2施設が半壊。ともに同市穂保の千曲川の堤防が決壊した地点の近くにあり被災した。市管財課は「速報段階で被害施設の数は今後増える可能性があり、被害総額は現時点で不明」としている。

半壊の両施設は、決壊地点から50～100メートルほどの距離にある。同課などによると、鉄骨平屋のセンターは決壊による水流の直撃を受け、屋根下約3メートルまで水没。木造トタンぶきの詰め所も屋根付近まで冠水し、建物の外形は残るがほぼ全損状態という。

一部破損は長沼体育館や豊野体育館など21施設。床上浸水は市豊野支所や長沼保育園など44施設で、床下浸水5施設、雨漏りや部品脱落などの被害も5施設あった。

長沼の浸水範囲縮小

長野 排水で13日の0.7%に

国土交通省北陸地方整備局（新潟市）は16日、千曲川の堤防決壊現場に近い長野市長沼地区の浸水範囲が、同日正午時点で約0・064平方キロに縮小したと発表した。決壊後の13日午前10時時点で浸水は約9・5平方キロあったが、同整備局などの排水作業により、3日間で約0・7％に縮小した。

同整備局のほか九州、四国、近畿の各地方整備局管内から集めた排水ポンプ車を投入。浸水範囲は14日午前11時時点で約5・5平方キロに、15日正午時点で約1・5平方キロまで縮小していた。

一方、冠水などで一般車両が通行できなかった国道18号（アップルライン）の柳原北―浅野交差点間は15日午後10時に規制が解除された。

長野市
セブン－イレブン長野アップルライン店
浅野
千曲川
小布施町
赤沼
浅川
長沼小
長沼保育園
津野
穂保
大町
堤防が決壊した場所
ローソン長野穂保店
須坂市
県道村山豊野停車場線
柳原北
16日正午時点浸水範囲
15日午後10時通行止め解除
一般車両通行止め

長野の若槻温泉 被災者に無料入浴

市は市有施設の無料入浴券配布

無料入浴サービスを始めた若槻温泉

長野市若槻東条の日帰り温泉施設「若槻温泉」は16日、台風19号の被災者を対象に無料入浴サービスを始めた。18日まで。同施設も源泉ポンプが停電で使えず休業していたが、施設運営会社の松沢ゆかり社長(56)が「数十年に1度の大災害。少しでも助けになれば」と無料提供を決めた。早速、4日ぶりに汗を流す被災者の姿があった。

入浴に訪れた豊野町豊野の男性(54)は自宅が浸水し、妹家族の家に避難しているが、停電で入浴はできなかったという。朝晩冷え込む日が続き、男性は「温かくて気持ち良かった。ありがたい」とほっとした様子。利用時間は午前10時半～午後8時。

一方、市は16日、市有の入浴施設7カ所で利用できる無料入浴券の配布を各避難所で始めた。11月30日まで利用できる。また自衛隊の協力を得て、4カ所の避難所（北部スポーツ・レクリエーションパーク、古里小、豊野西小、長野運動公園）から、湯～ぱれあ（若穂綿内）と松代荘（松代町東条）を往復する「お風呂バス」の運行も開始。今後、運行する避難所を増やす予定。

長野市 災害義援金募る口座開設

長野市は16日、台風19号の災害義援金を募る口座を開設した。市の担当窓口への持参も受け付けており、多くの支援を呼び掛けている。

専用の振込口座は、八十二銀行長野市役所支店（普）「266095」（口座名「長野市災害対策本部」）。期間は2020年3月31日まで。持参の場合は市介護保険課の窓口に託す。集まった義援金は市災害義援金配分委員会で公平に分け、被災者へ届ける。市が電話で直接勧誘することはない。

一方、被災者支援に関しては国や県、他自治体から救援物資が届いており、市内に拠点を設けて管理を一元化。各避難所や物資が足りない高齢者施設などに届けている。物資の仕分けやニーズに合った供給を円滑に進めるため、個人や企業からの支援の申し出に対しては「お待ちいただいている状況」（介護保険課）としている。

被災者支援受付 窓口設置「北部が先」 長野市長が苦言呈す

加藤久雄長野市長は16日の市災害対策本部会議で、市北部で被災者支援のボランティア受け付け窓口の設置が遅れていることに関して「北部が先だろう。もう少し早くできるようにしておかなくては（いけない）」と語気を強めた。

市社会福祉協議会は16日に南部の南長野運動公園屋内ゲートボール場に「南部災害ボランティアセンター」を設け、受け付けを始めた。一方、千曲川の堤防が決壊し浸水した[illegible]などがある北部は17日[illegible]。市長は「[illegible]（ボランティア）がいないということは、一人で片付けるということなんだから。優先して早く」と担当者に苦言を呈した。

飯山の藤巻建設 奨学金制度設立

北信地域の高校卒業者に

飯山市の建設業「藤巻建設」が、北信地域の高校卒業者向けの奨学金制度を立ち上げた。来春大学に入学予定で、建築や土木、電気工学を学び、その後同社への入社を希望する生徒が対象。地元に必要な若手技術者の育成を進め、人材確保につなげる狙い。

奨学金は条件付きの貸与型で、月6万円。支給期間は4年間。1級建設機械施工技師といった建設工事に関する資格の取得と、資格取得後に最低5年間の勤務で返済が免除になる。書類と面接で選考する。同社の担当者は「地元の若者を支援し、少しでも地域に寄与できたら」と話している。

募集人数は若干名。詳細な申請方法は同社ホームページで公開している。問い合わせは同社（☎0269・62・3916）へ。

台風19号 生活情報

27面にも情報　16日時点、変更の可能性があります

▽長野市

【避難所】（指定避難所）豊野東小、東条小、古里小、豊野西小、豊野西部児童センター、長野運動公園、南長野運動公園、北部スポーツ・レクリエーションパーク、昭和の森フィットネスセンター、（自主避難所）松代支所、篠ノ井総合市民センター、戸隠農業改善センター、古里総合市民センター、豊野区事務所（豊野北公民館）

【ごみ受け入れ】篠ノ井運動場（篠ノ井）、青垣公園運動場（松代町）、豊野東山第一運動場（豊野）。それぞれ午前9時半～午後4時半

【下水】古里、柳原、長沼、若槻、朝陽、若穂、古牧、吉田、大豆島、豊野、松代のそれぞれ一部で受け入れ停止

【ボランティア受け付け】南長野運動公園屋内ゲートボール場で、午前9時～正午。災害ボランティアセンター本部（☎080・5072・9607）、依頼に関する住民専用ダイヤル（☎080・5072・9637、080・5072・9647）

【スポーツ施設休館】長野運動公園体育館、南長野運動公園体育館、長沼体育館、北部スポーツ・レクリエーションパーク、豊野体育館、豊野屋内運動場、千曲川水系河川敷のスポーツ施設、サンマリーンながの屋内運動場、篠ノ井運動場、茶臼山運動場、豊野東山第一・第二運動場、青垣公園運動場。いずれも当面の間

【交流拠点休館】かがやきひろば東北と併設の東北いこいの家、かがやきひろば豊野。いずれも当面の間

【支所】長沼支所と豊野支所が業務停止。住民活動などの相談は市地域活動支援課（☎026・224・7615）

【保健センター】豊野保健センターが業務停止。当面、東部保健センターで対応。市保健所健康課（☎026・226・9963）

【休園】長沼保育園、豊野みなみ保育園（保育は他施設で）

【放課後子ども総合プラン】長沼児童センター、松代花の丸児童センターが被災。長沼小、豊野西、豊野東小学校の区域は19日まで実施しない。松代小の区域は他施設で通常実施。市こども政策課（☎026・224・6796）

【外国人相談窓口】市国際交流コーナー（☎026・223・0053）で、第1、第3水曜日と日曜祝日を除く午前10時～午後6時。コーナーが対応しない日は市インバウンド・国際室（☎026・224・5447）で午前8時半～午後5時15分に受け付け

【消石灰配布】6支所（松代、柳原、篠ノ井、古里、若穂、豊野）で、配送次第。マスク、手袋など装備を。市保健所健康課（☎026・226・9964）

【商工事業所相談窓口】設備や資金繰りなど。市商工労働課（☎026・224・5041）

【被災動物の相談窓口】ペットの預かり相談など。市保健所動物愛護センター（☎026・262・1212）

【入浴】避難者の無料入浴利用券を各避難所で配布する。利用対象施設は湯～ぱれあ、松代荘、サンマリーンながの、若槻いこいの家、石川いこいの家、松代いこいの家、若穂いこいの家。市危機管理防災課（☎026・224・5006）

【義援金】八十二銀行長野市役所支店「（普）266095」（口座名「長野市災害対策本部」）へ振り込むか、市介護保険課（☎026・224・7991）窓口へ持参

▽須坂市

【避難所】旭ケ丘ふれあいプラザ、北部体育館

【ごみ受け入れ】日滝原産業団地内のテニスコート

【入浴】古城荘（☎026・245・1460）、湯っ蔵んど（☎026・248・6868）

【ボランティア受け付け】日野地域公民館（☎026・246・2276）

【下水】上八町と下八町を除くほぼ全域で受け入れ停止。冠水地域などに仮設トイレを設置。バキュームカー処理で対応

【道路】国名勝「米子瀑布群」に通じる林道米子不動線を今季いっぱい通行止め。例年は積雪がある11月中旬ごろに道を閉鎖するが、台風19号の影響で道の数カ所に土砂が流入し、復旧作業に時間がかかると判断した。

▽小布施町

【避難所】老人福祉センター桃源荘、飯田地区の公会堂

【入浴】小布施温泉あけびの湯（☎026・247・4880）、おぶせ温泉穴観音の湯（☎026・247・2525）、湯田中駅前温泉楓の湯（☎0269・33・2133）

【ボランティア受け付け】町社会福祉協議会（☎026・242・6665）

【下水】東町、上町、中町、伊勢町、中央、中扇、横町、福原、栗ガ丘、大島、飯田、林、山王島、水上、松の実、千両、クリトピアと、六川と松村の一部で受け入れ停止

▽高山村

【下水】高井地区で受け入れ停止。役場や公民館など公共施設に仮設トイレを設置

▽中野市

【避難所】西部公民館

【ごみ受け入れ】市民プール奥駐車場、東山クリーンセンター

【ボランティア受け付け】市社会福祉協議会（☎0269・26・3111）

▽山ノ内町

【入浴】湯田中駅前温泉楓の湯（中野市、飯山市、小布施町の被災者、☎0269・33・2133）

▽飯山市

【避難所】市公民館

【ごみ受け入れ】旧城南中学校【入浴】いいやま湯滝温泉（☎0269・65・3454）、湯の入荘（☎0269・65・3312）、斑尾高原「ペンション　ウッディヒル」（☎0269・64・3445）

【ボランティア受け付け】飯山市災害ボランティアセンター（☎090・4945・8342、090・4945・8442）

【商工業者相談窓口】飯山商工会議所（☎0269・62・2162）

▽千曲市

【避難所】旧更埴庁舎保健センター、健康プラザ

【ごみ受け入れ】名月荘跡地、窪山展望公園、被災した19の区・自治会ごとに集積場所を開設し順次回収

【ボランティア受け付け】市社会福祉協議会（☎080・5072・9750）

▽金融機関の臨時休業、相談窓口

浸水などで臨時休業している八十二銀行豊野支店の特別相談窓口は長野市豊野支所内に設置。本人確認の上、現金の払い戻しを行う。問い合わせは（☎0120・82・8682）。長野信用金庫豊野支店の特別相談窓口は同市商工会豊野支所内。県労働金庫更埴支店の問い合わせ先は（☎0120・606・150）。ＪＡながの飯山支所、豊野町支所、栄出張所と県信連飯山事務所も休業している。

▽スーパーの休業状況

▽ツルヤ松代店、長野県・Ａコープ松代店、デリシア豊野店、ユーパレット赤沼店、同みゆき野店は、営業再開のめどが立っていない。ベイシア中野店は16日正午に再開した。

▽風呂の無料開放

長野市妻科のうるおい館（☎026・237・4126）で午前6～9時、午前10時～午後11時。

長野市若槻東条の若槻温泉（☎026・295・4546）で午前10時半～午後8時。

第三種郵便物認可　信濃毎日新聞　2019年(令和元年)10月17日　木曜日　特集　26

宮城・丸森町
救助を阻む巨岩

台風19号による複数の死者と行方不明者が出た宮城県丸森町の土砂災害現場では16日も、多くの警察官らが捜索を続けた。発生からは生存率低下の目安となる72時間以上が経過したが、一面を覆う巨大な岩や土砂で重機は使えず、作業は困難を極めた。不明者の家族らは心配そうに見守った。

捜索は消防と合わせ約100人態勢。宮城県警の機動隊員はロープやヘルメットを身に着けながら「住宅が押し流された場所に向かう」と話し、気を引き締めた。

現場付近は山肌があらわになり、直径数㍍の岩やなぎ倒された木が無数に散乱する。落石や土砂災害の恐れがあり、スコップやバケツを使い、手作業で泥を取り除いた。目の前の道路は崩れ落ち、すぐに重機を入れられる状況にはないという。ある警察官は「本当はもっと早く進めたいが、リスクが多い」と悔しそうにつぶやいた。

ドローンも活用。1機を飛ばし、安全に通れる経路や土砂の流れを上空から確認した。

家族3人が行方不明のトラック運転手大槻恵太さん(36)は15日に続き捜索を見守った。近くから1遺体が見つかり、捜索に当たる消防などに「ありがとうございます」と頭を下げた。自ら周辺を捜し、がれきや木の中から、行方が分からない母親の写真を見つけたという。「いつもと変わらないおふくろの顔だった。早く全員見つかってほしい」

町役場では被災者の生活再建に向けた動きも本格化した。罹災証明書の申請で訪れた会社員佐藤真二さん(48)は「断水が続いている。インフラの復旧を急いでほしい」と訴えた。

自衛隊が丸森小に設置した給水所には、ポリタンクや袋を抱えた住民が多く訪れた。

災害ごみの受け付けも始まり、役場前のグラウンドにはごみ袋や家具などが積み上がった。

福島県
続く断水 困惑の声

台風19号で大きな被害が出た福島県では16日、住民やボランティアらが住宅の片付けに汗を流す一方、断水が続く地域では作業に支障が出ており、困惑の声も聞かれた。

「水を吸った畳は想像の10倍重い」。同県本宮市の阿武隈川近くの住宅で、ボランティアの男性が4人がかりで畳を運び、息をついた。母親と2人暮らしの女性(60)が「涙が出るほど助かります」と頭を下げると、同市の僧侶大柳匡弘さん(34)は「もっと人手が必要だ」と汗をぬぐった。

市内で菓子店を営む糠沢真理子さん(56)は、台風19号が上陸した12日が誕生日。店舗兼自宅には1階の高さを超える水が押し寄せ、連日片付けに追われた。「誕生日でうれしい日のはずだったのに、つらくて忘れられない日になってしまった」とこぼす。

「水が出ないので泥まみれになった室内を拭くこともできない」。使えなくなった家具を自宅から外に運び出していた同県いわき市の加藤文子さん(75)。備蓄用の飲み水が「このままだとあと3日持たない」という。

市内の自宅が床上浸水した鈴木智子さん(39)。東京電力福島第1原発事故では自主避難した鈴木さんは「2度の命の危機を経験して強くなれた。ここでずっと生きていきたい」と話した。

いわき市から茨城県日立市の親戚宅に避難していた平山文子さん(78)は、この日帰宅して浸水被害に遭っていたことが分かった。災害ボランティアセンターに依頼したものの、「『200人待ちで、いつ派遣できるか分からない』と言われた。1人暮らしで、どうしたらいいのか」と途方に暮れていた。

新装開店 わずか2週間で

長野の被災店主「自分ができるのはラーメン提供」

国道開通 片付け急ぐ

千曲川の堤防決壊で一時は広範囲にわたって冠水し、土砂で埋まった長野市長沼、豊野地区の国道18号の通称アップルライン（柳原北交差点―浅野交差点間）の規制が15日夜に解除され、一般車両の交通が16日朝から本格化した。沿線の店舗の関係者は、行き交う車に復旧への一歩を感じつつ、それぞれに被害を受けた備品などの片付けを急いだ。

国道沿いで父親の代からラーメン店を営んでいた小坂拓也さん(50)＝下高井郡山ノ内町＝は16日、知人ら数人に手伝ってもらいながら、店内の泥をかき出し、水没した椅子などを外に運び出した。国道の規制解除を受け「自宅から来やすくなるので作業が進む。早く元の地域に戻ってほしい」と話した。

店は今月1日、自分の年と同じ開店50年を記念して内装や外観を新しくし、丼専門店を併設してリニューアルオープンしたばかりだった。12日からの3連休は多くの来客を予想し「豚肉などを多めに仕入れていた」という。

しかし、13日未明に千曲川が氾濫。自宅にいて難を逃れた小坂さんは翌14日、膝ぐらいまで泥で埋まった国道を長野市街地側から歩き、店にたどり着いた。店内の壁には約2㍍の高さに浸水の跡があり、テーブルなどは散乱していた。新調した食器も泥だらけになり「全部が駄目になった」。

フェイスブックで支援を呼び掛けると、15、16日と知人らが集まって片付けを手伝ってくれた。「正直、店を再開するかどうかは半々」と小坂さん。「でも、この状況で被災者に自分ができることは、温かいラーメンを提供すること」。店の設備が使えるようになったら、被災者に自慢の味を振る舞いたいと考えている。

新装開店後2週間で浸水被害に遭った小坂さんの店＝15日、長野市津野

長野市
ユーパレット赤沼店
浅野
セブン―イレブン長野アップルライン店
千曲川
赤沼
浅川
小布施町
長沼保育園
長沼小
長沼交流センター
津野
堤防が決壊した場所
穂保
須坂市
ローソン長野穂保店
大町
県道村山豊野停車場線
18
柳原北
15日午後10時通行止め解除
一般車両通行止め

開通した国道18号は、行き交う車で渋滞し、一帯は茶色い土ぼこりに包まれた＝16日午前11時18分、長野市津野

浸水した飯山市役所では机を庁舎外に運び出して洗う作業が続いていた＝16日午前10時52分

毛布が積まれた避難所の上田創造館。市内の避難指示は継続しているが、多くの住民は自宅へ戻っている＝16日午後0時34分、上田市

日常 取り戻すために

千曲川で行方不明者を捜索する佐久署員＝16日午前11時18分、佐久市入沢

決壊した堤防近くの住宅。親族がそろって早朝から片付け作業を行い、疲れた表情を浮かべながら一息ついた＝16日正午、長野市穂保

浸水「雪の方がまだ…」

豪雪の街 空洞化が進む懸念

緊急ルポ 千曲川氾濫 ㊥ 飯山の商店街

「雪の方がまだいいや」―。豪雪で知られる飯山市中心街の商店街で、創業約90年の弁当店「新保商店」を営む新保正夫さん(62)は16日、土ぼこりにまみれて遠くを見つめた。全国的に注目が集まる長野市の千曲川の堤防決壊と同じ頃、近くを流れる支流、皿川が氾濫。高齢化、空洞化が語られて久しい地方商店街に打撃を与えていた。【1面参照】

16日、商店が連なる中心街を訪ねると、街路のあちこちに浸水で使えなくなった家財道具や商品などが人の背丈ほど重なっていた。土ぼこりが舞う中、商店主や手伝いに駆け付けた常連客らがマスク姿で片付けに追われていた。

店内から運び出した家財道具などの前で息をつく新保さん。「やってもやっても終わらないよ」＝16日午後２時49分、飯山市飯山北町

今夏、甲子園初出場を果たした飯山高校に近い街なかで、新保さんが異変に気付いたのは13日午前3時ごろ。辺りが騒がしく、窓の外を見ると目の前の道路が川になっていた。5分もたたず深さ20センチほどの水が自宅と店に流入。「急ぐぞー」。大声で妻に呼び掛け、何も持たずに逃げた。

翌日、水が引いた店に戻ると、フライヤーが泥水に漬かり、調理器具や横倒しになった冷蔵庫が散乱。床上1・2メートルほどの高さに浸水の跡があった。皿川が氾濫するとは思いもしなかったという。

飯山では1982(昭和57)年に千曲川支流、83年に千曲川の堤防が決壊。大きな浸水被害が出たが、中心街に被害はほとんどなかった。今回の氾濫は、台風19号に伴う大雨で千曲川の水位が上昇、市街地北部の飯山高北側で皿川の水が千曲川に流れ込めなくなって起きた。市によると、16日時点で床上浸水473棟、床下浸水245棟。被害は中心街に集中した。

経済の低迷、郊外店との競合などで、86年に405の商店でにぎわった一帯は、2018年には約200店に半減した。明治時代から続くという老舗パン店も今回、50センチほど床上浸水し、生地を伸ばす機械や製氷機、ボイラー、パンを焼く機械の一部などが壊れた。修理には多額の費用がかかる。後継者もいない。経営する4代目の男性(71)は「60歳ならまだ頑張れたが…。ここで再び機械をそろえてなんてできそうにない」と話す。

仲町の「川口鶏肉店」も冷蔵庫や調理機材が浸水。妹と店を切り盛りする小林敦子さん(53)は「現時点で再生の可能性はゼロです」と途方に暮れる。使えなくなった椅子などの備品を軒先に運び出しながら、「誰のせいでもないのは分かるけど、あーって叫びたくなる」と、やるせない表情を見せた。

その隣の美容室「LOOPY」もシャンプー台や電動椅子などが水没し、被害は「数百万円単位」の見込み。オーナーの樋口勝巳さん(32)は営業再開に向けて店内の片付けを急ぎつつ、「営業できない店が多いことで、ますます人が離れていってしまうのでは」。被災をきっかけにしたさらなる街の空洞化を懸念した。（赤池悠、実延達郎）

台風死者 全国77人に

記録的な大雨をもたらした台風19号による東日本の被災地では、16日も捜索が続けられ、被害が大きい宮城県丸森町などで犠牲者が新たに発見された。共同通信の集計では死者は12都県の77人。都県別では福島県が最多の27人、宮城県が16人、神奈川県は14人。行方不明者は15人とみられる。

生存率が下がる目安の「災害発生から72時間」が経過したが、丸森町の保科郷雄町長は同日午前、被害の全体像を「把握できていない」と明らかにした。

国土交通省などによると、堤防の決壊は7県の59河川90カ所、土石流や崖崩れなどの土砂災害は19都県で計211件が確認された。住宅は全国で77棟が全半壊し、一部損壊は1042棟。床上浸水が7497棟、床下浸水が6634棟になった。千曲川の堤防が決壊した長野県では、床上浸水が2246棟。

23都府県の国公私立小中学校や高校、大学など1371校で、校舎への浸水や倒木などの被害があった。

避難者は午後2時半現在で4252人。一部の地域では断水や停電が続き、生活の再建には時間がかかりそうだ。

高松高裁「違憲状態」 1票の格差 7月の参院選

「1票の格差」が最大3・00倍だった7月の参院選は投票価値の平等に反し違憲だとして、四国の3選挙区の有権者3人が選挙無効を求めた訴訟の判決で、高松高裁は16日、「投票価値の著しい不平等状態にあった」とし違憲状態との判断を示した。無効請求は棄却した。

二つの弁護士グループが全国14の高裁・高裁支部に起こした一連の訴訟で、最初の判決。原告側は不服とし同日、上告する方針を明らかにした。

神山隆一裁判長は判決理由で「3倍という投票価値の格差は常識的に考えても許容しがたい」と指摘。2017年衆院選（最大格差1・98倍）や憲法施行（1947年）当時の参院選（同2・62倍）と比べても格差は大きく、不平等だとした。

高原調

○…元東京音楽大学長で上伊那郡宮田村在住のビオラ奏者、兎束俊之さん(80)が16日、同村西保育園でミニコンサートを開いた。園児約90人が演奏に合わせて体を動かし、音色を楽しんだ＝写真。

○…天皇陛下にビオラを教えていると紹介された兎束さんは、「星に願いを」など3曲を演奏。サーンスの「動物の謝肉祭」では、園児はハクチョウが羽ばたくように手を動かしながら聴いた。

○…年長の村山七愛(なな)ちゃん(6)は『朝の挨拶』が特にきれいだった」と笑顔。兎束さんは、園児らが伸び伸び音楽を楽しむ様子に、「音楽好きな子が増えると思う」と目を細めていた。

安曇野 コハクチョウの季節到来

コハクチョウの越冬地として知られる安曇野市豊科に16日午前、今季初となる4羽の成鳥が飛来しているのを、地元の「アルプス白鳥の会」が確認した。同市への飛来は36季目で、昨年より3日早い。豊科南穂高の田んぼに降り立った4羽は、早速、餌を探してついばんでいた。

同会事務局の会田仁(まさし)さん(70)＝安曇野市穂高有明＝は午前6時すぎ、同市明科の河原で3羽を確認。間もなく飛び立ち、同9時すぎに田んぼで4羽を見つけた。毎年主な越冬地となる犀川白鳥湖は台風19号の影響で流れが速く、「コハクチョウは降りる場所を探しているのだと思う。もう少ししたら落ち着き、増えてくるだろう」と会田さん。

周辺には4、5人のカメラマンも集まった。「白鳥写真愛好会」の塩島満さん(84)＝同市穂高＝は「冬はほぼ毎日通う。これから忙しくなる」とうれしそうに話した。

田んぼに飛来したコハクチョウ＝16日午前9時22分、安曇野市豊科

社会面の情報をお寄せください
〒380-8546 信濃毎日新聞 報道部
Eメール shakai@shinmai.co.jp
ファクス 026-236-3198
（事件事故などの写真も同じEメールで）

信濃毎日新聞
1873年（明治6年）創刊
夕刊
発行所　信濃毎日新聞社
長野本社　〒380-8546 長野市南県町657番地
電話(026) 受付236-3000 編集236-3111 販売236-3310 広告236-3333
松本本社　〒390-8585 松本市中央2丁目20番2号
電話(0263) 代表32-1200 報道32-2830 販売32-2850 広告32-2860

長野市浸水5086世帯

千曲川仮堤防工事急ぐ

台風19号による記録的な大雨の影響で、県内の住宅被害が計8874世帯に上ることが17日分かった。県災害対策本部が同日午前10時時点でまとめた。このうち千曲川の堤防決壊で広範囲が浸水被害にあった長野市では推計5086世帯（1万2485人）。国土交通省は約70㍍にわたって決壊した同市穂保の千曲川左岸の堤防で、この日の工事完了に向け仮堤防を設ける緊急復旧工事を急いだ。

【関連記事6・7面に】

長野市は同日の災害対策本部会議で浸水被害の推計値を明らかにした。内訳は千曲川の堤防決壊地点周辺の豊野・長沼・古里の3地域合計が1874世帯（4660人）。若穂227世帯（683人）、松代1016世帯（2459人）、篠ノ井1969世帯（4683人）。被害状況別では床上浸水が3305世帯（8115人）、床下浸水が1781世帯（4370人）。危機管理防災課は「推計値のため、今後変わる可能性がある」としている。

県災害対策本部によると、17日午前10時時点で、住宅被害は長野市に次いで千曲市1993世帯、飯山市613世帯、佐久市360世帯など。長野市や須坂市など8市町で計894人が避難。確認されたけが人は重傷4人、軽傷89人。死者は3人。関係者によると、行方不明者は少なくとも2人。長野市によると、同日午前6時時点で市内では14指定・自主避難所に計740人が避難している。

中部電力長野支店によると、17日正午時点の県内の停電戸数は、北佐久郡軽井沢町（約50戸）、長野市と南佐久郡佐久穂町（ともに約30戸）など、東北信地方で計約120戸。

長野市穂保の堤防決壊現場では、同日も大きくえぐれた部分に左右両側から重機で土を盛った。仮堤防自体は既につながっているが、高さを決壊前と同じ5㍍にまで戻すため、ダンプカーで土を運び、バックホー4台で急ピッチの整地作業を進めた。

国交省北陸地方整備局によると、工事は13日午前7時10分に着手し、24時間態勢で対応。コンクリートブロックで土台を造り、隙間に石を詰めた上で盛り土をしている。工事は17日中に完了する見通しで、仮堤防の完成後は、浸水を防ぐため川側に金属板を張る計画という。

仮堤防完成を目指し、急ピッチで作業が進む千曲川の堤防決壊現場＝17日午前10時36分、長野市穂保

即位パレード延期検討

政府 台風被害を考慮

政府は天皇陛下の即位に伴う22日の儀式のうち、即位を披露するパレード「祝賀御列の儀」を延期する方向で検討に入った。台風19号による被害が甚大なため、被災者の心情を考慮したとみられる。政府関係者が17日、明らかにした。即位の中心儀式となる22日の「即位礼正殿の儀」は予定通り行う方針だ。

祝賀御列の儀は国事行為として22日午後に行われ、荒天の場合は26日に順延される予定だった。宮内庁幹部によると、延期した場合は26日ではなく、新たな日程が調整される見込み。政権幹部は「淡々と検討中だ」と述べた。政府関係者は「台風の被害が大きく、避難生活を続けている人もいる」と語った。

菅義偉官房長官は15日の記者会見で、即位礼正殿の儀と祝賀御列の儀について「準備は淡々と進める」と述べ、予定通り実施する考えを表明していた。安倍晋三首相は17日、台風被災地の福島県を視察した。

宮内庁の西村泰彦次長は15日の会見で、祝賀御列の儀は国事行為であり、実施の可否は政府が判断することだとしていた。

パレードは皇居・宮殿をスタートして、赤坂御所までの全長約4.6㌔を、約30分かけて進行する予定。

しなの鉄道長野—妙高高原間

あす始発から再開

しなの鉄道は17日、運休が続いていた北しなの線の全線（長野—妙高高原間）について、18日の始発から運転を再開すると発表した。長野—豊野間では一部列車に運休があるという。

JR飯山線も運休していた森宮野原—十日町間で16日夕に運転を再開。17日は始発から本数を減らして運転した。一方、豊野—森宮野原間は線路の復旧作業のため11月下旬ごろまで運休する。

大月—高尾間の不通が続いていたJR中央東線も18日に大月—相模湖間で運転を再開する見込み。相模湖—高尾間も同日再開を見込むが、単線での仮復旧のため、当面は1時間に1本程度の往復運転となる予定だ。小淵沢—大月間では引き続き本数を減らして運転する。

上信越道は碓氷軽井沢ICと国道18号を結ぶアクセス道路が16日午後から通行可能となり、同IC—松井田妙義IC間が開通。碓氷軽井沢—佐久IC間は通行止めが続いている。国道18号や国道254号を使って通行止め区間を迂回し、指定のICから高速道路に再び乗った場合は通行料金を無料とする。

国道20号で通行止めが続く相模原—八王子間は、18日の復旧を目標に土砂などを撤去している。橋脚が破損した山梨県大月市の法雲寺橋の通行止めも続いており、中央道（勝沼IC—大月IC間）で迂回した場合は通行料金を無料としている。

17日 県関係の鉄道・高速道路などの状況

北陸新幹線
東京—長野間と上越妙高—金沢間を臨時ダイヤで運転。東京—長野間は、「かがやき」、「はくたか」の運転をやめ、「あさま」を1時間に1、2本運転

中央東線
大月—高尾間不通、特急あずさ終日運休、普通は塩尻—大月間で運転

飯山線
森宮野原—十日町間は本数を減らして運転、豊野—森宮野原間は運休

小海線
野辺山—小淵沢間で本数を減らして運転

しなの鉄道
長野—上田間と田中—軽井沢間で始発から運転。北しなの線は終日運休

東京方面への道路
上信越道佐久IC— 碓氷軽井沢IC、中央道大月IC—八王子JCT の上下線で通行止め。国道20号の相模原—八王子間などで通行止め

豆らんぷ

千曲川に仮堤防が。断水や停電…。被害は大きいけれど。復旧も少しずつ。

◇

被災者を思えば、パレードの延期は当然。天皇陛下も同じお気持ちでは。

◇

ロシア軍介入で、シリア北部は一層混沌と。トルコは引き際、見誤らずに。

◇◇

選手優先？　今更の暑さ対策。会場変更なら早急に。それこそ選手のため。

あすの天気

下水内郡栄村の秋山郷で標高2千㍍付近の山々が色づきだした。民家がある標高700〜1千㍍一帯はこれからで、村秋山郷観光協会の藤木文徳さん(37)は「温暖化の影響か近年は遅れ気味」。朝晩の冷え込みは増してきたが、来週は最低気温が平年を上回る日が続く見込み。村の秋の足取りはゆっくりだ。

17日9時

札幌 晴れ
新潟 曇り後一時雨
東京 雨時々やむ
名古屋 雨時々やむ
大阪 曇り後時々雨
福岡 曇り後雨

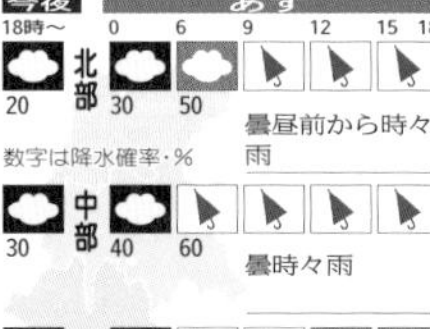

	今夜	あす		
北部	20	30	50	曇昼前から時々雨
中部	30	40	60	曇時々雨
南部	40	40	60	曇時々雨

数字は降水確率・％

▲気象衛星13時撮影

けさの気温（午前6時）

地点	気温
飯山	8.1
長野	9.1 (▼1.3)
大町	6.7
上田	10.7
佐久	10.8
軽井沢	8.0 (1.1)
松本	9.2 (▼0.1)
木曽	9.7
伊那	9.1
諏訪	11.0 (1.5)
飯田	10.9 (0.4)

（ ）内は平年比 ▼低

あすの予想気温

	最高	最低
長野	18	12
軽井沢	12	9
松本	16	11
諏訪	15	12
飯田	18	12

世界の天気 10月15日—16日

	天気	最高	最低
ソウル	晴	20	10
北京	曇	17	7
香港	晴	30	24
バンコク	晴	34	27
シドニー	雨	25	18
ローマ	雨	21	16
パリ	雨	16	11
ロンドン	雨	17	11
モスクワ	曇	15	4
ニューヨーク	晴	18	13
ホノルル	晴	31	25

今日の視角　台風と家

2019.10.17　小林 照幸

コンクリート総流し込み住宅。沖縄県で見かける台風被害の経験に基づくビル風の家造りで、3階建てもよく見られる。窓の多くは飛来物の衝突を防ぐために鉄柵で囲いもし、2階や3階のベランダは浸水時の救助用としても重視されている。

住宅の頑丈さに台風慣れもあり、台風接近にも県民は落ち着いたものだ。バス、モノレールは運休で学校や会社も休みだから、通り過ぎるまで自宅にこもる。DVD、ゲームソフトのレンタル店は繁盛し、スーパーやコンビニの食品は品薄となる。

沖縄の友人は「台風休みは酒がゆっくり飲める」と笑ってきた。その友人が「今回はやばい」と切迫感を示したのが、2014年7月の大型で非常に強い台風8号だった。

気象庁は「経験したことのない重大な危険が差し迫っています」と、暴風、波浪、大雨、高潮でそれぞれ最大級の警戒と安全確保を呼び掛ける「特別警報」を、沖縄に接近する台風に対し初めて発表した。私はちょうど、沖縄におり、滞在中に見聞きした情報をこうメモした。「県内41市町村のうち19市町村約59万人（県民の約4割）に避難勧告が出る前代未聞の事態も、実際に避難した人は自主避難を含め30市町村1041人」。是非はともかく、鉄筋コンクリートの自宅にいた方が安全と多くの人が判断したか、と思われた。

先月の台風15号の爪痕が残る中、先週末、台風19号が襲来し、長野県を含む12都県で初の大雨特別警報が出された。気象庁は、避難場所への移動が危険な場合は近くの頑丈な建物に移動したり、2階以上に上がったりするよう呼び掛けた。長野県内においても、過去最強クラスの台風への備えを今後、強化してゆくことになるだろう。民家の新築では、台風対策と浸水対策を兼ねた沖縄式も選択肢となるのかもしれない。

長7　2版　2019年(令和元年)10月17日　木曜日　信濃毎日新聞(夕刊)　新聞定価1ヵ月4,400円(うち消費税325円) 1部 朝刊150円 夕刊60円(消費税込み)　第三種郵便物認可

「見つけ出す」懸命捜索

千曲川で範囲拡大　5県警200人

台風19号の影響による千曲川本支流の氾濫で、少なくとも県内で2人が行方不明になっていることを受け、県警は17日午前、千曲川での捜索範囲を下流の北信地方まで大規模に拡大した。当面続ける方針だ。

【1面参照】

行方不明者捜索のためドローンを飛ばす県警の警察官＝17日午後0時43分、千曲市山田

静岡県沼津市の男性(72)は12日夜、陥没した東御市の田中橋から車ごと流されたとみられている。14日に田中橋から約2キロ離れた河川敷で、男性が乗っていたとみられる白い普通乗用車のバンパーが見つかった。佐久市入沢では12日夕に外出した会社員三石量正さん(68)の行方が分かっていない。

拡大した捜索範囲は、佐久市入沢から、飯山市と下高井郡野沢温泉村の境にある東京電力西大滝ダムまでの河川敷や堤防辺。県警機動隊と四国4県警の応援隊員を中心に長野中央、長野南、上田、佐久、須坂各署の警察官を含む約200人態勢で当たる。捜索エリアを5地域に区切り、捜索棒を使って浅瀬を捜すほか、中州やぬかるみには機動隊や警察庁のドローン(小型無人機)を投入する。

田中橋の陥没箇所近くでは17日午前11時すぎ、香川県警の警察官15人らが付近の様子を確認。バンパーが見つかった地点などを上田署員とともに確認した。千曲市山田の河川敷では午後0時40分すぎ、県警の警察官3人がドローンを飛ばして上空からの捜索を始めた。

県警が捜索する範囲

野沢温泉村　西大滝ダム　飯山市　栄村　木島平村　中野市　山ノ内町　信濃町　飯綱町　高山村　小布施町　長野市　須坂市　千曲市　坂城町　東御市　上田市　田中橋　小諸市　御代田町　軽井沢町　立科町　長和町　佐久市　入沢

鉄橋崩落「再建諦めない」
上田電鉄　苦境でも前向く

台風19号の大雨で、上田市を走る上田電鉄別所線は千曲川に架かる鉄橋の一部が崩落した。大正時代に建造された赤い橋梁は、ローカル線のシンボルとして住民や鉄道ファンに愛されてきた。全線再開の見通しは立っておらず、苦しい経営にさらなる負担となるが、同社の担当者は「再建を諦めない」と話す。

台風19号の影響で増水した千曲川に崩落した上田電鉄別所線の鉄橋＝15日、上田市

堤防がえぐり取られ、川に落ちた鉄橋に濁流が当たってしぶきが上がる。崩落現場では15日、重機による土手の補修工事が続いていた。「病院がある街中に電車で向かう時、必ず鉄橋の景色を見ていたのに」。沿線に住む主婦(78)は残念そうな表情を浮かべた。

上田電鉄によると、鉄橋が開通したのは1924年。かつて市内にあった5路線のうち、唯一残る約11キロの別所線は、市中心部にある上田駅と郊外の別所温泉駅を結ぶ。通勤通学だけでなく鉄道ファンや観光客の利用も多く、2018年度の1日の平均利用者数は約3600人だった。

橋を支える堤防自体が崩れており、修理には堤防を管理する国などと調整しなければならない。同社は「できるだけ被災前の姿で」との思いだが、部分的な修理で済むのか、全体の建て替えが必要なのかは不透明だ。

別所線は何度も廃線の危機があったが住民の要請活動などで存続し、近年は市が年約1億円を助成している。16年度に市ゆかりの戦国武将、真田信繁(幸村)が主人公の大河ドラマ「真田丸」が放送されると観光客が増え、15年ぶりに年間利用者が130万人を突破。先行きに明るさも見え始めていた。

被災後、励ましの電話や「がんばれ上田電鉄」とのハッシュタグを付けたSNSの投稿が相次いだ。同社の矢沢勉運輸課長は、再建費用をまかなえるか不安としながらも「地元や全国のファンには、絶対に諦めないと伝えたい」と前を向いた。

▼飯田線、車両不具合で運休

17日午前5時半ごろ、伊那市のJR飯田線の伊那市―伊那北間で、駒ケ根発岡谷行き下り普通列車(2両編成)が走行中、モーターの動作状態を示す表示灯が消えたのに運転士が気付き、停車した。車両点検後に伊那北駅まで移動して運転を取りやめ、乗客10人ほどは後続列車に乗り換えた。この影響で同線は駒ケ根―伊那松島間の上下線で1時間余り運転を見合わせ、運休や遅れが出た。JR東海が原因を調べている。

あすから大雨の恐れ
県内　土砂災害・浸水警戒を

県内は17日、上空の寒気の影響で、多くの地点で最低気温が10月中下旬並みの朝となった。台風19号による千曲川の氾濫で大きな浸水被害があり、避難所生活を送る市民がいる長野市の最低気温は、平年並みの8・4度と冷え込んだ。長野地方気象台は18～19日に県内の広い範囲で雨が降り、大雨になる恐れがあるとしている。

気象台によると、19日正午までの24時間降水量は、県内全域の多い所で50～100ミリと予想している。

千曲川の堤防決壊などを受け、長野地域と中野飯山地域、上田市には洪水警報が継続している。気象台は、復旧作業が進むこれらの地域を中心に、土砂災害や低い土地の浸水、河川の増水への警戒を呼び掛けている。

神戸教諭いじめで市教委「学校と溝」
市長ら教育会議

神戸市立東須磨小の教諭4人が同僚をいじめていた問題を受け、久元喜造市長や長田淳教育長らが17日、事実解明や子どもへのサポートなどについて協議する総合教育会議を開いた。同小校長の報告が遅れていたことから、市教育委員会は、学校現場との間に溝があるとの認識を示し、人事や採用の制度を改革して風土を変えるとした。

久元市長は「おぞましい行為に及んだ教員がどうして教育現場にいられたのか。市民も疑問に思っている」と発言。長田教育長は「学校と市教委に溝があるとよく聞く。(問題を)校内で収めたいとの気持ちが強いのではないか」と述べた。

市教委は、児童の悩みを聞くため東須磨小にスクールカウンセラーを常駐させていることを報告した。事実解明に向け3人の弁護士による調査委員会を設置して18日に初会合を開き、年内にも結果をまとめる。

市教委によると、加害者は30代男性3人と40代女性1人。

くまモン10周年へ 感謝のロゴ　熊本

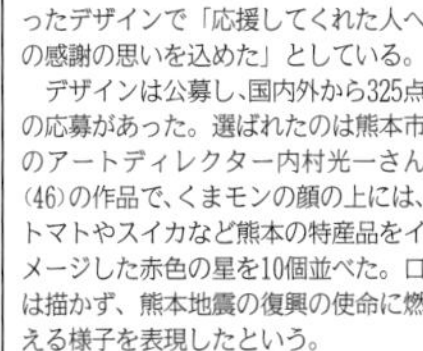

熊本県は来年3月にデビュー10周年を迎える県PRキャラクター「くまモン」の記念ロゴを発表した＝**写真**。10の「0」の部分にくまモンの顔をあしらったデザインで「応援してくれた人への感謝の思いを込めた」としている。

デザインは公募し、国内外から325点の応募があった。選ばれたのは熊本市のアートディレクター内村光一さん(46)の作品で、くまモンの顔の上には、トマトやスイカなど熊本の特産品をイメージした赤色の星を10個並べた。口は描かず、熊本地震の復興の使命に燃える様子を表現したという。

特別賞には、埼玉県草加市のデザイナー蓮沼隼人さん(34)の作品を選んだ。両作品は来年1～12月の1年間限定で利用でき、県は許諾申請を受け付けている。

1ページ　SHINMAI YOUNG JOURNAL　信毎ヤンジャ

情報はヤンジャ編集部
☎026-236-3215　メール yanja@shinmai.co.jp

台風19号

次々に伝わる被害情報

いてもたってもいられず

「自分たちも力に」千曲川水害被災地へ

台風19号が県内に大きな被害をもたらす中、自ら避難所を訪れ、ボランティアとして運営を支えた若者たちがいる。長野高専（長野市）3年の浅田吉博さん⒄と須坂高校（須坂市）1年の小林優空さん⒃も、そうした若者だ。次々と伝えられる被害情報にいてもたってもいられず、友人を誘って避難所に出向いた2人にそれぞれの思いを聞いた。

長野高専・須坂高生　友人誘い避難所でボランティア

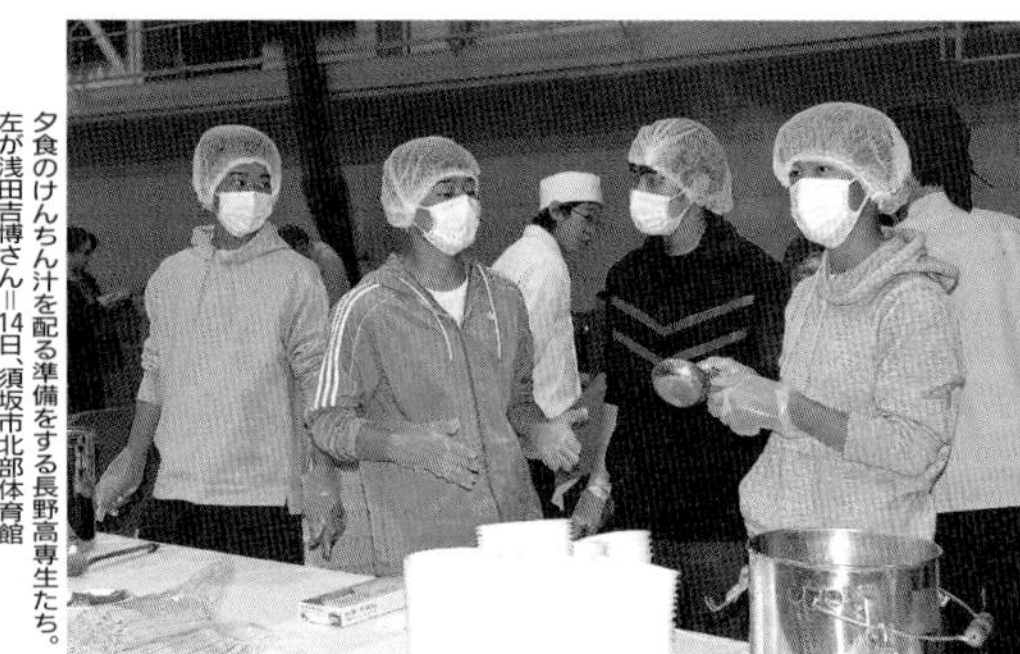

夕食のけんちん汁を配る準備をする長野高専生たち。左が浅田吉博さん＝14日、須坂市北部体育館

感謝の言葉 うれしかった

長野高専3年　浅田吉博さん（17）

台風による被害の規模が明らかになりつつあった13日の夕方、自分の住む長野高専（長野市徳間）の寮でテレビのニュースを見ていて、避難所になっている近くの長野市北部スポーツ・レクリエーションパーク（同市三才）には暖房がないことを知りました。自分に身近なところで災害が起きている。他の人より先に動ける状況の自分が何かしたいと思いました。

インターネットでボランティア募集の情報を調べましたが、見つからなかったので、「避難所に行くしかない」と思いました。寮の友達に声を掛け、一緒に近くのホームセンターで使い捨てカイロ120個を買い、夜の8時ごろに持っていきました。カイロは、食料や飲み物などの物資が並べられた机に置かれ、避難所内にアナウンスされると、すぐに大勢の方が受け取りに来ました。

避難所を運営する地域の人から「明日もぜひ来てください」と言われ、14日は3〜5年の他の高専生も集まり、9人で避難所に行きました。

朝8時半に北部スポーツ・レクリエーションパークに着き、ペットボトルの飲み物や寝袋など、届いた物資を避難所内に運んで整理したり、ごみの片付けをしたりしました。他の仲間は避難してきた子どもと遊んだりもしました。避難所内を見て、どんな仕事に人手が足りないか考え、みんなが自発的に動きました。

この避難所では手が足りてきた感じだったので、避難所を運営する人たちに「他の場所で仕事があれば教えてほしい」とお願いしておいたところ、須坂市内の避難所に夕食を差し入れるすし店で人手が足りないと知らされました。午後も活動できる3人の学生と一緒に、同市内のすし店までボランティアの人に車で送ってもらい、焼き鳥丼200食の盛り付けやラップ掛けなどを手伝いました。

避難所の須坂市北部体育館に着いたのは午後4時すぎです。机を用意して箸や汁物の容器を運び、いなり寿司や焼き鶏丼を並べました。同5時半に配り始め、私たち高専生4人はけんちん汁を被災者の方一人一人に手渡しました。「本当においしかった」「ありがとうございます」と声を掛けられ、うれしかったです。

台風が県内に最接近した12日、私たちの学生寮一帯でもかなりの雨が降りましたが、近くでここまでの被害が出るとは思っていませんでした。18日から予定されていた文化祭も中止になりました。

松本市の私の実家に大きな被害はありませんでしたが、東御市出身の友人からは実家近くの橋が壊れたと聞き、人ごとでは済ませられません。

ボランティア活動に参加したのは今回が初めてです。困っている人がいたら助けることは日常の中でもできます。そうした積み重ねがあれば、災害時のボランティアもためらわずに参加できるのではないかと改めて思いました。

避難所で夕食の弁当を配る須坂高校の生徒たち。左が小林優空さん＝14日、須坂市北部体育館

適切な支援 難しさも実感

須坂高校1年　小林優空さん（16）

台風が通過した後の13日、長野市豊野町や飯山市に住む友人から、自宅が浸水したという知らせがLINE（ライン）に入ってきました。前夜から13日未明にかけ、台風への警戒を呼び掛ける緊急速報メールが頻繁に入っていたこともあり、「何か自分にできることはないだろうか」との思いが募っていました。

SNS（会員制交流サイト）で「長野県内で避難している人がいたら、どこにいるのかを教えてください」などと投稿し、情報提供を呼び掛けました。すると、須坂市では市北部体育館が避難所になっていることが分かりました。

私はバレーボール部に所属していますが、この台風で12〜14日の試合は中止に。クラスの他の運動部の仲間も同様の状況だったので、一緒にボランティアに行こうとラインで呼び掛けました。

13日のうちに始めたかったのですが、交通網が混乱していたこともあり、自分たちが動いて迷惑になってはいけないと、14日に参加することにしました。須坂市や長野市、上高井郡高山村の同級生4人と、午前11時に長野電鉄の須坂駅（須坂市）に集合し、1駅先の北須坂駅に近い須坂市の北部体育館と旭ケ丘ふれあいプラザの2カ所を訪れましたが、連絡せずに避難所を訪れましたが、ボランティアとして受け入れてもらいました。

避難所では、須坂市職員の指示を受け、昼食や夕食の配膳、飲み物など支援物資の運び入れ、毛布の片付け、トイレ掃除などをしました。市内の温泉施設が被害を受けた方に無料で開放されたので、避難所から自家用車で出向く人たちのために入浴券を作る作業もしました。

弁当を配る時などに、避難している地域の方たちの話を聞きました。同じ市内とはいえ、知らない方たちばかりでした。「この2日間、眠れないんだ」「家に帰りたいけれど、浸水したままで片付けが全くできていないので、帰るに帰れない」といった声を聞きました。

一方、支援物資が多く届き過ぎ、夕食などが余る状況も目の当たりにしました。災害時に、必要な物資を無駄なく手配するのは難しいことなのだと実感しました。

ボランティア活動をする中で「食事の提供は何時まで」「弁当やカレー、シューマイはいくつもらえる」「お風呂に入るにはどうすればいい」といった問い合わせを受けました。分かる範囲のことを丁寧に答えるよう心掛けました。

お年寄りから子どもまで多くのみなさんとの会話を通じて、「僕らも役に立てた」と感じることができました。

ボランティア募集情報　自治体HPに

台風19号の影響で被災した長野市、須坂市などの自治体は、ホームページに、ボランティア募集を含めた災害関連情報を掲載している。千曲川の堤防が決壊し、広範囲に浸水被害が出た長野市のボランティア受け付けは、市南部災害ボランティアセンター（南長野運動公園屋内ゲートボール場）で行っている。午前9時〜正午。問い合わせは同センター本部（☎080・5072・9607）へ。

1　第49321号　【明治25年3月15日第三種郵便物認可】　信濃毎日新聞　2019年（令和元年）10月18日　金曜日　日刊　9版★

2019年（令和元年）
10月18日
金曜日

信濃毎日新聞
1873年（明治6年）創刊
発行所　信濃毎日新聞社
長野本社　〒380-8546 長野市南県町657番地
電話（026）受付236-3000 編集236-3111 販売236-3310 広告236-3333
松本本社　〒390-8585 松本市中央2丁目20番2号
電話（0263）代表32-1200 報道32-2830 販売32-2850 広告32-2860

県内 浸水被害9066世帯

台風19号

長野の千曲川 仮堤防が完成

台風19号による記録的な大雨の影響で、床上、床下浸水による県内の住宅被害が計9066世帯に上ることが17日、県災害対策本部の同日午後3時時点のまとめで分かった。国土交通省は同日深夜、約70㍍にわたって堤防が決壊した長野市穂保の千曲川左岸に、盛り土で仮堤防を設ける緊急復旧工事が完了したと発表した。【市町村別の被害状況3面に】

県災害対策本部によると、住宅被害は長野市に次いで千曲市2101世帯、飯山市613世帯、佐久市438世帯など。同日午前10時時点のまとめと比べ、千曲市で108世帯、佐久市で78世帯増えるなど、さらに計192世帯の被害が判明した。

17日午後3時時点では、長野市や須坂市など8市町で計873人が避難し、確認されたけが人は重傷4人、軽傷93人。死者は3人。関係者によると行方不明者は少なくとも2人。長野市のまとめでは、同時点で市内の14指定・自主避難所に計663人が避難している。

中部電力長野支店によると、県内の停電は17日午後7時時点で、長野市、須坂市、佐久市、南佐久郡北相木村、佐久穂町の計約50戸を残して復旧した。県によると、同日正午時点で、佐久市や佐久穂町などの1315戸で断水が続いている。東御市では21日に復旧の見込み。

県教委によると、18日に休校するのは長野市の長沼小、豊野西小、東北中、豊野中、千曲市の屋代高校付属中のほか、高校は上田千曲（全日制・定時制）と東御清翔。

国交省北陸地方整備局によると、17日午後11時50分、千曲川左岸での仮堤防工事が完了した。大きくえぐられた部分にコンクリートブロックで土台を造り、隙間に石を詰めた上で盛り土をして、決壊前と同じ高さ5㍍の仮堤防を完成させた。さらに、増水時に仮堤防を守るため、仮堤防前の河川敷にほぼ同じ区間にわたって高さ5㍍の金属板を建てる工事を進めた。

18日から19日にかけ県内で大雨になる予報が出ていることから、阿部守一知事は17日、「少しの雨でも大きな災害につながる恐れがある」として県民に「命を守る最善の行動」を呼び掛けるコメントを出した。

県建設部は、被災河川のうち、重要施設に被害が及ぶ恐れがある34カ所を優先的に応急復旧を進めている。17日午後の県災害対策本部会議での報告によると、このうち復旧作業を終えたのは6カ所のみ。

盛り土の仮堤防が完成した千曲川の決壊現場＝18日午前0時5分、長野市穂保

長野市東北部の洪水ハザードマップ

豊野駅
長野新幹線車両センター
終末処理場
赤沼
浅川
津野
小布施町
須坂市
堤防決壊
下駒沢
穂保
大町
県立総合リハビリテーションセンター
長野市

台風19号の浸水区域
ハザードマップで想定する水深
0.5m 未満の区域
0.5～3.0m未満の区域
3.0～5.0m未満の区域
5.0～10.0m未満の区域
10.0～20.0m未満の区域

長野の浸水域1500㌶余
「1000年に1回」想定にほぼ一致

台風19号による大雨で甚大な被害が出た長野市の浸水範囲が、四つの被災エリアの合計で1500㌶余に上ることが17日、市の調査で分かった。千曲川の堤防が決壊した穂保や豊野など市東北部が916㌶に上ったほか、千曲川が越水した篠ノ井エリアが359㌶、松代エリアが156㌶、若穂エリアが80㌶だった。

今回のそれぞれの浸水範囲は、市が「千年に1回程度」の降雨を想定して作った「洪水ハザードマップ」の浸水想定区域とほぼ一致。今回の被害は想定上の「最悪」に近い状況だったことも分かった。

調査は市河川課が13、14日に実施。小型無人機ドローンを使って、低空から被災エリアを撮影しながら確認したほか、市職員が現地を歩いたり近隣に住む職員から情報を得たりして調べた。同課担当者は「市のハザードマップと合わせると、浸水範囲はほぼ一致した」と分析している。

国土交通省北陸地方整備局によると、ハザードマップの基になる浸水想定区域は同省が市町村に提供した。過去に流域で観測された大雨の地点と降水量、時間などを基に、48時間で396㍉の雨が降った場合を想定。複数の観測事例に当てはめて予想し、最大の被害を浸水想定区域として反映させた。長野市は今年7月にハザードマップとしてまとめ、8月から浸水想定区域の各戸に配布し、市ホームページでも公表した。

台風19号は、東北信地方の広い範囲で大量の雨が降った。気象庁によると、県内のアメダス観測点で13日までの48時間の期間最大雨量は、南佐久郡北相木村で観測史上最多となる411・5㍉を記録。上田市鹿教湯、佐久市、北佐久郡軽井沢町、上高井郡高山村の4カ所で300㍉を超え、軽井沢町を除く3カ所は観測史上最多を更新した。

即位パレードは来月10日

政府は17日、天皇陛下の即位に伴い22日に予定していたパレード「祝賀御列の儀」を11月10日に延期する方針を決めた。台風19号による甚大な被害を考慮した。10月18日の閣議で決定する。政府関係者が明らかにした。国内外の賓客に即位を宣言される「即位礼正殿の儀」や、22日から4回に分けて開く「饗宴の儀」は予定通り行う。

【関連記事2面に】

安倍晋三首相は被災地を視察後、宮城県丸森町で記者団に「今回の被災状況を踏まえて延期する方向で検討している」と明言した。

延期後の日程について、首相は「調整中だ」との説明にとどめた。祝賀御列の儀は今回の台風19号とは別に、荒天が予想される場合は10月26日に延期することが決まっていた。ただ、今回はこれにはとらわれない。

天気　最高気温／最低気温

地域	地点	最高気温	最低気温
北部	飯山	16	11
	長野	16	12
	大町	12	11
中部	松本	14	11
	上田	14	13
	佐久	13	12
南部	諏訪	14	12
	木曽	13	13
	伊那	15	13
	飯田	16	12

6時　12　18　24
19日　20日　21日
5㍉以上　5㍉未満
28面に詳しい天気情報

斜面

2019.10.18

自分よりもっと大変な人がいる。我慢しなければ…。台風19号で被災し耐え難い不安やつらさに襲われつつも、こう言い聞かせて封印している方がいないか。避難所生活は気兼ねもあるだろう。高齢者は我慢を重ねているのではないか◆高齢者は日中、ぽつんと取り残されて無力感を抱きやすい。子どもは親に遠慮して本当の気持ちを表に出さない傾向がある。親たちは自分のことを後回しにし知らぬ間に体調を崩してしまう。誰もが今、心に深刻な傷を負いかねない危機に直面している◆県精神保健福祉センターの「災害時のこころのケア～支援者マニュアル」によると、「幸せなほうですよ」と励ますのは禁物だ。災害時のストレスは「正常な反応」であり、多くは時間経過とともに改善するとの理解が第一歩という。被災者の道しるべになる対処法も書いてある◆長野市内の避難所の一つ、北部スポーツ・レクリエーションパークの一角には子どもの遊び場ができた。NPO法人「ながのこどもの城いきいきプロジェクト」が積み木やおもちゃを用意して開設した。遊びは子どもたちに安心を取り戻す効果があろう◆センターが統括する県災害派遣精神医療チーム（DPAT）が避難所の巡回を始めた。遠慮せず医師や看護師らスタッフに相談してほしい。子どもや高齢者に無理がない範囲で復旧の手伝いや役割を担ってもらうことも無力感の解消に大切という。避難所が痛みを共有する場になるといい。

素肌乾燥情報　カサカサ、注意、しっとりの3段階
北部　注意
中部　注意
南部　注意

ことば映え
興味津々
とても興味が引かれる
松本市　ももたろう（猫）　小夏（犬）
応募方法34面に

紙面の問い合わせ／本社見学・出前講座／購読のお申し込み／信毎ホームページ
編集応答室　026-236-3111
読者センター　026-236-3215
0120-81-4341
www.shinmai.co.jp

特定非常災害 指定へ

被災者救済へ 特例措置

政府は17日、広範囲で甚大な被害を出した台風19号を「特定非常災害」に指定する方針を決めた。18日の閣議で正式決定する。復旧作業の長期化が見込まれることから、被災によりさまざまな行政手続きができなくなった人を特例措置で救済する。運転免許証の有効期間延長や、破産手続きの一時留保などが想定される。阪神大震災や東日本大震災などに続き6例目となる。

政府は、今回の被害が特定非常災害特別措置法が定める「著しく異常かつ激甚な非常災害」に該当すると判断。安倍晋三首相は視察先の宮城県丸森町で記者団に「生活再建に向けた動きをしっかり後押しする。国としてできることは全て行う方針の下、被災者が一日も早く安心して暮らせるよう全力を尽くす」と述べた。

首相は視察後の非常災害対策本部会議で、自宅や道路などに流れ込んだ土砂や災害廃棄物の撤去作業を急ぐ考えを示した。週末にかけて被災地で大雨が予想されることから、二次災害への警戒を呼び掛けた。

特定非常災害指定は被災自治体の窓口業務の負担を軽減する狙いもある。台風19号について、政府は自治体の復旧事業に対する国庫補助率を引き上げる「激甚災害」に指定する方針。被災者の支援や早期復旧に向けた体制整備を急ぐ。

特例措置の内容は今後決める。過去の例では、運転免許証のほか、飲食店営業や建設業の許可などの有効期間が延長された。仮設住宅の設置期間延長も可能となる。

◆特定非常災害　阪神大震災を機に制定された特別措置法が定める「著しく異常かつ激甚な非常災害」。指定により、災害で必要な行政手続きができなくなった人の権利や利益の保全を図る。明確な指定基準はなく、死者・行方不明者や避難者数、インフラ被害の状況などから政府が総合的に判断する。特例措置としては、災害により債務超過に陥った場合でも裁判所が一定期間、破産手続き開始を決定しない、法令上の届け出期限を過ぎても行政や刑事責任を問われない―などが規定されている。

千曲川の堤防が決壊した長野市穂保に隣接する津野地区で、がれきや泥を片付ける住民ら＝17日午前11時47分

浸水の新幹線 使用困難

台風19号の記録的大雨による千曲川の堤防決壊で水に漬かった北陸新幹線車両をJR東日本が調べた結果、床下にある電気系統の機器に重大な被害があったことが17日、JR関係者への取材で分かった。浸水車両をそのまま運転に使うのは困難という。

同社は台車など一部の再利用か、新たに車両を製造することを含め検討する。上越新幹線に投入予定だった同じE7系車両を一部転用し、運行本数を確保することも調整している。

浸水した10編成120両の製造費は300億円超とされる。車両に掛けられている水害に伴う保険の補償範囲はごくわずかで、適用できるかどうかも不透明。経営への打撃は不可避となった。

北陸新幹線の車両はJR東、西日本両社が共同開発。長野市の「長野新幹線車両センター」では、JR東の「E7系」8編成と西の「W7系」2編成が水に漬かった。

「寄り添う天皇像」に配慮

即位のパレード 政府一転延期へ

政府は天皇陛下の即位に伴う祝賀パレードを延期する。予定通り22日に実施する方針だったが、台風19号被害の拡大を受け17日、一転させた。「強行すれば『国民に寄り添う』と決意した陛下のイメージを傷つけかねない」（政府筋）との懸念が背景にあり、陛下の気持ちに配慮した格好だ。【1面参照】

■即位関連儀式を巡る経過と日程

日付	内容	
5月1日	天皇陛下が即位	
10月12日	台風19号が日本列島に上陸。東日本を中心に大きな被害	
17日	安倍首相が福島、宮城の被災地を視察。即位祝賀パレードの延期検討を表明	
22日	「即位礼正殿の儀」	予定通り実施
	パレード「祝賀御列（おんれつ）の儀」	11月10日へ延期調整
	祝宴「饗宴（きょうえん）の儀」	予定通り実施
11月14、15日	大嘗祭（だいじょうさい）の中心儀式「大嘗宮（だいじょうきゅう）の儀」	
11月16、18日	祝宴「大饗（だいきょう）の儀」	

「被災状況を踏まえて延期する方向で検討している」。安倍晋三首相は17日、被災地視察のために訪れた宮城県丸森町で祝賀パレード「祝賀御列の儀」の延期を表明した。首相は河川氾濫などの被害状況を見て回り「すさまじい爪痕を目の当たりにした」と語った。

政府は災害対応に当たる一方で、パレードを含む22日の即位関連儀式は実施する考えだった。全国の警察から特別派遣部隊を集めて警備に万全を期す計画の変更には「多くの労力がかかる」（官邸筋）ため、菅義偉官房長官も15日の記者会見で「準備は淡々と進める」と説明していた。

「国民から祝ってもらう状況ではない」。宮内庁関係者は陛下の心境をこう代弁する。パレードは陛下が「即位礼正殿の儀」で即位を宣言後、天皇、皇后両陛下がオープンカーに乗って都内を進行し、沿道の国民から祝福を受けられる。

だが死者は12都県で70人を超え、浸水した範囲は昨年の西日本豪雨を上回る。政府内では「パレードは国民から不謹慎との批判を招きかねない」との声も漏れていた。

皇室ではこれまでも自然災害を受けて慶事を延期した例がある。昭和天皇は1923年11月に予定していた結婚を関東大震災で翌年に延期。2017年には秋篠宮家の長女眞子さまの婚約内定発表を、九州での豪雨被害を受け2カ月後にした。

陛下は5月の即位の際、初のお言葉で「国民に寄り添う」と決意を示した。今月15日も、台風被害に対する「両陛下のお気持ち」が発表され、犠牲者を哀悼し、安否不明者の早期発見や復旧を願う内容だった。

パレードは憲法が規定する国事行為。内閣の助言と承認に基づき、形式的に天皇が行う行為で、天皇から政府に申し出はできない。宮内庁関係者は「お気持ちで被災者に寄り添いたいという陛下の強い思いを表したことが延期の引き金になったのではないか」と指摘する。だが菅氏は17日の会見で「あくまで内閣として判断した」と強調した。

政府関係者はこう分析した。「短期間での方針転換は、陛下の意向が間接的に政府首脳に伝わったとしか考えられない」

県、86施設7万2000頭接種

豚コレラワクチン計画

豚コレラ対策で実施する豚へのワクチン接種に向け、県が農林水産省に提出した「ワクチン接種プログラム」の内容が17日、分かった。子豚を除く1回目の接種は、県内全域の養豚場など86施設計7万2千頭を対象とした。6頭以上を飼う養豚場では8日程度で注射を打ち終える計画。同省と協議を進めており、10月下旬の開始を目指している。

県の計画では、獣医師の資格を持つ職員ら計2～7人を1班とし、規模が大きい養豚場では1班当たり1日千頭規模でワクチンを打つ。各班は基本的に1日1施設を担当。県農政部は「複数の養豚場を行き来することによる感染拡大の可能性を予防するため」としている。

1回目の接種については、養豚農家の負担なしで実施する方針。対象の7万2千頭には、飼育されるイノシシも含まれる。ワクチン接種に向けて改定された防疫指針では、対象家畜について「高度な隔離・監視下にある豚等として農水省の確認を受けたものについては、除くことができる」としており、県内でも接種しない施設がある見込みだ。

県は農水省が選定した「接種推奨地域」10県のうちの一つ。今後、同省によるプログラムの確認を経た上で、知事が接種実施を公示する。家畜伝染病予防法は公示時期を接種実施の「10日前」としているが、「緊急の場合には3日まで短縮できる」と規定しており、県は早ければ公示4日後に接種を始める考えだ。

自衛隊ヘリで ワクチン投下

野生イノシシ用 農水省方針

農林水産省は17日、家畜伝染病「豚コレラ」の感染拡大防止に向け、自衛隊のヘリコプターを使って野生イノシシ用の餌型ワクチンを山林などに投下する方針を固めた。来月から始める。広範囲で大量に散布することで、ウイルスの「運び役」になっている野生イノシシの感染を一気に封じ込めたい考えだ。

「国」「政府」主語で謝罪へ

ハンセン病家族補償法案

ハンセン病元患者家族の補償を巡り、超党派の国会議員グループが検討している補償法案の前文は「国」「政府」を主語とし、謝罪の文言を記す方向であることが17日、関係者への取材で分かった。国の強制隔離政策で家族が被った差別被害について、国の責任をより明確にするためで、最終調整し、議員立法で臨時国会に提出する方針。

関係者によると、元患者を対象にしたハンセン病補償法は前文の主語が「われら」となっており、家族への補償法案でも前文の案は当初、「われわれは、それぞれの立場において、深くおわびする」と記されていた。

けさの一句

追伸の夜な夜な鹿のこゑとあり　河邉幸行子

晩秋になると雄鹿が雌を求めて鳴き声を上げる。長く尾を引く哀調を帯びた声は、鳥のさえずりにも似て遠くまでよく通る。和歌では妻を恋う風情に晩秋の趣が愛され、繰り返し詠まれてきた。掲句は手紙を書き終えた頃合いで鹿の声が今夜もまた聞こえてきたのだろう。迷惑とも哀れとも触れていないが、「夜な夜な」とあるだけで不思議な艶めきを帯びるのである。「葦牙」「にん」同人。

2019.10.18　土肥あき子（俳人）

台風19号による県内の被害
(17日午後3時時点、県災害対策本部まとめ)
【1面参照】

人的被害

市町村	死亡	重傷	軽傷	計
長野市	2	2	56	60
上田市		1	4	5
須坂市			2	2
小諸市			1	1
飯山市			7	7
佐久市	1		18	19
東御市			1	1
佐久穂町			2	2
軽井沢町			1	1
箕輪町			1	1
坂城町		1		1
合計	3	4	93	100

住宅被害

市町村	床上浸水	床下浸水	計(世帯)
長野市	3305	1781	5086
松本市		1	1
上田市	22	60	82
須坂市	218	100	318
中野市	79	37	116
飯山市	407	206	613
佐久市	93	345	438
千曲市	1310	791	2101
東御市	3	3	6
小海町	4	5	9
南牧村	1	2	3
南相木村	2	6	8
北相木村	8	15	23
佐久穂町	40	42	82
御代田町	2		2
立科町	4	26	30
青木村		3	3
長和町	1	50	51
坂城町	10	1	11
小布施町	35	17	52
高山村		2	2
野沢温泉村	10	10	20
信濃町		5	5
栄村	2	2	4
合計	5556	3510	9066

焦点 浸水 想定していたが

県内ハザードマップほぼ一致

避難 生かし切れない実態も

住民 受け止めに温度差

今回の台風19号による大雨被害では、長野市の洪水ハザードマップが市の浸水区域とほぼ一致したほか、上田、佐久市でも被害地域がマップとほぼ重なり、その有用性が示された。ただ、被災した住民にはマップを「見たことがない」とする人もいて、適切な行動を取るための手段として十分に活用されなかった実態も浮かぶ。命を守る具体的な行動にどうつなげるのか、今回の教訓を生かすための検証作業が欠かせない。【1面参照】

長野市の洪水ハザードマップと台風19号の浸水区域

松代地区の「洪水ハザードマップ」を見ながら今回の対応を振り返る町田さん=17日、長野市松代町

千曲川の左岸堤防が削れ、上田電鉄別所線の鉄橋が落下した上田市。市のマップは、堤防の南側の住宅地は千年に1度の降雨で5メートル前後の浸水が想定される―と示している。下之条の主婦(68)は12日夜、家族3人で避難。「ハザードマップには目を通しており、早めの避難のきっかけにはなったと思う」。御所の主婦(45)も「台風が近づくと聞いて、改めてマップを見ておいた」という。

長野市南部の松代地区では千曲川支流の蛭川と神田川がともにあふれ、松代城跡を含む市街地が広く浸水した。被害は、市が8月に全戸配布したマップが深刻な浸水被害を想定する範囲に重なる。

「マップが出たことで『私たちは逃げられる所がほとんどない』と分かった」。松代地区中心部にある区の区長(70)はこう話す。マップ通り、近所の指定避難所の松代中学校や松代小学校は浸水。マップを基に、より高い所にある指定避難所の青垣公園を目指すべきだと考え、12日夜に住民に連絡網で避難を呼び掛けた。

■ ■

ハザードマップは、地形や地質などから、浸水や土砂災害といった自然災害の危険性が高い地域を予測した地図。各自治体が避難ルートや警戒すべき地域などを明示し、住民に配布したり、ホームページ上で公表したりして周知している。今回、マップを住民へのスムーズな避難情報の提供につなげたのが佐久市だ。

市は防災マップや雨量などの情報を基に、12日午前に滑津川が流れる内山地区に避難準備情報を、午後3時25分には滑津川付近に避難勧告を出した。気象庁が大雨特別警報を発表する前の対応で、市危機管理課の担当者は「マップなどを基に氾濫を事前に警戒し、避難の危険が増す日暮れ前の対応を心掛けた」と振り返る。

ただ、滑津川が決壊し、男性1人が亡くなった中込杉の木地区では、早期に避難した人とそうでない人で対応が分かれた。

避難しなかった男性は、マップで危険性は理解していたものの「杉の木地区に避難勧告は出ていなかった。市にはもっと避難を促してほしかった」とする。市は「滑津川付近」に避難勧告を出したが、具体的な地区名で避難を呼び掛けなかったことが背景にあるとみられる。

市は「『滑津川が危ない』と訴えたかったが、うまく伝わらなかった可能性がある。(伝え方を)研究しなければいけない」(危機管理課)としている。

■ ■

長野市松代町殿町の民生児童委員の町田京子さん(66)は「住民のマップの受け止め方に温度差がある」と感じている。9月上旬、区の防災訓練でマップを見ながら避難の仕方を話し合ったが、「避難先はなるべく自宅の近くがいい」という声も目立った。

実際に災害を迎えた今回。町田さんは住民に避難を呼び掛けたが、「雨の中、遠方の避難所へ行くのは、自分で車を運転できないお年寄りには危ない」とも考えた。

上田市諏訪形の会社員男性(76)は、人工肛門を装着しており、避難所に早期に移ることに抵抗があった。マップを見て自宅の浸水危険性を認識していたが、「千曲川があふれるほど増水するとは思わず、なかなか避難を決断できなかった」。13日午前、消防団が「至急避難」を呼び掛けていたのを聞いて避難した。

千曲川が決壊した長野市北部、豊野地区住民自治協議会の三ツ井孝徳会長(65)は「今回の水害でマップが役に立ったかは定かではないが、マップの存在そのものを知らない人もいるのではないか」と指摘。「災害時には『まさか』という気持ちが出てしまいがちなので、日ごろから住民の防災意識を高める活動をしていかないといけない」と話した。

堤防決壊 5ヵ所追加

飯山・皿川や佐久・志賀川 県建設部

県建設部は17日、台風19号の記録的な大雨で河川の堤防が決壊した箇所を5カ所追加した。新たに判明したのは飯山市の皿川、佐久市の志賀川、長野市の三念沢の3カ所。16日に国土交通省が公表した東筑摩郡麻績村の麻績川と県佐久建設事務所が明らかにした佐久市の滑津川も、17日に発表した一覧表に加えた。県内の堤防決壊は、長野市の千曲川と合わせ計6河川になった。

皿川は、本流の千曲川に流れ込めずにあふれる内水氾濫が発生。県北信建設事務所によると、JR飯山線の線路近くで決壊した。飯山市役所や住宅街に流れ込み、大きな浸水被害につながった。既にブロックや土のうを積み、応急復旧は終わっている。

志賀川は、決壊した滑津川の支流。県佐久建設事務所佐久北部事務所によると、決壊したのは川が右に曲がる地点で、水量が増えて激しくなった水流に耐えられなくなったとみられる。近くの宅地や道路に水があふれた。

三念沢は浅川の支流。近くの民家に浸水被害が出た。県浅川改良事務所は「決壊した理由は分からない」とする。志賀川、三念沢とも、現在応急復旧作業をしている。

台風19号による河川被害について、県河川課は17日、「あと数日で全体の被害を把握できるようにする」とした。

土のうやコンクリートブロックが積まれた皿川の決壊現場=14日午前11時22分、飯山市

長野市穂保の千曲川堤防 13日午前4時前 決壊した可能性

長野市穂保で千曲川が決壊した堤防に設置されていた水位計が13日午前3時50分を最後に計測できなくなっていたことが17日、分かった。国土交通省北陸地方整備局(新潟市)は決壊で水位計が流されたことも考えられるとしており、計測できなくなった13日午前4時前に決壊した可能性もある。

同整備局によると、13日午前0時55分に越水が始まったのは、堤防脇の支柱に設置したカメラの画像で確認していた。流された水位計は、洪水などの災害対策用の「危機管理型水位計」で、10分ごとに計測データを更新する。水位計は午前3時50分まで計測。堤防の高さを73センチ上回る水位を観測した直後、決壊で流された可能性がある。

一方、カメラは午前2時15分に画像が途絶えた。支柱が倒れたとみられる。職員が同5時半に現場で決壊を確認した。

同整備局の担当者は17日、「正確な決壊の時間は分からない。午前3時から5時半の間だと考えている」とし、今のところ詳細な決壊時間をさらに調べる予定はないとしている。

東信

上田支社 ☎0268-23-1200 fax. 23-1202 〒386-0018 上田市常田2-35-10
東御支局 ☎0268-62-4181 fax. 62-4189 〒389-0516 東御市田中178-17
佐久支社 ☎0267-62-2141 fax. 62-2533 〒385-0035 佐久市瀬戸1203-1
小諸支局 ☎0267-22-0480 fax. 26-1286 〒384-0023 小諸市東雲1-1-11
軽井沢支局 ☎0267-42-2536 fax. 42-9120 〒389-0102 北佐久郡軽井沢町軽井沢471-5

東信 復旧へ一歩一歩

住宅、河川、水田…。台風19号による東信地方の被害は、いまだ全容が見えない。だが、住民たちは一歩一歩、復旧へと歩みを進める。行方不明者の捜索も続く。

千曲川の増水で土砂が流入した水田＝16日午後2時55分、東御市大日向

余地川沿いで寸断された県道＝16日午後3時54分、佐久穂町余地

佐久市入沢
住民らの手によって集められた災害ごみ＝16日午前10時43分、佐久市入沢

上田市平井
自宅周辺の土砂を取り除く住民。道路に土石流が流れ込んだ＝16日午後3時半、上田市平井

千曲川で重機を使って行方不明者を捜索する鳥取、長野両県警の警察官ら＝16日午後3時38分、東御市塩川

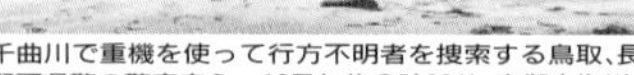

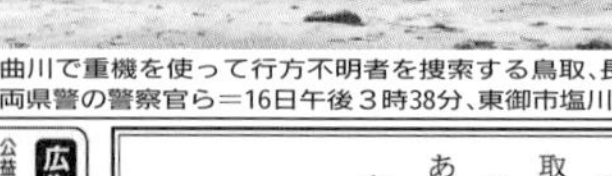

停電した人向けに充電やテレビの視聴などを勧める店舗＝16日午前11時51分、佐久穂町高野町

アート

◇東御市【酒井康弘写真展 四季を彩る花々】23日まで、和のカフェギャラリーすみれ屋☎0268・64・0013。市内の医師酒井さんの約30点。19日午後6時、スライドトーク。1000円（ケーキ・1ドリンク付き）。要予約。

◇小諸市【試練は希望に】18～20日、塩野のギャラリー麦の家☎0267・25・2883。東信地方の佐塚葉子さんら7人による人形、ステンドグラス、陶芸など。

【スケッチ講習会・美術館研修会】19日午前10時～午後4時、市小諸高原美術館。白鳥純司さん（同館学芸員）、児玉尚也さん（元佐久市立東中学校校長）を講師に作品鑑賞、静物画や風景画を描く。描画道具、用紙持参。無料。佐久教育会館の井出さん☎0267・67・2043。

イベント

◇上田市【海野町秋のフードサミット】19日午前11時～午後4時、中央2の海野町商店街通り。地元産の野菜や果物、花の販売、自然環境や健康に配慮した商品を販売するリラクオーレマルシェなど。18日の新聞折り込みチラシの抽選券か当日加盟店で1000円以上の買い物をしたレシートで参加できる抽選会も。海野町商店街振興組合☎0268・22・9301。

◇佐久市【第40回こまば祭】19日午前10時～午後2時、瀬戸の佐久こまば学園☎0267・88・7860。利用者が制作した絵画や貼り絵展示、手芸品販売、ステージ発表など。

【佐久市民写生会】22日午前8時半、県佐久創造館前駐車場に集合。内山牧場で風景画を描く。会費300円（交通費など）。21日の午後5時までに申し込む。甘利さん☎090・4245・5137。

講演会

◇小諸市【第2回日本メディカルヴィレッジ学会×健康長寿を目指すまち小諸市】19日午後1時15分、市文化センター。信州大病院信州がんセンター長の小泉知展さんらを座長に、医師、看護師、がん患者らが「地域で考えるがんとの共生」と題しシンポジウム。順天堂大名誉教授の樋野興夫さんが「医療の隙間を埋める言葉の処方箋」と題し基調講演。無料。市健康づくり課健康支援係☎0267・25・1880。

募集

◇佐久地域【ボランティアコーディネーション力3級検定】11月23日午前9時半～午後5時半、佐久市の県佐久合同庁舎。午後4時まで直前研修を行い、その後検定試験。定員30人。直前研修受講料3500円、検定試験料4000円、テキスト代2376円。10月21日までに申し込む。県佐久保健福祉事務所福祉課☎0267・63・3141。

ライフ

◇上田市【介護者の会 なのはな】24日午後1時半、上丸子の丸子ふれあいステーション内の丸子保健センター。介護経験者を対象に交流、情報交換など。市職員による個別相談も。要予約。市高齢者介護課☎0268・23・5140。

◇佐久市【佐久性を語る会】22日午後7時、市佐久平交流センター。テーマは「佐久の子どもの性の実態」。吉田さん☎090・8595・8399。

きょうの番組

UCV1上田121
6.00 UCVレポート
6.20 お天気チャンネル
6.30 千曲川堤防道路ライブカメラ

UCV2上田122
6.00 塩田中合唱コンクール
8.30 塩田中ファッションショー
9.00 上田北部ソフトボール8月25日

丸子テレビ121
6.15 Remains 再8時15分、11時半、18時15分、21時15分、21時45分
9.00 みんなの広場・グループホームつばさ敬老会 再13、19、22時
10.00 信州のチカラ 再14、20、23時
15.00 丸子早起き野球決勝戦
18.00 ケーブルニュース 再18時半、21時、21時半

とうみチャンネル
6.00 Weekly!とうみ 東御市内の話題 再12、18時
9.00 東部中学校第56回学芸発表会 音楽会 再15、21時
番組前15分テレビ回覧板

はれラジ／FMとうみ78.5
7.00 うきうきフライデー
7.40 東御・長和・立科行政情報
9.00 押し出しとうみ情報
10.00 音楽の森
12.00 ランチBOX 天・交
13.00 音楽の森
15.30 うえだ大好き！（再）
16.00 花のFriday
17.10 男と女の歌のとらえ方
18.40 東御市行政情報
19.00 ときめき歌謡曲

CTK12chこもろ
6.30 キラリ★青春～技術部～
6.55 ぐるっとふるさと信越
7.30 商工会議所旬鮮情報
8.30 ぴよぴよくらぶ
8.50 TV版広報こもろ
18.30 ウィークリー N

佐久ケーブルテレビ
6.30 佐久っと足育体操
7.00 てんこもり佐久平
7.30 生放送★SAKUいち N天・佐久情報満載！
8.00 けーぶるにっぽん 躍動！JAPAN
8.30 佐久のお仕事見学
10.00 交通安全音楽祭
12.10 SAKUいち
12.40 佐久警察署お知らせ
17.30 みんなのラーメン 長野ケーブル制作
18.00 てんこもり佐久平
19.00 田口小学校運動会

TCV12ch蓼科
8.00 みんなのテレビランド 再正午、17、19時
9.00 望月歴史民俗資料館講座
20.00 立科小学校マラソン大会

YKTV12ch南牧
6.30 戦没者追悼式再 再12時半
18.30 一週間のまとめ 再20時半、22時半

エフエム佐久平 76.5
6.40 マーチング取材番組
6.50 山口先生マーチング
11.00 GOMA'S RADIO SHOW フライデーGOFORIT
13.30 なんだ館吉祥ワイド
18.00 tA2の番組
18.10 原いずみ ピアノ
19.00 小樽観光番組
20.00 サテライトボイス

FM軽井沢 77.5
8.00 モーニングサラダ N・天・ABC・交
9.30 SC軽井沢クラブ
12.00 スマイルデイズ ゆるキャラGP N・天・交
17.00 トワイライトアワー N・天・交・サル
18.00 レディステディゴー！

東信

佐久穂 10棟近く全壊か
河川増水や土砂流入で 人的被害はなし

土砂が流入して倒壊した佐久穂町大日向地区の家屋＝17日午後3時49分

台風19号の大雨の影響で河川の護岸壁が崩れたり、山から土砂が流れ込んだりする被害が多発した佐久穂町で、10棟近い家屋が全壊扱いになる可能性があることが、17日までの町のまとめで分かった。人的被害はなかった。

町によると、大日向地区にある古谷ダムでは台風が最接近した13日未明まで、町内の年間平均降水量の約半分に当たる483ミリの降水量を記録。千曲川の支流、抜井川が通る同地区や余地川が通る余地地区を中心に大きな被害が出た。少なくとも床上浸水は倉庫なども含め43軒、床下浸水が同42軒。道路が大きく崩落した箇所もある。

自営業の由井定美さん(61)＝畑中＝は17日、30年ほど前まで暮らした実家を訪れた。被災前までは母親が1人で住んでいた。内部に土砂や泥が流入し、周囲の一部は埋まっており、「もう解体する。この様を見ていると諦めもつくようで不思議と涙も出ない」と悲しんでいた。

長野大生有志 復旧お手伝い
SNSで仲間120人に

長野大(上田市)の学生が、台風19号で同大が避難所になった12日夜から会員制交流サイト(SNS)で声を掛け合い、ボランティアグループをつくって上田市内で活動している。17日時点でLINE(ライン)グループには約120人が登録。現在は、浸水家屋の泥出しや片付けに汗を流している。

12日夜、同大に避難した学生が、高齢者福祉施設から避難したお年寄りなどの介助や物資の支援を始めたのが始まり。SNSで呼び掛けると、夜のうちに約30人、翌朝には約80人が集まった。

呼び掛けを始めた1人の早川多美さん(21)＝長野市出身、社会福祉学部4年＝は「とにかく自分たちが何かしないとという思いだった」。避難所の毛布が不足した際は学生たちが提供し、車を出せる人が回収。14日からは有志が上田市社会福祉協議会の災害ボランティアセンターに登録。神川地区や丸子地域で依頼に応じて作業している。

17日、原山剛さん(21)＝諏訪市出身、同学部4年＝は「大学の地元で困っている方の役に立ちたい」と泥出しに汗を流した。同市塩川の自宅で庭の泥出しを依頼した矢島節子さん(70)は「力仕事を頑張ってやってくれて本当に助かった」。活動する学生の姿に、同市国分の介護福祉士女性(58)は「本当にありがとう」と感謝した。

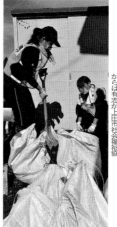

民家で庭の泥出しを手伝う長野大生たち＝17日午後1時18分

別所温泉にできることを
上田の11施設 避難者らに開放

上田市の別所温泉旅館組合に加盟する旅館の有志11施設は18日まで、台風19号の影響で市指定避難所に避難している人や避難していた人を対象に、温泉を無料開放している。16日夜までの3日間で約150人が利用。組合は「地元の人に温泉地だからできる形で協力したい」としている。

市内では台風の影響で一時、市指定避難所に計2478人が避難した。別所温泉では台風による直接の被害はほとんどなかったが、12～14日の3連休は予約の7割ほどがキャンセルになった。「緑屋吉右衛門」の総支配人大熊弘明さん(41)は「これから新たな予約が減る可能性がある」と懸念。倉沢晴之介組合長(39)は「別所温泉は元気に営業している。ここから上田を盛り上げたい」と話した。

別所温泉旅館組合は21日まで、宿泊客を対象に上田―別所温泉間の直通バスを1日往復2便出している。温泉の無料開放の施設や時間は組合のホームページで確認できる。問い合わせは同組合(☎0268・38・2020)へ。

避難者向けに無料開放している温泉を紹介する大熊さん

県書道展地区展 佐久で力作紹介
きょうから

展示初日に向けて作品を並べる関係者たち＝佐久市

第72回県書道展(県、県教委、県書道協会、信濃毎日新聞社主催)の佐久地区展が18～20日、佐久市猿久保の県佐久創造館で開かれる。佐久地区長の加藤春暉さん(84)＝佐久市中込＝は「大変な時だが、子どもも元気な作品を見て気持ちを休めてもらいたい」としている。

佐久地方の一般や高校生、小中学生の特選など計105点のほか、全県の巡回作品などを展示。児童は伸び伸びとした字体で「生きる力」「希望勇気」などと書いた。

午前9時～午後5時(20日は4時まで)。入場料は大人300円、高校生以下無料。19日午前9時から書き初めや篆刻(てんこく)を習う親子書道教室、20日午後2時半から審査員が作品を解説するギャラリートークがある。問い合わせは担当の小林さん(☎090・3440・4865)へ。

小諸の「紅葉まつり」 漫画「センゴク」作者登場企画も
あすから

小諸市の一般社団法人「こもろ観光局」は、19日～11月17日に開く小諸城址懐古園「紅葉まつり」に合わせ、初代小諸藩主の仙石秀久が主人公の人気漫画「センゴク」にちなんだ企画を用意している。初日の19日に作者宮下英樹さんのトークイベントを開くほか、まつり期間中は街中にイラストパネルを展示し、市街地全体のにぎわいづくりにつなげたいとしている。

トークイベントは小諸グランドキャッスルホテル(古城)で午後1時半から。宮下さんが制作秘話などを語る。その場で絵を描くライブペインティングも行う。無料。申し込み不要。問い合わせは、こもろ観光局(☎0267・22・1234)へ。

漫画に登場するキャラクターのイラストパネルは、同ホテルや旧脇本陣「粂屋(くめや)」(市町)、市立小諸図書館(相生町)、ほんまち町屋館(本町)の4カ所に展示。各所にあるスタンプを三つ集めると、小諸駅内の観光案内所で特製クリアファイルをもらえる。

小諸 100円商店街 あす 59店が参加
台風災害の募金箱も

小諸市の相生町商店街振興会は19日、各商店が100円(税込み)で商品やサービスを提供する催し「100円商店街」を開く。2回目の今回は町からも含め59店が出店。台風19号災害を受け、本部の相生会館に募金箱を置く。募金で集まったお金は佐久市や佐久穂町など東信地域の役所や役場に送る。同振興会会長の市川信行さん(57)は「小諸は比較的被害が小さかったが、心を痛めている。少しでも元気を取り戻してほしい」と話していた。

100円商品を呼び込み常連を増やそうと3月に初開催。振興会によると、市内外から約8千人が訪れた。今回も飲食店や理髪店が参加し、お菓子の詰め放題や眉毛のカットといった多彩な企画を用意する。午前10時～午後3時。問い合わせは同振興会(☎0267・22・2364)へ。

台風19号 生活情報
33面にも情報　17日時点、変更の可能性があります

▽上田市
【り災証明書受付】市(☎0268・22・4100)の市民参加・協働推進課。被害状況の写真、市ホームページから取る申請書を持参。19、20日も開設
【避難所】市中央公民館、上田創造館。充電、ネット環境あり
【災害ごみ受け入れ】上田クリーンセンター、依田窪プール駐車場(丸子地域対象)、旧神川地区公民館(神川地区対象)
【入浴】別所温泉旅館組合(☎0268・38・2020)、午後5～8時、18日まで
【ボランティア受け付け】ボランティアの協力が必要な被災者は上田市社会福祉協議会(☎0268・27・2025)
【バス】上田バス、千曲バスのほとんどが通常ダイヤ
【外国人相談窓口】市人権男女共生課(☎0268・75・2245)
【経営者相談窓口】上田商工会議所(☎0268・22・4500)。24日は日本政策金融公庫、県信用保証協会、市が対応
【融資相談窓口】上田信用金庫の各店か本部専用ダイヤル(☎0120・70・1877)
▽東御市
【給水】大日向集落センター、東御市ふれあい体育館、光ケ丘集会場、島川原地区農業生活改善施設、布下公民館、常満団地集会場
【休館】北御牧子育て支援センター
▽長和町
【路線バス】一部路線で迂回(うかい)しながら運行
▽青木村
【給水】村役場(☎0268・49・0111)で飲料水を配布
【充電】公共施設
【路線バス】千曲バス青木線が通常ダイヤで運行
▽小諸市
【無料で入浴】中棚荘(☎0267・22・1511)
【通行止め】県道諏訪白樺湖小諸線の布引トンネル付近
【催しの中止】藤村文学講座(19日)
▽佐久市
【罹災証明書の申請受付】市役所、臼田支所、浅科支所、望月支所
【災害ごみ受け入れ】うな沢第2最終処分場、宇とう南沢処分場
【半額で入浴】あさしな温泉穂の香乃湯、布施温泉、春日温泉もちづき荘、春日温泉ゆざわ荘
【無料で入浴】あいとぴあ臼田(☎0267・81・5555)、市老人福祉センター長寿閣(☎0267・67・5575)＝被災地の人が対象。住所や名前を窓口で記入
【充電】佐久市役所、臼田支所、浅科支所、望月支所、佐久情報センター
【下水】下水道管理センターが被災。市は広く節水を呼び掛け
【催しの中止】健康づくり佐久市民のつどい、レ・フレール マジカル・ピアノ(以上19日)、佐久大・同大信州短期大学部大学祭(19日中止。20日は開催予定)、佐久ふれあい広場、県佐久合同庁舎での犬・猫の譲渡会(以上20日)、ここちよいさくチャレンジプレイス(26日)、平尾山もみじ祭り、佐久地区母親コーラスまつり(以上27日)
▽軽井沢町
【災害ごみ受け入れ】町じん芥処理場(☎0267・46・0354)
【下水】発地地区で不調。百数十世帯に節水を呼び掛け
【入浴】風越公園の総合体育館、スカップ軽井沢(無料、ともにシャワーのみ)
【催しの中止】碓氷峠ラン184(19日)、軽井沢リゾートマラソン(20日)
▽御代田町
【通行止め】面替橋など面替区の2カ所、一里塚地区世代間交流センター、豊昇区内の一部
▽立科町
【ごみ受け入れ】旧千草保育園(☎0267・88・8407)
【入浴】権現の湯が18日に営業再開
【休業】権現山マレットゴルフ場・キャンプ場
▽小海町
【町営バス】通常通り運行
【通行止め】県道松原湖高原線の細日トンネル付近が倒木の影響で全面通行止め
【災害ごみ受け入れ】町草刈久保最終処分場(午前8時～正午)で26日まで。20日は搬入不可
【入浴】町営日帰り温泉施設「八峰(やっほー)の湯」が南佐久郡の被災住民を対象に無料で入浴可能に。各役場で入浴券を受け取る。午前10時～午後9時。町役場(☎0267・96・2211)
▽佐久穂町
【避難所】生涯学習館「花の郷・茂来館」(☎0267・86・2041)
【給水】大日向、余地の2地区を給水車3台が巡回する
【入浴】社会福祉協議会こまどり支所(☎0267・88・3545、午後1～8時)、海瀬館(☎0267・86・2520、午前10時～午後3時)、自衛隊が生涯学習館「花の郷・茂来館」に仮設風呂を設置。午後3時に開設し、10時半まで利用可能。
【充電スポット】町役場佐久庁舎、生涯学習館「花の郷・茂来館」、社協ふれあい支所、社協こまどり支所、八千穂福祉センター、南佐久環境衛生組合
【災害ごみ受け入れ】元気が出る公園下の駐車場(午前9時～午後4時)
【ボランティアセンター】社協ふれあい支所(午前9時からと正午から受付け、☎0267・86・4273)
▽川上村
【給水】秋山公民館、解体工事会社「カクニ」(飲用以外)、宗泉寺、八ケ岳農協居倉集荷場、まつの長野川上集荷センター、村役場。18日は断水状況に応じて
【入浴】ヘルシーパークかわかみ(☎0267・97・3600)。18日は断水状況に応じて
▽南牧村
【通行規制】県道海ノ口・梓山線が土砂崩落の影響で午前6～8時、同11時半～午後1時半、同5～6時を除く時間帯で通行止め
▽南相木村
【通行規制】県道栗尾・見上線で一部通行止め、村道に迂回(うかい)路あり
【入浴】村の日帰り温泉施設「滝見の湯」(☎0267・91・7700)は通常通り営業。佐久穂町、川上村、北相木村の自宅入浴が困難な住民は無料
【村営バス】栗生地区方面の便は栗生公民館まで運行。
▽北相木村
【避難所】17日午後4時に閉鎖
【災害ごみ受け入れ】村社会体育館前駐車場
【村営バス】通常運行

第三種郵便物認可　信濃毎日新聞　2019年(令和元年)10月18日　金曜日　地域　26

北信

長野本社　☎026-236-3130　fax. 236-3196　〒380-8546 長野市南県町657
須坂支局　☎026-245-0120　fax. 248-4893　〒382-0094 須坂市屋部町1327
中野支局　☎0269-22-3224　fax. 26-0760　〒383-0025 中野市三好町2-4-41
飯山支局　☎0269-62-2226　fax. 63-3128　〒389-2253 飯山市福寿町1114-10
千曲支局　☎026-273-0062　fax. 273-1134　〒387-0006 千曲市粟佐1305-4

台風19号 爪痕深く

長野 寺や墓も被害甚大

濁流で倒壊した妙笑寺の墓石。檀家らが片付けに訪れている＝16日午後2時24分、長野市津野

台風19号の影響による千曲川の氾濫で、堤防決壊場所に近い長野市長沼地区の寺や墓に大きな影響が出ている。同地区は、戦国武将の武田信玄が全国から寺を招いたとされる場所で、今も10カ所ほどの寺が点在。倒れたり泥に埋もれたりした墓石に、住職や住民らが心を痛めている。

住職・檀家ら心痛

信玄が招き 寺多い長沼地区

数十の墓石が倒れ、泥水に漬かり、ひびが入った墓石もある。同市津野の妙笑寺。16日、片付けを手伝いに訪れた檀家の飯島幸子さん(76)＝飯綱町＝は「状況は聞いていたけれど、ここまでとは」と言葉を絞り出した。

同寺では住居部分の1階が濁流にのまれた。住職の笹井義英さん(72)の妻、妙音さんは13日朝、自衛隊のヘリコプターで家族6人が救出される直前、寺で葬った人の名前などを記した「過去帳」を水没しない場所に移した。「檀家の祖先が記された冊子はお寺の大切な歴史。絶対に消してはいけない」と話した。

長沼村史によると、一帯では戦国時代、武田信玄が勢力拡大のため、交通の便が整う長沼城周辺に全国から寺を招いたなどとされる。今も多くの寺があり、それだけ寺や墓の被害も大きい。

同市大町の善導寺は、本殿の被災は免れたが、畳約100枚が水没。運び出す作業が一段落した16日、関係者約40人が床を水洗いした。元住職の妻、吉水米子さん(79)は「みんなの力で落ち着いてきた」とひと息ついた。

同市赤沼の観海寺住職の青柳幸二さん(37)は13日朝、白手袋を着けて本尊を真っ先に母屋2階に避難させた。「これだけは守らなければ—と一心不乱でした」。浸水被害の修復費をどうつくるか不安もあるが、「一日でも早く元に戻れるよう整えたい」と連日、敷地内で泥をかき出す作業を続けている。

飯山 続く避難 募る不安

今も8世帯11人「やっぱり家がいい…」

避難所が設けられている飯山市公民館。日用品や食料品などの支援物資が続々と届いている＝16日午後9時

避難所開設初日には358人が避難してきた＝13日、飯山市公民館

台風19号の影響で千曲川の支流・皿川などが氾濫し、市街地が冠水した飯山市。大雨の降った12日から5日たった17日も、8世帯11人が避難所生活を余儀なくされている。続々と届く支援物資に感謝する一方で、先行きの見えない状況に不安を抱える。

「温かい食事もあってありがたいけど、それでもやっぱり家がいい…」。16日夜、避難所が設けられている市公民館。千曲川堤防沿いの上町に住む宮沢義雄さん(62)は、力なく笑った。80代の母親と2人で避難生活を送る。

市民向けには12日から計11カ所に避難所が設けられた。市公民館は市街地の避難所となり、13日には最大358人が避難。毛布にくるまって疲れた表情を見せる人、ご近所同士で励まし合う人…。冠水した市役所に近い福寿町に住む女性(45)は、家族5人と愛犬を連れて避難した。「たまたま近くのボートに救助されたからよかった」と安堵の表情を浮かべた。

14日朝、市は市内全域への避難勧告を解除。避難者は少しずつ自宅などへ移った。だが影響は大きい。避難生活を続ける宮沢さんの自宅は床上1・3メートルほど浸水。ボイラーや家電などが壊れたため、日常生活を送るのは難しいという。日中は避難所に母親を残し、自宅の片付けに追われている。「この生活はいったいいつまで続くのだろう」

各地から除菌シートなどの支援物資が届き、カレーや肉じゃがなど食事の提供もある。自宅アパートが浸水被害に遭った別の避難者の男性(50)は「助かっている」と話す。だが「家にはもう戻れない。これからまた住む場所を探さないと…」と肩を落とす。

市は、避難生活が長期化する市民向けに市営住宅を貸し出す準備に入った。11人の多くが、一時的に移り住むことを希望しているという。

富山県射水市から 千曲市に毛布300枚

台風19号で被害を受けた千曲市に16日夕、姉妹都市の富山県射水市から毛布300枚の支援物資が届いた。同市が災害時相互応援協定に基づいて支援を申し出て、職員4人が千曲市役所に届けた。

迎えた岡田昭雄市長は「今回は初めて経験するほど規模の大きな災害だった。姉妹都市からの支援に心から感謝したい」と述べた。射水市防災危機管理班の遠藤修班長は「必要があれば、職員の派遣など人的な派遣もしたい」と話した。

岡田市長は被害状況などを説明。罹災証明書の発行に向け、被災した住宅の現地調査などに人手が要るとした。

千曲市に支援物資の毛布を届けた富山県射水市の職員(右)

アート

◇長野市【「琉球百景」その41〜その60 木版画展】18〜23日午前11時〜午後7時(23日は午後4時まで)、南千歳の珈琲倶楽部☎026・224・7889。西沢修さんによる沖縄の風景20点。入場無料。

【災害復興支援 謙竹会発表会 チャリティーコンサート】20日午前11時半、西鶴賀町の勤労者女性会館しなのき。ゲストは稲庭淳さん(民謡歌手)、村上豪さん(津軽三味線)。入場料1000円。同会☎090・2679・8658。

イベント

◇千曲市【映画上映「ぼけますから、よろしくお願いします。」の会場変更】11月1日午後1時半、会場をあんずホールから戸倉の戸倉創造館に変更。南沢さん☎026・276・2928。

きょうの番組

INC地上11ch
5.00 チャンネルINC 「地上11ch」はINCながのニュース以外の番組を休止し台風19号被害に関連する長野市内の情報を文字でお伝えします 「災害ごみ関連」「市内の道路情報」「ボランティア関連」「休校情報」など 情報は随時更新します 河川情報カメラの映像を放送する場合もあります
6.00 INCながのニュース ▽台風19号被害 ▽あすの天気 (再後7時・後8時 後9時・後10時 後11時・深0時)

GLTV すこうCH地上121
6.00 【4K】北信濃の美景 (13時19時24時)
6.30 けーぶるにっぽん躍動JAPAN「突け 未来を」(13時半19時半)
8.00 子育てポケット〜朝ごはん どうしたら食べてくれる？(11時14時17時20時23時半)
8.30 鹿児島×北信濃「そらじかん」(23時)
9.00 相森中学校 第72回校庭大運動会(15時18時)
1000 みんな集まれ元気っ子〜須坂双葉幼稚園〜
1200 ミュージックジャパン

たかやまch地上122
8.00 こころのプロジェクト「夢先生」(14時20時)
1000 伝統芸能〜三郷
1700 湯こっCha！山田温泉
2200 H28年度 高杜神社御柱祭 斧入〜山出し

地域情報ch 地上111
1800 【生中継】台風19号災害関連ニュース

お天気ch 地上112

テレビ菜の花
6.00 お茶の間ニュース
7.00 トライ野沢温泉・こども園夏の夜の集い
7.30 カメラでスケッチ㊁
8.00 ご近所ネット
9.00 野沢温泉スキー体操
17.30 信越トライウォーク

テレビ北信・豊田情報センター デジタル121ch
6.00 気まぐれクッキング
7.00 Nふるさとステーション▽大学生が農業インターンシップ▽第41回北部少年駅伝大会▽支部対抗球技大会 (再12・18・23時)
10.00 信越トライウォーク▽糸魚川市から(再21時)
11.00 見楽のススメ▽オリジナルカレー屋を見楽
1700 突撃！ケーブルテレビ▽間もなく開催おごっそフェア
1900 THV特集「豊田中学校小鮒祭」
2200 ふるさと元気印！

iネット飯山
7.00 ほっとスタジオ ▽台風19号 市内大きな被害▽退任教育委員へ感謝状▽豪学生と中学校交流▽雪国大学女性セミナー▽飯水美術展審査会▽いいやま投句大会 (12.30 15.30 19.30 22.30)
7.45 生録大自然の旅2
8.00 信越トライウォーク (12.00 14.30 23.30)
9.00 まちっぷちゃん▽スイーツまつり&駅まつり (14.00 20.30 23.30)
9.30 のんびりし〜な
10.00 まるごと信州情報ネット
10.30 突撃！ケーブルテレビ
11.00 けーぶるにっぽん躍動
17.00 iネットミュージック

ふう太チャンネル
5.00 ご近所NEWS (13.00)
6.25 ぐるっとふるさと信越
6.30 週刊N▽台風19号関連 (7.30 8.30 9.30 12.30 15.30 18.30 19.30 22.30 23.30)
7.00 日刊ふうタイム (8.00 9.00 12.00)
10.00 農林高校地理特別講義／整理収納セミナー整理収納の基本 (16.00 20.00)
14.30 信越トライウォーク
21.55 ぐるっとふるさと信越

121chネット千曲
8.15 ウォリスポ▽信州BW ことぶきアリーナ千曲 ㊁0.15、5.15、11.15
8.30 森地区市民運動会 ㊁0.30、6.30、11.30
9.00 信州健康リポート
10.00 <寄席チャンネル> 演目▽立川談幸・七段目▽林家時蔵・隣の男▽風間杜夫の落語会・夢の酒／居残り佐平次 ㊁2.00、9.00
5.00 千曲ニュース▽出来事 ㊁6.00、8.00、11.00

11chネット千曲112
9.00 平成かわら版特集 ▽5年・1993年㊁7.00
1.00 平成かわら版特集 ▽6年・1994年㊁8.00

FMぜんこうじ 76.5
7.00 おはよう・ナムゴン P：佐々木香代
11.30 昼どきもんぷらワイド P：塩入美雪
3.00 ラジオ熟年倶楽部 出演：武田 徹 二人でお茶を・健康民話・名曲・俳句ガイド・JAZZ他
5.00 ゆうやけスタジオ P：阿藤千鶴子
6.30 フォルサパルセイロ P：宮島陽子
7.00 電リク！あくゆう酒場 FAXリクエスト 026—225—8801 出演：長田 清
9.00 以降 J—WAVEネット

UCV1上田121
6.00 UCVレポート
6.20 お天気チャンネル
6.30 千曲川堤防道路ライブカメラ

UCV2上田122
6.00 塩田中 合唱コンクール
8.30 塩田中 ファッションショー
9.00 上田北部ソフトボール 8月25日

北信

被災地域 消毒呼び掛け

長野市 浸水被害で

長野市は、台風19号による千曲川の堤防決壊などで浸水被害が出たことを受け、軒下などの消毒用に消石灰を配っている。感染症を予防するためで、松代地区では17日、住民やボランティアらが被災家屋の片付けに併せて消毒を進めていた。18日も松代や篠ノ井、古里など計8支所で配る。

消毒のための消石灰がまかれた住宅地＝長野市松代町松代温泉

感染症予防 消石灰を配布

市は13日から、被災地域を担当する支所を通じて住民らに消石灰を配っている。市保健所によると、一時足りなくなったこともあったが、17日までに4100袋余を用意し、必要な量はほぼ確保したという。数に限りがあり、希望者は事前に支所へ確認する。

市保健所によると、消石灰はアルカリ性。水が引いてから、軒下や排水溝の周辺などに地面の表面が薄く覆われる程度まく。畑や庭などにまく必要はない。消石灰に直接触れたり、目に入ったりすると炎症が起きる恐れがあるため、ゴム手袋やマスクなどを着用する。同保健所は、床上浸水した家屋の屋内についても、家庭にある漂白剤などで消毒するよう呼びかけている。

松代地区の会社員松本光弘さん(36)宅は床上40センチほどまで浸水。水が引いた14日午後に松代支所に消石灰を取りに行き、夕方にまいた。浸水した1階は市販の漂白剤を薄めて雑巾で拭いているが、「これ以上はできない。家に住めるかどうかもわからない」と不安な表情を浮かべた。

罹災証明書は一括発行へ

長野市が方針 来月13日に

調査早め前倒しも

長野市は17日、台風19号で住宅被害が出た市民への「罹災証明書」を、11月13日に一括発行する方針を明らかにした。市は既に被災住宅の現地調査に着手しており、今後は名古屋市からの応援職員の派遣も受けて調査を早める計画で、発行日は「可能な限り前倒しを図る」（資産税課）としている。

長野市は15日に住宅調査を開始。申請書の受け付けも、市役所本庁のほか、被災した長沼、豊野両支所などを除く市の支所で始めている。

一方、17日の市災害対策本部会議で、加藤久雄市長は「情報がなかなか入ってこないということ（意見）が被災者から入っている」として、避難所での説明や広報などを通じて適切に情報を伝えるよう指示。市北部でのボランティア受け入れ窓口の設置が遅れたことに関して「北部、南部で同時に（支援を）やっていかなければならない中で、被災者に寄り添うようにお願いしたい」と改めて指示した。

「びんぐし湯さん館」も無料開放

坂城 被災者やボランティア対象に

坂城町振興公社は17日、台風19号の被災者やボランティアを対象に、町内で運営する日帰り温泉施設「びんぐし湯さん館」の無料開放を始めた＝写真。対象は町内に限らず、県内外で被災した人たちも受け入れる。20日まで。

町内で大きな被害はなかったが、近隣の長野市南部や上田市などで大きな被害が出たことから始めた。フロントで被災状況やボランティア活動について説明し、住所、氏名を記入すれば利用できる。

施設では風の影響で12日夜から停電が発生。13、14日は臨時休館した。14日夕に解消した。

塚田俊和支配人(44)は「被災した人が少しでも癒やしを感じてくれたらうれしい」。午前10時～午後9時。期間中は無休。問い合わせは同館（☎0268・81・7000）へ。

長野で臨時販売所

コンビニ大手開設

千曲川の氾濫で浸水被害のあった長野市内で、コンビニ大手ローソンが移動販売車による臨時販売所を設けている。17日は休業中の長野穂保店前に開設し、飲食物の他にタオルやマスク、ティッシュなど計約100種を販売。無料で使える携帯電話の充電スペースも用意した＝写真。

同社によると、浸水被害のため、県内では長野市などの複数の店舗が休業中。代わりに臨時販売所を16日に長野市の長野松代町店前、17日に長野穂保店前に設けた。「被災者の需要が大きい」として18日も午前11時～午後3時ごろに開設する。19日以降は「検討中」としている。

義母が被災し東京都内から訪れた桜井文さん(51)は17日、ペットボトル入りの水を購入。「近くに自販機や（営業している）スーパーがなかったので助かる」と話した。

災害ごみ運ぶ軽トラ不足

浸水の長野など 貸し出し求める

千曲川の氾濫で浸水被害のあった長野市などで、使えなくなった家財など災害ごみを運ぶ軽トラックが不足している。市災害ボランティアセンターが軽トラックの貸し出しや車に乗ってのボランティア参加を求めているほか、自動車修理業者が車を無料で貸し出す動きも出ている。

軽トラックや軽バンの貸し出しを始めたのは、同市稲里1の「ジュエルカーズ」。同社代表の島田隆さん(42)＝千曲市＝は「浸水被害を受けた家具や家電を運ぶ車が必要だが、自家用車自体が水没した家も多く、著しく車が足りない」と指摘する。

ただ、同社の車も3台ほどで予約が埋まりがちな状況。多くの被災者が車を使えるよう、農閑期の農家などに軽トラックの提供を求めたところ、17日までに4台を借り受けることができたという。島田さんは「車が余っている人や同業者に協力してもらえたらうれしい」と話している。

車の貸し出しや提供の問い合わせは午前10時～午後7時にジュエルカーズ（☎026・476・2100）へ。

スポーツ選手 募金呼び掛け

長野や千曲で

北信地域を中心としたスポーツチームの選手やスタッフら有志が17日夕、台風19号による被災地の早期復興を願い、長野市のJR長野駅と千曲市のしなの鉄道屋代駅前で募金活動をした。長野駅前では、サッカーJ1松本山雅FCなど中南信のチームも参加。選手ら約50人が「ご協力お願いします」と声を張り上げると、通行人が募金に応じていた＝写真。

J3・AC長野パルセイロの明神智和選手は「少しでも被災された方の力になればと思い参加した」。バスケットボール男子B2の信州ブレイブウォリアーズの三ツ井利也選手は被害の出た長野市出身。「シーズン中だが、合間を縫ってボランティアに参加していきたい」と語った。

企画した1人で、フットサルF1・ボアルース長野の土橋宏由樹ゼネラルマネジャーは「今こそ、信州のスポーツの力を集結して地元へ恩返しをする時」。募金の送り先は関係自治体や団体と相談しながら決めるという。

被災者ら対象に特別価格で宿泊

山ノ内町観光連盟

山ノ内町観光連盟は17日、町内の宿泊施設と連携し、台風19号による被災者や被災地支援のボランティアを対象に、特別価格での宿泊や無料入浴を受け入れると発表した。宿泊は12月31日チェックアウトまで、入浴は11月30日まで。

観光連盟の呼び掛けに町内27宿泊施設が賛同。既に長野市など近隣8市町村から、ボランティアの宿泊受け入れについて打診があったという。

宿泊料金は素泊まり4千円、1泊朝食付き5千円、同2食付き6千円（消費税、入湯税別）。宿泊希望者は観光連盟に電話で希望日や人数を伝える。観光連盟が受け入れ可能な宿泊施設を手配する。

無料入浴は午後3～10時。希望者は人数や希望入浴時間帯を観光連盟に電話で伝える。宿泊、無料入浴ともに、宿泊施設の利用状況などで手配できないこともあるという。

申し込み、問い合わせは山ノ内町観光連盟（☎0269・33・2138）へ。

台風19号 生活情報

33面にも情報　17日時点、変更の可能性があります

▽長野市

【避難所】（指定避難所）豊野東小、東条小、古里小、豊野西小、豊野西部児童センター、長野運動公園、南長野運動公園、北部スポーツ・レクリエーションパーク、昭和の森フィットネスセンター、（自主避難所）松代支所、篠ノ井総合市民センター、戸隠農業改善センター、古里総合市民センター、豊野区事務所（豊野北公民館）

【ごみ受け入れ】篠ノ井運動場（篠ノ井）、青垣公園運動場（松代町）、豊野東山第一運動場（豊野）。それぞれ午前9時半～午後4時半

【下水】古里、柳原、長沼、若槻、朝陽、若穂、古牧、吉田、大豆島、豊野、松代のそれぞれ一部で受け入れ停止。松代温泉団地に仮設トイレ4基を設置

【ボランティア受け付け】南長野運動公園屋内ゲートボール場で、午前9時～正午。北部地域は長野駅東口を午前8時半に発つ送迎バスに乗り、柳原総合市民センター北側農地で受け付け。団体は市社会福祉協議会のホームページで事前登録。バスの18日の定員は100人。災害ボランティアセンター本部（☎080・5072・9607）、依頼に関する住民専用ダイヤル（☎080・5072・9637、080・5072・9647）

【スポーツ施設休館】長野運動公園体育館、南長野運動公園体育館、長沼体育館、北部スポーツ・レクリエーションパーク、豊野体育館、豊野屋内運動場、千曲川水系河川敷のスポーツ施設、サンマリーンながの屋内運動場、篠ノ井運動場、茶臼山運動場、豊野東山第一・第二運動場、青垣公園運動場、柳原体育館。いずれも当面の間

【交流拠点休館】かがやきひろば東北と併設の東北いこいの家、かがやきひろば豊野。いずれも当面の間

【支所】長沼支所と豊野支所が業務停止。住民活動などの相談は市地域活動支援課（☎026・224・7615）

【保健センター】豊野保健センターが業務停止。当面、東部保健センターで対応。市保健所健康課（☎026・226・9963）

【休園】長沼保育園、豊野みなみ保育園（保育は他施設で）

【放課後子ども総合プラン】長沼児童センター、松代花の丸児童センターが被災。長沼、豊野西、豊野東各小学校の区域は19日まで実施しない。松代小の区域は他施設で通常実施。市こども政策課（☎026・224・6796）

【外国人相談窓口】市国際交流コーナー（☎026・223・0053）で、第1、第3水曜日と日曜祝日を除く午前10時～午後6時。コーナーが対応しない日は市インバウンド・国際室（☎026・224・5447）で午前8時半～午後5時15分に受け付け

【消石灰配布】8支所（松代、柳原、篠ノ井、古里、若穂、豊野、川中島、更北）で、配送次第。マスク、手袋など装備を。市保健所健康課（☎026・226・9964）

【商工事業所相談窓口】設備や資金繰りなど。市商工労働課（☎026・224・5041）

【被災動物の相談窓口】ペットの預かり相談など。市保健所動物愛護センター（☎026・262・1212）

【入浴】避難者の無料入浴利用券を各避難所で配布する。利用対象施設は湯～ぱれあ、松代荘、サンマリーンながの、若槻いこいの家、石川いこいの家、松代いこいの家、若穂いこいの家。市危機管理防災課（☎026・224・5006）

【義援金】八十二銀行長野市役所支店「（普）266095」（口座名「長野市災害対策本部」）へ振り込むか、市介護保険課（☎026・224・7991）窓口へ持参

▽須坂市

【避難所】旭ケ丘ふれあいプラザ、北部体育館

【ごみ受け入れ】日滝原産業団地内のテニスコート

【入浴】古城荘（☎026・245・1460）、湯っ蔵んど（☎026・248・6868）

【ボランティア受け付け】日野地域公民館（☎026・246・2276）

【下水】上八町と下八町を除くほぼ全域で受け入れ停止。冠水地域などに仮設トイレを設置。バキュームカー処理で対応

▽小布施町

【避難所】老人福祉センター桃源荘、飯田地区の公会堂

【入浴】小布施温泉あけびの湯（☎026・247・4880）、おぶせ温泉穴観音の湯（☎026・247・2525）、湯田中駅前温泉楓の湯（☎0269・33・2133）

【ボランティア受け付け】町社会福祉協議会（☎026・242・6665）

【下水】東町、上町、中町、伊勢町、中央、中扇、横町、福原、栗ガ丘、大島、飯田、林、山王島、水上、松の実、千両、クリトピアと、六川と松村の一部で受け入れ停止

▽高山村

【下水】高井地区で受け入れ停止。役場や小中学校の一部に公共施設に仮設トイレを設置。

▽中野市

【避難所】西部公民館

【ごみ受け入れ】東山クリーンセンター、B＆G海洋センター

【ボランティア受け付け】市社会福祉協議会（☎0269・26・3111）

▽山ノ内町

【入浴】湯田中駅前温泉楓の湯（中野市、飯山市、小布施町の被災者、☎0269・33・2133）

▽飯山市

【避難所】市公民館

【ごみ受け入れ】旧城南中学校

【入浴】いいやま湯滝温泉（☎0269・65・3454）、湯の入荘（☎0269・65・3312）、斑尾高原「ペンション　ウッディヒル」（☎0269・64・3445）

【ボランティア受け付け】飯山市災害ボランティアセンター（☎090・4945・8342、090・4945・8442）

【商工業者相談窓口】飯山商工会議所（☎0269・62・2162）

▽千曲市

【避難所】旧更埴庁舎保健センター

【ごみ受け入れ】名月荘跡地、窪山展望公園、被災した19の区・自治会ごとに集積場所を開設し順次回収

【ボランティア受け付け】市社会福祉協議会（☎080・5072・9750）

【入浴】被災者に温泉入浴無料券を配布した。利用対象施設は竹林の湯、白鳥園、つるの湯、健康プラザ。市生活安全課（☎026・273・1111）

【支援物資配布】被災者に飲料水や毛布、タオルなどを配る。旧更埴庁舎北庁舎会議室で午前9時から午後3時半

▽坂城町

【入浴】町内外を問わず被災者とボランティアを対象にびんぐし湯さん館を無料開放

▽スーパーの休業状況

ツルヤ松代店、長野県・Aコープ松代店、デリシア豊野店、ユーパレット赤沼店、同みゆき野店で、営業再開のめどが立っていない。

▽風呂の無料開放

長野市妻科のうるおい館（☎026・237・4126）で午前6～9時、午前10時～午後11時

長野市若槻東条の若槻温泉（☎026・295・4546）で午前10時半～午後8時

第三種郵便物認可　信濃毎日新聞　2019年(令和元年)10月18日　金曜日　特集　32

12都県で計77人死亡

台風19号の被災地では、17日も捜索が続いた。共同通信の集計では、死者は12都県の77人で、行方不明者は11人とみられる。低気圧や前線の影響で、東北や東日本では18日から19日にかけて大雨になる恐れがあり、気象庁は浸水などの被害が大きかった地域に警戒を呼び掛けた。

被災地では17日、急激に冷え込み、最低気温は宮城県丸森町が4・6度、福島県郡山市が5・0度で、いずれもこの秋最低を記録。寒さ対策も課題となりそうだ。

総務省消防庁や国土交通省などによると、17日午後2時半現在、床上浸水は16都県の2万3411棟、床下浸水は21都県の1万5975棟で、前日の集計より「床上」が約3倍、「床下」は約2倍に増えた。

全半壊は13都県の計280棟、一部損壊は28都道府県の1974棟。断水は12都県の約10万戸超で続いている。避難者は17日午後2時現在、11都県で4063人。河川堤防の決壊や越水などで浸水した範囲は少なくとも約2万5千㌶に上り、昨年の西日本豪雨の際の約1万8500㌶を上回った。90%以上は既に解消した。土石流や崖崩れなどの土砂災害は午後6時現在、20都県で計308件確認。堤防の決壊は、午後1時時点で7県の68河川125カ所となった。

地元区が「災害対策本部」

佐久市入沢区

生活状況聞き取りや情報提供

「やれることはやる」

入沢区の住民と話す災害対策本部役員の三石剛さん＝17日午前11時27分、佐久市

台風19号の影響で千曲川支流の谷川が氾濫し、民家に土砂が流入、橋が崩落するなど大きな被害が出た佐久市入沢では、地元区役員らが青沼小学校の図工室に「災害対策本部」を設け、足元からの復興を進めている。住民の生活状況を聞き取ったり、必要なライフライン情報を記した地図を作ったりしている。

災害対策本部は12日朝に発足。中心となった区長の渡辺一夫さん(67)は30年以上、消防団員を務めていた。「やらなきゃいけない、守るんだとの思いだった」。谷川が氾濫する前に、1人暮らしの高齢者らを同小学校体育館の避難所に誘導し、他の住民らにも自主避難を促した。

台風が去った後は被災した谷川沿いを歩き、通行可能な道路や橋、ごみステーションの場所などを記した地図を住民らと作成。公民館でコピーし、各家庭に配った。75歳以上の高齢者が住む家約150軒をリストアップし、家の状況や困っていることの聞き取りも始めている。17日は消防団OBの三石剛さん(66)らが地元住民から聞き取った。「炊き出しのボランティアをしたい」と申し出るお年寄りもいたという。他地区から受け入れたボランティア約30人らと共に、泥の付いた家具を片付けた。

本部を置く図工室は小学校から借りている。「被害は甚大だったけれども地域の団結を痛感している」と渡辺さん。入沢では12日夕方から会社員三石量正さん(68)が行方不明で、警察が捜している。三石さんと旧友でもあった渡辺さんは「捜索は見守るしかないが、自分たちでやれることはやらないといけない」と話している。

地域の復旧へ　住民自ら動く

ごみの仮置き場　地域内に自主設置

長野市長沼地区

往来不自由　市の設置場所は遠く

片付け　効率上げ負担軽減

住民らが運び込んだ浸水した家財道具などが山積みになった北赤沼公園＝17日午前11時50分、長野市赤沼

台風19号による千曲川の堤防決壊で冠水した長野市長沼地区では17日、住民らが浸水した自宅の家財を「被災ごみ」として運び出す作業に追われていた。洪水発生から4日たっても、一帯の生活道路は倒れた電柱があったり、泥が堆積していたりして往来に不自由な状況が続く。地元の長沼地区住民自治協議会は、ごみを一時的に集める仮置き場を地域内に設置。片付けの効率を上げ、住民の負担を和らげようと対応している。

布団、たんす、ふすま…。決壊した堤防に近い同市穂保では、被災ごみを軽トラックで自宅から運び出す人たちが目立つ。仮置き場は地区内の数百㍍おきに設置。17日の日中も、泥をかぶった家財を荷台いっぱいに積んだ車が泥にタイヤをとられつつも行き交っていた。

手押し車でごみを運んでいた農業男性(72)は「ずっと家に置いておくわけにはいかないので、近くに捨てる所があるだけありがたい」。会社員の関俊郎さん(27)も「まず自宅の片付けをしないと、何も始まらない」として、ごみ置き場と自宅とを何度も往復した。

市が市内3カ所に設けた「災害ごみ排出場所」は、穂保地区の中心からは、最も近い豊野第一運動場（市豊野町大倉）でも7㌔弱離れている。市生活環境課によると、なるべく広い市有地を選んでおり、市北部に豊野地区の1カ所だけなのは他に適地がないからという。

同協議会の柳見沢宏会長(67)は「へとへとになって避難所から自宅にたどり着き、またへとへとになってごみ出しをしている。そんな状況で遠くまで運ぶのは、こたえてしまう」。こうしたことなどから、市に申し出て、自主的に集落内に仮置き場を設けることにしたという。

ただ、穂保地区の仮置き場の多くは、ごみが山積みになり、17日には「そろそろ崩れそうで危ない」と心配する声も聞かれた。市は、運搬業者に委託して地域まで回収に行くことを検討している。

台風19号　災害廃棄物

西日本豪雨上回る可能性

昨年7月の西日本豪雨では愛媛、岡山、広島で計約200万㌧の災害廃棄物が出た。環境省は台風19号の被害について「西日本豪雨の時よりも浸水エリアが広く、災害廃棄物も多くなる可能性がある」と指摘。被害状況の全容がつかめていないことから「総量の推計には1、2カ月かかるのではないか」とした。

同省は過去の災害を踏まえた目安として、「仮置き場の開設、収集態勢の確保」に発生から1～2週間、「生活圏からの速やかな撤去、仮置き場への搬入」に同3～4週間、「仮置き場から処理施設への搬出開始」に同1カ月程度かかる―との見通しを示す。今回のような水害では浸水した畳や家電製品などの処理が多くなるとし「地震災害よりも量が増える傾向がある」とする。市町村が負担する処理費の大半は国の補助金で賄える見通しだ。

同省の17日時点のまとめでは、県内では11市町の18カ所に仮置き場を設置済み。13日から同省職員が県内の被災地に入り、仮置き場の設置場所や住民への周知、災害廃棄物の置き方などについて地元自治体に助言している。

険しい道　負けないで

千曲川の増水で崩落した東御市本海野の海野宿橋＝17日午後0時17分（河川管理者らの承諾を得て小型無人機で撮影）

片付けの手を止め、昼食を取る女性たち＝17日午後1時9分、長野市津野

家の中の片付けで見つかった写真。泥を落として並べられた＝17日午後0時47分、長野市津野

千曲川沿いで行方不明者を捜索する上田署と香川県警の警察官たち＝17日午後1時52分、上田市

抜井川が氾濫し、がれきが流れ込んだカーネーションのハウス。赤い花が咲くが、泥が付いて出荷できない状態になった＝17日午後4時1分、佐久穂町海瀬

第三種郵便物認可 信濃毎日新聞 2019年(令和元年)10月18日 金曜日 9版 第二社会 34

お父さん 一体どこに

不明男性家族 捜索続け3日

濁流の跡残る 佐久・千曲川

拾った木の棒を手に千曲川河川敷を捜す三石たか枝さん。時々、じっと川面を見つめた＝17日午後3時、佐久市

なぎ倒された一面の草木が濁流の跡を実感させた。千曲川氾濫から5日たった17日、佐久市入沢の三石たか枝さん(70)が、行方不明の夫量正さん(68)を千曲川の河原で捜していた。家族での自主捜索は3日目。「家より、自分を守ってもらいたかった」と言う三石さんらに同行した。

自宅前を流れる支流の谷川(やがわ)から下流に約10キロ。この日は市内の千曲川本流2カ所を、三石さんは長男(42)、長女(40)、孫(19)と5キロほど歩いた。「軽トラックの破片でもあればね」。拾った木の棒で草をかき分けたり、双眼鏡で川面に何か浮んでないか確認したりしながら、三石さんは被災の日を振り返った。

「土のうをもらいに行ってくるか」。雨脚が強まっていた12日午後5時40分ごろ、量正さんはそう言って近くの小学校へ軽トラで向かった。携帯電話を忘れていることに気付いた三石さんが声を掛けようとした時には既に車庫を後にしていた。小学校までは車で往復30分もかからない。午後7時半ごろ、嫌な予感がした。家族が捜しに向かおうとしたが、自宅近くの道は谷川に削り取られていた。

前日の11日は44年目の結婚記念日だった。その日の朝、「何の日だか知ってる？知らないだろうけどな」と冗談交じりで言われた。「知ってますよ」と笑って応じた。

量正さんはどんな人だったのか聞くと、長男と長女は「無口で頑固」「不器用な人」。でも、三石さんは「私にとっては優しい人」と言う。旅行とカメラが好きで、今年も家族でどこに行こうかと話していたところだった。

午後4時すぎ、この日の捜索を終えた。手掛かりは見つからなかった。着るものでもいい、靴でもいい。「お父さん」のものと分かる物が出てきてほしい。「どこまで行っちゃったんだろう」。三石さんは荒れた河原を見つめた。

（池田 美陽）

富岡 緩斜面でも土砂崩れ

3人死亡 警戒区域指定されず

3人が死亡した群馬県富岡市の土砂崩れ現場は傾斜が約20度と比較的緩やかで、土砂災害警戒区域には指定されていなかった。県は、国の基準にのっとり、30度以上で区域指定をしているが、地中の構造次第では、緩い斜面でも土砂崩れが起きることが浮き彫りに。避難勧告などもなく、避難は住民の自主判断に頼らざるを得なかった。

12日午後4時半ごろ、土砂崩れ現場近くに住む会社員木下稔さん(61)は、地響きを立てながら山の斜面を土砂が流れる様子を目撃した。車で迎えに来た息子と避難し、自宅に戻ると、庭には隣家の車が押し流されていた。「この土地は安全だと思っていた。まさかこんなことになるとは」と絶句した。

15日に現地調査した国土交通省国土技術政策総合研究所の山越隆雄砂防研究室長は「この程度の勾配（約20度）では通常崩落しない」と指摘。付近は11日午前2時〜13日午前0時までに495ミリの雨が降っており、大量の雨水が地中に浸透し、堆積岩の上にある関東ローム層が滑ったとの見方を示した。

一方、県砂防課の担当者は「土砂崩れが一度発生したからといって、区域指定を急ぐということではない」と説明する。警戒区域のうち、建物に損害が生じて人命に著しい危害の恐れがある「土砂災害特別警戒区域」は、土地開発に知事の許可が必要になるなどの規制があり、「宅地開発をむやみに抑制するわけにもいかない」（県関係者）との事情もある。

現場を視察した山本一太知事は「あれだけの土砂崩れ現場がノーマークだったと知り、何ができるかよく検討する」と述べた。県は今回の災害を教訓に「市町村が危険を予測して注意を促すなど、ソフト面を強化する必要がある」としている。

復旧作業が続くクリーンピア千曲＝17日午後6時19分、長野市赤沼

浸水被害のクリーンピア千曲

完全復旧まで1〜2年

県、汚水を簡易処理し放流

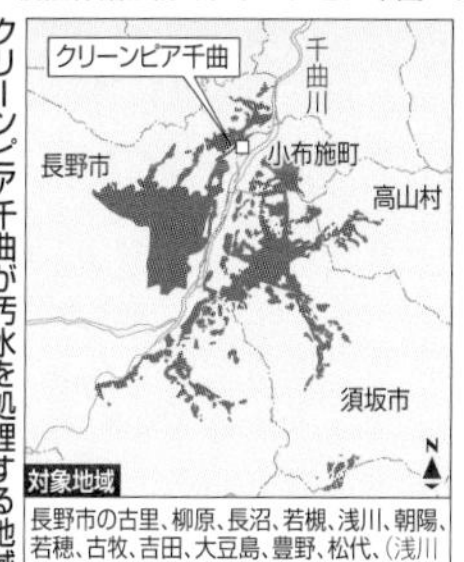

クリーンピア千曲が汚水を処理する地域

台風19号の影響による千曲川の堤防決壊で浸水し、汚水の浄化処理を停止している下水道の終末処理場「クリーンピア千曲」（長野市赤沼）について、完全な復旧までに1〜2年かかることが17日、県環境部への取材で分かった。復旧費用は500億円近くかかる見通しといい、大規模な被害の実態が浮かんだ。

県は18日にも、汚水を塩素消毒だけで川に放流する「簡易処理」での処理量を増やすことを目指し、復旧を急ぐ。ただ、処理能力は当面元に戻らず、同施設に下水を流している処理区域内＝地図＝の住民にはその後も「風呂の残り湯の活用」など日常的な節水に協力を呼び掛ける。

最大で約2メートル浸水した同施設では、下水の汚れを分解する微生物に空気を送る送風機や、モーターなど電気系統の機械が水没した。県は、設備の点検や補修、交換により被災前の処理能力を回復するには1〜2年かかると推定。機械が修理できるかどうかは見通せず、仮に全設備を取り換えることになれば、500億円近くかかるという。

地下約20メートル前後にあり、流れてきた下水をくみ上げるポンプ2台も浸水で水没。浄化処理ができず、処理区に当たる長野市の一部、須坂市、上高井郡小布施町、高山村の一部に節水を呼び掛けている。高山村は、役場や小中学校などに簡易トイレ計76台を設置し、負担軽減を図る。

県は周囲にたまった水を取り除いている。この他、国土交通省のポンプ車6台が汚水を直接、塩素消毒工程に送り、非常時に国が認める塩素消毒だけの簡易処理で千曲川に放流している。18日には仮設ポンプ8、9台を増強し、被災前と同程度の1日あたり5万立方メートルを簡易処理する計画だが、県北部は18日に雨が降る予報。雨水が大量に流れ込めば作業が遅れる可能性もあるとしている。

情報・写真 お寄せください

声のチカラ（コエチカ）

暮らしの中で気になる出来事や、おかしいなと思うことをお寄せください。記者が調査・取材します。

LINE友だち登録　特設サイト

ファクス 「コエチカ」取材班 026(236)3196
郵送 〒380-8546 長野市南県町 信濃毎日新聞社編集局「コエチカ」取材班

こと映え

11月のお題は「一日千秋(いちじつ)」「食指が動く」「気心が知れる」です。

LINE友だち登録 ▶
メール kotobae@shinmai.co.jp
郵送 〒380-8546 信濃毎日新聞社 こと映え係

長35　第一社会　9版　2019年(令和元年)10月18日　金曜日　信濃毎日新聞　新聞定価1カ月4,400円(うち消費税325円)1部 朝刊150円 夕刊60円(消費税込み)　第三種郵便物認可

あんずちゃん　◂田中しょう▸

片付け「一人では…」

緊急ルポ　千曲川氾濫 (下)

83歳女性　70代親戚の手を借り

自宅を片付ける渡辺さん。先祖を祭ってきた仏具も泥にまみれた＝17日午後1時、長野市赤沼

高齢化率4割　長野市赤沼

「年寄り一人じゃ、どうすることもできない」。千曲川の堤防決壊現場に近い長野市赤沼で16日夕、渡辺マスエさん(83)は浸水した自宅の外で立ち尽くしていた。5年前に夫の達郎さん＝当時(80)＝を亡くして一人暮らし。庭一面に厚さ20㌢ほどの泥がたまり、家の中にはふすまやこたつなどが散乱。高齢化率4割を超える農村地域の重い現実を目の当たりにした。【1面参照】

戦前からの古い農家。木造2階建ての母屋は約160平方㍍と一人暮らしにはあまりに大きく、農機具小屋や土蔵もある。渡辺さんは12日午後7時半ごろ、近所の人に勧められて同市三才の親戚宅に避難した。周囲の水が引いた16日、目の当たりにした自宅周辺は「泥が海のよう」。被害を免れた2階から着替えを持ち出すのがやっとだった。

肌寒い朝となった17日午前9時半、渡辺さんと妹の反町さかえさん(78)＝須坂市、そして渡辺さんが避難している上高井郡小布施町の親戚の男性(76)が集まった。まず門から玄関にたまった泥を雪かき用スコップで取り除いた。私も手伝ったが、半乾きの泥は重く、なかなか持ち上がらない。「腰を悪くするから休みながらしましょう」と反町さんが声を掛けた。

玄関までの泥を1時間ほどかけて脇によけ、ようやく屋内の片付けに入った。仏壇に位牌(いはい)と過去帳を見つけた渡辺さんは「あー、よかった。これをなくしたらご先祖様に申し訳ない」と泥を手で払った。腰の悪い渡辺さんは椅子に座り、部屋に散乱した本や雑貨を分けて袋に入れた。

昼前には、親戚の長野市内の70代夫妻も手伝いに訪れた。泥水を含んだ畳は石の板のように重い。3人の男手で引きずるように外に出し、軽トラの荷台に積み込んだ。生活排水も混ざった泥水の生臭い臭いが部屋に立ち込め、マスクをしていても気になった。

市によると、赤沼を含む長沼地区で65歳以上が人口に占める割合(高齢化率)は2015年10月時点で、市全体(28・5%)を上回る40・7%。一人暮らしや高齢夫婦だけの世帯も多く、浸水して使えなくなった家財の山を前に、途方に暮れるお年寄りはきっと他にもいる。だが、市北部の被災地を対象にした市社協のボランティアの受け付け、派遣は18日にようやく始まるところだ。

17日は昼食休憩の約1時間を挟み、午後4時まで作業した。が、居間と仏間の畳などを取り除けただけ。奥の座敷には横倒しになったたんすや机などが転がったままで、全て片付けるには長い時間がかかると感じた。

「早く元の家に戻りたいけれど、いつになるのか」。渡辺さんは泥だらけになった長靴を洗った後、わが家を見ながらつぶやいた。（佐藤 勝）

県内あすにかけ大雨の恐れ

長野地方気象台は17日、県内は北部と中部を中心に18日から19日にかけて大雨となる恐れがあるとして、注意を呼び掛けた。千曲川の堤防決壊などを受け、長野地域と中野飯山地域、上田市では洪水警報が継続中。河川の増水や氾濫に警戒を求めている。

気象台によると、18日は湿った空気や前線の影響で、北部は曇りで昼過ぎから雨、中部と南部では雨時々曇りとなる見込み。19日にかけても低気圧や前線の影響で雨が降り続き、北部と中部を中心に大雨になる可能性があるとしている。

18日午後6時までの24時間降水量は、多い所で中部と南部が30㍉、北部20㍉の予想。17日午後6時から19日にかけての総降水量は、県内全域の多い所で50〜100㍉と見込んでいる。気象台は土砂災害や低い土地の浸水、河川の増水に注意を促している。

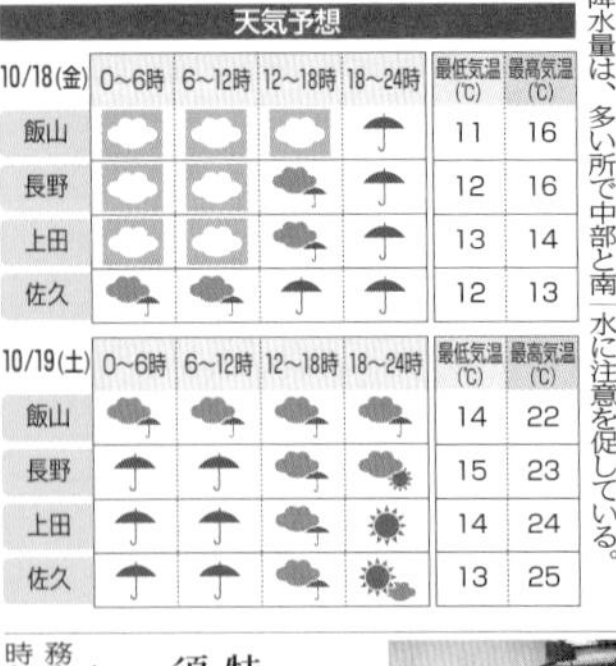

天気予報

10/18(金)	0〜6時	6〜12時	12〜18時	18〜24時	最低気温(℃)	最高気温(℃)
飯山					11	16
長野					12	16
上田					13	14
佐久					12	13

10/19(土)	0〜6時	6〜12時	12〜18時	18〜24時	最低気温(℃)	最高気温(℃)
飯山					14	22
長野					15	23
上田					14	24
佐久					13	25

長野市穂保　自宅流された一家

思い出の品　運び出し涙

長野市穂保の千曲川堤防決壊現場近くにあった自宅が押し流された団体職員、吉村智之さん(55)のもとを、17日、再び訪ねた。「家が見当たらない」と、進学先の千葉県でニュースを見ていた長女彩加さん(22)の連絡で家の流出を知った避難中の吉村さん。この日は彩加さんの他、大学院生の長男の直也さん(24)＝大阪府＝も加わり、家族4人で片付けに当たった。

本来の場所から約150㍍離れた市道上に流された自宅。前に訪ねた15日よりも傾きが増していた。4人は泥水に漬かった家具の他、ぬれていない布団や衣服、家電などの荷物をまとめ、外に運び出した。

「これ何？」。直也さんが指さす先にあったのはテレビ台。「これ、母の日にあげた電動のマッサージクッションだ」と彩加さん。懐かしい思い出に、作業の手が時折止まった。

吉村さんの家は、妹や80代の両親が暮らす母屋と渡り廊下でつながっていた。母屋は流されなかったが、屋内は土砂に埋まった。この日は吉村さん夫妻それぞれの職場の同僚や親戚ら約20人も片付けを手伝いに駆け付けていた。

流された家からの荷物の運び出しは2時間ほどで終えた。傾き続ける家に、「中に入れるのが最後になっちゃったらどうしよう」。妻の智恵子さん(55)は涙声。彩加さんも両手で目元を押さえた。

「よし、行こう」。吉村さんが先頭を切って歩き出した。みんな言葉少なで、足元を見つめて母屋まで歩いた。（黒岩 美侑）

流された自宅（右）から荷物を運び出す吉村さんの家族＝17日午前11時15分

特別機動警備隊　須坂市に初派遣

法務省

台風19号の被害を受け、法務省矯正局は17日、災害発生時などに活動する「特別機動警備隊」を須坂市に派遣した。被災地での活動は4月1日の隊発足以来初めて。

須坂市は千曲川の氾濫で浸水し、泥のかき出しや、住宅からの家財道具搬出に人手が足りていないという。長野刑務所（須坂市）が、現地で職員による復旧作業を行うことを決め、その援助活動を特別警備隊が担う。

特別機動警備隊は、刑務所の刑務官ら56人で組織。災害の他、テロ発生などに備えている。

高原鋼

○…大町市の地域おこし協力隊員2人が17日、市立大町山岳博物館の駐車場にある自動販売機をアートで彩る試みを始めた。北アルプスの山並みや生息するニホンカモシカなどを描く予定で、この日は下地の灰色を塗った＝写真。

○…自販機には市のPR動画が流れる画面があり、一般飲料に加えて市の湧き水「信濃大町湧水」を販売。絵は、同館が繁殖に取り組んでいる国特別天然記念物ニホンライチョウも題材にする予定だ。

○…仕上がれば天井に高さ55㌢のライチョウのオブジェを載せ、12月10日ごろに完成させる。隊員の中久祭さん(35)は「長く愛される大町らしい自販機にしたい」。

吹奏楽で勇気を　長野・東北中生 全国大会へ練習

千曲川の堤防決壊で床上浸水した長野市東北中学校の吹奏楽部が19日、名古屋市で開かれる全日本吹奏楽コンクールに出場する。17日、被災した学校の代わりに長野市小島の市東部文化ホールで最後の練習をした。自宅が浸水し、演奏時に着る制服がなくなった部員もおり、同校はまだ休校中。それでも部員たちは、演奏を通して「地域を勇気づけたい」と意気込んでいる。

8月に浜松市で開かれた東海大会で2位に入り、コンクールへの出場を決めた吹奏楽部。17日は1〜3年生の部員60人全員が集まり、当日舞台に上がる50人を中心に2時間近く演奏した。顧問の原武男教諭(44)が音程や旋律の演奏の仕方を厳しく指導した。

部員5人の自宅が浸水した。一時は出場辞退も検討したが、同校教員や地域から応援の声を受け、出場を決めた。制服を失った生徒は、卒業生から借りて舞台に立つ。

部長の3年生、松木ひな乃さん(15)は「定期演奏会や文化祭で応援してくれた地元の人に恩返ししたい」。原教諭は「いい演奏をすることに変わりはない。被災前から練習してきた成果を発揮したい」と話している。

全国大会に向け最終練習をする東北中学校の吹奏楽部員たち

1　第49321号　【明治25年3月15日第三種郵便物認可】　信濃毎日新聞（夕刊）　2019年（令和元年）10月18日　金曜日　2版

県内被災地 大雨警戒

台風19号

堤防 土のう積み作業急ぐ

県内は19日にかけて、台風19号の記録的な大雨の影響で千曲川などの氾濫があった県北部と中部を中心に大雨となる見込みで、被害が拡大する恐れがある。長野地方気象台は18日、土砂災害や洪水などへの警戒を呼び掛けた。大きな浸水被害のあった長野市松代地区では、ボランティアが堤防に土のうを積むなど作業を急いだ。一方、しなの鉄道北しなの線（長野―妙高高原間）は18日始発から全線で運転を再開。JR小海線も小諸―中込間で運転を始めた。

【関連記事6・7面に】

大雨に備え、台風19号で越水した蛭川の堤防に土のうを積む三重県桑名市のボランティア（左）ら＝18日午前11時11分、長野市松代町

北しなの線・小海線 再開

18日午前、台風19号による大雨の影響で多くの家屋が浸水した長野市松代温泉近くを流れる蛭川の堤防。市内はじめ三重県や新潟県などから駆け付けたボランティアは大雨に備え、額の汗を拭いながら土のうを積んでいった。地元の住民らも地区の防災倉庫から土のうを軽トラックの荷台に載せて運んだ。この他、被災した千曲川沿いの市町村でも、住民やボランティアらが19日にかけての大雨に備え、急ピッチで片付けや復旧作業を進めた。

気象台によると、18日の県内は気圧の谷や湿った空気の影響で、北部と中部は曇りで次第に雨となり、南部は雨時々曇りの予報。19日にかけて雨が降り続くという。19日午前6時までの24時間降水量は多い所で中部と南部で50ミリ、北部40ミリと予想。18日午前6時～19日に予想される降水量は県内全域の多い所で50～100ミリと見込んでいる。

気象台は18日未明、長野地域と中野飯山地域、上田市に出ていた洪水警報を解除した。解除は台風19号が県内に最接近した12日以来。一方、各地の堤防が被災しているのを受け、気象台などは千曲川の氾濫の危険性を、注意、警戒、危険、発生の4段階で示す指定河川洪水予報と、被災地域の洪水警報・注意報の発表基準を当面、引き下げて運用すると発表した。

県災害対策本部によると、18日午前10時時点で、県内では長野市や須坂市など8市町村で計934人が避難。長野市災害対策本部によると、18日午前7時時点で市内では14指定・自主避難所に計690人が避難している。

中部電力長野支店によると、台風19号の影響による停電は、18日正午時点で長野市若穂保科の約20戸を残して復旧した。

18日 県関係の鉄道・高速道などの状況

北陸新幹線
東京―長野間と上越妙高―金沢間を臨時ダイヤで運転。東京―長野間は、「かがやき」、「はくたか」の運転をやめ、「あさま」を1時間に1、2本運転

中央東線
大月―高尾間で運転再開、特急あずさ終日運休

飯山線
森宮野原―十日町間は本数を減らして運転、豊野―森宮野原間は運休

小海線
小諸―中込間で運転再開、野辺山―小淵沢間で本数を減らして運転

しなの鉄道
長野―上田間と田中―軽井沢間で始発から運転
北しなの線は長野―妙高高原間で始発から運転再開

東京方面への道路
上信越道佐久IC―碓氷軽井沢ICの上下線で通行止め。中央道大月IC―八王子JCTの上下線で通行止め。国道20号の相模原―八王子間の通行止め解除

交付税 繰り上げ支給へ
県内は9市村に計47億円

総務省は18日、台風19号の被害に見舞われた全国の12都県79市町村に対し、普通交付税309億円を繰り上げて交付すると決めた。被害を受けた自治体の当面の資金繰りを円滑にする目的で、支給は21日。県内は要望した9市村に計47億円を交付する。

普通交付税の定例の交付時期は4、6、9、11月。今回は11月分のうち、3割を前倒しして交付する。県内の対象は長野、上田、諏訪、須坂、飯山、佐久、千曲の7市と小県郡青木村、下高井郡野沢温泉村。各市村の交付額は1億～14億円。

高市早苗総務相は18日の閣議後会見で「被災団体の実情を丁寧に聞き、財政運営に支障が生じないよう対応していく」と説明。今後、災害対応など予期していなかった歳出に充てる特別交付税の措置も検討するとした。

政府はこの日の閣議で、台風19号を特定非常災害特別措置法に基づく「特定非常災害」に指定する政令を決定。18日施行される。運転免許証の有効期間延長など、必要な行政手続きができなくなった被災者の権利や利益を守る措置が適用される。

紙面から
韓国大統領親書 安倍首相に伝達へ　6面
政令恩赦 22日に「復権令」　7面

豆らんぷ

疲れ切った被災地に無情の雨が来る。少ない量でも危険。油断なく警戒を◇長野―妙高高原、小諸―中込間で鉄路が復旧。戻ってきた日常に改めて感謝

トルコが5日間の停戦合意。クルド人も撤退か。混迷のシリア予断許さず◇合意なき―よりはマシと英EUが合意。舞台は英議会へ。離脱劇は大詰め

あすの天気

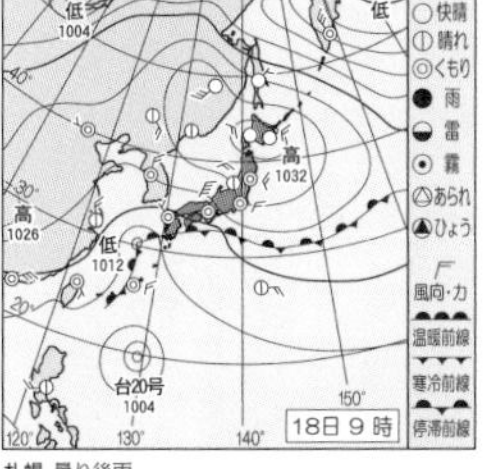

飯田市のかざこし子どもの森公園であす、けん玉など五つのゲームが楽しめるハロウィーンイベントがある。スタッフの熊谷康平さん(27)は、園内に点在するゲーム会場を探して駆け回る子どもたちを想像するが、県内は雨の予報。「屋根のある休憩所も使って、できるだけぬれないようにします」

	今夜 18時～	あす 0	6	9	12	15	18
北部	80	60	50	雨昼前から時々曇			
中部	80	60	50	雨昼前から時々曇			
南部	80	70	60	雨昼前から時々曇			

数字は降水確率・%　5ミリ以上　5ミリ未満

札幌 曇り後雨
新潟 雨
東京 雨後曇り
名古屋 雨後曇り
大阪 曇り時々雨
福岡 曇り一時雨

▲気象衛星13時撮影

けさの気温（午前6時）

地点	気温
飯山	11.2
長野	12.2 (2.0)
大町	11.1
上田	12.8
佐久	13.0
軽井沢	10.3 (3.6)
松本	12.5 (3.5)
木曽	12.6
伊那	13.6
諏訪	14.7 (5.5)
飯田	13.9 (3.7)

（ ）内は平年比 ▼低

あすの予想気温

	最高	最低
長野	24	15
軽井沢	21	10
松本	24	14
諏訪	21	14
飯田	23	16

世界の天気 10月16日―17日

	天気	最高	最低
ソウル	晴	21	12
北京	雨	14	9
香港	晴	30	25
バンコク	晴	34	28
シドニー	晴	28	17
ローマ	晴	22	14
パリ	雨	16	11
ロンドン	雨	16	10
モスクワ	晴	8	0
ニューヨーク	雨	19	13
ホノルル	雨	30	25

今日の視角　天災は必ずやって来る

2019.10.18　姜尚中

被害の全容が少しずつ明らかになるにつれて、自然の猛威の凄まじさに唖然とするばかりである。台風19号は、明らかに私たちの日常の生活が安全に営まれているという感覚を引き裂きつつある。

本県では千曲川の堤防が決壊し、少なく見積もっても五千数百棟が床上浸水に見舞われ、停電や断水など、ライフラインに深刻な影響が出ている。広域にまたがる被害の実態は想像を絶するに違いない。

いったい、日本列島に何が起きているのか、それはこの列島に生きる者にとって何を意味しているか。

このコラムで度々引用してきたように、物理学者で随筆家の寺田寅彦は、関東大震災の調査を踏まえた「天災と国防」（1934年）の中で、日本は「気象学的地球物理学的」に「きわめて特殊な環境の支配を受け」、「特殊な天変地異に絶えず脅かされ」る運命にあることを一日も忘れてはならない、と警告していた。

翻ってみれば、戦後50年、寺田の指摘する「運命」の重さは、高度成長と「城内平和」でほとんど忘れ去られていたのではないだろうか。しかし、阪神淡路大震災は、忘れかけていた「運命」を蘇らせることになった。そしてそれから四半世紀、安全そのものが決壊したような天災で、その全容すら掴み難いような惨状が広がっているのである。おそらく、今後も、地球温暖化による海面水温の上昇で「天変地異に脅かされる運命」はより過酷になっていかざるをえないかもしれない。

もはや「天災は忘れた頃にやって来る」のではない。天災は間違いなくやって来るのである。この列島で生きるということは、この避けられない「運命」を引き受けていくことを意味しているのである。いったい、国民の、住民の安全保障とは何なのか、天災は私たちに問いかけている。

信濃毎日新聞
1873年(明治6年)創刊
夕刊
発行所 信濃毎日新聞社
長野本社 〒380-8546 長野市南県町657番地
電話(026) 受付236-3000 編集236-3111 販売236-3310 広告236-3333
松本本社 〒390-8585 松本市中央2丁目20番2号
電話(0263) 代表32-1200 報道32-2830 販売32-2850 広告32-2860

信毎ホームページ www.shinmai.co.jp
読者センター 026-236-3215
編集応答室 026-236-3111
購読申し込み 0120-81-4341

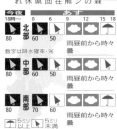

長7　2版　2019年(令和元年) 10月18日 金曜日　信濃毎日新聞(夕刊)　新聞定価1カ月4,400円(うち消費税325円) 1部 朝刊150円 夕刊60円(消費税込み)　第三種郵便物認可

雨への備え 急ピッチ

台風19号

被災地 自宅片付け・水路の土砂除去

19日にかけて県の北部と中部を中心に大雨の恐れがあるとの予報を受け、県内の被災地では18日、住民が浸水した自宅の片付けなどを急いだ。災害の直後だけに「また道が寸断されたり、片付けた家が汚れたりしないか」と心配する声も漏れた。

【1面参照】

雨に備えて泥かき作業を急ぐ住民＝18日午前10時27分、長野市穂保

千曲川の堤防が決壊した長野市穂保。被災した知人を手伝う上水内郡飯綱町の御沢恒さん(78)は、雨を見越して午前中に屋内のごみをまとめて外に出し、午後は屋内を片付けるつもりだ。一方、自宅の1階部分が浸水した会社員中沢孝文さん(46)は午前中で作業を切り上げ、午後から市内の弟の家に身を寄せるという。「家具を外に出しても、雨で泥まみれになったらかなわないから」と話した。

抜井川が氾濫した南佐久郡佐久穂町大日向地区では、身を寄せ先の伊那市から片付けに戻った公務員由井克彦さん(57)が自宅前の排水溝に詰まった土砂をシャベルでかき出していた。「また道が寸断されたり、片付けた家が汚れたりしまわないか心配。せっかく町が復旧へ向かっているのに」と懸念した。

土石流が水路や畑に流れ込んだ同町上中平井の穴沢集落では、水路に詰まった土砂を取り除く作業が急ピッチで進んだ。作業を請け負う建設会社の現場担当者は「二次被害を防ぐため、雨が降り始める前に終わらせたい」。

依田川の氾濫で住宅の床下が20センチほど浸水した上田市腰越の矢島久子さん(85)は「雨は嫌だが、今からできることはない。何も起きないといいなと思う」と祈った。

決壊河川の2割 水位計設置せず

麻績川など5県13河川

台風19号で堤防が決壊した64河川のうち、長野や宮城、福島など5県が管理する13河川で水位計が設置されていなかったことが18日、各県への取材で分かった。水位計は、自治体が避難勧告などを発表する判断材料の一つで、各自治体は「予算の問題もあり優先順位を付けて設置している」と説明。専門家は「できるだけ広範囲に設置し活用した方がいい」と指摘している。

各自治体は、気象庁の警報や雨量、定点カメラの映像、水位計のデータなどを基に災害時の住民避難を判断している。水位計の観測値は「川の防災情報」「川の水位情報」といったウェブサイトで確認できる。

国土交通省が11日午前までに決壊を確認した64河川の設置状況を取材。その結果、国管理の河川は全てに水位計があったが、宮城県の阿武隈川水系の五福谷川や、長野県の信濃川水系の麻績川、栃木県の利根川水系の出流川など、県管理の13河川で未設置だった。いずれも大きな河川の支流だった。

長野県松本建設事務所は「水位計は設置に費用がかかり、整備が進んでいない」。福島県は「危険な場所にはコストを抑えられる水位計の設置を検討したい」としている。

国交省によると、水位計の設置費用は1千万〜1500万円程度。近年、中小河川で豪雨被害が相次いでいることを受け、国交省は100万円程度で設置でき、水位が上がった時に計測を始める「危機管理型水位計」の設置を全国で進めている。

九州大の小松利光名誉教授（河川工学）は「水位計は現状把握や、流域の水位の予測に役立つ。人が住んでいる地域を中心に比較的小さな河川でも設置した方がいい」と指摘。その上で「小河川では集中豪雨で一気に水位が増す。データを処理し、避難勧告など次のアクションに移る自治体側のスピード感も大事だ」と話した。

水位計未設置の県管理河川

管理者	水系	河川名
宮城	阿武隈川	五福谷川
	鳴瀬川	身洗川
		小西川
	北上川	照越川
		石貝川
		水沼川
福島	阿武隈川	藤野川
	真野川	上真野川
	小高川	川房川
栃木	利根川	出流川
埼玉	荒川	新江川
長野	信濃川	麻績川
		皿川

即位パレード 来月10日決定

政府 台風被害を考慮

政府は18日午前の閣議で、天皇陛下の即位に伴い22日に予定していたパレード「祝賀御列の儀」を延期し、11月10日に実施することを決定した。台風19号による甚大な被害を考慮した。国内外の賓客を招き即位を宣言する「即位礼正殿の儀」と祝宴「饗宴の儀」は予定通り22日に行う。悪天候の場合に備えたパレードの予備日は設定しなかった。

天皇、皇后両陛下は15日、台風19号被害について、宮内庁を通じて被災者へのお見舞いの気持ちを発表。政府はこうした両陛下の対応も踏まえ、甚大な台風被害を受けた被災者の避難生活や復旧作業が続く現状でパレードを開くべきではないと判断した。11月14、15日には皇位継承の重要祭祀「大嘗祭」を控えているため、それまでには祝賀御列の儀を行う必要があるとスケジュールを決めた。

菅義偉官房長官は記者会見で、日程を11月10日とした理由について「国民の参加のしやすさ、交通規制による影響、皇室における行事予定を勘案した」と説明した。

パレードは午後3時に皇居・宮殿をスタートし、警視庁や国会議事堂正門前などを経て、赤坂御所までの全長約4・6キロを約30分かけて進行する。

政令恩赦 22日に「復権令」

陛下即位で政府閣議決定

政府は18日の閣議で、天皇陛下の即位に伴う「即位礼正殿の儀」に合わせ、政令恩赦を実施することを決めた。罰金刑となり、納付から3年以上経過した人に限り、制限されている資格を一律に回復する「復権令」を22日に公布する。罪種は絞らず、対象者は約55万人。個々の事情を審査する個別恩赦の一つ、特別基準恩赦も別途実施する。国の慶弔に合わせた恩赦は1993年の天皇陛下と皇后さまのご結婚以来、26年ぶり。

恩赦のポイント

- 22日の「即位礼正殿の儀」に合わせて政令恩赦を実施
- 政令恩赦は、罰金納付から3年以上経過した人に対する復権に限定し、大赦や減刑は行わない
- 罪種は絞らず対象は約55万人
- 特別基準恩赦を実施し、罰金納付から3年未満で政令恩赦から漏れた人の個々の事情を審査

懲役刑や禁錮刑となった人は除き、刑の言い渡しの効力が失われる大赦や刑期を短くする減刑は実施しない。過去の政令恩赦と比べ規模は小さいが、被害者感情を考慮する国民の意識が高まっており、批判も出そうだ。

河井克行法相は記者会見で「改善更生の意欲を高め、社会復帰を促進する刑事政策的な見地から恩赦を実施することになった。さまざまな意見があるのは承知しているが、理解をいただきたい」と述べた。

昭和から平成への代替わりでは政令恩赦を2度実施。1989年の昭和天皇の大喪で大赦と復権を行った。90年の天皇陛下（現上皇さま）即位に伴う恩赦は復権だけだったが、罰金納付から3年以上との条件はなく、今回より対象が広かった。

罰金刑になると納付から5年間、医師や看護師、調理師といった国家資格などを得られないが、復権で制限が回復し国家試験を受けられるようになる。約55万人の罪種別割合は道路交通法違反65・2%、過失運転致死傷など17・4%、暴行・傷害3・3%、窃盗2・6%。

平成への代替わりでは、公選法違反者が多く含まれ「政治恩赦」と批判を浴び、93年は一律対象となる政令恩赦を実施せず、特別基準恩赦のみとした。一方、今回の政令恩赦には約430人が含まれる見込みだ。

初代大阪駅 写真でたどる

ＪＲ大阪駅構内で始まった展示を説明する雑誌「鉄道史料」の西城浩志編集長

初代大阪駅舎工事の様子が写る明治初期の貴重な写真が見つかり、ＪＲ西日本が27日まで大阪駅構内で展示している。駅周辺は田んぼだった土地を開発した経緯から一帯は「埋田」と呼ばれ、その後「梅田」になったとされる。英国人鉄道技師が所蔵していた写真で、広大な空き地で駅舎を組み立てる作業などが記録されている。

ＪＲ西日本によると、初代駅舎の工事を担った英国人の建築長ジョン・イングランドの子孫がオーストラリアの自宅で保管しており、複製写真５枚の提供を受けた。

展示では、これらの写真を組み込んだ16枚のポスターを掲示。工事開始から1874年５月の初代駅舎の開業、1901年７月に２代目が完成するまでを振り返る。現駅舎は2011年５月にできた５代目。

写真を分析した雑誌「鉄道史料」の西城浩志編集長は「見た人が大阪駅の成り立ちを考えるようになればうれしい」と話した。

1　第49322号【明治25年3月15日第三種郵便物認可】　信濃毎日新聞　2019年(令和元年)10月19日　土曜日　日刊　9版★

2019年(令和元年)
10月19日
土曜日

信濃毎日新聞
1873年(明治6年)創刊
発行所 信濃毎日新聞社
長野本社 〒380-8546 長野市南県町657番地 電話(026) 受付236-3000 編集236-3111 販売236-3310 広告236-3333
松本本社 〒390-8585 松本市中央2丁目20番2号 電話(0263) 代表32-1200 報道32-2830 販売32-2850 広告32-2860

県内被害額1297億円

公共土木・都市施設が突出

県把握分　拡大は必至

県は18日、台風19号による農林業や、公共土木施設などの被害総額が1297億3千万円に上ったと明らかにした。河川の堤防や道路といった公共土木施設の被害が696億8600万円に上る。県はまだ被害の全容をつかみきれておらず、総額の拡大は必至だ。

浸水被害で出たごみの片付け作業が進む中、雨が降り出した長野市穂保の被災地＝18日午後3時56分

政府 激甚指定を表明

今回の被害額がまとめて示されたのは被災後、初めて。一般家屋、商工業、学校、医療関係の被害額は含まれていない。

台風19号の県内被害額（18日現在の県把握分）

項目	金額
農業関係	87億8900万円
林業関係	21億2900万円
公共土木施設	696億8600万円
都市施設(下水道含む)	464億100万円
上水道	14億1500万円
公営住宅	13億1000万円
被害総額	1297億3000万円

※林業関係、公共土木施設は県、市町村管理のみ。産業、教育、社会福祉、医療、警察関係などの被害額は調査中

公共土木施設や林業関係の被害額は、県と市町村管理分の額を集計。河川が472億1千万円を占め、東信地方で護岸の崩落や侵食が多発したため膨らんだ。千曲川の上田市より下流部分は国管理のため、長野市穂保の決壊した堤防の復旧費などは含まない。

道路は218億6600万円。のり面や路肩の崩落が多かった佐久地方、千曲川の堤防決壊で広く土砂が堆積した長野市の被害が目立つ。林業関係は21億2900万円で、保安林の山腹が崩れ、土砂が流出する被害が出ている。

都市施設は464億100万円。水没して大きな被害を受けた長野市の下水道終末処理場「クリーンピア千曲」の復旧にかかる費用がかさんだ。

農業関係は87億8900万円。うち農作物は長野市や中野市を中心に9億9300万円で、収穫前のリンゴの冠水や落果など果樹被害が7億3900万円を占め、強風よりも大雨や浸水に伴う被害が大きかった。水路など農地・農業用施設被害は73億2600万円に上った。

◇

安倍晋三首相は18日の非常災害対策本部会議で、広い地域で甚大な被害をもたらした台風19号に伴う農業や公共土木施設、中小企業被害を激甚災害に指定する方針を表明した。地域は限定しない。政府は近く閣議決定する。復旧事業の国庫補助率を1〜2割程度引き上げ、被災自治体の財政負担を軽減する。

台風1週間　再び雨 災害警戒

県内は19日にかけて、北部と中部を中心に大雨となる所がある見込みで、長野地方気象台は18日、台風19号の記録的な大雨で被災した地域などに土砂災害や洪水への注意を呼び掛けた。南佐久郡佐久穂町は18日、土砂災害の恐れがあるとして大日向地区の一部に避難勧告を発令。記録的な大雨や千曲川の氾濫をもたらした台風19号の本州上陸から1週間となる19日、県内は再び災害警戒が必要になる。

長野地方気象台によると、19日は前線などの影響で、県内は大気の状態が不安定になる見込み。同日午後6時までの24時間降水量は、多い所で南部90㍉、北部と中部60㍉と予想している。

千曲川の堤防が決壊した長野市長沼地区では18日、本格的にボランティアが活動を開始。同日夕には雨が強まり、片付けをしていた住民が作業を次々と切り上げた。同市赤沼の農業前島伸樹さん(63)は「生活道路が泥でまたぬかるみ、車が通れなくならないか心配。作業が遅れる」と話していた。

各地の堤防が被災しているのを受け、気象台などは千曲川の氾濫の危険性を、注意、警戒、危険、発生の4段階で示す指定河川洪水予報と、被災地域の洪水警報・注意報の発令基準を当面、引き下げて運用する。

この日運転を再開したしなの鉄道北しなの線は午後3時半ごろ、豊野―黒姫間で雨や線路に付着した落ち葉の影響で列車の車輪の空転が発生。上下5本が部分運休したほか、後続の列車に最大約1時間の遅れが出た。

県災害対策本部によると、18日午後3時時点で、県内では長野市や須坂市など8市町村で計948人が避難。死者は3人、けが人は重傷4人、軽傷102人。関係者によると、行方不明者は2人。

しな鉄上田―田中間　来月再開へ

新幹線・バスで代替検討

北陸新幹線は25日全線開通

台風19号の影響で、しなの鉄道（上田市）の上田（同）―田中駅（東御市）間が不通になっている問題で、関係機関が、JR北陸新幹線（長野経由）か、バスを使った代替輸送を検討していることが18日、分かった。県は21日にも代替輸送の方針を固める。同区間は、1日に約4500人が利用しており、通勤や通学に大きな影響が出ている。

運休原因となっている東御市本海野の千曲川右岸の応急工事をめぐり、県上田建設事務所は18日、完了めどは3〜4週間後と明らかにした。しなの鉄道は、工事完了後、安全を点検して速やかな運行再開を目指す方針で、早ければ11月上中旬の見通し。

県教委によると、この区間は約1400人の生徒が利用。この影響で18日も上田千曲高（上田市、全日制・定時制）、東御清翔高（東御市）などが休校した。同日、小諸市、東御市など東信地方の首長らはしなの鉄道を訪れ、早期の運行再開と、その間のバスや新幹線の活用を求めた。

バスによる輸送は生徒数が多いだけに、車両と運転手の確保が課題になる。このため県は、JR東日本に新幹線による輸送を要請。JR長野支社の担当者は取材に「新幹線かバスか、鉄道輸送会社として何ができるかを検討している」とした。

一方、長野―上越妙高で運転を見合わせている北陸新幹線について、JRは18日、25日に東京―金沢の全線で運行を再開する見通しと明らかにした。運行本数は被災前の8割、東京―金沢の直通運転は9割となる。具体的なダイヤは23日に発表予定。順次列車本数を増やす計画で、ダイヤが元通りになる時期は未定という。

県内の鉄道網ではこのほか、しなの鉄道北しなの線（長野―妙高高原間）が18日から全線で運転を再開。JR小海線も小諸―中込間で運転を始めた。JR中央東線の特急あずさは今月末に再開見込み。

18日　県関係の鉄道・高速道の状況
北陸新幹線　金沢　上越妙高　25日から東京―金沢間直通運転再開見込み　妙高高原　北しなの線　長野　上信越道　しなの鉄道　上田　松本　佐久IC　碓氷軽井沢IC　岡谷JCT　田中　軽井沢　中央東線　中央道　八王子JCT　大月IC　東京
特急あずさは終日運休　10月末ごろ再開見込み
赤線は通行不可
19日正午解除見通し

斜面

2019.10.19

台風19号上陸からきょうで1週間。千曲川沿いの被災地でよく聞くのは「とにかく人手がほしい」との声だ。今週末は片付けにボランティアの力が期待されていた。またも無情の雨。予報で受け入れを中止した地域もあるのが残念だ◆浸水家屋の片付けは人力が頼り。ぬれた畳や布団は重く、床下の泥をかき出すにも体力が要る。長野市の知人宅を手伝った女性は、終わりの見えない思いにかられたという。泥まみれの冷蔵庫や家具が散乱し、ゆがんだ戸棚を開けると泥水が流れ落ちた◆夕方の帰路も予想外だった。作業を終えた車などで渋滞し、20分の道が2時間かかった。被災者となれば、なおさら心身にこたえる作業だろう。つてを頼って、SNSで発信して助けを求められる人だけではない。頼れる人がなく、放置せざるを得ない1人暮らしの高齢者もいる◆こうした被災者の声をくみ上げ、ネットなどで情報発信し、ボランティアとをつなぐ役割が重要になる。各地域の災害ボランティアセンターは人員を厚くし、しっかり機能させてほしい。長野市では、きのうから長野駅発の無料送迎バスを走らせている◆ボランティア利用は高速道も無料になる。自治体によっては地元民に限り受け入れている所もある。地域力を発揮したい。厚労省が呼びかける片付けの注意点は感染症対策だ。細菌やカビが繁殖しやすい室内は汚泥を取り除いて十分乾かし、消毒する必要がある。二次被害にも注意したい。

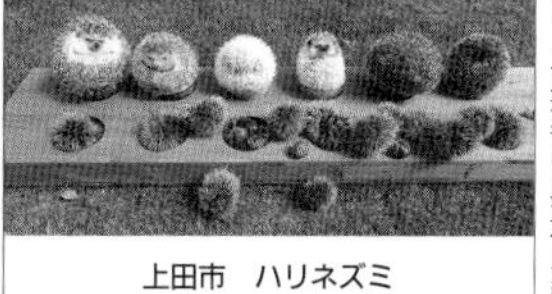
上田市　ハリネズミ

こと映え　類は友を呼ぶ
似た者同士が自然と集まる
応募方法34面に

紙面の問い合わせ　本社見学・出前講座　編集応答室 026-236-3111
購読のお申し込み　読者センター 026-236-3215　0120-81-4341
信毎ホームページ　www.shinmai.co.jp

第三種郵便物認可　信濃毎日新聞　2019年（令和元年）10月19日　土曜日　9版　総合　2

自衛隊 中東に独自派遣へ

ホルムズ海峡外で情報収集

政府　歯止めなき活動の恐れ

安倍晋三首相は18日、国家安全保障会議（NSC）会合を首相官邸で開き、中東情勢の悪化を踏まえて自衛隊の派遣を本格的に検討するよう関係閣僚に指示した。イラン沖のホルムズ海峡の安全確保を目指す米国主導の有志連合構想には参加せず、独自に派遣する方針だ。ホルムズ海峡を避け、アラビア半島南部のオマーンやイエメン沖に艦船や哨戒機を出して情報収集に当たる案を軸に年内にも決定する。菅義偉官房長官は派遣根拠を防衛省設置法の「調査・研究」と説明した。

首相は現地情勢を踏まえて最終判断する。実力部隊派遣に踏み切れば、外交を中心とした対処方針の転換となる。歯止めなき自衛隊海外活動につながると懸念が出るのは必至だ。

菅氏は記者会見で、中東の緊張緩和と日本関連船舶の安全確保のために日本独自の取り組みを行うと表明。基本方針として①外交努力の継続②日本船の安全対策の徹底③自衛隊装備活用の具体的検討—を列挙した。

自衛隊による中東での日本の船舶防護に関しては「ただちに実施を要する状況にはない」と述べ、自衛隊派遣の目的は「情報収集体制の強化」と位置付けた。米国との連携も強調した。

＝想定される自衛隊活動海域

日本　2000km　ホルムズ海峡　オマーン湾　イラン　シリア　イラク　サウジアラビア　ペルシャ湾　アラブ首長国連邦　紅海　オマーン　イエメン　アラビア海　ジブチ　ソマリア　バベルマンデブ海峡　500km

北朝鮮船と衝突 水産庁映像公開

正当性主張へ方針転換

水産庁は18日、能登半島沖の日本の排他的経済水域（EEZ）内で北朝鮮漁船と、水産庁の漁業取締船「おおくに」が衝突した事故の映像を公開した。日本政府は映像の公開に当初否定的だったが、事故当時の対応の正当性を国内外に主張するため、方針を転換した。水産庁の神谷崇資源管理部長は同日記者会見し、「取り締まり活動が適切に行われていたことを国民に理解してもらうため、公益性の観点から公開した」と説明した。

水産庁は同庁のウェブサイトに映像を掲載した。約4時間の映像をほぼ事故前後に絞って約13分に編集した。取締船はEEZからの退去警告に従わないとして、追い掛けるように北朝鮮漁船の左舷に回り込み、並走しながら放水した。その後、漁船の左舷が取締船に衝突した。

伊那の美和ダム 台風前事前放流

国交省が説明訂正

国土交通省は18日、台風19号によるダムの緊急放流を巡り、台風の接近前に工業・農業用水としてためている水を放出する「事前放流」をしていなかったと説明していた6ダムのうち、2カ所で事前放流をしていたと訂正した。担当者は「出先機関を通じて確認したが、災害対応中で情報が混乱していた」としている。

事前放流をしていたのは美和ダム（伊那市）、高柴ダム（福島県）。ほかに水沼ダム（茨城県）、塩原ダム（栃木県）、城山ダム（神奈川県）も事前放流には当たらないが、台風に備えて水位を下げていたという。

那珂川に氾濫情報出さず

国交相、茨城県知事に謝罪

赤羽一嘉国土交通相は18日、台風19号による雨で茨城県内を流れる那珂川が氾濫したのに同省関東地方整備局が氾濫を知らせる「氾濫発生情報」を出していなかったことについて、視察先の茨城県内で大井川和彦知事らに「あってはならないことで、本当に心からおわび申し上げる」と謝罪した。

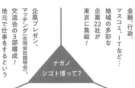

赤羽氏は同日、那珂川や久慈川の堤防決壊現場を視察。都道府県など全国の河川管理者に、同様のケースがないよう注意喚起したと表明し「しっかり気を引き締める」と強調した。

けさの一句

2019.10.19

頂上や殊に野菊の吹かれ居り　原　石鼎

俳句における切れ字の「や」には深い詠嘆が宿っている。掲句の舞台である山は、野菊が咲くほどのさほど高い山ではない。しかし頂上に至るまでの道のりの険しさや、明るく広がる視界、吹き抜ける風の感触などが詠嘆の切れ字により生み出される。続く「殊に」によって感情はさらに高まり、視線の先に揺れる野菊という普段どこにでも見られるような花が、かくもけなげに際立って描かれるのである。　土肥　あき子（俳人）

車両避難「決断できず」

JR東 浸水恐れは認識…

「台風進路 予測と違った」

JR東日本は18日、北陸新幹線（長野経由）全線の運行再開方針の公表に合わせ、千曲川の堤防決壊で水に漬かった「長野新幹線車両センター」（長野市赤沼）や新幹線車両の被害状況を説明した。同社幹部は、センターが大雨時に浸水の恐れがある区域に含まれることをあらかじめ認識していたとしつつ、車両の「避難」については「決断できなかった」と述べた。

浸水の跡が残る長野新幹線車両センター内の新幹線車両＝15日、長野市赤沼（ＪＲ東日本提供）

同社は、今回の台風の接近に伴い、計画運休を実施したほか栃木県の車両基地などでは車両を事前に避難させていたと説明。一方、北陸新幹線の沿線は「台風の進路予測とちょっと違っていた。13日の比較的早いうちに運転できると思っていた」と振り返った。

県内に台風が最接近した12日夜から13日未明にかけて、長野市の避難指示が出るまでセンター近くの遊水池に目立った変化はなかったとした。その後、急激に水位が上がり、センターにいた従業員も車両も身動きが取れない状態に。センターには排水ポンプを備えていたが「排水する場所もなかった」と肩を落とした。

同社は車両の避難には、避難先や経路の決定、運行ダイヤへの影響の把握などが必要になると説明。車両の避難を決めてから完了するまでに7時間が必要だとし、「今回は7時間前には決断できなかった」とした。

水が引いた15日に車両などの点検を開始。センターの建物内には泥水が流入して、浸水した車両では座席シートまで水に漬かった形跡があり、車両下部の電気系統も水没したとみている。周囲の線路も広範囲にわたって泥水に覆われた。

ただ、長野市が「100年に1度」の大雨（計画規模降雨、千曲川流域全体で2日間で186ミリ）を想定して作った浸水ハザードマップでは、センターは5メートル以上の浸水が見込まれる区域に含まれる。

市民防災研究所の坂口隆夫理事は「被害は当然、予測できた」とJR東などの備えを批判する。

長電バス（長野市村山）は千曲川の堤防決壊後の13日朝、国道18号（アップルライン）沿いの事業所に駐車していたバス計100台を須坂駅（須坂市）や北陸信越運輸局長野運輸支局（長野市西和田）の駐車場に退避させた。結果的に事業所の駐車スペースの浸水は、タイヤが半分漬かる程度にとどまったが、同社乗合バス部は「エンジンが水に漬かれば、バスは駄目になると分かっていた」とする。

今回の台風で「1両3億円」とされる新幹線車両120両（10編成）に被害が及んだ。JR東の幹部は「確定的なことは言えないが、廃車にする可能性もある」としている。

運行見合わせによる営業収益への打撃も避けられない。同社幹部は「どれぐらい業績に影響が出るかは算出できない」とうつむいた。（井手拓朗、菅沼勇）

客足回復に期待

北陸新幹線（長野経由）の東京—金沢直通運転が25日に再開する見込みになったのを受け、信州いいやま観光局（飯山市）の高野賢一・飯山駅観光交流センター所長は18日、「待ちかねていた」と胸をなで下ろした。

JR東日本は現在、飯山駅を含む長野—上越妙高間の新幹線運行を見合わせており、飯山市一帯の宿泊施設ではキャンセルが相次いでいる。飯山駅を発着して周辺観光地を巡るバスツアーも軒並み中止になり、観光への影響は大きい。高野所長は「浸水した飯山市街地など一部を除けば、台風による直接的な被害は限定的。交通インフラの回復で客足が戻ることを期待したい」と話す。

県観光機構の野池明登専務理事は「国内外の方を誘客するのに重要な北陸新幹線の東京—金沢間の運転が再開することはありがたい」と話す。鉄道の運休や高速道路の通行止めで県内観光に影響が出ているとし、「ウェブサイトやSNSで交通や観光地の正確な情報を小まめに発信していく」とした。

浸水深さ4.5メートルに 国土地理院修正

新幹線車両センター

国土地理院が、台風19号の大雨で氾濫した川のうち6河川について浸水範囲や深さを推計し、色付けした地図をホームページで公開している。千曲川は、長野市赤沼にあるJR東日本の「長野新幹線車両センター」付近で最大の深さ約4・3メートルとしていたが、約4・5メートルに修正した。新たに撮影した写真データを加えて解析した結果という。

地理院によると、それぞれの河川の最大の深さは、那珂川が水戸市の常磐自動車道水戸北スマートインターチェンジ南側で約7・2メートルに達した。吉田川が宮城県大郷町の大郷大橋北側で約4・5メートル。久慈川は茨城県常陸太田市松栄町付近の約4メートルで、都幾川が埼玉県坂戸市紺屋付近の約3メートルだった。

二次避難所活用 長野の事例紹介

首相、災害対策会議で

安倍晋三首相は18日、台風19号の非常災害対策本部会議で、被災者が避難所の不自由な生活から抜け出すことが重要だとした上で「避難された方に、ホテルや旅館の部屋を二次避難所として活用する取り組みが長野県で開始されている」と紹介した。

また、中央道や北陸新幹線（長野経由）の不通区間解消のめどが立ったことにも触れ、「引き続き確実に復旧を進めていく」と述べた。週末に予想される大雨による二次災害への警戒も呼び掛けた。

焦点 土砂災害 増える件数

県内 17日より13増の33カ所 応急対策ままならず

台風19号による雨が降り始めて19日で1週間。県が確認した河川の決壊や堤防の崩落、人家が周辺にある沢沿いの崩落件数がいまだ増え続けている。18日の県の災害対策本部員会議で発表した土砂災害発生場所は17日と比べ13増えて33カ所となった。上田、佐久地方で崖崩れ、土石流が多い。応急復旧工事に取りかかれていない地点も少なくない。大雨が降る恐れのある週末。二次災害への十分な警戒が必要だ。

【1面参照】

1キロ以上にわたり断続的に護岸と道路が崩れた谷川。重機や大型トラックが入れない箇所もあり、復旧の支障になっている＝18日午後4時3分、佐久市入沢

土石流が起きた佐久穂町大日向古谷。複数の民家が倒壊した＝17日午後3時45分

「建設業者はよくやってくれているけれど、重機がもっと入れば早く進むのかな」

1キロ以上にわたって断続的に護岸と護岸上の生活道路が崩壊した佐久市入沢の谷川沿い。土のうも置かれていない自宅周辺の様子を見て、住民の会社員男性(36)がつぶやいた。

台風19号は、東北信地方を中心に河川氾濫や土砂災害などの被害を広範囲でもたらした。河川被害は数え切れない。

県建設業協会上小支部の柳沢昌美支部長は、自身の建設会社では通常業務を止めて復旧に当たっているとする。「一生懸命作業しているが、被害が広範囲で数日では終わらない」と打ち明ける。

雨で河川が増水した場合は自らの安全を考慮して作業も中止せざるを得ない。柳沢氏は「他の地域から応援を頼みたいが、近隣の長野、佐久地方も被害は大きく、難しい」。佐久地方の建設業関係者も「現場に行こうにも、道路崩壊などで重機や大型トラックが入れないことも多い」と話す。

■

県佐久建設事務所によると、佐久地方の河川の被害は、小規模なものも含めると40カ所を超える。県上田建設事務所の管内でも多数の被害がある。

こうした中、県や国は民家や道路に被害が及ぶ危険がある場所を優先して応急的な復旧作業をしているのが実情だ。県は34の被害箇所を優先し、護岸崩落で欠けた部分に大型の土のうやブロックを積むなどしている。ただ、この1週間で作業を終えたのは8カ所のみ。県河川課も「応急復旧が終わらない場所もある」と認める。

国土交通省北陸地方整備局（新潟市）は、国管理の県内河川で被害があった51カ所（18日午前0時時点）について、優先順位を付けて作業を進めているが、まだ作業が終わらない場所がある。決壊して大きな水害をもたらした長野市穂保の千曲川堤防は、17日に仮堤防が完成したが、完全な堤防よりは弱いとし、ブルーシートを掛けて保護する。巡回する職員を増やすなどして、危険なときはいち早く情報発信する態勢を取る予定だ。

市道脇の斜面が崩れ、倒れた電柱＝18日午後3時30分、上田市真田町

■

国や県が管理する河川だけでなく、集落付近の沢沿いなどでも土砂災害が起きている。県は18日午前10時時点で、東北信地方を中心に計33カ所で土砂災害の発生を確認した。内訳は土石流17カ所、崖崩れ12カ所、地滑り4カ所。地域別で見ると佐久地方で15カ所、上小地方で8カ所と被害が多く、降雨量を反映している。

県建設事務所や地元市町村が、崩れた場所にシートを掛けたり、土のうを積んだりして応急処置を施した。土砂が動いた場合に下流の民家などに警告する土石流センサーの設置も2カ所で設置した。ただ、こうした応急的な対策を済ませたのは同時点で8カ所だけ。処置済みであっても、本格的な復旧とは言えず、警戒は引き続き必要だ。

県砂防課は台風被害の発生後、各建設事務所職員が現地を訪れる他、職員がヘリコプターに乗って上空から確認するなどして被害の情報を収集。日がたつにつれて、被害の確認件数は増えており、まだ把握できていない土砂災害も多いとみられる。

県内は18日、広い範囲で雨が降った。秋雨の季節を迎えており、二次的な土砂災害の危険性も高まっている。同課の藤本済課長は「市町村などを通じて、住民には土砂災害現場に近づかないことや、雨が降った場合は早めに避難することを呼び掛けている」としている。

県が優先的に応急復旧している河川（18日正午時点）

市町村	河川	被害
【応急復旧作業中】		
川上村	千曲川	護岸崩落
	黒沢川	護岸崩落
佐久穂町	千曲川	護岸崩落
	余地川	護岸崩落
南相木村	南相木川	護岸崩落
佐久市	千曲川（2カ所）	護岸崩落
	志賀川	護岸崩落、堤防決壊
	滑津川（2カ所）	堤防決壊、越水、護岸崩落
	雨川（3カ所）	護岸崩落
	霞川	護岸崩落
	小宮山川	護岸崩落
	大沢川	越水、土砂流出
	谷川	護岸崩落
	田子川	護岸崩落
軽井沢町	茂沢川	護岸崩落
小海町	千曲川	護岸崩落
北相木村	相木川	護岸崩落
東御市	千曲川	越水、護岸崩落
上田市	神川（2カ所）	護岸崩落
長野市	岡田川	堤防決壊、護岸崩落
	三念沢	護岸崩落
【応急復旧済み】		
佐久市	雨川	護岸崩落
	田子川	護岸崩落
南相木村	南相木川	護岸崩落
	栗生川	護岸崩落
麻績村	麻績川	堤防決壊
小布施町	松川	堤防欠損
長野市	浅川	堤防越水
飯山市	皿川	越水、決壊

台風19号主な土砂災害の発生場所
（県砂防課調べ、18日午前10時時点）

地区	応急処置
【土石流】	
長野市若穂保科	予定
上田市	
丸子平井茂沢	予定
丸子平井梅ノ木	済み
丸子東内新屋	予定
丸子東内虚空蔵	済み
丸子腰越	済み
佐久市岩下	検討中
佐久穂町平林曽原	済み
大日向	検討中
長久保	検討中
小谷村中土中谷東	一部済み
山ノ内町平穏	検討中
【地滑り】	
安曇野市南陸郷	済み
飯山市富倉滝の脇	済み
富倉濁池	済み
【崖崩れ】	
長野市若穂保科	検討中

県内の被害額 1面参照

台風19号による県内の人的被害
（18日正午時点、県災害対策本部まとめ）

市町村	死亡	重傷	軽傷	計
長野市	2	2	59	63
上田市		1	4	5
須坂市			2	2
飯山市			7	7
佐久市	1		18	19
千曲市			5	5
東御市			1	1
佐久穂町			2	2
軽井沢町			1	1
箕輪町			1	1
坂城町			2	2
合計	3	3	102	108

台風19号による県内の住宅被害
（18日正午時点、県災害対策本部まとめ）

市町村	全壊	半壊	一部損壊	床上浸水	床下浸水	計(世帯)
長野市				3305	1781	5086
松本市					1	1
上田市	1			23	67	91
岡谷市			2			2
須坂市				218	100	318
中野市				79	37	116
飯山市				407	206	613
佐久市				91	341	432
千曲市				1310	791	2101
東御市				3	3	6
小海町				4	5	9
南牧村				1	2	3
南相木村				2	6	8
北相木村	1			8	15	24
佐久穂町				43	42	85
軽井沢町	2					2
御代田町				2		2
立科町				4	26	30
青木村			1		3	4
長和町				1	50	51
辰野町		5	24			29
箕輪町			6			6
飯島町			1			1
南箕輪村			1			1
麻績村					3	3
筑北村					3	3
坂城町				10	1	11
小布施町				35	17	52
高山村					2	2
野沢温泉村				10	10	20
信濃町			29		5	34
飯綱町			3			3
栄村				2	2	4
合計	4	5	67	5558	3519	9153

台風19号による県内の避難所・避難者数
（18日午前10時時点、県災害対策本部まとめ）

市町村	避難所	避難者数
長野市	13	690
千曲市	1	4
上田市	2	4
飯山市	1	10
中野市	1	8
須坂市	2	162
小布施町	2	37
佐久穂町	1	19
合計	23	934

避難所への避難者数の推移
（全県、人）

日時	人数
12日午後6時	567
13日午前8時	7435
14日午後6時	1308
15日午後3時	1081
16日午後3時	924
17日午後3時	873
18日午後3時	948

東信

上田支社 ☎0268－23－1200 fax. 23－1202
〒386－0018 上田市常田2－35－10

東御支局 ☎0268－62－4181 fax. 62－4189
〒389－0516 東御市田中178－17

佐久支社 ☎0267－62－2141 fax. 62－2533
〒385－0035 佐久市瀬戸1203－1

小諸支局 ☎0267－22－0480 fax. 26－1286
〒384－0023 小諸市東雲1－1－11

軽井沢支局 ☎0267－42－2536 fax. 42－9120
〒389－0102 北佐久郡軽井沢町軽井沢471－5

台風19号　東信 無念の農業被害

佐久市中込

滑津川の氾濫で土砂が流れ込んだ市川さんの農業用ハウス。農家仲間らが駆け付け、残ったトルコギキョウを片付けた＝17日午前10時10分、佐久市中込

上田市山口

強風で栽培するリンゴの２割ほどが落ちた農家の畑＝16日午後２時９分、上田市山口

強風で鉄パイプが根元から曲がり、倒壊した農業用ハウス＝16日午後５時７分、上田市下塩尻

余地川の増水で堤防や道路が削られ、一部宙に浮いた状態になった農業施設＝17日午後２時59分、佐久穂町海瀬

台風19号による被害は東信地域の農業にも大きな爪痕を残した。河川の氾濫で佐久市や佐久穂町などの水田やハウスに土砂が流入したり、強風により上田市や小諸市、立科町などの広範囲で収穫間際だったリンゴが落果したりした。行政や農協などは被害の把握を進めるが、全容はまだ分かっていない。

滑津（なめつ）川の堤防が決壊し、土砂が流れ込んだ佐久市中込。決壊した場所の約700㍍西でトルコギキョウを栽培する市川秀人さん(75)は17日、ハウス内に入り込んだ泥を取り除いたり、水没した農機を洗ったりと片付けに追われた。「行政や農協の支援をもらいながら、なんとか再開したい」と力を込めた。

佐久穂町海瀬で年間30万本のカーネーションを出荷する宮川和之さんは抜井（ぬくい）川の氾濫で栽培するハウス9棟のうち7棟が被害に遭った。「被害の規模が大きく、片付けの人手が足りない」と頭を悩ませる。

上田市では台風に伴う強風で農業用パイプハウスが倒壊するなどの被害があった。同市下塩尻でキュウリなどの野菜を栽培する農家男性(83)のハウスは、パイプが根元から大きく曲がり、覆っていたビニールも大部分が破れた。栽培していたキュウリの収穫は終わり、農作物被害はなかったものの、男性はハウス再建を断念。「これを一区切りにしたい」と肩を落とした。

訂正

18日付「東信復旧へ一歩一歩」の写真説明で、「東御市大日向」は「東御市島川原」でした。

アート

◇上田市【幸福の国ブータン写真展】11月10日まで、中央1の上田プラザホテル1階まちなかギャラリー。市内の写真愛好家7人による人々の暮らしや風景、祭りの様子を撮った約30点。松尾カメラ☎0268・22・2029。

イベント

◇上田市【台風復興プロジェクト】20日午前9時～午後4時、上田電鉄別所温泉駅。きのこ鍋300食を振る舞う。募金活動を行い、一部崩落した千曲川の鉄橋修繕のため同社に寄付する。別所温泉旅館組合☎0268・38・2020。

◇小諸市【スマイル小商店街】19、20日の各午前10時半～午後3時。小諸商業高校。生徒による模擬株式会社「スマイル小（こ）商店街」の販売実習。飲食の出店や地域交流イベントなど。同校☎0267・22・0103。

ライフ

◇佐久市【佐久病院とお茶べり】26日午後1時半～3時、臼田のうすだ健康館☎0267・81・5541。佐久総合病院鍼灸（しんきゅう）師の井出文枝さんが「身体が喜ぶ簡単薬膳」と題し語り合う。ドリンク代が必要。

◇佐久市【がんサロンもくらんミニミニ講座】24日午後1時半～3時半、佐久医療センターがん相談支援センター☎0267・88・7184。同センター管理栄養士の鈴木さやかさんが「病院食について」と題し話す。対象はがん患者、元患者、その家族。無料。

募集

◇佐久地域【県佐久技術専門校「簿記・パソコン科」訓練生】訓練期間は11月12日～来年2月10日、佐久市の臼田経理専門学校。ハローワークに登録している求職者20人を募集。受講無料（教科書代などは実費）。募集期間は10月25日まで。入校選考は10月31日。管轄のハローワークへ応募する。同専門校☎0267・62・0549。

きょうの番組

UCV1上田121
6.00 UCVレポート
6.30 旬なにたべる？松茸
17.00 UCVレポート

UCV2上田122
6.00 上田千曲高校吹奏楽班定期演奏会
8.00 坂城町中之条区敬老会
10.00 信州爆水RUN in依田川
※災害報道のため番組内容が変更となる場合があります

丸子テレビ121
6.15 この街が好き 再8時15分、11時半、18時15分、21時15分、21時45分
9.00 第16回上田ハーモニカフェスティバル・前半 再13、19、22時
12.00 まるごと信州 再17時
15.00 丸子早起き野球大会Aリーグ決勝戦
18.00 ケーブルニュース再18時半、21時、21時半

はれラジ／FMとうみ78.5
7.00 ハピサタ天・交
7.40 東御・長和・立科行政情報
8.00 昭和ミュージック
10.00 音楽の森
12.00 ひだまりランチ天・交
12.20 スポーツコーナー
13.00 今噂のあの人（再）
14.00 音楽の森
16.00 COCOらじ（再）
16.30 ままやきラジオ（再）
19.00 映画音楽

YKTV12ch南牧
6.30 一週間のまとめ再 再12時半、18時半20時半、22時半

エフエム佐久平 76.5
7.00 おはようサタデー
9.00 ディスカバリー
12.00 マーチング総集編
13.30 第7回佐久平マーチングバンド発表会

FM軽井沢 77.5
9.00 Cheer Up!! 宮尾博子・N・天・交
15.00 大橋節夫物語
16.00 縦横無尽
17.00 MOROHAの！
18.00 yes！明日への便り
19.00 ACT4
20.00 The Remedy
21.00 軽井沢朗読散歩

とうみチャンネル
6.00 Weekly！とうみ 東御市内の話題（再）再12、18時
9.00 第53回北御牧中学校かくま祭 開祭式・教科発表 吹奏楽部発表 再15、21時
番組前15分テレビ回覧板

CTK12chこもろ
6.30 キラリ★青春～技術部～
6.55 ぐるっとふるさと信越
7.30 商工会議所旬鮮情報
8.30 ぴよぴよくらぶ
8.50 TV版広報こもろ
18.30 家庭・税務署・信州力

佐久ケーブルテレビ
6.30 とことこ39
9.50 北信越高校野球大会準決勝・佐久長聖対星稜生中継
15.30 園児の素顔・総集編
17.00 けーぶるにっぽん躍動！JAPAN
20.00 笑顔SAKU音広場
21.00 佐久のお仕事見学
22.00 まるごと信州情報ネット・県内ケーブルTV各局の話題をお届け
23.00 ともに生きる佐久 ※雨天時変更あり

TCV12ch蓼科
9.00 立科小学校マラソン大会
14.00 桐原獅子舞
15.00 藤沢獅子舞
20.00 もちづき保育園運動会

東信

上田・真田の矢野さん夫妻　自宅や畑流される
「仕事も家もなくなった」

台風19号で上田市真田町長の自宅が川に流されて全壊した農家矢野久男さん(59)、久美子さん(57)夫妻が18日、取材に当日の様子や今後への不安を話した。畑も農機も流され、別の場所で栽培するエノキタケは停電のため設備を動かせず多くが出荷できない。久男さんは「仕事も家もなくなった。これからどうしたらいいのか」と胸の内を語った。

地域の助けに感謝

夫妻は長男和也さん(32)、長女茜さん(30)、三男賢人さん(24)と5人暮らし。12日朝、夫妻はエノキ工場、子どもも3人はそれぞれの職場へと出掛けた。

仕事が休みになった賢人さんが昼前に自宅へ戻り、台風に備えて排水溝の補強などをしていた。昼すぎ、2階から近くの渋沢川を見ると、見たこともない濁流に。両親から「逃げろ」と連絡が入り、消防団からは招集がかかった。午後2時か3時ごろに家を出た。自宅に戻れず工場で過ごす夫妻に午後6時半ごろ、地域の人から「すごい音がした。危ないから家に行ってはいけない」と連絡が入った。翌朝、久男さんが戻ると家の1階は流されて見当たらず、土台から30㍍ほど離れた場所に2階部分があった。「言葉にならなかった」と久男さん。

賢人さんは「あのまま家にいたらと思うと怖い」と振り返る。家族は全員無事で現在は工場近くの空き家を借りて暮らしている。久美子さんは「地域の人がエノキを買ってくれたり、気に掛けてくれたりするのがありがたい」と目を潤ませた。

停電の影響で売り物にならないエノキタケを廃棄する矢野さん夫妻＝18日午後1時23分、上田市真田町長

千曲川支流　被害相次ぐ
丸子は床上浸水29件　今後の増水に不安の声

上田市の千曲川支流での台風19号被害が明らかになってきた。丸子地域では家屋の床上浸水29件、床下浸水42件。真田地域では流されて全壊が1件、床下浸水6件。まだ被害を把握できていない山間部の地域もあり、今後さらに広がる可能性もある。住民らは片付けに追われる一方、週末の雨に不安を募らせた。

依田川の増水で、丸子地域の腰越などで住宅や農地への浸水があった。自宅が床上に20㌢ほど浸水した滝沢亙さん(51)は週末の雨による増水が心配といい、「壊れた堤防の復旧を少しでも早く進めてほしい」と話した。

同地域最多の9件の床上浸水が報告されている平井。内村川に流れ込む複数の沢が増水し、工場にも土砂や水が流れ込んだ。自動車販売・整備業竹花文博さん(55)の工場には背後の沢から土砂が入り、多くの工具や設備が流れた。友人らの手を借りて復旧作業を進めてきた。竹花さんは「山は多くの水を含んでいる。少しの雨でも土砂崩れが起きないか心配」。

気象庁によると18日午後6時からの24時間で予想される降水量は県内中部の多いところで60㍉。市丸子地域自治センターの滝沢昌樹次長は「これまで被害があった河川や沢など危険な場所には近寄らないでほしい」と呼び掛ける。

真田地域では、神川沿いの長地区に被害が集中。同地域自治センターによると、群馬県境の山沿いに降った雨が急流の神川や近くの沢を流れ下り、平らな場所であふれたり、水流がぶつかる場所で護岸がえぐり取られたりした。

東御　本海野の住民一時避難
千曲川の護岸崩落影響で

東御市の海野宿橋の土台にある千曲川護岸が崩落した影響で、同市本海野の3世帯計7人が市営住宅に一時的に避難している。週末の雨に備えて18日、2世帯が新たに入居手続きをした。手伝いに訪れた家族らが自宅から市営住宅に冷蔵庫などを運び出した。

「庭に入った亀裂が広がってきている。雨が降れば、さらに地面がえぐられて自宅が川に落ちてしまうかもしれない。不安で夜、眠れない」。この日、市営住宅に避難した北吉俊平さん(70)は話した。

千曲川の護岸が削り取られた箇所が庭にまで迫っている住宅＝18日

自宅と千曲川の間には駐車場と道路があり、30㍍ほど離れていた。だが台風による増水で護岸が削り取られ、自宅庭の目前に千曲川が迫り、崖のようになっているという。

市は8世帯を対象に、住宅が崩落に巻き込まれる危険性があるとして市営住宅を提供。避難している原田高夫さん(70)は「一刻も早く対策工事を行ってほしい」と話した。

18日昼ごろの旧軽井沢銀座通り。観光関係者は客足が戻るか気をもんでいる

軽井沢・小諸　観光地は人まばら…
通常営業でもキャンセルが増加

台風19号の影響が、目立った被害のなかった観光地にも及んでいる。軽井沢町や小諸市は大半の宿泊施設が通常営業しているものの、キャンセルが相次ぐ。被災後初となる週末も雨の予報やイベントの中止などが重なり、客足が戻るかは見通せない状況だ。

「100件超のキャンセルが出た。まだ集計し切れない」。軽井沢町内のホテルの責任者はそう嘆く。浸水で1階の一部客室が使えないものの、大半の部屋は無事。営業継続の判断をしたが、肝心の客足が戻らないという。旧軽井沢の「万平ホテル」も300組弱のキャンセルがあった。この時季の客室稼働率は例年なら8割になるが、平日で4～5割にとどまるという。

軽井沢観光協会によると、町内のホテルなどは多くが通常営業に戻り、停電も解消。雲場池、白糸の滝といった観光名所へも一部の道を除き通れる。ただ、3千人規模の参加と宿泊を見込んだ19、20日のマラソンイベントが中止になり、今週末の宿泊は大幅に減少。紅葉シーズンを前に、被害や交通状況の正確な情報発信を強め、観光客の不安を払拭（ふっしょく）したいとする。

同様に被害が少ない小諸市でもキャンセルは増加。上信越道の一部通行止めや鉄道の運休なども影響しているとみられる。今週末は、初日を迎える小諸城址懐古園「紅葉まつり」など多くの催しが控えているが、一般社団法人こもろ観光局の担当者は「台風後は小諸駅前を歩いている人も少ない」と気をもんでいる。

陸自が佐久穂で仮設の入浴施設
崩落河川の復旧も

陸上自衛隊は18日、台風19号で被災した県の災害派遣要請に伴い、佐久穂町生涯学習館「花の郷・茂来館」の駐車場に入浴施設を仮設した。同館で避難所生活を続ける人や、自宅が被災した人が訪れ利用した。降雨に備えて崩落した河川の応急的な復旧にあたった。

入浴施設は、陸自第12後方支援隊（群馬県高崎市）が設けた。風雨をしのぐテント内に縦2㍍、横3㍍、深さ70㌢の浴槽のほか、脱衣所やシャワーを備える。利用した同町大日向のパート従業員小須田拓弥さん(24)は避難生活7日目。「床で寝たりしていて凝り固まった体がほぐれた」と話した。同隊の須江美嗣陸曹(40)は「ゆっくりお湯に漬かって、心身ともに疲れを取ってもらえればうれしい」と話していた。

同隊は町内でこのほか、大日向を流れる抜井川の崩落した護岸で、重機で補強する作業などを行った。

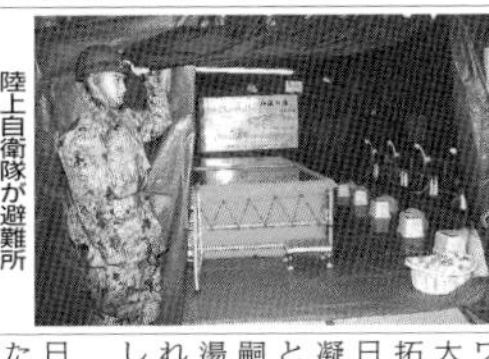

陸上自衛隊が避難所に設けた入浴施設

台風19号　生活情報
33面にも情報　18日時点、変更の可能性があります

▽上田市
【り災証明書受付】市（☎0268・22・4100）の市民参加・協働推進課と丸子地域自治センター（☎0268・42・3100）で。被害状況の写真、市ホームページから取る申請書を持参。19、20日も開設
【避難所】市中央公民館、上田創造館。充電、ネット環境あり
【災害ごみ受け入れ】上田クリーンセンター、依田窪プール駐車場（丸子地域対象）、旧神川地区公民館（神川地区対象）
【ボランティア受け付け】ボランティアの協力が必要な被災者は上田市社会福祉協議会（☎0268・27・2025）
【外国人相談窓口】市人権男女共生課（☎0268・75・2245）
【事業所向け相談窓口】上田商工会議所（☎0268・22・4500）。24日は日本政策金融公庫、県信用保証協会、市が対応

▽東御市
【給水】大日向集落センター、東御市ふれあい体育館、光ケ丘集会場、島川原地区農業生活改善施設、布下公民館、常満団地集会場
【休館】北御牧子育て支援センター

▽長和町
【路線バス】一部路線で迂回（うかい）しながら運行

▽青木村
【給水】村役場（☎0268・49・0111）で飲料水を配布
【充電】公民館
【路線バス】千曲バス青木線が通常ダイヤで運行

▽小諸市
【通行止め】県道諏訪白樺湖小諸線の布引トンネル付近
【催しの中止】藤村文学講座（19日）

▽佐久市
【罹災証明書の申請受け付け】市役所、臼田支所、浅科支所、望月支所（いずれも土・日曜、祝日休み）
【災害ごみ受け入れ】うな沢第2最終処分場、[illegible]処分場
【無料で入浴】あいとぴあ臼田（☎0267・81・5555）、市老人福祉センター長寿閣（☎0267・67・5575、土・日曜、祝日休み）、市福祉会館（☎0267・62・3094、月曜と祝日の翌日は休み）＝被災地の人が対象。窓口で申し出る
【充電】佐久市役所、臼田支所、浅科支所、望月支所（土・日曜、祝日休み）、佐久情報センター（月曜休み）、あいとぴあ臼田
【下水】下水道管理センターが受け入れ停止。市は広く節水を呼び掛け
【ボランティア受け付け】野沢会館で。佐久市社会福祉協議会（☎0267・64・2426）
【催しの中止】健康づくり佐久市民のつどい、レ・フレール マジカル・ピアノ（以上19日）、佐久大・同大信州短期大学部大学祭（19日中止。20日は開催予定）、佐久ふれあい広場、県佐久合同庁舎での犬・猫の譲渡会（以上20日）、ここちよいさくチャレンジプレイス（26日）、平尾山もみじ祭り、佐久地区母親コーラスまつり（以上27日）

▽軽井沢町
【災害ごみ受け入れ】町じん芥処理場（☎0267・46・0354）
【下水】発地地区で不調。百数十世帯に節水を呼び掛け
【入浴】風越公園の総合体育館、スカップ軽井沢（無料、ともにシャワーのみ）
【催しの中止】碓氷峠ラン184（19日）、軽井沢リゾートマラソン、しなの鉄道軽井沢駅ライブ（20日）

▽御代田町
【通行止め】面替橋など面替区の2カ所、一里塚地区世代間交流センター、豊昇区内の一部

▽立科町
【災害ごみ受け入れ】旧千草保育園（☎0267・88・8407、午前9時～午後3時）
【休業】権現山マレットゴルフ場あさまコース・キャンプ場

▽小海町
【町営バス】通常通り運行
【通行止め】県道松原湖高原線の細日トンネル付近が倒木の影響で全面通行止め
【災害ごみ受け入れ】町草刈久保最終処分場（午前8時～正午）で26日まで。20日は搬入不可
【入浴】町営日帰り温泉施設「八峰（やつほー）の湯」が南佐久郡の被災住民を対象に無料で入浴可能に。各役場で入浴券を受け取る。午前10時～午後9時。町役場（☎0267・96・2211）

▽佐久穂町
【避難所】生涯学習館「花の郷・茂来館」（☎0267・86・2041）
【給水】大日向、余地の2地区を給水車3台が巡回する
【入浴】自衛隊が生涯学習館「花の郷・茂来館」に入浴施設を設置。午後3時～10時半まで利用可能
【充電スポット】町役場佐久庁舎、生涯学習館「花の郷・茂来館」、社協ふれあい支所、社協こまどり支所、八千穂福祉センター、南佐久環境衛生組合
【災害ごみ受け入れ】南佐久環境衛生組合駐車場（午前9時～午後4時）
【ボランティアセンター】社協ふれあい支所（正午から受け付け、☎0267・86・4273）

▽川上村
【給水、入浴】断水解消により終了
【通行止め】県道川上佐久線、村道川上秩父線、川上牧丘線が通行止め。県道梓山海ノ口線は大雨で損傷した男橋が通行不可

▽南牧村
【通行規制】県道海ノ口梓山線が土砂崩落の影響で午前6～8時、同11時半～午後1時半、同5～6時を除く時間帯で通行止め

▽南相木村
【通行規制】県道栗尾・見上線で一部通行止め、村道に迂回（うかい）路あり
【入浴】村の日帰り温泉施設「滝見の湯」（☎0267・91・7700）は通常通り営業。佐久穂町、北相木村の自宅入浴が困難な住民も無料
【村営バス】栗生地区方面の便は栗生公民館まで運行

▽北相木村
【災害ごみ受け入れ】村社会体育館前駐車場
【村営バス】通常運行

第三種郵便物認可　信濃毎日新聞　2019年(令和元年)10月19日 土曜日　地域　26

北信

台風19号 夜間の千曲川水位上昇

音もなく増す水に恐怖

排水作業した須坂市職員 証言

13日午前8時半時点の水門付近。千曲川の水が堤防(右手前)を越えてあふれた(須坂市提供)

台風19号の影響で千曲川の越水や支流の氾濫が起こり、須坂市では18日時点で床上浸水28戸、床下浸水100戸の冠水被害が確認された。台風が最接近した12日から13日未明に支流の八木沢川の排水作業に当たった市職員が、猛烈な勢いで水位が高まる千曲川の様子などの緊迫した状況を取材に証言。「真っ暗な『空間』が少しずつ近づいてきた」などと語った。

12日午後11時40分ごろの水門。千曲川の水位が8メートル近くまで上昇していた(須坂市提供)

12日は市道路河川課の職員5人と民間業者の2人が八木沢川の河口で待機。水門の管理や排水機場の操作などに当たった。千曲川の水位上昇などによる八木沢川への逆流を防ぐため、午後5時に水門を閉鎖。排水機場から千曲川へ排水することにした。通常の運用では、千曲川の水位が2・9メートルを超えた場合に閉じるルールだが、今回は台風の影響が大きいと見込み、2メートルの時点で対応を切り替えた。

同10時ごろから千曲川の水位は急激に上昇。同11時22分、過去最高の7・85メートルに達した。堤防の高さは約9メートル。あふれる恐れが高まっていた。「1時間後に排水を停止してください」。同11時45分、国土交通省千曲川河川事務所(長野市)から指示を受けた。

同課維持係の佐々木和幸さん(37)らが確認のため堤防に上がると激しい雨が体に打ち付け、「ゴー」という風の音がした。千曲川の水面は静かなまま「穏やか」に見えたが、水かさは音もなく増していく。「真っ暗な『空間』」が少しずつ近づいてくる感覚に襲われた。「不気味で怖かった」。同45分ごろ、水位は8・5メートル近くに達した。急きょ排水を止め、職員らは避難することに。13日午前0時10分、排水機場を後にした。

その後、千曲川の水が堤防を越え、排水されなくなった八木沢川も氾濫。北相之島地区を中心に相之島地区、小島地区などが冠水した。排水機場内も深さ50センチほどまで水に漬かり、排水設備が2台とも故障した。

一帯は千曲川と八木沢川に囲まれ、1981〜83年の水害でも八木沢川は氾濫。排水機場は90年に設備を増強した。だが千曲川の越水は今回が初めてだった。市道路河川課の滝沢秀芳課長は「どう対応すればよかったのか。市だけでは解決できない」と悩む。

山梨市職員ら飯山に応援

14年豪雪「除雪の恩返し」

災害ごみを運び出す山梨市の建設業者ら

台風19号の影響で市街地一帯が冠水した飯山市で、災害時相互応援協定を結ぶ山梨県山梨市の職員や建設業者らが家屋調査やごみ収集などで活動している。2014年に山梨市が記録的な豪雪に見舞われた際、飯山市が除雪作業を手伝った。山梨市職員らは「恩返しをしたい」と話す。

同市職員ら8人は17日午前8時半ごろに到着。業者は早速2台のダンプカーで市街地のごみの搬出を開始。同市職員は飯山市職員らと一緒に被災家屋を回り、罹災証明の発行に必要な調査に当たった。

山梨市総務統括監の中村貴仁さん(60)によると、派遣期間は21日まで5日間の予定だが、必要に応じて職員を交代しながら期間を延長する。市民からも飯山市への支援を求める声が出ているといい、「力になれるよう精いっぱい活動したい」と話した。

14年の豪雪災害で山梨市は深さ1メートル超の積雪に見舞われた。除雪機がなく復旧作業が難航していた同市に、飯山市は大型の除雪車や小型除雪機など計11台と職員ら約30人を派遣した。

森山良子さんとオケ「アンサンブル金沢」ら 集めた義援金 長野市に贈る

台風19号の被災者支援に役立ててほしいと、歌手森山良子さんやオーケストラ・アンサンブル金沢(金沢市)らが17日、コンサートで集めた義援金を長野市に贈った。

オーケストラの指揮者鈴木織衛さん(54)ら2人が同日、市内での公演前に市役所で加藤久雄市長に目録を渡した=写真。

森山さんと同オーケストラは、台風による被害発生後の14日に石川県で、16日に新潟県で公演を行った。義援金は観客の他、出演者らからも募ったといい、総額約100万円。加藤市長は「一人一人のご厚意として受け取らせていただく」と感謝した。

きょうの番組

INC地上11ch チャンネルINC
5.00 台風19号被害に関連する長野市内の情報を文字でお伝えします(他前7時半・前11時後3時・後9時放送)
7.00 ニュースウィークリー▽台風19号被害関連▽喫茶花時計閉店▽長商デパートメニュー試作(再後1時・後6時)
9.00 高校演劇▽屋代(再後4時)
11.00 越後・上越SAKEまつり▽上越から中継 みんなのラーメン
7.00 しんまち・中条情報局
7.30 戸隠・鬼無里情報局
7.45 路地裏の景色
8.00 「吉田五丁目界隈」 開業45年の無線機店

iネット飯山 ほっとスタジオ
7.00 ▽台風19号 市内大きな被害▽退任教育委員へ感謝状▽豊学生と中学校交流▽豊田の女性セミナー▽飯水美術展審査会▽いいやま段句大会(12.30 15.30 19.30 22.30)
7.45 千曲大自然の旅2
8.00 突撃!ケーブルテレビ
8.30 健康チャンネル(11.30 15.00 16.30)
9.00 ウィークエンド飯山▽女声合唱団フィオーレ(9.00 13.30 20.30 23.30)
10.30 けーぶるにっぽん躍動
11.00 まちっぷちゃん
12.00 信越ドライウォーク
17.00 近隣CATVニュース

ふう太チャンネル
ご近所NEWS(13.00)
6.25 ぐるっとふるさと信越
6.30 週刊N▽台風19号関連(7.30 8.30 9.30 12.30 15.30 18.30 19.30 22.30 23.30)
7.00 日刊ふうタイム(8.00 9.00 12.00 15.00 18.00 19.00 22.00 23.00)
10.00 中学校吹奏楽祭(16.00 20.00)
14.30 信越ドライウォーク
21.55 ぐるっとふるさと信越

テレビ菜の花
6.00 野沢温泉春夏秋冬
6.25 ぐるっとふるさと信越
6.30 話題の広場WeekI
9.00 野沢温泉スキー体操

UCV1上田121
6.00 UCVレポート
6.30 旬なにたべる?松茸
17.00 UCVレポート

UCV2上田122
6.00 上田千曲高校吹奏楽班定期演奏会
8.00 坂城町中之条区敬老会
9.00 信州爆水RUN in 飯田川

※災害報道のため番組内容が変更となる場合があります

GLTV すこうCH地上121
8.00 ニュースウォーカー特別版【台風災害情報】▽文字情報を中心に生活情報などをお送りします(12時)▽18時〜当日の須高地区の最新映像を交えて1日の動きをお伝えします(22時24時※地域情報チャンネルにて18時20時21時22時〜放送します)
9.00 元気っ子〜須坂双葉幼稚園〜(13時19時)
1400 子育てポケット(17時23時半)
1500 仁礼小学校運動会特集
2100 相森中学校大運動会

たかやまch地上122
8.00 JFAこころのプロジェクト『夢先生』(14時20時)

地域情報ch 地上111
1800 ニュースウォーカー特別版【台風災害情報】(19時20時21時22時)

お天気ch 地上112

テレビ北信・豊田情報センター デジタル121ch
121chでは「ふるさとステーション」「THV特集」以外の番組を休止し、中野市内の台風被害関連情報を文字で放送いたします。「災害ごみ関連」「避難所関連」「市内道路関連」など
7.00 Nふるさとステーション▽台風19号中野市にも大きな被害▽大学生が農業インターンシップ▽一本木公園で園児がリンゴ狩り(再12・18・23時)
1900 THV特集「中央幼稚園運動会」

121chネット千曲
8.00 千曲ニュース▽出来事
8.15 「信州のチカラ」
9.30 まるごと信州情報ネット㊋5.00
10.00 埴生中学校音楽会㊋9.00
0.00 週刊TVかわら版▽台風19号市内の被害▽松本市の有志が千曲でカレー炊き出し、ほか㊋6.00、8.00、11.00
2.00 第12回千曲市総合芸術祭『輝』(前編)
7.00 QVC／ショッピング

11chネット千曲112
9.00 平成かわら版特集▽5年・1993年㊋7.00
1.00 平成かわら版特集▽6年・1994年㊋8.00

FMぜんこうじ 76.5
5.00 ZAPPA
6.00 ポップオブザワールド
7.45 みどりとみずと
8.00 レディオドーナッツ
11.00 大岩堅一の土曜エンタメ 意気 Yoh Yoh
0.00 僕のパパは住職さん 仏事指南役:釋真了
0.10 シーズンズ
3.00 フルーツマーケット
5.00 ミュージコロジー
6.00 オトアジト
7.00 ワールドエアカレント
8.00 クラシーリビング
9.00 トラムタイム&タイド
10.00 ニホンモノ 以降 J−WAVEネット

長野本社 ☎026−236−3130 fax. 236−3196
〒380−8546 長野市南県町657

須坂支局 ☎026−245−0120 fax. 248−4893
〒382−0094 須坂市屋部町1327

中野支局 ☎0269−22−3224 fax. 26−0760
〒383−0025 中野市三好町2−4−41

飯山支局 ☎0269−62−2226 fax. 63−3128
〒389−2253 飯山市福寿町1114−10

千曲支局 ☎026−273−0062 fax. 273−1134
〒387−0006 千曲市粟佐1305−4

北信

復旧へ支援 北部でも

長野 ボランティア受け入れ開始

被災地「人手足りぬ」

千曲川の堤防が決壊して大きな被害を受けた長野市北部の長沼、豊野、古里地区で18日、市災害ボランティアセンターを通じたボランティアの受け入れが始まった。この日は市内を中心とする237人が、大量に残る泥をかき出したり、使えなくなった家具や家電を運んだり。それでも被災住民からは「人手が足りない」と悲鳴が上がった。

地域住民らと一緒に泥を集めるボランティアの萩原さん（右）＝18日、長野市赤沼

同市栗田の会社員、萩原智さん(47)は、同市赤沼の佐々木茂久さん(70)宅でガレージにたまった泥をかき出し、袋にまとめた。被災した同僚もいるといい「自分もできることをしたいと初めて応募した」。佐々木さんは「とにかく人手が足りない。家の中は片付けたが外はまだまだ。ボランティアに来てもらえるとありがたい」と強調する。

センター運営に携わる県社会福祉協議会の山崎博之さんによると、赤沼では150人ほどのボランティアの要望があったという。山崎さんは「多くの人に参加してもらえるよう、情報発信に力を入れたい」と話していた。

同市北部のボランティアは、県社協運営の特設サイトから団体(8人以上)で申し込むか、午前8時半に長野駅東口ユメリアバスパークを出発する無料送迎バスに乗るなどして参加する。19日は雨が予想され、ボランティアの可否は、午前7時に市災害ボランティアセンターのフェイスブックで告知する。

問い合わせは午前8時半から午後5時までに同センター本部（☎080・5072・9607）へ。

浸水被害 長野の2保育園

他園が協力 分散保育

市、21日から臨時託児所

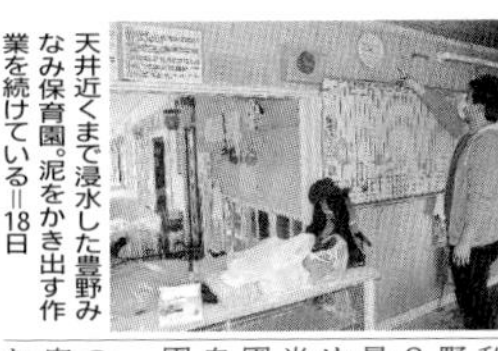

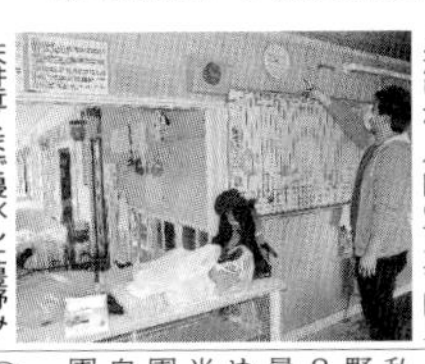

天井近くまで浸水した豊野みなみ保育園。泥をかき出す作業を続けている＝18日

台風19号で千曲川の堤防が決壊した長野市穂保の近くで、2保育園が甚大な被害を受けた。園舎は深く浸水し使えないが、他園の協力で園児を分散して保育している。一方、市は21日から、被災して自宅などの片付けをする保護者のための臨時託児所を開く。

2施設は市立長沼保育園と私立の豊野みなみ保育園。豊野みなみ保育園は天井に近い2メートルほどまで浸水。他園の職員の力も借りて片付けを進め、現在は園児84人のうち約半数を同じ法人が運営する他園や協力園で保育している。自宅が被災し、通えていない園児もいるという。

法人統括の松橋由幸さん(44)は「利便性にも配慮し、安心できる別の拠点も確保したい」。長沼保育園も当面は近隣の2園で園児を預かる。

無料の託児は、自宅や親族の家が浸水し、片付け作業をする保護者向け。満1歳からの未就学児を、豊野東保育園と、篠ノ井地区にある中央保育園の一室で預かる。21～31日の午前9時～午後4時。可能な範囲で事前に各園に連絡する。飲み物や着替え、おむつ持参が基本だが、柔軟に対応する。

長野・豊野中 片付けに助っ人

千曲川などの氾濫で浸水被害のあった長野市豊野中学校に連日ボランティアが駆け付け、清掃や片付けを手伝っている＝写真。18日は市内外の小中学校の教員が参加。社員に卒業生がいる縁で、環境関連事業のミヤマ（長野市）が、高圧洗浄機を持ち込んで校舎内の泥を落とした。

同校は校舎1階が約1・5メートルの高さまで浸水し、多くの机や椅子などが泥にまみれた。同校の教職員だけでは手が回らず、15日からボランティアを募って作業を進めている。18日は教員約40人が集まって机などを校舎の外に搬出。さらにミヤマの社員10人は、校舎内の廊下や水飲み場、ドアの泥を洗い流した。

社員の宮沢邦夫さん(38)＝長野市吉田＝は「一日でも早く子どもたちが学校へ行けるようになってほしい」。林理恵校長は「被害がひどく、どうしていいか分からない中、助けはありがたい」と感謝した。

プロレスラーや高校生も手伝い

中野と長野

台風19号による千曲川などの氾濫を受け、中野立志館高校（中野市）の野球部選手とマネジャーら計26人が18日、中野市立ケ花の被災住宅などの片付けを手伝った＝写真上。4軒に分かれ、泥で汚れたリンゴケースを水で洗ったり、倉庫の泥をかき出したりした。

主将で2年生の三ツ井拓也さん(17)は「困っている人を見かけたら助けていきたい―という気持ちが強くなった」と話していた。

長野市篠ノ井地区では新日本プロレスの人気レスラー、オカダ・カズチカ選手(31)が、ボランティアに参加した。18日に市内で予定されていた大会が中止になったが「いつも力をもらっているので恩返しがしたい」と駆け付けた。

篠ノ井塩崎の女性2人暮らしの住宅で、「よいしょ」と力を込めて泥をスコップですくい、袋に詰めた。「地元の人だけではできないことがある。多くの人に被災地の状況を知ってほしい」と話した。

被災した住宅の脇で泥をかき出す作業をするオカダ選手（右）＝18日、長野市篠ノ井塩崎

長野市 AI機能で被災者向け情報

被災者向け情報を提供する長野市公式アカウントのQRコード

長野市は18日、無料通信アプリ「LINE（ライン）」の人工知能（AI）機能を活用し、台風19号被災者向け情報の提供を始めた。画面上に表示される項目を3回ほどタップすると目的の情報や問い合わせ先などが表示される。

市の公式アカウント「長野市2019台風被災者支援」を友だち登録して使う。例えばメニュー画面から「自宅被害」、「証明書（り災証明）」、「発行に必要なもの」と選ぶと、交付申請書のリンクや記入例、必要な添付資料が表示される。市人口増推進課は「気になることを24時間、簡単に調べられるので活用してほしい」としている。

長野市 罹災証明書発行 初回は28日

長野市は18日、台風19号で住宅被害が出た市民への「罹災証明書」の発行を3回に分け、初回を28日に行うと明らかにした。2回目は11月7日、3回目は同13日。当初は11月13日に一括発行する方針だったが、資産税課は「調査が済んだところから発行する」として大幅に前倒しした。

また、10月28日から仮設住宅への入居申し込みも受け付ける。住宅課は既存の市営住宅などに高齢者や障害者、妊娠中の女性ら「特に支援が必要な人が避難所から早く移ってもらうように検討する」と説明。今後建設予定の仮設住宅についても整備日程や戸数などの詳細を国や県と協議する。罹災証明書発行前でも写真などで被害が確認できれば入居申し込みを受け付ける。

加藤久雄市長は18日の市災害対策本部会議で、被災者の負担軽減のため、遅くとも11月には避難者が仮設住宅などに入り、12月には避難所の開設を終える―との目安を持って対応を進めるとした。

戸倉上山田温泉 19施設無料開放

千曲市の戸倉上山田温泉旅館組合青年部などは18日から、戸倉上山田温泉の日帰り温泉施設、ホテル、旅館の計19施設で、台風19号のため市内で被災したりボランティアで活動したりしている人向けに入浴の無料開放を始めた。20日まで。施設により開放する日や時間が異なる。問い合わせは信州千曲観光局（☎026・261・0300）へ。

長野市が避難所でインフル予防接種

あすから

長野市は18日、台風19号に伴い市内9カ所の指定避難所に避難している65歳以上の人などを対象に、インフルエンザの予防接種を無料で行うと発表した。20日は豊野西小学校と長野運動公園、21日は豊野東小、22日は北部スポーツ・レクリエーションパークで行う。いずれも午後1時半～2時半。その他の避難所は日程を調整している。希望者は前日までに、各避難所に掲示する希望表に印を付ける。

台風19号 生活情報

33面にも情報 18日時点、変更の可能性があります

▽長野市

【避難所】（指定避難所）豊野東小、東条小、古里小、豊野西小、豊野西部児童センター、長野運動公園、南長野運動公園、北部スポーツ・レクリエーションパーク、昭和の森フィットネスセンター、（自主避難所）松代支所、篠ノ井総合市民センター、古里総合市民センター、豊野区事務所（豊野北公民館）

【ごみ受け入れ】篠ノ井運動場（篠ノ井）、青垣公園運動場（松代町）で、それぞれ午前9時半～午後4時半。豊野東山第一運動場（豊野）は午前9時～午後4時半

【下水】古里、柳原、長沼、若槻、朝陽、若穂、古牧、吉田、大豆島、豊野、松代のそれぞれ一部で節水を呼び掛け。松代温泉団地に仮設トイレ4基を設置

【ボランティア受け付け】南長野運動公園屋内ゲートボール場で、午前9時～正午。北部地域は長野駅東口を午前8時半に発つ送迎バスに乗り、柳原総合市民センター北側農地で受け付け。団体は市災害ボランティアセンターのフェイスブックページから事前登録。雨天中止の場合は午前7時に同フェイスブックページで知らせる。センター本部（☎080・5072・9607）、依頼に関する住民専用ダイヤル（☎080・5072・9637、080・5072・9647）

【スポーツ施設休館】長野運動公園体育館、南長野運動公園体育館、長沼体育館、北部スポーツ・レクリエーションパーク、豊野体育館、豊野屋内運動場、千曲川水系河川敷のスポーツ施設、サンマリーンながの屋内運動場、篠ノ井運動場、茶臼山運動場、豊野東山第一・第二運動場、青垣公園運動場、柳原体育館。いずれも当面の間

【交流拠点休館】かがやきひろば東北と併設の東北いこいの家、かがやきひろば豊野。いずれも当面の間

【支所】長沼支所と豊野支所が業務停止。住民活動などの相談は市地域活動支援課（☎026・224・7615）

【保健センター】豊野保健センターが業務停止。当面、東部保健センターで対応。市保健所健康課（☎026・226・9963）

【休園】長沼保育園、豊野みなみ保育園（保育は他施設で）

【放課後子ども総合プラン】長沼児童センター、松代北の丸児童センターが被災。長沼、豊野西、豊野東の各小学校の区域は22日まで実施しない。豊野東小の区域は23日から豊野東子どもプラザで再開する。松代小の区域は他施設で通常実施。市こども政策課（☎026・224・6796）

【外国人相談窓口】市国際交流コーナー（☎026・223・0053）で、第1、第3水曜日と日曜祝日を除く午前10時～午後6時。コーナーが対応しない日は市インバウンド・国際室（☎026・224・5447）で午前8時半～午後5時15分に受け付け

【消石灰配布】18支所（松代、柳原、篠ノ井、古里、若穂、豊野、川中島、更北）で、配送次第。マスク、手袋など装備を。市保健所健康課（☎026・226・9964）

【商工事業所相談窓口】設備や資金繰りなど。市商工労働課（☎026・224・5041）

【被災動物相談窓口】ペットの預かり相談など。市保健所動物愛護センター（☎026・262・1212）

【入浴】避難者の無料入浴利用券を各避難所で配布する。利用対象施設は湯～ぱれ、松代荘、サンマリーンながの、若槻いこいの家、石川いこいの家、松代いこいの家、若穂いこいの家、アゼィリア飯綱。市危機管理防災課（☎026・224・5006）。陸上自衛隊が午後3～10時、長野運動公園と南長野運動公園に入浴施設を設置

【義援金】八十二銀行長野市役所支店（普）266095（口座名「長野市災害対策本部」）へ振り込み、市介護保険課（☎026・224・7991）窓口へ持参

【居場所開設】老人福祉センター（湯福、柳町、吉田、氷鉋、鬼無里、中条）、いこいの家（松代、石川、大豆島、茂菅、若槻、新橋、氷鉋、若穂、東長野）。午前9時～午後4時

▽須坂市

【避難所】旭ケ丘ふれあいプラザ、北部体育館

【ごみ受け入れ】日滝原産業団地内のテニスコート

【入浴】古城荘（☎026・245・1460）、湯っ蔵んど（☎026・248・6868）

【ボランティア受け付け】雨天により中止

【下水】上八町と下八町を除くほぼ全域で受け入れ停止。冠水地域などに仮設トイレを設置。バキュームカー処理で対応

▽小布施町

【避難所】老人福祉センター林濤荘、飯田地区の公会堂

【入浴】小布施温泉あけびの湯（☎026・247・4880）、おぶせ温泉穴観音の湯（☎026・247・2525）

【ボランティア受け付け】雨天により中止

【下水】東町、上町、中町、伊勢町、中央、中扇、横町、福原、栗ガ丘、大島、飯田、林、山王島、水上、松の実、千両、クリトピアと、六川と松村の一部で受け入れ停止

▽高山村

【下水】高井地区で受け入れ停止。役場や小中学校などの公共施設に仮設トイレを設置

▽中野市

【避難所】西部公民館

【ごみ受け入れ】東山クリーンセンター、B＆G海洋センター

【ボランティア受け付け】市社会福祉協議会（☎0269・26・3111）

▽山ノ内町

【入浴】湯田中駅前温泉楓の湯（中野市、飯山市、小布施町の被災者、☎0269・33・2133）

▽飯山市

【避難所】市公民館

【ごみ受け入れ】旧城南中学校

【入浴】いいやま湯滝温泉（☎0269・65・3454）、湯の入荘（☎0269・65・3312）、斑尾高原「ペンション ウッディヒル」（☎0269・64・3445）

【商工業者相談窓口】飯山商工会議所（☎0269・62・2162）

▽千曲市

【避難所】旧更埴庁舎保健センター

【ボランティア受け付け】市社会福祉協議会（☎080・5072・9750）

【入浴】被災者に温泉入浴無料券を配布した。利用対象施設は竹林の湯、白鳥園、つるの湯、健康プラザ。市生活安全課（☎026・273・1111）

【支援物資配布】被災者に飲料水や毛布、タオルなどを配る。配布場所は旧更埴庁舎北庁舎会議室で午前9時から午後3時半

▽坂城町

【入浴】町内外を問わず被災者とボランティアを対象にびんぐし湯さん館を無料開放

▽スーパーの休業状況

ツルヤ松代店、長野県・Aコープ松代店、デリシア豊野店、ユーパレット赤沼店、同みゆき野店で、営業再開のめどが立っていない。

▽風呂の無料開放

長野市妻科のうるおい館（☎026・237・4126）で午前6～9時、午前10時～午後11時

▽子どもの居場所開設

長野市柳原小学校体育館で19日午後1～6時と20日午前10時～午後6時、認定NPO法人カタリバ（東京）が、避難生活中の小学6年生までの子どもを対象にボール遊びや本の貸し出しをする。

▽幼児・学童保育

清泉女学院大・同短大（長野市）の上野キャンパスで19日と26日の午前10時～午後3時、幼児・学童保育を開設する。遊びやこども食堂、健康相談など。無料。同キャンパス（☎026・295・1325）

第三種郵便物認可 信濃毎日新聞 2019年(令和元年)10月19日 土曜日 特集 30

台風19号 1週間

静岡・伊豆半島への上陸から19日で1週間の台風19号は、各地に深い爪痕を残した。長野県内は千曲川流域を中心に堤防の決壊や越水、土砂崩れが各地で発生し、甚大な被害が発生。18日現在、死者は3人、行方不明者は少なくとも2人。多数の人が避難生活を強いられ、停電や断水が続いている地域もある。県内を含め、全国で被害の全容は明らかになっていない。

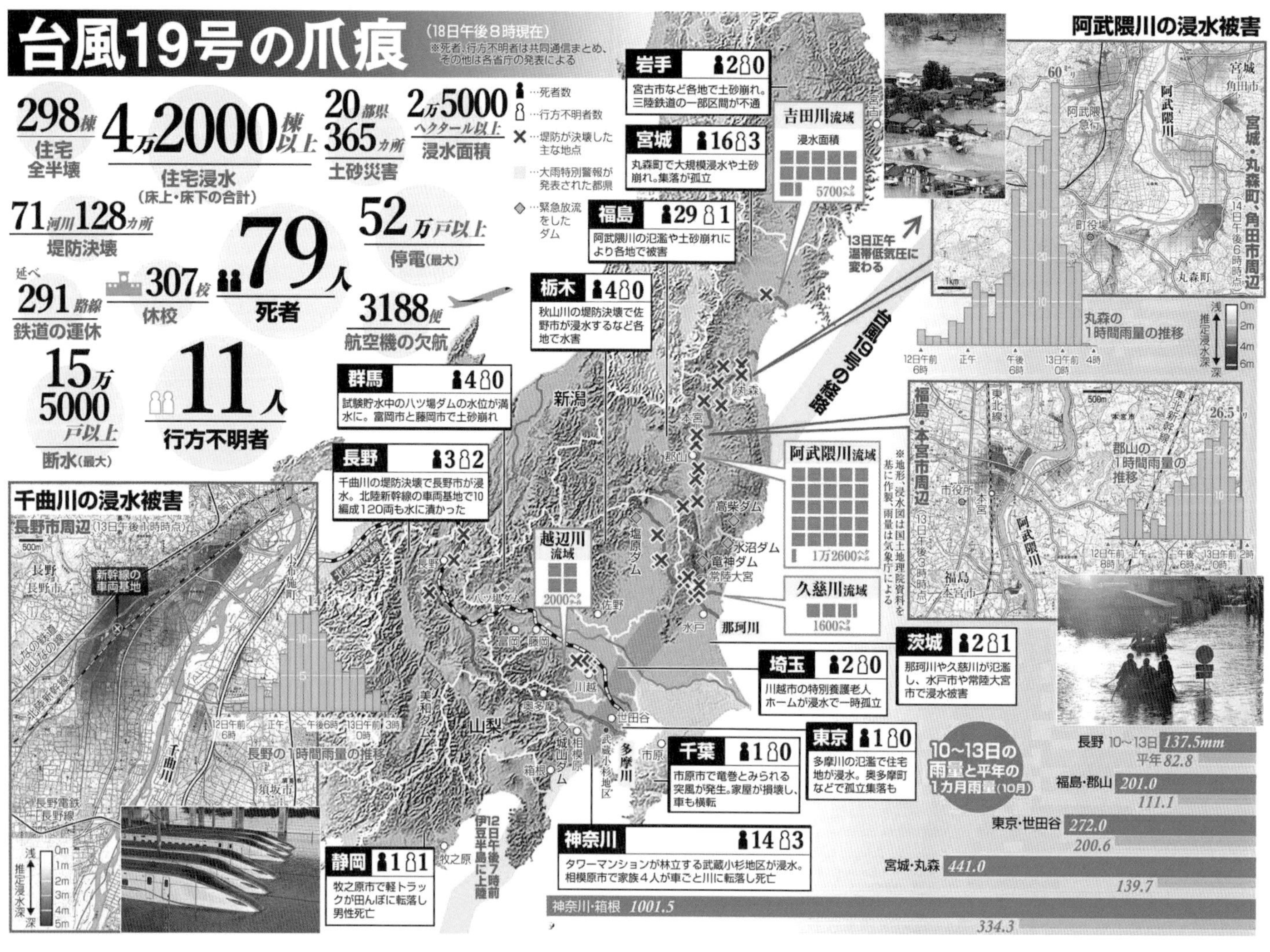
台風19号の爪痕
(18日午後8時現在)
※死者、行方不明者は共同通信まとめ、その他は各省庁の発表による
298棟 住宅全半壊
4万2000棟以上 住宅浸水 (床上・床下の合計)
20都県 365カ所 土砂災害
2万5000ヘクタール以上 浸水面積
71河川 128カ所 堤防決壊
52万戸以上 停電(最大)
79人 死者
延べ 291路線 鉄道の運休
307校 休校
3188便 航空機の欠航
15万5000戸以上 断水(最大)
11人 行方不明者
…死者数
…行方不明者数
…堤防が決壊した主な地点
…大雨特別警報が発表された都県
…緊急放流をしたダム
岩手 2 0 宮古市など各地で土砂崩れ。三陸鉄道の一部区間が不通
宮城 16 3 丸森町で大規模浸水や土砂崩れ。集落が孤立
福島 29 1 阿武隈川の氾濫や土砂崩れにより各地で被害
栃木 4 0 秋山川の堤防決壊で佐野市が浸水するなど各地で水害
群馬 4 0 試験貯水中の八ツ場ダムの水位が満水に。富岡市と藤岡市で土砂崩れ
長野 3 2 千曲川の堤防決壊で長野市が浸水。北陸新幹線の車両基地で10編成120両も水に漬かった
茨城 2 1 那珂川や久慈川が氾濫し、水戸市や常陸大宮市で浸水被害
埼玉 2 0 川越市の特別養護老人ホームが浸水で一時孤立
東京 1 0 多摩川の氾濫で住宅地が浸水。奥多摩町などで孤立集落も
千葉 1 0 市原市で竜巻とみられる突風が発生。家屋が損壊し、車も横転
神奈川 14 3 タワーマンションが林立する武蔵小杉地区が浸水。相模原市で家族4人が車ごと川に転落し死亡
静岡 1 1 牧之原市で軽トラックが田んぼに転落し男性死亡
吉田川流域 浸水面積 5700ha
阿武隈川流域 1万2600ha
久慈川流域 1600ha
越辺川流域 2000ha
13日正午 温帯低気圧に変わる
台風19号の進路
12日午後7時前伊豆半島に上陸
※地形、浸水図は国土地理院資料を基に作製、雨量は気象庁による
千曲川の浸水被害
長野市周辺(13日午後1時時点)
新幹線の車両基地
長野の1時間雨量の推移
推定浸水深
阿武隈川の浸水被害
宮城・丸森町、角田市周辺(14日午後6時時点)
丸森の1時間雨量の推移
福島・本宮市周辺(13日午後3時時点)
郡山の1時間雨量の推移
10〜13日の雨量と平年の1カ月雨量(10月)
長野 10〜13日 137.5mm
平年 82.8
福島・郡山 201.0
111.1
東京・世田谷 272.0
200.6
宮城・丸森 441.0
139.7
神奈川・箱根 1001.5
334.3

台風19号を巡る経過

県内 死者3人不明2人 浸水被害9153世帯

10月6日に南鳥島近海で発生した台風19号は、12日午後7時前に伊豆半島に上陸し、関東を縦断。気象庁は同日夜、長野県を含む13都県の自治体に大雨特別警報を発表した。長野県に同警報が出るのは初めて。

千曲川流域を中心に各地で河川が氾濫・増水し、東御市では千曲川の田中橋近くの道路が陥没して車3台が転落。1台の1人が行方不明になった。13日未明には長野市穂保の千曲川左岸堤防が決壊した。

18日現在、死者は長野市で2人、佐久市で1人。関係者によると、行方不明者は少なくとも2人。県災害対策本部によると、18日午前10時時点で、長野市や須坂市など8市町村で計934人が避難。床上、床下浸水による住宅被害は18日時点で計9153世帯。このうち千曲川の堤防決壊で広範囲な浸水被害があった長野市は5086世帯、千曲市2101世帯など。

水蒸気の帯 豪雨招く

山地にぶつかり 積乱雲次々と

台風19号による大雨のメカニズム(イメージ)
※気象庁提供の衛星写真の画像(11日午後7時)から作製

❶南海上で巨大化
❷暖かく湿った空気を運ぶ巨大な「水蒸気帯」が形成される
❸山地に湿った空気がぶつかり、次々と雨雲が発生。大雨に

日本の南で急速に発達した台風19号はあまり衰えることなく日本に達した。雨粒のもとになる大量の水蒸気を含んだ南の空気が「水蒸気帯」となって川のように東北や東日本に流れ込み、山地に衝突。積乱雲を発達させて山沿いを中心に記録的な雨を降らせた。水蒸気帯は昨年7月の西日本豪雨の際も形成された。

台風19号は南鳥島近海で6日未明に発生。マリアナ諸島がある北緯15度付近を西寄りに進む中、中心気圧が7日午後6時までのわずか24時間で992ヘクトパスカルから915ヘクトパスカルまで急降下。最大風速55メートル、広い強風域を伴った大型で猛烈な台風へと「急速強化」を遂げた。

マリアナ諸島の周辺海域について気象庁アジア太平洋気象防災センターの永戸久喜所長は「海面水温が30度前後で、台風のエネルギー源となる水蒸気量が多い。雨雲の発達を阻害する上空の風も比較的穏やかなため急速強化が起こりやすい」と指摘。その後北寄りに進路を変えても海面水温が平年より1～2度高い27度前後の海域を進み、衰退が抑えられた。

台風と太平洋高気圧の間には水蒸気帯が形成された。湿った空気が東北や東日本の山地とぶつかって上昇気流が生まれる「地形効果」で積乱雲が次々と発生。台風の外側を取り巻く雨雲が中心部に先行して日本列島を覆ったことも降水量を増加させた。広範囲に降った雨は中小河川から大河川に一気に流れ込み、氾濫や堤防決壊による水害をもたらした。

全国でも甚大な被害

神奈川 箱根の観光に打撃深刻

千ミリを超える48時間降雨量を記録し、記録的な大雨となった神奈川県箱根町。土砂崩れが相次ぎ、箱根登山鉄道の一部区間が運休したり、道路が通行止めになったりした。秋の紅葉シーズンを前に、観光業への打撃は深刻だ。

箱根登山鉄道によると、線路が土砂で押し流されるなど20カ所以上で被害を確認。全長約15キロのうち約9キロに当たる箱根湯本―強羅間で運休している。同区間は「年内は復旧の見込みが立たない」(同社担当者)という。

7日に箱根山の噴火警戒レベルが引き下げられ、観光客の増加が期待された直後の被害。同協会の佐藤守専務理事は「安全に観光できるルートを周知するなど、正確な情報を素早く発信していきたい」と話した。

福島 全国で最多の29人犠牲

台風19号で29人が亡くなった福島県の被災各地では18日、汚れた家財道具などが積み上げられた中、疲労の色が濃い住民らが土砂やがれきの撤去など復旧活動を懸命に進めた。大雨に備え、堤防の決壊現場では応急的な修復作業が急ピッチで進行。住宅損壊や断水など課題は山積し、生活再建への道のりは長い。

7人の死者が出た本宮市では多くの住宅が損壊し、道路脇の至る所に使えなくなった家具や家電製品が積まれている。被災した不動産業の男性(66)は浸水した1階部分の改修を決めた。「明るい正月を迎えるのは難しいかな」とつぶやいた。

住宅1階が浸水した同市の男性(65)は連日、家屋の泥のかき出しや家具の洗浄などに追われている。「やるしかねえけど、いつになったら終わるか」。時折腰掛けて深くため息をついた。

川の氾濫で2人の死者が出た須賀川市では、決壊した堤防を修復する応急工事が続いた。

宮城 阿武隈川の支流で決壊

宮城県丸森町は、阿武隈川などの増水による水害と山間部の土砂崩れに見舞われた。これまでに7人が死亡、3人が行方不明になった。多くの住宅が損傷したが、被害の全容は明らかになっていない。ライフラインの復旧にめどが立っておらず、18日時点で10カ所の避難所に計約260人が避難している。

町中心部が浸水し、役場も一時孤立した。西側の山の斜面を大量の雨水が平野部に流れ下りて、町中心部にたまった可能性が高い。また阿武隈川に注ぐ三つの支流で堤防決壊が相次ぎ、町内各地で浸水が起きた。

山間部では土砂災害が複数箇所で発生し、一部の集落が孤立したほか、県警などが行方不明者の捜索を続ける。

電柱の倒壊などで山間部を中心に停電が続き、東北電力が復旧を急ぐ。浄水場が被災して、町全域で断水している。

町内唯一の病院、国民健康保険丸森病院は1階が浸水し診療を休止。入院患者56人を転院させた。浸水や通学路の寸断などで小中学校全9校が臨時休校になり、23日の授業再開を目指している。

31 特集 2019年(令和元年)10月19日 土曜日 信濃毎日新聞 第三種郵便物認可

台風19号 1週間

氾濫 信州の日常一変

千曲川流域の主な被害

Ⓑ 長野市穂保(13日)

Ⓒ 長野市松代町西寺尾・城北(13日)

Ⓓ 長野市篠ノ井塩崎(13日)

Ⓔ 千曲市役所前(12日)

Ⓐ 飯山市役所駐車場(13日)

Ⓕ 上田市・上田電鉄鉄橋(15日)

Ⓖ 東御市・田中橋(13日)

Ⓗ 佐久市中込・小海線鉄橋(12日)

10月12日の24時間降水量(ミリ)
観測地点
観測史上最多

野沢温泉 173.5
飯山 98
信濃町 164.5
長野 132
鬼無里 113.5
菅平 270
軽井沢 314.5
佐久 303.5
北相木 395.5
聖高原 242
鹿教湯 320
上田 143
立科 264
東御 148.5
野辺山 171
千曲川
北陸新幹線
上田電鉄別所線
小海線
©Google Earth

静岡大防災総合センター・牛山素行教授(諏訪市出身)に聞く

降水量「流域全体」で見る必要

被災した千曲川沿いの各地を15日に調査研究で訪れた静岡大防災総合センターの牛山素行教授(51)＝諏訪市出身＝に、現場の様子や災害の特徴、今後の防災対策の在り方を聞いた。

■ ■

まずは東御市の田中橋に向かった。橋そのものの落下ではなく、取り付け部の盛り土が流されたと思われる。こうした事例はこれまでの水害でも度々見られた。私の調査では、風水害の犠牲者の約半数が屋外での行動中に、洪水など水関連に限れば約7割が屋外で亡くなっている。河川沿いの道路の路肩が崩れた場所に気付かず車が転落する事例もあり、注意が必要だ。

堤防が決壊した長野市穂保の現場付近では、測ってみると、浸水の深さは道路面から2・6メートルだった。川のカーブの外側は「攻撃斜面」と言われ、壊れやすい。強化し警戒していた箇所が壊れた。堤防が切れかかった箇所は他にいくつもあると思うが、決壊は結果論だ。このあたりは「氾濫平野」と言って歴史的に繰り返し洪水が生じ、千曲川が流路を変えてつくられた平野部。いつ、どこが洪水に見舞われてもおかしくはない。

上田市国分の越水した付近や、千曲川の狭窄(きょうさく)部があるJR飯山線立ケ花駅付近も訪ねた。

なぜ千曲川でこれほど大きな被害が出たのかと聞かれる。大きな川は流域全体を見なければならない。長野市付近ではそれほど強い雨ではなかったが、上流域に目を向けると非常に多くの雨が降った。

アメダス観測点で24時間降水量の分布を見ると、台風19号が上陸した静岡県などの値が大きい一方、観測史上の最大値と比較した値は、長野県東北信地方など被害の目立つ地域の方が大きい。単純に降水量だけに注目するのではなく、その地域が普段の降り方に比べてどういった状況なのか見極めることも重要だ。

ヤフーのサイトでは「河川水位情報」を提供しており、河川ごとに浸水想定区域やライブカメラの画像が見られる。気象と比べ河川の情報はなじみが薄いが、避難の判断に役立つと知ってもらいたい。

防災はハード面とソフト面の両輪でバランスを取って進めるのが本来の流れだ。防災の専門的知見を持つ市町村担当者を育成し、地域の防災リーダーを束ねる態勢づくりが必要だ。ハード対策は、河川計画の見直しが進む中で丁寧に議論し、堤防の再構築などを進めていくべきだ。

浸水した地域を視察する牛山教授＝15日、長野市穂保

うしやま・もとゆき 1968年生まれ、諏訪市出身。諏訪清陵高校から信州大農学部に進学。京都大防災研究所助手、岩手県立大総合政策学部准教授などを経て、2009年静岡大防災総合センター准教授、13年同教授。専門は災害情報学。国内各地の豪雨や津波による災害、情報伝達や避難の在り方などを研究している。

2階に避難 ヘリで助かった

長野市赤沼 東北中3年
岡田 実憂さん(14)

中学校の吹奏楽部でトロンボーンを吹いています。私たちの部は19日に名古屋市で開く全国大会に出場します。

私の自宅は1階が浸水したため2階に避難し、ヘリコプターで救助してもらいました。今は中野市の祖母の家に家族で避難しています。長野市での部活の練習は親が車で送り迎えしてくれています。

17日に初めて浸水後の自宅を見ました。泥がすごかった。今は家族が家の片付けをしてくれています。災害が起きてから、いろいろな人が励ましてくれ、恩返しがしたい。今までみんなで努力してきたことを大会で出していきたいと思います。

畑の周り 2メートルの岩ごろごろ

上田市真田町長 農業
大久保 昌則さん(39)

収穫前のハクサイやジャガイモなどの畑約50アールに土砂が流入しました。倒木で道がふさがり、すぐに様子が分からなかった。歩いて見に行くと、畑の周りには直径2メートルほどの岩がごろごろしていました。12日は台風に備えて雨の中、畑で作業をしていたので、巻き込まれたかもしれないと思うとぞっとします。

山では地形に沿って水が流れると思っていた。でも、土石流はどこで起きるか分かりません。他の場所でも起きると思うと心配です。それでも前を向くしかない。17日に新たに2400坪の畑を借りました。来年に向けて手を入れていきます。

玄関に土砂 家の裏には水が

佐久穂町大日向
由井 勝之さん(73)

12日は近くの施設に避難し、13日午前9時すぎに家の様子を見に戻ると、表玄関は土砂で覆われていて、裏は増水した川の水があふれている状態でした。室内にも10センチほどの泥水が入り込みました。

同じ集落の人たちや息子の仲間に協力してもらいながら土砂を撤去し、今は床板を外して泥をかき出しています。水道は開通しましたが、ボイラーが水没したのでお風呂には入れません。家の前の抜井(ぬくい)川は土砂が流入したことで河床が上がってしまい、また水害が起こるかもしれません。心配で、ここでこれから生活していけるかどうかも考えてしまいます。

第三種郵便物認可　信濃毎日新聞　2019年（令和元年）10月19日　土曜日　6版　第二社会　34

壁に土 かすかな硫黄臭

長野の「クリーンピア千曲」本紙記者が取材

汚水くみ出し 24時間態勢

千曲川の堤防決壊で浸水し、汚水処理ができなくなった下水道の終末処理場「クリーンピア千曲」（長野市赤沼）内に18日、災害の発生以来、初めて記者が入った。施設を稼働させるのに欠かせない電気室は通電の音が消えて静まり返ったまま。地下のポンプ室も泥水に漬かり、完全復旧まで1、2年という県の見通しもうなずける光景だった。

汚水を簡易処理して放流するためにつながれたバイパスのホース＝18日午後、クリーンピア千曲

敷地内は通路部分しか泥が片付けられておらず、汚水なのか、泥なのか、かすかな硫黄臭がした。立ち入りを許可された本館の壁にはこびり付いた土。深さ約2㍍の浸水だったという。中枢に当たる1階の電気室も水没。下水道を通って流入する汚水をくみ上げ、浄化設備に送る地下約20㍍にあるポンプも使えない。

浄化設備前半にある微生物処理部分は肝心の中身が流失し、使えるのは浄化工程最後の塩素消毒部分だけ。緊急措置として、県職員や民間業者の作業員らが、未処理の汚水をためる部分から塩素消毒設備までを直接ホースでつないでいた。

汚水を塩素消毒だけで千曲川に放流する方法は「簡易処理」と呼ばれ、災害時に国が認める例外的な方法だ。千曲川の水質悪化も懸念されるが、非常時のその方法でなければ、処理区に当たる長野市の一部や須坂市、上高井郡小布施町、高山村の一部の13万人余が使った汚水は処理できないという。現に氾濫後、処理場周辺のあちこちで下水道のマンホールがあふれていた。

水没した地下のポンプの周囲から汚水をくみ出す作業は、辺りが暗くなっても、照明を付けて24時間態勢で続く。18日午後、台風19号が通過して初めての雨が降り出した。「雨があると、どうしても汚水の量が増える」。小林功所長は、不安げにそう話した。

（島田 周）

佐久穂町の一部 避難勧告

佐久市でも避難所を開設

避難勧告を受けて佐久穂町生涯学習館「花の郷・茂来館」に避難してきた住民＝18日午後7時51分

台風19号で家屋の浸水や土砂崩落などの被害が出た南佐久郡佐久穂町は、18日の雨を受け同日午後4時すぎ、新たな土砂災害の恐れがあるとして千曲川の支流・抜井川沿いにある大日向地区の1区と2区に避難勧告、3、4、5区に避難準備情報を出した。町は生涯学習館「花の郷・茂来館」に加え、町立佐久穂小・中学校を避難所として開放。12日から避難生活を続ける住民も含め、午後8時時点で計約100人が過ごしている。

大日向地区では橋脚に引っ掛かった木が川の流れを止めて周囲の家屋が浸水したり、家屋が土砂で壊されたりしている。茂来館に避難している同地区の農業畠山いと代さん(82)は18日の避難勧告を受け、検討していた一時帰宅をやめた。「安全のためだから仕方ないが、一日も早く元の生活に戻りたい」と話した。

佐久市も18日午後、市内9カ所に避難所を開設。谷川が氾濫している同市入沢の青沼小学校などに午後8時時点で4世帯11人が避難した。

警察官や消防団をかたる不審者情報

県警、警戒を強化

住民が避難して留守の家などを見回る警察官＝18日午後6時半ごろ、長野市穂保

千曲川の堤防決壊などによる浸水被害があった長野市富竹、下駒沢で、警察官や消防団をかたる不審者を目撃した—との情報が、県災害対策本部に寄せられていることが18日、分かった。県警は、東北信地方の被災地や避難所の周辺で24時間態勢でパトロールするなど警戒を強化。同日夜は浸水で大きな被害を受けた同市穂保で応援の松本署員が被災住宅を見回った。

県災害対策本部によると、不審者情報は2件。被災地支援に入っているNPOから届いた間接的な情報だという。長野市富竹では、実在しない「柳原交番です」と名乗りながら住宅を訪問している不審者がいる—との情報だった。同市下駒沢では、警察を意味する「Police」の文字が入ったつなぎを着た人が「消防団です」とかたり、住宅訪問しているという情報があった。

同本部は、災害に関する情報を発信している「県防災ツイッター」で、「突然の訪問があった際は、すぐに扉を開けず、十分に警戒し慎重に対応してほしい」と呼び掛けている。

災害に便乗した不審者や不審な電話に関する相談は、県警本部につながる警察相談専用電話（☎＃9110）へ。

台風19号の影響か

浅間山カメラ故障

県佐久建設事務所（佐久市）が浅間山（長野・群馬県境、2568㍍）の外輪山の黒斑山に設置している火山監視カメラが故障し、映像が見られなくなっていることが18日分かった。同事務所によると、群馬県側にある光ケーブルが切断された。台風19号の影響とみられる。復旧のめどは立っていない。

監視カメラは火口の様子を撮影し常時ホームページで公開している。同事務所が北佐久郡軽井沢町、御代田町の両役場に設置している監視カメラは通常通り稼働している。

茅野の13棟火災 消防が調査書

火元 まきストーブ付近か

茅野市塚原1の住宅街で4月に住宅や店舗など計13棟を焼いた火災で、全焼した6棟のうち元工務店の建物にあったまきストーブの煙突と天井の接続部付近から出火した—と推定する調査書を諏訪広域消防本部がまとめたことが18日、分かった。茅野署は引き続き出火原因を調べている。

元工務店は木造2階建て。当時は住宅して使われ、周辺にはまきが大量に保管されていた。建物は激しく燃え、隣のアパートなども全焼した。

同本部は住民らへの聞き取りなどから、元工務店1階居間にあったまきストーブの煙突と1階天井との接続部分付近から出火したと推定。原因は、周辺の燃え方が激しく「確定に至らなかった」とした。調査書は9月にまとめた。

火災は4月20日朝、国道152号沿いの住宅や店舗が密集した地域で発生。風にあおられて燃え広がった。同本部によると、焼損面積は13棟合わせて約1100平方㍍。けが人はいなかった。

日常の足再開「助かる」

北しなの線・小海線利用者安堵

しなの鉄道北しなの線が運転を再開。周囲が冠水した豊野駅から通勤通学客らが電車に乗り込んだ＝18日午前7時24分、長野市豊野町

台風19号の記録的な大雨により千曲川や支流が氾濫した影響で、運転を見合わせていたしなの鉄道北しなの線の全線（長野—妙高高原間）とJR小海線の小諸—中込間は18日、1週間ぶりに運転を再開した。通勤・通学客が多く利用する駅では、ようやく日常の足が戻ったことに安堵の声も聞かれた。

周囲に浸水被害のあった長野市豊野地区の豊野駅。千曲川の氾濫で南側の線路が冠水して土砂が流入し、電気系統にも影響して復旧に時間を要した。午前7時すぎ、利用者が次々と列車に乗り込み、「おうち、大丈夫だった?」と互いを気に掛けつつホームへと急ぐ高校生の姿も。通勤で利用している近くの会社員柴田三四郎さん(33)は、運転見合わせの間、長野駅まで妻に車で送ってもらっていたといい「車は渋滞もあり、時間が読めない。（運転再開は）うれしく、助かる」。

しなの鉄道経営企画課によると、しなの鉄道線（篠ノ井—軽井沢間）は上田—田中間で運休が続いている。

土手に土のうを積むなどして仮復旧したJR小海線滑津川橋梁を通る列車＝18日午前8時46分、佐久市中込

JR小海線は、佐久市中込の滑津川橋梁の土手が流出するなどの被害を受けたが、土のうを積むなどして仮復旧。小諸駅では午前6時半ごろから高校生らが集まり、同45分発の始発列車に乗車した。

佐久長聖高校（佐久市）3年の佐藤優さん(18)は普段、しなの鉄道大屋駅（上田市）から小諸駅経由で小海線岩村田駅（佐久市）まで乗車して通学している。台風後は親に車で小諸駅まで送ってもらい、岩村田駅までバスを利用していた。しなの鉄道はまだ不通区間があり、親の送迎は続くが「変則的な生活で不便を感じていたので、再開はありがたい」と話していた。

JR東日本長野支社によると、小海線の中込—野辺山間の運行再開は11月上旬ごろになる見通し。

これで完ペキ
帽子 or ヘルメット
ゴーグル
防塵マスク
タオルでほおかぶり
名札
長袖
厚手で長めのゴム手袋
雨具
水筒
長ズボン
長ぐつ

NPO法人レスキューストックヤード提供

ボランティア 注意点は

食事や交通手段 自己完結を

台風19号の記録的な大雨による千曲川の氾濫などで被災した地域で、ボランティアの受け入れが始まっている。最初の週末となる19日の県内は雨の予報で受け入れが中止になる自治体もあるが、20日にかけて参加者は増えそう。県社会福祉協議会などは、インターネットを通じた最新情報の確認、食事や現地までの足の確保など「自己完結」での参加を呼び掛けている。

「何時にどこへ行けばいいか」「何を持って行けばいいか」—。県社協は、各市町村のボランティア受け入れ窓口にこうした電話が相次いでいると指摘。「電話やファクスは被災者の利用が優先。各窓口が設けるインターネットのホームページやSNS（会員制交流サイト）で最新の情報の確認を」と求める。

「マイカーでの乗り入れは極力控えて」とするのは、長野市にもスタッフを派遣するNPO法人レスキューストックヤード（名古屋市）。緊急車両や災害復旧作業の妨げになるためだ。同法人は水害復旧にふさわしいボランティアの服装＝イラスト＝など、ホームページ（http://www.saigaivc.com/）でさまざまな心得を紹介している。

活動中のけがや損害賠償が対象のボランティア活動保険は全国の社協で、数百円で加入できる。加入日から年度末まで有効で、現地に行く途中のけがにも適用される。県社協は加入を勧めている。

京アニ事件現場 解体方針を表明

発生3ヵ月で八田社長

36人が犠牲になった京都アニメーション放火殺人事件発生から3カ月を迎えた18日、同社の八田英明社長が京都市で記者会見し、国内外からの支援に感謝の意を表した。同社は現場となった京都市伏見区の第1スタジオについて、調整がつき次第、取り壊す方針を明らかにした。跡地の利用方法は決まっておらず、関係者と協議する。

同社は、事件で重軽傷を負った社員33人のうち27人が既に職場復帰したと説明。医療機関と連携しながら精神面のケアに努めている。京都府警によると、現在も4人が入院中。全社員の中には、事件後に退社した人もいるという。

八田氏は「これからの作品づくりに向けて人を育てたい」と再建への意欲を示し、中断していた採用試験を再開したことも明らかにした。

当初、来年1月公開予定としていた劇場版の「ヴァイオレット・エヴァーガーデン」に関し、同4月以降の公開を目指し全員で制作中と説明。他の作品について、八田氏は「制作能力などを見ながら考えていきたい」と語った。

11月3、4日には京都市左京区の「みやこめっせ」で一般ファン向けのお別れ会を開催し、犠牲者を追悼する場とする。八田氏は「本当に心が痛い。遺族の気持ちに寄り添ってきた。（事件が起きた）7月18日を忘れたことはない」と心境を語った。

同社によると、国内外から計約31億9千万円の義援金や応援のメッセージが寄せられており、八田氏は「（作品が）世界中に届いていることに対し、本当にありがたく思っている。これからも温かい目で見ていただければ幸いだ」と感謝した。

代理人弁護士は事件当時の様子や状況は回答を控えるとした。報道各社の要請を受けての記者会見。八田氏は事件直後、報道陣の取材に応じていたが、その後は弁護士に対応を一任していた。

情報・写真 お寄せください

暮らしの中で気になる出来事や、おかしいなと思うことをお寄せください。記者が調査・取材します。

LINE友だち登録

特設サイト

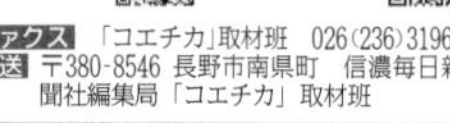

ファクス 「コエチカ」取材班 026(236)3196
郵送 〒380-8546 長野市南県町 信濃毎日新聞社編集局「コエチカ」取材班

こと映え
11月のお題は「一日千秋」「食指が動く」「気心が知れる」です。
LINE友だち登録 ▶
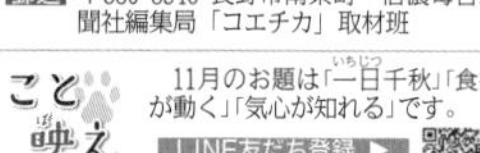
メール kotobae@shinmai.co.jp
郵送 〒380-8546 信濃毎日新聞社 こと映え係

長35　第一社会　6版　2019年(令和元年) 10月19日　土曜日　信濃毎日新聞　新聞定価1ヵ月3,400円(うち消費税251円) 1部150円(消費税込み)　第三種郵便物認可

あんずちゃん　田中しょう

「命救う」全力尽くした

しがみつく高齢者「怖かったんだろう」

屋根からヘリで救助 県警航空隊員

上空から見ると、一面に広がった泥水に住宅が浮いているようだった。ヘリコプターから降下すると、濁流の水位は1階の屋根すれすれまで迫っていた。台風19号の大雨による千曲川氾濫で浸水した長野市長沼地区に13、14日に入り、取り残された住民を救助した県警航空隊の武田祐也巡査部長(33)が18日、信濃毎日新聞の取材に、一刻を争う緊迫した状況を語った。

県警ヘリ「やまびこ1号」で13日朝、県営松本空港（松本市）を出発。普段は山岳救助の出動がほとんどで水害現場は初めてだった。出身は飯山市。浸水した長野市北部一帯は見慣れた場所だが、変わり果てていた。

あちらこちらの家の窓やベランダから、手を振って助けを求めている人が見えた。そのうちの1軒の屋根に降り立った。2階の窓まで伝い、飛び込んだ。中学生か高校生と思われる女子生徒、年配の男女ら5人が不安そうに身を寄せ合っていた。

父親とみられる男性から人数やけが人がいないか素早く聞き取り、皆で屋根に上った。順番にハーネスを着けてもらい、ヘリに引き上げるため別の隊員に引き渡す。「失敗は命取り。救助される人の命、自分の命」。

70～80代の女性は下を一切見ず、武田さんの腰の辺りにしがみついていた。ヘリに引き渡そうとしてもなかなか離さない。「相当な高いところまで上がる。怖かったんだろうな」。心の準備ができていなかった人たちを思いやった。

松本空港に戻り、「ふー」と息をついた。松本市内の自宅のそばにも川が流れている。「自分もいつ被災するか分からない」とも感じた。（土屋 浩太郎）

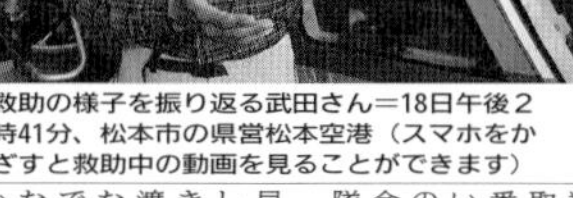
救助の様子を振り返る武田さん＝18日午後2時41分、松本市の県営松本空港（スマホをかざすと救助中の動画を見ることができます）

スマホで動画を見られます

千曲川氾濫　ルポ

「逃げて」未明に半鐘連打

決壊目前 長野・長沼地区の消防団

雨音の中、長野市長沼地区の火の見やぐらの半鐘が一斉に鳴り響いた。千曲川決壊が迫っていた状況下、打ち鳴らしたのは地元の消防団員たちだった。濁流が堤防を越え始めていた13日未明のぎりぎりの判断を、市消防団長沼分団長の飯島基弘さん(47)が振り返る。【1面参照】

団員らが半鐘をたたいた火の見やぐらの一つ＝18日、長野市大町

千曲川氾濫の夜に団員たちに送ったメールを読み返す飯島さん＝18日、長野市大町

12日午後7時、飯島さんは長沼地区の災害対策本部ができた長沼交流センターに分団班長6人を集めた。千曲川の水位が刻々と上昇。越水の恐れがあるとして、分団の車で交代で地区内を回り、住民に避難を促し続けた。

午後9時半ごろ。これ以上は危険だとして住民らは本部を解散。「いくら消防団といっても逃げることが優先」。東日本大震災で避難を呼び掛け、津波に巻き込まれた消防団員のことが頭をよぎった。団員たちも撤収させた。

飯島さんは情報を得るため、数キロ上流の市消防局柳原分署に急ぎ、団員たちと携帯電話のメールで情報共有を続けた。「思った以上に上がり方が早い」。分署の水位モニターから目が離せなかった。午後11時40分。下流の立ケ花水位観測所（中野市）で氾濫危険水位に到達した。

悩ましかった。本部を解散する前、住民に避難を呼び掛けたスピーカー放送の内容が、あの雨音では住民がうまく聞き取れなかったのではないか。かといって、深夜の避難は危険が伴う…。

日付けが変わった13日午前1時ごろ、飯島さんは役員や班長らに連絡した。水が見えたらすぐ逃げるよう念押し、再度、車で注意を呼び掛けるよう指示。そして、地区内に四つある火の見やぐらに上り、半鐘をたたくよう伝えた。「とにかく5分間、目いっぱい連打して、すぐ逃げてくれ」と伝えた。

高さ10メートルほどの火の見やぐらだが、転落防止のため普段は上らない。最後にたたいたのは8年前の火災の時だという。風雨にぬれたはしごは滑りやすく怖かったが、自らも上ってたたいた。手がしびれてもたたき続けた。外に出てきた人もいた。「少しでも気付いてくれた人がいてくれて良かった」と思う。一方で、「指示した行動がどっちに転ぶかは紙一重。もっと早い段階ですべきだったか」と迷いは消えない。

1983（昭和58）年の台風による水害などを教訓に、長沼地区は毎年、防災訓練をしている。ただ、盤石に見えた堤防がまさか決壊しようとは思いもしなかった。「早めに避難する方法をもっと訓練したい」。そう考えている。（井口 賢太）

孤立患者救助「常に気を張って」

長野で活動 大町総合病院のDMAT

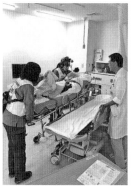

台風19号の大雨による千曲川の堤防決壊で浸水被害を受けた長野市に、災害派遣医療チーム（DMAT）として派遣された大町市立大町総合病院の医師らが18日、信濃毎日新聞の取材に応じた。5人1チーム。冠水して一時孤立した病院や高齢者施設から患者らを運び出した。停電でエレベーターが使えない中、ストレッチャーを数人がかりで抱えて階段から下ろし、不慣れな道を運転。「常に気を張っていた」と振り返った。

チームは13日、大町総合病院の緊急車両で長野市に入った。15日まで3日間、同市下駒沢の県総合リハビリテーションセンターと同市豊野地区の病院などから計14人を運び出した。どの施設も1階には泥が残り、エレベーターが使えない。靴には泥が付いている。階段で足や手を滑らせると患者にけがをさせてしまう。神経を使いながらの作業だったという。

同市や中野、千曲市の医療施設などに搬送。赤色灯やサイレンを鳴らしながら走行した。スマートフォンのナビゲーションが使えない場所もあり、14日は計約12時間、車に乗っていた。運転を担った臨床工学技士の竹川洋平さん(33)は「初の緊急走行で道も詳しくない。渋滞もあり常に気を張る状態だった」。

患者の転院にはカルテが必須だが、水に漬かって持ち出せない物も多かった。医師の脇田隆寛さん(52)は「搬送先に十分な情報を渡せず申し訳なかった」と話した。

一時孤立した病院から北信総合病院に患者を運び込んだ大町総合病院のDMATスタッフ（左の2人）＝14日、中野市

社会面の情報をお寄せください
〒380-8546 信濃毎日新聞 報道部
Eメール shakai@shinmai.co.jp
ファクス 026-236-3198
（事件事故などの写真も同じEメールで）

高原譜

○…亀の形をした諏訪湖の遊覧船「竜宮丸」が来年3月の引退を前に、運航する諏訪湖観光汽船（諏訪市）は19日、亀の怪獣「ガメラ」のイラスト入り乗船チケットを500組限定で発売する＝写真。

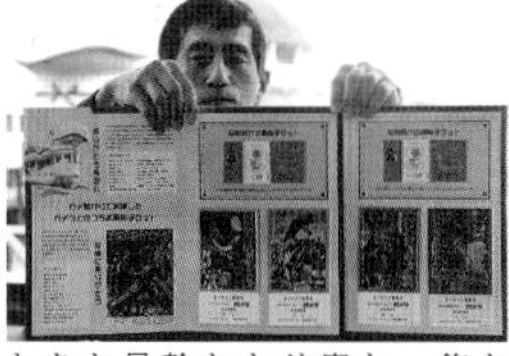

○…「お互いに亀同士で面白い」と企画した。ガメラの映画ポスターを使った全4種で、記念台紙に入れ2種1組税込み1840円。乗船した後も、台紙に入れて飾っておける。

○…くりっとした穏やかな目の竜宮丸の写真を載せ、友情にありがとう―などと記した。従業員の黒沢幹雄さん(55)は18日、「ガメラのいかつい顔との対比を楽しんでみて」と話していた。

第三種郵便物認可　信濃毎日新聞　2019年（令和元年）10月19日　土曜日　6版　特集　32

泥をかぶった保冷庫内のリンゴを片付ける子どもたち＝18日午前8時59分、長野市津野

暮らし再建 遠くとも

周囲で日増しに進む紅葉とは対照的に、災害ごみが山積みとなった青垣公園運動場＝18日午前9時19分、長野市松代町

「大切な花だけど仕方がない」。庭などに泥が入った千曲川沿いの住宅でボランティアらが雨が降る前に片付けようと作業した＝18日午前10時34分、上田市国分

冠水して立ち往生した車が残るアンダーパス。堆積した泥の撤去作業が行われていた＝18日午前8時58分、長野市篠ノ井塩崎

仮堤防ができた長野市穂保の千曲川堤防決壊現場＝18日午前9時51分（河川管理者らの承諾を得て小型無人機で撮影）

長野新幹線車両センターにあった車両。2編成で脱線が確認された＝15日（JR東日本提供）

地元住民らは排水溝の土砂をかき出すなど雨に備えての作業に追われた＝18日午前10時5分、佐久穂町

2020年度公立高校 入学志願者第1回予定数調査

◆全日制課程

【第1通学区・北信地区】

高校名	学科	前期選抜 募集人員	前期選抜 志願予定数	後期選抜 募集人員	後期選抜 志願予定数	19年度 募集定員
飯山	普通	20	82	60	116	80
〃	自然科学探究 人文科学探究	48	56	32	60	80
〃	スポーツ科学	36	29	4	21	40
下高井農林	グリーンデザイン アグリサービス	40	32	40	39	80
中野立志館	総合	120	102	120	148	240
中野西	普通	60	90	140	147	200
須坂東	普通	60	64	140	112	200
須坂	普通	―	―	240	287	240
須坂創成	園芸農学 食品科学 環境造園	60	73	60	102	120
〃	創造工学	20	26	20	29	40
〃	商業	60	78	60	92	120
北部	普通	60	23	60	41	120
長野吉田	普通	―	―	280	413	280
長野	普通	―	―	280	391	280
長野西	普通	―	―	200	385	200
〃	国際教養	36	53	4	36	40
長野商業	商業 会計	120	246	120	296	240
長野東	普通	60	135	140	229	200
長野工業	機械工学	20	41	20	46	40
〃	電気電子工学	20	20	20	23	40
〃	物質化学	20	7	20	9	40
〃	情報工学	20	52	20	76	40
〃	土木工学	20	33	20	43	40
〃	建築学	20	53	20	59	40
長野西中条校	普通	20	16	20	25	40
篠ノ井犀峡校	普通	20	5	20	11	40
市立長野	総合	35	110	125	219	160
長野南	普通	60	135	140	174	200
篠ノ井	普通	―	―	240	287	240
更級農業	生産流通 生物科学 グリーンライフ 施設園芸	80	114	80	155	160
松代	普通	32	22	48	42	80
〃	商業	60	23	60	29	120
屋代	普通	―	―	240	308	240
〃	理数	28	59	12	45	40
屋代南	普通	24	44	56	64	80
〃	ライフデザイン	20	24	20	33	40
坂城	普通	36	23	84	38	120
合計		1335	1870	3265	4630	4600

【第2通学区・東信地区】

高校名	学科	前期選抜 募集人員	前期選抜 志願予定数	後期選抜 募集人員	後期選抜 志願予定数	19年度 募集定員
上田千曲	機械	20	47	20	53	40
〃	電子機械	20	36	20	27	40
〃	電気	20	24	20	28	40
〃	建築	20	53	20	57	40
〃	商業	20	41	20	38	40
〃	生活福祉	20	62	20	65	40
〃	食物栄養	20	62	20	66	40
上田	普通	―	―	320	481	320
上田染谷丘	普通	―	―	240	370	240
〃	国際教養	32	50	8	31	40
上田東	普通	―	―	280	394	280
丸子修学館	総合	120	137	120	175	240
蓼科	普通	60	31	60	44	120
小諸商業	商業 会計システム	80	116	80	145	160
小諸	普通	48	94	112	130	160
〃	音楽	36	25	4	23	40
軽井沢	普通	60	35	60	44	120
佐久平総合技術	食料マネジメント 生物サービス 食農クリエイト	60	72	60	108	120
〃	機械システム	20	43	20	50	40
〃	電気情報	20	18	20	28	40
〃	創造実践	40	23	40	32	80
岩村田	普通	―	―	200	288	200
野沢北	普通	―	―	160	203	160
〃	理数	36	80	4	63	40
野沢南	普通	―	―	200	189	200
小海	普通	30	33	90	49	120
合計		782	1082	2218	3181	3000

【第3通学区・南信地区】

高校名	学科	前期選抜 募集人員	前期選抜 志願予定数	後期選抜 募集人員	後期選抜 志願予定数	19年度 募集定員
富士見	普通	16	11	24	22	40
〃	園芸	20	19	20	24	40
茅野	普通	20	22	60	45	80
諏訪実業	商業 会計情報	60	75	60	100	120
〃	服飾	20	16	20	20	40
諏訪清陵	普通	―	―	240	261	240
諏訪二葉	普通	―	―	240	284	240
下諏訪向陽	普通	60	121	140	160	200
岡谷東	普通	36	124	84	165	120
岡谷南	普通	―	―	200	254	200
岡谷工業	機械	20	36	20	51	40
〃	電気	20	9	20	17	40
〃	環境化学	20	12	20	16	40
〃	電子機械	20	22	20	32	40
〃	情報技術	20	32	20	38	40
辰野	普通	48	59	72	68	120
〃	商業	20	25	20	27	40
上伊那農業	生物生産 生命探究 アグリデザイン コミュニティデザイン	80	157	80	193	160
高遠	普通	54	51	66	64	120
伊那北	普通	―	―	200	257	200
〃	理数	36	38	4	32	40
伊那弥生ケ丘	普通	―	―	240	328	240
赤穂	普通	―	―	120	150	120
〃	商業	40	80	40	79	80
駒ケ根工業	機械 電気 情報技術	60	90	60	121	120
松川	普通	48	67	72	85	120
飯田	普通	―	―	200	294	200
〃	理数	28	35	12	39	40
飯田風越	普通	―	―	200	241	200
〃	国際教養	32	54	8	39	40
飯田OIDE長姫	機械工学	20	47	20	60	40
〃	電子機械工学	20	45	20	50	40
〃	電気電子工学	20	32	20	39	40
〃	社会基盤工学	20	16	20	19	40
〃	建築学	20	46	20	54	40
〃	商業	40	71	40	87	80
下伊那農業	農業機械	20	29	20	36	40
〃	園芸クリエイト	20	50	20	66	40
〃	食品化学	20	39	20	53	40
〃	アグリサービス	20	71	20	83	40
阿智	普通	48	32	72	53	120
阿南	普通	32	17	48	31	80
合計		1078	1650	2922	4137	4000

【第4通学区・中信地区】

高校名	学科	前期選抜 募集人員	前期選抜 志願予定数	後期選抜 募集人員	後期選抜 志願予定数	19年度 募集定員
蘇南	総合	40	23	40	41	80
木曽青峰	普通	―	―	40	48	40
〃	森林環境	20	23	20	32	40
〃	インテリア	20	16	20	21	40
〃	理数	30	23	10	20	40
塩尻志学館	総合	120	227	120	243	240
田川	普通	50	94	150	144	200
梓川	普通	60	58	60	78	120
松本工業	機械	40	53	40	78	80
〃	電気	20	30	20	37	40
〃	電子工業	40	66	40	72	80
松本県ケ丘	普通	―	―	240	449	240
〃	自然探究 国際探究	64	195	16	107	80
松本美須々ケ丘	普通	―	―	280	348	280
松本深志	普通	―	―	320	428	320
松本蟻ケ崎	普通	―	―	280	510	280
明科	普通	48	30	72	40	120
豊科	普通	―	―	240	248	240
南安曇農業	グリーンサイエンス	20	30	20	43	40
〃	環境クリエイト	20	23	20	31	40
〃	生物工学	20	30	20	38	40
穂高商業	商業 情報マネジメント	60	74	60	90	120
池田工業	機械 電気・情報システム 建築	60	39	60	46	120
大町岳陽	普通	48	99	112	121	160
〃	学究	56	44	24	49	80
白馬	普通	16	19	24	27	40
〃	国際観光	30	12	10	10	40
合計		882	1208	2358	3399	3240

◆定時制課程

高校名	学科	前期選抜 募集人員	前期選抜 志願予定数	後期選抜 募集人員	後期選抜 志願予定数	19年度 募集定員
中野立志館	普通	12	4	28	6	40
長野吉田	普通	―	―	40	5	40
長野	普通	20	7	20	7	40
長野商業	普通	20	0	20	2	40
長野工業	基礎工学	4	0	36	4	40
〃	建築	4	1	36	2	40
篠ノ井	普通	―	―	40	4	40
上田千曲	機械	―	―	40	8	40
上田	普通	20	6	20	11	40
小諸商業	商業	―	―	40	16	40
野沢南	普通	―	―	40	4	40
諏訪実業	普通	10	0	30	9	40
赤穂	普通	―	―	40	8	40
飯田OIDE長姫	普通	―	―	40	11	40
〃	基礎工学	―	―	40	1	40
木曽青峰	普通	8	4	32	5	40
池田工業	普通	8	0	32	2	40
合計		106	22	574	105	680

◆多部制・単位制

高校名	学科	前期選抜 募集人員	前期選抜 志願予定数	後期選抜 募集人員	後期選抜 志願予定数	19年度 募集定員
東御清翔	普通・午前部	60	58	60	84	120
〃	普通・午後部		8		12	
箕輪進修	普通・Ⅰ部	20	23	40	37	80
〃	普通・Ⅱ部	20	21		19	
〃	普通・Ⅲ部	20	2	20	6	40
〃	工業・Ⅰ部	20	8	20	13	40
松本筑摩	普通・午前部	80	33	60	51	120
〃	普通・午後部		13		21	
〃	普通・夜間部		4	20	4	40
合計		220	170	220	247	440

（注）
- 調査は10月2日時点
- 「―」は前期選抜をしない
- 前期・後期の募集人員は2019年度の定員などから算出した仮の数
- 学科の横の ｝ はくくり募集を示す
- 20年度の定員は11月11日の県教委定例会で決める

公立全日制前期 1.43倍

来春高校入試　第1回志願者調査

県教委は18日、来春実施する2020年度高校入試志願者の第1回予定数調査の結果を公表した。公立の前期選抜（自己推薦型入試）は前年同期より1・8ポイント低い全体の32・5％（6002人）が志願。19年度の募集人員などを基に算出した公立全日制前期選抜の倍率は1・43倍で、前年同期より0・06ポイント下がった。

調査は2日時点。県内の高校進学予定者1万8471人の前期選抜と後期選抜（一般入試、私立や高専なども含む）の第一志望を調べた。

公立前期選抜のうち、全日制志願者は前年同期比538人少ない5810人。19年度の募集人員などから算出した学科別の倍率は、普通科1・33倍、農業科1・52倍、工業科1・49倍、商業科1・48倍、家庭科2・05倍、特色学科1・43倍、総合学科1・31倍。学校別は飯山の普通科が最高で4・10倍。下伊那農業の農業科アグリサービスが3・55倍、岡谷東の普通科が3・44倍と続いた。

公立全日制後期選抜は1万5347人が志願し、倍率は1・43倍。学校別は野沢北の理数科の15・75倍が最も高く、次いで長野西の国際教養の9・00倍、伊那北の理数科の8・00倍だった。

多部制・単位制は前後期合わせて417人、定時制は同127人が志願している。

学校別の公表をしない私立は、計3520人の募集に1689人が志願。長野高専は200人の募集に275人が志願。このほか、県外志願は453人、志願未定は355人だった。

来春の公立高校入試の募集定員は11月11日の県教委定例会で決まる予定。前期選抜は来年2月10日、後期選抜は3月10日に行う。

1　第49322号　【明治25年3月15日第三種郵便物認可】　信濃毎日新聞（夕刊）　2019年（令和元年）10月19日　土曜日　2版

信濃毎日新聞
1873年（明治6年）創刊
夕刊
発行所 信濃毎日新聞社
長野本社 〒380-8546 長野市南県町657番地
電話（026）受付236-3000 編集236-3111 販売236-3310 広告236-3333
松本本社 〒390-8585 松本市中央2丁目20番2号
電話（0263）代表32-1200 報道32-2830 販売32-2850 広告32-2860
©信濃毎日新聞社2019年

ボランティア 県内へ続々

台風19号 被災後初の週末

長野北部に数百人

受付に並ぶ大勢のボランティア＝19日午前8時51分、長野市の柳原総合市民センター

台風19号の被災後、初めて迎えた週末の19日、長野市北部の浸水地域ではボランティアが続々と集まり、住宅の泥のかき出しなどの作業が本格化した。県危機管理部によると、18日夜から19日朝にかけては発達した前線の影響で県内全域に雨が降ったが、主立った被害は確認されていない。

【関連記事6・7面に】

19日午前9時前、同市小島の柳原総合市民センター。ここに設けられた「市北部災害ボランティアセンター」の受付に、県内外から駆け付けたボランティアの列ができた。名札やマスク、注意点を記載したチラシをスタッフから受け取り、スコップを手に用意されたバスへ。千曲川の氾濫で大きな被害が出た赤沼、穂保地区などに向かった。

県社会福祉協議会（長野市）の職員などスタッフ約50人は、センターの外に設けた本部でミーティングを開き、「1軒ずつローラー作戦で回り、手伝うことがあるかニーズを把握しながら課題を解決しよう」と確認した。

JR長野駅からは同センター行きのバスも運行され、ボランティアは次々に現場へ。同日正午までに数百人が受け付けを済ませた。

上水内郡小川村から参加した介護福祉士の土屋久美子さん(44)は、新聞報道で80代の女性が1人で被災住宅の片付けをしているのを知り、「居ても立ってもいられなかった。被災した高齢者の役に立ちたい」と意気込んだ。

スタッフで市社会福祉協議会ボランティアコーディネーターの武井未緒さん(28)は「まだまだボランティアの人数が足りていない。被災地で待っている人たちがいます」と協力を呼び掛けていた。

県災害対策本部によると、19日午前10時時点で、長野市や須坂市、南佐久郡佐久穂町などで1012人が避難。長野市災害対策本部によると、19日午前7時時点で市内の13指定・自主避難所に計681人が避難している。210人が避難中の豊野西小学校の避難所は、避難者の密度が高く、プライバシー保護も十分でないという。避難者の一部を、長野運動公園体育館など別の避難所に移動できるかどうか調整している。

中央道 通行止め解除 八王子―大月

中日本高速道路は19日、台風19号の影響で12日から続いていた中央自動車道の八王子ジャンクション―大月インターチェンジ間の通行止めを解除したと発表した。

中日本高速道路によると、大雨などによって崩れた土砂が流入したほか、のり面が崩落したため、復旧を急いでいた。路肩の規制に伴い、速度制限を実施する。

八王子―大月間の通行止めの解除に伴い、伊那バス（伊那市）は19日午前から、新宿―伊那線を便数を減らして再開。同日は通行止め区間を迂回するが、20日から通常通りの運行となる見通し。信南交通（飯田市）も20日から全線で運行再開を予定。アルピコ交通（松本市）は、既に一部ダイヤで運行を再開している。

19日正午ごろ、松本市の松本バスターミナル1階で新宿行きの乗車券を購入した同市の女性(69)は、「ようやくひと安心できた」と開通を喜んだ。

東京で用事があり、15日の特急あずさで新宿に向かう予定だったが、台風19号の影響で運休に。アルピコ交通などが松本―新宿間で共同運行している高速バスも、中央道の一部通行止めで時間がかかり、途方に暮れていたという。「台風で仕方ないとはいえ、陸の孤島のようでとても不便だった」。同バスターミナルの受け付け担当者は「（高速バスは）まだ減便しているものの、ほっとしました」と話していた。

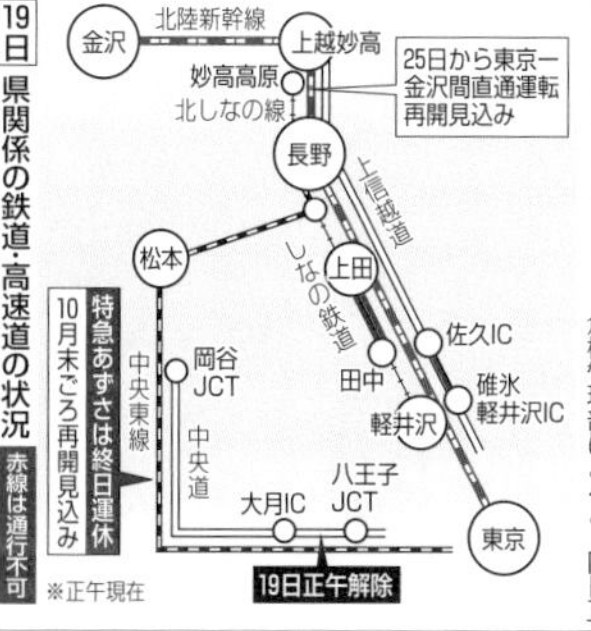

県内 夜にかけ大雨警戒

19日の県内は、本州南岸に停滞する前線や、前線上の低気圧の影響で全県で引き続き曇りや雨となっている。長野地方気象台によると、夜の初めごろまでは雷を伴い大雨の恐れがあるとして、台風19号の被災地を中心に、土砂災害や河川の増水、落雷に警戒を呼び掛けている。

前線の影響で17日夜から南部で降り始め、県西部、南部を中心にまとまった雨となった。19日午前11時までの24時間降水量は、御嶽山で98.0ミリ、宮田高原で72.5ミリ、開田高原で59.5ミリなど。県危機管理部によると、同日正午現在、この雨による被害の情報は確認されていない。

19日午後は、北部で夕方から雨、中部と南部は雨時々曇り。20日正午までの24時間降水量は、いずれも多い所で北部50ミリ、中部30ミリ、南部50ミリと予想している。

同気象台は、台風19号の被害が大きかった長野、中野、飯山、上田、佐久、松本の各地域について、洪水警報・注意報の発令基準を通常より引き下げて運用。雨の状況によっては、北部と中部で洪水警報を発表する可能性がある。

あすの天気

「雨、降ってくれるな」。長野市芸術館での定期演奏会を20日に控える信州大交響楽団団長の佐藤海生さん(21)は強く願う。懸命に練習を重ねてきたが、客足に影響が出かねないからだ。「お世話になっている地域の人たちのため、一丸となって演奏したい」。台風被災者のための義援金も募る予定だ。

19日9時

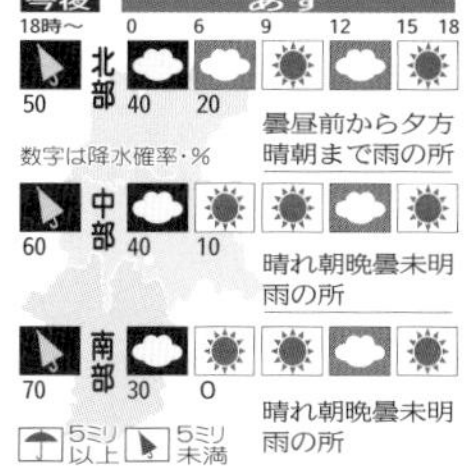

	今夜 18時～	あす 0	6	9	12	15	18	
北部	50	40	20					曇昼前から夕方晴朝まで雨の所
中部	60	40	10					晴れ朝晩曇未明雨の所
南部	70	30	0					晴れ朝晩曇未明雨の所

数字は降水確率・％

札幌 晴れ一時雨
新潟 曇り一時雨
東京 曇り時々晴れ
名古屋 晴れ時々曇り
大阪 晴れ時々曇り
福岡 晴れ

▲気象衛星13時撮影

けさの気温（午前6時）

地点	気温
飯山	17.2
長野	16.7 (6.8)
大町	11.9
上田	14.3
佐久	13.4
軽井沢	12.1 (5.7)
松本	12.8 (4.1)
木曽	13.1
伊那	13.8
諏訪	15.0 (6.0)
飯田	14.6 (4.7)

( )内は平年比

あすの予想気温

	最高	最低
長野	20	14
軽井沢	18	10
松本	21	13
諏訪	19	13
飯田	25	15

世界の天気 10月17日—18日

	天気	最高	最低		天気	最高	最低
ソウル	晴	17	12	ローマ	晴	22	12
北京	晴	17	7	ロンドン	晴	17	12
香港	晴	29	26	パリ	曇	15	9
バンコク	雨	34	26	ニューヨーク	晴	18	8
シドニー	晴	25	13	ホノルル	晴	31	25

豆らんぷ

片付け進まない被災者に救いの手。初の週末で全国からボランティア次々

泥のかき出しにごみの処理―。人は必要。今は善意に甘え、日常の回復を

不安なのは空模様。雨予報が各地に。土砂崩れも心配。最大限の警戒必要

◇◇

信頼できるのか、悪用されないのか。懸念は根深く。G20がリブラ規制へ

今日の視角　災害多発時代

2019.10.19　鷲谷 いづみ

台風19号による被害に遭われた方々には、心よりお見舞いを申し上げたい。気候の研究者たちは、20年以上前から、気候変動（地球温暖化）が日本列島を大型台風による水害常襲地帯にすると予測し、警告を発していた。

台風19号の被害は、それがすでに現実のものとなったことを実感させた。千曲川をはじめとして各地の河川で多発した甚大な水害に遭われた方々のご苦労を思うと胸が塞がる。一日も早い復旧を願うばかりだ。

「数十年に1度」と表現されてきた甚大な災害が毎年のように繰り返される災害多発時代が幕を開けてしまったようだ。

交通網のマヒも広範なものだった。仕事で北海道にいた私も、台風19号による航空機の欠航のおかげで帰京が予定より3日遅れた。欠航した便の予約の変更には多くの時間を費やさなければならなかった。予約変更のための電話は、100回以上かけ続けてようやくつながり、さらに電話口で1時間以上待ってようやく通じるといった状態だった。しかも変更した便がまた欠航になり、同じ労力を費やして別の便を予約し直さなければならなかった。

季節の進行状況も、温暖化を強く実感させる。北海道の滞在先は、かつては10月半ばに、見事な黄葉・紅葉が見られ、落葉樹の多くが葉を落とし始めていた。ところが今年は、ミズナラもクリもカシワもまだ緑の葉を広げていた。オオモミジの葉すら赤く色づく気配が微塵もない。足元の青草の茂る様子も併せて、まるで夏のようだった。毎年同じように繰り返されてきた季節が、狂い始めている。

気候変動の暴走を止めるための対策には、地球規模での協力が必要だ。災害から免れ得ない日本は、対策により積極的になるべきだろう。

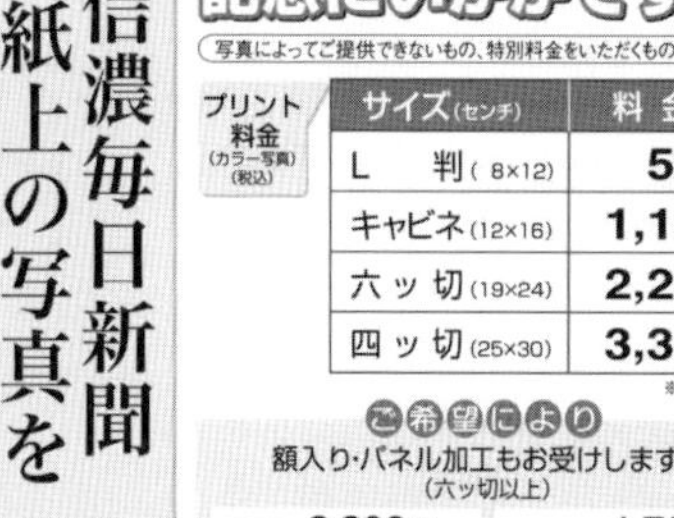

1　第49323号　【明治25年3月15日第三種郵便物認可】　信濃毎日新聞　2019年(令和元年)　10月20日　日曜日　日刊　9版★

2019年(令和元年)
10月20日
日曜日

信濃毎日新聞
1873年(明治6年)創刊
発行所 信濃毎日新聞社
長野本社 〒380-8546 長野市南県町657番地 電話(026) 受付236-3000 編集236-3111 販売236-3310 広告236-3333
松本本社 〒390-8585 松本市中央2丁目20番2号 電話(0263) 代表32-1200 報道32-2830 販売32-2850 広告32-2860

強い雨の中 ボランティア活躍

台風19号 県内被災地 初の週末

台風19号の大雨による千曲川などの氾濫後、初めて迎えた週末の19日、長野市などの被災地には県内外から大勢のボランティアが入り、家屋の片付けなどを手伝った。庭を埋めた泥は厚く、水分を含んだ畳は重い。低気圧の影響で強い雨が降り、一時は長野市や上田市などに洪水警報も出る中、貴重な人手を得て被災者も元気付けられていた。

この日は県社会福祉協議会が把握しているだけでも、千曲川流域の5市町で1879人が参加した。

千曲川の堤防が決壊した長野市長沼地区。NPO法人国際ボランティア学生協会（本部・東京都）に所属する関西、首都圏などの大学生ら約70人が活動した。協会OGで長野市稲田出身の会社員雨宮瑞月さん(25)＝名古屋市＝は泥だらけの作業着姿で「少しでも力になりたいと思って参加した」と話した。

同市穂保では、アウトドア用品「モンベル」（本社・大阪市）社員らでつくる「アウトドア義援隊」の10人も民家で泥をかき出した。1995年の阪神大震災を機に結成。松本市の小幡友樹さん(43)は「予想以上の被害」とスコップを持つ手に力を込めた。

長野市松代地区では、山梨県甲斐市の坂下嘉和さん(72)が前日に続き作業を手伝った。1軒の片付けが10人ほどでも2日かかったといい、「少しでも多くの人に参加してほしい」。ゲストハウス「マッシロ ウォーカーズ」はボランティアの宿泊料を今月末まで千円にしている。19日はボランティアセンターで紹介された人たちが泊まった。

長野地方気象台によると、20日日中の県内は概ね晴れる予想だが、「台風19号による記録的な大雨の影響で少しの雨でも土砂災害や洪水が発生する恐れがある」とし、引き続き警戒を呼び掛けている。

泥まみれになっても

降りだした雨の中、泥まみれで片付けを手伝うボランティアら＝19日午後3時42分、長野市津野

「できることある」信州へ

西日本豪雨でも支援 大阪の41歳男性

「参加を」SNSで発信

長野市赤沼のリンゴ畑で泥をかく森さん（森さん提供）

「比べるもんではなかけど、真備と同じくらい大変だね…」。19日、長野市赤沼のリンゴ農家宅に、大阪府箕面市の自営業、森源太さん(41)の姿があった。昨年夏、西日本豪雨で大きな被害が出た岡山県倉敷市真備町などで積み重ねた災害ボランティア経験を踏まえ、雨の中を黙々と泥かきを続けていた。

私は、休みを使って西日本豪雨災害のボランティアに加わり、訪ねた真備町で森さんに出会った。森さんは仕事の傍ら地元NPOと協力し、ボランティアのチームリーダーをしていた。信州から来たと話すと驚いて、「遠くからよう来てくれたね。長野で何かあったら今度は俺たちが行くけん」と話してくれていた。

幼少の頃過ごした長崎県で起きた水害のことを繰り返し聞いて育ったという。仕事で縁のあった新潟の知人に誘われ、2004年の中越地震からボランティアを始め、東日本大震災、熊本地震などの被災地に通ってきた。その経験からか、真備町の現場でも、どの家具を残すのか、廃棄するのか、家主によく声を掛け、思いに寄り添いながら作業を進める姿が印象に残っている。

一見そのまま使えそうな壁も、壁紙をはがすとカビで真っ黒になった柱が現れる。「こんなにやられとんのか」と家主はつぶやき、がっくり肩を落とした。長期にわたる浸水被害の深刻さを見せられた気がした。それでも、森さんは災害ごみの集積所に向かうトラックを運転しながら、「確実に片付きよる。少しずつでも前に進みよるよ」と前向きだった。

今回の千曲川氾濫では、森さんの岡山のボランティア仲間も支援に駆け付けている。森さんは片付けの合間に泥だらけの現場の写真を撮り、自分の会員制交流サイト（SNS）で参加を呼び掛けている。

「最初は勇気の出らんかったり知った人のおらんかったりで参加するには垣根のあると思う。でも誰でもできることのあるけんね」（有賀 史）

北陸新幹線ダイヤ復旧越年か

飯山線運休区間 あすから代替バス

台風19号で大きな被害が出た北陸新幹線（長野経由）は、年内に元のダイヤに戻るのが困難であることが19日、JR関係者への取材で分かった。10編成120両の浸水による車両不足に陥っており、年単位の時間がかかる新規製造や、上越新幹線の同種車両の振り替えでは、被災前の輸送力に達しない。

年末年始の帰省やUターンでも、旅客需要を満たすことはできず、影響は長期化しそうだ。

関係者によると、長野市の車両センターで浸水した車両は電気系統の重大被害などのため、JR東日本は一部を再利用するが、新たに車両を製造する方向。新幹線車両の新規製造は通常、発注から受け取りまで2〜3年かかり、メーカーが最大限の協力を約束しても1年以上は必要という。

JR東日本は今年3月のダイヤ改正から上越新幹線に北陸と同じ「E7系」車両を7編成投入し、本年度中に追加で5編成を入れる計画だった。この計8編成の一部を転用し、車両数を確保したい考えだが、車両不足を完全に補うのは難しい。

一方、県は19日、運休しているJR飯山線豊野―森宮野原間で、21日から学生らを対象にバスで代替輸送することを明らかにした。JR東日本が検討しているという。

中日本高速道路は19日、台風19号の影響で12日から続いていた中央道八王子ジャンクション―大月インターチェンジ間の通行止めを解除。中央道が不通で県内と首都圏を結ぶ高速バス路線は20日からおおむね通常運行に戻る見通しとなっている。

北陸新幹線 24日までの運行状況

50km
臨時はくたか運転
石川
金沢
富山
つるぎ通常運転
新潟
上越妙高
飯山
長野
重大な被害
車両センター浸水
群馬
本数減らし運転
埼玉
東京
25日全線直通運転再開見込み

天気　最高気温／最低気温

地域	最高気温	最低気温
北部		
飯山	18	16
長野	20	15
大町	18	11
中部		
松本	21	13
上田	22	14
佐久	21	13
南部		
諏訪	19	14
木曽	24	12
伊那	25	14
飯田	25	15

6時 12 18 24　21日 22日 23日

5％以上　5％未満

29面に詳しい天気情報

素肌乾燥情報　カサカサ、注意、しっとりの3段階
北部 注意
中部 注意
南部 注意

斜面

2019.10.20

〈山あいの町の子供たちに一度でいいから大海を見せてやりたかったんじゃ〉―。徳島の池田高校に立つ石碑に故蔦文也さんの言葉が刻まれている。野球部監督に就いて20年目の1971年夏、甲子園に念願の初出場を果たして語った◆強打を誇る「やまびこ打線」を育て、82年夏と翌春には連覇を成し遂げている。力強くおおらかな野球は、見ていて気持ちがよかった。「攻めダルマ」。蔦監督の異名が今になって思い浮かんだのは、囲碁界の若い棋士たちの戦いぶりを目にしてである◆上野愛咲美さんは17歳の女子高校生ながら、激しい棋風は「ハンマーを振り回す」ようだと形容される。先月の竜星戦決勝に勝ち進み、男女とも参加資格がある棋戦での女性初の優勝まであと一歩に迫った。敗れはしたものの、連覇を狙う一力遼八段を投了寸前に追いつめている◆普段はおっとりして、笑みを絶やさない。碁盤に向かう表情も優しいが、攻めの手は緩めず、最強手を次々に繰り出す。もう一人、芝野虎丸さんも大胆な攻めでめきめきと頭角を現し、先日、名人戦を制した。19歳での七大タイトル獲得は史上最年少だ◆ゴルフの全英女子オープンで優勝した渋野日向子選手の攻めも印象深い。最終日、池越えの12番パー4の1オンは圧巻だった。地力の裏付けがあってこそ果敢な攻めは実を結ぶ。ラグビーW杯での日本の戦いぶりもまさにその証明だろう。4強入りをかけた今晩の南アフリカ戦に心が躍る。

塩尻市　すず

ことば映え
虎視眈々（たんたん）
機会を狙って状況をうかがう
応募方法32面に

紙面の問い合わせ　本社見学・出前講座　購読のお申し込み　信毎ホームページ
編集応答室 026-236-3111
読者センター 026-236-3215　0120-81-4341
www.shinmai.co.jp

焦点 生活再建 住まい最優先

台風19号による河川氾濫や土砂災害で住民の避難生活が長引く中、生活再建に欠かせないのが当面の住まいの確保だ。自宅が全壊した住民らのため、県や長野市は民間賃貸住宅の借り上げや新築による応急仮設住宅の確保などを検討している。ただ原則入居の要件となる罹災（りさい）証明書の発行や仮設住宅のニーズ把握などに時間がかかり、より早く提供可能な公営住宅も数が限られる。日に日に気温が下がる中、自治体も対応に頭を悩ませている。【1面参照】

「仮設住宅 入れるか…」 自宅は泥だらけ 避難続く

「仮設住宅はできるのか、できたら入れるのか―。避難所にいる人たちはそれが心配なんだよ」。13日に千曲川の堤防が決壊した長野市穂保。背丈ほどの浸水被害に遭った自宅で19日、泥を片付けていた男性(68)はぽつりぽつりと話した。

男性は被災後、妻、90代の母親と同市三才にある指定避難所「北部スポーツ・レクリエーションパーク」の体育館に身を寄せる。ストーブや毛布があっても底冷えがし、肩や腰にカイロを貼って眠る。年金生活なこともあって泥だらけの家の再建は見通せず、冬を前に「早くきちんとした住宅に入りたい」と訴えた。

県の集計では19日午後3時現在、県内の住宅被害は9299世帯で、うち全半壊は99世帯、床上浸水は5551世帯。避難所への避難者数はいまだ935人に上っている。

災害救助法に基づき、国の負担で提供する応急仮設住宅の確保を担う県建築住宅課は、公営住宅や、民間賃貸住宅を借り上げる「みなし仮設住宅」の調達を優先しながら、新築も柔軟に行う方針だ。同課担当者は「冬が近づいており、早期の手続きと迅速な建設が不可欠。一刻を争う」と話している。

2メートルほど浸水した家で、床の泥をかき出す住人の男性=19日午後3時37分、長野市穂保

罹災証明書 発行に時間 仮設住宅 必要数把握も難しく

千曲川支流の依田川の氾濫で多数の床上浸水があった上田市丸子地域。市丸子地域自治センターは土曜の19日も窓口を開設して、台風19号で家が被災した住民のため罹災証明書の申請を受け付けた。

罹災証明書は「全壊」や「大規模半壊」「半壊」などと、住宅の被害程度を市町村が証明する書類。火災保険の補償のほか、公的な被災者支援策を受ける際にも必要となることが多い。応急仮設住宅への入居も原則として「全壊」であることが条件になる。

職員（左）に被災箇所の写真を見せて相談する男性＝19日午後3時、上田市丸子地域自治センター

「少しでも早い復旧につながればいい」。20日も窓口を開ける同センター地域振興課の深井征司係長(47)は理由をこう説明する。長野市など被害の大きかった他の市町村も同様に申請を受け付ける。

床上1・8メートル以上の浸水がある場合などに「全壊」になるが、職員が1軒ずつ調査する必要がある。被災が広範囲で、床上浸水が19日時点で3305世帯に上る長野市は、国がめどとする「発災1カ月後まで」に発行を終えるのは「簡単ではない」と焦る。

このため、申請した順に現地調査するのでなく、地区ごとに集中して職員を投入する「ローラー作戦」で効率化を図る。証明書は28日から3回に分けて発行し、最後は11月13日の予定。市資産税課は調査方法について「申請が早い人も調査が後になった地区は発行が遅れるが、スピード優先のため判断した」とする。

長野市は県から委任され、市内分の仮設住宅の確保を行う。民間から借り上げた住宅は「車が2台以上ある家や、ペットのいる家が引っ越すのは難しく、仮設住宅の新築も必要」と市住宅課。11月末までの完成を目指すが「必要戸数をどう把握するかが難しい」とする。

罹災証明書発行に向けた調査で長期戦が見込まれる中、対象の「全壊」の戸数が見えるのはまだ先。加えて被災者は避難所だけでなく、親戚宅や、浸水を逃れた自宅2階に住んでいる場合もある。

ただ国が負担するみなし仮設住宅の家賃設定などの条件面は、今後国や県との協議を経ないと決まらない。市は被災者の意向把握の進め方、タイミングを計りかねている。

各地の住宅関連情報 28面に

台風19号による県内の人的被害
(19日午後3時時点、県災害対策本部まとめ)

市町村	死亡	重傷	軽傷	計
長野市	2	2	60	64
上田市		1	4	5
須坂市			3	3
飯山市		1	2	3
佐久市	1		18	19
千曲市			5	5
東御市			1	1
佐久穂町			2	2
軽井沢町			1	1
箕輪町			1	1
坂城町			2	2
合計	3	4	99	106

(注)不明者は佐久市で1人、東御市で1人

台風19号による県内の避難所・避難者数
(19日午後3時時点、県災害対策本部まとめ)

市町村	避難所	避難者数
長野市	13	681
千曲市	1	5
上田市	2	4
飯山市	1	10
中野市	1	7
須坂市	2	173
佐久市	3	12
小布施町	2	37
佐久穂町	2	6
合計	27	935

避難所への避難者数(全県)

日時	避難者数
12日午後6時	567人
13日午前8時	7435
14日午後6時	1308
15日午後3時	1081
16日午後3時	924
17日午後3時	873
18日午後3時	948
19日午後3時	935

台風19号による県内の住宅被害
(19日午後3時時点、県災害対策本部まとめ)

市町村	全壊	半壊	一部損壊	床上浸水	床下浸水	計(世帯)
長野市				3305	1781	5086
松本市					1	1
上田市	1			25	70	96
岡谷市			2			2
須坂市				218	100	318
中野市				79	37	116
飯山市				407	206	613
佐久市				93	471	564
千曲市				1310	791	2101
東御市				3	3	6
小海町				4	5	9
川上村			2		3	5
南牧村				1	2	3
南相木村				2	6	8
北相木村	1			8	15	24
佐久穂町				43	46	89
軽井沢町	2					2
御代田町				2		2
立科町				4	26	30
青木村			1		3	4
長和町				1	50	51
辰野町		5	34			39
箕輪町			6			6
飯島町			1			1
南箕輪村			1			1
麻績村					3	3
筑北村					4	4
坂城町				1	2	3
小布施町				33	25	58
高山村					5	5
木島平村			1			1
野沢温泉村				10	10	20
信濃町			20		5	25
飯綱町			3			3
栄村				2	2	4
合計	4	5	71	5551	3668	9299

(注)長野市など甚大な被害を受けた地域の損壊状況は公表されていない。

県内 交通の状況 1面参照

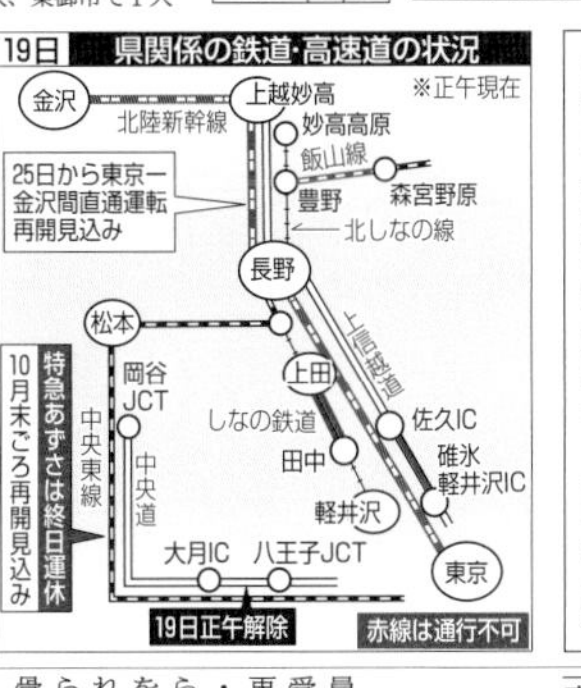

JR小海線は中込―野辺山間で運休が続いている。

柔軟な支援策 発信望む声

77人が亡くなった2014年8月の土砂災害に見舞われた広島市。昨年7月には西日本豪雨災害に遭った。同市は1週間以内に市営住宅に被災者を受け入れ、2週間で民間から借り上げた住宅の提供を始めた。

応急仮設住宅と違い、公営住宅は、罹災証明書の発行を受けていない被災住民にも自治体が柔軟に提供できる。

佐久市が提供する市営住宅を利用するか検討するため、下見する被災者ら＝19日午前11時

今回の台風19号で佐久市は市営住宅の空き部屋を3カ月間無料の予定で提供し始めた。その間に生活再建の方法を考えてもらう狙いで、既に約8人が利用している。飯山市も19日から高齢者や健康に不安を抱えている人らに優先的に市営住宅を提供。「いち早く日常生活を取り戻してもらうための特例的な措置」とする。

ただ公営住宅は提供可能戸数に限りがある。県によると、東北信地方で約400戸。住宅被害件数や避難者数が最も多い長野市の市営住宅は約100戸だ。市は28日から申し込みを受け付け、高齢者や障害者、妊婦ら「特に支援が必要な人」を優先する方向だ。

仮設住宅についても内閣府は「罹災証明書があることが原則だが、一見して明らかに建物が全壊だと分かる写真などがあれば、発行前に入居を認めても良い」と説明。長野市もこの仕組みを使う計画だ。

高齢者や乳幼児らについては、県と県ホテル旅館生活衛生同業組合の協定に基づき宿泊できる仕組みがある。長野市で19日までにこの仕組みでホテルなどに宿泊した被災者はいないという。

自宅が被害に遭った須坂市北相之島の望月良男さん(72)は「どんな支援策があるのか、行政は積極的に情報発信をしてほしい。再建したくても動くに動けない」と訴えた。

県、「復旧・復興方針」骨子提示へ

県は19日の県災害対策本部員会議で、台風19号で被害を受けたインフラの復旧や住宅の再建支援策などを示す「復旧・復興方針」をまとめると明らかにした。復旧への道筋を示し、どんな支援を受けられるのか、被災者や地域に明らかにする狙い。近く方針の骨子を示す。

県対策本部によると、19日午後3時時点で、県内では長野市や須坂市など9市町で計935人が避難。死者は3人、けが人は重傷4人、軽傷99人。行方不明者は1人。

県は2011年の県北部地震や14年の神城断層地震の際にも復旧に向けた方針を作成。14年の方針では、当面の住宅の確保として県営住宅59戸や大町市の市営住宅20戸などの提供を明記。県道や河川などの早期復旧、県税の減免・徴収猶予なども盛った。今回の方針でも具体的な取り組みをまとめ、その後の復旧状況に応じて順次改定していく。

また県健康福祉部は、浸水の影響で休止していた県総合リハビリテーションセンター（長野市）について、11月中に外来診療、年内には入院も再開を目指す。県障がい者福祉センター「サンアップル」（同）は、10月から耐震工事で休館していた体育館、ホール、プール以外の施設について11月中に使えるようにしたいと説明した。

県災害対策本部によると、19日午前10時時点で、優先して応急復旧している県管理の河川34カ所のうち、14カ所の作業を終えた。土砂災害の発生場所は18日時点より5カ所増えて38カ所となった。断水は佐久市、東御市、南佐久郡佐久穂町で581戸。東御市は19日に復旧する見込み。

第三種郵便物認可 信濃毎日新聞 2019年(令和元年)10月20日 日曜日 特集 30

台風19号

被災者の声

過酷な日々 振り絞る言葉

台風19号の大雨による千曲川流域の氾濫から1週間。被災者の皆さんは、どのような思いで日々の生活を送っているのでしょうか。この間、信濃毎日新聞の記者が訪れた東北信地方の被災地で書き留めた取材ノートから、皆さんの言葉を紹介します。

その瞬間

「避難後、自宅に戻ろうとすると、濁流が千曲川からぐわーっと自宅前に流れ込んでいた。この世のものと思えない光景。誰かに『進んだら流される』と怒鳴られ、離れた。命が助かっただけでも良かった」＝13日、上田市国分の遠藤洋子さん(57)

「上田電鉄別所線の鉄橋が崩落する瞬間を見た。対岸から川を見ていたら、ガーンという大きな音がして橋が落ちた。最初はゆっくり傾いていたようだったが、あとは一気に落ちた」＝13日、東御市の長谷川和人さん(60)

「濁流にのみ込まれる直前、寺の本尊を母屋の2階に移した。仏像を手で持ち運んでいいかためらった。『申し訳ありません』と心の中で唱え、一心不乱に行動した」＝17日、長野市赤沼の観海寺住職青柳幸二さん(37)

避難所で

「12日の避難先からいったん家に帰った。停電したままで、避難勧告も出たので避難所に戻った。避難所生活は初めてなので、インフルエンザにならないかといった心配がある」＝13日、上田市下之条の山木政江さん(69)

「千曲川でごろんごろんという音がした。堤防決壊の恐れがあるという話だった。着の身着のまま家族3人で避難した。安全の方向性が見えるまでは帰る気になれない」＝14日、上田市諏訪形の会社員高島啓二さん(65)

「ボートで救助され、避難所に来た。自宅に車を置いてきた。自宅に帰りたくても足がないから、本当に困っている」＝15日、長野市豊野町の小林清治さん(73)、たか子さん(71)夫妻

助け合い

「朝、友達から危ないと言われて避難所に来た。出身は岐阜県。市の防災メールを見ながら、サークル仲間とSNS(会員制交流サイト)で連絡を取り合い避難所に集まった」＝13日、上田市御所の長野大2年林風花さん(20)

「避難所はお年寄りが多く、ネットで情報を調べられる人が少ない。感染症や盗難被害といった気を付けなければいけないことをツイッターで調べ、みんなに知らせた」＝14日、長野市赤沼の短大2年小林亜也奈さん(20)

困難

「この団地に移り住んで4年。かつての台風で浸水したと聞いたが、今回は予想外だった。家の中を水で洗い流し漂白剤を薄めて拭いた。これ以上はどうしようもない。住み続けられるかも分からない」＝17日、長野市松代町の会社員松本光弘さん(36)

「リンゴ畑に濁流が流れ込んだ。手塩にかけて育ててきただけに悲しい。この年で後始末もできず、リンゴがかわいそう。でもまずは浸水被害を受けた自宅から何とかしないと」＝18日、長野市大町の農業西島とよ子さん(76)

「自宅周辺が1㍍以上浸水した。農作業用機械が水没して使い物にならず、どうしようかと考えている。元気も出ないし、農業はもうやめようか」＝18日、中野市立ケ花の農業北原美千江さん(69)

この世のものと思えない光景　機械水没 もう農業やめようか

懸念

「玄関や台所、床下の収納スペースにも浸水。ヒーターや給湯器も駄目になった。片付けるのにどのくらいかかるか。日常が戻ってほしい」＝13日、千曲市杭瀬下の会社員武内広正さん(60)

「リンゴ栽培に使う農機具は高台に移動したが、リンゴはもう駄目でしょう。昨夜は心配で一睡もできなかった。暖かいベッドで眠りたいけれど、そうなるには相当かかりそう」＝13日、長野市津野の農業渡辺美佐さん(52)

「10日、20日で元に戻るもんじゃないのは分かる。でも家を直すのに補助が出るのか。今後の方針を詳しく知りたい」＝14日、長野市赤沼の金井武夫さん(75)

「海野宿で農産物や土産物を扱う店を営んでいる。千曲川の増水で玄関口の橋や道路が崩れ、観光客用の駐車場も被災した。今日は観光客がいなかった。今後への影響が不安」＝14日、東御市本海野で栗林大貴さん(26)

「栃木県足利市の家族は大丈夫か。隣の佐野市の被害を報道で見て心配になった。自分も上田に来て半年で怖い思いをした。鉄橋が崩れた別所線で通学しているので、通学手段を考えないといけない」＝14日、上田市常田の長野大1年松崎裕也さん(19)

要望

「家の近くのレタス畑が土砂で覆われた。インドネシア出身の研修生と除去作業をしている。自宅は断水。研修生は口では『大丈夫』と言うが、不便をかけていないだろうか」＝15日、南佐久郡川上村の農業伊藤万司さん(57)

「店舗は1㍍以上浸水して食品や調理機材が全て駄目になった。営業できないと稼ぎがない。繁忙期の11月中には間に合わせたいが、再開のめどは立たない。水は怖い」＝16日、飯山市飯山の弁当店店主新保正夫さん(62)

「災害ごみの処理に困っている。使えなくなった家具や家電はきりがない。ごみを受け入れている運動場に向かう道中は渋滞がひどく、往復に約3時間。自宅前を仮置き場にしているので、片付けが進まない。ごみ置き場を増やしてほしい」＝17日、長野市赤沼の松井隆さん(67)

安堵(あんど)

「蕃松(ばんしょう)院北側の裏山が地滑りの危険があると聞き、急いで寺から本尊や(故人の名を記した)過去帳、位牌を持ち出した。翌日は墓石が壊れ、倒木もあったが、建物の被害や地滑りの心配はなく、安心した」＝15日、佐久市の住職増田友厚さん(71)

「自宅1階が水没したので、8歳の妹と一緒に伯母さんの家に避難している。学校は被災して通えない。今日は友達と遊ぶために避難所に来た。みんな無事でほっとした。妹もここでは笑顔が多い気がする。災害が自分の身に降りかかり、本当に恐ろしかった。人が助け合って生活している避難所に来ると、安心できる」＝18日、長野市長沼小学校6年の田中優貴君(12)

災害ごみ置き場 往復に3時間　ボランティア 感謝し切れない

感謝

「富山県で暮らす息子が帰省していた。新幹線で帰る予定だったが、動いていない。私が直江津まで送り、息子は直江津から在来線で帰った。高速道路が使えて良かった。新幹線のありがたみも分かった」＝14日、小県郡青木村当郷の萩原幸映さん(36)

「赤沼でリンゴ直売所を経営している。千曲川の濁流が押し寄せ、リンゴや冷蔵庫、棚などが散乱。いくつも予約注文が入っていたのに…。どこから手を付ければいいか分からなかったが、京都の常連さんが駆け付け、片付けを手伝ってくれた。本当にありがたい」＝15日、長野市赤沼の成田崇夫さん(37)

「停電後は情報が入らず、14日になって新聞を手に被害の様子を知ることができた。長野大や県厚生連の職員が自宅の敷地の片付けを手伝ってくれた。当面の生活に支障がなくなり、今夜はぐっすり眠れそう。ボランティアの皆さんには感謝してもし切れない」＝16日、上田市井の滝沢隆夫さん(86)

「近くの聖川から水が流れ込み、家の周りは川のようになった。86歳の母と2階で生活している。窓を閉め切る夜は嫌な臭いがする。男手があるといいが、泥をかきだしてくれるボランティアの力は大きい」＝18日、長野市篠ノ井塩崎の中野有子さん(56)

前を向く

「冠水したトルコギキョウのハウスを見た時、ぼうぜんとした。出るのはため息ばかり。仲間や近所の人が片付けを手伝ってくれた。後期高齢者と言われる年齢だが、皆さんの支援をもらいながら立て直す」＝17日、佐久市中込の農業市川秀人さん(75)

「13日朝、沢から流れ込んだ土砂と水が工場を突き抜け、川ができたようだった。友人や取引業者ら200人余が駆け付け、片付けを手伝ってくれた。世の中捨てたもんじゃない。一日も早く仕事を再開させたい」＝18日、上田市平井の自動車販売・整備業竹花文博さん(55)

「泥まみれの園舎の片付けを手伝ってもらいながら進めている。半数の園児は他園に通っている。職場や自宅が被災した保護者もいる。大変な状況だが、子どもたちが集まり、安心して楽しく過ごせる場をつくりたい」＝18日、長野市の豊野みなみ保育園園長の桐山晃男さん(39)

家の中に積もった泥をかき出すボランティア＝19日午後1時39分、長野市津野

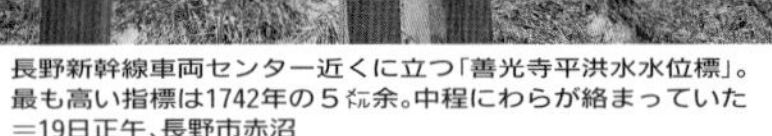

長野新幹線車両センター近くに立つ「善光寺平洪水水位標」。最も高い指標は1742年の5㍍余。中程にわらが絡まっていた＝19日正午、長野市赤沼

強まる雨の中、上田電鉄別所線の鉄橋が落ちた周辺で続いた千曲川堤防の緊急工事＝19日午後4時6分、上田市諏訪形

ボランティアでの作業を終え、全身泥まみれで被災地を後にする長野高専の学生＝19日午後1時47分、長野市穂保

行方不明となっている三石量正さんの手掛かりを千曲川沿いで捜す徳島県警の警察官＝19日午後2時1分、佐久市

長野市穂保の道路脇には、泥にまみれた災害ごみがあふれている＝19日午前10時50分

ライフスタイル

☎026・236・3143　kurashi@shinmai.co.jp

台風19号 被災した方々へメッセージ

台風19号の影響により、県内でも多くの人が被災しました。1983（昭和58）年以来という千曲川での堤防決壊が起き、東北信では床上、床下浸水も多数発生するなど大きな被害が出ています。一部では下水処理施設の機能が低下するなど、影響が長期化する懸念も出ています。

くらし面で被災した方々に伝えたい言葉などを募ったところ、県内外からメールや郵便、ファクスなどで多くのメッセージが寄せられました。その声をお伝えします。

長野県 復興へ力一つに

台風19号で被災された方々、あまりにも突然の悪夢のような出来事に心中、お察しいたします。何と声を掛けたらよいのか、言葉が思いつかないのが正直なところです。

私には、一生薬を飲み続けなくてはならない、治ることがない病という身体的な試練があります。でも、家もあり 家族も友人も変わらず元気にしておりますし、皆さんに比べたら、まだまだ小さな試練だと思います。どうして皆さんにこのような自然による大試練が与えられたのか、ため息が出るばかりです。

私はこうして今、普通に生活できることに感謝をしながら、被災された方々の生活の一刻も早い再建を、心からお祈りしつつ、日々過ごしていきたいと思います。

特に、このような災害時に力を発揮するのは10～20代の若い方々かなと思います。ぜひ、若い力を中心に復興へ向けて、力を尽くされるよう祈っております。

日本、長野県は一つです。決して人ごととは思えません。力を一つに集めましょう。復興へ向けて。（山田郷志・49歳・塩尻市）

またおいしいリンゴを

被災した方々、お見舞い申し上げます。今までに経験したことのないような被害が出た今回の台風19号、怖さをつくづく思い知らされました。ただただびっくりです。

毎年毎年、おいしいリンゴを購入させていただいていたYさんのお宅が浸水したと聞きました。テレビで浸水の映像を見て、Yさんのことが頭に浮かび、涙が出てしまいました。皆さんの気持ちを思いますといたたまれません。奥さまの優しい笑顔に、癒やしをいただいてきました。いつも頼もしい姿を見せてくれたYさん、今回のことでどれほどつらかったことでしょう。

でも、あのリンゴのおいしさは忘れることができません。いつの日かあのおいしいリンゴを、再びかみしめたいと思います。どうぞ、お体のことも考えて、健康に留意して生活してください。元気が戻る日を、待っています。

一日も早く、皆さんが以前と同じ日常生活を送れるよう、心からお祈りしています。

（曽根川勝代・74歳・千曲市）

なぎ倒されたままの電柱の下で復旧作業が続く＝16日午前9時15分、長野市穂保

あなたの思い お寄せください

台風19号の影響で、県内でも多くの人が被災しました。被災した方々に伝えたい言葉、過去の被災経験から助言できることなどがあれば、お寄せください。

氏名、年齢、住所、連絡先を明記し、〒380−8546 長野市南県町657 信濃毎日新聞文化部「メッセージ」係（ファクスは026・236・3194、メールkurashi@shinmai.co.jp）へ。

経験した津波 思い出す

台風19号で被災された方々へ、心よりお見舞い申し上げます。

私は東日本大震災の津波で自宅を流失し、多くの友人、知人を亡くしました。避難所生活を送り、長野へ転居しましたが、今回、テレビ、新聞などで、被害を目の当たりにし、体育館などでの生活を見て、自分が経験した日々を思い出して苦しい思いをしています。

当時、銀色のシートや段ボールを広げて毛布の下に敷いて寒さをしのぐ足しにしたこと、3日目に初めて口にした具のないみそ汁の温かさに涙したこと、友が行方不明との知らせに立っていられないほど悲しんだこと、トイレがなく、体育館前のU字溝でブルーシートに囲まれて用を足した日々…語ればきりがないほど、思い出すことはたくさんあります。

当時、余震もつらくて、3月末には親族を頼って長野県内に転居してきましたが、その際に最初にお世話になった地域が今回の千曲川決壊で被災し、大きなショックです。

台風で被災された皆さまに「ガンバレ」という言葉は必要ないと思います。疲れても悲しくても自宅の片付けをせざるを得ず、周りの人たちと話すことで気が紛れるひとときがある今は、頑張っているし、疲れは感じないでしょう。やがて落ち着いた時間が取れた時にこそ、疲れが一度にくると思います。私もそうでした。

自分の体をいたわり、生き延びた自分を褒めてあげて、明日へ向かって生きていきましょう。

私も何とか生活は立て直しましたが、大切なものをなくした気持ちは何年過ぎても忘れないし、「立ち直れた」とは思えないのです。

悲しい時は泣いてください。思い出の品が一つでも見つかったら、良かったとそれで喜んでください。またいつか、立ち直ったと思える時に笑えるよう、うれし涙が流せるよう、生きていきましょう。生きましょう。

（相沢智子・67歳・上田市）

「信濃の国」は頑張る源

台風19号による千曲川の氾濫などで被災された方、心よりお見舞い申し上げます。

篠ノ井線の冠着トンネルを抜けると、善光寺平に帯状に流れている千曲川。その千曲川のまさかの光景をテレビの報道で見て、えらいコンだと思いました。

生まれは坂井村（現筑北村）で、神奈川県大和市の育ちです。坂井村生まれの父母は既に他界して、生まれ育った地に眠っています。どこにいても、長野県という言葉には必ず反応する。長野県民ならではの思いが、私にもあります。そんな私にとって、自分が一番苦しい時に勇気を与えてくれるのが、長野県歌「信濃の国」です。

今回のように、長野県が苦しく、悲しい時こそ、勇気と力を与え、みんなを励ましてくれるのが「信濃の国」ではないでしょうか。私も、何度も、希望や励ましをもらい、頑張る源としてきました。「信濃の国」で心を一つに、励まし合ってください。よろしくお願いします。

（三輪浩昭・55歳・神奈川県大和市）

日常に戻れますように

必ず復興できます！

同じ長野県民として私ができることを素早く実行に移します。

小さなことしかできませんが応援しています。

1日でも早く皆さんがいつもの日常に戻れますように。

（唐木田国彦・41歳・長野市）

◇おことわり　「探検！道の駅ワンダーランド」は休みました。

こうこくけいさいきじゅん【広告掲載基準】

意味　新聞に掲載するのにふさわしいかどうかを審査する際の基準。新聞広告は、読者が損害を被らないよう、掲載前にすべて審査されています。信濃毎日新聞社でも掲載基準を設けており、誇張表現や誤解を招くような表現が含まれていないかなどを審査しています。不適切だと思われる点は、広告主に対して修正を依頼し、場合によっては掲載をお断りすることもあります。

こうこくがいしゃ【広告会社】
せいさくがいしゃ【制作会社】

意味　広告主へ「何を、どのようにPRするか」についてさまざまな提案をするのが広告会社。広告主が伝えたいことを言葉やイラストで表現するのが制作会社。企業や団体などの広告を出す側のメッセージを読者の皆さんにより効果的に伝えるためには、心に響く言葉や文章、イラストや写真などが必要です。よりよい新聞広告を作るために、広告会社や制作会社の広告プランナー、デザイナー、営業担当は日々知恵を絞っています。

よく分かったなーの

「100歳まで」のはずが　同級生と旅行恒例　生徒を親身に指導

千曲川氾濫1週間
亡くなった3人をしのぶ

千曲川氾濫から1週間。亡くなった3人にゆかりの人々は19日、あらためてその人柄をしのんだ。

佐久市中込の中島正人さん（81）は千曲川支流の滑津川の氾濫に巻き込まれ亡くなった。かつて自動車部品加工の工場を経営。焼酎をたしなみ、高校野球も好きで地元校の活躍を喜んだ。愛犬「チョコ」をかわいがった。長男は「父は『100歳まで生きるからよろしく』と言っていた。もう少しいてほしかった」。

長野市赤沼の西沢孝さん（81）は元中野市農協職員。リンゴなどの果樹担当技術員として熱心に畑を歩き、農家の相談に乗った。温厚で明るい性格と慕われていたという。2、3年前までは小中学校の同級生との旅行が恒例行事。近くに住む井上慎一郎さん（82）は「ハーモニカなどの芸達者だった」と悼んだ。

同市赤沼の徳永初美さん（69）は4人きょうだいの長女。中学生の頃から英語の勉強が好きで、高校で英語を教えたことも。生徒が納得できるまで補習に付き合っていたという。小中学校で同級生だった親戚の男性（69）は散歩する姿をよく見掛けた。「自宅の被災よりショック。ただ冥福を祈りたい」と話した。

一方、千曲川周辺では19日も、行方不明のままのタクシー運転手三石量正さん（68）＝佐久市入沢、東御市出身で静岡県沼津市の男性（72）の捜索が続いた。

行方不明の三石量正さん

佐久の中島正人さん

長野の西沢孝さん

長野の徳永初美さん

避難の子 ストレス軽減を
NPOや学校 長野で居場所づくり

長野市で台風19号の記録的な大雨により千曲川の堤防が決壊して20日で1週間。避難所や親戚宅などで生活を続ける被災者に疲れの色がにじむ。そんな中、普段と違う生活を送る子どもたちのストレスを和らげたいと、NPO法人などが遊び場や居場所づくり始めた。

小学校低学年の子どもたち6人が、保育士らと一緒にカードゲームなどで遊び、勝敗に喜んだり悔しがったり。被災地に近い長野市柳原小学校で19日、認定NPO法人カタリバ（東京）が、子どもたちの居場所「コラボ・スクールながの」を開設した。

カタリバは災害時に子どもが学校に通えなくなるため、孤立を防ぎ不安をケアする目的で、被災各地で同様の取り組みをしている。同市豊野西小1年の西村香蓮さん（7）は姉で同小3年の香音さん（9）と参加。「みんなで一緒に居られるのは楽しい。早く学校で友達と会って話がしたい」と口にした。

香蓮さんの母で看護師の香菜さん（35）は「見慣れた街が水に浸かった様子を見たくない—とテレビを見て泣く子どもたちが心配」。カタリバの本村ももささん（31）は「普段と違う場所で遠慮したり、親の緊張感を感じ取ったりして不安も大きい」と子どものケアの重要性を指摘する。

同市の避難所の一つ、北部スポーツ・レクリエーションパークには16日、オンラインゲームのできるテレビや積み木、絵本などが置かれた。NPO法人ながのこどもの城いきいきプロジェクト（長野市）やNTT東日本長野支店（同）が用意。ともに少しでも日常に近い環境を整え、子どものストレスを減らしたい—と保護者らへの聞き取りを踏まえて実施した。

学校も動きだした。避難所になっている同市豊野西小では17、18日、子どもたちが集まれるよう教室の一部を開放。授業はできないものの、子どもたちが友達と会える機会をつくった。床上浸水した同市長沼小も18日、子どもたちができる範囲で隣接地区の柳原小に集まる機会を設けた。

県精神保健福祉センター（長野市）の小泉典章所長は、慣れない生活の長期化で心が不安定になる子どもがいるとし「一緒に遊んだり、しっかりと話を聞くなど、同じ目線に立って受け止めてあげることが大切」としている。

コラボ・スクールながのは20日午前10時～午後6時にも柳原小で開く。受け付け時は保護者の同伴を求めている。問い合わせはメール（naganokodomo@katariba.net）でカタリバへ。

カードゲームで保育士らと遊ぶ西村香音さん（左手前から3人目）と香蓮さん（同2人目）＝19日午後1時39分、長野市の柳原小学校

会話やゲーム「日常に近づけたい」

簡易的方法で処理量回復
汚水　長野の「クリーンピア」

長野市赤沼の下水道終末処理場「クリーンピア千曲」は19日、国が非常時に認める塩素消毒のみの「簡易処理」ながら、汚水の1日の平均流入量5万立方㍍を処理する能力までは回復した。ただ簡易処理は、浄化が十分でない水を千曲川に放流する暫定処置で環境に負荷がかかる。県生活排水課は処理区域内の住民に、日常生活に支障がない程度の節水などを引き続き呼び掛けている。

クリーンピアは長野市の一部、須坂市、上高井郡小布施町、高山村の一部の13万人余の汚水を処理している。被災前は流入する汚水1日平均5万立方㍍に対し、最大で1日当たり8万立方㍍を処理する能力があり、未処理でたまってしまう汚水はなかった。

簡易処理は復旧作業を始めた15日から開始。処理能力は同5万立方㍍まで回復したが、被災後に処理を停止した間にたまった汚水を処理し終えるには時間がかかりそうだ。

さらに雨が降れば雨水が流入し、処理能力が再び低下する可能性もある。同課は、風呂の残り湯を洗濯にも使うことや洗剤を使いすぎないこと、マヨネーズやドレッシングなどの油類、酒類を台所で流さない—といった配慮を住民に呼び掛けている。

搾った牛乳 泣く泣く廃棄　道路寸断の宮城・丸森町

宮城県丸森町の酪農家が搾った牛乳を出荷できずに、廃棄する事態に陥っている。台風19号による土砂崩れで道路が寸断され、集乳車がアクセスできないためだ。「何のために乳を搾っているのか分からず、力が抜ける」。ストレスで体調を崩す乳牛も出ており、酪農家らは早期の集荷再開を切望している。

18日午後、丸森町筆甫地区。40年以上酪農を営む酒井利夫さん（61）の牛舎で獣医師村山勇雄さんが乳牛を診察していた。「環境変化によるストレスで乳量が激減し体調も悪くなる。搾乳は決まった時間でないとだめ」と説明した。

牛は毎日搾乳しないと乳が張り、乳房炎の発症リスクが高まる。集荷が止まった13日以降、酒井さんは毎日約600㍑を搾ってはそのまま捨てている。餌代も含め損失は1日当たり10万円に及ぶ。

電気が復旧する17日までは、本来1日2回の搾乳が1回しかできず、全41頭のうち5頭ほどが乳房炎になった。井戸水をくみ上げるポンプが停電で使えず、与える水が不十分だったことも要因の一つだ。「搾乳しても、捨てるだけなのでもったいない。早く集荷に来てほしい」と落胆の表情で訴えた。

牛舎で獣医師村山勇雄さんが乳牛を診察する様子を見つめる酪農家の酒井利夫さん（右）＝18日、宮城県丸森町

避難勧告出せず 即「指示」
福島・いわき市 手続きに時間

夏井川の氾濫で8人の犠牲が出た福島県いわき市が、担当者間で事務手続きに時間がかかったため避難を促す「避難勧告」を出しそびれ、緊急度が1段階上の「避難指示」をいきなり発令する事態になっていたことが19日、市への取材で分かった。水位上昇のスピードが予想以上だったことも要因の一つ。被害があった地域で避難の遅れにつながった可能性もある。

市は12日午後3時10分、崖や山に近い住民に対し「土砂災害の危険が高まっている」として避難勧告を出した。午後3時20分には、夏井川以外の河川に関し「今夜中に氾濫の恐れがある。対象河川沿線の方は避難してください」との避難勧告を出した。

市によると、夏井川の市内上流部では、内規で避難勧告とする水位に達したのが午後7時20分ごろ、市内下流部では午後9時前ごろだった。しかし、本来すぐに出されるべきだった避難勧告は発令されず、上流部の地域では午後8時半、下流部の地域には午後9時40分に避難指示が出された。

避難勧告を飛ばす形で、避難指示が出た経緯に関し、上流部の市小川支所の幹部は「避難勧告発令を本庁舎へ要請した時、書類手続きの不備を指摘され時間がたつうちに避難指示を出す水位になってしまった」と証言した。

避難勧告 氾濫情報の後に
飯山市「情報が錯綜した」

飯山市内の計723戸（19日現在）が浸水した、台風19号の影響による千曲川支流の皿川決壊に関し、市が避難勧告を出したのが皿川の氾濫情報から1～3時間後だった地域があったことが19日、分かった。市は「情報が錯綜し、確認までに時間がかかった」と説明している。

市危機管理防災課によると、13日午前2時20分ごろに住民から皿川氾濫の情報が寄せられた。皿川のすぐ南にある北町に避難勧告が出たのは、その1時間後の同3時20分。市役所周辺の福寿町などに避難勧告が出たのは同6時40分だった。その時点ですでに市役所1階への浸水は確認されていたという。

皿川の決壊現場から市役所までは約1キロ。同課は「市役所付近まで浸水するとは、皿川の氾濫情報が届いた時点では想定外だった」としている。

即位礼正殿の儀
「高御座」を公開

宮内庁は19日、「即位礼正殿の儀」（22日）が執り行われる皇居・宮殿「松の間」を報道陣に公開した。天皇陛下が立って即位を宣言される玉座「高御座」や、皇后さまが立つ「御帳台」の組み立てが完了。この日は儀式の通しリハーサルも実施され、準備は大詰めを迎えている。

高御座は天孫降臨神話に由来し、即位を象徴する調度品。高さ約6・5㍍、重さ約8㌧。黒漆塗りの壇の上に八角形の屋根が据えられ、黄金色に輝く大小の鳳凰などの金具細工で飾られている。紫と赤の帳で囲まれた内側は、畳の上に椅子や三種の神器などを安置する台が置かれ、上部には陛下を照らす多数のLEDライトや、声を拾うマイクも取り付けられた。御帳台はほぼ同様の作りだが、一回り小さい。

公開された玉座「高御座」＝19日、宮殿・松の間

上皇后さま85歳
台風に心痛める

上皇后美智子さまは20日、85歳の誕生日を迎えられた。9月に乳がんの手術を受けた後はホルモン療法を続けている。台風19号による甚大な被害に心を痛め、上皇さまと共に、被災地の様子を案じているという。

宮内庁によると、上皇ご夫妻は来年1月から3月までの間に、長年暮らした皇居から高輪皇族邸（東京都港区）に転居する予定。

昨年までは誕生日に当たり、宮内記者会の質問に文書で回答を寄せていたが、上皇さまの退位に伴い、今年からなくなった。誕生日当日は住まいの吹上仙洞御所で、天皇、皇后両陛下や皇族らからお祝いを受ける予定だったが、台風19号の被害に配慮し、取りやめた。

県ピアノコンクール最優秀賞 梅原さん
全国「交流の響き」で聴衆魅了

信濃毎日新聞社など全国の地方新聞社がそれぞれ主催・共催する音楽コンクールの上位入賞者が集まり、ソロ演奏を披露する「交流の響き2019 in かわさき」は19日、川崎市のミューザ川崎シンフォニーホールで開かれた。長野県からは、昨年の第33回県ピアノコンクールで小学校5・6年生の部最優秀賞を受賞した中学1年生、梅原伊織里さん＝佐久市塚原＝が出演した。

梅原さんはショパンの「即興曲第2番嬰ヘ長調」を演奏。情感豊かな音色を会場に響かせ、聴衆約550人を魅了した。

地域の音楽コンクール入賞者13人と会場のミューザ川崎のオルガン教室優秀者が出場する「交流の響き」は15回目。神奈川新聞社と川崎シンフォニーホールが主催し、ミューザ川崎シンフォニーホール特別共催、全国新聞社事業協議会などが共催した。

「交流の響き」に出場した梅原さん

旧日本軍空母「加賀」発見か
米チーム ミッドウェー環礁で

【ロサンゼルス共同】太平洋戦争中の1942年6月、ミッドウェー海戦で沈没した旧日本海軍の空母「加賀」とみられる船体の一部が18日までに、北太平洋ミッドウェー環礁の水深5400㍍の海底で見つかった。各国で探査を続ける米調査チームが発表した。船体は比較的当時のまま残っているように見え、副砲も確認された。担当者は取材に「船体をさらに調べ、周辺海域で他の沈没船などの探査も続ける」と明らかにした。

ミッドウェー海戦は、ミッドウェー島攻略を狙った旧日本海軍の動きを米軍が暗号解読で把握。米軍の待ち伏せ攻撃を受けた旧日本海軍は「加賀」「赤城」など空母4隻や重巡洋艦、多数の戦闘機を一挙に失った。

ミッドウェー海戦は41年12月の真珠湾攻撃から6カ月後、旧日本軍が大敗を喫し、太平洋戦争の転換点となったことで知られる。来年で終戦75年を迎えるのを前に注目を集めそうだ。

米IT大手マイクロソフト共同創業者のポール・アレン氏（2018年10月死去）が設立した財団の調査チームが、約6㌔まで潜水できる無人探査船を使って撮影。

調査チームは今年7月、太平洋戦争末期の44年10月にフィリピンのレイテ沖海戦で沈んだ旧日本海軍の重巡洋艦「摩耶」とみられる船体の一部を発見。「武蔵」「比叡」など多くの戦艦の残骸を見つけるなどの成果を挙げている。

▼木曽で大雨、中央西線が一時運転見合わせ

19日午後5時20分ごろ、木曽郡内のJR中央西線薮原—原野間で雨量が規制値に達し、同線は木曽福島—奈良井間の上下線で約3時間、運転を見合わせた。この影響でダイヤが乱れた。

▼徳島でNIE学会開幕

新聞を学校の授業で活用するNIE（教育に新聞を）の意義や研究成果を話し合う日本NIE学会が19日、徳島県鳴門市の鳴門教育大で開かれた。「新たな時代に対応したNIE」をテーマに、20日まで2日間、教育関係者らが意見交換する。

「教室と社会がつながる学びを」と題したシンポジウム形式の討議で、徳島新聞NIEコーディネーターの野口幸司さんが登壇し、同県吉野川市の小学校で認知症の高齢者が戦争体験を語る授業の様子が全国紙の1面に掲載された例を紹介した。

20号が「強い台風」に
21号も発生

台風20号は19日午後9時の観測で「強い台風」に変わった。22日にかけて沖縄の南から九州の南に進む見通し。四国沖に達する同日午後9時までに温帯低気圧に変わり、本州南岸を東に向かうとみられる。各地に影響を及ぼす可能性があり、今後の進路に注意が必要だ。

気象庁によると、台風は19日午後9時現在、ゆっくりと北に進んだ。中心気圧は980㌶、最大風速35㍍、最大瞬間風速50㍍。中心から半径70㌔以内は風速25㍍以上の暴風域になっている。

また19日午後9時、トラック諸島近海で熱帯低気圧が台風21号に変わった。時速25㌔で西に進んだ。23日夜には「非常に強い」勢力になって小笠原近海に達する見通し。中心気圧は1000㌶。中心付近の最大風速は18㍍、最大瞬間風速は25㍍。

台風20号（19日21時現在）
予報円　暴風警戒域
21日21時　（温帯低気圧）22日21時　20日21時　強風域　20日9時　暴風域

情報・写真 お寄せください

声のチカラ（コエチカ）
暮らしの中で気になる出来事や、おかしいなと思うことをお寄せください。記者が調査・取材します。
LINE友だち登録　特設サイト
ファクス　「コエチカ」取材班　026(236)3196
郵送　〒380-8546 長野市南県町　信濃毎日新聞社編集局「コエチカ」取材班

こと映え
11月のお題は「一日千秋」「食指が動く」「気心が知れる」です。
LINE友だち登録 ▶
メール　kotobae@shinmai.co.jp
郵送　〒380-8546 信濃毎日新聞社 こと映え係

長33 第一社会 9版 2019年(令和元年)10月20日 日曜日 信濃毎日新聞 新聞定価1ヵ月4,400円(うち消費税325円)1部 朝刊150円 夕刊60円(消費税込み) 第三種郵便物認可

濁流が奪った本祭り

長野市穂保・守田神社

社殿があった場所から決壊した堤防を指さす小山田さん。目と鼻の先だった=18日、長野市穂保

夏に社殿修復 獅子舞奉納当日に

ルポ 千曲川氾濫

決壊した長野市穂保の千曲川堤防のすぐそばにケヤキの木立がある。ぽっかり空いた更地には、つい1週間前まで、平安時代から知られ、住民に親しまれた守田神社があった。氾濫が起きた12、13日は秋祭りの日だった。社殿修復のお祝いで、4年ぶりに獅子舞を奉納するはずだった。【1面参照】

「あれが最後だったなんて」。総代の小山田昌秀さん(59)は台風が迫っていた12日夕、一人で拝殿にいた。宵祭りには約40人が集まる予定だったが、小山田さんが代表して参拝を済ませた。「翌日の本祭りには来られると思って疑わなかった」と言う。

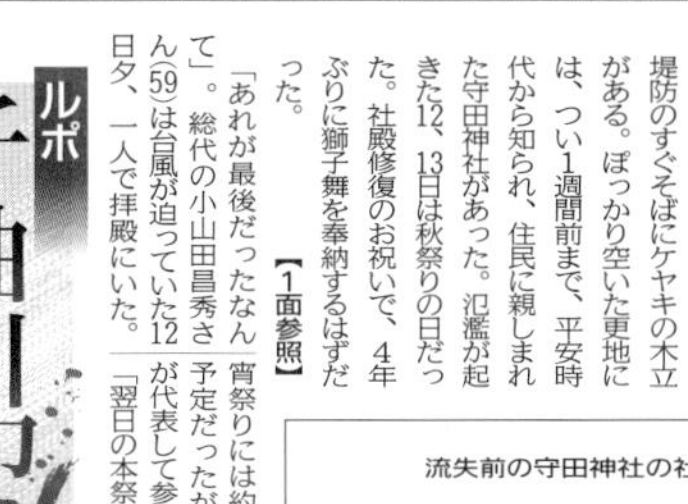

流失前の守田神社の社殿

住民親しんだ場「何もねぇ」

かつては、小山田さんも通った長沼小学校が隣接し「放課後は学年の垣根を越えて境内に集まり、鬼ごっこやブランコを楽しんだ」思い出の場所。高齢化が進む昨今も、木陰で親子が涼み、地元で栽培が盛んなリンゴなどの秋の実りに感謝する祭りが開かれてきた場所だ。

江戸時代に移築された社殿はこの6月に修復工事に着手。約700万円の費用は氏子の積立金だけでは賄えず、約500万円を借り入れた。氏子が減少する中、返済が容易でないのは分かっていたが、副総代の米沢真一さん(55)は「心のよりどころを後世に残したい」思いで皆一致していたと振り返る。

工事は8月に完了。小山田さんは2015年秋の例大祭を最後に休止していた獅子舞奉納を思い立ち、保存会の活動を再開しようと呼び掛けた。住民7人が公民館で練習を重ねてきた。しの笛を吹くはずだった米沢さんも「本番を楽しみにしていた」。だが、11日の練習後にしまった獅子頭や太鼓も、社殿もろとも濁流にのまれ、どこかへ流されてしまった。

境内には泥水がたまり、鳥居があった場所には流れ着いた草木が積もる。「本当に何もねぇんだな」。18日、自宅の片付けの合間に初めて足を運んだ小山田さんは寂しそうにつぶやいた。「現場を見るのが嫌だった」と言う米沢さんもこの日、幼い日の記憶に残る境内の、変わり果てた光景を見た。涙が止まらなかった。

「再建のために何かしたい」。拝殿があった場所に向けて、米沢さんは静かに頭を下げた。

（篠原 光）

災害ごみ数百万トン 処理2年以上

全国予測

台風19号の被災地では、上陸から1週間となった19日、泥をかぶった家財道具や建材などの「災害ごみ」が増え続け、自治体にとって大きな荷になっている。環境省は浸水範囲などを基に、昨年の西日本豪雨の約190万トンを上回る数百万トン発生すると予測。水害としては異例の規模で、処理完了までに2年以上かかる見込みだ。浸水で使えない焼却場も出ており、専門家は自治体をまたいだ広域処理が解消の鍵になると指摘する。

総務省消防庁によると、19日午後0時45分時点で住宅約400棟が全半壊し、16都県で約2万4千棟が床上浸水した。環境省は1棟につき全壊で110トン、床上浸水で4・6トンの災害ごみが出ると推定。片付けの本格化に伴い「電化製品や家屋の建材など多様なごみが一気に出てくる」(担当者)とみる。

ごみは自治体が指定する仮置き場に運ばれて分別された後、焼却や埋め立て処分される。環境省は被災地に職員を派遣し、仮置き場の設置を支援。しかし持ち込みが殺到し、既に満杯になったり、分別されず放置されたりしている場所もあるという。

被災地全体の詳しい状況は明らかになっていないが、宮城県角田市の谷津睦夫副市長は19日の取材に、市内で最大1・8万トンの災害ごみが想定され「処理には2～3年かかる可能性がある」と話した。

ごみ処理には自衛隊員約2千人も参加。連日、多くのごみを現場から運び出している。

2016年の熊本地震では、益城町が発災翌日に開設した約1・2㌶の仮置き場が1週間で満杯になった。2千万トンのごみが出た東日本大震災でも、土地不足のため高く積み上げられたがれきの山で火災が続発。悪臭や虫の発生なども問題になり、市民生活に悪影響を与えた。

環境省によると、発生が懸念されている南海トラフ巨大地震では最大約3・2億トン、首都直下地震では最大約1・1億トンの災害ごみが出ると予想されており、国は自治体間でごみの受け入れに関する協定を結ぶよう求めている。

高原調

○…ストリートダンスの技術や表現力を競うコンテスト「ダンスクリエイター」が19日、松本市のまつもと市民芸術館で開かれた。県内外の約340人が、ヒップホップなどの音楽に合わせて多彩なダンスを披露した=写真。

○…ダンスの愛好家や講師らの実行委員会が主催し、4年目。出場者は仲間と息を合わせて体を躍動させ、会場を沸かせた。入場料などから経費を差し引いた残りを台風19号の県内被災地へ寄付する。

○…諏訪市中洲小学校6年の上原好茜(このあ)さん(12)はダンス教室の仲間と4人で出場。豊かな表情を意識したといい「緊張したけれど練習の成果を出せた」とにっこり。

演奏後、リラックスした表情で記念撮影する東北中の生徒ら=19日、名古屋市

故郷に贈る努力の音色 被災の長野・東北中

全日本吹奏楽コンクール出場

千曲川の堤防決壊で床上浸水した長野市東北中学校の吹奏楽部が19日、名古屋市で開かれた全日本吹奏楽コンクールに東海代表で出場した。自宅が被災した部員もいる中、練習を重ねて見事、銀賞に。精いっぱい努力する姿で被災地を勇気づけたい—との声も出た。

大舞台の約1週間前に同校は被災。一時は出場辞退も考えたというが、保護者らによると、演奏で着る制服を流された部員に卒業生が貸してくれたり、会場への持ち込みが難しくなったハープを愛知県の高校が貸してくれたりといった支援があった。

緊張の面持ちで迎えた本番では、課題曲に続けて作曲家の高昌帥さんが手掛けた「トリプロ・トリプルム」を披露。部長の松木ひな乃さん(15)は「練習の成果を出せた」と胸を張り、演奏後、仲間たちと会場前でにこやかに記念撮影に納まった。

娘が3年生部員の会社員倉島和英さん(55)は「2年間半よく頑張ってきた」としみじみ。演奏を聴きながら感情が込み上げたといい、「きょうまでの東北中生の頑張りが被災者の方々のためになればうれしい」と話していた。

2019年（令和元年）
10月21日
月曜日

信濃毎日新聞
1873年（明治6年）創刊
発行所
信濃毎日新聞社
長野本社　〒380-8546　長野市南県町657番地
電話(026)
受付236-3000 編集236-3111
販売236-3310 広告236-3333
松本本社　〒390-8585　松本市中央2丁目20番2号
電話(0263)
代表32-1200　報道32-2830
販売32-2850　広告32-2860

「災害ごみ」住民疲労

県内被災地

運搬で渋滞 置き場不足

台風19号による千曲川堤防決壊で浸水被害を受けた長野市の被災地域で、「災害ごみ」の発生がさらに深刻化し、20日はごみを積んだトラックの渋滞も発生した。週末はボランティアの手も加わって被災家屋の片付けが進んだが、各地の仮置き場も満杯に近づいている。ごみ処理の在り方は今後、一層大きな問題になっていく。

長野市赤沼では20日、市の指定とは別に仮置き場になっている赤沼公園に向かう道で、ごみを運ぶ軽トラックなどが長い列を作った。どのトラックも泥をかぶった畳や家財道具などを満載。車列は数分おきに数㍍前進する程度で、時折、運転席から降りて車列の先頭方向を眺め、列の長さにげんなりする人もいた。

渋滞に巻き込まれていた同市赤沼の40代男性は「他の仮置き場が受け入れられなくなったため、赤沼公園が混み合っている。仮置き場のごみを早く撤去してもらえれば…」と疲れた表情で話した。

市が指定した同市豊野町の豊野東山第1・第2運動場の仮置き場に向かう道も渋滞が発生。車列がほとんど動かない時間帯もあった。同市穂保の国道18号もごみの運搬や工事車両などで終日混雑した。

長野市地域防災計画では市内で大災害があった場合、発生から1週間が、災害廃棄物の集積場所が不足するとされる時期。千曲川堤防決壊から1週間がたち、市廃棄物対策課は20日、市が指定した3カ所の仮置き場について「まだ完全に満杯にはなっていない」としつつ、新たな仮置き場確保や、仮置き場からのごみ搬出の検討を急ぐ。

県災害対策本部によると、20日午後3時時点の県内の住宅被害は9329世帯、避難者は931人。中部電力は20日、台風19号の影響で長野市の約20戸で続いていた停電が同日午後に復旧したと明らかにした。

JR小海線は不通となっていた中込―小海間が20日の始発から運転を再開した。

軽トラの列 進まず

長野市赤沼の災害ごみの仮置き場に向かう軽トラックの列。なかなか前に進まずドライバーらの疲労感も募った＝20日午前11時37分

災害復旧に5000億円

首相 台風被災 長野を視察

安倍晋三首相は20日、台風19号で甚大な浸水被害を受けた長野市を視察した。首相は2019年度予算の予備費など計5千億円を災害復旧や被災者支援の財源に確保したとし、「生活再建に向けて対策パッケージを早急に取りまとめたい」と述べた。

県庁で首相らと意見交換した阿部守一知事、長野市の加藤久雄市長（県市長会長）、小県郡長和町の羽田健一郎町長（県町村会長）らは、応急仮設住宅に入居できる被災者の要件緩和などを求めた要望書を提出。土台が損傷してしまった鉄道の部分運休の原因となった海野宿橋（東御市）の復旧を市に代わって国が行うことや、災害で出たごみを処理する市町村への支援も求めた。

首相は意見交換に先立ち、自衛隊のヘリコプターで上空から被災地を視察。長野市穂保の千曲川の堤防決壊現場を訪れ、国土交通省職員から復旧状況を聞いた。避難所の一つ、北部スポーツ・レクリエーションパークも訪問し、避難者を激励した。

首相は視察後に官邸で開いた非常災害対策本部会議で、被災者の生活やなりわいの再建に向けた包括的な対策を取りまとめるよう関係閣僚に指示。ここには、住まいの確保や災害廃棄物の処理、農林漁業者や中小企業者の事業再開支援、観光対策などが含まれる見通し。

リニアのいま
沿線5紙連携

リニア工事遅れ 各地でも

沿線5紙連携 課題追う

JR東海が目標とするリニア中央新幹線の「2027年開業」が揺らいでいる。静岡県では南アルプストンネル掘削による大井川の流量減少を巡り、県とJRの協議が難航。長野県内や他の沿線各県でも残土処理や地元理解などの問題が山積している。

信濃毎日新聞と神奈川新聞（神奈川県）、山梨日日新聞（山梨県）、岐阜新聞（岐阜県）は17年以降、リニアを巡る共同連載や特集に取り組んできた。今回、静岡新聞（静岡県）が新たに参加し、5紙の枠組みに発展。各紙が連携し、地域の声や工事の見通し、安全性や環境への影響、街づくりなど多様な課題をさらに掘り下げて伝えていく。

【2面へ続く】

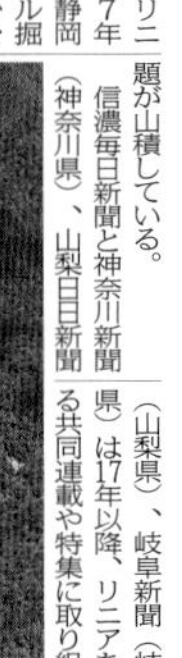

地下にリニアの南アルプストンネルが建設される予定の大井川上流部＝8月、静岡市（静岡新聞社ヘリ「ジェリコ1号」から）

矢沢亜 東京五輪代表に

カヌー・女子カヤックシングル

県勢初

カヌー・スラロームの東京五輪代表最終選考会を兼ねたNHK杯国際大会は最終日の20日、東京都内で行われ、女子カヤックシングルの矢沢亜季(27)＝昭和飛行機工業・飯田市出身・写真＝が選考対象大会の通算ポイントで日本人最上位となり、2大会連続の五輪代表に決まった。東京五輪の出場権を獲得した県勢は、全競技を通じて初めて。

矢沢亜は日本人3選手が出場した準決勝を唯一突破して決勝に進み、9位に入った。矢沢亜の兄で、男子カヤックシングルの矢沢一輝(30)＝青森県西目屋村教委・飯田市出身＝は決勝に進めず、4大会連続の五輪出場を逃した。

【関連記事15面に】

義援金を受け付けます

台風19号災害 きょうから

信濃毎日新聞社は、台風19号で被災された方々への義援金を21日から11月30日まで受け付けます。寄せられた全額を長野県台風第19号災害対策本部へ寄託し、県内の市町村を通じて、被災された方々に届けます。皆さま方の温かいご協力をお願いいたします。

台風19号による大雨で、県内では東北信地域の広範囲で河川が氾濫し、死傷者、行方不明者が出たほか、多くの家屋が浸水しました。義援金は、被災者の方々が一日も早く平穏な生活を取り戻すための一助として募ります。金融機関での振り込みのみとし、物資の受け付けはいたしません。義援金をお寄せいただいた方の氏名、金額は紙面に掲載します。

信濃毎日新聞社

（募集要領は27面に）

斜面

2019.10.21

思っていたより小柄だった。容疑者殺害も辞さない麻薬犯罪対策など強権的手法や暴言の数々で知られるフィリピンのドゥテルテ大統領である。先日、現地滞在中に地元ダバオ市の空港で外遊からの帰国に合わせて開かれた会見を見た◆率直な印象の受け答え。終了後のぶら下がり取材にも時間をかけて応じていた。市内の大統領の私邸も見に行ったが、観光客の記念撮影用に等身大パネルが置かれている他はいたって地味。支持率8割という圧倒的な人気の背景には庶民性もあるようだ◆政権発足の翌日から今年5月までに捜査当局が殺害した容疑者は警察統計で6600人に上る。治安向上を実感しているとの声が目立つ一方、司法手続きを無視した手法が国際社会の非難を浴びている。国連人権理事会が調査を求める決議案を採択したが、受け入れる気配はない◆気分が乗った時には会見で欧米批判を繰り広げるという。決議案を出したアイスランドについては「氷ばかりで犯罪もない。人々は氷を食べているだけ」との暴言を吐いた。腐敗一掃を掲げる「義賊」が国を乗っ取ったような状況と評されるのも分かる◆邦字日刊紙「まにら新聞」の石山永一郎編集長は「国民の心の中に誇りを呼び覚ました」と分析していた。旧宗主国スペインの皇太子の名にちなんだフィリピンという国名の変更にも言及している。人々の意識のうねりは植民地時代にまでさかのぼっているのだろうか。危うさを抱えつつ。

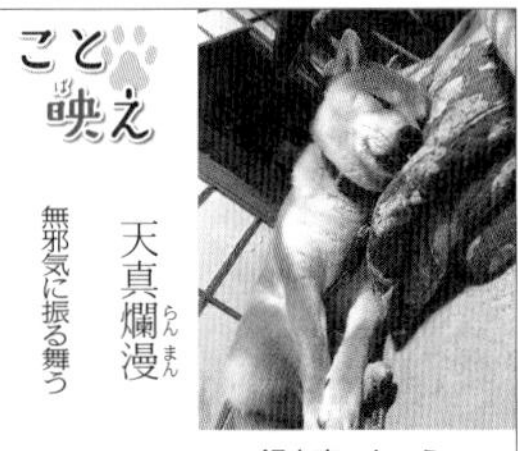

ことば映え

天真爛漫（らんまん）
無邪気に振る舞う

飯山市　しょう

応募方法28面に

天気

北部：6時 12 18 24 ／ 22日 23日 24日
中部：6時 12 18 24 ／ 22日 23日 24日
南部：6時 12 18 24 ／ 22日 23日 24日

地点	最高気温	最低気温
飯山	22	10
長野	21	11
大町	21	9
松本	21	12
上田	23	12
佐久	21	11
諏訪	20	12
木曽	23	13
伊那	23	14
飯田	23	13

5㍉以上　5㍉未満

25面に詳しい天気情報

紙面の問い合わせ　本社見学・出前講座　編集応答室　026-236-3111
購読のお申し込み　読者センター　026-236-3215　0120-81-4341
信毎ホームページ　www.shinmai.co.jp

焦点 「災害ごみ」行方厳しく

仮置き場への運搬に渋滞ができるほど大量発生している台風19号の浸水被害による「災害ごみ」。千曲川堤防決壊で特にごみが深刻な状況になっている長野市では、各地の仮置き場が満杯になりつつある。今後、どのように仮置き場を確保し、ごみの処分を進めていくか、市も見通せていない。（小松英輝、稲玉千瑛）

【1面参照】

長野　満杯近づく仮置き場　市、対策「できることから」

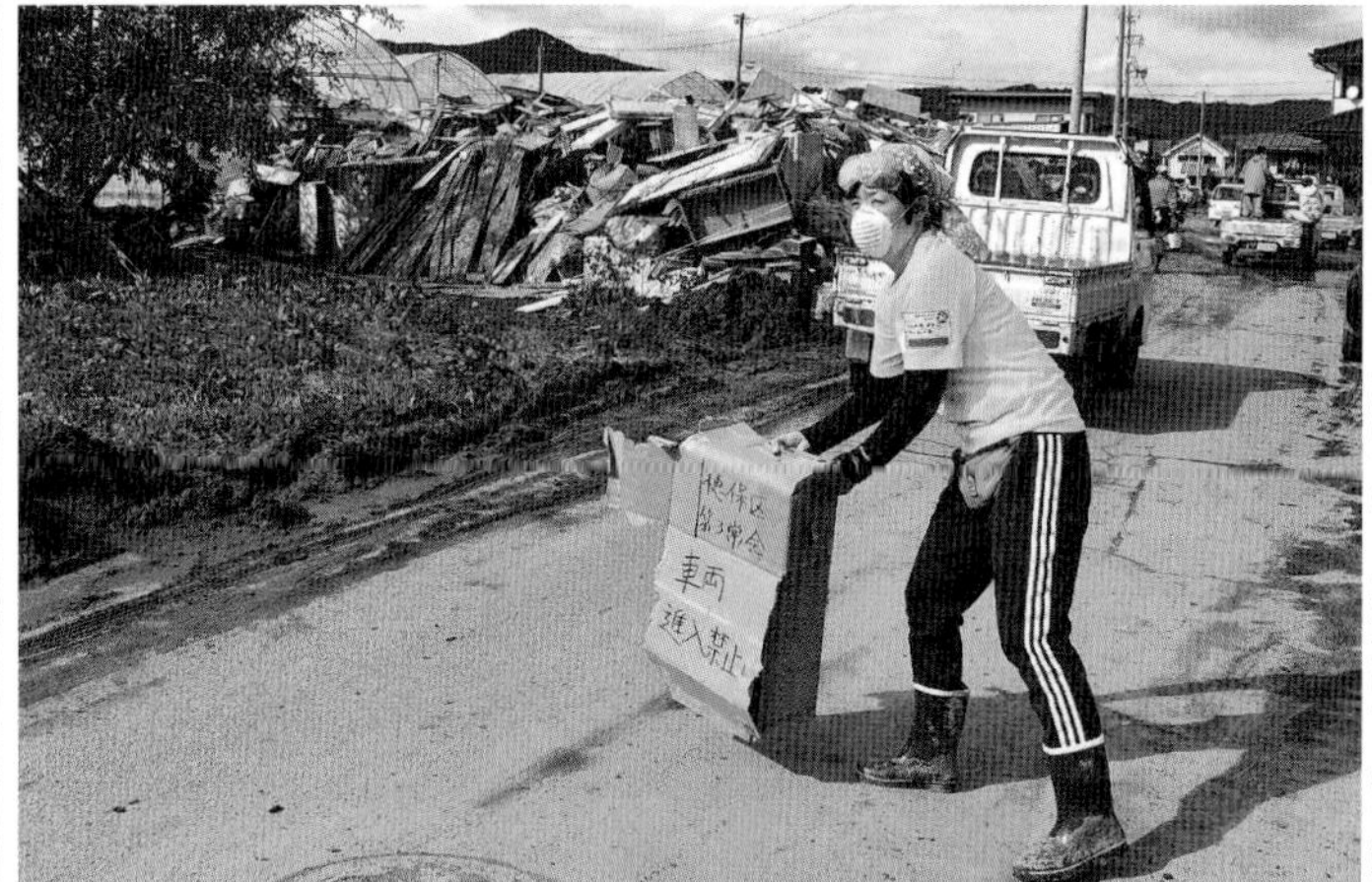

長野市穂保で交通整理に当たるボランティア。地域外からごみが持ち込まれるのを防ぐため、地元車以外は進入禁止とした＝20日午後1時33分

堤防決壊現場に近い長野市穂保の第三常会は、被災したリンゴ畑の一角に、ごみの仮置き場を開設した。市指定の仮置き場まで運べない高齢者もいることから、常会長の芝波田英二さん(66)が地権者と交渉し、5日ほど前に臨時で設けた。重機で整地し、被災家屋の畳を敷き詰めた。

当初の利用は地元住民のみだったが、地区外からも大量にごみが運び込まれるようになり、現場は混乱。芝波田さんは「よそからも持ち込みがあって対応できない」とし、受け入れを一次中止せざるを得なくなった。大量のごみを積んだ車両が集落内に入ってくるのを規制するなどして、20日午後から受け入れを再開。一帯の交通整理はボランティアに依頼した。

長野市は20日現在、篠ノ井地区の篠ノ井運動場（約2万千平方メートル）、松代町西条の青垣公園運動広場（9200平方メートル）、豊野町大倉の豊野東山第1・第2運動場（計約2万4千平方メートル）の3カ所を災害ごみの仮置き場に指定。20日までに、3カ所でごみを持ち込んだ車両は延べ約1万6700台に上った。この指定仮置き場までの距離や移動の負担などから、穂保の第三常会や赤沼公園のように各地域で仮置き場が設けられているが、どこも満杯になりつつある。

市は、大規模地震などの災害発生時を想定して2018年4月に市災害廃棄物処理計画を策定。計画の中で市が指定する災害ごみの仮置き場も36カ所の候補地を決めている。だが、この候補地は山あいなども含め市内全域に点在しており、今回の災害では運搬など現実味がない場所もある。実際、今回の指定場所で計画通りの指定は、豊野東山第1・第2運動場だけで、他2カ所は計画にない場所だ。

市は新たな仮置き場開設を検討しているが、当面は現在の指定仮置き場で、重機を使ってごみを破砕して少しでも場所を確保し、搬出について県内外の廃棄物処理業者に委託をして進める方針。

一方、市指定以外の仮置き場についても、特に多い赤沼公園について市は県経由で自衛隊にごみの排出を要請。陸上自衛隊が19日午後7時以降、運び出しを始めた。

市には、ごみ運搬車両の渋滞や、車でごみを運べない人への対策を求める声があることを認識しているが、「できることからやるしかない状況。今週中には、新たな仮置き場開設も含め、もう一歩先の対応をしなくてはいけない」（廃棄物対策課）としている。

佐久　市が8種に分別呼び掛け　住民 懸命に仕分け

災害ごみの分別に追われる住民とボランティアら＝20日午前9時34分、佐久市志賀

災害ごみの分別を求めている佐久市で20日、同市志賀の下宿区が住民総出でごみの分別をした。佐久市は災害ごみを木くずや金属くず、不燃物など8種類に分別して最終処分場横の仮置き場に持ち込むよう求めている。同区では、被災者にとって分別は負担だとして、旧小学校校庭を分別作業をする緊急の地区の仮置き場にして作業した。

住民や消防団員、ボランティアら計約180人が参加。校庭に積まれたごみを家電や金属くずなどに分別し、重機や手でトラックに積み込んだ。

同区の農業沢井一男さん(72)は「先週末あたりは臭いがひどかった。分別は大変」。同区の保育士の女性(47)は「ここは子どもたちが普段、野球をしている場所。泥の中のくぎなどをかき出さないといけない。うちの子もずっと野球をやっていたので早く元のグラウンドに戻ってほしい」と願った。下宿区長、神津浩一さん(73)は「地域、ボランティアの皆さんの支援に感謝」と話していた。

市内の他の地域でも分別に「こんなことやったんじゃ、いつまでたっても片付かない」と不満の声が漏れる。佐久市は引き続き、災害ごみの分別を求めるが、「ご理解をお願いしたい」としている。（土屋浩太郎、池田美陽）

あす即位礼正殿の儀

天皇陛下の「即位礼正殿の儀」が22日、皇居・宮殿で執り行われる。中庭には装束姿の人が並び、平安絵巻さながらの光景が広がる予定だが、当日は雨の予報で、中庭の人の配置も天候次第で変更を余儀なくされる。台風被害で祝賀パレードはすでに11月10日に延期が決定しており、関係者は気をもんでいる。

儀式は午後1時から宮殿内の正殿「松の間」で約30分間行われ、陛下が玉座「高御座（たかみくら）」に立って国内外に即位を宣言される。内外の賓客約2千人が参列予定。安倍晋三首相が松の間の床上で「寿詞（よごと）」と呼ばれる祝辞を述べ、万歳三唱し、参列者も唱和する。

正殿前に広がる中庭には、さまざまな色をした大小ののぼり旗「旛（ばん）」や、桙（ほこ）が立つ。弓や太刀（たち）などを携えた古式装束姿の宮内庁職員らが武官や文官役として並び、鉦（しょう）（かね）や鼓（太鼓）を打つ役の楽師も控え、荘厳な儀式を引き立てる。

ただ、気象庁の20日午後5時時点の天気予報では、22日の東京は雨時々曇りで、降水確率は90%。重厚な装束や道具は雨に弱く、旛は強風で飛んでしまう恐れもある。

このため宮内庁は悪天候時は、装束姿の職員は人数を絞って宮殿内の廊下に配置、旛は撤去するなどの変更を加える予定にしている。当日午前中までに決める予定だが、どの程度の雨や風で線引きするか、同庁幹部は「なかなか難しい」と頭を抱えている。

22日は、正殿の儀に続いて午後3時半からパレード「祝賀御列（おんれつ）の儀」が実施予定だったが、台風19号の被害の大きさを考慮し、政府が11月10日午後3時に延期した。

天皇家と秋篠宮家

丸数字は皇位継承順位
▼は故人

香淳皇后▼＝昭和天皇▼
- 上皇さま＝上皇后美智子さま
  - 天皇陛下＝皇后さま
    - 愛子さま
  - ❶皇嗣秋篠宮さま＝皇嗣秋篠宮妃紀子さま
    - 眞子さま
    - 佳子さま
    - ❷悠仁さま
- ❸常陸宮さま＝華子さま

しなの鉄道運休巡りツイッター上で批判　「感情的になった」御代田町長謝罪

台風19号の影響で一部運休が続くしなの鉄道（上田市）について、北佐久郡御代田町の小園拓志町長が、ツイッター上で批判するコメントをした。一部区間の運転再開を伝える報道に対して同社公式ツイッターが「お客様に喜んでいただけています、という実感が少しずつ湧いてきました」などとした投稿に、「自画自賛的」などと書き込んだ。小園町長はその後、「感情的になってしまった」とツイッター上で謝罪した。

小園町長は16日、これに対し「しなの鉄道上田―田中駅間が不通になり代替輸送[illegible]いため、御代田町内にも通学できない学生が多くいる」と現状を指摘した上で、「自画自賛的なツイートをなさっていることに強い疑問を持ちます」とした。一方、18日のツイッターで「災害対応で忙殺されている中（中略）感情的なツイートをしてしまいました」と説明。同社宛ての謝罪の言葉も書き込んだ。

小園町長は取材に対し、「困っている町民の声も念頭にあり、投稿してしまった」と述べた。しなの鉄道経営企画課は「今後も沿線自治体と協力して全面復旧を急ぐ姿勢に変わりはない」としている。

第三種郵便物認可　信濃毎日新聞　2019年(令和元年) 10月21日 月曜日　特集　26

あすへ 一歩一歩

20日

通りにくくなった住宅街の道路で、大きな声を出して車を誘導するボランティアの中学生＝20日午前10時２分、長野市穂保

乾いた泥が土煙となってかすむ国道18号＝20日午後4時25分、長野市穂保

遊具に登って災害ごみをビデオカメラで撮影する陸上自衛隊員。朝夕の量の違いを調べ、運び出す作業に生かした＝20日午後4時27分、長野市の赤沼公園

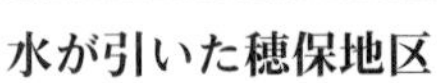

水が引いた穂保地区

水が引いた長野市穂保地区（写真㊤、20日午前9時48分）。千曲川の堤防決壊箇所には盛り土の仮堤防が設けられ、ブルーシートが掛けられた。１週間前（写真㊦、13日午前７時18分）は堤防決壊のため浸水していた＝いずれも長野市上野から撮影

増水した川の水や土砂に押されてつぶれたビニールハウス＝20日午前11時34分、北相木村

親戚らが集まって進めた片付け作業。休憩時間には笑顔も見えた＝20日午前9時28分、長野市赤沼

上田電鉄別所線の別所温泉駅で募金する人たち。全線の運行再開を応援するイベントを別所温泉旅館組合が企画した＝20日午前10時52分、上田市

台風19号「特定非常災害」Q&A

被災者の権利や利益守る

暮らし再建専念へ 特例措置

政府は、広い地域で甚大な被害を出した台風19号を「特定非常災害」に指定しました。

特定非常災害　特例措置の主な例

- 各種許認可の有効期間を延長（運転免許証や営業許可など）
- 法令で定められた届け出が遅れても、行政や刑事上の責任が問われない（事業報告書の提出、薬局の休廃止など）
- 亡くなった人の財産を法定相続人が引き継ぐか放棄するかを判断する期間を延長
- 被災して借金が膨らんだ企業の破産手続きを２年間止める

Ｑ　目的は。

Ａ　非常に大きな災害が起き、行政手続きができずに困っている被災者の権利や利益を守るため、各種許認可の有効期間延長など、さまざまな特例措置を実施します。暮らしの再建に専念してもらうのが目的です。被災地の自治体にとっては窓口業務の負担が減ります。

Ｑ　どんな災害が対象になりますか。

Ａ　法律では「著しく異常かつ激甚な非常災害」と定められています。亡くなった人の数、住宅や交通機関、ライフラインの被害などから政府が総合的に判断します。

Ｑ　どんな特例措置がありますか。

Ａ　許認可の有効期間延長では、警察庁が今回の指定を受け、運転免許証について来年3月31日まで延長しました。営業許可など対象は広い分野に及び、各省庁は順次、具体的な内容や延長期間を決めて公表します。

Ｑ　ほかには。

Ａ　事業報告書の提出、薬局の休廃止など法令で定められた届け出が遅れても、行政や刑事上の責任が問われなくなります。亡くなった人の財産を法定相続人が引き継ぐか放棄するかを判断する期間も延長されます。被災して借金が膨らんだ企業の破産手続きを2年間止めます。

Ｑ　過去の大災害で指定された例は。

Ａ　この仕組みは、阪神大震災（1995年）をきっかけにつくられました。新潟県中越地震（2004年）や東日本大震災（11年）、熊本地震（16年）も指定されました。台風19号は、昨年の西日本豪雨に続いて6例目です。東日本大震災などでは特例措置として、原則2年間となっている仮設住宅の設置期間が延長されました。

Ｑ　「激甚災害」という言葉をよく耳にしますが違いは。

Ａ　こちらは国が通常より多くのお金を出して被災地の復旧・復興を早く進める仕組みです。道路や河川といったインフラ、農地などの被害が基準を上回ることが指定条件です。復旧工事を実施する自治体の負担が軽くなります。被害に遭った中小企業が事業を立て直す際のお金を借りやすくしたりもします。

台風19号も激甚災害に指定されます。最近では、千葉県を中心に大きな被害をもたらした台風15号など8～9月の大雨も対象になりました。

千曲川　堤防決壊 原因調査に注力

国交省　1週間で「締切堤防」

国土交通省北陸地方整備局（新潟市）の吉岡幹夫局長は20日、台風19号で決壊した長野市穂保の千曲川堤防の決壊原因の調査に力を入れる考えを示した。緊急的に仮堤防を設けた現場の本格復旧に向け今後1週間ほどの間に、河川敷側に「締切堤防」を設ける方針も明らかにした。

吉岡局長は「降雨で千曲川の水位は今までになく高かった事実はあるが、何が決壊の原因だったかは確認しなければならない」と強調。堤防の完全復旧に向けて「今後、技術の検討を本格化させる」と述べた。堤防の完成時期は明言しなかった。

締切堤防は仮堤防と同じ高さ5㍍。約70㍍の決壊部分を含む復旧が必要な約220㍍区間で、河川敷側に長さ約400㍍にわたって整備する。約1900枚の鋼板を使用。約5㍍の間隔を空けて二重に立て、間に岩や土を入れて固める。締切堤防が完成後、仮堤防の本格復旧に着手する。

同整備局は、市町村が避難情報を出す際に目安とする「避難判断水位」を暫定的に引き下げている。吉岡局長は締切堤防の整備後にこの暫定措置をやめる方針も示した。

バド奥原選手　支援物資送る

長野の避難所に

バドミントン女子シングルスで2016年リオデジャネイロ五輪銅メダルの奥原希望選手(24)＝太陽ホールディングス・大町市出身＝が20日、AC長野パルセイロ・バドミントンクラブ（長野市）を通じて、台風19号の被災地に支援物資を届けた。

支援物資は下着や靴下などの衣類3箱分。奥原選手から支援の申し出を受けた同クラブの山崎広一監督が、物資をリストアップして奥原選手に伝え、19日に届いた。20日に山崎監督が長野市の豊野西小学校の避難所に届けた。

同クラブでは監督とスタッフが被災者の家の片付けなどボランティア活動を続けており、山崎監督は「私たちもできる限りの支援を続けていきたい」としている。

台風19号による県内の避難所・避難者数（20日午後３時時点、県災害対策本部まとめ）

市町村	避難所	避難者数
長野市	12	678
千曲市	1	6
上田市	1	1
飯山市	1	10
中野市	1	7
須坂市	2	171
佐久市	3	12
小布施町	2	35
佐久穂町	1	11
合計	24	931

台風19号による県内の人的被害（20日午後３時時点、県災害対策本部まとめ）

市町村	死亡	重傷	軽傷	計
長野市	2	2	69	73
上田市		1	4	5
須坂市			3	3
飯山市		1	2	3
佐久市	1		18	19
千曲市			5	5
東御市			1	1
佐久穂町			2	2
軽井沢町			1	1
箕輪町			1	1
坂城町			2	2
合計	3	4	108	115

（注）不明者は佐久市で１人、東御市で１人

避難所への避難者数（全県）

日時	人数
12日 午後6時	567人
13日 午前8時	7435
14日 午後6時	1308
15日 午後3時	1081
16日 午後3時	924
17日 午後3時	873
18日 午後3時	948
19日 午後3時	935
20日 午後3時	931

台風19号による県内の住宅被害（20日午後３時時点、県災害対策本部まとめ）

市町村	全壊	半壊	一部損壊	床上浸水	床下浸水	計（世帯）
長野市				3305	1781	5086
松本市					1	1
上田市	1			25	70	96
岡谷市			2			2
須坂市				218	100	318
中野市				79	37	116
飯山市				407	206	613
佐久市				98	490	588
千曲市				1310	791	2101
東御市				3	3	6
小海町				4	5	9
川上村			2		3	5
南牧村				1	2	3
南相木村				2	6	8
北相木村	1			8	15	24
佐久穂町				43	46	89
軽井沢町	2					2
御代田町				2		2
立科町				4	31	35
青木村			1		3	4
長和町				1	50	51
辰野町		5	34			39
箕輪町			6			6
飯島町			1			1
南箕輪村			1			1
麻績村					3	3
筑北村					4	4
坂城町				1	1	2
小布施町				31	28	59
高山村					2	2
木島平村			1			1
野沢温泉村				10	10	20
信濃町			20		5	25
飯綱町			3			3
栄村				2	2	4
合計	4	5	71	5554	3695	9329

（注）長野市など甚大な被害を受けた地域の損壊状況は公表されていない。

長29　第一社会　6版　2019年（令和元年）10月21日　月曜日　信濃毎日新聞　新聞定価1ヵ月3,400円（うち消費税 251円）1部150円（消費税込み）　第三種郵便物認可

あんずちゃん　田中しょう

ルポ 千曲川氾濫　私も地域の力に

被災地ボランティアに若者の姿

千曲川氾濫の復旧作業が本格化して最初の日曜日となった20日。県社会福祉協議会の把握分だけで、9市町で4780人と前日の2・5倍ものボランティアが被災地入りし、中には地元の中高生や20代の姿も目立った。近くて遠かった「ふるさと」の災害。そこに身を置くことで見えてきた風景はどんなだろう。自ら避難を経験しながら他の民家で荷物運びをした高校生。軽い気持ちで始めたボランティアで生き方が変わったという女性。私たちは二人の若者に出会った。【1面参照】

滝沢さん方で荷物を運ぶ近藤さん＝20日午後2時、千曲市杭瀬下

坂城の高校生　助けられ生きている
長野出身27歳　今後も出向いていく

「次は何を運んだらいいですか」。千曲市杭瀬下の滝沢弘基さん(97)宅で、隣町の埴科郡坂城町に住む長野日大高校（長野市）3年、近藤光浩さん(18)が、他のボランティアと協力しながら水に漬かったベッドやテレビ台などを運び出していた。

自宅から車で20分ほどの場所。街は泥にまみれたままで、「こんなに近い所で苦しんでいる人が大勢いることにショックを受けた」。自分も被災者になっていたかもしれない。額に汗を光らせながら、近藤さんには初めて思えた。「地域の暮らしは助け合いで成り立っているんだ」

高校と自宅を往復する毎日で、「地域なんて意識したことはなかった」と言う。だが、台風19号が吹き抜けた12日夜。千曲川近くの自宅から家族4人で避難所に身を寄せた。そこで、一つのトイレを譲り合う住民の姿を見た。

家が流されるかもしれない不安を抱きながら一夜を過ごした。幸い自宅に被害はなく、同じ剣道部の友人らが始めたと聞いてボランティア参加を思い立った。そこにも、災害ごみを出すのに足りない道具があれば近所同士で貸し借りする住民の姿があった。

約5時間休みなく作業したが片付けは終わらなかった。でも、ボランティアを通じて同じ流域で暮らす人の顔が見えた気がした。「自分も見えないところで誰かに助けられながら生きているのかな」と、この日を振り返った。

◇　◇

堤防決壊で深い泥水に漬かった長野市津野の民家には、乾いた泥がこびり付く家具類を運び、重い泥をかき出す松本大（松本市）の学生たちに交ざって、同大出身の牧野莉奈さん(27)がいた。

直線で4㌔しか離れていない長野市徳間で生まれ育った。すぐ隣で起きた大水害をテレビ映像で見ながら、「行かなくちゃ」と気がせいた。大学時代のゼミの担当教授である尻無浜（しなしはま）博幸さん(55)に電話し、この日、学生たちと一緒に汗をかいた。

住民やその親戚、知人だけでなく、土地に縁のなさそうな県外の人々がタオルを頭に巻き、ゴーグルやマスクを着けて忙しく動いている。こんなにも多くの人が、ふるさとで力を合わせてくれている。心からありがたく感じた。

初めてのボランティアは大学3年の時。東日本大震災から1週間後の宮城県石巻市だった。「大学の単位がもらえるから」と参加した被災地は、トラックが家に突っ込むなど津波の跡が生々しかった。

それまでは自分に自信がなく、「遊びがメインで見た目も派手だった」と苦笑いする。だが、被災地に何度か通ううち、考え方が変わった。「自分の存在価値を確かめられたような気がするんです」。誰かの役に立てることがうれしくて、介護士になった。

ただ、今思えば石巻は遠く、どこか非現実的だった。今回は壊れる前の街の景色を知っている。助け合うこと、人と人がつながり合うことの意味をより強く感じている。

かつてはふるさとと言っても地域との接点はほとんどなく、そこにどんな人が暮らしているのかも知らなかった。今はそこに、一人暮らしの高齢者や助けが必要な人たちがいると確かに想像できる。当分、避難所から戻れそうにない人がまだいる。今後も地域に出向き、少しでも復興の力になりたいと思っている。

（鈴木淳介、黒岩美怜）

残された携帯へ「帰って来て」
佐久の不明男性家族 メッセージ

三石たか枝さんが量正さんの携帯電話に送っているメッセージ。張り裂けそうな思いが並ぶ（画像の一部を加工しています）

「何処にいるの？」「帰って来てお願いだから」。佐久市入沢の三石たか枝さん(70)が、台風19号で行方不明になっている夫、量正さん(68)の携帯電話に安否を心配するメッセージを送り続けている。量正さんの家族は自主捜索を継続。20日は家族の友人らも加わり、千曲川沿いを捜した。

量正さんは12日午後5時40分ごろ、「土のうをもらいに行ってくるか」と言い残し、軽トラックで近くの小学校へ向かったきり戻っていない。その時、携帯電話は自宅に忘れた。たか枝さんは残された携帯電話を、寝る時も外出時も離さない。

「家族と一緒だと気が紛れるけど、ぽつんと1人になるとやっぱりね…」。たか枝さんがショートメッセージサービス(SMS)でメッセージを送るのはそんな時。携帯電話を忘れた量正さんが内容を確認できないのは分かるが「私の気持ちが届いてもらいたいな」と願い、送信する。

「居なくなって3日目の夜が、…長～い辛い夜だよ」「あの悪夢の日から今日で1週間だよ」。張り裂けそうな募る思いを絵文字を交えて呼び掛ける。20日朝も「お父さんおはよー」と顔文字を交えて送信。長男の友人らが捜していることを記した。

この日、三石さんの長男(42)と友人ら3人が量正さんを捜索。佐久市の浅科大橋から数十㍍下流の千曲川の河川敷で、流木に絡み付いた草を棒などでどけながら、念入りに調べた。友人の一人は「何か手掛かりがないだろうか」と川に目をやった。

（池田美陽、土屋浩太郎）

高原調

○…幕末に皇女和宮（かずのみや）が将軍徳川家茂に嫁ぐ際に中山道を通った行列を再現する「皇女和宮御下向（ごげこう）行列」が20日、ともに重要伝統的建造物群保存地区で塩尻市の奈良井宿と木曽平沢であった＝写真。

○…市観光協会などの実行委員会が主催。県内外の約60人が参加し、同市洗馬小学校6年の森まりやさん(11)が和宮役を務めた。木曽平沢では約800㍍を太鼓や笛の音とともに厳かに進んだ。

○…十二単（ひとえ）姿の森さんを運ぶきらびやかな行列は、歴史絵巻から抜け出たよう。沿道で見守った近くの主婦(85)は「当時もあんな風にきれいだったんですかね」と思いをはせていた。

大きな水害が続いていることが、作品作りの大きなきっかけ

新海監督「天気の子」米で初上映

【ロサンゼルス共同】第92回米アカデミー賞国際長編映画賞（旧外国語映画賞）部門の日本代表に選ばれたアニメーション作品「天気の子」の全米初の上映会が18日、ロサンゼルス・ハリウッドで行われた。新海誠監督＝南佐久郡小海町出身＝も参加し、大勢のファンらと交流。19日の取材で「熱狂的に迎えてくれて、映画を作る幸せを感じた」と笑顔で話した。

今回はアニメフェスティバルでの上映。米国では、来年1月にアカデミー賞の最終候補が決まった後、一般公開される。四季の美しさを繊細に描く作風で知られる新海作品は米国でもファンが多く、最終候補入りに注目が集まっている。

「天気の子」は若者の恋愛物語を描く一方、気候変動が大きなテーマとなっており、上映後のファンからの質問は地球温暖化問題に集中した。

新海監督も「日本で最近夏ごとに大きな水害が続いていることが、作品作りの大きなきっかけとなった。僕たちは気候が変わり続けているのに関係ないふりをして生きているような気がする」と話し、問題への関心の高さを示した。

アカデミー賞を主催する映画芸術科学アカデミーによると、国際長編映画賞部門には93カ国・地域から代表作品が寄せられた。同アカデミーは最終候補を10本前後に絞り、来年2月9日の授賞式で受賞作品を発表する。

アニメーション作品「天気の子」の全米初の上映会で記念写真に納まる新海誠監督（中央）＝18日、米ロサンゼルス・ハリウッド（共同）

原風景のような千曲川 決壊衝撃　ツイートも

新海監督は台風19号で堤防が決壊した千曲川について、自身のツイッターで「自分の原風景のような川」などと思い出をつづった。

14日に「千曲川（とその支流の相木川）は、幼い頃から毎日眺め、釣りをし親しんできた」と書き込んだ。堤防決壊は衝撃だったとし、被災者の暮らしの再建も願った。

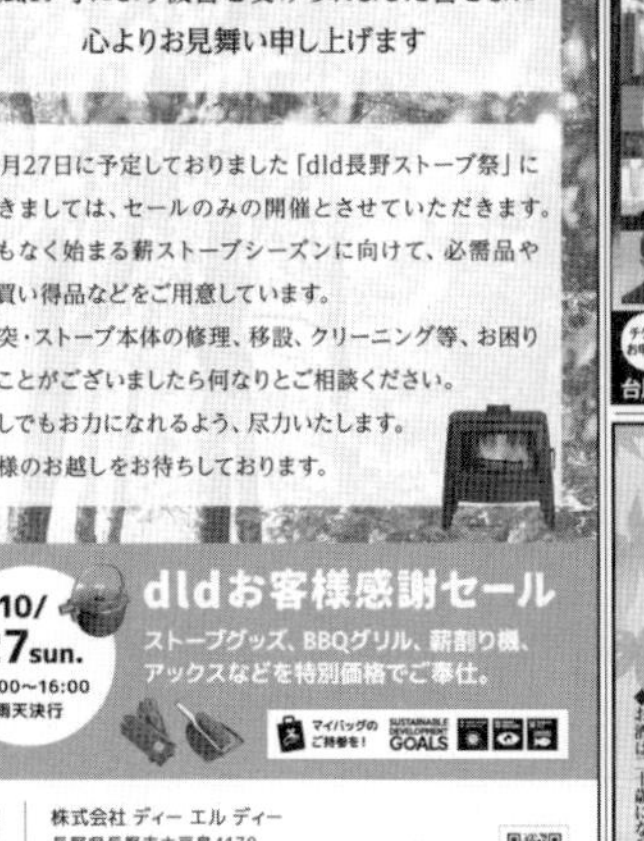

1　第49325号【明治25年3月15日第三種郵便物認可】　信濃毎日新聞　統合　2019年(令和元年)10月22日　火曜日　日刊　6版

即位礼正殿の儀の日

2019年（令和元年）
10月22日
火曜日

信濃毎日新聞
1873年(明治6年)創刊
発行所　信濃毎日新聞社
長野本社　〒380-8546　長野市南県町657番地　電話(026)　受付236-3000　編集236-3111　販売236-3310　広告236-3333
松本本社　〒390-8585　松本市中央2丁目20番2号　電話(0263)　代表32-1200　報道32-2830　販売32-2850　広告32-2860

22日にかけて県内で大雨の恐れがある中、被災地の長野市津野では、かき出した泥を詰めた土のうを路肩に積む人たちもいた＝21日正午

不通のしなの鉄道上田―田中間
あすから新幹線代替輸送
定期利用の学生・生徒
バスも運行

JR東日本としなの鉄道（上田市）は21日、上田（同）―田中（東御市）駅間が運行できない問題で、通学定期を利用している学生や生徒に限り、北陸新幹線（長野経由）とバスを組み合わせて23日から代替輸送すると明らかにした。学生・生徒に追加の料金負担はない。国土交通省によると、並行在来線が被災した場合に新幹線で代替輸送するのは前例がないという。

【県関係の鉄道・高速道の状況の図は26面に】

運休原因は、東御市の千曲川の護岸崩落。大屋（上田市）―田中駅間の線路をまたいでいる市道の橋の土台が損傷し、県は復旧に3～4週間かかるとしている。鉄道の再開にも時間がかかる見込み。

県や県教委によると、本年度、上田―田中間を利用する通学定期利用者は約2300人。通学の足に大きな影響が出ており、国、県、JR、しなの鉄道が協議し、軽井沢、佐久平（佐久市）、上田の3駅の乗車に限り、新幹線自由席を利用できるようにした。

上田、信濃国分寺、大屋、田中の4駅はバスで代替輸送。一部はJR小海線も代替輸送に使う。

このほか、県内交通網では、JR飯山線が不通になっている戸狩野沢温泉（飯山市）―森宮野原（下水内郡栄村）駅間を24日から本数を減らして再開予定。東日本高速道路は21日、上信越道碓氷軽井沢インター（IC）―佐久IC間の通行止めを23日午前6時に解除する見込みと発表。上り線を利用した対面通行で、渋滞の発生も予想されるという。

23日に始まるしなの鉄道の代替輸送　料金無料

対象	普段、田中―上田間で乗降するか、同区間を通過している通学定期利用者
代替手段	1 バスで代替（信濃国分寺、大屋、田中、滋野駅利用者） ※おおむね午前6時半～午後8時までの間を運行 上り：上田→信濃国分寺→大屋→田中 下り：田中→大屋→信濃国分寺→上田 2 北陸新幹線（軽井沢―上田間）で代替 （しなの鉄道利用者で田中―上田間を通過する人） 上り：①上田→佐久平で降車 ②上田→軽井沢で降車 下り：①軽井沢―小諸間の駅でしなの鉄道に乗車→軽井沢で新幹線に乗車。一部は小諸から小海線で佐久平を経て新幹線に乗車→上田で降車 ②小海線に乗車→佐久平→上田駅で降車
乗車方法	通学定期を提示する。代替の鉄道に乗る場合は改札で乗車証明書を受け取り、降車時に駅員に渡す

千曲川周辺 7排水機場故障
長野市「内水氾濫」恐れ　復旧急ぐ

長野市は21日、台風19号の大雨による千曲川などの氾濫で、市が管理する千曲川周辺の排水機場（ポンプ場）7カ所が浸水で故障していると明らかにした。今後、大雨で千曲川などの水位が上昇すれば、支流や支流に流れ込む小規模河川で水が流れ込む出口を失い、周辺であふれる「内水氾濫」が起きる可能性がある。市は復旧を急ぐが、複数の施設は来年の梅雨以降までかかる見込みだ。

洪水が逆流するのを防ぐため、千曲川と支流の間には水門がある。水門を閉じた場合、出口を失った支流の水をポンプで千曲川に排出するのが排水機場の役割。支流と支流に流れ込む小規模河川も、同様の関係にある。

市によると、故障しているのは、浅川（上高井郡小布施町吉島）、長沼（長野市赤沼）、赤沼雨水（同）、大道橋（長野市豊野町豊野）、三念沢雨水（同）、沖雨水（同）、小森第1（長野市篠ノ井小森）の各排水機場＝地図。浅川には3基の排水機場があり、県管理の1基（第3排水機場）を除く2基が稼働できない状態となっている。

約3㍍の浸水があった長沼排水機場では機械が完全に故障するなど、複数の施設で来年の梅雨までに工事が間に合わないという。

市は緊急対策として、国土交通省と県の排水ポンプ車を計28台配備。ただ、ポンプ車が排出できる能力が、排水機場にあるポンプよりも低くなる場所がほとんどで、市農林部は「大雨で千曲川などの水位が上昇した場合、内水氾濫が起きる可能性がある」と認める。

市は「本格稼働に時間のかかる施設は、大型仮設ポンプや発電機の設置などを検討する」と説明。当面は「千曲川の水位を見ながら、適切な避難勧告や避難指示を出す」としている。

稼働できない排水機場

県内 きょう大雨の恐れ

県内は22日、台風20号から変わった温帯低気圧などの影響で大雨になる恐れがあるとして、長野地方気象台は注意を呼び掛けた。台風19号による大雨の影響で、少しの雨でも災害が発生する危険性があると強調。河川の増水や氾濫、土砂災害に警戒を求めている。

気象台によると、22日午後6時までの24時間降水量は、県内全域の多い所で70㍉と予想。さらに22日夜遅くにかけて、広い範囲で雨が降り続くと見込んでいる。

台風19号の大雨による堤防の被害などを受け、気象台は県内被災地域で洪水警報・注意報の発表基準を引き下げて運用している。

県災害対策本部によると、台風19号関連の県内の被害は、21日午前10時時点のまとめで死者3人、行方不明者2人。けが人は重傷4人、軽傷115人。床上、床下浸水など住宅被害は計9354世帯に及び、長野市や須坂市など9市町で計966人が避難している。

豚コレラワクチン26日から接種

県は21日、豚コレラ対策で実施する豚へのワクチン接種を、26日に県内全域で始めると発表した。農林水産省は21日、接種に向けた県のプログラムを妥当と確認。これを受け県は同日、接種実施を公示した。子豚を除く1回目の接種は全県の養豚場など86施設の計7万2千頭が対象で、初回接種は農家負担なしで実施する。

県は当初、野生イノシシの感染例が多くリスクが高い地域にある養豚場で優先的に接種を始めることを検討していたが、全県で一斉に開始する。6頭以上を飼う養豚場では8日程度で注射を打ち終える計画。7万2千頭には、飼育されるイノシシも含まれる。

農水省によると、21日に有識者会議を開き、ワクチン接種推奨地域の長野をはじめ、群馬、埼玉、富山、石川、福井、岐阜、愛知、三重、滋賀の計10県のプログラムについて、接種区域や対象頭数、ワクチンを打つ人員などを点検し、「適切に実施される体制」と判断した。18日に推奨地域に追加された静岡県はプログラムを作成中という。

斜面

2019.10.22

万感の思いが込み上げたのではないか。南ア戦後、田中史朗選手は涙が止まらなかった。日本ラグビーの低迷期を知る34歳は小中学生への普及活動に力を注いできた。スタンドから届く子どもらの声援は何よりの贈り物だったのだろう◆日本代表の活躍に「いつか桜のジャージを着たい」と憧れる少年や少女が増えたに違いない。W杯開幕後、入会者が相次ぐラグビースクールが県外にあると聞いた。飯田下伊那地方の子どもが所属する伊賀良ラグビースクールは11月2日に体験会を開く◆ラグビーが盛んな地域である。生徒は園児～小学生の60人。保護者がチラシを作り参加を呼びかけている。上郷ラグビースクールは、W杯で選手と手をつなぎ入場するマスコットキッズの一人に生徒が選ばれた。体験会は10月26日に開く。どちらも魅力に触れる機会になるといい◆長野市少年少女ラグビースクールの生徒も日本代表に勇気づけられたのではないか。千曲川氾濫で練習場が浸水した。事務局長の宮本正之さんが篠ノ井の自宅倉庫で保管しているボールなど用具の一部が泥水に漬かった。被災した保護者やコーチもいる◆休んでいた活動を今月27日に再開する。「沈んでいても仕方ない。ラグビーから元気をもらって頑張りたい」と宮本さん。スクールには今秋、6人が入会した。楕円のボールを抱えて走り回る姿に大人たちも笑顔を取り戻してほしい。日本代表のパスは子どもたちが未来につないでくれる。

天気　最高気温／最低気温

地域	地点	最高	最低
北部	飯山	16	13
	長野	16	13
	大町	11	10
中部	松本	16	11
	上田	15	13
	佐久	15	13
	諏訪	16	12
南部	木曽	15	12
	伊那	16	13
	飯田	18	13

6時　12　18　24
23日　24日　25日
5㍉以上　5㍉未満
22面に詳しい天気情報

素肌乾燥情報　カサカサ、注意、しっとりの3段階
北部　注意
中部　注意
南部　注意

山ノ内町　ニホンザル

ことば映え
意気投合
気持ちや考えがぴったり
応募方法28面に

紙面の問い合わせ　本社見学・出前講座　購読のお申し込み　信毎ホームページ
編集応答室　026-236-3111
読者センター　026-236-3215
0120-81-4341
www.shinmai.co.jp

3 総合 2019年(令和元年) 10月22日 火曜日 信濃毎日新聞 第三種郵便物認可

「決壊」伝える制度欠く

千曲川 国交省から長野市へ正式連絡なし
情報発信の在り方に課題

台風19号の豪雨で13日未明に決壊した長野市の千曲川の堤防について、国土交通省から長野市に対して決壊したとの情報が正式に伝えられていないことが21日、分かった。市は同省千曲川河川事務所（長野市）からの連絡を基に、決壊前の12日夜には周辺住民に避難指示を出していた。ただ、最終的にいつ決壊したのかは行政機関から地元に伝えられぬまま。住民の生死に直結する重要な内容にもかかわらず、行政間で情報を伝える仕組みが存在しない制度の欠陥が明るみに出た。【1面参照】

焦点

「決壊したとの情報は千曲川河川事務所から（制度上）入らないし、今回も入っていない」。長野市の危機管理部門トップ、鎌田富夫・危機管理防災監は21日の取材にこう説明した。

同市穂保の千曲川堤防が決壊したのを国交省が確認したのは13日午前5時半。同省北陸地方整備局が同6時に「堤防が決壊」したもよう」とホームページなどで報道機関向けに発表した。だがこの情報は市には直接伝えていない。

水防法は、洪水の恐れがあるときには、住民などに情報を周知しなければいけないとしている。住民の避難行動の参考となることを目的にした情報は「氾濫注意情報」「氾濫警戒情報」「氾濫危険情報」「氾濫発生情報」の4種類。市にも今回、これらの情報は伝わっていた。

北陸地方整備局は「避難につなげるため、いつ決壊してもおかしくないことは何度も伝えていた」とする。一方、決壊したことを伝える法令上の決まりはない。水が堤防を乗り越える「越水」よりも、膨大な水が住宅地に流れ込む決壊が起きたかどうかについて、被災自治体からすればその時点で積極的に知るすべを備えていないことになる。同整備局は「決壊したことを伝えていれば、より良かった」とした。

■ ■ ■ ■

市と千曲川河川事務所は「11日からホットラインで情報交換」（加藤久雄市長）を続けていた。市が今回被害のあった東北部の長沼地区や豊野地区などに避難勧告を出したのは12日午後6時。同事務所から「千曲川が同7時には氾濫危険水位に達する見込み」との情報がもたらされた。

その後、同11時40分に堤防からの越水の可能性があるとして、避難指示に切り替えて住民にもエリアメールなどで伝えた。この時点で市側は「避難指示という最大の対応をしていた」（加藤市長）との認識だった。

日付が変わった13日午前0時半、河川事務所から伝えられたのは「2時ごろに長沼穂保で越水の恐れ、決壊の可能性あり」との衝撃の内容。その後も市と事務所の電話でのやり取りは同4時ごろまで10回ほど続いた。

北陸地方整備局によると、13日午前0時55分に越水を確認。同1時15分に氾濫発生情報を発表した。同2時ごろには、市長に「欠損して、いつまで堤防が耐えられるか分からない」。同3時50分、水位計が堤防の高さを73センチ上回る水位を観測。それ以降、水位計の情報が更新されなくなり、千曲川河川事務所は同4時すぎにも、加藤市長に「決壊したかは分からないが、非常に危険だ」と伝えている。

■ ■ ■ ■

長野市はそれらの情報に基づき、防災メールなどで発信を続けた。

「穂保（長沼地区）で1時8分ごろ越水が始まりました」（午前1時14分ごろ）

「長野市長 加藤久雄です。命を守る最善の行動をとってください」（同2時23分ごろ）

「穂保（長沼地区）で住宅の2階まで水が来たとの情報があり、千曲川堤防の決壊の恐れがあります」（同4時40分ごろ）

市が決壊を把握したのは、現場を映し出すNHKのニュース映像。午前7時に再び千曲川河川事務所と電話連絡をした際には、決壊に関しては既成事実化していた。加藤市長は21日、「後から考えれば（国交省に決壊したか）確認すればよかった」。鎌田危機管理防災監は今後の情報伝達の在り方について「国と相談したい」とした。

国交省は台風19号による全国の堤防決壊箇所数をまとめ公表しており、災害としての重大性を認めていることがうかがえる。災害時に堤防決壊を住民にどう伝えるのかも含め、今回の教訓を生かす必要がある。（佐藤大輔、木田祐輔）

台風19号災害による浸水区域

豊野駅 / 長野新幹線車両センター / 終末処理場 / 赤沼 / 千曲川 / 浅川 / 津野 / 小布施町 / 須坂市 / 堤防決壊 / 穂保 / 下駒沢 / 大町 / 県立総合リハビリテーションセンター / 長野市

□ 長野市が確認した浸水区域 / 推定浸水深 浅 0 1 2 3 4 5m 深（国土地理院による）

長野市穂保の千曲川（左側）の水が堤防を越えて住宅地側に流れ落ちる様子を記録した画像。国土交通省が堤防前の支柱に設置したカメラが撮影し、決壊前の最後の画像となった＝13日午前2時15分（同省北陸地方整備局提供）

台風19号による大雨で増水し、堤防が決壊した千曲川＝13日午前8時16分、長野市穂保

取り付け部分が陥没する前の田中橋＝12日午後5時17分

橋の一部が崩落した田中橋（奥）。復旧に向けた測量作業が行われている＝21日午後3時57分、東御市田中

長野市穂保の千曲川堤防決壊を巡る流れ

日	時刻	出来事
11日	午後4時	長野市災害警戒本部を設置
12日	午後4時20分	市災害対策本部を設置
	6時	千曲川が氾濫危険水位に達する見込みになり、長沼、豊野両地区などを含むエリアに市が避難勧告を発令
	11時10分	立ケ花の水位が9.1㍍に達したため、市長沼支所を撤収
	同40分	堤防越水の可能性があるとして、長沼、豊野両地区などに避難指示を発令
13日	午前0時55分	国交省が千曲川の越水を確認
	1時14分ごろ	長野市防災メールなどで「穂保（長沼地区）で越水が始まりました」
	同15分	国交省が千曲川の氾濫発生情報を発表
	2時	千曲川河川事務所長から長野市長に「堤防の欠損が進んでいる。いつまで耐えられるか分からない」と電話で伝える
	同15分	決壊した堤防に設置していたカメラの映像が途切れる
	同23分	長野市長名で「命を守る最善の行動を」と呼び掛け
	3時	千曲川河川事務所長から長野市長に「カメラの映像が途切れ、現地確認できない」と電話で伝える
	同20分	国が3時現在で「堤防の欠損を確認し、決壊の恐れが高まっている」と報道発表
	同50分	堤防に設置されていた水位計が堤防の高さを73センチ上回る水位を観測。それを最後に計測できなくなる
	4時ごろ	千曲川河川事務所長から長野市長に「決壊したかは分からないが、いつ決壊してもおかしくない」と電話で伝える
	同40分ごろ	長野市防災メールなどで「穂保（長沼地区）で住宅の2階まで水が来たとの情報あり」
	5時半	国交省職員が決壊を確認
	6時	国交省が決壊を報道発表

東御の田中橋崩落 雨量規制値なし
事前規制 判断基準が必要

台風19号による千曲川の増水で12日夜、県管理の田中橋（東御市）が陥没し車3台が転落した。このうち1台の1人が行方不明になった。県内では、雨量が規制値に達し、危険回避のため事前規制した路線があったが、事故があった道路では行われなかった。

12日午後4時45分以降、東御市が田中橋近くで避難勧告を発令した。同6時45分ごろ、市消防団第1分団長山岸智之さん(40)は田中橋がある地区の消防団詰め所に到着。詰めていた団員から「今、田中橋が落ちたと連絡が来ました。車も落ちたみたいです」と報告を受けた。山岸さんもすぐに現場に向かった。

上流の雨を集め、増水した千曲川がしぶきを上げる右岸の橋のたもとは深刻だった。県道丸子東部インター線の車線が大きくえぐれ、陥没した5、6㍍下に軽乗用車2台が落下。その上に横転した白い乗用車が重なる。男女計3人は自力で脱出したが、横転した乗用車の男性は救助中に車ごと流された。

上田地域で風雨が強まりつつあった12日夕時点で、同事務所が通行を「事前規制」していたのは上田市武石地域の「県道美ケ原公園西内線」など山間部の4路線。同建設事務所の柳沢豊茂・維持管理課長によると、過去の雨量や土石流の発生などを勘案して雨量規制値を定めている。

一方、田中橋を含む丸子東部インター線など多くの路線にはこうした雨量規制値はない。田中橋は右岸側の取り付け部崩落後の午後7時15分に規制を始めた。雨量規制をするだけの災害例がなかったためとみられる。柳沢課長は「この橋に限らず、どんな基準が必要なのか、全県で議論されるべきこと」とする。

夕方以降、各地で土砂流出などの連絡が相次いだ。田中橋の事故発生当時を、柳沢課長は「職員は対応し切れない状態にあった」と振り返る。田中橋接続部崩落から1時間余り後には下流の上田市の上田橋や古舟橋（ともに県管理）を通行止めにしている。田中橋の事故や千曲川の増水情報、警察からの依頼など「規制を判断するだけの要素がいくつもあった」とする。

東御市の防災関係者は同事務所の対応に理解を示しつつ「雨量や急な水位の上昇をデータなどで捉える仕組みが（田中橋に）あってもよかったのではないか」としている。（古志野拓史、春日基弘）

東御市 / しなの鉄道 / ◎東御市役所 / 千曲川 / 田中 / 18 / 81 / 県道丸子東部インター線 / 田中橋 / 422

東信

上田支社 ☎0268−23−1200 fax. 23−1202
〒386−0018 上田市常田2−35−10

東御支局 ☎0268−62−4181 fax. 62−4189
〒389−0516 東御市田中178−17

佐久支社 ☎0267−62−2141 fax. 62−2533
〒385−0035 佐久市瀬戸1203−1

小諸支局 ☎0267−22−0480 fax. 26−1286
〒384−0023 小諸市東雲1−1−11

軽井沢支局 ☎0267−42−2536 fax. 42−9120
〒389−0102 北佐久郡軽井沢町軽井沢471−5

台風19号

佐久地方 復旧へ懸命

台風19号の被害は佐久地方でもいまだに詳細がまとまっていない。復旧の歩みは始まったばかり。20日も各地で普段の生活を取り戻すための作業が続いた。

佐久穂町大日向の氾濫した抜井川で、自衛隊が続ける復旧作業を見つめる地元の男性＝20日午後2時43分

増水した川の流れで削られた北相木村農産物直売所横の川岸＝20日午前10時

側溝にたまった土砂をスコップでトラックに載せる消防団員＝20日午前10時41分、佐久市入沢

武石新橋の通行再開

上田 一時孤立の住民に笑顔

通行止めが解除された武石新橋。上流側には土のうが積んである＝19日午前11時27分、上田市武石

台風19号で一部が崩落し車両通行止めになっていた上田市武石の県道美ケ原公園沖線「武石新橋」は復旧工事が完了し、18日夕に車も通れるようになった。一時孤立状態になった武石川の橋より上流側の集落の住民らは19日、早速自動車で買い物に出掛け、野菜の出荷などをした。

橋近くの上流側に住む竹内玲子さん(58)は車で地区外のスーパーへ買い物に出掛けた。この1週間で1回、食料を届けてもらったという。「思ったよりも早く開通して良かった」と笑顔だった。

歩道が設けられた14日以降、地元の「住みよい武石をつくる会」メンバーや長野大(上田市)の学生が橋の両側で、物資の受け渡しや交通整理、児童の見守りをした。近くの会社が駐車場を提供し、橋で下流側から迎えに来た車に乗り換えて通勤した人もいたという。

会のメンバーで上流側に住む宮下政登さん(69)は「住民や学生が助け合い、(災害の影響を)乗り越えられた。少しずつ生活が元に戻りうれしい」。この日は車でクルミを地区外の直売所へ持って行った。

断水が解消し、温泉施設「御牧乃湯」の休憩コーナーで水道を使う斉藤さん

東御の断水解消

「ありがたみ感じる」

台風19号の影響で断水していた東御市島川原、布下、大日向などの約420世帯で19日夕、配水管の仮設工事が完了、断水が解消した。住民らは自宅で風呂を沸かしたり水洗トイレを使えたりする生活が戻ったことを喜んだ。

島川原の女性(76)は夫と長男と3人暮らし。断水の間は、佐久水道企業団(佐久市)が設けた給水タンクに水をくみに行き、食事の準備などに使う日々を過ごしてきた。「水道が出ないので野菜を洗うのにも苦労した」。通水した19日を振り返り「やったーという気持ち。復旧して良かった」と笑顔だった。

布下にある同市の温泉施設「御牧乃湯」は源泉と井戸水を利用して13日以降も営業。17〜19日は無料開放した。脱衣所とトイレの洗面台は水道のため断水し、消毒用の霧吹きを置いていた。断水が解消し、職員の斉藤瑞輝さん(27)は「利用者に不便をかけた。水が出るありがたみを改めて感じた」と話した。

市内の断水解消を受け、市は21日、災害対策本部を解散した。

アート

◇東御市【きゃさりんの手ずくな展】29日まで、和の喫茶・ギャラリー茶楽庵☎0268・62・2414。上田市の上野玲子さんが卓上織り機で織り上げたマフラーやストール、小物約50点を展示販売。23、24日休み。

イベント

◇御代田町【フリーマーケット】26日午前10時〜午後1時、御代田のコープながのコープデリ佐久センター。生協コープながの佐久地域組合員が家庭の不要品などを販売。雨天決行。峯村さん☎090・8328・2898。

地域の催しなどの情報は、問い合わせ先を明記して、ファクスや封書、はがきで、最寄りの信濃毎日新聞支社支局(題字下)へ送ってください。無料ですが、掲載できない場合もあります。

最近うれしかったこと

小諸市坂の上小1年　金子(かねこ)南奈(なな)

わたしは、うんどうかいのかけっこで1いになったことがうれしかったです。れんしゅうのときは、ずっと2いになってたけど、ほんばんのときは1いになれました。「いちについて」のときは、きんちょうしました。まえをずっとみながらはしりました。てをパーにしたら、はやくはしれました。たのしくはしれました。たいじょうしたあと、パパがたっちしてくれてうれしかったです。らいねんのうんどうかいもかちたいです。

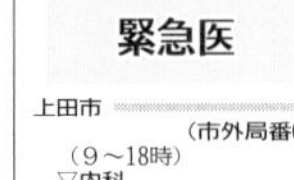

緊急医 22日

上田市（市外局番0268）
（9〜18時）
▽内科
吉田（常入）24—1222
はらだ（大屋）36—0520
うえだはらライフ（上田原）22—0873
▽外科
斉藤（蒼久保）35—0887
森ロコモ（下之郷）38—1313
▽眼科
今井（下之郷）38—1700
▽耳鼻科
住吉（住吉）22—3387
▽産婦人科
角田（上田）27—7760
▽内科・小児科
（20時〜22時半）
内科・小児科初期救急センター（緑が丘の信州上田医療センター敷地内）
内科 21—2280
小児科 21—2233
▽歯科（9〜15時）
休日歯科救急センター（材木町の上小歯科医師会館）24—8020

小諸市（市外局番0267）
関（9〜17時）（大手）22—2205
鳥山（9〜17時）（八満）26—0308

佐久市
岡田（9〜17時）（協和）53—2123
くろさわ（9〜17時）（中込）64—1711
佐久地域休日小児科急病診療センター（9時〜正午）（浅間総合病院内）67—2295

浅麓
軽井沢（9〜17時）（軽井沢町長倉）45—5111

小諸北佐久
▽歯科（9時〜正午）
堀篭（小諸市御幸町）23—0575

佐久南佐久
▽歯科（9時〜正午と13〜15時）
休日救急歯科診療所（佐久市サングリモ中込）63—3783

当番薬局 22日

◇上田小県　▽大屋のぞみ＝上田市大屋▽やまぎわ＝中央1▽塩田＝中野▽コウズケヤ＝長瀬
◇小諸北佐久　▽こもろ相生＝小諸市相生町▽小諸八満ほしまん＝八満▽シンビ堂＝軽井沢町軽井沢東
◇佐久南佐久　▽マスヤ＝佐久市岩村田▽ソーマ中込＝中込▽あさま＝臼田▽うすだ＝臼田▽豊里＝小海町豊里

きょうの番組

UCV1上田121
6.00 UCVレポート
6.30 ちいきたんけんナゾときチャン!!神社仏閣
6.45 塩田の歴史・文化を学ぶ集い
8.55 ガスdeクッキング
15.00 科野大宮社収蔵品お披露目
17.00 UCVレポート

UCV2上田122
6.00 東部中学校音楽会
8.00 北御牧中学校ミュージックフェス
9.00 上田北部ソフト9月1日

丸子テレビ121
6.15 うちのアイドル 再8時15分、18時15分 21時15分、45分
9.00 令和元年度中丸子自治会敬老会 再13、19、22時
12.00 まちっぷちゃん
15.00 丸子早起き野球大会Aリーグ決勝戦
18.00 ケーブルニュース再18時半、21時、21時半

とうみチャンネル
6.00 Weekly!とうみ 東御市内の話題（再）再12、18時
9.00 上小中学校吹奏楽交歓演奏会・午後の部 再15、21時
番組前15分テレビ回覧板

はれラジ／FMとうみ78.5
7.00 いってらっしゃい
7.40 東御・長和・立科行政情報
9.00 音楽の森
11.00 ラジオ市長室
12.00 ランチBOX天・交
12.45 はれラジ加盟店情報
13.35 米ライフ・農ライフ
14.00 音楽の森
17.00 夕焼け通信785
18.00 オフタイムMUSIC
19.00 昭和ミュージック

CTK12chこもろ
6.30 キラリ★青春～美術部～
6.55 ぐるっとふるさと信越
7.30 商工会議所旬鮮情報
8.30 ぴよぴよくらぶ
8.50 TV版広報こもろ
18.30 CTKN&WIDE

佐久ケーブルテレビ
7.00 てんこもり佐久平
7.30 生放送★SAKUいち N天・佐久情報満載!
8.00 けーぶるにっぽん躍動!JAPAN
8.30 佐久のお仕事見学
10.30 ともに生きる佐久
11.30 みんなのラーメン 長野ケーブル制作
12.10 SAKUいち
15.30 園児の素顔・総集編
19.00 臼田小学校運動会
22.00 大河ドラマ「義経」
23.00 ともに生きる佐久

TCV12ch蓼科
8.00 みんなのテレビランド 再正午、17、19時
9.00 立科交響倶楽部コンサート
20.00 立科中学校「蓼秋祭」英語スピーチほか

YKTV12ch南牧
6.30 美術民俗資料館企画展 一週間のお知らせ再 再12時半、18時半 20時半、22時半

エフエム佐久平 76.5
7.00 中村哲郎のワクモニ
8.10 佐久市からのお知らせ
11.00 山田真智子ラジコン
13.00 愛こそすべてさ
16.00 平木円香ごあした!
18.30 倉品翔リメンバーズ
19.00 雨ふらしカルテット

FM軽井沢 77.5
8.00 モーニングサラダ N・天・ABC・交 お知らせ
12.00 スマイルデイズ みよたフットパス N・天・交
17.00 トワイライトアワー
18.00 マジPOP

21 地域 2019年(令和元年)10月22日 火曜日 信濃毎日新聞 第三種郵便物認可

東信

高校生 利便性改善に期待

しな鉄上田—田中間の代替輸送 あすから

運休が続くしなの鉄道上田(上田市)—田中(東御市)間の代替輸送が23日に始まる。沿線駅が最寄りの各高校は、始業時刻を繰り下げたり授業時間を短縮したりして対応してきており、「不安はあるが、ありがたい」といった声が出た。

上小地域の全日制高校7校のうち、上田千曲と上田西(ともに上田市)は23日から、始業時刻を21日までより早める方針を示した。一方、上田、上田染谷丘、上田東、丸子修学館(いずれも上田市)、東御清翔(東御市)の5校は当面、始業時刻は21日までと同様にするという。

定時制を含む全校生徒848人のうち、117人が上田—田中間を利用する上田千曲は、21日も通学できない生徒が複数いたという。代替輸送について同校は「運行が始まってみないと不安はあるが、バスがなければ来られない生徒もいるのでありがたい」とした。上田西は「代替輸送で生徒の交通(の利便性)が改善されることを期待する」としている。

大屋駅(上田市)が最寄りの小諸高校(小諸市)1年の女子生徒(16)は台風後、通学では共働きの両親が車で田中駅まで送ってくれていたという。高校生の姉の送迎もあり、「(代替輸送開始が)ちょっと遅いかなとも思うけど、親は朝早く忙しそうだったので、負担は減ると思う」。

一方、県教委によると、屋代高校付属中学校(千曲市)は、23日からサテライト教室を東御清翔の校舎内に設ける予定だったが、代替輸送開始を受けて取りやめた。

上小 始業早める学校も

路線バスが満杯で乗れず、次の便に乗り込む生徒ら。しなの鉄道の一部区間運休で通学の足に支障が続く=21日午前10時34分、東御市県

被災者 声で応援したい

佐久平総合技術高3年和田さん

地元ラジオ局で今月から番組担当

ラジオの原稿を読み上げる和田さん

佐久市の佐久平総合技術高校浅間キャンパス3年の和田彩妃さん(18)=佐久市前山=が10月から、佐久市のラジオ局「エフエム佐久平」の番組でパーソナリティーを務めている。台風19号では市内の祖母宅が床上浸水。佐久地域の被害は大きく、放送では「こういう時こそ助け合いを」と呼び掛ける。

番組は毎週木曜の午後4～6時半に生放送している「YOU GOTTA SOUND!! おつかれさんでGO!!あした」。台風被害発生後の17日の番組冒頭、和田さんは家族で祖母宅の泥をかき出したと報告。「祖母も本当にくたくた。大変な思いをして過ごしている方がたくさんいると思いました」と語った。

放送直前まで「台風のことを軽々しく話していいのか」と悩んだというが、同局アナウンサーの助言で話すことにした。放送後、「避難生活をしている人を応援できればいい」と話していた。

同局での職場体験などをきっかけに、来年3月までの予定でパーソナリティーを務める。番組では、地域のニュースやリスナーのメールを読み上げたり、自分の好きな本を紹介したりしている。

上田電鉄の鉄橋再建へ催し

別所温泉旅館組合 募金や署名で応援

会場に用意されたメッセージボード。「必ず復活してください」「早くなおして!」といった声が寄せられた

台風19号で千曲川に架かる鉄橋が一部崩落した上田電鉄別所線(上田市)を応援しようと、別所温泉駅で20日、地元の別所温泉旅館組合が募金や署名を集めるイベントを開いた。募金は鉄橋再建のために全額を同社へ寄付する。

訪れた観光客らは用意されたボードに全線再開を願うメッセージを寄せたり、組合が振る舞ったきのこ汁を味わったり。上田市出身の会社員金井則人さん(61)=松本市=は上田高校卒業生でつくるLINE(ライン)グループの投稿でイベントを知り、駆け付けた。高校時代は鉄橋を見ながらバイク通学したといい、「落ちたと聞いてショックを受けた。1人では何もできないが、募金ならできると思った」と話した。

旅館組合の倉沢晴之介組合長(39)は、今回の被害などが別所線の廃線につながらないか危機感を持つ。「別所線を大事に思い、必要とする人がいる。普段利用している人も声を上げて気持ちを伝えてほしい」と呼び掛けている。

佐久穂の断水

いまだ66戸で

台風19号で千曲川支流が氾濫した佐久穂町では、21日も大日向地区の66戸で断水が続いた。地下の水道管が道路や川の護岸の崩落とともに流されたためで、復旧完了は未定。断水の長期化が生活や片付けの妨げになっている。

大日向の住民は281世帯681人で、このうち大日向3区と4区が断水中。地元の女性(76)は「トイレに行くにも車で出掛けないといけないから」と地区外の親族宅で暮らす。「本当は住み慣れた家がいいけれど…」。1階が高さ1・3メートルまで浸水した女性(65)は「泥かきをしないといけないけれど、水が出ないと作業も大変」と嘆いた。

町などは水道管の仮設などで応急復旧に当たっているが、崩落した護岸などは複数あり、「数日で全て解消となるかは分からない」という。

一方、21日、長期避難していた1世帯6人が民間アパートに入居したため、町内の避難者はゼロになった。今後の雨などで再び増水する可能性があるため、町生涯学習館「花の郷・茂来館」は避難所として開設したままにする。

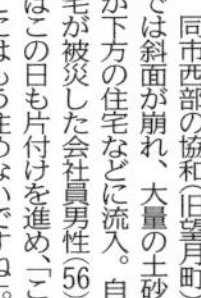
土砂が流入した家を片付ける大日向の住民。断水中のため水路で水をくみ泥を流した

佐久の台風被害

千曲川西側でも

台風19号では佐久市の千曲川の西側に当たる左岸側でも各地で浸水や土砂災害などの被害があり、21日も住民が後片付けなどに追われた。

同市西部の協和(旧望月町)では斜面が崩れ、大量の土砂が下方の住宅などに流入。自宅が被災した会社員男性(56)はこの日も片付けを進め、「ここにはもう住めないですね」。斜面はブルーシートで覆われているものの、近くの住民からは、今後の雨で電柱などが倒れてこないか—と心配する声が聞かれた。

市内では千曲川や、千曲川の東側を流れる支流を中心に護岸崩落などの被害が相次いだ。一方、同市前山の片貝川沿いで暮らす会社員男性(54)の自宅も床上浸水の被害に遭い、21日も同僚の手伝いを受けながら片付けを進めた。男性は「川のそばだから本当は引っ越したいけれど、50歳を過ぎて(住宅新築の)ローンは組めない」と話し、修理の費用などを心配していた。

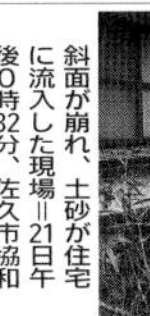
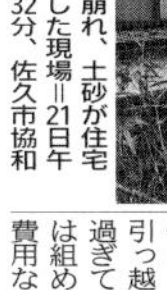
斜面が崩れ、土砂が住宅に流入した現場=21日午後0時32分、佐久市協和

JR小海線利用者

中込—小海間の運転再開に喜び

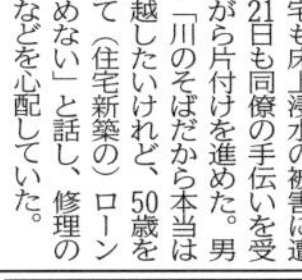
小海駅を発車する電車=21日午後4時15分、小海町

台風19号で被災し不通区間があるJR小海線のうち、中込(佐久市)—小海(小海町)間が20日、新たに運転を再開した。これで小諸(小諸市)—小海間が通常運行に。週明けの21日、小海駅では高校生らが運行再開を喜んだ。小海—野辺山(南牧村)間の運転再開は11月上旬の見通し。

佐久市の野沢北高校に通う3年生の中島くるみさん(18)=南相木村=は「列車の方がめちゃくちゃ便利。(生徒向けに運行する)バスは待ち時間が長くて大変だった」と笑顔。駅前で食堂を営む男性(75)は「電車が来ないと人が来ない。生徒も通るし、よかった」と話した。

一方、南牧村の三井速世(はやせ)さん(17)=野沢北高3年=は小海駅から野辺山駅まで引き続きバスで移動する。受験期を控え、バスを待つ間も参考書を読み、「早く(列車が)通ってほしい」と願った。

台風19号 生活情報

27面にも情報 21日時点、変更の可能性があります

▽上田市

【罹災証明書受付】22日は休み。23日は市(☎0268・22・4100)の市民参加・協働推進課、丸子(☎0268・42・3100)、真田(☎0268・72・2200)、武石(☎0268・85・2311)の各地域自治センターで。被害状況の写真、市ホームページから取る申請書、印鑑を持参

【電話健康相談】市健康推進課(☎0268・23・8244)平日午前8時半～午後5時15分

【避難所】市中央公民館、上田創造館。充電、ネット環境あり

【災害ごみ受け入れ】上田クリーンセンター、依田窪プール駐車場(丸子地域対象)、旧神川地区公民館(神川地区対象)

【ボランティア】ボランティアの協力が必要な被災者は上田市社会福祉協議会(☎0268・27・2025)

▽東御市

【休館】北御牧子育て支援センター。23日から通常通りに

▽長和町

【路線バス】一部路線で迂回(うかい)しながら運行

▽小諸市

【通行止め】県道諏訪白樺湖小諸線の布引トンネル付近

▽佐久市

【罹災証明書の申請受け付け】市役所、臼田支所、浅科支所、望月支所(いずれも土・日曜、祝日は災害対応で受付無し)

【災害ごみ受け入れ】うな沢第2最終処分場、宇とう南沢処分場

【無料で入浴】あいとぴあ臼田(☎0267・81・5555)、市老人福祉センター長寿閣(☎0267・67・5575、土・日曜、祝日休み)、市福祉会館(☎0267・62・3094、月曜と祝日の翌日は休み)=被災地の人が対象。窓口で申し出る

【こころと体の健康相談】佐久市役所健康づくり推進課(64歳以下対象、☎0267・62・3189)、佐久市役所高齢者福祉課(65歳以上対象、☎0267・62・3157)、臼田支所、浅科支所、望月支所でも対応

【充電】佐久市役所、臼田支所、浅科支所、望月支所(土・日曜、祝日休み)、佐久情報センター(23日休み)、あいとぴあ臼田

【下水】下水道管理センターが機能停止。市は広く節水を呼び掛け

【ボランティア受け付け】野沢会館で。22日は雨予報のため受け付けない。佐久市社会福祉協議会(☎0267・64・2426)へ電話。

【催しの中止】第15回佐久市社会福祉大会(23日)、ここちよいさくチャレンジプレイス(26日)、平尾山もみじ祭り、佐久地区母親コーラスまつり(以上27日)

▽軽井沢町

【災害ごみ受け入れ】事前に町じん芥処理場(☎0267・46・0354)へ電話。土曜は午前のみ、日曜不可

【下水】発地地区で不調。百数十世帯に節水を呼び掛け

【入浴】風越公園の総合体育館、スカップ軽井沢(無料、ともにシャワーのみ)

▽御代田町

【通行止め】面替橋など面替区の2カ所、一里塚地区世代間交流センター

▽立科町

【休業】権現山マレットゴルフ場あさまコース・キャンプ場

▽小海町

【町営バス】通常通り運行

【通行止め】県道松原湖高原線の細日トンネル付近の全面通行止めは21日午前9時50分に解除

【災害ごみ受け入れ】町草刈久保最終処分場(午前8時～正午)で26日まで

【入浴】町営日帰り温泉施設「八峰(やっほー)の湯」が南佐久郡の被災住民を対象に無料で入浴可能に。各役場で入浴券を受け取る。午前10時～午後9時。町役場(☎0267・92・2525)

【罹災証明書の申請受け付け】町役場(☎0267・92・2525)

▽佐久穂町

【避難所】生涯学習館「花の郷・茂来館」(☎0267・86・2041)

【給水】大日向、かさなりの2地区を給水車1台が巡回する

【仮設トイレ】大日向1区生活改善センター近く、大日向5区下川原橋近く、余地川橋近く

【入浴】自衛隊が生涯学習館「花の郷・茂来館」に入浴施設を設置。午後3～10時半に利用可能

【充電スポット】町役場佐久庁舎、生涯学習館「花の郷・茂来館」、社協ふれあい支所、社協こまどり支所、八千穂福祉センター、南佐久環境衛生組合

【災害ごみ受け入れ】南佐久環境衛生組合駐車場(午前9時～午後4時)

【ボランティアセンター】22、23日は受け入れ中止

【催しの中止】奥村土牛記念美術館での華道家・假屋崎省吾さんの華道展(11月2～10日)

▽川上村

【通行止め】県道川上佐久線、村道川上秩父線、川上牧丘線が通行止め。県道梓山海ノ口線は大雨で損傷した男橋が通行不可

▽南牧村

【通行規制】県道海ノ口梓山線が土砂崩落の影響で午前6～8時、同11時半～午後1時半、同5～6時を除く時間帯で通行止め

▽南相木村

【通行規制】県道栗尾・見上線で一部通行止め、村道に迂回(うかい)路あり

【入浴】村の日帰り温泉施設「滝見の湯」(☎0267・91・7700)は通常通り営業。佐久穂町、北相木村の自宅入浴が困難な住民は無料

【村営バス】栗生地区方面の便は栗生公民館まで運行

▽北相木村

【村営バス】通常運行

第三種郵便物認可 信濃毎日新聞 2019年(令和元年)10月22日 火曜日 地域 20

北信

長野本社 ☎026-236-3130 fax. 236-3196
〒380-8546 長野市南県町657
須坂支局 ☎026-245-0120 fax. 248-4893
〒382-0094 須坂市屋部町1327
中野支局 ☎0269-22-3224 fax. 26-0760
〒383-0025 中野市三好町2-4-41
飯山支局 ☎0269-62-2226 fax. 63-3128
〒389-2253 飯山市福寿町1114-10
千曲支局 ☎026-273-0062 fax. 273-1134
〒387-0006 千曲市粟佐1305-4

長野市、台風浸水被害まとめ

若穂 80ヘクタール 227世帯
篠ノ井 371ヘクタール 1969世帯
松代 156ヘクタール 1016世帯

台風19号に伴う大雨により長野市内では、千曲川の堤防が決壊した東北部の他にも、各地で大きな浸水被害が出た。地域別の浸水面積(21日時点)は、東北部が916ヘクタールで最大だった一方、千曲川が堤防から越水した篠ノ井地区で371ヘクタール、松代地区で156ヘクタール、若穂地区で80ヘクタールと、それぞれ広範囲に及んだ=地図。

市河川課による調査は、小型無人機ドローンによる上空からの撮影などを13、14日に実施。その後も新たに確認された場所があれば修正を重ねている。市が7月にまとめた「洪水ハザードマップ」に照らし合わせると、今回の浸水被害の大きさが分かる。

市のまとめによる浸水被害(推計値)は、篠ノ井の1969世帯(4683人)が最多。次いで豊野・長沼・古里の市東北部が1874世帯(4660人)だった。松代は1016世帯(2459人)、若穂は227世帯(683人)。4地域全体での床上浸水は3305世帯に及んだ。

(長野市東北部の洪水ハザードマップと浸水区域は18日付の1面をご覧ください)

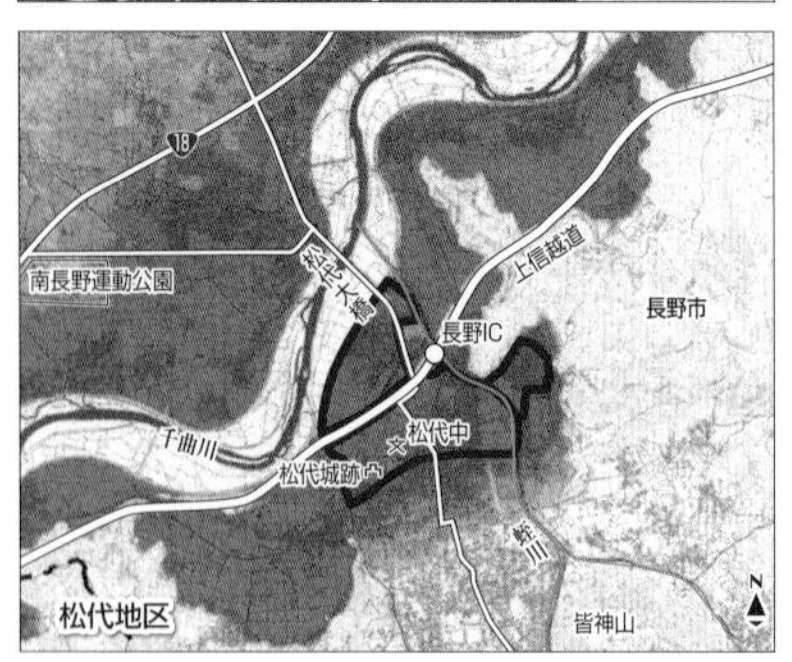

須坂 ボランティア500人が汗
県内外から「人ごととは思えぬ」

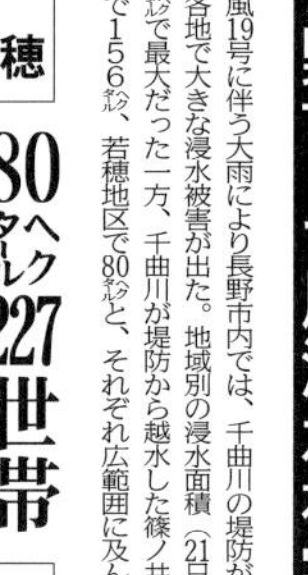

須坂高陸上部員も 土砂かき出す

住宅に入り込んだ土砂をかき出す作業を手伝う須坂高校の陸上部員たち=20日午後2時34分、須坂市北相之島

台風19号の影響で冠水した須坂市北相之島地区に20日、県内外から約500人のボランティアが駆け付け、土砂のかき出しなどを手伝った。

友人と2人で訪れた新潟県長岡市の会社員佐藤祐貴さん(37)は、北アルプスへの登山の予定を急きょ変更し、ボランティアに参加。同地区の公会堂で泥がかかった床板や戸板などを磨く作業をした。

佐藤さんはこれまでに上田市と須坂市にまたがる菅平高原を歩いたことも。2004年の中越地震では、家具が壊れる被害を経験した。「長野県はなじみのある場所。人ごととは思えない」と話した。

須坂高校(須坂市)陸上部の1～2年生11人は、祖母が同地区内に暮らす部員がいることから、部としてボランティアに参加。2班に分かれ、住宅に入り込んだ土砂をかき出した。2年生の根津亜聡(あさと)さん(17)=須坂市村石=は「同じ市内に住んでいるけれど、現状を初めて知った。今日一日(の作業)でも大変なのに…」と苦労を思いやった。

災害ごみ処理 刑務官が支援
須坂

災害ごみの搬出を手伝う特別機動警備隊=18日午前11時58分、須坂市日滝

台風19号の被害を受け、法務省矯正局(東京)の特別機動警備隊は18日、須坂市が災害ごみの受け入れ場所としている日滝原産業団地のテニスコートで支援活動をした。住民らが泥をかぶった畳や家具などを運んでくると、車から降ろす作業などを手伝った。

同隊は災害時に迅速に活動できるよう4月に結成し、刑務所の刑務官56人で組織。長野刑務所(須坂市)が、被災地への派遣を決めた。18日は13人が駆け付け、大内広道隊長(46)は「一日も早く復旧するよう全力で支援したい」と話した。27日まで市内に滞在予定で、この間の活動は市と協議して決めるという。

きょうの番組

INC地上11ch
5.00 チャンネルINC 台風19号被害に関連する長野市内の情報を文字でお伝えします(ほか前9時・前11時・後4時・8時半放送)
6.30 ながのLIVEカメラ 長野市の道路状況など
10.30 商議所▽おやき伝える
0.15 長野グルメ食べタイム
1.00 高校演劇▽文化学園
3.30 はつらつ・ミニ体操
6.30 路地裏の景色「吉田五丁目界隈」開業45年の無線機店
7.30 しんまち・中条情報局
7.45 戸隠・鬼無里情報局
8.18 ぐるっとふるさと信越
8.27 きらめき▽第三地区
9.45 こんにちはフォレスト
11.30 みんなのラーメン

テレビ北信・豊田情報センター デジタル121ch
6.00 気まぐれクッキング
7.00 Nふるさとステーション▽台風19号中野市にも大きな被害▽大学生が農業インターンシップ▽一本木公園で園児がリンゴ狩り(再12・18・23時)
8.00 近隣ケーブル局ニュース
1100 突撃!ケーブルテレビ▽聞もなく開催おごっそフェア
1545 花物語通信
1700 ふるさと元気印!▽免許自主返納
1900 THV特集「中央幼稚園運動会」

テレビ菜の花
6.00 村のみんなにご紹介
6.15 村の動き(再)
6.25 トライ野沢温泉(再)
6.30 お茶の間ニュース7
7.00 日曜特番(再)
9.00 野沢温泉スキー体操

iネット飯山
7.00 いいやま情報便▽ハローワーク求人情報▽若者住宅の建設▽国保年金係(12.30 15.30 17.30 19.30 22.30)
7.30 てけてけおじゃマップ
8.00 iiネット川柳トークショー
8.25 ぐるっとふるさと信越
8.30 健康チャンネル(11.30 15.00 16.30)
9.00 近隣CATVニュース(13.30 20.30)
11.00 横浜ミストリー
19.00 けーぶるにっぽん
23.30 リクエストウィークエンド▽女声合唱団フィオーレ
25.00 iネットミュージック

GLTV すこうCH地上121
6.00 【4K】北信濃の美景(13時19時24時)
6.30 けーぶるにっぽん躍動JAPAN「受け未来を」(13時半19時半)
8.00 NAGANO絵画～食編～(11時14時17時20時23時半)
8.30 鹿児島×北信濃「そらじかん」(23時)
9.00 ディズニー(18時)
1200 ミュージックジャパン
1430 信州健康リポート
1500 第21回信州岩波講座 講座Ⅲ 姜尚中氏

たかやまch地上122
7.00 YOU遊ランドワイワイリフレッシュ祭(13時19時)
8.00 令和元年度高山小学校運動会(14時20時)
2200 コバケンとその仲間たちオーケストラin須坂

地域情報ch 地上111
お天気ch 地上112

ふう太チャンネル
5.00 ご近所NEWS(13.00)
6.25 ぐるっとふるさと信越
6.30 週刊N▽台風19号関連(7.30 8.30 9.30 12.30 15.30 18.30 19.30 21.30 23.30)
7.00 日刊ふうタイム(8.00 9.00 12.00 15.00 18.00 19.00 22.00 23.00)
10.00 レッツゴーまちっぷちゃん/iiネット川柳/生きがい学習講演会(16.00 20.00)
14.30 信越トライウォーク
21.55 ぐるっとふるさと信越

121chネット千曲
6.15 情報チャンネル▽交通
8.15 見て行こう▽市民ギャラリー展示紹介(再0.15、5.15、6.15)
8.30 すまいるone▽上越(再0.30、6.30、11.30)
9.00 ぐるっとふるさと(再0.00、8.15)
10.00 第46回北信高校演劇合同発表▽中野西(再9.00)
1.00 QVC/ショッピング
5.00 ハロウィーン戸上温泉(再6.00、8.00、11.00)
8.30 アクトオンTV▽趣味

11chネット千曲112
9.00 千曲市Vリーグ戦「戸倉×やまびこ」(再7.00)
1.00 令和元年稲荷山祇園祭<宵祭り>(再8.00)

FMぜんこうじ 76.5
7.00 おはよう・ナムゴン P:阿藤千鶴子
9.20 ホリデースペシャル
11.30 昼どきもんぶらワイド P:中川睦美
2.00 ホリデースペシャル
5.00 ゆうやけスタジオ P:藤森康恵 N・天・交通情報
6.30 以降 J-WAVEネット

UCV1上田121
6.00 UCVレポート
6.30 ちいきたんけんナゾときチャン!!神社仏閣
6.45 塩田の歴史・文化を学ぶ集い
8.55 ガスdeクッキング
15.00 科野大宮社 収蔵品お披露目
17.00 UCVレポート

UCV2上田122
6.00 東部中学校吹奏楽
8.00 北御牧中学校 ミュージックフェス
9.00 上田北部ソフト 9月1日

アート

◇長野市【10月の企画展】26日までの午前10時～午後5時(火曜休館)、屋島近代美術館☎026・259・5033。丸山晩霞の日本画約20点、藤井令太郎、絹笠省三、金岩清隆の洋画計約30点。入場無料。

緊急医 22日

長野市(市外局番026)
▽内・小児科(9～18時)
増田(小児科)(早苗町) 233―3606
荒井内科小児科(稲葉日詰) 221―4411
岡田呼吸器科内科(石渡) 259―3090
緊急時医療案内(時間外) 0570-088-199
▽外科(9～18時)
東長野(上野2) 296―1111
緊急時医療案内(時間外) 0570-088-199
▽歯科(9～12時)
きたながの(吉田3) 263―4188

篠ノ井・川中島・更北(9～17時)
わしざわ小児科(田牧) 286―0800
くめた整形(杵淵胴合) 290―5511
ゆうき内科(布施高田) 290―5580
▽歯科(9～12時)
塩沢(合戦場) 293―6668

上水内
▽内科(9～17時)
新町(信州新町) 262―3111
▽内科(8時30分～17時)
飯綱(飯綱町) 253―2248
▽内科(8時30分～17時)
信越(信濃町) 255―3100

須坂市・上高井
休日緊急診療室(9～17時)(県立信州医療センター内) 245―1650
轟(9～12時)(須坂) 外科・内科 245―0126

中野市・下高井(市外局番0269)
中高医師会休日診療所(中野市西) 23―2255

飯山市・下水内
飯山赤十字(飯山) 62―4195
▽歯科(9～12時)
風間(中野市豊津) 38―3060

千曲市・坂城町(市外局番026)
(9～17時)
あんずの里(森) 272―1005
やまざき(上徳間) 276―2700
▽歯科(9～12時)
前山(上徳間) 276―0282

上田市(市外局番0268)
(9～18時)
▽内科
吉田(常入) 24―1222
はらだ(大屋) 36―0520
うえだはらライフ(上田原) 22―0873
▽外科
斉藤(蒼久保) 35―0887
森ロコモ(下之郷) 38―1313
▽眼科
今井(下之郷) 38―1700
▽耳鼻科
住吉(住吉) 22―3387
▽産婦人科
角田(上田) 27―7760
▽内科・小児科(20時～22時半)
内科・小児科初期救急センター(緑が丘の信州上田医療センター敷地内)
内科 21―2280
小児科 21―2233
▽歯科(9～15時)
休日歯科救急センター(材木町の上小歯科医師会館) 24―8020

当番薬局 22日

◇長野市 ▽ひかり=若里6▽さなえ=早苗町▽いしわた菜の花=石渡▽クスリのアオキ石渡=石渡
◇南長野地区 ▽クスリのアオキ大塚=大塚▽ビヨンド西友南長野=稲里町中央4▽こうとく=田牧▽篠ノ井=布施高田▽関さんの=杵淵
◇須高地区 ▽マツモトキヨシ芝宮前店=須坂市横町▽須坂あすなろ=須坂市北原町
◇中高地区 ▽ミナミ=中野市中央3
◇更埴地区 ▽JAあんずいせや=雨宮
◇戸倉・上山田・坂城地区 ▽戸倉いせや=上徳間▽正林堂=戸倉
◇上田小県 ▽大屋のぞみ=上田市大屋▽やまぎわ=中央1▽塩田=中野▽コウズケヤ=長瀬

失われた 学用品 住居 どう被災者支援

長野市 仮設住宅などの需要把握
住まいの意向調査

台風19号で浸水被害があった長野市は被災した各世帯を対象に、被災状況や、今後の住まいの意向などについて調査を進めている。仮設住宅の整備や公営住宅の確保など、今後の市の対応を決めていく上での需要を把握する。現在は避難所で過ごしている人を対象に行っているが、自宅にいたり、市内外の親類宅などに避難している人もおり、被災者全体の調査を終えるには時間がかかりそうだ。

調査票は現在、避難所などで配っている。指定避難所の運営を担う市教育委員会によると、21日時点で13カ所に計約720人がおり、22日までにいったん、調査票での確認を終えたい考え。その後、1人ずつ実情を詳しく聞き取っていくという。避難所にいない被災者に対しては、各避難所へ食事を取りに来る時などに周知を図っているとする。

避難所は学校4校にも設けられており、約230人が避難している豊野西小学校では授業が再開できていない。避難者のプライバシー確保、感染症予防の観点からも、住まいの意向などの調査に合わせて、他の避難所へ移れるかどうか相談しているという。

倉石さんの店に県内外から集まった学生服やワイシャツ

男子学生服を無料提供
長野の店 中古品の寄付受け

長野市の学生服販売店「学生服のクライシ」が、台風19号で被災した県内の男子中学生や高校生を対象に、有志から集めた中古の制服を無料提供する。店主の倉石竜也さん(51)が寄付を呼び掛け、21日までに学生服やズボンなどが県内外から約50着集まった。現在は希望者を募っており、「制服が必要な人の助けになりたい」と話している。

台風による被害発生後、制服を買い替えに訪れた親子連れから「水害で制服がだめになって困っている人もいるんじゃないかな」と聞き、「はっとした」という倉石さん。地元の被害に心を痛め、支援できることを考えていたこともあり、ボタンさえ取り換えれば多くの学校で着られる中学・高校の男子生徒向けに、学生服の提供を発案した。

17日から会員制交流サイト(SNS)上で賛同者を募ると、投稿はインターネット上で拡散。身長150㌢～185㌢ほどの生徒が着られる制服が多く送られてきた。一定数が集まり、希望者に送る作業を進めるため、現在は受け入れを休止している。

提供希望などの問い合わせは、学生服のクライシのLINE(ライン)へ。IDは「@gik7815a」。

28中核市から長野市へ職員
99人 避難所を運営

台風19号で被害を受けた長野市は21日、「中核市災害相互応援協定」に基づき、愛知県豊田市や富山市など全国28の中核市から職員99人の派遣を受けた。約1カ月間、交代で市内12カ所の避難所の運営に当たってもらう。

協定は長野市を含む全国58の中核市が結んでおり、災害時に物資を提供したり職員を派遣したりする。市は16日、中核市市長会に応援を要請していた。21日、市役所で受け入れ式があり、加藤久雄市長は「被災者に寄り添い、身体に気を付けて活動してほしい」と呼び掛けた。

岡山県倉敷市防災推進課の森茂治課長は、昨年の西日本豪雨で長野市から応援を受けたとし、「恩返しができるように頑張りたい」と話した。

千葉の姉妹都市 千曲市へ支援金
9月に千曲から支援

台風19号で被災した千曲市に21日、姉妹都市の千葉県横芝光町から支援金50万円が送られた。山崎吉郎副町長らが市役所を訪れ、岡田昭雄市長に目録を手渡した。市は9月、台風15号の影響で停電などの被害が続いた同町へ、災害時相互応援協定に基づきブルーシートや水などを届けた。

同町総務課によると、支援金は「町職員親睦会」として募ったといい、「浸水被害は後処理が大変。今後も必要なことがあれば町として支援していきたい」。市秘書広報課は「大変ありがたく心強い」としている。市によると、同じく姉妹都市の富山県射水市や愛媛県宇和島市から職員の派遣を受ける。

長野・三陽中で募金活動
「中学生の仲間に手助けを」

使っていない学用品を集める三陽中生徒会の役員(左)

台風19号による千曲川などの氾濫を受け、長野市三陽中学校生徒会は21日、被災者を支援しようと生徒に募金を呼び掛けた。「被災して文房具が使えなくなっている中学生もいるかもしれない」と、未使用の学用品の寄付も求めた。31日までの平日に続け、何らかの形で被災地に届ける。

登校時間に生徒会役員5人が校門前で協力を呼び掛けた。生徒らは財布から硬貨を出したり、蛍光ペンや鉛筆を寄付用の箱に入れたりした。ペンと筆箱、雑巾を寄付した2年の賀野美月さん(14)は、同市豊野町の友人の家が浸水したといい、「自分も何か手伝いをしたい」と話した。

三陽中の学区内に目立った被害はなかったが、同じ市内での災害に、生徒会でできることを考えて寄付を募ることにした。生徒会長の髙野颯平さん(15)は「被災した中学生が一日でも早く学校に通えるよう協力したい」と話した。

「スピード上げて責任者が対応を」
長野市長、市幹部に指示

長野市の加藤久雄市長は21日、台風19号の被災者への支援について「今は平常時ではなく緊急事態。いちいち相談するのではなく、責任者がスピード上げて対応してほしい」と市幹部らに指示した。

市災害対策本部会議で市長は、乳幼児がいる場合など支援が必要な世帯の仮設住宅への入居や、被災家屋から出る廃棄物への対応などを早期に進めるよう市幹部らに求めた。この中で「どうしても判断できなければ、私に電話してくれれば即座に返事する」と述べて意思決定の迅速化を強調。20日の同会議でも「やれることは全部やる。責任は私が取る」とし、被災者の目線で必要な対策をするよう求めた。

中野市会 人権擁護委員「不適任」の質問状
採決で不起立の11議員回答せず

中野市議会9月定例会で市人権擁護委員の松樹道真さん(65)の再任案が賛成少数で「不適任」とされた問題で、市議に公開質問状を送っていた地元の東吉田区民有志と、飯山人権擁護委員協議会中野部会は21日、市議の回答の状況を公表した。賛成した7議員から返事があり、採決で起立しなかった11議員はいずれも回答しなかった。

再任案には、定例会前の議会全員協議会などで、松樹さんの妻が市議を務めていることに触れ、「再任は避けるべきだ」などの声が上がっていた。これに対し、賛成した議員らは回答で「夫婦で公職に就くことは法的に問題ない」「別人格であり、世論も認めている」などと賛成の理由を寄せた。

東吉田区民有志の石渡秀男さん(75)は、11人から回答が来なかったことについて「なぜ反対なのか理由が分からず、議会に不信感を持つ」と話し、新たな行動を起こすことを示唆した。

賛成しなかった議員の1人、湯本隆英さん(61)は取材に「同じ家に住んでいて守秘義務を守れるのかが疑問」とし、「同じ土俵でけんかしても仕方がない」と話した。

台風19号 生活情報
27面にも情報　21日時点、変更の可能性があります

▽長野市

【避難所】(指定避難所)豊野東小、東条小、古里小、豊野西小、長野運動公園、南長野運動公園、北部スポーツ・レクリエーションパーク、昭和の森フィットネスセンター、(自主避難所)豊野西部児童センター、篠ノ井総合市民センター、古里総合市民センター、豊野区事務所(豊野北公民館)

【ごみ受け入れ】篠ノ井運動場(篠ノ井)、青垣公園運動場(松代町)で、それぞれ午前9時半～午後4時半。豊野東山第一・第二運動場(豊野)は午前9時～午後4時半。

【下水】古里、柳原、長沼、若槻、朝陽、若穂、古牧、吉田、大豆島、豊野、松代のそれぞれ一部で節水を呼び掛け。松代温泉団地に仮設トイレ4基を設置。

【ボランティア受け付け】22日は雨天が予想されるため中止。23日以降は、市災害ボランティアセンターのフェイスブックなどで確認。センター本部(☎080・5072・9607)、依頼に関する住民専用ダイヤル(☎080・5072・9637、080・5072・9647)。

【スポーツ施設休館】長野運動公園体育館、南長野運動公園体育館、長沼体育館、北部スポーツ・レクリエーションパーク、豊野体育館、豊野屋内運動場、千曲川水系河川敷のスポーツ施設、サンマリーンながの屋内運動場、篠ノ井運動場、茶臼山運動場、豊野東山第一・第二運動場、青垣公園運動場、柳原体育館。いずれも当面の間。

【交流拠点休館】かがやきひろば東北と併設の東北いこいの家、かがやきひろば豊野。いずれも当面の間。

【支所】長沼支所と豊野支所が業務停止。住民活動などの相談は市地域活動支援課(☎026・224・7615)。

【保健センター】豊野保健センターが業務停止。当面、東部保健センターで対応。市保健所健康課(☎026・226・9963)。

【休園】長沼保育園、豊野みなみ保育園(保育は他施設で)

【放課後子ども総合プラン】長沼児童センター、松代花の丸児童センターが被災。長沼、豊野西、豊野東の各小学校の区域は当面の間実施しない。豊野東小の区域は23日から豊野東子どもプラザで再開する。松代小の区域は他施設で通常実施。市こども政策課(☎026・224・6796)。

【臨時託児所】豊野ひがし保育園(豊野町大倉)と中央保育園(篠ノ井御幣川)で21～31日午前9時～午後4時、満1歳からの未就学児を無料で受け入れる。自宅や親族の家が浸水し、片付けをする家庭が対象。できる限り各園に事前連絡。原則的に飲み物や着替え、おむつ持参。通常の一時預かり保育(有料)も全ての公立園と認定こども園計33施設で対応。希望する園に申し込む。

【外国人相談窓口】市国際交流コーナー(☎026・223・0053)で、第1、第3水曜日と日曜祝日を除く午前10時～午後6時。

【消石灰配布】8支所(松代、柳原、篠ノ井、古里、若穂、豊野、川中島、更北)で、配送次第。マスク、手袋など装備を。市保健所健康課(☎026・226・9964)。

【商工事業所相談窓口】設備や資金繰りなど。市商工労働課(☎026・224・5041)。

【中小企業向け相談窓口】中小企業や小規模事業者の経営相談など。長野商工会議所中小企業支援センター(☎026・227・2428)。

【被災動物の相談窓口】ペットの預かり相談など。市保健所動物愛護センター(☎026・262・1212)。

【入浴】避難者の無料入浴利用券を各避難所で配布する。利用対象施設は湯～ぱれあ、松代荘、サンマリーンながの、若槻いこいの家、石川いこいの家、松代いこいの家、若穂いこいの家、アゼィリア飯綱。市危機管理防災課(☎026・224・5006)。裾花峡天然温泉宿うるおい館(☎026・237・4126)は、被災者の住所を記入して無料で入浴できる。陸上自衛隊は、長野運動公園と南長野運動公園、豊野温泉りんごの湯(いずれも午後3～10時)、北部スポーツ・レクリエーションパーク(午後3～9時)に入浴施設を設置。

【義援金】八十二銀行長野市役所支店「(普)266095」(口座名「長野市災害対策本部」)へ振り込むか、市介護保険課(☎026・224・7991)窓口へ持参。

【居場所開設】老人福祉センター(湯福、柳町、吉田、氷鉋、鬼無里、中条)、いこいの家(松代、石川、大豆島、茂菅、若槻、新橋、氷鉋、若穂、東長野)。午前9時～午後4時。休館日は施設ごと。

【被災者支援情報】無料通信アプリ「LINE(ライン)」の市公式アカウント「長野市2019台風被災者支援」を「友だち登録」して使う。罹災(りさい)証明の手続きや生活再建に向けた関連情報が調べられる。

▽須坂市

【避難所】旭ケ丘ふれあいプラザ、北部体育館

【ごみ受け入れ】日滝原産業団地内のテニスコート

【入浴】古城荘(☎026・245・1460)、湯っ蔵んど(☎026・248・6868)

【ボランティア受け付け】日野地域公民館(☎026・246・2276、026・246・2280)

▽小布施町

【避難所】老人福祉センター桃源荘、飯田地区の公会堂

【入浴】小布施温泉あけびの湯(☎026・247・4880)、おぶせ温泉穴観音の湯(☎026・247・2525)

【ボランティア受け付け】町社会福祉協議会(☎026・242・6665)。町内か近隣市町村からのみ午前9時～9時半、午後1時～1時半に受け付け。実施の可否は当日朝、町のフェイスブックや町社協ホームページで告知

【下水】東町、上町、中町、伊勢町、中央、中扇、横町、福原、栗ガ丘、大島、飯田、林、山王島、水上、松の実、千両、クリトピアと、六川と松村で節水を呼び掛けている

▽高山村

【下水】高井地区で節水を呼び掛けている

▽中野市

【避難所】西部公民館

【ごみ受け入れ】環境課(☎0269・22・2111)へ問い合わせる。

【ボランティア受け付け】22日は天候不順につき中止。23日以降は10人程度募集。市災害ボランティアセンター(午前9時～午後5時☎090・2227・2141)。

▽山ノ内町

【入浴】湯田中駅前温泉楓の湯(中野市、飯山市、小布施町の被災者、☎0269・33・2133)、渋温泉旅館組合が、加盟15旅館の受け入れを案内(☎0269・33・2921)。

▽飯山市

【避難所】市公民館

【ごみ受け入れ】旧城南中学校

【入浴】いいやま湯滝温泉(☎0269・65・3454)、湯の入荘(☎0269・65・3312)、斑尾高原「ペンション ウッディヒル」(☎0269・64・3445)、望郷の湯馬曲温泉(木島平村、☎0269・82・4028)、パノラマランド木島平(同、☎0120・389・232)、湯田中駅前温泉楓の湯(山ノ内町、☎0269・33・2133)、中条温泉トマトの国(栄村、☎0269・87・3030)

【ボランティア受け付け】22日は中止。23日以降は飯山市災害ボランティアセンター(☎090・4945・8342、090・4945・8442)

【商工業者相談窓口】飯山商工会議所(☎0269・62・2162)

【移動用自転車貸し出し】信越自然郷アクティビティセンター(☎0269・62・7001)

▽千曲市

【避難所】旧更埴庁舎保健センター

【ごみ受け入れ】名月荘跡地は22日まで。23日以降は決まり次第発表

【ボランティア受け付け】市社会福祉協議会(☎080・5072・9750)

【入浴】被災者に温泉入浴無料券を配布した。利用対象施設は竹林の湯、白鳥園、つるの湯、健康プラザ。市生活安全課(☎026・273・1111)。

【支援物資配布】被災者に飲料水や毛布、タオルなどを配る。配布場所は旧更埴庁舎北庁舎会議室で午前9時から午後5時

▽坂城町

【入浴】町内外を問わず被災者とボランティアを対象にびんぐし湯さん館を無料開放

◇

▽スーパーの休業状況

長野県・Aコープ松代店、デリシア豊野店、ユーパレット赤沼店、同みゆき野店で、営業再開のめどが立っていない。ツルヤ松代店は、1カ月後の再開を目指す。

▽浸水した農機の注意点

ながの農協(本所・長野市)は、浸水したトラクターなど農業機械は、漏電や火災の恐れがあるとしてエンジンをかけないよう呼び掛けている。同農協は対象地域の農機を順次、無料点検している。問い合わせは最寄りのJA農業機械センターへ。

▽コインランドリー割引

川中島hiroba(長野市川中島町今井)内コインランドリースプラッシュ2は22日午後11時まで、被災者とボランティアを対象に全自動洗濯乾燥機の利用料を100円にする。

▽子どもの居場所開設

長野市柳原小学校体育館で22日午前9時～午後6時、認定NPO法人カタリバ(東京)が、避難生活中の子どもを対象にボール遊びや本の貸し出しをする。

第三種郵便物認可　信濃毎日新聞　2019年(令和元年)10月22日 火曜日　特集 26

芦部信喜 平和への憲法学 38

第5部 象徴天皇制とは何か ①

天皇制がクローズアップされる代替わり儀式「即位礼正殿の儀」を22日迎え、「大嘗祭」(11月14～15日)も近づく。明治憲法下、統治権を一手に掌握する「総攬者」だった天皇は、先の大戦を経て国政の権限を持たない「象徴」になった。だが、戦後の憲法改正論は、その権威を高める方向に向かってきた。近年では自民党が「日本国の象徴」を「日本国の元首」に改める憲法改正草案を発表している。

象徴天皇制とは何か。その役割はどうあるべきなのか。天皇の名の下に行われた戦争を体験した憲法学者、芦部信喜の説に触れながら現代に続く問いを考える。

(編集委員・渡辺秀樹)

「必要最小限」か 残る疑問

平成の天皇(現上皇)が退位の意向をにじませたビデオメッセージを公表して4カ月近くたった2016年11月30日。首相官邸で開かれた天皇退位を巡る有識者会議の意見聴取に東京大名誉教授、高橋和之(75)の姿があった。

戦中生まれの高橋は芦部の最初の弟子。芦部の代表的著書「憲法」(岩波書店)の補訂を芦部亡き後、続ける。

会議は非公開。終了後の報道陣の取材に高橋は「憲法は退位制度の創設を禁じていない。だが、天皇の意思だけで退位が可能だとか、意思に反して退位させるという制度は、憲法に違反する恐れが強い」と説明したことを明らかにした。

その後公開された議事録を読むと、高橋は退位問題に限らず天皇の役割についても語っていることが分かる。その中でこう発言している。

「憲法が象徴としての天皇に認めた行為は、国事行為のみとされており、それ以外、憲法上の行為の存在は想定されていない」

どういうことなのか。

憲法は、天皇はこの憲法の定める国事に関する行為のみを行い、国政に関する権能を有しないと規定(4条)。国会の指名に基づく内閣総理大臣の任命など形式的・儀礼的な国事行為を13種類挙げている(4、6、7条)。

天皇の行為の解釈は大きく二つに分かれ、論争が続く。

一つは、国事行為「のみ」とあるのだから、それ以外の行為は全て私的行為であり、国事行為以外の公的行為はあり得ないとする「二分説」である。

もう一つは、象徴としての地位を反映して、国事行為以外にも公的色彩を帯びる行為があり、私的行為とは区別されるという「三分説」。この説は、国事行為ではない被災地訪問や外国訪問、各種行事への出席などを「ご公務」とする政府が採用している。

高橋の発言は二分説に立つように見える。ただ、国事行為以外の公的行為も「法律上」可能という。現に皇室経済法で公的性格を持つ行為には「宮廷費」、私的な行為には「内廷費」を充てると区別しているからだ。

師の芦部はどう考えたのか。

昭和から平成に代替わりして間もないころ、雑誌「法学教室」(1989年6月)に発表した論考「国民主権と象徴天皇制」。この中で、二分説を憲法の描く天皇像に見合うとして評価する一方、疑問も投げかける。

(国事行為以外)全て純然たる私的行為となれば、公的性質を帯びた行為が憲法の厳しい制約から外れてしまう。三分説の方が、(公的行為を国事行為に準じて)内閣の責任にすることによって、天皇の行為を民主的統制の下に置くことを可能にする—。

ただし、注文がある。

国事行為に準ずる実質的な理由があるものに限って公的行為とみなすよう、個別具体的に検討し、範囲を必要最小限にするべきだ—。

昭和と平成で天皇が82歳だった年の公的行為の数を比べると、344件から1・5倍の529件に増えた。国民の支持の一方で、芦部の言う「必要最小限」なのか疑問も残した。

(敬称略)

〈次回は30日に掲載します〉

国事行為以外の「公的行為」

大型モニターに映し出された平成の天皇のビデオメッセージを見つめる人々＝2016年8月8日、東京・新宿

区分	行為
国事行為(憲法が定める)	内閣総理大臣の任命(国会の指名に基づく)
	最高裁長官の任命(内閣の指名に基づく)
	法律や条約の公布(以下、内閣の助言と承認による)
	国会の召集
	衆議院の解散
	国会議員の総選挙施行の公示
	国務大臣の任免や大使らの信任状の認証など13種類
「公的行為」(憲法に定めがない)	各種式典出席
	災害見舞い
	外国公式訪問
	外国賓客の接待
	戦争激戦地への慰霊訪問
	国内巡幸
	国会開会式での「お言葉」など

あしべ・のぶよし　戦後日本を代表する憲法学者。1923(大正12)～99(平成11)年。上伊那郡赤穂村(現駒ケ根市)生まれ。旧制の伊那中(伊那北高)、松本高(信州大)卒。東京帝大入学後に学徒出陣。戦争で多くの友を失う。復員後に東京大法学部卒。東大法学部教授、学習院大法学部教授などを歴任。東大名誉教授。77～79年、全国憲法研究会代表。93年、文化功労者。「憲法」(岩波書店)、「憲法学」(有斐閣)など著書多数。

台風19号の死者82人に

全国被害 避難者は3000人超

広範囲に土砂災害や浸水被害を引き起こした台風19号の影響で、21日までに共同通信の集計で死者は宮城、兵庫で1人ずつ増え13都県の82人に上った。避難所に身を寄せている住民らは3千人を超えている。

被災地では、警察や消防、自衛隊などが行方不明者の捜索を続け、住民らは浸水した住宅の片付けに追われた。

厚生労働省によると、断水は21日現在で4万3439戸となり、前日からほぼ半減。

総務省消防庁によると、住宅被害は全半壊が14都県の1986棟、一部損壊が28都道府県の2997棟。床上浸水は16都県2万9707棟、床下浸水は21都県2万3386棟。

内閣府によると、避難者の数は21日現在、11都県の3961人。国土交通省によると、土砂災害は20都県で482件が確認され、堤防の決壊は7県の71河川135カ所となっている。

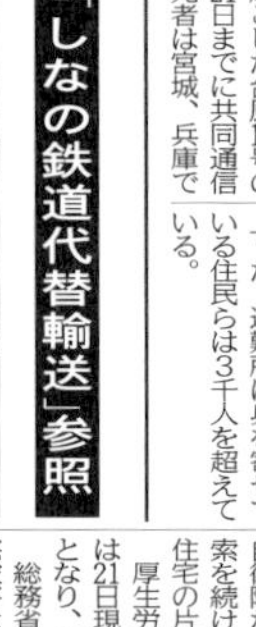

1面「しなの鉄道代替輸送」参照

義援金計1500万円 エプソンが発表

県と日本赤十字社に

セイコーエプソン(諏訪市)は21日、台風19号の被災地支援で県に1千万円、日本赤十字社に500万円の義援金を寄付すると発表した。同社広報IR部は「被災地の一日も早い復興を心より祈念いたします」としている。

県内には同社の事業所が多くあるが、同社によると、同社の従業員やその家屋に被害は確認されていない。

台風19号による県内の住宅被害

(21日午前10時時点、県災害対策本部まとめ)

市町村	全壊	半壊	一部損壊	床上浸水	床下浸水	計(世帯)
長野市				3305	1781	5086
松本市					1	1
上田市	1			25	70	96
岡谷市			2			2
須坂市				218	100	318
中野市				79	37	116
飯山市				407	206	613
佐久市				98	512	610
千曲市				1310	791	2101
東御市				3	3	6
小海町				4	5	9
川上村			2		3	5
南牧村				1	2	3
南相木村				2	6	8
北相木村	1			8	15	24
佐久穂町				44	50	94
軽井沢町	2					2
御代田町				2		2
立科町				4	31	35
青木村					1	1
長和町				1	50	51
辰野町		5	34			39
箕輪町			6			6
飯島町			1			1
南箕輪村			1			1
麻績村					3	3
筑北村					4	4
坂城町				1	1	2
小布施町				31	28	59
高山村					2	2
木島平村			1			1
野沢温泉村				10	10	20
信濃町			20		5	25
飯綱町			4			4
栄村				2	2	4
合計	4	5	71	5555	3719	9354

(注)長野市など甚大な被害を受けた地域の損壊状況は公表されていない。

台風19号による県内の避難所・避難者数

(21日午前11時時点、県災害対策本部まとめ)

市町村	避難所	避難者数
長野市	13	722
千曲市	1	6
上田市	1	1
飯山市	1	9
中野市	1	8
須坂市	2	171
佐久市	2	8
小布施町	1	35
佐久穂町	1	6
合計	24	966

避難所への避難者数(全県)

日時	避難者数
12日午後6時	567人
13日午後8時	7435
14日午後6時	1308
15日午後3時	1081
16日午後3時	924
17日午後3時	873
18日午後3時	948
19日午後3時	935
20日午後3時	931
21日午前11時	966

台風19号による県内の人的被害

(21日午前10時時点、県災害対策本部まとめ)

市町村	死亡	重傷	軽傷	計
長野市	2	2	73	77
上田市		1	4	5
須坂市			3	3
中野市			1	1
飯山市		1	4	5
佐久市	1		18	19
千曲市			5	5
東御市			1	1
佐久穂町			2	2
軽井沢町			2	2
箕輪町			1	1
坂城町			1	1
合計	3	4	115	122

(注)不明者は佐久市で1人、東御市で1人

復旧信じ 作業急ピッチ 21日

停電した「賛育会クリニック」で、投光器の明かりを頼りに掃除をする職員たち＝21日午前9時47分、長野市豊野町

運休している列車の発車時刻に付箋を貼って見えないようにしたしなの鉄道北しなの線豊野駅の時刻表＝21日午前7時29分、長野市豊野町

皿川の堤防が決壊した現場近くで復旧工事が進むJR飯山線＝21日午後2時40分、飯山市飯山

災害ごみの受け入れと搬出が進む旧神川地区公民館。「ボランティアによる活動も進み、土日にどっと増えた」と上田市職員＝21日午後1時46分、上田市国分

床上浸水に見舞われた片貝川沿いの住宅。千曲川の右岸(東)側に被害が続出した佐久地方では、左岸側にも大きな被害が出た＝21日午前11時21分、佐久市前山

長29　第一社会　6版　2019年(令和元年)10月22日　火曜日　信濃毎日新聞　新聞定価1ヵ月3,400円(うち消費税251円)　1部150円(消費税込み)　第三種郵便物認可

慣れぬ生活 休まらず

長野市豊野町の夫妻

千曲川決壊から間もなく10日。流域の避難所では、プライバシーの確保が難しい不自由な環境下、ほかの避難者への気遣いから疲労を訴える声が漏れる。いつまでも迷惑を掛けられないと、身を寄せた先が親類宅でも状況は同じ。被災してまだ電気も使えない自宅に戻る住民もいる。

【1面参照】

暖房器具を机代わりに静かに夕食を取る三井さん夫妻。右奥ではもう就寝した人も＝21日午後7時12分、長野市の豊野区事務所

避難所暮らし 眠り途切れ

ルポ 千曲川氾濫

日曜日の20日夕、長野市豊野町の豊野区事務所を訪ねた。浸水被害の広がった13日朝、同区（自治会）がいち早く設けた自主避難所。和室2部屋と管理室2部屋に、今も8世帯16人が身を寄せている。

午後6時ごろ。皆が一つの和室に集まり、長机を囲むようにして仕出し弁当を食べた。世間話も出るが、一様に疲れた表情。食べ終えるとうとうとし始める人もいた。日中は自宅に戻って泥かきなどをしているためだ。その中に、三井徹さん(58)、志津子さん(59)夫妻もいた。

夫妻が市内の次男の家に風呂を借りに出掛けていた午後8時前。明かりが消えた。9時すぎに帰ってきた夫妻は、つま先立ちするようにそろりそろり。同じ部屋の9人には高齢の人も多い。災害前、調理師をしている三井さんが床に就くのはいつも午後11時ごろだった。自宅生活とのリズムの違いに慣れない。

明かりの消えた部屋で、三井さんは横になってスマートフォンを手に、災害の記事などを見ていた。液晶画面から発するわずかな光にも、「寝ている人もいるので申し訳ないな、と思っています」と遠慮がちだ。

「高さ2・8㍍まで浸水した自宅のリフォームに多額の費用がかかる。今後の生活も見通せない」。不安が頭をもたげ、熟睡できない。志津子さんも連日午前1、2時ごろに目が覚めてしまう。

21日朝。三井さんは被災後初めて勤務先の病院に出掛けた。早番だと午前4時半には出勤しなければいけない。目覚ましのアラームをかけるのは午前4時5分。22日はその早番。周りの人を起こしてしまわないか心配で、21日午後8時前、間仕切り一つ隔てた隣の高齢男性に「ご迷惑をお掛けします」と頭を下げた。

（実延　達郎）

子に気遣い 停電の自宅に

長野市赤沼 65歳男性

「いくらわが子でも迷惑掛けちゃいけないから」。長野市赤沼の元高校教諭、西沢清文さん(65)は17日夜、身を寄せていた市内の長女一家のアパートを離れ、1階が浸水した自宅に戻った。電気はまだ通らず、使えるのは被害のなかった2階だけ。それでも「夜、寝るだけだから」と割り切っている。

西沢さんは長男と2人暮らし。近くを流れる千曲川の水位が上昇した12日深夜、同市豊野地区の高台にある駐車スペースで車中泊した。翌日も車中泊を続け、その後の3日間は長女一家の家で世話になった。

今は赤沼区の副区長として、日中はボランティアの受け付けなど地域のために力を尽くしている。ただ、近くの小学校の避難所暮らしは、周りの話し声も気になるだろうし、知り合いが多いのも気になるだろうと遠慮してきた。

長女宅では快く受け入れてもらった。でも、「多少窮屈でも人に迷惑掛けない」車中泊の方が気が楽だった。寝泊まりのため戻った自宅は床上1・8㍍ほど浸水し、1階は家財や水分で重くなった畳が散乱。ほぼ外に運び出し、ぬれなかったベッドで暖かく寝ることもできる。ただ、ほこりが気になって毎晩、マスクが欠かせない。夜の明かりは懐中電灯や電池式のLEDランプだという。

生活再建など先のことはまだ、あまり考えられない。「命があったから後は何とかなる。そう思うしかないですよ」。21日夜も電気はつかなかった。

（黒岩　美怜）

県、再び節水呼び掛け

4市町村に 降雨の影響懸念

台風19号で被災した長野市赤沼の下水道終末処理場「クリーンピア千曲」について、県は21日、今後の降雨で生活排水の処理が追いつかなくなる恐れがあるとして、再び長野市の一部、須坂市、上高井郡小布施町、高山村の一部に節水を呼び掛けた。下水の水位が高く、降雨でマンホールから汚水があふれるため。

同処理場は19日から、国が非常時に認める塩素消毒のみの簡易処理で生活排水を千曲川に放流している。18、19日の大雨の影響でマンホールから汚水があふれたことから、再び朝晩を中心に排水抑制を求める。

長野・千曲川に男性遺体

被災者か 身元確認急ぐ

21日午前10時半すぎ、長野市篠ノ井西寺尾の千曲川左岸の河川敷で、県警機動隊員が身元不明の男性の遺体を発見した。台風19号の大雨による被災者の可能性が高いとみられる。

長野南署が、司法解剖などをして身元の確認を進める。

同署によると、遺体は身長166㌢ほどで中年以上とみられる。着衣はない状態で、周囲に身元を確認できるものはなかった。河川敷の木に、体をくの字に折り曲げた状態で引っ掛かっていたという。

一方、県災害対策本部は同日、台風19号に伴う災害の行方不明者として、新たに佐久市の1人を追加した。同市入沢のタクシー運転手三石量正さん(68)で、同本部はこれまで台風との関連が分からない安否不明者としていた。

同本部などによると、三石さんは12日午後5時40分ごろに車で客を乗せるため外出し、10分後に地元小学校に寄った後、行方が分からなくなった。午後6時ごろに千曲川支流の谷川の氾濫で道路が崩れる音を聞いた住民がおり、同本部は、三石さんがこれに巻き込まれた可能性が高いとみている。

千曲川では他に、東御市出身の静岡県沼津市の男性(73)が東御市の田中橋で車ごと流されたとみられ、行方不明になっている。県警は2人を捜すため、17日から捜索範囲を下流の北信地方まで拡大している。

あんずちゃん

田中しょう

あ…カーディガン
秋冬物出さないと…
着てみて！
ん…あったかい
お気に入りなの
似合う～？
回ってみて！
こう？
クルッ
すっかりモデル気分になってる

えびす講煙火大会 中止

長野 台風被害の大きさ考慮

長野市の長野商工会議所は21日、台風19号に伴う河川氾濫などで多くの市民や企業が被災したのを受け、11月23日夜に長野市の犀川河川敷で予定していた「第114回長野えびす講煙火大会」の中止を発表した。例年、主催者発表で約40万人が観覧する初冬の一大イベントだが、「被害の大きさを考慮し、大会開催は難しいと判断した」としている。

煙火大会は長野商工会議所と長野商店会連合会の主催で、今年はミュージックスターマインなど約1万発の打ち上げを計画していた。長野商工会議所によると、大会中止は昭和天皇の体調悪化を受けた1988（昭和63）年以来。

約5千席の有料観覧席のチケットは8割ほどが販売済みで、今後払い戻しに応じる。問い合わせは長野商工会議所（☎026・227・2428）へ。同市岩石町の西宮神社のえびす講行事は行われるとしている。

昨年の長野えびす講煙火大会の様子

高原譜

○…東京都江戸川区の住民らが21日、安曇野市の金鳥川の斉藤農園などを訪れ、サツマイモの収穫やわら細工体験を楽しんだ＝写真。友好都市の同区の住民に安曇野の農産物の魅力を伝えたいと市地域おこし協力隊の長谷川愛さん(28)らが企画した。

○…同区の菊地秀夫さん(83)は畑の土の感触を確かめながらスコップで慎重に掘り進めた。丸々としたサツマイモを見つけ「都会ではできない貴重な体験」と喜んだ。

○…同農園はホップも栽培し、地ビールを委託醸造。専務の斉藤岳雄さん(46)は「ホップを摘み取りビールも味わってほしい」と早くも来年のメニューを構想していた。

藤井七段、羽生九段に白星

将棋・王将戦リーグ首位の3勝目

将棋の第69期王将戦挑戦者決定リーグは21日、東京都渋谷区の将棋会館で指され、高校生プロの藤井聡太七段(17)が羽生善治九段(49)を破った。最年少挑戦を狙う藤井七段は通算成績をトップの3勝1敗とし、前人未到のタイトル100期を目指す羽生九段は2勝1敗となった。

藤井七段は羽生九段と昨年2月の朝日杯オープン戦以来の対戦で、公式戦2連勝とした。

対局を終えた藤井七段は「（羽生九段に）読みにない手を指されたので、自分も学んでいきたい。次も全力を尽くしたい」、羽生九段は「藤井七段に力強く指された」とそれぞれ振り返った。

リーグ戦には広瀬章人竜王(32)、豊島将之名人(29)らトップ棋士7人が出場。総当たりで行われ、優勝者が渡辺明王将(35)への挑戦権を得る。

1 第49326号 【明治25年3月15日第三種郵便物認可】 信濃毎日新聞 2019年(令和元年) 10月23日 水曜日 日刊 9版★

陛下「国民に寄り添う」

正殿の儀 即位を宣言

天皇陛下が内外に即位を宣言する「即位礼正殿（せいでん）の儀」が22日午後、国事行為として皇居・宮殿で執り行われた。陛下は玉座「高御座（たかみくら）」に立ち、「国民の幸せと世界の平和を常に願い、国民に寄り添いながら、憲法にのっとり、日本国および日本国民統合の象徴としてのつとめを果たすことを誓います」と述べられた。

即位の礼の中心儀式で、各国の元首や王族、政府高官のほか、三権の長や閣僚、知事、各界の代表ら計1999人が参列した。夜には同じく国事行為の祝宴「饗宴（きょうえん）の儀」が開かれた。

1990年に催された平成時の正殿の儀は、戦前の様式に倣ったことから、憲法が定める国民主権や政教分離の原則に反するとの批判が出たが、政府は今回も前回の様式を踏襲した。

天皇、皇后両陛下のパレード「祝賀御列（おんれつ）の儀」は台風19号の被害を受け、11月10日に延期された。

正殿の儀は「松の間」で行われ、古式装束「黄櫨染御袍（こうろぜんのごほう）」を着た陛下が、天孫降臨神話に由来する高御座に上り、皇位のしるしとされる「三種の神器」のうち剣と璽（勾玉）が、国の印の「国璽（こくじ）」と天皇の印の「御璽（ぎょじ）」と共に高御座に置かれた。皇后さまは十二単（ひとえ）姿で隣の「御帳台（みちょうだい）」に立った。

安倍晋三首相が床上で陛下を見上げ、祝辞の「寿詞（よごと）」を述べ、首相の発声で参列者が万歳三唱した。儀式は約30分で終了した。

皇嗣（こうし）秋篠宮ご夫妻ら成年皇族も装束姿で並び、えんび服の常陸宮さまは車いすで参列。三笠宮妃百合子さまは96歳と高齢のため欠席し、公務を退いた上皇ご夫妻も参加しなかった。

松の間前の中庭には、装束姿の宮内庁職員らが並ぶ予定だったが、雨のため中庭を囲む廊下に配置され、旛（ばん）（のぼり旗）や桙（ほこ）だけが立った。

海外からは191カ国・機関などの代表らが参列。英国のチャールズ皇太子やオランダのアレクサンダー国王夫妻、中国の王岐山国家副主席、韓国の李洛淵（イナギョン）首相らが顔をそろえた。

饗宴の儀では、両陛下が正殿の儀に参列した外国賓客を迎え、飲食を共にした。25、29、31日にも開かれる。

「即位礼正殿の儀」で、玉座「高御座」から即位を宣言される天皇陛下＝22日午後、宮殿・松の間（内閣府提供）

天皇陛下のお言葉

先に、日本国憲法および皇室典範特例法の定めるところにより皇位を継承いたしました。ここに「即位礼正殿の儀」を行い、即位を内外に宣明いたします。

上皇陛下が30年以上にわたるご在位の間、常に国民の幸せと世界の平和を願われ、いかなる時も国民と苦楽を共にされながら、その御心（みこころ）をご自身のお姿でお示しになってきたことに、改めて深く思いを致し、ここに、国民の幸せと世界の平和を常に願い、国民に寄り添いながら、憲法にのっとり、日本国および日本国民統合の象徴としてのつとめを果たすことを誓います。

国民の叡智（えいち）とたゆみない努力によって、わが国が一層の発展を遂げ、国際社会の友好と平和、人類の福祉と繁栄に寄与することを切に希望いたします。

台風被災 陛下の思い酌み

祝賀パレード延期

台風19号の甚大な被害が日ごとに明らかとなる中、「即位礼正殿の儀」が行われたが、祝賀パレードは天皇陛下のお気持ちに配慮し延期された。

台風が本州に上陸した3日後、最初の平日となった15日午後2時から開かれた定例記者会見で、宮内庁の西村泰彦次長は天皇、皇后両陛下の台風被害に対する気持ちを発表。亡くなった人々を心から哀悼するとともに、安否不明者が早く見つかることや、被災した人たちの生活が早く元に戻ることを心から願うという内容だった。

大規模災害が起きた場合、最側近の侍従長を通じて都道府県知事に思いを伝えることが多いが、国民全体に向け、広く気持ちを伝えるのは、東日本大震災の発生5日後に上皇さまが発信したビデオメッセージ以来。異例の出来事だった。

両陛下は、台風上陸の前から被害を懸念し、新聞やテレビを心配そうに見つめていたという。陛下は正殿の儀で、上皇さまの在位中の姿を胸に国民に寄り添うことを誓った。その上皇さまが確立した象徴天皇の務めの一つが、被災地訪問など苦境に立つ人々に心を寄せることだった。

長期療養生活が続く皇后さまも、皇太子妃時代から被災地との関わりを大切にしてきた。地方に出掛けるのが厳しい時期でも、福島県など東日本大震災の被災者のもとに足を運んだ。側近によると、白と決まっている饗宴の儀で着るドレスの色味でさえ、「もっと抑えた色の方がいいのではないか」と悩むほどだった。

宮内庁幹部は「すぐにでも被災者のそばに駆け付けたいお気持ちはあるだろう」としつつも、「代替わり関連行事が続き、日程的に難しい。今はこちらに専念していただくしかない」と話した。

即位の礼関連
皇位継承 議論後回し 2
海外メディアも速報 4
政教分離 批判を封印 7
儀式の図解と写真グラフ 8・9
象徴の務め 力強く宣言 28

長野の被災地 増水に警戒

浅川 一時内水氾濫恐れ

台風20号から変わった低気圧や、前線の影響で県内は22日にかけて大雨となった。県災害対策本部によると全県の避難者は、同日午前に一時、千人を超えた。長野市の千曲川の水位が一時上昇し、同日午後、市は避難指示が継続中の浅川下流域の住民に改めて避難を呼び掛けた。長野地方気象台は、23日にかけても北部と中部で河川の増水に注意を呼び掛けている。

気象台によると、22日午後8時半までの24時間で、被災地のうち、北相木で66・0ミリ、上田で52・5ミリ、長野で55・5ミリを観測。東筑摩郡筑北村では避難準備情報が出され、一時、21人が避難したが、その後、帰宅した。

千曲川の水位上昇を受け、県は支流の浅川への逆流を防ぐ水門を閉鎖。長野市は、浅川の水が千曲川に流れ込めないことで発生する内水氾濫の恐れがあるとして、22日午後3時半ごろ、台風19号による堤防の決壊地点付近を含む一帯の住民に、緊急速報メールや防災行政無線などで避難を呼び掛けた。夜に入り、千曲川の水位が下がったため、午後9時前に水門を開けた。

浅川の内水氾濫の危険性を考慮し、しなの鉄道は長野―妙高高原間で運転を見合わせた。午後4時すぎ以降の上下計20本が運休したほか、上り2本が黒姫―長野間で部分運休し、約1400人に影響した。同社は「安全が確認できれば、23日は始発から運転を再開したい」としている。

県須坂建設事務所は22日、県道の上高井郡小布施町小布施橋南交差点―須坂市新田春木線交点間を通行止めにした。県道沿いを流れる千曲川支流の松川の水位上昇に伴い内水氾濫が起こったため。同町によると、現場近くの雨水排水ポンプ場が台風19号による浸水で故障し、町内から集まる雨水を排水できなくなっている。

浅川と千曲川をつなぐ水門（中央）を閉め、ポンプ車などで浅川の水を千曲川に流した浅川排水機場＝22日午後4時21分、小布施町吉島

斜面

2019.10.23

「万歳」は元々「天子や国家の長久の繁栄を祝して唱えることば」と日本大百科全書にある。古くから天皇即位の式では「萬歳」の文字を刺しゅうした旗が掲げられている。今回も前例を踏まえ安倍晋三首相が文字を揮ごうしたという◆宮殿・松の間で執り行われた即位礼正殿（せいでん）の儀。天皇陛下は「国民に寄り添いながら、憲法にのっとる」象徴天皇像を示された。国民と同じ目線で語ることを大切にしてきた。万歳の発声をする首相を高御座（たかみくら）から見下ろす形になり、どんな胸中だったろう◆昭和天皇の時は田中義一首相が松の間から階段を下り庭上で「天皇陛下、万歳」と発声した。平成天皇の際は海部俊樹首相が階段を下りず松の間で「ご即位を祝して」を加え発声した。安倍政権は国民主権を定めた憲法との兼ね合いなど議論も深めず海部政権のやり方を踏襲した◆前日の21日は東京の旧明治神宮外苑競技場で開かれた「出陣学徒壮行会」から76年の追悼会があった。太平洋戦争の戦局が悪化していた1943年、徴兵された大学生が雨の中行進した。東条英機首相が「天皇陛下、万歳」を発声して戦地に送り出した◆「ご即位を祝して」を加えた海部政権は「天皇陛下、万歳」を叫び戦争に突き進んだ時代の暗い印象を薄めたかったとされる。議論の末の苦肉の策だ。現政権には葛藤さえ見えない。「国民の幸せと世界の平和を常に願う」との陛下のお言葉を引いた首相の「寿詞（よごと）」に重みを感じなかった。

ことば映え

純真無垢（むく）
心にけがれがない

茅野市 あんこ

応募方法28面に

信濃毎日新聞
1873年(明治6年)創刊
発行所 信濃毎日新聞社
長野本社 〒380-8546 長野市南県町657番地 電話(026) 受付236-3000 編集236-3111 販売236-3310 広告236-3333
松本本社 〒390-8585 松本市中央2丁目20番2号 電話(0263) 代表32-1200 報道32-2830 販売32-2850 広告32-2860

天気

最高気温 / 最低気温

地域	地点	最高	最低
北部	飯山	19	12
北部	長野	20	13
北部	大町	18	9
中部	松本	20	11
中部	上田	22	11
中部	佐久	21	11
中部	諏訪	19	11
南部	木曽	23	8
南部	伊那	23	8
南部	飯田	23	10

6時 12 18 24 / 24日 25日 26日

5ミリ以上 5ミリ未満

25面に詳しい天気情報

素肌乾燥情報 カサカサ、注意、しっとりの3段階
北部 注意 / 中部 注意 / 南部 注意

紙面の問い合わせ 本社見学・出前講座 購読のお申し込み 信毎ホームページ
編集応答室 026-236-3111
読者センター 026-236-3215
0120-81-4341
www.shinmai.co.jp

下水があふれ出したマンホール＝22日午後0時半ごろ、長野市豊野町豊野の「沖団地」付近

長野市上下水道局は緊急措置として、汚水を簡易処理して浅川に放流している＝22日午後2時半ごろ、長野市豊野町浅野の浅川橋近く

焦点　下水処理 遠い本格復旧

長野 浸水のクリーンピア

まとまった雨が降った22日、台風19号による浸水で機能不全に陥った長野市赤沼の下水道終末処理場「クリーンピア千曲」の周辺でマンホールから下水があふれた。国が応急措置として非常時に認める塩素消毒のみの「簡易処理」で被災前の1日平均流入量の約5万立方㍍まで処理量が回復。だが、雨のたびに汚水がマンホールからあふれる綱渡りの状態が続き、市民生活などへの影響が長期化するのは避けられない見通しだ。

（島田周、立松敏也）

【1面参照】

汚水を簡易処理し、千曲川へ放流する作業が続くクリーンピア千曲＝22日午後2時40分、長野市赤沼

周辺 マンホールから下水
市町村も対策…雨が「壁」に

長野市豊野町豊野の市営沖団地近くに住む男性(68)は22日早朝、団地周辺で水があふれるマンホールを見た。「こういう状況だから我慢が肝心だと思うが、なるべく早く臭いを抑えてほしい」。市や県によると、同処理場に近い豊野地区などで雨が降った19日以降、マンホールから下水があふれている。

県生活排水課によると、同処理場が機能停止していた間に下水道の水位が上昇し、通常より高い状態にあることが影響している。同処理場は19日に処理量を回復したが、雨が降るとマンホールの隙間から流入するなどで水量が増加。処理地域の下流に当たる同処理場付近でとりわけ、あふれやすくなっている。

同処理場は長野市の一部、須坂市、上高井郡小布施町、高山村の一部の計13万人余の下水を受け入れている。まとまった雨の予報を受けて県は21日、処理地域の住民に改めて節水への協力を呼び掛けた。

クリーンピア千曲にかかる負担を抑えようと、処理区域を抱える市町村も対策を講じる。長野市上下水道局はバキュームカーで下水道にたまった汚水をくみ出し、市内の他の処理場に運ぶなどで対応。同施設の処理地域のうち市北部にある浅川、若槻地区の約1万世帯分の汚水を、下水道管をつなぎ替えて市の処理場「東部浄化センター」で受け入れている。

市は豊野地区などの民有地で汚水があふれる危険性がある場合、塩素消毒した上で浅川に直接、放流する許可も県から得た。22日も地区内の浅川橋近くで、市職員らが作業に当たった。

クリーンピア千曲が汚水を処理する地域

クリーンピア千曲　豊野　長野市　小布施町　高山村　長野　須坂長野東IC　上信越道　須坂市　長野IC

対象地域　長野市の古里、柳原、長沼、若槻、浅川、朝陽、若穂、古牧、吉田、大豆島、豊野、松代、須坂市と上高井郡小布施町、高山村の高井

須坂市は千曲川沿いの公民館などに簡易トイレ32台を設置し、処理地域内の2小学校にも15台を配置した。高山村は役場や小中学校などに簡易トイレ計76台を設置し、小布施町は全戸にチラシを配布して節水を呼び掛けている。

クリーンピア千曲では22日も、県内外の民間業者の作業員らが復旧作業に追われた。県は25日にも、汚水を処理施設にくみ上げる仮設ポンプを大型化し、汚水の水位を下げる考えだ。だが、雨が降れば作業はその分遅れ、しばらくは「いたちごっこ」が続く見通し。長野市上下水道局の担当者は「やれるだけのことはやって、クリーンピア千曲の復旧を待つしかない」と漏らした。

浄化「心臓部」回復に1～2年
汚れ食べる微生物含む「活性汚泥」流失

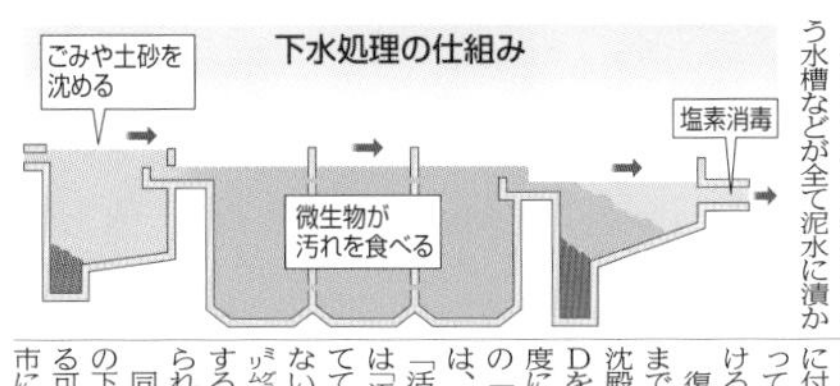

クリーンピア千曲が元の処理能力を取り戻すまで「1～2年かかる」とする県。理由は処理の仕組みにある。ごみや土砂を沈めて取り除く「沈殿」、次に微生物が汚れを食べて分解する「生物処理」、最後に塩素消毒をして放流する―が下水処理の大まかな流れだ。

今回は沈殿と生物処理を行う水槽などが全て泥水に漬かり、現在は塩素消毒のみ実施している。汚水はほぼ浄化されずに千曲川に放流され、その水質は有機物などの汚れの量を示す生物化学的酸素要求量（BOD）が1㍑当たり200㍉㌘程度。県条例が定める上限の同20㍉㌘の10倍に上る。県生活排水課は、特に油や日本酒が水質汚染につながるとし、「食器に付いた油は必ず紙でふき取ってから水洗いを」と呼び掛ける。

復旧に向け、県は来週前半までを目標に、機械で動かす沈殿施設を再稼働させ、BODを同120～160㍉㌘程度に下げる計画。一方、浄化の「心臓部」である生物処理は、活発な微生物を多く含む「活性汚泥」が流失し、同課は「汚水を餌に徐々に醸成（育てて増やす）しなければならない」とする。被災前の同15㍉㌘程度まで処理能力を回復するには1～2年かかるとみられる。

同様の被害は、県内外の他の下水道終末処理場でも起こる可能性がある。同課や長野市によると、こうした施設は一般的に川沿いの低地に造られることが多い。処理地域全域から汚水が自然に流れて来ることができ、処理済みの水を川に放流できるからだ。その一方、河川氾濫の際は被害を受けやすい。クリーンピア千曲周辺の一帯は今回、千曲川の決壊で広く浸水した長野市北東部の中でも解消するまで長い時間がかかった。

ただ、今回の規模の浸水は「想定しておらず、被害を防ぐ対策もなかった」（県生活排水課）という。千曲川の増水時、処理済みの水が施設内に逆流しないようにするポンプを備え、敷地も周囲の農地などより1㍍ほどかさ上げされてはいる。だが、電源設備は管理棟1階にあり、防水扉も備えていないため水に漬かって破損。非常用の発電機もなく、被災後に調達した。

クリーンピア千曲は1991年に完成。同課は「建設当時のことは詳しく分からないが、1983（昭和58）年にあった（近くの）浅川の内水氾濫程度の浸水は想定して造ったのかもしれない」と説明する。95年の阪神大震災などを受け、地震災害に備えた施設の耐震補強は実施したが、「もっと老朽化し、建て替えや改修が必要な県施設は他にもたくさんある中、何十年も起こっていない千曲川の破堤まで想定した対策までは手が回らなかった」とみる。

国土交通省は「国土強靱（きょうじん）化」の一環で、2018年度から3年間に全国の下水道施設で非常用発電機導入などを支援しているが、県生活排水課の清水修二課長は「そもそも、ここまで泥水が流入した場合、防水扉などで被害が軽減できただろうか…」と話す。

クリーンピア千曲を運営する県千曲川流域下水道事務所の小林功所長は「下水処理場は同様の被害に遭うことを前提に、復旧作業をしやすい設計にすることも必要ではないか」としている。

佐久の施設も復旧めど立たず

下水処理を巡っては、佐久市でも塩素消毒のみの「簡易処理」を行い、千曲川に放流している。市内では最大の下水処理施設「下水道管理センター」が千曲川支流の滑津（なめつ）川の堤防決壊で浸水し、機能を停止。仮設ポンプで排水する作業を続けているが、完全復旧のめどは立っていない。

市内ではこの他、浅科浄化センターで塩名田地区から処理場につながる水管橋が流失する被害があり、復旧時期は決まっていない。市は下水の処理能力が低下しているとして、旧佐久市や旧臼田町の公共下水道を利用している区域や塩名田地区の住民に節水を呼び掛けている。佐久市下水道課は「どの段階で節水の呼び掛けをやめるか協議しているが、まだはっきりしない」としている。

権兵衛トンネルと東御市道
国代行での復旧 知事、自民に要望

阿部守一知事は22日、自民党県連が長野市内で開いた台風19号の災害対策本部会議に出席し、上伊那郡南箕輪村の国道361号権兵衛トンネル入り口付近の土砂崩落と、東御市のしなの鉄道にかかる市道の復旧について、国の権限代行で復旧することを求めた。

権兵衛トンネルは上伊那と木曽地方を結ぶ主要ルート。橋台近くの土砂が崩れ落ち、橋や道路が沈下する危険があり、20日に通行止めになった。また、東御市道はしなの鉄道の線路をまたぐ橋の土台が台風の影響で損傷し、上田（上田市）―田中（東御市）駅間で運休する原因になっている。

阿部知事は「国土交通省、政府に強くお願いしていくが、県連の力強い後押しをいただきたい」と述べた。後藤茂之県連会長（衆院4区）は取材に、「国交省と相談し、頑張ってやる」と述べた。

第三種郵便物認可　信濃毎日新聞　2019年(令和元年)10月23日　水曜日　特集　26

千曲川の水位上昇を受け、作業を中断して引き揚げるボランティア＝22日午後３時52分、長野市赤沼

大雨洪水警報を受け、避難するように呼び掛ける消防車両＝22日午前９時６分、長野市穂保

浸水で下半分がちぎれてしまった床の間の掛け軸＝22日午後２時37分、長野市津野の妙笑寺

空模様 気にしつつ　22日

会社の仲間の実家から泥をかき出す人たち。被災から１週間が過ぎた今も、片付けが進まない家屋が目立つ＝22日午前９時41分、長野市穂保

災害ごみの仮置き場に持ち込まれたごみを運び出す作業員＝22日午後４時35分、上田市腰越

千曲川支流の抜井川で橋脚に引っ掛かった流木を撤去する自衛隊員＝22日午後２時12分、佐久穂町大日向

指定外の場所に災害ごみを出さないよう呼び掛ける張り紙を作る長野市赤沼区の役員＝22日午後３時49分

全国死者83人 避難は3900人余

台風19号被害まとめ

広範囲で土砂災害や浸水被害を引き起こした台風19号の影響で、22日までの共同通信の集計で死者は13都県、83人に上った。被災地では朝から雨が降り続いたが、警察などが行方不明者の捜索に当たった。内閣府によると、3928人が避難所に身を寄せている。厚生労働省の集計では断水は4万2432戸。

総務省消防庁によると、住宅被害は全半壊が14都県1627棟、一部損壊が28都道府県3138棟。床上浸水は16都県2万9428棟、床下浸水は21都県、3万2981棟となっている。

国土交通省によると、土砂災害は20都県で486件が確認され、堤防の決壊は7県、71河川135カ所となっている。

宮城県警は22日、台風19号で被災した同県丸森町で、介護士斎藤せつ子さん(54)の遺体が見つかったと発表した。また、丸森町で発見された別の2遺体の身元を、行方不明だった大槻利子さん(70)、大槻竹子さん(92)と確認した。

22日　県関係の鉄道・高速道の状況

金沢
上越妙高
北陸新幹線
24日再開予定
森宮野原
戸狩野沢温泉
飯山線
豊野
25日から東京－金沢間直通運転再開見込み
北しなの線
23日解除見込み
上信越道
長野
長野道
佐久IC
碓氷軽井沢IC
松本
上田
特急あずさは終日運休
10月末ごろ再開見込み
田中
小諸
しなの鉄道
岡谷JCT
佐久平
軽井沢
中央東線
小海
小海線
野辺山
中央道
東京
赤線は通行不可

避難所への避難者数（全県）

日時	避難者数
12日 午後6時	567人
13日 午前8時	7435
14日 午後6時	1308
15日 午後3時	1081
16日 午後3時	924
17日 午後3時	873
18日 午後3時	948
19日 午後3時	935
20日 午後3時	931
21日午前11時	966
22日午前10時	1014

台風19号による県内の避難所・避難者数

（22日午前10時時点、県災害対策本部まとめ）

市町村	避難所	避難者数
長野市	13	763
千曲市	1	6
飯山市	1	7
中野市	1	9
須坂市	2	165
佐久市	3	7
小布施町	2	35
佐久穂町	1	1
筑北村	7	21
合計	31	1014

台風19号による県内の人的被害

（22日午前10時時点、県災害対策本部まとめ）

市町村	死亡	重傷	軽傷	計
長野市	2	2	74	78
上田市		1	4	5
須坂市		1	5	6
中野市			1	1
飯山市		1	4	5
佐久市	1		18	19
千曲市			5	5
東御市			1	1
佐久穂町			2	2
軽井沢町			1	1
箕輪町			1	1
坂城町			2	2
合計	3	5	118	126

（注）不明者は佐久市で1人、東御市で1人

台風19号による県内の住宅被害

（22日午前10時時点、県災害対策本部まとめ）

市町村	全壊	半壊	一部損壊	床上浸水	床下浸水	計(世帯)
長野市				3305	1781	5086
松本市					1	1
上田市	1			31	87	119
岡谷市			2			2
須坂市				218	100	318
中野市			3	82	37	122
飯山市				407	206	613
佐久市				99	539	638
千曲市				1310	791	2101
東御市				3	3	6
小海町				4	5	9
川上村			2		3	5
南牧村				1	2	3
南相木村				2	6	8
北相木村	1			8	15	24
佐久穂町				44	50	94
軽井沢町	2					2
御代田町				2		2
立科町				4	31	35
青木村					1	1
長和町				1	50	51
辰野町		3	27			30
箕輪町			6			6
飯島町			1			1
南箕輪村			1			1
麻績村					3	3
筑北村					4	4
坂城町				1	1	2
小布施町				31	28	59
高山村					2	2
木島平村			1			1
野沢温泉村				10	10	20
信濃町			20		5	25
飯綱町			4			4
栄村				2	2	4
合計	4	3	67	5565	3763	9402

ふるさと また去らねば

佐久穂 大日向

台風19号の大雨で、住宅倒壊や千曲川支流の氾濫など大きな被害が出た南佐久郡佐久穂町大日向に22日、取材に入った。10日前の被災以降も荒天がたび重なり、「即位礼正殿の儀」の祝日だったこの日も、住民たちはずぶぬれで後片付けをしていた。満州分村移民など長い歴史を刻んできたふるさとを去ることにした住民もいる。遅々とした復旧に歯がみしながら、今も進行している災害に住民らの疲労の色は濃い。【1面参照】

ルポ 千曲川氾濫

旧満州から戻った90歳 「どうしようもない」

千曲川支流の抜井川沿いに開けた大日向地区は五つの集落に分かれている。最も上流の山あいにある1区の由井マサミさん(90)方を訪ねて、言葉を失った。土砂が1メートル近い厚みで敷地を埋め、築100年超という母屋になだれ込んでいた。床はぬかるんだ泥で覆われ、土臭さが漂う。「ここにもう一度家を建てる勇気はありません」。傾いた家の中で、長男の定美さん(61)は話した。

マサミさんは2011年に夫を亡くしてから、ここで一人で暮らしてきた。戦時中、10歳で多くの村人と村を後にして旧満州（中国東北部）に渡り、家族7人を失った。命からがら逃げ帰り、60年近く住み続けた家。年齢を考え、定美さんは「一緒に住もう」と何度も誘ったが、「畑があるから」「お茶のみ友達もいるから」とマサミさんは拒んできた。

今回の災害で、マサミさんは町中心地近くの定美さんの家に避難していて事なきを得た。変わり果てたわが家を見たのは台風通過後の13日。1区35世帯の中には、全半壊した家が他にもあった。「ここで生活し続けられるか考えてしまう」と区長の由井勝之さん(73)。マサミさんも「体の力が抜けた。切ないけれど、どうしようもない」と、山を下りることにした。

せめてもの救いは、中国大陸で亡くなった家族7人を弔うため、毎晩寝る前に続けてきた写経や日記をつづったノートの束が入った紙袋が見つかったこと。自分が死んだら枕元に置いてほしい―と記したその紙袋は、不思議と[illegible]いまま出てきた。

雨が降り続けたこの日。天皇陛下即位の礼のニュースが続き、テレビ画面は祝意の声であふれた。定美さんの家で過ごしたマサミさんは「時代が変わって取り残されたようで、寂しいね」と、大切な紙袋を前につぶやいた。

土砂がなだれ込んだ実家を訪ねた由井定美さん。取り壊しを決めた＝22日午後4時、佐久穂町大日向

雨の中、流木やごみを片付ける高見沢さん＝22日午前8時46分、佐久穂町大日向

浸水地域で作業の区長 「集落なくなるかも」

由井マサミさん方から国道299号を下り、約6キロ離れた5区に向かった。至る所で土砂が路上に流れ込み、ガードレールもろとも路肩が抜井川に崩れ落ちた箇所もある。途中の橋では、橋脚に堆積した流木を自衛隊員たちが取り除いていた。

町内では台風19号が去った後も雨が続き、避難勧告や避難準備情報が出されてきた。この日も前夜からの雨で、町は災害ボランティアの受け入れを中止した。5区の区長を務める大工の高見沢好市さん(63)は住民らと協力し、重機や手作業で泥にまみれた流木やブルーシートなどを撤去していた。「雨のたびに作業が遅れてしまう」。高見沢さんは苦々しい表情だ。

13日、流木が近くの橋に引っ掛かり、抜井川をせき止めて氾濫。集落の一部が泥水に漬かった。高見沢さんの家も床上70センチほど浸水。妻や母、息子らと避難所で過ごし、19日からは民間のアパートに身を寄せている。

毎日、朝から夜まで床下の泥をかき出し、汚れた家財道具を片付けている。空模様に不安を抱えながらの、先の見えない復旧の日々。応援に駆け付けてくれる親戚に努めて笑顔で接しながらも、「これだけの災害を経験すると集落がなくなってしまうんじゃないか。そんな気分が広がらなければいいが」と口にした。（山本 純哉）

台風21号 小笠原諸島へ

非常に強い台風21号は23日、発達しながら太平洋のマリアナ諸島を北寄りに進んだ。24日には小笠原諸島に接近する見通し。25〜26日に東日本や東北の太平洋沖に進むとみられる。

気象庁によると、台風21号は23日午前0時現在、太平洋上を時速約20キロで北西に進んだ。中心気圧935ヘクトパスカル、最大風速50メートル、最大瞬間風速70メートル。半径130キロが風速25メートル以上の暴風域。

あんずちゃん ◆田中しよう◆

白い峰々 はっきりと

乗鞍岳などで初冠雪

県内山岳は22日朝にかけて雪が降り、北アルプス乗鞍岳（3026メートル）や南ア仙丈ケ岳（3033メートル）では初冠雪が見られた。

県乗鞍自然保護センターによると、例年並みで昨シーズンより2日遅い。県道乗鞍岳線の三本滝ゲートを管理する松本市安曇の落合哲夫さん(67)は早朝、山頂に近い県道で約5センチの積雪を確認し、「21日夜に雨が雪に変わったようだ」。山頂を覆っていた雲は午後3時半ごろ切れ始め、日没間際に麓からもはっきり確認できた。

南アも雪をかぶり、仙丈ケ岳山頂付近は5センチほど積もったという。昼ごろには伊那市西箕輪のみはらしファーム付近からも冠雪が確認でき、写真に収める人の姿があった。

日没間際、雪をかぶった姿を見せた乗鞍岳＝22日午後4時、松本市安曇

富士山も初冠雪

甲府地方気象台は22日、富士山の初冠雪を確認したと発表した。平年より22日遅く、昨年より26日遅い。約40キロ離れた同気象台で、職員が目視で確認した。

ボランティア用トイレ 足りない

テント型 長野市が増設進める

千曲川氾濫の被災地を支援しようと長野市を訪れる災害ボランティアのトイレの確保が課題になっている。被害が大きかった長沼地区では数が足りないとの声が上がり、市が増設を進めている。

市が主に設けている仮設トイレはテント型。携帯トイレで用を足し、1回ごとに外の袋に捨てる方式。移動や衛生面で機能性が高く、1000台程度を保有していることから、長沼地区にはこれまでに約40台設置したという。

災害ボランティアセンターを運営する市社会福祉協議会によると、ボランティアから仮設トイレが足りないとの声が複数寄せられているという。長沼地区には50台以上の仮設トイレがあるが、21日に市内で活動したボランティア約1700人のうち同地区に入ったのは約700人。担当者は「地区は広く、近くにない場合もあったのではないか」とする。設置が容易なテント型簡易トイレがどこに何台必要か把握したいとする。

トイレの設置場所の情報提供を求める声も。被災後、自宅のトイレを貸したことがあるという同市赤沼の大日方正利さん(43)は「仮設トイレがどこに設置されているか分からない。案内があるとありがたい」と話す。

長野市穂保に設置されたテント型簡易トイレ

高原鋼

○…長野市南部と千曲市の歯科医師でつくる更埴歯科医師会が22日、歯の大切さをアピールするイベントを長野市の商業施設で開いた。親子連れなどが歯の無料チェックを受けた＝写真。

○…幅広い世代に歯に関心を持ってもらおうと、「歯医者さんと遊ぼう!!」と題して初めて企画。同市篠ノ井布施高田の荒井優羽ちゃん(4)は「怖くないよ」と[illegible]ながら、虫歯予防のフッ化物を歯に塗ってもらった。

○…同会によると、日頃の口腔ケアは誤嚥性肺炎予防にもつながる。広報部長の吉沢弘泰さん(55)は「定期健診が大切。（私たちと）末永くお付き合いください」。

1　第49326号　【明治25年3月15日第三種郵便物認可】　信濃毎日新聞（夕刊）　2019年(令和元年)10月23日　水曜日　2版

信濃毎日新聞
1873年(明治6年)創刊
夕刊
発行所　信濃毎日新聞社
長野本社　〒380-8546 長野市南県町657番地
電話(026) 受付236-3000 編集236-3111 販売236-3310 広告236-3333
松本本社　〒390-8585 松本市中央2丁目20番2号
電話(0263) 代表32-1200 報道32-2830 販売32-2850 広告32-2860

しな鉄不通の上田ー田中間

新幹線代替輸送スタート

JR東日本としなの鉄道（上田市）は23日朝、台風19号の影響によるしなの鉄道上田（同）—田中（東御市）駅間の運休に対応して、学生や生徒を対象に、北陸新幹線（長野経由）とバスを組み合わせた代替輸送を始めた。並行在来線の被災で新幹線が代替輸送をするのは「恐らく初めて」（JR東日本長野支社）という。

【関連記事6・7面に】

JR上田駅で代替輸送の北陸新幹線を降り、便宜乗車票を手に改札へ向かう高校生たち（中央）＝23日午前8時32分、上田市

「通学手段できて良かった」

バス運行も開始

午前7時前の軽井沢駅（北佐久郡軽井沢町）では、中高生が有人改札で通学定期券を提示し、「便宜乗車票」を受け取って新幹線ホームに向かった。屋代高校付属中学校（千曲市）は、代替輸送の開始に合わせて授業を再開。2週間ぶりに登校した2年の黒田直宏さん(13)＝軽井沢町＝は、乗り継ぎが2回あり、新幹線を使っても普段と同様に1時間ほどかかるが、「久しぶりに学校まで行ける」と笑顔で話した。

上田駅では新幹線が到着すると、高校生らが続々と降り立った。午前8時すぎに着いた上田染谷丘高校1年のタマガ加藤星那さん(16)＝同＝は「しなの鉄道が運行できなくなって皆が困惑していた。通学手段ができて良かった」。普段のしなの鉄道利用より時間は短縮されたが、「いつまでこの対応が続くか分からない。しなの鉄道が早く復旧してくれるといい」と願った。

7時台に着いた上田千曲高校1年の女子生徒(15)＝小諸市＝はJR小海線で小諸駅から佐久平駅に向かい、新幹線に乗り継いだ。「新幹線に乗るのは中学の修学旅行以来。慣れない乗り換えで、佐久平駅ではどこへ行ったらいいのか分からず、不安だった」と話した。

台風19号の影響で新幹線は減便して運行中。JR東日本長野支社によると、混雑回避のため生徒が特定の車両に集中しないよう、学校側から生徒への呼び掛けを求めた。広報担当者は「混雑など不便をかけたかもしれない。復旧、復興の支援として、ご理解いただきたい」としている。

しなの鉄道はバスで、上田—田中間で代替バスの運行を開始。午前6時20分から午後8時ごろまで上下線計41本を予定している。

しなの鉄道の田中駅前から上田駅行きの代替バスに乗り込む生徒たち＝23日午前7時57分、東御市田中

EU離脱 月末は困難に

英下院 迅速審議案を否決

【ロンドン共同＝尾崎雅子】英下院は22日夜、ジョンソン首相が欧州連合（EU）とまとめた離脱合意案の実行に不可欠な関連法案を3日間でスピード審議する議事日程を反対多数で否決した。これを受けジョンソン氏は法案審議の一時中断を発表、ジョンソン政権が目指す今月末の期日通りの離脱は困難となり、再延期は不可避な情勢。政権への打撃は必至だ。

結果を受けジョンソン氏は「延期するべきではないとの方針に変更はない」と述べ、あくまでも今月末に離脱する考えを強調。一方、既にEUに要請した離脱期日の延期についてEUが決断を下すまで、関連法案の立法手続きを「保留する」とした。

これに対しトゥスクEU大統領は合意なき離脱回避のため、EU加盟国首脳に「英側からの延期要請を了承するよう助言する」とツイッターに投稿した。ジョンソン氏は英野党主導で成立した離脱延期法の規定により、来年1月末までの延期をEUに要請している。

下院は22日の関連法案審議で、法案の基本方針を賛成329、反対299で支持。英EUがまとめた合意案の内容が下院で過半数の支持を得たのは、メイ前政権時も含め初めて。しかし賛成議員には法案修正を望む者もおり、立法手続きが再開されても過半数を保てるかどうかは見通せない。

続いて採決された、計3日間で法案の下院通過を強行する議事日程については、重要法案の十分な審議の必要性を強調していた主要野党の議員らが反対票を投じ、反対322、賛成308の僅差で否決した。与党保守党は下院で過半数を大きく割り込んでいる。

公約執着か 延期受け入れか

英首相 岐路に

【解説】英下院が22日、EU離脱に不可欠な関連法案をスピード審議する議事日程を否決し、ジョンソン首相が目指す今月末の離脱は絶望的な状況になった。ジョンソン氏は公約に執着するか、延期を受け入れるかの岐路に立たされている。

下院は19日、ジョンソン氏がEUとまとめた離脱合意案の採決を先送りした。合意案承認が当面望めないため、ジョンソン氏が代わりに急いだのが、合意案を実行するための離脱関連法案の成立だった。

今月末の離脱に間に合わせるため、通常の審議時間より極めて短い数日間で関連法案を成立させようとした。だが、法案自体への反対や、拙速に議事を進めることへの反発は強く、否決された。

トゥスクEU大統領は22日の採決後、英側からの延期要請を了承するよう加盟国首脳に助言すると表明した。ジョンソン氏を取り巻く状況は延期に大きく傾いている。（ロンドン共同＝砂田浩孝）

全国で断水4万超

土砂災害や浸水被害など各地で甚大な被害をもたらした台風19号の影響で、23日までの共同通信の集計で死者は13都県、83人に上った。内閣府によると、3928人が避難生活を余儀なくされている。厚生労働省の集計では断水は4万2340戸。総務省消防庁によると、住宅被害は全半壊が14都県2375棟、一部損壊が28道府県3427棟となっている。

◇

長野県災害対策本部の23日午前10時時点のまとめによると、県内の人的被害は、死者3人、行方不明者2人、重傷5人、軽傷119人。床上、床下浸水など住宅被害は9548世帯に及び、長野市や須坂市など7市町で計1021人が避難を続けている。

あすの天気

下伊那郡阿智村のスキー場「ヘブンスそのはら」の標高約1600㍍の展望台ではけさ、観光客が眼下の雲海を堪能した。担当の松下仁さん(41)によると、発生は「湿度の高さと放射冷却が条件」。昨年は11月上旬までの1カ月間に約7割の日で見られたといい、適した気象が続くことを期待する。

23日9時

札幌 晴れ時々曇り
仙台 曇り
新潟 曇り後一時雨
東京 曇り
名古屋 曇り時々雨
大阪 曇り
福岡 晴れ

▲気象衛星13時撮影

	今夜	あす			
北部	10	10	10		曇夜遅く雨
中部	10	10	20		曇夜遅く雨
南部	20	10	10		曇夜遅く雨

数字は降水確率・％

けさの気温（午前6時）

地点	気温
飯山	12.5
長野	12.1 (3.3)
大町	8.7
上田	11.8
佐久	9.2
軽井沢	9.4 (4.0)
松本	11.8 (4.1)
木曽	9.0
伊那	9.8
諏訪	10.9 (2.9)
飯田	11.3 (2.5)

（　）内は平年比　▼低

あすの予想気温

	最高	最低
長野	19	14
軽井沢	12	10
松本	18	12
諏訪	16	12
飯田	19	13

世界の天気 10月21日—22日

	天気	最高	最低		天気	最高	最低
ソウル	晴	24	14	ローマ	晴	26	15
北京	曇	19	8	パリ	雨	14	9
香港	晴	29	23	ロンドン	雨	13	11
バンコク	曇	34	28	モスクワ	雨	17	11
シドニー	晴	25	14	ニューヨーク	晴	20	12
				ホノルル	晴	32	27

今日の視角

ポスター　2019.10.23　落合 恵子

イラストレーターであり、本の装丁やポスター、評論も手がけ、エッセイストとしても長年活躍されてきた和田誠さんが亡くなった。享年83。シンプルな線で描かれた作品には、柔らかで豊かなインパクトがあった。きわめて洗練されていながら、不思議な温かさもあった。手描きの作品の下描きには、確か2Bの鉛筆を使っておられたのではなかったか。

遠い昔、今はない月刊誌の編集部で、和田さんとご一緒させていただいたときにおっしゃった表現者としての心構えと矜持のような言葉は、今でも心に鮮やかだ。この時代、この言葉を考えると、より心に迫る。

「とても優れた完成度が高いポスターがここにあるとする。誰もが賞賛し、誰もが足を止める。芸術的にもとても優れた作品だとしよう。けれどそのポスターのテーマが、兵隊さんになって、お国のために…ということだったら、優れているがゆえに余計罪深いとは言えないかな。それを見て、兵隊さんになろうとする若者がいたとしたら、なおさら。表現するとき、ぼくはそのことを忘れないようにしているんだ」

飄然とした、けれど確かな口調で、和田さんは、当時20代の半ばにいたわたしに話された。その後、2冊の絵本でご一緒したりしたが、前掲の「ポスター」の話を忘れたことはない。おつれあいの料理愛好家の平野レミさんに数日前にそのエピソードを電話で話したら、「ほんとに素敵な人だったんだよね」。週刊誌の表紙を40年にわたって描き続けてこられた和田さん。映画監督もされていたが、洋画やジャズについても博識で、ご著書のひとつ『お楽しみはこれからだ』は今でも愛読書だ。メディアの真ん中にいながら、これみよがしなところの全くない、「偉大なる普通のひと」だった。

豆らんぷ

離脱再延期は不可避。混乱避け現実路線を。英首相、どこまで執念燃やす

◇

断続的な雨が続いたかと思えば、さらに台風北上中。非情な空うらめしい

◇

不便続く通学、いくらか改善。新幹線が使えるように。今後も柔軟対応を

◇

ようやく復活。東京との大動脈。上信越道。11日ぶりの佐久—碓氷軽井沢

信毎ホームページ www.shinmai.co.jp
読者センター 026-236-3215
編集応答室 026-236-3111
購読申し込み 0120-81-4341

1　第49327号【明治25年3月15日第三種郵便物認可】　信濃毎日新聞　2019年（令和元年）10月24日　木曜日　日刊　9版★

2019年（令和元年）
10月24日
木曜日

信濃毎日新聞
1873年（明治6年）創刊
発行所 信濃毎日新聞社
長野本社 〒380-8546 長野市南県町657番地 電話（026） 受付236-3000 編集236-3111 販売236-3310 広告236-3333
松本本社 〒390-8585 松本市中央2丁目20番2号 電話（0263） 代表32-1200 報道32-2830 販売32-2850 広告32-2860

北陸新幹線
東京―長野「あさま」上下計11本減
「かがやき」2本減「はくたか」は同数　あすから

JR東日本は23日、台風19号の影響で長野―上越妙高間で運転を見合わせている北陸新幹線（長野経由）について、全線での運行を再開する25日以降の暫定ダイヤを発表した。被災前の通常ダイヤと比べ、東京―金沢間を直通する「かがやき」が上下1本ずつの減、「はくたか」は変わらない。一方、長野―東京間の「あさま」はおよそ3分の1減となる。今回のダイヤは11月29日まで。さらに本数を増やす予定で、改めてダイヤを公表する。上越新幹線に投入予定の同じE7系車両の転用の調整も急ぐ。【関連記事2面に】

かがやきは被災前から1往復減の1日9往復。はくたかは被災前と同じ1日14往復を運行する。一方、被災前に1日17往復していたあさまは、上りは5本減の12本、下りは6本減の11本となる。同社は東京―金沢間を結ぶ直通列車の確保に重点を置いたと説明。車両の修繕や検査、翌日の運行に備えた留置に利用する長野新幹線車両センター（長野市赤沼）が浸水したことも、あさまの本数減の要因としている。

あさまの運行本数減による影響を軽減するため、はくたかが佐久平、安中榛名の各駅に一部臨時停車する。

同社長野支社によると、県内5駅で最も停車本数が減るのは長野で、上りが6本減、下りは7本減。上田、佐久平、軽井沢の各駅は上下2～5本減となる。飯山は停車本数が変わらない。

1日の通常運行（定期運行）本数は計120本から106本となる。秋の増発列車を含めた比較では1日当たり24本減になる。

県内駅から東京へ向かう上りの始発列車は飯山を除き、2～3分早くなる。東京からの最終列車のダイヤは変わらない。

北陸新幹線は台風19号の大雨による千曲川堤防の決壊で、長野市の車両センターにあった10編成（120両）が浸水。定期ダイヤの運行には24編成が必要だが、25日以降は被害がなかった20編成で運用する。

24日までは長野―上越妙高間が不通で、東京―長野間と金沢―上越妙高間の折り返し運転をする。

25日以降の北陸新幹線県内5駅の停車本数と始発・終電時間

	停車本数 上り	東京行きの始発発車時間	停車本数 下り	東京発の終電到着時間
飯山	12（12）	7:29（7:29）	12（12）	22:06（22:06）
長野	36（42）	6:00（6:02）	35（42）	23:53（23:53）
上田	24（26）	6:12（6:14）	21（26）	23:42（23:42）
佐久平	23（25）	6:22（6:24）	21（25）	23:32（23:32）
軽井沢	24（27）	6:31（6:34）	22（27）	23:23（23:23）

（ ）は被災前の通常時。JR東日本長野支社への取材に基づく。部分運行分含む

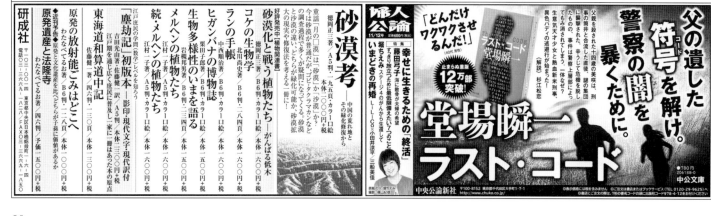

25日以降の北陸新幹線の暫定運行本数（かっこ内は被災前の通常）

	上り	下り
かがやき 東京－金沢	9本（10本）	9本（10本）
はくたか 東京－金沢	14本（14本）	14本（14本）
あさま 東京－長野	12本（17本）	11本（17本）

代替輸送として乗車した北陸新幹線列車を上田駅で降り、便宜乗車票を駅員に手渡して改札を出る高校生たち＝23日午後7時16分、上田市

しな鉄不通の上田―田中間
通学の足 新幹線で代替輸送

「新幹線で早く着いた」「乗り換えが多く、時間がかかった」―。台風19号の影響によるしなの鉄道上田（上田市）―田中（東御市）間の運休対策として、通学利用者向けに23日始まった北陸新幹線（長野経由）による初の「代替輸送」。高校生たちは学校帰りの際も、日頃の定期券を見せて駅員から渡された「便宜乗車票」で新幹線に乗車した。

【関連記事28面に】

県内 あす大雨恐れ

長野地方気象台は23日、低気圧の影響で県内は25日に大雨となる恐れがあるとして、注意を呼び掛けた。台風19号による記録的な大雨や22日の大雨で、少しの雨でも土砂災害や洪水が発生する危険性があるとし、河川の増水や氾濫、土砂災害への警戒を促している。

気象台によると、九州の南西にある低気圧が26日にかけて、西日本から東日本の太平洋側を東に進む見込み。県内では、24日夕方から雨の降り始める所がある。25日午後6時までの24時間降水量は、県内全域の多い所で50～100㍉と見込んでいる。雨はその後も25日夜にかけて続く見通し。

台風19号の大雨による各地の堤防の被害を受け、県内被災地域では洪水警報、注意報の発表基準を引き下げて運用している。

浸水床上1㍍以上の被害に支援金
多数 対象外の可能性
再建支援法

甚大な被害をもたらした台風19号で、総務省消防庁が23日公表した住宅被害約6万8千棟のうち、「床下浸水」と浸水が比較的浅い「床上浸水」の区分が合わせて全体の9割超を占めていることが分かった。水害の場合、被災者生活再建支援法で最大300万円が支給されるのは原則として床上1㍍以上の浸水などに限られ、対象外となるケースが多数に上るとみられる。浸水の程度が浅くても家財が水に漬かり、多額の損害を抱えた世帯に対する支援の在り方が問われそうだ。【関連記事2面に】

消防庁の集計によると、床より下までの「床下浸水」が約3万3千棟、床より上まで浸水したが全壊などには該当しない「床上浸水」が約2万9千棟。ただし、数字は速報値で、件数は今後も増えるとみられるほか、これから本格化する罹災（りさい）証明書発行の判定作業で正式な被害区分は変わる可能性もある。

被災者生活再建支援法に基づく支援金支給は原則「全壊」「大規模半壊」以上が要件だ。

長野県災害対策本部によると、被災した市町村が行う罹災証明書の判定などで分かった住宅被害は、23日午前10時時点で全壊4世帯、半壊3世帯、一部損壊109世帯ある。

このほか、浸水被害は床上浸水が5578世帯、床下浸水は3854世帯に及び、これらは対象外となる。

内閣府によると、水の流れや、がれきの衝撃で外壁などに一定の損傷がある場合、床上1・8㍍以上の浸水は「全壊」、1㍍以上1・8㍍未満は「大規模半壊」、1㍍未満は「半壊」、床下浸水は「一部損壊」と判定されることが多い。この基準により、2015年の関東・東北豪雨などでは、床上90㌢の浸水で家財が使い物にならなくなってしまっても公的支援の対象外となる世帯が相次いだ。

浸水被害の認定区分と国の支援の対照表

浸水の深さ	被害認定区分	被災者生活再建支援法による支援金
床上1.8m以上	全壊	最大300万円
床上1m以上1.8m未満	大規模半壊	最大250万円
床上1m未満	半壊	原則対象外
床下浸水	一部損壊	対象外

※水流やがれきの衝撃で、外壁などに一定以上の損傷がある場合
※罹災証明書発行の2次調査で住宅の損傷程度などから認定区分が変わる可能性がある

斜面
2019.10.24

欧米の大国や隣国に都合よく利用されては裏切られ、しっぺ返しをくらう、の繰り返し。「悲劇の民」と呼ばれるクルド人が、またも不条理にさらされている。シリアから退く米軍に住民がジャガイモを投げつける映像が放送された。米軍と連携しテロ組織と戦ったのに、トランプ大統領の撤退宣言ではしごを外され、敵視するトルコから攻撃されている◆クルド人はトルコ、イラン、イラク、シリアにまたがる山岳に住む。約3千万人とされる人口は国家を持たない民族で最大規模だ◆一帯は古くからクルドの地域を意味する「クルディスタン」と呼ばれる。近代の悲劇は第1次大戦後、居住地域を無視してイギリス、フランス、ロシアが引いた国境線から始まった。以来、独立を悲願としながらも、それぞれの国の強権政権や独裁者から激しい弾圧を受けてきた◆例えばイラン・イラク戦争ではイラクのフセイン政権が毒ガスで報復し、多くの住民が犠牲になった。湾岸戦争後の民衆蜂起も独裁者に鎮圧され多数の難民を生んだ。強い部族意識や意思疎通を阻む方言の多さも分断の一因とされる◆埼玉県蕨市周辺にもクルド人が暮らす通称「ワラビスタン」がある。多くが差別や迫害を受けたトルコから逃れてきた。難民申請をしても政府から認められず、不法滞在者として苦しい生活を送る。国を持てないゆえに過酷な運命に翻弄される人々だ。もっと目を向け、支えになれないか。

天気（最高気温／最低気温）

地域	最高気温	最低気温
北部 飯山	19	13
長野	19	14
大町	15	11
中部 松本	18	13
上田	18	14
佐久	15	13
南部 諏訪	16	12
木曽	19	11
伊那	19	12
飯田	19	13

6時 12 18 24 ／ 25日 26日 27日
5％以上　5％未満
24面に詳しい天気情報

素肌乾燥情報　かさかさ・注意・しっとりの3段階　北部 注意　中部 注意　南部 注意

ことば映え
意気揚々
威勢が良く、誇らしげ
上田市　マロン
応募方法30面に

紙面の問い合わせ 編集応答室 026-236-3111
本社見学・出前講座 読者センター 026-236-3215
購読のお申し込み 0120-81-4341
信毎ホームページ www.shinmai.co.jp

第三種郵便物認可　信濃毎日新聞　2019年（令和元年）10月24日　木曜日　6版　総合　2

家族補償「最大180万円に」

ハンセン病 補償法骨子案

ハンセン病元患者家族の補償を議員立法で目指す超党派国会議員グループの作業部会は23日、補償額を最大180万円とする補償法骨子案をまとめた。関係者への取材で分かった。24日の全体会合で正式に決定し、11月中にも法案を臨時国会に提出する。元患者本人の補償法施行から18年を経て、元患者家族の補償の枠組みがほぼ確定した。

関係者によると、補償対象となるのは元患者の親子や配偶者、きょうだいのほか、同居していたおい、めい、孫ら。親族関係で額に差をつける。6月の熊本地裁判決が認めなかった2002年以降や米国統治下にあった沖縄の被害も補償するほか、戦前の台湾や朝鮮半島に住んでいた家族も対象とする。

「中抜け」ごく少数

国管理河川 中間を都道府県が管理

千曲川など 県、解消改めて要請

国が管理する1級河川のうち、中間に都道府県が管理する「中抜け区間」がある河川は、長野県内を流れる千曲川や犀川の2河川など、全国でもごく少数であることが国土交通省への23日の取材で分かった。台風19号で被害を受けた千曲川などの県管理区間の護岸復旧工事を国が代行することが決まったが、県は「抜本対策には流域全体を国管理とすることが必要」と国に求めている。

千曲川は南佐久郡川上村の源流部から上田市の大屋橋までの104キロと飯山市の湯滝橋から新潟県境間22キロ、犀川は東筑摩郡生坂村の日野橋から長野市の両郡橋までの42キロが県管理区間となっている＝地図。天竜川は釜口水門から上伊那郡辰野町の横川川合流部までが県管理区間だ。

国交省によると、新潟・福島両県内の阿賀野川、宮崎・鹿児島両県内の大淀川なども中抜け区間がある。ただ具体的な河川数は把握していないという。県内から静岡県に流れる天竜川は最上流部が長野県管理のため、国交省は中抜け区間がある河川には含めていない。

同省は河川管理について「人口や資産が集中している箇所から国直轄に指定してきた」と説明。災害を防ぐためには下流域から整備を進める必要もあり、仮に千曲川全体を国管理にしても「予算の優先順位もあり、すぐに整備が進むわけではない」とする。

一方、長野県は管理が分かれることで整備の際に国との調整が求められることもあり「上流から下流まで国が一体管理するのが望ましい」（河川課）との立場。阿部守一知事も「国土強靱化、防災・減災の観点からも国による管理の一元化を検討してほしい」とし、これまでも中抜け区間の解消を国に求めている。

23日の衆院内閣委員会では公明党の太田昌孝氏（比例北陸信越）が、台風19号の大雨による越水に触れて国による千曲川の一括管理の必要性を指摘。これに対し、佐々木紀・国土交通政務官は「今回の洪水の課題を総合的に踏まえて検討を進める」と述べた。

新幹線 暫定ダイヤ 早期の正常化求める声

台風19号災害で不通になっていた長野―上越妙高間が復旧し、東京―金沢間の直通運転が復活する25日以降のダイヤが発表された。県内の沿線自治体からは23日、長野―東京間の「あさま」が当面減便となる見通しについては早期の正常化を求める声が出た。【1面参照】

佐久市の柳田清二市長は「（新幹線車両が水に漬かった）長野新幹線車両センターの様子を見ると致し方ない」と受け止めた。ただ市内では佐久平駅から首都圏などへの通勤で利用する人も少なくないとし「復旧に努力いただいていると思うが、一日も早い正常化を願っている」と述べた。

上田市交通政策課も、浸水被害や高校生らの代替輸送への協力といった対応を踏まえれば「かなり頑張ってもらったダイヤ」と理解を示した上で「中長期にはぜひ台風被害前の水準まで回復させてほしい」と注文した。

長野市の小林祐二観光振興課長は「まずは新幹線が通ることが一番。市にとって明るいニュースだ」。市内の善光寺や戸隠といった観光地は「観光客を迎える態勢ができている」とした。ただ千曲川の堤防が決壊した市北部や南部でも復旧・復興は始まったばかり。「今の状況からすれば、新幹線の復旧も時間がかかるのは仕方がないことだ」とも話した。

25日から、被災前と同じ1日当たり上下各12本の停車が復活する飯山駅。飯山市と周辺市町村の観光情報を扱う飯山駅観光交流センターの高野賢一所長は「これから秋、冬を迎え、地域の観光産業にとってメインシーズンとなる。誘客に向けたPRを改めて強めていく」とした。

県観光部は「100％ではないが暫定ダイヤで運転が再開することは県観光の復興に向けた第一歩」とした上で「秋の観光シーズンを迎えており、一日も早く通常ダイヤに戻ることを期待したい」としている。

けさの一句　2019.10.24

うそ寒のぷくと膨らむカルメ焼き　児玉和子

「うそ」は「薄」を意味し、うっすらと肌に寒さを感じ、まだ確かではないが本格的な冬もひたひたと近寄っている気配が漂う。火にかけて溶かした砂糖に重曹を加えて作るカルメ焼きは、調理というより実験のような楽しさがある。玉杓子（たまじゃくし）の中の泡立ちを見極め、火から下ろすタイミングは経験から得るもの。冷ややかな空気を含んだカルメ焼きが秋の深まりを知らせてくれる。「夏潮」同人。　土肥 あき子（俳人）

「床上1メートル」支援分ける線

浸水被害のあった住宅の泥を片付けるボランティア＝20日、長野市穂保

浸水 未満なら対象外可能性

「水害の実情軽視」批判

自然災害で多くの被災者を支えてきた被災者生活再建支援法の対象から、今回の台風19号では漏れる住宅が多数出てしまう可能性が出てきた。「床上1メートル以上の浸水」かどうかで、支援が事実上線引きされてしまうことに、関係者からは「水害の実情が軽視されている」と批判が出ている。【1面参照】

「水害は水が引くと、外観では被害が見えにくい。家があまり傷んでいないように見えることも多いので、地震に比べて軽く見られやすい」

2015年の関東・東北豪雨で被災した茨城県常総市で、浸水世帯などを支援したNPO法人「茨城NPOセンター・コモンズ」の横田能洋代表理事は指摘する。

別のNPOからは「被災者生活再建支援法は1995年の阪神大震災を受けてできたので、水害の実情に合っていない」との声も出る。

台風19号で、宮城県丸森町の会社員平野春美さん(45)は、約2200万円かけて建てたばかりの自宅が約90センチ浸水した。洗濯機などほとんどの家電が使えなくなり、ソファや布団も水に漬かった。業者からは「改築に1100万円ほど必要」と言われた。

罹災証明の手続きで、1メートル未満の浸水と判定されれば支援法の対象から外れるかもしれない。「90センチでも直すのに費用がかかる。目を向けてもらえたら」と漏らした。

多くの住宅が床上浸水した福島県相馬市。道路に泥が堆積し、車が通るたびに砂ぼこりが舞う。「23年間住んだ家なのに。涙が出てくる」。会社員米本志津子さん(50)は疲れた様子で話した。

1メートル前後浸水し、1階の家具や家電のほとんどを処分した。カーテンの汚れは何度洗っても落ちず、掃除をしても壁から泥水がしたたり落ちる。

ハウスメーカーが示した補修の見積もりは約2千万円。保険に加入していたが一部しかカバーできない。支援法の対象外となる可能性があり、「税金も納めているのに、必要な時に支援をしてもらえないなんて」とため息をつく。

過去の水害で自治体が独自に支援を実施した例も。昨年の西日本豪雨で、愛媛県では支援法対象外の床上浸水世帯にも支援金が支給された。「被災前の場所で生活再建をしてもらい、コミュニティーを維持するには支援の幅を広げる必要があった」と県の担当者。

全国知事会は支援法の対象拡充を求めているが、この担当者は「国の対応を待っているわけにもいかないので動いた」。

関東・東北豪雨でも、常総市で支援法の対象外となった世帯に25万円が支給されるなどした。

内閣府は、浸水の深さで1メートル未満と扱われても2次調査を受ければ住宅の損傷程度などで被害区分が変わる可能性があるとする。台風19号を受けて担当者は「被災者や調査を担う自治体に、2次調査ができることをしっかり周知する。ほかの自治体から応援職員を派遣するなど調査態勢も強化する」と話した。

横田代表理事によると、常総市で1メートル未満の浸水だった住宅の多くが、再建に700万～1千万円程度かかり、老後の蓄えを取り崩した人もいた。「水害の場合、支援はあまりに手薄だ。生活を支える機能がどれだけ失われたかという視点が必要だ」と力を込めた。

県内も相当数が対象外か

長野県危機管理部の担当者は23日、被災者生活再建支援法の適用外と判定される被害世帯は相当数に上ると予想し、「床上浸水の被害を受けても制度の対象にならない世帯もできるだけ支援しないといけない」と強調。壁の断熱材など見た目では分かりにくい被害例もあるため「可能な限り広く支援対象を広げるべきだ」とする。

阿部守一知事や長野市の加藤久雄市長（県市長会長）は20日、県内の台風被害を視察した安倍晋三首相に対し、制度の適用条件緩和などを求める連名の要請書を提出。23日も関係省庁を訪れ、同様の要請をした。

応急修理費 支援拡充

台風19号「一部損壊」も対象 恒久化

政府は23日、災害救助法に基づく被災住宅の応急修理費支援を拡充した。一定の要件を満たす「一部損壊」も対象に加え、最大30万円を支援する。内閣府が同日、関係告示を改正し、恒久的な制度とした。九州北部で記録的な大雨が降った8月28日にさかのぼって適用し、今回の台風19号に伴い、同法が適用された県内市町村も含まれる。

これまでの応急修理費支援は、損害割合が20％以上の「半壊」以上の住宅を対象としていた。新たに対象に加えたのは、損害割合が10％以上20％未満の住宅。対象工事は、屋根や居室、台所、トイレなど日常生活に欠かせず、緊急修理が必要な箇所。ただ、既に修理を完了した場合は支援の対象外となる。

台風被災者支援 官房長官に要請

阿部知事

阿部守一知事は23日、首相官邸に菅義偉官房長官を訪ね、台風19号の大雨で被災した住民の生活再建や施設の応急復旧などを求める緊急要請を行った。知事は非公開の面談後、取材に「われわれの思いに理解を頂けた」とした。

知事は県市長会、県町村会などを代表して要請。災害廃棄物の処理や交通インフラの早期復旧、商工業者や観光、農林業者への支援など9項目について、必要な財政措置などを求めた。道路や橋など県管理施設の復旧に当たっては国による代行も要望した。

知事は国土交通省も訪問。応対した青木一彦副大臣は「被災者に精神的、金額的に負担をかけず、意に沿った形で頑張りたい」と述べた。

長3　総合　2019年(令和元年)10月24日　木曜日　信濃毎日新聞　第三種郵便物認可

県・長野市 避難者入居受け付け開始

県と長野市は23日、台風19号に伴う千曲川などの氾濫で住宅が被害を受け、避難生活をしている被災者向けに、公営住宅などの入居受け付けを始めた。県は住宅が全半壊し、30日までに罹災(りさい)証明書を受けられる人が対象で、市は高齢者や障害者、妊娠中の女性など特に支援を要する人がいる世帯を優先。ともに初回の募集は29日まで受け付ける。

【1面参照】

長野市は初回の受け付けで市営住宅など37戸を用意。23日は窓口となる市役所と、市の豊野、柳原、松代の各支所(土、日曜日は古里支所も)、篠ノ井総合市民センターで受け付けが始まった。市役所1階の災害相談窓口には朝から避難者が訪れ、市担当者が被災状況を写真や口頭で確認した。

申請した同市赤沼の西昭さん(78)は自宅が床上約1・8㍍まで浸水し、妻(76)と同市豊野町豊野の親戚宅に避難中。「トイレや入浴、食事など気を使うことや不便もある。住宅が確保できれば一刻も早く移りたい」と願った。

県は県内10カ所の建設事務所で受け付けを始めた。提供するのは、11月7日以降に募集する第2回分を含め県営住宅、職員宿舎など240戸。県と長野市の物件はいずれも入居期間が最長1年で、家賃は無料。応募者が多い場合は抽選をする。

住宅支援 在り方に課題

県窓口 建設事務所のみで午後4時まで
被災者目線の検討必要

台風19号で住宅が全半壊するなどして避難生活を強いられている被災者向けに、県と長野市が23日に始めた公営住宅などの入居受け付け。関係者によると、公営住宅の受け付けに向け県と市は事前に連絡を取り合っていたが、住宅被害の程度を証明する「罹災証明書」を巡っては県と市で取り扱いが異なり、柔軟性を欠く県の対応には被災者から不満も漏れる。県の受付窓口は県内10カ所の建設事務所に限られていることも利便性が高いとは言えず、被災者目線に立った在り方を再検討する必要がある。

(鈴木宏尚、岡田理一、木田祐輔)

公営住宅の入居申し込みの相談に訪れる避難者ら＝23日午後4時17分、長野市豊野支所

長野市豊野町豊野の自宅が被災した男性(77)は23日午後、この日2回目の相談のため、妻と近くの市豊野支所を訪れた。2人は現在、飯山市の妻の実家に避難中。長野市の市営住宅の申請受け付けが始まると知り、早速午前中に訪れたが、市営住宅は職場がある豊野町から遠いことが判明。県営住宅の情報も知りたかったが午前中は県の資料が届いておらず、午後になって再び訪れた。

だが、県の資料に書いてある以上のことは分からずじまいで、県と長野市が別々に窓口を設けていることから「市外に避難し、情報が届かない身からすると不便で仕方ない」とため息をつく。県営住宅の受付窓口の県長野建設事務所(長野市)へ出向くにはJR飯山線が便利だが、台風の影響で現在は不通。男性は運転免許証を持っておらず、「電車が動いたら建設事務所まで行くかな…」と思案顔だ。

同建設事務所に申請に訪れた同市穂保の会社員の柴田孝之さん(55)は、決壊した千曲川の堤防から500㍍ほど離れた自宅が被災。たまたま車を友人に貸しており、車の水没は免れた。「車がなかったら、建設事務所まで来られなかった。車が流された人や高齢者は、申請しに来るのが大変だと思う」

県が設けている窓口は県内10カ所の建設事務所のみで、受付時間は平日は午前9時から午後4時まで。県公営住宅室は「対象自治体が広域的なので、(各広域圏の)中心にある建設事務所を窓口にした」とする。日中、働いている人は訪れにくい時間帯だが「土日も午後3時まで対応する」と説明する。

ただ、現在は被災地域の支所など5カ所で窓口を設け、このうち市役所の市民交流スペースでは午後8時まで受け付けている長野市と県の対応の違いが際立つ。

昨年の西日本豪雨で8千棟超の家屋が全半壊した岡山県は、国の財務事務所の官舎や県営住宅の空き物件への入居受け付けを、被害が大きかった市に委任した。同県住宅課は「被災者があちこちの窓口で手続きをすると大変で、情報が分かりにくい。一括して事務を担ってもらった」と解説する。

同県総社市は一括して公営住宅の入居事務を担った市の一つ。罹災証明書の手続きや住宅再建に関わる部局の担当者で「住まいの支援チーム」をつくり、被害が大きい地区に臨時の出張所を設置して被災者の住宅相談に乗った。

総社市建築住宅課の土屋義典課長補佐は「住宅を新築するのか、修繕して元に戻るのかの判断は、建物の老朽化の度合いや家族の考え方などによって千差万別。被災者は市役所に来ている暇もないほど忙しいため、現場で対応した」と振り返った。

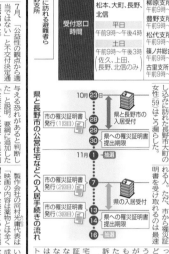

県、長野市の公営住宅などの募集概要

		県	長野市
受付期間	第1回	10月23日～29日	10月23日～29日
	第2回	11月7日～13日	住戸が準備でき次第
募集戸数		240戸(第2回分を含む)	37戸
受付窓口時間		佐久、上田、諏訪、伊那、飯田、木曽、松本、大町、長野、北信 平日 午前9時～午後4時 土日 午前9時～午後3時(佐久、上田、長野、北信のみ)	市役所市民交流スペース 午前8時半～午後8時 柳原支所 午前9時～午後5時15分 豊野支所 午前9時～午後5時15分 松代支所 午前9時～午後5時15分 篠ノ井総合市民センター 午前9時～午後5時15分 古里支所(26、27日のみ) 午前9時～午後5時15分

罹災証明書「間に合うか…」
市の発行 早くて28日 県の提出期限は30日

「少しでも早く入りたいので申請に来たが、罹災証明書が間に合うか分からない。不安は大きい」。県長野建設事務所に23日、入居申し込みに訪れた長野市大町の女性(59)はこう漏らした。

県の県営住宅、職員宿舎などの1回目の募集対象者は、住宅が全壊、大規模半壊または半壊の被害があり、30日までに罹災証明書を受けられる人。ただ、市から罹災証明書を受け取れるのは最速で28日となり、県への提出期限までわずかな日数しかない。

女性は木造2階建ての1階が床上浸水し、濁流で家にあった灯油が漏れ、泥やカビなどの臭いが入り交じるという。「家の片付けを進めたいが、書かないといけない書類も多い。県と市の窓口を行ったり来たりするのは手間」と訴える。

長野市は、被災者が市営住宅の入居を申請する際、罹災証明書の提出は義務付けていない。証明書の提出が間に合わない場合を想定し、市住宅課は「壊れた家の写真をスマートフォンで撮って見せてもらうだけで受け付けたい」とする。証明書の提出は「入居後でも結構」という。

一方、県は証明書の提出にこだわる。県公営住宅室は「被災状況をしっかりと確認しないといけない。写真だけでは半壊しているかどうか分からない場合もある」と説明。入居後に入居条件である半壊でないことが分かった場合、退去してもらうことになるとし、「公的な罹災証明は必要になる」との立場だ。

避難所への避難者が県内で最も多い長野市では22日時点で、罹災証明書の申請は7822件に上っている。被災した住宅の片付けに追われ、避難所ストレスも少なくない避難所や親戚宅に身を寄せる被災者の「いち早く安心できる家を確保したい」と願う気持ちに、県は応えているとは言えない。

県と長野市の公営住宅などへの入居手続きの流れ

- 10月23日　県と長野市の入居受付
- 28　市の罹災証明書発行(1回目)
- 29
- 30　県への罹災証明書提出期限
- 11月1日　抽選
- 7　市の罹災証明書発行(2回目)／県の入居受付
- 13　市の罹災証明書発行(3回目)
- 14　県への罹災証明書提出期限
- 16　抽選

出演者不祥事 映画への独法助成金
「公益性」理由に不交付
要綱も改正 恣意的運用に懸念

文部科学省が所管し、芸術の創造や普及が目的の独立行政法人「日本芸術文化振興会」が、公開中の映画「宮本から君へ」に対する助成金の交付内定を、出演者の不祥事を理由に取り消していたことが23日分かった。

取り消し後の9月には「公益性」の観点から交付を取り消せるよう要綱も改正した。公益性の明確な定義はなく、恣意的な運用につながる可能性があるとして懸念の声が上がっている。

「宮本から君へ」の製作会社によると、助成金は3月に交付が内定。その後、出演者のピエール瀧さんが麻薬取締法違反容疑で逮捕され、4月に振興会側から助成金の辞退または出演場面の編集を求められたという。拒否・抗議すると、瀧さんの有罪確定後の7月、「公益性の観点から適当ではない」と不交付決定通知が届いた。

振興会は不交付の理由を「国が薬物を容認しているかのような誤ったメッセージを与える恐れがあると判断した」と説明。要綱に追加した「公益性」に抵触する具体例は「出演者らによる犯罪などの重大な違法行為を想定した」としている。

製作会社の河村光庸(みつのぶ)代表は「映画の内容は薬物とは全く関係なく、公益性という言葉も拡大解釈が可能。表現の自由を侵す行為で、絶対に認められない」と話している。

国民投票 CM規制 先行議論容認へ
自民、憲法審の呼び水に

自民党は、国会の憲法審査会で、憲法改正手続きを定める国民投票法改正案の審議、採決に先立ち、野党が求める政党CM規制の議論を容認する方向で調整に入った。法案処理優先の方針を転換する柔軟姿勢を野党側に示し、憲法審開催の呼び水にする狙い。同時に、改正案の今国会成立へ協力を求める。近く野党側に提案する。複数の関係者が23日明らかにした。

衆参両院の憲法審は今国会で一度も開かれていない。野党はCM規制だけでなく、インターネット規制の必要性にも言及しており、議論の範囲や進め方を巡って調整が難航する可能性がある。

与野党は24日に衆院憲法審の幹事懇談会を開き、今後の日程などを協議する予定だ。31日にも憲法審を開き、9月の欧州視察の報告を実施することが検討されている。

国民投票法改正案は、駅や商業施設で投票できる「共通投票所」の導入など投票の利便性を公選法にそろえる内容。自民、公明両党が昨年の通常国会に提出して以降、継続審議扱いが続いている。自民党は法改正実現後に、9条への自衛隊明記など改憲案4項目を憲法審査会に提示する段取りを描いている。

野党は、投票日14日前までは政党CMを制限しない現行法では政党の資金力で発信量に差がつくと問題視している。

松川渓谷の紅葉

山田温泉 大湯

東信

上田支社 ☎0268－23－1200 fax. 23－1202 〒386－0018 上田市常田2－35－10
東御支局 ☎0268－62－4181 fax. 62－4189 〒389－0516 東御市田中178－17
佐久支社 ☎0267－62－2141 fax. 62－2533 〒385－0035 佐久市瀬戸1203－1
小諸支局 ☎0267－22－0480 fax. 26－1286 〒384－0023 小諸市東雲1－1－11
軽井沢支局 ☎0267－42－2536 fax. 42－9120 〒389－0102 北佐久郡軽井沢町軽井沢471－5

高校生ら ひとまず安心

しなの鉄道代替輸送スタート

「渋滞で田中―上田が1時間」 鉄道運行再開 望む声

上田駅行きの代替バスに乗り込む生徒たち＝23日午前7時55分、東御市田中のしなの鉄道田中駅南口

台風19号の影響で不通になっているしなの鉄道（上田市）の上田（同）―田中（東御市）駅間を利用する学生や生徒を対象に、代替輸送が23日始まった。同日朝、しなの鉄道が運行する代替バスには続々と高校生が乗り込んだ。生徒たちは代替輸送開始にほっとした表情を見せながら、国道18号の渋滞や乗り換えの負担などから同区間の鉄道運行再開を望む声が上がった。

■田中駅

午前7時前、田中駅前の乗り場にはバス3台が並び、高校生が次々に乗り込んだ。上田染谷丘高（上田市）3年の依田祐果さん(18)＝東御市八重原＝は「親に送ってもらっていたので、負担を考えるとありがたい。朝の時間に学校で勉強することもあるので、渋滞が心配」。上田千曲高（上田市）1年の次男を車で田中駅まで送った会社員満木克之さん(46)＝東御市加沢＝は「車で母親が学校まで送っていた。バスが動いてよかったが、電車が早く復旧してほしい」と願った。

■上田駅

上田駅前で乗車した蓼科高（立科町）2年の大塚真奈さん(17)＝上田市真田町長＝は午前8時すぎ、田中駅前で降りた。「取りあえずバスが動いてよかったけれど、思ったよりも道が混んでいて時間がかかった」

田中駅前で乗り、午前8時45分ごろに上田駅に着いた上田染谷丘高3年の荻原空さん(17)＝東御市＝は「渋滞して、上田駅まで1時間ぐらいかかった」。自分が乗ったバスは田中駅で満員になったため途中駅を通過し、「このバスに乗れなかった人がかわいそう」と心配顔。「バスがいつ出るのか正確には分からない。けさは運良くすぐ乗れたけれど、ずっと待たなくてはいけなかったかも」と話した。

■小諸駅

信濃国分寺駅（上田市）が最寄りという小諸高（小諸市）1年の男子生徒(16)はこの日、同駅前からバスで田中駅まで行き、しなの鉄道に乗り換えて小諸駅へ。台風の後は親に田中駅まで送ってもらっていたといい、「乗り換えが少し面倒。親に送ってもらう方が早いかな」と話した。

◇

しなの鉄道によると、23日は上田―田中間で24台、上下線計41本のバスを運行。国道18号を通り、途中駅近くに設けたバス停2カ所に止まる。所要時間は朝の通勤時で上田―田中が30分程度、田中―上田が1時間程度を見込んでいる。バスが満員になった場合、空車を途中駅に向かわせる。

台風被害 冬季休業前倒し 立科町

白樺高原の観光3施設

蓼科クロスカントリーコース内で水が通った跡にできた溝＝21日、立科町

立科町は台風19号による被害を受け、町営の蓼科クロスカントリーコースなど白樺高原（標高約1500㍍）にある観光施設3カ所の本年度の閉鎖を決めた。いずれも冬季休業を前倒しした形で影響は最小限に収まるもようだが、各施設は水の流入被害などを受けており、町が本格的な復旧に入るのはこれからという。

6月に一般利用が始まり、陸上団体のトレーニング地としても期待されていたクロカンコース。町によると傾斜地の一部が雨で掘られ、あふれた砂の補充などが必要になっている。夢の平キャンプ場は入り口の砂利道に溝ができ、蓼科園地・野外音楽堂は小川からあふれた水が一帯を覆い、それぞれ本年度は利用できない。

野外音楽堂近くの階段は水が川のように流れ、木製タイルも浮かび上がっている。近くの小川に架かる橋の下に土砂が堆積し、流れが変わったとみられる。同町の観光関係者は「いつ復旧できるか。切ない」と話していた。

小川の水が流れ込み、土砂が堆積した野外音楽堂近くの階段＝21日、立科町

「住民に元気を」 台風被害でも予定通り 武石で演奏会

上田市下武石の武石ともしび博物館でこのほど、フルートとギターのデュオコンサートがあった。台風19号の影響で中止されるイベントが相次いだが、武石新橋の一部崩落などの被害があった武石地域の人たちに聴いてもらおうと、予定通り開催。地元住民ら18人が集まり、豊かな音色に耳を傾けた。

市交流文化芸術センター・サントミューゼなどが主催。同センターの久保田荘司副館長は「中止することも検討したが、こういうときだからこそ地域の人に音楽を聴いてもらい、元気になってほしい」と思いを話した。

プロ演奏家の泉真由さんと松田弦さんが、武満徹の「海へ」やビゼーのカルメン幻想曲など、優しく澄んだ音や情熱的な表現の9曲を披露した。自営業清住崇之さん(81)＝上田市上武石＝は「自分の家は無事だったが、被害に遭った地域の人たちは気の毒。今日ここへ来られたことを幸せに思う」と話した。

武石ともしび博物館で開かれたコンサート。地域住民が美しい音色に耳を傾けた

最近うれしかったこと

小諸市坂の上小2年 小野沢蛍

日曜日の午後に、おとうとのたすくと父ちゃんは、野きゅうに行っていました。わたしは、母ちゃんといっしょに家にいました。

母ちゃんがビーバーをはじめる前に、「あぶないから近づかないでね」と言ったので、さいしょわたしは、何をすればいいのか分かりませんでした。でもわたしは、草むしりをしました。なぜかと言うと、わたしが草むしりをすれば、母ちゃんがビーバーと草むしりをりょう方やらなくていいので、すこしは、らくになるかなと思ったからです。

草むしりをしていたら母ちゃんが「ありがとう。ほっちゃんのおかげでらくだよ。ありがとうね」と言ってくれてうれしかったです。また草むしりとかをして、母ちゃんがらくになる時間をつくってあげたいです。

講演会

◇上田市【憲法学習講座】26日午後1時半、住吉の上野が丘公民館。東京大空襲と学童疎開の語り部の関野清雪さんが体験談を話す。無料。申し込み不要。上田市北東地域憲法9条を守る会の野崎さん☎0268・26・2260。

教室

◇上田市【信州上田ノルディックウォーキング協会初心者講習会】27日午前9時、中丸子の丸子ベルパーク。無料。ポールの持参不要。雨天決行。申し込みは同協会☎0268・36・3226。

ライフ

◇佐久地域【2019教育懇談会】25日午後7～9時、会場は御代田町エコールみよた、小諸市市民交流センター、佐久市の佐久教育会館、佐久市生涯学習センター、佐久市桜ケ丘地域ふれあいセンター、佐久穂町八千穂福祉センター、立科町中央公民館。開催地区の小中高校の教職員、保護者、地域住民が子どもの学校、教育、新高校入試制度について語り合う。無料。県教職員組合佐久支部☎0267・67・4528。

◇佐久市【腎臓病・白血病患者の集い】26日午後1時、市佐久平交流センター。現在治療中や悩みを持つ人、移植体験者の交流会。無料。24日までに申し込む。腎臓移植を広げる会の中村さん☎090・2630・1053。

きょうの番組

UCV1上田121
6.00 UCVレポート
6.30 fun!fan!スポーツ
7.00 はらぺこジャーニー
7.15 上田地球を楽しむ会講演会・成の擴水
8.50 スポーツだより
15.00 長小学校土器探しクラブ
17.00 UCVレポート

UCV2上田122
6.00 上田北部ソフト9月1日
9.00 昔ばなし語りの会
10.00 虐待防止講演会

丸子テレビ121
6.30 みんなのホスピタル 再8時半、11、17時
9.00 映画・兄消える
大入り満員御礼コンサート 再13、19、22時
12.00 新車情報
15.00 わがまち魅力アップ応援事業・活動団体交流発表会
18.00 ケーブルニュース再18時半、21時、21時半

とうみチャンネル
6.00 Weekly!とうみ 東御市内の話題（再）再12、18時
9.00 虐待防止講演会 DV被害の正しい理解と支援について 鈴木由美子さん（再）再15、21時
番組前15分テレビ回覧板

はれラジ／FMとうみ78.5
7.00 いってらっしゃい
7.40 東御・長和・立科行政情報
9.00 音楽の森
11.00 音楽の世界旅行
12.00 ランチBOX天・交
13.35 米ライフ・農ライフ
17.00 夕焼け通信785
17.10 GOGOアルティスタ
18.00 オフタイムMUSIC
19.00 うえだ大好き！
19.30 バッカスの微笑み

CTK12chこもろ
6.30 キラリ★青春 ～美術部～
6.55 ぐるっとふるさと信越
7.30 商工会議所旬鮮情報
8.30 ぴよぴよくらぶ
8.50 TV版広報こもろ
18.30 CTKN&WIDE

佐久ケーブルテレビ
7.00 てんこもり佐久平
7.30 生放送★SAKUいち N天・佐久情報満載！
8.30 佐久のお仕事見学
10.30 ともに生きる佐久
11.30 みんなのラーメン 長野ケーブル制作
12.10 SAKUいち
13.00 ライブTOハート・コスモホール提供
15.30 園児の素顔・総集編
18.00 佐久市広報番組
19.00 佐久城山小学校運動会
23.00 大河ドラマ「義経」

TCV12ch蓼科
7.00 ともだちいっぱい 再正午、17、19時
9.00 もちづき保育園運動会
20.00 立科小学校マラソン大会

YKTV12ch南牧
6.30 中学生子ども議会再 再12時半、18時半 20時半、22時半

エフエム佐久平 76.5
7.00 戸田智也ビート
8.10 佐久市からのお知らせ
11.00 鈴木カオリのラジオシフ
15.00 アフパラ
16.00 和田さきのGOあした
18.30 伊達孝時歌謡曲
19.00 ハッピーゴーラッキー
20.00 クンゴポンゴ
21.00 THE NITE

FM軽井沢 77.5
8.00 モーニングサラダ N・天・ABC・交
12.00 スマイルデイズ 浅間国際フォトフェス N・天・交
17.00 トワイライトアワー N・天・交・サル
18.00 TheRemedy
21.00 軽井沢組曲

東信

映画祭でも登場の「ふるさと遺産」
小諸の大杭橋 台風で流失

小諸市川辺地区の千曲川に架かる大杭(おおくい)橋の左岸側の一部が、台風19号で流失した。台風が来る前から老朽化のため人や車の通行が禁止されていたが、千曲川に架かる市内唯一のつり橋として、昨年度に市教委の「小諸ふるさと遺産」に認定されていた。住民からは地域を象徴する橋の被害を残念がる声が上がる。

左岸側の一部が流失した大杭橋＝23日

市建設課やふるさと遺産の認定証によると、橋は1919(大正8)年に完成し、81年に大規模改修をした。長さ101㍍、幅3㍍。完成当時は川辺地区に電気を供給する役割も担っていた。近くの小諸大橋と重なる眺望が良く、学生の実行委員会が主催する「こもろ映画祭」の出品作品の撮影地にも使われていた。

台風通過後には、「びっくりした。残念」と小諸大橋から大杭橋を見つめる近隣住民の姿があり、会員制交流サイト(SNS)にも残念がる声が書き込まれた。管理者の市は対応について「未定」とする。

ふるさと遺産の取り組みは昨年度に始まり、これまで46件を認定。市教委によると、市や県、国の文化財登録は難しいが、地域を象徴する建造物や民芸品などを対象にしており、大杭橋の復旧に国などの補助金を得るのは難しい。現時点で、ほかのふるさと遺産や市内の文化財で目立った台風被害は確認されていないという。

千曲川沿い 相次いだ被害
東御で護岸崩落 ガスパイプライン破損

天然ガスのパイプラインが敷設されていた海野宿橋＝23日

台風19号による千曲川の増水で、東御市本海野の海野宿橋に敷設していた天然ガスのパイプラインが被害を受けた。13日未明に海野宿橋の土台がある護岸が崩落した影響で、ガスを供給する国際石油開発帝石(東京)が直後に対応してガス漏れを止めた。

同社によると、同日午前2～3時ごろ、パイプラインの圧力が下がったことから破損箇所の前後のバルブを閉めた。爆発などはしていない。パイプラインは、天然ガスを新潟県から東京方面のガス事業者や工場などに送っていた。破損後は別のラインを使っており、供給に影響はないという。

近くに住む宮下知茂さん(76)は午前2時半ごろ、「ドカーン」という大きな音を聞いた。その後、「ヒュー」というガスが漏れるような音が1時間近く聞こえていたという。「ちょっと恐ろしい音だった。風が吹いていたのでガスがとどまらなかったのか、被害がなくてよかった」と話した。

避難所の間仕切り好評
上田市設置「プライバシーに配慮」

台風19号に伴い上田市が塩田中学校(中野)に開設した避難所に、テントのような間仕切りが置かれ、「避難者のプライバシーに配慮している」などとインターネット上で話題になっている。段ボールなどで簡易的に避難者同士を隔てる避難所も少なくない中、テントのような外観や整然と並ぶ様子が関心を呼んだようだ。

塩田中は12日午後4時に市指定避難所となり、15日午前に閉鎖されるまで最大45人が二つの体育館に避難した。間仕切りは「ワンタッチパーテーション」と呼ばれ、同中学校にある市の備蓄倉庫に保管している26個のうち10個ほどを市が設営した。縦横2・1㍍、高さ1・2㍍。天井はないものの隣り合う人の目線を気にせず過ごすことができ、授乳や着替えなどに役立つ。

塩田中に設置されたテント状の間仕切り。プライバシーが保てる点が好評だったという(上田市提供)

市危機管理防災課によると、避難所でのプライバシー保護に有効な用具として10年以上前から購入を進め、現在約300個を市内の備蓄倉庫20カ所に保管している。実際の避難所で使ったのは今回が初めて。避難者が多い避難所では場所を余計に取る課題もあり、同課は「避難所の状況も踏まえ、今後も避難者のストレス軽減のため役立てていければいい」としている。

佐久穂町、台風で連日「号外」
町広報 被害や支援情報 既に8回

パソコンで号外の情報を打ち込む松沢課長。職員は災害対応で忙しく、自ら作業する

佐久穂町が台風19号の被災以降、町広報の「号外」発行を続けている。大日向や余地の千曲川支流沿いを中心に町内の被害が深刻だったことを受け、復旧状況などをきめ細かく発信すべきだと判断。町ホームページに掲載しているほか、町内全4千世帯分を印刷し、町民の行政連絡員などを通じて配っている。

号外はA4で2㌻前後。道路や断水といった被害状況を日々まとめ、避難所の開設状況、給水の場所、入浴施設の紹介といった行政サービスも箇条書きで載せた。通常の「広報さくほ」は月1回の発行で、号外を作った例はほぼないという。

15日に発行を始め、23日までに8回作った。第1号では、復旧には「おそらく1年以上」の時間が必要とし、家族や知人の間での手助けを呼び掛けた。第2号には「町民の皆様と力を合わせて復旧に向けて進めてまいります」と記している。

号外を担当するのは松沢明彦・総合政策課長(57)。「これほどの被害は近年はないし、『避難の状況などですぐには手元に届かない人もいると思う。状況は日々変わるので、可能な人はホームページで確認してほしい」と話している。

南牧村長選 説明会に2派

11.10 南牧村長選

南牧村選挙管理委員会は23日、任期満了に伴い11月5日告示、同10日投開票の日程で行う村長選の立候補予定者説明会を村役場で開いた。現職で1期目の大村公之助氏(71)＝海ノ口、新人で獣医師の片桐勝則氏(63)＝野辺山＝の無所属2派が出席した。村長選を巡り、他に目立った動きはない。立候補届け出書類の事前審査は30日に村役場で行う。

南相木村長選 説明会に1派

11.17 南相木村長選

南相木村選挙管理委員会は23日、任期満了に伴い11月12日告示、同17日投開票の日程で行う村長選の立候補予定者説明会を村役場で開いた。現職で1期目の中島則保氏(61)＝無所属、第八＝の1派が出席した。

同村長選を巡り、今のところ他に表立った動きはない。立候補届け出書類の事前審査は11月7日、村役場で行う。

「●●●」

▼上田地域広域連合議会開会(23日)

広域連合は、上田市、東御市、長和町、青木村の可燃ごみを焼却している上田、丸子、東部の3クリーンセンターの運営事業費など2018年度一般会計・特別会計決算認定案などを提出。決算額は一般会計・特別会計合わせ歳入が前年度比0・3%増の47億5400万円、歳出が同0・3%増の45億4600万円。実質収支は2億700万円の黒字。25日に採決する。土屋陽一連合長(上田市長)は開会あいさつで、上田市常磐城で計画する統合ごみ処理施設計画を巡って「施設の在り方を議論する資源循環型施設検討委員会の取りまとめの時期に来ているが、住民に納得してもらえる議論が最も重要。議論を尽くした時点で一定の方向性を出したい」とした。

台風19号 生活情報
29面にも情報　23日時点、変更の可能性があります

▽上田市
【罹災証明書受付】市(☎0268・22・4100)の市民参加・協働推進課、丸子(☎0268・42・3100)、真田(☎0268・72・2200)、武石(☎0268・85・2311)の各地域自治センターで。被害状況の写真、市ホームページから取る申請書、印鑑を持参
【電話健康相談】市健康推進課(☎0268・23・8244)平日午前8時半～午後5時15分
【避難所】上田創造館。充電、ネット環境あり
【災害ごみ受け入れ】上田クリーンセンター、依田窪プール駐車場(丸子地域対象)、旧神川地区公民館(神川地区対象)
【ボランティア】ボランティアの協力が必要な被災者は上田市社会福祉協議会(☎0268・27・2025)
【外国人相談窓口】市人権男女共生課(☎0268・75・2245)
【事業所向け相談窓口】上田商工会議所(☎0268・22・4500)。24日は日本政策金融公庫、県信用保証協会、市が対応
【融資相談窓口】上田信用金庫の各店か本部専用ダイヤル(☎0120・70・1877)
▽長和町
【路線バス】一部路線で迂回(うかい)しながら運行
▽小諸市
【通行止め】県道諏訪白樺湖小諸線の布引トンネル付近
▽佐久市
【罹災証明書の申請受け付け】市役所、臼田支所、浅科支所、望月支所(いずれも土・日曜と祝日は災害対応で受け付けなし。ただ27日は市役所で休日窓口)。浸水被害が多かった各地区でも受け付け、24日と26日は常和区公民館(常和北、常和南地区対象)、25日は志賀中宿公会場(志賀上宿、志賀中宿地区対象)、26日は青沼小学校図工室(入沢地区対象)、27日は志賀下宿公会場(志賀下宿地区対象)
【災害ごみ受け入れ】うな沢第2最終処分場、宇とう南沢処理場
【無料で入浴】あいとぴあ臼田(☎0267・81・5555)、市老人福祉センター長寿閣(☎0267・67・5575、土・日曜、祝日休み)、市福祉会館(☎0267・62・3094、月曜と祝日の翌日は休み)＝被災地の人が対象。窓口で申し出る
【こころと体の健康相談】佐久市役所健康づくり推進課(64歳以下対象、☎0267・62・3189)、佐久市役所高齢者福祉課(65歳以上対象、☎0267・62・3157)、臼田支所、浅科支所、望月支所でも対応
【下水】下水道管理センターが機能停止。市は旧佐久市や旧臼田町の公共下水道の利用区域、塩名田で節水を呼び掛け
【ボランティア受け付け】野沢会館で。24日は受け付けなし。佐久市社会福祉協議会(☎0267・64・2426)
【催しの中止】ここちよいさくチャレンジプレイス(26日)、平尾山もみじ祭り、佐久地区母親コーラスまつり(以上27日)
▽軽井沢町
【災害ごみ受け入れ】事前に町じん芥処理場(☎0267・46・0354)へ電話。土曜は午前のみ、日曜不可
【下水】発地地区で不調。一部世帯に節水を呼び掛け
【入浴】風越公園の総合体育館、スカップ軽井沢(無料、ともにシャワーのみ)
▽御代田町
【通行止め】面替橋など面替区の2カ所、一里塚地区世代間交流センター
▽立科町
【休業】権現山マレットゴルフ場あさまコース・キャンプ場
▽小海町
【町営バス】通常通り運行
【災害ごみ受け入れ】町草刈久保最終処分場(午前8時～正午)で26日まで
【入浴】町営日帰り温泉施設「八峰(やっほー)の湯」が南佐久郡の被災住民を対象に無料で入浴可能に。各役場で入浴券を受け取る。午前10時～午後9時。町役場(☎0267・92・2525)
▽佐久穂町
【避難所】22日で終了
【支援施設】生涯学習館「花の郷・茂来館」で給水や風呂、物資の提供(☎0267・86・2041、午前8時半～午後10時半)
【給水】大日向3、4区を給水車が巡回する
【仮設トイレ】大日向1区生活改善センター近く、大日向5区下川原橋近く、余地川橋近く
【入浴】花の郷・茂来館に入浴施設を設置。午後3時～10時半に利用可能
【充電スポット】町役場佐久庁舎、花の郷・茂来館、社協ふれあい支所、社協こまどり支所、八千穂福祉センター、南佐久環境衛生組合
【災害ごみ受け入れ】南佐久環境衛生組合駐車場(午前9時～午後4時)
【ボランティアセンター】社協ふれあい支所(午前9時と正午からそれぞれ30分間受け付け、☎0267・86・4273)
【催しの中止】奥村土牛記念美術館での華道家・假屋崎省吾さんの華道展(11月2～10日)
▽川上村
【通行止め】村道川上秩父線、川上牧丘線が通行止め。県道梓山海ノ口線は大雨で損傷した男橋が通行不可
▽南牧村
【通行規制】県道梓山海ノ口線が土砂崩落の影響で午前6～8時、同11時半～午後1時半、同5～6時を除く時間帯で通行止め
▽南相木村
【通行規制】県道栗尾・見上線で一部通行止め、村道に迂回(うかい)路あり
【入浴】村の日帰り温泉施設「滝見の湯」(☎0267・91・7700)は通常通り営業。佐久穂町、北相木村の自宅入浴が困難な住民は無料
【村営バス】栗生地区方面の便は栗生公民館まで運行
▽北相木村
【村営バス】通常運行

長野本社　☎026-236-3130　fax. 236-3196　〒380-8546 長野市南県町657

須坂支局　☎026-245-0120　fax. 248-4893　〒382-0094 須坂市屋部町1327

中野支局　☎0269-22-3224　fax. 26-0760　〒383-0025 中野市三好町2-4-41

飯山支局　☎0269-62-2226　fax. 63-3128　〒389-2253 飯山市福寿町1114-10

千曲支局　☎026-273-0062　fax. 273-1134　〒387-0006 千曲市粟佐1305-4

長野市 260カ所被害確認

路肩損壊・のり面崩落・倒木

復旧見通し立たぬ道路多く

台風19号により、長野市では河川の氾濫にとどまらず、道路の路肩損壊やのり面の崩落、倒木が相次いだ。市の23日までのまとめでは、被害が確認できたのは計260カ所に上り、この影響で市道11路線11カ所が全面通行止めのままだ。市は道路の補強工事などを急いでいるが、全面復旧の見通しが立たない場所も多く、住民の不安が募っている。

「90年近く住んできたが、こんなことが起こるとは夢にも思わなかった」。信州新町弘崎の土砂崩落現場近くに住む小林優さん(89)は驚きを隠さない。

信州新町支所などによると、土砂崩落は12日夜に発生。妻の裟和子さん(89)と暮らす自宅からわずか数㍍ののり面が20～30㍍崩れ、市道の路肩も損壊。現在は交互通行になっている。優さん宅に被害はなかったが、市道につながる道路の一部が壊れ、畑は土砂に埋まった。優さんは「家が浸水してしまった人たちはもっと大変だろうが、こんなことは初めてで」と肩を落とす。

市のまとめでは、のり面崩落は信州新町地区が30カ所、大岡地区が30カ所など山間部が目立つ。路肩の損壊は大岡地区が13カ所、信州新町地区が11カ所などで、市管理の川は、30カ所で護岸が崩れたり土砂でふさがったりする被害が出た。

市道路課によると、路肩が損壊した場所には、土のうを積み、ブルーシートをかぶせるなど、応急処置を進めている。通行止めによる孤立地域はないが、重機が入らないといった理由で手付かずの場所もある。国への補助金申請も必要で、同課は「全面復旧には最低2年は必要ではないか」とみている。

民家の近くで起きた土砂崩落の現場。現在も交互通行が続く＝長野市信州新町

路肩が崩れた市道＝長野市若穂

東山魁夷館 無料公開にぎわい

「即位礼正殿の儀」に合わせ

長野市箱清水の県信濃美術館に併設し、信州ゆかりの日本画家東山魁夷さん(1908～99年)の作品960点余を所蔵する「東山魁夷館」は22日、天皇陛下が即位を内外に宣言する「即位礼正殿の儀」に合わせ、館内を無料公開した。多くの来館者が幻想的な風景画を楽しんだ。

無料公開したのはリニューアルオープンを記念した企画展。茅野市の御射鹿池を取材した代表作「緑響く」など約60点を展示している。昭和から平成の改元時に、上皇さまが皇居宮殿で参列者と酒食を共にされた「大饗の儀」で飾られた「悠紀地方風俗歌屏風」の試作もある。

来館者は作品と共に並ぶスケッチや下図などから構想の変化に触れ、作品への親しみを深めながら鑑賞した。岐阜県瑞穂市の藤橋次男さん(71)は「皇室のめでたい行事にふさわしい作品だったと想像できる。画家の表現に感動した」と話していた。

無料公開された東山魁夷館で作品を眺める来館者

木島平のプレミアム米 「村長の太鼓判」

発売開始で催し

木島平村上木島の道の駅「FARMUS(ファームス)木島平」で22日、同村のプレミアム米「村長の太鼓判」の今年分の発売開始イベントが開かれた。この日限定の店舗「おむすび処」では1個100円の塩むすびなどが販売されたほか、きのこ汁や漬物が無料で振る舞われ、村民らが新米を味わった。

村長の太鼓判は、同村で栽培されるコシヒカリの中から、食味が特に優れたコメに付けられるブランド。FARMUS木島平などで5㌔4千円(税込み)で販売されている。今年は例年並みの約400俵が収穫された。これまでは発売日に「出発式」として出荷するトラックを見送るだけだったが、今年初めてイベントを企画した。

主催した村農業振興公社事務局長の佐藤博雄さん(55)は「炊きたてはもちろん、冷めてもおいしいので、おにぎりや弁当にお薦め」と話していた。

「村長の太鼓判」のおむすびなどを購入する親子連れ

きょうの番組

INC地上11ch
- 5.00 チャンネルINC 台風19号被害に関連する長野市内の情報を文字でお伝えします（ほか前9時・前11時後4時・8時半放送）
- 6.30 ながのLIVEカメラ 長野市の道路状況など
- 10.30 商議所▽おやき伝える
- 0.15 長野グルメ食べタイム
- 1.00 高校演劇▽長野東
- 2.00 高校演劇▽長野西
- 6.00 INCながのニュース（再後7時・後8時後9時・後10時他）
- 6.30 路地裏の景色「吉田五丁目界隈」開業45年の無線機店
- 7.30 しんまち・中条情報局
- 7.45 戸隠・鬼無里情報局
- 11.30 みんなのラーメン

GLTV すこうCH地上121
- 6.00 【4K】北信濃の美景（13時19時24時）
- 6.30 けーぶるにっぽん躍動JAPAN「突け未来を」（13時半19時半）
- 8.00 NAGANO綺麗～食編～（11時14時17時20時23時半）
- 8.30 鹿児島×北信濃「そらじかん」（23時）
- 9.00 ディズニー(15時18時)
- 1000 みんな集まれ元気っ子～日野保育園～（16時22時）
- 1200 ミュージックジャパン

たかやまch地上122
- 7.00 YOU游ランドワイワイリフレッシュ祭（13時19時）
- 8.00 令和元年度高山小学校運動会（14時20時）
- 1700 第52回交通安全子供自転車～長野県大会～

地域情報ch 地上111
お天気ch 地上112

テレビ菜の花
- 6.00 カメラでスケッチ
- 6.10 村のみんなにご紹介(再)
- 6.30 ご近所ネット
- 7.00 おかわりTV
- 9.00 野沢温泉スキー体操

テレビ北信・豊田情報センター デジタル121ch
- 6.00 気まぐれクッキング
- 7.00 N・ふるさとステーション▽第38回礰珉展表彰式▽ドキドキハロウィン2019▽防火ポスター入選者表彰式（再12・18・23時）
- 8.00 近隣ケーブル局ニュース（再13時）
- 1700 見楽のススメ▽オリジナルカレー屋を見楽
- 1900 THV特集「中央幼稚園運動会」
- 2200 突撃！ケーブルテレビ▽間もなく開催おごっそフェア

iネット飯山
- 7.00 ほっとスタジオ▽台風19号飯山市全域で被害▽竹内択選手飲料水を寄付▽SEA TO SUMITT実行委員会▽認知症予防を考える集い▽西敬寺襲職式▽夢丸小学校野菜収穫（12.30 15.30 17.30 19.30 22.30）
- 7.30 綱引き大会
- 7.45 ナチュラルフードクッキング
- 8.00 まるごと信州情報ネット
- 8.30 健康チャンネル（11.30 15.00 16.30）
- 9.00 すまいるone（13.30 20.30）
- 9.30 まちぶら
- 10.00 長野県ご当地○○対決！▽郷土料理編
- 11.00 生録大自然の旅

ふう太チャンネル
- 5.00 ご近所NEWS（13.00）
- 6.25 ぐるっとふるさと信越
- 6.30 週刊N▽台風19号関連（7.30 8.30 9.30 12.30 15.30 18.30 19.30 22.30 23.30）
- 7.00 日刊ふうタイム（8.00 9.00 12.00 15.00 18.00 19.00 22.00 23.00）
- 10.00 レッツゴーまちっぷちゃん／iiネット川柳／生き方に学ぶ講演会（16.00 20.00）
- 14.30 信越トライウォーク
- 21.55 ぐるっとふるさと信越

121chネット千曲
- 6.15 情報チャンネル▽交通
- 8.15 Vividテレビ版(再)5.15、6.15、11.15
- 8.30 みんなのラーメン(再)0.30、6.30、11.30
- 9.00 nackeyTV(再)0.00、8.15
- 10.00 講演会「仏像修理と山岳修行」講師：長谷川高隆氏(再)9.00
- 4.00 文字情報・求人情報
- 5.00 千曲ニュース▽出来事(再)6.00、8.00、11.00
- 7.00 QVC／ショッピング

11chネット千曲112
- 9.00 千曲市Vリーグ戦『戸倉×やまびこ』(再)7.00
- 1.00 令和元年稲荷山祇園祭<宵祭り>(再)8.00

FMぜんこうじ 76.5
- 7.00 おはよう・ナムゴン P：佐々木香代 まるまるミュージック N・天・交通情報 話題の交差点
- 9.20 ステップワン
- 11.30 昼どきもんぷらワイド P：郷原利枝 今日のホット情報 午後のミュージック N・天・生活情報
- 2.00 グッドネイバーズ
- 5.00 ゆうやけスタジオ P：宮島陽子 伝言なむごん 三菱ミュージック N・天・交通情報
- 6.30 グルーヴライン
- 7.00 ジャム・ザ・ワールド
- 9.00 SONARMUSIC

UCV1上田121
- 6.00 UCVレポート
- 6.30 fun！fan！スポーツ
- 7.00 はらぺこジャーニー
- 7.15 上田地球を楽しむ会 講演会・戌の満水
- 8.50 スポーツだより
- 15.00 長小学校 土器探しクラブ
- 17.00 UCVレポート

UCV2上田122
- 6.00 上田北部ソフト 9月1日
- 9.00 昔ばなし語りの会
- 10.00 虐待防止講演会

長野・上田の4高校の生徒が協力・完成

反射材キーホルダー「長商デパート」で販売

売り上げの一部台風被災者に

長野市の長野工業や市立長野、長野商業、上田市の上田千曲の4高校生でつくるプロジェクトチームが、中高生の交通事故防止に向けた反射材付きキーホルダーを、25～27日に開く長野商の「長商デパート」で販売する。12、13日の長野工の文化祭で初めて売る予定だったが、台風19号の影響で中止に。売り上げの一部は被災者に贈る計画だ。

プロジェクトは、自転車事故などの防止に役立つグッズ作りを長野中央署（長野市）から依頼されたことがきっかけで、4月に始動した。デザインや製造、広報などを4校の生徒が分担。植物由来の生分解性プラスチックを三角形に成形し、反射材を貼り付けた。

価格は税込み1個280円で、長商デパートでは300個を売る計画。メンバーで長野工機械科3年の神農雄さん（18）は「売り上げは交通事故遺児の支援に当てる予定だったが、半分は台風の被災者にも届けたい」と話す。

長野工の文化祭中止により、同校機械科3年生有志が作った薫製器も販売できなかったが、11月3日午前9時から同校正門付近で、薫製器や今回のキーホルダーを売るという。

高校生たちがデザインを考えたキーホルダー

栗菓子お楽しみ詰合せ「栗いろいろ」

23 地域 2019年（令和元年）10月24日 木曜日 信濃毎日新聞 第三種郵便物認可

北信

台風後も 農産物や自然 魅力不変

長野市が被災相談窓口
市役所・支所 住宅応急修理など

篠ノ井総合市民センターで自宅の修理について市職員に相談する被災者の男性（左）

長野市は23日、台風19号の被災相談窓口を市役所第1庁舎1階市民交流スペースや被災地近くの支所に開設した。罹災（りさい）証明書の申請や、災害救助法に基づく住宅の応急修理などについて担当課の職員が対応し、初日から多くの被災者が相談を寄せた。

市南部の篠ノ井総合市民センターで、住宅の応急修理について相談した農家小山岑晴（みねはる）さん（78）＝篠ノ井塩崎＝は、床下浸水で自宅の基礎が地面に沈み、傾いてしまったという。応急修理の手続きや費用について相談し、「窓口がなければ、どこに助けを求めていいか分からない。心強く思います」と話した。

対応した市建築指導課職員によると、被災状況が支援制度に適用するかや、修理資金を工面する方法などの相談が寄せられているという。

相談窓口では公営住宅の案内にも対応。市役所第1庁舎、市北部の柳原、豊野両支所、市南部の篠ノ井総合市民センターと松代支所で毎日開く。古里支所は26日に窓口を設け、土日祝日のみ対応。それぞれの窓口では28日から、被災者の生活再建支援制度などの相談や申請も受け付ける。

「長沼小 ホームステイも一案」
休校続き 長野市長が検討指示

長野市の加藤久雄市長は23日の市災害対策本部会議で、校舎が被災して休校が続く長沼小学校に関して、児童に「ホームステイをしてもらうようなことも一つの案として考えてほしい」と市幹部に指示した。市は同校について、近隣の柳原小学校の教室などを使って来週中にも授業を再開したい考え。通学の負担軽減などを念頭にした発言で、市は今後具体的に検討する。

市長は「（児童の）親も避難し、自宅の片付けもある」と指摘。親が送り迎えするのが難しい場合、子どもだけでもホームステイの形で柳原地区などに滞在できる仕組みがあればいい―とした。市はこの日、長沼小のほか、休校中の豊野西小、豊野中、東北中の計4校について、来週中にも再開する方針を明らかにしている。

一方、市は23日、市有施設の被災状況（22日午後3時時点）をまとめた。15日時点（77施設）から6施設増えて83施設。各地の排水機場などで新たに一部破損や床上・床下浸水などが確認された。

被災農家のリンゴ 直送
県内外の飲食店に 長野の酒井さん
離農すら考える人たちの力に

都内などの飲食店向けに、県内産の野菜やジビエ（野生鳥獣肉）を直送する事業「JiNOMONO（ジノモノ）」を9月に始めた長野市の酒井慎平さん（30）が、台風19号被災地の農家からリンゴを買い取り、取扱品目に加えた。大きな被害を受けて離農を考える人もいる現状を踏まえ、被災農家との橋渡し役を担う。

「地の物」の魅力を発信し、小規模生産者の販路を広げて担い手不足の解決にもつなげようと事業を開始。だが旬のリンゴが被害を受け、離農を考える人もいると耳にして「ぼうぜんとした」。現状を広く伝え支援したいと、傷ついたものの川の水や泥に漬からなかった「秋映」などを、「災害支援りんご」として取り扱うことにした。

SNS（会員制交流サイト）などでこの取り組みを発信し、千曲川沿いの被災地を回ってリンゴ農家に声を掛けた。浸水した自宅の清掃に追われる人も多く、「こんな時に商売の話をしていいのかと葛藤した」と酒井さん。それでも、長野市や須高地区の6農家と県内外の飲食店約30店舗が賛同し、23日までに計約500㌔を取引した。

酒井さんは「生産者の利益になるだけではなく、『信州リンゴを欲しているお店がある』と自信を持ってほしい」と力を込める。売り上げの一部は復興支援のため寄付するといい、「被災地に迷惑が掛からない形を模索しながら、取り組みを継続できたらいい」と話している。

被災地の現状を伝えるチラシを添え、台風で傷ついたリンゴの発送準備をする酒井さん

清水まなぶさん 須坂市に義援金
チャリティー公演から

長野市出身のシンガー・ソングライター、清水まなぶさん（東京）が23日、須坂市役所を訪れ、チャリティーコンサートで集めた義援金21万円を三木正夫市長に手渡した。

清水さんは台風被害の大きさを知り、13日に須坂市内で予定していた公演を急きょチャリティーコンサートに変更。訪れた約200人から義援金を募り、コンサート実行委員会も義援金を出した。

清水さんの母親が同市出身でもあり、「人ごととは思えなかった」。台風被害の直後から1週間はボランティアに参加し、同市や長野市の避難所を訪ねて必要な物資を届けた。清水さんは「義援金を少しでも生かしてもらえるとうれしい。『つらすぎて涙も出ない』と話す被災者もいる。これからも被災地の現状を伝えるために積極的に情報発信していく」と話した。

11月10日には長野市の南千歳公園でチャリティーコンサートを開く予定。清水さんは「生活再建には時間がかかると思う。音楽で励ますことができればいい」と話している。

三木市長に義援金を手渡す清水さん（中央）

水道使えぬ家 外水栓を仮設
長野市上下水道局

長野市上下水道局は、台風19号の影響で敷地内の水道が全て使えない市内の民家や事業所に対し、応急的に外水栓を仮設する対応を始めた。土砂の流入などで復旧作業に水が必要なケースは多いとみられ、23日までに希望のあった民家2軒に設置した。

一方、下水道についても、本管と宅地内の汚水升をつなぐ引き込み管に詰まった土砂の撤去に応じる。ただ、作業は本管の復旧後になるとしている。費用はともに無料。問い合わせは市上下水道局営業課（☎026・224・5075）へ。

カヤック・登山で満喫を
水害の飯山など 26・27日イベント

カヤックと自転車、登山を組み合わせたイベント「千曲川・高社山 SEA TO SUMMIT」が26、27日、飯山市や中野市で行われる。台風19号の影響で一部ルートの変更や規模縮小を余儀なくされたが、イベントを通じて被災地の状況を知ってもらいながら、飯山の自然の魅力を感じてほしいと決行する。

◇　◇

両市や木島平村、大手アウトドア用品メーカー「モンベル」などでつくる実行委員会の主催で3回目。田園風景や紅葉など豊かな自然を眺めながら汗を流せるイベントだ。

被災状況を考慮して一時は中止も検討したが、県外からも多くの人が訪れる機会をなくしてはいけないと、川の状態や復旧作業などを考慮し、コースを変更して開催することを決定。当初は千曲川をカヤックでこぎ下るコースを予定していたが、飯山市内の北竜湖に変更し、全長39㌔だったコースを27㌔に縮小した。

参加費1万1550円の一部は義援金に充てる。実行委員長の大口秀市・信州いいやま観光局事務局長は「被災地の現状にも気を配りながら、紅葉の広がる自然を楽しんでほしい」と話している。

台風19号 生活情報
29面にも情報　23日時点、変更の可能性があります

▽長野市
【避難所】（指定避難所）豊野東小、東条小、古里小、豊野西小、長野運動公園、南長野運動公園、北部スポーツ・レクリエーションパーク、昭和の森フィットネスセンター（自主避難所）豊野西部児童センター、篠ノ井総合市民センター、古里総合市民センター、豊野区事務所（豊野北公民館）
【ごみ受け入れ】篠ノ井運動場（篠ノ井）、青垣公園運動場（松代町）、アクアパル千曲（真島町）で、それぞれ午前9時半～午後4時半。豊野東山第一・第二運動場（豊野）は休止
【住宅の応急修理】災害救助法に基づき、屋根、ドア、トイレなど日常生活の場所に欠かせない部分を、市が建築事業者などに委託して応急修理する。限度額は59万5000円。相談・受け付けは市役所第一庁舎1階市民交流スペース（午前8時半～午後8時）、豊野、柳原、古里、松代の各支所と篠ノ井総合市民センター（午前9時～午後5時15分、古里は土日曜と祝日のみ）。市建築指導課内の住宅応急修理相談窓口（☎026・224・8901）
【下水】古里、柳原、長沼、若槻、朝陽、若穂、古牧、吉田、大豆島、豊野、松代のそれぞれ一部で節水を呼び掛け。松代温泉団地に仮設トイレ4基を設置
【ボランティア受け付け】市災害ボランティアセンターのフェイスブックなどで確認。センター本部（☎080・5072・9607）、依頼に関する住民専用ダイヤル（☎080・5072・9637、080・5072・9647）
【支所】長沼支所と豊野支所が業務停止。住民活動などの相談は市地域活動支援課（☎026・224・7615）
【保健センター】豊野保健センターが業務停止。当面、東部保健センターで対応。市保健所健康課（☎026・226・9963）
【休園】長沼保育園、豊野みなみ保育園（保育は他施設で）
【放課後子ども総合プラン】長沼児童センター、松代花の丸児童センターが被災。長沼、豊野西小学校区域は26日まで実施しない。豊野東小の区域は豊野東子どもプラザで実施。松代小の区域は他施設で通常実施。市こども政策課（☎026・224・6796）
【臨時託児所】豊野ひがし保育園（豊野町大倉）と中央保育園（篠ノ井御幣川）で21～31日午前9時～午後4時、満1歳からの未就学児を無料で受け入れる。自宅や親族の家が浸水し、片付けをする家庭が対象。できる限り各園に事前連絡。原則的に飲み物や着替え、おむつ持参。通常の一時預かり保育（有料）も全ての公立園と認定こども園計33施設で対応。希望する園に申し込む
【外国人相談窓口】市国際交流コーナー（☎026・223・0053）で、第1、第3水曜日と日曜祝日を除く午前10時～午後6時
【消石灰配布】8支所（松代、柳原、篠ノ井、古里、若穂、豊野、川中島、更北）で、配送次第。マスク、手袋など装備を。市保健所健康課（☎026・226・9964）
【商工事業所相談窓口】設備や資金繰りなど。市商工労働課（☎026・224・5041）
【中小企業向け相談窓口】中小企業や小規模事業者の経営相談など。長野商工会議所中小企業支援センター（☎026・227・2428）
【被災動物の相談窓口】ペットの預かり相談など。市保健所動物愛護センター（☎026・262・1212）
【入浴】避難者の無料入浴利用券を各避難所で配布する。利用対象施設は湯～ぱれあ、松代荘、保科温泉、サンマリーンながの、若槻いこいの家、石川いこいの家、氷鉋いこいの家、松代いこいの家、若穂いこいの家、アゼィリア飯綱。市危機管理防災課（☎026・224・5006）。裾花峡天然温泉宿うるおい館（☎026・237・4126）は、被災者の住所を記入して無料で入浴できる。陸上自衛隊は、長野運動公園と南長野運動公園、豊野温泉りんごの湯（いずれも午後3～10時）、北部スポーツ・レクリエーションパーク（午後3～9時）に入浴施設を設置
【義援金】八十二銀行長野市役所支店「（普）266095」（口座名「長野市災害対策本部」）へ振り込むか、市介護保険課（☎026・224・7991）窓口へ持参
【居場所開設】老人福祉センター（湯福、柳町、吉田、氷鉋、鬼無里、中条）、いこいの家（松代、石川、大豆島、茂菅、若槻、新橋、氷鉋、若穂、東長野）。午前9時～午後4時。休館日は施設ごと
【被災者支援情報】無料通信アプリ「LINE（ライン）」の市公式アカウント「長野市2019台風被災者支援」を「友だち登録」して使う。罹災（りさい）証明の手続きや生活再建に向けた関連情報が調べられる
【市営住宅の申し込み】29日まで、60歳以上の高齢者や妊産婦（子どもが満1歳まで）などを含む世帯で、住宅が全壊、大規模半壊、半壊した被災者を対象に、市営住宅など37戸の申し込みを受け付けている。窓口は市役所市民交流スペース、市の柳原、豊野、松代、古里（26、27日のみ）各支所、篠ノ井総合市民センター。住宅が用意でき次第、2回目以降も募集する。市住宅課（☎026・224・7427）
【被災相談窓口】市役所第1庁舎1階市民交流スペースで毎日午前8時半～午後8時、市の柳原、豊野、松代各支所と篠ノ井総合市民センターで毎日午前9時～午後5時15分、古里支所で26日以降の土日祝日午前9時～午後5時15分に開設。罹災（りさい）証明書の申請、災害救助法に基づく住宅の応急修理の相談や申請、公営住宅の案内など。28日からは生活再建支援制度などの相談や申請も受け付ける。市地域活動支援課（☎026・224・7615）

▽須坂市
【避難所】旭ケ丘ふれあいプラザ、北部体育館
【ごみ受け入れ】日滝原産業団地内のテニスコート
【入浴】古城荘（☎026・245・1460）、湯っ蔵んど（☎026・248・6868。10月末まで。その後は状況次第）。避難所で入浴利用券を配布
【ボランティア受け付け】日野地域公民館（☎026・246・2276、026・246・2280）

▽小布施町
【避難所】老人福祉センター桃源荘、飯田地区の公会堂
【入浴】小布施温泉あけびの湯（☎026・247・4880）、おぶせ温泉穴観音の湯（☎026・247・2525）。避難所備え付けや、町から配布された「温泉利用入湯券」を提示する。10月末まで（その後は町に相談）
【ボランティア受け付け】町災害ボランティアセンター（☎080・1332・0853）。町内か近隣市町村からのみ午前9時～9時半に受け付け。実施の可否は当日朝、町のフェイスブックや町社協ホームページで告知
【下水】東町、上町、中町、伊勢町、中央、中扇、横町、福原、栗ガ丘、大島、飯田、林、山王島、水上、松の実、千両、クリトピアと、六川と松村で節水を呼び掛けている

▽高山村
【下水】高井地区で節水を呼び掛けている

▽中野市
【避難所】西部公民館
【ごみ受け入れ】市環境課（☎0269・22・2111）へ問い合わせる
【ボランティア受け付け】25日まで各日30人程度募集。市災害ボランティアセンター（午前9時～午後4時、☎0269・26・3111）

▽山ノ内町
【入浴】湯田中駅前温泉楓の湯（中野市、飯山市、小布施町の被災者、☎0269・33・2133）、渋温泉旅館組合が、加盟15旅館の受け入れを案内（☎0269・33・2921）

▽飯山市
【避難所】市公民館
【ごみ受け入れ】旧城南中学校
【入浴】いいやま湯滝温泉（☎0269・65・3454）、湯の入荘（☎0269・65・3312）、斑尾高原「ペンション ウッディヒル」（☎0269・64・3445）、望郷の湯馬曲温泉（木島平村、☎0269・82・4028、水曜日休館）、パノラマランド木島平（同、☎0120・389・232）、湯田中駅前温泉楓の湯（山ノ内町、☎0269・33・2133）、中条温泉トマトの国（栄村、☎0269・87・3030）
【ボランティア受け付け】飯山市災害ボランティアセンター（☎090・4945・8342、090・4945・8442）
【商工業者相談窓口】飯山商工会議所（☎0269・62・2162）
【移動用自転車貸し出し】信越自然郷アクティビティセンター（☎0269・62・7001）

▽千曲市
【避難所】旧更埴庁舎保健センター
【ごみ受け入れ】災害ごみに関する問い合わせは市廃棄物対策課（☎026・273・1111）
【ボランティア受け付け】市社会福祉協議会（☎080・5072・9750）
【入浴】被災者に温泉入浴無料券を配布した。利用対象施設は竹林の湯、白鳥園、つるの湯、健康プラザ。市生活安全課（☎026・273・1111）
【支援物資配布】被災者に飲料水や毛布、タオルなどを配る。配布場所は旧更埴庁舎北庁舎会議室で午前9時から午後5時

▽坂城町
【入浴】町内外を問わず被災者とボランティアを対象にびんぐし湯さん館を無料開放

◇

▽スーパーの休業状況
デリシア豊野店、ユーパレットみゆき野店は25日午前9時から仮営業を始める。Aコープ松代店、ユーパレット赤沼店は営業再開のめどが立っていない。ツルヤ松代店は1カ月後の再開を目指す

▽中古学生服の無料提供
長野市の学生服販売店「学生服のクライシ」が、被災した県内の男子中学生・高校生を対象に、中古の制服を無料提供する。希望などの問い合わせは同店のLINE（ライン）へ。IDは「@gik7815a」

▽子どもの居場所開設
須坂市の満龍寺で24、25日の日中、認定NPO法人カタリバ（東京）が避難生活中の子どもを対象に、寺にある遊具で遊んでもらったり、本を貸し出したりする。送迎あり。問い合わせは同法人（☎090・1262・4346）へ

▽無料の住宅相談
被災した住宅の修繕や再建の融資について、飯山市役所で24、25日の午前9時～午後5時、須坂市北部体育館で24日午後1～8時に相談に応じる。無料で申し込み不要。県建築住宅課（☎026・235・7339）

第三種郵便物認可　信濃毎日新聞　2019年（令和元年）10月24日 木曜日 9版 特集 28

机などが散乱した長沼小の理科準備室。被害が大きく、市は近くの柳原小の校舎を使って来週中に授業を再開する方針＝23日午前9時40分、長野市津野

片付けで疲れた体を恋人にマッサージしてもらう男性。つかの間の休息だ＝23日午後0時31分、長野市穂保

近くの沢からリンゴ畑に流れ込んだ流木の山を見つめる農家の杉原正さん。「次また被害があると思うと怖い」と話した＝23日午後3時12分、上田市生田

長引く作業 ひと息入れて 23日

作業について説明を聞くボランティア＝23日午前9時39分、長野市赤沼

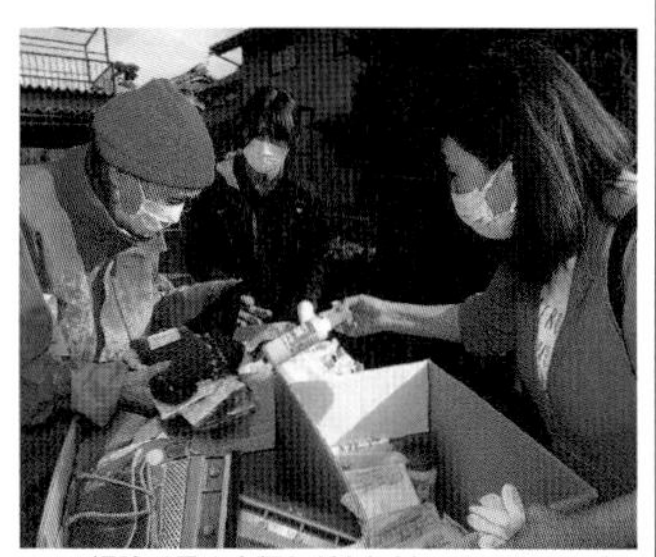

掃除用具や衣類などを無料で配って回るボランティア＝23日午後2時24分、長野市赤沼

飯山線26日始発から全区間通常運行再開

JR東日本長野支社は23日、JR飯山線について、26日始発から全区間で通常運行を再開すると発表した。飯山線の全線運行再開は、台風19号の接近に伴って計画運休する前の12日午前以来となる。24日にまず戸狩野沢温泉—森宮野原間で本数を減らして運転を再開。26日に豊野—戸狩野沢温泉間も再開するのに合わせ、全区間で本数を元に戻す。

県内の高速道路では、23日の上信越道佐久インター（IC、佐久市）—碓氷軽井沢IC（群馬県安中市）間の通行止めが解除され、不通区間がなくなった。ただ、同区間の一部では当面、対面通行が続く。

この他、25日には北陸新幹線東京—金沢間の直通運転が再開予定。JR中央東線の特急あずさは10月末ごろまで終日運休が続く見通し。

23日 県関係の鉄道・高速道の状況

佐久—碓氷軽井沢IC間の通行止めが解除された上信越道。一部で規制区間が残る＝23日午前10時21分、佐久市

新幹線代替輸送 通学の中高生 「早く着く」「元に戻って」

新幹線が、被災した並行在来線の代替輸送手段として「恐らく初めて」（JR東日本長野支社）利用された23日。東信地方の高校生にとっての利便性は最寄り駅などによって異なり、「良かった」「しなの鉄道が早く復旧してほしい」といった声が上がった。【1面参照】

午後6時すぎのJR上田駅（上田市）。北陸新幹線（長野経由）の下りのあさまから、高校生らがまとまって改札を出てきた。小諸商業高校（小諸市）1年で野球部の小林伸伍さん(15)＝上田市＝は「普段は乗れないので特別な感じがした。新幹線の方が学校に早く着く」と笑顔。

一方、一緒にいた同校1年の吉里颯太さん(16)は最寄り駅がしなの鉄道屋代高校前駅（千曲市）。けさは普段同様、午前5時台の始発に乗ったが、乗り換えが2回あり「野球部の朝練に30分遅れた。新幹線通学もいいけれど、元に戻ってくれるといい」。そう言ってしなの鉄道上田駅へ駆けだした。

同6時前の上りの新幹線に乗った上田染谷丘高校（上田市）2年の土屋文梨紗さん(17)＝軽井沢町＝は普段、しなの鉄道中軽井沢—上田間を利用する。台風後、復旧まで長引くと見越して新幹線の定期券を1カ月分購入したといい、「代替輸送が決まり、ちょっともったいなかったかな」と苦笑した。

上田高校（上田市）1年の鈴木夢美さん(16)＝小諸市＝と友達は代替輸送が始まるまで、親同士が交代で学校まで送迎してくれた。この日は上田—佐久平間を新幹線、佐久平—小諸間はJR小海線を使った。「新幹線に乗れてよかったけれど、私たちが乗ることで混んでしまって申し訳ない気持ちになる」と話した。

代替輸送は、しなの鉄道の上田—田中間を含む通学定期券を持つ学生、生徒が対象。JR東日本は上田—佐久平—軽井沢間の新幹線自由席、小海線小諸—佐久平間で行う。

代替輸送の北陸新幹線を利用して上田駅で降り、学校へ向かう高校生たち＝23日午前7時半、上田市

台風19号による県内の避難所・避難者数
（23日午前10時時点、県災害対策本部まとめ）

市町村	避難所	避難者数
長野市	13	812
千曲市	1	6
飯山市	1	7
中野市	1	9
須坂市	2	165
佐久市	1	4
小布施町	2	18
合計	21	1021

台風19号による県内の人的被害
（23日午前10時時点、県災害対策本部まとめ）

市町村	死亡	重傷	軽傷	計
長野市	2	2	74	78
上田市		1	4	5
須坂市		1	6	7
中野市			1	1
飯山市		1	4	5
佐久市	1		18	19
千曲市			5	5
東御市			1	1
佐久穂町			2	2
軽井沢町			1	1
箕輪町			1	1
坂城町			2	2
合計	3	5	119	127

（注）不明者は佐久市で1人、東御市で1人

台風19号による県内の住宅被害
（23日午前10時時点、県災害対策本部まとめ）

市町村	全壊	半壊	一部損壊	床上浸水	床下浸水	計（世帯）
長野市				3305	1781	5086
松本市					1	1
上田市	1		39	31	89	160
岡谷市			5			5
須坂市				218	100	318
中野市			3	82	37	122
飯山市				407	206	613
佐久市				118	630	748
千曲市				1310	791	2101
東御市				3	3	6
小海町				4	5	9
川上村					5	5
南牧村			1		2	3
南相木村				2	6	8
北相木村	1			4	9	14
佐久穂町				45	52	97
軽井沢町	2		1			3
立科町				4	31	35
青木村					1	1
長和町				1	50	51
辰野町		3	27			30
箕輪町			6			6
飯島町			1			1
南箕輪村			1			1
麻績村					3	3
筑北村					4	4
坂城町				1	1	2
小布施町				31	28	59
高山村					2	2
木島平村			1			1
野沢温泉村				10	10	20
信濃町			20		5	25
飯綱町			4			4
栄村				2	2	4
合計	4	3	109	5578	3854	9548

（注）長野市など甚大な被害を受けた地域の損壊状況は公表されていない。

避難所への避難者数
（全県）

日時	避難者数
12日 午後6時	567人
13日 午前8時	7435
14日 午後6時	1308
15日 午後3時	1081
16日 午後3時	924
17日 午後3時	873
18日 午後3時	948
19日 午後3時	935
20日 午後3時	931
21日午前11時	966
22日午前10時	1014
23日午前10時	1021

有害物質危険 子どもは後片付けやめて
——佐久総合病院小児科・坂本昌彦医長呼び掛け

台風19号の被災地では、浸水した家屋や地域の後片付けが本格化。家族総出で臨む家庭もあるだろう。だが、県厚生連佐久総合病院佐久医療センター（佐久市）小児科の坂本昌彦医長は「後片付けに子どもを参加させないで」と呼び掛ける。水害の被災地は地震災害より有害物質の拡散が大きく、さらに乾燥した後、飛散する恐れがあるからだ。

昨年7月の西日本豪雨では、国立感染症研究所がレジオネラ症や破傷風の感染に対する注意喚起をした。普段は川や土の中に存在するこうした菌が水害で押し流され、さまざまな場所に広がる。片付け中にけがをし、傷口に菌が触れると感染の恐れがある。農薬や化学物質が土砂や水に漬かった家財に付いている場合がある。

大人も十分注意が必要だが、子どもは大人より毒性への感受性が高く、好奇心が強いので大人が避ける物質にも直接触れたがる。坂本医長は「子どもによる清掃を美談のようにせず、作業中は近づけないようにしてほしい」と話す。

米国小児科学会も、洪水やハリケーンの影響を受けた地域の子どもが気を付けるべき事例をまとめて公表。「小さい子はもちろん、少なくとも10代は清掃活動に参加させるべきではない」としている。

全国の死者83人
台風19号被害 23日現在

大規模な土砂災害や浸水被害を引き起こした台風19号の影響で、23日までの共同通信などの集計で死者は13都県、83人に上った。内閣府によると、避難所に身を寄せている住民は3978人。厚生労働省の集計では4万2202戸で断水が続いている。

総務省消防庁によると、住宅被害は全半壊が14都県237棟、一部損壊が28都道府県3475棟。床上浸水は16都県2万9392棟、床下浸水は21都県、3万3413棟となっている。

国土交通省によると、土砂災害は20都県で550件が確認され、堤防の決壊は7県の71河川139カ所となっている。

宮城県は23日、県内の行方不明者が1人増え、2人になったと発表した。

長31　第一社会　6版　2019年(令和元年)10月24日　木曜日　信濃毎日新聞　新聞定価1ヵ月3,400円(うち消費税 251円) 1部150円(消費税込み)　第三種郵便物認可

被災地 盗難に疑心暗鬼

長野・長沼地区 夜警や自衛の動き

民家の明かりがほとんどない被災地を巡回する長野市消防団長沼分団の車＝23日夜、長野市長沼地区

住民「疑うこと本当に疲れる」

ルポ 千曲川氾濫

かすかな街灯の明かりが、ぬれた地面を照らす。人けの少ない集落を、警戒感と疑心暗鬼が覆っている。千曲川の堤防決壊で浸水し、多くの住民が避難して留守宅が目立つ長野市長沼地区。空き巣や車上狙いに遭ったとのうわさが立ち、自宅前に置いていた道具がなくなったと話す人がいる。長野中央署は「被災地での被害は今のところ確認していない」とするものの、地元消防団員は夜警を始めた。

「カーン、カーン」。赤色灯をともした消防団の車が、ゆっくりと走った。23日夜、長野市消防団長沼分団の団員2人が乗った車が1時間ほど一帯を巡回した。途中、何度かパトカーとも擦れ違った。

消防団の車は10分ほど走り、県道沿いにある同市穂保の落合道雄さん(78)宅前も通り過ぎた。落合さんはこの日、浸水した自宅1階を家族ら数人と片付けた後、夕方に庭の農機具や高圧洗浄機を外から見えない所に隠した。窓の施錠を1カ所ずつ念入りに確認。市内の避難先へと戻った。

泥にまみれた自宅内の床を洗うために使っていた散水機(4万円相当)を家の前に置いていた。21日朝、なくなっていた。長野中央署に通報した。盗難と断言はできないが「こんな大変なときに誰かが持っていったとしたら、切ない」。深いため息をついた。

消防団の車は数分後、近くの自営業、小山田昌幸さん(57)宅の前へ。2階で、LEDランプのほのかな明かりが見えた。浸水した自宅1階の片付けを終えた後、家族と2階に戻った小山田さん。点検が済んでいないため電気は使えず、夜は真っ暗だが「不便でも誰かに家の中に入られる方が心配」。自宅前に新たに防犯センサーを付けた。車は、玄関をふさぐように止めている。

長沼地区に近い同市富竹、下駒沢では、警察官や消防団をかたる不審者を目撃した―との情報が県災害対策本部に寄せられた。県警は24時間態勢で一帯をパトロールする。小山田さんも知人から「発電機がなくなった」「留守宅なのに中を物色するような明かりが見えた」と聞いた。

静かだった農村地帯は日中、復旧作業のボランティアや業者らが大勢行き交い、何だか落ち着かない。小山田さん宅には22日、中古車の輸出入を手掛ける埼玉県の業者という男性が訪れた。「壊れた車でも引き取りますよ」と持ち掛けられたが断った。「善意で申し出てくれているのかもしれないけれど、ちょっと怪しい」

記者は19日の日没後、外で片付けを続ける人に取材しようと話し掛けた。「本当に信毎の記者か」とただされた。

自宅や職場の再建はどうなるのか、仕事はいつ再開できるのか…。生活再建への不安で頭はいっぱいなのに、防犯にも心を砕かないといけない。「何かを疑うようになってしまうのは本当に疲れる」。小山田さんは、ぐったりした表情で漏らした。(佐藤勝、河井政人)

【1面参照】

砲弾か 長野・穂保の神社で発見

砲弾のような物を確認する自衛隊員＝23日午後4時11分、長野市穂保

23日午後4時前、千曲川の堤防決壊で流失した長野市穂保の守田神社で砲弾のような物が見つかり、近くで自宅を片付けていた男性(50)が長野中央署東北交番に届け出た。爆発の危険はないとみられ、県警が同日夜に回収した。

砲弾とみられるのは金属製で長さ30㌢余、直径15㌢ほど。男性によると、神社跡の入り口付近の土砂などを重機で取り除いていた作業員が見つけた。近くにいたこの男性が、そばにいた自衛隊員と同交番に伝えたという。

一時、近くで作業していた災害ボランティアらも何事かと遠巻きに見守った。

国道本線の5〜6㍍落下

権兵衛トンネル入り口付近

上伊那郡南箕輪村の国道361号権兵衛トンネル入り口付近で見つかった土砂崩落の影響で、幅10・5㍍の国道の本線が長さ5〜6㍍にわたって落下していることが23日、分かった。22日に付近を見回った県木曽建設事務所(木曽郡木曽町)の職員が見つけた。橋台付近の土砂が雨や地下水で大きくえぐられ、道路の下に地面がない状態になっている。一帯は現在、通行止め。県伊那建設事務所(伊那市)は、少なくとも年内の復旧は難しいとの見方を示している。

22日に同事務所が小型無人機ドローンに載せたカメラで落下した道路を撮影した。写真からは、橋台付近からトンネル方向に向かって土砂が大きくえぐられている様子が伝わる。現場で20日から地質調査会社が原因を調べており、今後は地質を確かめるボーリング調査も行う予定だ。

同事務所は道路の下や橋台付近に土を入れても、雨や地下水で再び土砂が浸食される可能性を指摘。「原因が分からなければ復旧方法は決められない」とし、通行止め解除の時期は見通せない。

県は20日朝に土砂崩落を確認。国道361号の南箕輪村「中の原交差点」―木曽郡木曽町「神谷入口交差点」間17・7㌔を通行止めにしている。木曽、上伊那両地方を結ぶ主要道路が通れず、救急医療、通勤、観光に影響が出ている。

道路が落下した国道361号。道路下の地面がえぐれている＝22日、南箕輪村(県伊那建設事務所提供)

休校の4小中学校
長野市「来週再開目指す」

長野市は23日の災害対策本部会議で、市内で休校中の4小中学校について「来週中の登校と給食の再開を目指している」と明らかにした。

休校しているのは、浸水した長沼小、東北中、豊野中の3校と、避難所として使っている豊野西小。特に被害の大きい長沼小は、近くの柳原小の校舎を使って授業を再開する見通しだ。

県教委や県によると23日現在、私立を含む県内の小中高校659校のうち休校しているのは4校のみとなった。

柳原小では、認定NPO法人カタリバ(東京)が週末などに、子供たちの居場所「コラボ・スクールながの」を開設し、被災した児童を支援している。

台風21号 週末に東日本沖へ

非常に強い台風21号は24日に勢力を維持して小笠原諸島へ最接近する見込みで、気象庁は23日、記録的な暴風が吹く恐れがあるとして、厳重警戒を呼び掛けた。その後は26日にかけて東日本や東北の沖に進むとみられ、25〜26日は東日本の太平洋側を中心に警報級の高波になる可能性がある。

気象庁によると、小笠原諸島で24日にかけて予想される最大風速(最大瞬間風速)は45㍍(65㍍)、波の高さは10㍍。雷を伴った非常に激しい雨が降る恐れもあり、24日午後6時までの24時間予想雨量は多い地域で150㍉。

台風は23日午後9時現在、硫黄島の南東約110㌔を時速約20㌔で北へ進んだ。中心気圧940㌱、最大風速50㍍、最大瞬間風速70㍍。半径110㌔が風速25㍍以上の暴風域。

「チュートリアル」の徳井さん 申告漏れ
個人会社で1億2000万円

お笑いコンビ「チュートリアル」の徳井義実さん(44)が個人で設立した会社が東京国税局の税務調査を受け、2018年までの7年間で計約1億2千万円の申告漏れを指摘されていたことが23日、関係者への取材で分かった。うち約2千万円は仮装隠蔽を伴う所得隠しと認定されたもよう。

追徴税額は重加算税などを含め約3400万円。修正申告などを既に済ませたとみられる。所属先の吉本興業は取材に「事実関係を確認中」とコメントした。

高原調

○…信州大農学部(上伊那郡南箕輪村)は23日、2年生約90人が育てた新米の販売を構内の販売所で始めた。学生2人がこの日、精米されたコメと対面し「おいしいよ」とPRした＝写真。

○…低農薬ではざ掛けをするなど数種類の栽培法で毎年実習。田植えや除草、稲刈りといった一連の作業を学生が体験した。河合佑香さん(20)は田植えを振り返り「泥があんなに重いと、やってみて初めて分かった」。

○…低農薬のコシヒカリは10㌔3900円(税込み)。もち米もある。販売所に並ぶ真っ白な新米を前に、棚橋香月さん(19)は「自分の子どものよう」と誇らしげ。

避難所 エコノミー症候群注意
日赤県支部「水分補給と小まめな運動を」

台風19号被災地の避難所でエコノミークラス症候群の疑いのある被災者が相次いでいることが日本赤十字社県支部(長野市)の調査で分かった。21、22日に長野市と須坂市の計9カ所で計109人を医師が診察したところ、高齢者の男女計17人が同症候群か、その疑いがあると診断された。同支部は予防のために水分を十分取り、小まめに体を動かすよう呼び掛けている。

安曇野赤十字病院第1循環器内科の内川慎一郎部長(53)らの救護班が長野市内7カ所、須坂市内2カ所で調査。男性1人に左脚の痛みやむくみの症状があり、同症候群と診断した。他に超音波を使うエコー検査で男女16人に血流の低下などが確認され、同症候群の疑いがあるとした。

エコノミークラス症候群は、長時間同じ姿勢を保った結果、下半身の静脈に小さな血の固まり(血栓)ができる。立ち上がったときなどに血栓が肺に達して血管が詰まり、呼吸困難や心拍数の増加、胸の痛み、意識消失などを引き起こす。トイレに行く回数を減らすために水分補給を控えるなどすると、発症の危険性が高まり、体を動かしにくい車中泊も危険が高いという。

内川部長は「避難所では座ったままのお年寄りが多い。脚の関節を動かす程度でもいいので常に血流を保つようにしてほしい」と話している。

1　第49328号　【明治25年3月15日第三種郵便物認可】　信濃毎日新聞　2019年(令和元年)10月25日　金曜日　日刊　9版★

2019年(令和元年)
10月25日
金曜日

信濃毎日新聞
1873年(明治6年)創刊
発行所 信濃毎日新聞社
長野本社 〒380-8546 長野市南県町657番地
電話(026) 代表236-3000 編集236-3111 販売236-3310 広告236-3333
松本本社 〒390-8585 松本市中央2丁目20番2号
電話(0263) 代表32-1200 報道32-2830 販売32-2850 広告32-2860
© 信濃毎日新聞社2019年

住宅窓口 県・長野市一体的に

被災者対応 きょうから態勢変更

県は24日、台風19号に伴う千曲川などの氾濫で住宅が被害を受け、避難生活をしている被災者に提供する県営住宅などについて、長野市が開設している相談窓口に25日から県職員を配置し、県と市の公営住宅に関する入居申し込みを一体的に受け付ける態勢に変更すると発表した。住宅被害の程度を証明する「罹災証明書」の取り扱いも市と同様に、柔軟な対応に見直す。

県と長野市は23日から、県営、市営など公営住宅の入居受け付けを開始。市は、市役所市民交流スペースで午後8時まで、豊野、柳原、篠ノ井、松代といった浸水被災地近くの市支所などでは午後5時15分まで受け付けているのに対し、県は市街地の長野建設事務所のみで平日午後4時までの対応だった。

罹災証明書を巡っては、長野市の発行が最速で28日になることから、県は市と同様に、受け付けの際は被災状況が分かる写真で受理する。

県が提供するのは、11月7日以降に募集する第2回分を含め県営住宅、職員宿舎など240戸。長野市の相談窓口の他、長野を含む県内10カ所の建設事務所でも受け付けている。長野市は初回の受け付けで市営住宅など37戸を用意。県、市ともに初回の募集は10月29日まで受け付ける。

県と市の物件はいずれも入居期間が最長1年で、家賃は無料。応募者が多い場合は抽選をする。

県、長野市の公営住宅などの募集概要

		県	長野市
受付期間	第1回	10月23日～29日	10月23日～29日
	第2回	11月7日～13日	住戸が準備でき次第
募集戸数		240戸(第2回分を含む)	37戸
受付窓口時間		長野建設事務所 午前9時～午後8時(他に長野市の窓口でも受け付ける) 佐久、上田、諏訪、伊那、飯田、木曽、松本、大町、北信の各建設事務所 午前9時～午後5時15分(佐久、上田、北信は土日の午前9時～午後5時15分も開設)	市役所市民交流スペース 午前8時半～午後8時 柳原支所 午前9時～午後5時15分 豊野支所 午前9時～午後5時15分 松代支所 午前9時～午後5時15分 篠ノ井総合市民センター 午前9時～午後5時15分 古里支所(土日、祝日のみ) 午前9時～午後5時15分

増水に備え
増水時に仮堤防を守るため、千曲川側(手前)に鋼材を打ち込んで「締切堤防」を設ける工事が進む千曲川の堤防決壊現場＝24日午後4時38分、長野市穂保

県が「浸水床上1㍍」で線引きしない独自支援
「半壊」に最大50万円支給へ

台風19号の水害を受けた住宅について、県は24日、国の被災者生活再建支援制度の対象にならない「半壊」の住宅にも最大50万円の支援金を支給すると明らかにした。2014年11月に県北部で最大震度6弱を観測した「神城断層地震」を踏まえ、今年6月に運用を始めた県独自の「信州被災者生活再建支援制度」を初適用する。

国の制度に基づく支援金の支給対象は「全壊」(最大300万円)、「大規模半壊」(同250万円)などに限り、半壊への支援はない。台風19号で住宅が全壊、大規模半壊した世帯は国の制度が適用される見通しだが、県の制度は対象とならない半壊の世帯を支援する。

財源は県と市町村が半額ずつ負担。市町村による被害認定調査で半壊と認定されれば支給対象となる。

内閣府によると、水の流れや、がれきの衝撃で外壁などに一定の損傷がある場合、床上1・8㍍以上の浸水は「全壊」、1㍍以上1・8㍍未満は「大規模半壊」と判定。1㍍未満は「半壊」、床下浸水は「一部損壊」と判定されることが多い。県危機管理部は「今回の場合、床上浸水の多くは半壊以上になると思う」としている。

全壊185世帯 半壊71世帯
長野市 24日時点住宅被害

県災害対策本部は24日、台風19号による長野市の住宅被害のうち、全壊が185世帯、半壊が71世帯に上っていると明らかにした。千曲川の堤防決壊で浸水被害が最も大きかった同市で全壊、半壊の数が出るのは初めて。同市は被害認定調査について「鋭意進めている段階」(資産税課)としており、全壊、半壊の被害はさらに増える可能性がある。

長野市の24日時点の住宅被害は5086世帯。このうち、全壊と半壊の認定によって、床上浸水とされていた世帯が、23日時点から256世帯減り、3049世帯となった。今後も全壊と半壊が増え、浸水家屋数が減少するとみられる。

県内でこのほか全壊は、北佐久郡軽井沢町で2世帯、南佐久郡北相木村と上田市で1世帯ずつ。

全県での住宅被害は24日時点で9578世帯となり、23日時点より30世帯増加。長野市に次いで、千曲市2101世帯、佐久市774世帯、飯山市613世帯、須坂市318世帯などとなっている。

県内大雨恐れ 注意喚起
北陸新幹線 きょう全線再開

県内は25日に低気圧の影響で大雨となる恐れがあるとして、長野地方気象台は注意を呼び掛けた。台風19号による記録的な大雨や22日の大雨の影響で、少しの雨でも土砂災害や洪水が発生する危険性があるとして、河川の増水などに警戒を求めている。

気象台によると、九州の南海上にある低気圧が、25日夜にかけて関東の東の海上に進む見込み。このため県内は25日に大雨になるとしている。25日午後6時までの24時間降水量は多い所で、中部90㍉、北部と南部で80㍉と予想している。

日本気象協会長野支店(長野市)は、千曲川、犀川流域に降った雨が下流に達する時間帯は同日夕から26日明け方にかけて、千曲川の水位の上昇が予想されるとしている。

長野市穂保にある千曲川の堤防決壊現場には24日も、増水時に仮堤防を守るため、川側に鋼板を打設し、「締切堤防」を設置する工事が進んだ。国土交通省北陸地方整備局(新潟市)は「一日も早い完成に向け、24時間態勢で作業を続ける」とする。穂保地区では浸水で削られた地面に水たまりが一部残るものの、浸水は同日までに「おおむね解消した」(同整備局)という。

長野新幹線車両センター(長野市赤沼)への浸水などで運休していた北陸新幹線(長野経由)の東京―金沢間は25日、約2週間ぶりに全線で運行を再開する。線路の冠水や設備故障から復旧したが、車両センターの浸水で3分の1の車両が使えないため、臨時ダイヤでの運行となる。

大雨の予想を受け、県企業局北信発電管理事務所(長野市)は24日午後7時、菅平ダム(上田市)で放流を始めた。ダム水位の上昇に備えて事前に水位を下げるため毎秒2～5立方㍍程度を放流。降雨の状況を見て停止する。上田市は流域河川の水位が上昇するとして近づかないようメールなどで注意を促した。

菅平ダム管理所によると、同ダムの総貯水量は345万立方㍍で、毎秒最大2・4立方㍍を発電や農業用に放流している。19日から22日にまとまった雨で流入量が増え、ダム水位が満水に近づいているという。

北陸新幹線 来月29日までの時刻表 32面に

天気

最高気温／最低気温

北部　6時 12 18 24　26日 27日 28日
飯山 18 14
長野 17 14
大町 13 11

中部　6時 12 18 24　26日 27日 28日
松本 16 12
上田 15 14
佐久 13 11

南部　6時 12 18 24　26日 27日 28日
諏訪 14 12
木曽 15 12
伊那 14 13
飯田 18 14

5㍉以上　5㍉未満

28面に詳しい天気情報

素肌乾燥情報　かさかさ、注意、しっとりの3段階

斜面

2019.10.25

「お父さん、こわくないん？」「自分が生まれ育った町が大変な時に協力するのは当たり前じゃろ」

昨年7月の西日本豪雨。雨が上がった早朝、広島県府中町の中学2年藤森虎之介さんが消防団員の父親と交わした言葉である◆支度した父親は土砂災害で行方不明者が大勢いる地区に向けて家を出た。藤森さんは「大丈夫かな」と不安になって落ち着かない。午後7時すぎ、父親は泥だらけになりながら無事に戻って来た。藤森さんが書いた作文「大切な物の為に」から引いた◆防災をテーマにした今年の全国中学生作文コンクールで最優秀に選ばれた。同じようなやりとりは台風19号で氾濫した千曲川や支流の地域を守る消防団員と家族の間でも交わされたはずだ。家に残す家族のことが心配で後ろ髪を引かれる思いで出動した団員もいるだろう◆堤防決壊が迫る中、火の見やぐらの半鐘を連打した長野市長沼地区の消防団員は自らも被災した。昼間は浸水した自宅やリンゴ畑の片付けをして夜は空き巣警戒で巡回する団員がいる。危険も伴う。どこまで担うべきか。自[illegible]からの活動が続く◆子育てなど父親の役割と両立させるのも課題だ。なり手が減る一方、災害多発の時代に地域防災の担い手への期待は高まる。6歳から父の活動を見て育った藤森さんは「大人になったら消防団に入る」と作文を結んだ。団員と家族を支え負担を分かち合えば次世代の心意気も育てられる。

ことば映え

軽井沢町　とら吉

天真爛漫(らんまん)　無邪気に振る舞う

応募方法34面に

紙面の問い合わせ　本社見学・出前講座　編集応答室 026-236-3111
購読のお申し込み　読者センター 026-236-3215　0120-81-4341
信毎ホームページ　www.shinmai.co.jp

当面の住まい 難しい選択

建て替え・修理・仮設入居 制度複雑

焦点

台風19号に伴う千曲川などの氾濫で住宅が被害を受けた被災者向けの自治体の支援が見えてきた。県は24日、長野市の受付窓口で25日から県営、市営住宅の入居申し込みを一体的に受け付けると発表。県と同市は応急仮設住宅の開設に向けた準備も進める。ただ、家の応急修理のための支援金を受け取ると、原則として応急仮設住宅に入居できないなど複雑な制度の壁もある。当面の住まいをどう確保するか、被災者には難しい選択と言え、負担を少しでも和らげる行政の支援が欠かせない。【1面参照】

被災者の住まい確保への公的支援の基本的な流れ（浸水被害の場合）

- 住家流出または床上1.8m以上の浸水【全壊】→ 応急仮設住宅に入居可能【無償】（応急修理費支援は利用不可）
- 床上1m以上1.8m未満の浸水【大規模半壊】→ 土砂などで住宅として再利用できない／修理のため長期間自宅に住めない → 応急仮設住宅に入居可能
- 床上で1m未満の浸水【半壊】→ 短期間で最低限の修理をして自宅に戻りたい → 住宅の応急修理費支援【上限59万5000円】（仮設住宅は入居不可）
- 全壊と大規模半壊は国の被災者生活再建支援制度（全壊 最大300万円、大規模半壊 最大250万円）　半壊は県と市町村による「信州被災者生活再建支援制度」（最大50万円）を利用可能
- 半壊に至らないが、住宅の損害割合が10%以上20%未満 → 住宅の応急修理費支援【上限30万円】

行政の支援金利用しても… 費用膨らんだら不安

「修理するか、別の場所に建て直すかは、（国や県などからの）お金次第かな」。長野市赤沼の農業西沢安信さん(79)は24日、ため息交じりに話した。妻の芳子さん(78)と2人暮らし。木造2階建ての築約40年の自宅は、4年ほど前に約2千万円をかけてリフォームしたばかりだ。

千曲川の堤防決壊で自宅は2㍍ほど浸水した。めくれ上がった畳、破れた壁、散乱する家財…。変わり果てた光景に「開いた口がふさがらなかった」。知人の大工に相談すると「半年くらい家を乾燥させないと修理はできない」と言われた。生活費の大半は年金頼みで、費用の見積もりはまだしていない。国や県、市の支援制度を参考にしつつ、「どう選択すべきか、家族や親戚に相談してじっくり考えたい」。

今回の台風被害では、県内では住宅の浸水被害が大きく、床上と床下を合わせて9500世帯ほどが浸水。そのうち長野市内の被害は約5千世帯に上る。

国の被災者生活再建支援制度では住宅の「全壊」や解体、長期避難の世帯に最大300万円を、「大規模半壊」には同250万円の支援金を出す。だが、自宅を解体し、新たに建て直す場合、この支援金だけではとても賄いきれない。

「半壊」の世帯は国の支援からは漏れるが、県独自の「信州被災者生活再建支援制度」が補う。床上浸水などで住宅が半壊した世帯に最大50万円を支給する。

◇

須坂市北部体育館に開設された住宅相談窓口には24日、同市北相之島の駒津侑さん(73)が訪れた。自宅が床上70㌢の高さまで浸水。今も室内には土砂が残り、上高井郡高山村の姉の家に身を寄せている。駒津さんは「これまで夫婦2人でほそぼそと年金生活をしてきた。仮に自宅の修繕費が大きくなったら払えない」と頭を悩ませる。

被災した住宅を応急修理する場合、災害救助法に基づき、市町村から最大で59万5千円の支援を受けられる。ただ、修理した場合は元の住宅に住むことを決めたとみなされ、原則として応急仮設住宅に入居できない。さらに、あくまで市町村が工事業者と契約して修理するため、自分で業者に依頼して修理すると支援が受けられない。

長野市内の住宅リフォーム会社の役員で、1級建築士の塩原真貴さんは「柱や筋交いなど構造部分の損傷だけでなく、基礎や壁の断熱材も水に漬かったとすれば、修理費用はとても60万円程度では済まない」と指摘する。

昨年の西日本豪雨で被災した岡山市住宅課によると、同市内では全壊が少なかったこともあり、家を修理する人が多かった。同課の担当者は「結局大規模なリフォームになり、施工が順番待ちの状態になった。特に、60万円程度の費用で取りあえず住める状態にする小規模な修繕を求める人は、工事が後回しになった」という。

今回の台風19号では、高齢世帯の被災者も少なくない。被災家族にとって何が最善の選択か―。支援する行政の役割は重い。

千曲川の決壊で自宅が2㍍ほど浸水した西沢さん宅。修理するか、建て直すか悩んでいる＝24日午後3時43分、長野市赤沼

市職員から浸水した住宅の補助制度などに関する説明を聞く市民（手前）＝24日午後4時3分、須坂市北部体育館

仮設住宅 避難者の希望多く
長野市400～500戸程度

県と長野市は応急仮設住宅の確保を急ぐ。原則は自宅が全壊した人が対象だが、国は昨年7月の西日本豪雨の際、大規模半壊や半壊でも流入土砂などで自宅が再利用できない場合も対象に広げた。内閣府は今月21日、修理のため長期間自宅に住めない人にも仮設住宅への入居を認める―とする通知を台風の被災県に出し、さらに緩和した。

応急仮設住宅は、新たにプレハブ住宅などを建てる「応急建設住宅」と、民間の賃貸住宅を国費で借り上げる「みなし仮設住宅」がある。みなし仮設住宅は今後、国や県が定める家賃上限内の物件なら、被災者が選んで住める。

長野市以外での仮設住宅の確保を担う県は、基本的にみなし仮設住宅で対応する考えだ。県建築住宅課は長野市以外の全壊は「数十」にとどまるとみて、「みなし仮設の方が調達が早い」とする。

一方、長野市はみなし仮設住宅を優先的に供給しながらも、「地域のコミュニティー維持」の観点などから仮設住宅の建設は「必須」と説明。加藤久雄市長は24日の記者会見で「近所の人と一緒に入りたいといった要望もある」と述べた。

市住宅課は「お年寄りを中心に『近所の人といられるから』と、空いている避難所への移動を望まない声がある」とし、地域のつながりを重視。被害が集中した長沼、豊野地区周辺では賃貸住宅が少ないこともある。仮設住宅の候補地に定めている古里、若槻地区の公園や運動場に11月初めにも着工し、同月末までに完成させる計画だ。みなし仮設と合わせた戸数は「少なくとも400～500戸程度」としている。

避難所に避難している人への市のアンケートによると、仮設住宅への入居希望の割合は早く自宅に戻りたい人がおおむね4割、仮設住宅の希望者は6割ほどだが、直近の22日ではそれぞれ2割、8割だったという。同課の武井晋市課長補佐は「簡単には自宅を復旧できないと感じる人が増えているようだ。被災者の意向はまだ動いている」とみている。

県と長野市 公営住宅入居申し込み
被災状況分かる写真で受理

県と長野市で始まった公営住宅の入居申し込みについて、県と市に詳細を聞きました。

Q　入居を申し込める人は。

A　県は住宅が半壊以上の被害を受けた人が対象で、高齢者や妊娠中の女性などの要配慮者しか申し込めない物件も用意しています。市は半壊以上の被害を受けた要配慮者の世帯のみを対象としています。

Q　県と市の公営住宅を同時に申し込むことは。

A　できません。どちらかを選んで申し込みます。

Q　住宅の家賃は。

A　家賃は無料ですが光熱水費、共益費などは入居者の負担になります。入居期間は最長で1年間です。

Q　応募者が多く、抽選に漏れた場合は。

A　2回目の受け付けに申し込むことになっています。県は物件が残っていれば11月7～13日、2回目の受け付けをします。長野市は住宅の用意ができ次第、半壊以上の被害を受けた人を対象に第2回を受け付けるとしています。

Q　罹災証明書の発行が受付期間に間に合わない場合は。

A　県、市とも受け付けの際は被災状況が分かる写真で受理します。

Q　県と市の両方の公営住宅を相談できる窓口は。

A　25日から、市の受付窓口となっている市役所市民交流スペース、篠ノ井総合市民センターと、豊野、柳原、松代、古里（土日祝日のみ）の各市支所に県の職員が出向き、両方が相談できる態勢になります。

核「人道上の懸念」削除
国連に提出 日本の核廃絶決議案
具体的な削減策にも触れず

日本政府が今月、国連総会第1委員会（軍縮）に提出した核廃絶決議案の内容が24日明らかになった。昨年まで記載されていた核使用の非人道的な結末に対する「深い懸念」という文言が削除され、米ロの新戦略兵器削減条約（新START）の履行促進など具体的な核軍縮策にも触れていない。決議案は1994年から毎年提出しており、今年も11月以降に採択される見通し。核軍縮を巡る国際環境の悪化を反映し、日本の非核政策の後退が鮮明になった。

外務省は「来春の核拡散防止条約（NPT）再検討会議の成功へ向け、亀裂が深まる核保有国と非保有国の共通の基盤を探ろうとした」と説明するが、専門家は「被爆国が核削減に言及しないのは問題だ」としている。

決議案は、NPTが来年発効50年を迎えることを念頭に、加盟国が「核廃絶の究極的目標」に関する必要性を確認。昨年に続き、核軍縮義務を定めたNPT第6条履行の重要性も明記した。

しかし昨年まであった「核使用による壊滅的な人道上の結末への深い懸念」との表現の言葉も盛り込まれなかった。「深い懸念」は2017年採択の核兵器禁止条約の基本理念。唯一の米ロ核軍縮条約である新STARTは21年2月に期限が迫っている。

外交筋によると「深い懸念」が削られたのは、核兵器禁止条約に猛反対するフランスなど核保有国を意識した措置で、新STARTに言及しないのは、米国が同条約を延長するか否か対応を決めていないためだという。

決議案はさらに、核保有国が非保有国に核攻撃しないことを約束する「消極的安全保障」に関する表現も削除。昨年は消極的安全保障の法制化を求める非保有国の主張に理解を示していた。

長崎大の鈴木達治郎教授（核政策）は「現在の核軍拡の様相を逆転させるにはとても不十分な内容。決議案提出の意義自体を見直すべきではないか」としている。

復旧へ地道に、懸命に

23・24日

扉を開けて室内に風を通す須坂市北相之島の集合住宅。扉や壁には浸水時の泥水の跡が残る＝24日午後2時48分

ベトナム人も支援に

岡山県に本社を置く企業で働くベトナム人の男性らが、日本人社員と共にボランティアに参加＝24日正午、長野市津野

冠水した地区内の住宅から出た土を運び出す自衛隊員＝24日午後1時48分、須坂市北相之島

山の斜面が崩れ、土砂や樹木が押し寄せた上田市西内の湯里天神社。12〜13日にかけて崩れたとみられ、屋根や壁に被害が出ている＝23日午後3時半ごろ

「出しておかないとまた水がついてしまう」。雨の予報に急いで側溝の土を出す作業員＝24日午後2時25分、長野市赤沼

泥が残る扉

店舗内（奥）の片付け作業が進むデリシア豊野店。従業員の出入り口の扉にはまだ浸水当時の泥が残っていた＝24日午前11時、長野市豊野町

路肩に積まれたごみが邪魔して、自走不能の車の撤去が思うように進まない＝24日午後1時41分、長野市津野、穂保境

台風19号 17都県で2万8800㌶
浸水面積 昨年総計超える

台風19号に伴う河川堤防の決壊や越水などで浸水した範囲は17都県の約2万8800㌶に上り、数日間の降雨で、西日本豪雨などを含む2018年の年間総計約2万8579㌶を超えたことが24日分かった。関東・東北豪雨があった15年も上回った。台風19号による浸水面積は長野県を含め調査中の地域も多く、さらに増える見通しだ。

国土交通省が河川流域別に公表している24日時点の浸水面積を集計した。浸水は既にほとんどの地域で解消している。

国管理河川周辺では、14都県の約2万5525㌶が浸水した。宮城、福島両県の阿武隈川流域が上流や下流、支流を含み約1万2600㌶で最大。吉田川流域は宮城県で約5700㌶、越辺川流域では埼玉県で約2060㌶などとなっている。

都道府県管理河川の浸水被害は16都県で発生した。面積は調査中の地点が多いが、判明分で国管理河川との重複を除くと約3275㌶となる。福島県管理区間の阿武隈川で約500㌶、栃木県佐野市の秋山川約370㌶、埼玉県東松山市の新江川約220㌶など。国管理、都道府県管理とも堤防決壊箇所周辺での浸水被害が大きい。

国交省は毎年、洪水だけでなく、高潮や土砂災害なども含む浸水範囲を公表している。18年の総計は暫定値で、災害別の内訳は西日本豪雨約1万8500㌶、関西空港が被災した台風21号約1007㌶など。

15年は約2万6826㌶が浸水した関東・東北豪雨を含め約2万7500㌶、初めて大雨特別警報が発表された台風18号などを含む13年が約3万㌶。11年は東日本大震災の津波による浸水面積を算出できていないが、新潟・福島豪雨や台風による被害が続き、約5万1千㌶となっている。

近年の主な豪雨による浸水被害

年	豪雨	浸水面積
2019年	台風19号（暫定値）	2万8800㌶
18年	西日本豪雨（暫定値）	1万8500㌶
15年	関東・東北豪雨	2万6826㌶
13年	台風18号	1万4605㌶
11年	新潟・福島豪雨	1万8782㌶

全国の死者85人 不明9人

大規模な土砂災害や浸水被害を引き起こした台風19号の影響で、24日までの共同通信の集計で死者は13都県の85人（災害関連死を含む）、行方不明者は9人となった。24日現在、内閣府によると3864人が避難所で生活。厚生労働省の集計では、断水は前日より約1万3千戸減ったが、依然2万8868戸で続く。

総務省消防庁によると、住宅被害は全半壊が15都県2675棟、一部損壊が27都道府県3895棟。床上浸水は16都県3万1644棟、床下浸水は21都県3万3852棟となっている。

国土交通省によると、土砂災害は20都県で601件が確認され、堤防の決壊は7県の71河川139カ所。

24日 県関係の鉄道・高速道の状況

金沢
北陸新幹線
上越妙高
26日再開予定
24日再開
森宮野原
戸狩野沢温泉
飯山線
豊野
25日から東京ー金沢間直通運転再開予定
北しなの線
長野
上信越道
長野道
上田
佐久IC
碓氷軽井沢IC
松本
しなの鉄道
小諸
特急あずさは終日運休 10月末ごろ再開見込み
岡谷JCT
中央東線
田中
佐久平
小海
軽井沢
小海線
野辺山
中央道
東京
赤線は通行不可

接近前から局地的前線
台風19号 気象庁分析

気象庁は24日、台風19号による大雨の原因の分析結果を発表した。台風接近前から、関東甲信から東北にかけて「局地的な前線」が形成されて上昇気流が持続。山沿いだけでなく平野部でも雨量を増大させたとした。台風が伊豆半島に上陸した12日に全国で観測された総降水量が歴代2位の多さだったことも明らかにした。

気象庁によると、台風接近前に寒気が南下し、12日午前には局地的な前線が形成された。さらに台風が大型で非常に強い勢力で接近。大量の水蒸気を含む暖かい空気が流れ込んで前線が強化され、上昇気流が持続して雨雲が発達したとみられるという。その後、台風の中心付近にあった雨雲の影響でさらに降水量が増すことになった。

12日に全国で観測された総降水量は、地域気象観測システム（アメダス）の1982年から降水量を観測している965地点のデータで約8万㍉だった。1位は2004年10月20日の約8万9千㍉で100人近くが犠牲となった台風23号の記録。

局地的な前線のイメージ

寒気
局地的な前線が形成・強化され上昇気流が持続
暖かく湿った空気

台風19号による県内の避難所・避難者数
（24日午前10時時点、県災害対策本部まとめ）

市町村	避難所	避難者数
長野市	13	756
千曲市	1	6
飯山市	1	5
中野市	1	9
須坂市	2	163
小布施町	2	18
合計	20	957

台風19号による県内の人的被害
（24日正午時点、県災害対策本部まとめ）

市町村	死亡	重傷	軽傷	計
長野市	2	2	79	83
上田市		1	4	5
須坂市		1	6	7
中野市		1	1	2
飯山市		1	4	5
佐久市	1		18	19
千曲市			5	5
東御市	1		1	2
佐久穂町			2	2
軽井沢町			1	1
箕輪町			1	1
坂城町			2	2
合計	4	6	124	134

（注）不明者は佐久市で1人

避難所への避難者数（全県）

日時	避難者数
12日 午後6時	567人
13日 午前8時	7435
14日 午後6時	1308
15日 午後3時	1081
16日 午後3時	924
17日 午後3時	873
18日 午後3時	948
19日 午後3時	935
20日 午後3時	931
21日午前11時	966
22日午前10時	1014
23日午前10時	1021
24日午前10時	957

台風19号による県内の住宅被害
（24日正午時点、県災害対策本部まとめ）

市町村	全壊	半壊	一部損壊	床上浸水	床下浸水	計（世帯）
長野市	185	71		3049	1781	5086
松本市					1	1
上田市	1		39	31	89	160
岡谷市			5			5
須坂市				218	100	318
中野市			3	82	37	122
飯山市				407	206	613
佐久市				116	658	774
千曲市				1310	791	2101
東御市				3	3	6
小海町				4	5	9
川上村					4	4
南牧村			1		2	3
南相木村				2	6	8
北相木村	1			4	9	14
佐久穂町				47	54	101
軽井沢町	2		1			3
立科町				4	31	35
青木村					1	1
長和町				1	50	51
辰野町		2	30			32
箕輪町			6			6
飯島町			1			1
南箕輪村			1			1
麻績村					3	3
筑北村					4	4
坂城町				1	1	2
小布施町				31	28	59
高山村					1	1
木島平村			1			1
野沢温泉村				10	10	20
信濃町			20		5	25
飯綱町			4			4
栄村				2	2	4
合計	189	73	112	5322	3882	9578

長35　第一社会　6版　2019年（令和元年）10月25日　金曜日　信濃毎日新聞　新聞定価1ヵ月3,400円（うち消費税 251円）1部150円（消費税込み）　第三種郵便物認可

安住の地 どこに

通院先近い公営なく 引っ越し代もなく

糖尿病患い生活保護の66歳 市営住宅「全壊」

長野市豊野町

ルポ 千曲川氾濫【1面参照】

電気は使えず、かび臭い。長野市豊野町豊野の市営住宅・沖団地にある自宅は、台風19号による千曲川氾濫などで水に漬かった。妻を亡くして1人暮らし。糖尿病を抱え、生活保護を受けている。原巳義さん（66）は24日も、これからの住まいをどうするか頭を痛めていた。浸水被害を機に、市が建物解体を決めたからだ。

10年余り前、妻が重い腎臓病になった。原さんは会社をやめ、アルバイトをしながら看護をしてきた。妻は間もなく死去。今度は自身が糖尿病を患い、医師から働くのを止められた。以来、生活保護で医療費と家賃を賄い、月7万円の厚生年金で生活。「食費などを切り詰め、貯蓄はほとんどない」とこぼす。

13日朝、玄関に水が入り込んできた。2階に上がり、様子を見ていたが、水位はどんどん上昇。13日昼ごろ、ボートで救助された。1階は水没し、冷蔵庫や買い物に使っていたミニバイクは使えなくなった。移動手段は折り畳み自転車だけになった。

「沖団地が取り壊すことになるらしい」。近くの住民らの話を耳にした。

市住宅課によると、築40年以上の沖団地はどの棟も2階の床まで浸水して「全壊」扱い。解体し、ゆくゆくは建て替えるという。ただ、市が向き合う急務は、被災者向けの仮設住宅の建設。沖団地の建て替えがいつになるかも見通せない。

氾濫から間もなく2週間。市は23日、自宅が全半壊した被災者で、高齢者や障害者、妊婦らのいる世帯を対象に公営住宅などの入居者募集を始めた。原さんは24日午前8時半ごろ、市豊野支所に足を運んだ。代わりの住まいが見つかるかどうか。糖尿病の治療のため月1回、近くの診療所に通っている。難聴のため診察時に筆談をしてくれるこの診療所に通い続けたい。

「今回の募集は、長野駅周辺などの団地に限られます」。市の担当者は言った。紹介されたのは同市三輪、栗田などの住宅。今の自宅から10～12キロ離れている。肩を落とし、入居申請を見送った。

夜は避難所になっている豊野西小学校体育館で寝泊まりしている。23日も200人超が身を寄せた。トイレなのか、深夜に体育館内を歩く避難者の振動が気になる。自分が歩くときも気を使う。眠りにくい。これから寒くなる。体調を崩さないか、不安がつきまとう。

今後住まいが見つかっても、引っ越しや家財道具を買い替える費用が用立てられるか、心配だ。県や市による自立支援制度の枠組みで、こうした費用への援助は見当たらない。市の担当者は「ほかの被災者同様、自己負担になる」。

原さんは24日午前9時半ごろ、支所から自宅に戻った。2階に上がり、妻の位牌を置いた大事な仏壇やテレビ、ベッドなどを見渡した。「この荷物、どうやって運び出しゃいいんだ」。そう言って頭を抱えた。

（片岡絵理、佐藤勝）

自転車に乗り、団地内の自宅から避難所へ向かう原さん＝24日午前10時57分、長野市豊野町豊野

長野の千曲川で発見の遺体
東御で不明男性と判明
犠牲者 県内4人目

県災害対策本部は24日、長野市の千曲川河川敷で21日に見つかった身元不明の男性の遺体は、東御市の田中橋で12日に車ごと千曲川に流されたとみられる静岡県沼津市の男性（73）と判明したと発表した。関係者によると、男性は東御市出身の佐藤昭雄さん。台風19号の影響による県内の死者は4人目となる。

遺体は21日午前10時半すぎ、田中橋から約46キロ下流の長野市篠ノ井西寺尾の千曲川左岸の河川敷で、付近を捜索中の県警機動隊員が見つけた。県災害対策本部によると死因は頸髄損傷。家族が身体的特徴などから佐藤さん本人と確認した。同本部関係者によると、県警が司法解剖やDNA型鑑定も行った。

佐藤さんは12日午後7時ごろ、田中橋近くの道路が陥没して車ごと転落し、流されたとみられていた。14日に約2キロ下流の河川敷で、佐藤さんが乗っていたとみられる白い乗用車のバンパーが見つかっていた。

台風に関連し、県内では他に佐久市入沢のタクシー運転手、三石量正さん（68）が行方不明になっており、県警が千曲川沿いで捜索を続けている。

あんずちゃん　田中しょう

ああ!! おじいちゃん あれ見て!

ああ あれか

太陽の周りに輪っかができてる!!

あれはなんていう現象?

知ってるぞ… えーと ほら…

老化現象

それを言っちゃだめでしょ!!

新幹線「指定席を」 長野駅混雑

きょう全線運行再開　来月29日までの時刻表 32面に

来月29日までの時刻表 32面に

25日に北陸新幹線（長野経由）が東京―金沢間全線で運行を再開するのを前に、指定席券の販売が24日、始まった。台風19号の記録的な大雨で車両が冠水。長野―東京間で運行本数を減らして再開していたが、全席自由席や指定席を2両に限った運行が続いていた。長野駅（長野市）のみどりの窓口は指定席券を求める利用客で混雑し、1時間以上待つ人も出た。

JR東日本長野支社によると、24日は午前11時の販売開始前から行列ができた。窓口付近では、いったん並んだものの購入をあきらめて列を離れる人もいた。

長野市の清水博さん（80）は26日に都内で開く孫の中学校の学習発表会に妻と行く予定で、東京行き指定席券を買うために並んだ。25日に購入することも考えたが「本数も減っており、指定席がなくなるかもしれないと思った」と急いだ理由を話した。

北陸新幹線は千曲川などの氾濫で、長野新幹線車両センター（長野市赤沼）にあった10編成（120両）が浸水。24日まで長野―上越妙高間で運転を見合わせていた。

全線で運行を再開する25日以降の暫定ダイヤは被災前の通常ダイヤと比べ、東京―金沢間を直通する「かがやき」が上下1本ずつ減る。「はくたか」は変わらず、長野―東京間の「あさま」はおよそ3分の2まで減る。

発売が再開された北陸新幹線の指定席券を買うため、長野駅のみどりの窓口に並ぶ人たち＝24日午後4時31分、長野市

スーパー再開「復興の力に」
長野と飯山 きょうから

スーパーのデリシア（松本市）は25日、台風19号の影響で休業している3店舗のうちデリシア豊野店（長野市豊野町）とユーパレットみゆき野店（飯山市）の営業を再開する。豊野店では24日、従業員ら20人余が運ばれてきた商品を並べるなど準備を進めた。

豊野店は店舗建物の電気設備が水没して使えないため、当面は敷地内にテントを設け、午前9時から午後4時まで屋外で営業する。支払いは現金のみとしている。

副店長の唐沢功さん（44）によると、店舗は高さ2・5メートルほどまで浸水し、食材や日用品が泥に埋もれた。水が引いた15日以降、商品や棚、冷蔵庫などを運び、泥をかきだすなど片付けを進めている。

この日、従業員らは陳列棚の汚れを拭いたり、カップ麺や飲料、菓子、缶詰など保存の利く商品を並べたりして営業再開に備えた。唐沢さんは「限られた商品でお客さんに迷惑を掛けてしまうが、再開を待っていた地域の人の力になりたい」と話した。

みゆき野店は午前9時から午後8時まで営業。当面、浸水の影響がなかった店内の約半分のスペースで営業する。

両店とも、大雨などにより現地で避難指示が出た場合は営業時間を変更する。

屋外テントでの営業再開に向け、飲み物やカップ麺などの商品を並べる社員ら＝24日正午、長野市豊野町のデリシア豊野店

県内被災地 盗み被害4件
屋外に置いたポンプやタイヤ

台風19号の記録的な大雨や千曲川などの氾濫で被災した長野、飯山、千曲市で、屋外に置いてあった家財が盗まれる被害が4件あったことが24日、分かった。県警が同日の県災害対策本部会議で報告した。県警は引き続き被災地を24時間態勢でパトロールするなど警戒を強める。

長野市穂保、同市篠ノ井御幣川、飯山市飯山、千曲市杭瀬下の4カ所で、電動くみ上げポンプやスタッドレスタイヤなどが盗まれた。このうち同市穂保では、家人が避難先に避難している間に被害に遭った。残りの3件は、いずれも家人が避難先から自宅に戻った後に盗まれたという。

県警は避難所などに身を寄せる被災者に対し、現金や通帳、印鑑などは持ち出して目の届く範囲に置き、持ち出せない場合は戸締まりや施錠を徹底するよう求めている。

高原調

○…下伊那郡天龍村の天龍小学校4～6年生12人が24日、県天然記念物の渡り鳥ブッポウソウの巣箱の中身を調べた。児童たちはピンセットで巣箱計約40個の中身を一つ一つ調べた＝写真。

○…同小は村内各地に巣箱を置くなどして20年前からブッポウソウの保護に取り組む。巣箱の中身をブルーシートに出し、ブッポウソウが持ち込んだとみられるカタツムリの殻や金属片を仕分けた。

○…一緒に作業した6年の山崎ここねさん（12）と4年藤沢幸音さん（10）は、薄い木の皮をピンセットでつかみながら冗談交じりに「かつお節が見つかりました」。教室にどっと笑いが起きた。

1　第49329号　【明治25年3月15日第三種郵便物認可】　信濃毎日新聞　2019年（令和元年）10月26日　土曜日　日刊　9版★

1873年（明治6年）創刊
発行所 信濃毎日新聞社
長野本社 〒380-8546 長野市南県町657番地 電話（026） 受付236-3000 編集236-3111 販売236-3310 広告236-3333
松本本社 〒390-8585 松本市中央2丁目20番2号 電話（0263） 代表32-1200 報道32-2830 販売32-2850 広告32-2860

あずさ28日から通常運行

中央東線全区間で通常ダイヤ

JR東日本は25日、台風19号の影響で12日以降、運休が続いていた中央東線の特急あずさについて、28日の始発から全線で通常運行を再開すると発表した。指定席の販売は26日午前11時に始める。中南信地方から首都圏へのアクセスは不便な状況が続いていたが、2週間余りの運休を経て解消されることになる。

【関連記事37面に】

台風19号による記録的な大雨の影響で、中央東線は線路内に土砂が流入して大月（山梨県大月市）―高尾（東京都八王子市）間で運転できなくなった。徐々に復旧を進め、単線運行だった相模湖（相模原市）―高尾間の上り線で復旧のめどが立った。

これで中央東線は、普通も含め全区間、通常通りのダイヤに戻る。特急あずさの始発は上りが午前6時25分松本発、下りが同7時新宿発。

台風で被災した県内のJR線は、小海線が小海―野辺山間で運休しており、野辺山―小淵沢間は本数を減らして運行。飯山線は26日の始発から全区間で通常通り運転する。

しなの鉄道は上田―田中間で運転を見合わせており、通学定期を利用する学生や生徒を対象に、北陸新幹線（長野経由）とバスを組み合わせて代替輸送している。上田電鉄別所線は、運行を見合わせている上田―下之郷間で代行バスを走らせ、下之郷―別所温泉間は臨時ダイヤで運行している。

降り続く雨の中で、暗くなっても重機による泥の撤去作業が続いた被災地＝25日午後4時37分、長野市穂保

県内雨 水位の上昇警戒

台風被害1449億円に

県内は25日、低気圧が本州沖を北東に進み暖かく湿った空気が入り込んだ影響で雨となった。夜までにほぼやんだが、道路に被害も出た。台風19号による記録的な大雨で千曲川などが氾濫した長野市は、これまでに降った雨で河川の水位が上昇することを見越し、警戒を強めた。

長野市は同日、千曲川の水位上昇を警戒し、支流の浅川との合流点付近にある排水機場（ポンプ場）に担当者を配置。千曲川の水位が上がって浅川の水が流れ込めずにあふれる内水氾濫を防ぐため、複数のポンプ車を置いて排水に備えた。同日午後には市防災メールなどで「再び内水氾濫が発生する恐れがある」として、支流の浅川下流域の住民に早めの避難を求めた。

県大町建設事務所によると、同日午後4時20分ごろ、大町市八坂の県道舟場矢下線ののり面が崩れていると通報があった。約20メートルにわたって土砂などが道路を埋めており26日に調査する。上高井郡小布施町飯田では25日午後4時ごろ、県道村山小布施停車場線の一部が約50メートルにわたり、最大20センチほど冠水した。

一方、県災害対策本部は25日、台風19号による県内の被害総額が1449億700万円に上ったと明らかにした。最初にまとめた18日時点より151億7700万円増え、河川や道路などの公共土木施設が714億1700万円。下水道など都市施設は544億9100万円で、浸水被害を受けた長野市の下水道終末処理場「クリーンピア千曲」の復旧費用がかさむため、下水道だけで518億6200万円とした。他に農業が133億600万円、林業が29億6700万円など。

東北信の災害ごみ受け入れ

中南信の4団体 検討

東北信地方が被災した台風19号で発生した災害ごみについて、中南信地方でごみ処理を担う一部事務組合や広域連合のうち、松塩地区広域施設組合（松本市）、湖周行政事務組合（岡谷市）、北アルプス広域連合（大町市）、穂高広域施設組合（安曇野市）の4団体が受け入れる方向で検討していることが25日、分かった。各団体とも今後、具体的な調整を進める。他にも検討している団体がある。

県は焼却施設を持つ中南信の広域連合など8団体に災害ごみの受け入れが可能かどうかを照会。受け入れ可否の情報を被災自治体に提供した。県資源循環推進課は「今後は被災自治体が中南信の団体と協議し、受け入れを打診することになる」としている。

松塩地区広域施設組合は25日の組合議会議員協議会で、松本クリーンセンター（松本市）での受け入れを前向きに検討していると明らかにした。センターは11月5～11日に定例メンテナンスを予定しており、終了後の12月以降、1日最大30～50トンの受け入れが可能という。木くずや小型木製家具、布団類などを想定している。

穂高広域施設組合の管理者の宮沢宗弘安曇野市長は「どの程度受け入れ可能か検討を始めている」と説明。北アルプス広域連合の連合長を務める大町市の牛越徹市長も「前向きに検討している」とし、同市内のごみ処理施設の地元自治会と調整中とした。

同様に前向きに検討している湖周行政事務組合によると、2016年稼働の新ごみ処理施設は災害時の廃棄物処理を考慮した設計になっている。担当者は「ごみの量や種類、運搬方法などの詳細を早く調整したい」とした。

上伊那広域連合（伊那市）も照会を受けている。

野党、首相任命責任追及へ

菅原氏更迭 集中審議を要求

安倍晋三首相は25日、内閣改造から1カ月半で菅原一秀経済産業相の事実上の更迭を余儀なくされ、政権立て直しが急務となった。野党は、有権者に秘書が香典を渡したなどとする菅原氏を巡る公選法違反の疑惑を引き続き追及する構え。衆院予算委員会の集中審議を求め、首相の任命責任も問う。辞任騒動のあおりで、焦点の日米貿易協定承認案の審議が数日遅れるなど国会審議にも影響が出ており、与野党攻防の激化は必至だ。

【関連記事2・36面に】

自民党の森山裕国対委員長と立憲民主党の安住淳国対委員長は国会内で会談し、衆院で25日に予定した全ての委員会審議を取りやめることで合意した。野党は来週の国会審議には応じる方向だ。ただ25日の衆院経産委で事実関係を説明するとしながら辞任した菅原氏の「疑惑はより深まった」（福山哲郎立民幹事長）として、引き続き国会での説明を求める。

菅義偉官房長官は記者会見で「国会議員は常日頃から自らの行動について説明責任を果たす必要がある」と述べた。その上で内閣として再発防止が重要だと強調した。

日米貿易協定承認案は、25日の衆院外務委員会で趣旨説明が先送りされた。与党は11月上旬の衆院通過を目指しており、審議日程は厳しさを増した。

衆院憲法審査会での議論も、自民党主導の運営は一層難しくなるとみられ、憲法改正論議の進展は見通せなくなりそうだ。

後任経産相の梶山弘志元地方創生担当相（64）は25日午後、皇居での認証式などを経て正式に就任。官邸での補職辞令交付後、記者団に「与えられた職務に全力で取り組んでいく」と述べた。

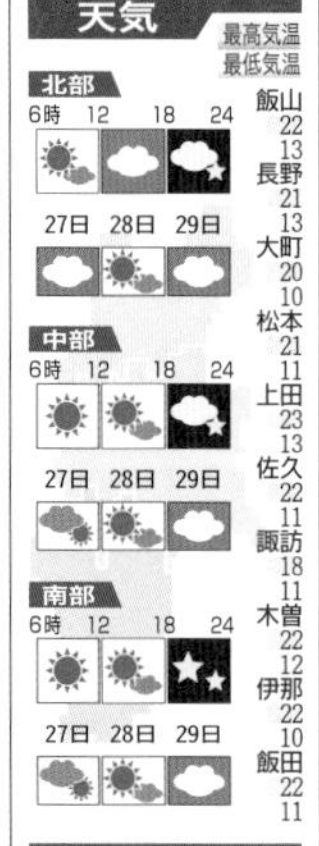

斜面

2019.10.26

毎年、小諸市が募集するエッセーの「藤村文学賞」は、文豪島崎藤村が教師として過ごした小諸での体験をつづった「千曲川のスケッチ」にちなんでいる。1992年に生誕120周年を記念して始まり、国内外から作品が寄せられる◆去年の一般の入賞作、内田宰さんの「心に残る香典」は中学時代の苦い思い出が題材だ。社交的で他人思いの母は周囲から慕われ、自宅は行商のおばさんの休憩所と化していた。筆者は粗末な身なりで出入りされるのが嫌でつい冷たくあたってしまう◆おばさんたちは筆者が家にいるとき遠慮するようになった。間もなく母はがんが見つかり急逝。初七日が過ぎたころ封書が届いた。励まされてつらい仕事を続けられた、との母に宛てた感謝と、迷惑をかけたとの筆者へのわび状だった。同封の香典袋に3枚の千円札が入っていた◆「おばさんたちにとって3千円はとても重たいもの。香典袋と手紙はおまえの宝物にしなさい」。父はそう言ったという。心の温まる作品である。香典には額に関係なく、形だけのものもあれば、心のこもったものもある。受ける方もそれとなく分かる◆経済産業相を更迭された菅原一秀氏の香典は何のつもりだったのか。秘書が議員からと言って有権者に渡せば明らかな公選法違反だ。法律は本人が出向く場合の香典は認めているから、非情というわけではない。票目当ての〝形の乱発〟が災いしたようにも見える。お粗末な交代劇である。

紙面の問い合わせ　本社見学・出前講座　購読のお申し込み　信毎ホームページ
編集応答室　026-236-3111
読者センター　026-236-3215
0120-81-4341
www.shinmai.co.jp

3 総合 9版 2019年(令和元年)10月26日 土曜日 信濃毎日新聞 第三種郵便物認可

学びの場復旧 課題山積

長野の4小中 週明け以降再開目指す

台風19号による千曲川や支流の浅川の氾濫で甚大な浸水被害を受けた長野市北部で休校が続く4小中学校が週明けの28日以降の順次、登校再開を目指している。ただ、浸水した校舎の本格復旧や、長引く休校で遅れた学習のペースをどう取り戻すか―といった多くの課題が待ち構える。「心のケア」も欠かせない。避難所や離れた親類宅などで避難生活を送る家庭もある中、市教育委員会や各校は「子どもたち一人一人の家庭の状況、意向を確認しながら対応する」との姿勢だ。

(稲玉千瑛、佐藤大輔、牧野容光)

焦点

浸水被害 甚大なダメージ
校舎修繕 規模見通せず

長野市穂保の千曲川堤防決壊現場から2キロ弱の東北中学校(同市大町)。校舎が床上浸水し、週明けの月曜の28日も臨時休校が続くが、同日は自由登校を実施することを決めた。

1階が被災したため、2階以上の教室を使う計画。通学路の安全や給食提供に向けた衛生面の徹底などを確認しつつ、本格的な授業再開を目指している。

晴れ間が広がった24日には授業再開を見据え、生徒たちが体育館回りの片付けや掃除に励んだ。ソフトテニス部の2年生、大和若菜さん(14)は「皆の顔を見られるのはうれしい」と学友との再会を心待ちにした。ただ、被災した友人宅の片付けも手伝い「何ともいえない気持ち。早く元の生活に戻れれば…」と複雑な心境を口にした。

25日現在、東北中(今月1日時点で全校生徒528人)のほか、同市豊野町の豊野西小(同児童340人)と豊野中(同生徒251人)、同市津野の長沼小(同児童93人)が休校。このうち200人超の避難所にもなっている豊野西小は28日からの授業再開が決まった。

他に市内では、市南部の松代中が床上浸水し、清掃や消毒作業を経て18日に再開。床下浸水の松代小、篠ノ井東中も16日に学校生活を取り戻した。

一方、千曲川の堤防決壊現場に近く、甚大な被害を受けた長沼小は事情が異なる。校舎周辺が泥に覆われ、復旧に向けた着手が他校より遅くなった。陸上自衛隊も協力して重機などで校内外の土砂や泥の撤去を進めているが、本格復旧は見通せない。長沼小の教員らが詰めている柳原小で18日から、児童同士の顔合わせを始めている。

市教委総務課によると、床上浸水した4校は床や壁の貼り替え、主要な電気設備の更新など大掛かりな復旧工事が必要。児童生徒の安全確保にハード面の整備は欠かせないものの、「復旧箇所の状況確認を進めているが、修繕費などの規模はまだ見通せない」のが実情だ。市教委は文部科学省の補助制度適用の可否を含めて、県を通じて同省と協議を進めるとしている。

休校中の4校の対応方針

【豊野中】28日に全学年が登校して集会。29日から3年生が市立豊野中で授業開始。1、2年生は豊野中の校舎の2階以上で自主学習を進める方針。
【東北中】全学年が自由登校し、校舎の2階以上で活動。できるだけ早めの給食提供、授業再開を目指す。
【長沼小】保護者送迎などで来られる児童が柳原小に集まる。給食も提供する。授業再開は未定。
【豊野西小】28日に授業再開し、給食も提供していく。

泥のかき出しなど再開に向けた作業が続く長沼小学校=23日午前9時29分、長野市津野

浸水した体育館周辺を掃除する東北中の生徒たち=24日午前11時15分、長野市大町

長野市で休校中の4小中学校

授業に遅れ 通学困難な子も
個別に柔軟な対応必要

「自分で漢字とか計算ドリルとかをやっている」。長沼小5年生の白土照英君(10)は長野市赤沼の自宅が180センチ近く浸水し、隣接する柳原地区の祖父宅に避難中。自宅2階に移しておいたランドセルの中の教科書は無事だったが、流されてしまった教材もある。母親の美由紀さん(44)は「授業が他の学校より遅れる心配がある」と話した。

東北中は、家庭学習の目安を保護者宛てのメールで流して学習機会の確保を促した。ただ、受験を控える中学3年生のテストが中止になるなどの影響もあり、今後は2週間近い授業の遅れを取り戻す工夫が求められるとする。

豊野中の林理恵校長は「一人ずつの状況を丁寧に確認し、(学校に)来られる場面を増やしていけるよう準備している」。東北中の加瀬浩明校長も「(再開の)準備をきちっとする」とした。

一方、授業が再開しても通学が困難なケースも想定される。市教委によると休校中の4校には、避難所や親戚宅などに避難中の児童生徒がそれぞれ十数人から40人程度いる。県外を含む学区外で生活を送る子どももいる。

千曲川の氾濫などで浸水被害に遭った長野市南部でも、自宅が被災した児童生徒が合わせて300人以上いる。

市教委はこれまでに、学区外からの通学、暫定的な転校など個々の事情を勘案する―と市全域の学校を通じて被災者に通知。公共交通で通学する場合の補助や、バス移動の調整などを検討している。担当者は「全てのお子さんや家庭の意思確認をし、なるべく意向に添えるよう柔軟に調整する」とする。加藤久雄市長は、特に被害が目立つ長沼小の児童が近隣に「ホームステイ」する案を挙げている。

一方、県教委は市からの要請を受け、避難先から通学する児童生徒の交通手段の確保に向けた支援制度を国に照会中だ。

子どもたちの「心のケア」も重要だ。

各校は被災後、教員が避難所や各家庭を訪れて児童生徒の安否確認とともに心身の状況も把握してきたとする。県教委は16日、避難所の豊野西小にスクールカウンセラー2人を派遣。義務教育課は「今後も必要があれば派遣する」とした。

東京のNPO法人が協力して柳原小などで設ける子どもの居場所を利用する親子も目立つ。ただ全員が利用できているわけでもなく、豊野西小の宮下孝茂校長は「来られない子どもに切ない思いをさせない。一人一人へ配慮を大事にしたい」。息の長い支援が求められる。

県内全域 再建支援法対象
台風19号 全壊の場合 最大300万円

県は25日、甚大な被害をもたらした台風19号を被災者生活再建支援法に基づく自然災害に認定した。県内全域が対象で、住宅が全壊するなどした世帯は、市町村に申請すると、生活再建の支援として最大300万円を受け取れる。県内における同法の適用は6回目で、全域が対象になるのは初めて。

支援金は2種類あり、住宅の被害に応じて支給する「基礎支援金」は全壊や、やむを得ず解体した世帯に100万円、大規模半壊は50万円を支給する。再建方法によって金額が変わる「加算支援金」は、建設・購入が200万円、補修が100万円、賃借(公営住宅を除く)が50万円。財政負担は国と、都道府県が拠出する基金から半分ずつ出す。

2014年の「神城断層地震」では、10世帯以上の全壊が発生したとして北安曇郡白馬村と小谷村に同法を適用。今回は県内100世帯以上の全壊があったため、対象を県全域とした。

申請には罹災証明書などが必要で、市町村が窓口。基礎支援金は災害発生から1年1カ月、加算支援金は3年1カ月以内に申請する必要がある。

同法に基づく支援を受けられない「半壊」の世帯は、県独自の「信州被災者生活再建支援制度」が支援する。住宅が半壊した世帯に50万円を支給する。

県、「みなし仮設」提供へ
来週中に受け付け開始予定

県は25日、台風19号の被災者を対象に、民間からの借り上げによる「みなし仮設住宅」の提供を始めると発表した。住宅が全半壊し、住めなくなった人などが対象。申し込み先となる各市町村は、来週中に受け付けを始める予定。

全壊でなくても、土砂が流れ込んで住めない人や経済的に住宅を確保できない人なども対象。災害救助法に基づいて住宅の応急修理の支援を受けている人は入居できない。

家賃、共益費などは県が負担するが、入居できる住宅は世帯人数によって異なる。2人以下の世帯は月6万円、3～4人の世帯は同7万円、5人以上の世帯が同9万5千円以内の家賃の物件のみ。これを超える物件は仮設住宅としては入居できない。入居期間は2年以内で、光熱水費は入居者が払う。

入居する住宅は希望者が自ら探す。住宅の契約は長野市内は市が、それ以外の被災地では県が行い、被災者に貸す。入居希望者はまず市町村の窓口で制度の説明を受け、案内された不動産業者で物件を探す。罹災証明書などの必要書類をそろえ、市町村に申し込む。申し込みは長野市が来週中に、その他の市町村が来週半ばから受け付けを始めたいとしている。

須坂の県営団地 移転希望者抽選

県は25日、台風19号で被災した須坂市の県営相之島団地の住民を対象に、同団地の空き部屋や他の公営住宅に移転するための抽選会を市北部体育館で行った。同団地では184世帯のうち91世帯が床上浸水、29世帯が床下浸水。今回は床上浸水世帯が対象で、約40世帯が会場を訪れ、引いたくじの順番で新居を選んだ。

県は被災を免れた同団地の空き部屋をはじめ、市内の六角堂団地や旭ケ丘団地といった県営団地、市営住宅のほか、長野市内の県営団地も移転先として用意。旭ケ丘団地を選んだ会社員の高橋裕樹さん(29)は「安心して生活できる部屋が決まってほっとしている」と話した。

今回は移住希望者が対象で、被災した部屋の修繕が終わるまでの一時避難を希望する人は含まれていない。県公営住宅室の担当者は「浸水した部屋の修繕は時間がかかる。一時的な避難を希望する人も公営住宅に入れるよう早急に手を打ちたい」としている。

県営相之島団地の住民が新居を選ぶための抽選会=25日、須坂市北部体育館

東信

佐久地域の農業用水施設 台風被害深刻
来年のコメ作付け懸念

台風19号の影響で佐久市や佐久穂町の取水施設や農業用水路が被災し、農業関係者の間で来年のコメの作付けを懸念する声が上がっている。佐久市では千曲川から農業用水を取水する施設「頭首工」が損壊し、水が流れない多くの水路に土砂や流木が堆積。佐久浅間農協（本所・佐久市）は「高齢化が進む中、農業から離れようと考える農家が出てこないか」と懸念し、国や県に早期復旧に向けた対応を求めるという。

佐久平土地改良区によると、維持管理する同市勝間の頭首工は台風による増水で「これまでにない大きな被害」を受けた。送水管や河川の水量を調整するゲート、魚道などが損壊。この影響で現在、市内の平賀、瀬戸両地区の670㌶に通水できなくなっている。今後、市が復旧工事を進める計画で、来春の作付けに間に合うよう、国に災害復旧の補助金を申請する。

千曲川支流の抜井川、余地川が氾濫した佐久穂町でも頭首工に被害が出ている。両河川沿いに計37ある頭首工の大半が被害を受けたとの情報もあり、町は24日、本格調査を始めた。護岸や道路、田畑ごと崩落した場所もあり、地元からは「復旧は来年の米作りに間に合うか」「農業をやめるという人も出ている」といった声が町に相次いでいる。

被害の全貌は見えておらず、佐久市耕地林務課は「調査中」とし、数百カ所の水路が河川の氾濫で埋まったり、水路自体が流されたりしていると説明。土砂が詰まった暗きょ（地下水路）もあり、通水の見通しは立っていない。復旧が本格化すれば整備する土木業者の不足も予想されるとし、依田誠課長は「農業は佐久の基幹産業。仮設での対応も含めて何とか来春の作付けに間に合わせたい」とする。

河川の氾濫で土砂や流木、ごみが流れ込んだ農業用水路＝24日、佐久市常和

千曲川の味 絶やさない

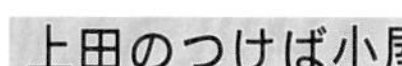
上田のつけば小屋

台風で座敷に水 水槽も流され…

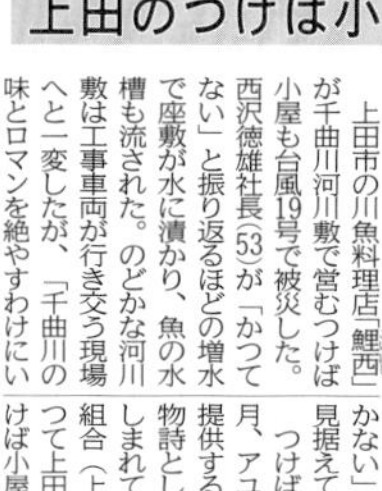
座敷の上まで泥が入った小屋（左）の前で、取引先と連絡を取り合う西沢徳雄さん

上田市の川魚料理店「鯉西（こいにし）」が千曲川河川敷で営むつけば小屋も台風19号で被災した。西沢徳雄社長(53)が「かつてない」と振り返るほどの増水で座敷が水に漬かり、魚の水槽も流された。のどかな河川敷は工事車両が行き交う現場へと一変したが、「千曲川の味とロマンを絶やすわけにいかない」と来年以降の営業を見据えている。

つけば小屋では毎年4～10月、アユやウグイ料理などを提供する。特に夏は上田の風物詩として市民や観光客に親しまれている。上小漁業協同組合（上田市）によると、かつて上田から東御にかけてつけば小屋がひしめいたが、今は鯉西など2軒だけだ。

西沢さんが危機感を覚え始めたのは12日午後2時ごろ。上流の観測所で千曲川の水位が急上昇していた。みるみる川幅が増し「1時間に50㌢ずつ上昇していたと思う」。その後風雨が強まり、小屋の軒先にある水槽にも水が迫った。従業員らと胴長を着て、水槽のアユ120㌔やカジカ20㌔などを小分けして移動。「『救出』しきれなかった魚もいる」。午後7時ごろ、身の危険を感じて退避した。

翌日。約100人を収容できる座敷に泥が上がり、厨房（ちゅうぼう）にも入り込んでいた。竹編みの屋根はめくれ、小屋の骨組みも一部曲がった。被害額はざっと500万円。20日まで予定した営業を打ち切り、今は片付けに追われる。

義父（故人）が始めた鯉西に18歳で入社し35年。「今回ほどひどい増水は初めて」。それでも今回、外来魚として有害視されるブラックバスが流される—といった「プラス効果もあるかもしれない」と前を向く。「多くのお客に楽しんでもらえるよう千曲川とまた踏ん張る」と話した。

台風19号 生活情報
35面にも情報 25日時点、変更の可能性があります

▽上田市
【罹災証明書受付】市（☎0268・22・4100）の市民参加・協働推進課。被害状況の写真、市ホームページから取る申請書、印鑑を持参
【義援金】八十二銀行上田市役所出張所（普）77036」（口座名「上田市災害対策本部」）またはゆうちょ銀行（00100－7－515226）（口座名同上）へ振り込むか、平日に市本庁舎、丸子、真田、武石地域自治センターの義援金箱へ持参
【避難所】上田創造館。充電、ネット環境あり
【災害ごみ受け入れ】上田クリーンセンター、依田窪プール駐車場（丸子、武石地域対象）、旧神川地区公民館（神川地区対象、27日まで）
【ボランティア】ボランティアの協力が必要な被災者は上田市社会福祉協議会（土日はファクス0268・27・2500かメール ueda.shakyo@ueda－shakyo.or.jp）
【融資相談窓口】土日は上田信用金庫ローンセンター上田（☎0120・019・416）で台風関連の融資相談にも応じる
▽長和町
【路線バス】一部路線で迂回（うかい）しながら運行
▽小諸市
【通行止め】県道諏訪白樺湖小諸線の布引トンネル付近
▽佐久市
【罹災証明書の申請受け付け】市役所、臼田支所、浅科支所、望月支所（いずれも土・日曜と祝日は災害対応で受け付けなし。27日は市役所で休日窓口）。浸水被害が多かった各地区でも受け付け、26日は常和区公民館（常和北、常和南地区対象）、青沼小学校図工室（入沢地区対象）、27日は志賀下宿公会場（志賀下宿地区対象）
【災害ごみ受け入れ】うな沢第2最終処分場、宇とう南沢処理場
【無料で入浴】あいとぴあ臼田（☎0267・81・5555）、市老人福祉センター長寿閣（☎0267・67・5575、土・日曜、祝日休み）、市福祉会館（☎0267・62・3094、月曜と祝日の翌日は休み）、あさしな温泉穂の香乃湯、布施温泉、春日温泉もちづき荘、春日温泉ゆざわ荘＝被災者が対象。罹災証明書の写しが必要
【半額で入浴】平尾温泉みはらしの湯。被災者が対象。罹災証明書の写しが必要
【こころと体の健康相談】市役所健康づくり推進課（64歳以下対象、☎0267・62・3189）、市役所高齢者福祉課（65歳以上対象、☎0267・62・3157）、臼田支所、浅科支所、望月支所でも対応
【下水】下水道管理センターが機能停止。市は旧佐久市や旧臼田町の公共下水道の利用区域、塩名田で節水を呼び掛け
【ボランティア受け付け】野沢会館で。市社会福祉協議会（☎0267・64・2426）。26日は受け付けなし
【催しの中止】ここちよいさくチャレンジプレイス（26日）、平尾山もみじ祭り、佐久地区母親コーラスまつり（以上27日）、佐久市農業祭2019、佐久広域食肉流通センター祭（以上11月9日）
▽軽井沢町
【災害ごみ受け入れ】事前に町じん芥処理場（☎0267・46・0354）へ電話。土曜は午前のみ、日曜不可
【下水】発地地区で不調。一部世帯に節水を呼び掛け
【休業】風越公園の総合体育館、スカップ軽井沢（無料、ともにシャワーのみ）
▽御代田町
【通行止め】面替橋周辺、一里塚地区世代間交流センター
▽立科町
【休業】権現山マレットゴルフ場あさまコース・キャンプ場
▽小海町
【町営バス】通常通り運行
【災害ごみ受け入れ】町草刈久保最終処分場（午前8時～正午）で26日まで
【入浴】町営日帰り温泉施設「八峰（やっほー）の湯」が南佐久郡の被災住民を対象に無料で入浴可能に。各役場で入浴券を受け取る。午前10時～午後9時。町役場（☎0267・92・2525）
▽佐久穂町
【支援施設】生涯学習館「花の郷・茂来館」で給水や風呂、物資の提供（☎0267・86・2041、午前8時半～午後10時半）
【給水】大日向3、4区を給水車が巡回する
【仮設トイレ】大日向1区生活改善センター近く、大日向5区下川原橋近く、余地川橋近く
【入浴】花の郷・茂来館に入浴施設を設置。午後3時～10時半に利用可能
【災害ごみ受け入れ】南佐久環境衛生組合駐車場（午前9時～午後4時）
【ボランティアセンター】社協ふれあい支所（午前9時と正午からそれぞれ30分間受け付け、☎0267・86・4273）
【催しの中止】第7回ほっとジャズコンサート（27日）、奥村土牛記念美術館での華道家・假屋崎省吾さんの華道展（11月2～10日）
▽川上村
【通行止め】村道川上秩父線、川上牧丘線が通行止め。県道梓山海ノ口線は大雨で損傷した男橋が通行不可
▽南牧村
【通行規制】県道梓山海ノ口線が土砂崩落の影響で午前6～8時、同11時半～午後1時半、同5～6時を除く時間帯で通行止め
▽南相木村
【通行規制】県道栗生・見上線で一部通行止め、村道に迂回（うかい）路あり
【入浴】村の日帰り温泉施設「滝見の湯」（☎0267・91・7700）は通常通り営業。佐久穂町、北相木村の自宅入浴が困難な住民は無料
【村営バス】栗生地区方面の便は栗生公民館まで運行
▽北相木村
【村営バス】通常運行
【催しの中止】栃原岩陰遺跡フェスティバル（26日）

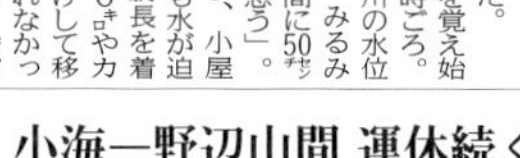
小海—野辺山間 運休続く
復旧工事中の小海線 観光にも影響

土台が崩落したJR小海線松原湖駅近くの線路＝13日、JR東日本長野支社提供

台風19号により被災して不通となっているJR小海線の小海（小海町）—野辺山（南牧村）間で復旧作業が続いている。JR東日本長野支社によると25日現在、同区間24・9㌔で工事中なのは1カ所。順調に進めば11月上旬に全線が開通する見通しだ。一方、長引く運休により沿線自治体の観光にも影響が出ている。

復旧工事が続いている地点は松原湖駅（小海町）の南約300㍍の千曲川沿い。同支社によると、増水した川の流れで線路下の土台が緩み、崩れたとみられる。25日は同駅から現場へ砂利を運び、補強した土台の上に敷いていた。

小海線の観光列車「HIGH RAIL（ハイレール）1375」も運転を見合わせている。野辺山駅前の野辺山観光案内所によると、例年この時季は見頃となった紅葉を楽しもうと小海線で訪れる観光客でにぎわうが、案内所を訪れる人は数えるほど。周辺を散策するためのレンタル自転車の利用もほとんどないという。「悪天候も重なり、駅周辺は閑散としている。紅葉の見頃が終わる前に復旧してほしい」としている。

復旧現場へ運ぶ砂利の積み込み作業＝25日午後1時21分、松原湖駅

販路開拓目指し 製品や技術PR
上田で産業展 きょうまで

上田地域産業展が26日まで、上田市の上田城跡公園体育館を主会場に開かれている＝写真。上田小県4市町村と佐久市、小諸市、立科町、坂城町などの112企業・団体が出展、製品や技術をPRしている。

「情報科学・ネットワーク」「環境・未来共生」など四つのエリアごとに、参加企業がブースを設けている。「匠（たくみ）が実演」と名付けたコーナーでは、信州大繊維学部（上田市）が介護現場などでの活用を目指して開発中のアシストロボ「curara（クララ）」を体験、見学できるほか、県農民美術連合会が作品作りを披露している。

運営委員会（柳沢憲一郎委員長）の主催。事務局によると、今年は新規出展した企業が20社を超え、例年より特に多いという。製造業を中心に景気の先行きの不透明感が強まる中、「新しい販路を開拓したいという期待を強く感じる」としている。

産業廃棄物再利用のコンサルタント会社「モノ：ファクトリー」（前橋市）は、ペットボトルを衣類にリサイクルする自社の技術などをクイズ形式で紹介。担当者は「地域の産業によって廃棄物の種類も変わってくる。上田地域の企業と協業するきっかけになればいい」と話していた。

北信

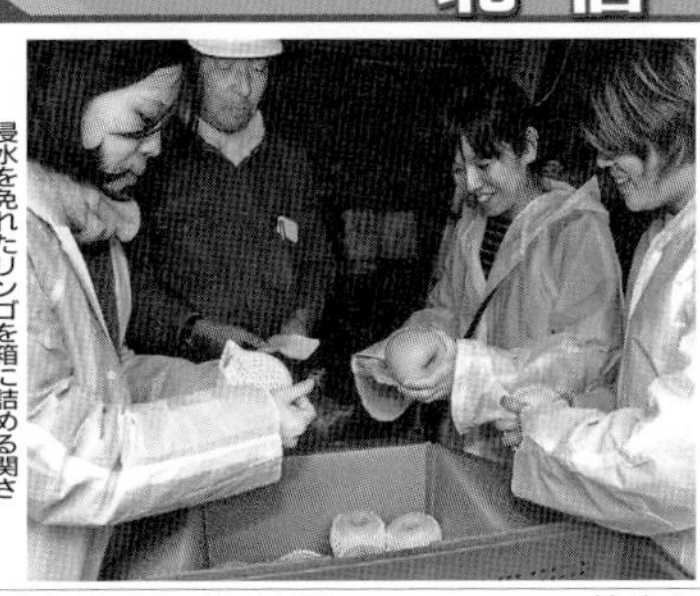

浸水を免れたリンゴを箱に詰める関さん（左から2人目）と鎌倉市のジャム店の従業員たち＝25日、長野市大町

浸水免れたリンゴ 取引先が救いの手

神奈川のジャム店 長沼から仕入れ販売へ

長野市の千曲川の堤防決壊で被災した同市大町のリンゴ農家関博文さん(57)から、神奈川県鎌倉市のジャム店が水害を免れたリンゴを仕入れ、店で販売することになった。加工用リンゴを関さんから長年仕入れており、被災地について「多くの人に知ってほしい」と考えたという。従業員らが25日、関さんの農園を訪れて出荷作業を手伝った。

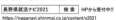

関さんは同市長沼地区の畑計3㌶でリンゴやナシ、洋ナシなどを栽培するが、ほとんどの木が今回、水に漬かった。被災前に収穫して大型冷蔵庫で保管していたリンゴなどがあるが、自宅の1階や、伝票作成などに使っていた事務所のパソコンが水に漬かり、関さん夫妻だけでは出荷が難しい状態が続いている。

ジャム店は「ロミ・ユニ・コンフィチュール」で、菓子研究家いがらしろみさんが営む。10年ほど前から取引があるという。25日は従業員4人が農園でリンゴなどの箱詰めを手伝った。関さんからリンゴなどを買っている新潟県の常連客夫婦も駆け付けた。

同店は約150㌔のリンゴを仕入れ、このうち90㌔を加工せずそのまま販売する予定。信田春菜製造長(36)は「ジャムにするより早く店頭に並べられる。多くの人に被災地のことを知ってほしい」。

関さんは「被災しなかったリンゴを売ってもらえることになり、前向きな気持ちになれた」と感謝。水に漬からなかった実の収穫に「早く取り組みたい」と意欲を示した。

県立大学園祭 被災地支援へ

26・27日 物資寄付や募金呼び掛け

長野県立大（長野市）三輪のキャンパスで26、27日、2回目の学園祭「FUN（ファン）」が開かれる。学生たちが大学で学んでいることを生かし、社会問題に目を向ける内容にしようと各種企画を展開。台風19号の被災地を支援するための物資の寄付や募金の呼び掛けもする。

テーマには「食器持参でゴミを減らそう」「世代を超えて楽しもう」「眠っている服を次の誰かに」と設定。環境を守りながら豊かな社会を目指すために国連が提唱する「SDGs（持続可能な開発目標）」の考え方を踏まえた。

台風関連では、学生が手掛ける古着店などが出展し、被災者への支援物資や、ボランティア参加者向けの防寒具や軍手などの寄付を募る。未就学児と親が過ごす場所も設け、工作コーナーや遊具などを用意する。こども学科の学生が担当する。

学園祭は、昨年は県短大と同短大を四年制化した県立大とで同時開催。今回は県立大単独で初めて開く。1、2年生約40人を中心に運営する。

学園祭の企画や準備について打ち合わせる前崎さん（左）ら

昨年に続き実行委員長を務めるグローバルマネジメント学科2年の前崎隆一朗さん(20)は「（学生たちの）未完成だけれど成長中の姿を見てもらい、たくさんの人が楽しめるようにしたい」と意気込む。両日とも午前10時から。

デリシア豊野店がテントで営業再開

近隣住民ら早速買い物

屋外のテントで営業を再開したデリシア豊野店＝25日、長野市豊野町豊野沖

台風19号の影響で休業していたデリシア豊野店（長野市豊野町）が25日、屋外のテントで営業を再開した。事前に従業員が近所の住民から欲しい商品を聞き取り、品ぞろえに反映して準備。近隣住民らが早速買い物に訪れていた。

缶詰やレトルト食品など長期保存できる食品のほか、野菜、パン、弁当など計約300点が棚に並んだ。台風で店舗は高さ2・5㍍ほどまで浸水。電気設備が今も使えないため、テント内では発電機を使って明かりをつけた。

近くの西沢和男さん(73)は災害後、買い物は最寄りのコンビニまで車で行っていたという。「歩いてすぐに買いに来られるのは気持ちが楽だね」。近くの主婦(73)は「最近は野菜不足だったから」と、ミニトマトと野菜ジュースを買い求めていた。

同店のパート従業員吉原信子さん(63)は、店が浸水した前日の12日以来の勤務。来店客と笑顔で言葉を交わした。「みんな（被災家屋などの）片付けばかりだったので、ここで話すことで気分が晴れると思う」と期待した。営業時間は午前9時～午後4時。

25日は同様に休業していた飯山市のユーパレットみゆき野店も営業を再開した。営業時間は午前9時～午後8時。

長野市広報表紙 急きょ差し替え

「経験ない災害 伝えたい」

長野市は近く各戸に配る市報「広報ながの」11月号（約16万部）の表紙に、台風19号で被災した市内の写真を採用した＝写真。11月号は表紙を含めて内容がほぼ固まっていたが、甚大な災害を受けて15～17日の編集作業で急きょ一部を変更。市広報広聴課は「表紙などの直前の差し替えは異例だが、かつて経験のない災害を市民に伝えたかった」としている。

表紙写真は浸水被害のあった同市東北部の現場の様子で、市消防局が提供した。泥水をかぶった道路が被害の実情を伝える一方、同局隊員らがその道路を真っすぐ進む姿から「復旧・復興に向けて、少しでも前向きになってもらえそうな写真を選んだ」（担当者）という。

台風の影響で中止になったイベント情報を削除するなど内容も整理。その代わりに、罹災証明や被災者生活再建支援制度など、被災者向け情報の概要や市の問い合わせ先などを1㌻にまとめた。

12月号以降で台風関連をさらに特集するかなどは未定。市は市公式ホームページや公式ツイッター、ライン公式アカウントで台風関連情報を発信している。

被災自動車の調査

長野市 きょうから

現場から移動・撤去も

長野市は26日、台風19号の水害で住宅地や農地に流れ着いた車両の調査を始める。被災地の復旧・復興の妨げになっているため、所有者を確認、連絡を取った上で、市が現場から移動・撤去する。

災害ごみの処分に関する環境省の指針に基づく取り組み。市の担当者が被災地を巡回し、放置状態になっている自動車やバイク、農機具について調べる。所有者が移動などを希望すれば、費用を市が負担して片付ける方針。

流れ着いた先で困っている人からの相談や情報は、自動車などが環境保全温暖化対策課（☎026・224・8034）、農機具は農業政策課（☎026・224・5037）で受け付ける。

一方、市は28日から来年3月末まで、台風19号の被災者を対象に、住民票の写しや印鑑証明書といった各種証明書の交付手数料（300～750円）を全額免除する。徳間を除く古里や柳原、長沼、篠ノ井、松代、若穂、豊野の各地区の個人・法人のほか、同地区以外でも罹災証明書を受けていれば対象になる。

台風19号 生活情報

35面にも情報　25日時点、変更の可能性があります

▽長野市

【避難所】（指定避難所）豊野東小、東条小、古里小、豊野西小、長野運動公園、南長野運動公園、北部スポーツ・レクリエーションパーク、昭和の森フィットネスセンター、（自主避難所）豊野西部児童センター、篠ノ井総合市民センター、古里総合市民センター、豊野区事務所（豊野北公民館）

【ごみ受け入れ】篠ノ井運動場（篠ノ井）、青垣公園運動場（松代町）、アクアパル千曲（真島町）で、それぞれ午前9時半～午後4時半。豊野東山第一・第二運動場（豊野）は休止

【下水】古里、柳原、長沼、若槻、朝陽、若穂、古牧、吉田、大豆島、豊野、松代のそれぞれ一部で節水を呼び掛け。松代温泉団地に仮設トイレ4基を設置

【ボランティア受け付け】市災害ボランティアセンターのフェイスブックなどで確認。センター本部（☎080・5072・9607）、依頼に関する住民専用ダイヤル（☎080・5072・9637、080・5072・9647）

【支援物資の受け付け】ボランティア活動をする人のためにタオル、マスク、土のう袋などを市ふれあい福祉センター内社会福祉協議会（☎026・225・1234）で受け付ける。月～金曜の午前8時半～午後5時

【支所】長沼支所と豊野支所が業務停止。住民票などの相談は市地域活動支援課（☎026・224・7615）

【保健センター】豊野保健センターが業務停止。当面、東部保健センターで対応。市保健所健康課（☎026・226・9963）

【休園】長沼保育園、豊野みなみ保育園（保育は他施設で）

【放課後子ども総合プラン】長沼児童センター、松代花の丸児童センターが休業。長沼小学校区域は柳原小学校で、豊野西小学校区域は豊野西小学校で28日から実施。豊野東小の区域は豊野東子どもプラザで実施。松代小の区域は松代花の丸子どもプラザで実施。市こども政策課（☎026・224・6796）

【臨時託児所】豊野ひがし保育園（豊野町大倉）と中央保育園（篠ノ井御幣川）で21～31日午前9時～午後4時、満1歳からの未就学児を無料で受け入れる。自宅や親族の家が浸水し、片付けをする家庭が対象。できる限り園に事前連絡。原則的に飲み物や着替え、おむつ持参。通常の一時預かり保育（有料）も全ての公立園と認定こども園計33施設で対応。希望する園に申し込む

【外国人相談窓口】市国際交流コーナー（☎026・223・0053）で、第1、第3水曜日と日曜祝日を除く午前10時～午後6時

【消石灰配布】8支所（松代、柳原、篠ノ井、古里、若穂、豊野、川中島、更北）で、配送次第 マスク、手袋など装備を。市保健所健康課（☎026・226・9964）

【商工事業所相談窓口】設備や資金繰りなど。市商工労働課（☎026・224・5041）

【中小企業向け相談窓口】中小企業や小規模事業者の経営相談など。長野商工会議所中小企業支援センター（☎026・227・2428）

【被災動物の相談窓口】ペットの預かり相談など。市保健所動物愛護センター（☎026・262・1212）

【入浴】避難者の無料入浴利用券を各避難所で配布する。利用対象施設は湯～ぱれあ、松代荘、保科温泉、サンマリーンながの、若槻いこいの家、石川いこいの家、氷鉋いこいの家、松代いこいの家、若穂いこいの家、アゼィリア飯綱。市危機管理防災課（☎026・224・5006）。裾花峡天然温泉宿うるおい館（☎026・237・4126）は、被災者の住所を記入して無料で入浴できる。陸上自衛隊は、長野運動公園と南長野運動公園、豊野温泉りんごの湯（いずれも午後3～10時）、北部スポーツ・レクリエーションパーク（午後3～9時）に入浴施設を設置

【居場所開設】老人福祉センター（湯福、柳町、吉田、氷鉋、鬼無里、中条）、いこいの家（松代、石川、大豆島、茂菅、若槻、新橋、氷鉋、若穂、東長野）。午前9時～午後4時。休館日は施設ごと

【被災者支援情報】無料通信アプリ「LINE（ライン）」の市公式アカウント「長野市2019台風被災者支援」を「友だち登録」して使う。罹災（りさい）証明の手続きや生活再建に向けた関連情報が調べられる

【証明書などの交付手数料の免除】被災者の市税関係の証明書や戸籍謄本・抄本、住民票の写し、印鑑証明書などについて、交付手数料を免除する。対象は、古里（大字徳間を除く）、柳原、長沼、篠ノ井、松代、若穂、豊野の各地区に住む人と法人、もしくは罹災（りさい）証明書の交付を受けた人や家族、法人。期間は10月28日から来年3月末まで。

【市営住宅の申し込み】29日まで、60歳以上の高齢者や妊産婦（子どもが満1歳まで）などを含む世帯で、住宅が全壊、大規模半壊、半壊した被災者を対象に、市営住宅など37戸の申し込みを被災相談窓口で受け付けている。市住宅課（☎026・224・7427）

【被災相談窓口】市役所第1庁舎1階市民交流スペースで毎日午前8時半～午後8時、市の柳原、豊野、松代各支所と篠ノ井総合市民センターで毎日午前9時～午後5時15分、古里支所で26日以降の土日祝日午前9時～午後5時15分に開設。罹災（りさい）証明書の申請、災害救助法に基づく住宅の応急修理の相談や申請、公営住宅の案内など。28日からは生活再建支援制度などの相談や申請も受け付ける。市地域活動支援課（☎026・224・7615）

▽須坂市

【避難所】旭ケ丘ふれあいプラザ、北部体育館

【ごみ受け入れ】日滝原産業団地内のテニスコート

【入浴】古城荘（☎026・245・1460）、湯っ蔵んど（☎026・248・6868。10月末まで。その後は状況次第）。避難所で入浴利用券を配布

【ボランティア受け付け】日野地域公民館（☎026・246・2276、246・2280）

▽小布施町

【避難所】老人福祉センター桃源荘、飯田地区の公会堂

【入浴】小布施温泉あけびの湯（☎026・247・4880）、おぶせ温泉穴観音の湯（☎026・247・2525）。避難所備え付けや、町から配布された「温泉利用入湯券」を提示する。10月末まで（その後は町に相談）

【ボランティア受け付け】町災害ボランティアセンター（☎080・1332・0853）。町内か近隣市町村からのみ午前9時～9時半に受け付け。実施の可否は当日朝、町のフェイスブックや町社協ホームページで告知

【下水】東町、上町、中町、伊勢町、中央、中扇、横町、福原、栗ガ丘、大島、飯田、林、山王島、水上、松の実、千両、クリトピアと、六川と松村で節水を呼び掛けている

▽高山村

【下水】高井地区で節水を呼び掛けている

▽中野市

【避難所】西部公民館

【ごみ受け入れ】市環境課（☎0269・22・2111）へ問い合わせる

【ボランティア受け付け】26日以降は一時休止

【入浴】無料入浴券を配布された被災者は、市内温泉施設（長嶺温泉、ぽんぽこの湯、もみじ荘、まだらおの湯）に入浴可能。市営業推進課（☎0269・22・2111）

▽山ノ内町

【入浴】湯田中駅前温泉楓の湯（中野市、飯山市、小布施町の被災者、☎0269・33・2133）、渋温泉旅館組合が、加盟15旅館の受け入れを案内（☎0269・33・2921）

【宿泊・入浴】山ノ内町観光連盟が被災者やボランティアを対象に、町内の宿泊施設を素泊まり4000円、1泊朝食付き5000円、同2食付き6000円（消費税、入湯税別）で手配。無料入浴は午後3～10時。山ノ内町観光連盟（☎0269・33・2138）

▽飯山市

【避難所】市公民館

【ごみ受け入れ】旧城南中学校（27日まで）

【入浴】いいやま湯滝温泉（☎0269・65・3454）、湯の入荘（☎0269・65・3312）、斑尾高原「ペンション ウッディヒル」（☎0269・64・3445）、望郷の湯馬曲温泉（木島平村、☎0269・82・4028、水曜日休館）、パノラマランド木島平（同、☎0120・389・232）、湯田中駅前温泉楓の湯（山ノ内町、☎0269・33・2133）、中条温泉トマトの国（栄村、☎0269・87・3030）

【ボランティア受け付け】飯山市災害ボランティアセンター（☎090・4945・8342、090・4945・8442）

【商工業者相談窓口】飯山商工会議所（☎0269・62・2162）

【移動用自転車貸し出し】信越自然郷アクティビティセンター（☎0269・62・7001）

▽千曲市

【避難所】旧更埴庁舎保健センター

【ごみ受け入れ】災害ごみに関する問い合わせは市廃棄物対策課（☎026・273・1111）

【ボランティア受け付け】市社会福祉協議会（☎080・5072・9750）

【入浴】被災者に温泉入浴無料券を配布した。利用対象施設は竹林の湯、白鳥園、つるの湯、健康プラザ。市生活安全課（☎026・273・1111）

【支援物資配布】被災者に飲料水や毛布、タオルなどを配る。配布場所は旧更埴庁舎北庁舎会議室で午前9時から午後5時

▽坂城町

【入浴】町内外を問わず被災者とボランティアを対象にびんぐし湯さん館を無料開放

◇

▽スーパーの休業状況

デリシア豊野店、ユーパレットみゆき野店は25日から仮営業を始めた。Aコープ松代店、ユーパレット赤沼店は営業再開のめどが立っていない。ツルヤ松代店は11月21日から再開予定

▽長野信金豊野支店営業再開

28日に営業を再開する。これに伴い長野市商工会豊野支所内に設けた特別相談窓口は25日閉鎖した

▽子どもの居場所開設

清泉女学院大・同短大（長野市）の上野キャンパスで26日午前10時～午後3時、遊びやこども食堂の提供や図書館の開放など。幼児から高校生向け。無料。同キャンパス（☎026・295・1325）

第三種郵便物認可 信濃毎日新聞 2019年(令和元年)10月26日 土曜日 特集 34

日常を取り戻す足掛かり 25日

長野駅 待ちかねた再開

全線で運転を再開した北陸新幹線金沢行き「はくたか」に乗り込む人たち=25日午前9時35分、長野市のJR長野駅

大切な物

「義理の兄さんの物だ」―。浸水した蔵の片付け中に出てきた満蒙開拓団の写真集。大事そうに泥を拭った=25日午後1時24分、長野市津野

飯山 2週間ぶり発着

約2週間ぶりに新幹線が発着したJR飯山駅の改札=25日午前7時24分、飯山市

長野市豊野町の衣料品店が無料提供している衣類。同市昭和小PTAから善意で寄せられた子ども服も含まれている=25日午後0時10分

避難所に設置されたシャワー室(水色のテント)と、炊き出しに訪れた牛丼チェーン店の車=25日午後0時11分、長野市豊野西小学校

県内の小学生がまとめた「こども新聞」を見比べる審査員=25日、長野市

県こども新聞・スクラップ新聞コンクール審査会

優秀賞・奨励賞決まる

小学生対象の「第20回県こども新聞コンクール」と小中学生対象の「第13回スクラップ新聞コンクール」(ともに信濃毎日新聞社と信毎販売店会主催)の審査会が25日、長野市の信毎長野本社で開かれた。こども新聞は優秀賞15点と奨励賞30点、新聞記事の切り抜きを集めたスクラップ新聞は優秀賞17点、奨励賞16点、特別賞8点を選んだ。

こども新聞には県内257校から計7300点の応募があった。この日は県内6地区での審査を通った135点から選考。高齢者の運転免許返納、海洋へのプラスチック流出といった社会問題から、身近な川や動物を取材した内容まで幅広いテーマの作品が並んだ。審査員は、取材の深さや紙面の分かりやすさなどの観点で見比べた。

スクラップ新聞は63校から計1370点の応募があり、事前審査を通過した180点を評価。テーマごとに集めた新聞の切り抜きに「くい止めろ!豚コレラ」「対話で世界平和を」などと見出しが添えられており、テーマの明確さや見出しの的確さなどの基準で入賞作を選んだ。

審査した県教委学びの改革支援課指導主事の上條雪絵さんは「資料を調べたり、現地に足を運んだりする中で、関心がさらに広がり、深まっている。子どもたちの学ぶパワーを感じた」と話した。

優秀賞受賞者の表彰式は11月23日、信毎長野本社で開く。こども新聞の県コンクール出品作品は同13～20日にイオンモール松本(松本市)、同21～27日にながの東急百貨店(長野市)で展示。スクラップ新聞の優秀賞受賞作品などは同25日以降、アイシティ21(東筑摩郡山形村)を皮切りに県内4会場を巡回する。

【11月24日付の別刷り特集で入賞入選作品を紹介します】

入賞者(敬称略)

かっこ内は学校名と学年

【こども新聞コンクール1・2年の部】▽優秀賞 浅輪日愛(松本市鎌田2)まつもとわき水しんぶん 神藤航(飯田市浜井場2)ふしぎなぶろ新聞 鈴木悠悠(飯田市丸山2)おじいちゃんとぼくの小学生活くらべ新聞 ▽奨励賞 高見沢煌(佐久穂町佐久穂2)高の町ぎんみ新聞

【同3・4年の部】▽優秀賞 林和香葉(長野市篠ノ井西4)ブラインドランナー新聞 山本史佳(長野市浅川4)すごいぞ長野市場新聞 中島聖奈(佐久市泉4)みんなを守るグリーンベルト新聞 安達玲依(諏訪市高島4)助産師さんのお仕事新聞 松沢綾(駒ケ根市中沢3)でんき百年新聞第2号 ▽奨励賞 宮下佳林(長野市長野日大3)点字ブロック新聞 小林正太郎(千曲市屋代4)みたきの生き物新聞 久保湧愛(東御市滋野4)今も昔も大切にしたい新聞 西沢唯花(佐久市中込3)横断歩道を考える新聞 高見沢透和(南牧村南牧3)南牧村の千曲川新聞 宮下碧(松本市寿4)じいじの仕事新聞 山口美羽(松本市岡田4)今こそ知ってほしい!白馬智学校新聞 すごいぞ和太鼓新聞 手塚一樹(安曇野市豊科南4)花火まつり新聞 (安曇野市三郷4)光城山新聞 飯島彪(中川村中川西3)かっこいいへび新聞 (東御市北御牧4)災害に向けやってみよう新聞

【同5・6年の部】▽優秀賞 野口綾花(長野市南部5)ヌルヌルなぞ新聞 松沢彩夏(長野市通明6)ヌルぬるなめこ新聞 中島佳奈(上田市中塩田5)こんなにたくさん!?空き家新聞 大久保貴子(上田市丸子北6)かけがえのない新聞～水から環境を考える～パート3 長田有卯(上田市南5)運転免許返納する?～あなたならどうする?～ 倉科吹生(麻績村麻績6)みんながくらしやすいまち ユニバーサルデザイン新聞 吉田裕次朗(伊那市東春近5)日本の宝 伊那市創造館新聞 高橋実夏(長野市城山5)サイクリング新聞 (小布施町栗ガ丘6)水の大冒険新聞 志川優太(長野市城山5)地産地消新聞 小野智生(同6)佐久地方だけ!?なぜ八月一日はお盆か?栄養満点甘酒新聞 中沢萌太(木曽町福島6)大日向小学校新聞 村田心音 ヘルプマーク新聞 内川和香(松本市信大付属松本5) ▽奨励賞 働き方改革新聞 山口誠翔(諏訪市中洲6)諏訪の花火新聞 吉沢憂(伊那市伊那東5)見えないけど重要な役割 田中陽向(同6)地元の野菜新聞 山中啄人(飯田市浜井場5) (下條村下條5)幸せを守る (高森町高森北6)町の将来を考える!!高森町新聞

【スクラップ新聞コンクール小学1～2年の部】▽優秀賞 (千曲市屋代2)台風とちょうげ

【同3・4年の部】▽優秀賞 久保田雷輝(上田市神科4)信州の子どもたちと戦争 太田啓子(大町市大町南4) 栗林孝太郎(安曇野市堀金4)対話で世界平和を (長野市信大付属長野4)災害級の暑さ続く夏 ▽特別賞 小沢大樹(飯田市千代4)くい止めろ!豚コレラ

【同5・6年の部】▽優秀賞 村田心結(松本市鎌田5) 小嶋智也(安曇野市穂高南6)新しい技術の開発で進歩する医療 外国人労働者と信州の今 池田悠乃(長野市信大付属長野6)なぜ低下?選挙投票率 横川やまめ(同2)FOR PEACE? OR FOR WAR?核兵器 上野安菜(長野市長野日大6)児童虐待

全国の死者87人 不明8人

大規模な土砂災害や浸水被害を引き起こした台風19号の影響で、25日までの共同通信の集計では、死者は13都県の87人(災害関連死を含む)、行方不明者は8人となった。内閣府によると25日現在、3772人が避難所で生活。厚生労働省の集計で、断水は群馬県と東京都で解消されたが、5県の9680戸で続いている。

総務省消防庁によると、住宅被害は全半壊が15都県3112棟、一部損壊が27都道府県4340棟。床上浸水は17都県3万3001棟、床下浸水は21都県3万4011棟となっている。

国土交通省によると、土砂災害は20都県で661件が確認され、堤防の決壊は7県の71河川140カ所。

静岡県御殿場市は、駿河湾で20日に見つかった遺体が、12日に用水路で流され行方不明になっていた同市の40代男性と確認されたと発表。埼玉県は、上尾市の用水路で17日に見つかった男性(67)の遺体について、台風19号による死者と判断したと明らかにした。

県と長野市の公営住宅などの募集概要

		県	長野市
受付期間	第1回	10月29日まで	10月29日まで
	第2回	11月7日～13日	住戸が準備でき次第
募集戸数		240戸(第2回分を含む)	37戸
受付窓口時間		長野建設事務所 午前9時～午後8時(他に長野市の窓口でも受け付ける) 佐久、上田、諏訪、伊那、飯田、木曽、松本、大町、北信の各建設事務所 午前9時～午後5時15分(佐久、上田、北信は土日の午前9時～午後5時15分も開設)	市役所市民交流スペース 午前8時半～午後8時 柳原支所 午前9時～午後5時15分 豊野支所 午前9時～午後5時15分 松代支所 午前9時～午後5時15分 篠ノ井総合市民センター 午前9時～午後5時15分 古里支所(土日、祝日のみ) 午前9時～午後5時15分

台風19号による県内の人的被害

(25日午前10時時点、県災害対策本部まとめ)

市町村	死亡	重傷	軽傷	計
長野市	2	2	81	85
上田市		1	4	5
須坂市			6	6
中野市		1	1	2
飯山市		1	4	5
佐久市	1		18	19
千曲市			5	5
東御市	1		1	2
川上村		1		1
佐久穂町			2	2
軽井沢町			1	1
箕輪町			1	1
坂城町		1	1	2
合計	4	7	125	136

(注)不明者は佐久市で1人

台風19号による県内の避難所・避難者数

(25日午前10時時点、県災害対策本部まとめ)

市町村	避難所	避難者数
長野市	13	746
千曲市	1	6
飯山市	1	2
中野市	1	9
須坂市	2	157
筑北村	1	2
小布施町	2	18
合計	21	940

台風19号による県内の住宅被害

(25日午前10時時点、県災害対策本部まとめ)

市町村	全壊	半壊	一部損壊	床上浸水	床下浸水	計(世帯)
長野市	185	71		3049	1781	5086
松本市					1	1
上田市	1		39	31	99	170
岡谷市			5			5
須坂市				218	100	318
中野市			3	82	37	122
飯山市				407	206	613
佐久市				130	798	928
千曲市				1310	791	2101
東御市			3	1	4	8
小海町				4	5	9
川上村					4	4
南牧村			1		2	3
南相木村		1		1	6	8
北相木村	1	1		3	9	14
佐久穂町				48	54	102
軽井沢町	2	1	1			4
立科町				4	31	35
青木村					1	1
長和町				1	50	51
辰野町		2	30			32
箕輪町			6			6
飯島町			1			1
南箕輪村			1			1
麻績村					3	3
筑北村					4	4
坂城町				1	1	2
小布施町				31	28	59
高山村					1	1
木島平村			1			1
野沢温泉村				10	10	20
信濃町		1	4		4	9
飯綱町			4			4
栄村				2	2	4
合計	189	77	99	5333	4033	9731

被災者の住まい確保への公的支援の基本的な流れ(浸水被害の場合)

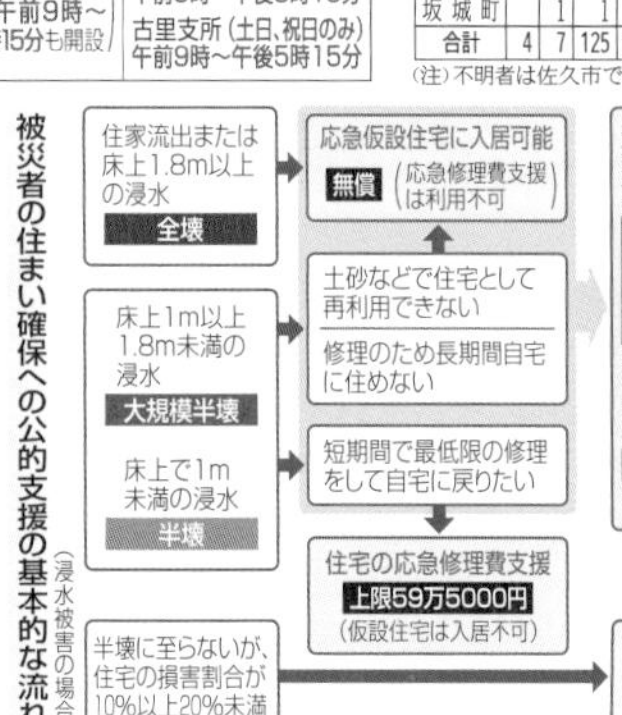

長37　第一社会　6版　2019年(令和元年) 10月26日　土曜日　信濃毎日新聞　新聞定価1ヵ月3,400円(うち消費税 251円) 1部150円(消費税込み)　第三種郵便物認可

北陸新幹線全線再開

観光への追い風 期待

北陸新幹線（長野経由）の東京―金沢間の全線直通運行が25日、13日ぶりに再開した。台風19号の影響で、長野新幹線車両センター（長野市赤沼）で10編成120両が浸水し、車両が不足しており、運行は被災前より約1割少ない暫定ダイヤ。県内から北陸への観光や出張の足が回復し、東京方面への本数も長野―東京間の折り返し運転だった前日までより増えた。

北陸新幹線全線開通で改札口前で行われた歓迎イベント＝25日午前9時39分、長野市のＪＲ長野駅

台風の後、不通となっていた長野―上越妙高間を走る長野発の始発列車、午前6時11分発金沢行きの「はくたか」には、荷物を手にした人たちが乗り込んだ。同8時台の列車で金沢観光に出掛けた長野市の会社員北永宣子さん(64)は「旅行に行けないと思っていたけれど、運転が再開してうれしい」と喜んだ。

北陸新幹線
50km
新潟
上越妙高
24日までの不通区間
石川
富山
飯山
金沢
富山
長野
群馬
長野
埼玉
浸水した長野新幹線車両センター
東京
東京

直通運行再開に合わせ、県は25日午前、長野駅自由通路で歓迎イベントを開催。改札を出た新幹線利用者を「ようこそ！長野県へ」と記した横断幕で出迎えて観光パンフレットを配る一方、災害義援金への協力を呼び掛けた。

11月29日までの暫定ダイヤでは東京―金沢間の直通列車を優先。ＪＲ東日本長野支社によると、通常ダイヤと比べ全線直通の「かがやき」は上下1本ずつの計2本減。「はくたか」は変わらない。一方、長野―東京間の「あさま」は被災前の1日17往復から約3分の1減となる。週末などに運行している臨時列車はない。

県内5駅で最も1日の停車本数が減るのは長野で、上りが6本減、下りは7本減。上田、佐久平、軽井沢の各駅は上下2～5本減る。飯山の停車本数は変わらない。

北陸新幹線は台風が接近した12日午後から計画運休。13日昼ごろには再開予定だったが、台風による洪水の影響で線路の冠水や電気設備の故障が発生し、車両センターで大規模浸水があった。このため24日までは東京―長野間、上越妙高―金沢間で折り返し運転していた。

紅葉の時季間に合った 好転のきっかけに

関係者 イメージ回復へＰＲ強化

待望の北陸新幹線（長野経由）全線直通運行が再開した25日。災害前のダイヤへの完全復活はまだ先になるものの、沿線の観光関係者らからは、落ち込んだ行楽客回復への期待とともに、災害のマイナスイメージ払拭（ふっしょく）に力を入れたいとの声が聞かれた。

「紅葉シーズンに間に合った」と話すのは、北佐久郡軽井沢町の軽井沢観光協会事務局長の工藤朝美さん。町内のホテルは直接の被害は免れたが、直後は数百のキャンセルが出たところも。高齢のリピーターや海外客は新幹線指定席を利用することが多いといい、町内のあるホテル関係者は「指定席の復活が大きい」と好影響を期待した。

上田市の鹿教湯温泉。旅館協同組合組合長の斎藤重憲さん(42)によると、台風以降、宿泊客は減少しているという。停電や通行止めも現在はほぼ復旧しており、情報発信に力を入れる考え。11月2、3日に「上田城紅葉まつり」の開催を予定している市の担当者も「別所温泉も鹿教湯温泉も受け入れが可能とＰＲしていく」とした。

ながの観光コンベンションビューロー（長野市）も台風19号の影響などで支援を予定していた市内の催事7件が中止になっただけに、事務局長の小山敏信さんは「段階的にでも移動手段が確保できるのはありがたい」。ただ、被災地が広範囲にわたり、観光の自粛ムードを懸念。秋、冬シーズンの集客の落ち込みを最小限に抑えるため、「全国へのプロモーションを強化していく」と話した。

ＪＲ長野駅隣のホテルメトロポリタン長野（長野市）の営業担当者は、在来線の運休や新幹線の減便を踏まえ、まだ客足は戻らないと予測。それでも、徐々に復旧が進んでいることも実感し、「好転のきっかけに」と期待した。

飯山市広域観光推進室長の丸山和幸さん(55)は、26、27日に行うアウトドアイベントの準備を進めており、「県外からもたくさん参加者がいる。タイミング的にもちょうど良かった」。下高井郡野沢温泉村で旅館を経営する河野博明さん(68)も、「スキーシーズンを迎える前に復旧してくれて非常にありがたい」と歓迎した。

約2週間ぶりの発着となった飯山駅（飯山市）ではこの日、午前7時29分発東京行き「はくたか」の発車時刻が近づくと、次々と通勤、通学客が改札口を通った。長野市の長野高専に通う田中大暁さん(18)＝飯山市＝は「不通の間は自分の車で通っていたが、やっぱり公共交通機関の方が安心」。長野市の企業に勤める小坂啓二さん(51)＝同＝も車通勤で対応していたが、「もう少し早く復旧してほしかったのが本音だが、[illegible]はただただありがたい」と勤務先に向かった。

北陸新幹線への「E7系」転用 上越使用の編成減らさず

北陸新幹線車両の浸水被害で、ＪＲ東日本が不足を補うため上越新幹線から最新型の「E7系」車両を転用しても、上越で使用する編成数を減らさず現状を維持する方向で検討していることが25日、関係者への取材で分かった。上越のダイヤに変更はないという。

北陸新幹線は25日に東京―金沢間の全線直通運転を再開。当面、臨時ダイヤによる運行を続けるが、全編成の3分の1に当たる10編成120両が使えないため、元のダイヤに戻る見通しは立っていない。ＪＲ東は、上越からの転用の具体的時期[illegible]、ダイヤの正常化を急ぐ。

ＪＲ東は今年3月のダイヤ改正で、北陸新幹線と同じ「E7系」3編成を上越に投入した。上越には本年度中にさらに5編成を入れる計画になっている。

関係者によると、この計8編成の一部を使って北陸の車両不足を補う検討をしている。転用があっても、上越ではE7系が3編成[illegible]そのままとし、既存の「E4系」車両の活用でダイヤを維持したい考えだ。

今年入った3編成には、車両側面に薄いピンクの「とき色」のラインが入った特別デザインの編成もある。計8編成は一体運用する方向で、「とき色」のデザイン車両が北陸を走る可能性もありそうだ。

待望の鉄路復旧 歓迎

あずさ28日再開

松本や諏訪地方

特急あずさの28日運行再開が決まり、松本、諏訪地方の利用者から25日、歓迎する声が上がった。秋の書き入れ時に客足が遠のいていた観光地も、紅葉が続きそうな11月の巻き返しに期待した。【1面参照】

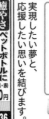

松本市に単身赴任中で月1回、あずさで東京都内に帰る会社員男性(42)は「良かった」。25日は長野経由で新幹線を乗り継いで帰るが、「あずさなら1本で行けますから」。信州大経済学部4年の青木拓馬さん(21)は週1回ほど都内の自宅から高速バスで通学。あずさが運休している間は「バスは[illegible]いっぱい。6時間くらいかかり大変だった」と運行再開を喜んだ。

同市浅間温泉の「ホテルおかだ」では、台風19号の接近前からキャンセルが相次ぎ、25日までに延べ400～450人に上った。山本浩司社長(66)は「台風が去った後もキャンセルが続いた。早く通常の状態に戻ってほしい」。上高地・中の湯温泉旅館を経営する小林清二さん(65)は今年は例年より紅葉が遅れ気味といい、「11月の3連休に期待したい」と話した。

八ケ岳の山小屋約30軒でつくる八ケ岳観光協会（茅野市）会長の浦野岳孝さん(59)は「元に戻ってひと安心」。運休の影響で宿泊キャンセルが相次いだが、「高山帯の山小屋は11月に閉じる。シーズンの最後に間に合った」とほっとした様子だった。

ＪＲ東日本松本車両センターで出番を待つ特急あずさの車両＝25日、松本市

諏訪湖畔にある宿泊施設でもキャンセルが相次いだという諏訪湖温泉旅館組合（諏訪市）事務局は「事前に通知していた通りに今月中に運行を再開するＪＲに感謝したい」。

セイコーエプソン（同市）広報IR部によると、現在は鉄路で県内から東京方面へ出張する場合は、長野市か名古屋市を経由する必要があり、「出張などで支障が出ていたが、あずさが動くことで以前の状態に戻る」と歓迎した。

諏訪郡下諏訪町の製造会社も「社員の東京への出張や都内からの来客に不便が生じていたのでほっとしている」と話していた。

台風19号最接近の12日 県内14地点で最多降水量

気象庁は25日、県内の主要観測5地点で今月1～20日の降水量が、平年の1.3倍から約5倍に達したとの集計結果を明らかにした。記録的な大雨をもたらした台風19号の影響。県内で最接近した12日の1日降水量は、長野（132ミリ）など県内14観測地点で統計開始以降、最多だったことも分かった。

主要観測5地点のうち、1～20日の降水量の平年比が最も大きかったのは軽井沢の498%。長野は334%、松本305%、諏訪190%、飯田130%だった。関東甲信地方全体で見ると、降水量は平年比275%だった。

12日の1日降水量が統計開始以降最多だったのは他に、北相木（395.5ミリ）、上田市鹿教湯（320ミリ）、佐久（303.5ミリ）、上高井郡高山村笠岳（285ミリ）、菅平（270ミリ）、立科（264ミリ）などだった。

また気象庁は25日、県内を含む関東甲信地方の3カ月予報（11月～来年1月）を発表した。気温は平年より高い見込みで、降水量はほぼ平年並みと見込んでいる。

長野地方気象台によると、上空を流れる偏西風が日本付近で北へ蛇行するため、寒気の南下が弱い見込み。全国的に寒気の影響を受けにくく、気温が高くなるとしている。

向こう3カ月は平年と同様に晴れの日が多い見通し。ただ、12月は湿った空気の影響を受けやすく、降水量は平年並みか多いと見込んでいる。

高原譜

○…下伊那郡阿智村のPRパン作りに取り組む阿智第二小6年生11人と阿智高校で観光を学ぶ3年生5人が25日、同小学校で初の交流会を開いた＝写真。

○…児童たちのあるグループは村産リンゴを星形に切って載せたパウンドケーキを披露。同村昼神温泉郷のコンテストにも出品予定といい、高校生たちは「おいしそう」。高校生側はクイズを交えて自身の活動を紹介した。

○…ケーキを作った遠山紅葉さん(12)は「高校生に感想を聞いてもっとおいしくしたい」。原萌々花さん(17)も「小学生の柔軟な発想に驚いた。参考にしたい」と話し、年齢を超えて刺激し合っていた。

1　第49330号【明治25年3月15日第三種郵便物認可】　信濃毎日新聞　2019年（令和元年）10月27日 日曜日　日刊 9版★

2019年（令和元年）
10月27日
日曜日

信濃毎日新聞
1873年（明治6年）創刊
発行所 信濃毎日新聞社
長野本社 〒380-8546 長野市南県町657番地 電話(026) 受付236-3000編集236-3111 販売236-3310広告236-3333
松本本社 〒390-8585 松本市中央2丁目20番2号 電話(0263) 代表32-1200 報道32-2830 販売32-2850 広告32-2860
©信濃毎日新聞社2019年

台風19号 81歳男性死亡の佐久・滑津川近く

移動中の車 被災相次ぐ

規制の国道から脇道へ→その先も通行止め

現場に規制伝わらず

中島さんと家族が乗っていた車（手前）。付近では複数の車が濁流にのまれた＝13日、佐久市中込

台風19号に伴う千曲川支流、滑津（なめつ）川の氾濫で、佐久市中込の中島正人さん（81）が車に乗って避難中に死亡した被災現場では濁流にのまれた車両が他にも複数あったことが26日までに分かった。県警が通行規制した国道交差点から脇の県道に入ったものの、その先も規制されていて行き詰まり、結果的に被災していた。交差点にいた警察官には県道先の規制情報は共有されていなかったことも明らかになった。【関連記事31面に】

中島正人さん

佐久広域連合消防本部は、被災現場付近の杉の木地区で12日夜から13日にかけて、濁流に囲まれた20人を救助。少なくともうち5人は車を運転中に被災したという。

県警によると、中島さんが長女の運転する軽自動車で妻と市内の長男宅に避難中だった12日午後6時ごろ、道路冠水のため、滑津川に架かる国道141号中込大橋の前後を通行止めとし、佐久署員1人が立っていた。

遺族によると、中島さんらは警察官が立っていた中込大橋南の石神交差点から県道小諸中込線に入り、約1キロ先の市下水道管理センター付近で通行止めの看板を見てUターン。そこに洪水が押し寄せた。同様に石神交差点から県道に入った複数の車の市民らも、県道先の通行止めは知らなかったと話している。

県警交通企画課によると、中島さんを含む複数の車両が進入した被災現場付近は同日午後4時半ごろ、市下水道管理センター西側で滑津川の朝日橋付近が用水路からあふれた水で漬かったため通行止めとし、同5時半までに、道路を管理する県の委託業者が通行止めの看板を置いていた。

石神交差点では同6時15分ごろ応援の署員が到着。県道から車で交差点に出てきた人から同センター付近の冠水を聞き、進入しないよう規制したという。同課は、交差点に当初いた佐久署員には県道先の通行止め情報は伝わっていなかったとした上で、「滑津川氾濫という事実が確認できていない中では規制しようがなかった。対応に不適切な点はなかったと認識している」としている。

12日夕の通行止めの状況
（地図：午後4時半ごろ〜／佐久郵便局前／午後6時ごろ〜／通行止めの看板／朝日橋／滑津川／中込大橋／佐久市下水道管理センター／被災現場／警察官／石神／堤防決壊／午後5時ごろ〜／午後5時45分ごろ〜／県道小諸中込線／佐久市／千曲川／141／浸水区域）

5県27河川で浸水被害

関東・東北豪雨 復旧中の河川で越水

台風21号や低気圧の影響による、関東から東北にかけての記録的な大雨で、国土交通省によると、千葉や福島など5県の計27河川で堤防から越水するなどの浸水被害が確認された。千葉県では佐倉市の鹿島川や高崎川、茂原市の一宮川が氾濫し、26日はポンプ車による排水作業を実施した。千葉県と福島県で、土砂災害や川に流されたことなどによる死者は計10人。福島県では1人が行方不明のままで、消防などが捜索を続けた。【関連記事28面に】

千葉県では9月の台風15号、今月の台風19号に続き、今秋3度目の災害となった。

国交省は今回の大雨により、台風19号で堤防が決壊した河川のうち福島県の夏井川など4カ所で水があふれ、浸水被害が発生したと明らかにした。いずれも土のうを積み上げる緊急復旧の作業中だった。

千葉県によると、26日午後6時時点で41戸の床上浸水と137戸の床下浸水を確認、さらに調査を進める。県内では最大約4700戸が断水した。

千葉県では9人が亡くなり、うち4人は冠水した道路で車が水没したり、車ごと川に流されたりした。千葉市緑区では25日に土砂崩れが起き住宅3棟が巻き込まれて全壊、60代の男女と40代女性の計3人が死亡した。県内では他に長南町で男性2人、長柄町で男性2人、茂原市で男性1人、市原市で女性1人が亡くなった。

福島県相馬市では、25日夜に60代の女性と30代の息子が乗った軽乗用車が流された。26日朝、市内の砂浜で女性の遺体が見つかったが、息子は行方不明。県や市などによると、女性は勤務先のホテルから自宅にいた息子を迎えに行き、ホテルに戻る途中だった。

気象庁によると、千葉県では25日午後に市原市で12時間降水量が280ミリ、佐倉市や鴨川市で240ミリを突破、半日で10月の平年値を超えた。

吉田博美氏死去

参院県区選出 自民前参院幹事長

県区選出で参院議員を3期務めた自民党前参院幹事長の吉田博美（よしだ・ひろみ）氏が26日午後1時40分、呼吸不全のため東京都内の病院で死去した。70歳。自宅は下伊那郡松川町元大島3043の9。4月に脳腫瘍の手術を受けて以降、療養していた。葬儀・告別式は親族のみで行い、後日、お別れの会を開く予定。【関連記事2・31面に】

山口県出身。飯田高校、早稲田大を卒業。中島衛元科学技術庁長官（衆院旧長野3区）や金丸信元自民党副総裁の秘書を経て、1983（昭和58）年から県議選下伊那郡区（当時）で5期連続当選し、県会議長も務めた。2001年の参院選県区に自民党公認で立候補し初当選。3期18年務めた。09〜14年、自民党県連会長。

党では平成研究会（竹下派）に所属し「参院のドン」と呼ばれた青木幹雄元参院議員会長の下で頭角を現した。1、2期目で国土交通政務官、参院国交委員長を務め「国交族」として知られた。

3期目には党参院国対委員長や党参院幹事長を歴任。同じ山口県出身の安倍晋三首相からの信頼が厚く、首相官邸と気脈を通じて、15年の安全保障関連法、17年の改正組織犯罪処罰法の成立を主導し、参院自民党の影響力を強めた。参院選比例代表で優先的に当選できる「特定枠」導入を盛り込んだ改正公選法も成立させた。

昨年10月、今年7月の参院選県区への不出馬を表明。比例代表への立候補が取り沙汰されていたが、4月に脳腫瘍と診断されたとして引退を表明。入院して療養を続ける一方、8月に党総裁特別補佐、今月11日には党憲法改正推進本部特別顧問に就いていた。関係者によると、25日までは吉田氏と意思疎通ができていたという。

天気　最高気温／最低気温

地域	最高	最低
飯山	16	11
長野	19	10
大町	17	8
松本	21	10
上田	23	11
佐久	21	9
諏訪	19	10
木曽	20	7
伊那	22	8
飯田	21	9

北部　6時 12 18 24　28日 29日 30日
中部　6時 12 18 24　28日 29日 30日
南部　6時 12 18 24　28日 29日 30日
5ミリ以上　5ミリ未満
27面に詳しい天気情報

素肌乾燥情報　カサカサ、注意、しっとりの3段階
北部 注意　中部 注意　南部 注意

斜面

2019.10.27

ヒツジの群れや羊飼いの神。あるいは森や野の神ともされる。半獣人の姿で笛を携え、音楽を愛するギリシャ神話の牧神パーン。アルカディアの野に住み、精霊と戯れ、時に追いかける。万物の象徴としてもあがめられるようになった◆暗い夜の森を行く者が理由もなく不意に強い恐怖に襲われるのは、パーンの仕業だと信じられてきた。「パニック」の語源である。常識的に考えれば、パニックになって良いことはない。大抵はもっとひどいことになる。と、分別のある大人たちは思う◆「あなたたちにパニックになってほしい」と言い放ったのはスウェーデンの少女グレタ・トゥンベリさん。地球温暖化を放置する政治家や経済人に「家が火事になった時のように行動を」と求める。家＝地球が燃え尽きるのを食い止めるためには「ある程度のパニックは必要」と◆核心を突く演説が注目を集める。政治家たちは平静を装いつつも「火消し」に躍起だ。「明るく素晴らしい未来を楽しみにしているとても幸せな少女」とトランプ氏。「世界が複雑で多様だと誰もグレタに教えていない」とプーチン氏。冷笑すら交じる◆現代の恐怖にパーンの影はない。温暖化による気候変動で巨大台風などが生まれる危険は科学が告げてきた。千葉や福島はまたも大きな被害に遭った。地球は大丈夫なのかと誰もが思う。ところが大国のトップは自然への理解も、真実を受け入れる理性も失っている。それが恐怖の正体だ。

ことばで映え　神出鬼没　自由自在に現れたり隠れたり
東御市　銀次
応募方法30面に

紙面の問い合わせ／本社見学・出前講座　編集応答室 026-236-3111
購読のお申し込み　読者センター 026-236-3215 0120-81-4341
信毎ホームページ　www.shinmai.co.jp

台風19号による千曲川の氾濫から27日で2週間。浸水被害に遭った県内の製造業や流通業は、生産・営業の再開を急ぐ。少しでも生産能力を回復するため臨時に確保した工場で一歩を踏み出すメーカーや、規模を縮小した形で店舗営業を再開するスーパーがある一方、多くの企業は甚大な被害に片付け作業すらままならない状況が続く。復旧にかかる期間が見通せない企業も目立ち、被害の深刻さが浮き彫りになっている。

千曲川氾濫2週間 浸水被害の県内企業

生産・営業再開へ一歩

臨時拠点設置や規模縮小しつつ

店内の一部スペースで営業を再開したユーパレットみゆき野店＝25日、飯山市

ミールケアの子会社の工場に運び込まれるパン用オーブン。28日に稼働させる＝25日、信濃町

長野市穂保のパン工場が浸水被害を受けた給食受託サービスのミールケア（長野市）は25日、上水内郡信濃町にある菓子製造の子会社の工場にパンを製造する設備を運び入れた。これまで設備を購入してきた長野市の卸業者から、中古設備を応急的に無償で借り受けられ、臨時の生産拠点として28日に稼働する。

ミールケアは玄米粉などを使って食物アレルギーに対応したパンを穂保の工場で製造し、全国の幼稚園や保育園の給食用に供給してきた。同工場は高さ約3㍍まで浸水し、オーブンなどが水没。給食の供給先では主食をご飯に切り替えるなどの対応をしているが、アレルギー対応のパンを求める声は強い。

ただ、月間30万個の生産能力があった穂保工場に対し、信濃町で製造できるのは5万～9万個の見通し。同社は穂保工場の大規模改修と、別に生産拠点を確保することの両方を視野に、最短の復旧方法を検討している。関孝博社長は「一日も早く本格的な工場を確保したい」と話す。

トレーラーハウス製造のカンバーランド・ジャパン（長野市）は、長野市豊野町の工場が浸水。協力工場を含む年間の生産能力約200台のうち約50台分を失った。当面は同市南長池の本社工場の生産を増やし、市内で新たな建物も借りて臨時工場とする計画。原田英世社長は「生産台数を落とさないように、あらゆる手を尽くす」とする。

スーパーのデリシア（松本市）は25日、浸水被害を受けて休業していた飯山市静間のユーパレットみゆき野店の営業を再開した。商品の冷蔵ケースが水に漬かって全て使えなくなり、グループ店から確保。営業スペースは本来の売り場の3分の1ほどにとどまるが、生鮮食品やパン、業務用食品を販売している。

同じくスーパーのツルヤ（小諸市）は、浸水した長野市松代町の松代店の営業を11月21日に再開する予定だ。全て水に漬かった冷蔵ケースの搬出や店内の掃除が一段落。今後、店内を消毒して傷んだ壁を張り替え、新たな冷蔵ケースを入れる。電気設備は一部を除いて浸水被害を免れたため、復旧のめどが立った。

エリンギ450㌧廃棄 ホクト 洗浄や消毒はこれから

なお見通せず

長野市穂保付近

ホクトの赤沼きのこセンターから運び出されたエリンギの培養瓶＝24日、長野市赤沼

千曲川の堤防が決壊した長野市穂保の近くに拠点があって被災した県内企業は、浸水の深さに応じて被害の程度も大きい。復旧への道筋が見えない中で、片付け作業や機器の点検に追われている。

長野市赤沼のエリンギ栽培拠点「赤沼きのこセンター」が浸水したキノコ生産のホクト（長野市）。1階部分が高さ2㍍以上泥水に漬かった。被災当初に取材した際は泥が付いた培養瓶が散乱する光景が広がっていたが、徐々に人手を増やして現在は連日100人以上の社員らが片付け作業に当たり、培養瓶の搬出は着実に進めている。ただ、現在も建物内の一部には泥が残り、操業再開の見通しは立っていない。

センターの広さは延べ1万4200平方㍍。培養中も含め廃棄処分になったエリンギは約450㌧に上る。片付け作業が終わった後は、洗浄、消毒が控える。水に漬かった機械が使えるかの確認はこれから。小松茂樹専務は「再開までどれだけ時間が必要か、まだ分からない」とする。

ホクトは県内外の10拠点で年間約1万9千㌧のエリンギを生産。国内シェアの約半分を握る。赤沼きのこセンターは約3千㌧を首都圏に出荷する最大級の施設。同社は他の生産拠点で増産を図る方針だが、赤沼の生産分を全て補うのは難しいという。

果実加工品製造の寿高原食品（千曲市）は、アイスや調味料向けの果汁を製造する長野市豊野町の工場が被災。約1億円を投じて8月に更新したばかりの充塡（じゅうてん）機を含む全ての生産装置が水に漬かった。点検を急いでいるが、水井寿彦社長は「装置の総入れ替えとなれば、被害額は数億円に上る」と話す。

同社の2019年6月期の売上高は約35億円。豊野工場の生産分が約半分を占める。主力のリンゴ果汁製造が最盛期を迎える中での被災。今シーズンはリンゴ果汁を製造する青森県の子会社での増産と同業他社への製造委託でしのぎ、モモが収穫期を迎える来夏までの操業再開を目指す。

自動車部品製造の長野鍛工（長野市）は水没した機械が使えるか確認しているが、中村千夏社長は「どのくらいの装置が修理で済むか、交換が必要か、まだ分からない」。再開の見通しは立たず、被害額は少なくとも「億」を超えるとみている。精密板金加工のカイシン工業（長野市）、特殊樹脂開発・製造のニッキフロン（同）も浸水した機械を点検している段階だ。

デリシア（松本市）が長野市赤沼で運営するユーパレット赤沼店は高さ3㍍近くまで浸水し、休業が続く。店内の片付けが一段落し、建物の被害状況の確認はこれから。同市豊野町のデリシア豊野店は25日に屋外のテントで水やパン、総菜の販売を始めたが、約2・5㍍の高さまで浸水した建物での本格的な営業再開のめどは立っていない。

小布施町、きょう避難所閉じる

開設は5市に

県災害対策本部は26日、県内の台風被災地のうち、上高井郡小布施町が27日に避難所を全て閉じると明らかにした。台風19号の影響による千曲川の堤防決壊から同日で2週間。これで避難所開設自治体は長野、須坂、中野、千曲、飯山の5市となる。須坂市も2カ所あった避難所を26日に1カ所に集約した。

小布施町によると、26日時点で町内2カ所の避難所には計18人が身を寄せているが、27日以降は自宅の修繕が終わるまで町営住宅や民間住宅に移る。町の担当者は「被災した町民の大半が一時避難先を確保し、避難所は役割を終えたと判断した」と説明した。

一方、須坂市は26日、旭ケ丘ふれあいプラザの避難所を閉鎖。避難者11人のうち7人が市北部体育館に移り、残り4人が自宅に戻った。

県災害対策本部の26日午前10時時点のまとめによると、県内では6市町の避難所21カ所に403世帯992人が避難している。

国民・玉木代表ボランティア

長野市で泥運び出す

国民民主党の玉木雄一郎代表は26日、台風19号による千曲川の決壊で広範囲に浸水した長野市赤沼で、民家の床下から泥を運び出すボランティア作業をした。復旧にはボランティアに参加しやすくする仕組みが必要とし、「交通費などの経費を所得控除できる制度を提案したい」と述べた。

党県関係者ら17人と市災害ボランティアセンターを通じて作業に参加。玉木代表は畳や床を取り除いてある民家で約2時間、床下の泥をスコップですくって土のう袋に詰め、「かなりの重労働。個々の家の人だけではできず、ボランティアの力が欠かせないと実感した」と話した。

国会対応を巡っては「安倍晋三首相は憲法改正論議に意欲的だが、まずは災害復旧、被災者の生活再建を優先すべきだ」とした。

権兵衛トンネル 入り口付近落下

自民議員ら視察

権兵衛トンネル入り口付近の国道本線の落下箇所＝26日午後4時48分、南箕輪村

自民党県連会長の後藤茂之氏（衆院4区）や同党県議らが26日、上伊那郡南箕輪村の国道361号権兵衛トンネル入り口付近で、本線が落下した現場を視察した。

現場では20日に国道の橋台付近の土砂がえぐられたようになっているのが確認された。22日には幅10・5㍍の本線も長さ5～6㍍にわたり落下しているのが見つかった。国は台風19号と関連付け、県に代わり直轄事業で復旧する方針を示している。現場は全面通行止めが続いており、通勤などへの影響が広がっている。

案内した県建設部職員は「さらに落ちる恐れがある」などと説明。後藤氏は「大変な災害だ。早期に発見され、事故が起きなかったのが幸い。復旧に全力を挙げたい」と話した。

地域づくり考える

木曽でフォーラム

事例発表を聴くやまびこフォーラムの参加者＝26日、木曽町

県内の地域づくり団体が交流する「やまびこフォーラム2019」（地域づくりネットワーク県協議会主催）が26日、木曽郡木曽町の町文化交流センターなどを会場に2日間の日程で始まった。初日は約60人が参加。佐藤博康・松本大名誉教授がインバウンド（海外誘客）について講演し、木曽地域の3団体が活動を発表した。

佐藤氏は、インバウンドを進めようとする際に「目玉となる観光資源が必要だ」と思いがちだが、外国人観光客が持ち帰るのは日本で会った人々やその暮らし、自然の印象と強調。旧中山道の風情を残す木曽郡南木曽町の妻籠宿の活動を例に「地域の人が景観維持などの価値観を共有していることが大事」とした。

活動発表で、同町の「妻籠を愛する会」は、建物の保存を優先するなどと定めた「住民憲章」を紹介。木曽広域連合は公共施設などの案内看板を統一したことを説明した。

参加者は27日、妻籠宿を見学する。

第三種郵便物認可　信濃毎日新聞　2019年(令和元年)10月27日　日曜日　特集　28

関東・東北 記録的大雨 【1面参照】

復旧途上 新たな猛威

千葉中心 氾濫・土砂崩れ

温暖化背景 高まるリスク

記録的な大雨で浸水した、千葉県佐倉市の鹿島川流域＝26日午前9時3分

記録的な大雨の影響で発生した、千葉市緑区誉田町の土砂崩れ現場＝26日午前9時21分

記録的な大雨で浸水した千葉県長柄町鴇谷地区の住宅＝25日（金野哲夫さん撮影）

台風21号と低気圧は千葉県を中心に大雨をもたらし、川の氾濫や土砂災害で新たな犠牲者が出た。大規模停電が起きた9月の台風15号の記憶が消えないまま、19号が東日本を直撃。被災地はいまだ復旧の途上だった。地球温暖化などを背景に今後も激しい豪雨災害が予想され、防災の専門家は「これまでの常識や経験だけに頼らず、危機感のハードルを下げて自分の命を守ってほしい」と警鐘を鳴らす。

「最悪の年だよ」。千葉県市原市の鎌田道生さん(75)は肩を落とした。今月25日の豪雨で自宅近くの川が増水し、避難所に一時身を寄せた。台風15号では強風で飛ばされた向かいの家の屋根が自宅の外壁を突き破った。19号でブルーシートが飛ばされ、雨漏りした。3度目の被災に気力を失い、自宅は解体するという。「これだけの災害が自分の身に降りかかるとは想像していなかった」

台風15、19号が本州に上陸したのに対し、21号は直撃せず日本の東海上を北上。だが、水温の高い海域から暖かく湿った空気を関東付近の低気圧に運び込んだ結果、行き場を失った空気が上昇して発達した雨雲を形成した。

市原市では25日、1時間当たり最大64・0ミリの非常に激しい雨が降り、半日で10月の平年月降水量を上回ったほか、台風19号で大きな被害が出た宮城県丸森町でも25日午後に計100ミリ以上の雨が降った。台風が上陸しなくても大雨になることが実証された形だ。

■　■

気象庁が全国にある地域気象観測システム（アメダス）のデータを解析した結果、1時間に50ミリ以上の雨が降った回数は増加傾向にあることが分かっている。1976〜85年の10年間は全国平均で年に約226回だったが、2009〜18年は約311回と1・4倍程度になった。

土砂災害のリスクは高まっており、25〜26日には千葉県で新たな犠牲者が判明した。東京電機大の安田進名誉教授（地盤工学）は「大雨になる前、どれだけの水分が土壌に含まれていたかに注目する必要がある」と指摘。今回は台風19号の時と比べて発生前1週間の雨量が多く、土砂災害が起きやすい状態になっていた可能性があるという。気象庁は土砂災害の危険度が高まった地域をホームページで表示、小まめなチェックを推奨している。

各地の自治体は土砂災害警戒区域を指定したり、浸水などの被害想定地図「ハザードマップ」を公開したりしている。ただ、日本世論調査会が今年2月に実施した調査では、ハザードマップを確認したことがある人は約6割にとどまっていた。

静岡大の牛山素行教授（災害情報学、諏訪市出身）は「国民全員が使いこなすのは難しいかもしれないが、まずは普及を進める自治体の担当者が研修などを通じて理解を深める必要がある」と訴える。

相次ぐ豪雨災害の一因に地球温暖化が挙げられる。気温が上がると空気中に含まれる水蒸気量が増えるとともに海水温が上昇し、積乱雲が発達しやすくなる。今後も各地で予想を超える豪雨になる可能性がある。

大雨のメカニズム

低気圧
暖かく湿った空気
上昇気流が強まり雨雲が発達
台風21号の経路

竹やぶ揺れ 直後にごう音

自宅裏の竹やぶがざわざわと揺れた直後、ごう音とともに土砂が押し寄せた。豪雨による土砂崩れで、男女3人が亡くなった千葉市緑区。「あっという間の出来事だった」。跡形もなくなった住宅を見つめ、付近の住民たちは恐怖の瞬間を振り返った。

同区板倉町の女性(60)は25日午後1時すぎ、自宅敷地内に土砂が流れ込み、蔵が傾いているのに気付いた。被害を避けるため、慌てて蔵の正面に止めていた車を近くに移動。家に戻って荷物をまとめ、サンダル履きで表に出ると、滝のような大雨が降っていた。

竹やぶが揺れる不気味な音。1〜2秒後、ごう音とともに土砂が崩れた。身の危険を感じ、避難所へ一目散。一夜明けた26日朝に戻ると壁が土砂をせき止め自宅は無事。しかし、隣家は完全に倒壊し、男性の遺体が見つかったことを知った。

女性2人の遺体が見つかった同区誉田町。崩落した住宅の隣に住む大松崎賢次さん(63)は、25日午後1時前に「ドドドーン」という大きな音に驚いた。土砂と一緒に倒れてきたフェンスで2階の窓が割れ、外を見ると裏山が崩れていた。直後に近くを通り掛かった70代男性は「道路がふさがっていたので、よく見たら家だった」と話した。

近くの住民約20人は高台にある自治会館に身を寄せた。26日に土砂災害現場を訪れた自治会長の岡田安弘さん(78)は、「これはしばらく住めない人が出てくる」とため息をついた。

被害は千葉県酒々井町でも。農家清宮澄雄さん(69)は25日午後3時ごろ、同町上岩橋の自宅で「ズズッ」という音を聞いた。窓の外に目を向けると木々が滑り落ちるのが見え、土砂が離れの扉を突き破った。妻の則子さん(71)は「家を直撃していたと思うと怖い」とおびえた表情を浮かべた。

住宅や田畑浸水 住民悲痛

豪雨から一夜明けた26日、千葉県内では住民が浸水した自宅や店舗の片付けに追われた。「もうたまらない」「まさかここまで」。台風15、19号に続く災害に、悲痛な声が上がった。

茂原市では、住宅や田畑などが広範囲で水に漬かった。川沿いにある野口恭子さん(72)宅は、1階部分が浸水。室内は洗濯機でかき回されたように物が散乱し、冷蔵庫などの家電も使えなくなった。野口さんは「もうこの家には住めない。今晩どうしたらいいかも困っていて、今後のことなんて考えられない」と嘆き、室内の泥や水をかき出したり、家財を運び出したりしていた。

長柄町の日吉団地では近くの一宮川が氾濫した。自宅1階が浸水した無職石井睦さん(63)宅では、知人ら約10人が駆け付け、掃除を手伝った。石井さんは「台風19号の被災地は大変だなと思っていたが、まさか自分が体験するとは。急激な水位上昇で逃げる間もなかった」と振り返った。

佐倉市では、26日午後も水が引かなかった。氾濫した鹿島川沿いにある「ちばグリーンバス」の勝田佳男社長(51)は「これまでも冠水したことはあったが、ここまでは初めて」。所有するバス約60台のうち、移動が間に合わなかった3台がタイヤ部分まで水に漬かった。勝田社長は「営業できず、お客さまに迷惑を掛けて申し訳ない」と声を落とした。

成田空港では、鉄道の運休や遅れによって足止めされた人の姿もあった。

福島・宮城

「水の不安から早く逃れたい」

台風19号による大きな被害が出た福島、宮城両県では26日、被災から約2週間で再び襲った大雨に、住民から「早く水の不安から逃れたい」と切実な声が上がった。

台風19号で夏井川が決壊し、浸水被害が相次いだ福島県いわき市平下平窪地区。床上浸水した自宅を片付けていた会社員今井正己さん(53)は「掃除にはまだまだ時間がかかる」と疲れ切った様子。「何度も大雨が降って不安だが、簡単に引っ越すわけにもいかないし…」と嘆息した。

同県郡山市では、道路脇に積まれた災害ごみが今回の大雨で散乱し、かび臭さが漂った。台風で自宅が浸水し、妻との避難所生活が続く無職斉藤文弥さん(75)は「避難情報が出るたびに怖い思いをしている」とこぼした。

台風で宮城県内で最大の人的被害が出た丸森町では、町中心部が再び冠水。自宅周辺の泥をかき出していた会社員星竜也さん(43)は「新たなごみも流れてきて大変だ」とつぶやいた。

台風19号 上陸2週間

浸水 全国7万棟

大規模な土砂崩れ、水害を引き起こし、13都県の87人が死亡、8人が行方不明となった台風19号の上陸から、26日で2週間が経過した。住宅の全半壊は3400棟を超え、浸水は7万棟近くに上る。被災地は災害ごみにあふれ、住民の避難生活が長期化し、農林水産業の被害も膨らむ。復旧のさなか、千葉県や福島県では新たな大雨被害が発生し、生活再建が一層遠のく地域もある。

内閣府によると、26日朝の時点で、避難所で生活するのは6224人。徐々に減少する中で台風21号の影響で大雨が降り、25日午後から2千人以上が一気に増えた。

厚生労働省のまとめでは、断水は群馬県や東京都で25日までに解消し、5県の496戸まで減ったが、この大雨に伴い、千葉県で新たな断水が発生している。

住宅は、広い範囲で被害が明らかに。総務省消防庁によると、全半壊が16都県の3431棟、一部損壊は北海道から中国、四国地方までの27都道府県で4743棟。床上浸水は17都県3万3673棟、床下浸水は21都県3万4733棟に達した。

国土交通省によると、土砂災害は20都県で667件が確認され、堤防の決壊は71河川140カ所で起きた。

県と長野市の公営住宅などの募集概要

		県	長野市
受付期間	第1回	10月29日まで	10月29日まで
	第2回	11月7日〜13日	住戸が準備でき次第
募集戸数		240戸（第2回分を含む）	37戸
受付窓口時間		長野建設事務所 午前9時〜午後8時（他に長野市の窓口でも受け付ける） 佐久、上田、諏訪、伊那、飯田、木曽、松本、大町、北信の各建設事務所 午前9時〜午後5時15分（佐久、上田、北信は土日の午前9時〜午後5時15分も開設）	市役所市民交流スペース 午前8時半〜午後8時 柳原支所 午前9時〜午後5時15分 豊野支所 午前9時〜午後5時15分 松代支所 午前9時〜午後5時15分 篠ノ井総合市民センター 午前9時〜午後5時15分 古里支所（土日、祝日のみ）午前9時〜午後5時15分

台風19号による県内の人的被害
（26日午前10時時点、県災害対策本部まとめ）

市町村	死亡	重傷	軽傷	計
長野市	2	2	81	85
上田市		1	5	6
須坂市			6	6
中野市		1	1	2
飯山市		1	4	5
佐久市	1		18	19
千曲市			5	5
東御市	1		1	2
川上村		1		1
佐久穂町			2	2
軽井沢町			1	1
箕輪町			1	1
坂城町		1	1	2
合計	4	7	126	137

（注）不明者は佐久市で1人

台風19号による県内の避難所・避難者数
（26日午前10時時点、県災害対策本部まとめ）

市町村	避難所	避難者数
長野市	14	800
千曲市	1	6
飯山市	1	2
中野市	1	9
須坂市	2	157
小布施町	2	18
合計	21	992

台風19号による県内の住宅被害
（26日午前10時時点、県災害対策本部まとめ）

市町村	全壊	半壊	一部損壊	床上浸水	床下浸水	計（世帯）
長野市	185	71		3049	1781	5086
松本市					2	2
上田市	1		39	31	99	170
岡谷市			5			5
須坂市				148	75	223
中野市			3	82	37	122
飯山市				407	206	613
佐久市				130	798	928
千曲市				475	1202	1677
東御市			3	1	4	8
小海町				4	5	9
川上村					4	4
南牧村			1		2	3
南相木村		1		1	6	8
北相木村	1	1		3	9	14
佐久穂町				48	54	102
軽井沢町	2	1	1			4
立科町				4	31	35
青木村					1	1
長和町				1	50	51
辰野町		2	30			32
箕輪町			6			6
飯島町			1			1
南箕輪村			1			1
麻績村					3	3
筑北村					4	4
坂城町				1	1	2
小布施町				31	28	59
高山村					1	1
木島平村			1			1
野沢温泉村				10	10	20
信濃町		1	4		4	9
飯綱町			4			4
栄村				2	2	4
合計	189	77	99	4428	4419	9212

被災者の住まい確保への公的支援の基本的な流れ（浸水被害の場合）

住家流出または床上1.8m以上の浸水　全壊 → 応急仮設住宅に入居可能　無償（応急修理費支援は利用不可）

床上1m以上1.8m未満の浸水　大規模半壊 → 土砂などで住宅として再利用できない／修理のため長期間自宅に住めない → 応急仮設住宅に入居可能

床上1m未満の浸水　半壊 → 短期間で最低限の修理をして自宅に戻りたい → 住宅の応急修理費支援　上限59万5000円（仮設住宅は入居不可）

半壊に至らないが、住宅の損害割合が10%以上20%未満 → 住宅の応急修理費支援　上限30万円

全壊と大規模半壊は国の被災者生活再建支援制度（全壊 最大300万円、大規模半壊 最大250万円）

半壊は県と市町村による「信州被災者生活再建支援制度」（最大50万円）を利用可能

長31　第一社会　6版　2019年(令和元年)10月27日　日曜日　信濃毎日新聞　新聞定価1ヵ月3,400円(うち消費税251円) 1部150円(消費税込み)　第三種郵便物認可

通行止め 知っていれば

冠水した方向へ車次々―濁流に
警察や県 対応しきれず

激しい雨がたたきつけ、被災情報が飛び交っていたあの夜。車で避難中の1人が亡くなった佐久市中込の滑津(なめづ)川氾濫現場で何が起きていたのか。混乱の中、通行規制に奔走した県警や県、車ごと濁流にのまれた人々、その救助に当たった消防隊員らの証言に耳を傾けたい。【1面参照】

証言　佐久・石神交差点で何が　上

周りの音が聞き取れないほどの雨が続いていた。佐久市街地を南北に貫く国道141号の中込大橋。その南にある石神交差点付近が冠水したとの連絡で、12日午後5時22分ごろ、佐久署員が交差点に着いた。同市臼田地区の災害現場から4人が駆け付けた。

普段は稲刈りを迎えた田んぼが広がるのどかな場所。だがこの日は、近くの滑津川周辺の街が明るい時間帯から水に漬かっているのを記者も確認していた。所々で濁流が堤防を越え始めていたとみられる。4人は各所の規制に散った。状況が変わったのは同6時ごろのことだ。

暗がりの中、石神交差点と中込大橋の間に濁流が流れ込んで「一気に腰の高さまで」（県警）水がきて、目の前で車2台が水没した。交差点に立った警察官は直進しようと次々やって来る車を止めるのに必死だった。

■　■

交差点に近づいた市内の会社員男性(48)は警察官が立っているのに気付き、何事かと尋ねた。「この先は冠水している。右か左かどちらかへ行ってください」。その言葉に、中込大橋北にある自宅への最短ルートとなる県道小諸中込線へと左折し、被災現場の杉の木地区へと進んだ。別の車を運転していた市内の主婦(61)も県道へと左折した。県警は警察官が「手を頭上で左右に振る」合図で車を止めていたと説明する。それが女性には「手を左側に振っているように見えた」。

この時、県道の約1キロ先、市下水道管理センター付近には通行止めの看板が立っていた。午後4時半ごろ、滑津川に架かる朝日橋付近の用水路があふれ、別の署員が通行止めにしていたが、滑津川氾濫を想定した措置ではなかった。状況が目まぐるしく動く中、県警は、県道先が通行止めになっているとは警察官には伝わっていなかったとする。

被災当夜の石神交差点（右奥）近くの国道。堤防が決壊した東側から西へと洪水が流れ込んだ=12日午後6時26分（佐久広域連合消防本部提供）

千曲川氾濫

また、石神交差点北が洪水にのまれ始めた午後6時。県警は道路を管理する県佐久建設事務所に電話で情報を伝えた。だが、同事務所にその記録は残っていない。この連携がうまくいっていたら、未然に県道の通行規制範囲を広げ、車両の進入を防ぐことはできたろうか。

■　■

この日、佐久地方では千曲川や支流で護岸崩落や道路冠水が相次ぎ、佐久署には次々と災害情報がもたらされていた。100人余の態勢で規制に走り回る状況下、県警の担当者は、県道の規制箇所が交差点から約1キロ離れ、その間に多くの住宅も脇道もあることから、「仮に情報共有や連携ができたとしても、県道自体を規制するのは物理的に無理だった」とする。

ただ結果的にせよ、死者が出たことを「重い結果」と受け止める県警は、「今後、道路管理者とも連携して災害にどう備えるか検討していかなくてはいけない」。同事務所も「警察と一緒に対応していく」とする。

「通行止めだと分かっていれば交差点を県道に左折することはなかった」。氾濫に巻き込まれた男性は、九死に一生を得た当時をそう振り返った。

「力ある政治家だった」
吉田博美さん 県内から悼む声

26日死去した元参院議員吉田博美さん(70)は自民党参院幹事長として手腕を発揮した一方、旧下伊那郡区選出の県議時代を通じて地元首長らと深い交流を続け、愛好するラグビーなどスポーツの振興にも尽力した。ゆかりのある県内の人たちからは悼む声が上がった。【1面参照】

4月に政界引退を表明し、療養を続けていた吉田さん。飯田高校（飯田市）時代の同期で親交があった下伊那郡泰阜村前村長、松島貞治さん(69)は「互いに政治から引退し、一緒に思い出話を語り合いたいと思っていただけに残念でならない」と悔やむ。

県議時代の2000年、県会と当時の田中康夫知事が対立する中で議長を務めた吉田さんが、「選挙で県民が選んだ知事を駄目だというのは良くない」と語っていたのが印象に残る。参院議員になってからは国への要望活動に同行し、実現に向けたポイントを教えてくれたといい、「『政治の妙』『政治の要諦(ようてい)』を知り尽くした、たたき上げの力のある政治家だった」と話した。

参院選で、集まった支持者と握手する吉田博美さん=2013年7月、松川町

飯田市の牧野光朗市長(58)は「地域繁栄のため、県議時代から国、県の間に立って、三遠南信道をはじめさまざまな地域づくりに多大なご尽力をいただいた。ご功績に感謝します」とコメント。飯田商工会議所の柴田忠昭会頭(77)は「残念で言葉もない。三遠南信道やリニア中央新幹線についても、力を尽くしてもらった」とした。

県ラグビーフットボール協会会長を務めた吉田さん。同協会事務局長で上田市勤務の小出茂樹さん(45)は「高校ラグビーの県大会など節目の試合にはよく顔を出してくれる熱心な人だった」とする。ラグビーワールドカップ（W杯）日本大会に長野県としてかかわることにも吉田さんは意欲的だったといい、「菅平高原でキャンプ、長野市で試合が見たかったと残念がっていた」と振り返った。

リンゴ販売で復興応援
5周年の銀座NAGANO

東京・銀座の県情報発信拠点「銀座NAGANO」で26日、開業5周年を祝う大感謝祭が2日間の日程で始まった。店舗前では、台風19号で被災した県内各地の復興に役立てようと、県産のリンゴ「シナノスイート」を1個50円、エノキタケ1袋を50円で販売。大勢の来場者でにぎわった。

売り上げの半額を支援金として寄付する予定。リンゴを購入した森川昭恵さん(65)=東京都品川区=は「昔よくスキーに訪れた信州が被害に遭って残念。少しでも役立てれば」と話していた。会場では被災地へのメッセージを、リンゴの形の付箋に書いてもらい、飾っている。「いつもいつも応援しています」と書いた中川由紀さん(58)=東京都新宿区=は「長野県が大好きで、見慣れた長野市豊野町などのリンゴ畑が水に漬かって心が痛みます。一日も早く復興できますように…」と願っていた。

銀座NAGANOは2014年10月オープン。18年度の来場者数はこれまで最高の約99万8千人だった。会場では義援金を募っており、27日は午後3時から、タレント峰竜太さん（下伊那郡阿智村出身）のトークショーがある。

銀座NAGANOの大感謝祭でリンゴを買い求める人たち=26日、東京・銀座

岩国の騒音訴訟
一部原告 上告へ

米軍と海上自衛隊が共同使用する岩国基地（山口県岩国市）の周辺住民654人が、米軍機と自衛隊機の夜間・早朝の飛行差し止めと、騒音被害の賠償を国に求めた訴訟で、一部の原告が26日、飛行差し止めを認めなかった二審広島高裁の判決を不服として、最高裁に上告する方針を明らかにした。

25日の高裁判決は、過去の騒音被害について一審より増額した計約7億3500万円の支払いを国に命じたが、飛行差し止めと将来分の騒音被害の賠償は認めなかった。2015年10月の一審山口地裁岩国支部判決は国に約5億5800万円の賠償を命令。住民側と国側双方が控訴した。

服部操さん（はっとり・みさお＝服部宏昭議員の母）26日午前11時10分、老衰のため上水内郡信濃町の町立信越病院で死去、97歳。信濃町出身。自宅は信濃町柏原2865の1。葬儀は28日午後2時半から信濃町原2566の15、JAホールしなので。喪主は長男宏昭（ひろあき）氏。

飯山線 全区間で再開
2週間ぶり 生活の足回復「助かる」

JR飯山線は26日、全区間（豊野―越後川口）で通常運行を再開した。台風19号の影響で不通となっていた豊野―戸狩野沢温泉間が復旧し、2週間ぶりの列車運行。飯山市の飯山駅では会社員やお年寄り、中高生らが乗降し、「生活の足」の回復を喜んだ。

長野市の銀行員、中野岳志さん(25)は飯山市内への通勤で午前7時台に列車を降りた。運休中は車を使っていたといい「渋滞の不安もあったからありがたい」。中野市の主婦小林トシさん(83)は日頃、飯山赤十字病院（飯山市）に通院。5年ほど前に運転免許を返納しているだけに「当初予定より早い再開で本当に助かる」と話した。

県関係の鉄道は、25日に北陸新幹線東京―金沢間が直通運行を暫定ダイヤで再開。中央東線の特急あずさも28日始発から全線で通常運行を再開する。小海線は野辺山―小淵沢間で本数を減らして運行。小海―野辺山間は線路復旧などのため運休中で、11月上旬の再開を目指している。

しなの鉄道は上田―田中間で運転を見合わせ、通学定期を利用する学生や生徒に限って北陸新幹線とバスを組み合わせた代替輸送中。上田電鉄別所線は運休している上田―下之郷間で代行バスを走らせた。下之郷―別所温泉間は臨時ダイヤで運行している。

全線で運転再開したJR飯山線の飯山駅で、列車に乗り降りする人たち=26日午前10時2分、飯山市

飯山線
越後川口
15、16日開通
森宮野原
24日開通
戸狩野沢温泉
26日開通
飯山
豊野

偽メールで誘導 2段階認証破る
新手口 ネットバンク被害急増

銀行を装ってうその電子メールを送り、インターネットバンキングのIDやパスワードなどを盗む「フィッシング」詐欺で、成り済ましを防止するための「2段階認証」を破り、リアルタイムに現金を盗む新手口による被害が急増している。

警察庁の統計では、ネットバンキングによる不正送金被害額は、今年7月まで毎月3000万円前後だったが、8月に倍増し、9月は4億円を超えた。多くがこの手口によるものとみられる。警察庁と金融機関は注意を呼び掛けている。

民間監視団体「フィッシング対策協議会」などが確認したメールは、三菱UFJ銀行や三井住友銀行を装って「口座にリスクを検出した」などと不安をあおる文面。文中のURLをクリックすると、ネットバンキングそっくりな偽サイトが開く。口座番号やパスワードを入力すると、重要手続きの際に必要な「ワンタイムパスワード」の入力を求めてくる。

この時、犯人は入力されたパスワードを使い、ログインしている。ワンタイムパスワードが入力されると、犯人の口座にお金が振り込まれてしまう仕組みだ。

ワンタイムパスワードは、スマートフォンや専用機器に表示されたり、利用者にメールで送られたりする数桁の数字。数十秒から数分間しか使えないことから安全性の切り札とされており、多くの銀行が2段階認証として採用している。

情報セキュリティー会社トレンドマイクロによると、昨年末から携帯電話会社のサービスが狙われ、銀行にも拡大した。広報担当者は「送られてきたメールなどのURLから、ネットバンキングの画面を開かないで」と話している。

高原調

○…松本ロータリークラブ（松本市）は26日、台風19号の被災地支援を目的としたチャリティーコンサートを、松本市の松本駅自由通路東側に設置したピアノを使って開いた=写真。会場に募金箱を設置。出演者7人と飛び入りの計10人以上がリレー形式で演奏し、復興を願った。

○…ピアノは誰でも自由に弾くことができる「ストリートピアノ」。安曇野市穂高南小学校5年の竹中保乃夏(ほのか)さん(11)と伊藤美紅(みく)さん(11)は連弾を披露した。

○…「ピアノで人を助けることができたらうれしい」と竹中さん。伊藤さんは「被災者の今までの暮らしが早く戻るように気持ちを込めました」。

第三種郵便物認可　信濃毎日新聞　2019年（令和元年）10月28日　月曜日　特集　24

千曲川決壊 漬かった街くっきり

国土地理院の13日撮影航空写真

台風19号による記録的な大雨の影響で長野市穂保の千曲川堤防が決壊した13日の一帯の航空写真を、国土地理院（茨城県つくば市）がホームページで公開している。写真を組み合わせると、堤防の決壊部分や、茶色く濁った水が住宅が建ち並ぶ集落など広範囲を覆う当時の様子がはっきりと分かる。

写真は13日午前、国土地理院の測量用航空機を使い、千曲市から下高井郡山ノ内町にかけ、千曲川流域の計128地点の上空から撮影した。このうち午前11時39分撮影の写真では、堤防が切れ、大きく口を開けた部分や、水没した北陸新幹線（長野経由）の車両が見て取れる。

国土地理院は、大規模災害時、被災状況の確認や復旧作業に役立てるため、こうした撮影をしている。

（国土地理院のウェブサイトより作成）

1　第49331号【明治25年3月15日第三種郵便物認可】　信濃毎日新聞　2019年（令和元年）10月28日　月曜日　日刊　9版★

2019年（令和元年）10月28日 月曜日

信濃毎日新聞
1873年(明治6年)創刊
発行所 信濃毎日新聞社
長野本社 〒380-8546 長野市南県町657番地 電話(026) 受付236-3000 編集236-3111 販売236-3310 広告236-3333
松本本社 〒390-8585 松本市中央2丁目20番2号 電話(0263) 代表32-1200 報道32-2830 販売32-2850 広告32-2860

上田電鉄別所線 全線復旧「1年で」

目標実現へ費用確保課題

国・市と調整組織

市民・ファン 支援動き

上田電鉄（上田市）が、台風19号で被災した別所線（上田―別所温泉、11・6㌔）について1年後をめどに全線復旧を目指していることが27日、分かった。千曲川の増水で鉄橋が部分的に崩落。同社は一部区間で代行バスを走らせ列車運行を再開する一方、全線復旧に向け国土交通省と上田市、同社による調整組織も発足した。別所線は一時廃線の危機にあったものの、近年は上田の観光やイベントとの連携も活発化し、地方私鉄の中でも存在感を増していた。市民や鉄道ファンらも支援に動きだしている。

【関連記事2面に】

別所線鉄橋周辺では27日も、千曲川左岸堤防の緊急復旧工事が続いた。トラックが運んできた土をショベルカーが整えていく。約200㍍下流に架かる県道上田橋を渡る市民や観光客が足を止め、崩落した鉄橋を見ていた。

崩落現場を撮影していた大学院生の谷本涼さん(26)＝大阪府＝は「やるせない気持ち。復旧したらまた乗りに来たい」。交通を中心に都市計画を研究し、別所線にはこれまで5、6回乗ったことがあるという。

左岸の堤防と共に橋台が崩れ、鉄橋が落ちたのは13日午前8時ごろ。上田電鉄は15日から、鉄橋を含む上田―下之郷間は代行バスを走らせ、下之郷―別所温泉間は鉄路による運行を再開した。

上田と別所温泉を結ぶのは上下18本で、被災前に比べ半数近くに減便。所要時間は20分程度長くなり、下之郷駅での乗り換え時間を含めるとダイヤ上は50分余から70分余かかる。しなの鉄道が上田―田中（東御市）を運休している影響もあり、上田橋などの周辺道路も朝夕は交通量が増し、従来よりも混雑している。

千曲川左岸側で崩落した別所線の鉄橋。ショベルカーによる堤防の緊急復旧工事が行われている＝27日午後1時34分、上田市

別所線の状況（地図：上田、城下、千曲川、鉄橋一部崩落、代行バス運行、乗り換え、上田市、長野大、県工科短大、下之郷、別所温泉、本数減らし運行）

▪　▪

国土交通省北陸地方整備局は現在も速い水流が続く中、堤防緊急復旧を24時間態勢で進めている。完了後、上田電鉄は鉄橋の損傷具合を調べ、利用可能部分を判断する。鉄橋の復旧を安全に行えるのは、冬季の渇水期を中心に来年の梅雨入りまでの約半年間に限られる。北村健太郎常務取締役管理部長は「状況は見えにくいが、1年後には鉄橋を復旧させることを目指して進めたい」と意気込む。

国や上田市は全線復旧に向けた支援に前向きだ。国交省北陸信越運輸局鉄道部は、関係機関の情報共有を進め復旧の速度を上げる狙いで上田電鉄や北陸地方整備局河川部、上田市を交えた連絡調整会議を設置した。

上田電鉄にとっては億単位に上るとみられる復旧費用の確保も大きな課題となる。政府は東日本大震災（11年）、熊本地震（16年）で、鉄道事業者への補助率をかさ上げする支援策を打ち出し、復旧費用をほぼ国費で賄った。今回の台風19号も激甚災害に指定する方針だ。

赤羽一嘉国交相は25日の閣議後会見で、上田電鉄などを念頭に「経営状況が脆弱な鉄道会社への支援は大きな課題の一つ」とした上で「橋が流された場合は物理的に復旧・復興に時間がかかる。しっかり受け止めて（支援を）検討する」と述べた。20日には同省の水嶋智鉄道局長が別所線の現場を視察している。

▪　▪

さらに早期復旧を後押ししているのが、地元市民や鉄道ファンだ。住民団体「別所線の将来を考える会」（上田市）は復旧に向けた署名活動や、インターネット上で資金を募るクラウドファンディングの検討を進めている。

別所温泉旅館組合は20日、別所線応援の募金や署名を募るイベントを別所温泉駅で開催。倉沢晴之介組合長は「急に開いたのに、多くの市民が駆け付けてくれた」。535人分の署名と募金22万円を28日に上田電鉄に届ける。

ネット上でもツイッターなどに「がんばれ別所線」といった書き込みが相次ぐ。上田市の土屋陽一市長は「市民や観光客に愛される重要な路線。なくすことはできない」と積極支援に前向きな姿勢を示している。

（古志野拓史、井手拓朗、芦田雄樹）

関西への空路 通年で復活

松本―神戸線 FDAが就航

フジドリームエアラインズ（FDA、静岡市）は27日、県営松本空港（松本市）と神戸空港（神戸市）を結ぶ新定期路線（松本―神戸線）の運航を始めた。松本空港と関西圏を結ぶ通年の定期路線は2010年に廃止となった日本航空の大阪線（伊丹）以来。

【焦点3面、関連記事23面に】

神戸線は1日1往復で、飛行時間は約1時間。小型ジェット機のエンブラエル170（76席）と、175（84席）を使う。同空港は、規制が緩和されて実現した。同社はこの日、新たに神戸―出雲線も就航。12月20日には神戸―高知線の就航が控える。

神戸空港の発着枠が1日60回から80回に拡大されるなど、規制が緩和されて実現した。

当面のダイヤは神戸発が午前9時55分、松本発が午前11時20分。運賃は片道で大人普通が2万5千円。インターネットで予約・購入すれば、1万円前後になる割引サービスもある。

FDAの神戸空港への就航は、県などでつくる利用促進協議会は松本空港でセレモニーを開催。神戸から到着した乗客に記念品を配るなどした。

県営松本空港に到着した神戸空港からの初便＝27日午前10時44分

ごみ焼却施設 ほぼ満杯

長野広域

長野・須坂市 災害ごみ きょうから搬入休止

長野広域連合は27日、長野、須坂両市など6市町村の可燃ごみを焼却する「ながの環境エネルギーセンター」（長野市大豆島）で、焼却前のごみを一時的にためる「ピット（貯留槽）」の約9割が埋まり、満杯に近づいていると明らかにした。台風19号による水害で、ふとんや木くずといった大量の災害ごみが発生し、処理能力を超える量が持ち込まれているため。

ピットが満杯になると、一般の家庭ごみを受け入れられなくなる恐れがある。このため長野、須坂両市は28日から当面、同センターへの災害ごみの搬入を休止する。広域連合はホームページで、分別の徹底などによる家庭ごみの排出抑制を呼び掛けている。

同センターの焼却処理能力は1日最大405㌧。これに対し、被災後の15日以降は1日平均約580㌧が搬入されていた。2900㌧をためられるピット内のごみの保管量は少しずつ増え、25日時点で2720㌧（94％）に。広域連合は同日、長野、須坂両市に災害ごみの搬入を一時見合わせるよう申し入れていた。

長野市は市内3カ所、須坂市は1カ所に設けた「仮置き場」に災害ごみをいったん集め、同センターに運んでいた。須坂市は当面、集めた災害ごみを仮置き場に留め置く。長野市は、3カ所のうち篠ノ井運動場（篠ノ井石川）と青垣公園運動場（松代町西条）は7～8割が埋まっているため、県を通じて県内外の施設に受け入れを打診している。

県災害対策本部によると、台風19号による県内の人的被害は27日午前10時時点で、死者4人、行方不明1人、重傷7人、軽傷126人。全壊267世帯、長野市や須坂市など6市町で975人が避難を続けている。

ほぼ満杯になったながの環境エネルギーセンター内のピット＝27日

天気（最高気温・最低気温）

北部　飯山 19/7　長野 19/6　大町 17/5
中部　松本 19/5　上田 21/7　佐久 19/7　諏訪 17/6
南部　木曽 20/6　伊那 20/9　飯田 20/8

☂5㍉以上　5㍉未満
23面に詳しい天気情報

斜面

2019.10.28

頭の上でホラ貝を吹く音がした。もう少しでてっぺんだ。気がせいて、急登を踏む足に力が入る。寒冷前線を伴う低気圧が過ぎた6日、御嶽山に向かった。山粧う季節。ごつごつとした山肌にナナカマドの赤とハイマツの緑が映えた◆計63人の死者と行方不明者を数えた噴火災害から5年が過ぎた。最高峰剣ケ峰への立ち入り規制解除が間もなく終わる時期でもあり、登山者が列をなす。立ち寄る山小屋では、ヘルメット着用とともに頂上での滞在はできるだけ短く、と呼び掛けていた◆御嶽山は古くから知られる信仰の山だ。今も白装束で身を固めた信者たちが金剛づえを突きながら山頂を目指す。深田久弥は「日本百名山」で、子どもから年寄りまでもが信仰のために登る様子を紹介し〈ピッケルに登山靴のアルピニストは疎外者のような感じである〉と書いた◆頂上には噴火の爪痕が残る。ひしゃげた手すり、傾く灯籠、割れた石碑…。気になったのは登山者だ。ベンチを占領してザックを枕に長々と昼寝をする人、火気厳禁のシェルターで湯を沸かしてカップ麺を食べる人。鎮魂と祈りの場にはふさわしくない◆ちょうど40年前のきょう、御嶽山は有史以来の沈黙を破って噴火した。衝撃は大きく、活火山、休火山、死火山の分類を見直すきっかけになった。頂上では今も、約500㍍離れた火口から「コォー」と音が聞こえてくる。山に刻まれた歴史を知り、自然を畏れ敬う心を、忘れずにいたい。

松本市 ハム太郎

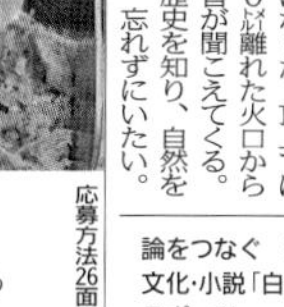

こと映え
天真爛漫（らんまん）
無邪気に振る舞う
応募方法26面に

紙面の問い合わせ　本社見学・出前講座　購読のお申し込み　信毎ホームページ
編集応答室 026-236-3111
読者センター 026-236-3215
0120-81-4341
www.shinmai.co.jp

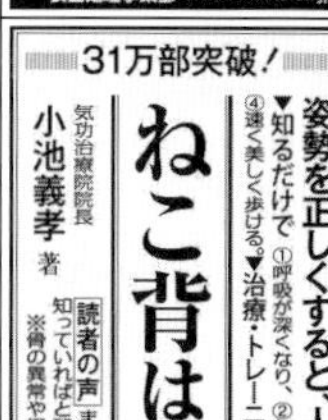

長野・長沼地区での救助 自衛隊員が回顧

被災者 ヘリ機内で涙

台風19号による大雨で千曲川の堤防が決壊し、浸水被害が出た長野市長沼地区には各地の陸上自衛隊の部隊が救助活動に入った。このうち北宇都宮駐屯地(宇都宮市)を拠点とする第12ヘリコプター隊第1飛行隊は13～14日、109人を助け出した。家屋の2階に達するほどの濁流が集落をのみ込んでいた。隊員2人が27日までに、緊迫した状況を振り返った。

長野県からの災害派遣要請に応じ、同隊の中型ヘリ4機は13日午前7時すぎから順次、現場上空へ。激流と濁った水が一帯を覆う。操縦士の稲葉正樹3等陸佐(44)は「1階が壊れた建物も多く、取り残された人たちを早く救助しなければと思った」。

ベランダや窓から助けを求める人を見つけては、ヘリを上空にとどまるホバリング状態にし、ワイヤで隊員を降ろす。被災者を1人ずつつり上げていった。「タオルを振るなど、意思を明確に示してくれたことが速やかな救助につながった」と指摘する。

集落には住宅が密集。ヘリの真下には強い気流が発生するため、近づきすぎて建物を壊したり、物を吹き飛ばしたりしないよう地上30～40㍍ほどを保った。電線が妨げになることも多かったという。

順調でも1人の救助に5分程度かかる。「落ち着いてください」「順番に上げます」。ワイヤで家屋に降りた岡本貴史2等陸曹(31)は被災者に声を掛け、けがの有無や人数を確認。子どもから優先的につり上げた。

泣きじゃくる母親からは、首が据わっていない生後2カ月の赤ちゃんを託された。乳児専用の救助機具で包み、慎重に抱きかかえて収容した。

長沼地区で被災者25人と犬1匹を救い出した岡本2曹。ヘリ機内での被災者の様子が印象に残っている。「助かって安心したからなのか、上空から見えた被害の大きさのためなのかは分からないが、涙を流している人が多かった」

同隊は2014年の御嶽山噴火災害や15年の関東・東北豪雨でも出動。隊員は目標地点の半径50㌢の範囲内に降下できるよう、日頃から訓練している。稲葉3佐は「万一に備え、さらに救助能力の向上に努めたい」と力を込めた。

長野市長沼地区での救助活動を振り返る(左から)稲葉3佐と岡本2曹＝24日、宇都宮市

逃げ遅れた人をつり上げて救助する自衛隊のヘリ。下は増水した千曲川＝13日午前8時39分、長野市上野から撮影

「被災者の立場に立って活動」 松本駐屯地の伊藤司令

県の災害派遣要請に応じ、台風19号で被災した長野市などで活動している陸上自衛隊松本駐屯地(松本市)の伊藤裕一司令(50)＝第13普通科連隊長＝が27日までに、信濃毎日新聞の取材に応じた。災害発生から2週間たち、任務は人命救助から生活支援に移っている。「生活がままならない被災者の立場に立って(活動を)やっていく」と強調した。

陸自は12日夜に活動開始。県外部隊も入り、避難所での入浴施設設置や食事提供、災害ごみ撤去に当たっている。

伊藤司令はほぼ連日、各地の現場を訪れる。浸水したり損傷したりした家屋を目にし「どこから手を付ければいいか気が遠くなる思いは当然」と被災者をおもんぱかる。「県内唯一の部隊として、郷土の復興に向けて一生懸命やらないといけない」と語った。

活動は今後、緊急性や公共性などを勘案し、被災地の状況も見て民間や自治体に引き継ぐ。「少しでも早く復興できるよう考えながらバトンタッチしていく」と述べた。

台風19号の被災地での活動について話す伊藤司令＝25日、松本市

佐久の「世界かんがい施設遺産」台風19号で被災

五郎兵衛用水に土砂流入

揚水機も水没 来春の復旧目指す

台風19号の影響で、佐久市浅科地域を流れる「世界かんがい施設遺産」の五郎兵衛用水に崩落した土砂が流入していることが27日までに分かった。ブランド米「五郎兵衛米」の生産に使われ、一帯の田園風景は観光地としても親しまれており、早期復旧を願う声が上がっている。

管理する五郎兵衛用水土地改良区によると、同市協和にある取水施設「頭首工(とうしゅこう)」に土砂や倒木が流れ込んだり、水路の約50カ所が埋まったりして、13基ある揚水機のうち、同市御馬寄の千曲川沿いの3基が水没して動かない。

用水は400㌶余の水田に使われている。同改良区は「今はコメの収穫が終わって大きな影響はない」としつつ「市や県と協力し、田植えが始まる来年4月までには復旧させたい」としている。

頭首工では山の斜面が崩れ落ち、水路が約100㍍にわたってふさがれた。地元の市五郎兵衛記念館の館長、根沢茂さん(66)は「これほど大きな被害は見たことがない」と話す。

用水は1626(寛永3)年、市川五郎兵衛(1571～1665年)が小諸藩の許可を得て、5年ほどかけて全長約20㌔にわたって引いた。2018年、国際かんがい排水委員会(ICID)が歴史的価値のある農業用水利施設「世界かんがい施設遺産」に登録した。

崩落した土砂が流れ込んだ五郎兵衛用水の頭首工＝25日、佐久市

台風19号の被害を受ける前の五郎兵衛用水の頭首工＝7月28日(佐久市五郎兵衛記念館提供)

御馬寄　千曲川　中部横断道　佐久平　市役所　佐久南IC　鹿曲川　五郎兵衛用水　頭首工　佐久市

水害から復興願い自然満喫

飯山・中野・木島平でアウトドアの催し

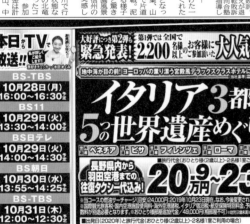

色付き始めた木々を眺めながら、北竜湖でカヤックをこぐ参加者ら＝27日午前7時51分、飯山市

カヤックと自転車、登山を組み合わせたイベント「千曲川・高社山 SEA TO SUMMIT」が26、27日、飯山、中野市と下高井郡木島平村で行われた。アウトドア用品メーカー「モンベル」などでつくる実行委員会は台風19号の影響で中止も検討したが、被災地を元気づけようと開催。全国から213人が参加し、北信地方の大自然を舞台に汗を流した。

あいにくの曇り空が続いたが、辺りは紅葉が見頃。沿道からは地元の住民有志から声援が飛び、競技者を後押しした。給水ポイントでは地元産食材を使った料理が振る舞われ、飯山地域の食の魅力も合わせて競技者に伝えた。

地元の花卉(かき)農家、太田和明さん(52)は、一緒に参加した友人ら15人とゼッケンなどに「がんばろさ飯山」と書かれた自前のステッカーを貼って出場。目にした他の競技者から「早く復興するといいね」などと声を掛けられたといい「イベントが復興に向けた一つのきっかけになってくれたらいい」と話した。

最北端からの参加者となった青森県八戸市の印刷業、山本純史さん(47)は、車で片道約12時間半かけて初参戦。泥やがれきが道路脇に残る様子に「想像以上だった」と驚きつつ、色づく木々や田園風景の中を自転車で走り「信州の自然の素晴らしさを実感した」と笑顔だった。

当初カヤックは千曲川で行う予定だったが、川の状態などを考慮し、飯山市内の北竜湖に変更。全長39㌔だったコースは27㌔に縮小した。参加費の一部を充てる義援金は計11万6千円集まり、飯山、中野市に贈った。

被災地に予備自衛官投入

台風19号 支援長期化見据え

台風19号の被災地支援で、防衛省は自衛隊3万1000人の態勢を組んだのに加え、普段は民間企業に勤めている自衛官OBらから成る即応予備自衛官や予備自衛官も招集、投入した。被害が広範囲に及び支援活動が長期化することを見据えた措置で、予備自衛官の招集は2011年の東日本大震災以来だ。

防衛省によると、これまでに即応予備自衛官と予備自衛官計260人以上が活動。長野、宮城、福島、栃木各県などでがれきや泥の撤去、衛生支援などを行っている。状況次第で最大1000人まで招集する。同省幹部は「台風19号に続く豪雨被害で、寸断された道路の復旧や、がれきの撤去作業などがさらに長引く可能性もある」と話す。

予備自衛官は18年度末時点で約3万4000人(うち女性約2400人)。自衛官OBと規定の教育訓練を経た一般人で構成される。即応予備自衛官は原則陸自OBで約4300人。首相の承認を得て招集される。

東日本大震災では即応予備自衛官と予備自衛官合わせて計1600人余りが活動した。

山田一栄氏(やまだ・かずえ＝元東筑摩郡坂井村長)27日午前7時15分、心疾患のため松本市内の病院で死去、94歳。旧坂井村(東筑摩郡筑北村)出身。自宅は筑北村坂井288。葬儀は29日午後3時から東筑摩郡麻績村麻4120の1、JA虹のホール筑北で。喪主は長男の一彦(かずひこ)氏。

83年に坂井村長に初当選。05年に同郡本城、坂北両村と合併して筑北村が誕生するまで、6期22年務めた。

茅嶋洋一氏(かやしま・ひろかず＝元福岡県立伝習館高校教諭)26日午前0時28分、がんのため福岡市東区の自宅で死去、77歳。福岡市出身。自宅は同区香椎駅東4の62の25。葬儀は近親者で執り行われた。喪主は妻節子(せつこ)さん。

伝習館高校(福岡県柳川市)で学習指導要領から逸脱した授業をしたなどとして、70年に他の教諭2人と懲戒免職処分になった。処分取り消しを求めた「伝習館訴訟」の一、二審で敗訴。90年の最高裁判決でも訴えが退けられ、他の2教諭も逆転敗訴となった。大手予備校の河合塾講師として現代文などを指導した。

情報・写真 お寄せください

声のチカラ（コエチカ）

暮らしの中で気になる出来事や、おかしいなと思うことをお寄せください。記者が調査・取材します。

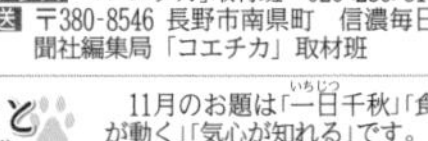

ファクス 「コエチカ」取材班 026(236)3196
郵送 〒380-8546 長野市南県町 信濃毎日新聞社編集局「コエチカ」取材班

こと映え　11月のお題は「一日千秋」「食指が動く」「気が知れる」です。

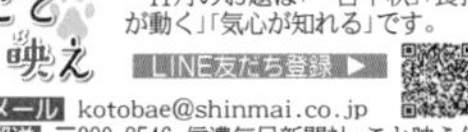

メール kotobae@shinmai.co.jp
郵送 〒380-8546 信濃毎日新聞社 こと映え係

少しでも判断間違えば

Uターン直後に濁流 住宅へ避難
水位低下後 未明に救助

台風19号に伴う千曲川支流、滑津(なめつ)川の氾濫で、佐久市中込の中島正人さん(81)が車に乗って避難中に死亡した被災現場。同様に車ごと濁流にのまれた市民、その救助に当たった消防隊員らが、当時の緊迫した状況を証言する。

証言 佐久・石神交差点で何が 下

激しい雨が降り続いていた12日午後6時すぎ。市内の会社員男性(48)が氾濫に巻き込まれたのは、被災していないか気になって実家の様子を見に行った帰り道だった。

国道141号を北上し、中込大橋南の石神交差点で警察官から国道は通れないと聞き、県道小諸中込線へと左折。市下水道管理センター近くまで約1キロ走った辺りで、先行していた車5、6台が詰まっていた。「なんで止まるんだろう」と順にUターンするのを横目に進むと、通行止めの看板があった。

センターラインのない狭い道を男性もUターンして間もなく、滑津川の方向から茶色い水が押し寄せ、アクセルがほとんど効かなくなった。道路脇の住宅敷地に突っ込んだ。身の危険を感じた。窓から外に出て泥水に膝まで漬かり、別の車の屋根に上った。薄暗い中、水位がどんどん上がっていく。同様にそれぞれの車から逃れてきた男女2人と車の屋根伝いに移り、さらに隣の住宅玄関の屋根に上って2階の窓を割り、中に入った。携帯電話で助けを求めた。「寒くないですか」と3人で励まし合った。

■ ■

佐久広域連合消防本部に被災現場の杉の木地区から救助要請があったのは午後6時33分。急行した救助隊員からも「すごい水の流れ」「濁流が渦を巻いている」との無線が飛び込んできた。

冠水地帯の手前に現場指揮本部を設け、合同で救助に当たった県警機動隊の馬力の強い船外機付きボートで救助を試みた。だが、流れが強すぎてかじが取れない。「隊員が流されたら救助活動が終わってしまう」。夜通し指揮した同消防本部指揮課長の土屋勉さん(53)は水位が低くなるのを待つ方針に切り替えた。

「この家が流されたらどうしよう」。救助を待っていた会社員男性の脳裏に、東日本大震災の津波で家々が流される映像が浮かんだ。

■ ■

水位が下がり始めたのは翌13日午前0時ごろ。救助隊員は建物の屋根にいる女性2人を確認した。さらに水位が膝下くらいになったのを見て、午前1時すぎに助け出した。続けて住宅内に避難した3人を救出。その後、市下水道管理センターに避難していた8人も救助した。「最善を尽くしたつもりだが、状況は最悪だった」と土屋さん。「亡くなられた方もいて、無念」と悔しさをにじませる。

「少しでも判断を間違えていたら…。災害でトラウマ(心的外傷)を抱える人の気持ちが分かる気がします」と、会社員男性は生死を分けたあの日を振り返る。亡くなった中島正人さんが乗った軽乗用車を運転し、濁流に巻き込まれた長女らも、横倒しの車の上で激しい雨に耐え続けた末、救出された。姿が見えなくなった中島さんが忘れられない。「誰かを責めるつもりはないけれど、さまざまな教訓を今後に生かしてほしい」と願っている。

千曲川氾濫

濁流で路盤が削られた杉の木地区の被災現場。左は下水道管理センター=13日、佐久市中込

12日夕の通行止めの状況

午後4時半ごろ~ / 佐久郵便局前 / 午後6時ごろ~ / 通行止めの看板 / 滑津川 / 中込大橋 / 朝日橋 / 佐久市下水道管理センター / 被災現場 / 石神 / 堤防決壊 / 警察官 / 午後5時ごろ~ / 午後5時45分ごろ~ / 県道小諸中込線 / 佐久市 / 千曲川 / 141 / 浸水区域

あんずちゃん 田中しょう

4人死亡の土砂崩れ現場3カ所
千葉県、警戒区域指定せず

福島、千葉で25日に降った記録的大雨で、計4人が死亡した千葉県内の土砂崩れ現場3カ所について、千葉県が「土砂災害警戒区域」に指定していなかったことが27日、県への取材で分かった。2カ所は指定準備中だったが、1カ所は斜面の角度や高さなどが国が定めた基準以下だったため、県は指定するかどうかを判断する現地調査もしていなかった。【関連記事2面に】

台風19号による豪雨の際も、群馬県富岡市で、未指定区域で土砂崩れが発生し3人が死亡した。自治体の防災対応の難しさが改めて浮かび上がった。国の基準の在り方も課題になりそうだ。

千葉県内では土砂崩れにより、千葉市緑区誉田町で60代と40代の女性、同区板倉町で60代の男性、市原市郡本で50代の女性が犠牲となった。

土砂災害警戒区域は、都道府県が地図による調査で危険箇所を抽出。現地調査を実施し、土砂災害の恐れがあると判断した場合に指定する。

千葉県によると、千葉市緑区板倉町と市原市郡本の現場は危険箇所となっており、指定に向けた準備が進められていた。一方、千葉市緑区誉田町の現場は危険箇所に該当しない区域だった。千葉市は25日、緑区に避難勧告を出していたが、誉田町の世帯は対象外で、避難するかどうかは住民の自主判断に任された状態になっていた。

県は「事態を重く受け止め、今後さらに指定を推進したい」、千葉市は「避難勧告は、対象世帯でなくとも崖付近にいる方には避難を呼び掛けていた。より行動を促す情報の出し方を検討したい」とそれぞれコメントした。

2人が犠牲になった千葉市緑区誉田町の土砂崩れ現場。土砂災害警戒区域に指定されていなかった=27日午後

千葉50代女性が不明 計2人に

千葉県は27日、台風21号と低気圧の影響による大雨で、同県茂原市の50代女性が行方不明になっていると明らかにした。25日午後、市内の川で人が流されたという目撃情報や、家族からの「帰宅しない」との通報があり、県警が確認を進めていた。大雨による人的被害は千葉、福島県で死者10人、行方不明2人となり、両県警が捜索を続けている。

福島県で死亡したのは相馬市のホテル従業員花沢三保子さん(61)、行方が分からないのは同居する長男正智さん(38)と判明。2人が乗っていたとみられる車は、三保子さんの遺体が発見された砂浜から約2・5キロ離れた水田で見つかり、無人だった。

「どこから手付ければ」
千葉 浸水被害 困惑の声相次ぐ

豪雨で浸水被害を受けた千葉県内の各地では、27日も住民が片付けに追われた。設備が故障し、入居者を別の施設に移した特別養護老人ホームや、泥水に漬かった店舗も多く「どこから手を付けたらいいのか」と困惑の声が相次ぎ、一方で「早く復旧したい」との声も聞かれた。

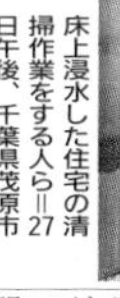
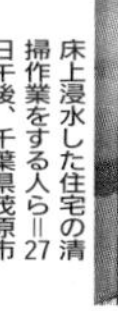
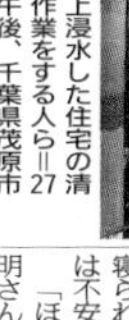
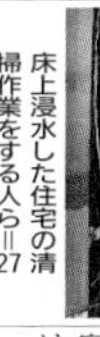

床上浸水した住宅の清掃作業をする人ら=27日午後、千葉県茂原市

床が泥に覆われた長柄町の特別養護老人ホーム「ほしの郷」。エレベーターや調理場が使えなくなり、入居者39人は同じグループの施設に移ることに。職員は足の不自由な入居者を1階まで運び、車いすに乗せていた。

「お泊まりに行きますよ」「大丈夫ですからね」。職員が励ます中、入居者は泥よけのために敷かれた段ボールの上を渡って介護車両へ。渡辺栄子さん(83)は「怖くて夜は寝られなかった。新しい施設は不安だ」と心細そうだった。

「ほしの郷」理事の増田千明さん(48)は「台風でも大丈夫だったので油断していた。いつになるか分からないが、早く復旧させ、利用者に戻ってほしい」と語った。

複数の川が氾濫した茂原市では、泥の残る道路脇に、茶色くなった家電や畳、布団がうずたかく積み上げられた。

市内で和菓子店を営む南館礼子さん(79)は「自分の身長よりも上まで水位が上がり、店の中の物は全部ひっくり返った」と振り返る。材料も冷蔵庫も使えなくなったが「立ち止まっていてもしょうがない。一つずつ片付けて、早く再開したい」と笑顔を見せた。

佐倉市の住宅では、覚張恭成さん(53)が手伝いに来た知人と水を含んだ畳を運び出していた。覚張さんは「手伝ってくれてありがたいが、今後、何をしていけばいいのか」と戸惑いを隠せない様子だった。

AC長野 地域とともに前へ
被災後初のホーム戦で支援活動

サッカーJ3のAC長野パルセイロは27日、長野市の長野Uスタジアムで行った対讃岐戦で、台風19号の被災者への支援活動をした。被災後初めてのホームゲーム。選手たちはサポーターに義援金を呼び掛けたり、防寒着などの物資を募ったりした。【17面参照】

試合前には犠牲者を悼んで黙とう。太鼓など鳴り物を使った応援は自粛した。スタジアムに隣接する南長野運動公園体育館は避難所になっている。26日には選手らが訪れ、避難者に試合の招待券を手渡した。

スタジアムで募金活動をした内野貴志選手(31)は、洪水被害を受けた住宅でのボランティア活動も経験。「被災者は生活すること自体が大変な状況。少しでも力になれれば」と話した。

AC長野も、千曲川河川敷にある練習拠点が水没するなど被害を受けた。選手は試合後、クラブとユニホームメーカーが共同でつくった「がんばろう長野」とプリントされたTシャツを着てピッチを一周。地域とともに復興に向かう姿勢を示した。

試合後、「がんばろう長野」と書かれたTシャツを着て支援を呼び掛けるAC長野パルセイロの選手たち=27日、長野市の長野Uスタジアム

高原調

○…飯田市南信濃と浜松市水窪(みさくぼ)町の県境・兵越(ひょうごし)峠で27日、「信州軍」と「遠州軍」による恒例の「峠の国盗(と)り綱引き合戦」があった=写真。3回勝負で、先に2回勝った方が相手側に1メートル、領土を広げられる仮想のルールだ。

○…1回目を落とした信州軍。地元、和田小学校の児童らの応援を受け、2回目も力強く引いたが、昨年と同じく遠州軍が勝利した。それでも、同小6年の片町理空(りく)君(12)は「かっこよかった」。

○…通算で17勝15敗に。信州軍の赤い法被をまとった野竹秀範さん(56)は「練習の質、量ともに相手が上」と振り返り「来年こそはリベンジ」と闘志を燃やしていた。

PR期待 ユーチューバーらに「復興割引」 小諸の旅館

台風19号の影響で東信地方の観光客が減少傾向にあることを受け、小諸市の旅館「菱野温泉薬師館」は、「SNS復興フォロワー割引」を始めた。会員制交流サイト(SNS)などで発信力がある人「インフルエンサー」が対象。同旅館や東信地方の観光地、飲食店の画像や動画をSNSなどで発信することを条件に、宿泊費を値引く。「元気な観光地や魅力的な店を広くPRしてもらい、地域の復興につなげたい」としている。

対象は、ツイッターや写真共有アプリ「インスタグラム」のフォロワー(読者)数、または動画投稿サイト「ユーチューブ」の登録者数が1000人以上の人たち。ツイッター利用者の場合はフォロワー数から、自身がフォロー(読者登録)している数を差し引いた人数、ユーチューブ利用者の場合は登録者数をそれぞれ1人1円に換算して値引きする。入湯税150円は別途。20人限定で、来年2月29日までの平日1泊に限る。

東信地方の宿泊施設は台風被害の小さかった同市や北佐久郡軽井沢町を含め、キャンセルが相次いだ。同旅館も宿泊者数が前年同期から約3割減少。新幹線の減便や上信越道の一部通行止めが響いた他、被災地域への観光を自粛する動きもあるとみられる。

同旅館専務の花岡隆太さん(39)は「地域の観光が疲弊している。値引くと赤字だが、被害が小さかった小諸から東信の観光を引っ張りたい」と話している。

SNS復興フォロワー割引の告知ページ

1　第49332号　【明治25年3月15日第三種郵便物認可】　信濃毎日新聞　統合　2019年(令和元年)10月29日　火曜日　日刊　6版

2019年(令和元年)
10月29日
火曜日

信濃毎日新聞
1873年(明治6年)創刊
発行所 信濃毎日新聞社
長野本社 〒380-8546 長野市南県町657番地 電話(026) 受付236-3000 編集236-3111 販売236-3310 広告236-3333
松本本社 〒390-8585 松本市中央2丁目20番2号 電話(0263) 代表32-1200 報道32-2830 販売32-2850 広告32-2860

全壊786棟・大規模半壊231棟
長野市27日時点　来月中に応急仮設100戸

長野市の仮設住宅の建設予定地

長野市／昭和の森公園(45戸)／若槻団地(23戸)／上松東団地(32戸)／豊野／三才／北長野／善光寺／市役所／北しなの線／北陸新幹線／千曲川／堤防決壊箇所／18／406

長野市災害対策本部は28日、台風19号の記録的な大雨による千曲川などの氾濫で被災した市内の家屋が、27日時点で全壊786棟、大規模半壊231棟、半壊566棟に上ると明らかにした。市が被災家屋の調査に基づき、詳細な被害程度別の集計を公表するのは初めてで、他に一部損壊が502棟だった。被災家屋の調査は順次進めており、全壊などがさらに増えるのは確実。一方、市は被災者向けの応急仮設住宅を11月中に計100戸建設する方針も発表した。

被災家屋調査は、浸水被害の大きかった長沼、豊野地区など市東北部から順次実施。市は被害家屋を5086世帯と推定しているが、調査では居住実態のある建物の棟数を調べ、結果をまとめた。【焦点3面に】

調査を終えた被害家屋は約半分で、全体像の把握を急ぐ。市は28日、調査が済んだ家屋の罹災証明書の発行も始めた。

一方、応急仮設住宅は昭和の森公園にプレハブ造45戸、市営住宅上松東団地に木造32戸、若槻団地運動広場（みどりの広場）に木造23戸を予定し、近く着工する。広さは1K～3DKなどで、ペットが飼える物件も用意する。

民間のアパートなどを市が家賃負担する借り上げ型の応急仮設住宅の入居受け付けも30日に開始。世帯の人数構成に応じて家賃が月6万円以下、7万円以下、9万5千円以下の3段階を設定する。

同級生 助け合うLINE
決壊の日 届いた「無事な人挙手」
長野市長沼小02年度卒業生 頻繁に情報交換
先見えぬ中で接点「感謝」

「長沼小学校の卒業生たちがLINE（ライン）のグループで励まし合い、情報共有しています」。台風19号で千曲川堤防が決壊し、甚大な被害を受けた長野市長沼地区の女性から本紙「声のチカラ」（コエチカ）取材班に声が届いた。その日、どんなやりとりがあったのだろう。同級生たちを訪ねると、地区に住む人、外に出た人たちが被災を機に幼い頃のつながりを取り戻し、助け合った姿が見えてきた。（島田周）

浸水直後のラインでの緊迫したやりとりを振り返る田代さん＝長野市

「無事な人挙手」

長沼地区の穂保で堤防が壊れ、住宅地や畑へ大量の水が流れ込んでいた10月13日午後1時17分。長沼から1キロほど南の柳原に住む会社員田代翔士さん(29)はいても立ってもいられず、ラインのグループ「沼っ子」にメッセージを送った。

「沼っ子」には、長沼小学校を2002年度に卒業した同級生36人のうち26人が加わる。ただ、今も長沼に住むのは11人。ラインを通じた会話も盆や正月の同窓会程度で、それ以外は放置されているようなグループだった。

「ラインなんかしている場合じゃないのかな」。実家の被災は軽かっただけに田代さんにはちゅうちょもあった。「余計なことだったらごめんなさい」とも書いた。

「実家は決壊前に全員避難完了」「1階浸水 家族は無事です」「いまヘリを待っています」。次々に返信があった。水没した周囲の写真。「赤沼は（水が）ひくのに時間がかかりそう」。県外の同級生は停電で状況が分からない人のため、決壊のニュース映像を送った。

その日のうちには、浸水した家はあったものの全員の無事が確認できた。「やらなければきっと後悔していた」と田代さん。

「沼っ子」はその後、生活を支える情報交換の場となっていく。「古里小学校で、無料で靴を提供しているそうです」「ありとあらゆるサイズの乾電池がありますよ」「これからもってく」。家財の浸水状況を伝えたり、不審者情報を知らせたり。投稿は数え切れないほどに。東京に住むメンバーはスコップや懐中電灯を手に駆け付けた。

◇

国道18号「アップルライン」沿いでリンゴ農園「千曲園」を営む滝沢慶祐さん(29)も「沼っ子」メンバーだ。だが、被災するまではメッセージの通知をオフにしていたほど疎遠だった。

あの日、農園近くの自宅で浸水が2階に迫っていた午後2時ごろ、同級生らの安否が気になってスマホを手に。たくさんのメッセージに気付き、自分も「救助待ちです」と書き込んだ。1時間後、滝沢さんは自衛隊のヘリコプターで助けられた。

妻、娘2人との避難生活が始まると、娘の子供服を同級生が届けてくれた。水没した車の代車は田代さんが手配した。畑が泥に漬かり、今季のリンゴ出荷は絶望的。農機具も壊れた。先が見えない日々の中で、ラインを通じた同級生との接点が「本当にありがたい」と滝沢さんは言う。

滝沢さんと同様、0歳と2歳の娘がいる田代さんは最近、小学生の頃を思い出す。母校の長沼小は校舎の1階に泥が入り、子どもたちは当面、隣の柳原小に通う。自分の子どもが小学生になったら、「元通りになった長沼小に通わせたい」。かつての「沼っ子」たちのように。

声のチカラ（コエチカ）　あなたの!?調べます

情報お寄せください
友だちに登録　特設サイトはこちらから　信毎 コエチカ

特急あずさ 運行再開
小海線全区間 来月1日から

運行を再開した特急あずさに乗り込む人たち＝28日午後2時44分、松本駅

台風19号の影響で、12日から運休が続いていたJR中央東線の特急あずさは28日、全線で始発から運行を再開した。JR東日本長野支社は同日、一部区間が運休している小海線も、11月1日から全区間で通常運行を再開すると発表。一部車両が水没した北陸新幹線（長野経由）で暫定ダイヤが続くが、県関係のJR全線で運行が復活する。【関連記事26面に】

中央東線は線路内に土砂が流入し、大月（山梨県大月市）―高尾（東京都八王子市）間で運行ができなくなった。28日の特急あずさは列車に大きな混雑はなく、利用者数も通常通りという。

同支社によると、台風で小海線は複数箇所が被災。復旧状況に応じて順次、運行区間を拡大していた。残っていたのは南佐久郡小海町の松原湖駅の約300メートル南側で、千曲川沿いの線路下の盛り土が流失した部分。この部分で復旧のめどが立った。

在来線の復旧に伴って同支社は、11月9日から小海線で「HIGH RAIL（ハイレール）1375」、飯山線で「おいこっと」、長野―南小谷間で「リゾートビューふるさと」の各観光列車の運行も再開。それぞれ今月29日に指定席の販売を始める。

こと映え
小諸市 みう
神出鬼没
自由自在に現れたり隠れたり
応募方法26面に

斜面
2019.10.29

「過ぎてしまえばいい思い出だよ」。来年度の大学受験生や保護者の口からは、いつもの軽口もたたきにくい空気がある。共通テストの英語民間試験になるためだ。いまだ不明な点が多く、受験生を不安にさせている◆一番の問題点が経済格差と地域格差だ。試験は一定期間に何度もあり、経済的に恵まれた受験生は試験会場ができる。会場が都市部に偏りそうなのも地方在住者には不利になりそうだ。たまりかねた高校長の団体が延期と制度見直しを求めたのも無理はない◆先週も疑問点をただそうと校長らが文部科学省や民間事業者を招き緊急シンポジウムを開いた。ところが詳しい報告ができないとして、多くの受験生が利用が見込まれる会社が欠席。批判が噴出した。今度の萩生田光一文科相の受験生に対する発言にも批判が巻き起こっている◆BS番組での返答だ。「裕福な家庭の子が回数を受けてウオーミングアップできるようなことはあるかもしれないが、そこは自分の身の丈に合わせて勝負してもらえれば」「自分の志で1回や2回は古里から出て試験を受ける、そういう緊張感も大事」◆文科省がよりどころとする教育基本法は機会均等をうたい、差別を戒める。経済的、「身の丈」にかかわらず学ぶ機会を得られるようにするのが教育行政の責務であろう。格差[illegible]とした文科相。その感覚は現場の思いとずれ過ぎていないか。

天気
最高気温／最低気温

地点	最高	最低
飯山	16	9
長野	16	10
大町	13	7
松本	15	9
上田	16	8
佐久	14	7
諏訪	14	9
木曽	14	8
伊那	14	8
飯田	14	10

北部・中部・南部　6時 12 18 24　30日 31日 1日
5%以上　5%未満
20面に詳しい天気情報

素肌乾燥情報　北部 注意　中部 注意　南部 注意

紙面の問い合わせ・本社見学・出前講座　編集応答室 026-236-3111
購読のお申し込み　読者センター 026-236-3215　0120-81-4341
信毎ホームページ www.shinmai.co.jp

焦点 住まい再建 尽きぬ不安

浸水で「住めぬ…」 市営住宅は最長1年

長野市 住宅被害発表

長野市が28日、台風19号による全壊家屋が786棟、大規模半壊が231棟に上ると発表し、決壊や内水氾濫による住宅被害の甚大さが改めて明らかになってきた。ボランティアなどの力で自宅の片付けが進んでも、泥水で傷んだ住宅に「元通りには住めない」とする被災者が少なくない。行政は応急仮設住宅と民間の借り上げによる「みなし仮設」の確保を進めるが、元の家の近場で住まいが確保できるかは未知数。被災者が安心して住まう日常を回復する道のりは遠いのが実情だ。

千曲川の氾濫で被災した建物=28日午後1時36分、長野市津野

安定した暮らし 回復へ険しい道

住宅や支援金の相談に応じている長野市役所の市民交流スペース。同市赤沼の男性(79)と妻(80)は市と県が設けた相談窓口を訪れた。自宅は1階天井まで浸水。妻は「ボランティアの方たちにきれいに片付けてもらいました。そのことは大変感謝してます」と言うが、一度泥水に漬かった家は「とてもじゃないが、住める状況ではない」。結局この日、市営住宅への入居申請を済ませた。

市営住宅の入居期間は最長1年。2人には子どもはいない。夫は脳梗塞を3回患い、つえを突いて歩く。「1年先にまたどこかに引っ越すのか…」。2人の表情は暗い。

内閣府によると、水の流れや、がれきの衝撃で壁などに一定の損傷がある場合、床上1・8メートル以上の浸水は「全壊」、1メートル以上1・8メートル未満は「大規模半壊」、1メートル未満は「半壊」と判定される。罹災証明書発行の過程で行われる被災家屋調査が進み、住宅の損壊状態が確定し始めており、長野市は28日、最初のまとめとして「全壊786棟」などと公表した。

長野市はこの日から、住宅や家財の罹災証明書の交付を開始。公営住宅の入居手続きだけでなく、被災者生活再建支援法や災害救助法に基づく支援金を受け取るために必要な証明となる。

多くの市町村では「家を直して住むという選択をしてもらいたい」(佐久市建築住宅課)といった見通しが多いが、長野市では大量の泥により、修繕が追いつかない実態が浮き彫りになってきた。家屋の形が残っていても泥などによって住めず、建て替えるか、引っ越さざるを得ない世帯が少なくないとみられる。

仮設住宅の入居期間は2年のため、入居者たちはこの間に住まいの方向性を決めなくてはならない。

長野市豊野町豊野の高橋勝利さん(74)は、自宅1階まで浸水した。床上約3メートルまで浸水した自宅を直して暮らすつもりだ。昨年病気を患った妻(72)は28日、市内の福祉施設に入所した。

ただ、国の被災者生活再建支援制度の支援金は全壊でも最高300万円で、「家電を買い直すにもお金がかかるし、自宅を直すにはどう考えても足りない」と話した。

被災者の住まい確保への公的支援の基本的な流れ(浸水被害の場合)

- 住家流出または床上1.8m以上の浸水 【全壊】
- 床上1m以上1.8m未満の浸水 【大規模半壊】
- 床上で1m未満の浸水 【半壊】
  - → 応急仮設住宅に入居可能 【無償】(応急修理費支援は利用不可)
  - ↑ 土砂などで住宅として再利用できない / 修理のため長期間自宅に住めない
  - ↓ 短期間で最低限の修理をして自宅に戻りたい → 住宅の応急修理費支援 【上限59万5000円】(仮設住宅は入居不可)
  - → 全壊と大規模半壊は国の被災者生活再建支援制度(全壊 最大300万円、大規模半壊 最大250万円) 半壊は県と市町村による「信州被災者生活再建支援制度」(最大50万円)を利用可能
- 半壊に至らないが、住宅の損害割合が10%以上20%未満 → 住宅の応急修理費支援 【上限30万円】

公営・仮設住宅 足りるか?

必要戸数試算 膨らむ可能性

長野市住宅課は、被災者のために必要となる公営住宅や応急仮設住宅(民間から借り上げるみなし仮設住宅を含む)の戸数について、「少なくとも400~500戸」とみている。ただこの試算は、1995年の阪神大震災や2014年の県北部地震で、仮設住宅の供給数が全半壊住宅数の2~3割だったことに基づく。

27日時点で、長野市内の全壊、大規模半壊、半壊と判定されたのは計1583棟。今後の調査でさらに増える上、震災と水害では災害の性格が異なることもあり、同課は「本当のところは何戸必要になるか分からない」と漏らす。

同課の試算では、400~500戸のうち、みなし仮設住宅が受け持つのは100~200戸。だが、県宅地建物取引業協会(長野市)によると28日時点で、市内で提供できるのは80戸弱。被災者からは、片付けや修繕を続けるため、できるだけ自宅近くでの仮住まいを求める声が強いが、同協会によると、入居できるのは市街地の物件が多く、被災地近くの物件が少ない。

長野市は28日、上松東団地、若槻団地運動広場、昭和の森公園に計100戸の応急仮設住宅を建設すると発表した。だが、この仮設住宅も、被災地からの距離が問題になる。

市があらかじめ選定していた仮設住宅の建設候補地には長沼地区の赤沼公園や近隣の古里公園(下駒沢)もあるが、いずれも市が8月に配布した洪水ハザードマップで浸水が想定されている場所。安全を優先させ、今回は建設場所から外した。住宅課は「被災地の近くに適当な遊休地がほとんどない」としている。

県と長野市の公営住宅などの募集概要

		県	長野市
受付期間	第1回	10月29日まで	10月29日まで
	第2回	11月7日~13日	住戸が準備でき次第
募集戸数		240戸(第2回分を含む)	37戸
受付窓口時間		長野建設事務所 午前9時~午後8時(他に長野市の窓口でも受け付ける) 佐久、上田、諏訪、伊那、飯田、木曽、松本、大町、北信の各建設事務所 午前9時~午後5時15分(佐久、上田、北信は土日の午前9時~午後5時15分も開設)	市役所市民交流スペース 午前8時半~午後8時 柳原支所 午前9時~午後5時15分 豊野支所 午前9時~午後5時15分 松代支所 午前9時~午後5時15分 篠ノ井総合市民センター 午前9時~午後5時15分 古里支所(土日、祝日のみ) 午前9時~午後5時15分

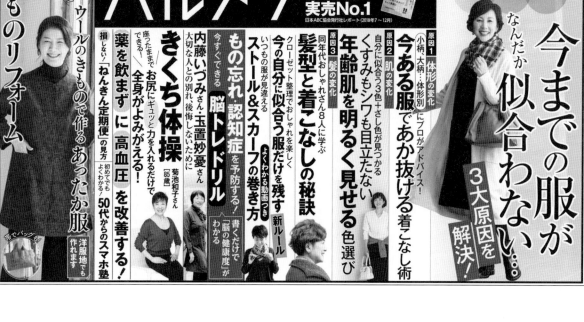

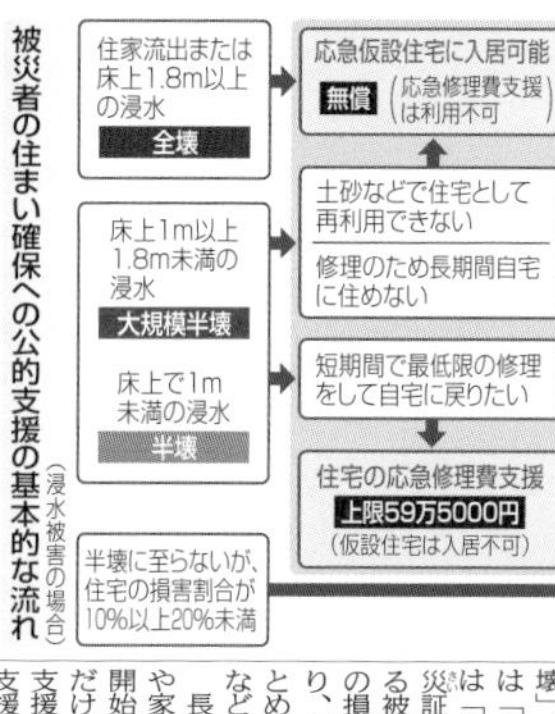
長野市豊野支所の災害相談窓口で、市と県の担当者に住宅の相談をする避難者ら(手前)=28日午後4時23分

「身の丈」発言 文科相謝罪

英語民間試験「不安与えかねない」

萩生田光一文部科学相は28日、大学入学共通テストの英語で導入される民間検定試験に関して「自分の身の丈に合わせて頑張ってもらえれば」とテレビ番組で述べたことについて、報道陣の取材に応じ「国民、特に受験生に不安を与えかねない説明だった。おわびしたい」と謝罪した。

民間試験導入を巡っては、受験生の経済状況や居住地によって不利が生じるのではないかと懸念の声が高まっており、全国高等学校長協会は2020年4月開始の延期を求めている。

24日のBSフジの番組で萩生田氏は、共通テストの枠組みでの民間試験は最大2回まで受験できるが、裕福な家庭の子であれば本番に近い形式の民間試験を事前に何度も受けられるかもしれないとした上で、「身の丈」に合わせた受験を呼び掛けていた。

萩生田氏は発言について「どのような環境下の受験生でも自分の力を最大限発揮できるようにしてほしいという思いだった」と釈明。一方で「試験そのものは公平に設計したが、受験勉強(の環境)を行政側が全てイコールにするのは難しい」とも述べた。

24日の番組で萩生田氏は、不公平への懸念について「『あいつ予備校に通ってずるい』というのと同じだと思う」との見方も示していた。

「私は雨男」防衛相発言

自衛隊の災害派遣巡り

河野太郎防衛相は28日、東京都内で開いた自身の政治資金パーティーで「私はよく地元で雨男と言われた。私が防衛相になってから既に台風は三つ」と発言した。災害派遣された自衛隊員らの苦労をねぎらう話の導入としての発言で、会場からは笑いも起こった。ただ相次いだ台風や大雨で多数の死者が出ただけに、発言は軽率だとの批判を浴びる可能性がある。

河野氏は、台風19号などによる甚大な被害を受け、自衛隊員が人命救助などの任務に従事していると紹介。「給水や入浴支援、道路の警戒に当たってくれている」と説明した。

県の借り上げ型仮設住宅

きょう以降 入居受け付け 5市町で

県は台風19号による被災地のうち、上田、中野、飯山、千曲各市と南佐久郡佐久穂町の5市町で29日から順次、民間賃貸住宅を借り上げて無償提供する借り上げ型の応急仮設住宅(みなし仮設住宅)の入居受け付けを始める。

受け付けは上田、飯山、千曲市が29日から、中野市が30日から当面。佐久穂町が11月6~8日。いずれも市役所や町役場が窓口となる。今後、佐久市や須坂市、上高井郡小布施町などでも受け付ける方向で調整している。

北信

長野本社 ☎026-236-3130 fax. 236-3196 〒380-8546 長野市南県町657
須坂支局 ☎026-245-0120 fax. 248-4893 〒382-0094 須坂市屋部町1327
中野支局 ☎0269-22-3224 fax. 26-0760 〒383-0025 中野市三好町2-4-41
飯山支局 ☎0269-62-2226 fax. 63-3128 〒389-2253 飯山市福寿町1114-10
千曲支局 ☎026-273-0062 fax. 273-1134 〒387-0006 千曲市粟佐1305-4

週末 復旧を後押し

長野北部

台風19号による記録的な降雨で千曲川の堤防が決壊し、大きな被害を受けた長野市北部。被災から2回目の土、日曜となった26、27日、多くのボランティアが現地を訪れ、泥の運び出し作業などに取り組んだ。市社会福祉協議会によると、2日間で活動したボランティアは計3642人に上った。

高校生ボランティア 力合わせ

ボランティアで訪れ、土のうを運ぶ松本第一高校の生徒たち＝27日午前11時43分、長野市津野

バケツリレー

バケツリレーで泥を運び出すボランティアたち＝27日午前11時17分、長野市津野

土曜日を迎え、被災地を訪れた大勢のボランティアたち＝26日午前10時43分、長野市穂保

診療所内を片付けるボランティアら＝26日午前10時3分、長野市津野

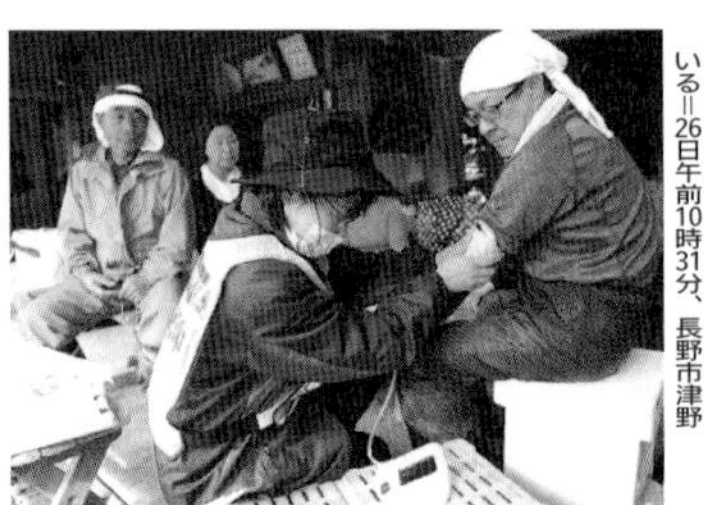

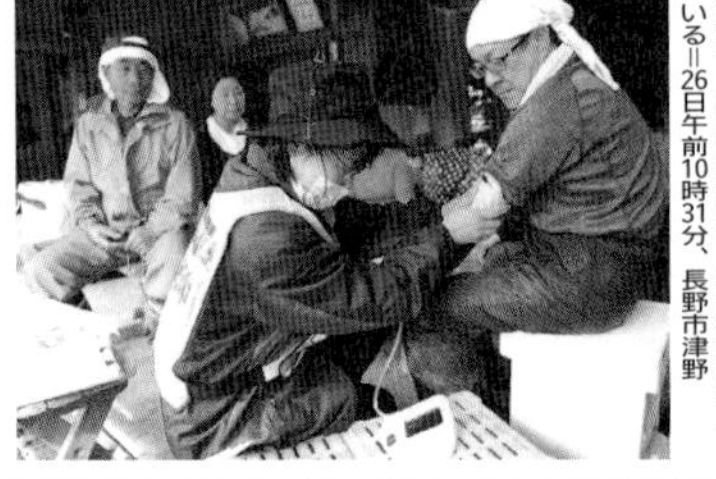

住民の血圧を測る長野中央病院の看護師（手前左）。被災地を巡回し、健康相談に乗っている＝26日午前10時31分、長野市津野

長野の被災児童ら アフリカ音楽満喫

愛好者と演奏やダンス

小宮山弘二さん（左）の演奏に合わせて、軽快なリズムでジャンベを打ち鳴らす子どもら

台風19号による千曲川の堤防決壊などで被災した長野市などの子どもたちが27日、アフリカ音楽の太鼓演奏やダンスを同市柳原小学校で体験した。北信地域を拠点に活動する愛好者グループ「長野サブニュマ」の5人が指導。浸水被害に遭ったり避難所になったりして臨時休校中だった同市長沼小、豊野西小の児童ら30人ほどが、リズムに合わせて体を揺らした。

災害後、柳原小では週末を中心に認定NPO法人カタリバ（東京）が被災した子どもたちの居場所「コラボスクールながの」を開設。この日は音楽で楽しい時間を過ごしてほしいと、地元のボランティアを通じて5人を招いた。

グループ代表の小宮山弘二さん(52)＝須坂市＝が太鼓を、妻の百合子さん(41)がダンスを指導した。子どもたちはアフリカの伝統打楽器「ジャンベ」に挑戦。小宮山さんの合図に合わせてテンポを次々と変えながら演奏した。

太鼓を打った長沼小4年の男子(9)は「リズムを合わせるのが難しいけれど、楽しかった」。小宮山さんは「長い避難所生活は大変なはずだが、子どもたちがはしゃぐ姿に自分も元気づけられた」と話していた。

きょうの番組

INC地上11ch
6.30 ながのLIVEカメラ 長野市の道路状況など
8.30 路地裏▽吉田五丁目
10.30 商議所▽おやき伝える
0.15 長野グルメ食べタイム
1.00 高校演劇▽長野俊英
3.30 はつらつ・ミニ体操
4.00 落語の時間
6.00 INCながのニュース（再後7時・後8時 後9時・後10時他）
6.30 子育てポケット ▽子育てに関する情報「食事のすすめ方」
6.45 台風19号関連文字放送（ほか前9時45分 後3時45分等で放送）
7.30 しんまち・中条情報局
7.45 戸隠・鬼無里情報局
8.27 きらめき▽第三地区
8.30 みんなのラーメン

GLTV すこうCH地上121
6.00 【4K】北信濃の美景（13時19時24時）
6.30 けーぶるにっぽん躍動JAPAN「人馬一体 パートナーと共に挑む」（13時半19時半）
8.00 おぶせチャンネル「台風特集」（11時14時17時20時23時半）
8.30 鹿児島×北信濃「そらじかん」（23時）
9.00 須坂市中学校卒業学年親善音楽会（18時）
1200 ミュージックジャパン
1430 信州健康リポート
1500 第54回小布施町民運動会※昨年の再放送です

たかやまch地上122
7.00 ぐるっとふるさと（13時19時）
8.00 令和元年度高山中学校紅葉祭①（14時20時）
2200 コバケンとその仲間たちオーケストラin須坂

地域情報ch 地上111
お天気ch 地上112

テレビ菜の花
6.00 村のみんなにご紹介
6.15 観光協会news㊋
6.25 トライ野沢温泉㊋
6.30 お茶の間ニュース7
7.00 日曜特番㊋
9.00 野沢温泉スキー体操

テレビ北信・豊田情報センター デジタル121ch
6.00 気まぐれクッキング
7.00 Nふるさとステーション▽第38回硯展表彰式▽ドキドキハロウィ2019▽防火ポスター入選者表彰式（再12・18・23時）
8.00 近隣ケーブルニュース
1100 突撃！ケーブルテレビ▽西條神社の一年
1300 F.C.中野エスペランサ全国クラブチームサッカー選手権大会北信越大会
1545 花物語通信
1700 ふるさと元気印！▽免許自主返納
1900 THV特集

iネット飯山
6.00 落語
7.00 いいやま情報便▽プレスキー組織委員会▽飯山栄駅伝チーム紹介▽こちらiネット110番（12.30 15.30 17.30 19.30 22.30）
7.30 うらうらとゆく
8.00 近代スポーツの父岸清一（12.00 17.00 18.30）
8.25 ぐるっとふるさと信越
8.30 健康チャンネル（11.30 15.00 16.30）
9.00 近隣CATVニュース（13.30 20.30）
10.00 お地蔵物語
11.00 あらぶんちょ
19.00 けーぶるにっぽん
23.30 リクエストウィークエンド▽山崎浩・沼田秀美コンサート
25.00 iネットミュージック

ふう太チャンネル
5.00 ご近所NEWS（13.00）
6.25 ぐるっとふるさと信越
6.30 週刊N▽直売所たる川で農林市▽キャッシュレス普及説明会▽信越自然郷おごっつぉガーデン▽お話と影絵で遊ぼう▽新米入荷
7.00 日刊ふうタイム（8.00 9.00 12.00）
10.00 ふるさとサロン講演会（16.00 20.00）
14.30 信越トライウォーク
21.55 ぐるっとふるさと信越

121chネット千曲
6.15 情報チャンネル▽交通
8.15 見て行こう▽市民ギャラリー展示紹介 ㊋0.15、5.15、6.15
8.30 すまいるone▽上越 ㊋0.30、6.30、11.30
9.00 ぐるっとふるさと ㊋0.00、8.15
10.00 北信高校演劇合同発表▽文化長野㊋9.00
1.00 QVC／ショッピング
5.00 千曲ニュース▽出来事 ㊋6.00、8.00、11.00
8.30 アクトオンTV▽趣味

11chネット千曲112
9.00 千曲市Vリーグ戦▽さつき×あすなろ㊋7.00
1.00 令和元年稲荷山祇園祭<本祭り>㊋8.00

FMぜんこうじ 76.5
7.00 おはよう・ナムゴン P：阿藤千鶴子 まるまるミュージック N・天・交通情報 話題の交差点
9.20 ステップワン
11.30 昼どきもんぷらワイド P：中川睦美 今日のホット情報 午後のミュージック N・天・生活情報
2.00 グッドネイバーズ
5.00 ゆうやけスタジオ P：藤森康恵 伝言なむごん 三菱ミュージック N・天・交通情報
6.30 グルーヴライン
7.00 ジャム・ザ・ワールド
9.00 SONARMUSIC

UCV1上田121
6.00 UCVレポート
6.30 ちいきたんけんナゾときチャン!!神社仏閣
6.45 講座 信濃国小県郡年表 その12
8.55 ガスdeクッキング
17.00 UCVレポート

UCV2上田122
6.00 真田中学校 合唱コンクール
8.00 坂城中学校音楽会
10.00 青木中学校郷土芸能

第三種郵便物認可 信濃毎日新聞 2019年(令和元年) 10月29日 火曜日 中南 地域 20

北信

長野の浸水被害で地域2店休業中…

松代の住民待望 スーパー再開へ

「A・コープ」来月1日から

台風19号の大雨で浸水被害を受け、休業していたA・コープ松代店（長野市松代町西寺尾）が11月1日、営業を再開する。長野市松代地区ではツルヤ松代店も休業中（11月21日に再開予定）で、買い物に困る人が出ていた。店を運営する長野県A・コープ（長野市）は「地域の人たちにとってなくてはならない店舗」と強調している。

11月1日に営業を再開するA・コープ松代店。店のスタッフらが開店準備を進めていた＝28日、長野市松代町西寺尾

同社によると、松代店は床上30㌢ほどまで浸水。電気系統に被害が出て冷蔵庫や冷凍庫、レジが使えなくなり、水に漬かった食品類などを廃棄した。再開に向けてレジを新調し、冷蔵機能の付いた陳列ケースを修理。陳列ケースの照明の復旧は追い付いていないが、「冷蔵機能が修理できた時点で、営業できると判断した」（同社）という。

再開後の営業時間は午前9時～午後8時。28日は商品の仕入れを前に、社員が消毒作業に追われた。同社は「上信越道も復旧したので、被災前に近い品ぞろえで提供したい」としている。

同市松代町城北の元教諭、小林規甫さん(83)は自宅に被害はなかったものの、地元のスーパーが休業し、買い物は別の地域まで車で出掛けていたという。「歩いて行けるスーパーの再開は、高齢者にとってはうれしい。少しずつ日常が戻ってきてほしい」と話していた。

排せつ物処理セット 千曲市に50箱を寄贈

市内のメーカー

サクラ精機が千曲市に寄贈した非常用の排せつ物処理セット

医療機関向け設備メーカーのサクラ精機（千曲市）は28日、台風19号被災地の千曲市に、使い捨ての非常用排せつ物処理セット「エマージェンシーキット」50箱（1箱2セット入り）を寄贈した。避難所などで簡単に排せつ物処理ができ、緊急時のトイレ問題の解決に役立ててもらう。

キットは男性用尿器、尿や嘔吐物用の容器などがセットになっている。吸水性のポリマーも入っていて、尿などが固まり、臭いを低減した上で捨てられる。

台風19号では、市が開設した市指定の緊急避難場所の一つ市更埴文化会館（千曲市杭瀬下）の地下にある機械設備が浸水。停電やトイレが使えないなどの障害が生じた。こうした状況を受け、地元企業として今後の災害支援のため、自社の取扱商品を贈ることにしたという。

同社人事総務部の徳永健一担当課長は「想像を超える災害がいつ起こるか分からない。万が一のときの備えに役立ててもらいたい」。岡田昭雄市長は「災害の影響は予測できない。寄贈は大変助かる」と話した。

長野の避難所で 温かな料理提供

松本のNPOや南信のレストラン

避難所で焼きそばを作る原村からのボランティア（左）

台風19号で被災した長野市の避難所の一つになっている長野市豊野西小学校で28日夕、松本市の認定NPO法人日本チェルノブイリ連帯基金（JCF）、茅野市や原村のレストランのスタッフらが炊き出しをした。避難所生活が続く人、日中に自宅の片付け作業に当たった人らは、肉やウナギなどの料理を前にうれしそうな表情を見せた。

避難所生活で不足しがちな肉や野菜を食べてほしいと、ステーキ丼やうな丼、野菜スープなど10種類計約600食分を用意。同法人やレストランのスタッフら計15人ほどが昼から用意した。

自宅が浸水被害に遭ったという同校5年の関塚諒君(11)は、焼いた豚肉を頬張り「久しぶりに肉を食べておいしかった」と笑顔。同校の体育館に避難している山岸幸子さん(86)＝長野市豊野町豊野＝は「温かい食べ物や野菜はうれしい。明日からも片付けを頑張りたい」と話した。

東信

台風関連で出動 125件

12～17日の佐久広域消防 42人を救助

土砂崩落の確認や避難所からの搬送

台風19号に関連し、佐久広域連合消防本部（佐久市）が12日から17日までに11件の出動で42人を救助し、22件22人を救急搬送したことが同本部への取材で28日分かった。土砂崩落などを確認する「警戒・偵察」82件、危険物が漏れていないかなどを確かめる「その他」10件を含め出動は計125件に上った。

台風が県内に最接近した12日から13日に限ると、救助・救急の大半が佐久市内に集中した＝表参照。千曲川支流・滑津川の堤防が決壊し水が流れ込んだ同市中込の杉の木地区には12日午後6時33分に出動要請があり、13日午前にかけ、民家などに避難していた1歳から70代までの男女20人を救助した。うち、寒気などを訴えた5人を救急搬送した。

救急出動は、難病のため避難できない、停電で人工呼吸器が使えない―といった訴えに対応。避難先で体調不良を訴えたお年寄りや、転んでけがをした子どもの搬送例もあった。60代以上が17人と、お年寄りの搬送が目立った。

ボートに乗り、佐久市中込の杉の木地区で救助活動をする消防隊員＝12日午後7時4分（佐久広域連合消防本部提供）

難病患者の搬送などに当たった佐久消防署救急係の星光希主任(36)は「ここまで大きな水災害で活動したのは初めて」と振り返った。

12日は本部と7消防署の全職員約240人が救急や救助などに当たった。この日の通報は台風に関連しないものも含めて168件あった。井出善太郎消防長は「河川が決壊したときの対応をしっかり検証し、次に備えなければいけない」と話している。

佐久広域連合消防本部の台風関連出動(12～13日)

日	覚知時刻	場所	通報内容や対応
10月12日	午後0:11	軽井沢町長倉	屋根から転落
	0:46	佐久市入沢	避難中に動けなくなる
	1:52	佐久市平賀	難病患者が避難困難
	3:28	佐久市志賀	住宅浸水で避難できず
	4:05	佐久市平林	要介護者が避難できず
	4:24	佐久市中込	避難先で体調不良
	4:36	佐久市前山	氾濫で家に取り残される
	4:47	佐久市今井	車両水没
	4:54	佐久市志賀	住宅浸水で避難できず
	5:03	軽井沢町	道路脇に車両転落
	5:09	佐久穂町高野町	屋根修繕中に転落
	6:09	佐久市中込石神	水没で車から脱出不能
	6:33	佐久市中込杉の木	脱出不能の12人を救出
	7:42	佐久市布施	避難所で転倒し負傷
	7:54	佐久市大沢	停電でたんの吸引できず
	8:36	佐久市平賀	寝たきりで避難できない
	9:18	佐久市中込	避難所で頭部にけが
	9:43	佐久市入沢	透析患者が腹痛
	10:28	佐久市下越	停電で人工呼吸器使えず
	10:32	佐久市望月	非常通報装置が作動
	11:06	佐久市三分	床上浸水で救助依頼
	11:47	立科町芦田	車両4台が走行不能に
13日	午前5:14	佐久市中込杉の木	脱出不能の8人を救出
	9:44	佐久市内山	倒木伐採中にけが
	10:58	佐久市中込	停電で床ずれが悪化
	午後2:12	川上村	伐採中に倒木で負傷

アスファルト工場も浸水

東御 高速道補修工事に影響

台風19号による千曲川増水で、川に隣接する塩沢アスコン（東御市）の工場が浸水し、道路用のアスファルトが製造できない状態になっている。この影響で、長野道インターチェンジ（IC）、更埴ジャンクション（JCT）で28日から予定していた路面補修工事が延期された。

12日午後5時ごろ浸水が始まり、工場は一時高さ2・2㍍ほど水に漬かった。一夜明け、水が引いた敷地内には泥が一面に70㌢～2㍍ほど堆積していた＝写真。

浸水でアスファルトを製造する機械の電源やモーターなどが破損。部品の調達に時間がかかり、交換に1カ月ほど必要という。塩沢アスコンに出資する塩沢産業（同）の片井周一専務は「高さ1㍍ほどの土手を造って台風に備えていたが、それ以上に水が来てしまった。再開は12月上旬になる見通し」と話す。

東日本高速道路長野管理事務所（長野市）は更埴IC、更埴JCTをはじめとする路面補修工事を延期。工場の復旧を待って再開する予定だ。

東御 橋7カ所崩落や流失

市が報告 千曲川沿い6世帯避難

東御市は28日、台風19号による市内の被害状況を市議会の全員協議会で報告した。県道の田中橋、市道の海野宿橋など7カ所の橋が崩落、流失した。住宅は床上浸水が1棟、床下浸水4棟。海野宿橋が架かる千曲川護岸の崩落では、本海野の住宅の地盤が崩れる恐れがあり、6世帯が市営住宅に一時避難していることも明らかにした。

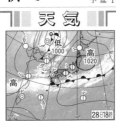

千曲川支流の鹿曲川で流失した切久保橋＝13日午前8時36分、東御市下之城

千曲川に架かる田中橋、海野宿橋、布下橋が崩落し、支流に架かる切久保橋や本下之城橋が流失。花岡利夫市長は全て再建する意向を示した。本海野から市営住宅への避難については、3カ月は無償で提供し、1年間に延長する可能性もあるとした。

海野宿橋の復旧は、国が直轄事業として代行する方針。市は「崩落していない部分はそのまま利用して工事を進める」としている。

道路は県道、市道などを合わせて78カ所で土砂崩落や道路陥没などの被害があった。農業では、農地のり面崩壊などが178カ所、用水路などの破損が91カ所あった。

天気

地域	地点	きょう最高気温	きょう最低気温	降水確率	あす最高	あす最低
北信	長野市	16	10	60	19	10
	飯山市	16	9	60	19	9
	信濃町	15	9	60	15	7
	志賀高原	8	5	60	10	5
	中野市	16	9	60	18	9
	須坂市	16	10	60	19	10
	千曲市	16	8	60	20	9
東信	上田市	16	8	60	21	8
	東御市	15	8	50	19	7
	小諸市	14	8	50	18	7
	軽井沢町	11	6	60	16	6
	佐久市	14	7	60	19	6
	小海町	12	8	60	17	7
	川上村	10	7	60	15	4
中信	白馬村	13	6	60	17	8
	大町市	13	7	60	17	8
	池田町	14	7	60	18	8
	木曽町	14	8	70	20	8
	開田高原	11	3	70	14	4
	南木曽町	13	9	70	19	8
中信	松本市	15	9	60	19	9
	上高地	8	3	70	12	5
	筑北村	14	7	60	18	8
	安曇野市	14	8	60	18	8
	塩尻市	14	7	50	19	7
諏訪	岡谷市	14	9	50	18	7
	下諏訪町	14	9	50	18	7
	諏訪市	14	9	60	18	8
	白樺湖	10	7	60	13	5
	茅野市	13	9	60	18	6
	原村	12	7	60	17	5
	富士見町	12	8	70	17	6
飯田伊那	辰野町	14	7	70	19	7
	伊那市	14	8	70	21	7
	駒ケ根市	14	8	70	20	7
	松川町	14	9	70	21	8
	飯田市	14	10	70	22	8
	南信濃	13	11	70	23	10
	阿智村	13	10	80	21	7
	阿南町	13	11	80	22	8

○快晴 ◐晴れ ◎曇り ●雨 ◉霧 ◒雷

前線を伴った低気圧が本州付近に近づく。県内は雲に覆われ、南部は朝から、中部と北部は昼ごろから断続的に雨が降る。最高気温は平年並みか低く、日中も肌寒く感じられる。

（日本気象協会長野支店）

9日間の予報

マーク下は降水確率(%)

地域		29(火)	30(水)	31(木)	1(金)	2(土)	3(日)	4(月)	5(火)	6(水)
北信	降水確率	60	30	10	10	20	30	30	30	30
	最高気温	16	19	20	20	19	18	15	15	16
	最低気温	10	10	8	9	8	9	8	6	7
東信	降水確率	60	30	30	10	20	30	30	30	30
	最高気温	14	19	20	18	17	16	13	15	15
	最低気温	7	6	7	7	6	7	6	5	6
中信	降水確率	50	30	10	10	20	30	30	30	30
	最高気温	15	19	21	21	19	18	16	15	15
	最低気温	9	9	7	10	9	10	9	4	5
諏訪	降水確率	60	30	10	10	20	30	30	30	30
	最高気温	14	18	18	18	16	15	13	14	14
	最低気温	9	8	7	6	5	6	6	3	4
飯田伊那	降水確率	70	30	10	10	20	30	30	30	30
	最高気温	14	22	20	20	20	20	17	18	18
	最低気温	10	8	7	9	9	11	10	6	8

札幌 上越 富山 金沢 東京 甲府 名古屋 大阪 福岡

晴れ後くもり　晴れ一時または時々くもり

28日の気温

地点	【最高】	平年差	【最低】	平年差	湿度	きょうの降水確率
長野	18.7	2.0	8.5	1.9	51	
松本	18.3	1.2	8.2	2.9	49	
諏訪	17.9	1.9	8.7	3.0	50	
飯田	20.8	2.8	9.1	2.0	45	
軽井沢	15.0	1.1	5.4	2.9	73	
飯山	18.7	2.0	8.0	2.5		
上田	19.3	1.9	8.2	2.4		
佐久	18.7	2.3	7.4	3.3		
大町	16.6	1.6	5.5	1.8		
木曽	20.2	3.1	7.4	3.2		
伊那	19.6	2.5	7.8	3.2		
上越	19.6	0.8	9.1	0.2	55	30
札幌	15.7	2.4	3.8	▼1.3	47	0
秋田	17.6	1.6	7.0	▼0.4	41	0
盛岡	17.1	2.2	3.3	▼1.3	45	10
仙台	19.0	1.9	9.5	1.0	51	20
福島	19.9	2.2	9.2	1.0	43	20
水戸	19.1	0.2	12.5	3.6	56	60
前橋	21.1	1.9	11.1	1.2	45	60
東京	21.4	1.8	15.0	3.2	57	60
新潟	18.9	1.0	9.1	▼0.9	57	20
甲府	21.8	2.1	13.2	3.9	53	60
静岡	23.3	2.0	15.2	2.6	55	70
名古屋	23.4	2.9	13.4	2.0	36	80
金沢	21.5	2.5	10.2	▼0.6	30	30
京都	23.2	2.7	12.9	1.9	32	60
大阪	23.6	2.6	14.1	1.1	33	60
広島	21.8	0.8	11.9	0.3	34	30
松江	21.2	1.7	10.2	▼0.1	52	0
高松	21.8	1.3	12.6	1.0	51	30
福岡	22.0	0.8	11.7	▼1.4	46	0
鹿児島	21.6	▼1.6	16.2	1.2	63	50
那覇	27.9	1.3	22.2	0.4	74	50

【注】最高は15時まで、最低は9時まで（県外最低は前日21時から）。平年差▼低。湿度は15時。降水確率6～12時

30日のこよみ 旧暦10月3日 赤口

日出	日入	月齢	月出	月入
6.08	16.54	2.0	8.07	18.35

（地点・長野市 月齢・正午）

港	潮	満潮	干潮
直江津港	中潮	2.48 16.49	10.02 22.02
名古屋港	中潮	7.18 18.51	0.49 13.06

戻った児童・生徒の声 被災地に励み 28日

大勢の生徒

自由登校の東北中学校にも大勢の生徒たちが集まった＝28日午前7時半、長野市大町

消毒をしっかりと

豊野西小学校に登校し手指の消毒をしてから教室に向かう子どもたち＝28日午前7時48分、長野市

グラウンドに大量の泥

大量の泥に覆われた長沼小学校のグラウンド。自衛隊が重機で撤去していた＝28日午前10時51分、長野市

豊野西小学校には、泥を校舎内に持ち込まないように子どもたちが脱いだ靴が並んだ。長靴には泥が付いていた＝28日午前8時16分、長野市

災害ごみの置き場や災害相談窓口などの情報が貼られた津野公会堂の掲示板＝28日午後1時45分、長野市津野

ボランティア同士で撮影し、SNSを通してボランティア参加を呼び掛ける＝28日午後2時19分、長野市穂保

妙笑寺本堂の床下を掃除する男性。顔にはホースの水が飛び散る＝28日午前11時48分、長野市津野

台風19号 全国なお8人行方不明

台風19号の被害は、共同通信の集計で28日までに、死者は13都県87人（災害関連死を含む）、行方不明者は8人に上る。内閣府によると、台風21号や低気圧の影響による千葉県などでの大雨もあり、3668人が避難所での生活を余儀なくされている。

厚生労働省のまとめでは、断水は5県の3515戸。総務省消防庁によると、住宅被害が全半壊が16都県4千棟、一部損壊が27都道府県4913棟となっている。床上浸水は17都県3万3469棟、床下浸水は21都県3万5806棟。

国土交通省によると、土砂災害は20都県で667件が確認され、堤防の決壊は7県の71河川140カ所。

台風19号による県内の住宅被害
（28日午前10時時点、県災害対策本部まとめ）

市町村	全壊	半壊	一部損壊	床上浸水	床下浸水	計（世帯）
長野市	185	71		3049	1781	5086
松本市					2	2
上田市	1		39	31	99	170
岡谷市			4			4
須坂市				148	75	223
中野市			3	82	37	122
飯山市		163	326			489
佐久市				137	867	1004
千曲市				475	1202	1677
東御市			3	1	4	8
小海町				4	5	9
川上村					4	4
南牧村			1		2	3
南相木村		1		1	6	8
北相木村	1	1		3	9	14
佐久穂町				49	58	107
軽井沢町	2	1	1			4
立科町				4	31	35
青木村					1	1
長和町				1	50	51
辰野町		2	30			32
箕輪町			6			6
飯島町			1			1
南箕輪村			1			1
麻績村					3	3
筑北村					4	4
坂城町				1	1	2
小布施町				31	28	59
高山村					1	1
木島平村			1			1
野沢温泉村				10	10	20
信濃町		1	4		4	9
飯綱町			4			4
栄村				2	2	4
合計	189	240	424	4029	4286	9168

台風19号による県内の人的被害
（28日午前10時時点、県災害対策本部まとめ）

市町村	死亡	重傷	軽傷	計
長野市	2	2	85	89
上田市		1	5	6
須坂市			6	6
中野市		1	1	2
飯山市		1	4	5
佐久市	1		18	19
千曲市			5	5
東御市	1		1	2
川上村		1		1
佐久穂町			2	2
軽井沢町			1	1
箕輪町			1	1
坂城町		1	1	2
合計	4	7	130	141

（注）不明者は佐久市で1人

台風19号による県内の避難所・避難者数

市町村	避難所	避難者数
長野市	12	776
千曲市	1	6
中野市	1	2
須坂市	1	141
合計	15	925

※28日午前10時時点、県災害対策本部まとめ

台風19号大雨特別警報の13都県
文化財222件が被害

台風19号で大雨特別警報が出た13都県で、歴史的建造物や史跡など国や都県が指定・登録する文化財のうち、少なくとも222件が台風の被害を受けたことが28日、各都県への取材で分かった。うち179件は国の文化財。被害があった文化財の多くは屋外にあるもので、災害対策と保存を両立させる難しさが浮き彫りになった。文化庁は地元の要請があれば、職員を派遣して修復方法を協議する。

各都県によると、南北朝時代に築かれたとみられる福島県白河市の山城「白川城跡」では土砂崩れが起きた。国指定史跡で、文化庁の調査官が24日、現場を訪れ、近くにある国指定史跡の「名勝」南湖公園とともに被害状況を確認した。

群馬県富岡市の世界文化遺産、富岡製糸場では、国宝の繰糸所の窓ガラスが破損。茨城県取手市の国指定重要文化財、竜禅寺三仏堂では、かやぶき屋根の一部がめくれた。

国の名勝に指定され、世界文化遺産である富士山の構成資産でもある三保松原（静岡市）でも、台風の影響で砂が削られ松の根が露出する被害があった。世界遺産・中尊寺（岩手県平泉町）の敷地内では、複数の倒木被害が生じた。

神戸大の松下正和特命准教授（資料保存学）は「屋外にある文化財は、過度な対策でその価値を損ねないようにする必要があり、保護が難しい。ただ、建造物や史跡でも可能な範囲で事前に補強などして被害を最低限に食い止めることが重要だ」と指摘する。

文化庁によると、被災した国の文化財の修復には費用の70～85%が補助される一方、都道府県指定の文化財には国からの補助はない。

土砂崩れが起きた南湖公園の現場を確認する文化庁の調査官ら＝24日、福島県白河市

台風19号で被害が出た主な文化財

50km N
旧開智学校校舎 松本市
中尊寺 岩手県平泉町
白川城跡 福島県白河市
富岡製糸場 群馬県富岡市
竜禅寺三仏堂 茨城県取手市
三保松原 静岡市

旧開智学校校舎と松本城総堀 被害 県内

松本市の国宝旧開智学校校舎では八角塔屋（とうや）の校舎裏側部分のしっくいが剝がれ落ちているのが15日に確認された。剝がれ落ちた部分は高さ50㌢、幅160㌢。台風19号による横殴りの雨でしっくいが浮いたことなどが原因とみられる。

市教育委員会によると、現在はしっくいが剝がれた箇所の応急処置の準備を進めている。業者の準備が整い次第、高所作業車を使って雨よけの養生をする予定。今後、しっくいの塗り直しを行う。

同市内では国宝松本城の最も外側にあり、国史跡となっている総堀の石垣も幅約10㍍、高さ約1・7㍍、奥行き約50㌢にわたって崩れた。

しっくいの一部（写真中央）が剝がれ落ちた旧開智学校校舎の八角塔屋＝15日、松本市

長27 第一社会 6版 2019年(令和元年)10月29日 火曜日 信濃毎日新聞 新聞定価1ヵ月3,400円(うち消費税251円)1部150円(消費税込み) 第三種郵便物認可

長野東北部の被災小中 日常徐々に

台風19号の記録的な大雨による被害を受け、休校が続いていた長野市豊野西小学校(児童342人)が28日、約2週間ぶりに授業を再開した。被災して遠くに避難中の児童11人を除く大半が登校。学校いっぱいに子どもたちの元気な声が満ちた。建物に浸水被害があった市内の東北中、豊野中、長沼小でも自由登校や生徒集会があり、学校生活を元に戻していく動きが本格化した。

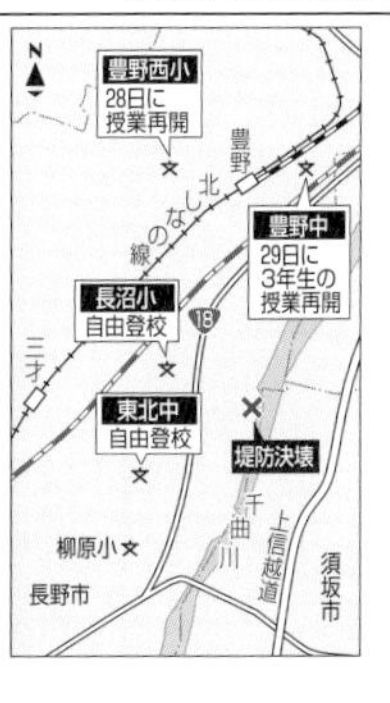

「おはようございます」「よく来たね」。豊野西小では午前7時半ごろから、児童が続々登校。通学路では教職員が見守り、車で送る保護者もいた。感染症予防のために浸水被害のあった地域の土を入れないよう、外で靴を脱ぎ、手を消毒して教室に入った。校内放送では児童が「全校で心を一つにして頑張っていきましょう」と呼び掛けた。

避難所になっている同校体育館から登校した4年の上野大輝君(9)は「楽しみなことがいろいろある」と期待。妹で2年の未羽さん(8)も「国語の勉強を頑張りたい」と話し、知人らから譲り受けたというランドセルを背負った。

避難所で過ごす丸山たつ子さん(81)は「(体育館が使えず)子どもたちが存分に運動できないのが申し訳ない。子どもの声は励みになります」と目を潤ませた。

同校では児童80人ほどの自宅が浸水被害に遭った。17日から午前中に教室を一部開放し、半数近い児童が来ていたが、授業は災害後初めて。宮下孝茂校長(58)は取材に、遠い親戚宅などに避難中で登校できない児童もいるとし「どんな子にも切ない思いをさせないよう配慮する」と話した。

一方、東北中(生徒528人)では約500人が、運動着にマスク姿で自由登校した。自宅の床上、床下浸水で生徒約50人が被災。生徒たちが集まった集会で加瀬浩明校長(58)は「多くの仲間が被災した。一人一人の置かれた状況は違うけれど、前を向いて全校で協力し、一歩一歩復興に向けて進んでいきたい」とあいさつした。

生徒会長の丸山桜生さん(15)＝3年＝は「地域やPTAのおかげで(床上浸水した)校舎がきれいになった。きょうはみんな元気そうでほっとした。募金呼び掛けや地域ボランティアへの参加など自分たちでできることをしていきたい」と話していた。

同校は30日まで自由登校とし、31日に授業再開の予定。長沼小は浸水被害で校舎が使えないため隣の柳原小の教室を借りて自由登校。豊野中も29日、生徒集会を開いた。

自由登校し、学活に臨む東北中学校の生徒たち＝28日午前11時25分、長野市大町

笑顔の登校 でも…

2週間ぶり授業の豊野西小

ルポ 千曲川氾濫

被災体験の話に静まる教室

教員に出迎えられて長野市豊野西小学校に登校する子どもたち。保護者は今後の心のケアに気をもむ＝28日午前8時15分

靴は校舎の外で脱ぎ、体育館は避難所になったままで、被災した友達もいた―。台風19号による千曲川の堤防決壊と浸水被害から約2週間。28日、久しぶりに登校した長野市豊野西小学校の子どもたちは登下校の光景や友達との会話の中から、今までの日常との違いを敏感に感じ取った。大きな被害は受けていない児童の家族も含めてお互いを思いやる一日になった。

「学校はどうだった?」。4年生の牧野光君(9)は28日夜、帰宅した母親の文恵さんに聞かれ、「みんな大丈夫だった」と少しだけほほ笑んだ。文恵さんはほっとした半面「まだ大変な状況の人がいる」と複雑になった。

13日午後、川から氾濫した水は光君の自宅近くにも迫り、一家は一時、避難所に逃げた。夕方に戻ると、庭の一部が浸水していた。「車庫に車が止められなかった。驚いた」。光君は浸水した自宅の床下や、冠水した自宅前の道路をカメラで撮影した。写真を見返し「こんなだったんだ」と振り返った。

休校した約2週間、学校の友達と会う機会はなかった。被災した子がいないか心配しながらも「早く友達と遊びたい」と学校再開を心待ちにしていた光君。周りの友達の家は比較的被害が軽かったが、知っている上級生の家は1階が全て浸水したと聞いた。

児童たちの家の被災程度は異なる。文恵さんは「子どもたち同士も、今はまだ家の被災状況を互いに詳しく聞き合わないなど配慮しているようです。相手を思いやる気持ちを大事にしてほしい」。

2年生の向山大翔君(7)は久しぶりの学校を「楽しかった」と振り返った。「みんなで食べる給食はおいしかった」

自宅は被災を免れたがこの日の朝、「何だかいつもとはちょっと違う」と感じた。普段は歩いて登校するが、この日は母親の香織さん(34)の車に乗った。学校のトイレには消毒液が置かれ、靴は校舎の外で脱いだ。避難所になっている体育館には、立ち入り禁止の三角コーンが置かれていた。

クラスの友達と、それぞれが体験した災害を話した。1人が「お墓が土砂崩れに遭っちゃったんだ」と話すと、クラスがしーんと静まり返った。大翔君は「何か言いたかったんだけど(何を話せばいいか)分からなかった」。そう言ってこたつに潜り込んだ。

香織さんは「元気な顔で帰って来てくれて良かった」としつつ「学校には、カウンセラーも入ってくれると聞いている。少しずつ元の生活に戻っていってほしい」と願った。

(藤田沙織、福島愛美)

被災太陽光設備から煙

長野・穂保 市が注意呼び掛け

煙が出たソーラーパネルの配電盤(左奥)周辺を調べる消防署員＝28日午後1時14分、長野市穂保

28日午後0時半ごろ、長野市穂保で、地面に倒れかかった太陽光発電パネルの配電盤から煙が出ている―と近くにいた男性(49)が119番通報した。駆け付けた長野市消防局の消防隊員がブレーカーを切り、煙は間もなく消えた。けが人はいなかった。火災につながる恐れがあるとして、被災した太陽光発電設備に触れないよう注意を呼び掛けている。

現場は、千曲川の堤防決壊現場の西側約200mの付近。市消防局は、台風19号による浸水被害で太陽光発電設備の送電線が使えなくなり、被災後も発電された電気が長期間蓄積された結果、配電盤が高熱を帯びたのが原因とみている。

同市津野の実家に片付けに来ていて煙を見つけ、通報した渡辺良也さん(49)によると、現場では当初、炎も見えた。

長野市は、被災した太陽光発電パネルはシートで覆ったり裏返したりするほか、配電盤のブレーカーを切るなどの対応を設置者に求めている。太陽光発電設備を巡っては、設備が浸水したり破損したりした場合でも光が当たれば発電するため、触れると感電する恐れがあるとして経済産業省が注意を促している。

あんずちゃん

田中しょう

千葉浸水 想定区域外でも

台風21号の豪雨 避難所や市役所被災

台風21号と低気圧の影響で関東から東北にかけて降った記録的な大雨による河川の氾濫で、自治体が作成したハザードマップの浸水想定区域外で被害が起きていたことが28日、各自治体への取材で分かった。避難所となっていた公民館や市役所庁舎が浸水しただけでなく、道路で死者も出た。専門家は「ハザードマップは安全確保の最低限の手掛かりにすぎない」として注意を呼び掛けている。

千葉県で28日、新たな不明者が判明し、千葉、福島両県の豪雨による死者は計10人、不明者は計3人となった。

氾濫した一宮川流域の千葉県茂原市では、いずれも想定区域外にある市役所と中央公民館が浸水。公民館は市が指定した避難所で、身を寄せていた住民は再避難を余儀なくされた。

同じく一宮川が流れる長柄町では、いずれも区域外の鴇谷地区と立鳥地区で被害が発生した。鴇谷地区のこども園は床上約30㌢まで浸水し、園児ら約130人が2階に避難。同地区にまたがる町営日吉団地でも氾濫した川の水が押し寄せ、外壁には約150㌢の高さに浸水の跡が残っていた。

高原潮

○…上伊那郡箕輪町の長田保育園の1～6歳の園児68人が28日、子牛やヤギ、ヒツジ、ポニー、ウサギなどと園内で触れ合った＝写真。若手酪農家が2008年に始めた「ふれあい巡回動物園」だ。

○…大きくなった時に思い出し、畜産業に関心を持ってもらいたいと企画。毎年町内で2園ずつ訪れている。長田保育園の園児は順番にポニーに乗り、園庭を半周。東城遥稀ちゃん(5)は「ぐらぐらして楽しかった」。

○…最初は怖がって泣きだす子もいたが、徐々に慣れた様子。増井悠紀ちゃん(5)はためらいなくヒツジの毛を触り「ふわふわで気持ちいい」と喜んでいた。

中ア駒ケ岳で10月9日に撮影されたライチョウ(長友勝信さん撮影)

駒ヶ岳 ライチョウ無事でした

安曇野の男性撮影

環境省信越自然環境事務所は28日、中央アルプス駒ケ岳でライチョウの雌の生存を確認したと発表した。安曇野市豊科の長友勝信さん(70)が10月9日に撮影した写真を信州大の中村浩志名誉教授が確認。昨夏、中アで半世紀ぶりに確認された雌とみられる。今年6月に抱卵させ、ひな5羽が生まれたが、7月11日を最後に目撃がなかった。同事務所は「ひと安心」とし、来年度も中アのライチョウ復活へ向けた事業を続ける。

長友さんが撮影したのは10月9日午前11時ごろ。ハイマツの近くにある岩場で見つけた。ライチョウは歩いて消え、近くにひなはいなかった。下山後、11日付信濃毎日新聞でライチョウが7月以降目撃されていないと知り、同事務所に連絡。取材に対し「登山が生きがいで自然を存分に楽しんでいる。保護に少しでも力になれればいい」とした。

同事務所は来春も北アルプス乗鞍岳のつがいの有精卵をこの雌に抱かせることを検討中。29日から1週間、ライチョウを捕獲するテンを捕獲し、生息数や行動範囲を調べる。来年8月には雌とひなの3家族20羽程度を乗鞍岳から連れてくることも構想中。同事務所の福田真・希少生物係長は「冬に入る前の目撃情報は貴重。他にもあればぜひ寄せてほしい」としている。

◇ 1　第49333号【明治25年3月15日第三種郵便物認可】　信濃毎日新聞　統合　2019年(令和元年)10月30日　水曜日　日刊　6版

2019年(令和元年)
10月30日
水曜日

信濃毎日新聞
1873年(明治6年)創刊
発行所 信濃毎日新聞社
長野本社 〒380-8546 長野市南県町657番地
電話(026) 受付236-3000 編集236-3111 販売236-3310 広告236-3333
松本本社 〒390-8585 松本市中央2丁目20番2号
電話(0263) 代表32-1200 報道32-2830 販売32-2850 広告32-2860
©信濃毎日新聞社2019年

災害ごみ 中南信5団体 受け入れ意向
東北信2団体も検討

台風19号被害で発生した災害ごみの処理が長野市など被災地を抱える施設で追い付かなくなっている問題で、一般ごみ処理施設を運営する県内の少なくとも5団体が災害ごみを受け入れる意向があることが29日、信濃毎日新聞の取材で分かった。他に2団体が条件付きで受け入れを検討する。しかし大量の災害ごみを県内施設だけで処理するのは難しく、県は県外施設での受け入れも調整している。【焦点3面に】

災害ごみを巡っては、長野、須坂両市などでつくる長野広域連合（長野市）の「ながの環境エネルギーセンター」（同）が、処理能力を超えるとして28日から搬入を休止している。千曲市と埴科郡坂城町による一部事務組合「葛尾組合」（坂城町）の焼却施設も、日々の生活ごみだけで処理能力の限界に近い状態で、「県を通じて県内外の地域でのごみ処理をお願いした」という。

こうした地域の災害ごみを受け入れられるとしているのは、松塩地区広域施設組合（松本市）、湖周行政事務組合（岡谷市）、上伊那広域連合（伊那市）、北アルプス広域連合（大町市）、穂高広域施設組合（安曇野市）の中南信地方5団体。

このほか、小諸市が市施設の稼働時間延長などの条件付きで受け入れを検討。中野市や上高井郡小布施町などでつくる北信保健衛生施設組合（中野市）も、両市町の災害ごみ処理を優先しつつ、施設がある地元地区の合意が得られれば受け入れる方針だ。

一方、受け入れが不可能とした団体からは被災地のほか、地元地域の一般ごみだけで施設に余力がないといった理由も多かった。

災害ごみの受け入れについては県が、県内の広域連合や行政事務組合など17団体に可否を照会中。県は長野市と千曲市の要望を受け、環境省中部地方環境事務所（名古屋市）に県外施設での受け入れを要請しており、富山県や石川県など近隣県が検討している。

富山県によると、同県内の産業廃棄物処理業者2社が災害ごみの受け入れに前向きで、既に長野市で仮置き場を視察した。今後、同市と協議して契約を結ぶとみられる。

災害廃棄物の運搬や処理にかかる自治体負担の費用は国が大半を賄う。政府が29日の閣議で台風19号を激甚災害に指定したため、費用の95・7%を国が補填する。

災害ごみは今後、被災家屋の解体が進み、さらに増える見通しだ。長野県資源循環推進課は「県内施設だけでは処理しきれなくなるのではないか。被災自治体の状況を聞き、必要であれば、県外へ追加の要請をすることも考えられる」としている。

千曲川の堤防決壊で浸水した住宅から出たごみが積まれている住宅街＝29日午後4時17分、長野市津野

台風19号で生じた災害ごみの処理方針
（各自治体・団体への取材による）

【地元災害ごみの他自治体での処理希望】
・長野市
・千曲市

【県内被災地からの受け入れ可能】
・北アルプス広域連合（大町市）
・松塩地区広域施設組合（松本市）
・上伊那広域連合（伊那市）
・湖周行政事務組合（岡谷市）
・穂高広域施設組合（安曇野市）

【条件付きで受け入れ可能】
・北信保健衛生施設組合（中野市）
・小諸市

緒方貞子さん死去
元国連難民高等弁務官
92歳

日本人初の国連難民高等弁務官として難民支援に貢献した国際協力機構（JICA）元理事長の緒方貞子（おがた・さだこ）さんが22日午前2時18分、東京都内の病院で死去した。92歳。東京都出身。葬儀は近親者で29日に実施した。後日、「しのぶ会」（仮称）を執り行う。【関連記事4・5・35面に】

聖心女子大卒業後、米カリフォルニア大学で政治学の博士号を取得。国際基督教大学准教授から1976年に国連公使に起用された。国連人権委員会の日本政府代表などを務め、91年1月に国連難民高等弁務官に就任。2000年末まで約10年間の任期中に、イラク・クルド、ルワンダ難民支援などに当たったほか、高等弁務官事務所の財政立て直しに取り組んだ。

退任後、アフガニスタン復興支援政府代表を務めた。03年には、新たに発足した国際協力機構の初代理事長に就任。約8年半の在任中、現場重視の立場から40カ国以上に出張し、職員も積極的に派遣した。アフガンや南スーダンなど途上国支援に尽力した。

理事長を退いてからは特別顧問として活動。20年東京五輪・パラリンピックの成功に向け、組織委員会の理事会へ助言役を担う顧問会議にも名を連ねた。03年に文化勲章を受章した。曽祖父は犬養毅元首相。

緒方さんは北佐久郡軽井沢町に別荘があり、JICA理事長として駒ケ根青年海外協力隊訓練所がある駒ケ根市にも訪れていた。

国際協力機構（JICA）理事長だった2004年に駒ケ根市で講演した緒方貞子さん

奥原 世界ランク1位

世界ランキング1位になった奥原希望

バドミントン女子シングルスの奥原希望(24)＝太陽ホールディングス・大町市出身＝が29日に発表された最新の世界ランキングで初めて1位に浮上した。同種目で日本選手が世界1位になるのは山口茜(再春館製薬所)に続いて2人目。銅メダルを獲得した2016年リオデジャネイロ五輪に続き、頂点を目指す来年の東京五輪に向けて大きな弾みをつけた。【関連記事17面に】

バドミントン女子単 日本人2人目

北陸新幹線 1日から増発
臨時列車 あさま計7本・はくたか計4本

JR東日本は29日、北陸新幹線（長野経由）で11月1〜29日の週末を中心に、東京―金沢間の「はくたか」4本、長野―東京間などの「あさま」7本の臨時列車を増発すると発表した。北陸新幹線は台風19号による車両被害を受け、あさまを中心に減便した暫定ダイヤで運行しており、秋の行楽期の需要に合わせて不足分を補う狙い。【ダイヤ表32面に】

停車駅が多く、自由席も設けるはくたかは、3連休初日の11月2日と最終日の4日に上下各2本を運行。あさまは週末を中心に東京発の下り3本、上野発の下り1本、長野発の上り2本を走らせる。軽井沢発の上り1本は1〜29日の毎日運行する。

臨時列車の車両は、本年度中に上越新幹線に投入する予定だった北陸新幹線と同じ「E7系」の新造車1編成を活用。車両の運用は平日に集中させ、使える車両を週末にフル稼働させる。

北陸新幹線は台風19号による記録的な大雨で、全編成の3分の1に当たる10編成が水没。今月25日に東京―金沢間で直通運転を再開したのと同時に始めた暫定ダイヤは、被災前と比べ、東京―金沢間の「かがやき」が上下1本ずつ減り、「はくたか」は変わらなかった一方、「あさま」はおよそ3分の2まで減っていた。

北陸新幹線の臨時列車（11月1日〜29日）

	列車名	発		着	運転日
はくたか	597号	東京	9:44	金沢	2、4日
はくたか	599号	東京	17:24	金沢	2、4日
はくたか	580号	金沢	6:46	東京	2、4日
はくたか	582号	金沢	18:33	東京	2、4日
あさま	461号	上野	8:26	長野	2〜4、9、10、16、17、23、24日
あさま	463号	東京	14:52	長野	1、8、15、22、29日
あさま	465号	東京	15:32	長野	2〜4、9、10、16、17、23、24日
あさま	467号	東京	17:24	長野	1、3、5〜29日
あさま	460号	長野	13:41	東京	2〜4、9、10、16、17、23、24日
あさま	462号	長野	18:03	東京	1〜4、8〜10、15〜17、22〜24、29日
あさま	480号	軽井沢	15:22	東京	1〜29日

天気　最高気温 最低気温

北部　飯山 17 10　長野 18 10　大町 17 8
中部　松本 19 8　上田 20 8　佐久 19 7
南部　諏訪 17 7　木曽 20 7　伊那 20 8　飯田 21 8

5%以上　5%未満
28面に詳しい天気情報

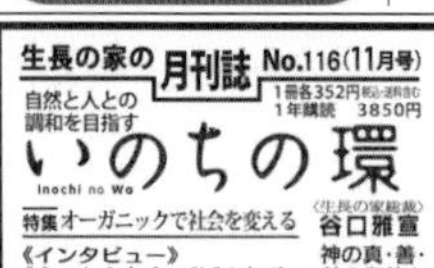

ことば映え
意気揚々
威勢が良く、誇らしげ
佐久市　ゆず
応募方法34面に

斜面
2019.10.30

今でも冷や汗が出る32年前の出来事。本紙「山ろく清談」のインタビュー日程を間違えた。相手は国連公使を経て上智大教授を務めていた緒方貞子さん。約束の時間を過ぎても不審に思ったのだろう◆軽井沢の別荘に来ないのを局に「記者さんお見えになりませんが」と電話をくださった。断られるのを覚悟で再設定を願い出ると「いいですよ」と承諾してくれた。後日のインタビューは世界を知る人ならではの話に引き込まれて、メモを取った◆4年後、緒方さんは請われて国連難民高等弁務官（UNHCR）に就く。身長150センチの体に時には防弾チョッキをまとい世界の紛争地を飛び回る姿が報道された。現場主義を貫き、先頭に立って難民の命と尊厳を守る。そんな姿勢に奮い立ったUNHCR職員も多いと伝わる◆「緒方貞子回顧録」にはこんな言葉がある。子どものころの戦争や、UNHCRとして関わった凄惨な状況など、私は人間がひどい目に遭うのをたくさん見てきた。見てしまったからには何かしないとならないでしょう◆湾岸戦争後、クルド難民の救済に前例にとらわれない決断をした。多国籍軍の撤退見送りを米国に直談判し実現している。人道主義と現実主義の顔を併せ持つ人が92の生涯を閉じた。「自国第一主義」がはびこって再びクルド難民危機が起きている今、その言葉は傾聴すべき価値がある。

紙面の問い合わせ 本社見学・出前講座 購読のお申し込み 信毎ホームページ
編集応答室 026-236-3111
読者センター 026-236-3215
0120-81-4341
www.shinmai.co.jp

長3　総合　9版　2019年（令和元年）10月30日　水曜日　信濃毎日新聞　第三種郵便物認可

長野・須坂や千曲の施設 処理能力限界

災害ごみ 行き場どこへ

台風19号の復旧・復興作業に伴う大量の被災ごみが出続けている。長野市内の焼却処理施設は、千曲川の堤防決壊などで広範囲が浸水した長野、須坂両市から多量の可燃ごみが搬入されて処理能力を超過。千曲市も自前の焼却炉では災害ごみ分は処理できないとする。大量の災害ごみが積み残されている長野、千曲2市は県を通じて県内外の施設での処理を打診しているが、周辺住民への説明の必要性などから12月以降の受け入れとなる見込みの施設も。長野、須坂では家庭ごみの排出抑制の呼び掛けも始まり、被災地以外の市民生活に影響も出てきた。

【1面参照】

長野市、須坂市 可燃ごみの処理状況

- 被災後の搬入量　約570トン/1日平均
- 災害ごみ　仮置き場　長野市（3カ所）　須坂市（1カ所）　→　28日から搬入休止
- 一般のごみ　●家庭 ●事業所　→　減量呼び掛け
- 持ち込み
- ながの環境エネルギーセンター
- 処理能力　405トン/日
- ピット（貯留槽、容量2900トン）　約2860トン（26日）　約2460トン（28日）

長野市、千曲市は他地域での処理希望

千曲市　災害ごみ　坂城町との焼却炉（処理能力60トン/日）では限界

焦点

「仮置き場」から搬入休止 家庭ごみ 抑制呼び掛け

長野市が市ホームページなどで市民向けにメッセージを発したのは、台風19号の猛威から2週間余の27日。「ごみの分別の徹底や生ごみの水切りを行っていただくなど、家庭ごみの排出抑制にご協力をお願いいたします」。長野広域連合が運営する焼却施設「ながの環境エネルギーセンター」（長野市松岡）の処理量に限界があり、災害ごみの処理が追い付かない―との悲痛な訴えがあった。

翌28日、自宅近くの路上の置き場へ可燃ごみ1袋を運んだ60代主婦は市の呼び掛けを「知らなかった」。被災者のためなら「何か考えたい」としつつ、その日は予定通り捨てて自宅へと戻った。収集車も普段通り、回収していった。

センターは長野、須坂両市と周辺の計6市町村の可燃ごみを焼却。長野広域連合によると、台風到来以前の10月上旬の搬入量は1日平均約300トンだったが、15日以降は約570〜580トンに跳ね上がった。センターには焼却炉が三つあり、フル稼働で最大処理量が405トン。単純計算で170トン前後が毎日、焼却前のごみを貯めるピット（貯留槽）に積み重なった。ピークの26日には、ピット容量（2900トン）の98・7%が埋まった。

長野、須坂両市はそれぞれ災害ごみを集めた「仮置き場」からの搬入を28日から休止。ピット内はわずかずつ減らしているが、同日の搬入量は532トンと高止まりする。被災した家庭や事業所から直接持ち込まれる分については、受け入れ続けている。一般ごみの搬入抑制や減量を呼び掛けているものの、「『持って帰って』とは言えない。制限は不可能」と担当者は苦心する。

長野市生活環境課によると、可燃ごみ以外の不燃物などの災害ごみに関しては、焼却施設近くで市が運営する「資源再生センター」に順次、仮置き場から運んでいる。

可燃ごみをためるピット（中央）がほぼ満杯になり、災害ごみの受け入れを休止しているながの環境エネルギーセンター＝28日午後0時46分、長野市松岡

県内外に受け入れ可能団体 住民からの同意 必要に

県を通じた被災ごみの受け入れは、調整作業が続いているが、難航も予想される。

各団体が運営する焼却施設は、処理能力すれすれで通常稼働している所が少なくない。木曽広域連合の施設は1日24トンの処理能力に対して、現状で23トンを焼却しており「災害ごみを受け入れる余裕がない」。南信州広域連合の飯田市の施設も飯田下伊那13市町村分を受け入れており、「既に処理能力（1日93トン）の限界に近い」とする。

処理能力に余裕があり、「受け入れ可能」とするところでも、必要になってくるのは地元合意だ。中野市などの北信保健衛生施設組合は「地元住民の合意が得られれば受け入れたい」とする。同市にある施設の地元と公害防止対策連絡協議会を設けており、そこでの承諾が必須とする。ごみ焼却施設は設置時に、煙害対策などで立地する地元と協定などを結び、その後の運用でも住民との意思疎通が求められるケースが多い。安曇野市の施設で11月から受け入れ可能とする穂高広域施設組合も「周辺地域（住民）の同意が得られることが前提条件」とする。

こうした受け入れ側の複雑な状況も念頭にして、長野市は具体的にどこの団体と調整を進めようとしているかを明らかにしていない。調整が最終的にまとまるかどうか、市幹部は「デリケートな部分が多い」と認める。

ピット（貯留槽）のごみが満杯に近いながの環境エネルギーセンターを運営する長野広域連合は、ピット容量の4〜6割に減った時点で、一時休止している長野、須坂両市の仮置き場からのごみ搬入を再開する方針。須坂市はこの再開を待つが、「時期のめどは立っていない」（長野広域連合）のが実情だ。

長野市は、現時点で一般家庭などからのごみ排出制限などは想定していないとする。ただ、長野市の加藤久雄市長が富山市の森雅志市長に直接受け入れ要請をしたのも、増え続ける災害ごみの対応に危機感を抱いているからにほかならない。稲葉隆・長野市生活環境課長は「（受け入れ）可能性があるものに関しては、全て交渉したい」としている。

佐久や佐久穂 民間に委託へ 飯山も検討

浸水被害などを受けた佐久市や南佐久郡佐久穂町は災害ごみの処理を民間の廃棄物処理業者に委託する予定だ。飯山市も業者委託を検討している。

佐久穂町によると、南佐久環境衛生組合（佐久穂町）の駐車場などで災害ごみを集積しており、少なくとも100トンを超える。普段は佐久地域の業者に処理を委託しており、災害ごみも同様に処理する予定。佐久市も「複数の民間業者に委託する」（市環境部）としている。

飯山市は、被災家屋などから出た可燃ごみや資源ごみ計約130トンを岳北広域行政組合（飯山市）運営の処理施設に運んだが、災害ごみはまだ大量に残っており、廃棄物処理業者への委託を検討中だ。

佐久穂町の担当者は、業者が受け入れられる量を超えた場合には「受け入れ可能な自治体に処理を依頼する可能性はある」としている。

台風19号で千曲市庁舎一帯冠水 「霞堤から水が流入」 市長見解

千曲市の岡田昭雄市長は29日の定例記者会見で、台風19号による千曲川の増水で同市杭瀬下の市役所新庁舎一帯が冠水した理由について、千曲川に架かる千曲橋と平和橋の間の「霞堤」が「要因の可能性が高い」との見解を示した。想定を超える水位上昇で、堤防が部分的に切れた状態の霞堤部分から水が流入したと指摘した。

国交省北陸地方整備局（新潟市）も同日の取材に「千曲川の増水により堤防から越水する場所が相当数あり、霞堤の設計を超える水が流れ、あふれた」とした。

千曲市の浸水の状況（市の資料による）

霞堤は枝状になった堤防で、川の上流に向かうほど本流から離れる。川の上流部で堤防が決壊した場合、堤防の外に流れ出た川の水を再び本流に導く機能がある。堤防の不連続部から水が逆流して一時的に水をためる遊水池としての効果もあるとされる。

市によると、12日午後7時半ごろには、平和橋から東側の市中区一帯での冠水を確認。あふれた水が県道や市道千曲線を伝って流れ、市役所一帯が冠水したとみられる。

北陸地方整備局によると、この霞堤は国が千曲川の河川整備をした1918（大正7）〜41（昭和16）年の間に造られ「伝統的な優れた治水工法」とする。岡田市長は「（不連続部分の）閉鎖も含めて霞堤の在り方を国に検討してもらうようお願いしていきたい」とした。

国交省の杭瀬下水位観測所では12日午後9時50分に千曲川の水位が6・4メートルに到達。1959年8月14日に観測したこれまでの最高水位5・2メートルを上回った。

県、床上浸水世帯に見舞金 市町村とともに計10万円

県は29日、台風19号で床上浸水の被害を受けた世帯に、「災害見舞金」として県内市町村とともに合計10万円を支給すると明らかにした。半壊以上を支援する国や県の被災者生活再建支援制度の対象にならない一般世帯に支給する。各市町村に窓口を設け、11月初め以降に準備ができた市町村から受け付けを始める。

県は1970（昭和45）年策定の「県災害見舞金交付基準」に基づいて5万円を交付する。同基準では通常2万円と規定しているが、今回は災害の大きさを考慮して増額する。市町村発行の罹災証明書は受給に必要ない。各市町村も独自基準に基づいて5万円を支給し、合計10万円となる。

県営水道給水区域 被災世帯に対し水道料金減免へ

県は29日、県営水道給水区域（長野市・千曲市・上田市のそれぞれ一部、埴科郡坂城町）の住宅で、台風19号で被災した世帯に対し、被害状況に応じて水道料金を免除すると明らかにした。

住宅が半壊以上の世帯は10、11月の料金を全額免除、一部損壊は10月の料金を一部免除する。一部免除の利用者は、使用量から8立方メートル分（最大1520円）を引いた額を支払う。同区域の公営住宅に避難する被災者は入居できる最大1年の間、全額免除する。

申込期間は未定だが、川中島水道管理事務所（長野市）、上田水道管理事務所（上田市）で相談を受け付けている。申し込みには罹災証明書が必要。

阿部知事が国に「強力支援」要請

阿部守一知事は29日、総務、農林水産、経済産業の各省を回って台風19号被災地の復旧・復興支援を求めた。知事は被災者の住宅確保や産業の復興が重要だとし、「被災地の状況に合わせた継続的で強力な支援」を要請した。

要請はいずれも非公開。知事によると、総務省では高市早苗総務相に対し、台風災害を受けて県財政は厳しい状況にあると説明した上で、財政・人的支援を求めた。農水省ではリンゴ農家への支援の必要性も話題に上ったとした。

他に農水省では被災農家支援、経産省では中小企業の施設・設備の復旧を支援する「グループ補助金」の財源確保などを要望した。

第三種郵便物認可　信濃毎日新聞　2019年（令和元年）10月30日　水曜日　特集　32

被災地を歩く　長野市松代地区　29日

台風19号による千曲川の氾濫から半月が過ぎました。復興に向けた動きが進む被災地の姿を伝えます。

笑顔で「ありがとう」

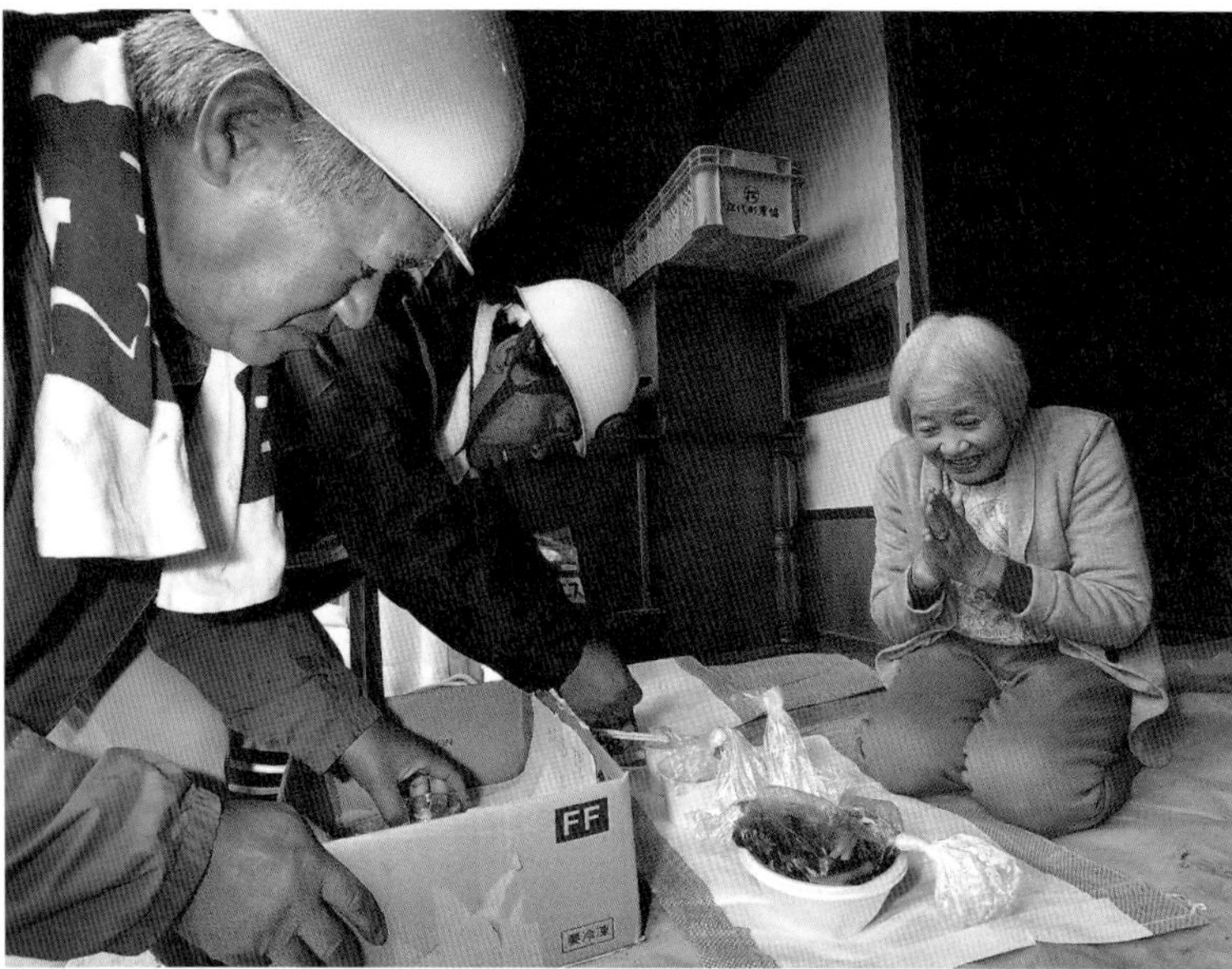

炊き出しを届けた区役員に笑顔で「ありがとう」と手を合わせる小林正子さん（右）＝29日午前11時52分、長野市松代町東寺尾

お礼の言葉をボードに

炊き出しへのお礼のメッセージを書く子どもとメッセージボードを考案した東條さん（奥）＝29日午後4時57分、長野市松代町の東寺尾公民館

営業再開に向けて商品を棚に並べるA・コープ松代店の従業員ら＝29日午後3時1分、長野市松代町西寺尾

炊き出し・支援物資 住民の支え

台風19号による豪雨で千曲川の支流、蛭川が越水した長野市松代地区。多くの家屋が浸水被害に遭った中でも、東寺尾区では、住民の呼び掛けによる助け合いを支えに復旧が進んでいる。

「食事の用意ができました」。29日正午、東寺尾公民館が放送を流すと、住民が集まってきた。感謝の言葉とともにボランティア団体が用意した煮込みハンバーグなどの昼食を持ち帰る。

松代地区では大型スーパー2店が被災して休業。東寺尾区では、1日2食の炊き出しが、買い物が困難な住民の生活を支えている。これまでに長野市街地の飲食店など400人以上が関わった。

公民館内には、タオルや子供服、靴などの支援物資がびっしり。ソーシャルワーカーの東條美帆さん（35）が必要な支援をSNS（会員制交流サイト）で発信して集まった。炊き出しは東條さんの知人が呼び掛けて実現した。

この日、登録有形文化財の本堂や三門などが浸水した長明寺（東寺尾）では、ボランティアが清掃作業。近くの歩道には、水田から流されてきた稲がまだ残っていた。東寺尾区に近いA・コープ松代店は、11月1日の再開に向け、急ピッチで商品の陳列を進めた。

（文・島田周、写真・夭[いぶつか]弘樹）

SNSを通じて寄せられた支援物資が並ぶ東寺尾公民館の玄関＝29日午前11時17分、長野市松代町東寺尾

床板をはがし、泥で汚れた長明寺の広間を掃除するボランティア＝29日午前10時1分、長野市松代町東寺尾

土地が低く、雨水がたまりやすい住宅街に設置された仮設ポンプ。雨水がたまると排水する＝29日午後2時20分、長野市松代温泉

蛭川の氾濫に流され、歩道に残された脱穀前の稲＝29日午前8時2分、長野市松代町東寺尾

蛭川の氾濫で流れ込んだ石などが堆積する道路＝29日午前7時50分、長野市松代町東寺尾

北陸新幹線の臨時列車（11月1～29日）【1面参照】

【上り】

停車駅		はくたか580号	あさま460号	あさま480号	あさま462号	はくたか582号
金沢	発	6:46				18:33
新高岡	発	7:01				18:48
富山	着	7:09				18:57
	発	7:10				18:58
黒部宇奈月温泉	発	レ				レ
糸魚川	発	レ				レ
上越妙高	発	7:43				19:30
飯山	発	レ				レ
長野	着	8:02				19:50
	発	8:04	13:41		18:03	19:52
上田	発	レ	13:53		18:16	レ
佐久平	発	レ	14:04		18:26	レ
軽井沢	発	8:28	14:13	15:22	18:36	20:16
安中榛名	発	レ	レ	15:33	レ	レ
高崎	発	レ	14:29	15:42	18:53	レ
本庄早稲田	発	レ	レ	15:51	レ	レ
熊谷	発	レ	レ	16:01	レ	レ
大宮	着	9:06	14:54	16:14	19:18	20:54
上野	着	9:26	15:14	16:34	19:38	21:14
東京	着	9:32	15:20	16:40	19:44	21:20

【下り】

停車駅		あさま461号	はくたか597号	あさま463号	あさま465号	あさま467号	はくたか599号
東京	発		9:44	14:52	15:32	17:24	17:24
上野	発	8:26	9:50	14:58	15:38	17:30	17:30
大宮	発	8:46	10:10	15:18	15:58	17:50	17:50
熊谷	発	レ	レ	レ	レ	18:03	レ
本庄早稲田	発	レ	レ	レ	レ	レ	レ
高崎	発	9:14	10:35	15:44	16:23	18:19	レ
安中榛名	発	レ	レ	レ	レ	18:28	レ
軽井沢	発	9:39	10:52	16:01	16:39	18:40	18:30
佐久平	発	9:48	11:01	16:10	16:47	18:49	レ
上田	発	9:58	11:11	16:21	16:57	18:59	レ
長野	着	10:09	11:23	16:33	17:09	19:11	18:54
	発		11:25				18:56
飯山	発		レ				レ
上越妙高	発		11:44				19:15
糸魚川	発		レ				レ
黒部宇奈月温泉	発		レ				レ
富山	着		12:15				19:47
	発		12:16				19:48
新高岡	発		12:25				19:57
金沢	着		12:38				20:11

被災者の住まい確保への公的支援の基本的な流れ（浸水被害の場合）

- 住家流出または床上1.8m以上の浸水　**全壊**
- 床上1m以上1.8m未満の浸水　**大規模半壊**
- 床上で1m未満の浸水　**半壊**
- 半壊に至らないが、住宅の損害割合が10%以上20%未満

→ 応急仮設住宅に入居可能　**無償**（応急修理費支援は利用不可）

↑ 土砂などで住宅として再利用できない／修理のため長期間自宅に住めない

短期間で最低限の修理をして自宅に戻りたい ↓ 住宅の応急修理費支援　**上限59万5000円**（仮設住宅は入居不可）

→ 全壊と大規模半壊は国の被災者生活再建支援制度（**全壊 最大300万円、大規模半壊 最大250万円**）　半壊は県と市町村による「信州被災者生活再建支援制度」**（最大50万円）**を利用可能

半壊に至らないが、住宅の損害割合が10%以上20%未満 → 住宅の応急修理費支援　**上限30万円**

全国で8人不明のまま

台風19号の被害は、共同通信の集計で29日までに、死者は13都県87人（災害関連死を含む）、行方不明者は8人。

同日現在、内閣府によると、台風21号や低気圧の影響による千葉県などでの大雨もあり、3692人が避難所での生活を余儀なくされている。

台風19号による県内の避難所・避難者数

市町村	避難所	避難者数
長野市	14	777
千曲市	1	6
中野市	1	2
須坂市	2	136
合計	18	921

※29日午前10時時点、県災害対策本部まとめ（避難所はホテルなど含む）

台風19号による県内の人的被害
（29日午前10時時点、県災害対策本部まとめ）

市町村	死亡	重傷	軽傷	計
長野市	2	2	85	89
上田市		1	5	6
須坂市			6	6
中野市		1	1	2
飯山市		1	4	5
佐久市	1		18	19
千曲市			5	5
東御市	1		1	2
川上村		1		1
佐久穂町			2	2
軽井沢町			1	1
箕輪町			1	1
坂城町		1	1	2
合計	4	7	130	141

（注）不明者は佐久市で1人

台風19号による県内の住宅被害
（29日午前10時時点、県災害対策本部まとめ）

市町村	全壊	半壊	一部損壊	床上浸水	床下浸水	計（世帯）
長野市	786	797	502	1722	1279	5086
松本市					2	2
上田市	1		39	31	99	170
岡谷市			4			4
須坂市	1	188	83			272
中野市			3	82	37	122
飯山市		167	331			498
佐久市	7			130	872	1009
千曲市				475	1202	1677
東御市			3	1	4	8
小海町				4	5	9
川上村					4	4
南牧村			1		2	3
南相木村		1		1	6	8
北相木村	1	1		3	9	14
佐久穂町				49	58	107
軽井沢町	2	2	1			5
立科町				4	31	35
青木村					1	1
長和町					50	50
辰野町		2	30			32
箕輪町			6			6
飯島町			1			1
南箕輪村			1			1
麻績村					3	3
筑北村					4	4
坂城町		1	1			2
小布施町				31	28	59
高山村					1	1
木島平村			1			1
野沢温泉村				10	10	20
信濃町		1	4		4	9
飯綱町			4			4
栄村				2	2	4
合計	798	1160	1015	2545	3713	9231

【北陸新幹線臨時列車の運転日】臨時列車の運転日は▽はくたか597号、599号、580号、582号は11月2、4日▽あさま461号、465号、460号は11月2～4、9、10、16、17、23、24日▽あさま463号は11月1、8、15、22、29日▽あさま467号は11月1、3、5～29日▽あさま462号は11月1～4、8～10、15～17、22～24、29日▽あさま480号は11月1～29日

長35　第一社会　6版　2019年(令和元年)10月30日　水曜日　信濃毎日新聞　新聞定価1ヵ月3,400円(うち消費税251円)1部150円(消費税込み)　第三種郵便物認可

聞こえない　豪雨も　警告も

長野市が建設する仮設住宅について手話通訳者から説明を受ける武田さん(中央)。週末には輿さん(左)が支援に訪れている=27日、同市の豊野西小学校

避難後も遠慮「理解難しく迷惑掛ける」

「手伝って」と伝えたいのに

「耳が聞こえません」。こんな訴えが印刷された手拭いを首に巻いた男性と、長野市豊野西小学校の避難所の外で出会った。同市豊野地区の市営住宅で暮らす武田隆志さん(46)。筆談で取材を申し込むと、被災時の経験を打ち明けてくれた。地を打つ雨音、防災行政無線は、自分の耳には届かないと言う。音のない世界で被災し、頼れる人が少ないまま暮らしていた。

ルポ　千曲川氾濫

「もし彼女がいなければ、逃げ遅れていた」。武田さんはそう教えてくれた。

12日夕、自宅1階で見ていたテレビに、台風19号の大雨で水位が上昇する千曲川の映像が流れていた。同日午後11時すぎ、市が豊野地区の住民に出した避難指示のエリアメールが携帯電話に届く。エリアメールは独特の警報音を発するが、武田さんには聞こえない。「何となく普段と違う」と感じたが、どれだけ緊急性が高いか分からなかった。

間もなく、近くの女性が慌てた様子で窓をたたく姿が目に入った。ようやく事態の重大さが分かった。女性の車で豊野西小へ避難した。「具体的な情報がないと危険性が伝わらなかった」。どこへ避難すべきなのか、どれくらいの被害が想定されるかなども、文字情報で知りたかった。

生まれつき耳が不自由で、聴覚障害者手帳は最重度の2級。「構内に響く地下鉄の音」が目安の100デシベルが聞こえない。普段働いているのは父親のリンゴ畑。避難所では言葉を話せず、多くの人に囲まれながらも積極的に話し掛けることはない。

武田さんの自宅は1階が浸水した。県長野ろう学校(長野市)時代の後輩、輿圭一さん(45)=長野市篠ノ井=に助けを求めた。「豊野のアパートが水いっぱい」。13日朝、無料通話アプリ「LINE(ライン)」で連絡すると、「大変。手伝います」と返信があった。

輿さんは仕事が休みの土日曜日、自宅の片付けを手伝いに来てくれる。平日は武田さんが避難所の豊野西小から自転車で自宅に戻り、1人で作業。泥のかき出しは一段落したが、段ボールの荷造りが終わらない。周囲を大勢のボランティアが行き交うが、頼れないまま。「言葉を伝えられず、理解も難しい。迷惑を掛けてしまう」。そんな気持ちが、「手伝ってほしい」との意思表示にブレーキをかける。

避難所では、同じ市営住宅からの避難者が炊き出しの時間、入浴場所、館内放送などを紙に書いて教えてくれる。でも戸惑うこともある。

27日、私は手話通訳者を介して武田さん、輿さんと話していた。「上水道の利用を極力控えてください」。夕方、避難所に防災行政無線が響き、他の避難者が一瞬立ち止まったが、武田さんには理由が分からなかった。「自分にだけ行政の情報が届かないことが一番不安です」

「手話通訳が来てくれた！」。武田さんから29日、私のLINEに喜びの声が届いた。災害支援の鳥取県職員やろうあ者相談員4人が避難所を訪れ、この日は公営住宅の入居申し込み手続きにも同行してくれたという。ただ、常駐は11月1日まで。せめて次の住まいが決まるまでは支え続けてほしいと願った。(篠原光)

依然行方不明　佐久の三石さん
県警、2巡目の千曲川捜索

千曲川右岸の浅瀬で、捜索棒を使って手掛かりを捜す県警機動隊員=29日午前11時42分、長野市松代町

県警機動隊は29日、台風19号による災害で行方不明になっている佐久市入沢のタクシー運転手、三石量正さん(68)の捜索を長野市内の千曲川下流で行った。佐久市から飯山市まで約140キロにわたる千曲川河川敷の捜索は2巡目。この日は、新たな手掛かりは見つからなかった。

隊員20人は降雨の中、長野市の赤坂橋から更埴橋まで約5キロの両岸を水際に沿って進んだ。捜索棒を浅瀬に突き刺して感触を確認。ぬかるんだ場所では、時折腰まで漬かりながら捜した。

県警は17日、捜索範囲を下流まで拡大。21日には長野市篠ノ井西寺尾の河川敷で、東御市の田中橋で12日に車ごと流されたとみられていた静岡県沼津市、佐藤昭雄さん(73)の遺体を発見した。

県警によると2巡目の捜索は29日時点で約7割を終了。新井斉副隊長(51)は「一日も早く発見したい。隊員一同、全力で頑張る」と話した。

国際貢献の思い 信州でも
緒方貞子さん 軽井沢や駒ケ根訪れ

緒方貞子さんは別荘がある北佐久郡軽井沢町で住民と交流し、国際協力機構(JICA)の駒ケ根青年海外協力隊訓練所がある駒ケ根市で講演したり、県内にも足跡を残した。信濃毎日新聞の取材にもたびたび応じていた。

緒方さんは軽井沢町で2013年8月、別荘住民と町民が親睦を図る交流会にゲスト参加。藤巻進町長は「別荘ライフを通じて軽井沢に愛着を持っていただいた。女性のしなやかさや芯の強さ、恵まれない人への愛情を持ち、本当に特別な仕事をされた方だった」としのんだ。

【1面参照】

別荘では本紙「山ろく清談」のインタビューに1980(昭和55)年以降6回応じた。02年には、45年8月15日の終戦を疎開先の軽井沢で迎えたと述べ、日本政府代表として取り組む米中枢同時テロ後のアフガニスタン復興については「『国造り』はもちろん、人々が暮らす地域コミュニティーを立て直す『社会づくり』の両面で復興に取り組みたい」と語った。

国連難民高等弁務官だった1996年に小坂善太郎氏と対談した緒方さん=都内

緒方さんは04年、駒ケ根青年海外協力隊訓練所の開設25周年記念式典に出席した。清水勉所長(55)は「誰もがそれぞれに人間らしい生活をすべきだという『人間の安全保障』の考え方を国際協力の場で広め、世界的な基準にまでした」と功績を評価した。

緒方さんは国連難民高等弁務官として世界の紛争地域を駆け回っていた96年、当時の日本国連協会会長で元外相の故小坂善太郎氏と都内で対談。ポスト冷戦時代の国連の課題を語り合う様子が、97年1月1日付信濃毎日新聞に載った。

評伝
難民援助 現場主義貫く
日本女性国際進出の先駆け

「現場に出て、ものを考えないと問題の解決には向かわない」。死去した緒方貞子さん(92)がこだわり続けた難民援助の信条だ。身長150センチほどの小柄な体に重さ約15キロの防弾チョッキを着け、世界の難民キャンプを飛び回った。周囲は「日本をアピールする外交官としては20～30人に匹敵する」と評価、日本人女性の国際社会進出の先駆けでもあった。

祖父も父も外交官で、曽祖父は犬養毅元首相。幼少期を米国や中国で過ごした。聖心女子大英文科の1期生で、卒業後は米国のジョージタウン大大学院などに留学、国際関係論を専攻した。1932年に曽祖父が軍部に暗殺されてから傾向を強めていった日本の軍国主義。研究の原点は「日本はなぜ戦争を始めたのか」との思いだった。

33歳で銀行員の四十郎氏(元日銀理事、故人)と結婚。1男1女をもうけた後も、国際基督教大で指導、研究に没頭した。

76年「女性も外交畑に」との故三木武夫首相(当時)の公約実現第1陣としてニューヨークの国連日本代表部公使に着任、日本初の女性国連公使に。

90年には、国連難民高等弁務官の後任候補の打診を受けた。緒方さんが選ばれた理由に、関係者は「政治的な野心もなく、率直に意見を語る人柄」を挙げる。60歳を過ぎて難民救済の道に飛び込んだ。

「最後の点において、人の生命を助けるということ。生きていさえすれば、彼ら(難民)には次のチャンスが与えられる」。高等弁務官就任以来「日本は『人道大国』に」と訴え続けた。

91～2000年の高等弁務官在任中、イラクで迫害を受けたクルド人のキャンプや旧ユーゴスラビアなど世界各地の難民キャンプに足を運んだ。02年に小泉純一郎首相(当時)から外相就任の要請があった際は「難民支援のキャリアを全うしたい」と固辞。03～12年には国際協力機構(JICA)理事長を務めた。

上皇后さま 弔問
軽井沢で一緒にテニスも

上皇后美智子さまは29日、元国連難民高等弁務官の緒方貞子さんの葬儀が行われた東京都内の教会を弔問された。美智子さまは、聖心女子大の後輩に当たり、緒方さんとは長年親交があった。宮内庁関係者が明らかにした。

美智子さまは2000年にスイスを訪問した際、緒方さんや現地の国際機関で働く日本人職員と昼食を共にした。03年には、上皇ご夫妻の出会いの場となった北佐久郡軽井沢町のテニスコートで、緒方さんとテニスの試合を楽しんでいる。

高原調

○…松本市出身のフラワーアーティスト竹下裕子さん(東京)が29日、同市の伝統工芸品、松本手まりを使った作品「松本手まりのある風景」の展示を同市中央2の信毎メディアガーデンで始めた=写真。11月4日まで。

○…カラフルな手まりとミツマタやワラビなどの造花で主に構成。国宝松本城をイメージして全体は黒を基調とした。水色の布で滝を表し、北アルプスがもたらす水資源に恵まれた松本を表現した。

○…5月にフランスで開かれた日本の現代花作家&アーティスト展で入賞。作品を松本で展示するのは初めてで「古里への思いを詰めました」と張り切っていた。

世界最大級の木製屋根 五輪体操会場お披露目
梁に南佐久や上小のカラマツも

有明体操競技場=29日、江東区(超広角レンズ使用)

東京五輪の体操会場で10月に完成した新設の有明体操競技場が29日、報道陣に公開された。外装、内装とも木材をふんだんに使い、木の温かみが感じられるのが特徴。屋根は最も高い部分で約30メートルと開放感がある。床面はまだコンクリートだが本番までに藍色を基調とした装飾が施される。二つの大型スクリーンも設置される。

1万2000人収容で建設費は約205億円。幅約90メートル、奥行き約120メートルの木製屋根は世界最大級で梁(はり)には北海道、南佐久郡や上小地方のカラマツが使われた。ひさしには宮城、秋田、静岡の3県のスギが採用された。観客席は三重県産のスギのベンチにするなど木材の使用量は五輪競技会場で最も多い。

パラリンピックではボッチャの会場となり、トイレを広くするなどバリアフリーにも配慮した。テスト大会を兼ねて11月28日に始まるトランポリンの世界選手権が最初の大会となる。

2019年（令和元年）
10月31日
木曜日

信濃毎日新聞
1873年（明治6年）創刊
発行所
信濃毎日新聞社
長野本社 〒380-8546 長野市南県町657番地 電話(026) 受付236-3000 編集236-3111 販売236-3310 広告236-3333
松本本社 〒390-8585 松本市中央2丁目20番2号 電話(0263) 代表32-1200 報道32-2830 販売32-2850 広告32-2860

洪水想定 長野の住民2割

警戒 他県より薄かったか

台風19号上陸前日

静岡大・牛山教授 3県住民アンケート

県内に甚大な被害をもたらした台風19号の上陸前に、洪水の可能性をイメージしていた県民は約2割にとどまることが、長野、神奈川、静岡の3県の住民を対象に行った静岡大防災総合センターの牛山素行教授（災害情報学）＝諏訪市出身＝のアンケート結果で分かった。19号は12日に伊豆半島に上陸し、関東を縦断するコースをとったため、神奈川、静岡両県に比べ、長野県は警戒感が薄かった可能性がある。

牛山素行教授

牛山教授は、19号上陸の前日（11日）時点で抱いていた被害予想のイメージなどを尋ね、30日に速報版として公表した。

アンケートは、インターネット調査サービスを利用して25、26日に実施。19号の通過地域周辺で、洪水の可能性がある低地が比較的多い場所として3県8市町を選んだ。長野県内は長野市、須坂市、上高井郡小布施町を対象とした。全体の回答者は男女1050人、うち長野県の回答者は356人。

上陸前日に「自宅が洪水による被害を受けるかもしれない」とイメージしたか尋ねたところ、長野県の回答者は「当てはまる」「やや当てはまる」の合計が20・8％で、神奈川（36・6％）、静岡（32・7％）より低かった。

同様に19号について、「過去数十年間に日本に来た台風の中で最も大きな被害をもたらすかもしれない」とイメージしたかの質問で、「当てはまる」「やや当てはまる」の合計は長野県が66・6％で、神奈川（80・1％）、静岡（79・3％）を下回った。

また、12日に気象庁が長野県内の自治体に初めて出した大雨特別警報について、19号による災害の前に「これまでに経験したことのないような、重大な危険が差し迫った異常な状況」だと、適切に認識していた県内の回答者は約4割だった。大雨特別警報は、大雨・洪水警戒レベル（5段階）で最高の「5」に相当し、気象庁は12〜13日、長野など13都県の自治体に出して、最大級の警戒や避難を求めた。

台風19号の上陸前日のイメージ
「自宅が洪水による被害を受けるかもしれない」
0%　20　40　60　80　100
当てはまる／やや当てはまる／当てはまらない／どちらとも言えない／あまり当てはまらない
長野県／神奈川県／静岡県

大雨特別警報の意味に対する認識
長野県　0%　20　40　60　80　100
災害の起こる恐れがあるので注意を呼び掛けている
重大な災害が起こる恐れがあることを警告
これまでに経験したことのないような、重大な危険が差し迫った異常な状況にあることを警告
警報があることは知っていたが、意味はよく知らなかった
警報自体を知らなかった
（牛山教授のアンケートによる）

当事者になるとは捉えにくく

牛山素行教授の話　今回の台風では、何となく大変なことになりそうだとは思っていても、自分が当事者になるとは捉えにくかった。こうした傾向はよく見られる。そもそも身近な地域での災害の可能性が十分理解されていないことが、このような結果につながっているのではないか。

長野市 避難指示を解除

千曲川流域 締切堤防完成で

18日ぶり

千曲川堤防の決壊現場で、仮堤防（中央左）を守るように造られた締切堤防（手前）＝30日午前10時38分（河川管理者などの承諾を得て小型無人機で撮影）

長野市穂保の千曲川堤防決壊現場で30日、国土交通省北陸地方整備局（新潟市）が仮堤防を囲う形で整備していた「締切堤防」が完成した。緊急的な復旧工事が完了し、同整備局は「決壊前の堤防と同等の強度」を確保したと説明。

これを受け長野市は、同市長沼、豊野地区をはじめ千曲川流域の広い地域に12日夜から出していた避難指示を18日ぶりに解除した。

同省千曲川河川事務所（長野市）によると、締切堤防は高さ約5メートル、長さ約320メートル。17日に完成した仮堤防を囲う形で、15メートルほど河川側に設置した。長さ16メートル、幅40センチの鋼材約1700枚を約5メートルの間隔で二重に打ち込み、間に土砂を詰めた。

上信越道　豊野　長野市　千曲川　三才　長沼小　18　締切堤防　須坂市　N

締切堤防は、堤防の本復旧までの間、新たな水害の発生を防ぐ目的で、本復旧の際に仮堤防と共に撤去する。同事務所の吉田俊康副所長は、締切堤防の完成で「当面の安全を確保した」と強調。本復旧については「今後、学識者らの意見を聞きながら工法などを検討していく」と述べた。

締切堤防の完成を受け、同整備局と長野地方気象台は、市町村が避難情報を出す際の目安となる「避難判断水位」などの基準を通常に戻した。

一方、長野市は、土砂災害の恐れがあるとして12日夜に同市若穂川田、若穂保科の一部919世帯3013人に出していた避難指示は継続。市災害対策本部は、保科川上流の支流で土砂撤去作業を終えるまで続ける方針だ。地滑りの恐れがあり、28日に同市信州新町弘崎の2世帯5人に出していた「避難準備・高齢者等避難開始」も継続する。

須坂市 避難所閉鎖へ

来月10日めど 千曲市も近日中

須坂市が台風19号の被災者向けに開設している市北部体育館の避難所を、11月10日をめどに閉鎖する方針であることが30日、分かった。136人（30日時点）が避難生活を送るが、大半が帰宅したり民間や公営の住宅に移ったりする予定が固まってきたため。千曲市も6人が避難する旧更埴庁舎保健センターの避難所について、帰宅先が決まり次第閉める方針としている。

須坂市によると、移転先として予定する県営住宅の修繕が10日までに間に合わない場合は、一時的に滞在する公営住宅を用意することも検討。市は28日に避難者に説明した。

これに対し、324世帯769人（30日午前7時時点）が避難生活を続ける長野市は、11月末までの避難所閉鎖の見通しが立っていない。30日には民間アパートなど借り上げ型応急仮設住宅（みなし仮設住宅）の申し込み受け付けを開始。31日にも建設型応急仮設住宅10戸の建設に着手する。

市は30日、応急仮設住宅の建設など総額47億7千万円の一般会計10月補正予算を専決処分した。当面の仮設住宅建設費と借り上げ費で計300戸分13億円を計上。千曲川と浅川に設置し、故障した排水機場（ポンプ場）7カ所の復旧が19億9千万円。

市は被災家屋の調査と罹災証明書の発行を進めている。調査は1棟ずつの認定が原則だが、床上1・8メートル以上の浸水が明らかな一部区域の数百棟については、東日本大震災の際に国が改定した被害認定基準の運用指針に基づき、一括で「全壊」と認定した。

日信工業含む部品4社合併

日立とホンダ

日立製作所とホンダは30日、それぞれの傘下にある日信工業（東御市）など自動車部品メーカー計4社を合併させると発表した。電動化や自動運転など「CASE（ケース）」と呼ばれる次世代技術への対応を迫られる中、合併で各社の強みを統合し、世界的に激化する開発競争での生き残りを図る。新会社には日立製作所が66・6％、ホンダが33・4％を出資し、約1年後の発足を目指す。

4社は、日立の完全子会社である「日立オートモティブシステムズ」と、ホンダが筆頭株主の「ケーヒン」「ショーワ」「日信工業」。統合後の売上収益は1兆7千億円規模になる。国内の自動車部品業界では、トヨタ自動車系のデンソーやアイシン精機に次ぐ事業規模になるとみられる。

【関連記事6・7面に】

斜面

2019.10.31

千曲川の洪水の歴史を本堂の柱にとどめている寺がある。長野市長沼の妙笑寺だ。浸水した際の最高水位を時の住職が記した。江戸中期1742年の「戌の満水」は1階天井とほぼ同じ高さ。今回の台風19号はそれに次ぐ水位だった◆近くの堤防が決壊、濁流が墓石をなぎ倒し白壁を剝ぎ取った。先週末に訪ねるとボランティアが片付けを手伝っていた。再建をどう進めていくか。住職の笹井義英さんは泥に覆われた境内や周辺を見回しつつ言った。ここから出るわけにはいかない、と◆決壊現場には鋼材を打ち込んだ頑強そうな「締切堤防」が完成し、長沼や豊野などの避難指示が解除された。住まいの復興はこれからだ。被災地を歩いてみると損傷が激しく手付かずの住宅が目につく。地区外に住まいを移す人もいよう。このままでは地域の衰退が進みかねない◆「立ちつくす」は福島出身の長田弘さんの詩。混声合唱曲も作られている。〈祈ること。ひとにしかできないこと〉〈一日が、はじまる。ここに立ちつくす私たちを、世界が、愛してくれますように〉。27日、信大付属長野中合唱部が全国大会で歌った◆被災した部員もいる。間際の練習ができなかった。部員は、絶望しながらも一筋の光を見いだそうとする詩の意味を感じ取ったようだ。妙笑寺はボランティアに励まされている。多い日は100人が駆けつけたという。若い力を糧に、お寺が、地域が、再生することを祈らずにいられない。

紙面の問い合わせ　本社見学・出前講座　購読のお申し込み　信毎ホームページ
編集応答室 026-236-3111
読者センター 026-236-3215
0120-81-4341
www.shinmai.co.jp

天気

最高気温／最低気温

北部　6時 12 18 24　1日 2日 3日
中部　6時 12 18 24　1日 2日 3日
南部　6時 12 18 24　1日 2日 3日

地点	最高気温	最低気温
飯山	20	6
長野	20	8
大町	18	5
松本	20	7
上田	22	8
佐久	20	7
諏訪	18	7
木曽	19	6
伊那	21	6
飯田	21	7

5ミリ以上　5ミリ未満

20面に詳しい天気情報

素肌乾燥情報　カサカサ、注意、しっとりの3段階

北部

中部

注意
南部

ことば映え
天真爛漫（らんまん）
無邪気に振る舞う
長野市　たま
応募方法26面に

第三種郵便物認可　信濃毎日新聞　2019年(令和元年) 10月31日 木曜日 6版 総合 2

英語民間試験に延期論

文科相も言及「混乱進むなら」

自民党幹部は30日、大学入学共通テストに導入される英語の民間検定試験に関し「延期した方がいい。あと数カ月で文部科学省が問題点を解決するのは難しいだろう。延期するなら早く判断すべきだ」との考えを示し、与党内からも延期論が浮上した。

萩生田光一文科相も同日の衆院文部科学委員会で、実施延期を求められ「仮に今の状況より混乱が進むようなら、考えなくてはならないという気持ちもある」と述べた。一方、制度を前提に準備を進めている受験生もいるとして「さまざまな指摘を受け止めながら一つ一つ改善し、2020年度から円滑な実施に向け全力で取り組みたい」とも強調した。

萩生田氏は委員会の冒頭で「自分の身の丈に合わせて頑張ってもらえれば」としたテレビ番組での発言を巡り「改めてこの場を借り、国民の皆さま、特に受験生の皆さまに、おわび申し上げる」と謝罪した。

発言の真意を問われ「どのような環境にいる受験生でも、力を最大限発揮できるよう、頑張ってもらいたいとの思いだった。結果として不安や誤解を与え、不徳の致すところ」と釈明した。自民党の馳浩氏、立憲民主党の川内博史氏、国民民主党の城井崇氏らへの答弁。

文科委は同日、この問題について11月5日に参考人質疑を行うことを決定。参考人として、試験実施6団体のうち「GTEC」を運営するベネッセコーポレーションや、全国高等学校長協会（全高長）などから代表者を招致することで与野党が合意した。

民間試験は6団体7種類から、最大2回受験する。1度の受験に2万円超かかるものもあり、会場が都市部に限られる試験も多い。格差を懸念し、全高長は導入延期を求めている。

与党 不安解消を申し入れ　野党 制度開始の延期要求

自民党の二階俊博、公明党の斉藤鉄夫両幹事長は30日、東京都内で会談し、大学入学共通テストに導入される英語の民間検定試験に関し、受験生の不安を解消するよう政府に申し入れることで一致した。野党は「今国会最大の課題」（国民民主党の玉木雄一郎代表）として、来年4月の制度開始を延期するよう強く求めた。

自公幹事長会談に同席した公明党の高木陽介国対委員長は記者団に、萩生田光一文部科学相の「身の丈」発言も影響しているとして「文科省にしっかり対応してもらいたい」と述べた。野党提出の試験導入延期法案は話題に上らなかったという。一方、自民党幹部の一人は試験について「会場による有利不利もある。深刻な問題だ」との認識を示した。

立憲民主党など野党4党の国対委員長は国会内で会談し、導入延期法案の審議を与党に求めていくと確認した。国会での追及と併せ、高校生にも参加を呼び掛けて野党合同で街頭宣伝活動を行う方針も申し合わせた。

立民の安住淳国対委員長は国民などとつくる会派の会合で「導入を延期させるか、そのまま強行させるかは非常に大きな問題になってきた」と指摘。「全国の学生の未来が懸かっている。一緒に行動してほしい」と呼び掛けた。

けさの一句

2019.10.31

ハロウィンのお化けのままに眠りをり　堀切克洋

仮装が重要な要素となるハロウィーン。親が用意する子供の仮装もシーツを被っただけの簡単なものから、手の込んだものまでさまざま。日没後の行事は夕食が終わったあとに始まり、近所を回るだけでもいつもよりずいぶん夜更かしになる。楽しくはしゃいだ後の子供はスイッチが切れたように眠り込む。今夜は顔も洗わないままの小さなお化けがあちらこちらで健やかな寝息を立てることだろう。「銀漢」同人。

土肥　あき子（俳人）

台風接近時 自治体HP閲覧しにくく

共同回線の容量増加へ

県など協議会

台風19号が県内に接近した12日、防災情報を伝える県内自治体のホームページ（HP）にアクセスが集中して閲覧しづらくなったことを受け、県と県内市町村などでつくる協議会は30日、長野市内で会合を開き、対応策を協議した。県と各市町村がHP閲覧用に共同利用している回線のアクセス容量を増やす方針を確認した。

県情報政策課によると、12日午後4時ごろ、閲覧しづらくなっていることを把握。アクセス障害は、応急的に回線の容量を増やした9時半ごろまで5時間以上続いた。

共同回線は出入り口を1カ所に集約することで、通信履歴を監視してウイルスなどを検知している。各自治体のハザードマップや河川の水位、降雨量などへのアクセスが県内外から集中し、出入り口が詰まって障害が起こったとみられる。

県は12日午後7時ごろ、アクセスしやすいよう画像などを落とし、防災情報を見やすくした緊急用のHPに切り替えた。県内市町村にも同様の対応を求めたという。

小諸市はHPが閲覧しづらくなる前の12日午後、トップページを8月の浅間山小規模噴火後に用意した災害情報に絞った緊急用ページに切り替えたが、それでも一時つながりづらい状態となった。

共同回線の利用料は県と市町村が分担して拠出。容量をどの程度増やすかや費用負担の在り方などは今後協議する。

県と県内77市町村が共同利用する通信回線イメージ

住民 → アクセス → インターネット → 共同利用回線の容量増強 → A市／B町／C村

県内

北陸新幹線の車両基地 3カ所全て浸水想定域

国交省

国土交通省は30日、全国の新幹線車両基地と留置線計28カ所のうち16カ所で、全てか一部がハザードマップなどに示された浸水想定区域内にあると明らかにした。北陸新幹線（長野経由）は、台風19号の影響で浸水した長野新幹線車両センター（長野市）を含む3カ所の関係車両基地全てが浸水想定区域内に含まれる。

北陸新幹線の車両基地は長野のほか、東京新幹線車両センター（東京都北区）、白山総合車両所（石川県白山市）。

JR東日本によると、東京新幹線車両センターは記録的な大雨に見舞われた場合、「0～50センチ」の浸水が見込まれる。同社は長野新幹線車両センターの浸水を踏まえ対応を検討するとしている。

JR西日本によると、白山総合車両所は「千年に1度」の降雨で50センチ～3メートルの浸水が見込まれる。同社は4メートルの盛り土をして対応している。

国交省によると、16カ所の内訳はJR北海道1、JR東日本6、JR東海4、JR西日本3、JR九州2。白山総合車両所のように、盛り土による地盤のかさ上げや、排水ポンプの設置など浸水対策を実施済みの場所もあるという。

長野市のハザードマップでは、長野新幹線車両センターは「100年に1度」の降雨があった場合に5メートル以上、「千年に1度」の降雨の場合に10～20メートルの浸水が見込まれる区域に入っていた。国交省は北陸新幹線の被害を踏まえ、全国の鉄道事業者を対象に浸水対策の現状調査を進めている。

浸水想定区域内の新幹線車両基地

JR東日本
新幹線総合車両センター（宮城県利府町）
秋田車両センター（秋田市）
新庄運転区（山形県新庄市）
東京新幹線車両センター（東京都北区）
新潟新幹線車両センター（新潟市）
長野新幹線車両センター（長野市）

JR北海道
函館新幹線総合車両所（北海道七飯町）

JR西日本
白山総合車両所（石川県白山市）
博多総合車両所岡山支所（岡山市）
博多総合車両所広島支所（広島市）

JR東海
品川引き上げ線（東京都港区）
大井車両基地（東京都品川区）
浜松工場（浜松市）
鳥飼車両基地（大阪府摂津市）

JR九州
熊本総合車両所（熊本市）
川内駅留置線（鹿児島県薩摩川内市）

北陸新幹線

雇用助成の特例 追加措置を決定

厚労省 台風19号被災企業に

厚生労働省は30日、台風19号の影響を受けた14都県に事業所がある企業に対し、休業手当や賃金の一部を補助する「雇用調整助成金」の特例措置として、休業した場合の助成率や支給限度日数を引き上げると発表した。既に支給要件の一部緩和を実施しているが、被害が大きいことから追加措置を決めた。

休業時の助成率については、中小企業は3分の2から5分の4へ、大企業は2分の1から3分の2へ引き上げる。年間の支給限度日数は100日から300日とした。

上田電鉄別所線 被災の一部区間運行

代行バス 国支援検討

国交相「前向きに考える」

台風19号で被災し一部区間で代行バスを運行している上田電鉄別所線（上田市、上田―別所温泉、11・6キロ）に対し、国が運行経費への財政支援を検討していることが30日、分かった。赤羽一嘉国土交通相が同日の衆院国土交通委員会で「国が一定の支援ができないか、前向きに考えていく」と述べた。

赤羽国交相は、上田電鉄をはじめ財政基盤が弱い地方鉄道は「高校生の通学や高齢者の通院の足になっている」と説明。支援の検討について「先延ばしにするつもりはない。省を挙げてしっかりと具体化していく」と明言した。

国交省によると、バスによる代替輸送をしている鉄道事業者への補助制度は今のところない。今後、支援対象の路線や補助割合などを検討する。

別所線では千曲川に架かる鉄橋の一部が崩落。15日から下之郷―別所温泉間で列車運行を再開し、上田―下之郷間は代行バスを走らせている。上田電鉄によると代行バスは地元事業者に委託し、同区間を1日39本運行。必要経費は「1日数十万円」という。代行バスの運行は鉄橋が復旧するまで必要になる見込みで、同社は上田市を通じて国の支援を求めている。

支援制度ができれば、通学者を対象に上田―田中（東御市）間で代替バス輸送をしているしなの鉄道（上田市）も対象になる可能性がある。

市町村被災箇所「県が権限代行を」

台風19号 被災自治体要請

県と県市長会、県町村会は30日、県と市町村の協議の場を県庁で開き、台風19号災害について意見を交わした。佐久市の柳田清二市長は「市管理の橋や農道の破損を、県が権限代行で復旧してもらいたい」と提案。阿部守一知事は「どういうやり方があるか考えないといけない」と検討する姿勢を示した。

柳田市長は佐久市内の道路や側溝、のり面の破損は2516カ所に上るとし、千曲川の県管理部分の被災箇所を国が権限代行制度で復旧することを挙げ、市町村の被災箇所を県が主体となって復旧するよう要請した。

上高井郡小布施町の市村良三町長は、床上浸水したが、半壊以上の被害が出ていないため国や県の支援金を受け取れない世帯に支払われる10万円の災害見舞金について「町単独でも（増額を）考えるが、県も頑張ってほしい」と求めた。

知事は「過去の災害との均衡、財政負担を考えてもこれ以上は難しい部分がある」と説明。全国から寄せられる義援金を「被災者にできるだけ早く配布する」とした。

災害対応について市町村長からさまざまな意見が出た県と市町村の協議の場＝30日、県議会棟

諏訪南行政事務組合も「可能」

災害ごみ受け入れ 県内8団体に

台風19号によって発生した災害ごみの処理が長野市など被災地を抱える施設で追い付いていない問題で、新たに諏訪南行政事務組合（茅野市）が災害ごみの受け入れ可能と県に回答したことが30日、分かった。県は同日、同組合を含む県内8団体から受け入れが可能との回答があったと明らかにした。

県は受け入れの可否を県内17団体に照会していた。9団体は受け入れが難しいか、なお「検討中」と答えたという。

県によると、受け入れ可能としたのは、諏訪南行政事務組合、松塩地区広域施設組合（松本市）、湖周行政事務組合（岡谷市）、上伊那広域連合（伊那市）、北アルプス広域連合（大町市）、穂高広域施設組合（安曇野市）、小諸市、北信保健衛生施設組合（中野市）の8団体。受け入れが難しいとした団体は、主に処理能力に余裕がないことを理由に挙げている。

受け入れられるとした団体も地元住民との協議や施設のメンテナンスなどがあり、受け入れ量や時期は未定。今後、被災自治体が団体側と協議し、委託契約を結ぶ。

長3　総合　2019年（令和元年）10月31日　木曜日　信濃毎日新聞　第三種郵便物認可

ボランティア 足りぬ人手

長野の被災地 減少傾向 目標達成1日のみ

支援活動 東日本各地に分散

台風19号で深刻な浸水被害を受けた長野市北部で、片付けや泥のかき出しなどを支援するボランティアの不足が顕著になっている。県社会福祉協議会によると、今後1カ月間は平日でも千人程度以上の参加があると望ましいとしているが、30日は795人（速報）どまり。9月の台風15号に続き19号、21号が東日本の広い範囲に大きな被害をもたらし、被災地が分散したことが減少の背景にある。人手を求めている被災者に、ボランティアを適切に配置できていない事例もあり、運営上の課題も浮かんでいる。

仮置き場から災害ごみをトラックに積み込むボランティアたち＝30日午後2時半、長野市穂保

長野市でのボランティア参加者数の推移（市社会福祉協議会まとめ）

人 3000 2500 2000 1500 1000 500 0
16日 17 18 19 20 21 22 23 24 25 26 27 28 29 30
※30日は速報

「ボランティアが来てくれて本当にありがたい」。長野市赤沼でリンゴ農家を営む前島満さん(58)は30日、そう感謝した。1階天井近くまで浸水した自宅の片付けは徐々に進み、現在は2階で暮らす。ボランティアには倉庫にあるリンゴ用の木箱の片付けをお願いしたといい「大勢の人に助けてもらって少しずつ片付いている」という。

焦点

市や県などは「One NAGANO（ワンナガノ）」と銘打ち、ボランティアや行政、自衛隊などの連携を重視。早期復旧に向けた戦力の一角に位置付けるボランティアだが、災害現場では「全く足りない」との声が漏れる。

県・長野市の両社協が掲げる平日1500人、休日2500人の受け入れ目標を達成したのは被災後初の日曜日となった20日（3079人）のみ。県社協は「ニュースで浸水の映像が流れていた影響で、当初はたくさん来てもらったが、だんだん減少傾向」とする。

全国社会福祉協議会（東京）の全国ボランティア・市民活動振興センターによると、今年の台風災害で活動するボランティアの数は昨年の西日本豪雨と比べ、あまり変わらないと推定。ただ、ボランティアセンターの設置数は西日本豪雨は約60カ所だったのに対し、今回は岩手県から静岡県まで11都県に立ち上がり計100カ所を超える。担当者は「大きな被災地が各地にあり、ボランティアが分散している状況はあるだろう」とする。

市社協が設けた災害ボランティアセンターを通じて参加したのはセンターが設置された16日以降で延べ約1万5千人。ボランティアの作業現場や拠点は屋外にあり、寒さが増す11月後半から12月にかけては活発な活動が難しくなる。延べ約5万人が必要とみている県社協の災害支援担当の山崎博之さん(39)は焦りを募らせる。「寒くなる前に多くのボランティアに参加してほしい」

運営上の課題 浮き彫り

活動時間の短さやニーズ調整

30日、東京都渋谷区の自営業河野圭介さん(48)は、赤沼で家のくぎを取る作業をしたが、午後3時は帰りのバスが迎えに来た。「時間が短い。せっかく来てるんだからもったいない」

多くのボランティアが漏らす「不満」の一つは、実質的な活動時間の短さだ。

個人が自家用車で訪れる場合、被災地から離れた長野運動公園などの専用駐車場にとめ、市社協がマイクロバスで浸水域近くの柳原総合市民センター（長野市小島）にある「市北部災害ボランティアセンター」へ送る。登録を済ませ、さらに被災地へマイクロバスで行き、そこから被災地帯へたどり着く。作業が始まるのは早くて午前10時ごろだ。

センターによると、駐車場がなく長野駅などからバスで出発した当初は激しい道路渋滞もあり、現場で活動を始めるのが午後1時すぎになる場合もあった。

人の手が欲しい被災者と、センターが差配するボランティアの人数の調整も課題だ。当初は、被災家庭が希望するボランティアの人数や活動内容をセンターに電話するなどして把握していたが、センター側の受け手が被災地の地理をよく知らず手間取った。

現在は地域を歩いてニーズを探る「地域コーディネーター」を増員。その一人、名古屋市の民間非営利団体（NPO）法人の井川定一事務局長(40)は、担当する穂保地区を自転車で巡り、各戸から必要なボランティア人数を聞き取る。井川さんは「センターで活動場所の差配を待つボランティアが滞留してしまいがちだった。今はだいぶ流れつつある」とする。

活動時間を午後3時半までとしていることについて、県社協の山崎さんは「体力や、雨具などの装備が十分でない参加者も少なくない。そうした人が体調を崩したり、『もう来たくない』と思ったりするような活動にしてはいけない」と理解を求める。

災害発生直後から住民の救助や重機を使った土砂撤去などを続けている災害支援NPO代表の吉村誠司さん(54)＝上水内郡信濃町＝は「住民の事情をよく知る地元の人ならニーズ把握も早い。自治会や消防団の力をもっと借りてはどうか」と提案する。

現場作業は、被災直後は水に漬かった家財のごみ出しが中心だった。被災後半月余りが経ち、敷地内にたまった泥だし、泥汚れの掃除などに変化しつつある。市社協の庭山透事務局次長は「これからも必要な作業は変わっていくだろう。被災者のニーズとボランティアの意欲をうまく調整していく役割を心掛けていきたい」としている。

被災地活動 学生を後押し

県内大学 授業出席扱いや派遣企画

県内の大学が、台風19号の被災地でボランティア活動を希望する学生に対し、学生生活への影響に配慮する措置を取っている。長野県立大（長野市）は授業を休んでボランティアに参加した学生を出席扱いとし、松本大（松本市）は学生の派遣を大学として企画。被災者の力になろうとする学生を後押ししている。

災害ごみの片付けを買って出た松本大野球部員らのボランティア＝23日、長野市津野

県立大の「出席扱い」は11月1日までの措置。社会福祉協議会が募集・派遣するボランティアに参加し、活動報告書を大学に提出することなどを条件としている。

きっかけは学生有志7人の署名活動。ボランティアを公欠にすることを求める学生有志が17、18日の2日間で、全学生の約6割にあたる300人ほどの署名を集めた。署名を受け取った大学側が21日に特別措置を決めた。

松本大の派遣制度は、多くの学生がボランティアへ出向いた東日本大震災をきっかけにできた。教職員でつくる地域防災対策委員会がボランティアに参加した学生に証明書を発行。学生は授業を欠席しても、証明書を教員に提出することで不利な扱いを受けないよう配慮される。台風19号の被災地には既に2回派遣しており、今後も31日〜11月22日に計7回派遣する。参加学生延べ205人を募集中だ。

県立大は「地域貢献が県立大の使命。積極的に参加する学生を応援したい」。松本大は「学生の地域での活動や貢献を応援する大学として、配慮が必要だ」としている。

他にも、県内各地にキャンパスを持つ信州大（本部・松本市）は、ボランティアに参加する学生に配慮するよう各学部などに連絡している。

清泉女学院大（長野市）は以前から一定のボランティア活動を単位として認める制度を実施。休校だった17〜22日には大学が学生にボランティアの参加を呼び掛け、延べ141人が参加した。

県看護大（駒ケ根市）は学生からボランティアの希望があれば検討するという。

長野県立大2年で、署名を集めたメンバーの一人の佐藤仁哉さん(22)は仙台市出身。東日本大震災の時は中学1年生で、実家は津波被害には遭わなかったが、国内外から来たボランティアが地元の復旧・復興の力になる様子を見ていた。台風19号のニュースをテレビなどで見て当時の記憶がよみがえり、「今度は自分が力になりたい」と思ったという。

洪水ハザードマップ

最大雨量基準で公表33%

3月末時点 全国市区町村 改定進まず

想定される最大の雨量に合わせた洪水ハザードマップを公表している市区町村が、水防法による義務付け対象自治体の33%（3月末時点）にとどまることが30日、国土交通省の集計で分かった。最大の雨量は「千年に1度レベル」とされ、2015年の同法改正で「数十年から100年に1度レベル」の旧基準に代わるマップ作成基準になった。旧基準での公表は98%に上るが、大規模水害が多発する中、速やかな改定が求められる。

台風19号では、過去最大の24時間降水量を観測した地点が103カ所に上った。関西大の山崎栄一教授（災害法制）は「過去の災害のデータや経験は通用しなくなっている。自治体がマップ作成を進め、住民にリスクを自覚してもらうことが急務だ」と訴えている。

国交省によると、浸水が見込まれる区域がありマップ公表が義務付けられた市区町村は全国1347、長野県内55。うち旧基準では県内の55市町村を含め1323市区町村（98%）が公表済みで、現行基準に合わせて改定済みなのは447市区町村（33%）だった。県内では、上田市、飯山市、須坂市、中野市、埴科郡坂城町、上高井郡小布施町、下水内郡栄村、上伊那郡辰野町、同郡宮田村が改定している。

第三種郵便物認可 信濃毎日新聞 2019年(令和元年) 10月31日 木曜日 中南 地域 20

北信

長野市 台風対応47億円超
生活支援や仮設校舎設置
専決補正予算

台風19号の復旧・復興を巡り、長野市が30日に決めた総額47億7千万円の本年度一般会計10月専決補正予算は、被災者の生活支援や被災小・中学校の仮設校舎設置など「迅速な対応が求められる」（財政課）内容を盛った。一方、被災地から大量に排出されている被災ごみの処理経費などについては12月補正予算案の市議会提出を視野に検討中。台風関連予算の増大は避けられない状況だ。【1面参照】

排水機場の復旧や応急仮設住宅建設・借り上げ以外では、国の被災者生活再建支援制度の対象にならない「半壊」の住宅にも最大50万円の支援金を支給する費用が10億3千万円。県が初適用する「信州被災者生活再建支援制度」で市と県が経費を折半する。

長沼小学校や東北、松代、豊野各中学校の計4校について、浸水した1階部分にあった職員室や保健室などの機能を仮設施設に移す費用に2億9千万円を充てる。

企業会計の補正では、水道事業会計1億2千万円、下水道事業会計1億2千万円も計上した。それぞれ、配水池の停電対応や非常用発電機を設置したりマンホール内にたまった汚水を除去したりする。

市はこれまでに今回の補正予算とは別に、避難所運営経費などで約9800万円を予備費から支出した。

長野市の専決補正予算の概要(一般会計)

項目	金額
被災者の生活支援	
・応急仮設住宅建設・借り上げ	13億
・被災者生活再建支援金など	10億3000万
・生活必需品・学用品	1億4000万
公共施設の応急復旧	
・小・中学校の仮設校舎設置	2億9000万
・市豊野支所機能仮復旧	2000万
内水氾濫の予防	
・排水機場などの復旧	19億9000万
合計	47億7000万(円)

北信の林業拠点 復旧急ぐ
長野の「木材センター」 販売は再開

台風19号による千曲川の堤防決壊で、長野市穂保の県森林組合連合会北信木材センターが浸水被害を受けた。センターはスギやカラマツなどの丸太を集荷して販売。販売は再開しているが、自動で丸太の太さを選別して仕分けする機械が浸水で故障しているため、作業効率が悪い状態という。

センターの小池淳所長によると、事務所は1階部分が高さ60センチほど浸水。敷地に積んであった計約5千立方メートルの丸太は散乱し、水が引いた後には20センチほどの泥が残った。浸水した丸太は泥を落とし合板材として販売できる。

センターは14日から復旧作業を開始。国道18号に流れた丸太もあったが、ほぼ回収を終えた。ただ、敷地内にはまだ泥が残り、重機で取り除いたり、事務所の床を修復したりする作業を続けている。30日は、2019ミス日本みどりの女神の藤本麗華さん(26)＝東京都出身＝がセンターを訪れ職員を激励した。小池所長は「一日も早く通常の状態に戻し、地域の林業を盛り上げていきたい」と話していた。

浸水被害を受け、泥が付いた北信木材センターの丸太

松代のまちづくりの参考に
福井の宿場町に学ぶ講演会開催

長野市松代地区の住民らでつくる松代中心市街地活性化協議会と長野商工会議所松代支部は30日、まちづくり講演会を市内で開いた。住民ら約50人が福井県若狭町の重要伝統的建造物群保存地区「熊川宿」の住民が取り組む防災などについて聴いた。

松代地区の一部は台風19号の被害に遭っており、講演会の延期も検討したが、同地区への観光客が減っている状況を踏まえ「元気な松代を取り戻したい」と開催した。

熊川宿は、江戸時代から若狭と京都を結ぶ街道の宿場町として発展してきた。講演した若狭熊川宿まちづくり特別委員会の宮本哲男会長(66)は「住宅が密集し、昔から火災が多かった」とし、25歳以上の住民全員が自主防災会に加わっていると述べた。

松代中心市街地活性化協議会の香山篤美会長(71)は「計画的に防災意識を高めることは大切だと感じた。松代のまちづくりの参考にしていきたい」と話していた。

講演会で熊川宿の防災対策を聴く地域住民ら

東信

台風19号 千曲川増水で陥没
田中橋(東御) 復旧 年明け以降
上田の内村橋はめど立たず

台風19号による千曲川の増水で陥没した県管理の田中橋（東御市）の復旧が年明け以降となる見通しであることが30日、県上田建設事務所（上田市）への取材で分かった。同事務所は「本格的な復旧までの期間を短縮したい」として仮復旧は省略して工事を急ぐ方針。路面の沈み込みが見つかり、通行止めになった県管理の内村橋（上田市）は調査が済んでおらず、復旧のめどは立っていない。

橋の取り付け部分が陥没して通行止めになっている田中橋＝30日午後2時37分、東御市田中

田中橋は上田市丸子地域方面と東御市方面を結ぶ丸子東部インター線、内村橋は丸子中心部と鹿教湯温泉方面を結ぶ県道荻窪丸子線にある。利用者は別の道路へ迂回し、迂回先が渋滞するといった影響が出ている。

同建設事務所整備課によると、田中橋は増水でえぐられた右岸橋台の周辺にコンクリートブロックで護岸を設ける作業に既に着手。護岸完成後に陥没部分を埋め、表面を舗装して本格復旧する。陥没は橋手前の道路部分で、橋そのものは「問題なく使える」（同課）という。工事が大規模で年内復旧は難しい。

内村橋は橋脚たもとの調査が終わらず橋への影響が把握できていない。内村橋に近い直売所「あさつゆ」の女性スタッフは「生産者の搬入や常連客の来店にも影響している。早期復旧を期待したい」と話していた。

25日から通行止めになった内村橋。丸子地域の中心部と鹿教湯方面を結ぶ

大屋
しなの鉄道
依田川
千曲川
田中橋
上田市
東御市
内村川
内村橋
丸子地域自治センター

地図サイト 情報発信に一役
小諸市 通行止め箇所など発信

小諸市が独自に運用するウェブサイト「小諸もろもろマップ」が、台風19号に関する情報発信に一役買っている。観光名所や医療機関などの場所がグーグルマップ上に示され、誰でも自由に見られるサイト。市は今回、通行止め箇所や停電世帯向けの入浴施設などの場所を次々に追加した。市企画課によると、台風が最接近した12日の午後10時には平時の約300倍のアクセスがあったという。

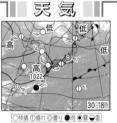

マップは眺望、文化財、選挙の投票所など28種類の地図がある。通行止め箇所は「事故・災害関連ニュース」の地図上に赤い印で表示。印をクリックすると吹き出しが表示され、投稿者や投稿日時、通行止めの理由などを知ることができる。市は今回、公式ツイッターからも同マップへの閲覧を誘導した。

アクセス数は12日午後7時から急増し、以降の数日間は日中で平時の約100倍だった。視覚的に分かりやすく、同課は「災害時は特に有用だと分かった」とする。

同課によると、通学路の危険箇所や避難所の紹介の他、消火栓や防火水槽の位置情報は消防団の円滑な消火活動に役立っている。同課の担当者は「マップの存在や活用法の周知により力を入れたい」と話した。

小諸もろもろマップは2016年から運用し、維持管理費は年間50万円。

小諸もろもろマップ内の「事故・災害関連ニュース」の地図。通行止めの場所などを赤い印で表示している

「台風19号のはなしをしよう」
上田の商店街に寄せ書きコーナー

台風19号のはなしをしよう―。上田市海野町商店街の市民連携拠点施設「まちなかキャンバスうえだ」の入口に大きな模造紙があり、市内にもたらされた被害について、利用者が心境や災害対策への提案を寄せ書きし、これまでに100件以上集まった。

同施設は、市内の大学や市民が連携して講座などを開き交流する場所。被災後の15日ごろ「利用者に元気がない」と感じた学生でコーディネーターの小林成子さんが「気持ちを吐き出すきっかけに」と模造紙とペンを用意し、「いまきもち」「次も続けたほうがいいこと」「次からこうした方がいいこと」のくくりで書いてもらうようにした。

「実際に落ちた(別所線の)橋見ると悲しい」、「ショッキングな映像を見すぎて苦しい」といった心境をつづる人、「移住者や外国人が多い上田だからこそ地名に振り仮名をつけないと、地名が読めない」「学校で防災を学ぶようにするべき」といった避難や防災上の提言もある。

小林さんらはもうしばらく寄せ書きを続け文書化して市へ届ける考え。「生かせるものは生かしてほしい」と話している。

まちなかキャンバスうえだに置かれている台風19号の寄せ書き

天気

地域	地点	きょう 最高気温/最低気温	降水確率	あす 最高/最低
北信	長野市	20/8	0	21/7
	飯山市	20/6	0	20/6
	信濃町	17/5	0	17/3
	志賀高原	11/2	10	10/3
	中野市	20/6	10	20/4
	須坂市	21/6	0	20/5
	千曲市	21/6	0	22/5
東信	上田市	22/8	0	22/6
	東御市	21/6	0	21/4
	小諸市	20/6	0	20/5
	軽井沢町	16/4	0	18/4
	佐久市	20/7	0	21/4
	小海町	18/6	0	18/6
	川上村	16/5	0	17/3
中信	白馬村	19/5	0	18/4
	大町市	18/5	0	19/5
	池田町	20/6	10	20/6
	木曽町	19/6	0	20/5
	開田高原	15/2	0	14/0
	南木曽町	21/6	0	19/5

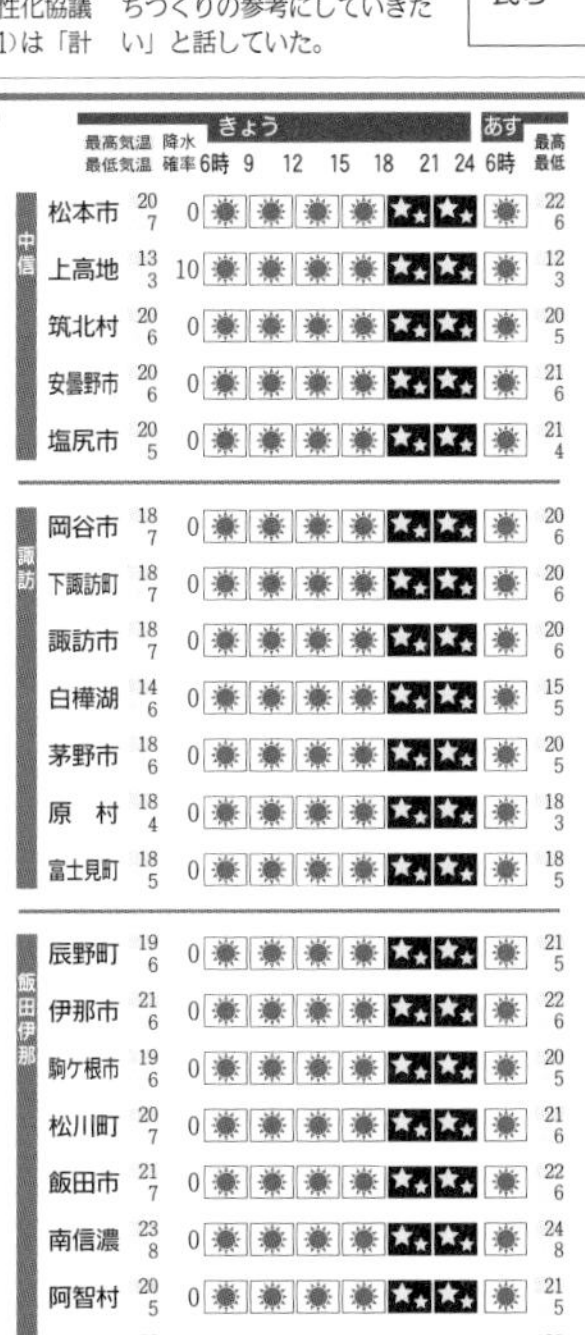

地域	地点	きょう 最高気温/最低気温	降水確率	あす 最高/最低
中信	松本市	20/7	0	22/6
	上高地	13/3	10	12/3
	筑北村	20/6	0	20/5
	安曇野市	20/6	0	21/6
	塩尻市	20/5	0	21/4
諏訪	岡谷市	18/7	0	20/6
	下諏訪町	18/7	0	20/6
	諏訪市	18/7	0	20/6
	白樺湖	14/6	0	15/5
	茅野市	18/6	0	20/5
	原村	18/4	0	18/3
	富士見町	18/5	0	18/5
飯田伊那	辰野町	19/6	0	21/5
	伊那市	21/6	0	22/6
	駒ケ根市	19/6	0	20/5
	松川町	20/7	0	21/6
	飯田市	21/7	0	22/6
	南信濃	23/8	0	24/8
	阿智村	20/5	0	21/5
	阿南町	21/6	0	22/6

○快晴 ◐晴れ ◎曇り ●雨 ◉霧 ◒雷

本州付近は帯状の高気圧に広く覆われる。県内は一日を通して晴れる。午前中は濃い霧の発生する所があるため、車の運転などは注意。最高気温は平年より高く、日中は過ごしやすい。

（日本気象協会長野支店）

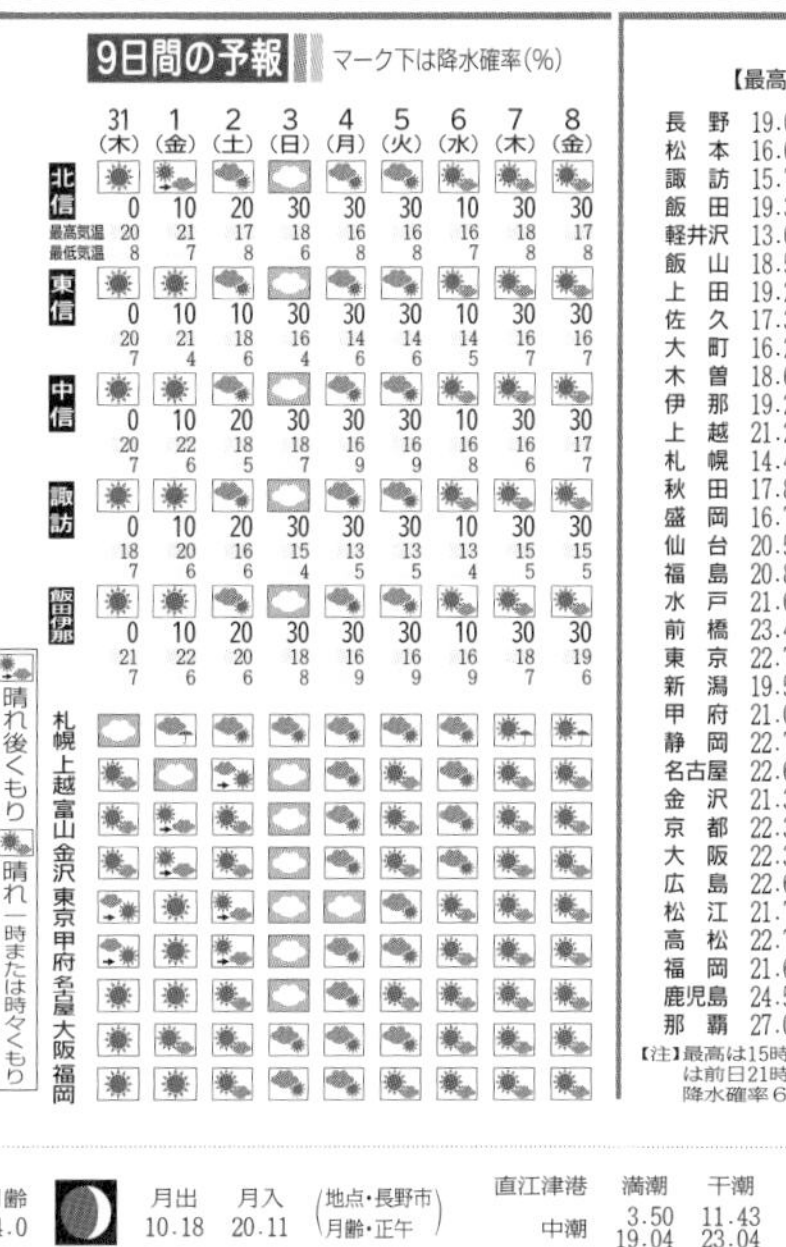

9日間の予報 マーク下は降水確率(%)

地域		31(木)	1(金)	2(土)	3(日)	4(月)	5(火)	6(水)	7(木)	8(金)
北信	降水確率	0	10	20	30	30	30	10	30	30
	最高気温	20	21	17	18	16	16	16	18	17
	最低気温	8	7	8	6	8	8	7	8	8
東信	降水確率	0	10	10	30	30	30	10	30	30
	最高気温	20	21	18	16	14	14	14	16	16
	最低気温	7	4	6	4	6	6	5	7	7
中信	降水確率	0	10	20	30	30	30	10	30	30
	最高気温	20	22	18	18	16	16	16	16	17
	最低気温	7	6	5	7	9	9	8	6	7
諏訪	降水確率	0	10	20	30	30	30	10	30	30
	最高気温	18	20	16	15	13	13	13	15	15
	最低気温	7	6	6	4	5	5	4	5	5
飯田伊那	降水確率	0	10	20	30	30	30	10	30	30
	最高気温	21	22	20	18	16	16	16	18	19
	最低気温	7	6	6	8	9	9	9	7	6

札幌 上越 富山 金沢 東京 甲府 名古屋 大阪 福岡

晴れ後くもり　晴れ一時または時々くもり

30日の気温

地点	【最高】	平年差	【最低】	平年差	湿度	きょうの降水確率
長野	19.0	2.6	10.5	4.3	62	
松本	16.6	▼0.3	8.2	3.2	61	
諏訪	15.7	0.0	8.6	3.3	66	
飯田	19.3	1.6	9.6	2.8	56	
軽井沢	13.6	▼0.1	4.6	2.5	82	
飯山	18.5	2.1	10.5	5.3		
上田	19.2	2.0	9.9	4.5		
佐久	17.3	1.1	8.0	4.3		
大町	16.2	1.4	6.7	3.3		
木曽	18.6	1.8	7.9	4.1		
伊那	19.2	2.5	8.9	4.8		
上越	21.2	2.7	10.6	2.1	56	0
札幌	14.4	1.4	9.9	5.2	45	10
秋田	17.8	2.2	13.1	6.0	54	20
盛岡	16.7	2.2	11.5	7.2	50	10
仙台	20.5	3.7	10.2	2.0	52	0
福島	20.8	3.3	11.4	3.6	58	0
水戸	21.6	2.9	10.8	2.2	60	10
前橋	23.4	4.5	11.0	1.5	38	0
東京	22.7	3.4	12.1	0.7	55	10
新潟	19.5	1.9	13.7	4.1	61	10
甲府	21.0	1.6	11.7	2.7	53	10
静岡	22.7	1.6	11.9	▼0.4	62	0
名古屋	22.6	2.4	12.0	0.9	52	0
金沢	21.3	2.6	14.5	4.0	37	10
京都	22.3	2.1	13.1	2.4	39	0
大阪	22.3	1.5	14.2	1.5	49	0
広島	22.6	2.0	12.1	0.8	40	0
松江	21.7	2.5	14.2	4.2	59	0
高松	22.7	2.5	12.1	0.8	49	0
福岡	21.6	0.7	15.9	3.1	56	0
鹿児島	24.5	1.6	14.6	▼0.1	47	0
那覇	27.0	0.6	23.6	2.0	63	20

【注】最高は15時まで、最低は9時まで（県外最低は前日21時から）。平年差▼低。湿度は15時。降水確率6～12時

1日のこよみ 旧暦10月5日 友引

日出	日入	月齢	月出	月入
6.10	16.51	4.0	10.18	20.11

（地点・長野市 月齢・正午）

港	潮	満潮	干潮
直江津港	中潮	3.50 / 19.04	11.43 / 23.04
名古屋港	中潮	8.43 / 19.47	2.00 / 14.14

被災地を歩く　長野市篠ノ井地区　30日

浸水被害の爪痕 今もはっきり

台風19号の記録的な大雨で千曲川の水が堤防を越えてあふれた長野市南部の篠ノ井地区。被害の爪痕は今もはっきり残り、災害ごみの仮置き場は持ち込まれた家財や家具などが一面に広がっていた。

千曲川から直線で2キロほど離れた篠ノ井塩崎には、災害ごみの仮置き場になっている篠ノ井運動場がある。30日も使えなくなった家財などを積んだ軽トラックが次々と到着。荷台のごみを分別して運ぶボランティアに、軽トラの女性は「ありがとうございます」と頭を下げた。

篠ノ井地区は448世帯が床上浸水し、937世帯が床下浸水。篠ノ井二ツ柳の作見地区は58世帯全てが浸水したと聞き、区長の月岡英昭さん(68)を訪ねた。

12日夜、堤防の越水を確認した月岡さんは作見公民館へ急ぎ、区役員らと畳48枚を長机の上に移した。公民館は3センチほど床上浸水したが、畳は無事。「昔から地域の結束が強く、日々のつながりがものを言う」。月岡さんはそう振り返る。

篠ノ井塩崎の小林和子さん(78)の築50年の自宅も床上浸水。一時避難した弟の家から戻った。今は2階で生活している。「古いけれど、やっぱり家は落ち着く」

崩れた千曲川の堤防の斜面にはブルーシートが掛けられ、線路の下をくぐる道路(アンダーパス)には泥が厚くたまったままだった。

(文・実延達郎、写真・有賀史)

災害ごみ 一面に

災害ごみが山積みになった市指定の仮置き場＝30日午前10時8分、長野市篠ノ井塩崎の篠ノ井運動場

市指定の災害ごみ仮置き場で仕分け作業をするボランティア。「思った以上のごみの多さと、臭いがものすごい」と話した＝30日午後2時21分、篠ノ井運動場

収穫前に浸水被害にあった田を見つめる持ち主の西沢忠さん(65)。「稲穂まで水に漬かったからもう食べられない。1年の苦労が水の泡だ」＝30日午前11時48分、長野市篠ノ井二ツ柳

アンダーパスでは膝上の高さにまでたまった泥をバキュームカーと重機で取り除く作業が行われ、作業員は「復旧のめどは立っていない」＝30日午前8時43分、長野市篠ノ井塩崎

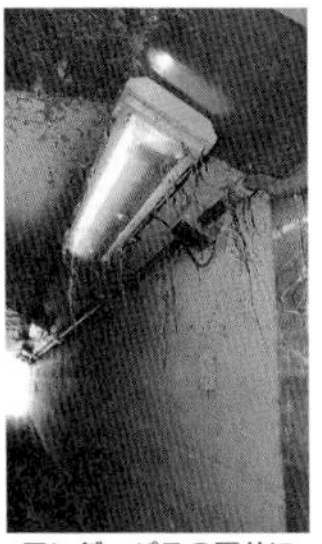

アンダーパスの天井に設置した照明には流れ着いたごみが絡みつく＝30日午前8時37分、長野市篠ノ井塩崎

思い出見つめて

床上浸水した小林和子さん(78)の自宅は畳や床板をはがし扇風機で床下を乾かしている。傍らで以前に亡くなった夫との記念写真を見つめていた＝30日午後3時49分、長野市篠ノ井塩崎

床板をはがし、消毒の消石灰で真っ白になった作見公民館。11月20日頃には乾燥を終え床板を張りたいという＝30日午前11時20分、長野市篠ノ井二ツ柳

崩れた堤防の斜面にはビニールシートが掛けられたままになっている＝30日午前9時3分、長野市篠ノ井塩崎

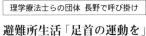

防げ エコノミークラス症候群

理学療法士らの団体 長野で呼び掛け

避難所生活「足首の運動を」

台風19号で千曲川の堤防が決壊し、広範囲の浸水被害を受けた長野市で、理学療法士らでつくる団体が、避難者がエコノミークラス症候群になるのを防ぐ活動を行っている。同市では現在も高齢者を中心に数百人が避難所に身を寄せており、「足首を動かすなど継続的に運動してほしい」と呼び掛けている。

団体は、理学療法士やリハビリテーション科の医師らで構成される大規模災害リハビリテーション支援関連団体協議会(JRAT)。17日から活動を開始し、避難所で高齢者らへの個別の運動指導や、ラジオ体操などを実施している。JRATが長野で活動するのは今回が初めてという。

エコノミークラス症候群は、狭い環境で長時間同じ姿勢を続けることで足の静脈に血栓が生じ、肺に詰まって呼吸困難などに陥る病気。JRATで活動する松本協立病院(松本市)の理学療法士、三浦一望さん(46)は、避難所では水分を控える高齢者もいるため、水分不足で血栓ができやすくなると指摘。ふくらはぎに痛みや熱、腫れなどの症状があれば同症候群の疑いがあり、救急外来を受診するよう呼び掛ける。

同症候群予防のために効果的なのは足首の運動。JRATは、1時間に1度、20〜30回行うことを推奨している。避難所でJRATが行うラジオ体操には高齢者が次々参加。男性(76)は「筋肉を伸ばすと気持ちが良い。自分のためだから毎日やらなきゃ」と笑顔を見せた。

メンバーで佐久市立国保浅間総合病院の神津哲也さんは、避難所では今後の生活に対する不安や心配が先立ち、身体の動きが少なくなる高齢者もいると指摘。今後も活動を続け、「突然の災害に対応できるよう、体制を整えていきたい」と話した。

長野市保健所に設置されたJRAT本部でミーティングするメンバー＝22日(長野JRAT本部提供)

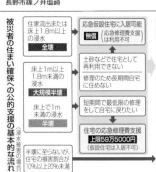

被災者の住まい確保への公的支援の基本的な流れ(浸水被害の場合)

- 住家流出または床上1.8m以上の浸水 → **全壊**
- 床上1m以上1.8m未満の浸水 → **大規模半壊**
- 床上で1m未満の浸水 → **半壊**

全壊・大規模半壊・半壊で：
- 土砂などで住宅として再利用できない／修理のため長期間自宅に住めない → 応急仮設住宅に入居可能【無償】(応急修理費支援は利用不可)
- 短期間で最低限の修理をして自宅に戻りたい → 住宅の応急修理費支援 上限59万5000円(仮設住宅は入居不可)

全壊と大規模半壊は国の被災者生活再建支援制度
- 全壊 最大300万円、大規模半壊 最大250万円

半壊は県と市町村による「信州被災者生活再建支援制度」(最大50万円)を利用可能

- 半壊に至らないが、住宅の損害割合が10%以上20%未満 → 住宅の応急修理費支援 上限30万円

全国で依然8人不明

台風19号の被害は、共同通信の集計で30日までに、死者は13都県87人(災害関連死含む)、行方不明者は8人に上る。同日現在、内閣府によると、低気圧の影響などによる千葉県や福島県での豪雨もあり、3621人が避難所での生活を余儀なくされている。

総務省消防庁によると、確認された住宅被害は8万棟余り。内訳は全壊が16都県4700棟、一部損壊が27都道府県5230棟。床上浸水は17都県3万4548棟、床下浸水は21都県3万7803棟。

厚生労働省によると、3県2982戸で断水している。

台風19号による県内の避難所・避難者数

※30日午前8時時点、県災害対策本部まとめ(避難所はホテルなど含む)

市町村	避難所	避難者数
長野市	14	769
千曲市	1	6
中野市	1	2
須坂市	1	136
合計	17	913

台風19号による県内の人的被害

(30日午前8時時点、県災害対策本部まとめ)

市町村	死亡	重傷	軽傷	計
長野市	2	2	86	90
上田市		1	5	6
須坂市			6	6
中野市		1	1	2
飯山市		1	4	5
佐久市	1		18	19
千曲市			5	5
東御市	1		1	2
川上村		1		1
佐久穂町			2	2
軽井沢町			1	1
箕輪町			1	1
坂城町		1	1	2
合計	4	7	131	142

(注)不明者は佐久市で1人

台風19号による県内の住宅被害

(30日午前8時時点、県災害対策本部まとめ)

市町村	全壊	半壊	一部損壊	床上浸水	床下浸水	計(世帯)
長野市	786	797	502	1722	1279	5086
松本市			4		2	6
上田市	1		106	31	99	237
岡谷市			4			4
須坂市	1	188	83			272
中野市			3	82	37	122
飯山市		167	331			498
佐久市	7			130	874	1011
千曲市				475	1202	1677
東御市			3	1	4	8
小海町				4	5	9
川上村					4	4
南牧村			1		2	3
南相木村		1		1	6	8
北相木村	2	1		2	9	14
佐久穂町				49	58	107
軽井沢町	2	3	4			9
立科町				4	31	35
青木村					1	1
長和町					25	25
辰野町		2	31			33
箕輪町			6			6
飯島町			1			1
南箕輪村			1			1
麻績村					3	3
筑北村					4	4
坂城町		1	33			34
小布施町				31	28	59
高山村					1	1
木島平村			1			1
野沢温泉村				10	10	20
信濃町		1	4		4	9
飯綱町			4			4
栄村				2	2	4
合計	799	1161	1122	2544	3690	9316

長 27　第一社会　6版　2019年（令和元年）10月31日　木曜日　信濃毎日新聞　新聞定価1ヵ月3,400円（うち消費税 251円）1部150円（消費税込み）　第三種郵便物認可

長野・長沼 家や畑が被災

千曲川氾濫から半月余りたった30日。リンゴの里として知られる長野市長沼地区にはなお、濁流に流された軽トラが転がり、水に漬かったまま手つかずの畑が点在していた。多くの農家は自宅も被災。廃業を考える人、再起を期す人、どちらに進むべきか迷う人それぞれに、苦しい実りの季節を迎えている。

背丈より高くにあるリンゴも水に漬かった畑を見て回る田中宏樹さん（右）と克樹さん＝30日午後3時53分、長野市赤沼（梅田拓朗撮影）

「リンゴの里」岐路の農家

廃業か再起か 尽きぬ不安

ルポ 千曲川氾濫

荒れ果てたままのリンゴ畑＝30日午後4時57分、長野市津野（林克樹撮影）

「もう歳だし、後継ぎもいない。やめるしかないかな」。同市穂保に訪ねた米沢孝典さん(81)は、家の片付けをしながら漏らした。自宅隣などの畑約60㌃が泥や砂に埋もれてしまった。

長沼村史によると、大町、穂保、津野、赤沼からなる長沼地区は、たび重なる千曲川の氾濫で養蚕地帯からリンゴ産地へと変わった。出荷戸数などは「データが水没したこともあり、分からない」（ながの農協）が、アップルラインと称される国道18号沿いはリンゴ畑や直売所の風景が続く。

2代目の米沢さんにとっても、60年以上手を掛けてきた畑は「子どものような存在」。水害や落果に見舞われたこともあるが、「うちのリンゴを待ってくれている人がいる」と乗り越えてきた。しかし、今回は自宅も浸水し、その対応で手いっぱい。家の中を片付けていると、群馬県の取引客から携帯電話に連絡があった。「おいしいリンゴを送ってあげたかった。すみません」。申し訳なさそうに下を向いた。

同市赤沼の田中宏樹さん(28)も、割れたリンゴの実を目の前に途方に暮れていた。それでも、「この地域の基盤はリンゴ。何とか頑張って続けたい」と話す。

東京都内で会社員をしていた5年前、父が病に倒れ、双子の弟克樹さん(28)と跡を継いだ。収穫や枝切りの手伝いくらいしかしたことがなく、苦労の連続。先輩農家から技術を教わり、経験を積んだ。「教わった技術で目標の良いリンゴを作らないと。次の代にもつなげたい」と前を向く。

一方、田中さんの幼なじみで近くの滝沢慶祐さん(29)は、リンゴ栽培を続けるかどうか「正直、迷っている」と明かした。

実家はアップルライン沿いでリンゴ直売所と農園を経営。父の勤さん(60)が代表を務める。滝沢さんは専門学校を卒業後、市内の製造業に勤め、脱サラして4年前に手伝いだした。だが、今回の氾濫で薬剤噴霧車や高所作業車などが全て水没。損害は総額1千万円近くになる。

勤さんは店と栽培を続けるつもりだが、滝沢さんは「堤防は強化されるのか」「農機具の補償はあるのか」と不安が尽きない。8月に次女が生まれ、家計を支えなければという思いの一方で、「これからも続けるよ」とは簡単には言い出せない。

この地域で育ってきた田中さん、滝沢さんにとって、一帯に広がるリンゴ畑の風景が変わってほしくないという気持ちは人一倍強い。ただ、被害の重さがのしかかる。「色づき良かったんだけどな」。田中さんは30日、自宅前の畑で11月に出荷を始める予定だったふじを手に取った。白く乾いた泥が付いていた。

（河井政人、森優斗）

豊野駅
長野新幹線車両センター
赤沼
千曲川
浅川
アップルライン
津野
小布施町
須坂市
堤防決壊
長野市
穂保
大町
長野市が確認した浸水区域
（国土地理院のデータを基に作成）

籠池夫妻に懲役7年求刑

大阪地裁 森友学園補助金詐取

国や大阪府、大阪市の補助金計約1億7千万円をだまし取ったとして詐欺などの罪に問われた学校法人「森友学園」の前理事長籠池泰典（本名・康博）被告(66)と妻諄子（本名・真美）被告(62)の論告求刑公判が30日、大阪地裁（野口卓志裁判長）で開かれ、検察側は両被告にいずれも懲役7年を求刑した。

弁護側は改めて両被告の無罪を主張し結審。判決は来年2月19日に言い渡される。

検察側は論告で、両被告が国の補助金申請を代行した小学校の設計業者に対し「多めにもらいといて。国からぼったくって」などと指示しており「詐欺を主導したのは明らかだ」と指摘。「税金で賄われるさまざまな補助金をほしいままにむさぼった」と批判し「あたかも権力の被害者のごとき発言に終始し、反省が欠如している」と述べた。

最終弁論で泰典被告の弁護人は「国の補助金申請は設計業者が行い、金額の算定や契約書の作成などの中核部分は全て設計業者が主導した」と強調。「検察が籠池夫妻を訴追する目的で、業者を逮捕せずに司法取引をした疑いがある」などとして無罪を主張した。諄子被告の弁護人は「（国などと）対応したのは泰典被告で、諄子被告は関与していない」などと共謀を否定した。

最終意見陳述もあり、泰典被告は「金もうけをしようと考えたことはない」。諄子被告は「口封じのために拘置所に入れられ、この国は冤罪だらけ。私は無実」と訴えた。

あんずちゃん ◀田中しょう▶

機長を不起訴

県内4人死亡 北ア小型機墜落

富山地検

富山県の北アルプス山中で2017年6月、小型機が墜落して搭乗していた長野県内の4人全員が死亡した事故を巡り、業務上過失致死などの容疑で容疑者死亡のまま書類送検された木下孝雄機長＝当時(57)、松本市＝を富山地検が不起訴としたことが30日分かった。28日付。

木下機長は17年6月3日午後、視界不良などの危険があったのに飛行を決め、富山空港から松本空港に向かう途中で獅子岳（2714㍍）の山頂付近に衝突。同乗の3人を死亡させたとして今年5月、業務上過失致死と航空危険行為処罰法違反の容疑で県警に書類送検されていた。

県警によると、現場の上空付近は当時、雲に覆われており、視界不良に陥ったほか、機体に付着した氷の影響で高度の維持が難しかった可能性が確認されたが、乗員全員が死亡。過失の有無を特定するのは困難だったとみられる。

新中央航空（茨城県）社員の木下機長と会社員の小口英児さん＝当時(48)、岡谷市＝は即死状態。ともに小口さんの同僚の樋口和樹さん＝同(22)、諏訪郡富士見町＝と河西勝基さん＝同(21)、同郡下諏訪町＝は事故後2～5時間後に死亡した。

運輸安全委員会は18年8月、目視での飛行中に周囲を雲に覆われた「雲中飛行」となり、雲の切れ間を探して旋回を繰り返した後、獅子岳山頂付近にぶつかった―とする報告書を公表した。

急加速防止装置 購入補助へ

政府検討 踏み間違い対策

高齢運転時代

アクセルとブレーキの踏み間違いによる高齢ドライバーの交通事故を防ぐため、自動車に後から取り付けられる安全装置の購入補助を政府が検討していることが30日分かった。対象となる年齢や製品、補助の上限額などを詰め、2019年度補正予算に盛り込む方向だ。

安全装置は急なアクセル操作を検知し、主に駐車場での急発進と衝突を防ぐ仕組み。既存の車両に装着できる製品は取り付けの工賃と合わせて4万～10万円程度で購入できる。

補助は一定年齢以上の高齢者を対象とし、国の性能認定制度に適合した製品に限ることを想定する。市販品の増加を見据え、精度の高い製品の普及を後押しする狙いもある。性能認定は国土交通省がメーカーなどの申請を受け付けており、12月中旬に結果を公表する。

同様の補助は東京都が7月から実施。原則70歳以上を対象に、10万円を上限に購入費の9割を支援している。

高齢ドライバーの事故防止策では、歩行者を検知する自動ブレーキの新車への搭載を義務付けることも国交省が検討している。

性別不明遺体 富士山で発見

動画のライブ配信中に滑落か

30日午後1時45分ごろ、富士山須走口の7合目付近（標高約3千㍍）で、静岡県警の山岳遭難救助隊が性別不明の遺体を見つけた。御殿場署は、28日にインターネットで動画をライブ配信しながら登山をしていた男性の可能性があるとみて、身元などを調べている。

同署によると、男性が利用していたのは「ニコニコ生放送」という動画配信サービス。動画には男性が滑落する様子も写っており、視聴した人から28日午後3時35分ごろに110番があった。

県警は同日からヘリコプターを出動させるなどして捜索を続けていた。30日、山岳遭難救助隊が山頂からの滑落痕をたどり、山小屋から南に約800㍍の地点で発見した。富士山は閉山期間中だった。

高原調

○…県内外の作家5人による独創的な作品の展示会が30日、安曇野市豊科近代美術館で始まった＝写真。和紙や漆を素材に使った作品や日本画、インスタレーション（空間芸術）など約100点が並ぶ。11月4日まで。

○…関節や骨の疾患で車椅子生活を送る同市穂高のカミジョウミカさん(42)は、夢で見た光景を廃材や身の回りの材料で表現。服用する薬の包装シートを回虫に見立てて隙間なく貼り付けた作品や、色彩豊かにアメーバを描いた作品などが目を引く。

○…「人に喜んでもらえることが制作の原動力」とカミジョウさん。「くすっと笑ってもらえるとうれしい」

朝ドラヒロインに杉咲花さん

来秋から放送「おちょやん」

NHK大阪放送局は30日、2020年秋に放送開始する連続テレビ小説を、「松竹新喜劇」などで活躍した女優浪花千栄子の半生がモデルの「おちょやん」にすると発表した。ヒロインは女優杉咲花さん(22)が務める。脚本はドラマ「半沢直樹」などを手掛けた八津弘幸さんが担当。「おちょやん」は、茶屋などで奉公する少女を指す大阪言葉だという。

1 第49335号 【明治25年3月15日第三種郵便物認可】 信濃毎日新聞 2019年(令和元年) 11月1日 金曜日 日刊 9版★

1873年(明治6年)創刊
発行所 信濃毎日新聞社
長野本社 〒380-8546 長野市南県町657番地 電話(026) 受付236-3000 編集236-3111 販売236-3310 広告236-3333
松本本社 〒390-8585 松本市中央2丁目20番2号 電話(0263) 代表32-1200 報道32-2830 販売32-2850 広告32-2860

2019年(令和元年)
11月1日
金曜日

県、復旧対策に126億円

専決処分額 平成以降2番目

応急仮設住宅 350戸

台風19号

県は31日、台風19号被害からの復旧の関連経費として総額126億1100万円を計上した2019年度一般会計補正予算を専決処分した。1989（平成元）年以降、95年に県北部を襲った集中豪雨災害に次いで専決処分額は2番目の規模。阿部守一知事は記者会見し「復旧・復興に向けては、さらなる予算措置が必要になる。工夫を凝らし、被災者をしっかり支援していく」と述べた。

専決処分の内訳は、被災者支援に46億300万円、道路や河川などの復旧に向けた公共事業に80億800万円。

被災者支援は、災害救助法が適用された県内43市町村に対し、県が国負担金を含めて市町村に事業費を支出する。

応急仮設住宅は、長野市内で民間賃貸住宅を無償提供する「借り上げ型」（150戸）と新規設置の「建設型」（同）を合わせて300戸分、他市町村に50戸分を盛った。被災住宅の応急修理は、同法適用市町村のほか、適用外の上水内郡信濃町と上伊那郡箕輪町が行う事業も対象とする。

市町村の罹災証明の診断で半壊とされた世帯に対して県独自に最大50万円を支給する「信州被災者生活再建支援制度」は計2400世帯分を見込んだ。床上浸水被害が軽微なため国や同制度の支援金が支払われない世帯には、市町村とともに災害見舞金10万円を支給する。

公共事業は、被災した道路や河川、砂防施設の応急対策工事や、本格復旧に向けた調査・設計を実施する。堤防が決壊した飯山市の皿川、佐久市の志賀川などの復旧を進める。

財源は地方交付税や国庫支出金のほか、財政調整基金などからの繰入金44億4600万円、18年度からの繰越金22億1100万円、県債（借金）20億1500万円を充てる。専決処分後の19年度一般会計予算は9010億2100万円となる。

県は同日、台風19号被害からの復旧・復興に向けた県の取り組み方針を正式決定した。知事は会見で「方針に基づき、被災された方々が一日でも早く平穏な暮らしに戻ることができるように県を挙げて取り組む」と述べた。

台風19号被害に対応する県の専決予算の内容

項目	金額
被災者への支援	計46億300万円
・被災住宅の応急修理	17億5000万円
・応急仮設住宅の設置（民間の借り上げ含め350戸）	10億7900万円
・市町村による被災者への低利融資の原資貸し付け	7億円
・避難所の運営、生活必需品・学用品の支給	4億6900万円
・国の支援制度の対象にならない半壊世帯への支援金（1世帯あたり最大50万円）	5億6200万円
・国や県の支援制度の対象にならない床上浸水世帯、重傷者への災害見舞金	3000万円
道路、河川などの応急対策や、本格復旧に向けた調査・設計費	計80億800万円

1週間で2閣僚交代

辞任の連鎖 国会空転

安倍晋三首相は31日、法相を辞任した自民党の河井克行衆院議員の後任に森雅子元少子化対策担当相を起用した。25日の菅原一秀前経済産業相の更迭に続き、9月11日の内閣改造で選んだ新任閣僚2人が1週間以内に相次いで辞任に追い込まれた。事実上の更迭となる。野党はさらに、大学入学共通テストに導入される英語の民間検定試験を巡り「自分の身の丈に合わせて」と発言した萩生田光一文部科学相を追及する構えだ。与野党対立で国会は空転した。【焦点3面、関連記事4・34面に】

野党は衆参両院で首相が出席する予算委員会の集中審議を要求。自民党の森山裕国対委員長は立憲民主党の安住淳国対委員長と国会内で断続的に協議した。関係者によると、森山氏は最終的に11月6、8両日の集中審議開催に応じる代わりに、1日からの国会審議正常化を提案。安住氏は「質問準備が間に合わない」と週明けからの正常化を主張し、平行線に終わった。1日午前に再び会談する。

これに先立ち、立民など野党4党の幹事長・書記局長は2閣僚辞任について「内閣総辞職に値する事態だ」と確認。萩生田氏の身の丈発言に関しても「責任は極めて重い」とし、英語民間試験の延期を求める考えで一致した。

衆院の議院運営委員会理事会は、政府が重要法案と位置付ける会社法改正案の審議入りを予定していた午後の衆院本会議の取りやめを決定した。今国会初となる衆院憲法審査会の実質的議論も行われる見通しだったが、流会となった。野党は31日の全ての国会審議に応じなかった。

火災が発生した首里城。中央が焼け落ちた正殿＝31日午前、那覇市

首里城 跡形もなく

未明までイベント準備

那覇市の首里城で主要施設の正殿などが全焼した火災で、熱に反応する防犯センサーが作動した直後に正殿内の北側部分で煙が充満し、その後火柱が上がっているのを警備員が確認していることが31日、市消防局への取材で分かった。沖縄県警はこの付近から出火したとみて、1日に実況見分して原因を調べる。発生約1時間前まで正殿前の中庭（御庭）でイベントに使う照明やぐらの設営が行われており、関係者から話を聴いている。

【関連記事2・35面に】

玉城デニー知事は31日、「必ず復元する。県は全身全霊で取り組む」と述べ、1日に官邸で菅義偉官房長官に面会できるよう政府側に申し入れたと明らかにした。

市消防局などによると、31日午前2時34分に警備会社の防犯センサーが作動、同40分には自動火災報知設備が反応した。駆け付けた警備員が正殿北側のシャッターを開け、中に入ると煙が充満しており、その後火柱を確認した。火災は発生から約11時間後に鎮火した。

現場周辺などでは27日からイベント「首里城祭」が3日までの日程で開かれていた。中庭では2、3両日、伝統芸能の「組踊」の特別公演を予定し、30日夜に舞台や照明やぐらの設営が行われ、発生約1時間前の翌31日午前1時半ごろに終了。イベント関係者は「（作業中には）正殿の中には誰も入っていない」と説明した。

正殿は木造3階建てで、外側に水の膜をつくり外部からの延焼を防ぐドレンチャーは整備されていたが、スプリンクラーはなかった。防犯カメラはあり、県警が映像を解析している。

県は31日、対策本部会議を開いた。被災施設に置かれていた文化財も焼損したとみられ、文化庁の調査官は現地で焼失の状況などを調べた。

正殿地下の遺構部分など城跡は世界文化遺産に登録されている。首里城公園を管理する一般財団法人「沖縄美ら島財団」の花城良広理事長は「大変申し訳ない。地域の人たちに迷惑を掛けた」と陳謝した。財団はイベントの準備で火は使っていなかったとしている。

斜面

2019.11.1

大正から昭和にかけて沖縄をくまなく歩き文化財を記録した研究者がいた。香川出身の鎌倉芳太郎だ。20代半ばの1924年、政府は首里城正殿の取り壊しを始める。琉球王国の解体・併合から四十数年を経て建物の荒廃が進んでいた◆鎌倉は共同調査を組んだ建築史家のもとに走り首里城の危機を訴えた。政治への影響力が強い建築史家の鶴の一声で取り壊しは中止。それどころか保存の道が開かれ国費で大修理が行われる。その努力も、よみがえった建物も、沖縄戦で灰じんに帰した◆沖縄の人々と文化をこよなく愛した鎌倉は82年、集大成の大著「沖縄文化の遺宝」を発刊し翌年死去した。前後して首里城復元計画が動き始めるが、根拠になる古文書が焼失していた。この壁を突き破ったのは、鎌倉が若きころ撮影した写真や、記録していた江戸期の資料だった◆正殿は92年に復元される。陰のドラマを与那原恵著「首里城への坂道」で知った。沖縄文化の記録を「終生の責務」と課した鎌倉らの生涯を描いている。きのうの火災を泉下の鎌倉も悲しんでいるだろう。沖縄の今を生きる人々の心にあいた穴も大きい◆先の復元工事は故事にならって各地から用材を運ぶ儀式が行われ、木やり唄が響いたそうだ。沖縄出身の与那原さんは書いている。戦争で多くのものを失ったが、思いがあれば再び築くことができる。復元工事はそれを教えてくれた、と。その日まで沖縄の人々の心を癒やす時間がほしい。

天気
最高気温 最低気温
北部 6時 12 18 24
飯山 20 7
長野 21 8
大町 18 5
中部
松本 21 8
上田 22 6
佐久 21 5
諏訪 18 6
南部
木曽 20 5
伊那 21 6
飯田 21 7
28面に詳しい天気情報

素肌乾燥情報 北部 中部 南部

ことばで映え
一日千秋(いちじつせんしゅう)
とても待ち遠しい
茅野市 しの
応募方法34面に

購読のお申し込み 0120-81-4341 紙面の問い合わせ 026-236-3111 信毎web www.shinmai.co.jp
4910855730198 00136

北信

手打ちそばで復興応援

下高井農林高生 4日に飯山で「食堂」

売り上げ一部を支援金に

本番に向けてそば打ちの練習に励むそば班の生徒

下高井農林高校（木島平村）のアグリサービス科そば班で活動する生徒約20人が4日、手打ちそばを提供する「のうりん食堂」を、飯山市野坂田の食堂「こくや」の休業日に借りて開く。台風19号の影響で中止も検討したが、被災地を元気づけたいという生徒らの思いもあって実施を決め、売り上げの一部を同市に復興支援金として贈る。

日頃の活動成果の発表やキャリア教育の一環で、市の補助金を受けて本年度初めて企画した。8月にプレオープンとして関係者や保護者らのみを招いて開催したが、本番として臨む4日は一般の人を対象にする。

台風19号による大雨で同市が大きな被害に遭い、担当教諭らは当初、予定通り行うべきか悩んだという。だが生徒から「ぜひやりたい」との声も上がり、実施を決定。接客を担当するアグリサービス科3年の木鋪杏莉さん(17)は「被災した人もぜひ来てほしい。元気に笑顔で接客して、少しでも明るい気持ちになってもらえたらいい」と話す。

当日の営業は午前11時～午後2時。そばは限定200食で、1食500円。先着100人には同校ほうき班の生徒たち手作りの「ミニほうき」を贈る。同校で作ったジャムなどの販売もある。そば班リーダーの山室彩叶さん(17)＝2年＝は「おいしいそばを提供するよう、頑張りたい」と意気込んでいる。

マッサージ 体ほぐして 心ほぐして

飯山・中野のセラピストら 被災者に無料施術

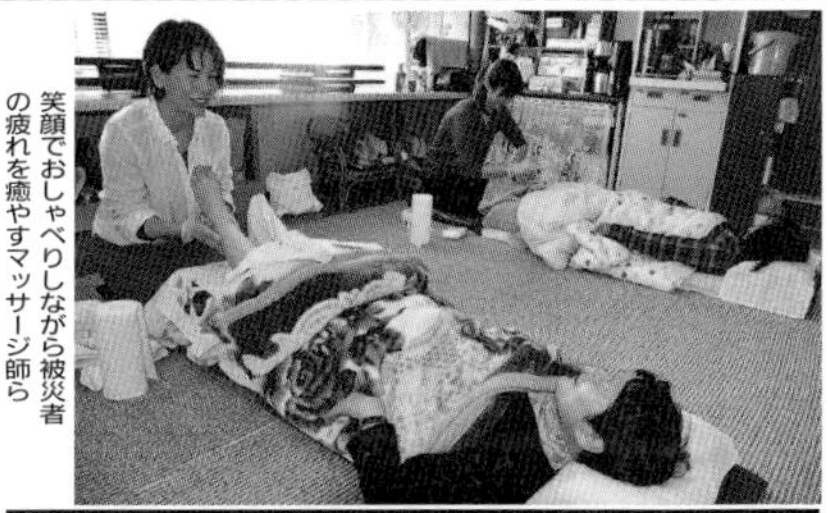

笑顔でおしゃべりしながら被災者の疲れを癒やすマッサージ師ら

飯山市や中野市のセラピストやマッサージ師など女性10人ほどが31日、被災による疲労を癒やすため、飯山市のいいやま女性センター未来を会場に被災者向けの無料マッサージを行った。12日にも実施予定で、「ストレスを緩和するためにも多くの人に利用してほしい」と呼び掛けている。

中野市内で地域住民が交流するサロンを運営している大竹智香さん(43)＝中野市＝が、友人のセラピストなどに声を掛けて企画。「力仕事はできないが、作業後の疲れを癒やすことで役に立てる」と、災害発生直後に飯山市の避難所で無料マッサージを実施したところ好評だったため、追加実施することにした。

1回20分程度で、手や足など部位ごとや全身のもみほぐしをする。31日も疲れた表情を浮かべた多くの被災者が訪れ、心身の疲れを癒やしていった。飯山市街地の新町に住む石田住子さん(79)は足裏のマッサージを受けた。連日、床下まで浸水した自宅の片付けに追われているといい、「リラックスできて疲れが取れた気がする」と笑顔で話していた。

浸水被害の被災者対象に

長野市 税金や国保料減免

長野市は31日、台風19号による浸水被害を受けた被災者を対象に、個人市民税や固定資産税、国民健康保険料などを減免すると発表した。対象は、個人市民税が本年度の税額のうち10月末と来年1月末に、固定資産税が12月末と来年2月末に納める分。国保料は10月～来年3月までの分を減免する。

個人市民税は、住宅や家財、農作物が被災した場合や、家人が死亡したり障害を負ったりした場合が減免対象。住宅であれば、半壊以上の被害があり、前年の所得が1千万円以下であることを条件とする。減免の割合は、前年の所得や損害の程度により12.5～100％の範囲で変動する。

固定資産税の減免割合も、被害の程度によって40～100％と異なる。国保料は住宅の全壊で全額、半壊や大規模半壊で半額を減免する。

減免にはいずれも罹災証明書を受けることが必要。市内各支所にある各種減免の申請書に記入し、罹災証明書を添えて支所や市役所の市民税課などに提出する。

東信

鹿教湯・別所「元気です」

SNS発信強化や限定プラン・催しも

上田市内の温泉地は台風19号で客足に影響が出た。施設そのものへの被害は少なかったが、道路陥没や上田電鉄別所線の一部区間運休で、迂回路や代行バス運行といった対策が続く。情報発信や限定プランなどの仕掛けで巻き返しを図る。

SNSで発信するための写真に納まる鹿教湯温泉の観光関係者

「鹿教湯は元気です」。鹿教湯温泉交流センター前では31日、30人ほどが掛け声に合わせて笑顔で写真に納まった。旅館や観光協会の関係者らが会員制交流サイト（SNS）などで発信する。

「宿泊客は例年よりも減っている。台風の影響は受けている」と鹿教湯温泉旅館組合長の斎藤重憲さん(42)。温泉の配管が被害を受け、加盟19施設のうち1施設が休業した。その1施設も11月の営業再開となり、温泉地全体で「復興」をアピールする。

10日には「ウォーキングフェスタ」を開く。ゲストには、2016年の大河ドラマ「真田丸」に矢沢三十郎頼幸役で出演した迫田孝也さんに加え、真田家の家老役で共演した高木渉さん、大野泰広さんの参加も、台風後に急きょ決まった。

別所温泉では台風から1週間ほどで約1700人の宿泊キャンセルがあったが、現在は例年並みにまで回復。今後は冬季限定の宿泊プランを企画する予定だ。別所温泉旅館組合長の倉沢晴之介さん(39)は「冬は料金面でお得。年末年始に上田へ帰省する人たちが家族で過ごせる場として提案したい」と話している。

台風に負けない上小の観光地

辛抱続く 海野宿

橋や駐車場被災「現状発信丁寧に」

台風の影響で客足が減っている海野宿

東御市の旧北国街道海野宿は、玄関口となる海野宿橋の一部や駐車場などが被災した。信州とうみ観光協会によると、西側の大屋駅（上田市）方面から迂回する必要があるため、先を急ぐバスツアーなどに敬遠されるという。

「建物は無事。絵を見に来て」。海野宿橋から数百㍍下流の千曲川沿いに立つ「水村喜一郎美術館」館長の画家水村喜一郎さん(73)はそう呼び掛ける。少年時代の事故で両腕を失い、口と足で絵筆を持って描いた油彩やデッサンを展示。台風後、鑑賞に訪れる人は減り、「影響はある」。アトリエのある千葉県と行き来しており、4日までの3連休は滞在して来客に対応したいという。

年間25万人前後の観光客を誇る海野宿。整然と並ぶ江戸期の旅籠屋造りの建物や水路に損傷はないが、通りも人影はまばらだ。そば店「福嶋屋」店主の矢嶋修さん(45)は「台風後の客足は昨年同時期の半分以下」。恒例の「海野宿ふれあい祭り」(3日)も中止となり、「海野宿橋が復旧するまでは辛抱するしかないのかな」と話す。

市道の海野宿橋復旧は国が直轄事業として代行するが、完了時期は未定。信州とうみ観光協会の早川一夫事務局長は「復旧状況を写真で紹介するなどして状況を丁寧に伝えていく」としている。

佐久市入沢の護岸復旧「2年」

県と市 区民に見通し説明

復旧状況について説明を受ける入沢区の住民（手前）

県佐久建設事務所や佐久市は31日、台風19号で被災した同市入沢区の道路や護岸の復旧状況を区民約60人に説明した。同事務所は、千曲川支流の谷川(やがわ)の護岸が最大で約250㍍にわたって流失した所もあるとし、本復旧工事が終わるまでに2年ほどかかるとした。

入沢区では谷川の氾濫で護岸が崩れ、住民の生活道路となっている市道が削られた。同事務所は「住民と意思疎通を図りながら、一刻も早く工事を完了したい」とし、市土木課は土砂崩落を防ぐ措置の現状を説明した。

住民からは「工事は区民と相談しながら進めてほしい」「住民が今まで通りの生活ができるような復旧を考えてほしい」といった要望が出た。

天気

地域	地点	最高気温	最低気温	降水確率	あす最高	あす最低
北信	長野市	21	8	30	19	7
北信	飯山市	20	7	50	18	6
北信	信濃町	17	4	50	15	3
北信	志賀高原	10	5	50	10	2
北信	中野市	20	5	50	18	5
北信	須坂市	20	5	50	19	5
北信	千曲市	21	5	50	20	5
東信	上田市	22	6	10	21	7
東信	東御市	21	4	10	20	4
東信	小諸市	19	5	10	18	4
東信	軽井沢町	17	4	10	15	4
東信	佐久市	21	5	10	19	6
東信	小海町	18	6	10	17	5
東信	川上村	17	3	10	14	3
中信	白馬村	18	5	50	17	4
中信	大町市	18	5	20	17	3
中信	池田町	19	6	10	19	4
中信	木曽町	20	5	0	19	4
中信	開田高原	14	0	0	14	-1
中信	南木曽町	19	6	0	18	5
中信	松本市	21	8	10	19	5
中信	上高地	12	3	10	12	1
中信	筑北村	20	5	0	18	4
中信	安曇野市	20	7	10	18	5
中信	塩尻市	20	4	0	19	3
諏訪	岡谷市	18	6	10	18	6
諏訪	下諏訪町	18	6	10	19	6
諏訪	諏訪市	18	6	10	19	6
諏訪	白樺湖	14	5	10	14	5
諏訪	茅野市	19	5	10	19	4
諏訪	原村	18	3	10	17	3
諏訪	富士見町	18	5	10	17	4
飯田伊那	辰野町	20	5	0	19	5
飯田伊那	伊那市	21	6	0	20	6
飯田伊那	駒ケ根市	20	5	0	19	5
飯田伊那	松川町	20	6	0	20	5
飯田伊那	飯田市	21	7	0	20	6
飯田伊那	南信濃	24	8	0	21	7
飯田伊那	阿智村	21	5	0	20	4
飯田伊那	阿南町	22	6	0	21	5

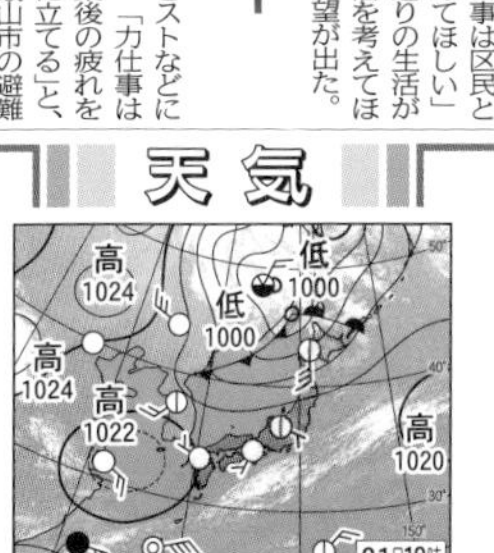

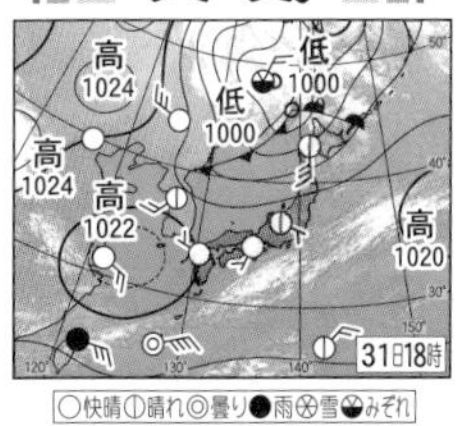

○快晴 ①晴れ ◎曇り ●雨 ⊗雪 みぞれ

低気圧から延びる寒冷前線が通過する。県内は、晴れる所が多いが、午後は北部で雲が広がりやすく、にわか雨の所がある。最高気温は、平年より3度以上高く、10月中旬並み。

（日本気象協会長野支店）

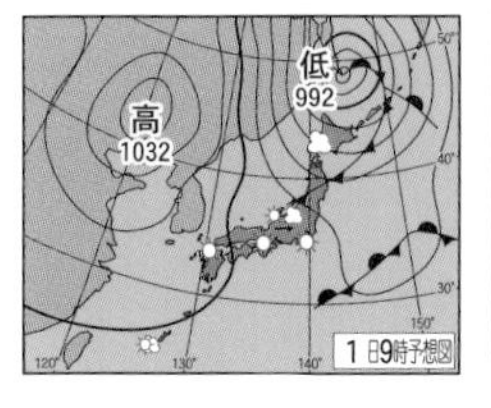

1日9時予想図

9日間の予報

マーク下は降水確率(%)

	1(金)	2(土)	3(日)	4(月)	5(火)	6(水)	7(木)	8(金)	9(土)
北信 降水確率	50	10	40	30	20	30	30	30	50
北信 最高/最低	21/8	19/7	18/6	16/6	15/6	16/6	15/5	18/8	10/6
東信 降水確率	10	10	40	30	20	20	30	50	50
東信 最高/最低	21/5	21/6	18/5	14/4	13/5	13/4	13/3	16/6	13/5
中信 降水確率	0	10	40	30	30	30	30	50	10
中信 最高/最低	21/8	19/5	18/7	16/9	17/8	16/6	17/6	16/8	15/5
諏訪 降水確率	10	10	40	30	20	30	30	50	50
諏訪 最高/最低	18/6	19/6	16/7	16/4	14/6	15/3	12/3	12/3	11/5
飯田伊那 降水確率	0	10	40	30	20	30	30	50	10
飯田伊那 最高/最低	21/7	20/6	17/8	17/9	17/7	17/7	17/8	16/6	16/6

晴れ後くもり　晴れ一時または時々くもり

札幌 上越 富山 金沢 東京 甲府 名古屋 大阪 福岡

31日の気温

地点	最高	平年差	最低	平年差	湿度	きょうの降水確率
長野	19.4	3.1	8.3	2.3	52	
松本	18.6	1.8	8.2	3.4	43	
諏訪	17.1	1.5	7.2	2.1	47	
飯田	21.1	3.6	9.2	2.6	35	
軽井沢	15.2	1.6	5.8	3.8	80	
飯山	19.7	3.4	6.9	1.9		
上田	18.8	1.7	8.5	3.3		
佐久	18.3	2.2	7.8	4.3		
大町	17.1	2.4	5.8	2.6		
木曽	19.4	2.7	6.8	3.2		
伊那	19.2	2.6	7.8	3.9		
上越	23.0	4.6	10.3	1.9	47	10
札幌	18.6	5.8	6.3	1.7	52	10
秋田	18.5	3.0	8.4	1.5	81	50
盛岡	17.2	2.8	3.6	▼0.5	62	50
仙台	19.4	2.7	9.6	1.5	62	20
福島	21.9	4.6	8.0	0.3	47	0
水戸	20.8	2.0	10.5	2.1	68	0
前橋	20.5	2.0	13.6	4.2	55	0
東京	22.0	2.9	14.0	2.7	65	0
新潟	22.2	4.8	9.8	0.3	51	50
甲府	21.4	2.1	12.3	3.5	55	0
静岡	22.0	1.1	12.9	0.8	63	0
名古屋	22.2	2.2	12.3	1.4	54	0
金沢	21.8	3.2	11.4	1.1	60	10
京都	22.6	2.5	12.4	1.9	40	0
大阪	22.3	1.7	13.9	1.4	48	0
広島	21.9	1.4	11.6	0.4	46	0
松江	21.3	2.2	11.2	1.4	42	0
高松	22.6	2.6	13.2	2.1	47	0
福岡	22.6	1.8	12.7	0.1	58	0
鹿児島	24.5	1.7	14.2	▼0.3	48	0
那覇	28.0	1.7	23.6	2.1	70	10

【注】最高は15時まで、最低は9時まで（県外最低は前日21時から）。平年差▼低。湿度は15時。降水確率6～12時

2日のこよみ

旧暦10月6日 先負

日出	日入	月齢	月出	月入
6.11	16.50	5.0	11.14	21.04

（地点・長野市 月齢・正午）

港	潮	満潮	干潮
直江津港	中潮	4.21 20.27	12.37 23.31
名古屋港	中潮	9.29 20.18	2.36 14.50

第三種郵便物認可　信濃毎日新聞　2019年（令和元年）11月1日　金曜日　特集　32

被災地を歩く

千曲市　10月31日

流域の日常 覆う土色

台風19号による記録的な大雨で1677世帯に床上、床下浸水の被害が出た千曲市。千曲川の河川敷は泥で覆われている。杭瀬下、中、雨宮など各地区に災害の跡が残る中、日常の光景を取り戻そうと汗を流す住民もいた。

31日、八幡の千曲川展望公園から善光寺平を望むと、大雨で冠水した千曲川の河川敷は水が引き、たまった泥で茶色くなっていた。市民らがマレットゴルフなどに親しみ、畑で農作業に精を出していた姿は見られなかった。

千曲橋手前右岸の「霞堤」に近い河川敷の畑では、若林治男さん（60）と高津茂弘さん（79）が復旧作業を進めた。井戸の手押しポンプに木の枝などが絡まり、取り除いていく。若林さんは「復旧を地道に進めるしかない」。

霞堤は堤防が部分的に切れており、市街地側に水が流入したとの見解もある。市指定の緊急避難場所の一つ、市更埴文化会館（杭瀬下）は浸水が激しく、地下の軽運動室は浸水の影響で天井が剥がれ落ちていた。

水没した雨宮保育園の園児をあんず保育園が受け入れてから約半月。雨宮保育園の塚田美智代園長は「園児から不安や緊張は徐々に消えているが、保育園の復旧は見通せない。いつ日常が戻るのか」と話した。

（文・鈴木淳介、写真・中村桂吾）

姿が一変　水が引いた河川敷が茶色の泥で染まり、姿を一変させた千曲川。手前に架かるのは千曲橋＝31日午後4時12分、千曲市八幡の千曲川展望公園から撮影

天井まで　千曲市更埴文化会館「あんずホール」の地下にある軽運動室。水が達した天井が剥がれ落ちていた＝31日午前10時22分、同市杭瀬下

笑顔戻る　園舎が被災した雨宮保育園の園児たちはあんず保育園を間借りして過ごす。おやつの時間には笑みが浮かんだ＝31日午後3時22分、千曲市倉科

地道に…　水没した河川敷の畑で、井戸のポンプに絡まった木や土砂を協力して取り除く若林さん（左）と高津さん＝31日午前8時57分、千曲市中

応急仮設住宅 長野市が着工

月内 100戸計画

長野市は31日、台風19号により被災した市民向けに応急仮設住宅の建設を始めた。11月中に市内の昭和の森公園、市営住宅上松東団地内、若槻団地運動広場（みどりの広場）の3カ所に計100戸を建設する計画。市は被災者の意向を確認し、さらに増設するか検討する。

同市上野の昭和の森公園には、45戸が入る平屋の10棟を建設する計画。この日は市住宅課や建設業者らの十数人が、住居部分になる区域に張った縄と図面が合っているか測って確認。2016年4月の熊本地震の際、被災地で仮設住宅建設に携わった熊本県住宅課の田尻昭久主任技師も立ち会い、被災者がゆとりを持って生活するために棟と棟の間に十分なスペースを取るよう助言した。

市営住宅上松東団地内には32戸、若槻団地運動広場には23戸を建設予定。間取りは1K～3DKなどとし、ペットが飼える物件も用意する。入居期間は2年以内で、入居受け付けに関する詳細は11月に入ってから公表する。

市は民間のアパートなどを市が家賃負担する借り上げ型の応急仮設住宅の入居受け付けも10月30日に開始。世帯の人数構成に応じて家賃は月6万円以下、7万円以下、9万5千円以下の3段階を設定している。

長野市の仮設住宅の建設予定地

長野市／昭和の森公園（45戸）／若槻団地（23戸）／上松東団地（32戸）／豊野／三才／北しなの線／北陸新幹線／堤防決壊箇所／善光寺／北長野／市役所／千曲川／18

仮設住宅建設に向けた作業が始まった昭和の森公園＝31日午前10時57分、長野市上野

被災者の住まい確保への公的支援の基本的な流れ（浸水被害の場合）

- 住家流出または床上1.8m以上の浸水【全壊】→ 応急仮設住宅に入居可能【無償】（応急修理費支援は利用不可）
- 床上1m以上1.8m未満の浸水【大規模半壊】→ 土砂などで住宅として再利用できない／修理のため長期間自宅に住めない → 応急仮設住宅に入居可能
- 床上で1m未満の浸水【半壊】→ 短期間で最低限の修理をして自宅に戻りたい → 住宅の応急修理費支援【上限59万5000円】（仮設住宅は入居不可）
- 全壊と大規模半壊は国の被災者生活再建支援制度（全壊 最大300万円、大規模半壊 最大250万円）。半壊は県と市町村による「信州被災者生活再建支援制度」（最大50万円）を利用可能
- 半壊に至らないが、住宅の損害割合が10%以上20%未満 → 住宅の応急修理費支援【上限30万円】

全国 8人不明のまま

台風19号の被害は、共同通信の集計で31日までに、死者は13都県87人（災害関連死を含む）、行方不明者は8人に上る。同日現在、内閣府によると、低気圧の影響などによる千葉県や福島県での豪雨もあり、3529人が避難所での生活を余儀なくされている。

総務省消防庁によると、確認された住宅被害は8万棟余り。内訳は全半壊が16都県6328棟、一部損壊が27都道府県6230棟。床上浸水は17都県3万2537棟、床下浸水は21都県3万6354棟。厚生労働省によると、3県2954戸で断水している。

台風19号による県内の避難所・避難者数

市町村	避難所	避難者数
長野市	12	758
千曲市	1	6
中野市	1	2
須坂市	1	137
合計	15	903

※31日午前10時時点、県災害対策本部まとめ

台風19号による県内の人的被害（31日午前10時時点、県災害対策本部まとめ）

市町村	死亡	重傷	軽傷	計
長野市	2	2	79	83
上田市		1	5	6
須坂市			6	6
中野市		1	1	2
飯山市		1	4	5
佐久市	1		18	19
千曲市			5	5
東御市	1		1	2
川上村		1		1
佐久穂町			2	2
軽井沢町			1	1
箕輪町			1	1
坂城町		1	1	2
合計	4	7	124	135

（注）不明者は佐久市で1人

台風19号による県内の住宅被害（31日午前10時時点、県災害対策本部まとめ）

市町村	全壊	半壊	一部損壊	床上浸水	床下浸水	計（世帯）
長野市	786	797	502	1722	1279	5086
松本市			4		2	6
上田市	1	3	106	23	96	229
岡谷市			4			4
須坂市	1	188	102			291
中野市			3	83	38	124
飯山市		169	334			503
佐久市	7	52	7	81	870	1017
千曲市				475	1202	1677
東御市			3	1	4	8
小海町				4	5	9
川上村					4	4
南牧村			1		2	3
南相木村		1		1	6	8
北相木村	2	1		2	9	14
佐久穂町				49	58	107
軽井沢町	2	3	4			9
立科町		3	32			35
青木村					1	1
長和町					25	25
辰野町		2	32			34
箕輪町			10			10
飯島町			1			1
南箕輪村			1			1
麻績村					3	3
筑北村					4	4
坂城町		1	33			34
小布施町				31	28	59
高山村					1	1
木島平村			1			1
野沢温泉村				10	10	20
信濃町		1	9			10
飯綱町			4			4
栄村				2	2	4
合計	799	1221	1193	2484	3649	9346

長野市豊野町に「移動交番車」

長野中央署は1日、台風19号による浸水被害で建物が使えなくなっていた同署豊野町交番（長野市豊野町豊野）の敷地に「移動交番車」を配置する。警察官2人が常駐して交番業務に当たる。県警に計3台ある移動交番車は、これまで祭りや催しなどの際の出動が中心で、被災地への配置は初めてという。

専用のワゴン車内に机や椅子を並べ、警察官が毎日午前9時～午後5時に落とし物や拾い物の届け、事件の被害届、困り事などの相談に応じ、防犯指導に当たる。設置期間は当面の間で、床上約2㍍まで浸水した同交番の復旧状況を見ながら決める。

さらに5日からは移動交番車をもう1台配置し、長野市北部に9カ所ある避難所を巡回させる。毎日3カ所の避難所に2時間ずつ滞在し、警察官が業務に当たる。

同署は「決まった場所に交番があることで、住民の安心感につなげたい」と説明。県警は被災地での24時間態勢でのパトロールも続ける。

長野市の長野中央署豊野町交番に配置された移動交番車＝31日、長野市豊野町豊野

第三種郵便物認可　信濃毎日新聞　2019年（令和元年）11月1日　金曜日　9版　第二社会　34

法相辞任

任命責任「軽すぎる」

首相フレーズに批判の声

「任命したのは私だ。責任を痛感している」。安倍晋三首相は31日、河井克行氏の法相辞任を受け、神妙な面持ちで陳謝した。25日に辞任した菅原一秀前経済産業相を含め、不祥事による閣僚辞任のたびに繰り返されるフレーズに、識者からは「責任という言葉が軽すぎる」と批判の声が上がっている。【1面参照】

第2次安倍政権発足以降、2014年に小渕優子経産相と松島みどり法相、16年に甘利明経済再生担当相、17年には稲田朋美防衛相（いずれも当時）らが公選法違反疑惑などの責任を取って辞任。言い回しは異なるが、首相はそのたびに自らの「任命責任」を口にした。

文芸評論家の斎藤美奈子さんは「本来は何らかの代償やペナルティーを伴うのが責任だが、そういうことは何もない。痛い目に遭わないので慣れている」と指摘。「その場しのぎで、今さえ乗り切ればいいという考えだろう」と話す。

「首相が先に責任を認めてしまうことで、野党は次の矢を放てなくなっている。『認めるが勝ち』だ」と語るのは「政治家の日本語力」の著書がある信州大名誉教授（政治思想史）の都築勉さん。「紋切り型の言葉で謝罪し、どうやって責任を取るのか明らかにしないまま、時間がたってしまうパターンになっている」と分析し、辞める側の言葉にも厳しい目を向ける。

「国会を停滞させた」「世間を騒がせた」といった理由を挙げる一方、不祥事や疑惑については説明責任を果たしていない。ほとぼりが冷めるのを待つ構図は昔から変わらない」。

「知らないでは済まぬ」河井氏の地元

河井克行氏が妻で参院議員の案里氏の選挙運動に関する疑惑を報じられ、法相を辞任したことを受け、河井氏の地元の広島市では31日、有権者から「知らなかったでは済まない」など説明責任を求める声が上がった。

辞任の一報を受け、河井氏の事務所が入る広島市安佐南区のビルには、多くの報道陣が詰め掛けた。外に出て対応した男性秘書は「週刊誌報道には大変驚いている」「おわびの言葉も見つからない」などと書いた、地元支援者向けの本人コメントを配布。「事務所としてのコメントは控える」と答え、足早に事務所内へ戻った。

疑惑について河井氏は「私も妻も全くあずかり知らない」と述べたが、広島市の無職男性（72）は「入閣は基本的にめでたいこと。地元からの大臣に期待したのに」とあきれ顔だった。自民党広島県連の宇田伸幹事長は31日朝、河井氏本人から電話で辞任するとの報告を受けた。「非常に残念だ」と肩を落とした。

「真摯に謙虚に」森新法相が就任会見

河井克行氏の後任として就任した森雅子法相は31日、法務省で記者会見し「法務行政は国民の信頼の上に立っている。しっかりと信頼をいただけるよう真摯に謙虚に進めたい」と述べた。

先週の菅原一秀前経済産業相に続く閣僚の辞任劇になったことについては「各大臣の判断であり、コメントを差し控える」とし、自身は「法令に基づき選挙運動、政治活動をしている」と強調。力を入れたいことを問われると「女性の人権、子どもの人権を守ること」を挙げた。

森氏は参院福島選挙区選出。地元は今年相次いだ台風で被災しており「災害からの復旧、生活支援にも取り組みたい」と語った。

善意の手 迅速に 効率的に

進むボランティア受け入れ態勢づくり

5カ所に拠点　連休中バス20台

長野市北部

ボランティアセンターの地域拠点の一つ「りんごサテライト」で作業するスタッフ＝31日、長野市穂保

2日からの3連休を前に、台風19号による大きな被害があった長野市北部で、ボランティアの力を生かすための受け入れ態勢づくりが進んでいる。同市小島に拠点を置く市北部災害ボランティアセンターは、地元の需要を反映しやすいよう長沼地区の5カ所に地域拠点（サテライト）を設置＝地図。多くのボランティアを現地まで運ぶため、平日はバスを5〜10台ほど、連休中は約20台用意する。

長野市北部の災害ボランティアセンターとサテライト

サテライト拠点5カ所は、同センターが柳原総合市民センターに設置された18日以降、順次拡大。26日には同市穂保の特別養護老人ホーム「りんごの郷（さと）」敷地に「りんごサテライト」が、28日には同市津野の市長沼支所併設の長沼交流センターに「津野サテライト」ができた。

サテライトでは、スタッフが一帯の被害や片付けの状況を確認し、必要なボランティアの人数を把握。活動先の割り振りなどをしている。「津野サテライト」で活動する県社会福祉協議会の小林周平さん(24)は「現場に近く、きめ細かな対応ができる」と効果を話す。

ボランティアの需要をつかもうと、地元の自治組織が連携する地域もある。「りんごサテライト」のある穂保では毎日午後、拠点スタッフと五つある常会（自治組織）の常会長が一緒に各戸を回って必要な人手や作業の進み具合を確認。ボランティアの必要度を考慮し、翌日の配置に反映しているという。

拠点やこうした仕組みができるまでは、必要なボランティアの人数について被災者から個別に連絡を受けていたという。穂保第2常会長の住田昌生さん(66)は「以前よりも作業が効率的になったと感じる。顔を知っている常会長が一緒なので（活動先になる）住民の安心感もあるのではないか」と分析する。

今後、寒さが増す。県社協の小林さんは「季節が進むと、ボランティアの足が遠のく可能性もある」と心配。ボランティアの確保には活動しやすい環境づくりが重要とし、津野サテライトには休憩できる椅子や机を用意した。小林さんは「ボランティアと住民との交流の場もつくり（ボランティアが）『もう一度長野に行こう』と思えるようにしたい」と話した。

週末の悪天、長期休暇取りにくい学生…

被災地分散 足りない人手

台風19号の被災地各地に開設された災害ボランティアセンター（VC）などに登録し、上陸以降の18日間に活動したボランティアが長野など14都県で延べ約7万7千人となったことが31日、全国社会福祉協議会（全社協）の集計で分かった。同じ広域災害だった昨年の西日本豪雨と比べ、同一期間で約2万8千人と大幅に少ない。全社協や支援団体は人手不足が深刻として参加を呼び掛けている。

台風19号の支援では、ボランティアが集まりやすい週末に悪天が続き、学生が長期休暇を取りにくい時期であることも影響して出足が鈍いと指摘されている。

全社協は29日、東京都内で支援関係者が集まった会合で「被災地があまりにも分散し、それぞれの人手が薄い。特に宮城、福島、栃木県が足りない」と報告した。

全社協は、台風が上陸し災害VCの開設が始まった12日から29日までの登録数を集計。都道府県別で最も多かったのは長野県の約2万2千人だった。一方、西日本豪雨では集計手法がやや異なるが、災害VCの設置が始まった昨年7月7日から24日までの18日間で約10万5千人だった。

三石さん発見を 佐久の地元

住民ら210人 大規模捜索

行方不明の三石さんを捜す地元区民ら＝31日午前9時9分、佐久市

佐久市入沢区など四つの区でつくる青沼地区の住民や佐久署員ら約210人は31日、台風19号で行方不明になっている同市入沢のタクシー運転手、三石量正（かずまさ）さん(68)を同市の千曲川で捜索した。警察や量正さんの家族らは行方不明直後から捜しているが、地区住民による大規模捜索は初。車のダッシュボードのようなプラスチック片が見つかり、同署が回収して調べる。

18班に分かれ、河川敷の両岸約6キロで約4時間捜した。双眼鏡で川に何か浮かんでいないか確認したり、木の棒で草をかき分けたり。近所に住む三石るみ子さん(66)は「量正さんとは普段からあいさつし、隣組で正月に集まっていた。手掛かりを一つでも見つけたい」と話していた。

量正さんの家族4人も参加。妻たか枝さん(70)は「お父さんのために大勢の方に協力いただき本当にありがとうございます。家族一同、心から感謝いたします」と涙ぐみながらあいさつした。

量正さんは12日午後5時40分ごろ、「土のうをもらいに行くか」と言って、軽トラックで近くの小学校へ向かった。途中で、いとこの女性(61)の家に寄ったという。いとこの女性は「車から降りて玄関で立ち話をしたが1分もいなかった。急いでいる様子だった」と振り返った。

ボランティア支援する飲食店など

民間の力 県が募り周知へ

県は31日、台風19号災害で活動するボランティアを支援する飲食店などを募り始めた。既にボランティアを対象に食事代を半額にする飲食店や代金を無料にする入浴施設がある。こうした店を県防災ツイッターで募り、ボランティア登録の際などに周知していく。

災害発生から2週間以上たち、ボランティアは減少傾向。民間の店による歓迎の動きを後押しする。

阿部守一知事は同日の記者会見で「まだまだ人手を要することが長野市長沼地区にはたくさんある。冬に近づくと活動する環境としては厳しい状況になるが早め早めにさまざまな対応をすることが重要だ。多くの方に被災者をサポートしてほしい」と述べた。

ボランティアを巡ってはフジドリームエアラインズ（FDA、静岡市）が、県外からも来てもらいやすくなるように、ボランティア向け格安航空商品を検討している。

情報・写真 お寄せください

声のチカラ（コエチカ）　暮らしの中で気になる出来事や、おかしいなと思うことをお寄せください。記者が調査・取材します。

LINE友だち登録　特設サイト

ファクス　「コエチカ」取材班　026(236)3196

郵送　〒380-8546 長野市南県町　信濃毎日新聞社編集局「コエチカ」取材班

こと映え　11月のお題は「一日千秋（いちじつせんしゅう）」「食指が動く」「気心が知れる」です。

LINE友だち登録

メール　kotobae@shinmai.co.jp

郵送　〒380-8546 信濃毎日新聞社 こと映え係

1　第49336号　【明治25年3月15日第三種郵便物認可】　信濃毎日新聞　統合　2019年（令和元年）11月2日　土曜日　日刊　6版

2019年（令和元年）
11月2日
土曜日

信濃毎日新聞
1873年（明治6年）創刊
発行所 信濃毎日新聞社
長野本社 〒380-8546 長野市南県町657番地 電話（026） 受付236-3000 編集236-3111 販売236-3310 広告236-3333
松本本社 〒390-8585 松本市中央2丁目20番2号 電話（0263） 代表32-1200 報道32-2830 販売32-2850 広告32-2860

大学共通テスト
英語民間試験見送り
中止も選択肢　抜本見直し

萩生田光一文部科学相は1日の閣議後記者会見で、大学入学共通テストへの英語民間検定試験の導入について「自信を持って受験生に薦められるシステムになっていない」と述べ、2020年度は見送ると発表した。経済格差や地域格差を広げるなどの批判に対し、十分な対応策が間に合わないと判断したことが主な理由とした。【関連記事2・35面に】

今後は、民間試験の活用中止も選択肢に含め、関係者を集めた検討会議を立ち上げ、1年間かけて抜本的な見直しを議論。もともと対象だった現在の高2は民間試験を課されず、中1が受験生となる24年度をめどに新制度導入を検討する。

大学入学共通テストは20年1月の実施が最後となる大学入試センター試験の後継。英語への民間試験の導入は目玉の一つだった。見直しが行われるまでの間、共通テストの英語は従来のセンター試験と同様、大学入試センターが作成する試験問題のみで実施する。

民間試験は、経済格差や地域格差を広げるとの懸念から、高校現場や野党に加え、自民党内からも延期論が噴出。萩生田氏がテレビ番組で「身の丈に合わせて頑張って」とした発言への批判も収まらなかったが、萩生田氏は「判断に影響していない」と述べた。

見直しの理由としては、格差の問題を挙げたほか、試験実施を民間団体に委ねたことで文科省が間接的にしか関われず対応が遅れたとし、構造的な問題があったとの考えも示した。

大学入試センターは受験に必要な「共通ID」の申し込み受け付けを1日午前から開始予定だったが、中止した。既に各地の高校から到着していた申請書類は今後、順次返送する。

民間試験は大学入試センターと協定書を締結した6団体の7種類で、受験生は20年4～12月に最大2回受験。各大学は成績を出願資格にしたり、加点したりする仕組みだった。

全国高等学校長協会などは、へき地や離島で暮らしていたり、家計が苦しかったりする受験生への救済策が乏しいなどとして、導入延期を求めていた。萩生田氏の「身の丈」発言もあり、批判が拡大した。

野党は混乱を招いた萩生田氏への辞任要求を強めており、不信任決議案の提出を示唆する声が出ている。

解説　対応後手 受験生振り回す

大学入学共通テストに導入予定だった英語民間検定試験の見送りが1日、決まった。地域格差や経済格差があって不公平との批判は以前からあり、国は懸念払拭が求められたにもかかわらず、萩生田光一文部科学相の発言でより不安をあおる形となった。制度開始まで5カ月を切った中での見送りで、対応が後手に回り、受験生を振り回した責任は重い。

導入予定だった仕組みでは、都市部と地方で受験機会に差がある。6団体7種類の民間試験のうち、全都道府県に会場を設けるのは、ベネッセコーポレーションのGTECと日本英語検定協会の英検だけ。残る試験の会場は都市部が中心だ。

費用負担も大きい。受験料が2万円を超える試験も多く、最も安い英検3級でも5千円以上。制度の上限となる2回の試験を受ければ支払いは2倍だ。離島に住む生徒は移動経費や宿泊費もかさむ。文科省は離島の生徒に限り補助する方針を打ち出したが、格差解消に十分とは言えなかった。

こうしたさなか、萩生田氏が「身の丈に合わせて頑張って」と発言。「説明不足だった」と陳謝し、発言を撤回したが、制度の本質を表す言葉が図らずも出たと言え、強い批判を浴びたのは当然だ。

国は今後、抜本的な改革に着手する。どのような環境にあっても、受験生が公正で公平な取り扱いを受けられる、綿密な仕組み作りが求められる。

県内JR全線運行復活
小海線 一部区間の不通解消

全線での運行を再開したJR小海線。野辺山駅では小諸行き始発列車に通学などで利用する生徒らが乗り込んだ＝1日午前6時44分、南牧村

台風19号の影響で一部区間が不通となっていたJR小海線は1日、小海―野辺山間で運行を再開し、全区間が通常運行に戻った。県関係のJRは、一部車両が水没した北陸新幹線（長野経由）で暫定ダイヤが続くが、台風接近に伴う10月12日の計画運休から20日ぶりに全線で運行が復活した。【関連記事地域面東信に】

早朝の気温が氷点下となった野辺山駅（南佐久郡南牧村）では、厚めの上着やジャージ姿の通学、通勤客十数人が、午前6時44分発の小諸行き始発列車に乗り込んだ。県小諸養護学校高等部うすだ分教室（佐久市）3年の黒岩昂志さん（17）＝南牧村＝は部分運休中、バスで小海線臼田駅（佐久市）まで通っており、「バスだと狭くて周りに気を使うが、列車なら友人と話しながら登校できる」と笑顔だった。

一方、一部区間が運休している上田電鉄（上田市）が、別所線の城下―下之郷間を今月中旬に復旧させ、城下―別所温泉間での運行を目指していることが1日、分かった。近く具体的な日程を発表する。残る運休区間は、千曲川に架かる鉄橋が一部崩落した上田―城下間のみとなる。同区間は代行バスを運行する。

同じく不通となっているしなの鉄道（上田市）の上田（同）―田中（東御市）間では、東御市本海野の千曲川右岸の応急工事を県上田建設事務所が24時間態勢で進めており、運行再開は早ければ今月上中旬の見通し。

小海線
小諸
10月18日開通
中込
10月20日開通
小海
11月1日開通
野辺山

1日　県関係の鉄道の状況
列車運休
金沢　北陸新幹線　豊野　飯山線　北しなの線　長野　代行バス運行　通学者のみ代替輸送　しなの鉄道　上田　田中　小諸　松本　別所線　城下　別所温泉　下之郷　小海　佐久平　軽井沢　1日開通　小海線　野辺山　塩尻　中央東線　小淵沢　新宿　東京

五輪マラソン「札幌」で決着
都知事「合意なき決定」

東京都、国際オリンピック委員会（IOC）、東京五輪・パラリンピック組織委員会、政府の4者協議が1日、都内で開かれ、五輪のマラソン、競歩は暑さを避けるため札幌市で開催することで決着した。唯一、反発していた東京都の小池百合子知事は「同意はできないが、IOCの決定を妨げることはしない。合意なき決定だ」と述べた。開幕まで9カ月を切った段階での異例の変更により、五輪のマラソンが史上初めて開催都市以外で実施される。【関連記事25面に】

4者協議の冒頭でコーツIOC調整委員長が①会場変更の権限はIOCにある②都は札幌移転で生じる費用を負担しない③都が既に行ったマラソンと競歩の準備で、別の目的に活用できないものは費用を都に負担させない④他の競技は移転しない―で一致したと報告し、続いて小池氏が移転を事実上認めた。協議は報道陣に公開され、組織委の森喜朗会長、橋本聖子五輪相も出席した。

森氏は記者会見で、新コースの承認を12月のIOC理事会で得られるよう準備する意向を示した。組織委はマラソンについて、札幌市中心部の大通公園発着の北海道マラソンをベースに検討を進める。移転に伴う追加経費負担は今後協議する。

バッハIOC会長は、大会後に東京のマラソンコースで実施する「オリンピックセレブレーションマラソン」を東京側に提案。コーツ氏は「多くの人が参加する大規模なマラソンを考えている。知名度の高い選手も参加してほしい」と述べた。

斜面
2019.11.2

官僚登用試験「科挙」が中国で始まったのは1400年余り前。身分の隔てなく広く人材を集めた制度である。皇帝が軍人の力を抑えて広大な国を統治するのに役立ったという。合格すれば栄達が保証されたから競争は激しさを極めた◆親は資格のある男児の出産を願い、満3歳になると教育を始める。受験には年齢制限がなく希望者が多いため幾つも関門があった。本人確認、筆跡鑑定、名前を隠した採点…。県の長官の責任で行う第1段階の試験から厳格な決まりに従って進められた◆実施者も受験者も不正は厳しく処罰され、えこひいきした長官が流刑になったことも。試験の不公平、不公正には民衆から常に厳しい目が注がれたからだ。競争が激化すると環境がものを言うようになり、お金持ちや都会の住人が有利になった。宮崎市定著「科挙」に教えられた◆宮崎さん（1901～95年）は飯山出身の中国史家。京大で教えながら制度を研究した。自身は田舎で育ち幸せだった、定員に満たない旧制中学を教育熱心な古里は守ってくれた、と後序に書く。さて、難関の採用試験を経た文科官僚がどうしたことか◆政治主導で始まり、土壇場で見送りとなった入試改革である。政権の意向ばかり忖度して現場の声を聞かず、公平で精緻な制度設計をなおざりにしたお粗末としか言いようがない。入試の公平性に対する厳しさ、敏感さは、この国の民衆も同じだ。延期と言わず、抜本的に見直すしかない。

天気
最高気温 最低気温

地域	地点	最高	最低
北部	飯山	17	6
	長野	18	7
	大町	16	3
中部	松本	18	5
	上田	20	7
	佐久	18	5
	諏訪	17	6
南部	木曽	19	4
	伊那	20	6
	飯田	20	6

6時 12 18 24　3日 4日 5日
5㍉以上　5㍉未満
28面に詳しい天気情報

素肌乾燥情報

北部 注意　中部 注意　南部 注意

長野市　花子
こと映え　意気揚々　威勢が良く、誇らしげ
応募方法34面

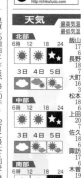

購読のお申し込み 0120-81-4341　紙面の問い合わせ 026-236-3111　信毎web www.shinmai.co.jp
4910855730297 00136

農業 台風被害額207億円超

10月末時点 県内総額1526億円超

台風19号の被害額（円、10月31日時点）	
農業関係合計	207億5500万
農作物・樹体被害	14億8900万
生産施設など	4800万
農地・農業用施設	190億8000万
農業集落排水施設	1億3800万
林業関係合計	34億
山腹崩壊や土砂流出	19億2900万
林道	14億7100万
公共土木施設（河川・砂防・道路）	714億1700万
都市施設（下水道・公園）	544億9100万
上水道	12億9600万
公営住宅（県営と市町村営）	13億1000万
被害総額（商工業、学校など調査中）	1526億6800万

県は1日、台風19号による県内の被害総額が10月31日時点で1526億6800万円になったと明らかにした。同24日時点のまとめに比べ、776億6100万円増えた。このうち調査が進んだ農業関係は74億4900万円増の207億5500万円。商工業や学校、医療関係などの被害額は調査中で含まれておらず、県は被害の全容把握を急いでいる。

農業関係は、リンゴ畑や水田への土砂流入、取水施設「頭首工」が流されるといった農地・農業用施設被害が73億3000万円増の190億8千万円。農作物や果樹の樹体への被害、生産施設などの被害は8400万円増の計15億3700万円だった。まだ調査をしていない地域があることや水没した農業用機械などの被害は調査中のため、県農政部は「被害額はさらに膨らむ見通し」としている。

林業関係は34億円で10月24日時点よりも4億3300万円増えた。民有林の山腹崩壊や土砂流出が71カ所、路肩決壊などの林道被害が1730カ所で、いずれも増加した。

一方、上水道の被害額は精査の結果、1億2千万円減の12億9600万円になった。河川や道路などの公共土木施設、下水道など都市施設、公営住宅の被害額は変わっていない。

一方、堤防決壊、護岸崩落などした県管理河川のうち、優先して34カ所で進めたコンクリートブロックなどを置く応急対策工事が1日朝終わった。土砂災害が発生し人家などが下流にある38カ所では、このうち35カ所で土砂の撤去や大型土のう設置などの応急対策を終えた。

農林水産被害 全国で1679億円

農林水産省は1日、10月の台風19号などによる農林水産関係の被害額が同日午前7時の時点で1679億円まで拡大したと発表した。38都府県からの報告を集計し、台風21号や低気圧による豪雨の被害も含めた。9月の台風15号の被害も合わせると総額は2188億円に達し、さらに拡大が見込まれている。

全国知事会 復旧促進を国に緊急要望

阿部知事 鉄道への支援訴え

台風19号などによる甚大な被害を受け、全国知事会は1日、被災地の復旧促進を政府に緊急要望した。同日、首相官邸で開かれた政府の非常災害対策本部会議に、長野、宮城、福島、千葉、神奈川の5県の知事らが出席。阿部守一知事も県内の実情を踏まえ、鉄道復旧などの支援を訴えた。

全国知事会の危機管理・防災特別委員長を務める黒岩祐治神奈川県知事が、被災者の生活再建支援の充実などを盛り込んだ要望書を安倍晋三首相に手渡した。

阿部知事は、被災して一部区間で代行バスを運行している上田電鉄別所線としなの鉄道線を挙げ、「一日も早く通勤通学の足を確保するために鉄道の復旧、代行運行への支援を政府で進めていただきたい」と要望。農業や商工業、観光業の振興、特別交付税の増額などの財政措置も求めた。

首相は、要望も踏まえて被災者の生活と生業の再建に向けた対策パッケージを来週に取りまとめると説明。「被災自治体と一体となって被災地の復旧・復興に全力を尽くしていく」と述べた。

ボランティア協力呼び掛け

防災担当相

武田良太防災担当相は1日の閣議後記者会見で、県内など台風19号の被災地でボランティアが不足していることを踏まえ、2日からの3連休を前に「多くの方々に近くの被災地をはじめ、各地での災害ボランティア活動にご協力をいただきたい」と呼び掛けた。

長野市では、市やボランティア団体、自衛隊が連携し、千曲川の堤防決壊などで浸水した市内の被災地域から大量の災害ごみを搬出する取り組み「One NAGANO（ワンナガノ）」が行われている。武田氏はこの取り組みに触れ「全国のモデルとなり得るプロジェクト」と紹介。「被災地各地では、まだまだボランティアの力を必要としている」と訴えた。

焦点 復旧阻む 大量の泥

長野市北部の被災地

台風19号による千曲川の堤防決壊などで浸水被害が深刻な長野市北部地域で、堆積する泥が復旧の足かせになっている。宅地や生活道路の泥の排出はボランティアなどの力で進みつつあるが、リンゴ栽培が盛んな一帯の農地の広い範囲にたまった泥はほとんど手が付いていない。多い所では数十センチほど堆積しており、本格的な冬を前に、来年の営農を懸念する声が出ている。県や市は、大量に出る泥の最終的な処理方法にも頭を悩ませている。

リンゴ農家 生育不良を懸念

「自分の力ではとてもじゃないが処理しきれない。最近は農家仲間と行き会っても、みんな営農を続けるかやめるかで悩んでいる話ばかりだ」。千曲川堤防が決壊した長野市穂保のリンゴ農家落合道雄さん(78)は、長靴がくるぶしまで泥に埋まる自らのリンゴ畑で力なく言う。

自宅は深さ約2メートルまで泥水に漬かり、水が引くと木くずやごみを含んだ泥が残った。夜は同市吉田の娘の家に身を寄せ、日中に自宅へ戻って家財の処理などに時間を費やしている。ボランティアの力も借りて10月中にある程度片付いたが、周辺に点在する農地の泥は手付かずのまま。「この冬をどう越すかで頭がいっぱいで、栽培のことまでまだ考えられない」と渋い表情だ。

県農政部がまとめた10月31日時点の農業被害額は計207億5500万円。長野市内は44億2400万円（農業集落排水施設の被害を除く）で、このうち、泥がたまった農地の復旧費用は5億円に及ぶ。概算で1014ヘクタールの農地が、何らかの被害を受けた。

県と市は今月1日までの5日間、市内の農地や農道に堆積した泥を調査した。週明けを目指して集計作業中だが、県長野地域振興局農地整備課の高林栄治企画幹は「泥は想像以上に多い。復旧には時間がかかるかもしれない」とする。

県農業技術課によると、泥が多く堆積していると、果樹の根が呼吸できず、長引けば木が枯れる恐れがある。泥の深さが5センチ以上ある場合は、木の周囲の泥を取り除く必要があるという。冬が厳しくなると泥の水分が凍り、木に凍害を及ぼす可能性もある。低木を密植して生産性を上げる栽培法を採用している大規模農家からは、凍害を懸念する声も聞かれる。

同市長沼地区で約2ヘクタールのリンゴ園を営む成田崇夫さん(37)は、1日から農地の泥の排出作業を本格的に始めた。「ボランティアの力も借りて、冬前にはなるべく多くの泥を自力で処分したい」とする一方、「産地の将来を考えた復旧の方策を県や市にお願いしたい」と話す。

政府が台風19号を激甚災害に指定したため、農地から泥を搬出する経費の大半に国費が当てられる見通しだ。市森林農地整備課は泥の搬出先について、耕作放棄地などを借りて仮置き場にすることを検討。同課の担当者は「搬出先が決まるまでは農地内に泥を仮置きするよう農家に呼び掛ける」としている。

大量の泥がたまった農地。リンゴの生育のために泥を取り除く必要があるが、被災農家の多くは手が回っていない＝10月31日午後2時、長野市穂保

長野市北部で堆積した泥、土砂の主な流れ

（凡例）実施中か予定／今後の想定

- 宅地内の泥
  - 住民やボランティアが路肩に搬出 → 夜間に建設業者が搬出 → クリーンピア千曲（赤沼）に仮置きし、地盤改良剤で固化 → 市内の建設会社が受け入れ
  - 住民やボランティアが車で搬出（2日から） → 旧砕石場（真島町）に仮置きし、地盤改良剤で固化 → 土木工事などに再利用
  - このうちがれき混じりのもの → 新しい仮置き場でがれきと泥を選別 → 土木工事などに再利用
- 農地の泥 → 耕作放棄地に仮置き → 再利用先は未定

行き場は 受け入れ先は

1日午後6時ごろ、暗く人けがなくなった長野市穂保の市長沼支所付近。路肩に積み上がった泥や土を市内の建設会社のショベルカーがトラックに積んでいた。

トラックは荷台が満載になるたび、同市赤沼にある県の下水道終末処理場「クリーンピア千曲」の敷地内の仮置き場に運ぶことを繰り返す。運転手の50代男性は「あとどれだけの時間がかかるか分からない」とつぶやいた。

台風19号による千曲川の氾濫で穂保の堤防が決壊した10月13日から3週間近く。広範囲が濁流に漬かった長沼地区やその周辺では、少しずつ泥の除去が進むものの、まだ道半ばだ。

国土交通省北陸地方整備局（新潟市）によると、泥は主に、大雨で増水した千曲川上流域の沢や川が、山や河床の土を削り運んだ。市建設部や環境部によると、長沼、豊野地区で道路と宅地に積もった泥だけでも、それぞれ「数万立方メートル」。1ヘクタールの土地に数メートルの高さに積み上がる計算だ。

昼間、住民やボランティアが家の中や宅地から泥をかき出し、道路の路肩へ。夜間、市が委託した建設会社が同処理場にピストン輸送する。土木工事で使う地盤改良剤を混ぜて固化させ、土砂置き場を持つ市内の建設会社に引き取りを委託している。

一帯の生活道路では市や県が10月15日から泥の除去を進めたが、住民が他に捨て場がないため泥を路上に出し、車の往来をさまたげる箇所が続出した。市は20日から同処理場にピストン輸送する態勢をつくり、地域から泥を出す仕組みを構築。市は、トラックを持つ住民やボランティアらが直接泥を運べる仮置き場を今月2日から、市南部の真島町にも開設しスピードアップを図る。

ただ泥のその後の行き先は不透明な部分が多い。市環境保全温暖化対策課は、泥を引き取っている建設会社が「受け入れきれるか分からない」と心配する。

災害で発生した土砂などは原則、土木工事などに再利用できるようにしなければならない規制があるため、市はがれき混じりの泥の分別作業をする新しい仮置き場も探している。農地の泥は少なくとも数十万立方メートルに及ぶ見込み。市維持課の担当者は「土木工事では、土砂は『出る』方が多い。受け入れる先はあるだろうか」といぶかっている。

重機とトラックで土砂を撤去する作業員。道をふさいでしまうため夜間に行っている＝1日午後6時5分、長野市穂保

被災地を歩く　須坂市・上高井郡　1日

初出荷に笑顔

浸水被害に遭い、復旧を終えた須高フルーツセンター。リンゴ「サンふじ」の初出荷に笑顔がこぼれた＝1日午前9時13分、須坂市小島

大きく崩落

松川渓谷を通る県道は大きく崩落し、片側交互通行となっている＝1日午後0時50分、高山村奥山田

浸水によって根元付近で折れ曲がったバックネットの支柱＝1日午後3時4分、須坂市福島

復旧への道　懸命に

機器の故障などで閉鎖が続く上信越道小布施パーキングエリアのスマートインター＝1日午後4時17分、小布施町大島

千曲川の越水や道路の崩落を引き起こし、須高地区の住宅や田畑を襲った台風19号の記録的な大雨。自宅や畑が被害に遭った住民らは、被災前の生活に戻れるよう復旧への努力を続けている。

1日、須坂市小島のながの農協須高フルーツセンターは3週間ぶりに出荷を再開。土砂が施設に入り込み、選果機のモーターも水に漬かって壊れた。土砂は地元農家らの協力で処理し、リンゴ「サンふじ」の初出荷に間に合った。

同市福島の畑では、農家宮沢秀成さん(68)が、砂煙が舞い上がる中、サトイモの種芋を掘り起こした。「絶望してもいられない。来年の収穫を考えて行動する」

上高井郡高山村の県道は道路下で土砂崩れが起こり一部が崩落した。現在、普通車のみ通行可能で、紅葉目当てに山道を走る観光客らは慎重にハンドルを握った。同郡小布施町の小布施スマートインターは閉鎖中。泥の撤去は終えており、東日本高速道路長野管理事務所は「年内の復旧を目指す」としている。

床上浸水した須坂市北相之島の松永茂子さん(77)宅では、カビが発生した壁などの撤去が行われていた。県外からのボランティアらが壁を剝がす姿を眺め、松永さんは「私の家、骨組みだけになっちゃった」とつぶやいた。

(文・渡辺司馬、写真・梅田拓朗)

カビが生えた断熱材を取り除くため、壁の石こうボードを外すボランティア(左)＝1日午前10時37分、須坂市北相之島

排水量を減らすため、例年の半分程度の湯量しかない温泉に漬かる須坂市動物園のカピバラ＝1日午前11時20分、同市臥竜

来年のために

泥に埋もれて収穫できないキャベツ畑の傍らでサトイモの種芋を採る農家＝1日午後2時56分、須坂市福島

浅川第二排水機場が仮復旧
長野　第一は建て替えも視野

仮復旧した浅川第二排水機場

長野市は1日、浅川の千曲川への合流点近くにあり、台風19号に伴う浸水被害で故障した二つの排水機場(ポンプ場)のうち、浅川第二排水機場(排水量毎秒30立方㍍)が仮復旧したと発表した。排水機場は千曲川の増水時に、支流の浅川に水が逆流してあふれる「内水氾濫」を軽減する役目がある。

合流点付近には現在、市が管理する浅川第一(同14立方㍍)、浅川第二、県が管理する浅川第三(同14立方㍍)の三つの排水機場があり、第一と第二が被災。第二は浸水で、エンジンに燃料を供給するための電動ポンプが壊れたが、浸水を免れた小型燃料タンクを活用することで10月31日に試運転ができたという。

市森林農地整備課によると、第二は電動ポンプの交換などを行い、年度内に完全復旧する予定。第一はエンジンが水没して使えないため建て替えも視野に入れている。

中野市の避難所閉鎖

中野市は1日、台風19号の被災者向けに開設していた、西部公民館(安源寺)の避難所を閉鎖したと発表した。避難していた市民2人の移転先が決まったため。

同市の避難所は、台風が通過した直後の13日午前4時には13カ所に市民1600人余が避難していたが、15日には西部公民館のみになっていた。

長嶋さん「窮状に心痛む」
出身地や全国の被災者にお見舞い

プロ野球巨人の長嶋茂雄元監督(83)＝写真＝が、相次ぐ台風や豪雨の被害を受けた出身地の千葉県佐倉市に「窮状に心が痛む。一日も早く平常の生活を取り戻すことを願う」とのメッセージを寄せたことが1日、分かった。市が明らかにした。

9日に同市で開催が予定されていた、球団OBらによる恒例の「長嶋茂雄少年野球教室」は延期となった。

市によると、長嶋氏はメッセージで、佐倉市をはじめとする全国の被災者へのお見舞いを述べた上で「大変な被害に苦しまれている皆様が一日も早く、平常の生活を取り戻されることを願っております」と記した。

野球教室は2014年から毎年開催。昨年秋は胆石による入院生活からのリハビリなどのため、長嶋氏が初めて欠席した。

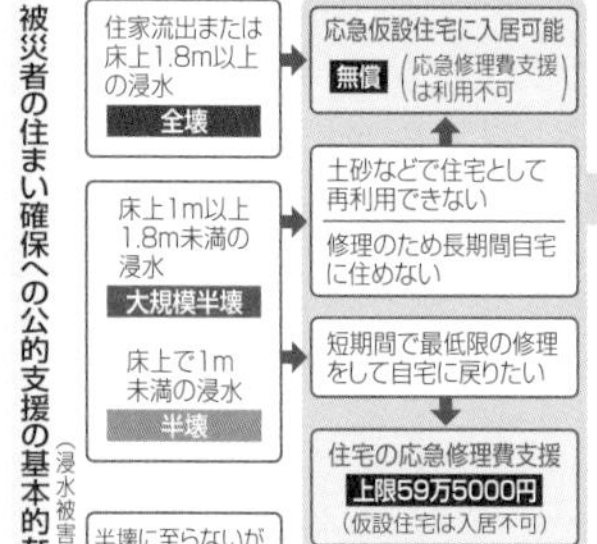

全国で3372人が避難

台風19号の被害は、共同通信の集計で1日までに、死者は13都県87人(災害関連死を含む)、行方不明者は8人に上る。同日現在、内閣府によると、低気圧の影響などによる千葉県や福島県での豪雨もあり、3372人が避難所での生活を余儀なくされている。

総務省消防庁によると、確認された住宅被害は8万棟余り。内訳は全半壊が16都県6877棟、一部損壊が27都道府県6697棟。床上浸水は17都県3万2092棟、床下浸水は20都県3万6140棟。

厚生労働省によると、2県355戸で断水している。

台風19号による県内の避難所・避難者数

市町村	避難所	避難者数
長野市	12	752
千曲市	1	5
中野市	1	2
須坂市	1	129
合計	15	888

※1日午前10時時点、県災害対策本部まとめ

台風19号による県内の人的被害
(1日午前10時時点、県災害対策本部まとめ)

市町村	死亡	重傷	軽傷	計
長野市	2	2	80	84
上田市		1	5	6
須坂市			6	6
中野市		1	1	2
飯山市		1	4	5
佐久市	1		18	19
千曲市			5	5
東御市	1		1	2
川上村		1		1
佐久穂町			2	2
軽井沢町			1	1
箕輪町			1	1
坂城町		1	1	2
合計	4	7	125	136

(注)不明者は佐久市で1人

台風19号による県内の住宅被害
(1日午前10時時点、県災害対策本部まとめ)

市町村	全壊	半壊	一部損壊	床上浸水	床下浸水	計(世帯)
長野市	786	797	502	1722	1279	5086
松本市			4		2	6
上田市	1	7	187	15	40	250
岡谷市			4			4
須坂市	1	188	102			291
中野市			3	83	38	124
飯山市		169	334			503
佐久市	17	91	34	45	833	1020
千曲市				475	1202	1677
東御市			3	1	4	8
小海町				4	5	9
川上村					4	4
南牧村			1		2	3
南相木村		1		1	6	8
北相木村	2	3	5			10
佐久穂町				49	58	107
軽井沢町	2	3	4	1		10
立科町		3	32			35
青木村					1	1
長和町					25	25
辰野町		2	32			34
箕輪町			10			10
飯島町			1			1
南箕輪村			1			1
麻績村					3	3
筑北村					4	4
坂城町		1	36			37
小布施町				31	28	59
高山村					1	1
木島平村			1			1
野沢温泉村				10	10	20
信濃町		1	9			10
飯綱町			4			4
栄村				2	2	4
合計	809	1266	1309	2439	3547	9370

1 第49337号 【明治25年3月15日第三種郵便物認可】 信濃毎日新聞 2019年(令和元年) 11月3日 日曜日 日刊 9版★

信濃毎日新聞
1873年(明治6年)創刊
発行所 信濃毎日新聞社
長野本社 〒380-8546 長野市南県町657番地 電話(026) 受付236-3000 編集236-3111 販売236-3310 広告236-3333
松本本社 〒390-8585 松本市中央2丁目20番2号 電話(0263) 代表32-1200 報道32-2830 販売32-2850 広告32-2860
©信濃毎日新聞社2019年

支援に恩返し 今こそ長野で

「共に前へ」西日本豪雨の倉敷・真備町から応援の手

地元児童のメッセージ携え

千曲川の堤防決壊で被災した長野市長沼地区へ2日、昨年7月の西日本豪雨で大きな被害の出た岡山県倉敷市真備町の男性4人がボランティア活動に訪れた。多くのボランティアに復旧を支えられてきたことから「恩返しがしたい」と、地元小学生のメッセージも携えてきた。「前を向いていれば元の地域に戻れると思う」。自らに言い聞かせるように、長野の被災者に思いを寄せた。

岡山県倉敷市真備町から駆け付け、浸水被害を受けた住宅の壁を剥がす小田さん＝2日午前11時44分、長野市赤沼(中村桂吾撮影)

訪れたのは真備町にある市立川辺小PTA会長の小田祐三さん(42)ら。1日夜に車2台で出発し、この日朝、長野市に着いた。「ほとんど寝てないよ」と笑いながら、倉敷市内から集めた飲料水やタオル、下着類などを、紹介された長野市赤沼の北町集会所に運び込んだ。

2㍍以上浸水したという住宅で壁を剥がす作業を手伝った。ガス会社のリフォーム部門で働く小田さんはバールや電動工具を持参。慣れた様子で、壁からぬれたままの断熱材を取り出した。一帯では今も泥のかき出しが続く。「(真備と)変わらないな」。小田さんは辺りを見渡した。

感謝しかない

小田さんの真備町の自宅は2階の床上まで浸水した。当時は連日30度を越える猛暑。近所の倉庫で冷蔵保管されていた米が腐り「すごい臭いがした」。真備町では地区の3割が浸水し、約5500棟が全半壊。51人が亡くなった。すぐに多くのボランティアが駆け付けてくれた。今も、災害ごみの置き場となった公園などでガラスやくぎを取り除くといった地道な作業を担っているという。

「感謝しかない。ボランティアのみなさんがいなければ真備の復旧は成り立っていない」。小田さんは話す。

300人の気遣い

今回、真備町内のPTAが呼び掛け、4小学校の児童約300人が長野の子どもたちにメッセージを書いた。「どちらの学校も1日も早く元にもどれることを願っています」「みなさんはだいじょうぶでしたか？ ぼくたちは今プレハブ校舎でがんばっています」…。模造紙に貼り付けられた手紙一つ一つに、幼い文字で気遣う言葉が並ぶ。

小田さんは、今回の災害で被災した長沼小学校の子どもたちが教室を借りている柳原小学校を訪ね、長沼小の北沢克敏校長(60)にメッセージを託した。「同じ思いを持った子どもたちの言葉は、長沼の子どもたちの胸にも響くと思う。新たな力をいただいた」。北沢さんは何度も感謝していた。

小田さん宅は今年5月から住めるようになった。ただ周辺には、移住を決断した人も、自宅の再建を迷い続けている人もいる。住人の数は豪雨前の水準には戻っていない。浸水被害に遭った川辺小も改修中で、校舎が使えるようになるのは来年1月になるという。それでも小田さんは「諦めず、できることを一生懸命やりたい」と力を込める。「頑張ろう真備！」とプリントしたそろいのTシャツを着た4人は3日も汗をかくつもりだ。(土屋 浩太郎)

戦闘機手放し操縦 読書・自撮り

岩国米部隊 規則違反横行

16年沖縄での接触も判明

米海兵隊岩国基地(山口県岩国市)所属の戦闘機部隊で、重大事故につながりかねない規則違反が横行している実態が2日、第1海兵航空団(沖縄県)の調査報告書で分かった。手放しの操縦や飛行中の読書、ひげを整えながらの自撮りを含む。部隊では空中接触が相次ぎ、昨年12月には高知県沖で6人が死亡・行方不明になる墜落に発展した。安全軽視の運用が明らかになった。【関連記事3・30面に】

報告書は高知県沖で第242(全天候)戦闘攻撃中隊のFA18戦闘攻撃機と別の部隊のKC130空中給油機が接触した事故と、2016年4月に沖縄県沖で起きたFA18とKC130の接触事故を調査した。もともと高知だけが対象だったが、調べの過程で沖縄事故の存在がクローズアップされ、上部組織の第1海兵航空団が正式調査を指示した。沖縄事故は日本側に報告していなかった。いずれも空中給油中に発生し、同じ攻撃中隊に所属するFA18側に責任があった。

報告書は相次ぐ事故の背景として、部隊内に「薬物乱用、アルコールの過剰摂取、不倫、指示違反といった職業倫理にもとる実例」が存在したと指摘した。

高知の事故では乗員2人の尿から睡眠導入剤の成分が検出され、飛行任務に不適格だった可能性があると判断している。睡眠導入剤を無許可で処方しない軍医に対して不満を抱く隊員同士の通信アプリのやりとりもあった。

調査後、第1海兵航空団は隊長ら4人を更迭した。報告書によると隊長も機内で酸素マスクを外した姿を撮影し、通信アプリのプロフィルに掲載していた。隊員の携帯電話からは16年10月に夜間の空中給油を撮影した動画も見つかったという。沖縄の事故から約半年が経過していたが、規律は失われたままだった。

航空評論家の青木謙知さんは「戦闘のため極限状態にある米兵は自由な振る舞いがある程度、容認されてしまう。規律意識の低さが『あの部隊で許されているのだから』と軍全体に広がる危険性をはらんでいる」と警鐘を鳴らした。

南ア 3度目V

RUGBY WORLD CUP JAPAN日本2019

4年に1度、ラグビー世界一を決める第9回ワールドカップ(W杯)日本大会は2日、横浜市の日産スタジアムで最終日を迎え、決勝で南アフリカがイングランドを32―12で破った。2007年以来3大会ぶりの優勝で、ニュージーランドに並ぶ最多3度目の頂点に立った。【関連記事10・11・30面に】

アジア初開催の今大会で、日本が目標だった初の8強入りを果たす快進撃を見せて国内を熱狂させた。

解説

頻発する事故 組織緩み深刻

米海兵隊岩国基地(山口県)所属部隊が2016年に沖縄の事故を人為ミスとして重大視しなかったことで部隊の規律意識の低さや管理態勢の不備は改善されず、結果的に高知の墜落死亡事故につながった。米軍が兆候を見過ごし、死亡事故に結びつく例は過去にもあり、軽微な事案を精査する抜本的な対策が求められる。

規律と安全が確保されなければ、基地負担を強いられる地元の強い反発を招くのは必至で、日本との同盟関係にも亀裂が入りかねない。

報告書によると、沖縄の事故から約2週間後、乗員が所属する第242(全天候)戦闘攻撃中隊の隊長が交代した。後任の隊長は重大事案との引き継ぎを受けず、「事故としても扱われないだろうと聞かされた」と証言した。弛緩(しかん)した組織の体質にメスは入らなかった。

高知の事故では自衛隊も乗員の捜索活動に加わった。中国四国防衛局の関係者は「高知のような事故は二度と起きてほしくない」と語り、沖縄事故での海兵隊の不適切な対応を憤った。日本側に情報提供がなければ、再発防止は米軍に委ねるしかなくなる。

事故を未然に防ぐ機会を逃した経験があるのは海兵隊だけではない。米海軍では横須賀基地(神奈川県)を拠点とする駆逐艦が17年5月に長崎県・佐世保沖で商船に異常接近するミスがあった。駆逐艦は約1カ月後、静岡県・伊豆半島沖でコンテナ船と衝突、乗組員7人が死亡した。

海軍の事故報告書は「幹部が(ミスの)根本的な原因を特定し、修正する努力を怠った」と批判している。

天気 最高気温 最低気温

北部 飯山 17 5 / 長野 19 7 / 大町 16 5
中部 松本 18 7 / 上田 20 6 / 佐久 18 4 / 諏訪 17 7
南部 木曽 18 5 / 伊那 19 7 / 飯田 17 8

5㍉以上 5㍉未満
27面に詳しい天気情報

斜面

2019.11.3

企画書を見ながら違和感を抱いた。論理的にすっきりしているのだろうけど、心が動かないと。NTTドコモのiモード開発に携わった松永真理さんの回想だ。機能の高度化を追い掛ける技術者はユーザー目線から外れていると感じた◆それまで通話が中心だった携帯電話をインターネットに接続して、目に見える情報や娯楽を提供する。当時では画期的だったサービスをどう実現していくのか。編集者から転職したばかりだった松永さんは「子どもも簡単に使えるサービスを」と訴えた◆時にあつれきを生みながらも、親しみやすい名称や簡単な使い方で1999年に開始。発表会に記者が7人しか来なかったサービスは、11年後には約4900万契約に成長した。携帯でネットを見て、メールで写真も送る。携帯が生活に欠かせない道具になるきっかけをつくった◆iモードを7年後に終了するとドコモが発表した。吉沢和弘社長は「(機能は)スマホに受け継がれている」と記者会見で振り返ったが、成功体験に縛られ、スマホ時代に乗り遅れたことは否めないだろう。契約数は9月末で763万に落ち込んでいた◆国内独特の仕組みで、海外では売れなかった。世界ニーズと懸け離れ「ガラケー」と呼ばれた日本製品。閉ざされた社会で生物が独特の進化をしたガラパゴス諸島にちなむ。世界展開が前提だった米アップルなどとの違いはどこにあるのか。苦戦続きの国内企業がまだ解けない命題だろう。

きょうは文化の日

こと映え

純真無垢(むく)
心にけがれがない

上田市 太郎

応募方法30面に

購読のお申し込み 0120-81-4341 紙面の問い合わせ 026-236-3111 信毎web www.shinmai.co.jp
4910855730396 00136

第三種郵便物認可　信濃毎日新聞　2019年(令和元年)11月3日　日曜日　特集　28

被災地を歩く

飯山市　2日

申請開始　飯山市公民館で2日に始まった罹災証明の申請手続き。開始前から被災した人たちが並び、30分前倒しで始めた＝2日午前8時46分、飯山市飯山

力合わせて 心を込めて　本町商店街の駐車場で、えびす講の仮社殿を組み立てる商店主ら。「商店街から地域を盛り上げたい」との気持ちを込めた＝2日午前10時22分、飯山市飯山

1枚でも　千曲川の堤防に近い自宅の2階で、水に漬かった思い出のアルバムを乾燥させる藤巻さん。「1枚でも多く救いたい」＝2日午後2時44分、飯山市飯山

地域の未来 期待と不安

台風19号による大雨で千曲川の支流、皿川が決壊し、飯山市は中心部が水害に見舞われた。仮復旧状態の飯山市役所など被害の爪痕が残る場所はあるが、市民は2日始まった恒例の「飯山えびす講」に復旧への期待を寄せた。

「いっせーのせっ」。この日の朝、本町商店街の一角から威勢の良い声が聞こえた。市内の飯笠山神社に安置されたご神体を移す仮社殿の設置作業。精肉店店主の鷲野智雄さん(52)は「頑張って地域を元気にしていかないと」と商売繁盛を願った。

同じ頃、市公民館では罹災証明の発行手続きが始まっていた。訪れた住民らは不安な表情を浮かべ、市職員の説明を聞いた。上町に住む丸山章さん(61)は3年前に建てたばかりの自宅が半壊。受け取った証明書に目を落とし「二度ともらいたくないな」。

1階が浸水した市役所庁舎は床下の配電盤や通信回線が故障した。天井から回線を下ろして急場をしのぐが、あくまで仮復旧。施設管理を担当する庶務課は「年内には本復旧させたい」としている。

市役所近くの千曲川沿いに住む藤巻文子さん(65)宅は約1・5㍍まで浸水。水に漬かってふやけた、子どもたちの幼少期からの写真を2階で乾かした。1階では壁や床を交換する工事が進んでいた。

(文・赤池悠、写真・林克樹)

床下の機器が水に漬かって使えなくなり、天井から通信回線などを引いて業務に当たる飯山市役所1階＝2日午後1時52分

復旧工事が終わらず、ブルーシートで覆われたままの皿川の決壊現場。その横を飯山線の列車が通り過ぎる＝2日午前8時1分、飯山市飯山

被災後の10月下旬に営業を再開したうなぎ専門店「本多」。3連休の初日は大勢が訪れ、商売を活気づけた＝2日午前11時48分、飯山市飯山

千曲川決壊 地下浸透も要因か

専門家「水通しやすい層」

対策には限界「備え大切」

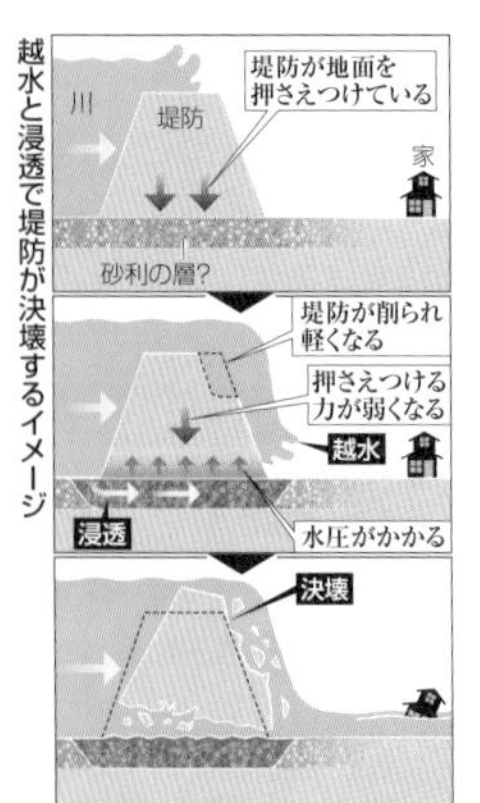

越水と浸透で堤防が決壊するイメージ

台風19号で長野市の千曲川の堤防が決壊したのは、越水による損傷だけでなく、大量の川の水が地下に浸透したことも要因の一つと専門家が分析している。水を通しやすい地盤だったとみられるが、地下構造の対策には限界があり、「素早く避難するために日頃からの備えが大切だ」と訴えている。

上流に降り注いだ大量の雨水が流れこみ、水が堤防を越えてから数時間のうちに、約70㍍にわたって決壊したとみられる。長野地方気象台によると、上流域では10月12日、それまでの1日当たりの観測史上最大雨量を大幅に上回る300㍉超の地点があった。

決壊直後に現地調査した新潟大の卜部厚志教授(地質学)は、決壊場所の地面が深く削られ、付近に大粒の石が積もっていたことに注目。「堤防の地下は水を通しやすい砂利の層なのではないか」と指摘。長野市立博物館によると、現在の堤防の場所は、江戸時代に存在した城の堀と一致するといい、卜部教授は地下に水の通り道がある可能性を示唆した。

近くに住む山本英章さん(71)は、2006年7月の豪雨の際に「堤防の下から水があふれ出していた」と話す。大量の水が地下に浸透したときに起こる「ボイリング」という現象とみられ、水が流れやすい地盤であることを示している。

卜部教授は決壊のメカニズムについて「あふれた水で堤防が削られて軽くなったことに加え、地下から水圧がかかることによって、水流に耐えられなくなったのではないか」と考察した。

06年の事態を受け、国土交通省は浸水対策工事を実施していたが、地下への水の浸透を完全に防ぐことは困難だ。川に沿って建設される堤防は場所を選べない。「水を通さない地盤に造るのはほとんど不可能に近い」と国交省の担当者は話す。

「人が住む平野は大昔の洪水によって平らになったところ。大雨が降れば、いつどこで水害が起きてもおかしくない」と卜部教授。「堤防だけに頼るのではなく、川の水があふれる前に素早く逃げ、自ら命を守る行動を取ることが必要だ」としている。

被災者の住まい確保への公的支援の基本的な流れ(浸水被害の場合)

- 住家流出または床上1.8m以上の浸水【全壊】→ 応急仮設住宅に入居可能【無償】(応急修理費支援は利用不可)
- 床上1m以上1.8m未満の浸水【大規模半壊】／床上で1m未満の浸水【半壊】→
  - 土砂などで住宅として再利用できない／修理のため長期間自宅に住めない → 応急仮設住宅に入居可能
  - 短期間で最低限の修理をして自宅に戻りたい → 住宅の応急修理費支援【上限59万5000円】(仮設住宅は入居不可)
- 全壊と大規模半壊は国の被災者生活再建支援制度(全壊 最大300万円、大規模半壊 最大250万円)　半壊は県と市町村による「信州被災者生活再建支援制度」(最大50万円)を利用可能
- 半壊に至らないが、住宅の損害割合が10%以上20%未満 → 住宅の応急修理費支援【上限30万円】

全国の死者88人に

台風19号の被害は、共同通信の集計で2日までに、死者は13都県88人(災害関連死を含む)、行方不明者は7人に上る。内閣府によると、10月下旬の記録的豪雨の影響もあり、3372人が避難所での生活を余儀なくされている。

総務省消防庁によると、確認された住宅被害は8万棟余り。内訳は全半壊が16都県6877棟、一部損壊が27都道府県6697棟。床上浸水は17都県3万2092棟、床下浸水は20都県3万6140棟。

厚生労働省によると、2県355戸で断水している。

台風19号による県内の人的被害
(1日午前10時時点、県災害対策本部まとめ)

市町村	死亡	重傷	軽傷	計
長野市	2	2	80	84
上田市		1	5	6
須坂市			6	6
中野市		1	1	2
飯山市		1	4	5
佐久市	1		18	19
千曲市			5	5
東御市	1		1	2
川上村		1		1
佐久穂町			2	2
軽井沢町			1	1
箕輪町			1	1
坂城町		1	1	2
合計	4	7	125	136

(注)不明者は佐久市で1人

台風19号による県内の避難所・避難者数
※1日午前10時時点、県災害対策本部まとめ

市町村	避難所	避難者数
長野市	12	752
千曲市	1	5
中野市	1	2
須坂市	1	129
合計	15	888

台風19号による県内の住宅被害
(1日午前10時時点、県災害対策本部まとめ)

市町村	全壊	半壊	一部損壊	床上浸水	床下浸水	計(世帯)
長野市	786	797	502	1722	1279	5086
松本市			4		2	6
上田市	1	7	187	15	40	250
岡谷市			4			4
須坂市	1	188	102			291
中野市			3	83	38	124
飯山市		169	334			503
佐久市	17	91	34	45	833	1020
千曲市				475	1202	1677
東御市			3	1	4	8
小海町				4	5	9
川上村					4	4
南牧村			1		2	3
南相木村		1		1	6	8
北相木村	2	3	5			10
佐久穂町				49	58	107
軽井沢町	2	3	4	1		10
立科町		3	32			35
青木村					1	1
長和町					25	25
辰野町		2	32			34
箕輪町			10			10
飯島町			1			1
南箕輪村			1			1
麻績村					3	3
筑北村					4	4
坂城町		1	36			37
小布施町				31	28	59
高山村					1	1
木島平村			1			1
野沢温泉村				10	10	20
信濃町		1	9			10
飯綱町			4			4
栄村				2	2	4
合計	809	1266	1309	2439	3547	9370

2日の県内の住宅被害、人的被害、避難所・避難者数の発表はなし。次回発表は4日。

長31　第一社会　6版　2019年(令和元年)11月3日　日曜日　信濃毎日新聞　新聞定価1ヵ月3,400円(うち消費税 251円) 1部150円(消費税込み)　第三種郵便物認可

被災地思う心 信州に

全国から2300人 炊き出しも

3連休初日

台風19号の被災地でのボランティア不足が課題になる中、3連休初日の2日、千曲川の堤防決壊で冠水した長野市北部を中心に、「平日の約3倍」(県社会福祉協議会)という2300人余のボランティアが駆け付けた。ただ、それでも目標数には届いておらず、現場ではさらなる支援を呼び掛ける声が聞かれた。

大阪府枚方市の市職員有志ら20人は長野市穂保の個人宅でごみ出しを手伝った。地元の祭りで売ったイカ焼きの収益を活動費に全国の被災地に駆け付けているという。枚方市は昨年の大阪北部地震や台風21号で被災。副代表の岩坪秀哉さんは「全国から支援が集まった。感謝の気持ちも込めて参加した」と話した。

中古自動車販売業などを営むスリランカ出身のマルズウク・ラシードさん(42)は三重県鈴鹿市から仲間9人と参加。「日本は災害が多いが、必ず元に戻ろうとする人たちの姿が好き」と言い、ごみの分別作業に汗を流した。

ただ、長野市赤沼で水を吸った畳を他のボランティアらと片付けていた愛知県蟹江町の会社員石橋和彦さん(28)は「男5人でもかなり重く、枚数も多い。若い人の手が圧倒的に足りない」とし、学校や会社がボランティア参加を後押ししてほしいと訴えた。

県社協の把握分だけで、2日は長野市で2300人が活動。前週の土曜日より500人近く増えたものの、市内の休日の目標2500人は下回っている。県社協は「本格的な冬も近い。引き続き多くの支援をいただけるとうれしい」としている。

◇

この日は、炊き出しなどでボランティアや住民を後押ししたり、被災住民に生活上の課題や欲しい支援を聞き取ったりする有志の姿も。長野市豊野町では、愛知県碧南市のボランティア団体がうどんや五平餅を振る舞った。石川県加賀市からボランティアで訪れた会社員佐々木謙人さん(44)は「温かいものを食べることができ、ありがたい」。

その隣ではNPO法人レスキューストックヤード(名古屋市)が被災住民にアンケートを実施。住宅の被災状況や夜間は避難所と自宅のどちらで過ごすか、食事、洗濯など生活面・健康面などの悩みを聞いた。2日までの3日間で約120世帯の声を集めたといい、同法人の浦野愛さん(43)は「配慮が必要な被災者の情報を行政に報告するなど支援活動につなげたい」と話していた。

ボランティア 東北にも続々

3連休初日の2日、台風19号で被害を受けた各地には、多くのボランティアが集まった。

宮城県丸森町の蓬田由美子さん(51)宅で、土を洗い流したり、泥をかき出したりしていたのは東京都千代田区の会社員荒井重行さん(51)。以前、同県栗原市に住んでいたといい、「宮城のために何かしたいと思って参加した。まだまだやるべきことがあると実感した」と話す。蓬田さんは「自分たちだけでは全く片付かない。人手があって助かった」と感謝していた。

福島県いわき市の受付には午前9時前から地元の高校生らが列を作り、最終的に380人が参加。同市平窪地区では磐城高校3年の男女6人が佐久間裕美子さん(61)宅を訪れ、側溝や室内の泥をはけなどでかき出した。うち1人の加沢知里さん(17)は東日本大震災で津波の被害を受けた家の片付けをボランティアに手伝ってもらった経験がある。「困っている人の力になれればと思って参加した。改めて作業が大変だと感じた。また参加したい」と話した。

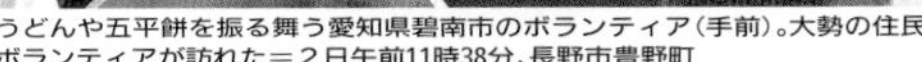

うどんや五平餅を振る舞う愛知県碧南市のボランティア(手前)。大勢の住民やボランティアが訪れた＝2日午前11時38分、長野市豊野町

県内団体 避難所に物資

千曲川氾濫で避難所が設けられている長野市豊野西小学校で2日、親子向けの催しを企画する「信州こどもプロジェクト」(長野市)と生活困窮者支援に取り組むNPO法人ホットライン信州(松本市)などが支援物資を配った。

いずれも各団体に寄せられた寄付品で、校庭の一角にカップ麺などの食品や飲料水、紙おむつ、歯ブラシ、冬物の衣類などを並べ、スタッフが「必要なものをどうぞお持ちください」。長野市穂保の原田恵美子さん(64)は「洋服が全部流されてしまったのでありがたい」。綿あめやポップコーンの振る舞いもあり、別の女性(76)は「避難所に楽しい雰囲気が出て良かった」と笑顔を見せた。

ホットライン信州専務理事の青木正照さん(69)は「(被災者が)自宅で生活できるようになれば必要な物がさらに出てくる。支援を続けていきたい」と話していた。

豊野西小の避難所で支援物資を受け取る人たち(左)。笑顔がこぼれた＝2日、長野市豊野町

長沼小体育館で大人と遊ぶ子どもたち＝2日、長野市津野

被災体育館 住民が清掃

長野・長沼小

長野市長沼地区などの住民らでつくるNPO法人「長野スポーツコミュニティクラブ東北」が2日、台風19号の被災後、続けてきた地元の長沼小体育館の清掃活動をほぼ終え、大人と子どもたちとで体を動かし、汗を流した。

体育館は災害が起きるまでクラブ内のミニバスケットボールチームの練習場所。10月16日から保護者やOBの高校生らが清掃を始め、重機も使って床上の泥をかき出し、消毒し、31日にはワックスをかけて使えるようにした。この日は小学生約20人と保護者、OBらがバスケットボールや大縄跳びを楽しんだ。

チームコーチで同市富竹の長峰功さん(63)は「子どもたちはこの間、自由に運動できずストレスもあったと思う。元気な姿を見られてほっとした」。長沼小校舎はまだ使えず、児童らは他校の教室を借りなければならない状態だが、同NPO理事長で長沼地区住民自治協議会長の柳見沢宏さん(67)も「学校復活が長沼の復活につながる」と子どもたちの姿をうれしそうに見つめていた。

冬の避難所「睡眠効率」低下

豊橋技科大教授ら「十分な防寒を」

災害時に避難所として使われる体育館では、冬場に睡眠効率が1割以上低下し、「眠りにくい」ことが豊橋技術科学大(愛知県豊橋市)の都築和代教授らの研究で分かった。都築教授は「配布される寝具だけでは不足し、十分な防寒が必要」と指摘している。

研究グループは1～3月の期間に、冷暖房のない大学の体育館を避難所に見立て、寝具の条件を変えて睡眠時の身体データを収集。就寝から起床までの7時間のうち、身体が動いた覚醒時間を引いた睡眠時間を比較した。

自宅で眠った場合は約400分だったのに対し、体育館で布団を使うと約368分、災害救助用毛布4枚では約348分だった。「睡眠効率」はそれぞれ98.3%・91.2%・86.4%となり、最大で10ポイント以上低かった。

都築教授は「避難所に十分な寝具があるとは限らない。ゆったりした靴下で末梢(まっしょう)部を保温したり、着る服を増やして断熱効果を上げたりするなどの対策を取るのが望ましい」と話している。

あんずちゃん

田中しょう

まあまあ ようこそ!!
ごぶさたしてます…
さあ どうぞ
さあさあ
それが…ヒザが痛くてね…
足をおくずし下さい
いやはや…腰も痛くてすわってられなくてね…
立ってる方が楽なんです…
おやおや
こんな格好で失礼してます…
はあ

首里城正殿1階で炎

火災発生時映像 火元とほぼ断定

那覇市の首里城で木造3階建ての正殿などが焼失した火災で、発生直後に正殿1階で炎が噴き上がる映像が防犯カメラに記録されていたことが2日、分かった。沖縄県警は、警備員らの証言も踏まえ、正殿1階が火元とほぼ断定。炎が上がっていた北側を中心に実況見分を進め、出火原因の特定を急ぐ。

正殿1階の北側付近に配電設備が設置されていることも関係者への取材で新たに判明。県警は火災との関連の有無を慎重に調べる。捜査関係者によると、正殿内に外部から侵入した形跡はなく、県警は放火の可能性は低いとみている。

一方、首里城を管理する一般財団法人「沖縄美ら島財団」は2日、寄満と呼ばれる建物や南殿の収蔵庫を開け、県指定有形文化財を含む絵画や漆器など計1075点の確認を始めた。収蔵庫には耐火性能があるが、目視では一部が焼けたり、ぬれたりした可能性があるという。

消防などによると、正殿では10月31日午前2時34分、熱に反応するセンサーが作動し、同50分ごろに消防が到着。関係者によると、防犯カメラは正殿外観を写しており、消防到着前、1階東側の外に向かって中から炎が噴き上がっている様子が記録されていた。

高原調

○…神奈川県藤沢市の観光キャラバンが2日、松本市の信毎メディアガーデンを訪れた。「海の王子」「海の女王」の大学生ら4人が江の島などの魅力をPRした＝写真。

○…一行は3日に松本市街地で開く「松本まつり」で釜揚げシラスや干物を販売する予定。江の島の灯台を照らすイルミネーションや、江の島の磯で取れる伊勢エビを使った海の幸をアピールする。

○…一部飲食店でしか出していない江の島産伊勢エビは「王子や女王にもなかなか食べさせてもらっていない」といい、「2019湘南江の島海の王子」で大学2年の小野寺颯人さん(20)は「僕たちもぜひ食べたいです」。

1　第49338号　【明治25年３月15日第三種郵便物認可】　信濃毎日新聞　統合　2019年（令和元年）11月4日　月曜日　日刊　6版

2019年（令和元年）
11月4日
月曜日

信濃毎日新聞
1873年（明治6年）創刊
発行所　信濃毎日新聞社
長野本社　〒380-8546 長野市南県町657番地　電話（026）受付236-3000　編集236-3111　販売236-3310　広告236-3333
松本本社　〒390-8585 松本市中央2丁目20番2号　電話（0263）代表32-1200　報道32-2830　販売32-2850　広告32-2860

長野の被災者宅 記者もボランティア参加

「今できることを」思い一つ

初対面「仲間」と連携し泥片付け

台風19号によって千曲川の堤防が決壊してから3日で3週間がたった。3連休中日の3日。甚大な浸水被害が出た長野市北部を管轄する市北部災害ボランティアセンターには朝からボランティア登録の人が行列を作った。被災地を支援しようと同市に集まったのはこれまで最多の3578人。記者もその1人として参加した。西日本豪雨で被災した岡山県倉敷市真備町でボランティア活動した経験から、今回も自分で体験し、現状を伝えたいと考えた。（春日基弘）

中沢さん宅の床下にたまった泥を除去するボランティア＝3日午後0時2分、長野市津野（梅田拓朗撮影）

「被災された方の気持ちに寄り添った活動を心掛けてください」。男性スタッフが呼び掛けた。受け付けを済ませ5人が1チームに。自己紹介をしてマイクロバスに乗り込み、活動場所を割り振る「津野サテライト」に向かった。

千曲川の堤防決壊で浸水した道路は、車が走ると砂ぼこりが立つ。歩くとかすかに泥のにおいがする。真備町でも復興には相当の時間がかかっており、1カ月後でも多くのボランティアが必要だった。

床上1㍍ほど浸水し、住めなくなった長野市津野の中沢英明さん(56)宅が活動場所になった。既に10人ほどのボランティアや、中沢さんが校長を務める小学校の同僚が床下の泥を取り除く作業を進めていた。

中沢さん宅は、小学生の頃に父親が建て替えた。かつて養蚕で使われた2階部分は、新築を機に子ども部屋に。中沢さんが過ごし、今は次女(14)の部屋だ。

中沢さんが1階の床下の木材をバールで外す。数人が地面に降り、スコップや鋤簾（じょれん）で泥をすくった。記者は泥が入ったバケツや籠を受け取り、一輪車で50㍍ほど離れた泥捨て場と往復した。

「板からくぎが出てます」「このバケツお願いします」。ボランティアはみな初対面だったが、声を掛け合い、連携した。

すぐに、みな全身泥まみれに。泥はとても重い。除去はなかなかはかどらないが、「今できることをやろう」と自分に言い聞かせた。

一緒に作業した市内の佐藤芳美さん(65)はこれまで飯山市や長野市穂保でも活動したという。何回も参加するのは「早く復興してもらいたい」との思いからだという。

足腰や腕もくたくたになり、昼食休憩になった。パート従業員小林久美子さん(40)＝長野市石渡＝があめを配ってくれた。10月31日にもボランティアをした際、看護学生にもらったといい、「今度は自分が」と持参したという。「いろんな所から来ても同じ目的で集まった仲間」と小林さんは言った。

作業は午後2時半に終了。泥の除去は完全には終わらなかった。「今は家を元通りに直すつもり」と中沢さんは記者に話した。また住めるようになるには、気が遠くなるような状況だが、それでも少しずつでも作業を進めるしかない。繰り返しボランティアに参加している人も多くいるが、まだまだ多くの手が必要だと感じる。

10万票余を得てグランプリに輝いたタキシード姿のアルクマ（中央）

アルクマ ゆるキャラ No.1

長野でGP「明るい話題提供」

投票でご当地キャラクターなどの日本一を決める「ゆるキャラグランプリ2019」の結果発表が3日、長野市エムウェーブで開かれ、活動10周年を迎えた長野県のPRキャラクター「アルクマ」が10万票余を獲得して「ご当地部門」のグランプリに輝いた。県内は台風19号の被害を受けただけに「明るい話題を提供できたことがうれしい」と、通訳を介し語った。

実行委主催で9回目。自治体や企業などのキャラクター計789体がエントリーし、インターネット投票と、イベントの現地投票を合算して順位を決めた。

アルクマの過去最高位は17位だったが、地元開催の今年は得票数を大きく伸ばし、10万6419票を集めた。2位となった「一生犬鳴！イヌナキン！」（大阪府泉佐野市）とはわずか61票差だった。ファン歴9年という飯田市の会社員、飯島利佳さん(29)は「今まで活動を頑張ってきた努力が実を結んでくれた」と喜んだ。

会場に設けられた長野県のPRブースでは、被災者支援の募金活動も行われた。

佐久の不明男性 遺体発見

県内犠牲者5人目

三石量正さん

県災害対策本部は3日、佐久市中込の千曲川の中州で、台風19号による災害で行方不明になっていた同市入沢のタクシー運転手、三石量正（かずまさ）さん(68)の遺体を発見したと発表した。付近を捜していた三石さんの親族の関係者が見つけた。県警は解剖して死因を調べる。台風19号に伴う災害による県内の死者は5人となり、行方不明者はいなくなる。

同本部関係者によると3日午後2時半ごろ、三石さんの長女の知人が国道141号浅蓼（りょう）大橋から下流20～30㍍にある中州で心肺停止状態の男性を見つけ、110番通報。駆けつけた佐久署員らが同5時46分、流木や砂に埋まった男性を掘り出した。衣服は身に着けていた。搬送先の佐久署で同9時40分に死亡が確認され、歯型から三石さんと判明した。

現場は三石さんの自宅から8㌔ほど北西の千曲川下流域。

三石さんは10月12日午後5時40分ごろ、「土のうをもらいに行ってくるか」と言い残し、軽トラックで近くの小学校へ向かったきり行方不明になった。県警が佐久市から飯山市までの千曲川を捜し、親族らも自主捜索を続けてきた。同31日には佐久市入沢区など四つの区でつくる青沼地区の住民や佐久署員ら約210人で大規模捜索をしていた。

浅蓼大橋下流の千曲川の中州を調べる捜査員ら＝3日午後5時10分、佐久市

被災中小に最大3000万円

政府支援策

政府が検討している台風19号の被災地支援で、中小企業の再建に最大3千万円を支給する補助金制度を策定することが3日、分かった。経営体力に乏しい中小の資金繰りを支えることで、地域経済の落ち込みを避けるのが狙い。安倍晋三首相が指示した対策パッケージの柱となる。7日の非常災害対策本部会議でまとめ、8日に閣議決定する。

パッケージには中小企業のほか、農業や交通、防災などの各分野の支援策を盛り込む。農業はリンゴ農家の支援拡充、交通はバスによる鉄道の代替輸送費用補助などを講じる。予算は全体で1千億円規模とみられ、2019年度予算の5千億円の予備費などから捻出する。

農林水産関連では、台風19号などの長野県を含む38都府県の被害額が3日午前9時時点で1754億円に上っている。江藤拓農相は3日の千葉県佐倉市の会合で、リンゴ被害について「農家にとって大きな問題だ」と語った。冠水したリンゴの植え替えで収入が途絶えることを念頭に、支援策を拡充する考えを示した。

天気

最高気温／最低気温

地域	地点	最高	最低
北部	飯山	13	10
北部	長野	14	10
北部	大町	13	7
中部	松本	15	8
中部	上田	15	9
中部	佐久	14	7
中部	諏訪	14	8
南部	木曽	16	7
南部	伊那	17	9
南部	飯田	18	9

6時　12　18　24／5日　6日　7日
5㍉以上　5㍉未満
19面に詳しい天気情報

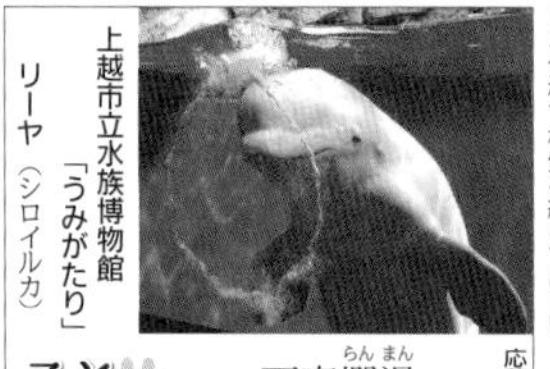
上越市立水族博物館「うみがたり」　リーヤ（シロイルカ）
ことば映え　天真爛漫（らんまん）　無邪気に振る舞う
応募方法22面に

斜面

2019.11.4

「自分の命、大切な人の命を守るため」。水色と白のチェック柄を背景に職員が切迫した表情で注意を呼びかける。大災害が相次ぐ近年は見慣れてしまった感もある気象庁の記者会見だ。台風19号で上陸の3日前から緊急会見が開かれた◆分かりやすさや危機感の表現には苦心しているようだ。伝わってなんぼの気象情報だが、かつては国民に伏せられた時代があった。太平洋戦争の開戦に合わせ軍部が機密扱いにした。新聞やラジオの天気予報が終戦まで消えた。気象管制と呼ばれる◆気象庁の前身である中央気象台の岡田武松台長は抵抗したという。甚大な被害が出た1934年の室戸台風を教訓に、注意報に当たる「気象特報」を設けるなど周知に工夫を重ねていた。軍部に抗しきれず「気象台の独立」を失うのはやり切れなかった。開戦の前に台長を辞めている◆元職員古川武彦さんが書いた「気象庁物語」で知った。後を継いだのは諏訪出身の藤原咲平台長だ。「こうなった以上は」と協力したが、自然と真摯（しんし）に向き合う「測候精神」を職員に説く。古川さんは「やはり岡田の考えを受け継いでいる」とみる◆災害の激化で伝え方の重要性は増している。19号への長野県民の警戒感は静岡などより薄かった。会見で伊豆や関東を襲った58年の狩野川台風を取り上げ、他地域の警戒感を薄めてしまったとの批判もある。気象庁は発信の在り方を検証するという。岡田に通じる気概で模索を続けてほしい。

購読のお申し込み　0120-81-4341　紙面の問い合わせ　026-236-3111　信毎web　www.shinmai.co.jp
4910855730495 00136

あんずちゃん　田中しょう

正殿北側で電気設備回収
首里城　火災との関連調査へ

那覇市・首里城の火災で沖縄県警などは3日、実況見分を続けた。火元とみられる正殿の北側には配電設備が設置されていたことが分かっていたが、同日、大型の電気系統設備が見つかり、回収された。火災との関連を慎重に調べる。

専門家は木造の上、内部の仕切りが少なく広い空間がある正殿の構造が、火勢が強まる要因になったとの見方を強めている。城内の建造物のほとんどに使用されていた特殊な塗料も、延焼の誘因となった可能性があると指摘する。

東京理科大の菅原進一名誉教授（建築防災学）は「壁などの仕切りが少なく、空間が大きいと火は一気に広がる」と指摘する。「木造の上、史料などの収容物があったとすれば、次々と燃えて、火を広げていっただろう」と推測した。

文化財の保存、修理に長年携わり、首里城「守礼門」の塗り替えも担当した屋部憲右さん(76)は、塗料に使われていた「桐油」に着目する。桐油は植物アブラギリの種子から採れる油で、防水性の高さが特徴だが、燃えやすい性質も持つ。

首里城を管理する財団によると、城内の建造物の大半は漆の下地に桐油と顔料を混ぜたものを上塗りしてあるという。

飯山 復興祈るえびす講
中心街 150店浸水被害
ルポ 千曲川氾濫

大正時代から続く「西宮神社飯山えびす講」の歩行者天国が3日、飯山市の街なかであった。上町、本町、仲町の各商店街が協力し、毎年開いてきた中心街最大の催し。だが今年は、台風19号による千曲川支流、皿川の氾濫で上町、仲町を中心に約150店が浸水。うち2割は復旧のさなかで、本町のみでの開催となった。被災した店、免れた店。それぞれに地域復興への思いを寄せる祭りになった。

フリーマーケットを開いた飯山小の子どもたちと話す滝沢さん（右）＝3日、飯山市飯山本町

「こんな時こそ」悩んだ末の開催
常連の励まし「営業再開したい」

「わざわざ来てくれてありがとう」。洋品店を営む滝沢博信さん(66)が、歩行者天国になった本町通りを一店一店回り、声を掛けていた。本町商店街協同組合の代表理事を務めて16年。かつてない形の開催ながら、にぎわいは例年と変わらなく見えた。「こうして笑顔で触れ合えるのが商店街のよさ。やっぱりやってよかった」と、ほっとした表情で口にした。

イベントの出演依頼や福引券の手配など準備が進んでいた10月13日。上町、仲町だけでなく本町の一部も泥水に漬かった。廃業が相次ぐのではないかとささやかれる中、3日後、商店街と飯山商工会議所が、えびす講を開くべきかどうか話し合った。

肩寄せ合うように商売してきた土地柄。被災した商店主たちの顔が浮かび、滝沢さんは何も言えなかった。「こんな時だからこそ本町だけでもやるべき」。そういう声もあった。25店全てが浸水した上町の代表で雑貨店主の島田一彦さん(51)が切り出した。その一言が、重苦しい空気を振り払った。

◇

10日ほどたった日。本町通りから約20㍍しか離れていない老舗すし店「よし清」の4代目、上松貴志さん(50)から滝沢さんに電話があった。「参加できそうにないです」。いつも元気な上松さんの恐縮しきった声に、滝沢さんは「復旧に専念して」というしかなかった。

えびす講は商店主たちの書き入れ時。小学生の頃からごった返す店内を上松さんもよく覚えている。そのよし清の出前を、滝沢さんもえびす講の日に必ず頼んできた。特別な日。にぎわいに備え、洋品店で増員したアルバイトらに振る舞うためだった。

よし清は40㌢床上浸水し、小上がりも「沼のように」泥水に漬かった。えびす講までに営業再開したかったが、床下や机、食器類の消毒などに想像以上に時間がかかった。えびす講に休むのは、おそらく1885（明治18）年の創業以来という。

ただ上松さんは、えびす講開催の決定を聞き、うれしかった。高齢化などで空洞化が進む「市街地がにぎわう数少ないイベントですから」と言う。心意気を同じくするそんな仲間の元を、歩行者天国前日の2日、滝沢さんは訪ねた。店の再開見通しを語る上松さんは元気そうに見えた。「おいしいすしを早く食べさせてな」と声を掛けた。

◇

迎えた3日。「よりによって何でこの日に」と苦笑いしながら、上松さんは罹災証明書の手続きで市公民館に出掛け、帰るとまた、店先で泥水に漬いた椅子を洗った。えびす講のざわめきが聞こえてくる。この日に毎年来店する常連客がやって来た。「大変だね。早く営業してね」。胸が熱くなった。

辺りが薄暗くなり始めた頃、片付けを切り上げた上松さんは「いろいろな人に声を掛けてもらい、うれしい一日でした」と語った。7日の営業再開を目指すという。同じ頃、店じまいの始まった通りを滝沢さんも見ていた。笑顔で家路に就く子どもたち。「おつかれさん」と声を掛け合う商店主たち。「これまでで一番印象に残るえびす講になりました」。滝沢さんの目に、うっすら涙が浮かんでいた。

（文・赤池悠、実延達郎、写真・秀弘樹）

えびす講でにぎわう本町通り（左奥）近くで、浸水した店の椅子を洗う上松さん＝3日、飯山市南町

SF小説「ねらわれた学園」
眉村卓さん死去
85歳

「ねらわれた学園」「消滅の光輪」などでSF小説の名手として知られた作家眉村卓（まゆむら・たく、本名村上卓児＝むらかみ・たくじ）さんが3日午前4時1分、誤嚥（ごえん）性肺炎のため大阪市阿倍野区の病院で死去した。85歳。大阪市出身。葬儀・告別式は9日午後0時半から、大阪市阿倍野区阿倍野筋4の19の115、やすらぎ天空館で。喪主は長女知子（ともこ）さん。

大阪大卒。れんがメーカー勤務の傍ら、SF同人誌「宇宙塵」に参加。1961年に「下級アイデアマン」がSF小説のコンテストに入選し、デビュー。65年から専業作家となり、星新一さんや小松左京さんらと共に、草創期の日本のSF小説をリードした。

79年、人類が入植した惑星が舞台のSF「消滅の光輪」で泉鏡花文学賞と星雲賞を受賞。87年、「夕焼けの回転木馬」で日本文芸大賞。

少年少女向けのSF小説も多く手掛け、大ヒットした「なぞの転校生」「ねらわれた学園」は映画やドラマにもなった。

97年にがんで余命宣告を受けた妻悦子さんを励ますため、2002年に亡くなるまで毎日1話ずつショートショートを書き続けた。妻との思い出を振り返った04年刊行の「妻に捧げた1778話」はベストセラーとなり、映画化された。

高校生の頃から俳句に親しみ、09年に句集「霧を行く」を刊行。日本ペンクラブ副会長や大阪芸術大客員教授も務めた。日本SF作家クラブ名誉会員。

数年前に食道がんが見つかり、摘出手術を受けた。今年10月上旬に体調を崩して入院したが、病床で集大成的なSF小説の執筆を続けていたという。

鈴木　赳氏（すずき・たけし＝鈴木清県議の父）3日死去、97歳。長野市出身。自宅は長野市若槻東条709。弔問受け付けは5日正午、葬儀は午後1時から長野市大豆島5202、JA虹のホールまめじまで。喪主は長男清（きよし）氏。

鹿又　透氏（かのまた・とおる＝バリトン歌手）10月27日午前8時20分、大腸がんのため東京都江東区の病院で死去、56歳。東京都出身。葬儀・告別式は既に行った。喪主は妻でソプラノ歌手松原有奈（まつばら・ゆな、本名鹿又由菜＝かのまた・ゆな）さん。

オペラ「フィガロの結婚」のアルマビーバ伯爵など多くの役を演じた。町田シティオペラ協会を立ち上げて理事長を務めたほか、全国各地で音楽の指導にも尽力した。

高原調

○…上田市神科地区にある山城「砥石（といし）・米山（こめやま）城」一帯で3日、第36回砥石・米山城まつりが開かれた＝写真。戦国武将の村上氏がコメを水に見立てて武田氏を欺いた「白米伝説」の再現などがあり、約9千人でにぎわった。

○…砥石城を拠点にした村上義清は武田信玄に包囲され、水不足で追い詰められた。その際、水に見立てたコメを馬の背に流して馬を洗う余力があると見せ掛け、ひるんだ武田勢を撃退したと伝わる。

○…白米60㌔が茶色の馬の背から流されると、集まった人たちは夢中で写真撮影。同市の柳沢みゆきさん(74)は「遠くからだと水に見えたのかなあ」と思いをはせた。

「安らかに」京アニファンら犠牲者追悼

京都アニメーション放火殺人事件の犠牲者36人を追悼するため、ファンに向けた「お別れ　そして志を繋（つな）ぐ式」が3日、京都市左京区の京都市勧業館「みやこめっせ」で開かれた。「京アニを見守って」「安らかに眠ってください」。朝から途切れることなく訪れたファンらは、それぞれの思いを込めて祈った。4日も開催される。

参列者には京アニのメッセージを記したカードなどが配られた。ファンらは白や黄色の花で飾られた祭壇の前で合掌。静かな会場に、すすり泣きが響いていたという。

茨城県守谷市の会社員稲森優子さん(39)は「事件現場を見るのがつらく献花に行けなかった。追悼の場を設けてもらい、ありがたい」と話した。「祭壇を前にすると何も言葉が出なかった」と涙を見せた。京アニへの感謝や励ましを口にするファンも多くいた。岡山県津山市から訪れた看護師藤原桂子さん(46)は「耳が悪いので、『聲（こえ）の形』を見て勇気をもらった」と語った。

犠牲者を追悼する「お別れ　そして志を繋ぐ式」に参列したファンら＝3日、京都市

第三種郵便物認可　信濃毎日新聞　2019年(令和元年)11月4日　月曜日　特集　20

片付ける　倒れたブロック塀を片付けるボランティア＝3日午後1時58分、長野市津野

泥だらけで　全身泥だらけになり、座って休憩するボランティア＝3日午後1時45分、長野市津野

運び出す　災害ごみの運び出しに奔走するボランティアの軽トラック＝3日午後3時9分、長野市赤沼

活動先に向かうボランティアの列＝3日午前10時50分、長野市津野

かき出す　側溝にたまった泥をかき出すボランティアの中学生＝3日午後1時18分、長野市津野

被災地の復興へ奮闘

長野市 3日のボランティア最多3578人

3連休中日の3日、台風19号の被災地の長野市に駆け付けたボランティアは3578人に上り、台風で被害が出て以降、最多となった。県社会福祉協議会によると、前日の2300人から1200人余増え、これまでの最多だった10月20日の3039人も超えた。ボランティアは住宅や農園に入り込んだ泥をかき出し、水没した家具を搬出して汗を流した。県社協は「泥などは雪が降る前に片付けないと大変。平日を含め、今後も力添えを頂きたい」としている。

ボランティア（左）に具だくさんの温かいみそ汁を振る舞った市民有志の炊き出し＝3日午後0時35分、長野市穂保

顔や帽子にも泥を付着させながら活動に集中するボランティア＝3日午後2時42分、長野市津野

活動終了後、泥だらけの一輪車やスコップなどを高圧洗浄機で洗い流すボランティア＝2日午後3時、長野市穂保

感謝の言葉　ボランティアへの感謝の言葉を近くの男性が書き込んだ看板。男性は「一生懸命やってくれるボランティアの人に感謝しかない」＝2日午後1時14分、長野市穂保

関谷直也・東大准教授に聞く

台風19号　通過後の防災対応に課題残す

個別の河川情報　丁寧に伝える姿勢重要

【甚大な被害が出た台風19号。気象庁は上陸前の早い段階から警戒を呼び掛けた】　上陸前日、気象庁は1958年に千人以上の犠牲者を出した「狩野川台風」に匹敵する恐れがあると表現したが、これが適切だったか気になっている。伊豆をはじめ静岡県や関東の被害が大きそうというイメージにつながり、台風がこれらの地域を通過した後の防災対応に課題を残した。進路を見れば東北に影響が及ぶことはある程度予測できたのに、メディアも含めて情報発信が不十分だったと思う。

気象庁は近年、分かりやすく危険を伝えようと「東海豪雨並み」など過去の災害を例示してきたが、今回のように広域災害の可能性がある場合はイメージの固定化によるマイナス面を考慮すべきだ。防災関係者はともかく、そもそも多くの人は60年以上前の台風を知らない。受け手の了解がない情報で良かったのか、考えないといけない。

台風19号の災害が広域に同時多発したという点は昨年の西日本豪雨と似ている。千曲川や阿武隈川の支川との合流点など過去に災害が起きた地域、もともとリスクを抱えていた地域が多く被災したのも特徴だ。

人的被害は急に河川の水位が上昇した地域で多い。暴風の印象が強かった台風15号の残像から、氾濫などに意識が向かなかった面がある。夜間の台風だったことも「屋内にとどまる」という選択につながり、自宅で被災したケースもあった。

【気象庁は今回、13都県に大雨特別警報を出した】　大雨特別警報の印象が社会に強すぎるのは問題だ。特別警報が解除されても、時間がずれて生じる河川の氾濫や堤防決壊に注意が必要だったのに意識が向きにくい一因となってしまった。

根本的な問題は河川の情報が伝わっていないことだ。特別警報と避難情報だけが目立ってしまい、本来注目すべき河川が置き去りになっている。技術的には可能なのだから、個別の河川の情報を避難情報と結びつけて丁寧に伝えていく姿勢が重要だ。

大雨・洪水の警戒レベルが導入された今年は「全員避難」という表現が増えたが、妥当かどうか。今回の水害では自宅の2階に上がれば助かったケースが多かったはずだ。平屋やアパートの1階に住むような人を念頭に置いた、より具体的な表現を考えるべきだろう。

当たり前だが、台風は移動する。ということは災害が起きうる地域が移っていくことでもある。災害発生に1～2日、社会の警戒が必要なことが台風の特徴で、今回も警戒モードに突入して1日前後経過してから堤防が決壊した地域もある。社会の緊張感が持続するような呼び掛け方も考えないといけないだろう。

せきや・なおや　1975年、新潟市生まれ。専門は災害情報論。著書に「『災害』の社会心理」など。

被災者の住まい確保への公的支援の基本的な流れ（浸水被害の場合）

被害の程度	状況・支援	制度
住家流出または床上1.8m以上の浸水　**全壊**	応急仮設住宅に入居可能　**無償**（応急修理費支援は利用不可）	全壊と大規模半壊は国の被災者生活再建支援制度（全壊 最大300万円、大規模半壊 最大250万円）半壊は県と市町村による「信州被災者生活再建支援制度」（最大50万円）を利用可能
床上1m以上1.8m未満の浸水　**大規模半壊**	土砂などで住宅として再利用できない／修理のため長期間自宅に住めない	
床上で1m未満の浸水　**半壊**	短期間で最低限の修理をして自宅に戻りたい → 住宅の応急修理費支援　**上限59万5000円**（仮設住宅は入居不可）	
半壊に至らないが、住宅の損害割合が10%以上20%未満	→	住宅の応急修理費支援　**上限30万円**

全国　行方不明6人に

台風19号の被害は、共同通信の集計で3日までに、死者は13都県89人（災害関連死を含む）、行方不明者は6人に上る。内閣府によると、10月下旬の記録的豪雨の影響もあり、3169人が避難所での生活を余儀なくされている。

総務省消防庁によると、確認された住宅被害は8万棟余り。内訳は全半壊が16都県7534棟、一部損壊が27都道府県7540棟。床上浸水は17都県3万2131棟、床下浸水は20都県3万6149棟。

国土交通省によると、土砂災害は20都県で798件が確認され、堤防の決壊は7県の71河川140カ所。

1 第49339号 【明治25年3月15日第三種郵便物認可】 信濃毎日新聞 2019年(令和元年)11月5日 火曜日 日刊 9版★

2019年(令和元年) 11月5日 火曜日

信濃毎日新聞
1873年(明治6年)創刊
発行所 信濃毎日新聞社
長野本社 〒380-8546 長野市南県町657番地 電話(026) 受付236-3000 編集236-3111 販売236-3310 広告236-3333
松本本社 〒390-8585 松本市中央2丁目20番2号 電話(0263) 代表32-1200 報道32-2830 販売32-2850 広告32-2860

リンゴ畑に漂着 どうしたら…

車・灯油タンク 長野の被災農家「撤去できぬ」

市、所有者不明の対応難しさ

台風19号による千曲川の堤防決壊で被災した長野市長沼地区で、車や灯油入りのタンク、ドラム缶、家財道具などがリンゴ畑に漂着し、農家を悩ませている。住宅の片付けで手いっぱいな上に危険物もあり、流れ着いた泥と共に畑に残されたまま。営農を続けようにも所有者がいるものにはむやみに手を出せず、「自分たちだけでは撤去できない。何とかならないか」と市などに対応を求めている。

同市穂保の男性(68)が所有するリンゴ畑には4日も、流れ着いたままの軽乗用車があった。男性は大量の泥や持ち主も分からない車を見つめ、「個人で片付けるには限界がある。行政に協力してもらわざるを得ない」と嘆いた。

穂保の別のリンゴ畑では、ひっくり返った軽トラック、灯油入りのタンクの他、木製の外壁の一部などが散乱したままだ。畑を所有する女性(71)は「いろいろな物が流れてきてどうしたらいいか分からない。まだ自宅の片付けで手いっぱい」。穂保の金沢勉さん(62)も自分のリンゴ畑に家財道具などが流れてきたといい、「危険な物もあるかもしれない。市は早く調査してほしい」と訴える。

同市津野でリンゴを栽培する高橋睦夫さん(82)の畑には200㍑のドラム缶1本があり、上部のラベルにはプレス加工用の潤滑油と書かれていた。高橋さんは「中には半分以上、液体が入っている。どう片付けていいか分からない。気化しないだろうか」と心配する。

市環境保全温暖化対策課と農業政策課によると、10月下旬の調査で、長沼地区と豊野町の宅地や畑で漂着したままの乗用車と農作業車を計28台確認。これ以外にも住民から漂着車両について問い合わせがあるといい、市担当者は「所有者を確認し、撤去を進める」とする。

ただ、所有者が分からない物もあり、動かして傷つけてしまう恐れもあって「所有者に無断で撤去できない」と対応の難しさを明かす。ドラム缶は所有する近くの工場などが回収を急いでおり、「危険物は極力触らずに、市に相談してほしい」と呼び掛ける。

また畑に残された家財道具などは、仮置き場に災害ごみが山積している状況から、いったん保管しておくことを求める。市は「畑の所有者だけでは撤去が難しいので、支援策を検討したい」としている。
(佐藤勝、春日基弘、竹内啓太)

流れ着いた車やごみがそのまま残るリンゴ畑＝4日午後3時55分、長野市穂保(有賀史撮影)

長野4小中学校 授業再開へ

長沼小きょう 豊野中はあす

豊野西小 10月28日に授業再開
長野市
豊野
豊野中 6日に1,2年生の授業再開
長沼小 5日に授業再開
東北中 10月31日に授業再開
堤防決壊
柳原小
千曲川
上信越道
須坂市

長野市は4日の市災害対策本部会議で、台風19号による浸水被害を受けた長沼小学校(全校児童03人)について、柳原小(同404人)の校舎を使って5日に授業を再開すると明らかにした。自由登校が続いていた豊野中学校1、2年生も、6日に同校の校舎で授業を再開する予定。これで休校が続いた市北部の4小中学校全てで授業が再開する。

長沼小の児童はこれまで、柳原小の教室を借りて自由登校を続けてきた。市は複数の避難所などとの間をスクールバスで結ぶ計画で、長沼小の児童の他、既に授業を再開している東北中の生徒もバスを利用する。

豊野中は電源設備が復旧したことから、1、2年生の授業を再開する。受験を控えた3年生は既に市立長野中学校の教室を借りて授業を始めており、11日にも豊野中に戻る計画という。

この日の会議では、陸上自衛隊による長沼小での土砂の撤去と防疫は5日に終わる見通しだとの報告もあった。

別所線鉄橋 復旧へ一歩

千曲川堤防 緊急工事完成

本格調査へ

国土交通省北陸地方整備局(新潟市)は4日、上田市諏訪形の千曲川左岸堤防で進めていた緊急復旧工事が完成したと発表した。台風19号による大雨で増水し堤防が削られ、千曲川に架かる上田電鉄(上田市)別所線の鉄橋が一部崩落した場所。完成を受け同社は鉄橋の状態を調べ、復旧を急ぐ。同整備局は堤防の本復旧について「鉄橋の復旧方法も考慮して検討していく」(河川部)としている。

現場は幅約5㍍あった市道の堤防道路が約300㍍にわたり削られ、10月13日朝には鉄橋左岸側の一部が落下し、市は付近の地区に28日まで避難指示を出した。

13日に24時間態勢で始めた工事は堤防をコンクリートブロックや土砂で補強し、ブルーシートで覆った。台風で左岸側に寄っていた川の流れを土砂などでせき止め右岸側に導く「瀬替」と呼ぶ工事も行い左岸側の水は大幅に減り、鉄橋の調査が可能になった。

4日、現地を視察した赤羽一嘉国交相に同行した土屋陽一市長は「上田市の千曲川両岸を結ぶ大切な路線」と支援を要請した。

緊急復旧工事が完成した上田市の千曲川。別所線鉄橋が崩落した左岸(右側)をブロックやブルーシートで応急的に復旧し、川の流れを右岸(左側)に誘導した＝北陸地方整備局が3日午後4時ごろドローンで撮影

日韓首脳 1年ぶり対話

【バンコク共同＝蒔田浩平、岡坂健太郎】安倍晋三首相は4日、韓国の文在寅大統領と訪問先のタイの首都バンコク郊外で約10分間、言葉を交わした。両首脳が着席した形で対話したのは、昨年9月の米ニューヨーク以来で約1年1カ月ぶり。首相は、元徴用工訴訟問題について「日韓請求権協定に基づく日本の原則的立場に変更はない」と伝えた。

韓国側によると、懸案は対話で解決すべきだとの原則を確認。「実質的な関係進展」を図るとの認識を共有した。

【関連記事2面に】

元徴用工問題に関する首相の文氏への発言は、日韓請求権協定に則り同問題は解決済みだと改めてくぎを刺す狙いがある。韓国側に協定違反の状態の早期是正を促した形だ。両首脳は通訳だけを挟む一対一でやりとりした。事前に予定されたものではなく、文氏の呼び掛けで実現した。

天気

最高気温 最低気温

地域	6時	12	18	24	地点	最高	最低
北部					飯山	14	5
					長野	14	5
					大町	13	1
中部					松本	15	3
					上田	16	3
					佐久	15	2
南部					諏訪	14	3
					木曽	17	3
					伊那	17	2
					飯田	18	4

6日 7日 8日

5㍉以上 5㍉未満

15面に詳しい天気情報

斜面

2019.11.5

奇っ怪な形の巨大な蟲たちが樹間を飛び、地を這う。宮崎駿監督の名作アニメ「風の谷のナウシカ」に描かれている空想の樹海だ。菌糸類に似た植物が猛毒を放出し、人はガスマスクなしで生きられない。作中では「腐海」と呼ばれる◆同じ名の場所がウクライナ本土とクリミア半島の間に実在する。森ではなくて、広い浅瀬だ。夏に強い悪臭を放つのでその名が付いた。宮崎監督も海の名を知って強い関心を持ち、作品世界に生かしたという。塩分が濃く、藻類の繁殖で海が赤く染まる◆ロシアなど周辺国による支配や分割を経たウクライナは言葉、宗教、民族が異なる多様な社会だ。内政は安定せず、親ロ政権が崩壊した5年前、ロシアが半ば力ずくでクリミアを編入。東部の紛争では上空のマレーシア航空機が撃墜された。血を流し続けた争いはまだ終わらない◆米国の支援を受けてロシアに対抗しているこの国に、脅迫めいた取引を持ち掛けたとの疑惑が米トランプ政権に浮上している。支援を打ち切られたくなければ、自分の政敵の醜聞を調べろ―と。冷徹が常の国際政治とはいえ、事実ならば横暴極まりない◆ワシントンでは大統領選挙を前に野党が「外交の私物化だ」と弾劾調査を進めている。トランプ氏はまたも「フェイクだ」と連呼している。泥沼の戦いを見ている米国民はどんな選択をするだろうか。アニメのような感動の結末もなくていい。猛毒を撒き散らす腐海の広がりだけは御免被る。

素肌乾燥情報

カサカサ、注意、しっとりの3段階

ことば映え

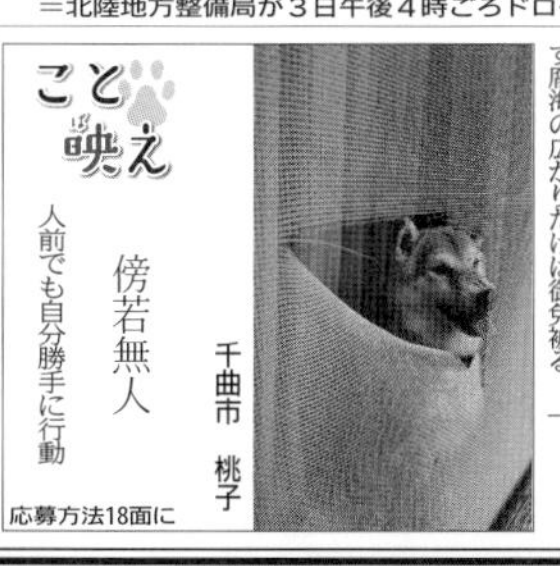

傍若無人
人前でも自分勝手に行動
千曲市 桃子

応募方法18面に

購読のお申し込み 0120-81-4341 紙面の問い合わせ 026-236-3111 信毎web www.shinmai.co.jp
4910855730594 00136

焦点 迫る冬 生活再建見通せず

台風19号 千曲川決壊から3週間

県内各地で台風19号による甚大な被害が出てから3週間のタイミングと重なった3連休（2～4日）。千曲川の堤防決壊で多くの家屋が浸水被害を受けた長野市には、3日間で延べ8272人のボランティアが県内外から駆け付け、被災者支援に当たった。ただ、ボランティアの割り振りなどで現場からは不効率な面があるとの声も改めて出た。5日からの平日にどう人手を確保していくかも課題だ。被害家屋の片付けが進む一方、長野、千曲、須坂の3市では869人（3日時点）が避難生活を余儀なくされており、冬が近づく中、住まい確保が一段と切実になる。（春日基弘、田中萌子）

ボランティア 3連休に8200人超 平日の人手確保に課題

県社会福祉協議会によると、長野市に来たボランティアは、2日が2300人、3日が3578人、4日が2394人。天候も良かったことで多くの支援の手が集まったが、受け付けに時間がかかったり、連日参加しても活動場所が変わったりして、改善を求める声もあった。

市北部災害ボランティアセンターでは毎日午前9時からボランティアの受け付けが行われた。連日参加する場合も毎日受け付けが必要で、順番待ちの長蛇の列ができ、活動開始まで1時間以上かかる人も。愛知県豊川市から3日間参加した会社員松村伸浩さん(43)は「連続して参加する場合は受け付けの手間を省いてもいいのではないか」と話した。割り振られる活動場所も毎日変わるため、「同じ場所でできれば、効率化につながる」と指摘した。

これに対し、同センターを運営する市社会福祉協議会は、被災者からの要望に応え、県内外から集まるボランティアを的確に割り振るためには毎日、確実な参加者の把握が必要とする。一方、被災者と特定のボランティアをつなぐ態勢は取っていないという。担当者は各日の活動終了後、現場の声などを踏まえ改善点を検討。毎日必要なボランティア保険の加入手続きを省略するなど効率化も進めた。担当者は「受け付けの待ち時間の長さなどは申し訳ないと感じている。日々改善していきたい」とする。

5日からは平日となる。10月28日～11月1日までの平日5日間の参加者は各日506～870人。まだまだ泥の撤去などに人手が必要なだけに、市社協の武井未緒さんは「平日は参加者が少なくなる傾向にある。多くの人に来てもらいたい」と願う。県社協と市社協はホームページなどで募集や活動状況の情報発信に力を入れていく方針だ。

市北部災害ボランティアセンターでは、ボランティア対象の割引サービスを用意した入浴施設や飲食店を紹介する掲示板も設置。参加者たちに感謝を伝えることも心掛け

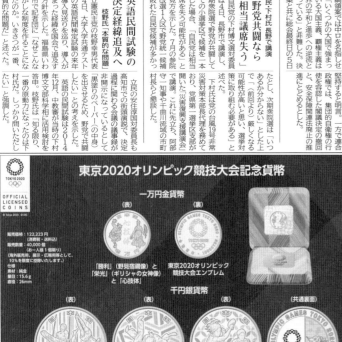

浸水地域の一角に集められた災害ごみを運び出す大勢のボランティア＝4日午後0時47分、長野市穂保

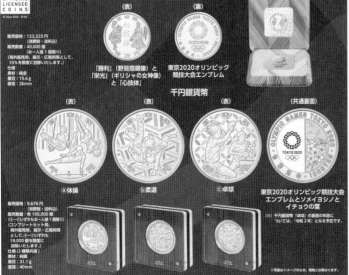

避難所 月内に閉鎖の予定 「仮設入居後」不安強く

日中はボランティアなどの手を借りて被災した住宅の片付けなどを行う一方、夜は避難所に戻る生活を余儀なくされている人は多い。長野、須坂、千曲市では避難所閉鎖に向けたスケジュール＝表＝を示しているが、計画通りの住まい確保やその後の生活設計が見通せない人も目立つ。1カ月近い避難生活で疲労の色も濃くなっている。

避難所となっている長野市豊野西小学校体育館に妻と身を寄せているパート従業員滝沢利文さん(64)は、仮設住宅入居の受け付けが始まっていないため、避難所をいつ出られるのか見通しが立っていない。災害で車も失った。公営住宅は入居期間が1年間で、その間に生活再建ができるか不安なため、2年間入居できる仮設住宅を希望する。避難所に入ってからはずっと風邪気味の状態が続いている。

長野市三才の北部スポーツ・レクリエーションパークに家族5人で避難している長野市津野の70代女性は、知人に賃貸住宅を紹介されたものの、正式に入居できる日がまだ決まらない。避難所に入ってからは体を動かす機会が減ったためか持病の腰痛が悪化。疲労もたまっている。「避難所では同じ地区から避難し、気心が知れた人の中で生活できている。避難所生活が終わりバラバラになると思うとそれはそれで悲しい」と複雑な気持ちも明かした。

須坂市内の県営住宅で暮らしていた高橋衛さん(84)は、住宅が腰の辺りまで浸水し、須坂市北部体育館の避難所で過ごしている。避難所は10日に閉鎖予定で、高橋さんは9日か10日に市内の県職員宿舎に入居できることになった。ただ、「足腰が悪くてもバス停が近くにあったのでなんとか買い物に行くことができていた」と、これまで住んでいた県営住宅を修繕してもらい、妻と再び暮らしたいと考えている。「今まで生活できていた環境に戻りたい」と訴えるが、見通しは立たない。

避難所となっている長野市三才の北部スポーツ・レクリエーションパーク。3日時点で200人以上が避難している

避難所閉鎖スケジュール（県災害対策本部まとめ）

	閉鎖予定日	避難世帯（3日時点）	避難者数（3日時点）	避難所退所計画		
長野市	30日	310世帯	737人	応急仮設住宅（建設）	30日完成予定	100～150世帯
				応急仮設住宅（借り上げ）	10月30日申し込み開始	150世帯見込み
				県営・市営住宅	1日に第1回抽選	37世帯
須坂市	10日	52世帯	127人	公営住宅	10日移転予定	12世帯
				県営住宅	10日移転予定	30世帯
				自宅	10日予定	7世帯
				その他（民間住宅など）	10日移転予定	5世帯
				※民間住宅への移転では応急修理制度や応急仮設住宅（借り上げ）制度の利用を検討中		
千曲市	11日	2世帯	5人	県営住宅	11日移転予定	1世帯
				民間住宅	11日移転予定	1世帯

代行バスに支援明言 国交相 上田電鉄としな鉄に

赤羽一嘉国土交通相は4日、台風19号で千曲川堤防が大きな被害を受けた長野、上田、佐久、東御各市を視察した。視察後には県庁で各市長や阿部守一知事と意見交換し、被災して一部区間で代行バスを運行している上田電鉄と、学生に限りバスによる代替輸送を行っているしなの鉄道に対し、運行経費を財政支援する意向を改めて示した。

知事らが代行バスの運行が鉄道事業者の負担となっているとして必要な支援を要請したことに対し、赤羽氏は「深刻な被害状況もあるので、国としてしっかりとやらせていただきたい」と明言。政府が台風19号被害からの復旧・復興に向けて今週中にとりまとめる方針の政策パッケージに、事業者への支援策を盛り込むことを示唆した。

赤羽氏は、国が直轄事業として復旧工事を代行する佐久、東御両市の千曲川護岸や、同市の市道海野宿橋などを視察した。意見交換では「再発防止を考えて改良復旧工事をしなければならない。県や被災自治体の皆さんと打ち合わせながら進める」と強調。復旧や復興、国土強靱化に関わる緊急対策を挙げ「中長期的に予算を組まないといけないという思いで、しっかり対応したい」との考えも示した。

赤羽氏はこのほか、決壊した長野市の千曲川堤防なども見て回った。

東御市の海野宿橋崩落現場を視察する赤羽国交相（手前右から2人目）＝4日午後0時37分

車の鍵 スマホでOKに 国交省

カーシェア普及へ基準改正

カーシェアサービスやレンタカーの使い勝手を良くするため、国土交通省は、スマートフォンなどで受け付ける電子鍵で車のエンジンが始動できるよう保安基準を改めた。利用者が専用の鍵を引き継ぐ必要がなくなる上、サービスを提供する事業者にも人手を省けるメリットがある。

従来の道路運送車両法に基づく保安基準は、エンジンは車一台に対応する専用鍵でしか始動できない規定だった。このため利用者は会員用ICカードなどで車のドアや鍵の保管場所を解錠したり、店頭で鍵を受け取ったりする必要があった。基準の改正は10月15日付。関係システムの搭載は自動車メーカーのセキュリティー対策が十分な場合に限って認めるとしている。

共産「野党連合政権を」 総会で次期衆院選目標明示

共産党は4日、第8回中央委員会総会を党本部で開いた。来年1月の党大会決議案を提示し、次期衆院選に向けて「野党連合政権に道を開く」と明記。志位和夫委員長は党大会で16年ぶりに決定する綱領の改定案を説明し、中国とロシアについて「大国主義・覇権主義」が顕在化し、米国との覇権争いが世界に「有害な影響」をもたらしていると批判した。

綱領案では中ロを名指しせず「いくつかの大国で強まっている大国主義、覇権主義は、世界の平和と進歩への逆流となっている」と非難した。決議案と共に総会最終日の5日に了承される見通し。

小池晃書記局長は決議案報告で「野党連合政権を目指す共闘は、国民に対して野党が負う重い責任だ」と強調。次期衆院選に向け、野党で①「政権を共にする」と合意②政権合意後に実行する共通政策を策定③衆院小選挙区で選挙協力を実施―との目標を掲げた。

自衛隊解消と日米安全保障条約廃棄を唱える党の立場は堅持すると明言。一方で連合政権では、集団的自衛権の行使を容認した閣議決定と、安全保障関連法廃止の推進にとどめるとした。

自民・下村氏 長野で講演 野党共闘なら「相当議席失う」

自民党の下村博文選対委員長は4日、長野市で講演し、次期衆院選で野党が共闘し、全ての小選挙区で候補を一本化した場合、「自民党は相当議席を失う可能性がある」との見方を示した。7月の参院選改選1人区で野党統一候補に敗れた自民党候補が多かったとし、次期衆院選は「いつあるか分からない」とした上で「（前回より）厳しくなる可能性が高いと思い、選挙対策に取り組む必要がある」と述べた。

下村氏は党の台風19号非常災害対策本部長代理を務めており、党県第一選挙区支部が開いた「災害復興支援講演会」で講演。これに先立ち、阿部守一知事や千曲川流域の市町村長らと懇談した。

英語民間試験の決定経緯追及へ 枝野氏「本質的な問題」

立憲民主党の枝野幸男代表は4日、大学入学共通テストへの英語民間検定試験の来年度導入見送りを巡り、導入が決まった経緯を国会で追及する方針を示した。福島県いわき市で記者団に「なぜこんなおかしな制度を作ってしまったのか。いきさつが一番、本質的な問題だ」と述べた。

立民の安住淳国対委員長も高知市での街頭演説で、決定過程に関わる会議の議事録が非公開になっているとして「議事録のペーパー（の中身）を出させるため、野党で共闘したい」との考えを示した。

英語の民間試験は2014年12月、中教審が当時の下村博文文部科学相に活用検討を答申。枝野氏は「知る限り、一番の原動力になったのは下村氏だ。しっかり問いただしたい」と強調した。

長19 第一社会 9版 2019年(令和元年)11月5日 火曜日 信濃毎日新聞 新聞定価1ヵ月4,400円(うち消費税325円) 1部 朝刊150円 夕刊60円(消費税込み) 第三種郵便物認可

あんずちゃん ◀田中しょう▶

涙こらえ「お帰りなさい」

佐久の男性遺族 深い悲しみ

自宅前で取材に応じるたか枝さん=4日午前9時33分、佐久市入沢

「痛かったでしょうね、冷たかったでしょうね。帰って来てくれて本当にうれしいです、どんな形であろうともね」。台風19号による大雨で行方不明になっていた佐久市入沢のタクシー運転手、三石量正(かずまさ)さん(68)の遺体が見つかって一夜明けた4日、自主捜索を続けてきた妻たか枝さん(70)は涙をこらえて語った。お帰りなさい―。遺族らは発見に安心しながらも別れを実感し、悲しみを深めた。

「多分、お父さんだと思う」。3日午後3時ごろ、自宅にいたたか枝さんに長女(40)から電話が入った。遺体が見つかったのは自宅から北西に8キロほど離れた同市中込の千曲川の中州。行方不明から3週間以上たっていた。連絡に「さみしいけれどうれしかった」とたか枝さん。複雑な気持ちを抱えながら、孫の運転する車で現場へ向かった。

浅蓼(せんりょう)大橋から量正さんの遺体が見つかった千曲川の中州を眺める知良さん=4日午前11時39分、佐久市

量正さんは10月12日、「土のうをもらいに行ってくるか」と言って、軽トラックで近くの小学校に向かって行方不明になった。たか枝さんはそれ以来、量正さんが自宅に忘れた携帯電話に安否を気遣うメッセージを送り続けてきた。遺体が量正さんと確認された3日夜は「やっと家に帰ってこれるね。みんなで待ってるよ」と打った。

たか枝さんは4日、「やっぱり3週間は長くて正直多分見つからないだろうなと思いつつ、せめて車の方はと思っていた。お父さんが先に見つかってくれて良かった」と胸の内を明かした。

「そうか、中州だったか」。量正さんの弟知良(ともよし)さん(62)=佐久市平賀=は4日、国道141号浅蓼大橋の上から発見現場を眺めてつぶやいた。知良さんも佐久、小諸市の千曲川沿いで捜してきた。「怒ることはないし穏やか。いい兄貴ですよ」としのんだ。

小中学校の同窓生で地元区長の渡辺一夫さん(67)は「気分が落ち込んでいると『頑張って』といつも言ってくれ、気遣いをしてくれる人だった。早く『見つけて』と思っていたはず」と量正さんを思いやった。

疾患名確定前の 年金不支給 増加

空白期間 数百万円減も

診断の難しい脳障害や病気の患者が、疾患名が確定するまで国の障害年金を受け取れないケースが近年、各地で相次いでいることが4日、分かった。事故に伴う脳脊髄液減少症や、慢性疲労症候群(CFS)といった疾患は生活に大きな支障が出る一方、診断に数年かかることが多い。年金を受け取れない空白期間が生じることで支給額が数百万円減る場合もあり、患者は生活苦を余儀なくされている。

患者数は潜在的なケースを含めると、いずれも数十万人とも言われる。障害年金を専門に扱う複数の社会保険労務士によると、以前は最初に医療機関で受診した日を「初診日」として年金が支給されるのが一般的だったが、ここ2、3年の間に診断確定後でないと支給が認められない例が増えたという。

日本年金機構は「初診日がいつかは個別のケースに応じて総合的に判断している」として、変化の理由を明らかにしていないが、社労士らは「支給を絞る意図があるのではないか」と改善を求めている。

脳脊髄液減少症は、交通事故などの衝撃で脳や脊髄を覆う硬膜に穴が開き、内部の髄液が漏れることで頭痛やめまいなどが現れる症状。専門医が少なく診断が難しいため、複数の病院を受診し、数年かかってようやく確定診断を得られる患者が多い。

患者団体に協力している白石美佐子社労士(愛知県)によると、従来は事故などの直後に医療機関にかかった日を初診日として、障害年金がさかのぼって支給されるケースがほとんどだったが、昨年秋以降に申請した18件中10件は、確定診断を出した病院の受診日などを初診日とされた。障害基礎年金1級の場合、支給が1年遅れると約97万円が受け取れなくなる。

激しい疲労や体調不良が長期間続くCFSでは、宇都宮市の女性が診断確定までの約3年半、障害年金が支給されなかったのは不当として、今年2月に国を提訴し係争中。化学物質過敏症で不服申し立てをしている人もいる。

障害年金関連で きょう電話相談 日弁連

日本弁護士連合会(日弁連)は5日、障害年金に関する電話相談会を実施する。番号は(☎0570・073・115)で、午前10時から午後4時まで全国で受け付ける。

障害年金についての一般的な相談のほか、申請却下や支給停止などのケースにも応じる。通話料はかかるが相談は無料。携帯電話でもかけられる。電話は相談者の地域に応じて各地の弁護士会につながる。詳しい情報を日弁連のホームページに掲載している。

消石灰 効果は 安全性は

台風で浸水 長野などの被災者に配布

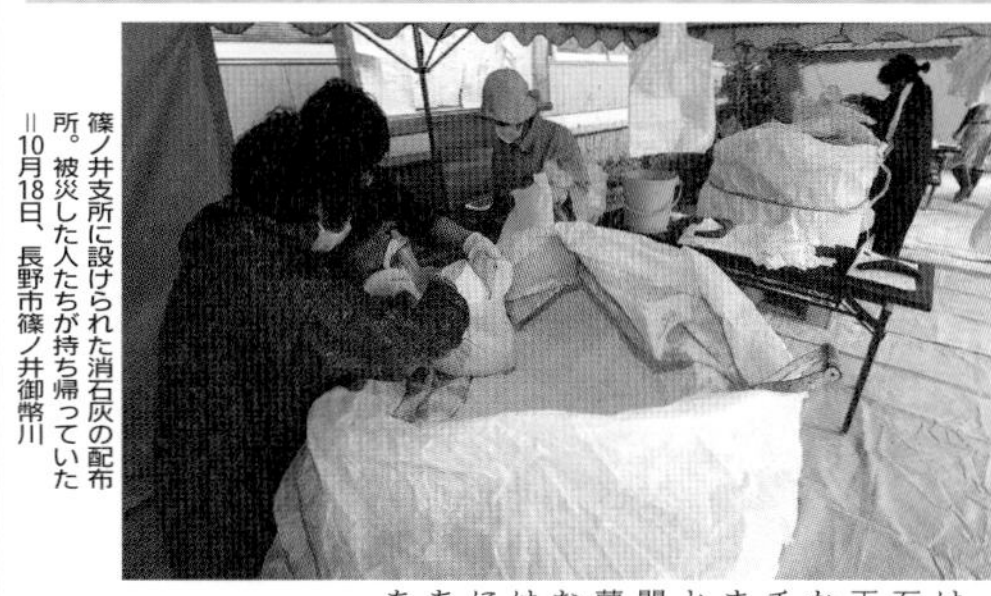

篠ノ井支所に設けられた消石灰の配布所。被災した人たちが持ち帰っていた=10月18日、長野市篠ノ井御幣川

声のチカラ(コエチカ) あなたの!?調べます

台風19号で浸水した被災者向けに、県内自治体が消毒用の消石灰を配布している。実家が床下浸水したという長野市の女性から本紙「声のチカラ」(コエチカ)取材班に「消石灰はどこまで効果があり、安全なのか」と疑問が寄せられた。専門家に聞くと、水分の残る場所では殺菌効果があるが、厚みのある泥などには限定的。乾いた場所では効果がなく、飛散して目や肌に触れると炎症を起こすこともある。手袋やマスク、ゴーグルを着けないで扱うのは危険だ。(島田周)

水分残る場所では殺菌 目や肌付くと炎症恐れ

消石灰は水分と反応すると強アルカリ性を示し、菌のタンパク質を分解する。排水口や動物の死骸など水気があり、悪臭が我慢できないような場所には効果があるという。今回の災害では長野市や千曲市、飯山市などが消石灰を配布。上田市は希望者に届け、佐久市は希望者の自宅を訪れて散布している。

ただ、万能ではない。水害時の感染症対策に詳しい東北大大学院医学系研究科の吉田真紀子助教は「乾いたコンクリートや床への散布はそもそも意味がない。泥が入った床下などでも、効果は表面にとどまる」と指摘する。

消石灰は目や肌に付くと炎症を起こす恐れがあり、国民生活センター(東京)には失明の事例報告もある。配布自治体は散布時に手袋やマスク、ゴーグルなどの着用を促しているが、他者への飛散にも十分注意が必要だ。風が強い日や、乾いた場所にまくのは避けるべきだ。

こうしたリスクもあり、県内の被災自治体でも長野市が「安全性への注意を伝え、応急対応として配布している」とするのに対し、中野市は「国が積極的な使用を促していないこともあり、消石灰は配布していない」とし、対応は分かれている。

全国の災害支援団体でつくる「震災がつなぐ全国ネットワーク」(事務局・名古屋市)の松山文紀さん(47)は、床下や庭先の泥に応急的にまいた場合でも、「結局、泥そのものを取り除いて乾燥させることが大切」と強調。家財や床下などの消毒用としてより取り扱いが容易な「ベンザルコニウム塩化物」(逆性せっけん)の使用を薦める。ドラッグストアなどで購入でき、床下には100〜200倍に薄め、噴霧器などで吹き付けるのが効果的という。

同ネットが浸水被災者向けに出している生活再建の手引は、床下以外でも材を剥がし、壁の内部まで乾かすことや、断熱材を除去することなどカビや悪臭を発生させないポイントを説明。手引は同ネットワークのホームページで公開している。

消石灰 水酸化カルシウムの別名。粉末状で生石灰に水を加えて作る。こんにゃくの凝固剤や壁や天井に塗られる漆喰(しっくい)などに幅広く使われる。土に混ぜるとアルカリ性を高めるため、園芸では、中性やアルカリ性の土を好む植物を育てる際の土壌改良に用いられる。かつては運動場の白線を引くのに使われていたが、危険性があることから、文部科学省は2007年、都道府県教育委員会などに学校で使用しないよう通知した。

情報お寄せください
友だちに登録 LINE
特設サイトはこちらから
信毎 コエチカ

高原調

○…長野市内の寺院でつくる長野市仏教会は4日、台風19号で被災した人を支援する募金を集めるため、市内の善光寺仁王門前で約2時間、托鉢(たくはつ)をした=写真。会員の僧侶15人ほどが交代で募金箱を手にし、参拝客に協力を求めた。

○…善光寺は宗派を問わず参拝者を受け入れることで知られ、若麻績信昭会長(63)は「一人でも多くの人に、おおらかな気持ちで思いを寄せてほしかった」と話した。

○…集まった支援金は市に託す。上伊那地方の小学2年、佐々木蒼介くん(7)は「被災地が気になっていた。僕にも何かできることはないかと考えた」と硬貨を入れた。

社会面の情報をお寄せください
〒380-8546 信濃毎日新聞 報道部
Eメール shakai@shinmai.co.jp
ファクス 026-236-3198
(事件事故などの写真も同じEメールで)

首里城再建へ 広がる支援の輪 各地で募金

設置された募金箱にお金を入れる女の子=4日午後、那覇市

火災で正殿などが焼失した首里城(那覇市)の再建に向け、寄付を集める動きが広がっている。同様にシンボルが被災した自治体、世界遺産つながり、姉妹都市など沖縄との関係性はさまざまで、「応援する気持ちを届けたい」とエールを送る。

熊本県は火災当日の10月31日、県庁などに募金箱を設置。2016年の熊本地震で熊本城が被災しており、担当者は「心のよりどころである城を失う気持ちは変わらない」。県は、城の復旧ノウハウを提供する意向だ。

那覇市の姉妹都市である宮崎県日南市は11月1日、市役所などに募金箱を設置した。世界文化遺産の富岡製糸場がある群馬県富岡市、高野山真言宗総本山・金剛峯寺がある和歌山県高野町も、寄付を呼び掛けている。

沖縄県と那覇市は、ふるさと納税制度を活用するなどして寄付金を募集。那覇市がふるさと納税仲介サイト「ふるさとチョイス」上で資金を募ったクラウドファンディングへの申込額は4日午後、目標の2倍に当たる計2億円を超えた。日本航空グループは1000万円を寄付すると明らかにしている。

国土交通省によると、焼失した正殿などの建設費用は約30年前で約73億円だった。その後の物価上昇分などを踏まえた今回の復元事業費は、算定できていない。衛藤晟一沖縄北方担当相は1日の記者会見で、再建資金を原則国が負担するとした上で「国民の心で集める形がいい」と述べ、募金の動きを歓迎した。

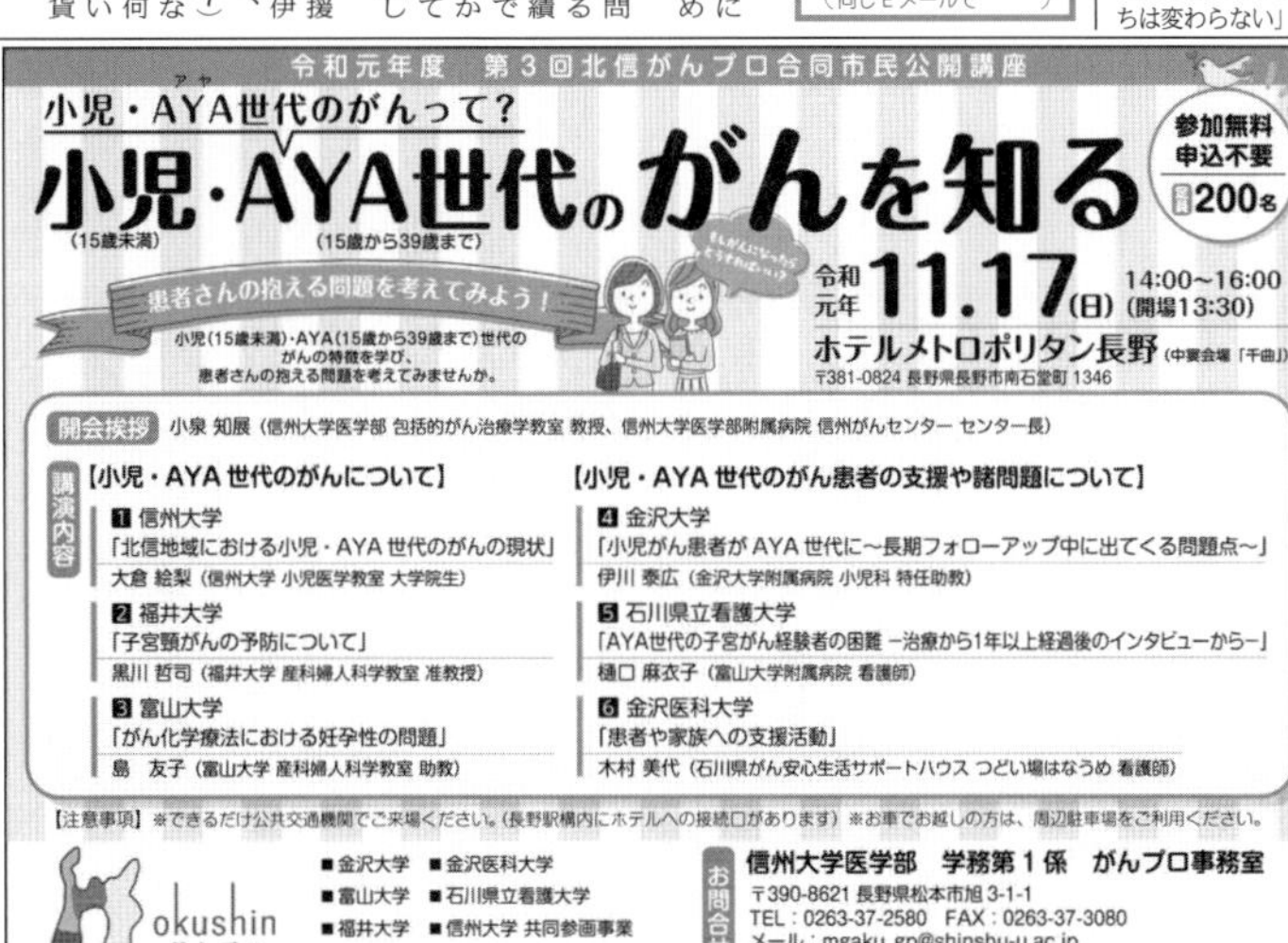

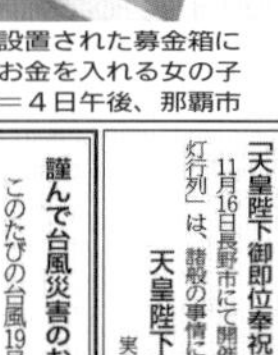

「天皇陛下御即位奉祝提灯行列」中止のお知らせ
11月16日長野市にて開催予定の「天皇陛下御即位奉祝提灯行列」は、諸般の事情により中止とさせていただきます。
天皇陛下御即位奉祝実行委員会
実行委員長 北村正博

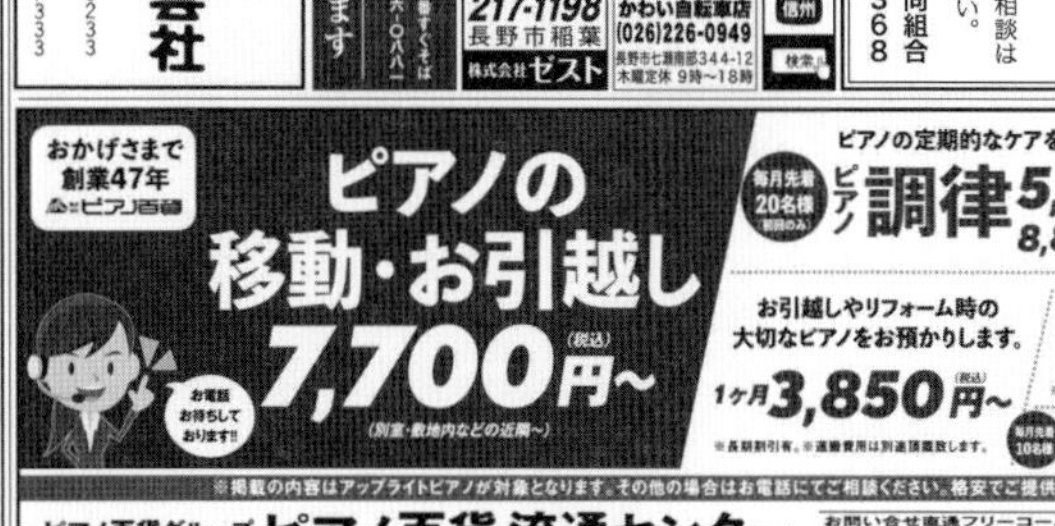

1 第49340号 【明治25年3月15日第三種郵便物認可】 信濃毎日新聞 2019年(令和元年)11月6日 水曜日 日刊 9版★

2019年(令和元年)
11月6日
水曜日

信濃毎日新聞
1873年(明治6年)創刊
発行所 信濃毎日新聞社
長野本社 〒380-8546 長野市南県町657番地
電話(026) 受付236-3000 編集236-3111 販売236-3310 広告236-3333
松本本社 〒390-8585 松本市中央2丁目20番2号
電話(0263) 代表32-1200 報道32-2830 販売32-2850 広告32-2860
©信濃毎日新聞社2019年

長野・長沼に住民交流拠点

市長開設方針「心のよりどころに」

台風19号による大規模な浸水被害を受け、700人以上が避難生活を送っている長野市の加藤久雄市長は5日、信濃毎日新聞のインタビューに対し、復旧・復興に向けた考えを述べた。千曲川の堤防決壊で支所が大破した長沼地区には、在宅避難者や地区外に避難した人の両者が利用できる交流や支援の拠点として「交流センター」(仮称)を設ける考えを明らかにし、年内のなるべく早い時期に仮設の建物で開設する方針を示した。

【関連記事地域面北信に】

千曲川の堤防決壊で浸水被害を受け使用できなくなった長野市長沼支所＝10月24日

台風で支所浸水 年内まず仮設で

長沼支所は、10月13日に決壊した堤防のすぐ脇にある。併設する公民館や体育館とともに外壁や窓ガラスが壊れ、室内は土砂が流入した衝撃で机などが散乱、使用できなくなった。市地域活動支援課によると復旧の見通しが立っていない。市長が考える交流センターは、支所敷地などを候補に仮設し、これまでも支所に置いていた自治組織「長沼地区住民自治協議会(住自協)」の事務局なども置く。

一帯が浸水した長沼地区では、多くの住宅が全壊や半壊などの被害を受け、住民が避難所生活を余儀なくされている。市長は、今後、避難者が地区外の公営住宅や応急仮設住宅に転居することで「住民があちこちに別れてしまうことがある」と指摘。「地域のコミュニティーの維持を重要視したい」とし、交流センターを「(元の地区住民が)集まれば皆に会えるという心のよりどころにしたい」と述べた。

在宅避難者や民間の賃貸住宅を借り上げた「みなし仮設住宅」に入居した被災者の孤立を防ぐことも重視。必要な支援につなげるため、住自協関係者や民生委員、市の保健師が連携を取りながら戸別訪問をする事業も、交流センターを拠点に展開するとした。

「洪水の備え不十分」半数

緊急県民意識調査 北信53% 東信49%

台風19号災害を受け、県世論調査協会は災害や水害に関する緊急県民意識調査を行い、5日、結果をまとめた。洪水に対する備えが「できている」(「十分」「ある程度」の合計)は29%にとどまったのに対し、備えが「できていない」(「あまり」「全く」の合計)は47%に上り、多くの県民が洪水への備えが足りないと考えている実態が浮かんだ。台風被害が大きかった東北信地域では、台風を契機に洪水への防災意識が高まりつつあることも浮かんだ。

【主な質問と回答2面、焦点3面に】

調査は10月25～27日に実施し、611人の回答を得た。

洪水の備えが「十分できている」は2%、「ある程度できている」は27%、「あまりできていない」は34%、「全くできていない」が13%。「被害の恐れがなく、備える必要がない」は24%だった。

地域別でみると、備えが「できていない」としたのは北信が最多の53%で、東信が49%。東北信地域で、洪水に対する備えが不十分―との意識が高い傾向がある。中信は46%、南信は39%。

一方、今回の災害後、洪水に対する新たな備えをしたり、今後備えたりすると答えた人は55%に上った。ただ「特に備えておらず、今後も備えるつもりはない」は27%、「既に備えており、新たな備えをする必要はない」は18%。今後の備えに積極的でない県民も一定数に上った。

地域別では、北信の60%、東信の59%の順に意欲的で、台風19号による被害を直接受けた地域で防災意識が高まったとみられる。南信は47%、中信は55%だった。

新たな備えをしたり今後備えたりすると答えた人が、具体的な備えとして挙げたのは複数回答で「(非常食や充電器、懐中電灯など)非常時に持ち出す物の準備」(61%)が最多。「食料や水の備蓄」(59%)、「家族や身近な人と行動や連絡方法を確認」(57%)が続いた。

洪水に対する備えは
十分できている
ある程度できている
あまりできていない
全くできていない
被害の恐れがなく、備える必要がない
不明
全体 北信 東信 中信 南信
0 20 40 60 80 100%

台風19号災害後、洪水に対する新たな備えは
新たに備えた・備えるつもりだ
さらに備えた・備えるつもりだ
特に備えておらず、今後も備えるつもりはない
既に備えており、新たな備えをする必要はない
不明
全体 北信 東信 中信 南信
0 20 40 60 80 100%

飯伊の秋 ギュッと

秋らしく朝晩冷え込むようになった飯田下伊那地域で、特産の干し柿「市田柿」作りが本格化している。5日、朝の最低気温が2.9度と今季最低となった飯田市では、柿農家の井坪功さん(74)＝上郷黒田＝が収穫した柿の皮をむき、実をつるす作業に追われていた。

井坪さん方の干し場ではこの日、「柿すだれ」が窓側の陽光を受けてつややかに輝いた。井坪さんによると、今年の収穫は例年より1週間ほど遅め。9月以降の高温で実が大きく成長したものの、寒暖差が小さく糖度が増すのに時間がかかったという。井坪さんは「ぎゅっと実が締まって甘くなるのを待った」。

みなみ信州農協(飯田市)によると、出荷は11月下旬から来年2月上旬まで続く。今年は昨年比1割増の約1200トンの出荷を見込んでいる。

干し場に並ぶ色鮮やかな「柿すだれ」＝5日、飯田市上郷黒田

南牧村長選 現新2氏の争い確定

任期満了に伴い5日告示された南佐久郡南牧村長選は、新人で獣医師の片桐勝則氏(64)＝野辺山＝と、現職で1期目の大村公之助氏(71)＝海ノ口＝のほかに立候補者はなく、無所属2人による一騎打ちが確定した。投開票は10日。

片桐氏は第一声で「村民の思いを反映できる村政を目指す」と主張。村政の転換に向け支持を求めた。

大村氏は第一声で「『継続と発展』の村政を進める」と強調。1期目の成果を挙げて継続を主張した。

立候補者(届け出順)
片桐勝則(かたぎり・かつのり) 64 無新
大村公之助(おおむら・たかのすけ) 71 無現❶

斜面

2019.11.6

千曲川流域は明治以降も水との闘いに明け暮れた。県立図書館の特設コーナーにある「埴科水害誌」で深刻さを知った。坂城町から長野市松代地区の川沿いが被った1910(明治43)年夏の洪水記録である。当時の郡役所がまとめた◆度重なる水害の苦しみを宿命と受け止めつつも〈大に考究すべきものなるを痛切に感じたり〉とし、後の対策に生かそうとした。この大災害をきっかけに流域の関心が高まり、「千曲川治水会」が発足。自己負担分も覚悟の上での改修運動が本格化する◆国の直轄工事として結実したのは8年後。〈千曲日和―二千人余の顔に麗らかな小春の光と喜びの色とが輝く〉。千曲川と犀川の合流点で開かれた起工式を報じた本紙の見出しだ。大改修は今の上田市から飯山市まで。工期は10年の計画が、不況や戦争で日米開戦直前まで延びた◆完成式当日の本紙は〈千曲の水難昔語り―感慨深し二十三年〉と報じる。以後確実に水害は減ったが、工事は犠牲も強いた。新堤防で河川敷になる多くの家や学校、寺社などが移転を迫られた。長野市篠ノ井横田では二十数戸が新天地を北海道に求めた◆遊水地の機能を持つ途切れた堤防「霞堤」でももめた。上流は連続堤防を求め、下流は悪影響が出ると反対した。千曲市の市街が浸水した今度の水害も、このとき設けた霞堤から流入したとの見方がある。存在を知らなかった住民が少なくないという。地元の水害史を伝える工夫もほしい。

ことば映え
安曇野市 パンチ
天真爛漫(てんしんらんまん)
無邪気に振る舞う
応募方法30面に

天気 最高気温 最低気温
北部 6時 12 18 24 / 7日 8日 9日
飯山 14 2
長野 15 2
大町 15 0
中部
松本 17 1
上田 18 1
佐久 17 1
南部
諏訪 15 1
木曽 18 1
伊那 18 1
飯田 19 3
5ミリ以上 5ミリ未満
24面に詳しい天気情報

素肌乾燥情報 カサカサ、注意、しっとりの3段階
北部 カサカサ
中部 カサカサ
南部 カサカサ

購読のお申し込み 0120-81-4341 紙面の問い合わせ 026-236-3111 信毎web www.shinmai.co.jp
4910855730693 00136

長3　総合　9版　2019年(令和元年)11月6日　水曜日　信濃毎日新聞　第三種郵便物認可

焦点　防災意識 地域差

県民調査 浮かんだ課題

台風19号は東北信地域を中心に大規模な洪水被害をもたらした。県世論調査協会による緊急県民意識調査では、これまで大規模な自然災害が比較的なかった東信地域の防災意識が他地域に比べて低く、過去に大水害があり南海トラフ地震の危険が高いとされる南信地域は意識が高い傾向がある。全県的に、避難時に持ち出す物の準備ができていない人や、被害想定に有効な洪水ハザードマップを確認していない人が一定数に上り、今後の防災啓発の課題が浮かんだ。

【1面参照】

避難所で朝食用に温かい飲み物を作る人たち＝10月15日、長野市北部スポーツ・レクリエーションパーク

県危機管理部は、避難時に備えて常備薬や懐中電灯、ヘルメットなど必要な物をあらかじめリュックサックに詰めておくことを呼び掛けている。物流やライフラインの寸断を想定し、最低3日分の水と食料の備蓄も必要だ。

しかし、災害時に持ち出す物の準備についての設問では「準備している」と「準備していない」がいずれも50%程度となり拮抗(きっこう)。災害に備える意識を高める余地がまだあることをうかがわせた。地域別では、準備しているとした回答は南信(56%)、中信(52%)、北信(51%)の3地域が半数を超えたのに対し、東信は37%にとどまった。

避難訓練や防災訓練への参加については、参加したことが「ある」としたのは南信が88%に達したが、東信は4地域で最も低い57%。中信は69%、北信は66%だった。全県では参加したことが「ある」は71%、「ない」は29%だった。

災害時の避難場所を「確認している」と答えた人は全県で88%に上り、「確認していない」の12%を大きく上回った。大きな災害が発生した際の住民同士の助け合いについて「ある程度期待できる」としたのは56%となり、「大いに期待できる」と合わせると7割弱を占めた。期待できないは「あまり」「全く」の合計で31%だった。

大きな災害が発生した際の住民同士の助け合いは

回答	%
大いに期待できる	12.3
ある程度期待できる	56.0
あまり期待できない	27.5
全く期待できない	3.9

災害の時に持ち出す物を準備しているか

準備している／準備していない
全体／北信／東信／中信／南信
0%　50　100

災害に備えた避難訓練や防災訓練への参加

ある／ない
全体／北信／東信／中信／南信
0%　50　100

「洪水ハザードマップ確認している」

北信 最多の65%

被災想定区域や避難場所を記した洪水ハザードマップについて「確認している」は58%となり、「確認していない」(28%)の2倍を超えた。地域別では、「確認している」としたのは北信が65%と最多で、東信は59%、南信は54%、中信は52%だった。

千曲川堤防が決壊した長野市では、実際の浸水地域が市作成の洪水ハザードマップの想定区域とほぼ一致。上田、佐久両市でも被害地域がマップとほぼ重なっており、マップの有用性をさらに住民に周知する必要がある。

洪水の危険が迫る中、どのタイミングで避難を決断すると思うかの設問では「家族や消防団、近隣の人から避難するように言われた時」が21%と目立つ。自治体による避難勧告(22%)と避難指示(23%)とほぼ同割合となり、非常時に身近な人の呼び掛けを重視する傾向も浮かんだ。

また「洪水に対する備え」に関する回答を年代別に見ると、備えが「できていない」は30代が最多の60%で、18歳～20代が58%で続いた。「できていない」が最も少なかったのは70歳以上(37%)。

今回の災害後、洪水に対する新たな備えをしたり、今後備えたりするかどうか―を年代別に見ると、30代(70%)や18歳～20代(69%)が洪水への備えに意欲的な一方、70歳以上は46%で年代別で最少だった。

今後洪水への備えをすると答えた人では、41%が「浸水が想定される区域の確認」を挙げた。被害が大きかった北信が59%、東信が48%となり、それぞれ中信27%、南信26%を大きく上回った。「避難場所の確認」は全体で36%にとどまったが、長野、須坂両市など避難生活を余儀なくされた人が多い北信は66%と高かった。東信が43%と続き、南信は16%、中信は12%で地域差があった。

一方、水害による損害を補償する保険や共済への加入については「している」が39%で、「していない」の27%を上回った。「確認しないと分からない」は28%、「水害の恐れがなく加入する必要がない」は7%だった。職業別では「農林漁業」が9業種中で最多の52%となり、唯一、5割を超えた。

洪水時の浸水想定域の確認

確認している／確認していない／浸水の恐れがなく、確認する必要がない／その他
全体／北信／東信／中信／南信
0%　50　100

東信 意識変える契機に

中南信 洪水への備え一層

今回の意識調査で東信地域は、災害時の避難場所の確認、持ち物の準備、避難・防災訓練への参加などの割合が他地域に比べて軒並み低かった。上田、佐久両市の防災担当者はこれまで災害が少なかったこともあり、市民の危機意識が他地域に比べ低い可能性があるとみる。東信では、今後の洪水への備えに意欲的な住民が多かったことから、市民への働き掛けを強める考えだ。

上田市危機管理防災課の田中達夫課長は、8月実施の総合防災訓練に住民ら約2400人が参加しており「特段少ないわけではない」とする一方、県民意識調査で今後の備えに東信の59%が意欲的な点に関し「上田は大丈夫、自分の地域は関係ない、という意識を変える大きなきっかけになるのではないか」と指摘。「市民が命を自ら守る意識が高まるようさらに情報を届けていく」とした。

佐久市の清水淳一危機管理課長は、今回の台風災害を踏まえ「移動中に川の氾濫に巻き込まれるリスクを含めて注意喚起したい」と強調した。

◇

災害への準備、訓練への参加度が高かった南信地域。岡谷市危機管理室の担当者は、市内で8人が亡くなった06年の豪雨災害の経験を指摘。「市独自の『防災の日』の制定や非常食の啓発活動などに力を入れている」とする。

南信は「南海トラフ地震防災対策推進地域」に指定されている。飯田市危機管理室の北沢克弘室長は「地震を現実的に受け止める環境にあり、防災意識が高まっているのではないか」。同市では20地区ごとに住民の自主防災組織があり、年2回、土砂災害や地震を想定した訓練をしている。飯田下伊那地域では1961(昭和36)年の豪雨災害「三六災害」の記憶を後世に引き継ごうという意識も強い。

一方、伊那市危機管理課の山口俊樹課長は、新たに洪水への備えをすると答えた割合が南信地域で低かったことについて「2006年の豪雨災害後、天竜川の河床を下げるなどの整備が進み、安心している面があるのかもしれない」と推測。今後発生する恐れがある災害について住民が話し合ってまとめる「地区防災計画」を集落ごとに作るよう呼び掛ける考えだ。

松本市危機管理課の遠藤隆政課長は、中信地域の22%が洪水への備えについて「今後も備えるつもりはない」と答えたことに注目。今回の台風を踏まえ、「風水害に対する訓練の重要性を自主防災組織に呼び掛け、市主催の講座も充実させたい」とした。

北信 長野市 早期避難へ啓発必要

長野市の鎌田富夫危機管理防災監は、北信地域で避難場所を確認している人が90%、洪水時の浸水想定区域をハザードマップなどで確認している人が65%と高い調査結果が出たことについて「7月末から洪水ハザードマップを全戸配布したところに台風災害が起き、関心が高まったのではないか」との見方を示した。

ただ、浸水時の避難のタイミングでは「避難指示が出た時」とした人が24%で最多。鎌田氏は「洪水時に安全な避難所が遠い場合や、危機が夜間に来る場合もある」とし、より早く避難を決められるよう出前講座などで啓発する必要がある―とした。

居住地の危険性 理解して

牛山素行・静岡大防災総合センター教授(災害情報学)の話　調査方法や対象地域によって変わるため一概には言えないが、災害時の避難場所やハザードマップを確認しているとした人の割合は比較的高い。洪水は予想外の場所で起こるものではなく、起こりうる場所で発生することがほとんど。洪水に対する意識を高めるには、さまざまな機会を活用し、地域の洪水の可能性について周知するとともに、住民もそうした情報をよく理解するよう努めるしかない。まずは自分の居住地の危険性を理解する。その上で、水害に見舞われたら自分はどのような影響を受けるかを具体的に考え、各自にとって必要な備えを考えるのが基本だ。

官民協働 防災対策さらに

災害時の住民避難の在り方に詳しい石井布紀子・NPO法人さくらネット代表理事の話　県民の災害への備えや防災訓練の参加率などは、全体的に高い結果が出たと感じる。洪水対策として、堤防や護岸の工事などのハード対策なのか、地域の備えといったソフトなのかという問いでは、ソフト面を重視する回答が多く、真面目な県民性が現れた。ただ、避難のタイミングについては市町村が発する避難指示を待つ答えが多かった。例えば、地域の1日の過去最大降雨量を事前に知っておき、どこまで降ったらどこに逃げるのか、具体的な想定に基づいた啓発や訓練が大事だ。官民協働で防災対策をさらに強化する必要がある。

災害ごみ 県外業者処理開始

長野市分 富山2社で

台風19号で被災した長野市で発生した大量の災害ごみで、環境省は5日、富山県の民間の産業廃棄物処理事業者2社が受け入れを始めたと明らかにした。長野市が自前で処理しきれないとして長野県を通じて支援要請し、さらに三重県の1社も受け入れる方向。同様の要請をしている千曲市の災害ごみも、三重県の1社と愛知県の業界団体1団体の受け入れが近く決まる見通しという。

同省中部地方環境事務所(名古屋市)によると、長野、千曲市の災害ごみは現在仮置き場に集まっている泥に漬かった家財道具などに加え、今後は解体される建物の廃材などもあり、最終的に数十万トン規模になる見込み。両市の支援要請を受け、中部地方の各県が民間事業者に受け入れを打診した。

同省によると長野市と千曲市の災害ごみを受け入れる富山県や三重県などの産廃処理事業者は、可燃ごみの焼却や資源物のリサイクル、最終処分場などを手掛け、家電リサイクル法に基づきメーカーが再資源化する冷蔵庫などの家電4品目を除き処理・処分ができる。富山市の2社は10月30日ごろから長野市の災害ごみの搬出を本格化しているという。

災害ごみのうち可燃ごみは、長野市や須坂市の排出分を焼却する長野広域連合の「ながの環境エネルギーセンター」(長野市)が処理能力を超えるとして同28日から受け入れを休止するなどしており、県内で焼却施設を運営する一部事務組合などにも県が受け入れを要請している。

北信

長野本社 ☎026-236-3130 fax. 236-3196 〒380-8546 長野市南県町657
須坂支局 ☎026-245-0120 fax. 248-4893 〒382-0094 須坂市屋部町1327
中野支局 ☎0269-22-3224 fax. 26-0760 〒383-0025 中野市三好町2-4-41
飯山支局 ☎0269-62-2226 fax. 63-3128 〒389-2253 飯山市福寿町1114-10
千曲支局 ☎026-273-0062 fax. 273-1134 〒387-0006 千曲市粟佐1305-4

住宅街に置かれた災害ごみを運び出す大勢のボランティア＝4日午前11時53分、長野市穂保

気持ちを看板に

災害ごみの仮置き場になっていた住宅街の一角。板には住民からボランティアへの感謝の気持ちが書かれていた＝4日午前11時2分、長野市穂保

3連休の長野市長沼地区
ボランティアに感謝

3連休となった2〜4日、台風19号による千曲川の堤防決壊で大きな被害が出た長野市長沼地区には、各地から大勢のボランティアが駆け付けた。必要な作業を一つ一つ進める姿に、住民が感謝の思いを伝える看板も各所に立つ。

長沼支所の図書室で泥に漬かった本。並べて乾かしていた＝4日午後0時7分、長野市穂保

カビの発生を防ぐため、壁の中のぬれた土などを取り出していた＝4日午前10時45分、長野市津野

中信地区の消防団の正副団長ら23人がボランティアとして参加。側溝の泥出しをした＝4日午前11時19分、長野市穂保

きょうの番組

INC地上11ch
6.30 ながのLIVEカメラ 長野市の道路状況など
8.30 路地裏▽吉田五丁目
10.30 商議所▽おやき伝える
0.15 長野グルメ食べタイム
1.00 長野上水内中学校連合音楽会・前編
4.00 落語の時間
6.00 INCながのニュース（再後7時・後8時後9時・後10時他）
6.30 MUSICオブ信州 伝統芸能を学ぶ子ども 長野市芸術館で発表会
6.45 台風19号関連文字放送（ほか前9時45分後3時45分等で放送）
7.30 しんまち・中条情報局
7.45 戸隠・鬼無里情報局
8.30 すまいるone▽上越
11.30 神保シェフとたべよう

121chネット千曲
6.15 情報チャンネル▽交通
8.15 とびだせ千曲っ子▽さゆり幼稚園・いもほり 再5.15、6.15、11.15
8.30 『子育てぽけっと』再0.30、6.30、11.30
10.00 まり子&麻友 長野県復興支援ライブ 再9.00
1.00 QVC／ショッピング
4.00 文字情報・求人情報
5.00 千曲ニュース▽出来事 再6.00、8.00、11.00
8.15 市民ギャラリー展示
8.30 アクトオンTV▽趣味

11chネット千曲112
9.00 武水別神社「仲秋祭」（令和元年）再7.00
1.00 世界に羽ばたく若き演奏家コンサート 再8.00

GLTV すこうCH地上121
6.00 【4K】北信濃の美景（13時19時24時）
6.30 けーぶるにっぽん 躍動JAPAN「人馬一体」（13時半19時半）
8.00 【4K】北信濃に暮らして（11時14時17時20時23時半）
8.30 鹿児島×北信濃「そらじかん」（23時）
9.00 JFAこころのプロジェクト『夢先生』（15時18時）
1000 みんな集まれ元気っ子～風の子保育園～（16時22時）
1200 ミュージックジャパン

たかやまch地上122
7.00 ディズニー（13時19時）
8.00 令和元年度高山中学校紅葉祭②（14時20時）
2200 【アーカイブス】平成28年度高山中紅葉祭①

地域情報ch 地上111
お天気ch 地上112

ふう太チャンネル
5.00 日刊ふうタイム（6.00 7.00 8.00）
5.30 週刊N▽村民祭▽秋を楽しむ木島平▽三世代交通安全教室（6.30 7.30 12.30 15.30 18.30 21.30）
8.30 ご近所NEWS（13.00）
9.55 ぐるっとふるさと信越（14.25 20.55）
10.00 ボランティア講座「災害講座」（16.00 19.00）
14.30 信越トライウォーク

iネット飯山
7.00 ほっとスタジオ▽飯山えびす講▽飯山仏壇ポスターコンテスト▽被災者へ無料マッサージ▽飯山高校SSH講演会▽地域おこし協力隊辞令交付（12.30 15.30 17.30 19.30 22.30）
7.45 Net3キッチン
8.00 近代スポーツの父岸清一（12.00 17.00 18.30）
8.30 健康チャンネル（11.30 15.00 16.30）
9.00 長野県ご当地○○対決▽スイーツ編（13.30 20.30 23.30）
10.00 フジミパノラマRide
10.30 まるごと信州情報ネット
11.00 すまいるone
14.30 茨城を食べよう

FMぜんこうじ 76.5
7.00 おはよう・ナムゴン P：塩入美雪 まるまるミュージック N・天・交通情報 話題の交差点
9.20 ステップワン
11.30 昼どきもんぶらワイド P：阿藤千鶴子 今日のホット情報 午後のミュージック N・天・生活情報
2.00 グッドネイバーズ
5.00 ゆうやけスタジオ P：郷原利枝 伝言なむごん 三菱ミュージック N・天・交通情報
6.30 グルーヴライン
7.00 ジャム・ザ・ワールド
9.00 SONARMUSIC

テレビ北信・豊田情報センター デジタル121ch
6.00 気まぐれクッキング
8.00 近隣ケーブルニュース
11.00 ふるさと元気印！▽ドキドキハロウィン2019
1545 花物語通信
1800 Nふるさとステーション▽オランチェ100円市の会が義援金を寄附▽ダリア球根販売会▽信州なかの音楽祭で各種コンサート
1900 THV特集「豊井小学校音楽会」
2200 見楽のススメ▽ふれあいサロン吉田地区編

テレビ菜の花
6.00 お茶の間ニュース
6.30 村のみんなにご紹介 再
6.45 村の動き 再
7.00 ご近所ネット
9.00 野沢温泉スキー体操

UCV1上田121
6.00 UCVレポート
6.30 おおきくなあれ 田中保育園
6.40 おはなしランド
7.00 第2回真田塾
8.50 スポーツだより
15.00 上田市公文書館のあらまし
17.00 UCVレポート

UCV2上田122
6.00 コトヒラ杯少年野球②
8.00 坂城保育園 うんどうかい
10.00 Power Live 東北信・9～26

北信

被災の写真 早めの応急処置を
須坂の写真店主 修復のボランティア

須坂市横町の写真店「写真のかつやま」の店主勝山喜明さん（58）が、台風19号で被災し水に漬かった写真の修復にボランティアで取り組んでいる。運動会や家族旅行など、一人一人の人生の一瞬を切り取った写真を「大切にしてほしい」と強調。早めの応急処置を呼び掛けている。

台風後、これまでに1300枚近くの写真が同店に寄せられた。仕事の合間に妻晴美さん（54）と、泥で汚れた写真を洗浄。1枚ずつ床や机に並べ、乾かしている。卒園アルバムなどは写真をデジタル化し、依頼人が後日アルバムの形に再現できるように工夫。希望があれば、傷や剝げた箇所の修復も受ける。

きっかけは東日本大震災。発生3カ月後に地元新聞社や福島、宮城、岩手の被災自治体、各避難所に修復ボランティアの案内を送り、約200枚を手掛けた。勝山さんは「自分にできることをやるという意味で、私に合ったボランティアの形」と実感。今回も長野市から修復の依頼があり、取り組みを始めた。

来店できない人向けには、フェイスブックで写真を交えて洗浄方法を紹介。勝山さんは「できるだけ早く応急処置をしてほしい。その後、ゆっくり修復を検討すればいい」と話す。

届いた写真の泥を落とし、一枚ずつ並べて乾かす勝山さん

「復興計画 住民と話し合う」
加藤・長野市長 一問一答

長野市の加藤久雄市長は5日の信濃毎日新聞のインタビューで、台風19号で被災した市内地域の復興の進め方について「地域の住民と話し合いながら方向性を見いだしたい」と述べ、地域の意向を尊重して検討を進める考えを示した。被災地の土砂や災害ごみの撤去、子どもの支援なども課題に挙げた。主なやりとりは次の通り。【1面参照】

インタビューに答える長野市の加藤久雄市長＝5日午前11時22分、市役所

「土砂とごみ撤去 できるだけ早く」

―台風19号に伴う風水害の発生から3週間が過ぎた。

「残念ながら2人が亡くなった。企業や農家なども含めて被災者は人生が狂わされるほど大変な中にある。13日早朝から自衛隊や消防、警察などが捜索、安否確認を行った。市はもちろん国や県も早期対応に当たり、中核市の応援や、ボランティアもすぐ現場に入ってくれた。激甚災害への指定など、国の対応も日に日に進んでいる」

―目下の課題と対応は。

「農地に大量にたまった土砂は、取り除いて何らかの形で再利用できないか考えている。まずは農道をできるだけ早く通れるようにしたい。一方、例えば赤沼公園の災害ごみを取り除くには半年や1年はかかるだろう。できるだけ早く撤去し、見た目を含めて平穏な生活（環境）をつくることが必要だ」

―今回の被災地は今後も浸水被害の可能性がある。

「（自然災害は）どこでも起こり得る。被害を最小限にとどめる対策を練る必要がある。堤防の強化だけでなく、遊水地やダムなどの整備も含めて根本的に考え直す必要がある。先祖伝来の土地から離れられないという人もおり、復興計画は住民と話し合い方向性を見いだしたい」

―被災した子どもたちの支援はどうするか。

「被災した保育園は仮設の建物を造る。再開に向けてできるだけ早くやりたい。（避難所などを）心のケアチームが巡回しているが、遊び（の確保）も大事なので関係機関・団体と連携して取り組む」

長野の「にぎわい市」10年 台風被災農家も出品

にぎわい市の「大感謝祭」で野菜などを買い求める人たち＝5日、長野市問御所町

長野市問御所町のTOiGO（トイーゴ）広場で5～11月の毎週火曜日に開く農産物市「長野銀座にぎわい市」の開催10年目を記念した「大感謝祭」が5日、同広場であった。生産者などの市内の11団体が出店。台風19号で自宅や畑が被災した生産者もいたが、主催する長野銀座商店街振興組合は「長野市の農業が元気だという姿を見せていきたい」とし、会場には被災地支援のための募金箱も置かれた。

にぎわい市は、中心市街地や山間地農業の活性化を狙って2010年に開始。大感謝祭では、市内産のコメやリンゴ、商店街の商品券が当たる抽選会も行った。

生産者の一人、善財三枝子さん（72）は同市豊野町の自宅が被災。この日は市内の他地域で育てた大根や里芋を売った。落花生などを作っている豊野地区の畑は被災を免れ、「次回以降のにぎわい市でも豊野の農産物をお届けできる」と笑顔を見せた。

同市若穂地区の団体のメンバー倉島幸子さんは、千曲川近くの長芋や大根の畑が泥水に漬かり「今年の収穫は難しい」。にぎわい市には毎年出店しており「いつも楽しみに買いに来てくれる人がいるので、来年はまた頑張る。地域の農家は高齢者が多いが、みんなで続けていきたい」と前を向いた。

今年のにぎわい市は12、19、26日にも開く。

防災拠点 撮影し巡る
須坂で「フォトロゲイニング」

制限時間内に指定地点を回って写真を撮り、得点を競う野外スポーツの一種「フォトロゲイニング」の催しが、須坂市塩川地区で開かれた。台風19号で県内が被災したことを受け、改めて防災意識を高めようと、地域の避難所や防火水槽なども巡る地点に設定。住民約60人が参加した。

毎秋開く運動イベントの一環。2、3人ずつでつくる各チームが地区の公会堂を発着地点に、1時間半～2時間ほどかけて地区内を散策。28カ所の地点が記された地図を読みながら、避難所に指定されている地元の日野小学校や消火栓なども撮影していった。

「初めは乗り気じゃなかった」と話す長和久さん（64）のチームは、途中で競技にのめり込み、「楽しみながら防災拠点を確認できる機会になったと思います」と話していた。

避難所に指定されている小学校前で写真を撮る参加者たち

台風19号 生活情報
29面にも情報　5日時点、変更の可能性があります

▽長野市

【避難所】（指定避難所）豊野東小、古里小、豊野西小、長野運動公園、南長野運動公園、北部スポーツ・レクリエーションパーク、昭和の森フィットネスセンター、（自主避難所）豊野西部児童センター、篠ノ井総合市民センター、豊野区事務所（豊野北公民館）、信州新町大門教職員住宅、市営住宅千原田団地

【ごみ受け入れ】篠ノ井運動場（篠ノ井）、青垣公園運動場（松代町）、アクアパル千曲（真島町）で、それぞれ午前9時半～午後4時半。豊野東山第1・第2運動場（豊野）は休止

【下水】古里、柳原、長沼、若槻、朝陽、若穂、松代、古牧、吉田、大豆島、豊野のそれぞれ一部で節水を呼び掛け

【ボランティアの依頼】依頼に関する住民専用ダイヤル（☎080・5072・9637）

【支援物資の受け入れ】ボランティア活動をする人のためにマスク、手袋などを市ふれあい福祉センター内社会福祉協議会（☎026・225・1234）で受け付ける。土日祝日を除く平日の午前8時半～午後5時

【支所】長沼支所と豊野支所が業務停止。住民活動などの相談は市地域活動支援課（☎026・224・7615）

【保健センター】豊野保健センターが業務停止。当面、東部保健センターで対応。市保健所健康課（☎026・226・9963）

【休園】長沼保育園、豊野みなみ保育園（保育は他施設で）

【放課後子ども総合プラン】長沼児童センター、松代花の丸児童センターが被災。長沼小学校区域は柳原小で、豊野西小区域は豊野西小で、松代小の区域は松代花の丸子どもプラザで実施。日曜、祝日はいずれも休館。市こども政策課（☎026・224・6796）

【臨時託児所】豊野ひがし保育園（豊野町大倉）と中央保育園（篠ノ井御幣川）で30日までの午前9時～午後4時、満1歳からの未就学児を無料で受け入れる。自宅や親族の家が浸水し、片付けをする家庭が対象。できる限り各園に事前連絡。原則的に飲み物や着替え、おむつ持参。通常の一時預かり保育（有料）も全ての公立園と認定こども園計29施設で対応。希望する園に申し込む

【外国人相談窓口】市国際交流コーナー（☎026・223・0053）で、第1、第3水曜日と日曜祝日を除く午前10時～午後6時

【消石灰配布】6支所（松代、柳原、篠ノ井、古里、若穂、豊野）で配布。マスク、ゴム手袋など装備を。市保健所健康課（☎026・226・9964）

【商工事業所相談窓口】設備や資金繰りなど。市商工労働課（☎026・224・5041）

【中小企業向け相談窓口】中小企業や小規模事業者の経営相談など。長野商工会議所中小企業支援センター（☎026・227・2428）。市商工会経営支援センター（☎026・284・3053）と同豊野支所（☎026・257・2080）

【被災動物の相談窓口】ペットの預かり相談など。市保健所動物愛護センター（☎026・262・1212）

【入浴】避難者の無料入浴利用券を各避難所で配布する。利用対象施設は湯～ぱれあ、松代荘、保科温泉、サンマリーンながの、若槻いこいの家、石川いこいの家、氷鉋いこいの家、松代いこいの家、若穂いこいの家、アゼィリア飯綱。市危機管理防災課（☎026・224・5006）。裾花峡天然温泉宿うるおい館（☎026・237・4126）は、被災者の住所を記入して無料で入浴できる。陸上自衛隊は、長野運動公園と豊野温泉りんごの湯（いずれも午後3～10時）、北部スポーツ・レクリエーションパーク（午後3～9時）に入浴施設を設置

【居場所開設】老人福祉センター（湯福、柳町、吉田、氷鉋、鬼無里、中条）、いこいの家（松代、石川、大豆島、茂菅、若槻、新橋、氷鉋、若穂、東長野）。午前9時～午後4時。休館日は施設ごと

【被災相談窓口】市役所第1庁舎1階で毎日午前8時半～午後8時、市の柳原、豊野、松代各支所と篠ノ井総合市民センターで毎日午前9時～午後5時15分、古里支所で土日祝日午前9時～午後5時15分に開設。罹災（りさい）証明書の申請、災害救助法に基づく住宅の応急修理の相談や申請、公営住宅の案内のほか生活再建支援制度などの相談や申請も受け付ける。市地域活動支援課（☎026・224・7615）

【被災者支援情報】無料通信アプリ「LINE（ライン）」の市公式アカウント「長野市2019台風被災者支援」を「友だち登録」して使う。生活再建に向けた関連情報などが調べられる

【証明書などの交付手数料の免除】被災者の市税関係の証明書や戸籍謄本・抄本、住民票の写し、印鑑証明書などについて、交付手数料を免除する。対象は古里（徳間を除く）、柳原、長沼、篠ノ井、松代、若穂、豊野の各地区の住民や法人、罹災証明書を受けた人や家族、法人。期間は来年3月末まで

▽須坂市

【避難所】北部体育館

【上下水道料金】住宅の被害程度が全壊、大規模半壊、半壊などの世帯を対象に、10、11月の上下水道料金（基本料金、従量料金）を全額免除する。一部損壊の世帯は、従量料金を8立方㍍分まで減免する。いずれも申請は不要。

【入浴】古城荘（☎026・245・1460）、湯っ蔵んど（☎026・248・6868）。避難所で入浴利用券を配布

【下水】上八町と下八町を除くほぼ全域で節水を呼び掛けている

▽小布施町

【入浴】小布施温泉あけびの湯（☎026・247・4880）、おぶせ温泉穴観音の湯（☎026・247・2525）。町から配布された「温泉利用入湯券」を提出する。12月末まで（その後は町に相談）

【下水】東町、上町、中町、伊勢町、中央、中扇、横町、福原、栗ガ丘、大島、飯田、林、山王島、水上、松の実、千両、クリトピアと、六川と松村で節水を呼び掛けている

▽高山村

【下水】高井地区で節水を呼び掛けている

▽中野市

【入浴】無料入浴券を配布された被災者は、市内温泉施設（長嶺温泉、ぽんぽこの湯、もみじ荘、まだらおの湯）に入浴可能。30日まで。市営業推進課（☎0269・22・2111）

【住宅相談】被災した住宅の修繕や再建の融資について6日に市役所2階イーストサロンで相談に応じる。午前8時半～午後5時。無料で事前申し込み不要。市都市計画課建築住宅係（☎0269・22・2111内線273）

▽山ノ内町

【入浴】渋温泉旅館組合が30日まで加盟旅館の受け入れを案内（☎0269・33・2921）

【宿泊・入浴】山ノ内町観光連盟が被災者やボランティアを対象に、町内の宿泊施設を素泊まり4000円、1泊朝食付き5000円、同2食付き6000円（消費税、入湯税別）で手配。無料入浴は午後3～10時。山ノ内町観光連盟（☎0269・33・2138）

▽飯山市

【入浴】いいやま湯滝温泉（☎0269・65・3454）、戸狩温泉暁の湯（☎0269・65・2648）、湯の入荘（☎0269・65・3312）、中条温泉トマトの国（栄村、☎0269・87・3030）、百合居温泉（同、☎0269・87・2702）

【住民相談窓口】市社会福祉協議会のボランティアセンター（☎090・4945・8542）

【商工業者相談窓口】飯山商工会議所（☎0269・62・2162）

【移動用自転車貸し出し】信越自然郷アクティビティセンター（☎0269・62・7001）

▽千曲市

【避難所】旧更埴庁舎保健センター

【ごみ受け入れ】災害ごみに関する問い合わせは市廃棄物対策課（☎026・273・1111）

【入浴】被災者に温泉入浴無料券を配布した。利用対象施設は竹林の湯、白鳥園、つるの湯、健康プラザ。市生活安全課（☎026・273・1111）

【支援物資配布】被災者に飲料水やタオルなどを配る。配布場所は旧更埴庁舎北庁舎会議室で午前9時～午後5時

◇

▽食事を無料提供

長野市若穂綿内の温泉施設「湯～ぱれあ」は、市が被災者に配る無料入浴券の利用者を対象に、平日はうどん、土日祝日はカレーを無料提供する。湯～ぱれあ（☎026・282・5500）

▽飯綱町の温泉を無料に

長野市内の避難所2カ所（北部スポーツ・レクリエーションパーク、豊野西小）の避難者を対象に、飯綱町の温泉施設「むれ温泉天狗（てんぐ）の館」が利用料を無料にする。避難所を回る1日2便の送迎バス（無料）を使う。15日まで

▽子どもの居場所開設

8日までの毎日午後3時～6時半、長野市東部文化ホール。認定NPO法人カタリバ（東京）が、被災した小学6年生までの子どもを対象に遊び場をつくる

第三種郵便物認可 信濃毎日新聞 2019年(令和元年) 11月6日 水曜日 特集 28

被災地を歩く 東御市・上田市 5日

崖のよう 自宅近くに迫った護岸崩落現場を見る北吉さん（左）と原田さん。奥は一部が壊れた海野宿橋＝5日午前10時16分、東御市本海野

しなの鉄道田中駅で下車し、上田駅行きの代替バスに乗り換える高校生たち＝5日午前7時45分、東御市田中

傷つく交通網 痛々しく

台風19号の記録的な大雨で千曲川や支流が濁流となり、護岸や橋、道路などが大きな被害を受けた上田小県地域。しなの鉄道と上田電鉄別所線の一部区間運休や、幹線道路の通行止めなど交通網への影響が残る。

東御市本海野では、千曲川の護岸が崩落。北吉俊平さん(70)と原田高夫さん(70)は自宅前まで川が迫り、市営住宅に避難している。5日、崖のようになった自宅前に立ち、以前は見えなかった千曲川を眺めた。「いつ戻れるのか」。慣れない避難生活に精神的な疲れも出ている。

護岸崩落で市道の海野宿橋の一部が壊れ、しなの鉄道が上田―田中間で運休する原因にもなった。国と県による護岸や橋の復旧工事は24時間態勢で進んでいる。

影響は観光にも及び、橋のすぐ先の海野宿を訪れる人はまばらだ。周囲の木々が色づき始め、例年ならにぎわいをみせる季節。農産物や土産物などを店舗販売する栗林大貴さん(26)は「団体客が減っている。売り上げは10分の1ほど」と嘆いた。

田中駅ではこの日の朝、しなの鉄道が運行する上田駅行きの代替バスに高校生らが列をつくって乗り込んだ。来週中には運休区間の運行再開が見込まれるが、その他の交通網の復旧は先になる。

（文・高橋幸聖、写真・中村桂吾）

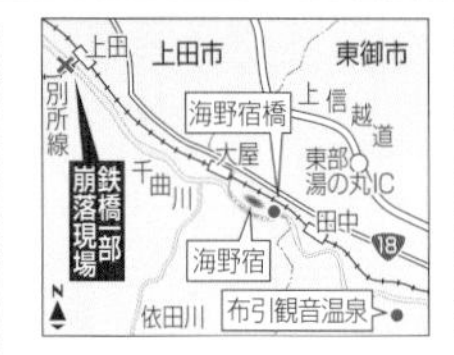

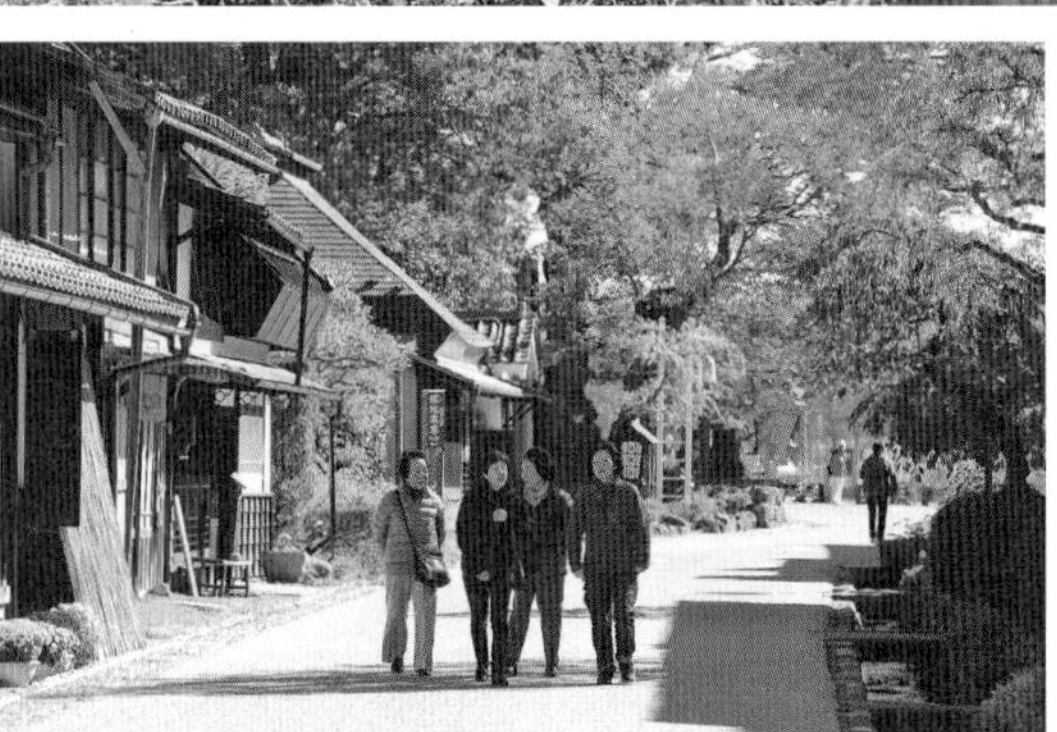

木々が色づき始めた海野宿。例年ならにぎわう季節だが、観光客は減少している。右奥では海野宿橋護岸崩落の復旧工事が進む＝5日午前11時13分、東御市本海野

上田電鉄別所線の鉄橋（左奥）が崩落し、途切れた線路。復旧工事中にレールが跳ね上がらないようブロックが置かれている＝5日午後3時14分、上田市諏訪形

浸水被害を受けた旅館「布引観音温泉」。年内の宿泊客受け入れを目指し、現在は日帰り入浴のみ時間を短縮して営業している＝5日午後1時18分、東御市布下

鉄道の寸断、海野宿橋や田中橋の通行止めなどが影響し、渋滞が悪化している国道18号＝5日午前8時16分、上田市大屋

被災者の住まい確保への公的支援の基本的な流れ（浸水被害の場合）

- 住家流出または床上1.8m以上の浸水【全壊】→ 応急仮設住宅に入居可能【無償】（応急修理費支援は利用不可）
- 床上1m以上1.8m未満の浸水【大規模半壊】／床上で1m未満の浸水【半壊】→
  - 土砂などで住宅として再利用できない／修理のため長期間自宅に住めない → 応急仮設住宅に入居可能
  - 短期間で最低限の修理をして自宅に戻りたい → 住宅の応急修理費支援【上限59万5000円】（仮設住宅は入居不可）
- → 全壊と大規模半壊は国の被災者生活再建支援制度（全壊 最大300万円、大規模半壊 最大250万円）
  半壊は県と市町村による「信州被災者生活再建支援制度」（最大50万円）を利用可能
- 半壊に至らないが、住宅の損害割合が10%以上20%未満 → 住宅の応急修理費支援【上限30万円】

生活保護費 まず相談を
長野市 被災受給者に呼び掛け

長野市は台風19号で被災した生活保護受給者に対し、市窓口で相談するよう呼び掛けている。住まいや家財が使えなくなった受給世帯について、市生活支援課は「引っ越し代などが生活保護費で認められる場合がある」としている。

厚生労働省は、災害で自宅に住めなくなった生活保護受給者は、多くの場合、「一時扶助」で引っ越し費用が認められるとしている。同課によると、限度額はあるが、使えなくなった寝具や食器類の更新も一時扶助で認められるケースが多い。

長野市は、担当のケースワーカーがいる市役所内の同課か篠ノ井支所で相談に応じる。

一方、生活困窮者を支援するNPO法人ほっとプラス（さいたま市）の藤田孝典代表理事は「生活保護は申請主義で、申し出ないと認められない」と指摘。「一時扶助などでどんな費用がどこまで認められるか、行政は口頭や書面で通知するなど丁寧に対応してほしい」と求めている。

御嶽海関 義援金協力呼び掛け 福岡

大相撲の関脇御嶽海関（木曽郡上松町出身）が5日、福岡市内で開かれた「九州御嶽海関後援会」の激励会で、長野県内の台風19号被災地に向けた義援金への協力を呼び掛けた。参加者約110人から14万5819円が集まり、信濃毎日新聞社を通じて送る。

御嶽海関の知人らにも被災した人がいるといい、これまでに飲料水2千本を千曲市に送った。この日の募金を企画した後援会代表幹事の原田則安さん(44)＝福岡県太宰府市＝は「関取が自ら支援を進めている。後援会としても何かしたかった」と話した。

御嶽海関は10日初日の九州場所に2度目の大関とりが懸かる。5日朝は春日野部屋に行き、同じく出稽古に訪れた大関高安関に厳しく稽古をつけてもらった。「期待に応えられるよう一つ上の番付を狙っていきたい」と、被災者を勇気づける活躍を誓った。

主催者側と義援金への協力を呼び掛ける御嶽海関（左奥）

診察再開 安心戻る
長野市豊野町の診療所

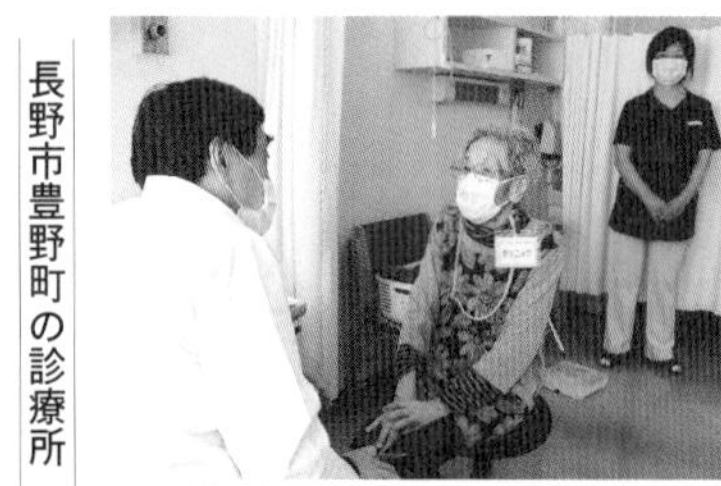

医師（左）の問診を受ける患者（中央）

台風19号による河川の氾濫で被災した長野市豊野町豊野の診療所「賛育会クリニック」が5日、診察を再開した。医療機器が水没したことなどから問診や薬の処方に限っての再開だが、近くの住民ら29人が受診。「よく知る先生に診てもらえて安心した」との声が出た。

同クリニックには常勤、非常勤各3人の医師がおり、地域では規模の大きな医療機関だ。介護老人保健施設などが入る4階建て建物の1階にあったが、浸水して休業を余儀なくされた。10月下旬に訪問診療を再開したのに続き、この日は被害を免れた2階で診察を始めた。

午前9時の受け付け開始前に患者らが来院。宮沢明住（あきすみ）院長(56)らが「大丈夫でしたか」などと声を掛けながら問診した。自宅が浸水した近くの広田福子さん(99)は、無くなった薬の処方を受けた。今は須坂市の長女宅に避難しているといい、「先生の顔を見て元気が出た」と喜んでいた。

同クリニックがある建物では、10月末にエレベーターが復旧したばかり。今月に入って水道が使えるようになり、近く採血や予防接種も再開するという。松村隆事務長(63)は「本格的な再開への一歩を踏み出せた。（同じ法人が運営する）ほかの高齢者施設利用者のニーズにも早期に応えたい」と話していた。

全国で3090人が避難

台風19号の被害は共同通信の集計で5日までに、死者は13都県89人（災害関連死含む）、行方不明者は6人に上る。内閣府によると、10月下旬の記録的豪雨の影響もあり、3090人が避難所での生活を余儀なくされている。

総務省消防庁によると、確認された住宅被害は8万棟余り。内訳は全半壊が16都県8133棟、一部損壊が27都道府県8782棟。床上浸水は17都県3万2030棟、床下浸水は20都県3万5548棟。

厚生労働省によると、2県329戸で断水している。国土交通省によると、土砂災害は20都県で805件が確認され、堤防の決壊は7県の71河川140カ所。

長31 第一社会 6版 2019年(令和元年)11月6日 水曜日 信濃毎日新聞 新聞定価1カ月3,400円(うち消費税251円) 1部150円(消費税込み) 第三種郵便物認可

アジサイ「奇跡」再び

福島県・長沼で被災 長野・長沼に株分け

泥の中力強く 住民「共に生きる」

台風19号による千曲川堤防決壊で自宅が浸水した長野市大町の農業、赤芝道子さん(79)の庭で、10鉢のアジサイが大小の濃い緑色の葉を茂らせている。東日本大震災で被災した福島県須賀川市長沼地区から譲り受けた「奇跡のあじさい」だ。長野市長沼地区に植えられたほとんどは今回の水害で流されてしまったが、赤芝さんの庭では生き延びた。「一緒に生きていかなきゃね」。自宅に取り残され救出された赤芝さんは、アジサイに自分を重ねている。

【1面参照】

ルポ 千曲川氾濫

挿し木で増やしてきたアジサイを見つめる赤芝さん。浸水で鉢は横たわったが、芽は無事だった=5日、長野市大町

赤芝さんは10月13日午前8時ごろ、119番通報で救助を求めた。水は1階の床上50㌢ほどまで迫った。2時間ほど待った。黄色いタオルを振り、自衛隊ヘリコプターでつり上げられた。下を見れば水が勢いよく流れている。「初めての経験。命の危機を感じ、生きた心地がしなかった」

避難先から戻った自宅。畳は浮き、たんすの引き出しは開かない。畑のリンゴの木は折れていた。屋内への泥の流入は少なかったが「この先どうなるだろうか」と混乱した。

知人らが片付けを手伝いに来てくれた18日、ふと1人になって庭を見つめた。倒れている鉢が目に入った。挿し木をして増やしていたアジサイ。泥が付いていたものの芽は元気。地植えした高さ約60㌢の本株も真っすぐ伸びていた。

このアジサイは、東日本大震災で須賀川市長沼地区のダム湖「藤沼湖」が決壊後、湖底だった場所で見つかった。「奇跡のあじさい」と呼ばれ、市民らが復興のシンボルとして全国に株分けし、地区名が同じ縁で長野市長沼地区の住民有志も2017年春、約30株を譲り受けた。地区内の長沼交流センター(長沼りんごホール)敷地にも15株を植え、赤芝さんも1株持ち帰り、庭に植えていた。

赤芝さんらは月1回、センターでアジサイの周りの草を取ったり、根元を守るためにわらを敷いたり手を掛けてきた。18年6月、初めて花を咲かせた。来年3月、一部を藤沼湖の周辺に植え直す予定だったが、センターは堤防の決壊地点からわずか100㍍。濁流にのまれて壁が破れ、桜の木やアジサイがあった植え込みは見る影もなくなった。

センター所長の宮沢秀幸さん(71)によるとアジサイは、震災を地域で語り継ぎ、福島に思いを寄せ続けるために植えた。だが今回「他人事ではなく悲しみや痛み、切なさを身をもって共有した」。

11月末、長野市長沼地区に2年ぶりに須賀川市民を迎える予定だったが中止せざるを得なかった。それでも宮沢さんらは、赤芝さん宅で見つかったアジサイに希望を見いだし、一部の株を来年3月、須賀川市に届け、復興への決意を伝えたいと考えている。

これまでの交流で福島を何度も訪れてきた赤芝さん。自らも被災し「復興が何年かかるか分からないと身をもって知った」。来春は藤沼湖を訪れ、地元住民に感謝を述べたい。「私にとっても奇跡のあじさいだから」

長野市長沼地区では赤芝さんの庭などの株を増やし、地区内や千曲川の堤防沿いに植える構想も出ている。二つの長沼での「奇跡のあじさい」を、災害の教訓とともに語り継ぐつもりだ。(岡田 理一)

あんずちゃん

◆田中しょう◆

授業再開 声にぎやか

長野・長沼小、柳原小校舎で

柳原小(左奥)に登校する長沼小の子どもたち=5日午前8時15分、長野市小島

千曲川氾濫で校舎が浸水した長野市長沼小学校は5日、近くの同市柳原小学校で教室を借り、授業を再開した。子どもたちは、市教委が手配したマイクロバスやタクシーなどで避難先や被災した自宅から登校。子どもたちの話し声は校門に近づくにつれ、にぎやかになった。

「おはようございます」「寒いよー」。バスやタクシーを降りた子どもたちは、流失したり汚れてしまったりしたランドセルの代わりに市教委が支給した手提げ袋を持ち、靴を消毒して教職員とあいさつを交わした。校舎の窓には「長沼小のみなさんようこそ!!」と張り紙もされた。

一時転出中の1人を除く全児童92人がほぼ全員登校。長沼小の北沢克敏校長(60)は「たくさんの方の協力、支援でこの日を迎えられた」と感謝した。ただ、今も避難所で暮らす30人近くを含め約70人が避難生活で、残りも自宅が被災。「たくさんの悲しみと我慢を心に抱え、どう表に出していいか分からない子どももいる」と語った。

昨年7月の西日本豪雨で被災した岡山県倉敷市真備町の児童約300人が長野の子どもたちに書き、災害ボランティアで訪れた同市川辺小PTA会長の小田祐三さん(42)が届けたメッセージも紹介。北沢校長は「同じ水害で大変な思いをした子どもたちが寄せてくれたメッセージ。大事に読んで」と掲げた。校内に張り出す予定だ。

長沼小は、校舎が高さ1・7㍍ほど浸水し、陸上自衛隊や地域のボランティアなどが土砂や泥の撤去に協力。5日に外周の消毒を終える予定だが、今後も設備面などの復旧工事が必要になる。

倉敷市立川辺小の子どもたちが書いた長沼小児童へのメッセージ

電気系統 トラブルか

首里城 出火時 大きな光点滅

【関連記事4面に】

那覇市の首里城で木造3階建ての正殿などが焼失した火災で、出火前後、正殿1階北東側で大きな光が点滅し、その後煙が出ている様子が防犯カメラに写っていたことが5日、関係者への取材で分かった。沖縄県警は1階が火元とほぼ断定。放火の可能性は低いとみており、電気系統のトラブルによる現象の可能性もあるとみて調べる。

正殿では10月31日午前2時34分、熱に反応するセンサーが作動。関係者によると、その前後に正殿裏手に当たる北東側の建物に設置されていた防犯カメラに光が点滅する様子が写っていた。

捜査関係者らによると、発生直後に正殿1階で炎が噴き上がる映像も残っていた。警備員らの証言も踏まえ、県警は正面から向かって左側裏手に当たる北東部から炎が上がったとみている。

県警は正殿北東部を中心に市消防局と合同で実況見分をし、原因特定を進めている。これまでに北側から照明やコンセントに電気を送ったり遮断したりする「分電盤」と呼ばれる大型の電気系統設備を回収し、不具合がなかったかどうか捜査。5日時点ではショート痕などは見つかっていないという。北側で焼け落ちた瓦の撤去はほぼ終了した。

佐久の男性 死因は溺死

台風 県内5人目犠牲

台風19号の災害で行方不明となり、佐久市中込の千曲川の中州で3日に遺体で見つかった同市入沢のタクシー運転手、三石量正(かずまさ)さん(68)について、県災害対策本部は5日、県警による解剖の結果、死因は溺死だったと発表した。同本部によると、これで台風19号災害による県内の死者は5人となり、行方不明者はいなくなった。

三石さんは10月12日午後5時40分ごろ、「土のうをもらいに行ってくるか」と言い残し、自宅から軽トラックで近くの小学校へ向かったまま、行方不明になっていた。遺体は今月3日、付近を捜していた三石さんの長女の知人が、三石さん宅から8㌔ほど北西にある国道141号浅蓼大橋の下流約80㍍の場所で見つけた。

高原鋼

○…松本市で4日に開かれた全日本きもの装いコンテスト中部・東海大会の上位入賞者4人が5日、同市の信毎メディアガーデンを華やかな着物姿で訪れ、受賞の喜びや着物の魅力を語った。

○…鏡や手助けのない舞台で美しく装えるか競った。最上位の「きもの装いの女王」になったのは、塩尻市出身で内定住の大学4年青柳茉里子さん(23)=写真左から2人目、準女王に長野市の渡辺恵子さん(47)=写真左=らが来場した。

○…中学校の教員で家庭科を教える渡辺さんは「これからも着物の魅力を伝えたい」。青柳さんは来春の世界大会に向けて「技術に磨きを掛けたい」と静かに意気込んだ。

羽根碁聖「すてきだと思ってもらえる碁を」就位式

囲碁の第44期碁聖戦(信濃毎日新聞社などの新聞囲碁連盟主催)5番勝負を制し、8期ぶりに返り咲いた羽根直樹碁聖(43)=写真=の就位式が5日、東京都内のホテルで行われた。謝辞で羽根碁聖は「2連敗した後の第5局も平常心で打てた。個性を生かしながら自分らしい内容で、すてきだなと思ってもらえる碁を打てるよう精進していきたい」と述べた。

式では、羽根碁聖に日本棋院、関西棋院から允許(いんきょ)状が、新聞囲碁連盟から賞金とトロフィーがそれぞれ贈られた。会場には約150人が駆けつけ、就位を祝った。

羽根碁聖は三重県出身、1991年にプロ入りした。日本棋院中部総本部所属で、七大タイトルは碁聖、棋聖、本因坊、天元を通算9期。今期は初防衛が懸かっていた許家元前碁聖(21)をフルセットの末、破った。

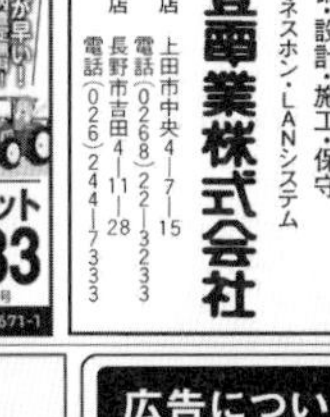
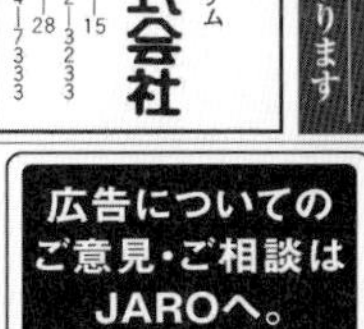

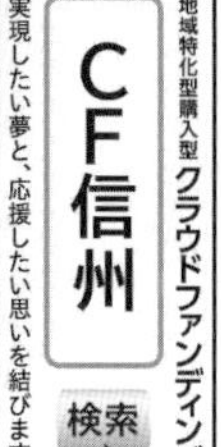
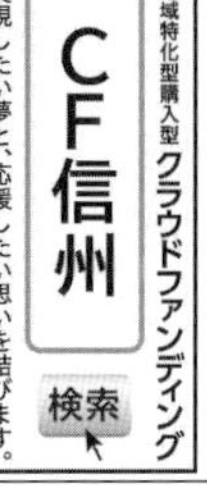
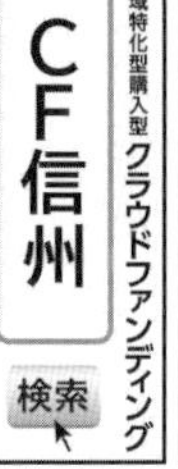

1 第49341号 【明治25年3月15日第三種郵便物認可】 信濃毎日新聞 2019年(令和元年)11月7日 木曜日 日刊 9版★

信濃毎日新聞

1873年(明治6年)創刊
発行所 信濃毎日新聞社
長野本社 〒380-8546 長野市南県町657番地 電話(026) 受付236-3000 編集236-3111 販売236-3310 広告236-3333
松本本社 〒390-8585 松本市中央2丁目20番2号 電話(0263) 代表32-1200 編集32-2830 販売32-2850 広告32-2860
©信濃毎日新聞社2019年

北陸新幹線 本数復活へ

JR東「年度内100%目指す」

JR東日本の深沢祐二社長は6日、台風19号による被災後初めての定例記者会見で、列車本数を減らした暫定ダイヤで運行している北陸新幹線（長野経由）について「本年度末（来年3月末）には列車本数を100％にすることを目指す」と述べた。東京―金沢間直通の「かがやき」「はくたか」は今月末に通常ダイヤに戻す予定とした。千曲川の堤防決壊の影響により長野新幹線車両センター（長野市赤沼）で浸水した同社とJR西日本の車両計10編成（120両）が全て廃車になることも同日、明らかになった。

JR西日本も6日の取材に同社のW7系の2編成について「廃車の手続きを進める方針」（広報部）とした。

台風を巡る一連の対応について深沢社長は、予想進路を踏まえて被害が見込まれる場合は車両避難を検討するとした。今回も東北新幹線や一部在来線は避難させたが、「北陸新幹線はそのような判断に至らなかった」と釈明。車両を避難させることでダイヤにも影響があるとして、今後は利用者への周知の手順なども含めて検討するとした。

一方、日本鉄道建設公団（現鉄道・運輸機構）が建設した長野新幹線車両センターの立地について「長野からの列車本数が多く、長野に置くのが効率的という判断」だったと説明。洪水の浸水想定区域に含まれているが、移転は難しいとの考えを示した上で、再び被害が出ないように「現在のロケーションで何ができるか考える」と述べた。

同センターは電力設備などに被害があり、現在も復旧作業を続けている。

台風で浸水 全120両廃車

北陸新幹線は暫定ダイヤによる10月25日の全線運行再開後、北陸、上越新幹線の予備車と、上越新幹線に投入予定だった新造車両の計2編成を北陸新幹線に回して計22編成を運用している。

深沢社長はダイヤ復旧に向け、さらに上越新幹線に導入予定の4編成を北陸新幹線に回し、本年度末には計26編成で運行すると表明。年末年始などの繁忙期には通常ダイヤとは別の臨時列車も運行するとした。JR東日本広報部によると、被災前の3分の2程度の運行となっている長野―東京間の「あさま」も今月末以降は運行本数を増やす見通しだ。

深沢社長はまた、浸水した同社のE7系8編成を廃車にすると明らかにした。部品内まで浸水し、安全面からも新たに造る方が適切と判断した。一部の部品は再利用を検討する。

浸水被害によって廃車されることになった北陸新幹線の車両＝6日午後4時41分、長野市赤沼の長野新幹線車両センター

飯田のピアゴ 吉川建設購入

会社集約 テナント誘致意向

飯田市の総合建設業、吉川建設は6日、JR飯田線飯田駅前にあり、昨年9月末で閉店した同市東和町のピアゴ飯田駅前店の土地と建物を、所有者のユニー（愛知県稲沢市）から購入したと発表した。吉川建設によると、建物は取り壊さずに改修を行い、現在飯田市内にある本社（松尾町）、飯田支店（鼎切石）を旧ピアゴに集約することを検討している。さらに一部を商業施設として活用するため、テナントの誘致も進める考えを明らかにした。

同日、市内で同社の吉川光国会長らが記者会見して購入の経緯を説明。今年夏ごろにユニー側から売却の打診があり、10月に決定したという。価格は明らかにしていない。吉川会長は「駅前にある大きな建物が閉ざされたままではよくない」と強調し、同社の合理化推進のため、本社、支店の移転を検討する考えを示した。

飯田郵便局 桜町 飯田 旧ピアゴ飯田駅前店 飯田市 151 市役所 りんご並木

吉川建設が購入した旧ピアゴ飯田駅前店＝6日、飯田市

ピアゴ飯田駅前店は1974（昭和49）年完成。鉄筋コンクリート造りの地下1階、地上5階建てで、延べ床面積は約1万4千平方㍍。改修を終え、利用できるようになるまでに2年ほどかかるとの見通しを示した。

同店は、「丘の上」と呼ばれる飯田市中心市街地で唯一の総合スーパーで、生鮮食品、衣料品、インテリアなどを販売していた。しかし、売り上げの減少、建物の老朽化などで将来的な採算が見込めないと判断され、閉店。中心市街地では高齢者を中心に買い物に困る人が出るなど課題となっていた。

浅間山 入山規制緩和へ

噴火警戒レベル「1」に

気象庁は6日、浅間山（長野・群馬県境、2568㍍）の噴火警戒レベルを2（火口周辺規制）から1（活火山であることに留意）に引き下げた。10月上旬から火山性地震などが少ない状態が続き、火山活動が低下。火口から0・5㌔を超える範囲に影響を及ぼす噴火の可能性が低くなったと判断した。山麓の小諸市は安全を確認して、8日にも登山道の立ち入り規制を火口周辺おおむね2㌔から0・5㌔に緩和する。

【関連記事3面に】

市は現在、登山道の「賽の河原分岐点」から外輪山の前掛山（2524㍍）山頂までの立ち入りを規制。7日に浅間山地区山岳遭難防止対策協会（事務局・小諸市）や小諸署などが同分岐点の登山道を点検し、前掛山頂まで登れるか判断する。台風19号による影響も確認する。

同庁によると、火山性地震の回数は10月上旬から各日1桁が続き、火山ガス（二酸化硫黄）放出量は1日当たり100㌧ほどとやや少ない状態で推移。深部からのマグマ上昇を示す地殻変動や火山性微動は観測されていない。ただ火口から0・5㌔以内に影響するごく小規模な噴火の可能性はあるとしている。

10月上旬以降は火山性地震のうち急増するとマグマの上昇が懸念される比較的高周波の地震のほか、8月の噴火前に増えた基準以下の微小地震も減少。同庁火山課は「2014年頃から火山活動が多くなっていた火山活動が一段落したと言えるかもしれない」との見解を示した。

浅間山は8月7日夜に約4年2カ月ぶりに噴火。火山性地震の急増といった予兆が確認されず、マグマの熱で地下水が水蒸気になって膨張する小規模な「水蒸気噴火」とみられた。同庁は07年の噴火警戒レベル導入以降、浅間山で初めてレベルを1から3（入山規制）に引き上げた。同月19日に噴火警戒レベルを2に引き下げたが、同月25日にも同様に噴火。ただ、噴火警戒レベルは2を継続していた。登山道以外の区域は災害対策基本法に基づき、火口から4㌔以内の立ち入りが禁止されており、レベル引き下げ後も継続する。

群馬県 嬬恋村 鬼押出し園 4km 浅間火山博物館 浅間六里ケ原休憩所 2km 8日にも通行可能に 0.5km 賽の河原分岐点 浅間山 小浅間山 車坂峠 黒斑山 前掛山 火山館 峰の茶屋 小諸市 一の鳥居 軽井沢町 天狗温泉浅間山荘 石尊山 千ケ滝温泉入り口 御代田町
登山道以外の立ち入りが禁止されている区域 ― 登山道

噴火警戒レベル	
5	避難
4	避難準備
3	入山規制
2	火口周辺規制
1	活火山であることに留意

天気

最高気温 最低気温

地域	地点	最高気温	最低気温
北部	飯山	18	5
北部	長野	19	5
北部	大町	16	3
中部	松本	19	4
中部	上田	19	4
中部	佐久	19	1
中部	諏訪	16	4
南部	木曽	17	3
南部	伊那	18	4
南部	飯田	18	4

6時 12 18 24 / 8日 9日 10日

5㍉以上 5㍉未満

22面に詳しい天気情報

斜面

2019.11.7

レオナルド・ダビンチは膨大な研究ノートを残した。後に「レスター手稿」と呼ばれるノートには地質、天文、水を巡る多くの考察が72㌻にわたり記されている。その一つがなぜ貝殻の化石が海から離れた高地で見つかるのか、である◆16世紀初めにかけてのこと。人々は旧約聖書にある大洪水によって海から運ばれたと信じていた。疑問を抱いたダビンチは高地を歩いて観察し自分の目で化石が幾層もの地層から出ていることを確認。1回の洪水で運ばれたことなどありえないと考えた◆そのうえで類推している。太古は海底だったところが地殻の変動で隆起して山ができた、と。「神への冒瀆」との非難を恐れず事実を根拠に導いた結論は正しかった。ウォルター・アイザックソン著「レオナルド・ダ・ヴィンチ」がノートを基に描き出している科学者の顔である◆温暖化の科学的な知見を「フェイク」と決め付ける。そんなトランプ米大統領を「化石」と表現しては失礼だろうか。国際NPOが温暖化に背を向ける米政府に「特別化石賞」を贈っているから的外れではあるまい。ついに「パリ協定」離脱を通告した◆地中に埋もれた太古の動植物の残骸が長い時を経て変化したのが石炭などの化石燃料だ。燃やせば二酸化炭素（CO_2）を排出する。石炭火力にこだわって輸出を進める日本も「化石賞」の常連である。洪水説を「愚かで浅はか」と厳しく戒めたダビンチから見れば同じ穴のむじなだろうか。

購読のお申し込み 0120-81-4341 紙面の問い合わせ 026-236-3111 信毎web www.shinmai.co.jp

こと映え 食指が動く 物事を求める気持ちが湧く

応募方法28面に

長野市 あられ

長野の決壊で床上浸水

リハビリセンター　復旧道筋どう描く

台風19号による千曲川堤防の決壊で床上浸水の被害を受けた県総合リハビリテーションセンター（長野市下駒沢）が、被災から1カ月近くたっても完全復旧が見通せない状況が続いている。11日からは再来患者のみを対象にした外来診療を再開する予定だが、被害の全体像はつかめないまま。老朽化が進むセンターはもともと、建て替えるかどうかの結論を本年度内に出す予定だったこともあり、復旧への道筋をどう描くか難しい局面に立たされている。

（熊谷直彦、木田祐輔）

【1面参照】

焦点

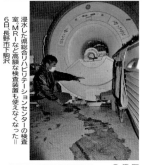

浸水した県総合リハビリテーションセンターの検査室。MRIなど高額な検査装置も使えなくなった＝6日、長野市下駒沢

医療機器　多くが故障

発電機で11日に外来一部開始

「被災前と同様までに復旧するにはかなりの時間と費用がかかる。最低限の範囲内から徐々に再開させていくしかない」。同センターの丸山賢治次長は6日、磁気共鳴画像装置（MRI）やコンピューター断層撮影（CT）装置がある建屋で声を落とした。

センターは千曲川堤防が決壊した10月13日朝に水が押し寄せ、施設1階が床上40センチ以上まで浸水した。電気設備やボイラー設備のほか、多くの医療機器が故障。それぞれ1億円以上で購入したMRIやCT装置も水に漬かった。

センターは現在、緊急的に複数の自家用発電機を駐車場などで稼働させて電気を賄っている。電気は復旧の活動拠点である管理医療棟などに通しているだけで、検査室を含め多くの場所は今も停電が続いている。

大量の電力が必要なMRIなどは、自家用発電機では電圧が足りず、故障の程度が把握できていない。装置から出る磁気を遮断する検査室の特殊装備も浸水で損傷。MRIは重さ約20トンあり、再稼働するにはいったん外へ運び出し、検査室の磁気遮断装備も直さないといけない。MRIは修理可能だとしても、早期の復旧は絶望的な状況だ。

センターは11日、外来診療を部分的に再開させる。だが、泥水に漬かった施設1階部分はまだ清浄作業中のため、衛生面を考慮して本来は病室階の2階を使う。ナースステーションで受け付けや会計を行い、病室を診察室にする。

センターは電気設備の被害調査を今週中に終える予定。電力の本格確保の見通しが立つのはその後といい、自家用発電機による応急措置のまま、外来診療を部分再開させることになる。電気設備の修理を進めつつ、ボイラー設備が復旧して暖房を稼働できる状態になり次第、リハビリ入所を年内に始める目標だ。その後、病棟での入院患者受け入れも再び手掛けられるようにするという。

入院患者や入所者の計57人は、長野市と松本市の計6病院に28人が転院したほか、29人が自宅に帰った。身体障害者らの社会復帰を医療からリハビリ、相談まで一貫して支援する施設として、センターには早期の再開を望む声が寄せられているという。

丸山次長は「さまざまな復旧の方策を探りつつ、できるだけ早く患者さんの要望に応えられるようにしたい」と説明。ただ、県障がい者支援課は「全面復旧の見通しは立っていない」としている。

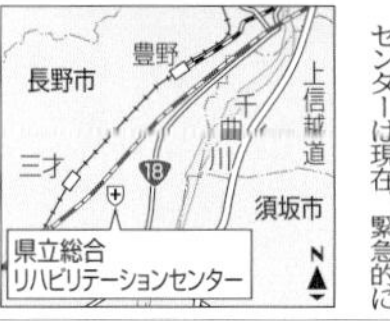

現地建て替え可能か

県　再開と同時検討の難しさ

完全復旧が見通せない県総合リハビリテーションセンター。管理医療棟は築45年以上が経過し、老朽化で建て替えが検討されていた。阿部守一知事は県会9月定例会の一般質問で、「早期の建て替えが必要」との認識を示し、本年度中に結論を出す予定だった。台風19号はその矢先にセンターを襲った。

台風による建て替え検討への影響について、県障がい者支援課は「建て替えは急務。本年度中に結論を出すことに変わりない」とする。ただ、建て替えるには、既存施設の再開が先。復旧と、建て替え検討を同時に進めていく難しい対応が求められている。

センターは整形外科や脳神経内科など6科がある病床数80の「病棟」、機能回復訓練ができる定員60人の「施設棟」、外来を受け付ける「管理医療棟」などで構成する。センターのうち、建て替えが検討されているのは1973（昭和48）年建設の管理医療棟と、82年に建設の病棟。特に病棟は県独自の耐震診断で、震度6強程度の地震で倒壊する危険性があると指摘されていた。

同課によると、通常、病棟を建て替える場合には、同じ施設内に病棟を新設し、工事期間中、患者は既存の病棟に入院し続けることが多い。建設期間については「1、2年では建てられない」とみている。そのため、建て替えるにも既存施設の再開が不可欠―とし、同課は「まずは早期の復旧が優先課題」とする。

ただ、現在地は長野市の洪水ハザードマップで、1千年に1回程度の雨による洪水で5メートルから10メートル未満、浸水する可能性があるとされている場所。今回の台風19号を受け、現在地で建て替えるかどうかや、土地のかさ上げはできるのか―といった検討も必要になるとみられる。

県身体障害者福祉協会の小林和夫理事長（長野市）は「県リハは障害者が大変頼りにしている施設で、入院、通院の人に影響が出ている」とした上で、「建て替えという話があるなら、水害や土砂崩れの心配がない安全な場所を考えてもらいたい」としている。

浅間山「予兆なき噴火」警戒

地元　安全登山を呼び掛け

噴火警戒レベルが2（火口周辺規制）から1（活火山であることに留意）に引き下がり、浅間山（長野・群馬県境、2568メートル）は登山道の規制緩和に見通しが立った。ただ、8月の小規模噴火は目立った予兆もない中で起き、気象庁は浅間山で初めてレベルを1から3（入山規制）に2段階引き上げた。「突然噴火」のメカニズム解明が引き続き期待される中、地元は登山者に安全登山を呼び掛ける。

【1面参照】

登山口近くで天狗温泉浅間山荘を経営する山崎幸浩さん(53)によると、8月の噴火以降、登山者は激減。レベル1が継続していた昨年と比べても少ないという。レベル引き下げに「観光の追い風になる」と期待感を示した。

一方、二つの登山口を抱え、防災を担う小諸市には懸念もある。市危機管理課の久保田孝夫課長は「また予兆なく噴火した際にどう対応するか。行政として課題は残る」と話す。8月7日の噴火は午後10時すぎだったが、登山者が多い日中だったらどうだったか―。「今まで以上に登山者に山の状況を伝えなければいけない」とする。北佐久郡軽井沢町の防災担当者も「噴火のメカニズムの解析が進めば安心につながる」と話す。

一方、同庁の噴火後の調べで、8月の2度の噴火直前、火口近くの観測点で、火山性地震には数えない微小地震の増加が観測されていたことが判明。同庁地震火山部は「評価は難しいが、予兆の可能性が高かったと考えている」と説明。2014年頃から続いた火山活動が一段落したとの見方も示している。

同市は7日の登山道の点検時に、8月に突然噴火したことやヘルメット貸し出しを伝える看板を登山口や登山道に4枚新設する予定だ。浅間山荘の山崎さんも「火山活動の安定を祈ってはいるが、これまで以上に安全な登山を呼び掛けなければならない」と語った。

天狗温泉浅間山荘近くの登山口。8月に突然噴火したことなどを伝える看板を新たに設置する＝6日午後2時13分、小諸市

噴火警戒レベルが1に引き下がった浅間山＝6日午後2時38分、佐久市内から

大規模災害備え5000億円

来年度予算　政府「予備費」計上へ

政府が年末に編成する2020年度当初予算案で、大規模災害など予測が難しい緊急事態に備える「予備費」を5千億円計上する方向で検討していることが6日、分かった。昨年の西日本豪雨や今年の台風19号など想定を超える災害が全国で頻発する中、臨機応変かつ迅速に財政出動できる態勢を整える狙い。

5千億円は過去最高だった19年度当初予算と同規模で、多発する災害への対応も踏まえ、巨額予算を2年連続で計上する。予算案の柱の一つとして、年末の編成に向けて与党と調整する方針で、今後恒久化する可能性もある。

予備費は、予算編成時に予測が難しい緊急事態に備え、使い道を決めずに計上する。1979年度以降、湾岸戦争への対応という特殊事情で減額された91年度を除き、毎年度3500億円が措置されてきた。

内閣の判断で支出でき、国会の承認は事後で済むため、大規模災害や国が関わる裁判、補欠選挙の費用などに充てられる。災害が相次いだ18年度は当初予算に加え、補正予算で予備費を1千億円増額する対応を取った。

今年10月の台風19号では、河川の氾濫や堤防決壊など広域で被害が発生しており、政府が7日公表の被災地生活再建の支援パッケージでも予備費を財源として支出する。

ただ予備費は実際には毎年度使い残しており、5千億円の計上は過剰との声もある。

予備費　予算編成時に予測が難しい緊急事態に備え、使い道を決めずに計上した経費。内閣の判断で支出できるが、国会の事後承諾は必要となる。2019年度は5千億円を計上しており、これまでに台風15号被害関連への支援に支出するなど約634億円を使用している。通常の予備費以外にも経済危機対応や震災復興などの目的で、別枠で計上することもある。

豪雨被災地への旅行　1泊5000円割り引き

「ふっこう割」政府導入方針

政府は6日、台風19号など一連の豪雨の支援策として、約1300億円を充てる方針を固めた。被災地を訪れる観光客を対象に、1人1泊当たり5000円の旅行代金を割り引く「ふっこう割」を導入し、観光復興を後押しする。被災鉄道の復旧費支援や災害廃棄物の仮置き場確保と合わせ、7日公表し、8日に閣議決定する生活再建の支援パッケージに盛り込む。

ふっこう割の対象地域は年内をめどに決める。同じ県内でも地域により被害程度が異なるため、導入は市町村単位とし、客足の落ち込みが激しかった地域を中心とする見通しだ。割引日数には上限を設ける。

台風19号では各地の宿泊施設で被害が発生。秋の行楽シーズンとも重なり、宿泊キャンセルが相次いだ。

被災鉄道の復旧に向けては、国と地元自治体で事業費の半額程度を補助する方針。経営状況などを考慮して対象の会社を選定する。

災害廃棄物に関しては「生活圏からの年内撤去を目指す」と明記する。処理施設などに運ぶまでの保管場所が不足していることから、既に受け入れ中の岩手県の久慈港に加え、宮城、福島、茨城各県の3港に仮置き場を設ける方向で調整している。

第三種郵便物認可　信濃毎日新聞　2019年（令和元年）11月7日　木曜日　特集　26

中野市　6日

被害が大きかった上今井橋（奥）周辺。手前の待避所では災害ごみの片付けが行われる一方、河川敷の畑は泥に覆われたままだった＝6日午後0時25分、中野市上今井

愛するわが家　いとおしむ指先

再建へ　こつこつと

西日が差す中、自宅の窓辺で障子を張る作業を進める浅沼茂子さん。「寒くなる前に済ませたいね」＝6日午後2時、中野市栗林

コンベヤーに泥が残るながの農協みゆき果実共選所。浸水で機器類が故障し、復旧にはコンベヤーを交換する必要がある＝6日午後0時1分、中野市上今井

台風19号災害の被災者が身を寄せた避難所を11月に入って閉鎖し、ボランティアの受け入れを終えた中野市。「復興への道のりを歩き始めた」（市危機管理課）ように見えるが、被災地ではまだ、生々しい傷痕が残っていた。

5、6日には市役所で住宅再建に向けた融資の相談会が開かれた。6日朝一番に訪れた市内の男性会社員(61)は「ある程度の見通しが立った」とひと安心した。

千曲川沿いは、浸水被害が大きかった。上今井地区の河川敷は泥に覆われたまま。近くのながの農協みゆき果実共選所も水に漬かり、コンベヤーは土をかぶっていた。藤木亮所長(44)は「復旧の見通しすら立たない」と話す。

対岸の栗林地区で、会社勤めの傍らリンゴも栽培する浅沼博志さん(46)はこの日、家財道具の片付けや家の掃除に手いっぱい。近く出荷が始まるが「人の手を貸してもらわないと」と危機感をにじませた。母親の茂子さん(86)は本格的な冬の到来を前に障子張りの作業をしていた。

水位が過去最高の12・46㍍を記録した千曲川を望む立ケ花地区。農業北原忠男さん(87)宅は1階が1㍍以上浸水した。6台の扇風機を回して床下や仏壇を乾燥させた。被災後も雨が多く「気力で頑張るしかない」と話した。

（文・吉沢秀樹、写真・林克樹）

立ケ花橋付近の河川敷で倒れたままのカーブミラー。泥にまみれた草が絡み付いていた＝6日午後4時23分、中野市立ケ花

水に漬かった仏壇に扇風機の風を当てて乾燥させる北原さん＝6日午前10時53分、中野市立ケ花

県職員（左）に住宅を修復する補助金などについて相談する男性（手前）＝6日午前8時58分、中野市役所

おけや箱が積まれた住宅内を片付ける浅沼博志さん。古くから使われているかまど（左）も浸水した＝6日午後1時44分、中野市栗林

長野市津野で被災の飲食店
復興ラーメン　提供開始

作業の合間に「復興ラーメン」を食べるボランティアら＝6日、長野市津野

長野市津野の飲食店が6日、1杯500円の「復興ラーメン」の提供を始めた。新装開店から2週間足らずで台風19号により被災、片付けが一段落してからは無料休憩所としてボランティアらに開放している。この日はボランティアや被災した常連客ら40人ほどが味わった。経営する小坂拓也さん(49)＝下高井郡山ノ内町＝は「他の店が復興するまでは続け、地域を活気づけたい」と話している。

お年寄りも食べやすいようあっさりした鶏がらスープを使う。体が温まるようショウガをたっぷり入れ、スタミナを付けてもらおうとニンニクも加えた。正午すぎには客が次々に訪れ「ショウガが効いてる」「あったまる」などと口にしながら麺をすすった。

被災まで客の多くが地元住民だった。小坂さんは地元のために汗を流すボランティアに、温まってもらおうと提供を決めた。当面、毎日午前11時半～午後5時に営業する。

同市穂保の農業用ハウスで泥出しを手伝った上高井郡小布施町の会社社長、高橋伸幸さん(39)は「復興はまだまだだけど被災した地域で営業してくれたのがうれしい」。避難所に身を寄せる同市津野の女性(58)は、夫や次男と一緒に訪れ「即席以外のラーメンは久しぶり。温かくておいしかった」と笑顔だった。

小布施町「果樹園でボランティアを」
千曲川河川敷で23日　漂着ごみ片付け

上高井郡小布施町は「勤労感謝の日」の23日、台風19号の大雨で町内の千曲川河川敷にある果樹園に流れ着いたごみの除去や、泥が付いた果実の摘み取りを一斉に行う。作業する面積が100㌃近くに及ぶため、ボランティアを募集している。

町産業振興課によると、千曲川河川敷では古くから私有地として受け継がれたり、地元区が占有許可を得たりした果樹園でリンゴやモモ、栗などが栽培されてきた。今回の大雨による増水で園内に泥やごみがたまり、流木や草のつるなどが果樹に絡まっているという。

県災害対策本部のまとめによると、小布施町では住家だけで57世帯が浸水被害を受けた。これらの片付けや清掃は一定程度進んだが、千曲川の河川敷だけでなく、堤防を挟んで河川敷の反対側にある畑は手つかずの場所が多い。町は5日にこうした場所で先行してごみ回収などを始め、6日も地元や三重県の消防職員計20人ほどのボランティアがプラスチック箱や角材、トタンなどを集めた。

23日は午前9時～9時半に町役場でボランティアの参加を受け付ける。隣の栗ガ丘小学校グラウンドが駐車場で、別の車に乗り合わせて作業場所へ移動する。作業は正午まで。問い合わせは町台風19号災害復興支援室（☎026・214・9100）へ。

リンゴ畑に流れてきたドラム缶などを回収するボランティア＝6日午後2時40分、小布施町

全国住宅被害8.7万棟

台風19号の被害は共同通信の集計で6日までに、死者が13都県89人（災害関連死含む）、行方不明者が6人に上る。内閣府によると、10月下旬の記録的豪雨も影響し、2896人が避難所生活を余儀なくされている。

総務省消防庁によると、確認された住宅被害は約8万7千棟。内訳は全壊が16都県827棟、一部損壊が27都道府県8998棟。床上浸水は17都県3万3237棟、床下浸水は20都県3万5696棟。厚生労働省によると、断水は2県326戸。国土交通省によると、土砂災害は20都県821件が確認され、堤防決壊は7県71河川140カ所。

台風19号による県内の人的被害（6日午前10時時点、県災害対策本部まとめ）

市町村	死亡	重傷	軽傷	計
長野市	2	2	82	86
上田市		1	5	6
須坂市			6	6
中野市		1	1	2
飯山市		1	4	5
佐久市	2		18	20
千曲市			5	5
東御市	1		1	2
川上村		1		1
佐久穂町			2	2
軽井沢町			1	1
箕輪町			1	1
坂城町		1	1	2
合計	5	7	127	139

台風19号による県内の避難所・避難者数

市町村	避難所	避難者数
長野市	13	706
千曲市	1	5
須坂市	1	114
合計	15	825

※6日午前10時時点、県災害対策本部まとめ

台風19号による県内の住宅被害（6日午前10時時点、県災害対策本部まとめ）

市町村	全壊	半壊	一部損壊	床上浸水	床下浸水	計(世帯)
長野市	786	797	502	1722	1279	5086
松本市			4		2	6
上田市	1	10	270	1	4	286
岡谷市			4			4
須坂市	1	188	96			285
中野市			4	83	38	125
飯山市		192	434			626
佐久市	17	141	55	10	821	1044
千曲市				475	1202	1677
東御市			4		4	8
小海町				4	5	9
川上村					4	4
南牧村			1		2	3
南相木村		1		1	6	8
北相木村	2	3	5			10
佐久穂町	11	50	3		62	126
軽井沢町	2	4	5	1		12
立科町		3	32			35
青木村					1	1
長和町					26	26
辰野町		2	33			35
箕輪町			13			13
飯島町			1			1
南箕輪村			1			1
麻績村					3	3
筑北村					4	4
坂城町		1	37			38
小布施町	5	28	24			57
高山村					1	1
木島平村			1			1
野沢温泉村				10	10	20
信濃町		1	9			10
飯綱町			4			4
栄村				2	2	4
合計	825	1421	1542	2309	3476	9573

長29　第一社会　6版　2019年（令和元年）11月7日　木曜日　信濃毎日新聞　新聞定価1ヵ月3,400円(うち消費税251円) 1部150円(消費税込み)　第三種郵便物認可

神社に身を寄せる園児たち

長野市豊野

被災園舎に代わり保育　響く歓声

近づく年末　保護者に不安も

ルポ　千曲川氾濫

「それでは皆さん、ご一緒に。いただきます」。6日正午ごろ、長野市豊野町豊野の伊豆毛神社に、近くの私立豊野みなみ保育園の園児約60人のかわいらしい声が響いた。ブリの照り焼きやチーズサラダなどのおかずを口に運び、あちこちでこぼれる笑顔。台風19号の大雨による千曲川などの氾濫で園舎は水に漬かった。今は畳25枚分の部屋がある社務所が園舎で、境内が園庭代わり。ただ、いつまで使えるかは分からない。

日曜日で休みだった10月13日午前、浸水は園舎の天井に迫る高さ2㍍ほどに達した。「やさしくひかる　すてきな　えがお　みんなは　ちきゅうの　たからもの」。壁に張った園歌「たからもの」の歌詞には、泥が付いたまま。修理にどれくらいの期間がかかるか見通せていない。

「書類もパソコンもおもちゃも全部だめ。何も残っていない」。同園を運営する社会福祉法人五幸会（長野市）の松橋美智男理事長(73)は肩を落とす。もともと市立園。園舎を同法人が引き継いで民営化への移行期間を終え、今年4月に完全民営化されて半年しかたっていなかった。

園児は84人。被災後、10月末までは同法人が運営する同市浅川西条の「すずらん保育園」など市内3園に分かれて保育を続けた。しかし、遠くて送迎が負担。保護者の声を受けた園は地元で保育に使えそうな施設を探し、普段から訪れていた同神社に打診し、承諾を得た。

11月から3歳未満児の大半に当たる25人はすずらん保育園、3歳以上児と2歳児の一部の計59人が伊豆毛神社でそれぞれ過ごす。境内には滑り台や鉄棒もある。ふだんは静かな社務所に、子どもたちの声が響く。豊野みなみ保育園の桐山晃明園長(39)は「貸していただけて本当にありがたい」と感謝する。

年末が近づいている。神社では年始にかけて行事が増える。12月中旬以降は、園が社務所を借りられるかどうかは決まっていない。

長野市内では千曲川の堤防決壊現場に近い市東北部にある同園だけでなく、市立長沼保育園など2カ所に分かれ、保育を受けている。市も豊野みなみ保育園の現状はつかんでおり、市保育・幼稚園課の担当者は「公立保育園で受け入れができないか検討している」。ただ市内では待機児童も生じている。近隣園に入れるとは限らず、保育士1人当たりの園児数には基準があり「どこでもいいというわけではない」とする。

午後4時すぎ、園児が追いかけっこをする豊野地区の伊豆毛神社境内に保護者が一人また一人と迎えに訪れた。3歳の男の子を迎えに来た父親は、10月中は一時的に市内の他の保育園まで送り迎えしていたといい「渋滞もあって往復に1時間ぐらい。ここは近いしありがたい」。帰り際に一瞬、表情が曇った。「でも今後（保育の）場所はどうなるのだろう」

（文・渡辺知弘、写真・有賀史）

伊豆毛神社の社務所を借りて保育をしている豊野みなみ保育園。昼食は主食を園児が持参し、職員がおかずを配膳している＝6日正午、長野市豊野町

元気いっぱいに遊ぶ園児たち。奥の社務所が園舎代わりだ＝6日午後4時4分、長野市豊野町

県内被災小中　全て授業再開

長野市豊野中　1・2年生戻る

台風19号の記録的な大雨の影響で床上浸水した長野市豊野中学校（251人）で6日、1、2年生の授業が再開した。3年生は10月29日に市立長野中学・高校の教室を借りて授業を始めており、長く休校が続いた同市長沼、豊野地区の4小中学校の全学年で授業が再開。県教委によると、台風19号により県内の小中学校26校が休校になったが、これで全校が再開した。

豊野中校舎は1階が浸水し、職員室などを別教室で代用。電気が復旧するまで授業が行えず、1、2年生は自由登校だった。6日は1、2年生のほぼ全員が登校。自宅が被災し、学区外に借りたアパートや、身を寄せている親戚宅から電車やバスで来た生徒もいたという。

「3週間空いてしまったので復習しながら進めましょう」。数学の授業があった2年生の教室で男性教員が声を掛け、三角形の性質を学習。指名された生徒が答えるなど、日常の授業風景が戻った。

2年生女子(14)は「たくさんの人が協力してくれて、勉強できる環境が戻ってうれしい」。体育の授業を受けた1年生男子(13)は「みんなで体を動かせて楽しかった。部活も早く毎日できるようになってほしい」と話した。

今週は午前9時半から午後1時半まで1日2時限の授業を行い、来週から通常の日程に戻る。3年生は11日から同校に戻って授業を再開する。

久しぶりに再開した授業に臨む豊野中の2年生＝6日午前11時2分、長野市豊野町豊野

米軍「日米合意に沿う運用」

野辺山低空飛行　事実上C130と認める

5日午前9時半ごろに南佐久郡南牧村のJR野辺山駅付近で灰色の航空機が低空飛行した問題で、在日米軍は6日、信濃毎日新聞の取材に「お問い合わせの航空運用は、日米政府間で合意した空域と規制に沿うもの」と回答した。明言は避けたものの米軍横田基地（東京）のC130輸送機が飛行したと事実上認め、問題はないとの姿勢を示した。

一方、上田市の男性(64)は5日午前9時35分ごろ、同郡北相木村でC130輸送機とみられる航空機を撮影。「3、4機が山すれすれを飛び旋回した。あまりに低空で『ゴオーッ』とすごい音がしてびっくりした」と語った。

本紙は5日、在日米軍に「5日午前9時半ごろにC130輸送機がJR野辺山駅周辺を飛行したか」と質問。これに対し、C130輸送機を運用する横田基地「第374空輸航空団」の広報部は「航空団の演習として、航空団に所属するC130航空機が承認された航路で複数の飛行を行った。訓練の一環で、即応維持に必要なものだ」と答えた。

「空輸運用には異なる高度での飛行訓練が不可欠で、飛行パターンと高度は事前に取り決められた合意を順守している」「安全な飛行運用に努めている」などとした。

北相木村を低空飛行するC130輸送機とみられる航空機＝5日午前9時35分（読者提供）

10月　全県で記録的降水量

平年比　軽井沢4.5倍　松本・長野3.4倍

台風19号による記録的な大雨があった10月の月降水量が、県内主要観測5地点のうち軽井沢で平年の4・5倍、松本と長野でそれぞれ3・4倍に上ったことが6日、長野地方気象台のまとめで分かった。県内39の観測地点全てで平年の1・6～4・7倍を記録。このうち37地点では1981～2010年の30年間の月降水量と比べ、上位3番目以内に相当した。

主要観測5地点のうち、月降水量が最も多かったのは軽井沢の548・5ミリ（平年比457％）。松本が349ミリ（同342％）、長野が282・5ミリ（同341％）で続いた。このうち長野では、台風19号が最接近した12日の日降水量が、観測史上最多の132ミリとなった。

39観測地点で見ると、最も月降水量が多かったのは北相木の605・5ミリ。ただ、観測開始からの年数が短く、平年値との比較はできなかった。北相木では12日の日降水量も395・5ミリで観測史上最多を更新した。12日の日降水量が観測史上最多を更新したのは長野、北相木を含め14観測地点に上った。

一方、10月の県内の月平均気温は、28観測地点全てで平年を1・2度～2・9度上回り、主要観測5地点全てで10月としては観測史上、最も高かった。気象台によると、上空を流れる偏西風が日本付近で北へ蛇行した影響で寒気の南下が弱まり、南からの暖かい空気に覆われやすかった。

県内の主な地点の10月の降水量

地点	降水量（mm）
長野	282.5
上田	311.0
軽井沢	548.5
松本	349.0
佐久	471.0
北相木	605.5
諏訪	266.5
飯田	255.0

高原調

○…下伊那郡阿南町の新野小学校の1～6年生約20人が6日、地元産ソバを使ってそば打ちを体験した＝写真。生地を力いっぱいにこねたり包丁でカットしたりして一汗かいた後、香り豊かな新そばを堪能した。

○…児童たちは毎年、地域住民の協力を得て、地区内の約10アールでソバ栽培に取り組んでいる。今年も10月下旬に収穫した。

○…4年の金田桂治君(10)は「細かく生地を切るのが難しかった」と振り返り、作業の出来栄えは「100点満点中80点」。でも、ゆで上がったそばを勢いよくすすると「味は100点」と顔をほころばせた。

被災者への支援考える講習会

長野で10日　子どものケアの説明も

台風19号で被災した人に寄り添いながら支援する方法や心構えを学ぶワークショップ（参加型講習会）が10日、長野市内で開かれる。市民有志でつくる「長野市子どもにやさしいまちフォーラム」などが企画。参加者を募っている。

昼と夜の2回、それぞれ別会場で開く。午後2時からは同市朝陽公民館で「災害後の子ども支援」のテーマで開催。東日本大震災後に発足した「ケア宮城」（仙台市）代表の畑山みさ子さんが、被災地域で活動する際の配慮、被災した子どもへの接し方を話す。NPO法人災害時こどものこころと居場所サポート（横浜市）副代表の小野道子さん（長野市）は、子どもの居場所づくりの要点を説明する。

午後6時半からは「災害後の被災者支援」と題して同市ふれあい福祉センターで開く。日中に被災地で作業するボランティアらの参加を想定。畑山さんが講演する他、傾聴について学ぶ。

ともに参加無料。問い合わせは、昼の部はメールで同フォーラム（cfcnagano@gmail.com）へ。夜の部は公益財団法人「プラン・インターナショナル・ジャパン」の担当者（☎080・4449・3511）へ。

1 第49342号 【明治25年3月15日第三種郵便物認可】 信濃毎日新聞 統合 2019年（令和元年）11月8日 金曜日 日刊 6版

2019年（令和元年）
11月8日
金曜日

信濃毎日新聞
1873年（明治6年）創刊
発行所 信濃毎日新聞社
長野本社 〒380-8546 長野市南県町657番地 電話（026） 受付236-3000 編集236-3111 販売236-3310 広告236-3333
松本本社 〒390-8585 松本市中央2丁目20番2号 電話（0263） 代表32-1200 報道32-2830 販売32-2850 広告32-2860

住宅応急修理の補助拡充 果樹農家の営農継続支援

台風被害 政府が再建策

千曲川の堤防決壊など県内をはじめ深刻な被害をもたらした台風19号豪雨災害を受け、政府は7日の非常災害対策本部会議で、被災者の生活と事業の再建に向けた「対策パッケージ」を決めた。浸水被害に遭った住宅の再建や、リンゴなど果樹農家の営農継続支援が柱。災害ごみ処理や中小事業者支援も重点とした。本年度予算の予備費のうち1316億円を充て、8日に支出を閣議決定する。

【関連記事2面に】

住宅関連では、被災者が住宅を応急修理する際の補助を拡充する。災害救助法が適用された県内市町村の被災者が対象。これまでは半壊以上だった支援対象に新たに損壊割合が10％以上20％未満の「一部損壊（準半壊）」を加え、最大30万円を応急修理費として支援する。住居が全壊した世帯に対しては、被災者生活再建支援金として最大300万円を支給する。

解体を必要とする半壊家屋が多く見込まれる中、所有者に代わり市町村が被災家屋を解体、撤去する公費解体制度で、半壊家屋も支援対象とする。通常は全壊のみが対象で、適用対象を拡大する。この方針を受け、長野市は7日、半壊家屋も対象とする考えを明らかにした。

農業関連では、県内で栽培が盛んなリンゴなど果樹の植え替えで収入が途絶える農家への支援策を拡大。経営面積の過半で植え替えが必要な場合、低木を密植して生産性を上げる「新わい化栽培」を導入するなどすれば農地10アール当たり最大75万円を支援する。

これとは別に新わい化栽培の苗木代などとして10アール当たり53万円の支援も新設。一般的な栽培法で同17万円を支援する補助金を引き上げる。1農家につき最大で同150万円を支援することになり、農林水産省は「農家が営農意欲を失わないように、できる支援をする」とした。

深刻化している大量の災害ごみや土砂については、年内をめどに生活圏内からの撤去を目指すと明記した。環境省は「街なかの目につく所を早めに撤去したい」と説明。自治体やボランティア、自衛隊の連携を深め、身近な場所からの撤去を目指すとしている。

県内ではこのほか、被害が甚大な地域で中小企業がまとまって事業計画を作れば、復旧費用の最大4分の3を支援する「グループ補助金」を導入。観光再興策として、旅行・宿泊料を最大5千円割り引く制度を12月にも始め、本年度内までの予定で実施する。

主な支援策

- 長野、宮城、福島、栃木4県へグループ補助金を導入
- 災害救助法適用の長野など14都県の被災中小企業にも別の補助金制度を策定
- リンゴやモモなどの果樹や、収穫後のコメが被害に遭った農家の支援
- 雇用調整助成金の特例措置として、休業した場合の助成率や支給限度日数を引き上げ
- 災害救助法に基づく住宅の応急修理費は「一部損壊（準半壊）」も対象に加える
- 全壊に加え、半壊の家屋の解体を支援

急ピッチで建設が進む応急仮設住宅。県産木材をできるだけ多く使用している＝7日午後3時40分、長野市の若槻団地運動広場

応急仮設住宅 建設急ピッチ

長野

台風19号被災地の長野市で、被災した市民が入居する応急仮設住宅の建設工事が急ピッチで進んでいる。「木のぬくもりで被災者の負担感を少しでも軽減できれば」（市住宅課）として県産木材をできるだけ多く使用。市は市内3カ所に計100戸を建てる計画で、11月末までの完成を目指している。

建設場所は、千曲川の堤防決壊で広範囲が浸水した市東北部に比較的近い昭和の森公園、市営住宅上松東団地内、若槻団地運動広場（みどりの広場）。このうち23戸を建てる若槻団地では7日午後、クレーンで木材を吊り上げ、柱やはりを組み立てた。屋根とみられる部分が姿を見せた棟もあった。作業員が忙しそうに動き回り、くぎを打つ音や電気のこぎりの音が響いた。

市住宅課は被災者の意向を確認しつつ応急仮設住宅の増設を予定しており、建設地について詰めの調整をしている。

佐久の下水施設 復旧概算91億円

市「来年度末目指す」

佐久市は7日、台風19号で浸水被害を受けた市下水道管理センターなど下水施設を本格的に復旧する費用として、概算で約91億円が必要になると明らかにした。うち16億2千万円を同日専決処分し、同センターは今月中に機能の3分の1程度を回復させる計画。完全な復旧は来年度末を目指すとしている。

【関連記事地域東信面に】

同センターは旧4市町村合併前の旧佐久市、旧臼田町の計約6万人分の下水を生物処理していたが、台風で付近を流れる千曲川の支流、滑津川が氾濫。地下部分が水没して電気設備などが壊れ、機能が停止した。被災後は、国が非常時に認める塩素消毒のみの「簡易処理」で被災前の同規模の1日約1万9千立方メートルを処理しているが、長期化すると放流先である千曲川の水質への影響が懸念されるという。

このため、「環境に配慮した措置」（下水道課）として、今月中に6系列ある処理設備のうち、まず1系列を復旧させる方針。概算の約91億円には、台風で流失した水管橋の復旧費も含まれる。

「松本看護大」21年開設申請

松本短大看護学科 四年制化

松本短大（松本市笹賀）を運営する学校法人松本学園（銭坂久紀理事長）は7日、四年制の「松本看護大学」（仮称）の2021年4月開設を目指し、文部科学省に大学設置を申請したと明らかにした。関係者などによると、キャンパスは松本短大と共用し、四年制大学には入学定員70人の看護学部を設ける予定。14日に記者会見を開き、詳細を発表する。

関係者などによると、同短大の幼児保育学科、介護福祉学科は継続し、看護学科（三年制）は20年度の入学生を最後に募集を停止する予定とする。10月下旬、文科省に大学設置を申請した。

同法人は、開学50周年となる21年度に向け、同短大看護学科の四年制大学化を構想。高度化する医療現場や、在宅医療、災害・救急などに対応できるより専門性の高い看護職員の必要性を見込み、四年制大学の開設を検討してきたもようだ。全国的な医療従事者の需要増や、高校生の大学志望の高まりなども背景にあるとみられる。

同法人は1971（昭和46）年に松本短大の前身、松本保育専門学校を開校。72年に松本短大幼稚教育学科（現幼児保育学科）を開設し、93年に介護福祉学科、2006年に看護学科を開設した。松本市内で松本短大幼稚園も運営する。

文科省によると、21年4月の大学新設の申請は10月下旬に締め切り、大学設置・学校法人審議会に諮問する。同審議会が、20年夏をめどに認可の可否を答申する予定。

看護系学部・学科がある県内の大学は現在、信州大（松本市）、県看護大（駒ケ根市）、佐久大（佐久市）、清泉女学院大（長野市）、長野保健医療大（同）の5大学。

看護系学部・学科がある県内大学

長野保健医療大
清泉女学院大
佐久大
信州大
松本看護大（仮称）
県看護大
（2021年4月開設予定）

学校法人松本学園が運営する松本短大。同じキャンパスに松本看護大（仮称）を開設する計画だ＝6日、松本市笹賀

斜面

2019.11.8

きょうは二十四節気の立冬。長野市の戸隠神社奥社の参道ではカメラを手に大勢の人が日の出を待ったことだろう。入り口の鳥居や、ほぼ中間にある随神門のかやぶき屋根の真上に太陽が昇り、杉木立の参道に日差しが真っすぐ伸びる◆立冬と立春を中心に前後のわずかな期間しか見られない光景だ。戸隠山頂から東南東に延びる直線上に奥社や参道、鳥居が配置されている。その先にある山から日が昇る。宮沢和穂著「玄冬の戸隠」によれば、古来からの神話や祭りと深い関わりがある◆「天の岩屋戸（あまのいわやど）神話」は太陽の衰弱と再生の物語だ。日本の祭りは神迎え、神祭り、神送りの段階がある。それを踏まえて考察している。鳥居は立冬の朝、衰えつつある太陽を奥社に迎え入れる。冬至を過ぎて太陽は再生に向かう。勢いを増していく太陽を立春の日に送り出す、と◆立冬を迎えても、日中の日差しは暖かい。小春日和である。気象キャスターとして活躍した長野市出身の故倉嶋厚さんは著書「癒しの季節ノート」に「11月の天気は木枯らし、時雨、小春日和に代表される。人生にも、この三つがあてはまる」と書いた◆妻の死、うつ病の発症など厳しい木枯らしに苦しんできた。やっと人生の何度目かの小春日和にいる。次の木枯らしは時には泣きわめきながらでも通り過ぎよう―。「冬への旅立ち」というエッセーだ。「再生」に思いをはせて冬を迎え入れれば、身構えた心も体も幾分ほぐれるだろうか。

こと映え

一日千秋（いちじつせんしゅう）
とても待ち遠しい

坂城町 しょうた

応募方法30面に

天気

	最高気温	最低気温
北部		
飯山	11	8
長野	12	7
大町	10	5
中部		
松本	13	7
上田	13	7
佐久	13	5
諏訪	12	6
南部		
木曽	17	5
伊那	16	6
飯田	18	7

5ミリ以上 5ミリ未満
24面に詳しい天気情報

素肌乾燥情報 カサカサ、注意、しっとりの3段階
北部 注意
中部 注意
南部 注意

購読のお申し込み 0120-81-4341 紙面の問い合わせ 026-236-3111 信毎web www.shinmai.co.jp
4910855730891 00136

第三種郵便物認可 信濃毎日新聞 2019年（令和元年）11月8日 金曜日 6版 総合 2

政府議事録 異論を削除

社保新会議 経団連会長の一部発言

政府が9月に開いた全世代型社会保障検討会議の初会合を巡り、有識者メンバーとして政府方針と異なる意見を述べた中西宏明経団連会長の発言の一部が、公表された議事録に記載されていないことが7日分かった。政府が見直しを検討している「在職老齢年金制度」に言及した部分で、複数の会議関係者が「削除された発言がある」と明らかにした。異論を表面化させない意図が働いた可能性がある。

社会保障に関わる幅広い検討を行い将来にわたる制度改革を決める重要会議で、議論の透明性を担保するはずの議事録の削除があったことに、専門家からは「政策決定過程の信頼性を損ないかねない」との批判も出ている。

問題の議事録は、安倍晋三首相が議長を務めた9月20日の会合で、閣僚や有識者ら出席者の発言を記録したもので、10月4日に首相官邸のホームページに公開された。

会合では、一定以上の収入がある働く高齢者の年金を減らす在職老齢年金制度を巡り、高齢者の働く意欲を損なっているとして政府が検討している制度見直しを議論。複数の関係者によると、中西氏は「経営者から見ると（働く高齢者の）意欲を減退させることはない」などと発言し政府方針に異論を唱えた。

しかし議事録からはこの発言が消され「（制度見直しで年金財政が悪化するなど）財源の問題もあるので、慎重に検討した方がいい」とする部分だけが掲載された。

中西氏は取材に対し、削除された内容を会議の場で発言したのは事実とした上で、議事録の記載は「政府側の判断だ」と述べた。

外務省、抗議後に公認撤回

オーストリア芸術展 自民議員問い合わせも

在オーストリア日本大使館による現地芸術展の公認取り消し問題で、外務省が一部の展示作品について「反日的な内容でふさわしくない」とする電話やメールでの抗議を複数受けていたことが7日、分かった。一部の自民党議員も事実関係を問い合わせていた。公認撤回はその後、外務省本省が決めた。複数の関係者が明らかにした。

ウィーンで9月下旬に開幕した芸術展は、日本の美術家の作品を展示しており、日本での政治社会批判の自由と限界に焦点を当てている。開幕から1カ月以上経過した10月末に公認を撤回した外務省の対応は、憲法が保障する表現の自由の観点から議論を呼びそうだ。

芸術展には、安倍晋三首相を想起させる人物が歴史認識問題で謝罪する様子を表した動画や、昭和天皇を風刺する作品が出されている。インターネット上では10月下旬、作品について「反日プロパガンダだ」「国辱行為」などと非難する声が相次ぎ、外務省にはこうした趣旨を伝える苦情や抗議がきたという。

一部の自民党衆院議員も同時期、対応を見直すべきではないかとの考えを外務省に伝えた。同省は直後の10月30日、公認を取り消している。

英語民間試験 業者側との「蜜月」否定

自民・下村氏

自民党の下村博文選対委員長（元文部科学相）は7日、大学入学共通テストへの英語民間検定試験の導入見送りに絡み、業者との「蜜月」ぶりをうかがわせた週刊誌報道の内容を否定した。高知市で記者団の質問に「全くない。『業者のため（の導入）』とは、ためにする議論だ」と明言した。

導入の狙いは「読む・聞く・書く・話す」の4技能習得を促すためだと説明。「大学側が民間試験をスムーズに活用できるよう応援していきたい」として、民間活用方針の維持を主張した。

週刊誌は、2014年の中教審答申を受け、当時の下村文科相が民間試験を含む共通テストの20年度実施を目指す工程表を策定したと関与の強さを指摘した。民間試験の一つ、GTECを運営するベネッセコーポレーションとの関係の近さも報じている。

試験巡る議事録 委員了解後公表

菅氏 時期明言せず

菅義偉官房長官は7日の記者会見で、大学入学共通テストへの英語民間検定試験の導入見送りを巡り民間試験の活用を議論した関連会議の議事録公表は出席委員の了解を得た後になると説明した。公表時期は明言しなかった。

会議は文部科学省が非公開で複数回開催した。萩生田光一文科相が6日の衆院文部科学委員会で議事録を基本的に公表する考えを示した。菅氏は公表する理由について「見送りの判断を踏まえ、これまでの経過の検証を行う」と述べた。

けさの一句

2019.11.8

人生の冬に入りたる我等かな　今井千鶴子

人間の一生を春夏秋冬に当てはめると、誕生から青春時代あたりが春から夏。働き盛りの壮年と呼ばれる時期を過ぎ、体力的な衰えが現れる頃から秋の気配を自覚する。しかし冬はというと判然としないまま始まり、唐突にただ中にいることに気づいて慄然（りつぜん）とする。とはいえ、揚句に老いの嘆きは感じられない。人生百年。明るく頼もしく冬の時代を受け入れる我等なのである。「ホトトギス」同人。

土肥あき子（俳人）

台風19号 政府対策パッケージ詳報

中小企業 グループで復興計画

長野など4県 支援対象

政府が7日まとめた台風19号の対策パッケージは「なりわい再建」を柱の一つとし、産業支援策を重点的に掲げた。長野など4県を、中小企業の施設・設備の復旧を支援する「グループ補助金」の対象に決定。農業関連に向けては、浸水被害で大量に農地に堆積した泥の除去などの支援策が盛られた。

グループ補助金は、中小企業がまとまって「復興事業計画」を作れば、復旧費用の4分の3を支援する制度。長野のほか宮城、福島、栃木各県を対象とした。補助金の上限は15億円で、国が2分の1、県が4分の1を補助する。被災企業の自己負担分についても中小機構により無利子の融資を実施する。【1面参照】

このほか14都県の商店街ではアーケードや電灯などの改修費や集客に必要な費用を補助する。

農地の泥は、県や市町村が行う撤去事業の経費のうち96%程度を国が負担する。農業用施設内の泥の撤去も対象とする。農林水産省幹部は、泥に混じっている災害ごみの撤去費用も、この補助対象になると明言した。

水に浸かって故障した農業機械などの修繕や再購入は、これまで国が10分の3を補助していたが、台風19号災害では半額まで引き上げる。国負担以外は県などが賄い、生産者の負担は一部にとどまる見通しという。

「ふっこう割」 390自治体対象

観光庁が調整

観光庁は7日、被災地を訪れる観光客の旅行代金を割り引く「ふっこう割」の対象地域について、台風15、19号で災害救助法が適用された長野など14都県の390市区町村を中心とする方向で調整していることを明らかにした。早ければ12月上旬にも導入し、来年3月末を期限とする方針。

旅客の需要に応じ、救助法適用自治体の周辺地域を含めることも柔軟に検討している。「ふっこう割」では、ホテルの宿泊費やツアー代金などを1人1泊当たり最大5千円補助する。

代替バス運行支援策

上田電鉄・しなの鉄 補助へ

台風19号などで被災した地域鉄道による代替バスの運行を巡り、国土交通省は7日、上田電鉄（上田市）、しなの鉄道（同）を含む5社を対象に経費補助を検討していることを明らかにした。

国交省によると、国費による補助割合は赤字事業者が3分の1、黒字事業者は4分の1となる見通し。事業者と地元自治体の負担割合は示していない。支援期間は最長で半年間を見込んでいる。

自治体が補助金を出した場合は地方交付税で手当てし、自治体負担を軽減することも検討する。

これまで代替バスの運行を補助する仕組みはなかったが、今回は線路や橋といった鉄道施設の被害が大きく、復旧に時間がかかると見込まれるため支援を決定。政府の対策パッケージに盛り込んだ。国交省が対象として検討しているのは他に三陸鉄道（岩手）、阿武隈急行（福島）、箱根登山鉄道（神奈川）。

一方、運転再開に向けた鉄道施設の復旧事業への支援策では、復旧事業費への国費負担を通常の4分の1から2分の1に引き上げ、さらに自治体負担分への地方交付税への算入による財政支援も検討するとしている。

復旧復興支援を 知事5省に要望

阿部守一知事は7日、東京都内で環境省など5省を訪れ、台風19号被害からの復旧・復興支援、国の施策や予算について要望。環境省では大量の災害ごみの処理に向け、小泉進次郎環境相に広域的な連携支援の調整や財政支援を求めた。

知事は、年内をめどに生活圏から災害ごみを撤去する目標の方針に触れ「われわれも一緒になってしっかりと取り組んでいく」と強調。小泉環境相は広域処理について「富山県への搬出が開始され、調整中の三重、愛知にとどまらず、その先も含めて処理が適切に行われるよう対応していきたい」と述べた。

他にも総務、文部科学、国土交通、財務各省も訪れた。教職員定数の改善や被災した学校施設の早期復旧支援、公共土木施設の迅速な復旧と抜本的な防災対策のための予算確保などを求めた。

小泉環境相（左）に要望する阿部知事＝7日、環境省

阿部知事は、3県の知事の呼び掛けで昨年設立した「森と自然の育ちと学び自治体ネットワーク」の代表として文科省に要望。10月からの幼児教育・保育無償化で、認可外保育施設の利用世帯の一部が対象になっていない現状に触れ、無償化と同等の財政的措置などを求めた。知事によると、藤原誠事務次官は前向きに検討する意向を示した。

公費解体「半壊以上」に 長野市は実施方針

政府が7日、補助対象を「半壊以上」に広げる方針を示した廃棄物処理法に基づく「公費解体」制度について、長野市生活環境課は市内の被災地で実施する方針を明らかにした。制度は原則全壊の家屋を対象としているが、昨年の西日本豪雨など近年の大規模災害では政府が半壊まで対象にしていた。同課は「被災者の申請受け付けに向けた準備を進めたい」としている。

政府が年内撤去を目指すとした生活圏内の災害ごみは、現在も千曲川の堤防が決壊した長野市長沼地区などで大量の搬出が続いている。市廃棄物対策課は、ボランティアと自衛隊の協力で当初よりはるかに進むようになったとし「国が目標を設定したことは心強い」とした。

県資源循環推進課の伊東和徳課長は「県としても年内に撤去できるよう市町村を支援していく」とした。一方、長野市が市内3カ所に定めている仮置き場からの撤去は「年内には難しく、長期間かかる」とした。

公費解体の対象に半壊住宅も加えることは、県も要望しており、伊東課長は「補助対象が拡充されるのは市町村にとって、ありがたいことだと思う」と述べた。

対策パッケージの主な内容

台風被害の対策パッケージの主な内容は次の通り。

【対象など】台風15号や19号など一連の豪雨・暴風災害の被害で緊急性の高い対策が対象。本年度予算の予備費のうち1316億円を充てる。

【生活再建】災害ごみの広域処理を調整・支援し、生活圏から土砂や廃棄物を年内に撤去▽応急修理の対象となる家屋の損害割合を「20%以上」から「10%以上」に引き下げて支援を拡充▽全壊に加え、半壊家屋の解体を支援▽被災した地域鉄道の代行バスを支援。

【なりわい再建】長野、宮城、福島、栃木4県でグループ補助金を導入▽災害救助法適用の長野など14都県の被災中小企業にも別の補助金制度を策定▽リンゴやモモなどの果樹や、収穫後のコメが被害に遭った農家の支援拡大▽浸水被害を受けた稲わらの撤去支援▽1人5千円を上限に被災地域への旅行・宿泊料金を割り引き、観光需要を喚起。

【災害応急復旧】二次被害対策を早急に実施。被災河川については堤防のかさ上げなども含めた改良復旧を目指す。

【災害救助】仮設住宅を提供。防寒対策も含めた物資の供給を進める。

義援金の配分 年内開始目標

県など委員会 初会合

台風19号の被災者支援のため、県や県市長会、県町村会などでつくる義援金配分委員会は7日、県庁で初会合を開いた。県は10月16日に義援金の募集を開始し、11月5日時点で1億7700万円が集まった。配分は複数回に分け、年内に1回目の配分を行うことを目指す。

初会合では、被害に応じた配分額などについて議論。委員からは「なるべく早く行うため、まずは一律に配分する考えもあるのではないか」といった意見が出た。

被災自治体の被害がある程度確定した段階で再び委員会を開き、配分方法を決める。県危機管理防災課の柳沢秀信課長は終了後の取材に「他県の事例も参考にして、早く配分できるようにする」と話した。県は本年度末まで義援金を受け付ける。

在宅避難者へ 支援手探り

長野市 戸別訪問で健康相談

ボランティア 手作り弁当配達

台風19号で被災した長野市で、損壊した自宅で暮らしながら片付けなどをしている「在宅避難者」への支援に市が苦慮している。食事や物資の分配、健康状態の確認などは避難所を中心に行っており、避難所以外にいる被災者には手が届きにくいためだ。個々に避難した先では、行政などの支援情報も得にくい。市は戸別訪問を進め、ボランティアも独自支援に乗り出しているが実態はつかみにくく、手探りが続く。（稲玉千瑛、岡田理一、藤田沙織）

焦点

7日正午すぎ、長野市穂保の住宅地。近隣地域の有志らでつくる「穂保被災者支援チーム」が住宅を回り、手作りの弁当を配った。メニューは大根やカボチャの煮物、キノコ入りのみそ汁など。自宅の片付け中だった女性(82)は「持ってきてもらえてありがたい」と感謝した。

チームは穂保の住宅を1軒ずつ訪ね、弁当が必要かを尋ねてニーズを把握。この日は43個を届けた。栄養バランスを考え、汁物や野菜が中心のおかずと主食をそろえる。

チームを立ち上げた同市西三才の太田秋夫さん(68)によると、避難所の支援活動をする中で、車が水没して避難所に行けない人や、共同生活を敬遠して自宅で暮らす人がいると知った。食事は外食やコンビニエンスストアの弁当で済ませがちだと聞き、「支援が届いていない」と感じて活動を始めた。

国道18号沿いに拠点を設け、弁当を取りに来てもらう方式でスタート。よりきめ細かく対応しようと、避難者宅に届けることにした。

「穂保被災者支援チーム」のメンバーからブドウを受け取る女性＝7日午後0時28分、長野市穂保

全体像把握 難しさも

■　■

長野市は現在、避難所などで各自治体などからの支援物資を分配しているほか、1日3食分の弁当を配送。現在は各回千食前後を用意している。歯科医師による相談や、血糖値が気になる人のための相談会なども実施。その半面、在宅避難者には公的支援が届きにくくもなっている。

穂保の芝波田利直さん(71)は10月末、身を寄せていた親戚宅から妻と次男の3人で自宅に戻った。2メートル以上浸水し、1階の和室は畳と床を全て剝がして乾燥中。台所で調理はできるが、床下にはまだ泥がたまっているとみられ、ブルーシートを敷いている。それでも「住み慣れた家でゆっくり過ごしたい」。連日の片付けで肩こりと高血圧に悩むが、気軽に相談できる相手はなかなかいない。

穂保被災者支援チームから7日に穂保の自宅で弁当を受け取った女性は夫(82)、長女(49)と同市豊野町の親戚宅に身を寄せる。自宅の再建を諦めて転居を考えているが、いつどこで公営住宅などの情報が得られるのか分からずにいた。長女は「とにかく（市支所などに）足を運ばないと情報が得られない。それだけで疲れてしまう」と話す。

■　■

被災者の健康管理の支援を主な狙いに長野市保健所は10月17日、避難所に加え、台風で浸水した地域にある住宅の訪問を始めた。県内外から応援を受け、1日最大20人弱の保健師が1～2人ずつで巡回。5日までに約3600世帯で家人と会えたという。

ただ約1700世帯は直接会えていない。市は、日中は不在にしている在宅避難者がいるほか、離れた親類宅などにいる場合もあると見込む。個々に連絡を取るための基礎データとして、市は被災者の居場所や状況などを台帳にまとめており、「一刻も早く整備を進めたい」（庶務課）とするが、全体像の把握は難しいという。

市保健所健康課によると、巡回で在宅避難者に会えた際は体調や心配事などを聞き取っている。健康面に加え、生活再建への不安を打ち明けたり、情報を求めたりする声も寄せられる。地区担当の保健師へつないだり、支援制度や手続きの一覧を渡したりしているが、避難所での対応だけでは十分ではない―とみている。

長沼地区では、市北部災害ボランティアセンターが5カ所の地域拠点（サテライト）を設置。生活支援の手続きなどの問い合わせが寄せられつつあるという。センターを運営する市社会福祉協議会は、片付けなどが一段落し、生活再建に向けた支援が一層求められる段階を見据え、サテライトを拠点に地域に入り込む仕組みも構想中としている。

避難生活の健康管理における注意点

- 少しでも心身の異常を感じたら遠慮せず、医療機関や地域の保健センターなどに相談を
- 水分補給を意識して小まめに行う。心筋梗塞やエコノミークラス症候群の予防にもなる
- 食事は外食や炭水化物中心になりがちだが、緑や赤色の野菜、豚肉などバランス良く摂取を
- 感染症予防のため、作業や外出の際には手洗い励行、マスク着用を。靴の汚れも落とす
- 1人で考え込んだり悩みを抱えたりしないよう、相談窓口や人が集まる場所へ出る

公営住宅 2回目受け付け

被災者向け 県150戸 長野市88戸

公営住宅の申し込みや各種相談に応じるブースが設けられた長野市役所の災害相談窓口＝7日午前10時25分

県と長野市は7日、台風19号の被災者向けの公営住宅（入居期間1年）について、2回目の入居希望の受け付けを始めた。県が県営住宅や職員宿舎など計150戸、市も市営住宅や市職員住宅など計88戸を用意した。住宅が半壊以上で、罹災証明書が発行された世帯が対象。いずれも13日まで受け付け、応募者が多い場合は抽選となる。

受付窓口の一つ、市役所市民交流スペースでは午前8時半から開始。市では、高齢者などの配慮が必要な人がいる世帯以外も応募できるようになった。ただ窓口を訪れた被災者の中には、民間アパートなどを活用した借り上げ型応急仮設住宅（みなし仮設住宅、入居期間2年）の受付ブースに移る姿も目立った。

午前11時すぎに訪れた同市赤沼の男性(89)は、公営住宅には申し込まず、みなし仮設住宅への入居手続きが用件。平屋の自宅が天井裏まで浸水し、自宅再建を諦めたため「低家賃で住み続けられる市営に入りたかった」が、1回目の抽選で外れた。民間住宅も物件が少なくならないうちに―と、みなし仮設入居を希望することにしたという。

市住宅課の担当者は「入居期間や立地を気にする人もいる。（公営住宅か仮設住宅か）被災者の考えや状況に応じて選んでもらえるようにしたい」と話した。

公営住宅の提供は、県の1回目が、240戸の募集に対して191世帯が応募。抽選で92世帯の入居が決まった。配慮が必要な人がいる世帯を優先した長野市の1回目は、37戸に98世帯が応募、34戸の入居が決まった。

パソコン音声で初の国会質疑

れいわ舩後氏 秘書が代読も

障害児教育の改善訴え

参院文教科学委でパソコンの意思伝達装置などを使い、初の質疑に臨むれいわ新選組の舩後靖彦氏＝7日午後

難病の筋萎縮性側索硬化症（ALS）で言葉を発することが難しいれいわ新選組の舩後靖彦参院議員が7日、文教科学委員会で初の質疑に臨んだ。冒頭、パソコンの意思伝達装置による音声で「新人議員として未熟だが皆さまの力を借りながら精いっぱい取り組む」と抱負を述べた。その後は秘書の代読で質問し、障害のある児童生徒の教育環境改善などを求めた。

参院によると、電子機器を通じた音声や、代理者の代読により国会で質疑したのは初めて。

舩後氏は「障害者の現実を知らないために偏見や差別につながっている」と指摘し、障害のある子どもも、ない子どもが同じ場所で学ぶ「インクルーシブ教育」の推進を主張。萩生田光一文部科学相は「幼少期から行動を共にすることで、より（障害者への）理解を深められる。舩後氏の思いを実現できるよう取り組む」と答弁した。

2020年度開始の大学入学共通テストへの導入が見送られた英語民間試験にも触れ、障害のある学生にも配慮して見直すよう求めた。子育て世帯の負担軽減のため消費税減税を訴え、政府の姿勢をただす場面もあった。

車いすに乗った舩後氏は、秘書や介助者に付き添われながら質疑。委員会室に音声発言用のパソコンや、資料閲覧のためのモニターを持ち込んだ。手を動かせないため目で文字盤を追い、再質問用の代読文書を作成する間、委員長が議事進行を止め、質問時間が減らないよう配慮した。

委員会の終了後、舩後氏は記者団の取材に「（時間が）超過し、委員の皆さまにご迷惑をお掛けした。反省している」と介助者を通じて述べ、再質問の時間短縮を今後の改善点に挙げた。

「便乗値上げ」全国で33施設

幼保無償化で国調査

厚生労働省と文部科学省は7日、10月に始まった幼児教育・保育の無償化に伴い、国の補助金を当て込んだ「便乗値上げ」をしたと思われる認可外保育施設、私立幼稚園が全国で少なくとも計33施設あったとの調査結果を明らかにした。幼保無償化は安倍政権が掲げる「全世代型社会保障」の看板政策だが、制度の不備が浮き彫りになった。

両省が都道府県、政令市、中核市を通じ、10月7日時点で約8千の認可外保育施設と約4千の私立幼稚園の状況を聞いた。調査結果は、この日の自民党会合に示した。

北信

長野本社 ☎026-236-3130 fax. 236-3196 〒380-8546 長野市南県町657
須坂支局 ☎026-245-0120 fax. 248-4893 〒382-0094 須坂市屋部町1327
中野支局 ☎0269-22-3224 fax. 26-0760 〒383-0025 中野市三好町2-4-41
飯山支局 ☎0269-62-2226 fax. 63-3128 〒389-2253 飯山市福寿町1114-10
千曲支局 ☎026-273-0062 fax. 273-1134 〒387-0006 千曲市粟佐1305-4

文化学園長野高「華道の甲子園」出場へ

復興の花を咲かせたい

力合わせる地域の姿 作品に

京都市で17日に開く高校生の華道コンクール「Ikenobo花の甲子園2019」（池坊華道会主催）で、県代表の文化学園長野高校（長野市）華道部が、台風19号による被災地の復興への願いを込めた作品を発表する。県内に大きな被害が出ていることを受け、復興へ歩む地域をイメージした生け花を披露しようと練習に励んでいる。

出場するのは3年で部長の田尻美空さん(18)、3年の徳武実優さん(18)、2年の西沢風香さん(16)。制限時間30分で、3人で一つの作品を完成させる。指定された16種類と、自分たちで選んで持参する1種類の花を使って生けた後、3分間のプレゼンテーションで作品に込めた思いも発表する。

秋の草花で信州の里の紅葉などを表現しつつ、自分たちで持参するヤナギを主役に据える。ヤナギは、中野市出身の国文学者高野辰之が作詞した同市豊井小学校の校歌に、千曲川沿いの川辺で力強く根を張る様子が登場するため選んだという。

西沢さんは、作品のイメージを「ヤナギのようにしっかり根を張り、みんなで力を合わせ未来に向かっていく」と説明。復興に向けて頑張る地域の姿を重ねる。

本番のプレゼンで3人は県歌「信濃の国」を歌って信州の魅力をアピールしつつ、台風で大きな被害が出た現状を伝える予定。その上で徳武さんは「安全で災害に強い場所にしていきたいと願っています」と、地域の復興への思いを訴えるつもりだ。田尻さんも「復興に頑張っていく気持ちを作品に込める」と話す。

3人は、9月に松本市で5校が出場した県大会で優勝した。全国大会では全国15地区の代表校が競う。

全国大会に向けて練習する文化学園長野高校華道部の（左から）田尻さん、徳武さん、西沢さん

長野の演劇NPO 須坂市に3万円

公演で募った義援金を寄付

長野市のNPO法人「劇空間夢幻工房」の青木由里理事長らが5日、演劇の公演で集めた台風19号被害の義援金を、須坂市役所で三木正夫市長に手渡した。10月25、26日に須坂市で開いた公演を急きょ無料にする代わりに、来場者約80人から会場入り口で義援金を募り、約3万1千円が集まった。

台風では同法人のスタッフや親族も被災。青木理事長は「公演の中止も頭をよぎったが、劇を楽しみに待っているお客さんもいる」とし、来場者が無理なく支援の気持ちを表せるように義援金を募ることにした。

日頃は長野市をはじめ須坂市や小布施町などで演劇や市民参加の野外劇を披露。青木理事長は「被災直後の今は生活再建が第一。生活が落ち着いた時に市民の気持ちに応えられる舞台芸術を提供していきたい」と話した。

須坂市によると、6日時点で市に集まった義援金は約834万円。

三木市長に義援金を手渡す青木理事長（右）

「古戦場まつり」市に200万円寄付

長野 台風で中止受け

長野市商工会更北支部や地元区長会などでつくる「川中島古戦場まつり」実行委員会は6日、台風19号の被災者支援に200万円を市に寄付した。まつりは花火約3千発を打ち上げる市南部の恒例行事だが、10月12日に予定した今年は、台風の影響で1994（平成6）年の開始以来初めて中止した。中止に伴い余った運営費などを贈った。

実行委によると、一時は10月14日に順延して開くことを決めたが、千曲川の堤防が決壊するなど市内の被害が拡大して最終的に取りやめた。

実行委員ら7人が市役所を訪問。大会長で更北地区住民自治協議会長の井上昭吉さん(72)は「住民らも（開催を）期待していた」と残念がりつつ、被災者支援や被災地の復旧・復興に役立ててほしいと加藤久雄市長に目録を手渡した。市長は「地域経済を元気にする方法も考えないといけない」と応じた。

加藤市長に寄付の目録を手渡す井上大会長（左から2人目）ら

びっくりしたこと

中野市中野小5年　大矢理彩

私は、土曜日に稲刈りのお手伝いにお父さんとわたしで行きました。わたしは、いなごをとろうとしました。そのとき、天気はくもりで、たまに雨もふりました。そして、いなごをとるときは、どんよりしたときのほうがいなごはとれやすいことがわかりました。それは、羽がぬれて、にげにくくなってしまうから、とれやすくなると思います。

これが、一番自分の中でびっくりしたことです。

イベント

◇中野市【中野えびす講】9、10日、中野市街地各所で。9日午後1時半から、百人えびす大行進。10日午前11時と午後1時から、中野陣屋前広場で太鼓演奏。2日間通して中野陣屋前広場でえびす市、はたらく車大集合。☎0269・22・2191。

人事・消息

◇飯綱町【町議会構成】5日の臨時会で決めた。任期は議員任期満了の2021年10月29日まで。（◎は委員長、○は副委員長）

▽総務産業◎清水均○原田重美 荒川詔夫 風間行男 石川信雄 渡辺千賀雄

▽福祉文教◎伊藤まゆみ○寺島和子 目須田修 滝沢良枝 清水満 樋口功 青山弘

▽議会運営◎清水満○樋口功 清水均 原田重美 伊藤まゆみ 渡辺千賀雄

▽広報編集特別◎石川信雄○原田重美 伊藤和子 滝沢良枝 渡辺千賀雄

▽監査委員 原田重美

きょうの番組

INC地上11ch
6.30 ながのLIVEカメラ 長野市の道路状況など
8.30 路地裏▽吉田五丁目
10.30 商店街▽おやき伝える
0.15 長野グルメ食べタイム
1.00 長野上水内中学校連合音楽会・前編
4.00 落語の時間
6.00 INCながのニュース（再後7時・後8時・後9時・後10時・後11時）
6.30 MUSICオブ信州 伝統芸能を学ぶ子ども 長野市芸術館で発表会
6.45 台風19号関連文字放送（毎正時前9時45分・後3時45分等で放送）
7.30 しんまち・中条情報局
7.45 戸隠・鬼無里情報局
8.30 みんなのラーメン
11.30 すまいるone▽上越

テレビ北信・豊田情報センター デジタル121ch
6.00 気まぐれクッキング
7.00 Nふるさとステーション▽オランチェ100円市の会が義援金を寄附▽ダリア球根販売会▽信州なかの音楽祭で各種コンサート（再12・18・23時）
10.00 信越トライウォーク▽木島平村から（再21時）
11.00 見栄のススメ▽ふれあいサロン吉田地区編
1700 突撃！ケーブルテレビ▽西條神社の一年
1900 THV特集「豊井小学校音楽会」
2200 ふるさと元気印！ドキドキハロウィン2019

GLTV すこうCH地上121
6.00 【4K】北信濃の美景（13時19時24時）
6.30 けーぶるにっぽん躍動JAPAN「人馬一体」（13時半19時半）
8.00 【4K】北信濃に暮らして（11時14時17時20時23時半）
8.30 鹿児島X北信濃「そらじかん」（23時）
9.00 JFAこころのプロジェクト「夢先生」（15時18時）
1000 みんな集まれ元気っ子～風の子保育園～（16時22時）
1200 ミュージックジャパン

たかやまch地上122
7.00 ディズニー（13時19時）
8.00 令和元年度高山小中学校音楽会（14時20時）
2200 【アーカイブス】平成28年度高山中紅葉祭(1)

地域情報ch 地上111
お天気ch 地上112

ふう太チャンネル
5.00 日刊ふうタイム（6.00 7.00 8.00）
5.30 週刊N▽のうりん食堂▽ルクセンブルク訪問報告▽村民祭▽小学校10周年記念音楽会 他（6.30 7.30 12.30）
6.00 ご近所NEWS（13.00）
9.55 ぐるっとふるさと信越（14.25 20.55）
10.00 ボランティア講座「災害講座」（16.00 19.00）
14.30 信越トライウォーク

iネット飯山
7.00 ほっとスタジオ▽台風災害要望書を県知事へ▽秋津・常盤・瑞穂から義援金▽被災者へ無料マッサージ▽地域おこし協力隊辞令交付▽飯山えびす講▽飯山仏壇ポスターコンテスト▽1日限定オープン▽飯山高校SSH講演会▽飯山市ジュニア駅伝大会（12.30 15.30 19.30 22.30）
8.00 信越トライウォーク
8.30 まちっぷらん（14.00 19.00 21.30 25.00）
9.30 笑顔を食べよう
10.00 まるごと信州情報ネット
11.00 釣りバカZ
12.00 けーぶるにっぽん躍動
17.00 iネットミュージック

FMぜんこうじ 76.5
7.00 おはよう・ナムゴン P:佐々木香代
11.30 昼どきもんぶらワイド P:塩入美雪
1.00 ラジオ熱年倶楽部 出演：武田徹
5.00 一人でお茶を・健康民話・名曲・俳句
6.00 ガイド・JAZZ他
7.00 ゆうやけスタジオ P:阿藤千鶴子
フォルザパルセイロ P:宮島陽子
電リク！しゃくゆう酒場 FAXリクエスト 026・225・8801
9.00 出演：長田清 以降 J-WAVEネット

テレビ菜の花
6.00 お茶の間ニュース
7.00 トライ野沢温泉
7.30 カメラでスケッチ(再)
8.00 ご近所ネット
9.00 野沢温泉スキー場体操
17.30 信越トライウォーク

121cネット千曲
8.15 ウォリスポ▽信州BW(再)0.15、5.15、11.15
8.30 森地区市民運動会(再)0.30、6.30、11.30
9.00 信州健康リポート
10.00 <寄席チャンネル> 演目▽桂雀々・鶴瓶寺▽三遊亭圓輔・船徳▽立川らく朝・タンゴ床屋▽春風亭一朝・短命(再)2.00、9.00
5.00 千曲ニュース▽出来事(再)6.00、8.00、11.00
6.00 QVC／ショッピング

11chネット千曲
1.00 平成かわら版特集▽11年・1999年(再)7.00
1.00 平成かわら版特集▽12年・2000年(再)8.00

UCV1上田121
6.00 UCVレポート
7.00 情報番組ごったにっ！
7.15 ウィークリーとうみ
7.45 坂城町からのお知らせ
8.50 スポーツだより
17.00 UCVレポート

UCV2上田122
6.00 坂城幼稚園 うんどうかい
8.00 大屋幼稚園 うんどうかい
11.00 Power Live 東北信・27～36

第三種郵便物認可　信濃毎日新聞　2019年（令和元年）11月8日　金曜日　特集　28

被災地を歩く

佐久穂町　7日

折り重なった巨木の下から薪を拾い集める小須田清さん（右）と次子さん＝7日午前11時12分、佐久穂町大日向

ハウスにまた花を

花を栽培していたハウス内で、流れ込んだ土砂を片付ける新海さん＝7日午後2時18分、佐久穂町海瀬

先祖代々の農地 傷深く

南佐久郡佐久穂町では、台風19号の豪雨で千曲川と支流の抜井川、余地川が越水。住宅や農地が失われ、護岸と道路の崩落が相次いだ。仮住まいへの転居、断水の解消など、町民は暮らしを取り戻しつつあるが、農業用水路の復旧はこれから。来年も先祖代々の田畑を耕せるのか―。不安を抱く人は多い。

山あいの大日向地区に暮らす小須田清さん(83)は、山の中に置いてあった薪が土石流の下敷きになった。冬が来る前にと7日、妻次子さん(79)と手で掘り出した。

「ここの農業用水も土砂で埋まった」。大日向5区の区長、高見沢好市さん(64)は、朝から町職員2人に被害状況を説明して回った。自身も自宅が浸水してアパートに移ったが、「来年の農業はみんな心配している。集落の存続に関わる」。町が集計中だが、被害場所は多数で、復旧の見通しは不透明だ。

抜井川沿いの海瀬地区でトルコギキョウなどを生産する新海広さん(61)は、ハウス3棟に土砂が流れ込んだ。例年6万本の花を出荷するが、今年は「全滅」。だが、農業再開の意欲を奮い立たせ、重機で土砂を川辺へ運んだ。

町内では、人口681人の大日向地区をはじめ、11棟が全壊、50棟が半壊するなど住宅被害も大きかった。抜井川と余地川の合流点に近い海瀬地区では護岸の復旧が進む一方、崩れ落ちかけた家や車庫はそのままだ。

千曲川の護岸崩落で一時通行止めになっていた宿岩の国道141号は片側交互通行になったが、通勤時間帯は行き交う車で混雑している。

（文・河田大輔、写真・梅田拓朗）

農業用水や沢の被災状況を町建設課職員に説明する高見沢さん（左）＝7日午前9時10分、佐久穂町大日向

川沿いの道路崩落で水道管が仮設されている＝7日午前7時57分、佐久穂町大日向

越水した余地川沿いで傾いたままの民家＝7日午後1時29分、佐久穂町海瀬

千曲川の護岸崩落で片側交互通行になり、混雑する国道141号＝7日午後4時46分、佐久穂町宿岩

別所線復旧へ決意掲げて

1並びの記念乗車券 10日発売

上田電鉄（上田市）は10日、令和への改元を記念する乗車券を発売する。台風19号で千曲川に架かる別所線の鉄橋が崩落するなどの被害を受けており、台紙に「がんばるぞ！別所線！」と記して全区間復旧への決意を表明。電車が走る赤い鉄橋の写真も入れた。1500セット限定。

1が並ぶ令和1年11月1日付と11月11日付の乗車券4枚が1セットで、A4判二つ折りの台紙には1101号車の写真を使った。上田―神畑（大人280円、小児140円）と別所温泉―上田原（大人460円、小児230円）の乗車券を組み合わせ、値段は1110円（税込）にした。

矢沢勉運輸課長(54)は「復旧してほしいという声が届き、赤い橋が上田のシンボルだと改めて思った。復旧を進めるので、ぜひ応援してほしい」と力を込めた。

別所線上田、下之郷、別所温泉の各駅だけで販売する。10日午前9時～正午は上田駅に臨時販売所を設け、購入者にオリジナルクリアファイルを贈る。問い合わせは平日午前9時～午後5時に上田電鉄運輸部（☎0268・39・7117）へ。

上田電鉄が販売する別所線の記念乗車券（右下）。台紙に「がんばるぞ！別所線！」と記した

全国 避難所に2800人余

台風19号の被害は共同通信の集計で7日までに、死者が13都県89人（災害関連死を含む）、行方不明者が6人に上る。内閣府によると、10月下旬の記録的豪雨も影響し、2824人が避難所生活を余儀なくされている。

総務省消防庁によると、確認された住宅被害は約8万6千棟。内訳は全半壊が16都県8871棟、一部損壊が28都道府県9579棟。床上浸水は17都県3万1777棟、床下浸水は20都県3万5614棟。

厚生労働省によると、断水は2県27戸。国土交通省によると、土砂災害は20都県869件が確認され、堤防決壊は7県の71河川140カ所。

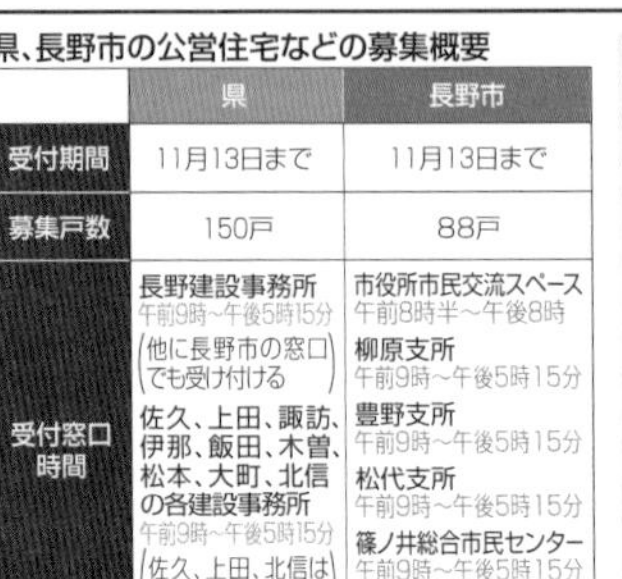

県、長野市の公営住宅などの募集概要

	県	長野市
受付期間	11月13日まで	11月13日まで
募集戸数	150戸	88戸
受付窓口時間	長野建設事務所 午前9時～午後5時15分 （他に長野市の窓口でも受け付ける） 佐久、上田、諏訪、伊那、飯田、木曽、松本、大町、北信の各建設事務所 午前9時～午後5時15分 （佐久、上田、北信は土日の午前9時～午後5時15分も開設）	市役所市民交流スペース 午前8時半～午後8時 柳原支所 午前9時～午後5時15分 豊野支所 午前9時～午後5時15分 松代支所 午前9時～午後5時15分 篠ノ井総合市民センター 午前9時～午後5時15分 古里支所（9、10日のみ） 午前9時～午後5時15分

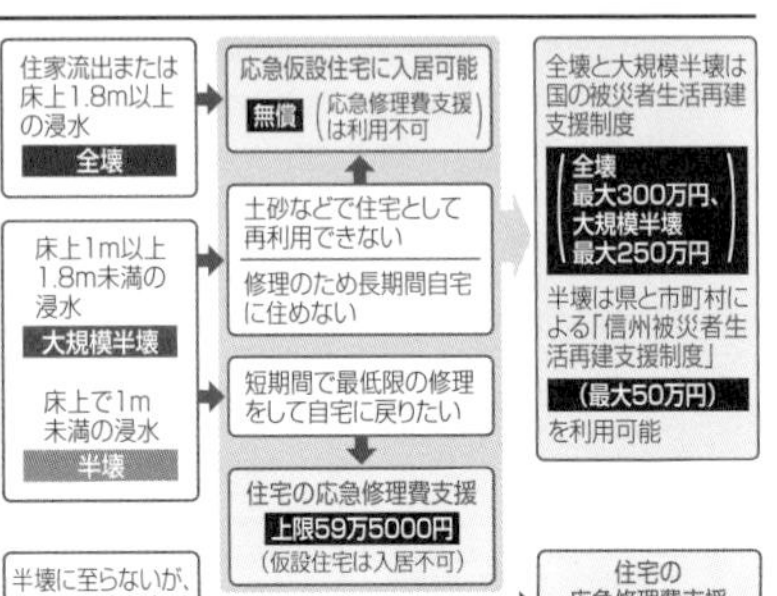

被災者の住まい確保への公的支援の基本的な流れ（浸水被害の場合）

長 31 第一社会 6版 2019年（令和元年）11月8日 金曜日 信濃毎日新聞 新聞定価1ヵ月3,400円（うち消費税251円）1部150円（消費税込み） 第三種郵便物認可

地域の復興へ 走る常会長

長野市長沼 各世帯見回り ボランティア手配

浸水したあの家はどこまで片付けが進んだか、ボランティアの人数は足りるか…。千曲川の堤防決壊で浸水した長野市長沼地区。大町、穂保、津野、赤沼の四つの区にある自治組織「常会」の会長たちは、災害から3週間余りがたった今も住民の生活再建に心を砕き、地域を走り回っている。7日、穂保区第3常会長の芝波田英二さん(66)に同行した。

ボランティアセンターのスタッフ(右)とリンゴ畑の被害を確認する芝波田さん＝7日午後1時38分、長野市穂保

住民 一人も取り残さない

ルポ 千曲川氾濫

午前9時半。全壊扱いの芝波田さん方を訪ねた。身を寄せている同市安茂里の妻の実家から片道約40分、軽トラックで毎朝通っているという。

第3常会は19世帯。まずは常会内を歩いて一巡するのが日課だ。気を配るのは、各世帯で片付けの進度に大きな差が出ないこと。作業の進み具合を見て、どれくらいの数のボランティアをどの家に手配するか、近くにできた市災害ボランティアセンターの地域拠点（サテライト）スタッフらに伝えている。「周りの片付けが自分の家より進んでいるのを見て焦る時もあった。英ちゃん（芝波田さん）はいつも地域を気に掛けてくれる」と近くの柴田洋子さん(68)。住民の信頼は厚い。

千曲川氾濫で第3常会一帯も「泥の海」になった。だが、祭りや地区の運動会を通じて住民の結び付きは強い。すぐに重機を扱える住民が地域内の道路の泥を取り除き、常会内の全員が自宅に入れるよう動いた。「みんな自分のことで大変。それでもできる範囲で地域のために協力してくれる」と芝波田さんは言う。その後も災害ごみの仮置き場として土地を貸してくれる人、ボランティアの休憩所として自宅1階を開放してくれた住民もいる。

そうして3週間余りを乗り切ってきたが、独居やお年寄りだけの世帯が3分の1を数える土地柄。水道料金などの減免手続きといった生活再建に欠かせない情報がうまく伝わっていなかったり、罹災証明の取得に手間取ったりする世帯は少なくない。芝波田さんらはその都度相談に乗り、行政に改善を求めることもたびたびだという。

芝波田さんはボランティアの手配に気を配りつつ、寄せられた食器などの支援物資を保管のため運んだり、仮設トイレを無償で設置するボランティア団体の担当者や穂保区の役員らと情報交換したりと動き続けた。そして、サテライトスタッフと8日のボランティアの手配が終わったのは午後4時半だった。

住民やボランティアの力で復興は少しずつ進み、家の片付けは一段落しつつある。ただ、ドラム缶やタイヤなどが流されてきたままのリンゴ畑なども多い。芝波田さんらからは、一人の住民も取り残さない—という責任感が伝わってくる。「もうすぐ冬。ボランティアが大勢来てくれるうちに復旧を進めないと」。少し疲れのにじむ笑顔を見せて、芝波田さんは避難先に戻る軽トラに乗り込んだ。（佐藤勝）

リンゴ畑のごみや泥撤去

長野 穂保・津野の農家とボランティア

リンゴ畑に流れ着いたドラム缶などを撤去するボランティア＝7日午後3時25分、長野市津野

千曲川氾濫による泥や災害ごみの流入が著しい長野市穂保、津野地区のリンゴ畑で7日、本格的な撤去作業が始まった。地元農家らと重機を使える県内外のボランティアが連携。被災住宅への対応が優先されて農地の復旧が遅れる中、「動ける人間が動き、皆が営農を諦めないようにしたい」と奮闘している。

連携するのは穂保の塚田史郎さん(39)らリンゴ農家6人と、災害支援NPO代表の吉村誠司さん(54)＝上水内郡信濃町＝を中心としたボランティア。仲間を募り近所の家の片付けを手伝っていた塚田さんが現地入りしている吉村さんと知り合い、「畑の復旧が進まないと生産を諦める農家が出てくる」と危機感を共有したことがきっかけだ。

今週から吉村さんや兵庫県、北海道のボランティアが重機で農道や側溝の泥除去を進め、農家は復旧の妨げになる大きな災害ごみを調査。この日、穂保と津野のリンゴ畑に漂着した仮設トイレやドラム缶などの撤去に着手した。さらに賛同する農家を集めながら、リンゴの木が枯れないよう泥を取り除く作業も計画。市が準備する泥の撤去事業との連携も視野に入れる。

塚田さんは「被災後、大勢のボランティアが助けに来てくれ、『諦めちゃいけねえ』と思えた。畑をきれいにしていきたい」と話している。

浅間山規制 火口0.5キロに

小諸市 前掛山山頂まで緩和

長野・群馬県境の浅間山（2568メートル）の噴火警戒レベルが2（火口周辺規制）から1（活火山であることに留意）に引き下げられたことを受け、小諸市は7日午後4時半、登山道規制を火口周辺のおおむね2キロから0・5キロに緩和した。北佐久郡御代田町の賽の河原分岐点までだった立ち入りは前掛山（2524メートル）山頂まで可能になった。

登山道のうち、台風19号の影響で土砂崩れが起きた急坂「草すべり」は立ち入り禁止を継続。登山口がある車坂峠への市道「チェリーパークライン」は一部通行止めで、市道から同峠への迂回を呼び掛けている。林道の通行時間は午前7時～午後5時。同市道は、もう一つの登山口がある天狗温泉浅間山荘方面への通行はできる。

規制緩和に先立ち、浅間連峰地区山岳遭難防止対策協会（遭対協）などが登山道の安全を確認した。遭対協会員ら12人が注意を呼び掛ける新看板を設置し、賽の河原分岐点から前掛山山頂までを点検。遭対協事務局によると、同分岐点から先はあまり荒れていないが、強風が吹くため冬山装備が必要だとしている。

小泉俊博市長はこの日、コメントを発表。目立った予兆のなかった8月の噴火に触れ、登山届の提出や情報収集などの必要性などを強調。「火山の危険があることを承知で、登山するか、断念するかを自らの判断により登山していただきたい」とした。

前掛山登山道の点検に向かう遭対協会員ら。「立入禁止」看板はこの後外した＝7日午前10時、御代田町の賽の河原分岐点

避難所 防寒・感染症対策に力

冷え込む長野

台風19号の被災者が身を寄せる長野市の避難所が、防寒や感染症への対策に力を入れている。石油ストーブを置いたり、電気毛布を貸し出したりするほか、防寒着を急きょ調達した所も。8日は二十四節気の一つ「立冬」。来週はやや冷え込みが緩みそうな予報だが、気の抜けない日が続きそうだ。

気象庁の2週間気温予報によると、長野の最低気温は週末まで平年並みとなった後、11～14日は7、8度と平年より高い見込み。ただ、15日以降は3度以下の日が続く。

7日朝の長野の最低気温は4.3度。200人近くが暮らす同市豊野西小学校の体育館は石油ストーブを6台用意しており、インフルエンザなどが流行しやすくなる空気の乾燥を防ごうと、加湿器で湿度にも気を配る。

市保健所の保健師も各避難所を毎日訪れ、被災者の体調をチェック。職員が週1度ほど湿度や二酸化炭素濃度などを測定し、換気の頻度や回数などの助言に生かしている。保健師の長沢詩子さんは「手洗いの徹底とマスクの着用だけでも、感染をかなり予防できる」と呼び掛ける。

長野運動公園では、避難所運営に携わる職員が7日、近くの店でダウンベストやウインドブレーカーといった防寒着計16着を急きょ購入。自宅が被災して厚手の上着を持っていない人や高齢者などに使ってもらう。避難中の山田ゆき子さん(66)＝長野市赤沼＝はダウンベストに袖を通した。洋服の一部は流失したといい、「最近は避難所の外は寒いから助かる。手洗いやうがいをしっかりして、病気には気を付けたい」と話した。

「これ、暖かいですね」。避難所でダウンベストに袖を通す山田さん(右)＝7日、長野市の長野運動公園

高原調

○…佐久平総合技術高校臼田キャンパス（佐久市）の3年生3人が7日、台風19号によって傷付いたリンゴでアップルパイを作り、被災した農家に届けた＝写真。

○…今回の災害でボランティアを経験し、被災農家をもっと元気付けたい—と思い立った。北佐久郡立科町牛鹿の柳沢真司さん(61)から約20個を分けてもらい、朝から調理。町内でパイを受け取った柳沢さんは早速食べて「おいしい」とうれしそう。

○…3人の一人の羽毛田楓元さん(17)は傷付いたリンゴを見ておいしいパイが作れるか心配だったが、完成品を味見し、会心の笑み。「傷があっても味の価値は下がらない」

社会面の情報をお寄せください
〒380-8546 信濃毎日新聞 報道部
Eメール shakai@shinmai.co.jp
ファクス 026-236-3198
（事件事故などの写真も同じEメールで）

1　第49343号　【明治25年3月15日第三種郵便物認可】　信濃毎日新聞　統合　2019年(令和元年) 11月9日　土曜日　日刊　6版

2019年(令和元年)
11月9日
土曜日

信濃毎日新聞

1873年(明治6年)創刊

発行所 信濃毎日新聞社

長野本社 〒380-8546 長野市南県町657番地 電話(026) 受付236-3000 編集236-3111 販売236-3310 広告236-3333

松本本社 〒390-8585 松本市中央2丁目20番2号 電話(0263) 代表32-1200 報道32-2830 販売32-2850 広告32-2860

国土強靱化 事業費上積み

政府 防災・減災 インフラ強化

安倍晋三首相は8日、関係閣僚に経済対策の策定を指示した。台風19号など相次ぐ自然災害を踏まえ、インフラ整備や被災地の復旧・復興に対応。海外経済の下振れリスクが高まる中、景気を下支えする。年末にかけて2019年度補正予算案と20年度当初予算案の二段構えで編成し、それぞれに対策費を盛り込む。対策の規模は国費の総額で数兆円になる見通し。

経済対策の策定は16年8月以来、約3年ぶりとなる。首相は8日の閣議で「復旧復興の取り組みを加速し、海外発のリスクへの対応、生産性の向上などのため新たに経済対策を策定する」と表明した。菅義偉官房長官が明らかにした。

首相指示を受け、政府は20年度までの3年間で実施中の「国土強靱化」に向けた重要インフラ緊急対策で、事業費を総額7兆円から上積みする方向で検討に入った。対策を実行しつつ、今回の台風被害を踏まえた新たな事業も拡充する方針だ。低金利で資金調達できる環境を追い風に財政投融資も積極的に活用。20年東京五輪後の国内景気の下支えに取り組む。

台風15号や19号など一連の豪雨や暴風による被災者の生活と事業再建に向けた対策パッケージを実行に移すため、19年度予算の予備費から1316億円を支出することも閣議決定した。

台風19号による堤防の決壊など想定を超える災害が頻発しており、防災・減災インフラの強化を加速させる。当面の復旧・復興費用は8日閣議決定の1316億円の予備費から支出し、経済対策でさらに中長期的な課題に対応する。

千曲川補修に7億7000万円

国土交通省は8日、台風19号などによる豪雨災害を受けた国の「対策パッケージ」で千曲川に7億7千万円を配分し、護岸の補修や土砂の撤去に充てると明らかにした。

国管理の25河川に48億3千万円を配分する対策パッケージの「河川維持修繕事業」の一環。千曲川への配分額は宮城、福島両県を流れる阿武隈川（12億7千万円）に次いで2番目に多い。

千曲川は護岸損壊が複数箇所で発生しており、被害があった護岸を同事業で補修する。支流との合流部に設けられている水門は、増水で流れてきた土砂や流木がたまっていると閉められなくなる恐れがある。増水時に閉門できず支流へ逆流するのを防ぐため、土砂や流木を取り除く。

一方、3年間の国土強靱化の重要インフラ緊急対策で、長野県は2018年度補正予算に272億円、19年度当初予算に386億円を計上している。千曲川などでの増水時に支流が本流に流れ込めずあふれる内水氾濫の対策として堤防を強化したり、落石や崩落の危険性が高い道路のり面工事を実施したりする事業に充てている。

県は台風19号豪雨災害の発生後、県内被災地を視察に訪れた安倍晋三首相や赤羽一嘉国土交通相らに要望書を提出し、同緊急対策の予算増額を求めている。

菅谷・松本市長引退表明

4期目「市政を託す」

3.15 松本市長選

松本市の菅谷昭市長(75)＝無所属、蟻ケ崎＝は8日の市議会臨時会で、任期満了に伴う来年3月8日告示、15日投開票の市長選に立候補せず、4期目の今期限りで引退すると表明した。菅谷氏は「次世代の未来を俯瞰した持続可能な市政を託す上で、今期限りで身を引く決意をした」と述べた。

【焦点3面、関連記事地域面中信に】

同市長選ではこれまでに、新人2氏が出馬表明や出馬の意向を示し、選挙戦になる見通し。他にも出馬を模索する新人がおり、現職の引退表明で動きが活発化しそうだ。

菅谷氏は千曲市出身。信州大医学部助教授や県衛生部長を経て、2004年の松本市長選に出馬し、現職ら2氏を破って初当選。08年は元市収入役を退け、12年は無投票、16年は新人2氏を破って4選した。「健康寿命延伸都市・松本」の実現に向け、健康・医療分野の施策の充実などを推進してきた。

臨時会後の取材には、引退を最終的に決めたのは8日朝とし、「引き際が一番大切。それを肝に銘じ、これまで日々送ってきた」と説明。後継者については「申し上げる段階にない」とした。今後については、チェルノブイリ原発事故の汚染地域での医師としての活動に触れ「ライフワークがある。チェルノブイリのことをやりたい。早く（原発事故で被害を受けた）ベラルーシに行きたい」と述べた。

来年3月の松本市長選では、新人で元NHK解説委員の臥雲義尚氏(56)＝無所属、中央3＝が立候補を表明。新人で元テレビ朝日記者の花村恵子氏(52)＝無所属、沢村2＝が出馬の意向を明らかにしている。他にも複数の名前が取り沙汰されている。

議長

市議会臨時会で引退を表明した菅谷昭松本市長＝8日午後1時44分

ひとときの学びやに別れ

送る市立長野中生 お互い頑張ろう

去る豊野中3年生 交流で前向きに

市立長野中の生徒に拍手で見送られ、笑顔で同校を後にする豊野中3年生＝8日午後1時31分、長野市徳間

台風19号豪雨で床上浸水し校舎が使えなくなった長野市豊野中学校の3年生が授業を受けていた同市徳間の市立長野中学校で8日、豊野中生徒との「お別れ会」があった。電源設備などが復旧し、11日から豊野中での授業が再開することになり、同じ校舎で学ぶのは8日が最後。生徒たちは互いの経験を今後の学校生活の糧にしようと誓った。

市立長野中の全校生徒210人と豊野中3年生89人は中庭で向かい合い、それぞれの代表があいさつ。市立長野中3年で生徒会長の渋谷ほなみさん(15)は「災害で学んだことを胸に、お互い頑張ろう」と呼び掛けた。続けて全校生徒で「頑張れ豊野中」と声を合わせ、激励した。

これを受け、豊野中の池田恵太さん(15)は「災害直後は不安があったが、交流ができて明るく前向きになれた」と感謝した。善財佑馬さん(14)が「フレーフレー市立、フレーフレー市立」と大声でリードし、全員でエールを返した。

市立長野中の生徒たちが見守る中、豊野中の生徒たちはバスへと歩き、乗り込んだ後も互いに手を振り合った。渋谷さんは「短い間だったけれど、地元の友達を手助けできて良かった」。善財さんは「成長した姿で、いつか（市立長野中の生徒たちと）再会したい」と話した。

豊野中3年生は10月29日から市立長野中の教室を借り、授業を受けていた。1、2年生の授業は今月6日、豊野中で再開している。

菊池涼 大リーグ挑戦決断

ポスティング 広島が容認

菊池涼介内野手

武蔵工大二高出

プロ野球広島の菊池涼介内野手(29)が、今オフにポスティングシステムを利用して米大リーグに挑戦することが8日、決まった。球団が本人の希望を容認することを明らかにした。数日前にポスティング申請の要望があったという。鈴木清明球団本部長は「彼はこれまで球団に多くの貢献をしてくれた。彼のチャレンジを尊重したい」と説明した。移籍が実現しなかった場合は、来季の契約を結ぶ方針。

【関連記事22面に】

菊池涼は昨年の契約更改後、今オフに米大リーグに挑戦する希望を表明していた。国際大会「プレミア12」に出場中で、試合のない8日は取材に応じなかった。

東京都出身の菊池涼は、中学卒業後に武蔵工大二高（現東京都市大塩尻高）に入学。主に3番、三塁手として2年春の県大会で準優勝し、北信越大会に出場したが、2年夏は3回戦敗退、3年夏も4回戦で敗れた。中京学院大で力を伸ばし、ドラフト2位で2012年に広島に入団した。広い守備範囲と強肩が持ち味で、球界屈指の二塁手として13年から今季まで7年連続でゴールデングラブ賞に輝いた。

天気　最高気温／最低気温

北部（6時 12 18 24／10日 11日 12日）
- 飯山 14 1
- 長野 14 2
- 大町 13 -1

中部（6時 12 18 24／10日 11日 12日）
- 松本 15 2
- 上田 17 2
- 佐久 15 0

南部（6時 12 18 24／10日 11日 12日）
- 諏訪 14 2
- 木曽 17 0
- 伊那 17 1
- 飯田 18 5

5％以上　5％未満

28面に詳しい天気情報

斜面

2019.11.9

ワールドカップでラグビーが盛り上がった今年、流行語大賞候補には「にわかファン」も入った。軽佻浮薄を恥じるなかれ、と開き直ってくれた言葉である。となれば、ここにきて熱を帯びるスマートフォン決済は「にわかペイ」か◆キャッシュレスの仕組みの一つで利用者が急増している。消費税増税に伴う国のポイント還元制度が追い風になった。先日、スマホにアプリを入れ、ラーメン店で使ってみた。会計のQRコードを読み取り、金額を入力して店の人に見せると支払い完了◆画面を見ると、国の補助の5％分に加え、決済事業者分のポイントも付いている。税金が増えても得した感じだ。約1800億円の予算では足りなくなりそうと、きのうの閣議で増額を決めた。またやの大盤振る舞い。何のための増税だったかと首をかしげる向きも多かろう◆いくらお得でも調子に乗って無駄遣いしては元も子もない。景気対策とキャッシュレス化のためとはいえ、現金派には不公平な仕組みでもある。◆閣議では台風被害への支援策も決めた。被災地を訪れる観光客を対象に1人1泊5千円を限度に割り引く◆キャンセルが相次ぐ県内の観光地も助かるだろう。これまでも災害のたびに行われてきたが、肝心の被災地には恩恵が届きにくかったとの調査もある。効果的な制度設計にしてほしい。消費刺激のため気前よく税金を使う、常態化には目を凝らしたい。

素肌乾燥情報

カサカサ、注意、しっとりの3段階

購読のお申し込み 0120-81-4341　紙面の問い合わせ 026-236-3111　信毎web www.shinmai.co.jp

第三種郵便物認可　信濃毎日新聞　2019年(令和元年)11月9日 土曜日　中南　地域　28

北信

被災ふすま張り替えお任せ
中野の表具会社 格安価格で作業

中野市三ツ和の表具会社「芳仙洞」が、台風19号で被災したふすまや障子の張り替えを格安で行っている。東京の大手紙メーカーも被災状況を知って協力。芳仙洞社長の北岡隆洞さん(41)は被災者に「冬が近づいている。ふすまは私たちに任せて、住宅の復旧に専念してほしい」と呼び掛けている。

◆　◆

今回の台風では、芳仙洞の店舗も玄関すれすれまで水が。「危機一髪で助かった」。表具師の技術を生かし、被災者の役に立つことを考えた。メーカーも5日、「ぜひ協力したい」と、倉庫いっぱいのふすま紙を送ってくれた。

障子1枚500円 ふすま片面1000円
伝統の技法で丁寧に

張り替え代金は、障子は1枚500円、ふすまは片面1000円。「紙代にもならない」という値段に設定した。紙のデザインも選べる。泥水に漬かった障子やふすまは水で丁寧に洗い、3日ほどかけて乾燥させる。「1回や2回洗ったくらいでは、砂が完全に落ちないんだ」。明治期の創業で伝わっている伝統技法で張り替えるという。

北岡さんは父の隆重さん(67)と共に作業に着手。被災宅からの運搬や、張り替え後の一時保管、水に漬かった掛け軸などの応急処置も無料で行う。当面は北信地方の被災者が対象という。問い合わせは芳仙洞(☎0269・22・3651)へ。

洗ったふすまや障子を作業場で点検する北岡さん(手前)と父の隆重さん

鉄道駅 視覚障害者に優しく
長野盲学校生徒とJR 意見交換

長野盲学校(長野市)で8日、高等部の生徒4人が鉄道駅の環境について鉄道事業者と意見交換した。視覚障害者が使いやすい設備の改善につなげようと、JR東日本長野支社(長野市)が学校側に打診して初めて開催。生徒からは、展示ブロックの設置や、目が悪くても認識しやすい構内掲示を求める声が出た。

この日は同支社のほか長野電鉄(同)、上田電鉄(上田市)の担当者計9人が出席。生徒たちは学校の寮で生活しているが、帰省の際などに鉄道を使っている。

女子生徒の1人は「点字ブロックがなくて、階段の場所が分からないことがあった」と設置を要望。「電光掲示板が見えにくい」「階段の段差が分かりにくいので、端に色を付けてほしい」と訴える生徒もいた。

これらの課題について、事業者側は「係員に声を掛けてもらえれば案内する」と応じた。生徒たちは「申し訳なくて」と遠慮する気持ちを打ち明けた。

同支社の向山絵紀さん(29)は「視覚障害者の声を直接聞く機会はなかなかないので勉強になった。改善につなげたい」。自宅が上田市にある三井芽衣さん(18)は「直接、要望を伝える機会があってうれしかった」と話していた。

鉄道事業者と意見を交わす長野盲学校の生徒たち(奥)=8日、長野市

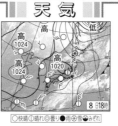

災害ごみ運搬支援に感謝状
長野市長 全国清掃事業連合会に贈る

台風19号で被災した長野市の災害ごみの運搬を支援した全国清掃事業連合会(東京)は8日、市内で解団式を開いた。連合会は21府県の一般廃棄物処理事業者でつくり、東日本大震災後に環境省と結んだ協定に基づいて被災地を支援。解団式で加藤久雄市長が感謝状を贈った。

今回はダンプカーなど約20台を携え、2陣に分かれた会員計60人が7日まで13日間活動した。会員は主に千曲川の堤防が決壊して浸水被害が広がった長沼、豊野地区で、住宅近くに積み上げられた家財道具などの災害ごみを市内の仮置き場まで運んだ。

連合会によると、昨年夏の西日本豪雨では主に手作業でパッカー車に積んだが、今回は付着した泥が重く、重機でダンプカーに積んだ。

三井弘樹会長(54)=広島市=は「軒先などの近くに(災害)ごみがあるのとないのとでは住民の気持ちも全く違う」と急ピッチで進めたと説明。加藤市長は「皆さんのおかげで段違いに景色が変わった」と感謝した。

加藤市長(手前右)が三井会長に感謝状を贈った解団式

東信

気をもむ湯の丸スキー場
冬本番へ早期開通願う
東御につながる群馬側県道も台風被害

台風19号による大雨は、東御市の湯の丸高原と県道東御嬬恋線でつながる鹿沢温泉(群馬県嬬恋村)にも爪痕を残した。同温泉から引湯した新鹿沢温泉と合わせ、10軒ほどある宿泊施設の多くは営業を再開したものの、県道の群馬側は通行止めが続く。上田小県地域と県境を越えた往来が多く、今月下旬に今季の営業を始める湯の丸スキー場にとっても、早期開通が懸案となりそうだ。

嬬恋村の気象庁観測点「田代」の10月12日の24時間降水量は408ミリ。東御の148.5ミリ、鹿教湯の320ミリを上回り、統計開始以来最多を記録した。鹿沢温泉は断水、近くを流れる湯尻川の濁流が運んだ流木が宿泊施設の敷地に入るほどだった。

1カ月近くたち、多くの施設が営業を再開している。ただ、県境寄りの県道は崩落箇所が少なくない。群馬県は地蔵峠付近から新鹿沢温泉近くまでを通行止めにして復旧を進めるが、「大型バスなどが通行可能になるまでは時間が必要」(県中之条土木事務所)とする。

通行止め区間にある「休暇村嬬恋鹿沢」は3日、県が宿泊者の通行を認めたことを受けて約3週間ぶりに営業を再開。石川哲志支配人によると、県道東御嬬恋線か、上田市側から鳥居峠経由で訪れる客が7割程度を占める。「湯の丸スキー場がにぎわう冬季は書き入れ時。温泉は無事なのでぜひ訪れて」。

湯の丸高原から鹿沢温泉まで車で10分ほど。湯の丸スキー場は被害がなく23日にオープンを予定する。スキー場に近い湯の丸高原ホテルの担当者も「施設の大きい休暇村や趣ある温泉旅館とセットの魅力。一日も早く県道が開通してほしい」と話している。

川が荒れ、道路もあちこちで損傷して群馬県側が通行止めになっている県道東御嬬恋線=群馬県嬬恋村

上田市　通行止め区間　新鹿沢温泉　鹿沢温泉　地蔵峠　県道東御嬬恋線　嬬恋村　湯の丸スキー場　東部湯の丸IC　東御市

今月3日に営業を再開した休暇村嬬恋鹿沢の石川支配人。「スキーシーズンには多くのお客様に来てほしい」

日韓関係 目で見て理解を
岩村田高生 ソウル出身の県交流員と対話

佐久市の岩村田高校で8日、韓国ソウル出身の県国際交流員(CIR)の呉錫英さん(23)と同校生徒が日韓関係を語り合う交流会があった。元徴用工問題などで関係が悪化する中、生徒目線で考えてもらおうと同校が企画。代表生徒と呉さんの意見交換を生徒ら約40人が聴講した。

呉さんはソウルの徳成女子大で日本語を専攻。卒業した昨年からCIRとして、通訳や、学校などで韓国文化を伝える仕事をしている。

代表生徒は韓国の歴史を学習してきた2年生7人。意見交換では現在の日韓関係について「国の偉い人同士で言い合っているイメージ」との考えを投げかけた。呉さんは各地で日韓の交流が中止となっている状況を踏まえ「一般市民が自分の目で確かめ、自分の頭で相手を理解することが大事」と応じた。

交流会後、代表生徒の1人の市川あすかさん(17)は「日本人目線の考えだけでなく、両者の意見を考えないといけない」と話していた。

呉さん(右)と日韓関係について話し合う岩村田高校の生徒たち

台風対応 上田広域消防、出動121件
10月12〜22日 浸水関連は88件

台風19号被害に関連し、上田広域消防本部(上田市)は10月12〜22日に計121件で出動したことが、同本部のまとめで分かった。初日は約160人が出動。出動の内訳は浸水や土砂災害、越水などで、最も多いのは浸水関連で「土のうを積んでほしい」「水をポンプで吸い出してほしい」といった88件だった。

救助要請は4件。自力で解決できた人もおり、現場での救助は長和町の国道152号での陥没に車がはまって動けなくなった1件だった。救急搬送は9人で、東御市の田中橋陥没に巻き込まれたり、屋根の修理などで足を踏み外したりしたケースだった。

田中橋陥没で車ごと流されて行方不明になり、長野市の千曲川河川敷で遺体で見つかった男性の捜索には、延べ353人が当たった。当初は消防車で長野市まで千曲川沿いを見て回り、千曲川の水量が下がってからは管内の川沿いを歩いて捜索した。

上田広域本部の越浩司消防長は「亡くなった方にお悔やみを申し上げたい。迅速な行動ができたと思うが、行動を見直し、住民への防災の周知活動も続けたい」とした。

天気

地域	地点	きょう 最高気温	きょう 最低気温	降水確率	あす 最高	あす 最低
北信	長野市	14	2	20	14	7
北信	飯山市	14	1	50	14	7
北信	信濃町	12	-1	50	11	5
北信	志賀高原	5	-1	30	6	0
北信	中野市	15	0	30	13	7
北信	須坂市	15	1	20	14	7
北信	千曲市	16	1	10	15	6
東信	上田市	17	2	10	15	4
東信	東御市	16	0	10	14	4
東信	小諸市	15	0	10	13	4
東信	軽井沢町	12	-1	10	11	2
東信	佐久市	15	0	10	14	3
東信	小海町	14	2	0	13	3
東信	川上村	11	-1	0	10	1
中信	白馬村	14	-2	20	12	4
中信	大町市	13	-1	20	12	3
中信	池田町	15	2	10	14	4
中信	木曽町	17	0	0	17	2
中信	開田高原	12	-5	0	12	-1
中信	南木曽町	16	3	0	15	4
中信	松本市	15	2	10	14	3
中信	上高地	8	-4	10	9	0
中信	筑北村	14	1	10	13	4
中信	安曇野市	15	2	10	14	4
中信	塩尻市	14	-1	10	14	1
諏訪	岡谷市	14	1	10	13	3
諏訪	下諏訪町	14	1	10	13	3
諏訪	諏訪市	14	2	10	13	3
諏訪	白樺湖	9	0	10	9	0
諏訪	茅野市	15	0	10	13	2
諏訪	原村	13	-2	10	12	0
諏訪	富士見町	13	0	0	13	2
飯田伊那	辰野町	14	1	0	14	3
飯田伊那	伊那市	17	1	0	16	2
飯田伊那	駒ケ根市	16	1	0	15	4
飯田伊那	松川町	17	2	0	16	5
飯田伊那	飯田市	18	5	0	16	4
飯田伊那	南信濃	18	5	0	18	4
飯田伊那	阿智村	17	2	0	17	3
飯田伊那	阿南町	18	3	0	18	3

8日18時

○快晴 ◐晴れ ◎曇り ●雨 ⊗雪 みぞれ

本州付近は高気圧に覆われる。県内は日中は広く晴れるが、午前中は濃い霧で見通しが悪くなる所がある。夜は雲が増えて、北部ではにわか雨の所も。最高気温はおおむね平年並み。

(日本気象協会長野支店)

9日9時予想図

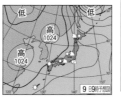

9日間の予報
マーク下は降水確率(%)

地域		9(土)	10(日)	11(月)	12(火)	13(水)	14(木)	15(金)	16(土)	17(日)
北信	降水確率	20	30	40	40	10	40	40	50	50
北信	最高気温	14	14	15	15	16	16	12	13	12
北信	最低気温	2	7	8	7	6	8	4	2	4
東信	降水確率	10	20	40	10	10	40	20	50	30
東信	最高気温	15	14	11	13	14	14	10	10	10
東信	最低気温	0	3	5	5	4	6	2	1	4
中信	降水確率	10	20	40	10	10	40	20	50	30
中信	最高気温	15	14	15	16	16	16	13	9	10
中信	最低気温	2	3	6	7	6	7	5	1	4
諏訪	降水確率	10	20	40	10	10	40	20	50	30
諏訪	最高気温	14	13	13	14	15	14	10	6	8
諏訪	最低気温	2	3	6	5	3	5	3	-1	1
飯田伊那	降水確率	0	20	40	10	10	40	20	50	30
飯田伊那	最高気温	18	16	15	17	18	18	14	10	11
飯田伊那	最低気温	5	4	6	9	8	10	6	1	4

札幌　上越　富山　金沢　東京　甲府　名古屋　大阪　福岡

晴れ後くもり　晴れ一時または時々くもり

8日の気温

地点	【最高】	平年差	【最低】	平年差	湿度	きょうの降水確率
長野	10.9	▼4.0	6.4	1.7	61	
松本	12.2	▼3.2	6.8	3.2	50	
諏訪	10.7	▼3.6	4.9	1.1	64	
飯田	17.6	1.5	3.6	▼1.7	45	
軽井沢	9.5	▼2.9	1.5	0.7	65	
飯山	11.6	▼3.2	6.8	3.1		
上田	13.2	▼2.6	7.6	3.7		
佐久	11.9	▼2.9	5.7	3.5		
大町	8.9	▼4.4	4.6	2.5		
木曽	16.5	1.2	1.0	▼1.4		
伊那	14.9	▼0.1	3.7	1.5		
上越	13.1	▼4.0	8.3	1.0	61	10
札幌	3.9	▼6.8	0.8	▼2.2	64	10
秋田	11.5	▼2.4	7.2	1.6	46	20
盛岡	9.2	▼3.5	5.3	2.4	48	10
仙台	14.6	▼0.8	9.4	2.6	41	10
福島	14.2	▼1.8	10.3	3.9	45	0
水戸	17.4	0.0	9.4	2.3	49	0
前橋	18.2	0.6	10.8	2.7	35	0
東京	19.2	1.4	11.9	2.0	55	0
新潟	13.3	▼2.6	9.9	1.7	49	30
甲府	19.5	1.5	5.8	▼1.4	45	0
静岡	20.6	0.8	9.6	▼1.2	58	10
名古屋	19.2	0.5	12.4	2.7	34	0
金沢	15.2	▼2.1	9.2	▼0.1	47	10
京都	18.4	▼0.4	12.2	2.8	34	0
大阪	19.4	0.1	13.1	1.6	34	0
広島	20.0	0.9	10.2	0.1	47	0
松江	18.0	0.1	13.3	4.3	55	10
高松	18.1	▼0.7	12.7	2.6	50	0
福岡	22.5	3.0	11.4	▼0.3	44	10
鹿児島	23.6	1.8	13.2	▼0.3	38	0
那覇	25.9	0.3	22.3	1.6	52	10

【注】最高は15時まで、最低は9時まで(県外最低は前日21時から)。平年差▼低。湿度は15時。降水確率6〜12時

10日のこよみ　旧暦10月14日　大安

日出	日入	月齢	月出	月入
6.19	16.43	13.0	15.48	3.40

(地点・長野市　月齢・正午)

港		満潮	干潮
直江津港	大潮	0.52 / 13.24	7.20 / 19.26
名古屋港	大潮	4.36 / 16.45	10.37 / 23.01

第三種郵便物認可　信濃毎日新聞　2019年(令和元年)11月9日　土曜日　特集　32

被災地を歩く　長野市長沼・豊野　8日

変わり果てた街
自宅で片付けの手を止め、2階のベランダから変わり果てた街を見つめる渡辺さん＝8日午前11時57分、長野市津野

赤沼公園に積み上げられた災害ごみ＝8日午後2時55分、長野市赤沼

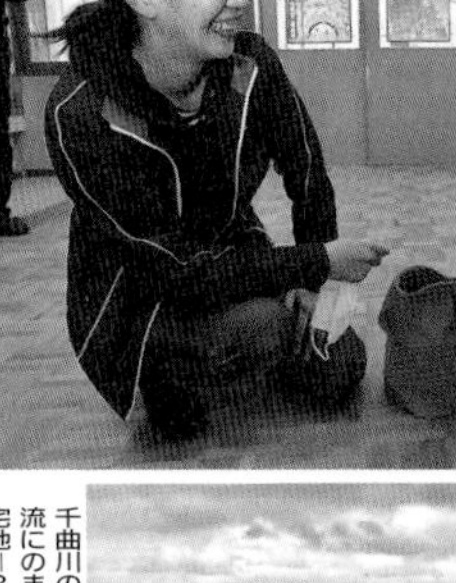

保育園内に開設された臨時託児所で、ボランティア(右)に陽太ちゃんを預ける山本さん＝8日午前9時19分、長野市豊野町

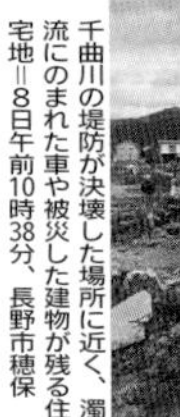

千曲川の堤防が決壊した場所に近く、濁流にのまれた車や被災した建物が残る住宅地＝8日午前10時38分、長野市穂保

心も体も温まる
津野サテライトで炊き出しのキノコ汁や長沼産りんごを味わうボランティア＝8日午後0時15分、長野市穂保

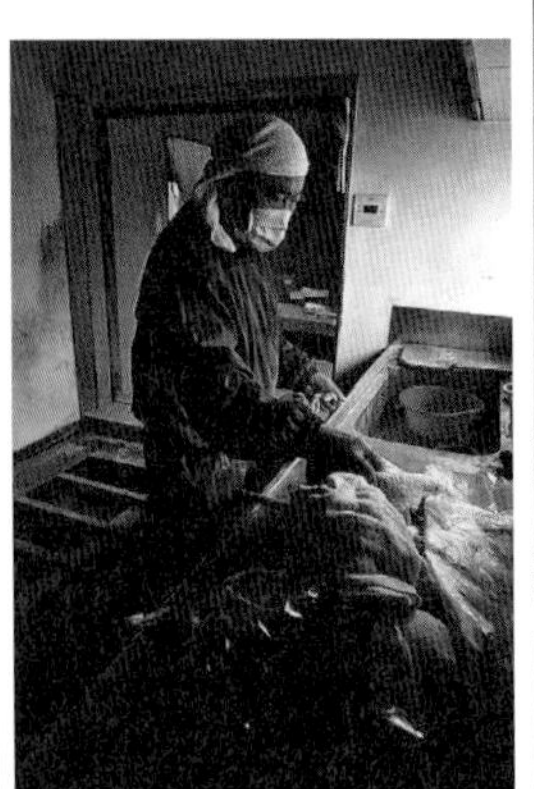

泥で汚れた台所を片付ける赤芝さん＝8日午後3時35分、長野市大町

これからの生活は…

台風19号の記録的な大雨で千曲川の堤防が決壊するなどし、広範囲が浸水した長野市東北部の長沼地区や豊野地区。生活再建の道のりは険しく、被災住民は暮らしの先行きに不安を募らせている。

堤防の決壊箇所に近い長沼地区。被災から間もなく1カ月となる8日も土ぼこりが舞い、大きく壊れた家屋が残っていた。自宅が床上浸水した同市津野の渡辺常子さん(82)は、2階のベランダから変わり果てた周囲を寂しそうに見つめた。「リンゴ畑がきれいな景色だったのに」

同市大町の自営業、赤芝清さん(70)の自宅は床上浸水し、半壊。家族4人で避難所に身を寄せている。自宅2階で生活したいが、1階の台所が使えるようになるのは12月以降という。避難所にいつまでいられるかははっきりせず、「これからの生活をどうするか。今の心配の種です」と語った。

市が臨時託児所を開設した同市豊野町大倉の豊野ひがし保育園。次男の陽太ちゃん(1)を預ける山本真理さん(34)＝長野市豊野町石＝は、床上浸水した自宅の片付けに追われている。山本さんは陽太ちゃんら2人の子どもと上水内郡飯綱町の自身の実家で暮らしている。「被災した家には連れていけない。(臨時託児所は)非常にありがたい」と話した。

(文・実延達郎、写真・夭[いなつか]弘樹)

▶10月13日　空から見た被災地　▶11月5日

豊野町の住宅地

台風19号で千曲川支流の浅川(左)の内水氾濫などで、浸水した長野市豊野町豊野。住宅地を抜ける道路や、川が姿を現していた

穂保の決壊現場
台風19号による大雨で千曲川の堤防が決壊し、浸水した長野市穂保付近。決壊場所には本堤防が完成するまでの「締切堤防」が造られ、復旧に向けた工事が進む

新幹線車両基地
千曲川の氾濫で浸水した長野市赤沼。中央は長野新幹線車両センターに並ぶ北陸新幹線の車両。水が引き線路の周囲に田畑が現れていた。水に漬かった車両は廃車となる

長35 第一社会 6版 2019年(令和元年)11月9日 土曜日 信濃毎日新聞 新聞定価1ヵ月3,400円(うち消費税251円)1部150円(消費税込み) 第三種郵便物認可

拠点構え支援 ニーズ見えた

ルポ 千曲川氾濫 長野市津野

松本大生有志 被災農家を仲介役に

「気兼ねなく頼まれる関係を」

住民とも協力してリンゴ畑のごみを運び出す松本大の学生たち=8日正午、長野市津野

台風19号による千曲川の氾濫で被災した長野市津野で、松本大(松本市)の学生たちが知り合いの住民宅を拠点に独自の復旧・復興支援を広げつつある。東日本大震災の被災地で学んだ手法といい、全国各地からの災害ボランティアが減る土日を中心に通い活動。切れ目が少なく、息の長い支援をつないでいこうとしている。

8日、泥まみれのリンゴ畑で、そろいの水色のベストを着た学生ら約80人が作業していた。落ちたリンゴの実が腐ったためか酸っぱい臭いが漂う中、流れ着いた木の棒や網などを泥から引っ張り出す。足元はまだ軟らかく、災害ごみを運ぶ手押し車は、車輪が埋もれてなかなか進まない。それでも、畑を所有する渋沢康泰さん(65)は「本当に助かった。大勢の力で一気にやるとはかどるね」と話した。

学生たちは10月20日から津野の支援に入っている。きっかけは、松本大観光ホスピタリティ学科長の尻無浜博幸教授(55)のゼミの卒業生が、知り合いの窮状を伝えたこと。

現地を視察した尻無浜さんは、津野で被災したその山岸咲子さん(40)に、この場を拠点に学生の受け入れを要請。東日本大震災で被災した宮城県石巻市に学生とともに6年間、ボランティアに入った経験からだという。

ボランティアをその日その日の状況に応じて各地に割り振る市災害ボランティアセンターを通じた支援とは別に、一つの場所を定期的に訪れ、周囲に支援を広げていく。そのことで、「信頼関係ができ、被災者も気兼ねなく支援を求められる。細かいニーズにもすぐ対応できる」と尻無浜さんは話す。例えばリンゴ畑の片付け。

県農業技術課によると、泥が多く堆積していると、果樹の根が呼吸できず、長引けば木が枯れる恐れがある。早く取り除く必要があるが、山岸さんがボランティアの派遣を頼んだ同センターは、すぐには対応できなかったという。「まず被災した住宅の作業を優先している」(同センター)ためだった。学生たちは、こうしたニーズの「隙間」をくみ取って対応。当初、活動の中心だった住宅の泥出しや片付けから、最近はリンゴ畑へと活動の比重を移している。

この日、初めて参加した中曽根翔さん(19)は「地元の人だけで終わる量ではない。ボランティアがやんなきゃ」。幼い頃、2004年の新潟県中越地震で被災したという同県長岡市出身の本間勘亮さん(18)は「自分が被災した時も助けてもらっていたんだと気付いた」と話す。

そんな学生たちを見守る山岸さんは「顔見知りになることで安心して作業が頼める」。尻無浜さんも「学生もリンゴ農家の今後が気になると思う」と、まだ先の長い復興に関わり続けたいと語った。

(文・藤田沙織、写真・中村桂吾)

御巣鷹の墓標も倒壊

日航機犠牲者 台風で小川増水

乗客乗員520人が亡くなった1985年の日航ジャンボ機墜落事故の現場「御巣鷹の尾根」(群馬県上野村)にある犠牲者の墓標が、台風19号の大雨による近くの小川の増水で倒壊したり、流れ込んだ土砂に埋もれたりしていたことが分かった。村が8日、明らかにした。

村や尾根の管理人によると、墓標は木や石でできており、高さは小さいもので30センチ程度、大きいものは1・5メートル以上。いずれも尾根の中腹の「スゲノ沢」に並んでいる。一部は小川の下流まで流された可能性もある。

墓標は普段から遺族らが慰霊に訪れている。尾根の登山口に向かう唯一の道である村道も、台風19号の被害で崩落するなどし、不通状態となったことが既に確認されている。日本航空は遺族に対し、慰霊登山できない状態になっていると文書で通知した。

遺族らでつくる「8・12連絡会」事務局長で、次男健君=当時(9)=を亡くした美谷島邦子さん(72)は「墓標は大切な場所なので悲しい。来春以降、お墓の建て直しに行きたい」と取材に話した。

NHK契約名簿で詐欺か

集金受託会社の社長が供述

愛知 窃盗の疑いで逮捕

NHKから受信料の集金業務を委託されていた会社の社長の男が、愛知県警に窃盗容疑で逮捕され「契約者の名簿に載っていた個人情報を基に特殊詐欺をした」と供述していることが8日、捜査関係者への取材で分かった。県警は供述の裏付けを進め、他にも名簿を基にした被害があるとみて、実態解明を急ぐ。

捜査関係者によると、男はNHK名古屋放送局・中央営業センターから集金業務を受託していた名古屋市昭和区の藤井亮佑容疑者(29)で、同県長久手市の無職大浦悟被告(21)=窃盗罪で起訴=と共謀。

大浦被告の起訴状によると、9月27日に警察官に成り済ました同被告が同県春日井市に住む80代の無職女性宅を訪れ、キャッシュカード1枚を盗んだとしている。

藤井容疑者は女性宅には行かず、名簿に記載されていた契約者の氏名や住所などの個人情報を、大浦被告に携帯電話のメッセージで伝えていた。

大浦被告は同日、窃盗容疑で現行犯逮捕され、藤井容疑者は10月23日に逮捕された。藤井容疑者は当初、窃盗容疑を否認していたが、その後、容疑を認め「受信料契約者の名簿から(特殊詐欺の)対象の家を選んだ」と供述したという。

愛知県警から捜査協力要請を受けたNHKは10月25日、藤井容疑者の会社との委託契約を解除した。

新潟女児殺害 一部否認

地裁初公判 「首絞めたが殺意ない」

新潟市西区で昨年5月、下校中の小学2年の女児=当時(7)=が連れ去られて殺害された事件で、殺人や強制わいせつ致死などの罪に問われた小林遼被告(25)は8日、新潟地裁(山崎威裁判長)の裁判員裁判の初公判で「首を絞めたのは間違いないが、静かにしてもらうためで殺意はない」と述べ、起訴内容の一部を否認した。

弁護側はわいせつ行為も否定し、殺人と強制わいせつ致死の罪ではなく、傷害致死罪が成立すると主張した。

公判では、殺意の有無や強制わいせつ致死罪の成否が争点になる。被害者が1人の事件で、検察側が死刑を求刑するかどうかも注目される。

冒頭陳述で検察側は「幼い被害者の首を5分以上にわたって絞め続けた」と指摘。近所に住む女児を解放すれば再び顔を合わせる可能性があり、救命措置を取らなかったことも殺意を裏付けるとした。

事件当日朝にスマートフォンの位置情報の記録が残らないように設定したり、目撃されたときのカムフラージュのために2着のズボンを重ねてはいたりしていたことを挙げ、計画性を強調。捜査段階ではわいせつ行為を認めており、「犯行態様は冷酷非情で悪質。わいせつを目的とする動機は身勝手だ」と述べた。

弁護側は、女児が死亡する前に1度、首を絞めて気絶させていたことから「黙らせるためで殺意はなかった」とした。

池袋暴走 運転男性 書類送検へ

東京・池袋で4月、車が暴走し母子が死亡した事故で、警視庁が来週にも自動車運転処罰法違反(過失致死傷)の疑いで、運転していた旧通産省工業技術院の飯塚幸三元院長(88)を書類送検する方針を固めたことが8日、捜査関係者への取材で分かった。

捜査関係者によると、車の操作状況を記録する装置を調べた結果、事故時はアクセルを完全に踏み込んだ状態で、ブレーキを踏んだ形跡はなかったことも判明した。

あんずちゃん

田中しょう

高原調

○…本格的な雪の季節を前に、飯山市や市内の建設業者らでつくる市除雪連絡協議会は8日、除雪安全祈願祭を市役所近くの市克雪センターで開いた。関係者約40人が、シーズン中の無事故を誓った=写真。

○…除雪作業を担うのは市が委託した7社とその協力会社。市道の他、県から受託した県道など計約350キロの区間を担当する。積雪10センチを超えると出動するといい、街が寝静まっている午前3時ごろから働くこともあるという。

○…千曲川支流の氾濫で被災した街の復旧は道半ば。同協議会の吉越明人会長は、これから雪も相手に、「春までしっかり仕事をやり遂げたい」。

あす 陛下即位を祝うパレード

天皇陛下の即位を祝うパレード「祝賀御列の儀」が10日、都内で行われる。当初は「即位礼正殿の儀」と同日の10月22日の予定だったが、台風19号の被害を考慮して延期となった。皇居やコース周辺では8日、正殿の儀に続いて警察車両が目立ち、再び厳戒態勢となった。当日は応援部隊を含め最大時約2万6000人の警察官が投入され、警備に当たる。

パレードは午後3時から実施。天皇、皇后両陛下のオープンカーなどが皇居・宮殿を出発、国会議事堂や自民党本部前などを通り、住まいの赤坂御所までの約4.6キロを30分かけて進む。

警視庁は当日、正殿の儀と同様に警視総監をトップとする最高警備本部を設置する。1990年の平成の即位パレードでは路上に爆竹が投げられる事件が発生した。警視庁は今回、テロやトラブル防止のため沿道の29地点40カ所で手荷物検査を実施し、鉄柵で囲った観覧ブースに誘導。公式ツイッターでは混雑状況も発信する。

1　第49344号【明治25年3月15日第三種郵便物認可】　信濃毎日新聞　2019年（令和元年）11月10日　日曜日　日刊　9版★

2019年（令和元年）
11月10日
日曜日

1873年（明治6年）創刊
発行所　信濃毎日新聞社
長野本社　〒380-8546　長野市南県町657番地　電話（026）受付236-3000編集236-3111　販売236-3310広告236-3333
松本本社　〒390-8585　松本市中央2丁目20番2号　電話（0263）代表32-1200　報道32-2830　販売32-2850　広告32-2860

台風19号被災１カ月

揺らいだ日常 勉強に集中

長野の中学生 信大生から学習支援

挽回へ「一層頑張る」

台風19号による千曲川の堤防決壊で校舎が浸水した長野市の東北中学校と豊野中学校で9日、信州大教育学部（長野市）の学生が高校受験を控えた3年生に学習指導をした。被災から間もなく1カ月。2校とも授業を行えない期間が半月ほどあり、生徒の勉強を手助けしようと土、日を利用して企画し、この日は各校に3人ずつ駆け付けた。東北中では希望した生徒4人が学生に質問しながら、持参した問題集に取り組んだ。

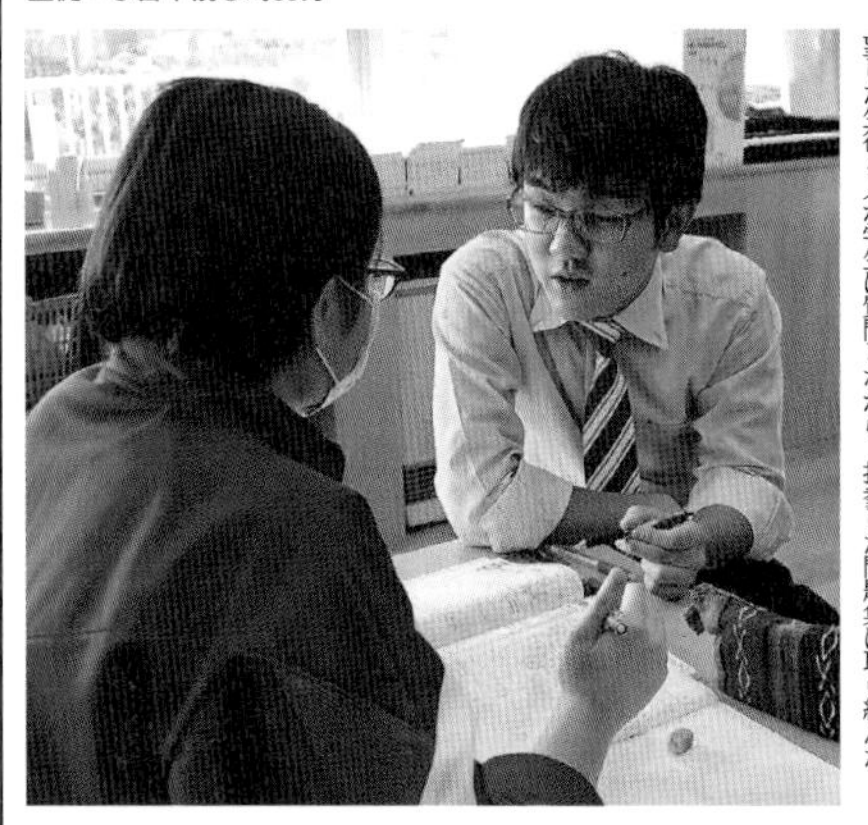

「うん、正解」「良かった」。信州大教育学部の高橋さん（右）から数学を教えてもらう長野市東北中３年生の生徒＝9日午前9時33分

「ここで振り子の位置エネルギーが最大。ここで運動エネルギーが一番大きくなるよね」。東北中の教室では理科の問題を説明する信大生の声が響いた。岩下友紀さん(15)は「図で解説をしてもらうなど分かりやすく、理科が楽しくなった」と話した。

10月13日に千曲川の堤防が決壊し、東北中では校舎1階が浸水し使えなくなった。授業が本格的に再開されたのは同31日。岩下さんの自宅は被災しなかったが、授業が再開されるまでの間、1階が浸水する被害を受けた友人宅の片付けを手伝いつつ、自宅で自習に励んできた。ただ、「自分でやるだけだと、つい他のことに手が伸びてしまいがちだった」という。この日は3時間勉強し、「すごく集中できた」と満足げだった。

千曲川の堤防決壊により両中学と長沼、豊野西の2小学校が休校。11月5日までに全校で授業が再開したが、遅れが出ているのが現状という。

東北中では、教員たちが平日の授業数を増やして遅れを取り戻そうと対応しており、志望校を決める際の参考にするテストを14日に実施予定。信大生を招いた勉強会の企画について、加瀬浩明校長は「避難所生活をしていたり、自宅の片付けがあったりする生徒もいる。集中して勉強できる場もつくりたかった」とする。

信大教育学部が募った学習ボランティアに手を挙げ、東北中で指導に当たった4年生の高橋颯斗（はやと）さん(22)は来年4月から県内で中学校の理科教員になる予定で「教育に携わる身として、何かしたかった」と話す。岩下さんは「今日しっかり勉強したので、テストではきっといい成績が取れる。入試に向け、一層勉強を頑張りたい」と話した。

今後も信大生による学習指導を行うかは未定。加瀬校長は、被災によって生徒たちの日常が変わっただけに、「受験生に限らず、生徒たちの心のケアも必要になってくる」と話した。

（渡辺 真康）

豊野　豊野西小　豊野中　長野市　長沼小　三才　上信越道　千曲川　18　東北中　柳原小　堤防決壊　須坂市　N

あすの朝刊休みます　信毎ニュースはテレビ・ラジオで

きょう10日（日）は新聞製作を休み、あす11日（月）の朝刊は休刊とさせていただきます。ご了承ください。この間の主な県内ニュースは、インターネットの信毎ホームページ、信越放送テレビ・ラジオの信毎ニュース、FM長野ニュース、ケーブルテレビ28局の信濃毎日新聞文字ニュースでお伝えします。

信濃毎日新聞社

須坂の避難所 きょう閉鎖

帰宅・仮住まい 不安の声も

須坂市は10日、台風19号で被災した市民向けに開設した市北部体育館の避難所を閉鎖する。市によると全避難者が当面の住まいを見つけたり、自宅に帰るめどが立ったりした。ただ9日に退去の作業をしていた避難者からは生活再建への不安の声も聞かれた。

避難所が10日閉鎖されることに伴い、荷物を車へ運ぶ夫婦＝9日午後7時47分、須坂市の北部体育館

須坂市では一時、2カ所の避難所に計170人以上が身を寄せた。市によると市内で1カ所のみとなっていた同体育館の避難者は9日午前8時時点で41世帯96人。いずれも、市や県が計42戸用意した公営住宅や民間アパートへの入居が決まったか、自宅が暮らせる程度に片付いたとして帰宅する決断をしたという。

9日は、家族連れなどが衣類などの荷物を同体育館から車に積み出していた。夫、3人の子どもと同体育館を出る主婦(42)は「炊き出しなど、避難所のスタッフの方たちに良くしていただいた」と感謝。車に段ボール箱を運んでいた別の夫婦は「元々住んでいた県営住宅で浸水しなかった部屋に入れることになった。近くて良かった」とほっとした表情を見せた。

同市北相之島の平屋の自宅が天井近くまで水没した松永茂子さん(77)は郊外の市営住宅に移るが「全部水に漬かったのでガス台や照明もこれから買い求めなければ」と疲れた表情。1人暮らしだといい「家の修理は来年春までかかる。仲良しの近所の人たちとも離れ離れの生活は不安でいっぱい」と話した。

千曲市では9日現在、旧更埴庁舎保健センターの避難所に2世帯5人が避難している。このうち1世帯1人については近く自宅に戻る予定。残る1世帯4人は近日中に避難所から出る方向で話し合いを続けており、市は方向性が出た時点で避難所の閉鎖時期を決めたいとしている。

長野市は11月末をめどに避難所を閉鎖する方針。9日時点で13カ所の避難所に計695人が避難している。

陛下「被災者の安心な生活願う」

国民祭典 きょう即位パレード

天皇陛下の即位を祝う「国民祭典」の祝賀式典が9日夜、皇居前広場で催された。天皇、皇后両陛下が皇居に姿を見せられる中、安倍晋三首相が祝辞を述べ、人気アイドルグループ「嵐」が奉祝曲を披露した。陛下は祝意に感謝し、「国民の幸せを祈るとともに、わが国の一層の発展と世界の平和を願います」とあいさつした。10日午後3時からはパレード「祝賀御列（おんれつ）の儀」が行われる。

【関連記事3・35面に】

陛下はあいさつで台風19号などの被害に「深く心を痛めています」とし、「被災された方々が、安心できる生活が一日も早く戻ることを心から願っています」と述べた。

財界などでつくる「天皇陛下御即位奉祝委員会」と超党派の国会議員連盟などが主催。皇居・正門の前に舞台が特設され、主催者側によると、約3万人が参加した。

国民祭典は2部構成。祝賀式典は第2部で、安倍首相や嵐のほか、歌舞伎俳優の松本白鸚さんや女優の芦田愛菜さんらが出席した。奉祝曲のタイトルは陛下のライフワークである水の研究を意識した「Ｒａｙ ｏｆ Ｗａｔｅｒ」。菅野よう子さんが作曲、脚本家の岡田恵和さんが作詞し、全盲のピアニスト辻井伸行さんが演奏した。両陛下は正門の石橋に立ち、式典を見守り、皇后さまが涙を浮かべる場面もあった。

10日の祝賀御列の儀は国事行為。10月22日に「即位礼正殿の儀」に続いて行われる予定だったが、台風19号による被害を考慮し、延期された。

即位を祝う「国民祭典」の祝賀式典で奉祝曲を鑑賞された天皇、皇后両陛下＝9日夜、皇居（代表撮影）

天気

最高気温／最低気温

北部　6時 12 18 24　11日 12日 13日
飯山 14／6　長野 13／6　大町 12／3

中部　6時 12 18 24　11日 12日 13日
松本 14／4　上田 15／4　佐久 13／2　諏訪 12／3

南部　6時 12 18 24　11日 12日 13日
木曽 16／2　伊那 15／2　飯田 17／4

5%以上　5%未満
27面に詳しい天気情報

斜面

2019.11.10

「アーク父ちゃん」と呼ばれ人気者だった。大阪市の天王寺動物園が飼育していた雄の12歳のコアラである。ユーカリの樹にまったり抱きつく姿がもう見られない。10月中旬、スタッフに付き添われ英国の動物園に貸し出されたからだ◆英国の繁殖計画に協力する10年間の契約を結んでいる。飼育下のコアラの寿命は15～20年。[illegible]ない片道切符だ。天王寺動物園は最大9匹だった飼育数を減らし、アークの息子「そら」を香港に貸し出した16年以降は1匹のみ飼育していた◆コアラはユーカリの限られた種類の新鮮な葉しか食べない。同園は国内で栽培を委託し餌を確保してきた。費用が年間3千万円と聞けば手放した事情も分からないではない。だが大勢のファンが集まったお別れイベントの挨拶（あいさつ）で園長が「選択と集中」を理由に挙げたのには驚いた◆コアラは人間に翻弄（ほんろう）されてきた。オーストラリアの先住民族は食料にした。英国の植民が始まると射撃の標的になり、毛皮を輸出するために乱獲された。絶滅が心配され保護の対象になった今も、干ばつによるユーカリの枯死などの危機に直面している◆香港に渡った「そら」は1年半後に体調を崩して死んだという。渡英したアークは、一時減退した食欲が回復したと動物園がブログに載せている。縫いぐるみと違い人間の都合通りにならない命だ。手塩にかけて育てた飼育員は気が気でないだろう。コアラの行く末が案じられてならない。

素肌乾燥情報　北部　中部　南部

ことば映え　食指が動く　物事を求める気持ちが湧く
応募方法34面に
山形村　とら

購読のお申し込み　0120－81－4341　紙面の問い合わせ　026－236－3111　信毎web　www.shinmai.co.jp
4910855731096 00136

29 特集　2019年(令和元年) 11月10日 日曜日　信濃毎日新聞　第三種郵便物認可

台風19号 1カ月

台風19号 各地に爪痕

死者	行方不明者	避難者	住宅全半壊	住宅浸水(床上・床下)	土砂災害	堤防決壊
89人	6人	2802人	9148棟	6万7378棟	20都県884カ所	71河川140カ所

(11月9日までに、避難者は千葉などの豪雨分を含む)

千曲川の堤防決壊で浸水した長野市では、本堤防と同程度の強度がある鉄板の「締切堤防」が完成。周辺の避難指示は解除された

浸水したJR東日本の車両基地に並ぶ、北陸新幹線の車両。25日に全線直通運転を再開したが、浸水した車両は廃車が決まった

各地の主な被害(11月9日時点)

死者　不明者　住宅全半壊　住宅浸水(床上・床下)

	死者	不明者	住宅全半壊	住宅浸水(床上・床下)
岩手	2		761	157
宮城	19	2	1418	15681
山形			3	164
福島	30		1595	14765
茨城	2	1	1608	608
栃木	4		550	19544
群馬	4		317	208
埼玉	3		233	5591
千葉	1		77	93
東京	1		193	1458
神奈川	14	3	120	164
新潟			11	311
山梨			3	7
長野	5		2246	5785
静岡	3		12	2743

※その他兵庫で死者1人

※死者・行方不明者は共同通信集計、その他の被害は関係省庁のデータによる(各都県の最新の数字が反映されているとは限らない)。地形は国土地理院の資料を基に作製

2019年10月 台風19号 速報 955hPa
12日午後7時前、静岡に上陸し東日本を縦断。平成以降で最大級の被害が出た

1959年9月 伊勢湾台風 929hPa
近畿・東海を中心に被害は全国に及んだ。死者・行方不明者は約5千人で最大

58年9月 狩野川台風 965hPa
首都圏を直撃し死者・不明者約1200人。台風19号との類似が指摘された

45年9月 枕崎台風 参考 916hPa
九州・中国地方を中心に死者・不明者3700人超

34年9月 室戸台風 参考 912hPa
参考記録ながら勢力の強さは過去最大級、近畿地方を中心に死者・不明者は約3千人

※気圧は上陸時ごろ。34、45年は最低気圧、その他は中心気圧

岩手

釜石で開催予定だったラグビーW杯の試合も台風の影響で中止に。カナダ代表が被害にあった市内の清掃活動に参加した

宮城

丸森町では、阿武隈川の支流で複数の堤防が決壊。中心部が大規模に浸水し、名産の養蚕業も打撃を受けた。阿武隈急行は、宮城県内の全区間が運休。大崎市でも吉田川の堤防が決壊した

阿武隈急行あぶくま駅のホーム(15日) 2

福島

阿武隈川や夏井川の堤防が決壊。広域で浸水被害や土砂崩れが発生し、最大7万7千戸以上が断水した。片付けに伴い各地は大量の災害ごみにあふれ、いわき市では、公園にごみが積み上がった

いわき市平下の公園(16日) 3

人々 不安抱えつつ前へ

山から崩れた岩がなだれ込んだ沢で、長靴姿の男女3人が"大切な人"の手掛かりがないかと流木をかきわける。台風19号で阿武隈川(福島県、宮城県)流域では氾濫や土砂災害が次々と起こった。失ったのは家族や自宅、当たり前だった日常…。発生から1カ月を前に流域を歩くと、心に傷や不安を抱えながらも助け合い、元の生活を取り戻そうと動きだした人々と出会った。

福島・宮城 阿武隈川流域

土砂を運ぶ重機の音が響く、福島県須賀川市の堤防決壊現場。住民が散歩で慣れ親しんだ堤防上の遊歩道は約50㍍にわたって姿を消した。「あふれた水で砕けてばらばらになった」。近くの高台に住む主婦橋本美紀さん(42)は工事の様子を見つめながら、茶色い滝のように、ごう音を立て堤防を乗り越える水流を思い出した。水が入り込んだ住宅の2階の窓に見えた子どもの姿が目に焼き付いている。国は24時間態勢で対策工事を急ぐ。

南北に走る阿武隈高地と奥羽山脈の間を流れる阿武隈川。氾濫を繰り返す「暴れ川」だが、被災地の人々は「こんな高さまで水が来たのは初めて」と口をそろえた。

県中央部の本宮市は「水害の町」とも呼ばれる。江戸時代の宿場町で、100年近い伝統を誇る商店が次々と水に漬かった。創業約80年の吉沢直哉さん(48)の和菓子屋は床上1・3㍍まで水が上り、売れ筋のようかんを作るための機械が水没した。蒸しまんじゅうに使うボイラーや冷蔵庫は修理に出し、作業場はがらんとしていた。

他の菓子店と相談し合って国の補助金を申請しようと考えているが、支援制度の詳細は未定のまま。「再開したいのに先に進めない。じだんだを踏みたくなる」。吉沢さんは視線を落とした。

被害を受けた和菓子屋の店舗で、水に漬かった床板などに消毒液をかける吉沢直哉さん＝4日、福島県本宮市

阿武隈川は蛇行を重ねながら宮城県丸森町へとつながる。色づき始めた山あいの景色の中、遊覧船が川を下っていた。例年紅葉シーズンは千人ほどの予約があるが、船中の人影はまばらだった。

丸森町では道路が土砂に埋まったり、陥没したりした場所が多く残る。浸水被害が主な福島県の被災地と比べると、土砂による破壊が際立つ。

親族4人が土砂崩れに巻き込まれた廻倉地区。現場から数百㍍下流の沢では、冷蔵庫の一部や子ども服などが散乱する中、岩間をのぞいて行方不明の女性を捜す男女3人の姿があった。大規模な捜索は10月末に終了。近くで農作業をしていた、女性の知り合いの大槻武夫さん(75)は「水の中は寒いだろうに…。早く見つけてあげたいね」と沢の方を見つめた。

福島市と宮城県柴田町を結ぶ阿武隈急行の設備も土砂や岩に覆われた。あぶくま駅(丸森町)の線路には折れた電柱や大木が転がり、復旧のめどは立たない。ホーム上を数匹の猫が闊歩する。隣接の観光施設には捨て猫が集まり、ひそかな人気スポット。よく通っていた福島県伊達市の会社員小島利行さん(43)は段ボールハウスを持ってきた。「夜が冷え込むと心配した娘が作った」

夕方になると、10度に満たない寒さに手がかじかむ。丸森町で避難生活を送る大槻ほよさん(82)さんの家では、畳のサイズに切った発泡スチロールを床に敷き詰める作業が進んでいた。湿った畳を捨て、自宅で冬を越すために考え出した。

元大工の夫(89)が建てた家の片付けで2人とも腰や足を痛めた。大槻さんは「やっとお風呂が使えるようになった。60年暮らしてきたんだから、なんとかここで生活していきたいね」とつぶやいた。

「60年暮らしてきた なんとかここで生活を」

親族4人が土砂崩れに巻き込まれた現場＝5日、宮城県丸森町の廻倉地区

第三種郵便物認可　信濃毎日新聞　2019年(令和元年)11月10日 日曜日　特集 30

被災者の証言

10月12日に静岡・伊豆半島に上陸し、関東を縦断した台風19号によって、各地に甚大な被害が出てから間もなく1カ月。長野県内では千曲川流域を中心に、浸水によって全壊や半壊など住宅被害は8000世帯以上に上っており、今も800人以上が避難生活を余儀なくされている。記録的な大雨によって浸水被害は千曲川上流から下流に徐々に広がった。被災者たちの証言から、川の氾濫や浸水の威力、家屋が被害を受けていった当時の状況が明らかになってきている。

台風19号被害ドキュメント

10月12日

午後3時半……気象庁が長野市、東御市、上田市、小諸市、佐久市など県内11市町に県内初の大雨特別警報を発表

5時40分……上田市の千曲川の生田水位観測所で氾濫危険水位を超過

7時ごろ……千曲川に架かる東御市の田中橋近くで道路が陥没。車3台が転落し、1台の1人が流される

8時10分……国土交通省が上田市国分で越水を確認

9時27分……長野市篠ノ井塩崎庄ノ宮で越水を確認

9時34分……県が陸上自衛隊に災害派遣を要請

10時15分……国交省が長野市篠ノ井小森で越水を確認

11時18分……長野市松代町柴で越水を確認

11時40分……中野市の立ケ花水位観測所で氾濫危険水位に到達

13日

午前0時55分……国交省が長野市穂保で越水を確認

(午前1時10分の映像。北陸地方整備局提供)

1時45分……須坂市北相之島、上高井郡小布施町飯田で越水確認

3時……長野市穂保の堤防の欠損を確認

3時25分……中野市栗林、立ケ花で越水を確認

4時15分ごろ……飯山市の皿川が決壊したとみられる

5時半……長野市穂保で堤防が決壊したもようと確認

6時20分ごろ……行方不明だった佐久市中込の中島正人さん(81)の遺体を発見

6時45分……長野市穂保などで自衛隊ヘリが救助開始

8時前……上田市の上田電鉄別所線の鉄橋が崩落

10時20分……県が長野市赤沼の下水道終末処理場「クリーンピア千曲」が機能停止していると発表

14日　長野市赤沼の自宅で見つかり、県警ヘリで救助した西沢孝さん(81)の死亡を確認

15日　長野市赤沼で徳永初美さん(69)が倒れているのを自衛隊が発見。同日午後、死亡を確認

21日　東御市の田中橋で12日に車ごと千曲川に流された静岡県沼津市の佐藤昭雄さん(73)の遺体を発見

11月3日　行方不明だった佐久市入沢の三石量正さん(68)の遺体を親族の知人が千曲川の中州で発見

12日午後3時ごろ、上田

岩がぶつかるような鈍い音

上田市真田町長　矢野 賢人さん(24)＝会社員

自宅近くを流れる高屋沢川と渋沢川が増水し、濁流になっていました。家の中にいても、岩と岩がぶつかるような鈍い音が聞こえました。母からの連絡や消防団の招集で、午後3時ごろに家を出ました。

夜は両親と姉が避難していたエノキタケの工場で休みました。翌朝、消防団の活動中に母から震えた声で電話がありました。「家が流された」と。14日に見に行くと、家の1階はなくなり、2階は流されていました。川の流れが変わり、大きな岩が転がっていて別の場所のようでした。12日に家に残っていたらと考えると、言葉になりません。

12日午後3時半ごろ、佐久

川があふれ これはやばいと

佐久市入沢　三石 雅信さん(74)＝自営業

木造2階建ての自宅のすぐそばを流れる千曲川支流の谷川から水があふれてきました。道も崩れかかっているように見えました。これはやばい、すぐ逃げないと―と思って、急いで車に乗って妻と近くの小学校に避難しました。

翌朝6時ごろ、家に戻ってみると、1階は泥まみれでもうめちゃくちゃ。玄関の戸は泥がたまって開きませんでした。床上約70㌢が泥水に漬かり、テレビ、たんす、服などは全部処分しました。11月2日に佐久市から罹災証明が出ました。おやじが苦労して建てた思い出深い家ですから、言葉にならないです。

12日午後6時ごろ、長野

畳を机の上に 衣類を2階に

長野市篠ノ井二ツ柳　村松 房子さん(70)＝農業

水が家の玄関に入ってきました。その後、停電しました。ろうそくの明かりと懐中電灯を頼りに、夫（一登さん＝71歳）と2人で畳を机の上に移動させ、（1階にあった）衣類を2階に上げました。必死でした。午後9時ごろに夫婦で2階に逃げました。心配で眠れず、何度も階段を下りて1階の様子を確認しました。夜が明けた翌日の午前中には水が引けましたが、泥がたまり、まっ茶色で驚きました。30㌢ほど床上浸水しました。今は2階で生活しています。農機具が水没し、収穫前のリンゴやコメのほか、桃の木が被害を受けました。こんな水害は初めてです。

12日午後9時ごろ、千曲

水の深い所 車動かなくなる

千曲市杭瀬下　伊藤 尚子さん(62)＝自営業

ことぶきアリーナ千曲の向かい側に住んでいます。アリーナに孫2人と避難しましたが、周辺で冠水が始まり、水位が上がってきたので、仕事と自家用の車を動かそうと膝下まで漬かりながら帰宅しました。浸水した車道はとても走れる状況になく、仕方なく歩道を走行しましたが、水の深い所で車が動かなくなりました。結局、4台中2台は動かせず、使えなくなりました。

翌朝、帰宅すると自宅は床下浸水でしたが、自宅横で営む手芸店は床上35㌢まで水に漬かって泥まみれ。ドアにテープを貼るなど浸水の対策をしなかったことを後悔しています。

12日午後10時半ごろ、佐久穂

水位確認 余裕あったのに…

佐久穂町　丸山 精一さん(82)＝木工所経営

千曲川沿いの木工所を見に来ると、川の水位はうちの土地より2㍍近く下。余裕があり大丈夫だと思っていたら、午前0時前後に町役場から「工場が傾いている」と連絡があり、「何かの間違いでは」と思いました。木工所は護岸とともに半分ほど崩れ、手作りしてきた工具も失いました。以前はイベントなどによく出掛けましたが、行く気がしません。どこかでショックを受けているのかな…。ここでの再建は諦め、合板工場を間借りして操業再開を目指しています。お見舞いに来てくれた人に、落ち着いたらお礼がしたいです。

13日午前0時ごろ、中野

消防団員にも避難の指示が

中野市立ヶ花　芋川 武一さん(82)＝農業

今回も水は出ると予想していました。家の近くにある排水機場で消防団員が内水を千曲川に排水するポンプを動かしていて、見に行ったら団員に「全員避難」の指示。わが家も午前1時ぐらいに高台のキノコ工場に避難して、一睡もせずテレビを見ていました。千曲川の水位が1時間に50㌢、1㍍と、考えられない速さで上がり、一気に水が来ました。堤防は1991年に1.5㍍かさ上げされたのですが、わずかに低い所から浸水しました。夜が明け、自宅に戻ると床上70㌢の浸水。毎日毎日ただ片付けに追われ、2週間ぐらいは夢を見ているようでした。

13日午前1時ごろ、長野

「穂保決壊」車に飛び乗った

長野市津野　小川 広さん(67)＝農業

「穂保が決壊します」。地元消防団の知らせを聞いて、避難所に向かおうと慌ててトラックに飛び乗りました。自宅は千曲川の堤防決壊現場から直線で250㍍ほど。まさか決壊しないだろうと思っていましたが、みるみるうちに水が押し寄せてきました。ハンドルが利かず、流されそうになって一瞬死ぬかもしれない―と思いました。近くでリンゴを育てていますが畑は畳やガラスサッシ、瓦などが散らかるごみの山に。これからどうしようかと途方に暮れました。軽トラや草刈り機などを事前に避難させていて、無事だったことが唯一の救いです。

13日午前2時ごろ、長野

塀の上を伝い歩いて 何とか

長野市松代町松代　倉崎 祥史さん(32)＝副住職

消防団員として、12日夜から、軽トラックで警戒に当たっていました。当初は、越水場所の近くなど各所に土のうを運んだり積んだりして、浸水被害を食い止めようと試みていました。みるみるうちに水かさが増し、午後9時ごろ、活動を避難誘導に切り替えました。午前2時ごろに解散となり、自宅に戻ろうとしたところ、自宅周辺の道路が太ももの辺りまで浸水していて近寄れませんでした。親戚の家などのブロック塀に上がって、屋根をつかんで伝って歩くことで、何とか、床下浸水をしている家の様子をうかがい知ることができました。

13日午前2時半ごろ、須坂

畳がふわっと浮き 腰まで水

須坂市北相之島　高橋 衛さん(84)＝無職

夫婦で足腰が悪く、車も持っていないため避難できず家に残っていましたが、畳がふわっと浮き水が家に入ってきました。水は腰まで達し、座っていた椅子も浮いてしまいました。杖をつきながら壁に体を寄せ、何とか立って救助を待っていました。冷蔵庫や洗濯機など大きな家電も浮いたりひっくり返ったりで生きた心地がせず、「もう死ぬ」と思いました。午前3時ごろ、家の明かりに気付いた救助隊員が到着し、おんぶされて家から脱出しました。一面川になってしまった周りを見て怖いと思いましたが、同時にほっとしたのを覚えています。

13日午前3時ごろ、飯山

道路に波打つ水 背筋凍った

飯山市飯山　石井 文菜さん(25)＝臨床検査技師

近くの用水路から水があふれているのに気付き、準備してあった避難道具を持って、家族で家を飛び出しました。車で避難中、視線の先に道路を波打ちながら流れている水がはっきりと見え、背筋が凍りました。朝になって、自宅の様子を見に戻った父親が泥水に漬かった街の写真をＬＩＮＥ（ライン）で送ってきました。自宅1階部分のガレージが丸々漬かるほど冠水していました。避難所で近所の人たちと一緒に見ましたが、あまりに日常と懸け離れた光景でみんな言葉を失いました。たった一晩で街がこうも変わる…。洪水の恐ろしさを思い知りました。

台風19号 1カ月

千曲川流域 水の猛威

第三種郵便物認可　信濃毎日新聞　2019年(令和元年) 11月10日 日曜日　特集　32

台風19号 1カ月

暮らし再建に向けた生活情報

台風19号による大雨で県内各地に大きな被害が出てまもなく1カ月。今も避難所生活を余儀なくされている方がいます。住まいや暮らしで気を付けたいことや相談、支援の窓口、片付けや泥出しを手伝いたい人がボランティア活動をするまでの流れや注意点などをあらためてまとめました。

保存版 ご活用ください (情報は9日時点、変更の可能性があります)

生活情報は12日付からは東信面、北信面でまとめて掲載します。

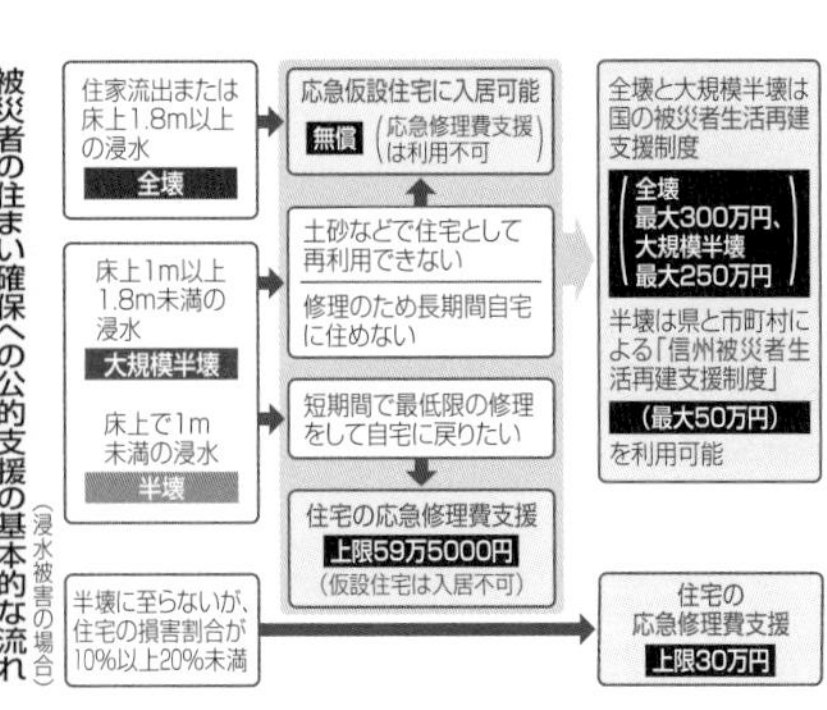

県、長野市の公営住宅などの募集概要

	県	長野市
受付期間	11月13日まで	11月13日まで
募集戸数	150戸	88戸
受付窓口時間	長野建設事務所 午前9時～午後5時15分 (他に長野市の窓口でも受け付ける) 佐久、上田、諏訪、伊那、飯田、木曽、松本、大町、北信の各建設事務所 午前9時～午後5時15分 (佐久、上田、北信は土日の午前9時～午後5時15分も開設)	市役所市民交流スペース 午前8時半～午後8時 柳原支所 午前9時～午後5時15分 豊野支所 午前9時～午後5時15分 松代支所 午前9時～午後5時15分 篠ノ井総合市民センター 午前9時～午後5時15分 古里支所(10日のみ) 午前9時～午後5時15分

避難生活の健康管理における注意点

- 少しでも心身の異常を感じたら遠慮せず、医療機関や地域の保健センターなどに相談を
- 水分補給を意識して小まめに行う。心筋梗塞やエコノミークラス症候群の予防にもなる
- 食事は外食や炭水化物中心になりがちだが、緑や赤色の野菜、豚肉などバランス良く摂取を
- 感染症予防のため、作業や外出の際には手洗い励行、マスク着用を。靴の汚れも落とす
- 1人で考え込んだり悩みを抱えたりしないよう、相談窓口や人が集まる場所へ出る

▽浸水家屋の片付け作業や避難所などでの生活の留意点

浸水家屋の片付けは肌を露出させず、手袋や長靴を着用。必ずマスクを着け、ゴーグルなどで目を守る。寒い日でも、戸や窓を開けて換気を。壁や床は水拭き、消毒し、よく乾燥させる。作業後は手をよく洗う。避難所は感染症が広がりやすいので、定期的な換気や手洗い、マスク着用を励行。水分補給は控えない。エコノミークラス症候群の恐れが高まるので、小まめに体操をする、足首を動かす、ふくらはぎを軽くもむなど意識して体を動かすことが大切。ぬらしたガーゼや清潔なハンカチは歯ブラシ代わりに利用できる。

住まいの確保

県と長野市は13日まで、被災者向け公営住宅（入居期間1年）の入居希望者の2回目の募集をしている。住宅が半壊以上で、罹災（りさい）証明書が発行された世帯が対象。応募者が多い場合は抽選する。県、市ともに家賃は無料で光熱水費は入居者の負担。罹災証明書の発行が間に合わない人は申立書を出し、入居日までに証明書を提出する。

長野市は床上1.8㍍以上で浸水が明らかな一部区域の数百戸を、国の指針に基づき一括で「全壊」と認定した。

政府は7日発表の「対策パッケージ」で、損壊割合が10%以上20%未満でも最大30万円を応急修理費として支援する他、所有者に代わり市町村が被災家屋を解体、撤去する公費解体制度で半壊家屋を支援対象に加えるとした。8日、実行に移すため関連費用の支出を閣議決定した。

◇

長野市は昭和の森公園、市営住宅上松東団地内、若槻団地運動広場（みどりの広場）、県営住宅駒沢新町第2団地内の市内4カ所で応急仮設住宅計115戸の建設を進めている。今月中に完成予定で、近く、入居受け付けに関する詳細を公表する。別の場所でも建設を検討している。入居期間は2年間で家賃は無料、光熱水費は入居者が負担する。

被災者自身が民間アパートなどを探し、家賃を長野市や県が負担する借り上げ型応急仮設住宅の入居受け付けもしている。ただし、世帯の人数により家賃の上限があり、2人以下なら月6万円以下、3～4人は7万円以下、5人以上は9万5千円以下で貸主の同意も必要。問い合わせは長野市で被災した人は同市住宅課（☎026・224・5424）、他の自治体に関しては県建築住宅課（☎026・235・7331）へ。

▽一般社団法人県宅地建物取引業協会（☎026・228・2130）は29日までの平日午前9時～午後5時、長野市南県町の県不動産会館2階の同協会長野支部で、借上物件の紹介と相談に応じる。

保険・貯金

▽ゆうちょ銀行は、通帳や印鑑のない被災者に1人20万円まで窓口で払い戻しに応じる。問い合わせはコールセンター（☎0120・108420、平日午前8時半～午後9時、土日曜日午前9時～午後5時）。

▽かんぽ生命保険は、保険料の払い込み猶予や、即時払いに窓口で応じる。問い合わせはコールセンター（☎0120・552・950、平日午前9時～午後9時、土日曜日午前9時～午後5時）。

▽各種損害保険の継続契約や保険料払い込み猶予など被災者からの相談は、そんぽADRセンター（☎0570・022808）、保険契約の手掛かりを失った場合は自然災害等損保契約照会センター（☎0120・501331）へ。いずれも平日午前9時15分～午後5時。

▽各生命保険会社は被災者に対し、保険料払い込みを猶予し、保険金・給付金などの支払いを迅速化する。契約書を失った場合は災害地域生保契約照会センター（☎0120・00・1731、平日午前9時～午後5時）へ。

各種相談窓口

▽北陸信越運輸局などは、被災自動車の廃車手続きなどの移動相談所を開設する。11、15、20日は長野市豊野支所、12、19日は同篠ノ井支所、14日は千曲市役所。開設時間などの問い合わせは北陸信越運輸局（☎025・285・9155）。自動車税減免の申請は県総合県税事務所（☎026・234・9505）へ。

▽総務省関東管区行政評価局は、罹災証明書の発行や各種支援措置の窓口紹介などの相談を専用回線（☎0120・989・576）で15日まで受け付ける。平日午前8時半～午後5時半。10日は留守番電話で対応。長野市の長野第1合同庁舎内の総務省行政監視行政相談センターでは平日午前8時半～午後5時、行政相談専用電話（☎0570・090110）や来所での相談に応じる。

▽県中小企業振興センター（長野市若里）内の県よろず支援拠点で、中小企業などの被災に関する特別相談窓口を開設。平日（☎026・227・5875）、土日祝日（☎070・4091・9793）の午前8時半～午後5時。

▽県社会保険労務士会は被災事業所や従業員の相談に応じる（☎0120・839・199、平日午前9時～午後5時）。

▽被災した学生や企業の採用担当者らの相談は長野市の長野新卒応援ハローワーク（☎026・228・0989、平日午前9時～午後5時半）、松本市の松本同（☎0263・31・8600、平日午前8時半～午後5時15分）へ。県内の各ハローワークでも。

▽被災したペットの救護や一時預かりなどの相談は、県内各保健所、県動物愛護センター「ハローアニマル」（☎0267・24・5071、午前8時半～午後5時15分、月曜と毎月第1火曜、祝日の翌日は休館）、「県災害時被災ペット相談支援センター」（☎026・235・7154、平日午前8時半～午後5時15分）へ。

▽県弁護士会は、被災者の法的相談に応じる無料の専用電話（☎026・232・2777）を開設。平日午前9時～午後5時。希望があれば面談による相談や出張相談を実施。被災した性的少数者（LGBT）の困り事の相談にも応じる。「LGBTの関係です」と伝えれば、担当弁護士が折り返す。秘密は厳守する。法律に関わらない内容も可。

▽日本司法書士会連合会は12月20日までの平日午前11時～午後5時、被災者の法律に関する無料電話相談（☎0120・315199）を受け付ける。

▽県司法書士会は、被災者の生活に関する法律相談に応じる専用電話（☎0120・448・788）を開設。午後4～7時。12月20日まで。

▽NPO法人アトピッ子地球の子ネットワークはアレルギーのある被災者の相談受け付け（☎03・5948・7891、午前10時～午後5時、またはinfo@atopicco.org）。

▽事業者向けの相談は、県内10カ所の県地域振興局の各商工観光課と、県産業立地・経営支援課（☎026・235・7200）で午前8時半～午後5時15分。

▽被災事業所の休業助成金は各ハローワーク、労働相談は各労働基準監督署で平日午前8時半～午後5時15分。

▽生活再建相談は県行政書士会（☎0120・064222）で平日午前9時～午後5時。

▽外国人からの相談はもんぜんぷら座の県多文化共生相談センター（☎026・219・3068）で第1、3水曜日を除く平日と第1、3土曜日の午前10時～午後6時、面接相談もできる。

▽被災のストレスなど心の相談は県精神保健福祉センター（☎026・227・1810）で平日午前8時半～午後5時15分。

▽県内の農業改良普及センターと県農業技術課に被災した農家向けの相談窓口。平日午前8時半～午後5時15分。

▽離職したり就職が困難になったりした被災者への職業紹介。県の佐久、上田、長野、北信の各地域振興局商工観光課。平日午前8時半～午後5時15分。

▽関東信越税理士会県支部連合会は11日～12月20日の午後1～5時、被災者の税金に関する相談に専用電話（☎0120・717377）で応じる。

義援金・寄付

▽県災害対策本部は平日午前8時半～午後5時15分、県庁や県合同庁舎で義援金を受け付ける。八十二銀行県庁内支店の同本部名義の口座「（普）732958」か、ゆうちょ銀行の同本部名義の口座「00170－0－324895」へ振り込みもできる。

▽日本赤十字社県支部を通じた義援金の募集。八十二銀行本店営業部の同支部名義の口座「（普）1247782」へ。

▽社会福祉法人県共同募金会を通じた義援金。八十二銀行本店営業部の同募金会名義の口座「（普）1247799」か、ゆうちょ銀行の「県共同募金会台風19号災害義援金」名義の口座「00160－2－265830」へ。

▽長野市は災害義援金を、八十二銀行長野市役所支店（普通266095）、長野信用金庫本店営業部（普通0490857）、ながの農業協同組合本所（普通0001378）、ゆうちょ銀行（00140－2－421274）、県信用組合本店営業部（普通8463011）の各口座で受け付ける。口座の名義は、八十二銀行が「長野市災害対策本部」、それ以外は「令和1台風19号長野市義援金」。

▽須坂市の義援金は八十二銀行須坂市役所出張所「（普）132558」に振り込み。市高齢者福祉課窓口でも受け付ける。

▽上田市の義援金は八十二銀行上田市役所出張所「（普）77036」（口座名「上田市災害対策本部」）またはゆうちょ銀行「00100－7－515226」（口座名同）へ振り込むか、平日に市本庁舎、丸子、真田、武石地域自治センターの義援金箱へ持参。

▽佐久市の義援金は八十二銀行佐久市役所出張所「（普）147435」、佐久浅間農協本所「（普）34089」、長野銀行佐久支店「（普）8832534」、県信用組合野沢支店「（普）8365992」、県労働金庫佐久支店「（普）4035295」、ゆうちょ銀行「00130－0－674004」、上田信用金庫中込原支店「（普）4032565」の各口座で受け付ける。（口座名はいずれも「佐久市台風19号災害義援金」）。平日に市役所、各支所、各出張所、市民創錬センター、総合体育館の義援金箱でも受け付けている。

▽県や県内の被災自治体が、ふるさと納税サイトに災害支援窓口。詳しくはウェブサイト「ふるさとチョイス」「さとふる」で。

▽ランドセルメーカーのセイバンは、被災児童に自社製ランドセルを寄付。市町村が発行した罹災証明書などが必要。12月末まで受け付ける。詳細は同社ホームページ。

▽県災害時被災ペット相談支援センターは、被災したペットや飼育者の支援のため寄付金を募集。ペットフードや、避難所で使うケージの購入費用などに充てる。みずほ銀行長野支店の同センター寄付金名義の口座「（普）3014273」に振り込む。

▽県と長野市は、インターネット通販アマゾンのサイトの「ほしい物リスト」を利用して避難所に送る支援物資を募っている。被災者のニーズをリストに登録。リストは一般に公開（https://www.amazon.co.jp/hz/wishlist/ls/245QQ8S2JVUWE）される。見た人が物資を購入すると、避難所に届く。

ボランティア

【長野市】豊野、長沼、古里地区で主に活動する北部災害ボランティアセンター（市柳原総合市民センター内）と、篠ノ井、松代、若穂地区で主に活動する南部災害ボランティアセンター（南長野運動公園屋内ゲートボール場内）の2カ所で午前9時～10時半に受け付ける。北部センターには駐車場がなく、①南長野運動公園②長野運動公園東③富士通長野工場（土日・祝日のみ）の各駐車場を利用。バスでセンターまで送迎する。電車の場合は、北部センター最寄りに長野電鉄柳原駅（徒歩7分）がある。長野駅を8時28分、同57分、9時13分（日曜運休）、同23分、同54分発の電車を使う場合は、柳原駅までの往復切符を配布する。枚数に限りがあるため、希望者は長野県災害ボランティア情報特設サイト（ホームページ）から事前登録し、長野電鉄長野駅（地下）に設置した災害ボランティア受け付けで名前等を記入する。時間に余裕を持って集合を。各センターに到着して受け付けが済んだら、活動拠点となるサテライト等へ送迎する。軽トラック持参で運搬支援ができる場合は午前9時半～10時半、同市穂保の特別養護老人ホームりんごの郷内「りんごサテライト」で受け付ける。最新情報は市災害ボランティアセンターのフェイスブックなどで確認できる。センター本部（☎080・5072・9607）。

【小布施町】23日、被災した千曲川河川敷内の果樹園を一斉清掃。ボランティア参加を午前9時～9時半に町役場で受け付ける。作業は正午まで。駐車場あり。問い合わせは町台風19号災害復興支援室（☎026・214・9100）へ。

◇

以下の自治体では住民からのボランティア派遣依頼と、依頼に応じてボランティア活動ができる住民の登録を随時受け付けている。

【佐久市】市社協（☎0267・64・2426）

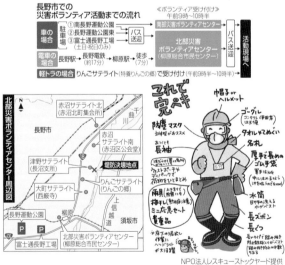

【上田市】市社協各地区センターのボランティア地域活動センター（上田地域☎0268・25・2629／丸子地域☎0268・43・2566／真田地域☎0268・72・2998／武石地域☎0268・85・2466）

【千曲市】市社協ボランティア・市民活動交流センター（☎026・276・2687）

【須坂市】市社協ボランティアセンター（☎026・248・5606）

【飯山市】市社協ボランティアセンター（派遣相談☎090・4945・8542／ボランティア登録☎090・4945・8342）

【佐久穂町】町社協（☎0267・86・4273）

長野市での災害ボランティア活動までの流れ

《ボランティア受け付け》午前9時～10時半

車の場合　駐車場　①南長野運動公園 → 南部災害ボランティアセンター　②長野運動公園東　③富士通長野工場（土日・祝日のみ）→ バス送迎 → 北部災害ボランティアセンター（柳原総合市民センター）

電車の場合　長野駅 → 長野電鉄（約17分）→ 柳原駅 → 徒歩（7分）→ 北部災害ボランティアセンター（柳原総合市民センター）

→ バス送迎 → 活動現場へ

軽トラの場合　りんごサテライト（特養りんごの郷）で受け付け（午前9時半～10時半）→ 活動現場へ

北部災害ボランティアセンター周辺図

長野市　赤沼サテライト北（赤沼北町集会所）　赤沼サテライト南（赤沼区公会堂）　津野サテライト（長沼支所）　堤防決壊地点　りんごサテライト（りんごの郷）　大町サテライト（西厳寺）　長野運動公園　富士通長野工場　柳原　北部災害ボランティアセンター（柳原総合市民センター）　千曲川　上信越道　須坂市

南部災害ボランティアセンター（南長野運動公園）

県庁へ　北部災害ボランティアセンターへ　長野市　上信越道　長野IC　松代PA

これで完ペキ

帽子 or ヘルメット　ゴーグル（コンタクト使用者は必須）　防塵マスク 立体型がおススメ　タオルやてぬぐい　名札　あつくても長袖　厚手で長めのゴム手袋 軍手はNG（中にはめるなら汗を吸うのでGood）　ウエストポーチやディパックで荷物をひとまとめ　雨具（上下別で防寒にも）梅干し（熱中症対策）ミニ応急セット 貴重品　水筒 目や手の洗える水がベスト　長ズボン　長ぐつ 長いタイプで踏み抜き防止鉄板入りがベスト（踏み抜き防止の中敷もある）　床下の泥出し作業にヘッドライトが大活躍

NPO法人レスキューストックヤード提供

▽ボランティア活動の準備

けがを防ぐために肌を露出しない長袖、長ズボン、厚手の長めのゴム手袋、帽子かヘルメットを着用する。足もとは、泥に埋まったくぎなどを踏み抜いてけがをする人が出ているため、鉄板入りの靴底か踏み抜き防止の中敷きのある長靴が良い。粉じんなどが舞うためゴーグルや防じんマスクも必要。水筒と弁当を持参。スコップなどの道具も可能なら持ち寄る。活動中のけがや損害賠償が対象のボランティア活動保険は全国の社協で、数百円で加入できる。加入日から年度末まで有効で、現地に行く途中のけがにも適用される。

▽災害ボランティアの高速道路等利用の無料措置

県内の災害ボランティア活動に伴い、上信越道の佐久～豊田飯山間の各インターチェンジ（IC）、長野道の更埴IC、関越道の六日町ICと塩沢石打IC、中部横断自動車道の小諸御影本線料金所、及び以下の有料道路（三才山トンネル、松本トンネル、新和田トンネル、志賀中野、白馬長野、五輪大橋）を利用する際は、無料措置がある。適用を受けるにはいずれもNEXCO東日本ホームページから「ボランティア車両証明書」（往復分）を印刷し、必要事項を記入。往路入り口では一般レーンで通行券を受け取り、出口となる指定ICの有人改札で運転免許証を示し、証明書を提出する。活動終了後は災害ボランティアセンター等で証明書に「活動確認」の印を受け、復路は指定ICの有人改札で運転免許証と証明書を提示、出口で証明書を提出する。ETC決済は適用外のため、通行前にカードを抜き取る。

▽災害ボランティアの特典

長野市の国道18号アップルライン沿いを中心としたガソリンスタンドで会員（優待）価格で給油できる。対象店舗は高見沢の長野中央給油所（高田）、セルフ長野高田（西和田）、北信米油の西和田給油所、牟礼給油所（上水内郡飯綱町）、タカサワの高田給油所、東和田給油所、川中島給油所、武重商会の長野居町給油所、本久の本久セルフ運動公園給油所（吉田）、セルフ平林。各地の災害ボランティアセンターで受け付けの際に配っているボランティアシールを持参。県防災ツイッターで特典のある飲食店や宿泊、入浴施設、文化施設など協力店舗を公表している。

その他

▽運転免許証の再交付、日曜も受け付け、手数料免除

県警は11月末まで、運転免許センターの日曜窓口で免許証再交付を受け付け、即日交付する。17日は、北信センター（長野市、☎026・292・2345）と東信センター（佐久市、☎0267・53・1550）で、10日と24日は中南信センター（塩尻市、☎0263・53・6611）で、いずれも午前10時～11時半と午後2～4時。被災者の再交付手数料は来年3月末まで免除する。

▽県は被災現場などの状況を把握し、今後の復旧・復興に生かすための「ご意見ボックス」をウェブサイトに設置。問い合わせは県広報県民課（☎026・235・7110）へ。

▽乳幼児連れ避難生活の工夫

哺乳瓶の洗浄や消毒が難しい場合は紙コップを利用。赤ちゃんを縦に抱き、コップをゆっくり傾けて飲ませる。液体ミルクの飲み残しはその都度捨てる。防寒は、呼吸の妨げにならないよう注意し、服やタオル、ショールなどを重ねて空気の層をつくる。床には新聞紙や段ボールを敷くといい。熱っぽい場合は室温や服を着させすぎていないかを確かめ、母乳など水分を小まめに与える。避難所での調理では、原材料を明示すればアレルギーのある子やその親が内容を確認するのに役立つ。被災で母親も疲れやストレスがたまりがち。周囲に手助けを求め、赤ちゃんを短時間預かってもらうなどの工夫を。詳しい情報は、日本新生児成育医学会のホームページで。

▽当面の生活資金、最大10万円を無利子で貸し付け

県社会福祉協議会は、当面の生活費を必要とする被災世帯を対象に、最大10万円を無利子で貸し付ける。世帯が4人以上だったり、要介護者、学齢児童、妊産婦がいたりする場合は最大20万円。各市町村の社会福祉協議会で受け付ける。問い合わせは、県社協相談事業部あんしん創造グループ（☎026・226・2036）。

▽受診料の窓口負担免除

自宅が全半壊、床上浸水するなどした国民健康保険、後期高齢者医療、全国健康保険協会の加入者は、窓口負担なしで医療機関を受診できる。罹災証明書は不要。被災により保険証をなくした人も、氏名などを伝えれば受診できる。

▽避難生活者のリフレッシュ宿泊

長野市内の22の宿泊施設に2泊3日まで無料で宿泊できる。食事の回数は施設ごとに異なる。在宅避難者も対象。問い合わせ、申し込みは各避難所の職員へ。

長35　第一社会　9版　2019年(令和元年)11月10日　日曜日　信濃毎日新聞　新聞定価1ヵ月4,400円(うち消費税 325円) 1部 朝刊150円 夕刊60円(消費税込み)　第三種郵便物認可

「調整役」善意の架け橋に

学生 それぞれの支援

台風19号による大雨で浸水被害が出て4度目の週末となった9日、長野市社会福祉協議会によると市内にはボランティア約2300人が駆け付けた。多くの支援の手を困難と向き合っている人につなげるためには、被災者の求める内容をつかみ、必要な人員を適切に割り振る調整役が不可欠だ。千曲川の堤防決壊現場に近い同市津野の市北部災害ボランティアセンター「津野サテライト」で活動する長野大(上田市)4年原山剛さん(21)=上田市=もその一人。この1週間、平日も訪れて地域を回っている。

ボランティアを活動現場近くまで案内する原山さん(右)=8日、長野市津野

長野・津野で長野大生

「災害ごみも被災者にとっては思い出の品です。配慮をお願いします」。8日午前10時前、原山さんは津野サテライトに集まったボランティア数人に、注意点をよく通る声で伝えた。活動してもらう民家に誘導し、他のスタッフに引き継ぐとすぐに駆け戻る。また説明し、案内を続けた。

津野サテライトでは同じく長野大生の早川冬美さん(21)=上田市、宮沢良太さん(21)=長野市=も活動。津野を3区域に分け、担当する。10月下旬から連日、長野市川中島町の宮沢さん宅に泊まり、被災地に足を延ばす。

千曲川が氾濫した10月12日、原山さんらは上田市の同大キャンパスに自主避難した。キャンパスは避難所にも指定され、施設からお年寄りも身を寄せた。「何かしないと」。物資を配る手伝いを始めた。会員制交流サイト(SNS)でグループをつくり、14日からは浸水した同市内の民家で泥をかき出した。その中で「まだ困っている人がいる」と聞き、長野市にも出向くことにした。

津野を含む同市長沼地区で連日、泥をかき、現場を歩く中で、被災者のニーズに十分に応えるためには、集まってくれた大勢のボランティアを「回す人」ももっと必要だと感じた。上田市の現場で出会ったコーディネーター(調整役)のことが頭に浮かんだ。「やりたいです」。長野市社協に申し出て、11月3日に動きだした。

毎朝、津野サテライトからボランティアを案内し、終わると地域を歩き回る。住民から手が回らない作業を聞き取って集め、サテライトで共有。翌日に反映させる。

「植木の周りの泥がうまく取り除けない」。8日昼前には男性からこんな相談を受けた。「あすも来られるよう調整しますね」。原山さんが丁寧に対応した。津野サテライトを担当する市社協職員、小野貴規さん(45)は3人について「被災者にかわいがってもらい、困り事もしっかり聞ける。頼りにしています」。

「亡くなってしまえば良かった、自分なんて」。原山さんは数日前、巡回中に出会った高齢の男性に打ち明けられた。生きがいだったリンゴ畑が冠水。友人の多くは災害前に他界している。「こんな災害になるなんて…。こういう時は助け合いです。またリンゴが作れるように支援を考えたいです」。原山さんは、そう言葉を重ねた。

「時間かけて頑張ろうかな」。別れ際に男性が言った。

泥をかき、ごみを片付け、足りない物を届ける。目に見える形の手伝いだけでなく、気持ちの支援も大切だと気づいた。「災害って誰も悪くない。だから、どこに気持ちを吐き出せばいいか分からないんだ」。一人一人の重い気持ちを受け止めている。

(田中　萌子)

「人ごとじゃない」と作業

長野・長沼で赤穂高生

かき出した泥を一輪車に載せる赤穂高生=9日午後1時18分、長野市長沼

赤穂高校(駒ケ根市)の1〜3年生と教職員が9日、台風19号による千曲川氾濫で被災した長野市長沼の妙笑寺でボランティア作業をした。同校ボランティア部が希望者を募り、約60人がバス2台などに分乗して駆け付けた。泥をかき出し、壁を剝がした。

部員と教員は10月26日、長沼地区でボランティア作業に参加。人手がまだ足りないと感じて募集したところ、予想の20人程度を上回る約60人が手を挙げた。

1年の浜崎友也さん(16)は上伊那郡中川村の実家で栽培するリンゴが台風でほとんど落ちたといい「人ごとじゃない」と参加した。災害ボランティアは初めてで「泥が取れると達成感がある。これからも都合が合えば参加したい」。妙笑寺住職の笹井義英さん(72)は「大勢来てくれてありがたい。予想の倍の量の作業が進んだ」と話した。

部長で2年の沢村真由美さん(16)は「発生から1カ月近くたってもやることはたくさんあった。高校生も役に立てると思った」。今後も作業への参加を検討するという。

「第1スタジオ狙った」

京アニ容疑者 大量殺傷計画か

アニメ制作会社「京都アニメーション」第1スタジオ(京都市伏見区)の放火殺人事件で、殺人などの容疑で逮捕状が出ている青葉真司容疑者(41)が、京都府警の任意の事情聴取に「いちばん多くの人が働いている第1スタジオを狙った。多くの負傷者を出せそうだと思ったから」と供述したことが9日、捜査関係者への取材で分かった。

さいたま市の自宅を出発する時から事件を起こすつもりだったとの趣旨の供述もしており、府警は、青葉容疑者が当初から明確な殺意を抱き、大量殺傷を周到に計画していたとみて調べる。

捜査関係者によると、青葉容疑者は事件当日、ハンマーや複数の包丁を所持。包丁は「犯行を邪魔する人がいたら襲うつもりだった」とし、ハンマーについても「ドアが閉まっていたらガラスを割って中に入ろうとした」と説明した。

病室で淡々と聴取に応じた青葉容疑者は「道に外れることをしてしまった」と反省とも受け取れる言葉を口にし「(治療を担当した)病院のスタッフに感謝している」と述べた。埼玉から京都へ新幹線で来る際には既に殺意を持っていたとし、大筋で容疑を認めて「どうせ死刑になる」とも話した。「小説を京アニに盗まれた」とも供述した。

「嵐」が奉祝曲披露　国民祭典

天皇陛下の即位を祝う「国民祭典」の祝賀式典で、奉祝曲を披露する「嵐」のメンバー=9日夜、皇居前広場(代表撮影)

天皇陛下の即位を祝い、皇居前広場で開かれた9日の「国民祭典」では、デビュー20周年を迎えた5人組の人気アイドルグループ「嵐」が奉祝曲で歌声を披露した。主催者側は起用の決め手を「幅広い世代から支持を得ている国民的歌手であるため」と説明している。

嵐は1999年にデビュー【1面参照】し、音楽やテレビ、映画など多方面で活躍。2020年末でのグループ活動休止を控えて動向が注目される中、若者だけにとどまらない知名度や影響力がある5人に白羽の矢が立った。

主催者側は約1万席を一般向けに公募。全国から約47万人が応募した。9日間の募集期間で申し込みが殺到、抽選となった。

高原調

○…下高井郡山ノ内町の魅力を体感して移住につなげてもらうための1泊2日の体験ツアーが9日、始まった。東京、神奈川、愛知などから訪れた4組11人が、キノコ採りなどを楽しんだ=写真。

○…同町須賀川地区の活性化を目指す「ふるさと創生委員会」が、4年前から季節ごとに開催。9日は町内で原木栽培されているナメコやヒラタケを採った。10日はリンゴの収穫やそば打ちをする。

○…両親、弟(5)と参加した東京都西東京市の小学1年山口凜太郎君(7)は山中で天然のムキタケを見つけてにっこり。「夕食のキノコ鍋が楽しみ」と町の自然をすっかり気に入った様子だった。

核なき世界へ サーローさん「思いを行動に」

故郷の広島で講演

2017年のノーベル平和賞授賞式で被爆者として初めて演説したカナダ在住のサーロー節子さん(87)が9日、故郷の広島市で講演し、核なき世界に向けて一人一人が「読み、考え、語るだけでなく、思いを行動に移して」と呼び掛けた。

サーローさんは唯一の戦争被爆国にもかかわらず、日本が米国の「核の傘」に依存して核兵器禁止条約への署名を見送っていることを批判。発効要件である50カ国・地域の批准を実現させることが「私たちの目の前にある責任」だと強調した。

サーローさんが海外で粘り強く被爆証言を続ける過程で、核廃絶運動の仲間の輪が広がった過去も述懐。「世界はヒロシマからのリーダーシップに期待している」として、市民が毅然と日本政府に条約批准を迫ることも大切だと訴えた。

ローマ法王フランシスコが今月24日に広島と長崎から平和を訴えるメッセージを発信することにも触れ「バチカンは最初に条約を批准した国の一つ」と核廃絶の機運が高まることを期待した。

サーローさんは13歳の時に広島市で被爆し、親族9人が犠牲になった。17年に平和賞を受賞した非政府組織(NGO)「核兵器廃絶国際キャンペーン」(ICAN)と連携し、国連での条約採択に尽力した。

広島市で講演するサーロー節子さん=9日午後

社会面の情報をお寄せください
〒380-8546 信濃毎日新聞 報道部
Eメール shakai@shinmai.co.jp
ファクス 026-236-3198
(事件事故などの写真も同じEメールで)

◇ 1　第49345号【明治25年3月15日第三種郵便物認可】　信濃毎日新聞　2019年(令和元年)11月12日 火曜日　日刊 9版★

総合・国際	香港 警官発砲で21歳重体	4面
経済	機械系製造業 下方修正相次ぐ	6面
大相撲	●御嶽海 つきおとし 北勝富士	19面
社会	諏訪 生コン組合1億円超不明	31面
社説	台風災害1カ月／香港抗議デモ	5面

東信	佐久穂のボラセン閉所
北信	ごみ施設など工事遅れ
中信	若者投票率上げるには
諏訪	描いて凝縮下諏訪名所
飯田伊那	「1」並びを求めて殺到

地域ニュース22－25面

2019年(令和元年) 11月12日 火曜日

台風19号 関連記事

県内商工業被害672億円	2面	災害時の課題浮き彫り	29面
河川の監視 見直し必要	3面	県内技能実習生が作業	31面

信濃毎日新聞
1873年(明治6年)創刊
発行所 信濃毎日新聞社
長野本社 〒380-8546 長野市南県町657番地 電話(026) 受付236-3000 編集236-3111 販売236-3310 広告236-3333
松本本社 〒390-8585 松本市中央2丁目20番2号 電話(0263) 代表32-1200 報道32-2830 販売32-2850 広告32-2860

業過致死容疑も書類送検へ

県防災ヘリ墜落事故

機長、回避操作せず

捜査の節目に

松本市入山辺の山中で2017年3月、搭乗員9人全員が死亡した県消防防災ヘリコプター墜落事故で、松本署の捜査本部が12日にも、業務上過失致死と航空危険行為処罰法違反の疑いで、死亡した機長の男性＝当時(56)＝の書類を長野地検に送る方針を固めたことが11日、捜査関係者への取材で分かった。事故の捜査は一つの節目を迎える。

捜査関係者によると機長は松本市入山辺上空を飛行中、鉢伏山近くの尾根が迫って事故が予見できたのに、注意義務を怠って高度を上げるなどの回避操作を取らずに機体を墜落させ、同乗者8人を死亡させた疑いが持たれている。

事故を巡っては、運輸安全委員会が18年10月に公表した航空事故調査報告書で、機体が地上に接近したため回避操作が行われなかったため樹木と衝突し、墜落したとの見解を示していた。回避操作をしなかった原因について、運輸安全委は「マイクロスリープ(ごく短時間の居眠り)」により、機長の意識がはっきりしない状態になっていた可能性を指摘したが、断定はしなかった。

機長は事故前の16年9月30日、ヘリ運航に必要な航空身体検査証明書の申請の際、証明する指定医師に対し、病歴や薬の服用歴がないとのうその申告をし、医師が発行する証明書の交付を受けて航空業務に従事したとして航空法違反の疑いで、同署の捜査本部が今年9月19日に書類送検。長野地検は同26日、被疑者死亡で不起訴処分としていた。

航空事故調査報告書によると、県消防防災ヘリ「アルプス」は17年3月5日午後1時33分、県営松本空港(松本市)を離陸した。松本市東部の山中で右旋回した後、時速約185㌔で水平飛行を続け山肌に接近。高度を上げるなどの回避操作をしなかったため同1時41分ごろ、尾根の樹木に衝突、墜落した。

県警は松本署に捜査本部を設置し、17年3月に容疑者不詳の業務上過失致死容疑で県の危機管理部と県消防防災航空センター(松本市)を家宅捜索。機内映像の分析や県消防防災航空隊の隊員、OB、県危機管理部職員らの参考人聴取を進めてきた。

台風19号 県内被害 2318億円に拡大

台風19号の被害額(円、11月7日時点)

項目	被害額
農業関係合計	231億6900万
農作物・樹体被害	15億4600万
生産施設など	6800万
農地・農業用施設	214億 500万
農業集落排水施設	1億5000万
林業関係合計	35億8000万
山腹崩壊や土砂流出	21億 900万
林道	14億7100万
公共土木施設(河川・砂防・道路)	714億1700万
都市施設(下水道・公園)	544億9100万
商工業関係	672億5100万
学校施設	43億6000万
社会福祉(高齢者、障害者、保育施設など)	41億9800万
医療施設	5億4700万
上水道	12億9600万
公営住宅(県営と市町村営)	13億1000万
警察施設	2億3200万
被害総額	2318億5000万

県は11日、台風19号による県内の被害総額が7日時点で2318億5千万円になったと明らかにした。商工業関係や学校施設、社会福祉施設などの被害が初めてまとまり、10月末時点の前回発表に比べて791億8200万円増加。商工業関係の被害は672億5100万円で、工業団地や商店の多い市街地も広範囲に浸水したことで被害が拡大した。

商工業関係は県や市町村、商工団体の担当者が各事業所に聞き取りをして把握。水に浸かった工場や機械設備などが多い。

学校施設は長野市など北信を中心に109校で43億6千万円の被害があった。浸水で修理が必要になった校舎で被害額が多かった。高齢者介護や障害者、保育関連などの社会福祉施設は120施設で41億9800万円に上った。

いずれも調査中や精査中の被害が多く、被害額はさらに膨らむ可能性がある。【関連記事2面に】

台風19号による増水で決壊後、緊急的な復旧工事が済んだ長野市穂保の千曲川の左岸堤防＝11日午後4時35分

決壊・越水の県内6河川

「浸水想定区域図」なし

県、作成河川拡大検討へ

台風19号豪雨で堤防決壊や越水などによる水害があった県内20河川のうち千曲川水系の6河川で、氾濫した際に浸水する場所と水深を表示する「浸水想定区域図」が作られていないことが11日、分かった。いずれも県管理の河川。国と県は水防法に基づき、洪水の際に大きな被害が出る恐れのある河川を指定し、浸水想定区域図を作っている。ただ、指定する河川の明確な基準はない。【焦点3面に】

洪水時の浸水想定区域図がない6河川は片貝川(佐久市)、吉沢川(同)、泥川(北佐久郡軽井沢町)、武石川(上田市)、三念沢(長野市)、皿川(飯山市)。このうち、皿川では堤防が決壊し、市役所や商店街など市中心部が浸水した。

今回の被害を受け、県は未作成の県管理河川について、想定区域図作成の検討を始める。国も作成費用が負担になる自治体の支援を検討する方針を示しており、作成河川を広げたい考えだ。

県内には県が管理する737の1級河川があり、このうち、上田市より上流の千曲川など県内34河川を水防法に基づく想定区域図の対象とし、実際に作った。国も千曲川、犀川、天竜川の国管理区間を同法に基づき作成している。

水防法は地元市町村に対し想定区域図を基に、避難所や避難経路などを記載したハザードマップ(危険予測地図)を作成するよう義務付けている。

県は他に、水防法に基づく指定がない737河川のうち独自に138河川について区域図を作成している。ただ、今回水害をもたらした6河川を含む565河川は県独自の区域図も作られていない。

台風19号で多くの河川で水害が起きたことを受け、赤羽一嘉国土交通相は5日の記者会見で、区域図の作成対象を小規模河川にも拡大し、ハザードマップの作成に努める方向で検討を進める考えを示した。県河川課によると、一つの河川で1千万円以上の作成費用がかかる。国交省は財政や人員面で自治体の支援も検討するとしている。

県河川課は「どの河川の区域図を作るべきか、考えていく」としている。

天気　最高気温／最低気温

北部　6時 12 18 24
13日 14日 15日

中部　6時 12 18 24
13日 14日 15日

南部　6時 12 18 24
13日 14日 15日

地点	最高	最低
飯山	14	8
長野	15	8
大町	13	7
松本	16	7
上田	15	8
佐久	14	7
諏訪	14	7
木曽	16	6
伊那	16	6
飯田	18	7

5㍉以上　5㍉未満

24面に詳しい天気情報

斜面

2019.11.12

教科書で出合った高村光太郎の「道程」は不安定な思春期を勇気づけた詩だ。〈僕の前に道はない／僕の後ろに道は出来る…〉。周りの反対を押し切って智恵子と結婚した年の発表である。わが道を行く強い決意と高揚感が感じられる◆きのうの信毎選賞贈呈式の若い受賞者に、この9行の詩が重なった。女子柔道の出口クリスタさんとピアニストの藤田真央さん。ともに3歳から始めた道を力強く歩んでいる。出口さんの転機は父の母国カナダの代表として東京五輪を目指す決断だった◆迷いが吹っ切れたのか自信を持って戦えるようになり、8月の世界選手権初優勝。来夏の「金」へ突き進む。藤田さんもやはり果てしない音楽の道に真摯に向かう決意をした。ベートーベンの曲演奏で、自らを信じ歩み続ける強さを感じる作品で自分の気持ちと同じ―と紹介した◆原点は県ピアノコンクールという。2歳上の兄に負けた悔しさが6月のチャイコフスキー国際コンクール2位につながった。団体受賞の日本ジビエ振興協会も道を切り開く。イノシシやシカの肉を活用するシステム作りは農業の存亡にもかかわる問題だ◆現地に出向いて新鮮なうちに処理する車を開発するなど数々の工夫を重ねる。信州発の先進的な試みに全国が注目する。飯田OIDE長姫高校原動機部は電気自動車の製作に取り組んで10年目。全国大会の高校部門で8連覇した。飽くなき向上心と積み重ねが頼もしい技術者を育てている。

ことば映え　駒ケ根市　ラック　チョコ
気心が知れる
性格や考え方がよく分かる
応募方法30面に

購読のお申し込み 0120-81-4341　紙面の問い合わせ 026-236-3111　信毎web www.shinmai.co.jp
4910855731294 00136

第三種郵便物認可　信濃毎日新聞　2019年（令和元年）11月12日　火曜日　9版　総合　2

台風19号1カ月 全国避難者ピーク時の1％に

在宅被災者多く 住環境整備急務

東日本を中心に大規模な浸水被害や土砂崩れを引き起こした台風19号は、12日で上陸から1カ月。総務省消防庁によると、住宅被害は8万7896棟に上り、水害の深刻さが浮き彫りになっている。避難者は台風後の豪雨を含め2669人と、ピーク時の1％程度になったが、浸水や損壊したままの住宅に戻って生活する「在宅被災者」が多数存在するとみられる。共同通信の集計で死者は11日の時点で、長野県の5人を含め、13都県90人（災害関連死含む）で、5人の行方が分かっていない。

行政は本格的に冷え込む冬を前に、衛生面も含めた支援体制の整備を急ぐ。泥をかぶった家財道具や建材などの「災害ごみ」も課題で、環境省は昨年の西日本豪雨の約190万㌧を上回る数百万㌧と予測する。処理に2年以上かかる見込みで、自治体をまたいだ広域処理を進めている。

各省庁などによると、住宅被害のうち全半壊は16都県1万1685棟、一部損壊が28都道府県1万1906棟。床上浸水は17都県2万9998棟、床下浸水は20都県3万4307棟に上った。

堤防の決壊は7県71河川140カ所で、長野県の千曲川流域や福島、宮城両県の阿武隈川流域では大規模な浸水被害が発生。土砂災害も20都県で884カ所あった。

避難者数はピーク時の23万7008人（10月13日）から大きく減少した一方、被災した自宅に戻り、浸水を免れた2階部分などで生活を続ける人が少なくない。

冷え込みが厳しくなる中、被災住宅や避難所では体調を崩す恐れがある。行政はインフルエンザやノロウイルスなど感染症への警戒を強めるとともに、仮設住宅の整備を急いでいる。

汚水処理能力 21年3月回復

「クリーンピア千曲」県9億円計上

県は11日、台風19号で浸水被害を受けた千曲川流域下水道の終末処理場「クリーンピア千曲」（長野市）の応急対策費と本格復旧に向けた設計費などに計9億400万円を専決処分したと発表した。汚水処理能力の回復は2021年3月末、汚泥の脱水・焼却施設の復旧は22年3月末を予定。機械が全て破損したと仮定すると、工事費は最大351億円に上るとした。

応急対策費は2億4900万円。20、21年度の支出を確保する6億7千万円の債務負担行為も設定した。県環境部によると、クリーンピアは使えるかの点検が終わっていない。現在は仮設のポンプや電源設備を使って稼働させており、応急対策費は機械の調達や設置工事費が主だ。

処理工程は現在、沈殿処理と塩素消毒のみを実施し、千曲川への放流水の有機物などに関する汚れの指標は被災前の10倍程度。汚泥を微生物が分解する「生物処理」は今年12月から微生物を徐々に育てて能力を被災前に戻す。

設計費はクリーンピアが5億9400万円。同流域下水道のもう一つの処理場「アクアパル千曲」も水害で汚水に混じった砂利でポンプが破損するなどしており、復旧のための設計費5981万円を計上した。

長野市の農地土砂撤去事業

長沼優先 負担なしに

長野市は11日、台風19号豪雨に伴う千曲川堤防の決壊で浸水した市東北部の長沼地区の農地51㌶を優先区域に指定し、堆積した土砂の撤去に着手すると明らかにした。

優先区域は20㌢以上の土砂が堆積しており、リンゴやブドウなどの果樹園が広がる。市は「来季も収穫できるようにしたい」（森林農地整備課）としている。優先区域内の地権者226人に11日から順次、工事実施案内を郵送。承諾を得られれば地権者の経費負担なしで、市が撤去する。

同課によると、台風など自然災害に伴う農地の復旧は従来、被災した地権者の申請に基づき、経費の1割を負担してもらって土砂撤去などをしている。

一方、今回は優先区域内の農地に計約15万6千立方㍍の泥状の土砂が堆積。場所によっては元の地表から厚さが1㍍ほどに達している。農地だけでなく自宅も被災した地権者が多いため、市側が積極的に実施を呼び掛けることで、全面復旧につなげる狙いがある。決壊地点至近の一部地権者は、被害が著しいため別途通知する。

優先区域でなくても5㌢以上堆積している農地、土砂崩れなど浸水害以外で被災した農地も、地権者からの申請や市の現場確認に基づいて復旧工事の対象になる。

撤去した土砂は市内の別の場所に仮置きする予定。同課は「ある程度まとまったエリアで今週中にも（重機などを使った）作業に入りたい。積雪前にある程度撤去したい」としている。

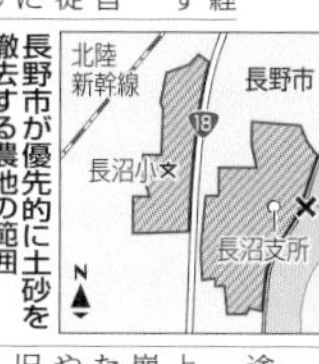

長野市が優先的に土砂を撤去する農地の範囲

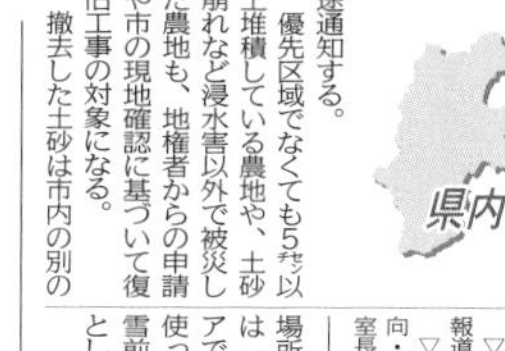

◇信濃毎日新聞社人事（11日）
▽編集局編集応答室長（編集局報道部次長・部長待遇）吉岡土幸
▽長野県カルチャーセンター出向・局次長待遇（編集局編集応答室長）今井洋二

けさの一句

2019.11.12

翁忌の海月光を分ちあふ　土肥　あき子（俳人）

陰暦10月12日は松尾芭蕉の忌日。翁とは敬称であり、翁忌は芭蕉を敬い慕う俳諧師匠から「翁」と呼ばれたことによるもの。「月光を分かち合う」とは、天上の月光が惜しみなく海上にも注いでいる様子。芭蕉が説いた俳諧連句を祖にして俳句の裾野は今や日本はもとより世界へと巣立った。広い海に浮かぶ月と天の月を見比べつつ、芭蕉翁の偉大なる足跡に思いをめぐらせる。「郭公」主宰。　井上康明

台風19号 県内被害額

商工業 672億円余

長野の千曲川決壊 一帯に中小集積

長野市赤沼の長野新幹線車両センターに並ぶ、浸水した北陸新幹線の車両。廃車となるため商業分の被害額に含まれた＝11日午後

県が11日に公表した台風19号による県内商工業の被害額672億円余のうち、工業分は402億3600万円（248件）、商業分は270億1500万円（400件）だった。千曲川の堤防が決壊した長野市穂保一帯には中小の製造業が集積しており、生産設備が浸水した企業が目立つ。各社は事業再開に向け、設備の修理や手配を急いでいる。

【1面参照】

商業分の被害額には長野新幹線車両センター（長野市赤沼）で水没し廃車となった北陸新幹線車両も含まれている。JR東日本は被害車両8編成の帳簿価格を118億円、2編成を廃車とするJR西日本は損失額を30億円としている。

長野市の穂保と豊野町にある工場が浸水した精密板金加工のカイシン工業（長野市）では、子会社を合わせた被害額が概算で最大30億円弱に上る見通し。生産設備や出荷前の製品、部品の在庫などが「全滅の状態」（堀豊社長）という。堀社長は「新品、中古品にこだわらず、すぐに手に入る装置を集め、少しずつ稼働を再開したい」と説明。利用できる国の補助制度を見極め、来春には全面的な操業再開を目指す。

自動車部品など製造の長野鍛工（長野市）は、穂保の本社工場が高さ約1・5㍍まで浸水し、生産設備が軒並み水没した。大型の鍛造機械はいずれも買い替えが必要で、被害額は数十億円に上ると見込む。修繕が可能な切削機械や熱処理炉の復旧を急いでおり、21日をめどにエンジンバルブの一部の加工を再開する予定だ。

給食受託サービスのミールケア（同）は、穂保のパン工場や直営レストランが高さ約3㍍まで浸水。オーブンなどが水没して使えなくなり、建物と設備を合わせた被害額は約5億円と見込む。上水内郡信濃町にある子会社の菓子工場で臨時的にパンを製造しているが、被災した建物でパンの生産を再開するため、大規模改修に着手。新たな設備を手配して来春の操業再開を目指しており、工場スペースを拡張して生産能力を上げることも視野に入れている。

特殊樹脂開発・製造のニッキフロン（同）は、生産設備などの被害額が数億円以上になると想定。設備を修理、レンタルし、早期の操業再開を目指す。業務用果汁を製造する長野市豊野町の工場が被災した寿高原食品（千曲市）も、被害額を数億円と見込んでいる。

キノコ生産のホクト（長野市）は、長野市赤沼のエリンギ生産拠点「赤沼きのこセンター」などが浸水した。被害額について「概算のため明らかにできない」とする。同センターでは、エリンギを栽培する瓶の片付け作業が続き、操業再開の見通しは立っていないという。

学校の被害 109校に

公立、私立合わせて小中高校と特別支援学校の学校施設の被害は43億6千万円に上った。校舎など建物被害が中心で、このうち公立は42億4900万円を占めた。内訳は小中学校41億4200万円、高校1億700万円。千曲川の堤防決壊で浸水被害を受けた長沼小学校（長野市）など北信を中心に被害額が多かった。学校教員が直せる軽い被害も含め被害は109校だった。

社会福祉関係は、特別養護老人ホームなど介護施設が77事業所で22億1900万円。建物被害のほか利用者の送迎車両の水没も計上した。児童施設被害は、保育所や認定こども園が24件、児童館や放課後児童クラブが5件あった。このほか、障害者施設が13施設で1億9300万円を計上。ただ床上浸水で高額医療機器が使えなくなった県総合リハビリテーションセンター（長野市）などの県施設は計上しておらず、大幅に積み上がる可能性がある。

このほか新たに計上された被害では、医療施設で2病院、7診療所、5歯科診療所が計5億4700万円。床上浸水にあった飯山署（飯山市）庁舎など県警管理施設は37カ所で2億3200万円。浸水で空調設備などの交換が必要な豊野町交番（長野市）など交番被害も多かった。

農業関係は調査が進み前回まとめに比べて24億1400万円増の231億6900万円になった。リンゴ畑や水田への土砂流入、取水施設「頭首工」が流されるといった農地・農業用施設被害は23億2500万円増の214億5000万円。農作物や果樹の樹体への被害、生産施設などの被害は7700万円増の計16億1400万円だった。

林業関係は35億8千万円で前回比1億8千万円増。民有林の山腹崩壊や土砂流出が13カ所増の計84カ所になった。

阿部知事「強力な支援を」

全国知事会議 台風被災で政府に要請

政府主催の全国知事会議が11日、首相官邸で開かれた。知事側は台風19号など自然災害が相次いだことを踏まえ、被災地支援や、次の大規模災害に備えた対策の強化を要請した。安倍晋三首相は「補正予算を編成し、被災地の復旧・復興を切れ目なく支援する」と述べた。

阿部守一知事は台風の被害対応に触れ、「引き続き被災者にしっかり寄り添って対応したい。これからも政府全体での強力な支援をお願いしたい」と発言。知事会の文教環境委員長の立場で、教育無償化を巡る地方負担の財源確保、保育士の処遇改善や人材確保に向けた支援なども求めた。

大分県の広瀬勝貞知事は「数十年に1度と言われるような集中豪雨が毎年のように発生している」と危機感を表明。岐阜県の古田肇知事は「地方と連携し、教訓を生かした対策をお願いしたい」とした。

厚生労働省が再編の議論が必要とする公的・公立病院名を公表したことに関して、鳥取県の平井伸治知事は「混乱が広がっている」と指摘。首相は「医療は住民の安心の基盤だ」と述べ、地域の実情に配慮する考えを示した。

政府主催の知事会議は、来年度予算案に地方の声を反映させるため、毎年開催している。

観光面の支援 知事に提言書

県旅館ホテル組合会

県旅館ホテル組合会（長野市）は11日、台風19号災害で影響を受けている観光への支援を阿部守一知事に要望した。中村実彦会長（北安曇郡白馬村）が、誘客策の強化や、経営が圧迫された施設に対する支援の拡充などを盛った提言書を手渡した。阿部知事は「観光客の旅行代金を割り引く『ふっこう割』など国の施策を利用するほか、交通機関とも連携し、多くの皆さんを県内に引き付けられるようにしたい」とした。

提言書は、高速道と鉄道の不通や風評被害の影響で、県内全域で宿泊施設の予約取り消しが発生したと指摘。中村会長は取材に「いちばんの稼ぎ時にキャンセルが相次いだ。ガイドタクシーなど観光地の事業者への影響も大きいので、宿泊施設に限らない支援もお願いした」と話した。

JR東日本長野支社は同日、「逢いに来てね。信州」と銘打った観光キャンペーンを開始。会員制交流サイト（SNS）で地域の観光、イベント情報を積極的に発信する。

台風19号氾濫・越水 県内6河川 浸水想定区域図なし

県、作成河川拡大検討へ

台風19号の影響で内水氾濫や越水などの水害があった県内20河川のうち、千曲川水系の6河川で氾濫した際に浸水する場所と水深を表示する「浸水想定区域図」が作られていないことが11日、分かった。いずれも県管理の河川。国と県は水防法に基づき、洪水の際に大きな被害が出る恐れのある河川を指定し、浸水想定区域図を作っている。ただ、指定する河川の明確な基準はない。

水害浸水想定区域図がない6河川は片貝川（佐久市）、吉沢川（同市）、泥川（北佐久郡軽井沢町）、武石川（上田市）、三念沢（長野市）、皿川（飯山市）。そのうち、皿川では堤防が決壊し、市役所や商店街など市中心部が浸水した。

今回の被害を受け、県は未作成の県管理河川について、同図の作成の検討を始める。国も作成費用が負担になる自治体の支援を検討する方針を示しており、同図作成の河川を広げたい考えだ。

県は他に、水防法に基づく指定がない河川のうち独自に138河川について区域図を作成している。ただ、今回水害をもたらした6河川は、県の区域図も作られていない河川だった。

水防法は、市町村に対し区域図を基にハザードマップの作成を義務付けている。台風19号で多くの河川で水害が起きたことを受け、赤羽一嘉国土交通相は5日の記者会見で、区域図の作成対象を小規模河川にも拡大し、ハザードマップの作成に努める方向で検討を進める考えを示した。県河川課によると、1つの河川で1千万円以上の作成費用がかかる。国交省は財政や人員面で自治体の支援も検討するとしている。

県河川課は「どの河川の区域図を作るべきか、考えていく」としている。

監視の在り方見直し必要

水防法は「洪水予報河川」か「水位周知河川」に指定した河川については、行政が浸水想定区域図を作り、住民に示すことを義務付けている。だが、台風19号で流域に水害をもたらした県管理の20河川のうち、決壊した飯山市の皿川など6河川のほか、佐久市の滑津川など8河川は県が独自に区域図を作ったものの同法の指定を受けておらず、計14河川が氾濫に関する情報を出す対象ではなかった。水位への警戒が手薄だっただけに、住民も対応も後手に回り、被害を広げた可能性もある。今後の河川の警戒・監視の在り方を再検討する必要がある。

（木田祐輔、立松敏也、奈良つとむ）

経営する建設会社近くで、皿川が氾濫した当時の様子を話す前沢さん＝11日午後3時16分、飯山市飯山

飯山・皿川 氾濫情報発信の対象外

事前に避難勧告出せず

焦点

「濁流が、厚さ30センチぐらいの『水の板』みたいになってあふれてきた」。10月13日午前2時15分ごろ。飯山市飯山の元建設会社社長前沢孝臣さん(57)は、皿川が目の前で堤防を越える状況を鮮明に覚えている。会社の目の前を流れ、幼い頃から親しんできた川が氾濫するのを見るのは初めてだった。

濁流は間もなく旧社屋地下にある前沢さんの車庫へ。「皿川があふれた」。すぐに携帯電話で市役所に伝えたところ、職員は「えっ」と絶句した。市危機管理防災課の湯本登喜一課長は「皿川の水位が上がっていることは知らず、警戒していなかった」と振り返る。

水防法では、流域面積が大きく洪水で重大な被害が出る河川を「洪水予報河川」に、流域面積が狭く洪水予報をする時間がない河川を「水位周知河川」に指定することになっている。特に洪水予報河川は、洪水の恐れがある場合、気象庁と国や県が「氾濫注意情報」「氾濫警戒情報」「氾濫危険情報」「氾濫発生情報」の4種類の情報を出す必要がある。水位周知河川も氾濫警戒情報に相当する情報を発信し、住民に注意を促す必要がある。

皿川は、このいずれにも指定されておらず、県は水位計による常時観測もしていなかった。国土交通省千曲川河川事務所（長野市）は千曲川への合流点に水位計を設け、ウェブサイトで常時水位を公開しているが、市によると、氾濫当時は「欠測」（計測できず）となっていたという。

浸水想定区域図や、区域図を基に地元市町村が作るハザードマップがなく、氾濫の危険を監視する体制も十分ではなかった。市と消防団は千曲川本流の水位に集中し、皿川周辺には避難勧告も事前に発令できない事態に陥った。

◇

県が管理する737の1級河川のうち、洪水予報河川に指定されているのは千曲川（佐久市～上田市）、諏訪湖、奈良井川、裾花川の4河川（湖含む）。水位周知河川に指定されているのは30。この計34河川には浸水想定区域図を作っている。さらに県は独自に、市町村の希望を聞くなどして138河川の区域図を作成している。だが水防法に基づかないため河川氾濫に関する情報を出す義務はない。

県河川課の吉川達也課長は河川ごとの氾濫情報について「水防法の指定を受けていない河川では水位計やカメラがない河川もあり、情報を出しようがないのが現状」と認める。「大雨が降っている段階で早めに避難してもらうしかない」

県は昨年度から、水位の観測データをネット上に公開する洪水時用の「危機管理型水位計」の設置を開始。4月時点で74河川154基を設置し、本年度は50河川94基を設置する予定。ただ、千曲川を除き台風19号で決壊した皿川、志賀川、滑津川、麻績川、三念沢にはまだ設置されていなかった。

今回の被害を受け、県は区域図の作成河川を増やす方向で検討する。水防法の指定についても、吉川課長は「追加指定が必要かどうか、今後考えていく」としている。

台風19号で水害が起きた県内河川の浸水想定区域図作成状況

区分	河川	所在	備考
洪水予報河川（＝全県:県管理4河川(湖含む)、国管理3河川(一部区間は水位周知河川)）	千曲川	（佐久市～上田市）	国や県に氾濫に関する情報を出す義務
	千曲川	（上田市～飯山市）	
	犀川	（松本市～長野市）	
水位周知河川（＝全県・県管理30河川）	千曲川	（川上村～佐久市）	
	依田川	（上田市）	
	沢山川	（千曲市）	
	八木沢川	（須坂市）	
	浅川	（長野市）	
県独自の浸水想定区域図作成（＝全県138河川）	中沢川	（佐久市）	県に情報を出す義務なし
	湯川	（佐久市）	
	産川	（上田市）	
	尾根川	（上田市）	
	更級川	（千曲市）	
	麻績川	（麻績村）	
	志賀川	（佐久市）	
	滑津川	（佐久市）	
未作成の県管理1級河川（＝全県565河川）	片貝川	（佐久市）	
	吉沢川	（佐久市）	
	泥川	（軽井沢町）	
	武石川	（上田市）	
	三念沢	（長野市）	
	皿川	（飯山市）	

県管理の被害河川　国管理の被害河川

佐久・滑津川「越水まで1メートル」で避難勧告

情報不足 住民対応後手に

佐久市では台風19号に伴う避難中だった同市中込の中島正人さん(81)が死亡した。

市危機管理課によると、市は12日に水防団員や消防署職員がパトロールして滑津川の水位を確認。越水まであと1メートルほどまで水位が上昇していると佐久署から連絡を受け、午後2時45分に内山地区、同3時25分に滑津川周辺に避難勧告を出した。

3時半に気象庁が佐久市に大雨特別警報を発令する前に避難勧告を出した一方、市はその後、避難指示を出さなかった。滑津川の越水を知ったのは翌朝。水防団員は住民の避難誘導に当たっていたため、川の水位を見回る人手が足りなかったという。

同課は、4段階の氾濫情報を念頭に「避難勧告や避難指示を出す判断の基になる情報を国や県が提供する形で自治体を支えてくれれば」とする。県管理の滑津川については「千曲川と比べると監視体制が十分ではない。監視の目を持ってもらえるとありがたい」と注文を付けた。

記述式採点 ミス防止検証

大学共通テスト準備 2万人協力へ

自己採点とのずれは対象外

大学入試センターは11日、大学入学共通テストの国語と数学Ⅰ、数学Ⅰ・Aに導入する記述式問題について、採点の課題を検証する準備事業を始めた。25日までに47都道府県の協力校に通う約2万人の高校生らが解答し、実際に採点を行う中で、採点ミス防止策の有効性などを検証する。採点ミス防止や連携も確認し、精度向上につなげる。

記述式問題を巡っては、採点ミスの多さや、実際の成績と受験生の自己採点にずれが生じて出願先の選択に影響が出るなどの懸念が浮上。ただ、センターは今回の準備事業の狙いをセンター側の採点作業の改善と位置付け、自己採点を巡る課題は対象外としており、受験生らの懸念の払拭には至らないとみられる。

共通テストでは既に、文部科学省が英語民間検定試験の導入見送りを決定。国会では経緯の検証が必要と野党が追及し、萩生田光一文科相が歴代文科相からのヒアリングを行う考えも示すなど争点となっている。野党は近く記述式の中止法案も提出する構えだ。

センターは既に記述式を含む共通テストの試行調査を2度行い、設問内容などを精査。今回は2021年1月の本番を前に最後の大規模模試で、採点作業に焦点を絞り、20年春ごろ結果を示す。

準備事業では、国語と数学の記述式問題をそれぞれ1万人の高1生が解き、大学生や社会人も参加。多様な答案を基に、センターが採点基準の明確化を迅速に行えるかを確かめる。本番はベネッセコーポレーションのグループ会社の学力評価研究機構が24年3月末まで委託を受け、今回の採点も担当。複数の採点者によるチェックなどミス防止策を確認する。

ベネッセは本番にアルバイトが含まれることもあり、野党などは精度や公平性への懸念を指摘している。

高齢者年金減額 月収51万円超で

厚労省案 部会に提示へ

厚生労働省は働いて一定以上の収入がある高齢者の年金を減らす在職老齢年金制度に関し、65歳以上が対象となる月収を「51万円超」に見直す案を13日の社会保障審議会（厚労相の諮問機関）の部会に示すことが11日、分かった。月収51万円までなら年金が全額支給される。厚労省は先月「62万円超」を提案したが、高所得者優遇との批判が出ることを懸念し、与党が厚労省に修正を求めた。

在職老齢年金では、現在、65歳以上の働く高齢者は賃金と厚生年金の合計が月47万円を超えると年金が減額される。政府は高齢者の就業を促進しているが、この制度が高齢者の働く意欲を損なっているとの指摘があり、見直しを進めている。

第三種郵便物認可　信濃毎日新聞　2019年（令和元年）11月12日　火曜日　中南　地域　24

北信

千曲市の新ごみ焼却施設
須坂市の廃棄物最終処分場
「台風被災で工事に遅れ」
長野広域連合が説明

浸水した新ごみ焼却施設の建設工事現場＝10月13日、千曲市屋代中島（長野広域連合提供）

長野広域連合は11日、議会定例会を開き、建設中の千曲市の新ごみ焼却施設と須坂市の一般廃棄物最終処分場が台風19号の大雨で被災したと報告した。それぞれ2021年度、20年度の本格稼働を目指すが、連合長の加藤久雄・長野市長は、復旧のため「工事に少なからず遅れが生じている」と説明。東日本の広域的な台風被害で資材調達や建設事業者の確保に影響が出る可能性が高いとし「工程の見直しを進めている」とした。

千曲市屋代中島の新ごみ焼却施設は6月に測量に着手し、被災当時は土地の造成などの工事中だった。広域連合環境推進課によると、工事過程で元の地盤より約1㍍掘り下げていたが、13日午前6時半ごろに近くの道路が冠水し、現場も約20～30㌢浸水。施工済みだった雨水浸透槽も壊れた。今後は当初の浸水対策に従って、元の地盤より約1㍍かさ上げし、周囲に5㍍の防水壁を設ける計画だ。

須坂市仁礼町の最終処分場は8月に着工。側溝が未整備で、ごみを埋める場所に雨水が50㌢ほど浸水。のり面が一部崩落したのを12日に確認した。調整池も一部が壊れた。

長野市大豆島で運営する可燃ごみ焼却施設「ながの環境エネルギーセンター」については、長野、須坂両市の災害ごみ受け入れは休止中だが、個人が直接搬入する量は減らず、ごみが水や泥を含むため燃焼効率も落ちていると報告。同課は「（両市の受け入れ）再開時期は未定だが、できるだけ早くしたい」とした。

「ながのとびっくランinわかほ」でスタートするランナーたち

若穂復興ランで元気を
被災に負けずミニマラソン　長野

長野市若穂地区のミニマラソン大会「ながのとびっくランinわかほ」は10日、市若穂中央公園を発着点に開いた。台風19号で大会実行委員会の倉庫などが被災し、一時は開催も危ぶまれたが、復興に向けて元気を発信したい―と実施にこぎ着けた。県内外から過去最多の1916人が訪れ、地区内を駆け抜けた。

若穂地区住民自治協議会の主催で8回目。小学生以上が参加する3㌔、高校生以上の10㌔、ハーフマラソン（21・0975㌔）、大人と未就学児が一緒に走る1・5㌔の4種目で健脚を競った。

地区内は千曲川氾濫で広範囲に浸水。実行委の倉庫内は、来場者に振る舞うイノシシ肉の「ジビエ汁」を入れる容器などが汚れたため買い替えた。テントを借りる予定だった同市穂保の事業者も被災。急きょ別の事業者に手配して確保した。

3㌔の中学男子で3位に入った若穂中学校2年の佐藤悠羽さん(13)は「若穂を元気にしたいと思って走りました」。実行委員長の石田浩さん(56)は「一時は開けないと思ったが、よかった。長野が復興に近づいていってほしい」と願った。会場には若穂中生徒や自治協の発案で募金箱を設置。義援金は市内で被災した小中学校へ贈られる。

産前産後ケア「須坂モデル」最優秀賞　厚労省「アワード」

須坂市の保健師や医療関係者らが連携し、妊娠中から出産後まで母親を心理面できめ細かくケアする「須坂モデル」の取り組みが、厚生労働省の本年度の「健康寿命をのばそう！アワード」の母子保健分野で最優秀賞を受けた。11日、都内で表彰式があった。

須坂モデルの取り組みは、ストレスによる産後うつや乳幼児の虐待を予防するため2014年度に始めた。市役所の窓口で母子健康手帳を交付する際、保健師が面談と独自の質問表で妊婦の状況をチェックし、ストレスを抱えている場合は電話や保健師の訪問で継続的にフォローする。

2カ月に1回、医師や看護師、助産師らが集まって検討会議を開き、情報共有や保健師への助言も行っている。受賞について、三木正夫市長は取材に「（関係者が）情報を共有することで、産前産後の女性の悩みに応えられる仕組みを構築できた。評価されてうれしい」と話した。

アワードでは、健康増進に関する優れた活動を厚労省が表彰し、8回目。母子保健分野には、全国の自治体や団体から計90件の応募があった。県内では他に、子どもの病気のケア方法などを冊子とスマートフォンアプリにまとめた佐久市や佐久医師会の取り組み「教えて！ドクター」が優秀賞に選ばれた。

東信

台風被害からの復旧支えた拠点
佐久穂のボラセンが閉所
各地へ派遣延べ690人　依頼落ち着き業務終了

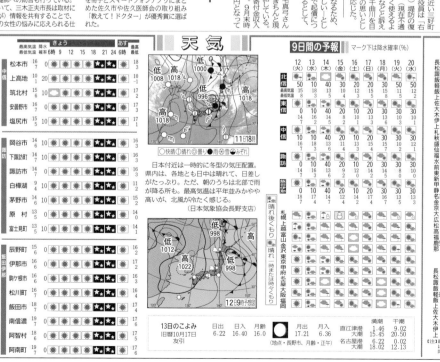

山口さん宅で床下から泥をかき出すボランティアたち＝10日、佐久穂町大日向

台風19号による深刻な被害を受けた佐久穂町で、ボランティアセンターが10日、業務を終えた。町社会福祉協議会が高野町の「ふれあい支所」に10月15日から設け、ボランティア延べ約690人を町内各地に派遣してきた。町社協会長の小林俊彦さん(63)は「全国からボランティアの皆さんが来てくれて助かった。社協として今後も復興に向けた生活支援に取り組んでいきたい」と話している。

町社協によると、センターへのボランティア登録者は384人。うち55％に当たる210人が町外、45％の174人が町内の人だった。被災から1カ月たち、現時点でボランティアが必要なのは大日向地区の1～2世帯。今後も活動可能なボランティア登録者は30～40人いるが、派遣依頼なども少なくなってきたといい、センターを閉じた。今後も、社協に依頼があれば登録者を派遣する。

最終日の10日はボランティア20人が活動。うち5人は大日向3区の山口晃さん(63)宅へ。抜井川の氾濫で約1・1㍍の水に漬かり、床下に厚さ20㌢ほどの泥が残る。5人は床下に潜り込み、泥をかき出した。山口さんは「床下や、自分たちで（作業を）できない所までやってもらい非常に助かった」と感謝した。

山口さん宅で作業した同町崎田の内津真子さん(59)は「以前に自分の家が浸水した時、消防団の人たちが手伝ってくれて、ありがたかった」とボランティアに参加。仕事の合間に7日ほど活動した。10月16日からほぼ毎日活動した同町高野町の小平喜久男さん(75)は「ボランティアに行く人も、頼む人も役場も、みんな慣れない作業。今回の経験は次に生かさないといけない」と話していた。

東御　高地トレ用プール建設の財源
「市民に現状を知らせて」
寄付金不足巡り市に要望

東御市民でつくる「湯の丸プールを考える会」は11日、同市湯の丸高原に完成した高地トレーニング用プール建設の財源について、説明会の開催を求める要望書を市役所で花岡利夫市長に提出した。市が財源に見込む企業版ふるさと納税などの寄付金が集まっていないため。市長は「検討させていただく」と答えた。

要望書は、寄付金が集まっておらず、花岡市長が起債（借金）で賄う可能性に言及しているため、市民に不安が広がっているとも主張。起債した場合は、花岡市長が「集め切る」とした基本方針の転換になるため、改めて市民に説明してほしい―とした。市議会が12月定例会で起債について審議する可能性があるとして、開会前の開催も求めた。

考える会事務局の市毛真弓さん(59)＝新張＝は「市民にきちんと現状を知らせてほしい」と話している。市は本年度当初予算に寄付金収入8億6200万円を計上。9月末時点の寄付額は7870万円となっている。

地元の状況を示して市側（右）に対策を求める城下まちづくり未来会議の関係者ら

上田市に12項目提出
被災地域　復旧対応に注文

上田市城下地区の住民自治組織「城下まちづくり未来会議」は11日、台風19号で被災した千曲川左岸堤防や上田電鉄別所線（11・6㌔）の復旧、千曲川の浸水防止対策など12項目について、対応を求める要望書を土屋陽一市長に提出した。

同地区は、増水で堤防が削られ、上田電鉄別所線の鉄橋の一部が崩落した千曲川左岸の地元。市内の他地域で避難指示が解除される中、堤防決壊の恐れがある諏訪形、三好町、御所の3自治会の浸水想定区域では10月28日まで避難指示が継続された。

まちづくり未来会議に参加する9自治会の役員らが市役所を訪問。要望書では、緊急復旧工事が完了した左岸堤防についての国による地元向け説明会の開催や、別所線の復旧、千曲川にたまった土砂のしゅんせつや河川敷の樹木伐採などが必要とし、市として国などの関係機関に要望するよう求めた。

欠損した堤防に近い三好町と諏訪形の自治会役員は「右岸並みの（堅固な）堤防の復旧が望ましい」「（現在不通の）堤防道路を早く使えるようにしてほしい」などと訴えた。市長は「日々千曲川を目にしている皆さんの思いとして受け止める」と応じた。

天気

地域	地点	最高気温	最低気温	降水確率	きょう 6時	9	12	15	18	21	24	あす 6時	最高	最低
北信	長野市	15	8	30									18	3
北信	飯山市	14	8	50									17	2
北信	信濃町	12	8	30									17	0
北信	志賀高原	5	2	50									8	1
北信	中野市	14	8	20									18	1
北信	須坂市	14	8	10									18	2
北信	千曲市	16	8	10									19	2
東信	上田市	15	8	0									18	4
東信	東御市	15	7	10									17	2
東信	小諸市	14	7	10									16	2
東信	軽井沢町	12	4	0									12	0
東信	佐久市	14	7	0									16	2
東信	小海町	13	6	10									14	2
東信	川上村	11	4	10									11	1
中信	白馬村	13	7	30									16	0
中信	大町市	13	7	30									16	1
中信	池田町	14	7	10									17	2
中信	木曽町	16	6	0									17	1
中信	開田高原	10	4	0									13	-4
中信	南木曽町	16	6	0									16	4
中信	松本市	16	7	0									18	3
中信	上高地	10	1	20									10	-1
中信	筑北村	15	6	10									17	2
中信	安曇野市	16	7	0									17	3
中信	塩尻市	15	5	10									17	1
諏訪	岡谷市	14	6	10									16	3
諏訪	下諏訪町	14	7	10									16	3
諏訪	諏訪市	14	7	0									16	3
諏訪	白樺湖	9	4	10									11	2
諏訪	茅野市	14	6	10									15	2
諏訪	原　村	13	5	0									14	0
諏訪	富士見町	13	5	10									14	1
飯田伊那	辰野町	15	6	0									16	2
飯田伊那	伊那市	16	6	0									17	2
飯田伊那	駒ケ根市	16	6	0									16	3
飯田伊那	松川町	16	7	0									16	4
飯田伊那	飯田市	18	7	0									17	4
飯田伊那	南信濃	19	7	0									17	6
飯田伊那	阿智村	18	6	0									17	5
飯田伊那	阿南町	19	7	0									17	6

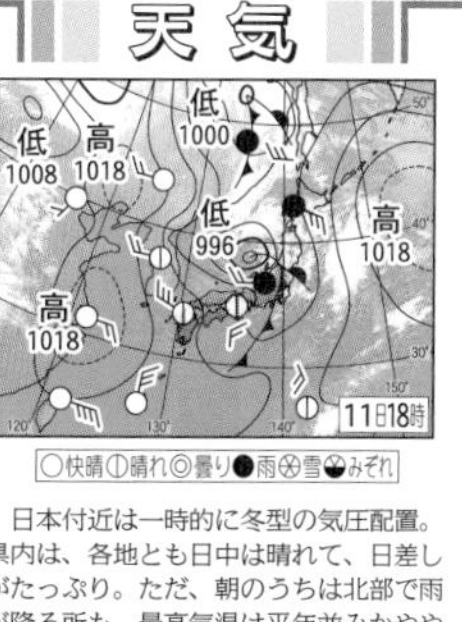

○快晴◐晴れ◎曇り●雨⊛雪◒みぞれ

日本付近は一時的に冬型の気圧配置。県内は、各地とも日中は晴れて、日差しがたっぷり。ただ、朝のうちは北部で雨が降る所も。最高気温は平年並みかやや高いが、北風が冷たく感じる。

（日本気象協会長野支店）

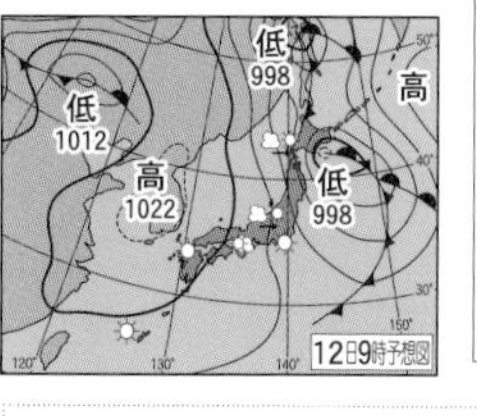

9日間の予報　マーク下は降水確率(%)

地域		12(火)	13(水)	14(木)	15(金)	16(土)	17(日)	18(月)	19(火)	20(水)
北信	降水確率	50	10	40	30	20	20	30	50	50
北信	最高気温	15	18	13	10	12	15	15	11	12
北信	最低気温	8	3	5	4	3	5	8	5	2
東信	降水確率	0	10	40	20	10	20	30	30	30
東信	最高気温	14	16	14	8	10	13	13	10	10
東信	最低気温	7	2	5	2	1	3	6	3	1
中信	降水確率	10	10	40	20	10	20	30	30	30
中信	最高気温	16	18	13	11	13	15	15	10	12
中信	最低気温	7	3	6	4	3	4	7	2	1
諏訪	降水確率	0	10	40	20	10	20	30	30	30
諏訪	最高気温	14	16	13	9	12	14	14	8	10
諏訪	最低気温	7	3	6	2	0	2	5	0	0
飯田伊那	降水確率	0	10	40	20	10	20	30	30	30
飯田伊那	最高気温	18	17	14	12	14	17	16	13	13
飯田伊那	最低気温	7	4	7	4	2	4	7	5	3
札幌										
上越										
富山										
金沢										
東京										
甲府										
名古屋										
大阪										
福岡										

晴れ後くもり　晴れ一時または時々くもり

13日のこよみ	日出	日入	月齢	月出	月入
旧暦10月17日 友引	6.22	16.40	16.0	17.21	6.36

（地点・長野市、月齢・正午）

	満潮	干潮
直江津港	1.46	9.02
大潮	15.45	20.50
名古屋港	6.22	0.02
大潮	18.02	12.13

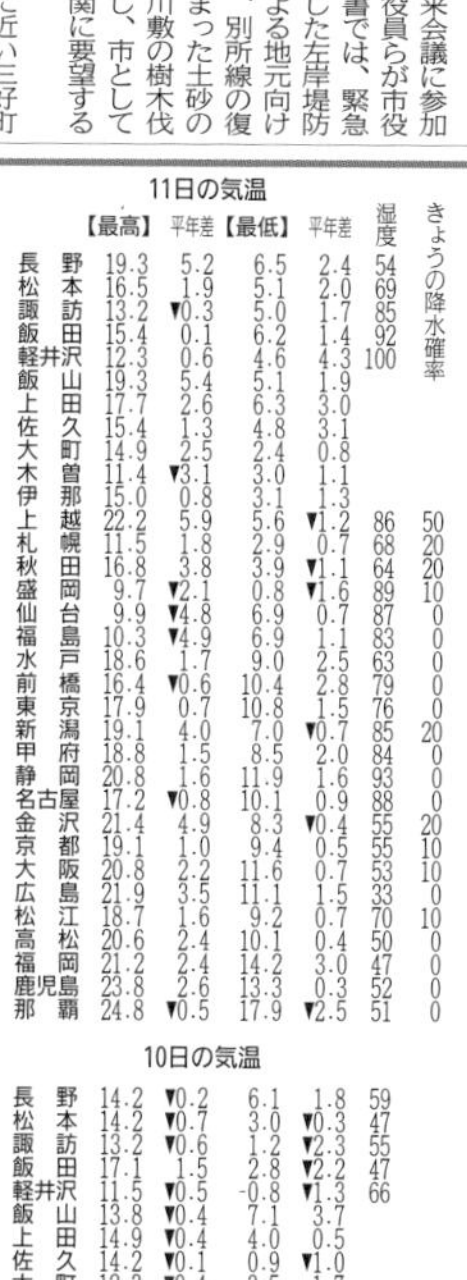

11日の気温

地点	【最高】	平年差	【最低】	平年差	湿度	きょうの降水確率
長野	19.3	5.2	6.5	2.4	54	
松本	16.5	1.9	5.1	2.0	69	
諏訪	13.2	▼0.3	5.0	1.7	85	
飯田	15.4	0.1	6.2	1.4	92	
軽井沢	12.3	0.6	4.6	4.3	100	
飯山	19.3	5.4	5.1	1.9		
上田	17.7	2.6	6.3	3.0		
佐久	15.4	1.3	4.8	3.1		
大町	14.9	2.5	2.4	0.8		
木曽	11.4	▼3.1	3.0	1.1		
伊那	15.0	0.8	3.1	1.3		
上越	22.2	5.9	5.6	▼1.2	86	50
札幌	11.5	1.8	2.9	0.7	68	20
秋田	16.8	3.8	3.9	▼1.1	64	20
盛岡	9.7	▼2.1	0.8	▼1.6	89	10
仙台	9.9	▼4.8	6.9	0.7	87	0
福島	10.3	▼4.9	6.9	1.1	83	0
水戸	18.6	1.7	9.0	2.5	63	0
前橋	16.4	▼0.6	10.4	2.8	79	0
東京	17.9	0.7	10.8	1.5	76	0
新潟	19.1	4.0	7.0	▼0.7	85	20
甲府	18.8	1.5	8.5	2.0	84	0
静岡	20.8	1.6	11.9	1.6	93	0
名古屋	17.2	▼0.8	10.1	0.9	88	0
金沢	21.4	4.9	8.3	▼0.4	55	20
京都	19.1	1.0	9.4	0.5	55	10
大阪	20.8	2.2	11.6	0.7	53	10
広島	21.9	3.5	11.1	1.5	33	0
松江	18.7	1.6	9.2	0.7	70	10
高松	20.6	2.4	10.1	0.4	50	0
福岡	21.2	2.4	14.2	3.0	47	0
鹿児島	23.8	2.6	13.3	0.3	52	0
那覇	24.8	▼0.5	17.9	▼2.5	51	0

10日の気温

地点	【最高】	平年差	【最低】	平年差	湿度
長野	14.2	▼0.2	6.1	1.8	59
松本	14.2	▼0.7	3.0	▼0.3	47
諏訪	13.2	▼0.6	1.2	▼2.3	55
飯田	17.1	1.5	2.8	▼2.2	47
軽井沢	11.5	▼0.5	-0.8	▼1.3	66
飯山	13.8	▼0.4	7.1	3.7	
上田	14.9	▼0.4	4.0	0.5	
佐久	14.2	▼0.1	0.9	▼1.0	
大町	12.3	▼0.4	3.5	1.7	
木曽	17.1	2.3	0.3	▼1.8	
伊那	16.5	2.0	2.0	0.1	
上越	14.2	▼2.4	9.3	2.3	70

【注】最高は15時まで、最低は9時まで（県外最低は前日21時から）。平年差▼低。湿度は15時。降水確率6～12時

長1　第49345号　【明治25年3月15日第三種郵便物認可】　信濃毎日新聞（夕刊）　2019年(令和元年)11月12日　火曜日　2版

信濃毎日新聞
1873年(明治6年)創刊
夕刊
発行所
信濃毎日新聞社
長野本社　〒380-8546 長野市南県町657番地
電話(026)
受付236-3000 編集236-3111
販売236-3310 広告236-3333
松本本社　〒390-8585 松本市中央2丁目20番2号
電話(0263)
代表32-1200 報道32-2830
販売32-2850 広告32-2860

しなの鉄道 全線復旧へ

上田—田中間 15日に運行再開

しなの鉄道（上田市）は12日、台風19号の影響で運休が続くしなの鉄道線上田（同）—田中（東御市）間の運行を、15日に再開すると発表した。全線で計画運休した10月12日以来、約1カ月ぶりの運行となる。

運休原因となっている東御市本海野の千曲川右岸の応急対策工事について、国土交通省長野国道事務所が14日完了する見通しを示したため。線路などの安全を点検した上で、15日は始発から通常通り運行する。

JR東日本としなの鉄道が10月23日から学生や生徒を対象に行っている北陸新幹線（長野経由）とバスを組み合わせた代替輸送は14日で終了する。

しなの鉄道によると、同区間の1日の利用客は約4700人。県や県教委によると、上田—田中間の通学定期利用者は約2300人で、通学、通勤客に大きな影響が出ていた。しなの鉄道経営企画課は「長期間にわたりご不便とご迷惑をおかけし、改めておわび申し上げる。工事完了後に安全を確認した上で運行再開する」としている。観光列車「ろくもん」は22日に運行を再開する。

15日に再開する見通しとなったしなの鉄道上田—田中間。海野宿橋（後方）の橋脚などの応急工事が14日に完了する見込み＝12日午後0時13分、東御市本海野

坂城町　坂城IC　上信越道　上田菅平IC　東御市　上田　千曲川　上田市　しなの鉄道　東部湯の丸IC　小諸IC　田中　小諸　小諸市　運行再開区間

台風19号で亡くなった犠牲者を悼んで佐久市役所で黙とうをささげる職員たち＝12日正午

台風19号 上陸1ヵ月

日常へ 一歩ずつ

犠牲者に黙とう　県内避難者なお600人超

5人が犠牲になるなど県内に大きな爪痕を残した台風19号災害から12日で1カ月。復旧作業が続く被災地では、寒さへの不安や長引く避難所生活による疲れの色が広がっている。県災害対策本部によると11日午前10時時点で、浸水などの被害を受けた住宅は計8172世帯。避難者数は長野市で684人、須坂市で2人。【関連記事7面に】

市民2人が犠牲になった佐久市の市役所と3支所では、職員計約800人が犠牲者の冥福を祈って黙とうをささげた。同市では台風19号で千曲川と支流の氾濫が各地で発生。同市中込の中島正人さん(81)が車で避難中に支流の滑津川の氾濫に巻き込まれて犠牲になった。同市入沢の三石量正さん(68)は「土のうをもらいに行ってくるか」と言い残して軽トラックで出掛けて行方不明となり、11月3日に自宅から8㌔ほど北西の千曲川下流域で遺体が見つかった。

市役所ではこの日、正午から黙とうを案内する庁内放送が流れた後、1分間、職員が一斉に黙とうした。市危機管理課の清水淳一課長は「残念なことに2人の方が亡くなられた現実を真摯に受け止めているが、悔やみきれない」と声をつまらせながら語った。その上で「対応をしっかりと検証しながら、市民と一丸となって災害に強いまちづくりを目指す」とした。

千曲川の堤防決壊で大きな被害を受けた長野市長沼地区では、12日朝から住民やボランティアが自宅やリンゴ畑の片付けに追われた。同市穂保の自宅が浸水し、妻と暮らす関聖造さん(81)は「1カ月はあっという間。毎日やることがいっぱい。ボランティアのおかげでここまでこられた」と振り返り、「寒さが厳しくなるので、対策をしっかりしたい」と話した。

避難所となっている同市豊野西小学校。避難して1カ月になる宮崎英夫さん(78)＝長野市豊野町豊野＝は、周囲に気を使うために「夜、トイレに立つ時にもスリッパを履いてすり足で動いている」と疲れた表情で語った。

8日から穂保などで泥をかき出すボランティアを続けている金井道明さん(71)＝広島市＝は「1カ月たっても、まだ先が見えない。これから寒くなるが、気持ちを強く持ってほしい」と話していた。

もう1カ月、なんとか1カ月。濁流にのまれたあの日から。犠牲者に祈り
◇
日常まだ戻らず。続く片付け、災害ごみの山。ボランティアの力、今後も

豆らんぷ

高齢者と運転。繰り返される悲劇、防がねば。池袋の暴走事故、書類送検
◇　◇
実弾発砲、重体。香港のデモは一層の緊迫。圧力を強めれば強めるほどに

紙面から
香港各地で交通妨害　緊張続く　6面
池袋暴走　88歳書類送検　7面

飯島町長選告示　現職1氏が届け出

任期満了に伴う上伊那郡飯島町長選は12日告示され、現職で1期目の下平洋一氏(68)＝無所属、飯島＝が立候補を届け出た。午後1時現在、他に動きはない。選挙戦になった場合、投開票は17日。

下平氏は「町の生活と経済の基盤を構築する」とし、食育や災害時の炊き出しなど多機能な給食センターを建設すると主張。高齢者が経験を生かし支え合う登録制度導入、若者が参加してもうかる農業づくりを進めるとしている。

11日現在の有権者数は7910人（男3813人、女4097人）。このうち18歳は80人、19歳は78人。

立候補者

下平(しもだいら)　洋一(よういち)　68　無現❶
町長㊄食品会社社長・NPO理事長・駒ケ根JC理事長◇日本大卒

南相木村長選告示　現職1氏届け出

任期満了に伴う南佐久郡南相木村長選は12日告示され、現職で1期目の中島則保氏(61)＝無所属、第八＝が立候補を届け出た。午後1時現在、他に動きはない。選挙戦になった場合、投開票は17日。

中島氏は「人に優しい、笑顔でつながる村づくり」を主張。子育て支援の強化や県厚生連佐久総合病院と連携した村診療所の機能拡充などを掲げている。

11日現在の有権者数は845人（男411人、女434人）。このうち18歳は3人、19歳は8人。

立候補者

中島(なかじま)　則保(のりやす)　61　無現❶
村長㊄村社会福祉協議会事務局長・村総務課長兼会計管理者◇野沢北高卒

今日の視角

韓国旅行から帰って

2019.11.12　内田 樹

韓国から帰ってきた。今回訪れたのはソウルと大田(テジョン)と済州島。この講演旅行も8年目になる。ここ数年は各地の教育委員会の招聘(しょうへい)だったが、今年は引き受け手がなく、現地の市民団体の主催となった。市民たちの心温まる歓待を受けて、政治経済のかかわりは冷え込んでも、市民同士の連携には揺るぎがないことを確認できて、ほっとした。

私の本はこれまでに26冊韓国語訳が出ている。このあとも『街場の文体論』と『街場の読書論』と、過去の韓国内での講演をまとめた本が出る。日本ではさまざまな論件についてメディアの取材を受けるが、私と韓国市民たちとの親密な文化交流について訊(き)かれたことはこれまで一度もない。なぜ、これほど無関心でいられるのだろう。

もし、韓国人思想家の書物が数年の間に20冊以上日本語訳されていたら、日本のメディアだって「事件」だと思うだろう。どのような人たちがそれを読むのか、読者たちはそこに何を見いだそうとしているのか、関心を抱くだろう（抱かないかもしれないが）。

今起きているのはその逆のことである。韓国人読者が何を求めているのか、私にも分からない。私は日本人の物書きのうちで、とくに「分かりやすい人間」ではない。思想的系譜も党派的立場もごちゃごちゃしている（マルクスとレヴィナスと村上春樹についての本を書いている天皇制支持者の武道家である）。でも、そのような物書きを日韓関係における「取り付く島」だと思ってくれている人が隣国には少なからず存在する。どんなレベルのものであれ、隣国との間に「チャンネル」があるのはよいことだと私は思うが、「チャンネル」の存否について日本のメディアは特段の関心を持っていないらしい。そのことだけは分かった。

あすの天気

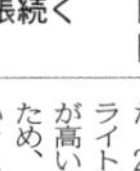

飯山市神戸(ごうど)地区の「神戸のイチョウ」が、黄色く色づき始めた。23日からは地元の保存会がライトアップを予定する。気温が高いと色のくすみにつながるため、「低温な日が続いてほしい」と金井晃会長(67)。23日までは、平年より気温が高めの日が多い見込みだが、「鮮やかな黄色」の出現を願っている。

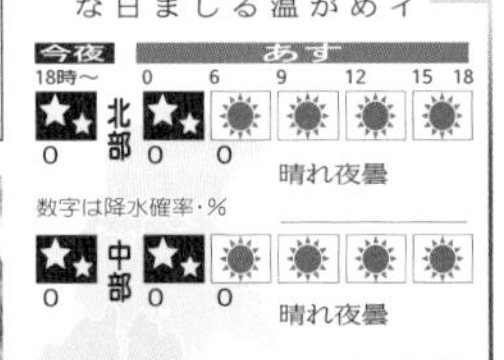

12日9時

地域	今夜 18時〜	あす 0	6	9	12	15	18	予報
北部	0	0	0					晴れ夜曇
中部	0	0	0					晴れ夜曇
南部	0	0	0					晴れ夕方から曇

数字は降水確率・%　5ミリ以上　5ミリ未満

札幌　晴れ後曇り
新潟　晴れ
東京　晴れ後時々曇り
名古屋　晴れ後時々曇り
大阪　晴れ後曇り
福岡　晴れ後一時雨

▲気象衛星13時撮影

けさの気温（午前6時）

地点	気温
飯山	12.7
長野	9.1 (3.9)
大町	6.1
上田	7.6
佐久	5.0
軽井沢	5.1 (2.7)
松本	7.0 (2.3)
木曽	4.8
伊那	4.7
諏訪	5.3 (0.8)
飯田	6.2 (0.8)

（ ）内は平年比　▼低

あすの予想気温

	最高	最低
長野	19	4
軽井沢	13	1
松本	19	4
諏訪	16	3
飯田	18	6

世界の天気 11月10日—11日

	天気	最高	最低
ソウル	雨	15	10
北京	晴	18	4
香港	晴	28	20
バンコク	晴	33	23
シドニー	晴	27	16
ローマ	雨	17	9
パリ	雨	7	6
ロンドン	雨	11	5
モスクワ	雨	9	4
ニューヨーク	晴	11	4
ホノルル	晴	31	22

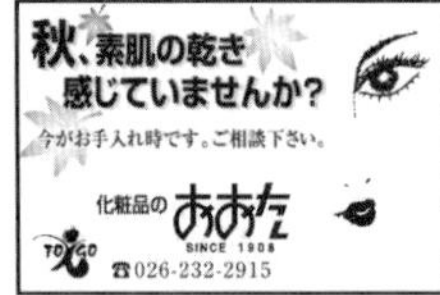

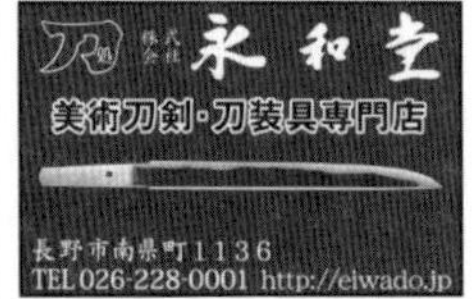

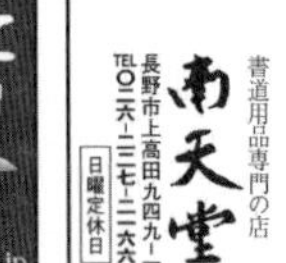

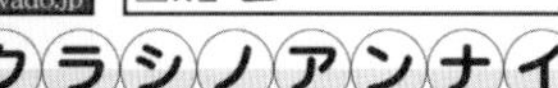

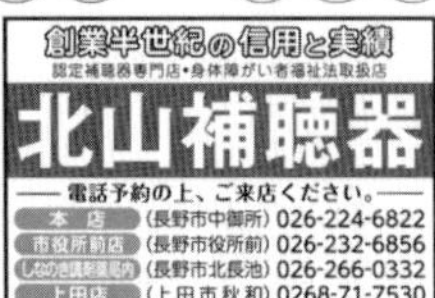

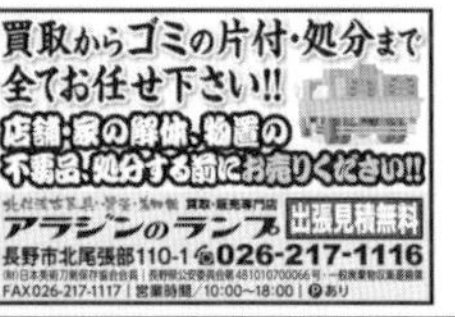

1　第49346号【明治25年3月15日第三種郵便物認可】　信濃毎日新聞　2019年(令和元年)11月13日　水曜日　日刊　9版★

2019年(令和元年)
11月13日
水曜日

信濃毎日新聞
1873年(明治6年)創刊
発行所　信濃毎日新聞社
長野本社　〒380-8546 長野市南県町657番地
電話(026) 受付236-3000 編集236-3111 販売236-3310 広告236-3333
松本本社　〒390-8585 松本市中央2丁目20番2号
電話(0263) 代表32-1200 報道32-2830 販売32-2850 広告32-2860

悔やみきれないあの夜

台風1ヵ月

長野の西沢さん長男 何度も電話
「水害さえなければ…」

台風19号で被災して亡くなった長野市赤沼の西沢孝さん(81)の家族や近くの住民が、千曲川の堤防決壊から13日で1カ月となるのを前に信濃毎日新聞の取材に応じた。認知症で介護が必要だった西沢さんは妻と2人暮らしで普段、1階で寝ていた。「懐中電灯を持って2階に上がっているんだよ」。市内で暮らす長男(55)は夜勤の合間に電話で注意を促していた。近隣住民も案じて声を掛けていた。「水害さえなければ…」。今も悔やみきれないでいる。

雨が強まり、千曲川の濁流は水かさを増していた。10月12日午後4時半、長沼地区住民自治協議会は対策本部を設けた。同4時45分には高齢者ら災害時に助けが必要な要支援者に避難を促すよう、地区内四つの区の役員に依頼。同6時には市が長沼、豊野地区などに避難勧告を出した。

赤沼区の協議委員を務める農業、成田豊明さん(70)は午後7時ごろ、西沢さん宅を訪ねた。「必要な状況になったときに避難できなくなってしまうと困る」。車の用意など助けが必要か、問い掛けた。西沢さんの妻は「長男が市内に住んでいる。いざとなったら連絡するから大丈夫」。

長男は夜勤に追われつつ両親を心配していた。2回ほど両親宅の固定電話にかけ、懐中電灯を持って2階に移るよう母親に言った。13日未明、電話はつながらなくなった。

西沢さん宅の隣の西沢善行さん(69)によると13日午前3時ごろ、自宅前の道路に水が流れ込んできた。「車で逃げてももう駄目だ」と2階へ。水位は2㍍を超え、1階の家財は浸水で倒れた。

帰宅して明るくなるのを待った長男は13日午前5時半すぎ、両親宅へ軽トラックで急いだ。国道18号赤沼交差点は冠水して通行止め。別の交差点に回ったが、タイヤが半分以上水に漬かり、進めない。

110番通報し、両親の安否を確かめてほしいと頼むしかなかった。

14日午前9時すぎ、西沢孝さん夫妻は自宅1階で見つかった。ヘリコプターで救助されたが、西沢さんは死亡が確認された。溺死だった。妻は命を取り留めた。

成田さんは「こんな被害になるとは考えもしなかった。2人は本当に怖かったろう」。

西沢さんの長男は振り返る。「あの日、一緒にいたのなら、無理やりにでも連れ出すことができた。認知症はあったけれど、水害さえなければもう少し長く生きられた」（文・鳥居哲弥、写真・有賀史）

西沢孝さんの自宅庭先。浸水の爪痕が残っている＝12日午後3時23分、長野市赤沼

西沢孝さん

佐久の三石さん旧友 遺体発見現場で献花
「おめえが死ぬなんて」

県内に大きな被害をもたらした台風19号の県内最接近から1カ月がたった。亡くなった佐久市入沢のタクシー運転手三石量正さん(68)の旧友4人が12日、遺体が見つかった同市中込の千曲川の中州を訪れた。花を手向け、線香をあげて冥福を祈った。

4人は、三石さん宅近くに住む小中学校の同級生や同窓生。午後2時すぎ、三石さんが見つかったとみられる同市の浅蓼大橋下の中州に足を運んだ。地元で栽培した花や線香を供え、手を合わせた。

小中学校で同学年だった三石光さん(68)は「まだ実感が湧かない。すぐまた帰ってくる気もする」。同級生の男性(69)は手を合わせ、心の中で語り掛けた。「おめえがこんなとこで死ぬなんて思わなかった」

量正さんは10月12日午後5時40分ごろ、土のうを受け取るために軽トラックで近くの小学校へ向かい行方不明になった。遺体は11月3日に見つかった。（文・池田美陽、写真・中村桂吾）

三石量正さんの遺体が見つかったとみられる千曲川の中州で線香を供える三石光さん(左手前)ら旧友たち＝12日午後2時14分、佐久市

決壊の千曲川堤防復旧で調査委員長
「今回流量耐えうる河道を」

台風19号豪雨による長野市穂保の千曲川の堤防決壊について調査する有識者委員会の大塚悟委員長（長岡技術科学大教授）は12日までに信濃毎日新聞の取材に応じ、堤防の本格復旧や対策について「基本は今回（台風19号）の流量に耐えられる河道を確保することになる」との認識を示した。河道を確保する例として河床掘削や堤防かさ上げ、堤防の位置変更を挙げた。

【関連記事2面に】

委員会は国土交通省北陸地方整備局が設置。大塚氏は「まずどれだけの流量があったのか、計測記録を基にした検証が必要」と指摘。「対策は上下流の流量バランスに配慮する必要がある」とした。「破堤（決壊）地点の復旧とともに流域全体で対策を行う方法が必要」とも強調し、「流域全体の取り組みは中長期の対策になる」との考えを示した。

同整備局によると、現場付近では10月13日午前0時55分に越水が始まり、同3時から5時半の間に決壊したとみられる。

飯島町長 下平氏再選 無投票

下平(しもだいら)　洋一(よういち)　68　無現②
町長㊂食品会社社長・NPO理事長・駒ケ根JC理事長◇日本大卒

任期満了に伴い12日告示された上伊那郡飯島町長選は、現職の下平洋一氏(68)＝無所属、飯島＝の他に立候補者はなく、無投票で再選が決まった。無投票は前々回の2011年以来、8年ぶり。

下平氏は町内で開いた当選報告会で「1期目の続きでなく、新たな2期目。おごることなく謙虚にまい進する」と抱負を述べた。無投票再選については取材に「任期の節目で町民と話をし、政策を考えることができた」とし、「1期目で仕込んだことを具現化させる。住民の参画を促しながら、故郷を愛する一体感のある町をつくる」と話した。

南相木村長 中島氏再選 無投票

中島(なかじま)　則保(のりやす)　61　無現②
村長㊂社会福祉協議会事務局長・村総務課長兼会計管理者◇野沢北高卒

任期満了に伴い12日告示された南佐久郡南相木村長選は、現職で1期目の中島則保氏(61)＝無所属、第八＝の他に立候補者はなく、無投票で再選が決まった。無投票は2007年以来、12年ぶり。

村内の選挙事務所で開いた報告会で中島氏は「村民の笑顔と活気に満ちあふれる村づくりを進める」とあいさつ。取材に、公営住宅の整備や、子育て世代の移住・定住、運転免許を返納した高齢者の外出支援の強化などを挙げ、「村民が住み慣れた地域でいつまでも暮らせる環境の整備に取り組む」とした。

斜面

2019.11.13

リンゴ栽培が生きがいの高齢の男性が「亡くなってしまえば良かった、自分なんて」とボランティアの学生に打ち明けたという。10日の本紙ルポ「千曲川氾濫」に載った言葉に胸が痛んだ。やり場のない感情を閉じ込めてきたのだろう◆台風19号の災禍から1カ月。泥との格闘や先が見えない復旧に心身とも不調に苦しむ被災者が多いのではないか。研究によれば、ここからは平常を取り戻し精神的に立ち直っていく人と、「取り残され感」が強まり立ち直りが遅れる人とに分かれていく◆後者は孤立無援に陥って精神疾患を抱え込みかねない。長期にわたる心の支援が欠かせない。実践例がある。2011年3月、県北部地震で住宅202棟が全半壊し村民の8割近い1787人が避難した栄村だ。県精神保健福祉センターによると村と県機関が連携し態勢を整えた◆避難所には保健師が常駐した。避難指示の解除後は保健師が全戸訪問している。仮設住宅や地域に出向き「にこにこサロン」と名付けた交流会を翌年2月まで18集落で3回ずつ開いた。日ごろ培われた住民の支え合いや保健活動が復興時の力にもなった◆長野市は千曲川決壊で支所が大破した長沼地区に、避難して地区外に暮らす住民も利用できる交流拠点を設ける。被災者の心のケアを継続するネットワークもできるといい。冒頭の男性は学生が「こんな時は助け合いです」と支援を約束すると「時間かけて頑張ろうかな」と言ったそうだ。

こと映え

天真爛漫(らんまん)
無邪気に振る舞う

松本市　しま

応募方法30面に

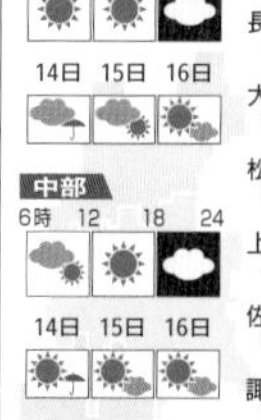

天気　最高気温／最低気温
北部　飯山 17／2　長野 19／3　大町 16／1
中部　松本 19／3　上田 18／3　佐久 17／2
南部　諏訪 16／3　木曽 17／1　伊那 17／2　飯田 18／4
5㍉以上　5㍉未満
24面に詳しい天気情報

素肌乾燥情報　カサカサ、注意、しっとりの3段階
北部　カサカサ
中部　カサカサ
南部　注意

購読のお申し込み　0120-81-4341　紙面の問い合わせ　026-236-3111　信毎web　www.shinmai.co.jp
4910855731393　00136

長3 総合 9版 2019年(令和元年)11月13日 水曜日 信濃毎日新聞 第三種郵便物認可

ごみ「年内撤去」不透明

長野市 生活圏から運び出しても山中に山積み

台風19号による長野市の浸水被災地域から出た大量の災害ごみを巡り、一部で処理方法が決まらず市が対応に苦慮している。政府が被災者の生活再建に向けて7日に決めた対策パッケージでは「年内をめどに生活圏内からの撤去を目指す」としたが、一部は市郊外の山中の仮置き場に運び込んでいるのが実情。被災家屋の解体が進むにつれてごみの量も増えると見込まれ、「年内撤去」の実現性は不透明だ。（熊谷直彦、立松敏也、春日基弘）

【1面参照】

県外での広域処理 頼みの綱

家屋解体で増加見込み 処分先未定

長野市郊外の市有地には、大量の災害ごみが積み上げられている＝12日午後2時36分

千曲川の堤防決壊などで広範囲が浸水被害を受けた長野市長沼地区から車で30分余。県道を上っていくと、広い敷地にごみが高さ5㍍ほどに積まれた光景に出くわす。12日昼、重機3台がごみの山を高くする作業を進めていた。

市郊外にあるこの場所は、被災者ら一般市民には存在が公表されていない災害ごみの仮置き場の一つ。家具の一部の木片、マットレス、タイヤの切れ端…。雑多な日常用品が混ざっている。水蒸気なのか、燃えているのか分からないが、白い煙が立ち上っている所もある。

災害ごみ処理の主な流れ（長野市長沼地区周辺の場合）

- 住宅 →（住民やボランティア）→ 道路脇など（勝手仮置き場）→（住民やボランティア、応援自治体）→ 任意の仮置き場（赤沼公園）→（自衛隊など）→ 郊外の仮置き場（一般持ち込み不可）→ 環境省などが県外処理を調整中
- 任意の仮置き場（赤沼公園）→ 豊野東山第1、第2運動場（休止中）→ 富山県の民間処理事業者が搬出・処理
- 住宅 →（住民やボランティア）→ 公設の仮置き場：アクアパル千曲 → 環境省などが県外処理を調整中

長沼地区では被災後、住宅地の道路の数十㍍おきにごみがまとめて置かれる「勝手仮置き場」ができた。10月下旬、昼間はボランティアらが勝手仮置き場のごみを赤沼公園と大町交差点にいったん集め、夜間に自衛隊が郊外の仮置き場に搬出する取り組みを開始。関係者はこの連携を「ワン・ナガノ」と呼んでいる。

◆ ◆

政府は7日の非常災害対策本部会議で決めた対策パッケージで、災害ごみについて年内をめどに生活圏内からの撤去を目指すと明記。環境省中部地方環境事務所(名古屋市)の金井信宏資源循環課長は「街なかで目につく仮置き場からの撤去を早めに進めたい」とする。

ワン・ナガノの活動で勝手仮置き場は減少してきている一方、長野市が設けた仮置き場のごみの処分先は1カ所を除いて現時点で未定のまま。市や国は、市内で活動する富山県内の処理業者に依頼しつつ、処理能力が足りない場合は他県の業者も探す方針だ。加藤久雄市長は「まだごみの搬入が続いている。心配はしている」とした上で、「環境省の指導の下、処分先を探す」とするにとどまる。

市が一般市民の持ち込みを受け入れている3カ所の仮置き場のごみは、アクアパル千曲(真島町)と篠ノ井運動場(篠ノ井)では容量の約70%、青垣公園運動広場(松代町)では85%に達している。満杯となり10月23日から休止した豊野東山第1、第2運動場(豊野町)を含めた4カ所への搬入量は、11月11日までで車両延べ2万8948台分になった。郊外の仮置き場の量は把握しきれておらず、市廃棄物対策課は「だいぶ落ち着いてきたが、長沼ではまだ相当量のごみがある」と収束を見通せていない。

◆ ◆

同課の高木厚志課長補佐は災害ごみについて「何万㌧単位で済むかどうか。市内や県内で処理できる量ではない」とし、環境省と中部地方の他県の仲介による県外での広域処理が「頼みの綱」とする。

長野県が、県内でごみ処理を担う一部事務組合や広域連合に災害ごみの受け入れが可能かを照会したところ、8団体が受け入れる意向を示した。だが、焼却炉が定期点検中だったり、周辺住民の合意に時間がかかったりし、受け入れる団体は現時点でない。

同省によると、赤沼公園のほか青垣公園運動場も、住宅地が近く生活圏にあり、処分を急ぐ仮置き場の一つ。他県の大規模な処理場で受け入れ先がないか、同省も打診を続ける。金井課長は「年内撤去の目標を国や自治体など関係団体が共有し、全体的に着実に進めたい」とする。

東日本大震災・西日本豪雨の被災地 大量のごみ 県が処理代行

災害で発生した大量の災害ごみの処理を巡り、2011年の東日本大震災、昨年7月の西日本豪雨のケースでは市町村側が県側に委託し、県がその処理を担った。今回の台風19号について、県資源循環推進課は「現在は(県内外の)広域処理を模索しており、事務委託を受けて県が中間処理施設を設けることは検討していない」としている。

西日本豪雨被災地の岡山県全体では推計で44万㌧の災害ごみが出た。このうち倉敷市では河川の堤防が決壊し、同市真備町を中心に約4千棟が全壊。災害発生から2カ月弱の8月下旬、総社市とともに、地方自治法による事務委託で県にごみ処理を代行してもらうことを決めた。

県は、倉敷市内のごみ最終処分場の跡地に、2次仮置き場と中間処理施設を建設。施設は、破砕機と、金属を分別する磁石、泥を落とす装置などを組み合わせたもの。両市から出る32万㌧に及ぶごみを、来年7月まで処理する計画という。

倉敷市リサイクル推進部の大滝慎也課長主幹は「ごみの量が多く、市職員の人手も足りなかった。県と市が連携し、分担しないと復興は進まない」とする。

東日本大震災でも、宮城、岩手の両県が市町村からごみ処理を受託。14年中には中間処理を終え、両県とも焼却灰や不燃物の埋め立てなどの最終処分については、県内外の処分場の協力を得たという。

政府の対策パッケージでは、所有者に代わり市町村が被災家屋を解体、撤去する「公費解体制度」を盛った。全壊に加えて半壊家屋も支援対象としており、長野市もこの制度を利用する意向。家屋の解体が進めば、今後さらに災害ごみが増えることになる。

ごみ撤去 長野の官民連携

全国に広げる方策 環境相が検討指示

小泉進次郎環境相は12日の衆院環境委員会で、台風19号によって長野市で出た大量の災害ごみを市やボランティア、自衛隊などが連携して運び出す「One Nagano(ワンナガノ)」の取り組みを評価し、全国に広げる方策の検討を環境省内に指示したと明らかにした。小泉氏は「他にはあまり見られない規模の官民連携」と述べた。

小泉氏は3日に長野市を訪れ、避難所や災害ごみの仮置き場を視察。ワンナガノの取り組みは「今回の災害対応の中でも印象的だ」とした。住民に身近な公園に災害ごみが集まっていたことに触れ、「年内に生活圏内から廃棄物の撤去を終える目標の実現が大切だと痛感した」と語った。

自民党の務台俊介氏(衆院比例北陸信越)への答弁。務台氏が災害ごみ処理の財政支援のかさ上げを求めたのに対し、小泉氏は国負担分を既に97・5%に引き上げたとし、「財源を不安視することなく処理に取り組んでほしい」と述べた。

災害復旧へ査定開始

国交省 安曇野・伊那の護岸調査

台風19号で被害を受けた河川や道路など公共土木施設の復旧にかかる費用の算定などをする国の災害査定が12日、県内を含む5県で始まった。県内ではこの日、河川の護岸が崩壊するなどした安曇野市と伊那市の現場を国土交通省の災害査定官らが訪れ、県の担当者から説明を聞いた。県内での査定は今回、計4カ所で行い、14日までに事業費を決定する予定。

安曇野市豊科の山間部を流れる濁沢川は、大雨に伴う増水で河床が削られ、護岸の石積みが流されるなど長さ30㍍にわたって被害があった。同省の加藤孝査定官は被災した護岸の工法が古かったことから、残った護岸も災害を抑える機能が十分に得られる工法を再検討するよう指示。「近隣には住宅がある。早急な復旧を進めなければならない」とした。

この日は増水で護岸が崩れた伊那市高遠町の藤沢川の災害現場も査定。13日はのり面が崩落した下伊那郡天龍村の国道2カ所を回る予定だ。

県河川課によると、長野市など被害が大きかった東北信地域については、被害の全容を把握するのに時間がかかったため、12月からの査定を予定しているという。

台風19号の影響で護岸が崩壊した濁沢川を調査する国交省の職員ら＝12日、安曇野市豊科

河川情報の伝達 検証し見直しへ

国交省と気象庁

赤羽一嘉国土交通相は12日の記者会見で、台風19号を教訓に、河川情報の伝達方法を見直す検証チームを国交省と気象庁合同で設置すると明らかにした。14日に初会合を開き、来年3月までに結論を取りまとめる予定。

台風19号では、茨城県を流れる那珂川の「氾濫発生情報」を同省関東地方整備局が出さなかった。河川の水位などを情報提供する国交省サイトも、アクセス集中により閲覧しにくくなった。検証チームは防災や治水対策の担当者らで構成し、問題の再発防止策や、住民に分かりやすい情報発信の在り方を議論する見通し。

千曲川や支流の整備充実を

知事と懇談 県市長会が要望

県市長会(会長・加藤久雄長野市長)は12日、阿部守一知事との懇談会を長野市内で開いた。市長会側は、台風19号で堤防が決壊した千曲川の抜本的な整備などを要望。意見交換では千曲川の整備に加え、支流の越水対策など河川整備の充実、強化を求める要望が相次いだ。

須坂市の三木正夫市長は、河川整備は下流域から行うことが原則のため、新潟県内で実施されている河川整備について「整備を速めることを新潟県と一緒に国に要望してほしい」と注文。長野県管理の支流については「越水のないようにしてほしい」と求めた。加藤会長は千曲川の整備について「新たなダム新設や遊水地の活用も考えないといけない。堤防の強化だけでは難しい」と指摘した。

県建設部の長谷川朋弘部長は「新潟県の下流域の整備と同時並行で、長野県内の河川改修を早めるよう国に要望したい」と説明。「近年、激甚災害が増えており、早く対策していくことが必要」とした。

この他、台風19号の対応に関する検証や豚コレラ(CSF)ワクチンを接種した豚の円滑な流通、風評被害防止なども要望した。

被災の堤防・道路 早期復旧を要望

特別豪雪地帯 市町村議会協

県内10市町村の議会でつくる「県特別豪雪地帯指定市町村議会協議会」は12日、長野市で本年度総会を開いた。各市町村の道路整備や除雪態勢の充実を県に求める決議案など14議案を承認、可決。台風19号被害の早期復旧も求めた。

飯山市議会は、台風で決壊した市内の皿川堤防について、融雪時の出水に備えた早期復旧を要望。上高井郡高山村議会は、スキー場に向かう村道の路肩が崩落し、大型車が通行止めになっているとして復旧を要望した。

協議会は26日、阿部守一知事に要望書を、県議会に陳情書をそれぞれ提出する。

第三種郵便物認可　信濃毎日新聞　2019年（令和元年）11月13日　水曜日　東信　地域　24

中信

学校 被災支援の輪

信大付属松本小

みんなの気持ち届けよう

児童会 登校時に義援金呼び掛け

児童会役員（左側）の呼び掛けに応じて募金する児童

信州大付属松本小学校（松本市）の児童（415人）は12日朝、同校内で台風19号の被災者に送る義援金の募金活動をした。気持ちを届けようと、1年生の小遣いからでも出せる100円を上限に、登校する児童に募金を呼び掛けた。集まった義援金は県を通じて県内の被災者に送る。

副児童会長の6年水谷俊介君(12)は千曲川の堤防決壊後に長野市の友人と1週間ほど連絡が取れなくなった。友人は無事だったが、「友達だけでなく、他の人の力に少しでもなりたい」と10月下旬、児童会の役員3人に提案。支援方法を自分たちで考え、義援金を集めることにした。

募金は11～13日に実施。児童会役員の4人が手作りの募金箱を持ち「ご協力よろしくお願いします」と呼び掛けると、登校した児童が次々に募金。この日は募金できなかったものの「明日持ってきてもいい？」と聞く児童もいた。1年細谷遥斗君(6)と一緒に登校した母貴子さん(39)は「災害をニュースで見たので『自分たちで協力できることをしよう』と伝え、お金を持たせた」と話した。

児童会長の6年及川真綾さん(11)は「昨日よりもたくさんの人が募金してくれた。みんなの気持ちが被災地の人に届くといい」と話していた。

手作りポスター 保護者に「募金を」 松本・旭町小

授業参観に合わせ

松本市旭町小学校4年生は12日、4～6年生の授業参観に合わせ、台風19号の被災地への募金を保護者に呼び掛けた。児童が今年育てたヒマワリやマリーゴールドなどの種も配った。集めた募金は県を通じて県内の被災者に送る。

4年1組の中山豊教諭が10月、千曲川の堤防決壊で被災した長野市赤沼の知り合いの片付けを手伝った。浸水当時を捉えた写真を譲り受け、児童に見せたところ、「募金したい」との声が上がった。4年生72人が校内の花壇で育てた花の種を配る際、保護者に呼び掛けることにした。

4年生は画用紙に写真のコピーを貼り「りんごが大変なことになっています」などと書いたポスターを準備。授業参観が終わった母親らに呼び掛けた。募金を提案した永田惟純君(10)は「このお金で被災者に元気になってほしい」と話した。

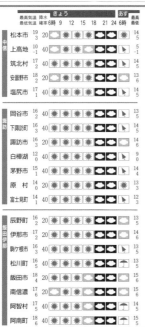

手作りのポスターで保護者に募金を呼び掛ける児童たち。育てた花の種も配った

松本・犬山・松江市　国宝3城を縁に市民交流会

犬山で21、22日 講演・意見交換

国宝の城があり、世界遺産登録を目指す松本市と愛知県犬山市、松江市の3市市民交流会が21、22日、犬山市で初めて開かれる。3市の城に関連した市民団体などが参加。7月に世界文化遺産への登録が決まった「百舌鳥・古市古墳群」（大阪府）の地元市民団体の活動について講演を聞くほか、意見交換する。将来的に3市の市民が連携する組織をつくり、地元を盛り上げたり、城の魅力を国内外に発信したりする動きにつなげる狙い。

近年の世界遺産登録で、市民による保存、ボランティア活動が重要視されていることを意識。松本には市や信濃毎日新聞社など市内57団体でつくる「国宝松本城を世界遺産に」推進実行委員会がある。同事務局を務める市文化振興課の石川善啓課長は、交流事業を通し「3市の市民が互いの城の良さを知り、まずはそれぞれの地元で魅力を発信していければいい」と期待する。

3市は既に世界遺産になっている姫路城（兵庫県姫路市）などを含めた「日本の近世城郭群」としての一体的な登録に向け、国内手続きの第一歩となる文化庁の「暫定リスト」入りを目指している。

北信

台風19号被災1カ月

児童100人規模の地域 5年後も

長野市長沼地区の柳見沢住自協会長

台風19号で長野市穂保の千曲川堤防が決壊して1カ月。穂保を含む長沼地区の住民自治協議会（住自協）会長、柳見沢宏さん(67)は12日、信濃毎日新聞の取材に応じ、今後の地域づくりなどについて話した。地域の活力維持のため、被災した長沼小学校（児童数92人）で「5年後も100人規模の児童がいる」ようなコミュニティーを目指したいと説明。地区外への転居を考える住民もいる中、市や国などと連携した息の長い取り組みが必要とした。

「復興へ取り組み息長く」

柳原支所に仮設した長沼地区住民自治協議会事務局で打ち合わせをする柳見沢さん（右）＝12日

長沼地区は穂保、大町、津野、赤沼の4区で構成し、899世帯2318人（10月1日時点）が暮らす。堤防決壊で広範囲が浸水した。

住自協は台風に伴う大雨を受け、市の避難勧告発令より早い10月12日午後4時半に対策本部を市長沼支所に設置。1980年代に台風に伴う水害が相次ぎ、85（昭和60）年から毎年、地区の防災訓練を行っており、今回も「積み重ねが生きた」と振り返った。

お年寄りや障害者など支援が必要な住民を支える仕組みも整えてきた。ただ、自力で動ける住民たちが避難するかは「最終的には自己判断」で、結果的に地区内では2人が逃げ遅れて亡くなった。住民名簿の連絡先は携帯電話ではなく固定電話が中心だったため、避難後の安否確認に数日かかったといい、「課題が残った」と省みる。

決壊地点では国土交通省が仮堤防などを設置。決壊前と同程度の安全性が確保されたとするが、住民の不安解消につなげるために「市や国に説明を求めたい」と述べた。

現在も避難所に分散して暮らす住民がおり、応急仮設住宅への入居や転居などで地域のつながりが薄れる懸念もある―と指摘。市は使えなくなった市長沼支所の代わりに交流拠点を設ける方針だが、「被災前に付加（上乗せ）した魅力が地域にないと、住民は元には戻らない」とも強調。市に具体的な復興策を提言することも検討中とした。

松尾賛之さん（左）のバイオリンに合わせて手拍子する子どもたち＝長野市柳原小

柳原小・長沼小児童 音楽に歓声 長野

長野市柳原小学校で12日、都内拠点の男性アーティスト2人によるコンサートが開かれた。柳原小では、台風19号で被災して校舎が使えない長沼小の児童たちも教室で授業を行っており、両校の児童らが一緒に音楽を楽しんだ。

2人は、全国の小学校などへの訪問を続ける4人組ユニット「Everly（エバリー）」のメンバー。エバリーが市芸術館で12月に開く公演を前に、9月から市内の小学校や保育園など計46カ所を訪問中。既に予定していた柳原小側が声を掛け、長沼小の児童も参加することになった。

両校の1、2年生計約160人が参加。エバリーでボーカルとバイオリンを担当する松尾賛之さん(40)、弟でピアノの悟郎さん(39)がモーツァルトのトルコ行進曲で音楽室に登場。ディズニーメドレーなどに歓声が上がった。柳原小1年の神林奈緒さん(6)は「きれいな音がして楽しかった」と喜んだ。

両校の校歌も演奏。「わが柳原よいところ」と約130人の柳原小児童が元気に歌うと、長沼小の約30人も同じくらい大きな声で「長沼は美しい心の故郷」と歌った。

善光寺表参道 並木のイルミネーション

23日から予定通り点灯

長野市中心市街地で行うイベント「善光寺表参道イルミネーション」の実行委員会は、長野駅前から善光寺までの中央通りで行う並木のイルミネーションについて、当初予定通り今月23日から始めると決めた。台風19号の影響を踏まえ、イルミネーションは12月上旬からに延期する案も検討したが、冬場の誘客を期待し、被災地の復旧・復興への願いを込めた催しにする。

実行委は企業、大学、商店会などで構成。市職員や関係者らが台風による災害対応に専念するため、内容の変更を検討したが、イルミネーションは青色発光ダイオード（LED）の設置で済むため、予定通り始めることにした。市中央通り活性化連絡協議会も点灯を要望していた。

点灯は来年2月11日まで、連日午後5～10時に行う。初日は同4時45分から、問御所町のTOiGO（トイーゴ）広場で「輝く初冬の参道 祈りの光」と題した点灯式があり、義援金受け付けなどのチャリティーイベントもある。

長野駅前でも、有志の長野駅善光寺口利活用ネットワークが一帯の装飾やクリスマスツリー点灯を企画している。善光寺本堂や境内を光で演出するイベントは中止する。

中央通りの街路樹を彩るイルミネーション＝昨年11月、長野市

天気

きょう（最高気温／最低気温、降水確率）・あす（最高／最低）

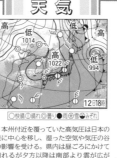

地域	地点	きょう最高	きょう最低	降水確率	あす最高	あす最低
北信	長野市	19	3	20	14	5
北信	飯山市	17	2	20	15	6
北信	信濃町	16	-1	20	13	2
北信	志賀高原	8	-3	30	7	-3
北信	中野市	18	1	30	15	5
北信	須坂市	18	2	30	14	5
北信	千曲市	19	2	30	15	6
東信	上田市	18	3	20	15	5
東信	東御市	17	2	30	15	5
東信	小諸市	16	2	20	14	3
東信	軽井沢町	13	1	20	13	1
東信	佐久市	17	2	20	16	4
東信	小海町	14	2	30	13	3
東信	川上村	11	1	30	12	2
中信	白馬村	16	1	20	10	2
中信	大町市	16	1	20	11	3
中信	池田町	17	2	40	13	4
中信	木曽町	17	1	20	12	4
中信	開田高原	13	-4	20	9	1
中信	南木曽町	16	4	20	12	4
中信	松本市	19	3	20	14	5
中信	上高地	10	-1	40	5	-1
中信	筑北村	17	2	40	14	5
中信	安曇野市	18	2	20	13	6
中信	塩尻市	17	1	40	14	5
諏訪	岡谷市	16	2	40	13	5
諏訪	下諏訪町	16	3	40	14	5
諏訪	諏訪市	16	3	20	14	6
諏訪	白樺湖	12	0	40	9	0
諏訪	茅野市	15	1	40	14	4
諏訪	原村	14	0	20	13	3
諏訪	富士見町	14	1	40	12	3
飯田伊那	辰野町	16	2	20	13	5
飯田伊那	伊那市	17	2	20	14	6
飯田伊那	駒ケ根市	16	3	40	13	5
飯田伊那	松川町	16	5	40	13	5
飯田伊那	飯田市	18	4	20	15	6
飯田伊那	南信濃	17	6	20	15	6
飯田伊那	阿智村	17	5	40	14	5
飯田伊那	阿南町	18	6	40	15	5

12日18時

○快晴◑晴れ◎曇り●雨⊗雪◓みぞれ

本州付近を覆っていた高気圧は日本の東に中心を移し、湿った空気や気圧の谷の影響を受ける。県内は昼ごろにかけて晴れるが夕方以降は南部より雲が広がる。最高気温は平年並みか高い。

（日本気象協会長野支店）

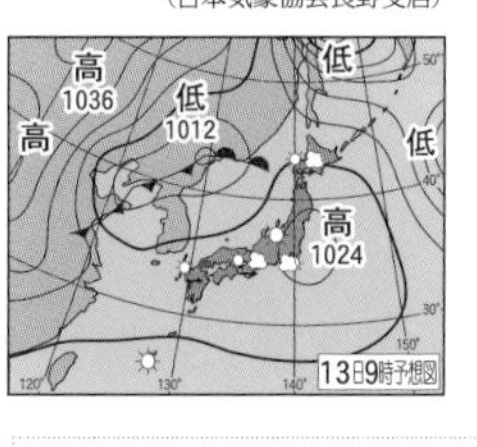

13日9時予想図

9日間の予報

マーク下は降水確率(%)

地域		13(水)	14(木)	15(金)	16(土)	17(日)	18(月)	19(火)	20(水)	21(木)
北信	降水確率	20	60	30	20	10	40	30	50	50
北信	最高気温	19	14	11	12	14	16	11	10	10
北信	最低気温	3	5	3	4	4	8	5	3	6
東信	降水確率	20	50	10	10	10	30	20	30	30
東信	最高気温	17	16	12	10	12	14	9	10	10
東信	最低気温	2	4	-1	2	2	6	3	1	3
中信	降水確率	40	50	10	10	10	30	20	30	30
中信	最高気温	19	14	11	13	14	16	12	10	9
中信	最低気温	3	5	1	4	4	7	5	0	3
諏訪	降水確率	20	50	10	10	10	30	20	30	30
諏訪	最高気温	16	14	11	11	13	14	11	9	9
諏訪	最低気温	3	6	0	1	2	5	3	-1	1
飯田伊那	降水確率	20	50	10	10	10	30	20	30	30
飯田伊那	最高気温	18	15	13	14	16	16	13	13	13
飯田伊那	最低気温	4	6	1	3	3	7	5	2	3

札幌　上越　富山　金沢　東京　甲府　名古屋　大阪　福岡

晴れ後くもり　晴れ一時または時々くもり

12日の気温

地点	【最高】	平年差	【最低】	平年差	湿度	きょうの降水確率
長野	16.9	3.0	8.2	4.3	60	
松本	16.6	2.2	7.0	4.1	46	
諏訪	14.6	1.3	4.6	1.5	56	
飯田	19.4	4.3	5.6	1.0	35	
軽井沢	14.1	2.6	4.3	4.2	50	
飯山	14.5	0.9	9.9	6.9		
上田	17.1	2.3	6.9	3.8		
佐久	15.9	2.1	3.9	2.4		
大町	14.4	2.3	5.9	4.5		
木曽	16.1	1.9	4.4	2.7		
伊那	17.7	3.8	2.9	1.3		
上越	16.9	0.8	12.1	5.5	60	0
札幌	11.1	1.8	7.8	5.8	63	0
秋田	14.7	2.0	10.9	6.1	53	0
盛岡	15.6	4.1	7.6	5.4	44	0
仙台	17.2	2.8	8.9	2.9	43	0
福島	17.9	2.9	8.8	3.2	48	0
水戸	20.9	4.2	7.9	1.7	35	0
前橋	20.1	3.3	9.9	2.6	38	0
東京	21.8	4.8	9.2	0.1	38	10
新潟	18.0	3.2	12.7	5.2	58	0
甲府	22.0	4.9	7.7	1.5	31	10
静岡	23.1	4.1	9.2	▼0.9	43	10
名古屋	20.8	3.0	10.5	1.6	35	0
金沢	18.0	1.7	13.2	4.7	52	0
京都	19.8	1.9	11.6	2.9	39	0
大阪	21.4	3.0	14.0	3.3	41	0
広島	21.5	3.4	12.0	2.6	37	0
松江	19.4	2.5	10.0	1.6	59	0
高松	21.1	3.2	12.6	3.2	42	0
福岡	21.3	2.7	12.5	1.5	61	10
鹿児島	22.7	1.7	12.6	▼0.1	46	0
那覇	25.9	0.8	18.8	▼1.5	57	0

【注】最高は15時まで、最低は9時まで（県外最低は前日21時から）。平年差▼低。湿度は15時。降水確率6～12時

14日のこよみ　旧暦10月18日　先負

日出	日入	月齢	月出	月入
6.23	16.40	17.0	18.01	7.38

（地点・長野市　月齢・正午）

港	潮	満潮	干潮
直江津港	中潮	2.10 / 16.34	9.40 / 21.20
名古屋港	中潮	6.58 / 18.28	0.33 / 12.44

1 第49347号 【明治25年3月15日第三種郵便物認可】 信濃毎日新聞 統合 2019年(令和元年) 11月14日 木曜日 日刊 6版

2019年(令和元年)
11月14日
木曜日

信濃毎日新聞
1873年(明治6年)創刊
発行所 信濃毎日新聞社
長野本社 〒380-8546 長野市南県町657番地 電話(026) 代表236-3000 編集236-3111 販売236-3310 広告236-3333
松本本社 〒390-8585 松本市中央2丁目20番2号 電話(0263) 代表32-1200 報道32-2830 販売32-2850 広告32-2860

「桜を見る会」来年は中止

首相判断 「私物化」批判受け

政府は13日、公費により首相が主催する2020年の「桜を見る会」を中止すると発表した。菅義偉官房長官が午後の記者会見で「招待基準の明確化やプロセスの透明化を検討し、予算や招待人数を含めて全般的に見直す」と明らかにした。招待者数や予算額を縮小する方向だ。安倍晋三首相の地元支援者が多数参加したと指摘される中、異例の判断に追い込まれた。「私物化」との批判回避が狙い。野党は第2次安倍政権以降、開催規模が膨張した経緯などを引き続き追及する。【関連記事2面に】

招待基準含め見直し

桜を見る会を巡り、首相の事務所名が記載され、地元・山口県の後援会関係者に届いた案内文の内容も判明。参加者を募り、航空券手配などの希望を確認していた。首相の事務所が招待者の選定過程に事実上、関与していた実態が浮かんだ。首相は国会答弁で、人選への関与を否定している。

安倍政権は中止決定を踏まえ、問題の幕引きを図りたい考えだが、事態が沈静化するかどうかは見通せない。首相は官邸で記者団に「私の判断で中止した」と述べた。菅氏は会見で、21年の再開を前提に「幅広く意見を聞きながら是正する」と説明した。

菅氏は招待者について、内閣官房から首相、副総理、官房長官、官房副長官、与党に推薦依頼をしていたと表明。提出された推薦者を取りまとめていたという。

立憲民主党など野党は追及チームの会合を2日連続で開催。内閣官房の担当者は、招待者を巡る調整に関し「（首相の）事務所に最終的に確認して推薦してもらっている」と述べた。午前の会見で菅氏は「首相枠、政治枠という特別なものはない」と語った。

萩生田光一文部科学相は衆院文科委員会で、文科省が過去に作成、提出した同省分の推薦者名簿を保存していると明言。自身の後援会関係者が参加したことがあると認めた。加藤勝信厚生労働相も衆院厚労委で「地元の方、知っている方に会う機会があった」とした。

桜を見る会には、各界で功績、功労があった人だけでなく、政治家の支援者らが参加していた可能性があるとして招待基準の不透明さが浮き彫りになっていた。支出額も増加の一途だった。

◇

信濃毎日新聞の13日の取材で、県関係国会議員では少なくとも現元職の与党4人、野党1人が過去に出席していたと分かった。地元の人や支援者らを招待したことがあるとしたのは与党4人、野党の別の1人だった。

千曲川決壊 越水が要因

調査委 住宅側堤防削ったと結論

越水による堤防決壊のメカニズム（長野市穂保）

越流が続く
削られる
堤体幅 約38m
最大約80cm
約14m
約5m
川裏側が崩れる
水量が増える

台風19号による長野市穂保の千曲川の堤防決壊について調査する国の有識者委員会は13日の第2回会合で、川の水が堤防上を越える「越水」で住宅地側の堤防斜面を削ったことが主要因と結論づけた。年内に3回目の会合を開き、決壊堤防の本格復旧方法を決める予定だ。【焦点3面に】

会合は長野市内で開き、大塚悟委員長（長岡技術科学大教授）ら委員6人が出席した。

国土交通省北陸地方整備局によると、10月13日午前0時55分に越水が始まった。現場付近の越水は左岸堤防の長さ1・5㌔にわたって発生。水位は高さ約5㍍の堤防頂点を最大80㌢上回った。堤体の下部で幅約38㍍、上部で幅約14㍍の堤防が長さ約70㍍区間で決壊した。災害後の調査で住宅地側の堤防脇では地面が最大深さ2・4㍍削られていることも確認した。

「午前3時から5時半の間」とされていた決壊時間について、さらに絞り込んだ時間は示さなかった。

国交省側は委員会で、越水した水が住宅地側の堤防を削り、堤防が細くなったことで決壊につながったとの推察を示し、委員会側も了承した。

一般的に決壊原因は、堤防の土に水が染みこんで崩壊する「浸透」、堤防の下部が水流で削られて崩れる「侵食」もあるが、国交省側は「今回の決壊の主な要因として考えづらい」とした。

決壊地点の本格復旧の方法について、大塚悟委員長（長岡技術科学大教授）は委員会後の取材に「越水が起きても決壊しにくい堤防にする必要がある」とした。

委員会では千曲川の上田市諏訪形で約300㍍にわたって起きた堤防欠損についても議論。増水した水が欠損した堤防付近にあった砂などで形成される「砂州」を浸食。委員会は砂州が削られたことで、砂州に守られる形になっていた堤防に直接水が流れ始め、浸食したことが欠損の原因とした。この影響で、千曲川にかかる上田電鉄（上田市）の鉄橋が崩落し、現在も同社別所線の一部区間で運休が続いている。

同整備局は「なるべく早い時期に委員会を開きたい」とし、長野市穂保、上田市諏訪形の被災した両堤防の復旧方法を議論し、決定するとした。

堤防決壊から1カ月たった千曲川左岸。同じ位置に造成された仮堤防（中央）横の住宅地側（左側）は現在、整地されている＝13日午後1時19分、長野市穂保

がんばろう 長沼

千曲川決壊1ヵ月 長野で黙とう

黙とうをささげた後、「長沼頑張ろう」と声を合わせる長沼地区住民自治協議会の役員たち＝13日午後0時4分、長野市の赤沼区公会堂

台風19号による千曲川の堤防決壊から1カ月となった13日、2人が犠牲になった長野市長沼地区で、住民自治協議会（住自協）の役員や住民らが黙とうをささげた。市役所でも市災害対策本部会議の開催に合わせ、職員や来庁者が黙とう。犠牲者の冥福を祈るとともに、被災地の住民は復興への決意を胸に刻んだ。【関連記事地域面北信に】

長沼地区では10月13日未明に堤防が決壊。2階近くまで水に漬かった住宅もあった。一帯では同14日に自宅で西沢孝さん(81)＝赤沼＝が、15日に大田神社近くで徳永初美さん(69)＝同＝がそれぞれ見つかり死亡が確認された。

決壊から1カ月となったこの日は、長沼地区住自協の役員や地元の消防団役員、市長沼支所の職員ら11人が、赤沼区公会堂に集まった。正午に合わせて黙とうを呼び掛ける放送が防災行政無線で流れ、参加者は黙とう。一帯でも住民が静かに目を閉じた。

長沼地区にある4区の一つ、穂保区の土屋勝区長(64)は「被災から1カ月が過ぎ、復興が進んだ区もあれば、まだこれからの区もあるが、長沼は一つだ。長沼の復興のために心を一つにしよう」と呼び掛けた。「長沼頑張ろう」と掛け声が上がり、役員らは3回拳を突き上げた。

大学共通テスト 国語記述式

二段階選抜で除外要請へ

文科省

2021年1月が初回となる大学入学共通テストを巡り、文部科学省が全国の国公立大に対し、合格可能性が低い受験生を門前払いする二段階選抜で、国語に導入される記述式問題の成績を判断材料から外すように要請する検討に入ったことが13日、文科省への取材で分かった。

記述式問題は国語と数学で出題されるが、国語は自己採点が難しく、採点ミスも起きやすい懸念がある。文科省は、二段階選抜後に何らかの問題が判明すると救済が難しいことや、自己採点と実際の成績のずれによる混乱を防ぐ観点から、マークシート式の結果のみを判断材料とするよう配慮を求めたい考えだ。

自己採点は受験生が出願先を決める際の目安となり、萩生田光一文科相は、精度を上げる参考資料を高校に配布するなどと説明。一方、野党などが試験の限界を認めたと反発の声を強めたり、要請に応じない大学が出たりする可能性もある。

記述式問題は数学にも導入されるが、採点はマーク式と一体で行う。国語は評価を段階別に行うが、数学は主に数式を記述させて正答か誤答かがはっきり分かれる出題方式が見込まれており、二段階選抜での利用に影響はないとみている。

斜面

2019.11.14

《重箱が出来ても出来ぬ美しさ》。花見の身支度を整える女性を詠んだ江戸の川柳だ。花の名所に出かけ花の宴を催す一日がかりの行楽である。女性はおしゃれを競ったらしい。出発前のじれったい、浮き立つような家の空気が伝わる◆「桜信仰と日本人」（青春出版社）に紹介されている。花見は江戸期に庶民に広がった。功労者は8代将軍吉宗だ。桜を各地に植樹して開放している。享保の改革で高まった庶民の不満を和らげる思惑があったともいわれる。各地に桜の名所を残した◆庶民が無礼講で楽しんだという江戸の花見に比べれば、新宿御苑の「桜を見る会」は特権意識が臭ってくる。内閣府が「各界で功績、功労のあった人」を選んで招待する。ここに安倍晋三首相の地元後援会の関係者が多数含まれる。招待された誇らしさはさぞ自慢だろう◆山口からはるばる駆けつける花見である。首相の事務所がバス十数台のツアーを募集していたという。「桜を見る会」の前日には都内のホテルで会費制の前夜祭も組んでいる。実際の費用と会費に差額はないのか、政治資金の収支報告に問題はないのか◆政権は火消しに走っている。来年の「桜を見る会」は中止すると発表した。政治資金の不正で何人もの閣僚を更迭した首相本人の足元に火がついている。かつて武家は権力を誇示するため花の宴を催した。豊臣秀吉の豪勢な「醍醐の花見」は権力が絶頂を過ぎ衰弱していく境目だった。

ことば映え

神出鬼没
自由自在に
現れたり隠れたり

須坂市 フロントガラスのカマキリ

応募方法30面に

天気

最高気温／最低気温

地域	最高	最低
飯山	13	8
長野	14	10
大町	11	7
松本	15	11
上田	15	9
佐久	15	6
諏訪	14	10
木曽	12	8
伊那	14	9
飯田	14	10

北部・中部・南部 6時 12 18 24 ／ 15日 16日 17日

5%以上 5%未満

24面に詳しい天気情報

素肌乾燥情報 カサカサ 注意 しっとりの3段階
北部 注意 中部 注意 南部 注意

購読のお申し込み 0120-81-4341 紙面の問い合わせ 026-236-3111 信毎web www.shinmai.co.jp
4910855731492 00136

焦点 越水の力 想定以上

千曲川堤防決壊 調査委

越水が原因で決壊した長野市穂保の千曲川堤防。堤防自体の強度は基準を満たしていたが、台風19号の記録的な豪雨で増水した水の力には耐えきれなかった。今回の調査委員会は、あくまで決壊した堤防の本格復旧方法を検討するのが目的。千曲川堤防での越水を防ぎ、決壊させないためには、上流、下流を含む千曲川流域全体の整備について、早急に検討する必要がある。

（木田 祐輔）

【1面参照】

1.5キロ区間であふれ 土削る

基準満たす強度の堤防 なぜ

現場付近の堤防は1984（昭和59）年に完成。国土交通省北陸地方整備局は、治水に必要な高さと断面を持った堤防だったとする。10月15日に決壊現場を現地調査した有識者調査委員会の大塚悟委員長（長岡技術科学大教授）も「しっかりとした堤防だった」と印象を話す。2005〜07年には堤防を強化する盛り土工事も行い、合わせて「桜づつみ」としても整備した。

だが台風19号による豪雨は記録的な降水量だった。13日の調査委で同整備局が示した資料によると、長野市の年間降水量は900ミリ。10月12日午前1時から同14日午後12時までの降水量は、長野市箱清水の観測所で142ミリと、3日間で1年間の16%の雨が降った計算になる。上流の佐久市や南佐久郡北相木村などでは300ミリを超える雨が降った。流域の広い範囲で降った記録的な量の雨が千曲川に流れ込んだ。

決壊地点に近い下流の中野市立ケ花で川幅が狭くなる「狭窄部」があり、上流部付近では水位が上がりやすい。

立ケ花水位観測所は午前3時20分に過去最高水位（12・46メートル）に到達。上田市生田で5・87メートル、千曲市杭瀬下で6・40メートルと、各観測所でいずれもこれまでの最高水位を記録し、計画で想定していた水位を超えた。越水は決壊した地点付近の1・5キロにわたって発生。堤防の高さを最大で80センチ上回った。決壊した場所以外でも堤防ののり面が削れていた箇所があった。

決壊現場と同じ位置に造成された仮堤防（手前が住宅地側）。堤防前に水がたまっており、越水で削られたとみられる＝10月18日午前10時46分、長野市穂保

千曲川堤防調査委員会

千曲川堤防が決壊した要因について検討した調査委員会の第2回会合＝13日、長野市

一方で調査委の「結論」によれば一帯の堤防は、堤防の土に水が染み込んで崩壊する「浸透」、堤防の下部が水流で削られて崩れる「侵食」による決壊が起こるリスクには耐えたことになる。

水が堤防の地下に浸透して決壊する「パイピング破壊」の可能性についても調査委は、堤防の基礎地盤が粘性の土で水を通しにくいため、今回の決壊の原因ではないとした。堤防に水が染み込み、堤防がすべるように崩れる「すべり破壊」の可能性も、地層の調査などから低いとした。浸食は、その痕跡がないため決壊要因ではない―との結論を出した。

越水が続けば、土の堤防は徐々に削られ、いずれ決壊してしまう。大塚委員長は13日の調査委で「（決壊しない）粘り強い堤防を造るときには、越水に強い堤防を考えたほうがいい」と指摘した。

堤防決壊のメカニズムイメージ

- 越水：越流が続く（削られる／堤防／水量が増える）▶ 川裏側が崩れる
- 浸透：川の水が浸透 ▶ 川裏側が崩れる
- 侵食：堤防がすべる（侵食）▶ 川表側が崩れる

千曲川の川幅

中心からの距離（m）600〜−600
湯滝橋／大関橋／古牧橋／立ケ花橋／村山橋／屋川合流地点
950m／260m／1050m／150m／120m
← 千曲川　決壊地点

流域全体の整備 必要

決壊部分復旧のその先へ

10月13日の決壊から1カ月。流域住民にとっては二度と今回のような堤防決壊、氾濫が起きない対策の検討が待たれる。

「流域全体の中長期にわたる整備も必要」。調査委終了後の取材に大塚悟委員長はそう答えた。調査委の目的は決壊原因の究明と、決壊した堤防の復旧方法の検討。大塚氏は、越水しても壊れないよう、堤防の耐久性向上を図る工事などを対策として示唆したが、あくまで越水したときの防御策にすぎない。

越水自体を防ぐには、台風19号レベルの大量の水を流せる河道を確保することが必要になる。そのためには、河床の掘削や堤防かさ上げ、堤防の位置変更をすることが求められる。

ただ、河川の治水は下流から整備していくのが基本だ。新潟県で進んでいる整備にめどが付かないと、県内の整備は進めにくい。仮に県内の堤防の高さを上げるなどすれば、その下流域で水位が上がり、決壊する可能性が高まるためだ。

国は2014年に30年にわたる信濃川水系整備計画を策定した。計画は1983（昭和58）年に飯山市で起きた洪水と同程度の流量があっても、決壊や越水を防ぐことが目的としている。だが、今回は流域各地で過去最高の水位を記録。実際の流量も、83年を上回っていた可能性が高い。

大塚氏はこれまでの信濃毎日新聞の取材に「まずどれだけの流量があったのか、計測記録を基にした検証が必要」とした上で「流域全体で対策を行う方法が必要」としている。今後の整備計画は、想定される流量の引き上げも検討課題になるとみられる。長い年月がかかる実際の整備工事には、流域全体のバランスを取りつつ、新たな決壊の危険性をできる限り抑えながら進める工夫が求められる。

農地ボランティア 泥やごみ集中撤去

長野のリンゴ園できょう試行

NPO法人長野県NPOセンター（長野市）など県内団体でつくる実行委員会は13日、台風19号災害による千曲川氾濫などで農地に大量にたまった泥やごみを撤去するボランティア活動を始めると発表した。県内農家の営農再開を支援する狙いで、まず広域的な浸水被害に遭った長野市東北部のリンゴ園を対象とした活動を14日に試行する。

市町村社会福祉協議会が募集し住宅復旧などを支援する災害ボランティアとは別に、集中的に農業支援をするボランティアとして活動してもらう。今後2週間以内に、連日受け入れる態勢を整える計画だ。長野市ではリンゴの他にモモにも対象を広げ、上高井郡小布施町でも活動する方針。

泥が堆積した果樹園では根の呼吸が妨げられ、最悪の場合、木が枯れる恐れがある。ボランティア活動では、根元から半径2メートルを目安に泥を取り除き、災害ごみと一緒に果樹園の空きスペースにまとめる。地元区や生産組合、農地所有者が希望した場所で活動する。

14日のボランティアは午前9時〜10時半に長野市村山の「しんきんグラウンド」駐車場で受け付ける。中学生以上が対象。マイクロバスで畑の近くへ移動し、午後3時ごろまで作業する。

県NPOセンターの亀垣嘉明常務理事は「既に活動しているボランティアと協力して農家を支援したい」と参加を呼び掛けている。問い合わせは県災害時支援ネットワーク（☎080・8497・5942）へ。

千曲市の千曲川 河川敷浸食確認 国が応急工事へ

国土交通省千曲川河川事務所（長野市）は14日、千曲市杭瀬下の千曲川河川敷右岸で浸食を食い止める応急工事を始める。台風19号の増水で土が削られ、放置すると堤防まで達する可能性もあると判断した。工事に伴い、千曲市の粟佐橋から千曲橋までの堤防道路は14〜16日まで通行止めになる。

河川敷の浸食が確認され、国が応急工事を始める千曲市の千曲川右岸＝13日午後0時55分

河川敷の浸食は同事務所職員が定期巡回で、11月初旬に確認した。同事務所によると長さ30メートルほど、幅2メートル余にわたり浸食があった。台風が千曲市を通過する前には、堤防から千曲川まで約10メートルの河川敷があったという。

さらなる浸食を食い止めるため、同事務所は14〜16日にブロックや石を詰めたネットを設置する応急工事を行う。13日は重機1台が現場に入るなど、準備が進められた。同事務所の担当者は「今回同様に工事が必要なところが見つかればその都度しっかり対応していく」とした。

工事に伴い、千曲川右岸の堤防道路は14〜16日の午前8時から午後5時に通行止めになる。

千曲川 国の治水 知事 強く求める

県会側との懇談で

県会議長と4会派の代表者は13日、阿部守一知事と台風19号災害の対応を巡り県庁で懇談した。県会側からは、千曲川の氾濫のほか、支流が流れ込めずに起こる内水氾濫が多数発生したことから、国に千曲川の河川整備計画を見直すよう求める声が複数出た。知事は「政府に対し、千曲川の治水対策をこれまで以上に強く求めないといけない」と述べた。

自民党県議団の風間辰一団長は「立ケ花（中野市）、戸狩（飯山市）の狭窄部の改良、上流部での遊水地やダム建設を国主導で迅速に行うよう党本部に求めていく」とした。県民クラブ・公明の諏訪光昭会長は、千曲川支流で浸水想定区域図がない河川があることを挙げ、「市街地に隣接する河川には早急に区域図が求められる」とした。

改革・創造みらいの小島康晴代表は、被災によって住民税が非課税になるほど所得が下がる世帯があるとし、支援の必要性を指摘。共産党県議団の毛利栄子団長は、浸水被害を受けた県総合リハビリテーションセンター（長野市）について「建て替えの長期的な展望を示しつつ、当面の対応が大事だ」とした。

県会側からは、東日本大震災や西日本豪雨災害で、大量の災害ごみを処理するために被災した県が中間処理施設を設けるなどして処理の一端を担ったことを挙げ、県に中間処理を「検討してほしい」と求める声が出た。知事は「（県内外での）ごみの広域的な受け入れ態勢が調いつつある」とする一方、今後もごみが増える可能性があるため、「他県の取り組みも踏まえて在り方を検討する」と述べた。

第三種郵便物認可　信濃毎日新聞　2019年（令和元年）11月14日　木曜日　中南　地域　24

北信

長沼復興 課題は展望は

地元4区役員ら「長沼は一つ」

黙とう後に集まり、市の被災者支援策について説明を受ける長沼地区の区長ら

台風19号で千曲川の堤防が決壊し、住民2人が亡くなった長野市長沼地区では13日、住民らが黙とうをささげ、地元4区役員も顔をそろえた。堤防決壊から1カ月。区長らは取材に、同じ長沼地区内でも決壊現場からの距離などによって被害の程度や復旧作業の進み具合が一様でないと課題を説明。今後の復興を見据え、「長沼は一つ」のスローガンで地区全体が協力することの必要性を強調した。

状況一様でなく… 協力を確認

区長らは赤沼区公会堂に集合し、長沼地区住民自治協議会（住自協）が正午に地区内で流した防災行政無線に合わせて黙とう。穂保区の土屋勝区長(64)が代表して「地域（区）を超えて助け合いながら、心を一つに進んでいきたい」と述べた。発言の背景について、住自協の柳見沢宏会長(67)＝赤沼区長＝は「4区ごとの被害状況にばらつきが存在する」と明かす。

「家の中は片付いたとしても（屋外に）住民自身で撤去できない多くの土砂が残っている。厳しい」と津野区の下川明良区長(63)。決壊現場の穂保区と並び、住宅地やリンゴ畑に流入した土砂の量が多い。大きく破損した建物も多く「早期の公費解体」を希望するが、復旧作業は道半ばだ。

決壊現場で仮堤防などは完成したが、土屋区長は「二度と堤防が切れないよう、河川の安全性を（国などは）考えてほしい。それがあって初めて、地域に住民が帰って来られる」とした。

赤沼、大町両区も広範囲に浸水。岩崎隆裕・大町区長(62)によると、同区では自宅での生活を再開させた住民も少なくないが、「高齢者世帯を中心に『（家を）直せない』と転居を考える人もいる」。黙とう後は予定になかった「長沼頑張ろう」との気勢を自ら上げ、「お互いにバックアップし、長沼地区全体として住民に残ってもらいたい思いが自然とそうさせた」と理由を説明した。

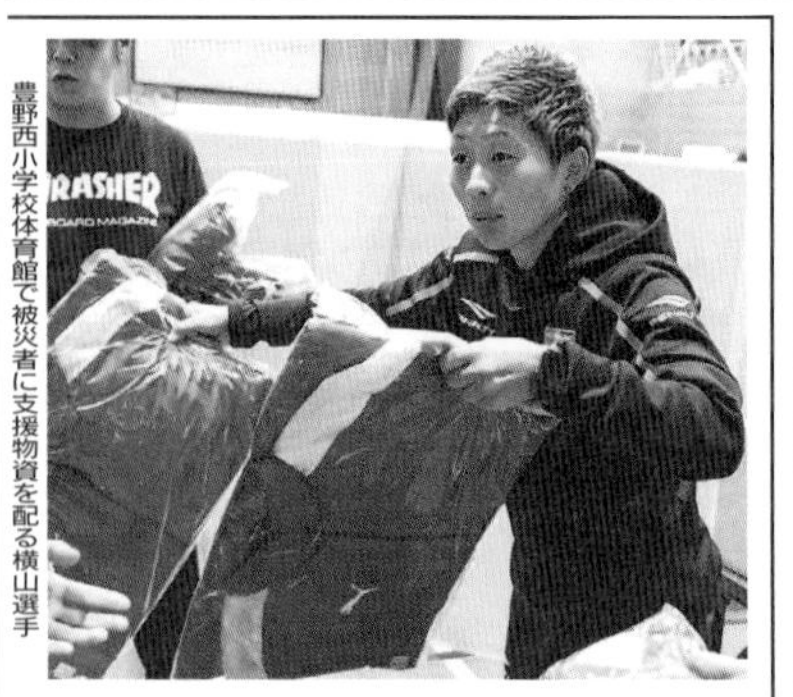
豊野西小学校体育館で被災者に支援物資を配る横山選手

ＡＣ長野Ｌ 横山選手から防寒着　長野の避難所

サッカー女子なでしこリーグ1部AC長野パルセイロ・レディースの横山久美選手が13日、台風19号で被災した人の避難所となっている長野市豊野西小学校体育館と同市三才の北部スポーツ・レクリエーションパークを訪ね、支援物資を配った。

横山選手本人が契約しているメーカーに提供を依頼した上下の防寒用ウエア約100着を用意。横山選手は「頑張ってください」と声を掛けながら被災者に手渡した。またクラブのスタッフは、今週末に長野Uスタジアムで行われるなでしこリーグ1部・2部入れ替え戦とJ3リーグ戦のチケット計約300枚を配った。

横山選手は「避難所生活は本当に苦しいだろうと感じた。私たちが練習できるのはすごく幸せなことと改めて思った」と話した。

社会人向け「学び直し」講座
長野美術専門学校 きょう開講

長野美術専門学校（長野市）は、地元企業で働く会社員向けにデザイン、マーケティングの専門知識を伝える講座を開講し、社会人が学び直す「リカレント教育」を始める。14日に初回の講座を開き、月1回程度開催する計画。少子化の影響で学生数の減少が見込まれる中、企業との接点を広げて知名度を高め、新商品の開発など連携事業を生み出すことも目指す。

デザインやマーケティングを学ぶプロジェクトデザイン工科の講座を有料で公開する。受講料は1講座3500円（税込み）で、定員は35人程度。学生も交えたグループワークを取り入れ、学生側から商品開発や宣伝方法の提案もする予定。教務担当者は「受講生が刺激を与え合うことができる空間を目指す」とする。

同校には計3学科あり、約80人が在籍するが、学生数は減少傾向。より専門的な知識を学ぶプロジェクトデザイン工科には現在、在籍者がおらず、知名度を高めて学生確保につなげる狙いもある。

講座の会場は、今年開設した長野市岡田町のサテライトキャンパス。初回の14日は午前10時と午後1時の2回、広報などで役立つ文章の作成方法を教える。午前10時の講座のみ定員に空きがある。申し込みは同校（☎026・227・3229）へ。

東信

佐久 千曲川河川敷のマレットゴルフ場被災

コース復旧めど立たず

佐久市鳴瀬の千曲川河川敷にある「千曲川スポーツ交流広場」のマレットゴルフ場が、台風19号による洪水でコースが流失したり、土砂が流れ込んだりして使えなくなっている。管理する市体育協会によると、復旧の見通しは立っていない。市マレットゴルフ連盟の会員数が千人超と、「県内でもマレットゴルフが盛んな地域」（県連盟）。別のマレット場が混雑し、来年度のコース予約の照会が相次ぐなど影響が出て、愛好者が気をもんでいる。

流木や石などが流れ込み閉鎖されている千曲川河川敷のマレットゴルフ場＝13日

大会会場変更・予約問い合わせ 気をもむ愛好者

市体協によると、千曲川河川敷のマレット場は全45コース。現在、数コースが原形をとどめているのみで、他は使えない。市連盟会長の角田幹夫さん(82)は台風通過後の10月13日朝、妻とコースを見に行き、変わり果てた状況に「言葉がなかった」と話す。現在も流木が横たわり、石がごろごろ転がっている。

市内では千曲川河川敷と、駒場公園、佐久総合運動公園が代表的なマレット場。中でも千曲川河川敷と駒場公園は無料で使えるため、ほぼ毎日予約で埋まり、多い日は1日で数百人が利用する。同市塚原の花里敬造さん(65)は11月下旬に河川敷で予定していた大会を急きょ駒場公園に変更。「来年はどうなるんだろう」と心配する。

角田さんによると、駒場公園の来年度の予約は来年1月中に受け付ける予定だが、既に予約の問い合わせが相次いでいる。月に複数回の大会を開いている団体もあり、月2回までに制限することも検討しているという。

市は河川や道路の復旧を優先するため、コースの再開は「予定も言えない状況」（公園緑地課）。角田さんは「今は生活再建が最優先」としつつ、健康維持や高齢者同士の交流が生きがいにつながっている面を挙げ、「態勢が整い次第、一日も早く復旧に当たってほしい」と期待した。

上田で映画祭 家族テーマに
あすから「兄消える」など上映

第23回うえだ城下町映画祭（上田市や市民有志でつくる実行委員会主催）が15日から3日間、上田市の上田文化会館（材木町）などを会場に開かれる。「これでも家族、それでも家族。」をテーマに、さまざまな家族の形を題材とした話題作や上田ゆかりの作品7本を上映する。

初日を「前夜祭」として上田映劇で「僕のいない学校」（2018年）を上映。専門学校の映画学科を舞台に教育現場の在り方を問う。日原進太郎監督（大阪府出身）は同映画祭の一環で行う「自主制作映画コンテスト」で過去に大賞を受賞しており、当日も登壇予定だ。

16日以降は上田市が舞台のアニメ映画「サマーウォーズ」を手掛けた細田守監督の「未来のミライ」、同市の袋町などでロケ撮影した「兄消える」、是枝裕和監督の「万引き家族」などを上映＝表。16、17日は今回の自主制作映画コンテストの応募作品112点からノミネートした19点を海野町商店街の民営文化施設「犀の角」で無料上映する。

チケットは1回券800円、1日券一般2千円、2日券3300円、高校生以下800円。問い合わせは市交流文化スポーツ課（☎0268・75・2005）へ。

うえだ城下町映画祭の上映日程

日	会場	時間	作品
15（金）	上田映劇	午後6時半～	僕のいない学校
16（土）	上田文化会館	午前9時10分～	未来のミライ
		正午～	まく子
		午後2時35分～	サクらんぼの恋
		午後6時～	自主制作映画コンテスト大賞作品上映
17（日）		午前9時半～	兄消える
		午後1時～	万引き家族
		午後3時15分～	翔んで埼玉

佐久で学ぶ 災害ボランティア
16日にNPOセンター緊急報告会 講演も

長野県NPOセンター（長野市）は16日午後1時から、台風19号の災害支援活動についての緊急報告会を佐久市の野沢会館で開く。県内各地で続くボランティア活動の事例を紹介し、運営方法などを共有。昨年の西日本豪雨で活動した県外の講師も講演する。

講師は岡山NPOセンター主任アドバイザーで、岡山県倉敷市真備町で復興支援を担当する詩叶（しかな）純子さんら。詩叶さんは今回の台風では長野県に1週間入り、被災者ニーズとボランティアのマッチングシステムの構築などを県に提言した。報告会では真備町など各地での活動例を紹介する。

県NPOセンターは県内の台風被害の実態や、各地のNPO法人がどんな支援をしているかを説明する。異常気象を含む環境問題も取り上げ、国連の持続可能な開発目標（SDGs）の解説などもある。

参加無料。定員80人。ボランティア活動に関心がある人などが対象。問い合わせは同センター（☎026・269・0015）へ。

天気

最高気温・最低気温・降水確率（きょう）／あす 最高・最低

地域	地点	最高気温	最低気温	降水確率	あす最高	あす最低
北信	長野市	14	10	60	14	3
	飯山市	13	8	60	14	2
	信濃町	11	8	60	11	1
	志賀高原	5	4	70	4	-3
	中野市	13	10	60	14	2
	須坂市	13	10	60	14	2
	千曲市	14	10	50	15	2
東信	上田市	15	9	40	15	2
	東御市	15	9	20	14	0
	小諸市	15	8	20	13	0
	軽井沢町	14	5	40	11	-2
	佐久市	15	6	40	14	-1
	小海町	14	8	20	12	0
	川上村	12	7	20	10	-2
中信	白馬村	10	6	60	12	-1
	大町市	11	7	60	12	0
	池田町	12	8	60	13	1
	木曽町	12	8	60	13	-1
	開田高原	10	7	60	8	-5
	南木曽町	12	9	60	12	1
中信	松本市	15	11	50	14	2
	上高地	6	3	90	7	-2
	筑北村	13	8	50	14	0
	安曇野市	14	9	50	14	2
	塩尻市	13	10	50	14	1
諏訪	岡谷市	14	10	50	13	1
	下諏訪町	14	10	50	13	1
	諏訪市	14	10	50	13	2
	白樺湖	10	7	30	8	-2
	茅野市	14	10	50	13	0
	原村	13	8	50	12	-2
	富士見町	13	8	50	12	0
飯田伊那	辰野町	14	9	60	14	2
	伊那市	14	9	60	15	2
	駒ケ根市	13	9	70	13	1
	松川町	14	10	80	14	2
	飯田市	14	10	60	15	1
	南信濃	16	11	60	16	2
	阿智村	14	11	80	14	0
	阿南町	15	11	80	15	0

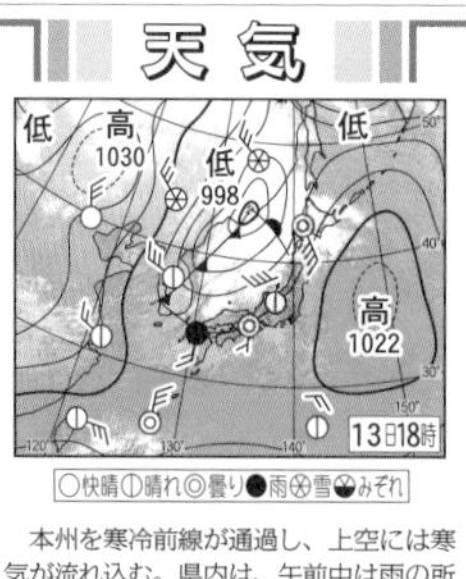

○快晴◑晴れ◎曇り●雨⊗雪みぞれ

本州を寒冷前線が通過し、上空には寒気が流れ込む。県内は、午前中は雨の所が多い。午後も北部では雨が降りやすく、標高の高い地域では次第に雪に変わる。最高気温は平年より高い。

（日本気象協会長野支店）

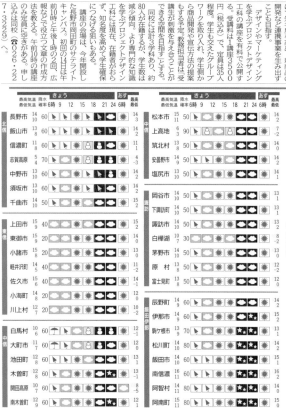

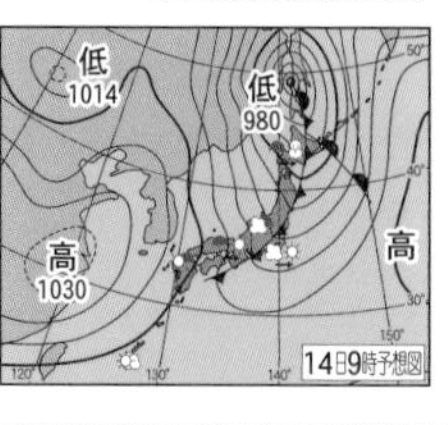

9日間の予報　マーク下は降水確率(%)

地域		14(木)	15(金)	16(土)	17(日)	18(月)	19(火)	20(水)	21(木)	22(金)
北信	降水確率	60	20	20	10	40	30	30	30	30
	最高気温	14	14	13	14	16	11	10	14	13
	最低気温	10	3	2	5	7	4	3	4	5
東信	降水確率	40	10	10	10	40	30	20	30	30
	最高気温	15	14	14	12	14	9	8	13	14
	最低気温	6	-1	-2	3	5	2	1	3	4
中信	降水確率	50	10	10	10	40	30	20	30	30
	最高気温	15	14	13	15	16	12	11	13	13
	最低気温	11	2	1	4	7	4	3	4	2
諏訪	降水確率	50	10	10	10	40	30	20	30	30
	最高気温	14	13	12	13	14	10	9	11	12
	最低気温	10	2	0	2	5	2	1	1	2
飯田伊那	降水確率	60	10	10	10	40	30	20	30	30
	最高気温	14	15	15	16	16	13	12	14	16
	最低気温	10	1	1	4	7	4	3	3	6

札幌　上越　富山　金沢　東京　甲府　名古屋　大阪　福岡

晴れ後くもり　晴れ一時または時々くもり

13日の気温

地点	【最高】	平年差	【最低】	平年差	湿度	きょうの降水確率
長野	19.5	5.9	2.4	▼1.2	45	
松本	20.0	5.9	2.2	▼0.5	47	
諏訪	16.7	3.7	3.6	0.7	59	
飯田	19.7	4.9	5.3	1.0	60	
軽井沢	12.5	1.3	-0.6	▼0.5	56	
飯山	18.4	5.1	2.0	▼0.8		
上田	18.8	4.3	1.5	▼1.4		
佐久	17.1	3.5	0.1	▼1.2		
大町	16.2	4.4	0.0	▼1.2		
木曽	18.4	4.5	2.6	1.1		
伊那	18.5	4.8	3.2	1.7		
上越	18.7	2.9	6.4	0.0	49	90
札幌	11.8	2.8	2.7	1.0	50	50
秋田	16.1	3.7	4.7	0.1	39	90
盛岡	15.3	4.1	1.2	▼0.8	46	80
仙台	17.3	3.1	8.2	2.5	60	40
福島	19.1	4.4	7.2	1.8	45	30
水戸	17.7	1.2	6.8	0.8	55	50
前橋	15.9	▼0.6	6.3	▼0.8	54	20
東京	16.1	▼0.7	11.3	2.4	54	30
新潟	19.0	4.5	6.6	▼0.6	43	90
甲府	17.5	0.6	10.0	4.0	54	30
静岡	20.8	2.0	14.6	4.7	62	50
名古屋	19.9	2.4	10.3	1.6	54	50
金沢	18.6	2.6	7.7	▼0.6	53	90
京都	20.7	3.1	8.4	▼0.1	37	50
大阪	22.2	4.1	10.6	0.1	40	50
広島	20.9	3.0	11.3	2.2	53	10
松江	21.9	5.3	8.0	▼0.1	50	20
高松	21.2	3.5	9.8	0.6	53	20
福岡	21.3	3.0	12.2	1.4	59	10
鹿児島	22.1	1.4	15.1	2.6	71	10
那覇	27.4	2.4	19.4	▼0.8	47	20

【注】最高は15時まで、最低は9時まで（県外最低は前日21時から）。平年差▼低。湿度は15時。降水確率6～12時

15日のこよみ　旧暦10月19日　仏滅

日出	日入	月齢	月出	月入
6.24	16.39	18.0	18.46	8.39

（地点・長野市　月齢・正午）

港	潮	満潮	干潮
直江津港	中潮	2.38 17.27	10.22 21.50
名古屋港	中潮	7.36 18.56	1.06 13.16

長31 第一社会 6版 2019年(令和元年)11月14日 木曜日 信濃毎日新聞 新聞定価1カ月3,400円(うち消費税251円) 1部150円(消費税込み) 第三種郵便物認可

立ち上がり 友と一歩ずつ

千曲川氾濫

水害の歴史 劇にした長沼小卒業生

「無事確かめたい」再会へ

桜づつみの歌詞が記された看板を前に、同級生への思いを語る西島さん。「今みんながどうしているか本当に気になる」＝9日、長野市穂保

長野市長沼地区で、過去の水害の歴史がテーマの創作劇「桜づつみ」を2015年3月に発表した長沼小学校の当時の6年生21人が16日、台風19号による被災後初めて集まり、お互いの近況を報告しようと呼び掛け合っている。集合場所は、千曲川の堤防決壊地点から上流100㍍ほどに立つ劇主題歌の看板。地元を離れて避難する仲間もいる。互いに顔を合わせて無事を確かめ、歌詞に込めた願いと今の思いについて考える。

「桜づつみ」は担任だった竹内優美教諭（現松代小学校勤務）の発案で、当時の6年生が地元の妙笑寺にかつての浸水被害の跡を訪ねたり、歴史に詳しい住民らに取材したりして作った。併せて作詞作曲した同名の主題歌には「何もかもが流された」と今回にも重なるような歌詞と、「でも立ち上がり 一歩ずつ歩んできた」と苦難を乗り越えてきた先人の姿が登場する。

21人は複数校に通う高校2年生。自宅が床下浸水した西島陽菜さん(16)は「小学1年生の時からみんな一緒で家族のような存在」。被災前から年1回は集まり、無料通信アプリ「LINE（ライン）」で「みんな仲良し長沼小♡」と名付けたグループを作り、連絡も取り合っていた。

今後は仮設住宅など地元を離れて暮らす同級生も増える。「ばらばらになってしまうのが一番つらい」と西島さん。徳永栞名さん(17)と共にみんなで集まろうと計画した。

「もう避難してるよ」「毛布とモバイルと充電器」「あと防寒着持ってたほうがいいかも！」。徳永さんは10月13日未明、グループのラインで同級生からのこんなメッセージを見て、家族との避難を決めた。1階は浸水。現在は自宅2階で暮らしており、「思い出の歌が記された場所でお互いの無事を確かめ、顔を見て話したい」と願う。

清水雄大さん(17)の自宅も1階が浸水。千曲市の母親の実家に身を寄せ、今後は地元から離れた長野市内のアパートで両親と暮らす。「日常を取り戻すにはほど遠い」

祭りなどの行事に地域の大人と一緒に参加してきた。育ててもらった感謝の気持ちは忘れない。「今回の経験や長沼のことを、多くの人に伝えたい気持ちが強くなった」と力を込める。

「ぼくらに託された思いを未来につないでゆくよ」。21人は歌詞に、自分たちの役割をそう刻んだ。長沼に育てられ、自分たちにも水害が降りかかった。これからの故郷はどうなるのか—。劇の発表から4年半余、高校生たちは今、歌詞の意味をそれぞれにかみしめている。

（佐藤勝、福島愛美）

「桜づつみ」の1番の歌詞

おじいさんに聞いたんだ
遠い日の話
何もかもが流された
悲しい時代のことを
自然の猛威に人は
なす術もなく
でも立ち上がり
一歩ずつ歩んできた
桜づつみ
桃色の花が
今年も咲いている

ぼくらに
あの日のことを
伝えてくれてる
桜づつみ
幸せの花が
優しく咲いている
ぼくらに託された思いを
未来につないでゆくよ

創作劇「桜づつみ」 長野市長沼地区では、千曲川の堤防に盛り土をして400本余の桜を植える国と市の事業を、住民の協力で2001～16年度に実施。事業の完了が近づいた14年度、長沼小学校6年生が1742（寛保2）年の大洪水「戌（いぬ）の満水」などの歴史について学び、劇を創作した。タイムスリップして江戸時代の水害の様子などを子どもたちが過去に伝える内容。15年3月に地元住民を招いて発表した。主題歌「桜づつみ」はCD化され、現在も地元公民館の行事や長沼小の音楽会で歌われている。

セブン本部社員 無断発注

オーナー不在時 各地で

セブン―イレブン・ジャパンで店舗指導を担当する本部社員が、店舗のオーナー不在時を狙って商品を無断で発注する内規違反の事例が各地で横行していると、複数の現役社員や被害に遭ったオーナーが13日までに証言した。店舗ごとに割り当てられた営業目標（ノルマ）を達成するのが目的で、24時間営業問題などを受け構造改革を進める最前線で、不適切な行為が繰り返されていた。一部のオーナーは公正取引委員会に独禁法違反と申告している。

【関連記事7面に】

ある社員は「前年を超える数値目標の達成は絶対。ちゅうちょしていると上司から叱責され無断発注を隠語で促されることもある」と話し、社内で黙認されていると主張。セブンは無断発注が内規で禁止されているとした上で「件数は控えたいが、（了解を得ず）に本部社員が発注する案件があったのは事実」と認めた。

発注の手続きは、店長やベテラン従業員らが店舗奥の事務所のパソコンで日々商品を「仮発注」し、オーナーが最終的に承認する。一度に千品以上が対象となりチェックが及ばず、事務所に出入りする店舗担当の社員が入力しても多くは気付かれないという。

東京都内の店舗では、おでんの販売を取りやめたはずなのに9月のセール前におでん種が大量発注されているのを発見。本部社員を追及するとLINE（ライン）上で無断発注をオーナーらに謝罪した。

複数のオーナーは、本部社員に促され過剰発注した商品が売れ残り、廃棄されている状況にあると指摘。廃棄コストの大半はオーナーの負担となるため「本部社員は発注要請しかしてこない」と不満が募っている。

セブン―イレブンの無断発注の構図

フランチャイズ本部
本部社員
発注
承認
商品
オーナー不在時に無断発注
仮発注 店長
仮発注 ベテラン従業員
パソコン
承認
オーナー
店舗

あんずちゃん 田中しょう

やっぱ無理か…
あんたはタヌキですか!!

「恩返し」長野でボランティア

台風15号で被災 千葉の住職ら

浸水被害に遭った住宅の泥を雑巾で拭き取る渡辺さん（左から2人目）＝13日午前11時45分、長野市穂保

9月の台風15号で被災した千葉県内の寺の住職ら12人が13日、台風19号で千曲川の堤防が決壊した長野市穂保で、ボランティア活動に汗を流した。千葉県が被災した際、長野県からも訪れた多くのボランティアに支えられたとし「恩返ししたい」と訪問。13日は友引。一般的に葬儀が避けられがちで、本業の手が空くため日帰りで足を延ばし、浸水被害のあった家屋の片付けで泥の除去などを手伝った。

呼び掛けたのは千葉県南房総市にある建福寺の住職、渡辺宥智さん(30)。仲間と車2台で駆けつけ、長野市北部災害ボランティアセンターの地域拠点で割り振られた被災家屋に入った。雑巾やブラシを使い、柱や床下の木材に付いた泥を拭いた。

台風15号の際、渡辺さんの寺では本堂の屋根が強風で飛ばされ、自宅では雨漏りが発生。地域の被災家屋での復旧作業も手伝い、長野県からのボランティアと協力して屋根が飛ばされた箇所をブルーシートで覆い、土のうで補強した。台風19号による信州の被害を知って仲間に呼び掛け「特に人手が足りないと聞いた」長野市に向かった。

「この2カ月、千葉では台風による風の脅威、長野では水の脅威を感じた」と渡辺さん。「自然の前に人は無力。でもまた住めるようにきれいにして、次のステップに進む助けになりたい」と話した。

大嘗祭 今夜から中心儀式

舞台に軽井沢産カラマツ

報道陣に公開された「大嘗宮」。右奥は悠紀殿＝13日、皇居・東御苑

皇位継承の重要祭祀「大嘗祭」の中心儀式「大嘗宮の儀」が14日夜から15日未明にかけ、皇居・東御苑に特設された大嘗宮で、「公的な皇室行事」として催される。13日には、舞台となる大嘗宮が報道陣に公開された。

大嘗宮の儀は、14日夜の「悠紀殿供饌の儀」と15日未明の「主基殿供饌の儀」がある。いずれも秘儀とされ、核心部分は非公開となる。

宮内庁などによると、天皇陛下は祭服を着て、悠紀殿と主基殿と呼ばれる社殿に入り、新穀などを供え、御告文を読み、自らも食べて五穀豊穣や国の安寧を祈られる。装束姿の皇后さまも別の社殿で拝礼する。

大嘗祭の関連費用は国費が充てられ、総額約24億4千万円となる見通し。前回の平成時から憲法の政教分離原則に反するとの批判がくすぶるが、政府は今回も皇室に長く伝わる皇位継承儀式として公的性格を認めた。

宮内庁は、安倍晋三首相ら三権の長や閣僚、全国の知事、各界代表ら675人を招待。知事は約30人が出席する見込み。

大嘗宮は、清水建設（東京）が9億5700万円で落札して建設を担い、7月末に着工、10月末に完成した。北佐久郡軽井沢町の国有林で伐採したカラマツや静岡のスギ、北海道のヤチダモの丸太などを使った30余りの建物で構成され、悠紀殿と主基殿、皇后さまが拝礼する帳殿、全国の特産品を供える庭積帳殿などが高さ約1㍍の柴垣で囲われている。

高原調

○…松本市旭町小学校で13日、ヒヨコ豆の入ったカレーライスやタンドリーチキンが提供され、児童が夢中になった＝写真。同市とネパール・カトマンズ市の姉妹都市提携30周年を記念した特別給食だ。

○…松本市は15日まで公式訪問団をカトマンズ市に派遣中。現地で親しまれている料理をきっかけに、多くの子どもにカトマンズ市を知ってもらおうと企画した。

○…料理が教室に運ばれてくると、5年2組の児童30人余は「いい匂い」「おいしそう」と興味津々。ご飯を大盛りでおかわりした池田公平君(10)は「スパイスがすごい（効いている）。めちゃおいしい」と満面の笑みを見せた。

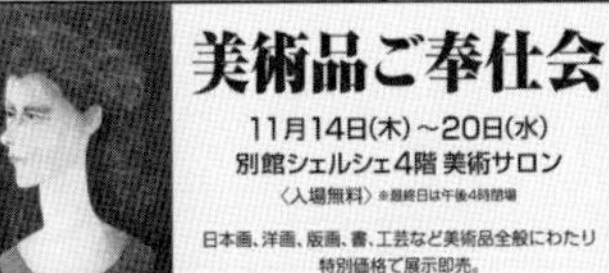

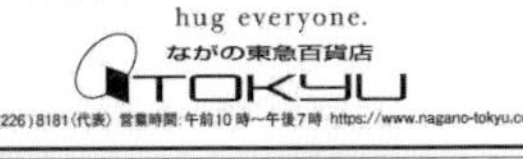

1　第49348号【明治25年3月15日第三種郵便物認可】　信濃毎日新聞　統合　2019年(令和元年)11月15日　金曜日　日刊　6版

2019年(令和元年)
11月15日
金曜日

鹿肉で１杯 夢へ一歩

山の恵みを伝えたいー。信州大の学生が伊那市に「ジビエ居酒屋」を開店。夢に向けて一歩を踏み出した。地域面飯田伊那から

大相撲　●御嶽海　よりきり　隠岐海　23面

信濃毎日新聞
1873年(明治6年)創刊
発行所　信濃毎日新聞社
長野本社　〒380-8546 長野市南県町657番地
電話(026) 受付236-3000 編集236-3111 販売236-3310 広告236-3333
松本本社　〒390-8585 松本市中央2丁目20番2号
電話(0263) 代表32-1200 報道32-2830 販売32-2850 広告32-2860

千曲川 台風19号で被害・しな鉄運休に
東御の護岸 過去２回崩落
59年・82年 専門家「対策必要」

台風19号で崩落した東御市本海野の千曲川右岸が、同じ場所で過去に少なくとも2回、洪水で崩れていたことが14日分かった。今回は海野宿橋を含む市道が崩落し、しなの鉄道が田中（東御市）―上田（上田市）間で運休する原因にもなった。海野宿橋の応急対策工事は同日完了し、しなの鉄道は15日に運行再開するが、専門家は本復旧に向けて従来の工法では不十分と指摘。繰り返された災害を踏まえ、橋の基礎構造を強化するなどの対策が必要としている。

千曲川右岸は台風19号で、海野宿橋付近から旧北国街道海野宿近くまで300㍍にわたって崩落した。崩落幅も40㍍近くあり、堤防とその内側にあった市道白鳥神社線、市営海野宿第1駐車場が流れた。海野宿橋は堤防の内側にあった橋台が横転。橋が落ちる危険性があり、下を通るしなの鉄道は田中―上田間が約1カ月にわたり運休となった。

旧東部町（現東御市）で建設課長などを務めた所栄弘さんがまとめた「海野堤防水害記録」（1983年）によると、59（昭和34）年と82年に今回とほぼ同じ場所が崩れ、堤防が流出している。59年には正確な記録はないが白鳥神社前を中心に約300㍍が崩れた。82年には金原川との合流地点など今回とほぼ同じ場所が約200㍍にわたって崩れ、同駐車場と同じ場所にあったテニスコートや畑などが流失した。

崩落場所では千曲川が急角度で左に曲がり、護岸に水が直接当たる。海野宿橋近くの自宅から市営住宅に避難している原田高夫さん(70)も「これで護岸が壊れたのは3回目」と証言し、「また同じようなことが起きる可能性はある」と懸念する。

東御市都市整備部建設課によると、海野宿橋を含む市道が完成したのは99年。橋台、橋脚とも陸上にあり、固い地盤に基礎を直接置く工法で、くいを打ち込むなどの深い構造ではない。土屋親功・都市整備部長は「護岸が崩れないという前提で工事をしていた」と説明する。

小西純一・信州大名誉教授（土木工学）は「そもそも護岸に問題があったが、橋の基礎構造も、川の間近であればくいを打つなど深くすべきだった。復旧工事でも検討する必要がある」と指摘する。

復旧工事は千曲川の護岸、海野宿橋とも国土交通省が代行しており、同省北陸地方整備局は護岸の応急復旧工事を15日に完了させる見通し。同局は「本復旧では県とも調整しながらどのような設計がいいか検討する」としている。

過去に少なくとも２回崩れている千曲川右岸。応急対策工事を終えた海野宿橋（中央）の下をしなの鉄道が通る＝14日午後３時46分、東御市本海野

台風19号関連
ほかも決壊危険性 35
被災企業 再開PR 6
あの時 そして今 2

皇位継承 令和の大嘗祭
費用総額24億円余

皇位継承の重要祭祀「大嘗祭」の中心儀式「大嘗宮の儀」が14日夜、皇居・東御苑に特設された大嘗宮で、公的な皇室行事として営まれた。即位した天皇が五穀豊穣や国の安寧を祈る儀式で、「秘事」とされる。14日夜の「悠紀殿供饌の儀」と、15日未明の「主基殿供饌の儀」がある。

神道形式の大嘗祭に対する公費支出を巡っては、1990年に催された前回から、憲法の政教分離原則に反するとの批判が根強いが、政府は令和の今回も公的性格を認め、費用は皇室の公的活動費「宮廷費」を充てた。総額約24億4千万円となる見通し。

宮内庁は、安倍晋三首相ら三権の長や閣僚、全国の知事、各界の代表ら675人を招き、悠紀殿の儀には510人が参列した。

大嘗宮は、約90㍍四方の敷地に、天皇陛下の儀式の舞台となる悠紀殿、主基殿と呼ばれる社殿を含む30余りの建物が並ぶ。悠紀殿の儀は、祭服を着た陛下が午後6時半すぎ、悠紀殿に入られて始まり、午後9時15分ごろ終わった。内部は非公開。宮内庁などによると、陛下は御座に座り、皇祖神を祭る伊勢神宮の方角に設けられた神座に新穀や酒などを供え、御告文を読み、自らも食べて豊作などを祈った。

大嘗祭は、7世紀後半に整備されたとされる。戦乱などの影響で、室町から江戸時代にかけて約220年間中断。天皇即位を進めた明治期に大規模化した。

「悠紀殿供饌の儀」のため、祭服を着て大嘗宮の悠紀殿に進まれる天皇陛下＝14日午後6時34分、皇居・東御苑

【焦点3面、関連記事4・34面に】

県縦断駅伝 あす号砲
大会展望と15チームの横顔 23～25面

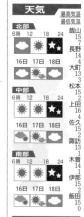

千曲川氾濫速報 一部未配信
国交省メール 全国計7河川でミス

国土交通省は14日、台風19号で氾濫したり、氾濫の恐れがあったりした国管理の千曲川など7河川で、住民に危険を伝える緊急速報メールを配信できていなかったことを明らかにした。相次ぐ氾濫で出先機関が混乱し、作業ミスがあったとみられる。千曲川と吉田川（宮城県）では実際に水があふれたが、氾濫発生情報を伝えるメールが一部で送れていなかった。

同省担当者は「大変申し訳ない」と陳謝した。この日は「資料の整理ができていない」として具体的な氾濫場所や未送信の情報内容など詳細について明らかにしていない。

速報メールでは「河川氾濫の恐れ」と「河川の水が大量にあふれている」との3種類の文例がある。

一方、長野市穂保の千曲川堤防が決壊したとの情報が国交省側から市に直接伝わっていなかった問題について、同省の担当者は決壊情報を自治体に伝える制度はないとしつつ「決壊は重要な情報」と強調。各種情報を自治体に伝えるホットラインなどで決壊情報も説明したいとの考えを示した。河川の決壊情報を自治体に伝える仕組みの制度化は「必要に応じて検討したい」とした。

長野市災害対策本部によると、市内各所で千曲川が越水したとの情報はもたらされ、ホットラインでも同市穂保の堤防が「欠損して、いつまで堤防が耐えられるか分からない」「決壊したかは分からないが、非常に危険だ」との状況は説明されたが、「決壊した」または「壊れた」との確定情報については緊急速報メールなどを含めて受けなかったという。

長野市長沼に農業ボランティア
リンゴ畑の復興へ一丸

ながの農協や長野県NPOセンター（ともに長野市）などでつくる実行委員会は14日、台風19号による千曲川などの氾濫で、農地に大量にたまった泥やごみを撤去するボランティア活動を長野市長沼地区で試行した。「信州農業再生復興ボランティアプロジェクト」と銘打った活動で、県内外から約40人が参加。試行を参考に、ボランティアを連日受け入れる態勢を2週間以内に整えるという。

長野市社会福祉協議会が運営する市災害ボランティアセンターは、農業が営利事業に当たることもあって、被災住宅への対応を優先してボランティアを派遣。農地の復旧は人手が追い付いていない。ただ、泥が多く堆積していると、果樹の根が呼吸できず、長引けば木が枯れる恐れが出ていた。

参加者はこの日、スコップを手に、実行委員会が事前にニーズを把握したリンゴ畑へ。腰をかがめながら木の根元に近づき、流木などのごみを取り除き、根の周囲半径2㍍を目安に泥をかき出した。

参加した市内の会社員宮坂蒼さん(19)は「早く元の畑に戻ってほしい」。作業を受け入れた農業坂田光正さん(72)＝穂保＝は「ボランティアにはありがたいの言葉しかない」と話した。

【関連記事2面に】

果実などが散乱するリンゴ畑で、泥をかき出す農業再生復興ボランティアの参加者ら＝14日午前10時53分、長野市穂保

天気

最高気温／最低気温

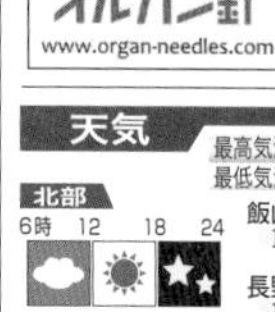

北部（6時 12 18 24／16日 17日 18日）

地点	最高気温	最低気温
飯山	15	7
長野	14	4
大町	13	3

中部（6時 12 18 24／16日 17日 18日）

地点	最高気温	最低気温
松本	15	2
上田	16	4
佐久	15	2
諏訪	13	1

南部（6時 12 18 24／16日 17日 18日）

地点	最高気温	最低気温
木曽	14	1
伊那	15	2
飯田	15	0

☂5㍉以上　5㍉未満

28面に詳しい天気情報

斜面

2019.11.15

やり場のない怒りを抱え、居場所がない。反逆児でありながらも傷つきやすい。米俳優ジェームズ・ディーンが「エデンの東」などで演じた青年像は、ディーンの魂そのものだったとされる。自分が何者か分からずに迷い苦しんでいた◆1955年公開の「エデンの東」は米国が第1次大戦に参戦した1917年のカリフォルニアが舞台。農業を営む父に反抗しつつも愛情を求める息子を演じて高い評価を受け、一躍スターになった。公開半年後の9月、交通事故で24歳でこの世を去った◆伝説の俳優である。そのディーンを「出演」させる映画の製作がハリウッドで始まる。進歩が著しいコンピューターグラフィックス（CG）処理でよみがえらせるそうだ。ベトナム戦争末期に米軍撤退で取り残された軍用犬の悲劇を描く物語でディーンは準主役の役どころという◆日本では美空ひばりさんが没後30年の今年秋よみがえった。NHKとヤマハがボーカロイド（合成音声）と人工知能（AI）を組み合わせた最新技術で歌唱を再現。等身大の映像のひばりさんが新曲を歌い上げた。特集番組を見て涙した方も多いだろう◆デジタル技術が可能にしたスターの「復活」だ。音声や表情など故人の権利を巡る議論もやがて起きよう。ディーンはアドリブのせりふが多く名匠エリア・カザンを困らせた。迷い続けた魂が発した言葉も多かったのではないか。新作映画が監督の思い通りの演出ばかりなら少々興ざめだ。

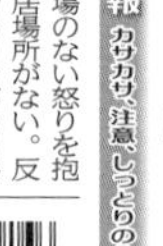

素肌乾燥情報　カサカサ、注意、しっとりの3段階

ことば映え

一心同体
異なる者同士が
強く結び付く

上田市　ミー

応募方法34面に

購読のお申し込み　0120-81-4341　紙面の問い合わせ　026-236-3111　信毎web　www.shinmai.co.jp

第三種郵便物認可　信濃毎日新聞　2019年（令和元年）11月15日　金曜日　6版　総合　2

長野市長沼に農業ボランティア
基幹産業守る新たな試み

台風19号で被災した長野市長沼地区で14日、農地の泥やごみを撤去する「信州農業再生復興ボランティアプロジェクト」が試行された。農業が営利事業に当たることもあり、各地のボランティアセンター（VC）は、ボランティアの派遣先として被災家屋を優先してきた。ただ、被災地の多くで、農業は地域の盛衰に直結する基幹産業。今回は民間団体を中心とする別の枠組みを設け、ボランティアの熱意を生かすことになった。【1面参照】

ボランティア派遣と農地復旧のイメージ

リンゴ畑での作業を終え、引き揚げるボランティア＝14日午後3時21分、長野市津野

「人の力はすごい」。同市津野の農業下川英紀さん(50)は14日、ボランティアの力でリンゴ畑のごみ撤去が進み、感謝した。だが1・5㌶の畑はごみは半分以上片付いた」一方で、厚さ最大約40㌢の泥に覆われたまま。「今後は泥を出し、木に付いたごみを取って消毒しなければならない」と見据える。

県内では台風19号災害後、市町村の社会福祉協議会が設置するVCが、ボランティアの受け付けや派遣先との調整を担い、被災家屋の復旧に優先して対応してきた。VC運営を支援する県社会福祉協議会は「農業は営利事業。生活の場である住居の環境整備が最優先された」と説明する。

長野市東北部の国道18号が「アップルライン」と呼ばれるように、この地域でリンゴ栽培をはじめとする農業は基幹産業だ。下川さんも「被災した家は、借りたらどうにかなるが、売り物のリンゴを失ったら、生活の基盤がなくなってしまう」と話す。

こうした声を受け、ながの農協や長野県NPOセンター（ともに長野市）など民間団体が実行委員会をつくり、今回のプロジェクトが動きだした。実行委事務局を務める山室秀俊・同センター事務局長は「この地域といえば果物。産業が成り立たなくなることは地域の衰退を招く」と強調する。

県農政部のまとめによると、台風19号災害により北信地域で泥が5㌢以上堆積する被害があった果樹農地（一部田畑を含む）は長野市、中野市など6市町で計903㌶。泥が5㌢以上たまった状態が長く続くと、リンゴなどの根が呼吸できず、木が枯れる恐れがあり、対応が急がれる。

ボランティアと連動し、行政も動く。長野市は長沼地区の農地51㌶を優先区域とし、堆積した土砂を重機で撤去する方針。まず地権者の同意を得た津野の水田約3400平方㍍で15日から作業に入り、今後はリンゴ畑などに広げる。プロジェクトのボランティアはごみの撤去や、木の根元の泥のかき出しなど重機では難しい作業を分担する。

プロジェクトは今後、ボランティアを連日受け入れる態勢を2週間以内に整え、並行してボランティアを募集する。山室事務局長は「雪が降る前にできるだけ作業を進めたい」と話している。

（田中達也、奥川瑞己）

千曲川 ほかにも決壊危険性
長野・穂保の現場付近
堤防のり面 計500㍍崩れる

台風19号の豪雨で千曲川の水が堤防上を超える「越水」が長野市穂保の決壊堤防付近1・5㌔にわたって発生していたことについて、専門家が他の場所でも決壊する可能性があったと指摘している。穂保の決壊地点の上流側、下流側ではともに、堤防裏（住宅地側）ののり面5カ所が計500㍍ほど崩れた。有識者でつくる国の調査委員会は決壊原因を越水と結論づけており、被害がさらに拡大していた可能性もある。

決壊現場上流で、住宅地側ののり面が「越水」により崩れ、広くブルーシートが掛けられた堤防＝14日午後3時33分、長野市穂保

千曲川での越水は10カ所で発生した。越水したのは国管理区間で長野、中野両市のそれぞれ2カ所、上田、千曲、須坂各市と小布施町の各1カ所。県管理区間は上田市と佐久市、佐久穂町のそれぞれ1カ所。

調査委は13日の会合で決壊した堤防について、越水した水が高さ5㍍の堤防の頂点から住宅地側に流れ落ち、その勢いで堤防を削ったことが主要因と結論づけた。国交省北陸地方整備局（新潟市）が、決壊した堤防に設置していた水位計によると、水は堤防の上を最大約80㌢上回った。

長野市穂保付近の堤防の状況
赤沼公園
堤防
長野市
18
長沼支所
越水区間 約1.5km
堤防決壊 約70m
千曲川
堤防裏側のり面崩れ

調査委メンバーの吉谷純一信州大工学部教授（河川工学）は14日の取材に、越水した水が堤防を上回る高さは平均30㌢と指摘。多くの場合で60㌢以内に収まるとし「80㌢に達したということは、水の勢いがかなり強かったことが分かる」。決壊地点付近も含め、越水があった10カ所について吉谷教授は「越水がもっと続いていれば、他にも決壊する危険があった」とした。

県災害対策本部の13日時点の調べでは、長野市では3620世帯が浸水の被害を受けた。決壊に至らなかった中野市でも124世帯、千曲市で1653世帯、須坂市で349世帯と、越水は大きな浸水被害をもたらしている。

同整備局によると、台風19号で被災した堤防ののり面などは国が災害査定をした後、本格的な復旧工事を行う。時期は未定という。

長野市穂保の堤防に設置されていた水位計データ
標高 340m
ピーク水位339.0m 13日午前2時40分
堤防頂点部 338.2m
約80cm
13日午前0時50分ごろ
計画高水位 336.6m
12日午後10時40分ごろ
12日午後8時　10時　13日午前0時　2時　4時　6時
（北陸地方整備局まとめ）

全国市長会

復旧担う国組織 設置提言へ研究

全国市長会（会長・立谷秀清福島県相馬市長）は14日、防災対策特別委員会を東京都内で開き、台風19号など最近の大規模災害への対応を議論した。被災自治体との窓口になったり復旧・復興を一元的に担ったりする専門組織の設置を国に提言すべきだ―との意見が出て、今後研究することを確認。被災ごみなどの処理に関して、被災自治体の負担軽減のため国による財政支援を求めることで一致した。

【関連記事地域面北信に】

県内からは特別委員会の加藤久雄・長野市長らが出席。被災状況などを報告した加藤市長は、同市穂保の千曲川堤防の決壊などから1カ月が過ぎて「ようやく（復旧・復興に向けた）先が見えてきた」との認識を示した。

災害対応を担う国組織の必要性などを議論した全国市長会の防災対策特別委員会＝14日、東京都内

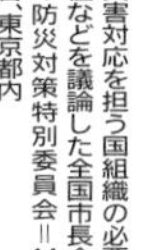
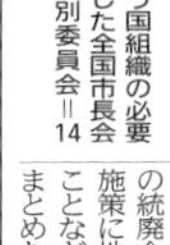
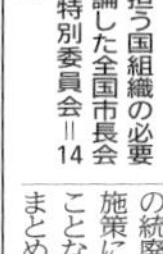
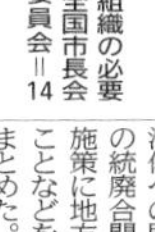
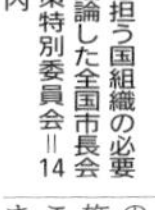
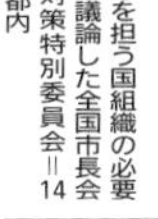
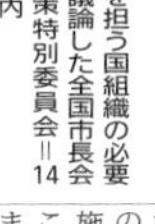
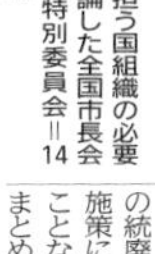
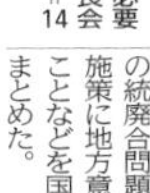
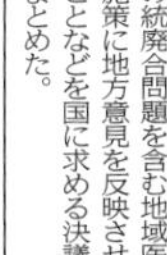
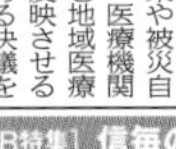
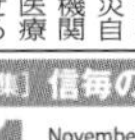

意見交換で、副委員長の谷畑英吾・滋賀県湖南市長が「災害ごみの対応は環境省が担うが、（その他も担当する）『環境防災省』のような組織をつくるよう国に提案すべきだ」と発言。立谷会長も「ワンストップで（被災自治体からの相談などを）受け、対応する役所が必要だ」と同調した。ペットを連れた被災者が入居する避難所や復興住宅などの制度化に向けて、議論を深めるべきだとの意見も複数市長から出た。

全国市長会は14日、理事・評議員合同会議も開催。決壊した堤防の集中対策や被災自治体への財政支援、医療機関の統廃合問題を含む地域医療施策に地方意見を反映させることなどを国に求める決議をまとめた。

長野など10都府県が加盟
北陸新幹線の同盟会 台風被害で緊急要請

長野県をはじめ10都府県が加盟する北陸新幹線建設促進同盟会などは14日、台風19号被害を踏まえて政府・与党に緊急要請をした。長野新幹線車両センター（長野市）で浸水した車両に代わる新たな車両製造などを求め、早期の完全復旧を要請した。浸水被害の再発防止に向け、国による治水対策や原因究明の徹底を要望。年末年始など繁忙期の利用者の利便性確保も欠かせないとした。その上で、2022年度末までの敦賀延伸の確実な実施、30年度末ごろまでの全線整備を求めた。

同盟会は総務、国土交通省と自民、公明両党の国会議員を訪ねて要望書を提出。長野県の小岩正貴副知事は「台風19号被害で改めて北陸新幹線の重要性を確認した」と述べた。

台風災害復旧へ 知事査定始まる
補正予算案

県は14日、28日に開会予定の県会11月定例会に提出する補正予算案などの知事査定を始めた。台風19号災害からの復旧・復興に向けて、政府がまとめた「対策パッケージ」を踏まえた関連経費などを計上する予定。知事査定は15、18日も行い、22日の部局長会議で予算案などを正式決定する。

補正予算案には、台風被害を受けた中小事業者や農林業者などの経営再建に向けた産業振興策を中心に計上する見通し。阿部守一知事は冒頭、「産業面を含め、しっかり災害から立ち上がっていくために極めて重要な予算だ。県民や事業者が期待する良い形の予算になるように努力したい」と述べた。

県はこれまで2回にわたって復旧関連経費計135億1500万円を盛った補正予算を専決処分しており、11月県会で報告する。

改憲案「急がず」 野党は慎重姿勢
衆院憲法審 自民と温度差

衆院憲法審査会は14日、9月に欧州4カ国を訪れた与野党議員団の視察報告に関し、議員同士で今国会2度目の自由討議を行った。憲法改正へ議論促進を目指す自民党に対し、野党は「急いで改憲案をつくる必要があるのか」（国民民主党の奥野総一郎氏）と慎重姿勢を示し、改めて温度差が浮き彫りになった。

憲法審幹事会では、与党が焦点の国民投票法改正案の今国会成立を目指し、次の定例日の21日に質疑と採決を実施するよう提案。これに対し野党は国民投票時の政党CM規制の議論が必要だと主張し、折り合わなかった。

けさの一句　2019.11.15

花嫁を見上げて七五三の子よ　大串 章（おおぐし あきら）

着飾った七五三の子は鏡の中の自分をまるでお嫁さんのようだと眺める。玄関を出ればご近所の誰もが口々に「お嫁さんみたい」とほめてくれる。そして道中あるいは七五三のお宮の参道で本物の花嫁に出会ってしまうのだ。最後に置かれる「よ」の詠嘆には、わが子の成長を祈る喜びと、成長ののち手放さねばならぬ日が遠からずやってくる予感がないまぜになっている親心があらわれる。「百鳥」主宰。

土肥 あき子（俳人）

第三種郵便物認可　信濃毎日新聞　2019年(令和元年)11月15日 金曜日　中南　地域　28

北信

被災醸造場 励みの最高賞

長野・津野で2～3メートル浸水

全国鑑評会

「この地でみそ造りを続けたい」

台風19号による千曲川の堤防決壊で浸水被害を受けた長野市津野のみそ蔵「小川醸造場」が14日、今年の第62回全国味噌鑑評会で、最高賞の農林水産大臣賞を受けた。県内では同醸造場のみ。社長の小川泰裕さん(63)の自宅と隣接するみそ蔵は高さ2～3メートルほど水に漬かり、今も片付け作業に追われるが、「受賞や地域の支えを励みに、この地でみそ造りを続けたい」と思いを新たにしている。

浸水被害に遭ったみそ蔵で生産機械を見つめる小川さん

小川さんは明治時代から続く同醸造場の4代目。妻(59)と2人でみそ造りを続けてきた。台風が県内に最接近した10月12日、小川さんは原料の大豆や米を車の荷台などの高い場所に置いて備えていた。だが、自宅とみそ蔵は堤防決壊箇所から1000メートルほどにあり、濁流が押し寄せた。

同15日、避難先からみそ蔵と自宅に戻り、変わり果てた姿に「言葉を失った」(小川さん)。みそ蔵の3分の2は水の勢いでつぶれ、一帯には厚い泥が堆積。どこから片付けの手を付ければいいのか分からなかった。近くの遊休農地を借りて原料の大豆栽培もしていたが、浸水して今年の収穫はできなくなった。

それでも翌16日から、客や友人らが泥を運び出す手伝いに駆け付けてくれた。「この地でみそ造りを続けてくれて良かった」と実感したという。

鑑評会は一般社団法人中央味噌研究所(東京)主催。今年は全国から380点の出品があり、農水大臣賞には6点を選んだ。小川醸造場は被災前にみそを出品し、同賞受賞は2012、17年に続き3回目。操業再開の見通しはまだ立たないが、小川さんは「今はできることを一歩ずつ進めたい。よりおいしいみそを造り、支えてくれた人たちに恩返ししたい」と話している。

農水大臣賞に次ぐ農水省食料産業局長賞(15点)には県内から5点が選ばれた。受賞した事業者は山高味噌(茅野市)、神州一味噌丸高蔵(諏訪市)、糀屋本藤醸造舗(須坂市)、丸世醸造場(中野市)。

長野市長 被災状況を報告

全国市長会の防災特別委で

14日に都内で開かれた全国市長会の防災対策特別委員会で、長野市の加藤久雄市長は台風19号による千曲川の堤防決壊などで被害が広範囲にわたり「混乱の中で、市職員も慣れていない」と災害対応の難しさを説明。出席者からは、応援職員の派遣など、市長会を通じた災害時の連携の必要性を改めて訴える声が出た。【2面参照】

加藤市長は、市内で2人が亡くなったことなどを報告。市長自身が肉声による無線や市長名のメールで住民に避難を呼び掛けたとし、「いざという時は市長(の具体的な行動)が大事だ」と主張した。支援策を早期に打ち出すため、上司の決裁などの通常の手続きを省いてでも、(被災者にとって)一番いいことを具体化するよう担当者に求めていることも紹介した。

北信越市長会の会長の久住時男・新潟県見附市長は、加藤市長を含む近隣の市長と事前に連絡先を交換していたことから、同市長会内での情報共有などが順調にできたと強調。全国市長会長の立谷秀清・福島県相馬市長は、被災市町村単独では初期対応に限界があり「急性期には市長会のネットワークや国の支援(に頼るところ)が大きい」と述べた。

応急仮設住宅として設置が進むトレーラーハウス＝14日、長野市徳間

長野市の応急仮設住宅 トレーラーハウス設置始まる

台風19号で住宅が被災した人向けに長野市が応急仮設住宅とするトレーラーハウスの設置工事が、同市徳間の県営駒沢新町第2団地内で始まった。市内の企業が製造し、13日夜から14日にかけて最初の2戸を据え付けた。市によると、11月中に全15戸の工事を終える計画だ。

トレーラーハウスは木造平屋の36平方メートル。1LDKで、入居は3人以上の世帯が対象。同市南長池のカンバーランド・ジャパンが市内工場で製造。2戸は13日夜にトレーラーで運び込み、14日は地面に固定する作業をした。電気や水道の工事も並行して進める。

原田英世社長(60)によると、同社のトレーラーハウスは寒冷地や豪雪地でも長年使われ、昨年の西日本豪雨や北海道地震の被災地でも仮設住宅になったという。「普通の暮らしに戻れるまで快適に過ごしてほしい」と話した。

仮設住宅は、市内の他の3カ所で建設中のものを含め計115戸。16日に入居受け付けが始まる。

東信

列車運行拡大「うれしい」

別所線「城下―下之郷」あす再開

上田電鉄(上田市)が16日から、台風19号で被災した別所線(11・6キロ)の列車運行を現行の下之郷―別所温泉間から城下―別所温泉間に拡大するのを前に、利用者からは14日、歓迎する声が聞かれた。残る運休区間の城下―上田(約720メートル)は代行バス運行を当面続ける予定で、全線の早期復旧を願う声も上がった。

運行区間拡大に向けて準備作業が進む城下駅＝14日

全線の早期復旧待ちわびる声も

16日以降の別所線

鉄橋一部崩落　乗り換え　上田　城下　代行バス運行　上田市　長野大　千曲川　下之郷　別所温泉　本数8割に回復

信号設備などの改修が整った。列車とバスの乗換駅となる城下駅には係員を置き、混雑する朝を中心に対応。簡易トイレや待合室も設置予定だ。運行本数は1日上下57本。15日までの39本から大幅に増え、被災前(71本)の8割に回復させる。

上田西高校1年の大久保蘭々さん(16)＝上田市中野＝は「バスは混んですぐに乗れないこともある。本数が増えるとうれしい」。上田女子短期大1年の北沢瀧さん(19)＝同市真田町長＝も「バスは道の混雑で時間が変わるし、時間がかかる」と列車区間の延伸を喜んだ。

千曲川増水で一部落下した別所線鉄橋について、上田電鉄は国、県、市などの支援を得て復旧を進めたい意向。少なくとも1年程度かかるとみられ、別所線としなの鉄道で通勤する女性(56)は「1年は長いなあ。バスは混雑して座れないことが多くつらい」と全線再開を待ちわびる。

全線再開を願う市民有志は15日、市塩田公民館で記者会見し、署名集めなどを行う「別所線みらい応援プロジェクト」の取り組みを発表する。沿線にある長野大の「鉄道研究同好会N鉄」は台風の1週間後にあった大学祭で、別所線の中吊り広告に応援メッセージを載せようと、寄付とメッセージを募った。

佐久穂で17日復興イベント

親子向けに絵本読み聞かせ

佐久穂町海瀬の生涯学習館「花の郷・茂来館」は来年2月までの3回、台風19号災害からの復興イベントを開く。それぞれ被災前に計画され自粛する考えもあったが、「復興に向かうきっかけにしたい」と開催を決めた。17日は第1弾として親子向けの絵本の読み聞かせ会を開く。

同館は被災後、住民の避難先や水や物資を提供する「支援拠点」として利用され、館内のホールや会議室などの開放を一時中止。11月に入り、住民サークルなどの利用が始まっている。

イベントは17日と12月8日、来年2月18日に開く予定。いずれも会場に義援金箱を設ける。17日のイベントは午後3～4時で「絵本をうたおう」と題し、伊那市出身のシンガー・ソングライター湯沢かよこさんが歌や演奏を交えながら読み聞かせをする。2回目以降はピアノコンサートなどを開き、被災者らを対象にしたマッサージなどのブースも設ける予定。

茂来館はイベントについて「大変なときでも上を向いて頑張ろうというメッセージが伝わってほしい」としている。問い合わせは同館(☎0267・86・2041)へ。

夜を染める電飾 きらびやか

佐久 イルミネーション始まる

氷の城やトナカイ、サンタクロースなどをかたどった電飾＝14日午後5時43分

真空ポンプなど製造の樫山工業(佐久市)は14日夜、発光ダイオード(LED)約25万個を使ったイルミネーションの点灯を佐久市根々井の本社工場で始めた。国道141号沿いの敷地にトナカイや雪だるま、高さ6メートルのクリスマスツリーなどをかたどった電飾が約250メートルにわたって輝き、通りかかる人の目を楽しませていた。

2005年に始まり、15回目。今年のテーマは「雪の女王 光のお城」。社員が半年ほど前からデザインを作り、約1カ月かけて飾り付けた。点灯式で、青や白を基調とした高さ約11メートル、幅約20メートルの「氷の城」や、トナカイに引かれたそりとサンタクロースなどの電飾がともされると、訪れた家族連れらが「おお」と歓声を上げた。

近くの自営業吉谷加奈子さん(46)は「毎年楽しみにしている。今年も迫力があってきれい」。長女胡歩ちゃん(4)も「お城が大きくてきれい。雪の女王や雪だるまもかわいい」と話していた。

点灯は来年2月29日まで。各日午後4時半～午前0時。

天気

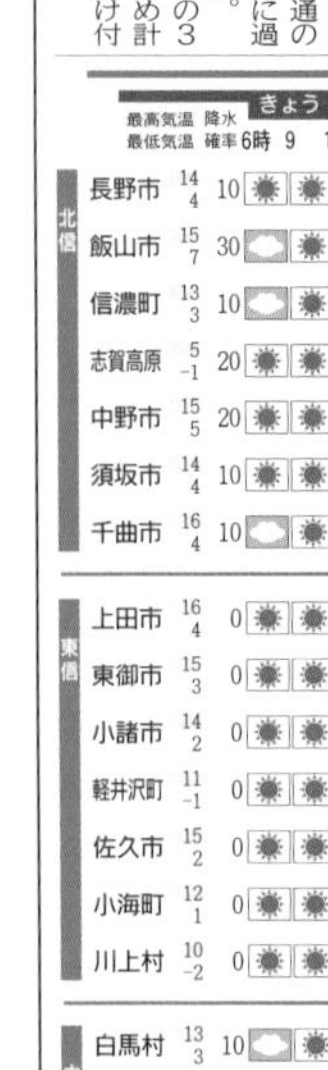

地域	地点	最高気温/最低気温	降水確率	あす最高/最低
北信	長野市	14/4	10	14/4
北信	飯山市	15/7	30	13/4
北信	信濃町	13/3	10	11/3
北信	志賀高原	5/-1	20	4/-1
北信	中野市	15/5	20	13/5
北信	須坂市	14/4	10	13/4
北信	千曲市	16/4	10	14/4
東信	上田市	16/4	0	14/2
東信	東御市	15/3	0	14/3
東信	小諸市	14/2	0	13/2
東信	軽井沢町	11/-1	0	11/0
東信	佐久市	15/2	0	14/-1
東信	小海町	12/1	0	12/2
東信	川上村	10/-2	0	10/-1
中信	白馬村	13/3	10	11/2
中信	大町市	13/3	10	12/2
中信	池田町	14/3	20	13/3
中信	木曽町	14/1	0	12/-1
中信	開田高原	9/-2	0	7/-5
中信	南木曽町	13/1	0	12/1

地域	地点	最高気温/最低気温	降水確率	あす最高/最低
中信	松本市	15/2	0	14/3
中信	上高地	8/-1	20	5/-2
中信	筑北村	14/3	10	13/3
中信	安曇野市	15/5	0	14/2
中信	塩尻市	14/2	0	12/1
諏訪	岡谷市	13/1	0	11/2
諏訪	下諏訪町	13/1	0	11/2
諏訪	諏訪市	13/1	0	12/1
諏訪	白樺湖	9/-1	0	7/-1
諏訪	茅野市	13/1	0	12/1
諏訪	原村	12/-1	0	11/-1
諏訪	富士見町	12/0	0	11/0
飯田伊那	辰野町	14/3	0	12/1
飯田伊那	伊那市	15/2	0	13/1
飯田伊那	駒ケ根市	13/1	0	12/1
飯田伊那	松川町	14/1	0	13/2
飯田伊那	飯田市	15/0	0	15/2
飯田伊那	南信濃	16/2	0	17/3
飯田伊那	阿智村	14/-1	0	14/0
飯田伊那	阿南町	15/1	0	16/2

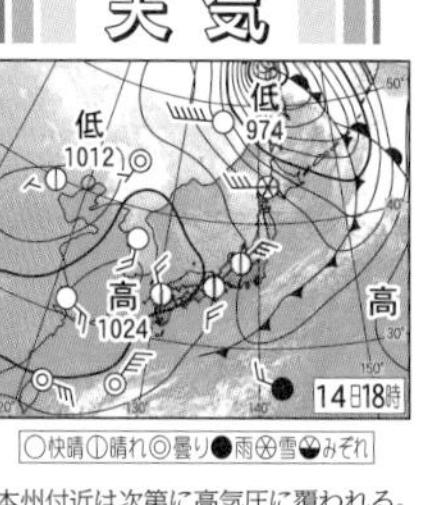

○快晴◐晴れ◎曇り●雨⊗雪◑みぞれ

本州付近は次第に高気圧に覆われる。県内は、各地とも日中は晴れる。朝は北部を中心に雲が広がり、雨や雪が降るところも。最高気温は平年並みの所が多い。日差しがあっても少し肌寒い。(日本気象協会長野支店)

低 1016　高　低　低 1016　高 1022　15日9時予想図

9日間の予報

マーク下は降水確率(%)

地域		15(金)	16(土)	17(日)	18(月)	19(火)	20(水)	21(木)	22(金)	23(土)
北信	降水確率	10	40	10	40	50	30	30	30	50
	最高気温	14	14	12	18	13	10	10	13	18
	最低気温	4	4	5	7	5	4	3	1	6
東信	降水確率	0	30	10	40	50	10	10	30	50
	最高気温	15	14	13	16	11	8	8	11	14
	最低気温	2	-1	0	5	3	2	1	1	3
中信	降水確率	0	30	10	40	50	10	10	30	50
	最高気温	15	14	13	17	14	11	11	12	15
	最低気温	2	3	1	7	6	4	3	-1	6
諏訪	降水確率	0	30	10	40	50	10	10	30	50
	最高気温	13	12	12	16	12	10	9	11	12
	最低気温	1	1	0	6	3	2	1	-2	3
飯田伊那	降水確率	0	30	10	40	50	10	10	30	50
	最高気温	15	15	17	18	15	12	12	14	14
	最低気温	0	2	3	8	6	4	3	2	4

札幌　上越　富山　金沢　東京　甲府　名古屋　大阪　福岡

晴れ後くもり　晴れ一時または時々くもり

14日の気温

地点	【最高】	平年差	【最低】	平年差	湿度	きょうの降水確率
長野	16.3	3.0	11.9	8.5	52	
松本	17.2	3.4	11.8	9.3	33	
諏訪	14.7	2.0	10.2	7.5	48	
飯田	15.4	0.8	11.3	7.2	45	
軽井沢	14.6	3.6	3.9	4.3	48	
飯山	13.4	0.4	8.8	6.2		
上田	16.3	2.0	13.2	10.6		
佐久	16.4	3.1	5.7	4.7		
大町	13.2	1.7	8.7	7.7		
木曽	14.6	1.0	9.8	8.5		
伊那	16.5	3.1	10.5	9.2		
上越	14.8	▼0.7	10.5	4.4	79	20
札幌	13.1	4.5	8.7	7.2	74	50
秋田	15.1	3.0	11.0	6.7	61	40
盛岡	12.7	1.8	10.9	9.1	59	20
仙台	18.4	4.5	12.7	7.2	57	10
福島	17.8	3.4	12.4	7.2	62	0
水戸	21.2	5.0	10.7	4.9	38	0
前橋	18.3	2.0	8.9	2.0	40	0
東京	22.3	5.7	11.4	2.7	43	0
新潟	16.3	2.1	12.6	5.6	71	40
甲府	23.0	6.4	10.3	4.5	27	0
静岡	23.6	5.0	15.5	5.8	32	10
名古屋	18.1	0.8	13.9	5.4	50	0
金沢	19.4	3.7	13.5	5.4	64	20
京都	15.7	▼1.7	14.3	6.0	43	0
大阪	18.7	0.8	16.9	6.6	49	0
広島	18.4	0.8	13.8	4.9	30	0
松江	16.5	0.1	12.4	4.5	51	0
高松	19.2	1.7	14.5	5.5	34	0
福岡	17.4	▼0.7	14.4	3.9	51	0
鹿児島	19.6	▼0.9	16.0	3.8	40	0
那覇	24.5	▼0.4	22.2	2.1	62	0

【注】最高は15時まで、最低は9時まで(県外最低は前日21時から)。平年差▼低。湿度は15時。降水確率6～12時

16日のこよみ

旧暦10月20日 大安

日出	日入	月齢	月出	月入
6.25	16.38	19.0	19.39	9.40

(地点・長野市 月齢・正午)

港	潮	満潮	干潮
直江津港	中潮	3.09 18.24	11.07 22.20
名古屋港	中潮	8.17 19.26	1.40 13.50

1　第49349号　【明治25年3月15日第三種郵便物認可】　信濃毎日新聞　統合　2019年（令和元年）11月16日　土曜日　日刊　6版

2019年（令和元年）
11月16日
土曜日

絶景 来季も楽しみに

北アルプス上高地で閉山式が開かれた。河童橋にも多くの人が集い、穏やかな来季の到来を願った。　地域面中信から

信濃毎日新聞
1873年（明治6年）創刊
発行所
信濃毎日新聞社
長野本社　〒380-8546 長野市南県町657番地
電話（026）受付236-3000 編集236-3111 販売236-3310 広告236-3333
松本本社　〒390-8585 松本市中央2丁目20番2号
電話（0263）代表32-1200 報道32-2830 販売32-2850 広告32-2860

しなの鉄道 戻った日常

台風から1カ月

全線再開 通勤・通学客に笑顔

しなの鉄道（上田市）は15日朝、台風19号の影響で運休していた上田（同）―田中（東御市）駅間の運行を再開し、ほぼ1カ月ぶりに全線が開通した。通勤、通学の高校生や社会人らが乗り降りし、「やっと日常が戻った」と喜んだ。運休原因になった海野宿橋（東御市）付近は徐行し、「災害を実感した」との声もあった。

【焦点3面に】

一部が崩落した海野宿橋付近は応急工事が終わり、始発から通常通りの本数で運行。上田駅では小諸発の下り列車が到着した午前7時50分ごろ、一斉に高校生や社会人が改札を出てきた。

上田高校2年の塚田光砂さん(17)＝佐久市＝はJR佐久平駅（佐久市）から小海線としなの鉄道を乗り継いできた。運休中は、JR東日本としなの鉄道が学生や生徒を対象に14日まで行った北陸新幹線（長野経由）の代替輸送を利用。「新幹線の方が早かったけれど混んでいた。しな鉄の方が落ち着く」とほっとした表情を見せた。

大屋駅（上田市）で乗り、8時半すぎに上田駅で降りた同校1年の久保田詩乃さん（上田市長瀬）は運休期間中、自転車で通学していたが「寒かった」。「電車に乗れて幸せです」と笑顔で友人と学校に向かった。

小諸駅（小諸市）で午前6時51分発長野行きを待っていた事務職の女性(30)＝小諸市＝は台風後、上田駅まで車を運転し、長野駅までしなの鉄道で通っていたという。渋滞を避け1時間早く起床してきた日々が終わり、「やっといつも通りの生活が戻ってくる」と喜んだ。

列車は海野宿橋付近の約150㍍区間は徐行し、平均1、2分ほどの遅れが出ている。海野宿橋に差し掛かると、車内では立ち上がって外を見る乗客もいたという。上田―田中間を通勤で利用する増田恵美さん(47)＝上田市＝は運行再開を喜ぶ一方、「橋の崩落現場がよく見えた。被災地なんだということを実感した」と話していた。

小諸方面から上田駅に着いた電車からホームに降りる通勤、通学客たち＝15日午前8時35分、上田市

坂城
坂城IC
上信越道
坂城町
上田菅平IC
東御市
上田
千曲川
しなの鉄道
東部湯の丸IC
小諸IC
上田市
田中
小諸
小諸市
運行再開区間

県内 避難指示全て解除

長野市災害対策本部は15日午後5時、台風19号に伴い千曲川支流の保科川上流で土石流の恐れがあるとして、若穂川田、若穂保科両地区の一部（919世帯、3013人）に出していた避難指示を解除した。市危機管理防災課によると、土砂や倒木撤去などの復旧工事の一部が終わり、土石流の危険の解消を確認したため。台風19号による災害発生から1カ月余りを経て、県内に出された避難指示は全て解除となった。

市は10月30日、千曲川の堤防が決壊して浸水した市東北部を含む市内の広範囲に出していた避難指示を解除。一方、同12日夜に発令した若穂川田、若穂保科両地区は継続していた。市河川課によると、保科川支流の高岡川沿いで11月2日から土砂撤去などを進めていた。

県内での避難所開設も長野市だけとなったが、市災害対策本部によると、市内では294世帯676人（15日午前7時時点）が避難生活を続けている。市は11月末を避難所閉鎖のめどとしているが、流動的だ。

地滑りの恐れがあるとして10月28日午後に同市信州新町弘崎の2世帯5人に出した「避難準備・高齢者等避難開始」は当面継続する。

北陸新幹線 年末年始1割減

定期列車 今月30日から増便

JR東日本は15日、台風19号による浸水被害で一部車両が使えなくなり、列車本数を減らした暫定ダイヤで運行している北陸新幹線（長野経由）の年末年始（12月27日～来年1月5日）の臨時列車の運行計画を発表した。期間中の運行は186本で前年同期から3割減。定期列車分と合わせても1割減となり、帰省やUターンでは混雑が予想されるとしている。

同社は年末年始のピークの時期をずらした利用や「かがやき」の立席、東京―高崎間での上越新幹線利用などを呼び掛けている。

また、今月30日以降の定期列車ダイヤも発表。東京―金沢間を直結する「かがやき」「はくたか」は列車本数を被災前に戻す。長野―東京間を結ぶ「あさま」は現在よりも上り3本、下り4本を増やして1日15往復とし、被災前（17往復）の水準に近づける。12月27日以降はあさまをさらに1往復増便する。

北陸新幹線は台風19号による千曲川の堤防決壊の影響で長野新幹線車両センター（長野市赤沼）が浸水。全編成の3分の1に当たる10編成（120両）が水に漬かって使用できなくなり、廃車が決まった。

現在は新造車両も投入して22編成で運行。今月30日と12月27日に1編成ずつ増やしてダイヤを一部復旧させる。年度末までにさらに2編成を投入して計26編成態勢とし、あさまのダイヤも完全復旧させる計画だ。

ハンセン病補償法成立

国会と政府おわび 家族に最大180万円

ハンセン病元患者家族に最大180万円を支給する補償法と、名誉回復を図る改正ハンセン病問題基本法が15日、参院本会議で全会一致により可決、成立した。元患者への補償金支給法施行から18年遅れ、家族補償が実現。対象者は約2万4千人とみられ、22日にも施行して受け付けを始め、来年1月末にも支給を始める。政府は家族関係修復や差別解消に力を入れ、当事者らの意見を踏まえて具体策を決める。【関連記事2面に】

法成立を受け、加藤勝信厚生労働相は「私自身先頭に立ち、補償実施や偏見差別解消、家族関係回復に取り組む」と強調。家族訴訟弁護団は「被害の全面解決に向けて大きな前進をもたらす」とのコメントを発表した。

両法は議員立法。補償法は家族が受けた苦痛や苦難に対し、国会と政府による反省とおわびを前文に明記した。精神的苦痛への補償金として元患者の親子や配偶者らに180万円、きょうだいらに130万円を支給する。6月の熊本地裁判決より、補償額と「家族」の範囲が拡大された。

支給には請求が必要で、家族と証明する資料の確認や外部有識者による認定審査会の審査を経て厚労相が認定する。委員には国立ハンセン病療養所長や裁判官の経験者を想定している。請求期限は法施行後5年以内。死亡した原告は補償対象に含めず、省令で同額の特別一時金を支払う。同省は必要経費を約400億円と見込む。ホームページやポスターなどで制度を周知するとしている。

改正基本法では、差別禁止や名誉回復の対象に、元患者だけでなく家族も追加。高齢化が進む元患者の医療・介護環境を整備し、国立ハンセン病療養所に勤める医師の兼業規制を緩和した。

熊本地裁は6月28日、原告541人に1人当たり30万～130万円（1割の弁護士費用除く）を支払うよう国に命じた。7月9日に安倍晋三首相が控訴見送りを表明。その後、原告側も控訴せず、地裁判決が確定した。

元患者の訴訟では、同地裁が2001年に隔離政策を違憲とし、国に賠償を命令。同年、補償金支給法が制定され、09年に基本法が施行された。

ハンセン病元患者家族補償法のポイント

- 前文に国会と政府の反省とおわびを明記
- 家族の精神的苦痛を慰謝するため、元患者の親子や配偶者、同居していた1親等の姻族に180万円、きょうだいや同居していた2親等の姻族、3親等内の血族に130万円支給
- 請求に基づき、家族と証明できる資料の確認や外部有識者による認定審査会の審査を経て、厚生労働相の認定で支給。請求期限は5年以内

斜面

2019.11.16

ヤマトシジミ、ワカサギ、ウナギ、スズキ、シラウオ、コイ、ヨシエビ。「宍道湖七珍」は宍道湖で捕れる代表的な7種の魚介である。淡水と海水が混ざり川と海の生物が共存する汽水湖の生態系が、松江の豊かな食文化を支えてきた◆漁獲量日本一を競うシジミは操業規制の強化で回復の兆しがあるものの、全体には厳しさが続く。とりわけ深刻なのがワカサギという。地元漁協が卵のふ化放流で回復を試みるが、猛暑の1994年以降はさっぱり。温暖化の影響との見方がもっぱらだ◆そこに一石を投じた研究である。「一因として水田で使ったネオニコチノイド系殺虫剤の可能性がある」と先日、産業技術総合研究所が発表した。神経の働きを阻害し昆虫を殺す薬剤でミツバチの大量死との関連も指摘される。それがワカサギやウナギの激減にどうつながるのか◆オオユスリカの調査から導いたのが興味深い。宍道湖では住民の苦情が出るほど大量発生したが、93年を境に消えた。その年、使われ出したのが効果が長持ちする水溶性の薬剤だった。ユスリカの幼虫など動物性の餌に頼る魚が打撃を受けたとの推論だ◆植物プランクトンが餌のシラウオは激減しなかったことも薬剤原因説を裏付けるという。食物連鎖の影響の大きさを示す結論である。ワカサギとユスリカといえば、諏訪湖でも話題になる。同様の影響はないのだろうか。松枯れ対策の空中散布でも議論になる農薬だ。研究を進めてほしい。

天気

最高気温／最低気温

地域	地点	最高気温	最低気温
北部	飯山	13	2
北部	長野	13	5
北部	大町	12	1
中部	松本	15	4
中部	上田	14	2
中部	佐久	14	-1
中部	諏訪	13	2
南部	木曽	11	0
南部	伊那	12	0
南部	飯田	16	2

6時　12　18　24
17日　18日　19日
5㍉以上　5㍉未満

28面に詳しい天気情報

素肌乾燥情報　カサカサ、注意、しっとりの3段階
北部　注意
中部　カサカサ
南部　カサカサ

こと映え
傍若無人
人前でも自分勝手に行動
木曽町　ニホンザル
12月のお題34面に

購読のお申し込み　0120-81-4341　紙面の問い合わせ　026-236-3111　信毎web　www.shinmai.co.jp
4910855731690　00136

幹線つながり 安堵

しなの鉄道全線再開

焦点

しなの鉄道（上田市）は15日、上田―田中間の運休が解消し、篠ノ井―長野のJR区間を挟んで東北信地方の約100キロを結ぶ幹線鉄道が台風19号から約1カ月ぶりに日常を取り戻した。軽井沢など有数の観光地を抱える地元に安堵が広がった一方、しなの鉄道は利用客の挽回や千曲川沿いの「水害リスク」への備えといった新たな課題に直面している。

（古志野拓史、河田大輔、高橋幸聖、竹端集）

【1面参照】

北しなの線
妙高高原
豊野
飯山線
北陸新幹線
三才
変電所や線路が一時冠水
10月18日運転再開
長野
篠ノ井
11月15日運転再開
千曲川の護岸崩落
上田
田中
小諸
しなの鉄道線
不通 代行バス運行
城下
11月16日運転再開
別所線
佐久平
軽井沢
別所温泉
下之郷
小海
小海線

広域観光の「生命線」

15日は早速、上田―長野間を観光列車「ろくもん」が臨時運行し、視察に訪れたフランスのワインツーリズム関係者10人ほどが乗車。一行を受け入れた軽井沢観光協会などは、バスで東御市の旧北国街道海野宿や千曲市の酒蔵を案内した。

年間800万人超の観光客が訪れる北佐久郡軽井沢町。同協会の工藤朝美事務局長は「上田、長野の観光素材とつながる生命線」とろくもん復活に胸をなで下ろす。東御など千曲川ワインバレーのワインが軽井沢観光にとっても新たな魅力とし、広域連携による誘客の重要性を強調した。

その東御市では、しなの鉄道運休の影響もあり、ワイナリー（醸造所）などを巡る周遊バス「まるッと信州とうみ号」のキャンセルが11月だけで10件出た。ヴィラデストワイナリー（東御市和）の小西超社長も「災害地域というイメージもあり、来場者が減っていた。これでお客さんの足が戻ると思う」と期待した。

上田市観光課も、ろくもん再開などを挙げ「東信の観光地が軽井沢を起点に上田一帯までしなの鉄道でつながることは大きな意味がある」と歓迎した。

小諸市、東御市、軽井沢町、御代田町は10月18日、上田―田中間の早期開通、通学利用者向けの代替輸送を同社に求めていた。小泉俊博・小諸市長は「早い対応に心から感謝する」と受け止めた。「8月の浅間山噴火に続き、台風19号の風評被害もあり、地元の宿泊施設や飲食店には影響が出ている」とし、冬の観光シーズンに期待。災害への公共交通の備えとして「普段から、いかに県や市町村で協力態勢を構築できるかが重要だ」とも述べた。

始発から全線で運行再開したしなの鉄道。後方は崩落した海野宿橋＝15日午前10時12分、東御市本海野

「水害リスク」課題に

「お叱りや励ましを受けながら今日を迎えた。地域に果たす役割の大きさを再認識した」。しなの鉄道の春日良太社長は15日、代替輸送や復旧に向け国、県、沿線市町などと連携し慌ただしく対応した1カ月を振り返った。

1997年、北陸新幹線（長野経由）開業に伴い信越線軽井沢―篠ノ井間をJRから引き継いで開業以来、1カ月に及ぶ運休は初めて。通学への影響が広がり、北陸新幹線とも連携した大規模な代替輸送に踏み切った。上田市や東御市の国道では渋滞が慢性化。しなの鉄道から車での移動に切り替えた人たちの影響もあったとみられる。

運休が経営に与える影響は無視できない。年間輸送人員1千万人前後の軽井沢―篠ノ井間のうち、利用者が多い上田―篠ノ井間は間もなく運行を再開したこともあり「決定的なダメージではない」（春日社長）とするものの、マイカー通勤を始めた人が列車通勤に戻る保証はなく、これまでに増して利用促進策が問われる。利用単価が高い観光列車「ろくもん」は長期運休を余儀なくされた。こうした減収要因など現時点で見込む台風19号の影響額「数億円」（同社長）は2019年度予算の当期利益見込み7400万円が消し飛ぶ規模。本年度、大規模な車両更新を始める同社に痛手なのは間違いない。

鉄道施設は、増水した千曲川が東御市で護岸を削って運休原因となり、北しなの線三才―豊野間では線路が冠水、変電所は壊れた。「浅間山噴火時の運転ルールや北しなの線の大雪への備えはあったが、千曲川氾濫から施設をどう守るかの意識は不十分だった」。春日社長は自戒を込めつつ、線路を高台に移設するといった抜本策は現実的でないとして「沿線市町などと連携し、工夫できることはしていく」とするにとどめた。

不通区間残る別所線
復旧を願い署名運動

しなの鉄道の上田―田中間の運休が解消したことで、台風19号に伴う県内の鉄道運休区間は上田電鉄別所線（上田市、11・6キロ）の上田―城下間（720メートル）を残すのみとなる。16日から城下―別所温泉間で運行する。不通区間は、千曲川の増水で一部が落下した鉄橋の再建が必要。上田電鉄は経営基盤が脆弱なため、早期の全線復旧を願う市民らの危機感も強い。

15日、別所線沿線の企業経営者や利用促進に取り組んできた市民らが上田市内で記者会見し、署名運動を柱とした「別所線みらい応援プロジェクト」を発表。口コミやインターネットを通じ広く署名を集め、上田電鉄や国、県、市に届けるとする。

呼び掛け人代表でシステム会社会長の宮島仁一さん(68)＝上田市＝は「車社会ではあるが、交通弱者や観光の足として年間130万人を運ぶ別所線を大切にしたい」と訴え、賛同を呼び掛けた。沿線の長野大学生も出席し、「通学やアルバイトに不可欠なのに、動くのが当たり前だと思っていた」と話し、別所線の中づり広告に応援メッセージを載せるための寄付募集を紹介した。

国や上田市は鉄橋の再建に前向きだが、上田電鉄による詳しい橋の調査が済んでいないことや費用面、工事可能な「渇水期」が限られることもあり再建には少なくとも1年程度かかるとみられる。同社は「復旧時期は見通せない」（運輸部）としている。

運休など影響「数億円」

しなの鉄道・春日社長

しなの鉄道（上田市）の春日良太社長(65)は15日、全線運行再開に際し信濃毎日新聞の取材に応じた。しなの鉄道線運休中のバス代替輸送、千曲川の氾濫に伴い被災した北しなの線の設備復旧、運休による減収などによる影響額は「数億円」との見通しを示した。路線の多くが千曲川沿いに敷設されていることを踏まえ、「水害への危機意識を高めていかなければならない」とした。

同社によると、長野市穂保の堤防決壊に伴う氾濫で北しなの線は三才（長野市）―豊野（同）間の線路が冠水し、豊野駅近くの変電設備が浸水して使えなくなった。同線は10月18日に運転を再開したが、現在、JR東日本から電力融通を受けて運行している。

同23日から今月14日までの23日間、不通の上田―田中で運行した代替バスは1日25台ほどを確保し、1日600～700人、延べ約1万8千人が利用。対象を学生・生徒に限定した点を春日社長は「全利用者を輸送するバス確保の難しさや渋滞、費用負担の問題があった」と説明。他の利用者には「申し訳なかった」とした。北陸新幹線（長野経由）による代替輸送を担ったJR東に「新幹線がなければ輸送し切れなかった。英断に感謝したい」とした。代替バスの費用負担は沿線自治体などと今後検討を進める。

上田―田中の1日の利用者は通常約4700人。運休による減収額は今後精査するものの「かなり大きなものになる」と説明。22日に運行再開を予定する観光列車「ろくもん」も運休期間が1カ月以上に及ぶことから大きな減収要因になるとの見方を示した。

「桜を見る会」首相答弁と食い違う文書や証言

- 招待者どう取りまとめ
- 夕食会会費は誰が負担
- 会場セキュリティーは

首相主催の「桜を見る会」をめぐる問題は、安倍晋三首相の当初の国会答弁と食い違う文書や証言が次々と明らかになっている。首相サイドによる招待者の取りまとめや、前日の懇親会の会費、当日の会場警備など論点は多い。

首相は8日の参院予算委員会で「主催者としてあいさつや接遇は行うが、招待者の取りまとめなどには関与していない」と明言した。

しかし、安倍事務所が参加案内の文書を後援会関係者に配布していたことが判明。菅義偉官房長官は13日の記者会見で、首相ら政権幹部の「枠」が存在することを認めた。安倍事務所はこれを利用し、桜を見る会を組み込んだ観光ツアーを企画したとみられる。首相も15日、「長年の慣行」と記者団に釈明した。

観光ツアーでは前夜に東京都内の高級ホテルで夕食会が催され、首相も顔を出した。5千円の会費について、首相は国会答弁で「（参加者が）ホテルに直接払い込みをしている」と説明。15日は記者団に、事務所の職員が集めてその場でホテルに渡したと語り、首相の事務所などの収支は生じていないため、政治資金規正法には抵触しないと強調した。

会費が安過ぎるとの指摘について「大多数が当該ホテルの宿泊者という事情を踏まえ、ホテルが設定した」と述べたが、資料などで証明したわけではない。立憲民主党の安住淳国対委員長は「領収書か何か見せてもらわないといけない」と反発している。

参院予算委では共産党の田村智子氏が、首相の後援会関係者が桜を見る会の開門前に会場入りし、首相と写真撮影を行っていたと指摘。「後援会活動そのものだ」と批判した。

これに対し、首相は「セキュリティーに関することだ」と回答を避けた。一方、野党が立ち上げた追及チームの会合で、政府側の担当者は「招待状を持っている人は、さらに本人確認することはない」と話している。首相の言う「セキュリティー」が何なのか、説明が求められそうだ。

首相、夕食会の違法性否定

桜を見る会 出席者増加は「反省」

安倍晋三首相は15日、「桜を見る会」の前日に開かれた夕食会を巡り、全ての費用は参加者の自己負担であり、事務所の収入や支出は一切なかったと説明した。収支内容は適正で違法性はないと主張。桜を見る会の出席者が近年増加したことは「長年の慣行とはいえ、反省しなければならない」と陳謝した。夕食会の会費1人5千円に関してはホテル側が設定した価格であり、安価との指摘は当たらないとした。官邸で記者団に述べた。野党は首相による国会での説明を求めた。

首相は桜を見る会の「前夜祭」の夕食会に関し「安過ぎるとの指摘があるが、大多数がホテルの宿泊者という事情を踏まえてホテル側が設定した価格だ」と強調。旅費、宿泊費を含め「費用は参加者の自己負担だ。安倍事務所、後援会の収入、支出は一切ない」と語った。政治資金収支報告書に記載義務が生じる収支は安倍事務所、後援会とも発生しておらず、政治資金規正法違反には「全く当たらない」と説明した。

記者団への説明は21分間。首相が会見以外で取材に長時間応じるのは異例だ。「公的行事の私物化」との批判を受け、説明責任を果たす姿勢を示す狙いがあるとみられる。ただ与党は、野党が求める衆参両院の予算委員会の集中審議開催に否定的で、国会での疑問解明の機会は設定されていない。

あの時そして今　千曲川氾濫 1カ月

支え合いに見た可能性

飲食店に声掛け炊き出し 長野・松代の女性

住民のつながり願い 支援継続

「お疲れさまです」。12日、被災した家々の片付けが続く長野市穂保に、弁当を配って回る青木恵さん(44)の姿があった。薄い草色のヘアバンドで髪を巻いた、明るい笑顔。この日40食を届ける先は、自ら飛び込みで声を掛け、つないだ主にお年寄りの世帯。「青木さんと会うと、ひと息つけるよ」。自宅が床上浸水した吉村博之さん(82)も、まだ泥が残る玄関先で弁当を受け取り、表情を緩めた。

同市松代町西条で4～10歳の3人を育てるお母さん。東京電力福島第1原発事故を機に安心して子育てできる場を求め、東京から、故郷の同市川中島町に近い松代に移住した。今回の災害取材で青木さんと最初に会ったのは、千曲川支流の氾濫で水が漬いた松代の東寺尾区だった。

自宅は被災を免れたが、氾濫翌日の10月13日、同じ松代の一部が水浸しになっていると知り、気がせいた。いろいろな世代が集まれる場をつくりたいと、音楽イベントを開いたり、友人と地元食材を使った食堂を開いたりするうち、街や人とのつながりを大切に思うようになっていた。東寺尾区のママ友に何かできないか連絡。浸水で近所の大型スーパーや交通手段を失ったお年寄りに食事を届ける必要があると分かった。イベントで知り合った市中心街の飲食店主に相談。間もなく居酒屋やカフェなど14店が炊き出しに名乗りを上げた。

毎日昼ごと、ビーフシチュー、ハンバーグ、ちらしずしなど各店が作った弁当40～60食分が持ち込まれ、区と協力して配った。「見えないところでこんなにもたくさんの方々が！」「あったかいごはんをありがとう」…。公民館に張り出された住民の書き込み。いろいろな人が交じり合い、支え合う地域の可能性を見る思いがした。

「青木さん、つないでよ」。松代での活動が一段落すると、ボランティア団体から同市穂保への支援を求められた。車で40分ほどかけて出向き、家も、畑などの生業の場も押し流され、「もうここには住めない」との声を聞いた。

有志の穂保被災者支援チーム代表、太田秋夫さん(68)と炊き出しの拠点を探し、再び飲食店主らをつないだ。

以来、末っ子を保育園に送ってから、毎朝通っている。「お母さん最近どこ行ってるのって聞かれるんです」。青木さんは苦笑いする。

被災から1カ月がたち、市内各所で仮設住宅の建設が進んでいる。ただ、下手をすれば「住民がばらばらになり、街や人のつながりが失われてしまうかもしれない」。そんな心配が頭をよぎる。

今月11日。隣の津野地区で開いた炊き出しで、「元気だったかい」と涙を浮かべて再会を喜ぶ住民を青木さんは見た。生活再建に追われる被災者にとって、炊き出しには、おなかを満たすこと以上の意味がある。そう感じている。（島田 周）

「楽しみに待っていたよ」「疲れているから助かるわ」。昼食の弁当を配達し、住民と話す青木さん(左)＝12日、長野市穂保（有賀史撮影）

長野市松代町の氾濫被害　台風19号通過に伴い、10月12日午後9時ごろ、長野市松代町東寺尾で千曲川支流の蛭(ひる)川が越水。午後11時18分には松代町柴で千曲川が越水した。東寺尾、西寺尾、城北、城東、松代温泉などが水に漬かり、17戸が大規模半壊、288戸が半壊、285戸が一部損壊した。大型スーパー2店も浸水した。

泥水に漬かった長野市松代町＝10月13日午前6時20分

自由診療の遺伝子注入規制

厚労省方針　がん治療 危険性懸念

がんへの効果などをうたって自由診療で行われている、患者の体内に遺伝子を入れる治療を、厚生労働省が規制する方針を決めたことが15日、分かった。遺伝子治療は、がんや難病に対する効果が報告され、国内外で注目を集めている。一方、安全性や有効性が不明な治療が、国内の60カ所以上で自由診療として行われている可能性があることが分かり、患者が危険にさらされる恐れがあるとの意見が出ていた。

厚労省は今後、作業部会を設置し、法律や指針など具体的な規制の方法や対象となる技術を検討する。

遺伝子治療は、体内の細胞に遺伝子を直接入れる方法と、細胞を体の外に取り出して改変した後に体内に戻す方法に分けられる。この中で、細胞を体内に戻す治療は再生医療安全性確保法などで規制されているが、直接遺伝子を入れる治療には規制がない。

厚労省が2018年11月～今年3月に調査したところ、規制の対象にならない遺伝子治療を自由診療で行うとウェブサイトで説明している医療機関が少なくとも66件あると判明した。多くががんを対象とし、「がん抑制遺伝子を投与する」「再発予防としても有効」などとうたっている一方で、3分の1は何の病気を対象としているか不明だった。具体的な治療方法を記していない医療機関もあった。

◇

厚生労働省の方針に関し、がんの遺伝子治療を研究している信州大医学部の中沢洋三教授(48)は「医療者は完全に効果が認められた治療を患者さんに届けなければならないが、中には有効性が科学的に証明されていない、または効果がないのに『この細胞を打つ（投与する）と良い』とうたう医療機関もある」と指摘。自由診療で費用は数百万円。以前より減ったが、まだ残っているという。

遺伝子治療は今後、がん医療の中心的な役割を果たすといい「そう世間が理解し始めたからこそ患者さんは（すがる思いで）手を出してしまう。だが、効果がないだけでなく、予期せぬ副作用が出る可能性もある。よく注意してほしい」と呼び掛けている。

米軍機か 目撃相次ぐ

東信・中信　横田基地からの可能性

15日午前9時前、東信、中信地方の上空で軍用機とみられる2機か3機の航空機が目撃された。県危機管理防災課には大町市、東筑摩郡筑北村、小県郡青木村、上田市、佐久市での目撃が計11件寄せられた。佐久地方で今年目撃された軍用機が所属する米軍横田基地（東京）に信濃毎日新聞が同日、確認を求めたが午後10時現在、回答はない。

同基地の米軍機を監視している市民団体羽村平和委員会は画像を見て「機体の長さ、尾翼の2文字から横田基地のC130輸送機の可能性がある」としている。

沖縄県でC130輸送機を見たことがある上田市中野の元海上自衛官男性(64)は午前8時40分ごろ、爆音を聞いて自宅ベランダに出た。「灰色のC130の機体だった」。日米合同委員会の合意では、在日米軍の低空飛行訓練には日本の航空法などと同じ規制を適用。同法は住宅密集地で航空機周辺の建物上端から300メートル以上を飛行するとしており「高度は300メートル以下ではないか」と話した。

同市では他に「家の中にいても『ゴー』という音が聞こえた。かなり低かった」（40代男性）、「灰色っぽい機体でかなり低空飛行だった」（50代女性）との情報があった。いずれも午前9時前だった。

目撃された軍用機とみられる機体＝15日午前8時40分ごろ、上田市八木沢（読者提供）

「大嘗宮の儀」が終了

皇位継承の重要祭祀「大嘗祭」の中心儀式「大嘗宮の儀」が15日午前3時15分ごろ、終了した。皇居・東御苑に特設された大嘗宮で、天皇陛下が14日夜の前半の「悠紀殿供饌の儀」に続き、15日午前0時半すぎから始まった後半の「主基殿供饌の儀」に臨まれた。

あんずちゃん

田中しょう

長野・長沼 農地の土砂撤去開始

長野市は15日、台風19号による千曲川堤防の決壊で、農地に厚く堆積した土砂を撤去する作業を市長沼地区で始めた。ボランティアによる作業を市と協力して分担しながら、20センチ以上の土砂が積もる51ヘクタールから優先的に進める。初日は泥が約50センチ積もった市内の建設会社が重機で泥をかき出した。

約3400平方メートルの水田は、あぜとほぼ同じ高さまで泥が積もり、用水路と田の境目も分からない状態。午前10時すぎ、業者が水田横の道路からショベルカーで泥をかき出し、トラックに載せる作業を始めた。市内にある業者の残土置き場に運ぶ。

水田を所有する市内の会社員丸山明さん(53)によると、水田では知人の農家がコシヒカリを作っていた。「現場を初めて見た時はどう対応していいか分からなかった。待ち望んでいた作業が行われ、ありがたい」と話した。

市は土砂が20センチ以上積もる「優先区域」内の地権者226人に工事実施案内を郵送。地権者が同意した農地から順次作業する。長沼地区ではボランティアによる農地の泥出しも14日に試行。今後本格化する見通しで、果樹園の木の根元にある泥のかき出しなど、重機では行いにくい作業を担ってもらう。

市森林農地整備課によると、撤去した土砂について、市内の複数の農地所有者らも仮置き場や盛り土に同意しているといい、市が手続きを進めている。

重機による土砂の撤去が始まった長野市津野の水田＝15日午前10時39分

高原調

○…全日本きもの振興会が定めた「きものの日」の15日、着物姿の約120人が長野市の長野駅周辺をパレードした＝写真。晩秋の明るい日差しの下、華やかな雰囲気を振りまいた。

○…市内の呉服販売「たちばな」が着物文化を広めようと社員や顧客に呼び掛けて毎年続け、15回目。七五三や成人式、結婚式など人生の節目にふさわしい着物をまとった3～69歳が門前町を歩いた。

○…モスクワから妻と観光で来日したロシア人スラバ・ドビチンさん(60)は盛んに写真撮影。「着物姿で道行く人と出会えるのは世界中で日本だけ。美しい姿を見られてうれしい」と感激していた。

1　第49350号　【明治25年3月15日第三種郵便物認可】　信濃毎日新聞　統合　2019年（令和元年）11月17日　日曜日　日刊　6版

2019年（令和元年）
11月17日
日曜日

ふるさと いいとこみーつけた
かっぱ伝説にちなんだ緑色のおやき…。駒ケ根市東中の生徒が「ふるさと」について考え、取り組んだことを披露した。23面

1873年（明治6年）創刊
発行所 信濃毎日新聞社
長野本社 〒380-8546 長野市南県町657番地
電話(026) 受付236-3000 編集236-3111 販売236-3310 広告236-3333
松本本社 〒390-8585 松本市中央2丁目20番2号
電話(0263) 代表32-1200 報道32-2830 販売32-2850 広告32-2860
Ⓒ信濃毎日新聞社2019年

上田東御小県 初日首位

第68回県縦断駅伝（信濃毎日新聞社、長野陸協、県教委、信毎文化事業財団主催、NTT東日本長野支店、長野日産自動車など協賛）は16日、長野市から岡谷市までの12区間118・4キロで初日のレースが行われ、各地域を代表する15チームの選手たちが台風19号で被災した人たちを元気づけたいとの思いを胸にたすきをつないだ。【関連記事18・19・27面に】

7年ぶり3度目の優勝を目指す上田東御小県が6時間25分18秒で首位に立った。35年ぶりのメダル獲得を狙う松本市が21秒差の2位、6連覇が懸かる上伊那が4分17秒差の3位に続いた。

上田東御小県は1区でトップに立つと、2区の宇津野篤選手（佐久長聖高）が区間新をマーク。序盤のリードを生かし、先頭を走り続けた。12区で松本市に追い付かれたものの、突き放した。松本市は4区間で区間賞を奪い、上伊那は安定して力を発揮した。

最終日の17日は、松本市の松本城公園を午前8時にスタート。飯田市までの10区間98・5キロで競い、2日間の合計タイムで順位が決まる。

初日トップに立った上田東御小県の12区の永井慎也選手＝コトヒラ工業＝（右）が松本市の百瀬永吉選手（アルファアイヴ）を突き放す＝16日午後2時44分、下諏訪町

被災地に届け 諦めない走り

上田電鉄別所線の電車（奥）から上田駅に向かう代行バスに乗り換える乗客たち＝16日午前10時32分、上田市諏訪形の城下駅

別所線「城下―下之郷」再開
運行区間拡大 本数も大幅増

上田電鉄（上田市）は16日、台風19号の影響で運休していた別所線の城下―下之郷間（5・3キロ）の運行を再開した。全区間（11・6キロ）のうち運行区間は城下―別所温泉間に拡大。千曲川の増水で鉄橋の一部が落下した上田―城下間（720メートル）は引き続き代行バスで対応する。利用者からは「電車が動いて良かった」との安堵や全線開通を願う声が上がった。

【関連記事2面に】

運行本数は1日上下計57本。15日までの39本から大幅に増え、被災前（71本）の8割に回復した。列車とバスの乗換駅となる城下駅では、大きな荷物を持った観光客や大学生らが駅員に切符を渡して乗り継いだ。

午前8時台に上田駅に到着した代行バスからは、高校生や学生らが下車。大学前駅から乗車した長野大3年の山口まどかさん(21)＝上田市＝は「乗り換えはスムーズ。乗車時間が短くなってよかった」とアルバイトに向かった。一方、女性(70)は「乗り換えはちょっと面倒。早く橋が直るといい」と願った。

午前9時台には上田駅から代行バスに乗り込む観光客の姿も。会社員の千葉信之さん(56)＝東京＝は運行区間拡大を受け、旅行の行程を変更したといい、「温泉が楽しみ」と笑顔だった。

練習ができなかった不安をはねのけ、区間2位でたすきリレーする須坂上高井の白川友一選手（左）＝16日午前9時4分、長野市

自宅が浸水 須坂上高井の白川選手
「決意示す」猛スパート

台風19号による災害から1カ月余りで迎えた第68回県縦断駅伝初日の16日、自宅が浸水した須坂上高井の白川友一選手(23)＝オリオン機械＝が、1区で好走を見せてチームをけん引した。被災で生活は激変し、家の片付けに追われて一時は練習もままならなかったが、どうにか調整して出場にこぎ着けた。「同じ被災者を勇気づけたい」。決意を胸に風を切った。

父親と弟と暮らしていた須坂市北相之島の自宅は10月12日夜、床上50センチまで浸水。家族と2階に避難して無事だったが、1階にあった冷蔵庫やテレビなどの家財は使えなくなった。13日からは同市北部体育館で避難所暮らし。それから1週間は家の片付けで忙しく、今後の生活を考えると心の整理もつかず、走り出せなかった。

「練習できないまま出場していいのか」。辞退も考えた。ただ、県縦断駅伝は、中学2年から毎年出ている大事な大会で、今回が出場10回目の節目。チームのエースとしての責任、仲間や地域からの信頼や期待も感じていた。

そんな時、チームの仲間が自宅の片付けや泥出しを手伝いに来てくれた。「恩返ししたい」。その姿を見て腹をくくった。週2日のチーム練習を再開。調整を急いだ。

「災害に負けない決意を走りで示す」。例年以上の強い決意で臨んだレース。練習の空白が生じたことに少し不安はあったが、「スタートラインに立てば、みんな条件は同じだ」と開き直った。序盤からトップの上田東御小県の選手を追い、一時は3位に下がったが、残り1キロで「諦めない」とスパート。全佐久をかわし、2位でたすきをつないだ。

避難所が閉鎖された今月10日、長野市柳原のアパートで1人暮らしを始めた白川選手。「良い成績で（被災からの）再スタートを飾りたい」。最終日の17区、再びコースを駆ける。（島田 周）

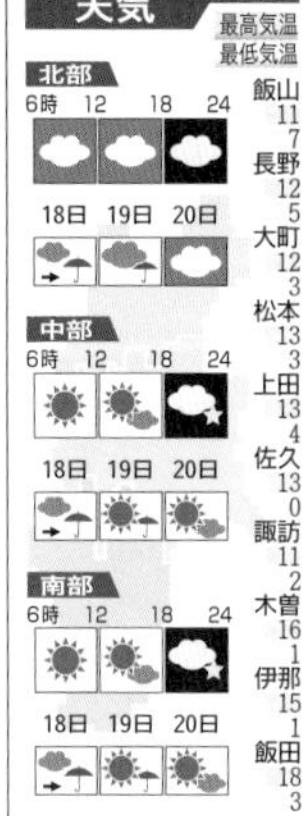

25面に詳しい天気情報

辰野町　そら

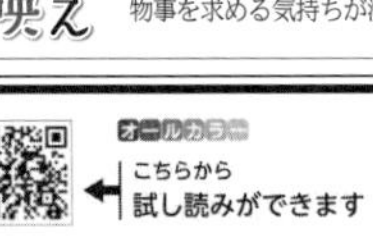

食指が動く
物事を求める気持ちが湧く

応募方法26面に

斜面
2019.11.17

たすきを渡し背中を押すように声を掛けた。「がんばれ」と。県縦断駅伝競走で2区から3区への中継点となった千曲市八幡。たすきを受け取ったのは男子中学生、つな[illegible]台風19号災害で被災した[illegible]走ってきた選手たちだ◆千曲川左岸を走る2区は、コースの一部に泥がたまり、10日ほど前に撤去されたばかりだ。区間新だった上田東御小県の宇津野篤選手は「走らせてもらって感謝して」。長野市の越陽太選手も「みんな苦しい状況なのに、応援してくれた」と喜んだ◆千曲市の中継点近くも水に漬かった。選手の送り出しなどを担った地元関係者からは「こんな時だからこそ懸命に走る姿を見たい」との声が漏れた。自宅や実家が被災し避難や片付けで十分に練習できなかった選手もいる。駅伝でつないでいくのは色鮮やかなたすきだけではない◆県縦断駅伝が始まったのは1952（昭和27）年。県民の体力向上と戦後の荒廃からの復興などが託された。県内を22のコースに分け故郷の期待を背負った選手たちが駆け抜ける。秋の風物詩となった大会は今後、新たな役割も担っていくかもしれない◆県内は千曲川や天竜川など大きな河川に沿った平地に多くの人が住む。上流で降った雨は下流に流れ、川が地域を結び付けてきた。今回の災害で川からあふれた水は被災地の上流で降った雨だ。被害を免れた地域も被災地も今に向き合い、助け合いたい。県内全域をたすきでつなぐように。

素肌乾燥情報　カサカサ、注意、しっとりの3段階
北部 注意
中部 カサカサ
南部 カサカサ

購読のお申し込み 0120-81-4341　紙面の問い合わせ 026-236-3111　信毎web www.shinmai.co.jp

第三種郵便物認可　信濃毎日新聞　2019年（令和元年）11月17日　日曜日　地域　22　塩

台風19号 復興の一歩

北信

浸水被害 小布施の直売所、営業再開
観光客ら 農産物買い求め

「お百SHOPおぶせ」で、リンゴなどを買い求める客たち＝16日、小布施町

台風19号の大雨の影響で浸水被害を受け、休業していた小布施町大島の「道の駅オアシスおぶせ」にある農産物直売所「お百SHOP（ショップ）おぶせ」が16日、約1カ月ぶりに営業を再開した。開店直後から多くの観光客らが訪れ、地元産のリンゴやブドウ、栗などを買い求めた。

直売所はながの農協（本所・長野市）が運営。店舗は1メートル以上浸水し、棚などが全て流失したという。今回はレジを新調し、ぬれてしまった壁の断熱材も交換した。

同町の出荷農家、根岸京子さん(68)は「店の再開を楽しみにしていた」といい「畑も被害に遭ったが、（浸水を免れ）助かったリンゴを持ってきた」と話した。

観光の途中で立ち寄った埼玉県坂戸市の速水純一さん(49)は「災害があってどうなったのかと心配だった」。妻の佳恵さん(45)は「少しでも応援になればうれしい」とリンゴを購入した。

同農協の農産物直売所はほかに、長野市穂保の「アグリながぬま」も被災。同市富竹のJAファームながの中部店に設けた仮設店舗で営業を再開している。

伝統的な手法 生け花を展示
中野であすまで

中野市の中野陣屋・県庁記念館で16日、華道豊山（ほうざん）流の華展（かてん）が始まった。江戸時代、「天領」とされた中野市を中心とする北信地方に伝わる伝統的な手法の生け花など23点を展示している。18日まで。

豊山流は昨年12月、華道歴50年近い須坂市の山岸富雄さん(82)が立ち上げた。「御天領花」と呼ばれる伝統技法の継承が目的だ。直径数ミリから2センチ程度までの松や柳の枝にくさびを打ち込み、枝をS字形や富士山の形に曲げるなど、自然界では見られない草木の造形が魅力。現代風にアレンジした生け花もある。

山岸さんは「古典花の良さを見てほしい」と話している。17日午前10時～午後4時半、18日午前10時～午後2時。入場無料。

伝統的手法の生け花などが並ぶ華道豊山流の華展

東信

崩落・倒木で寸断 上田の角間渓谷
ボランティア 道整備に汗

上田市真田町長の角間渓谷や宿泊施設「角間温泉岩屋館」に続く市道が台風19号による道路の崩落や倒木で寸断され、市内のボランティア9人が16日、復旧に向けた作業に臨んだ。真田地域を中心に活動するNPO法人「ほこほコネクト」が施設の事情を知り、参加者を募った。

橋やはしごを設け、岩屋館へのルートを確保するボランティア＝16日、上田市

角間渓谷は紅葉の名所。岩屋館は台風で風呂が大きな被害を受け、施設に続く市道は土砂崩れなどで通行不能に。歩く場合でも角間川を渡る必要がある。建物内などの片付けや復旧に向け、ルートの整備を計画した。ボランティアたちは市道をふさぐ倒木をチェーンソーで切り、川を渡る場所では、近くの倒木を材料に使って橋を設けた。

参加した上田市上田の勝野純子さん(51)は真田地域の出身で「角間渓谷が好きで残念に思った。好きな場所を取り戻したいという思い」で参加。ほこほコネクト理事長の宮下俊哉さん(49)は「地元で助け合うことで、被災した人に元気になってもらえればうれしい」と話していた。

災害支援活動 佐久で報告会
長野県NPOセンター

長野県NPOセンター（長野市）は16日、台風19号の災害支援活動に関する報告会を佐久市の野沢会館で開いた。昨年の西日本豪雨で被災した岡山県倉敷市真備町で復興支援を担う岡山NPOセンター主任アドバイザーの詩叶（しかえ）純子さん(43)が講演。官民で連携して支援を進める重要性などを語り、約30人が聴いた。

報告会で講演する詩叶さん（右）

詩叶さんは、西日本豪雨で川の堤防決壊などにより大規模な浸水被害が発生した真備町では、地区外に避難して暮らしている被災者が多いと指摘。「やっとこの秋にいっぱい人が帰ってくる。水害からのリカバリー（回復）にはすごく時間がかかる」とし、行政やNPO、ボランティア団体などが「ネットワークを組んでみんなで支えることが重要」と訴えた。

「岡山は雨が少なく晴れの国と呼ばれている」とも紹介すると、出席者からは「佐久地域と似ている」との声も。台風19号の災害を踏まえ、国連の持続可能な開発目標（SDGs）を学ぶ解説もあった。

台風19号 生活情報
16日時点、変更の可能性があります

▽長野市
【避難所】（指定避難所）豊野東小、古里小、豊野西小、長野運動公園、南長野運動公園、北部スポーツ・レクリエーションパーク、昭和の森フィットネスセンター（自主避難所）豊野西部児童センター、豊野区事務所（豊野北公民館）、信州新町大門教職員住宅、市営住宅千原田団地
【ごみ受け入れ】篠ノ井運動場（篠ノ井）、アクアパル千曲（真島町）、青垣公園運動場（松代町）で、それぞれ午前9時半～午後4時半。青垣公園運動場は17日で一時休止。豊野東山第1・第2運動場（豊野）は休止
【ボランティア】豊野、長沼、古里地区で活動する北部災害ボランティアセンター（市柳原総合市民センター内）と、篠ノ井、松代地区で活動する南部災害ボランティアセンター（南長野運動公園屋内ゲートボール場内）の2カ所で午前9時～10時半に受け付け。最新情報は市災害ボランティアセンターのフェイスブックなどで確認できる。センター本部（☎080・5072・9607）。依頼は住民専用ダイヤル（☎080・5072・9637）
【支援物資の受け入れ】ボランティア活動をする人のために、ゴーグル、けが防止用のインソール、厚手のゴム手袋などを市ふれあい福祉センター内社会福祉協議会（☎026・225・1234）で受け付ける
【臨時託児所】豊野ひがし保育園（豊野町大倉）と中央保育園（篠ノ井御幣川）で20日までの午前9時～午後4時、満1歳からの未就学児を無料で受け付ける。自宅や親族の家が浸水し、片付けをする家庭が対象。できる限り各園に事前連絡。原則的に飲み物や着替え、おむつ持参。通常の一時預かり保育（有料）も全ての公立園と認定こども園計29施設で対応。希望する園に申し込む
【居場所開設】老人福祉センター（湯福、柳町、吉田、氷鉋、鬼無里、中条）、いこいの家（松代、石川、大豆島、茂菅、若槻、新橋、氷鉋、若穂、東長野）。午前9時～午後4時。休館日は施設ごと
【被災相談窓口】市役所第1庁舎1階で毎日午前8時半～午後5時15分、市の柳原、豊野、松代各支所と篠ノ井支所センターで毎日午前9時～午後5時15分、古里支所は土日祝日午前9時～午後5時15分に開設。罹災（りさい）証明書の申請、災害救助法に基づく住宅の応急修理の相談や申請、公営住宅の案内のほか生活再建支援制度などの相談や申請も受け付ける。市地域活動支援課（☎026・224・7615）
▽小布施町
【ボランティア】23日、被災した千曲川河川敷周辺の農地を清掃する。当日午前6時半～7時と8時半～9時に町役場駐車場で受け付ける。作業は正午まで。駐車場あり。18日午後5時までに町ホームページの参加フォームか、メールで申し込む。問い合わせは町企画政策課（☎026・214・9102）
▽中野市
【住宅相談】被災した住宅の修繕や補修方法、再建の融資制度などに関する相談に、17日午前9時～午後5時、市西部公民館（西部文化センター）で応じる。問い合わせは市都市計画課（☎0269・22・2111）か県建築住宅課（☎026・235・7339）

◇

▽緊急用眼鏡を無料で提供
大手眼鏡チェーン「三城」（東京）は20日午後4～6時、長野市吉田の長野運動公園の避難所で、被災して眼鏡を紛失、破損した人らに緊急用眼鏡を無料で提供する。眼鏡の洗浄や調整、防じんグラスの配布、補聴器のメンテナンスなども実施。メガネのパリミキ須坂店（須坂市小山、☎026・245・0168）でも毎日午前10時～午後7時半、同様のサービスをしている
▽環境に配慮した下水利用を
県は、長野市の一部（古里、柳原、長沼、若槻、浅川、朝陽、若穂、古牧、吉田、大豆島、豊野、松代）、須坂市、小布施町、高山村で公共下水道を利用している住民に、洗剤の適量使用と、野菜くずや残った油類・酒類、髪の毛を排水で流さないことを呼び掛けている。浸水被害を受けた長野市赤沼の「クリーンピア千曲」が塩素消毒のみの簡易処理で生活排水を千曲川に放流しているため
▽家庭ごみの減量に協力を
長野広域連合は、ごみ焼却施設「ながの環境エネルギーセンター」（長野市）で可燃ごみを処理している長野市、須坂市、信濃町、飯綱町、高山村、小川村の住民に、ごみの分別徹底や生ごみの水切りをして減量に努めるよう求めている。大量に持ち込まれる災害ごみの処理が追い付かないため
▽上田市
【ボランティア】協力が必要な被災者は上田ボランティア地域活動センターへメール（ueda.shakyo@ueda-shakyo.or.jp）で
▽東御市
【借り上げ型仮設住宅の相談・受付窓口】市建設課住宅係（☎0268・64・5882）
▽長和町
【路線バス】一部路線で迂回（うかい）しながら運行
▽佐久市
【罹災証明書の申請受け付け】市役所、臼田支所、浅科支所、望月支所。いずれも土・日曜と祝日は受け付けなし
【災害ごみ受け入れ】旧老人ホーム「勝間園」跡地、うとう南沢処理場。午前9時～正午と午後1時～3時半（18日からは平日は午後1時～3時半、土日祝日は午前9時～正午と午後1時～3時半）
【こころと体の健康相談】市役所健康づくり推進課（64歳以下対象、☎0267・62・3189）、市役所高齢者福祉課（65歳以上対象、☎0267・62・3157）、臼田支所、浅科支所、望月支所でも対応
【下水】下水道管理センターが機能停止。市は旧佐久市や旧臼田町の公共下水道の利用区域、塩名田で節水を呼び掛け
▽小海町
【災害ごみ受け入れ】町草刈久保最終処分場（午前8時～正午）。22日まで延長
▽佐久穂町
【仮設トイレ】大日向1区生活改善センター近く、大日向5区下川原橋近く
【災害ごみ受け入れ】南佐久環境衛生組合駐車場。17日は午後1～4時。17日で終了。町生活環境係（☎0267・86・2552）に事前連絡
【罹災証明書の申請受け付け】町税務係（☎0267・86・2526）。土・日曜と祝日は受け付けなし

長野本社　☎026-236-3130　fax. 236-3196
上田支社　☎0268-23-1200　fax. 23-1202
佐久支社　☎0267-62-2141　fax. 62-2533

きょうの番組

INC地上11ch
7.00 ニュースウィークリー（再伸1時・後6時）
9.00 長野上水内中学校連合音楽会・後編（再後4時・後9時）
3.15 MUSICオブ信州
※地上112chで午前7時半から長野県縦断駅伝を生中継

GLTV すこうCH地上121
8.00 ニュースウォーカー（12時18時22時24時）
9.00 ディズニー（13時19時）
1000 日滝小学校音楽会
1500 屋代小学校音楽会
2000 更埴小学校音楽会

たかやまch地上12
7.30 【生中継】長野県縦断駅伝競走大会 二日目

テレビ北信・豊田情報センター デジタル121ch
6.00 気まぐれクッキング
7.00 Nふるさとステーション（再12・18・23時）
7.30 生中継！長野県縦断駅伝（122chにて）
10.00 信越トライウォーク
11.00 ふるさと元気印！
1900 THV特集

iネット飯山
7.00 いいやま情報便
7.30 長野県縦断駅伝大会【生中継】2日目
15.30 健康チャンネル
16.00 ボウリングアカデミー
16.20 NET3ワンダル部
17.00 近隣CATVニュース
18.30 突撃！ケーブルテレビ
20.30 ウィークリー飯山

テレビ菜の花
6.00 トライ野沢温泉
6.10 野沢温泉春夏秋冬
6.30 ぐるっとふるさと信越
7.00 日曜特番
9.00 野沢温泉スキー体操

ふう太チャンネル
5.30 週刊ふう太ニュース（6.30 7.30 12.30）
10.00 健康講演会（16.00 19.00）

121chネット千曲
8.00 【生中継】第68回県縦断駅伝競走大会（2日目）松本市～飯田市10区間・98.5km
6.00 週刊TVかわら版
9.00 越ちひろ×聖輝対談

FMぜんこうじ 76.5
9.00 アクロスザスカイ
0.00 カラーズオブワンダー
1.00 TOKIO 100
5.00 サウンドサウダージ
6.00 ライフスタイル
7.00 ドライブ
8.00 トラベリング
9.00 FUTURISM
2.00 休止～5時

UCV1上田121
6.00 UCVレポート
6.30 信州のチカラ
6.45 上田市行政チャンネル
7.30 生中継 第68回長野県縦断駅伝 2日目
17.00 まとめてダイジェスト

丸子テレビ121
6.15 まるてれリポート 再8時15分、17時15分
7.30 上田市行政チャンネル 再8時半
9.00 ニュースダイジェスト 再13、18、22時
10.00 丸子中学校露草祭後半 再14、19時
23.00 まるごと信州

とうみチャンネル
6.00 Weekly！とうみ 東御市内の話題（再）再12、18時
9.00 くるみ幼稚園 創立40周年記念式典・音楽会 再15、21時
番組前15分テレビ回覧板

はれラジ／FMとうみ78.5
7.00 スマイルオンサンデー
8.00 アートで元気！
11.00 サンデーMUSIC
17.00 MOROHA
19.00 METALにゾッ魂

CTK12chこもろ
6.50 ぐるっとふるさと信越
7.00 ぴよぴよくらぶ
7.50 TV版広報こもろ
18.30 県政を語る

佐久ケーブルテレビ
8.00 長野県縦断駅伝競走・生中継
17.00 け～ぶるにっぽん 躍動！JAPAN
18.30 ライブTOハート・コスモホール
19.00 佐久長声合唱団定期演奏会
21.00 佐久のお仕事見学

TCV12ch蓼科
9.00 立科町商工祭2
14.00 立科町商工祭3
20.00 立科町商工祭1

YKTV12ch南牧
6.30 ぐるっとふるさと信越 再12時半、18時半、20時半、22時半

エフエム佐久平 76.5
7.00 おはようサンデー
9.00 ディスカバリー
10.15 KDCワイド
11.00 佐久薬剤師会
13.00 川口恭吾

FM軽井沢 77.5
9.00 サンデーブリーズ
13.00 リゾートウィンズ
15.00 Happyradio
15.30 軽井沢のキッチン

緊急医と当番薬局 25面に

2019年（令和元年）
11月18日
月曜日

大相撲　○御嶽海　よりきり　碧山
J3　AC長野　1－0　沼津
御嶽海17面、信州サッカー19面

野球の国際大会「第2回プレミア12」の決勝で、日本が韓国に勝って初優勝。13面

信濃毎日新聞
1873年(明治6年)創刊
発行所　信濃毎日新聞社
長野本社　〒380-8546 長野市南県町657番地
電話(026)
受付236-3000 編集236-3111
販売236-3310 広告236-3333
松本本社　〒390-8585 松本市中央2丁目20番2号
電話(0263)
代表32-1200 報道32-2830
販売32-2850 広告32-2860
©信濃毎日新聞社2019年

復旧緊急予算 221億4000万円

台風19号で被災 県内55市町村中34市町村

自治体数・総額 拡大見通し

千曲川の氾濫など県内に甚大な被害をもたらした台風19号災害で、県内市町村が復旧に向けて緊急的に確保した関連予算が計221億4千万円余に上ることが17日、信濃毎日新聞の取材で分かった。計34市町村が関連予算を専決処分したか、臨時議会を招集し議決を得た。こうした対応は被害が目立った東北信だけでなく、中南信の市町村にも広がっている。12月定例会に提出する予算案も含めると、関連予算計上は少なくとも計43市町村に上り、県内の総額は大きく膨らむ見通し。【焦点2・3面に】

県災害対策本部が把握した住宅被害か農業被害がある計55市町村を対象に取材した結果、議会の議決を経ない専決処分をしたのは29市町村で、予算額は計204億3千万円に上った。被災した道路や河川、農地の応急対策のために予算を緊急的に確保した自治体が多いほか、河川氾濫や浸水で被害を受けた上下水道などの公共設備の復旧費計上も目立つ。佐久市は被災住宅を応急修理する際の補助など被災者の生活支援も含めた51億7300万円の補正予算を7日付で専決処分し、予算額は唯一、50億円を超えた。

これまでに臨時議会を開いて関連予算を議決したのは7町村で予算額は計17億1千万円だった。南佐久郡川上村は崩落した村道の復旧費などで11億3100万円を追加する補正予算を可決した。

今後の12月定例会に関連経費を盛った補正予算案を提出するのは、少なくとも計28市町村に及ぶ見込み。既に専決処分や臨時議会で予算措置をした自治体の中でも、22市町村が予算を追加計上する見通しだ。予算額は精査中とする自治体が多いが、千曲市が「補正予算案では過去最高の数十億円規模」、長野市も「補正予算案単独でも、補正後の一般会計総額でも、過去最高となる見込み」とするなど、さらに多額の財政出動を必要とする市町村がある。

松本地域の4市村が計4億9800万円を専決処分するなど予算対応は中南信にも広がっており、改めて被害が広範囲に及んでいることを印象付けた。

専決処分　本来は議会の議決を経なければならない予算などについて、首長が議会を招集せずに決定できる手続き。地方自治法に基づく。緊急のため首長が議会を招集する余裕がない場合や、解散や休会で議会が開けない場合などに限っている。次の議会で報告、承認を求める必要がある。

全諏訪 逆転V

6年ぶり12度目

第68回 県縦断駅伝

第68回県縦断駅伝（信濃毎日新聞社、長野陸協、県教委、信毎文化事業財団主催、NTT東日本長野支店、長野日産自動車など協賛）は17日、松本市から飯田市までの10区間98・5キロで最終日のレースが行われ、初日5位の全諏訪が通算タイム11時間42分22秒で逆転優勝した。5年連続2位だった前回までの雪辱を果たし、6年ぶり12度目の栄冠に輝いた。【時の顔3面、関連記事14・15・23・25・27面に】

初日首位の上田東御小県に6分9秒差をつけられていた全諏訪は、13区の名和夏乃子（岡谷南部中）が区間1位で走り、追い上げ態勢に入った。上位との差を徐々に詰め、17～19区の池田悠司選手（松本大）、西中宏選手（大和電機工業）、今井亜希選手（諏訪市役所）が連続区間賞で2位に浮上。最長21区で牛山純一選手（茅野市役所）が区間新をマークしてトップに躍り出た。長野市が2分38秒差で2位、初日3位から6連覇を狙った上伊那は3位だった。

6年ぶりの優勝を果たし、ゴールテープを切る全諏訪のアンカー・友井悠人（アルピコ交通）＝17日午後1時10分、飯田市の県飯田合同庁舎前

大相撲佐久場所 来年4月9日に

県立武道館開館記念 春巡業

20、21日に信毎読者向け先行予約

信濃毎日新聞社は、長野県立武道館開館記念として2020年4月9日に令和2年春巡業大相撲佐久場所を県立武道館で開催します。横綱、大関をはじめ、御嶽海関（木曽郡上松町出身）も出場の予定です。横綱、幕内、十両力士の土俵入り、取組のほか、本場所では見られないユーモラスな初っ切り（しょっきり）や、力士が自慢ののどを披露する甚句なども楽しめます。

信濃毎日新聞購読者向けの入場券先行予約を11月20、21日の両日、電話で受け付けます。

【入場料、予約方法などは25面に】

（大相撲佐久場所）
◇日時　2020年4月9日（木）午前9時～午後3時（予定）
◇場所　長野県立武道館（佐久市猿久保）
信濃毎日新聞社

秋場所の優勝決定戦で貴景勝関（右）を攻める御嶽海関＝9月22日、東京・両国国技館

「台風復興支援ありがとう」県縦断駅伝上水内チームが横断幕

第68回県縦断駅伝最終日の17日、全体の15位でゴールした上水内の選手らがレース後、ゴール地点の県飯田合同庁舎（飯田市）で、台風19号災害での支援に感謝する手製の横断幕を掲げた。「本当にありがとう！ 復興に向けがんばります！」と記し、ボランティアら支援者に感謝の気持ちを伝えた。

この日、アンカーで22区を走った県教委事務局勤務の中沢俊喜選手（52）が、大会前に5日ほどかけて製作した。同じ長野市豊野町に住む両親宅は台風で床上浸水し、地元の風景も一変した。復旧活動に取り組む支援者の姿を目にし、「何かお礼の気持ちを表したい」との思いが募った。

注目が集まりそうな場所で気持ちを伝えたいとの発案にチームメートは快く賛同。中沢選手がゴールした直後、一緒に横断幕を掲げ、多くの人の目に留まるよう何度か方向を変えた。

横断幕には「今後も県内の被災地に力を貸してください」とも書いた。中沢選手は「いまだ（被災地は）苦しい状況で、元の生活に戻るには時間がかかる」とし、継続的な支援が得られることを願った。

ゴール後、感謝を込めた横断幕を掲げる上水内チーム＝17日午後1時32分、飯田市

天気

地域	地点	最高気温	最低気温
北部	飯山	19	7
北部	長野	19	7
北部	大町	15	4
中部	松本	19	7
中部	上田	19	4
中部	佐久	18	2
南部	諏訪	16	5
南部	木曽	18	3
南部	伊那	18	4
南部	飯田	19	7

5ミリ以上　5ミリ未満
25面に詳しい天気情報

素肌乾燥情報　カサカサ、注意、しっとりの3段階
北部 注意　中部 注意　南部 注意

斜面

2019.11.18

知り合いに薦められたすし屋を楽しみに富山県氷見市に行った。晩秋にしては穏やかな日で、青黒い海の色が近づく冬の気配を漂わせている。沿岸部から内陸へと広がる黒い瓦をふいた家並みが、澄んだ空によく映えていた◆スミイカ、アラ、クロムツ、シロエビ…。すし下駄（げた）のネタを珍しげに眺めていると、大将が「この辺りの海も砂漠化していてね」と言う。地球温暖化の影響だろう。海藻類が枯れてプランクトンが減り、魚が捕れなくなっているという。手際よく握りながら、大切な観光資源でもある魚介の行方を案じていた◆氷見市の人口は4万6千人余り。氷見郡の村々がそのまま1市にまとまったからか、それぞれの地区が風情ある景観をいまも保つ。こうした農山漁村から人を駆り出し拡大した経済活動が巡り巡って、今度は環境面で暮らしを脅かしつつあるのかもしれない◆風景に見とれて車を走らせていたら袋小路に迷い込んでしまった。近くの家から初老の女性が出てきて「ここは道が狭いですからね」と気遣い、こちらがバックし終えるまで見守ってくれた。心安く人の声が通い合う。そんな土地が、この先の日本にどれだけ残されるだろう◆富山湾越しに浮かぶようにそびえる立山連峰の尾根に雪がかぶっていた。予報によれば、列島の上空では寒気と暖気がせめぎ合っていて、この1週間は気温差が大きくなる。寒気が強まるとともに、氷見の寒ブリ漁も本格的なシーズンを迎える。

ことしの映え　気心が知れる　性格や考え方がよく分かる
長野市　もも　はな
応募方法26面に

購読のお申し込み　0120-81-4341　紙面の問い合わせ　026-236-3111　信毎web　www.shinmai.co.jp
4910855731898　00136

第三種郵便物認可　信濃毎日新聞　2019年（令和元年）11月19日　火曜日　地域　22

北信

長野本社　☎026-236-3130　fax. 236-3196　〒380-8546 長野市南県町657
須坂支局　☎026-245-0120　fax. 248-4893　〒382-0094 須坂市屋部町1327
中野支局　☎0269-22-3224　fax. 26-0760　〒383-0025 中野市三好町2-4-41
飯山支局　☎0269-62-2226　fax. 63-3128　〒389-2253 飯山市福寿町1114-10
千曲支局　☎026-273-0062　fax. 273-1134　〒387-0006 千曲市粟佐1305-4

復興へ　つないだ思い

県縦断駅伝　台風被災の北信6チーム奮闘

「がんばろう！」リボン着けて
「がんばろう！豊野」のリボンを着けて走る上水内13区の中山由梨選手（飯綱中）＝17日

須坂上高井チームの16区久保浩昭選手（長野中央署・右）にたすきを手渡す15区長谷川久嗣選手（北部衛生施設組合）＝17日

20区浦野太平選手（高社中・右）から21区武田優介選手（信州大）へたすきリレーする中野下高井チーム＝17日

1区小林怜生選手（オート・左）から2区藤井勇気選手（長野西高）へたすきをつなぐ上水内チーム＝16日

長野市チームの18区滝沢祐太選手（ビジュアルナガノ・左）からたすきを受け取る19区岡村未歩選手（城西大）＝17日

力走する飯山栄チームのアンカー藤木政貴選手（JR東日本）＝17日

14区を力走する千曲坂城チームの高橋響希選手（上田西高）＝17日

16、17日に開かれた第68回県縦断駅伝（長野陸上競技協会、信濃毎日新聞社など主催）では、台風19号で大きな被害が出た北信地方の6チームも晩秋の信濃路を駆け抜け、復旧・復興に向けて被災地を力づけた。

台風19号で広範囲が浸水した長野市は、2位フィニッシュで惜しくも優勝は逃したが、最終日は一時首位に立つ好走を見せた。今年までの特例措置で長野市豊野町など旧上水内郡からも出場した上水内（15位）は、選手が「がんばろう！豊野」と書いたリボンを着けて力走した。

須坂上高井（8位）や中野下高井（11位）も粘りの走りを見せ、同じ被災地の飯山栄（12位）や千曲坂城（14位）も懸命にたすきをつないだ。

イベント

◇長野市【野沢菜採りツアー】23、24日午前10時～午後2時、小田切地区の第1市民菜園。自分で採る場合は1㌔70円、収穫済みの購入は同125円。売り上げの一部を台風19号の被災地に寄付する。25日以降、被災者は無料で収穫できる。ツアー参加者は20日までに小田切住民自治協議会（☎026・229・1511）に申し込む。被災者の申し込みは随時。

ライフ

◇長野市【腎臓病患者の集い】23日午前9時半～正午、鶴賀緑町の市ふれあい福祉センター。腎臓病で悩んでいる人、治療中の人など同士で体験談を話す。参加費無料。申し込みは21日までに腎臓移植を広げる会の中村さん☎090・2630・1053。

【精神保健福祉ボランティア養成講座】12月6、10、20日の午前10時～午後4時、若里3の絆の会本部3階多目的スペース。11～19日の期間中2日間体験実習も行う。精神保健福祉ボランティア活動に関心があり、受講後ボランティア活動を考えている人や既に活動している人が対象で定員30人。参加費無料（講義日の昼食代1日500円が必要）。申し込みは11月22日までに地域活動支援センターつむぎの家☎026・266・0099。

きょうの番組

INC地上11ch
6.30 ながのLIVEカメラ 長野市の道路状況など
10.30 商議所▽商工野球大会
10.45 信州チカラ▽新働き方
0.15 長野グルメ食べタイム
1.00 長野上水内中学校連合音楽会・後編
4.00 落語の時間
6.00 INCながのニュース（再後7時・後8時後9時・後10時他）
6.30 路地裏の景色 ▽若里一・四丁目界隈 信大工学部北側に古墳
6.45 台風19号関連文字放送（ほか前9時45分後3時45分等で放送）
7.30 しんまち・中条情報局
7.45 戸隠・鬼無里情報局
8.30 みんなのラーメン
11.30 かながわウォーキング

テレビ北信・豊田情報センター デジタル121ch
6.00 気まぐれクッキング
7.00 Nふるさとステーション▽小学校合同音楽会▽中野えびす講▽ヤクルトスワローズの選手が野球教室（再12・18・23時）
8.00 近隣ケーブルニュース
1100 突撃！ケーブルテレビ▽大盛況！おごっそフェア
1545 花物語通信
1700 ふるさと元気印！▽ドキドキハロウィン2019
1900 THV特集「豊井保育園運動会」

iネット飯山
7.00 いいやま情報便 ▽木島小道の駅で農産物販売▽木島小お礼▽企画財政課・保健福祉課▽中学美術部合同作品展（12.30 15.30 17.30 19.30 22.30）
7.30 てけてけおじゃマップ
8.00 iiネット川柳トークショー▽今月「豊作」来月「短い」（12.00 17.00 18.30）
8.25 ぐるっとふるさと信越
8.30 健康チャンネル（11.30 15.00 16.30）
9.00 近隣CATVニュース
11.00 横浜ミストリー
19.00 けーぶるにっぽん
23.30 リクエストウィークエンド▽童謡唱歌を歌う会
25.00 iネットミュージック

ふう太チャンネル
5.00 日刊ふうタイム（6.00 7.00 8.00）
5.30 週刊N▽戦没者・満州開拓殉難者追悼平和祈念式▽差別をなくす村民大会▽歩行姿勢診断（6.30 7.30 12.30）
8.30 ご近所NEWS（13.00）
9.55 ぐるっとふるさと信越（14.25 20.55）
10.00 まちっぷちゃん／川柳／信州のチカラ（16.00 19.00）
14.30 信越トライウォーク

GLTV すこうCH地上121
6.00 【4K】北信濃の美景（13時19時24時）
6.30 けーぶるにっぽん躍動JAPAN「雪国ビーチ」（13時半19時半）
8.00 子育てポケット「イヤイヤ期」（11時14時17時20時23時半）
8.30 そらじかん（23時）
9.00 日野小学校音楽会（15時21時）
1200 ミュージックジャパン
1430 健康リポート（20時半）
1800 ディズニー

たかやまch地上122
7.00 ディズニー（13時19時）
8.00 令和元年度高山村バスケットボール大会（14時20時）
1700 令和元年度高山村総合防災訓練
2200 第21回信州岩波講座 出口治明氏

地域情報ch 地上111
お天気ch 地上112

121chネット千曲
6.15 情報チャンネル▽交通
8.15 見て行こう▽市民ギャラリー展示紹介 再0.15、5.15、6.15
8.30 すまいるone▽上越 再0.30、6.30、11.30
9.00 ぐるっとふるさと 再0.00、8.15
10.00 北信高校演劇合同発表会▽長野日大再9.00
1.00 QVC／ショッピング
5.00 千曲ニュース▽出来事 再6.00、8.00、11.00
8.30 アクトオンTV▽趣味

11chネット千曲112
9.00 千曲市Vリーグ戦▽紅×やまびこ再7.00
1.00 第5回ファミリーコンサート・りずむ再8.00

テレビ菜の花
6.00 村のみんなにご紹介
6.15 村の動き再
6.25 トライ野沢温泉再
6.30 お茶の間ニュース7
7.00 日曜特番再
9.00 野沢温泉スキー体操

FMぜんこうじ 76.5
7.00 おはよう・ナムゴン P：阿藤千鶴子 まるまるミュージック N・天・交通情報 話題の交差点
9.20 ステップワン
11.30 昼どきもんぷらワイド P：中川睦美 今日のホット情報 午後のミュージック N・天・生活情報
2.00 グッドネイバーズ
5.00 ゆうやけスタジオ P：藤森康恵 伝言なむごん 三菱ミュージック N・天・交通情報
6.30 グルーヴライン
7.00 ジャム・ザ・ワールド
9.00 SONARMUSIC

UCV1上田121
6.00 UCVレポート
6.30 ちいきたんけんナゾときチャン!!神社仏閣
6.45 講座信濃国小県郡年表その13
8.55 ガスdeクッキング
15.00 塩田の歴史・文化を学ぶ集い
17.00 UCVレポート

UCV2上田122
6.00 UCV杯 ビーチボール大会 女子チャンピオンリーグA・B・C・Dブロック

第三種郵便物認可　信濃毎日新聞　2019年(令和元年)11月19日　火曜日　中南　地域　24

北信

保護者助け合い 力に

住宅や農地片付け 週末を中心に活動

長野東北部

台風被災家庭支援 PTAなど通じチーム

台風19号による千曲川の堤防決壊などで被災した長野市東北部の小中学校の保護者らがボランティアチームをつくり、被害のあった保護者仲間の住宅や農地の片付けを続けている。互いに地域で子育てする者同士で「つながりを生かして力になりたい」と、週末を中心に汗を流している。

チームは被災後の10月中旬ごろ、床上浸水した東北中のPTA会長松倉孝至さん(46)が、近隣校のPTA役員らから支援の申し出を受けたのを機に結成した。次男が東北中3年の松倉さんの自宅は被災を免れたが、浸水被害が広範で片付けなどに人手が必要だと伝え、話を聞いた東部中や浅川小などに関わる35人ほどが集まった。

PTAを通じた声掛けや地元区長の紹介で、これまでに東北中や長沼小の家庭など7件から「手伝ってほしい」との希望が寄せられた。チームは10月19日から毎週末、各所で作業。今月16、17日は延べ12人が、長沼地区の成田崇夫さん(37)のリンゴ畑で、泥などが付いて収穫できなくなった実を落とした。

実を落とすリンゴの木の前で成田さん(右)と話す松倉さん=16日

成田さんは子ども2人が長沼小に通う。赤沼の自宅は約1・9㍍浸水した。生活の立て直しや約2㌶のリンゴ園の復旧で忙しく「人の手がとても必要。心強く、横のつながりの大事さを感じる」と感謝した。松倉さんによると、現在加わっている学校以外のPTA役員からも支援の声があるといい、「長い目で、広いネットワークで活動していけたらいい」と話している。

被災地でできることやりたいことについて意見を出しあう高校生・大学生たち

被災地でできる支援 考える

高校生や大学生 長野で議論

高校生や大学生が台風19号の被災地でできる支援を考える「高大災害情報共有会議」が17日夜、長野市で初めて開かれた。被災地支援に取り組む団体の関係者らを含め約50人が参加。「SNS(会員制交流サイト)を通じた状況(情報)の拡散」「子どもたちの遊べる場所をつくる」といった意見が出た。

市内で活動する高校生グループ「フォースプレイス」が企画した。初めに被災地でボランティア活動をする人たちの報告があり、公益社団法人「シャンティ国際ボランティア会」(東京)の渡辺珠子さん(27)は、避難所での子どもの見守りや、お年寄りからの心配事などを聞く「傾聴サロン」などについて話した。

その後、高校・大学生らは自分たちに何ができるかを意見を出し合い、泥で汚れた写真の洗浄、サンタクロースにふんして被災者と交流する案なども出た。グループ代表で長野日大高1年の中沢貫太さん(16)は「できることから形にしたい」と話していた。

中山間地の休耕地 協業で栽培代行

長野・芋井の組合 農水大臣賞

長野市芋井地区で大豆を収穫する組合員たち

長野市芋井地区で耕作放棄対策に取り組む芋井生産管理組合が、本年度の「豊かなむらづくり全国表彰事業」(農林水産省など主催)で農林水産大臣賞に選ばれた。離農が進む中山間地の休耕地を組合員が協業して耕作を代行。「共助」をモットーに10年余り活動を続けてきた。受賞は県内唯一で、18日にさいたま市で表彰式が行われた。

標高700~800㍍に位置する芋井地区は、急傾斜地が多く農地が分散。高齢化や後継者不足などで耕作や管理を続けられない土地が少なくない。この解消に向け、組合は2006年から耕作を請け負ってきた。現在は組合員38人が計約480㌃の休耕地を活用して大豆やコメ、ミニトマトを栽培。収穫した大豆を使った菓子の企画などにも取り組んでいる。

組合代表の内田公義さん(78)は「これからは集落全体で助け合う姿勢が必要になると思う。受賞が活動の励みになればいい」と話した。

東信

運行区間拡大の別所線 初の平日

通勤・通学客「電車は便利」

台風19号で被災した上田電鉄(上田市)別所線が電車運行を城下―別所温泉駅間に拡大して初の平日となった18日朝、多くの通勤・通学客が城下駅を利用した。目立った混乱はなかった。代行バスの運行区間がこれまでの上田―下之郷間から上田―城下間に短縮されたことに、乗客からは「電車の(区間が長い)方が便利でありがたい」との声が聞かれた。

別所線の電車を降り、代行バスに向かう乗客ら=18日午前7時25分、城下駅

目立った混乱なし

上りは午前7時45分城下着が朝のラッシュのピーク。同駅で降りた乗客約140人がバス3台で、千曲川を挟んで1駅先の上田駅に向かった。上田高校1年生の武田真侑さん(15)=上田市十人=は「学校に余裕を持って行ける」と笑顔。上田駅でしなの鉄道に乗り換え、戸倉駅(千曲市)まで行く会社員内堀雅行さん(36)=上田市上田原=も「乗り換えもあるので、バスより時間が読める電車の方が便利」と話した。

下りは、大学前駅が最寄りの長野大の学生も多く利用した。1限目の授業に出席するため同8時19分城下発に乗った2年の武田隼さん(20)=長野市=は、しなの鉄道で上田駅に着き、城下駅まで歩いた。「電車に乗れなくなって、ありがたさが分かった」とし、一部崩落して上田―城下間運休の要因になっている鉄橋について「上田のシンボル。一刻も早く復旧してほしい」と願った。

上田電鉄の矢沢勉運輸課長(54)は「沿線から『電車の音が聞こえるようになってうれしい』との声もある。早い復旧を目指す」とした。別所線は16日から運行区間を城下―別所温泉駅間に拡大した。

武石番所ケ原スキー場 今季営業を中止

上田市 50人の冬季雇用は代替検討

リフト付近が土砂に覆われ、今季の営業中止を決めた上田市武石番所ケ原スキー場

上田市武石上本入の武石番所ケ原スキー場が台風19号で被災し、所有する市は18日、今季の営業を中止すると発表した。リフト係やインストラクターら例年約50人いる冬季雇用について、市は、代わりの仕事を検討する。市の担当者は「来季の営業再開を目指す」としている。

スキー場は、県道美ケ原公園沖線などを経由し、市中心部から車で1時間ほど。指定管理者の市地域振興事業団が運営する。市によると、台風19号で2本あるリフトの乗り場付近が斜面からの土砂で埋まり、リフトの運転室にも土砂が流入した。流れ下った水でゲレンデに大きな溝ができている場所もある。

今季の営業は12月21日から来年3月29日を予定していた。市は応急復旧に向けた予算を専決処分したものの、本年度内の復旧は困難と判断した。

友好都市提携を結ぶ東京都練馬区の少年自然の家が武石地域にある縁で、例年、同区の小中学生らが同スキー場を利用している。市は今季、長和町のブランシュたかやまスキーリゾートに受け入れを依頼する。

小諸市道「チェリーパークライン」 21日から片側交互通行

群馬県
車坂峠
被災箇所
チェリーパークライン
小諸市
御代田町
天狗温泉浅間山荘
21日から通れる区間
市街地へ

台風19号の影響で一部通行止めになっている小諸市道「チェリーパークライン」について、市は21日から、被災箇所周辺を片側交互通行とする。のり面で落石や倒木などの恐れがあったが、国が仮設的な防護対策を施した。全面解除の時期は未定。

被災場所は同市道沿いの「高山植物園」から「つつじ園」の間ののり面。市は、天狗温泉浅間山荘方面への分岐点から高峰高原の車坂峠までを通行止めにしている。ガードケーブルの一部が損傷したままのため、片側交互通行とする。

市によると、東御市側から車坂峠に入る湯の丸高峰併用林道は21日から冬季通行止めとなる。

天気

	最高気温/最低気温	降水確率	あす最高/最低
北信 長野市	13/6	30	8/3
飯山市	12/7	40	6/3
信濃町	9/4	50	4/0
志賀高原	5/1	50	-3/-4
中野市	12/7	40	6/2
須坂市	13/6	20	7/2
千曲市	14/6	20	8/2
東信 上田市	14/6	10	9/2
東御市	14/6	20	7/1
小諸市	14/5	20	6/0
軽井沢町	13/3	30	6/-2
佐久市	14/4	10	7/-1
小海町	13/5	20	6/0
川上村	14/2	20	5/-3
中信 白馬村	9/5	50	4/0
大町市	10/5	50	5/1
池田町	12/4	20	6/0
木曽町	14/5	10	8/0
開田高原	8/2	10	3/-4
南木曽町	13/6	10	10/1

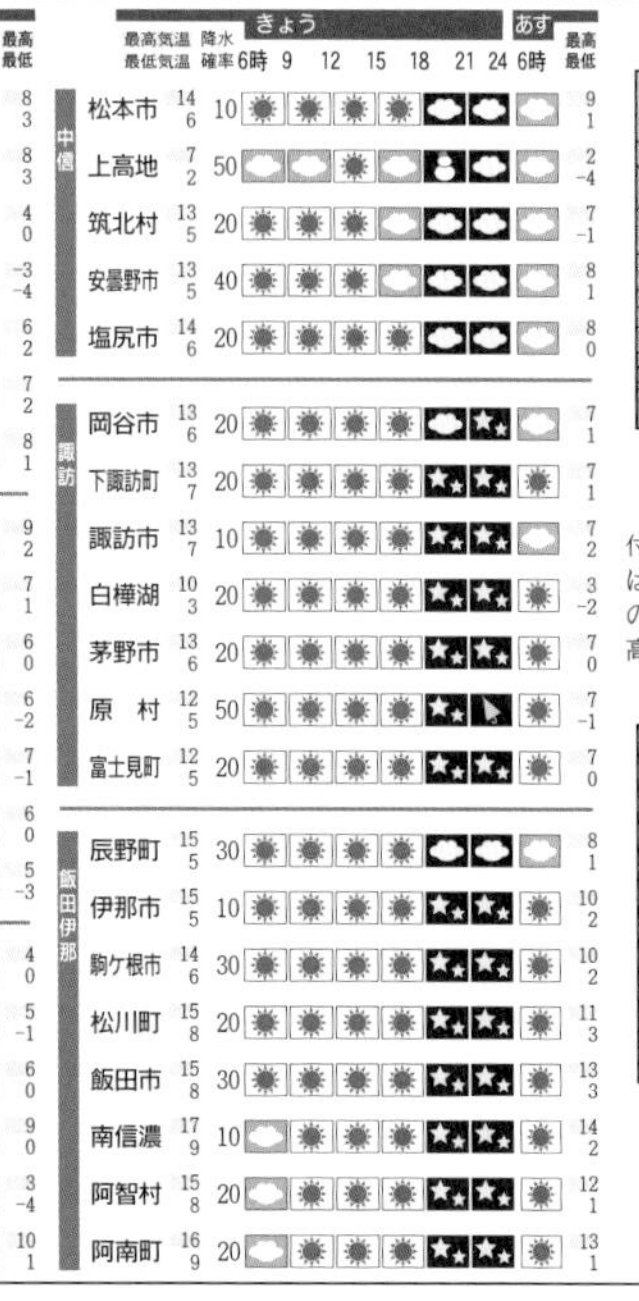

	最高気温/最低気温	降水確率	あす最高/最低
中信 松本市	14/6	10	9/1
上高地	7/2	50	2/-4
筑北村	13/5	20	7/-1
安曇野市	13/5	40	7/0
塩尻市	14/6	20	7/2
諏訪 岡谷市	13/6	20	7/1
下諏訪町	13/6	20	6/1
諏訪市	13/7	10	6/1
白樺湖	10/2	30	3/-2
茅野市	13/6	20	6/0
原村	12/5	50	5/-1
富士見町	12/5	20	7/0
飯田伊那 辰野町	15/5	30	8/1
伊那市	15/5	10	10/2
駒ケ根市	14/6	30	10/2
松川町	15/8	10	11/3
飯田市	15/8	30	12/3
南信濃	17/9	10	12/4
阿智村	15/8	20	12/1
阿南町	16/9	20	13/1

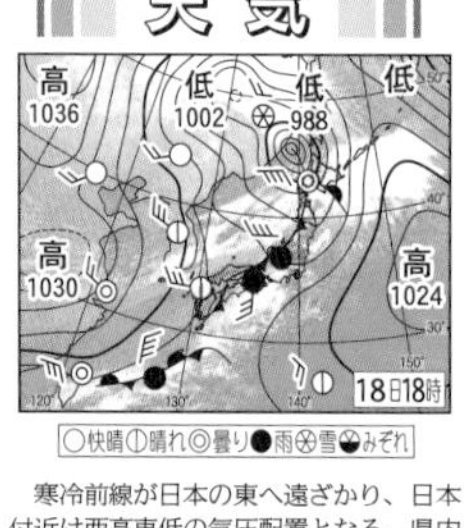

寒冷前線が日本の東へ遠ざかり、日本付近は西高東低の気圧配置となる。県内は昼ごろから広く晴れるが、北部では雪の降る所もある。最高気温は平年並みか高い。夜は冷え込む。(日本気象協会長野支店)

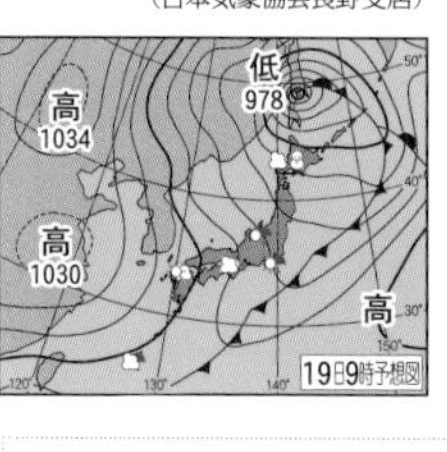

9日間の予報

マーク下は降水確率(%)

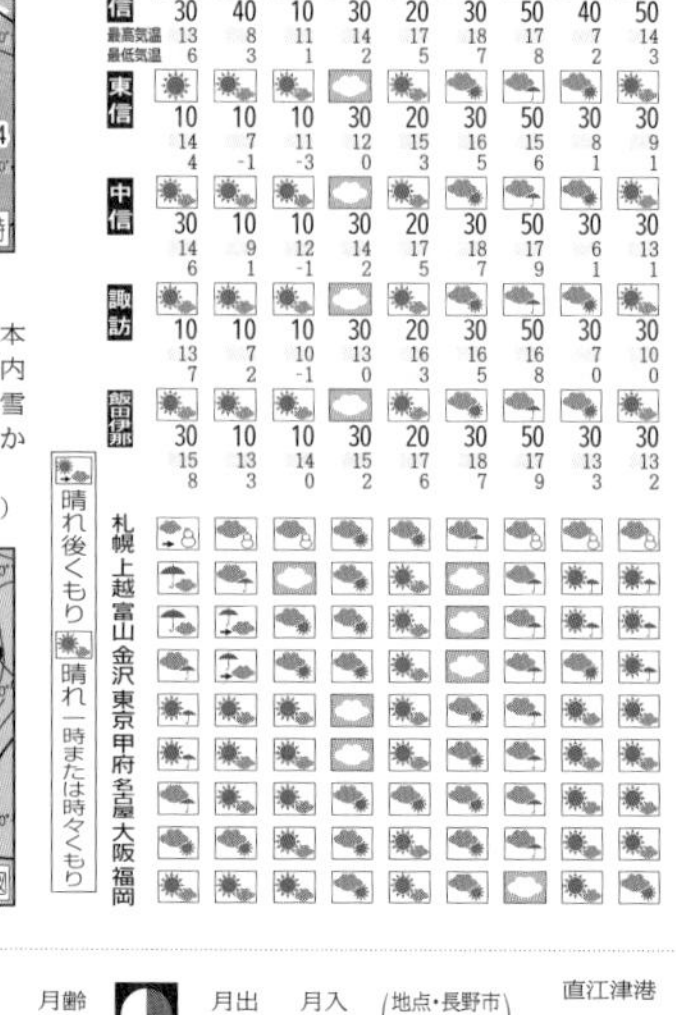

	19(火)	20(水)	21(木)	22(金)	23(土)	24(日)	25(月)	26(火)	27(水)
北信	30	40	10	30	20	30	50	40	30
最高気温	13	8	11	14	17	17	18	14	13
最低気温	6	3	1	2	5	7	8	2	3
東信	10	10	10	30	20	30	50	30	30
最高気温	14	7	11	12	15	16	15	8	14
最低気温	4	-1	-3	0	3	5	6	1	1
中信	30	10	10	30	20	30	50	30	30
最高気温	14	9	12	12	15	17	17	9	14
最低気温	6	1	-1	2	4	7	9	1	1
諏訪	10	10	10	30	20	30	50	30	30
最高気温	13	7	10	13	16	16	16	8	13
最低気温	7	2	-1	0	3	5	6	1	1
南部	30	10	10	30	20	30	50	30	30
最高気温	15	13	14	15	16	17	17	9	13
最低気温	8	3	0	2	6	7	9	3	2

札幌 上越 富山 金沢 東京 甲府 名古屋 大阪 福岡

晴れ後くもり　晴れ一時または時々くもり

18日の気温

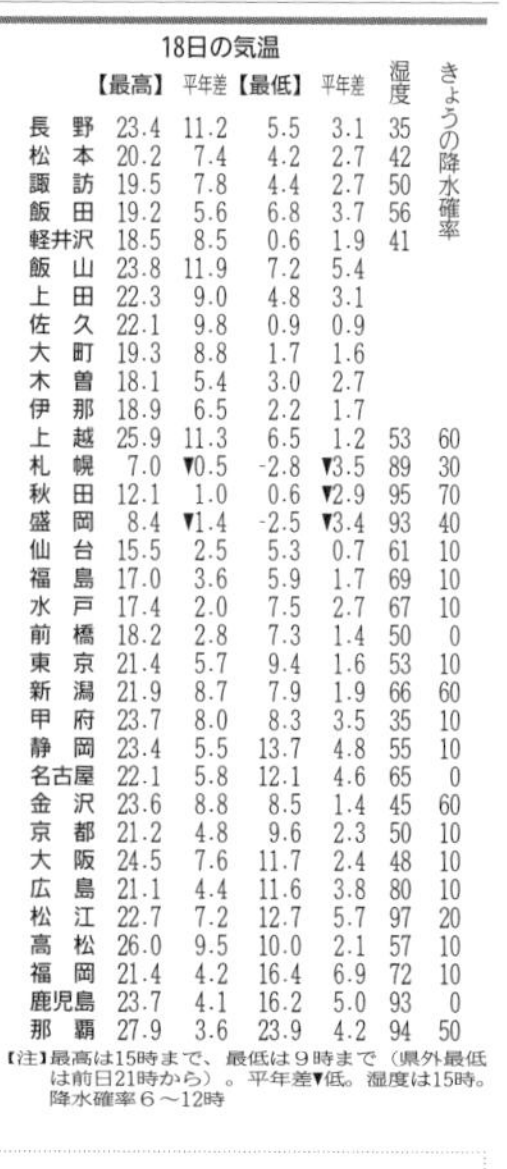

	【最高】	平年差	【最低】	平年差	湿度	きょうの降水確率
長野	23.4	11.2	5.5	3.1	35	
松本	20.2	7.4	4.2	2.7	42	
諏訪	19.5	7.8	4.4	2.7	50	
飯田	19.2	5.6	6.8	3.7	56	
軽井沢	18.5	8.5	0.6	1.9	41	
飯山	23.8	11.9	7.2	5.4		
上田	22.3	9.0	4.8	3.1		
佐久	22.1	9.8	0.9	0.9		
大町	19.3	8.8	1.7	1.6		
木曽	18.1	5.4	3.0	2.7		
伊那	18.9	6.5	2.2	1.7		
上越	25.9	11.3	6.5	1.2	53	60
札幌	7.0	▼0.5	-2.8	▼3.5	89	30
秋田	12.1	1.0	0.6	▼2.9	95	70
盛岡	8.4	▼1.4	-2.5	▼3.4	93	40
仙台	15.5	2.5	5.3	0.7	61	10
福島	17.0	3.6	5.9	1.7	69	10
水戸	18.2	2.8	7.3	1.4	50	0
前橋	21.4	5.7	9.4	1.6	53	10
東京	21.9	8.7	7.9	1.9	66	60
新潟	23.7	8.0	8.3	3.5	35	10
甲府	23.4	5.5	13.7	4.8	55	10
静岡	22.1	5.8	12.1	4.6	65	0
名古屋	23.6	8.8	8.5	1.4	45	60
金沢	21.2	4.8	9.6	2.3	50	10
京都	24.5	7.6	11.7	2.4	48	10
大阪	21.1	4.4	11.6	3.8	80	10
広島	22.7	7.2	12.7	5.7	97	20
松江	26.0	9.5	10.0	2.1	57	10
高知	21.4	4.2	16.4	6.9	72	10
福岡	23.7	4.1	16.2	5.0	93	0
鹿児島	[illegible]					
那覇	27.9	3.6	23.9	4.2	94	50

【注】最高は15時まで、最低は9時まで(県外最低は前日21時から)。平年差▼は低。湿度は15時。降水確率6~12時

20日のこよみ 旧暦10月24日 先負	日出	日入	月齢	月出	月入
(地点・長野市)(月齢・正午)	6.29	16.36	23.0	23.57	12.54

		満潮	干潮
直江津港	小潮	6.29 / 22.41	1.20 / 14.59
名古屋港	小潮	― / 12.20	5.21 / 18.48

長31 第一社会 9版 2019年(令和元年)11月19日 火曜日 信濃毎日新聞 新聞定価1ヵ月4,400円(うち消費税325円)1部 朝刊150円 夕刊60円(消費税込み) 第三種郵便物認可

あの時そして今 千曲川氾濫 1カ月

焦っても仕方がないよ

千曲の自宅浸水 91歳元大工

穏やかな暮らし一変 自ら修繕

千曲川の氾濫で冠水した千曲市杭瀬下（くいせけ）を取材していた時、素人目にもしっかりした木造2階建てが目に留まった。しばらくして、床板を剝がし、基礎を乾かしていた金井武さん(91)に声を掛けた。元大工で、50年近く前に自ら建てた家だという。工具で床板の釘を抜きながら、「老体にむち打ってでもやらないと」「人さまに迷惑を掛けないように」と、ぽつぽつ語る言葉が気になっていた。

13日。久々に再訪すると、変わらず傷んだ家具に手を入れ、床下の乾燥具合を確かめていた。この1カ月は「夢中のうちに過ぎた」と言って、黙々と手を動かした。

15年ほど前に現役を退き、「死ぬまで元気でいたい」と、日用品の細工やノルディックウオークを楽しんでいた穏やかな暮らしは、「伊勢湾台風（1959年）でもこんなことはなかった」と言う千曲川の氾濫で一変した。

10月12日午後8時ごろ一帯の冠水が始まり、妻、長男の3人で近くの市更埴文化会館に避難。13日未明にはそこも浸水し、旧更埴庁舎に移った。自宅を見に戻ると床上32㌢に浸水の跡。敷地には流れ着いた稲わらが散乱し、タイヤも転がっていた。

歩行につえが要る妻のことを考え、市内の親戚宅に身を寄せてから、自宅に通って修繕する日々が始まった。

「年齢を考えればがっくりきそうなものだが、むしろ以前よりしっかりした印象」。長野市篠ノ井布施五明の元大工、吉野登さん(78)が大工仲間と手伝いに駆け付けた時の金井さんの様子を振り返る。金井さんの弟子の一人だ。

親戚が家財道具を運び出し、吉野さんらが床下にもぐって、水を含んだ断熱材を泥だらけになって取り除いた。

「心から感謝している」と金井さんは言う。それだけに、「自分が動けなくなるとお荷物になる」との思いも増した。

戦後、建築会社を立ち上げた金井さんは、責任感の強い、頼れる親方だったと吉野さんは語る。思いがけず「被災者」になり、調子の悪い両膝を抱えつつも「親戚にいつまでも世話になるわけにいかない」と気を張る。「今まで以上に健康を意識して冥土に行けるようにしたいね」。そんな生き方を受け止める人の輪が、金井さんを囲む。

床下も完全には乾いていない。日光を当てるのが一番というが、だんだん日は短くなっている。本格復旧は来春以降になりそうで、元の生活がいつ戻るのかは見通せない。

とりあえず正月は自宅で過ごしたいと、居間の一部を優先して直し、辛うじて寝泊まりはできるようになった。「時間も費用もどれだけかかるか分からないが、焦っても仕方がないよ」。淡々とそう話し、また職人の目に戻った。

（鈴木 淳介）

千曲市の氾濫被害 10月12日午後9時50分、千曲川の杭瀬下水位観測所で水位6・4㍍を観測。遊水池機能を持たせるため堤防の一部が切られた「霞（かすみ）堤」から市街地に水が流れ込んだとの見方があり、千曲市杭瀬下一帯に浸水被害が出た。同市雨宮の千曲川右岸でも越水があった。全壊1戸、半壊3戸、一部損壊615戸となった。

現役時代の作業衣を着て自宅を修繕する金井さん。職人の目は変わらない＝13日、千曲市杭瀬下（林克樹撮影）

冠水した千曲市杭瀬下の街＝10月13日午前6時

神戸の同僚いじめ

加害教諭を任意聴取

兵庫県警

神戸市立東須磨小で教諭4人が同僚をいじめていた問題で、兵庫県警が18日に加害教諭への任意の事情聴取を始めたことが分かった。関係者が明らかにした。県警は加害教諭や同僚らの聴取を進めて事実関係を裏付け、暴行や強要容疑での立件の可否を検討するとみられる。

市教育委員会によると、加害教諭4人は被害者の男性教諭(25)に激辛カレーを無理やり食べさせたり、暴力や暴言を繰り返したりした。市教委や学校の調査に「嫌がっていると思わなかった」「仲が良いと思っていた」などと弁解していた。

男性教諭は精神的に不安定になり、9月から欠勤。代理人弁護士が10月11日に県警に被害届を提出した。関係者によると、県警は既に被害者や、いじめを目撃した同僚らから事情を聴いた。

新潟女性刺殺 男を逮捕

指名手配中 容疑認める

JR新潟駅近くの繁華街のビルで飲食店店員石沢結月さん(20)が刺殺された事件で、新潟県警は18日、殺人容疑で全国に指名手配していた住所、職業不詳斎藤涼介容疑者(25)を新潟市内で逮捕した。県警によると、斎藤容疑者は取り調べに素直に応じ「間違いありません。弁解することはありません」と容疑を認めている。

捜査関係者によると、2人はインターネット上で知り合ったとみられ、県警は殺害現場で押収した斎藤容疑者のスマートフォンを解析し、動機などを詳しく調べる。

逮捕容疑は15日午後8時55分ごろ、新潟市中央区東大通1丁目のビル内で、石沢さんを刃物で刺して殺害した疑い。

捜査関係者によると、18日午後、新潟市南区のコンビニから、公開捜査に伴い公表した事件当時の服装などの情報を踏まえ「斎藤容疑者に似た人が店の外にいる。灰色っぽい上着でベージュのような色のショルダーバッグを持っている」との通報があった。

斎藤容疑者はコンビニで買い物をして、駐車場に座って飲食をしており、警察官が駆け付け職務質問すると「斎藤です」と認めたため逮捕。疲れ切った様子だったといい、新潟署に身柄を移した。

埼玉県上尾市に住む斎藤容疑者の母親が事件前日の14日、「息子が元交際相手の女性を傷つけて自殺するとほのめかしている」と上尾署に電話で相談。斎藤容疑者は神奈川県内で暮らし、母親は女性の名前などは知らないと説明した。埼玉県警は、こうした情報を神奈川県警に伝えたとしている。

逮捕され新潟署に入る斎藤涼介容疑者（マスクの男性の左の背中）＝18日午後3時半ごろ

特殊詐欺

精神面でも被害者支援

都道府県で初 大分県が条例案

全国の自治体で特殊詐欺防止策を盛り込んだ条例制定が相次ぐ中、大分県は18日までに金銭面だけでなく精神面でも打撃を受けた被害者の支援策を盛り込んだ条例案を作成した。県によると、都道府県レベルで初めてで、25日開会の県議会に提出し、可決されれば来年4月から施行される。

大分県によると、特殊詐欺防止に特化した条例は埼玉や岡山、徳島、熊本で既に制定。金融機関やコンビニで金を振り込み、だまされている可能性が高い人を見た場合に通報する努力義務などを定めている。

一方、大分県は「一生懸命にためたお金をだまし取られた人は精神的にも傷つき、中には家庭が破綻したりショックで自殺を考えたりする人もいる」と指摘。具体的な取り組みとして、カウンセリングを受けられる機関を紹介したり、捜査状況を随時説明したりすることを想定している。このほか、被害金回復のための法的措置を取る方法を助言することも検討している。

あんずちゃん ◆田中しょう

高原調

○…武蔵野美術大（東京）4年波多優司朗さん(22)＝写真左＝と3年吉田光宏さん(22)＝同右＝が18日、諏訪郡富士見町特産の赤いルバーブで開発したシロップを、東京の「銀座NAGANO」で発表した。

○…都内の会社「SU…」の「PERFINE（スーパーファイン）」が企画し、学生が主体で地域資源を活用する事業。2人は廃棄されている根元を有効活用できないかと考え、生産組合などの協力を得た。

○…1個1400円、送料別でクラウドファンディング「Makuake（マクアケ）」から購入できる。瓶には得意のデザインを生かしており、2人は「まるで化粧品。見た目も楽しんで」。

太田 儔氏（おおた・ひとし＝漆芸家、蒟醤（きんま）の人間国宝）18日午[illegible]肺炎のため高松市屋島西町1776の3の自宅で死去、88歳。岡山市出身。葬儀・告別式は20日午後0時半から高松市屋島西町1973、ベルモニー会館屋島で。喪主は長男豊（ゆたか）氏。

長野・赤沼公園 「混合ごみ」搬出終える

長野市は18日、長沼地区の赤沼公園で可燃や不燃、金属ごみが分別されていない「混合ごみ」の搬出が同日未明にいったん終わったと明らかにした。台風19号で千曲川の堤防が決壊した地点に近く、市民が自然発生的に災害ごみを置き始めた仮置き場。混合ごみは同公園に置かれたごみの大半を占めていた。自衛隊が連日搬出し、市が郊外に設けた非公開の仮置き場に移し終えた。

市は災害ごみ仮置き場として豊野東山第1、第2運動場（豊野町大倉）やアクアパル千曲（真島町真島）などを設置。長沼地区から遠く、市民は赤沼公園に持ち込んだ。市廃棄物対策課によると約6万平方㍍の公園は一時満杯になった。

10月20日ごろから自衛隊が日夜から未明に混合ごみを運び出した。自衛隊はさらに数日、園内に残る木くずや家電、タイヤなどのその他のごみを分別・整理する。市が委託する民間事業者がリサイクルする。市は近く別の民間事業者に赤沼公園の管理を委託し、12月末ごろまで仮置き場として市民が持ち込む災害ごみを受け入れる予定だ。

赤沼区の西沢清文副区長(65)は、倉庫や小屋はまだ被災時のままが多いとし「市には今後も手厚い対応をお願いしたい」と話した。

混合ごみの搬出が終わっても自衛隊員らによる整理作業が続く赤沼公園＝18日、長野市赤沼

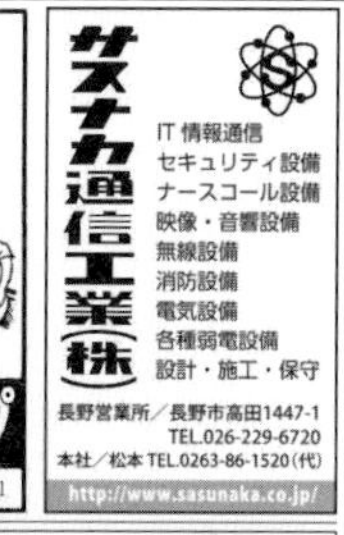

1 第49353号 【明治25年3月15日第三種郵便物認可】 信濃毎日新聞 2019年(令和元年)11月20日 水曜日 日刊 9版★

2019年(令和元年)
11月20日
水曜日

紙面を満たすのは地元愛

川島をもっと好きになって—。辰野町川島区で「かわしま地域新聞」が誕生。地元情報の共有を目指す。地域面飯田伊那から

大相撲 ●御嶽海 よりきり 竜電 16面

信濃毎日新聞
1873年(明治6年)創刊
発行所 信濃毎日新聞社
長野本社 〒380-8546 長野市南県町657番地
電話(026) 受付236-3000 編集236-3111 販売236-3310 広告236-3333
松本本社 〒390-8585 松本市中央2丁目20番2号
電話(0263) 代表32-1200 報道32-2830 販売32-2850 広告32-2860

香港 大学内になお100人

逮捕の井田さん 小布施出身

デモ参加疑い 保釈手続き中

【香港共同＝大熊雄一郎】香港警察は19日、学生らが占拠を続ける香港理工大で、強制排除されたか自主的に投降したデモ隊が約1100人に上ったと発表した。ただ100人の学生らが籠城を続け、香港各地では学生の支援を訴えるデモが拡大。一方、中国外務省は19日、理工大近くで逮捕された東京農大3年の井田光さん(21)＝上高井郡小布施町出身＝について、暴動に参加した疑いで逮捕され、現在保釈手続き中だと共同通信の取材に明らかにした。【関連記事4面に】

香港理工大に立てこもる若者を支援し、集結した市民ら。手前は警戒する警官隊＝19日、香港（共同）

香港政府は24日の区議会（地方議会）選挙に向けてデモ隊を徹底的に制圧する強硬姿勢を見せており、混迷は深まる一方だ。政府がデモ隊の動向次第で選挙延期もあり得ると示唆したことに市民は反発しており、政府に対する不信感は一段と強まっている。

前任の任期満了による退職で19日に香港警察トップの警務処長に就任した鄧炳強氏が着任の記者会見を行い、警察の暴力を調べる独立調査委員会の設立を訴えるデモ隊の要求には応じない考えを強調。鄧氏は強硬派として知られ、抗議活動への取り締まりが強まるとの見方が出ている。

香港各地では19日、警官隊が包囲する理工大に立てこもる学生らを支援する市民らが集まり、抗議活動を行った。理工大では19日、徹底抗戦を訴える学生が立てこもりを継続。体調を崩し、救急搬送される若者の姿も見られた。

北京 中国 香港 香港 チムサチョイ(尖沙咀) 九竜 香港理工大 立法会 香港島 1km

井田さん「人撃たれ許せない」荷造りしすぐ出発

兄「人に危害加えていないはず」

邦人拘束を報じる本紙朝刊を前に、取材に答える井田光さんの兄＝19日午後7時17分、東京都内

香港で続くデモ隊と警官隊の衝突を巡り、香港理工大周辺で逮捕された東京農大3年の井田光さん(21)＝上高井郡小布施町出身＝について、東京都内で同居する兄(23)が19日、信濃毎日新聞の取材に応じ、光さんが香港に渡った際の状況などを語った。

兄によると、光さんは11日、香港で抗議活動を行っていた若者らに警官が実弾を発砲したニュースを見て、「人が撃たれて許せない」と強い口調で話し、すぐに荷造りをしてその日のうちに、香港へ渡った。逮捕された17日は帰国予定の日だった。

18日、香港の日本総領事館から「暴動罪で拘束された」との連絡を受けた。香港で暴動罪の最高刑は禁錮10年。現地の民主派の弁護士に対応を依頼したという。

兄は「観光もちょっとはしていただろうが、デモに参加していた学生と交流はしていたと思う」と推測。「同世代の学生たちが頑張っていて、人ごとではないと感じていたのでは」。ただ、「少なくとも人に危害は加えていないはず」と話した。

光さんは沖縄県名護市辺野古への米軍基地移設に反対するデモに参加した経験もある。10月には、台風19号で被災した長野県内に戻って1～2週間、がれきの撤去などのボランティアをした。

「（香港の）警察の対応には問題がある。倒れている人を物のように扱っている」と兄。光さんに会うことを希望しており、「海外で拘束されるのは心細いはず。早く顔を見せて安心させたい」と語った。

浅川の内水氾濫 県調査へ

長野・小布施 下流域の浸水分析

台風19号豪雨災害で千曲川に流れ込めずに内水氾濫した県管理の浅川（長野市、上高井郡小布施町）について、県は19日、氾濫状況をコンピューター上で再現・解析するシミュレーションをし、浅川に限った氾濫の影響を調べると明らかにした。浅川下流域の長野市長沼地区は千曲川の堤防決壊で広範囲に浸水したが、浅川に起因する被害を分析。県の現行計画の想定を超える被害が推測されれば、治水対策を見直す考えだ。【焦点3面に】

北陸新幹線 浅川ダム 浅川 小布施町 県庁 長野 千曲川 須坂市 長野市

浅川流域で今回と同じ降雨量があった場合について解析する。千曲川の本川からは越水や堤防決壊による氾濫がなかったと仮定。千曲川が基準を超えて増水し、浅川に県や市が設けた排水機場のポンプで千曲川に水をくみ出せなくなった今回と同様の条件で分析する。浅川のみの内水氾濫による浸水範囲を割り出す。

県などが2013年に作成した「浅川総合内水対策計画」は、過去最大の被害があった1983（昭和58）年の台風と同規模の洪水に対し、宅地での床上浸水を防止することを目標としている。県河川課の吉川達也課長は「シミュレーション結果でも床上浸水が確認されれば、新たな対策が必要になる」としている。

県は同計画で定める毎秒7㌧の排水能力を持つ浅川の排水機場の増設計画について、来年度当初から設計を始める方針も示した。

阿部守一知事が同日、浅川の治水対策の強化を求めて県庁を訪れた加藤久雄長野市長との懇談で、今後の県の方針を説明。加藤市長は「排水機場の増設などの対策を早期に実施してほしい」と要望し、知事は「事業化を最優先で検討したい」と応じた。

台風被害復旧に 長野市200億円超

補正予算案計上へ

台風19号に伴う千曲川の堤防決壊などで広範囲が被災した長野市が、市議会12月定例会（11月28日開会）に提出予定の本年度一般会計補正予算案で、災害復旧関連経費として計200億円超を計上する方針であることが19日、関係者への取材で分かった。同市の1回の補正額としては過去最大で、補正後の一般会計総額もピークだった2014年度の約1656億円（歳出、決算ベース）を大幅に上回る1800億円程度になる見通しだ。

台風関連で市は10月30日、応急仮設住宅整備や排水機場（ポンプ場）復旧などに計47億7千万円を盛った本年度一般会計10月補正予算を専決処分。今回の補正予算案では、災害ごみや土砂の処分、道路や河川、学校など被災した各種施設の復旧などに対応する。

一方、過去にない大規模な予算措置は、中長期の財政運営に影響を及ぼしかねない。同市はこれまでの取材に「国の支援策を最大限活用したい」（財政課）としている。

安倍首相 在職歴代1位

通算2887日 戦前の桂太郎抜く

安倍晋三首相の在職日数が20日、第1次内閣を含めた通算で2887日となり、戦前の桂太郎を抜いて憲政史上歴代1位となった。106年ぶりの記録更新を目前に、公選法違反疑惑で2閣僚が辞任。首相が主催する「桜を見る会」の問題では公私混同と批判を浴び、長期政権の「緩み」が露呈した。自民党総裁としての任期は残り2年を切った。デフレ脱却や憲法改正、北朝鮮による拉致問題など残る政策課題の実現に意欲を示すが、成果は見通せていない。【関連記事2・31面に】

首相は約5年半に及んだ小泉政権の後、2006年に就任。当時は52歳で戦後最年少だった。第1次内閣は、閣僚の相次ぐ不祥事や参院選の惨敗が続き、体調不良もあって約1年で幕を閉じた。その後、12年の衆院選で旧民主党から政権を奪還した後、7年近く首相の座を維持している。

天気 最高気温 最低気温

地域	6時	12	18	24
北部	雨のち曇り	曇り	曇り時々晴れ	
中部	曇り時々晴れ	晴れ	晴れ	
南部	晴れ	晴れ	晴れ	

地域	21日	22日	23日
北部	晴れ時々曇り	曇り	晴れ時々曇り
中部	晴れ時々曇り	曇り	晴れ時々曇り
南部	晴れ時々曇り	曇り	晴れ時々曇り

地点	最高気温	最低気温
飯山	8	4
長野	8	3
大町	6	2
松本	9	3
上田	9	4
佐久	7	1
諏訪	8	3
木曽	10	1
伊那	11	2
飯田	13	2

5㍉以上 5㍉未満

24面に詳しい天気情報

斜面

2019.11.20

一瞬、時間が止まったように見えた。2015年5月28日、安保関連法案を審議していた衆院特別委員会。民主党（当時）の辻元清美氏が「これは生死とか戦争に関わる話です」と質問していると「大げさだよ」とのやじが割り込んだ◆辻元氏はむろん委員席の自民党議員も安倍晋三首相に視線を向けた。この直前にも首相は「早く質問しろよ」とやじを飛ばしている。他国防衛のため海外での活動が拡大し自衛隊員のリスクが高まる。そんな安保政策の大転換に関わる議論の最中である◆安倍首相の通算在職日数が歴代1位の2887日となった。これほど説明責任を果たしていないと批判される首相がいるのか。「丁寧に説明する」との言葉とは裏腹に混ぜっ返しや論点ずらしを多用し言い負かすのに力を注ぐ。国会論議の風景が荒れたのはおごりに一因があろう◆スペインの思想家オルテガはこんな言葉を残している。〈賢者は、自分がつねに愚者になり果てる寸前であることを肝に銘じている〉。だからこそ、すぐそこまでやって来ている愚劣さから逃れようと努力を続ける。その努力にこそ英知があるのだ、と◆ひるがえって愚者は自分を疑うことはせず、自らの愚かさの中に安住して安閑としていられるという。首相をそうだと決め付けるのはフェアではあるまい。野党も対抗できる政策を打ち出せずその座に安住していたのではないか。メディアも有権者もかみしめるべきオルテガの言葉である。

素肌乾燥情報 カサカサ、注意、しっとりの3段階
北部 カサカサ
中部 カサカサ
南部 カサカサ

こと映え

蛍雪の功
苦労して勉学に励む
須坂市 鼓太朗
応募方法30面に

購読のお申し込み 0120-81-4341 紙面の問い合わせ 026-236-3111 信毎web www.shinmai.co.jp
4910855732093 00136

長3 総合 9版 2019年（令和元年）11月20日 水曜日 信濃毎日新聞 第三種郵便物認可

氾濫浅川 岐路の治水

台風19号 浸水被害拡大

千曲川への排水停止「県計画想定せず」

台風19号豪雨による長野市東北部の浸水は10月13日の千曲川の越水や堤防決壊による影響が大きいものの、県が管理する浅川の内水氾濫も浸水被害をさらに広げたとみられる。ただ、千曲川の水位が想定以上に増し、浅川から千曲川へポンプによる排水の停止を余儀なくされた。県は浅川に限った氾濫の影響を分析するシミュレーション結果によっては現行対策を見直す姿勢を示す。洪水時に千曲川への排水が続けられないことを想定した「抜本策」を描けるかが問われる。

（立松敏也、望月直樹、木田祐輔、熊谷直彦）

【1面参照】

ポンプ頼み 限界も

「（被災前の状態に）単に戻すだけでは浸水被害に遭った住民は安心できない。地域の要望を聞きながら対策を進めたい」。19日、県庁応接室。加藤久雄長野市長から浅川の治水対策の強化を求められ、阿部守一知事は抜本的な被害軽減策を進める方針を示した。

長野市東北部で広がった浸水被害は、同市穂保での千曲川堤防の決壊に加え、支流の浅川が千曲川に流れ込めずに「内水氾濫」したことで被害が拡大した。ただ、浅川の氾濫がどの程度影響したのかはっきりしない。知事は「浅川の内水氾濫による浸水の検証を行う中で効果的な対策を考えたい」と強調。解析が今後の対策を検討する上で必要になるとした。

県浅川改良事務所（長野市）によると、浅川は10月12日午後7時18分、増水した千曲川から水が逆流するのを県などが確認。国土交通省が逆流による浅川の氾濫を防ぐため合流地点の水門を閉じ、県と市が千曲川へ浅川の水をポンプで排出する3カ所の「排水機場」を稼働し始めた。

だが13日午前0時ごろ、千曲川が想定していた水位を超えて氾濫する危険性が生じ、国交省側の要請を受けた県と市は全てのポンプを停止した。その30分後に同省側が浅川で水があふれているのを確認し、千曲川は同0時55分に越水が始まったとみられる。

県などが13年5月に作成した現行の治水対策「浅川総合内水対策計画」は、浅川で過去最大の被害をもたらした1983（昭和58）年の台風と同じ規模を想定し、治水対策を組んでいる。しかし、今回のように千曲川への排水ができなくなる事態は想定していなかった。

県は過去の浅川の内水氾濫について、排水ポンプの能力が不足していたことが主な要因の一つだとみていた。このため計画の主眼も、ポンプ増設による排出能力の向上と、雨水調整池の設置などの対策を組み合わせて被害拡大を防ぐことだった。しかし今回はその想定とは異なり、上流から流れ込む水を排出できず、千曲川との合流地点付近であふれた。

同事務所の相河政登所長は、現行対策では「ポンプを停止した後は手の打ちようがない」と嘆く。県が同計画を作成していた当時、国交省も83年と同規模の洪水が発生しても水害を防止・軽減するための千曲川整備を検討中だった。そのため、県は国による千曲川整備が進むのを見越し、排水できないことは想定しなかったという。

同計画作成から1年弱の14年1月、国は「信濃川水系河川整備計画」を策定し、30年間をめどに千曲川を整備することとした。台風19号災害は、千曲川、浅川ともに整備計画の途中で想定を上回る事態が起きたことになる。相河所長は浅川の内水氾濫対策には千曲川本流の整備も必要との認識を示しつつ「シミュレーションの結果をみて、浅川でどんな対策ができるのか考えていく」とした。

台風19号豪雨による浅川氾濫の経過

日	時刻	経過
12日	午後7時18分	国土交通省と県が千曲川の水が浅川に逆流しているのを確認し、同省が合流地点の水門を閉じる
	7時45分	県が浅川第三排水機場のポンプを稼働
	8時00分	長野市が浅川第1、2排水機場のポンプを稼働
13日	午前0時8分	千曲川の水が想定していた水位を超えたため、県と市がそれぞれのポンプを停止
	0時30分	浅川の水があふれているのを同省が確認
	0時55分	国交省が千曲川の越水を確認
	9時ごろ	県が浅川第三排水機場の稼働を再開。市は浅川第1、第2排水機場の運転再開を図るも、浸水で故障し動かず
	10時23分	国交省が千曲川との合流地点にある水門を開く

浅川を巡る主な洪水被害と行政の動き

年月	内容
1983年8月	浸水面積1.9㌶、床上浸水2戸、床下浸水224戸
同年9月	浸水面積248.5㌶、床上浸水331戸、床下浸水188戸
86年9月	浸水面積0.03㌶、床下浸水3戸
88年8月	浸水面積29.8㌶、床上浸水4戸、床下浸水165戸
95年7月	千曲川との合流部で隣接する鳥居川が氾濫
2000年9月	県が浅川ダム本体工事を発注
01年2月	田中康夫知事（当時）が「脱ダム」宣言
04年10月	浸水面積18.8㌶、床下浸水10戸
07年2月	村井仁知事（当時）が「穴あきダム」建設方針を発表
07年8月	国が穴あきダム建設を柱とする浅川の河川整備計画を認可
13年5月	県などが浅川の内水被害対策をまとめた浅川総合内水対策計画を作成
14年7月	浅川ダム本体完成

台風19号で千曲川支流の浅川の内水氾濫などで、浸水した長野市豊野町豊野（上）。下は水が引いた後の一帯。住宅地を抜ける道路や、川が姿を現していた＝上は10月13日、下は11月5日撮影

千曲川に流れ込む浅川（手前）沿いに立つ浅川第1排水機場（右端の建物）と第2排水機場＝19日

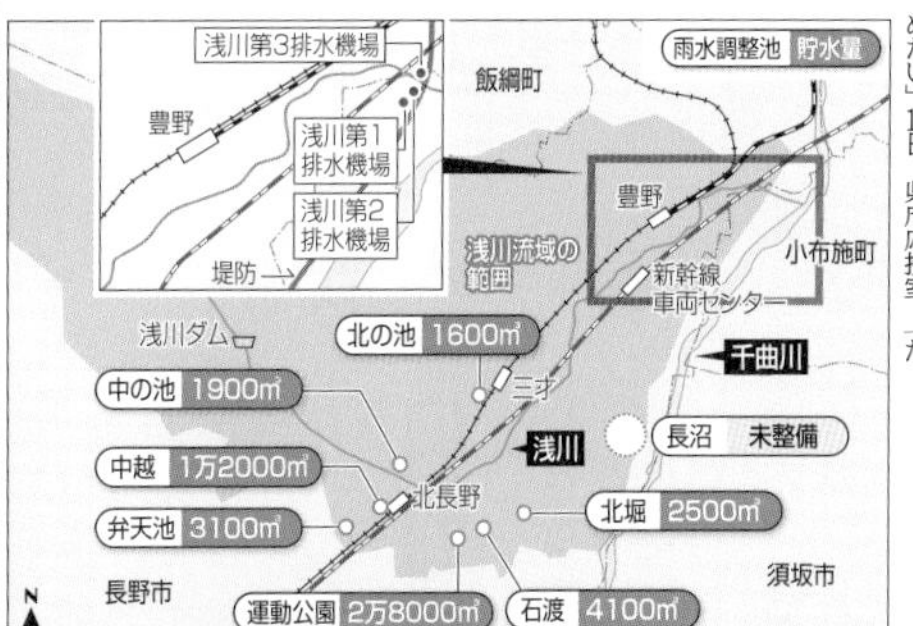

内水氾濫のイメージ

①本川から逆流
②逆流を防ぐためゲートを閉める
③氾濫を防ぐため、「排水ポンプ」で支川の水を本川にはき出す
④排水が追いつかない、またはポンプ停止のため氾濫
（氾濫／堤防／支川／本川）

10月13日午前9時21分に撮影した浅川ダム上流側。台風19号による降雨で水はほとんどたまらなかった＝長野市浅川

長野市が浅川流域に整備した雨水調整池の一つ「中越雨水調整池」。最大1万2000立方㍍の雨水をためられ、台風19号災害でも一時たまった＝19日

浅川ダム 流域降水少なく
雨水調整池 容量いっぱい
氾濫防ぐ効果不透明

県が治水専用として浅川上流に設けた2017年運用開始の浅川ダム。大雨時に自然と水をためる仕組みの「穴あきダム」だが、県によると、ダム上流域の降水量が少なく、今回の台風ではほとんど水がたまらなかったという。

浅川ダムは10月12日午後2時半から水をため始め、午後11時に最大2847立方㍍をためた。しかし、ダムの総貯水量の110万立方㍍と比較すると微量で、県は「ダムとしての効果が発揮される貯水量ではなかった」とみる。

浅川の内水氾濫対策を巡っては、長野市が浅川総合内水対策計画に基づいて整備した「雨水調整池」も効果を発揮したか不透明だ。市は浅川流域に7カ所、計5万3200立方㍍の容量を備える調整池を整備している。

市河川課は、調整池は浅川流域で大雨が降った10月12日日中には水をためる効果を発揮していたと推測。しかし、浅川で内水氾濫の危険性が高まっていた13日未明の時点では既に容量いっぱいになっていたとみられ、担当者は「内水氾濫を防ぐ効果は大きくなかった」とみる。

長野市の加藤久雄市長は「千曲川が計画高水位に達して排水機場が動かせなくなれば、必ず内水氾濫が起きる」と話す。浅川の排水機場が停止を余儀なくされた今回のような場合に対する危機感をあらわにする。

市は19日、浅川の増水時に流域の低地を「遊水地」として川の水を逃がす場所にする対策の実現などを県に要望した。市は水田を堤防で囲むなどし、普段は農業に使い、川の増水時にだけ遊水地内に水をためるといった構想を描く。加藤市長は「被害を最小化する抜本策が必要だ」と述べた。

避難中のリスクーITでどう周知
佐久市、研究団体に入会

佐久市の柳田清二市長は19日の定例記者会見で、台風19号の接近時に避難中だった市民が犠牲になったことを踏まえ、「移動するときの道中のリスク」をどう伝えるか、「検証する必要がある」と指摘した。IT技術を活用したリスク周知の方法などを研究するため、無料通信アプリを手掛けるLINE（ライン、東京）や研究機関などでつくる「AI防災協議会」に市として入会したと明らかにした。

市内では男性1人が車で避難中に千曲川支流の滑津川の氾濫に巻き込まれて犠牲になり、別の男性1人が土のうを受け取るために車で近くの小学校へ向かったまま行方不明となり、遺体で見つかった。滑津川の氾濫に巻き込まれた男性の被災現場では、複数の車が国道の通行止めのために交差点から県道へ曲がったものの、その先も通行止めとなっていて結果的に被災した。

こうしたことを踏まえ、柳田市長は記者会見で、IT技術の活用により、たとえば災害時にどこが通行止めとなり、どこで越水や崩落が起きているかが瞬時に分かれば「効果的に働く」と指摘。AI防災協議会は人工知能（AI）やSNS（会員制交流サイト）を活用した防災・減災の仕組みなどを研究する団体で、「協議会で有効な手段を学ばせていただきたい」とした。

ケアプランの有料化先送り
介護保険見直し政府調整

政府は19日、高齢者が介護保険サービスを利用する際に必要な「ケアプラン」（介護計画）の有料化を介護保険制度の改正案に盛り込まず、先送りする方向で調整に入った。介護費の膨張を抑えるため議論している制度見直しの焦点となっていたが、一律に自己負担を求めることに与党内から慎重論が相次いだため判断した。

介護保険制度は3年に1度見直している。政府は年末までに内容を決定し、来年の通常国会に関連法案を提出する。

ケアマネジャーがケアプランを作成する場合、誰もが公平にサービスを受けられるよう自己負担はない。費用は介護が必要な度合いによって異なり、保険料や税金で賄われる。2019年度の介護費は11・7兆円に上り、介護保険制度が始まった00年の3倍に増加。高齢化の進行でさらなる膨張が見込まれ、財務省は抑制手段の一つとして有料化を求めている。

長29　第一社会　9版　2019年(令和元年)11月21日　木曜日　信濃毎日新聞　新聞定価1カ月4,400円(うち消費税325円)　1部 朝刊150円 夕刊60円(消費税込み)　第三種郵便物認可

あの時そして今　千曲川氾濫 1カ月

離れがたい大日向 でも

佐久穂 被災した自宅に戻るか迷う住民たち

過疎化の集落 台風が追い打ち

南佐久郡佐久穂町大日向の内装業、高見沢利博さん(63)は、同町八千穂の妻としみさん(65)の姉の家に長男、次男とともに身を寄せ、1カ月余りになる。10キロほど離れた山あいの自宅が、台風19号による千曲川支流、抜井川の氾濫で被災。川のそばだったため床上1・2メートルまで浸水し、住めなくなった。

結婚を機に、20代から暮らしてきた土地。付き合いも多く離れがたいが、町内の別の土地の中古住宅を探すことを一家で決めた。「台風がもう来ない保証なんてないですから」。1959(昭和34)年の伊勢湾台風でも床上浸水を経験した大日向育ちのとしみさんは言う。

「本当は残ってほしいですよ。でもね…」。利博さん宅の近くに自宅がある大日向5区(自治会)の区長、高見沢好市さん(64)にも、利博さん一家の思いはよく分かる。わが家も濁流にのまれた。流木が抜井川の橋脚に引っ掛かって流れをせき止め、あふれ出た泥水で集落の3分の1、12戸が被災した。

人口減に拍車が掛かり、「集落がなくなるかもしれない」。被災10日後の10月22日、雨の中でがれきを片付けながら取材に語っていた好市さんの言葉は、今思えば大げさなものではなかった。

初めの1週間は町の避難所に逃れ、現在は妻春野さん(59)、次男輝さん(31)と町内のアパートで暮らす好市さん。一家の目下の懸案も、自宅に戻れるかどうか、だ。

好市さんにとっては、学校帰りに水遊びした抜井川、先祖代々受け継いできた土地、林業をしていた父と建てた自宅…どれも離れがたい。だから「河川復旧をしっかりやってもらい、また住めるようにしてほしい」と願う。

一方で春野さんは、結婚以来30年以上住み慣れた大日向への愛着を感じつつ、泥にまみれた被災当初を思い出すにつけ、「もう川の近くには住めない」とこぼす。

輝さんも交えた話し合いはいつも平行線。生活再建を支援する町に、15日時点で相談に来た38組の住民の多くも、自宅に戻るべきかどうか不安を口にするという。

「被災した家の片付けを手伝ってくれた地域の人には感謝しかない」。後ろ髪を引かれる思いを抱えながら、利博さんは「これであと20年もしたら、集落は何軒残っているか」と顔を曇らせた。

4月に大日向で開校した私立小学校の保護者や児童らと交流会に関わるなど、大日向ファンを増やそうと努めてきた好市さんも、その道のりが今回の災害で後戻りしかねないと感じている。「前向きに頑張っていくしかない」。自らに言い聞かせるように語った。

（山本　純哉）

抜井川を背に集落の現況について話す高見沢好市さん（左）＝15日、佐久穂町大日向（梅田拓朗撮影）

佐久穂町の被害　台風19号により、10月12日、佐久穂町大日向に位置する群馬県境一帯は一日で500ミリという記録的豪雨に見舞われ、大日向地区の抜井川と、隣り合う余地地区の余地川が氾濫した。土石流で家屋が押しつぶされる被害も出た。町によると、11月19日現在、全壊12戸、大規模半壊9戸、半壊43戸、準半壊45戸、一部損壊24戸の計133戸が被災した。

護岸や道路が崩落した抜井川＝10月17日

県内 インフルエンザ流行入り

昨季よりも3週間早く

県は20日、県内がインフルエンザの流行期に入ったと発表した。昨季より3週間早い。長野市では台風19号災害に伴う避難所の設置が続いている。避難所での集団感染は把握していないが、県は被災者支援に入るボランティアらにもマスク着用などを呼び掛けている。

県保健・疾病対策課によると、県内87の定点医療機関が報告した患者数は11～17日の1週間に計113人。1機関当たり1・30人となり、流行入りの目安となる1人を超えた。特に松本、大町の両保健所管内は同3・00人で患者数が多い状況。長野市、伊那、飯田の各保健所管内でも1人を超えた。

同課は被災地に入るボランティアに対し「体が冷えると抵抗力が下がるので防寒対策をしっかりしてほしい。せきが出て熱っぽいなどのインフルエンザらしき症状がある人は、ウイルスを持ち込まないためにも無理せず参加を延期してほしい」としている。

長野運動公園にある避難所の出入り口をアルコール消毒する担当職員＝20日午後4時29分、長野市

長野の避難所も警戒強める

加湿器増やし 入り口消毒

県内がインフルエンザの流行期に入ったと県が発表した20日、台風19号の被災者が身を寄せる長野市内の各避難所は警戒を強めた。市は10月20日～11月9日、避難所で暮らす約700人に無料予防接種を実施。20日時点で避難所での感染は確認されていないが、21日朝の長野は最低気温が氷点下となる見通しだ。市は健康確認のため保健師を巡回させ、加湿器増設、ドアノブ消毒などを進めている。

多くの人が共同生活する避難所では感染症が広がりやすい。長野運動公園の避難所は20日、室内の湿度を保つため加湿器を2台増やし、8台とした。保健師の指導で、出入り口やトイレのドアノブなど不特定多数が触れる場所はアルコール消毒している。

手洗いやうがい、マスク着用を呼び掛け、定期的に窓を開けて空気を入れ替える。この日は避難者から「寒い」との声も。市監理課の稲垣実課長補佐は「換気の際は声掛けをするなどし、快適に過ごせる工夫をしたい」と話す。

万一、インフルエンザ患者が出た場合への備えも進んでいる。豊野西小学校や北部スポーツ・レクリエーションパークでは体育館のステージ上や器具庫、管理棟など他の避難者とは別の空間を用意する予定。簡易トイレも設け、他の避難者とできるだけ接触しないよう配慮する考えだ。

同市豊野町豊野の自宅が被災し、豊野西小に避難する霜村裕士さん(63)も予防接種は済ませた。「避難所で風邪をひいてしまうと大変。これから一層、健康に気を付けたい」と話した。

ブロガー殺害で 懲役18年の判決

福岡地裁

福岡市中央区で昨年6月、人気ブロガーのITセミナー講師岡本顕一郎さん＝当時(41)＝が刺殺された事件の裁判員裁判で、殺人罪などに問われた無職松本英光被告(43)に福岡地裁は20日、「インターネット上でやりとりがあっただけの被害者に一方的殺意を抱き、現実に殺害にまで及んだ」として、懲役18年（求刑懲役20年）の判決を言い渡した。

岡崎忠之裁判長は、被告のネット上での迷惑行為を岡本さんが運営側に通報したことなどを動機に挙げ「身勝手で理不尽だ。人の死への考えが深まっておらず、遺族に十分な謝罪もしていない」と述べた。自閉症スペクトラム障害の影響で、他人に相談したり、自身の行動を客観視したりすることが困難だったと指摘したが「被害者の状況を見ながら殺害機会をうかがうなど冷静に行動しており、自らをコントロールできていた」として、完全な刑事責任能力を認めた。

岡本さんはネット上で「Hagex」のハンドルネームで活動し、松本被告は「低能先生」と呼ばれていた。

高原調

○…伊那市の富県保育園で20日、育てたもち米の収穫に感謝する祭りがあり、富県、新山両保育園の80人余が順番におみこしを担いで元気よく歩き回った＝写真。

○…みこしは奥行き90センチ、高さ1メートルほど。子どもの頃に担いだ経験がなく憧れていた地元の大工、埋橋初さん(67)が、初挑戦で3カ月かけて作った。鉢巻きをして法被を着た園児は手作りのおんべなどを手に「わっしょい、わっしょい」と声を合わせた。

○…年中の竹村隼輝ちゃん(4)は「重たかったけれど楽しかった」とうれしそう。にぎわう様子を見守った埋橋さんは「作ったかいがあった」と目を細めていた。

長野・東北中「ワンチーム」で立ち上がれ

ラグビー稲垣選手 励ましの色紙贈る

「ファイト！」「ONE TEAM」と添えられたサイン。色紙を持つ稲垣選手の写真も届いた＝20日午後0時43分、長野市東北中学校

「ファイト！」。台風19号の千曲川氾濫で床上浸水した長野市東北中学校に、ラグビーワールドカップ（W杯）日本大会ベスト8になった日本代表の稲垣啓太選手(29)からサイン色紙が届いた。加瀬浩明校長(58)と知り合いの県ラグビーフットボール協会事務局長小出茂樹さん(45)が、旧知の仲で依頼。世界の強豪に打ち勝った選手の直筆が、生徒を励ましている。

稲垣選手は、スコットランド戦での勝ち越しトライなどで魅了し、「笑わない男」の異名でも注目された。新潟工業高校時代は北信越の選抜チームに加わり、小出さんが引率。関東学院大時代も、伊那市での招待試合で再会した。

W杯と重なった災害。何かできないかと考えた小出さんが人づてに頼み、稲垣選手は10月末に都内でサイン。小出さんが11月13日に届けた。

色紙には代表のモットー「ONE TEAM（ワンチーム）」とも。生徒会副会長の3年渡辺沙楽さん(15)は「全員がつながっている様子やトライを思い出し、勇気をもらった」。校舎の本格復旧はこれからだが、全校が一丸となっていくために「生徒会として前向きで明るい言葉を掛けていきたい」と話した。

新潟の母校で報告会も

ラグビー・ワールドカップ（W杯）で日本代表として活躍した稲垣啓太選手が20日、母校の新潟県立新潟工業高（新潟市西区）で報告会を行った。「一番大事にしたのは人を思いやること。メンバー外の選手も最後までメンバーと思い続けた」と仲間を尊敬する大切さを強調。在校生からの「笑顔の稲垣先輩が見たい」とのリクエストに「無理です」と答え、会場が笑いに包まれる場面もあった。

第三種郵便物認可　信濃毎日新聞　2019年（令和元年）11月22日　金曜日　9版　総合　2

日韓軍事協定 きょう期限

韓国 失効回避へ「協議継続」

【ソウル共同＝上嶋茂太】日韓の軍事情報包括保護協定（GSOMIA＝ジーソミア）の失効期限が23日午前0時に迫る中、日本に破棄通告をしている韓国大統領府は21日、国家安全保障会議（NSC）を開催し、終了後に「韓日間の懸案解決に向け、関係国と緊密な協議を続けていく」と発表した。失効回避が可能か、日本とぎりぎりまで協議することを強調する狙いとみられる。【関連記事4面に】

菅義偉官房長官は21日の記者会見で「韓国側に賢明な対応を強く求める立場に変わりはない」と述べ、破棄決定の撤回を再度求めた。日韓の立場の隔たりは依然大きく、妥協は見通せない。

失効が現実になれば北朝鮮のミサイル開発が進む中で日米韓の連携の弱体化が明白になるため、米国は韓国に協定維持を強く要求している。

韓国政府は日本の輸出規制強化措置に反発して8月に破棄を決定。「日本が措置を撤回すれば、破棄決定を再検討する」と主張している。康京和外相は21日の韓国国会で「日本の態度に変化がない限り、協定は明日終了する」と答弁。21日のNSCでは「多様な状況」への備えも協議したと大統領府は公表し、失効時の対応検討に入ったことも示唆した。

安倍晋三首相は21日、国家安全保障会議（NSC）4大臣会合を開いた。関係者によると、日韓関係や北朝鮮情勢が議題となり、GSOMIAと輸出規制強化措置を別問題とする既定方針を再確認した。

菅氏は会見で、破棄決定は「地域の安全保障環境を完全に見誤った対応と言わざるを得ず、極めて遺憾だ」と重ねて批判した。輸出規制強化に対する韓国の反発には、適切な貿易管理のための運用見直しで、元徴用工訴訟問題を巡る対抗措置ではないと反論した。

米国はエスパー国防長官が「失効と日韓の衝突で利益を得るのは北朝鮮と中国だ」と発言し、韓国に破棄を撤回せよとの圧力を強めている。

GSOMIA Q&A

ミサイル分析 失効で痛手に

日本と韓国の軍事情報包括保護協定（GSOMIA＝ジーソミア）の期限が23日午前0時に切れて失効します。

Q　GSOMIAとは何ですか。

A　軍事に関する秘密情報を交換する際、他の国に漏れることを防ぐため情報の保護を義務付ける協定です。日韓両国の政府は2016年11月に協定を結びました。日韓はそれぞれ米国と軍事同盟を結んでいますが、北朝鮮が弾道ミサイル発射を繰り返す中、米国を介さずにミサイルの分析などを迅速にやりとりできるようになりました。

Q　失効するとどうなりますか。

A　日韓の結束が弱まって地域が不安定になりかねないとみられています。北朝鮮軍の動向の把握や、北朝鮮が発射するミサイルの性能分析には痛手となりそうで、米国は韓国に維持を強く求めています。

豚コレラで農相「神様悪い」発言

野党批判で撤回

江藤拓農相は21日の参院農林水産委員会で、感染が拡大している豚コレラ（CSF）に関し「神様が悪い」と発言した。野党は「責任回避のようにも聞こえる」と批判。江藤氏は発言を「間違いだった」と撤回し、議事録からの削除も求めた。

江藤氏は感染経路についての質問に対する答弁で「口蹄疫や牛海綿状脳症（BSE）などがこれまで起きたが、感染経路が明確に解明されたことはない」と指摘した上で「そもそも神様が悪いと思っている。ウイルスは人間がつくったものではない」と述べた。

国内短信

▼集団移転の補助対象拡大

政府は21日、土砂崩れや津波、浸水の危険が高い地域から住民の集団移転を促すため、市町村に対する国庫補助の対象を拡大。集団移転先の住宅団地の規模に関する要件を「10戸以上」から「5戸以上」に引き下げる方向で調整しており、2020年度から適用する。

けさの一句　2019.11.22

遠き世の男と女近松忌　山田閏子

享保9年11月22日、「曽根崎心中」など絶大な人気を誇った近松門左衛門が死去した。生涯に発表した作品は約150編。享年72。風紀を乱すという理由で徳川幕府から扱った演劇や文学の禁止令を出す数年前のことだった。「遠き世」とはその近松が描いた時代との隔たりである。しかし、装いや文化は大きく変化しても、近松の描いた人間関係の機微は今もみずみずしく胸に迫り、心が奪われるのである。　土肥あき子（俳人）

仮橋設置で年内仮復旧

権兵衛トンネル 原因は地下水流出

上伊那郡南箕輪村の国道361号権兵衛トンネル出入り口付近で10月に発生した道路崩落によってトンネルが通行止めになっている問題で、国土交通省は21日、崩落箇所に仮橋を設け、年内に片側交互通行を目指す方針を明らかにした。一方、本年度内の本復旧は難しいとの見方も示した。伊那市で同日開いた有識者らによる第2回技術検討委員会で方針を決定した。

国交省飯田国道事務所（飯田市）によると、仮橋は鉄骨製で長さ15メートル、幅4メートル。トンネルの伊那市側の出入り口から10メートルほどの場所に、長さ15メートルの鋼材23本を打ち込んで橋台を作り、権兵衛2号橋の橋台との間に仮橋を架ける＝図。トラックやバスも通行できる強度にする。

同省は崩落原因について、台風19号による豪雨で権兵衛トンネル出入り口付近の深さ5メートル前後の地層から地下水が流出した—とのボーリング調査によって出た推定結果を検討委に報告。仮橋の工事に合わせて、地下水が流出した地層に横方向から複数の穴を空けて橋から離れた場所に排出する工法も説明した。

同省は、権兵衛トンネルや、トンネルの出入り口近くにある権兵衛2号橋に目立った損傷はなかったと報告。このため、崩落箇所に再び道路を造る復旧法を検討する。

県は10月20日、トンネル出入り口の約20メートル手前で橋台付近の斜面が大きくえぐられているのを確認し、同日から通行止めにした。同22日に権兵衛2号橋に接続する道路が長さ6メートルにわたり崩落しているのを確認した。

政府は今回の道路崩落を台風19号の影響による災害とみて、大規模災害復興法に基づく「非常災害」に指定。県管理道路だが、国が代行して復旧に当たる。

仮橋のイメージ図

長野市 復旧に212億円

過去最大の補正予算案

長野市は21日、記者会見を開き、台風19号の災害復旧費用212億8300万円の2019年度一般会計補正予算案を市議会12月定例会に提出すると明らかにした。市によると、1回の補正予算案としては過去最大で、補正後の一般会計総額も1798億8100万円と最大になる。【関連記事地域面北信に】

補正予算案は、災害ごみや宅地の土砂の処理に56億6200万円。ごみは多くを富山県など県外の大規模事業者に委ねる「広域処理」に頼るが、千曲川堤防が決壊した市東北部などからの排出が続く。20年度分の支出としてさらに124億6千万円を確保する債務負担行為を設定した。

道路・河川復旧費47億4600万円、農業・林業施設復旧費13億4300万円は、多くが堆積土砂の撤去費用。市は農地の堆積土砂を約80万立方メートルと推計しており、撤去に「さらに数十億円単位でかかる」（森林農地整備課）と見通す。若穂地区の一部に対する避難指示の理由になった、千曲川支流の保科川上流にある高岡川の土砂崩落現場などの復旧費用も盛った。

堤防決壊で被災した市長沼支所近くに、住民の交流拠点としてトレーラーハウスを設置する費用は500万円。住民の応急仮設住宅への入居などでコミュニティーの維持が課題となっており、年内の設置を目指す。

財源には国・県支出金計133億1100万円を充当。預貯金に当たる財政調整基金からの繰り入れは12億1500万円に抑え、64億1700万円分の市債も「償還時に交付税が優遇されるなど有利な起債」（財政課）を活用する。

復興業務を中心に担う「復興局」などの新設も発表した。12月1日付で加藤久雄市長が本部長の災害復興本部を設置。実務を担う復興局は復興推進課を置き、部長級の局長を含む9人で始動する。全壊や半壊の被災家屋の解体業務を担う公費解体対策室は、態勢をどうするか調整中。

加藤市長は会見で「復旧に対する決意を示した結果、大型予算案になった」と述べた。

農林業・土木施設被害

佐久市 100億円超

台風19号による佐久市の農林業、土木施設の被害が、21日時点で100億円を超える見通しになったことが市への取材で分かった。かんがい用の取水施設「頭首工」をはじめとする農業施設の被害が中心。市は本格復旧に向けた補正予算案を26日に開会する市議会12月定例会に提出する。

市によると、復旧の工法によって被害額は変動する見通しで、農林業施設だけで100億円を超える可能性がある。「コメどころ」の市内を潤すための頭首工の被害がその半分程度を占めるという。

この他、千曲川支流の滑津（なめつ）川が氾濫し堤防が決壊したことにより、決壊箇所付近の農地が大きな被害を受けた。水田だった一面に数多くの石が残り、「河原になってしまった」と嘆く市民も。農道の橋が流失した被害もある。

同市では千曲川と支流の氾濫・増水が各地で発生。川沿いの市道が崩れ、橋が流失する被害などがあり、こうした市管理の土木施設の被害額は現時点で約14億円に上る。

これらと別に、下水施設も被災。市はこれまでの取材に、下水施設の本格復旧には概算で約91億円が必要になるとしている。

滑津川（右）の堤防の決壊箇所付近。被災した水田には多くの石が残る＝21日、佐久市中込

県に産業復興支援室

25日付 台風災害受け機構改革

県内の広範囲に被害をもたらした台風19号豪雨災害を受け、県が製造業やサービス業、農林業など各種産業の復旧・復興を支援する「産業復興支援室」を近く設けることが21日、分かった。産業労働部産業政策課内に25日付で設置し、同部内外からの兼務職員を含め20人超の体制とする見通し。22日の部局長会議で正式決定する。

今回の台風災害を受けた県の機構改革は初めて。県によると、千曲川の氾濫による県内商工業の被害は7日時点で648事業者、672億5100万円。県は農林業者や医療福祉法人なども含めると800事業者を超えるとみており、経営継続や雇用維持に向けて専門部署による組織的な支援が必要と判断した。

政府が7日まとめた「対策パッケージ」は、工場や設備の再建を国や県が支援するグループ補助金などを盛った。県は28日開会の11月県会に産業復興策を盛った補正予算案を提出する予定。新設する産業復興支援室は、国や県の支援施策の展開を担う。

千曲市、床上浸水なら「半壊」

住宅被害判定の判断見直し

千曲市の岡田昭雄市長は21日、台風19号の被災住宅の被害判定で従来の判断を見直し、床上浸水の住宅を「半壊」にすると明らかにした。被災者の求めに応じた再調査の結果、複数の住宅で当初確認できなかった床や扉などの損壊が確認されたため。市内で確認された被害は全壊1戸、半壊3戸、一部損壊615戸だったが、判断や調査方法の見直しで半壊は300戸ほどに増える見通しという。

市は、10月下旬までの最初の調査で、国の指導に従い1戸ずつ被害を把握。この中では住宅の外壁が壊れるなど一定の損壊が確認できず、床上浸水でも一部損壊と判定される場合が多かったという。市は今月13日から判定に基づき罹災（りさい）証明書を発行している。

県の「信州被災者生活再建支援制度」では、半壊には最大50万円の支援金が支給される。被災者から21日までに判定を巡って約50件の再調査の依頼があり、同市杭瀬下や粟佐などの住宅計約30戸で再調査して損壊を確認し、半壊に変更。同様の被害住宅も多いとみられ、市は調査方法を、一定区域を一様に判断する「一括判定」方式に変更。半壊が大幅に増加した。

岡田市長は取材に「時間がたってみないと分からない被害があった。被災者の生活再建に向けて市として全力で支援をしていきたい」とした。

1 第49356号 【明治25年3月15日第三種郵便物認可】 信濃毎日新聞 統合 2019年（令和元年）11月23日 土曜日 日刊 6版

勤労感謝の日

2019年（令和元年）
11月23日
土曜日

伝統の味 おかえり

伊那市長谷の在来種を使ったそばが復活—。市内のそば店で提供が始まった。昔ながらのその味は？ 地域面飯田伊那から

大相撲 ●御嶽海 つきだし 貴景勝 25面

信濃毎日新聞
1873年（明治6年）創刊
発行所 信濃毎日新聞社
長野本社 〒380-8546 長野市南県町657番地
電話（026） 受付236-3000 編集236-3111 販売236-3310 広告236-3333
松本本社 〒390-8585 松本市中央2丁目20番2号
電話（0263） 代表32-1200 報道32-2830 販売32-2850 広告32-2860

日韓軍事協定 失効を回避

韓国「当分維持」と発表

【ソウル共同＝岡坂健太郎】韓国大統領府は22日夕、日本政府に破棄を通告していた日韓の軍事情報包括保護協定（GSOMIA＝ジーソミア）を当分維持することを決めたと発表した。日本に対する8月の破棄通告の効力を停止すると表明し、日本政府に伝えた。23日午前0時の協定期限満了直前に失効は回避された。日韓双方は貿易管理に関する協議を始めることで合意。韓国は世界貿易機関（WTO）の紛争解決手続きを中断すると日本に伝えた。

【焦点3面、関連記事2・4・7面に】

輸出規制 協議入り合意

日本の輸出規制強化に反発する韓国が対抗措置としてGSOMIA破棄を持ち出し対立が激化した日韓関係は対話局面に転換する公算だ。ただ対立の根本にある徴用工訴訟問題では歩み寄りはない。貿易管理協議を日本の輸出規制の見直しにつなげたい韓国と、規制を継続する方針の日本には立場の違いがある上、韓国政府高官はGSOMIAは「いつでも終了させられる」として今後もカードに使う姿勢を隠さず、関係改善につながるかは不透明だ。

GSOMIAが失効すれば北朝鮮をにらんだ日米韓の軍事的連携の亀裂が鮮明になるため、米国は韓国に破棄撤回を強く要求してきた。これが韓国の決定に影響を与えた可能性もある。

輸出規制強化撤回を求める韓国に日本は、協定と輸出規制は別問題だと主張してきた。日本政府筋は22日「（協定は）対韓輸出管理とは別問題との立場は全く変えていない」と話した。経済産業省も半導体材料3品目の対韓輸出規制に関し「今後も個別審査を通じて、許可を行う方針に何ら変更はない」と説明した。

安倍晋三首相は22日、失効回避に関し「日韓、日米韓の連携、協力は極めて重要だ。韓国も戦略的観点から判断したのだろう」と官邸で記者団に述べた。

経産省は22日、輸出規制問題で課長級の準備会合と局長級対話を開くとし「韓国が輸出管理の現状の問題点について改善に向けた意欲を示していると判断した」と説明。今後規制見直しもあり得るとの見解を示した。両政府は茂木敏充外相と、20カ国・地域（G20）外相会合で22日夜来日した韓国の康京和（カンギョンファ）外相の会談を早期に調整する。

日韓軍事情報包括保護協定（GSOMIA） GSOMIAは軍事上の機密情報を提供し合う際に第三国への漏えいを防ぐための協定で、安倍政権と韓国の朴槿恵前政権が2016年11月23日に署名し同日発効した。効力は1年で、満了の90日前に終了の意思をどちらかが書面で伝えない限り自動更新されるとした。北朝鮮のミサイル分析などで有用とされる。韓国政府の今年10月の説明によると協定に基づく情報交換はこの3年間で32件。文在寅政権は8月、日本が輸出管理での優遇対象国から韓国を除外する政令改正を閣議決定したことへの対抗措置として協定破棄を決定し日本に通告した。

建設的な首脳対話 急務

解説 日韓の軍事情報包括保護協定（GSOMIA）が土壇場で失効を回避した。ただ、安全保障上の重要な枠組みが崩れる危機に直面しながら、安倍晋三首相と文在寅（ムンジェイン）大統領が「原因は相手国にある」との主張に終始。首脳の相互不信が問題解決を難しくしたのは間違いない。両首脳はわだかまりを解消し、安保協力を進める責務を胸に刻むべきだ。

北朝鮮の弾道ミサイル発射や中国の軍事大国化など、東アジアの安保環境は緊張の火種に事欠かない。GSOMIAが失効していれば、ミサイル対応を含めて日米韓の協力が機能不全に陥った可能性がある。

文氏は来年4月の韓国総選挙をにらみ、安易に日本に譲歩すれば支持層の反発を受けかねないとの事情を抱える。それでも協定の維持に踏み切ったのは、米国の強い要求にあらがえなかった側面が大きいとみられる。

日韓は貿易管理に関する協議を開始するが、輸出規制に対する双方の姿勢には依然食い違いが残る。日本はGSOMIAと輸出管理は「別問題」との立場を崩さない一方、韓国側は規制撤廃に向けた「土台」と位置付けているからだ。玉虫色の決着は、ちょっとしたきっかけで不正常な状態となる危うさをはらんでいる。

日韓首脳が近視眼的な政治的思惑を排し、1965年の国交正常化以来「最悪」と言われる日韓関係の改善へ指導力を発揮すれば、双方の国益につながるのは自明だ。建設的な首脳対話が求められている。

県松本平陸上競技場 27年国体へ建て替え

25年完成目標

現地建て替えが決まった県松本平広域公園陸上競技場＝22日、松本市

県は22日、2027年に県内で開く国民スポーツ大会（国体）と全国障害者スポーツ大会に向けて、松本市の県松本平広域公園陸上競技場を建て替えると明らかにした。両大会の総合開閉会式会場になる予定で、県は老朽化が進む同競技場の整備を検討してきた。現在の競技場を取り壊し、同じ場所に新設する。総事業費は130億円で、2025年の完成を目指す。

【関連記事3面に】

2万5000人収容の現競技場は1977（昭和52）年に完成し、78年の「やまびこ国体」で開閉会式と陸上競技の会場となった。ただ、築後40年以上たったことに加え、照明の明るさが足りず夜間に競技会が開けないことや、メインスタンドの屋根が観客席の5000席分にしか対応していないことなどが課題だった。

アルウィン
長野道
松本市
19
県営松本空港
塩尻北IC
県松本平広域公園陸上競技場

県は、建て替え、改修、公園内の別の場所に新設の三つの案を検討。費用や競技場の機能などから比較し、建て替えることに決めた。新競技場の収容数は2万人程度で検討するが、メインスタンドには約7千席分の屋根を設けて現行の国体開催基準に合うようにする。夜間でも競技ができる明るさの照明を設置。エレベーター設置などバリアフリー化も進める。

同競技場は県営松本空港に隣接し、飛行機の安全のため建設できる施設の高さに制限がある。新しい屋根の設置に必要な高さを確保できる上、日本陸上競技連盟が日照などの理由から推奨する南北に縦長の配置を保てるのは現在の場所だった。

本年度に設計を開始。22年度に現施設の取り壊しを始め、25年度の完成を目指す。工事中は、大会やイベントを開けなくなる。付近のマレットゴルフ場、テニスコートも関連工事が必要になり、使えなくなる可能性がある。

県、復旧対応に712億円

台風19号 補正予算案提出へ

県は22日の部局長会議で、総額622億5700万円の一般会計補正予算案を28日開会の県会11月定例会に提出すると決めた。このうち台風19号災害への対応に615億6500万円を計上。災害関連の2特別会計の補正分を合わせると計712億1400万円となる。道路や河川、県有施設の本格復旧に向けた経費が多くを占めるほか、中小企業や農林業者の復旧への支援などを進める。心身の不調を訴える被災者への対応も図る。

【関連記事2・4・6面に】

一般会計の補正額は過去10年間で最大。補正後の本年度一般会計総額は9963億5100万円で、同時期（11月補正時）で最大となる。

主な災害関連事業では、中小企業や農林業者への対応に152億6千万円を計上。政府が7日に決めた「対策パッケージ」に沿い、中小企業の施設や設備の復旧を「グループ補助金」で支援。商店街の施設復旧も補助する。農業では農地、農業施設、農業用機械などの復旧を支援する。

被災者の心身の健康支援に132万円を盛る。ストレスなどで心身の不調を訴える被災者に対応する専門家を被災市町村に派遣。「県生活支えあいセンター（仮称）」を新設し、市町村の生活相談に対応に助言する担当者を置く。

道路や河川、県有施設の本格復旧に向け559億2700万円（債務負担行為を除く）を計上。千曲川の堤防決壊などで浸水被害に遭った下水道終末処理場のクリーンピア千曲や、県総合リハビリテーションセンターの復旧に充てる。同センターは浸水した磁気共鳴画像装置（MRI）など高額医療機器を買い替え、来年初夏ごろの全面復旧を目指す。

クリーンピア千曲の復旧などで、来年度以降の支出をあらかじめ確保する債務負担行為として297億9千万円を設定する。

県は10月以降、台風対応で3回にわたり計139億8700万円（債務負担行為を除く）を追加する補正予算を専決処分しており、県会に報告する。11月補正を合わせると、台風関連で852億円余を確保することになる。

阿部守一知事は記者会見で「極めて大きな規模の補正であり、台風19号災害がいかに多くの被害をもたらしたかの裏返しだ」とした上で「災害対応に全力で取り組む一方、健全な県財政も確保できるように取り組む」と述べた。

斜面

2019.11.23

根拠や実体が伴わないのに絶対だと信じられている「神話」はいつの時代もある。先の戦争では日本軍「不敗神話」、バブル期は地価が下がらないという「土地神話」が席巻した。それが人々の考えや行動を縛って固めるから厄介だ◆日本は地球温暖化対策の優等生だという「神話」である。温室効果ガスの排出削減目標を定めた京都議定書は22年前のこと。生みの親はその後世界をけん引するどころか二酸化炭素（CO_2）削減や再生可能エネルギー導入などで後れを取っている◆ドイツの環境シンクタンク「ジャーマンウオッチ」は毎年、排出量の多い国と地域を対象に対策を総合評価している。今年の採点によれば、日本は40点でトップのスウェーデンの76点に遠く及ばず49位。最下位のサウジアラビアと同じ最も評価が低いグループに色分けされている◆残念ながら評価はさらに下がるだろう。政府がパリ協定に基づき来年提出する温室ガス削減目標を「30年度に13年度比マイナス26％」に据え置く。原発の再稼働が進まず石炭など化石燃料に頼らざるを得ないという。原発ありきの固定観念は拭いがたい◆政府の姿勢や世間にも「原発なしで温暖化対策が可能なのか」との「神話」は根強く残る。コストが下がる再エネの普及で脱炭素化を進めるのが世界の流れだ。これに乗ることも阻まれているのではないか。温暖化が原因とみられる気象災害が続く今こそ神話の呪縛から抜け出さねば。

天気 最高気温 最低気温
北部 6時 12 18 24 飯山 17 6 長野 17 6 大町 14 4
24日 25日 26日
中部 6時 12 18 24 松本 17 5 上田 16 6 佐久 13 5 諏訪 16 5
24日 25日 26日
南部 6時 12 18 24 木曽 18 5 伊那 17 6 飯田 18 7
24日 25日 26日
5％以上 5％未満
28面に詳しい天気情報

素肌乾燥情報 カサカサ注意 しっとりの3段階
北部  注意
中部  注意
南部  注意

喬木村 椋鳩十記念館 「館長」のムクニャン

こと映え 食指が動く 物事を求める気持ちが湧く 応募方法34面に

きょうは勤労感謝の日

購読のお申し込み 0120-81-4341 紙面の問い合わせ 026-236-3111 信毎web www.shinmai.co.jp
4910855732390 00136

第三種郵便物認可　信濃毎日新聞　2019年（令和元年）11月23日　土曜日　6版　総合　2

県内台風被害2464億円に

県は22日、台風19号による県内の被害総額が21日時点の把握分で2464億6100万円に達したと明らかにした。7日時点の前回まとめより1146億1100万円増加。調査が進んだ農業関係が357億7300万円増の588億7200万円に膨らみ、全体を押し上げた。

農業関係はリンゴ畑や水田への土砂流入、取水施設「頭首工」が流されるなどの農地や施設被害が328億2100万円増の542億2600万円と判明。果樹園地の土砂堆積の調査が完了し、5㌶以上の堆積は長野市や上高井郡小布施町など北信6市町で計810㌶となった。農作物や樹体、生産施設の被害は28億7200万円増の計44億8600万円。

新たに一般ごみ処理施設6カ所の被害額が計7800万円と判明。歩道ののり面が崩れるなどした自然公園の被害は計4200万円に上った。

一方、河川や道路などの公共土木施設と下水道などの都市施設は復旧費の精査が進み、それぞれ92億8千万円、140億8300万円の減。浸水被害で一時休止した県の下水道終末処理場「クリーンピア千曲」（長野市）は、点検により一部施設の被害が比較的軽いことが分かった。

県災害対策本部によると被害額は調査中で、産業関係などがさらに膨らむ見込み。

台風19号の被害額（円、11月21日時点）

項目	被害額
農業関係合計	588億7200万
農作物・樹体被害	16億6000万
生産施設など	28億2600万
農地・農業用施設	542億2600万
農業集落排水施設	1億6000万
林業関係（山腹崩壊や土砂流出・林道）	38億8100万
公共土木施設（河川・砂防・道路）	621億3700万
都市施設（下水道・公園）	404億800万
商工業関係	679億4200万
学校施設	43億5700万
社会福祉（高齢者、障害者、保育施設など）	50億7100万
医療施設	7億7400万
自然公園	4200万
上水道	13億100万
浄化槽	200万
廃棄物処理施設	7800万
公営住宅（県営と市町村営）	13億6500万
警察施設	2億3200万
被害総額	2464億6100万

けさの一句　2019.11.23

寝足りたることに勤労感謝の日　小川龍雄

厚生労働省の調査によると日本人の平均睡眠時間は7時間弱と世界の中でもっとも短い。普段から睡眠不足の状態に慣れてしまうと、体調の不具合にも気づかずに過ごしてしまうことにもなりかねない。勤労感謝の日の趣旨は、勤労を尊び、生産を祝い、国民がたがいに感謝し合うこと。休日にたっぷり眠れば、翌日からの生産性も高まることだろう。体を横たえ、自身をねぎらう大切さを学ぶ。　土肥あき子（俳人）

住宅再建・心のケア 配慮

台風災害 県補正予算案

応急措置からニーズ変化

県は22日発表した補正予算案に台風19号災害関連で計712億円余を計上。被災から1カ月半がたとうとする中、応急的措置が中心だった対応は、被災者の心のケア、マイホームの再建や、中小事業者の再建など中長期的な視点に立った取り組みに移りつつある。被災者や事業者の局面の変化に沿った支援が求められる。【1面参照】

「被災者のニーズをしっかりくみ取る」「被災地で経営や営農の意欲を失うことの無いよう支援する」。台風災害からの生活と産業の再建に向けた施策に部局を横断して取り組む「暮らし・生業再建本部」が22日、県庁で開いた初会合。「暮らしの支援」など5チームの代表職員は口々に意気込みを語った。

これに先立つ部局長会議で決めた一般会計補正予算案は過去10年間で最大規模。応急対応を終えた道路や河川、県有施設の本格復旧に向けた経費のほか、中小企業や農林業者など各種産業の復興支援などに力点を置いた。

被災後3回にわたって計139億円余を専決処分した際は、応急仮設住宅の提供など緊急的に取り組む対策が多かった。議会に提出する11月補正予算案では「今後の復興への足掛かり」（県の財政担当者）を意識した。

11月補正では中小企業者の復旧・復興を支援する「グループ補助金」を計上。地域活性化計画などを作る事業者グループを支える。農業では佐久市など東信地方で取水施設「頭首工」や水路などの農業施設が大きな被害を受けており、その復旧を支援する。

長野市は今月末をめどに避難所を閉鎖する方針で、被災者は避難所から家の片付けに通う生活から、本格的な生活再建を目指す段階に移り始めている。県の今回の補正では、住宅再建のための借金の利子相当額を助成する県単独事業を導入し、一部損壊の世帯まで支援の対象を広げる。

被災者の孤立や心の傷への対策も急務だ。多くの被災者が仮住まいに移るため、県幹部は「地域の人と離れ離れになる」と懸念。新設する「県生活支援ささえあいセンター（仮称）」は、長野市などの被災市町村が行う生活相談員の被災者訪問を支援するため、助言役となるコーディネーターを配置する。

これまでの専決処分額を合わせると、県の本年度予算で台風19号関連は852億円余に上る。債務負担行為として304億円余を設定。被害の精査が進むにつれて県支出は増える可能性が大きい。

県は補正予算案の財源として、財源不足に対応する預貯金である「財政調整基金」を28億円取り崩し、本年度末残高は約509億円となる見込みだ。財源の一部には国からの支出金389億3800万円を見込む。今後も国に対し被災自治体の財源不足を補う特別交付税の総額を増額するよう求めていく方針だ。

阿部守一知事は22日の記者会見で「災害に対し万全の対応をした上で、できる限り一般財源の支出を抑えて県財政の健全性を維持する」とした。

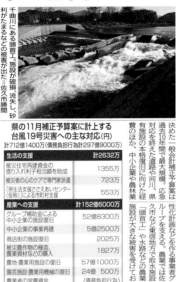

千曲川にある頭首工。施設が破損、流失し、砂利がたまるなどの被害が出た＝佐久市勝間

県の11月補正予算案に計上する台風19号災害への主な対応（円）

計712億1400万（債務負担行為計297億9000万）

項目	金額
生活の支援	**計2632万**
被災住宅再建資金の借り入れ利子相当額を助成	1355万
被災者の心のケアで専門家派遣	723万
「県生活支援ささえあいセンター（仮称）」による市町村支援	553万
産業への支援	**計152億6000万**
グループ補助金による中小企業の施設復旧	52億8300万
中小企業の事業再建	5億2500万
商店街の施設復旧	2025万
被災農作物の種苗、農業資材などの購入	1827万
農地・農業用施設の復旧	57億1000万
園芸施設・農業用機械の復旧	24億　500万
農業者の営農資金借り入れを無利子化	（債務負担行為963万）
キノコ生産施設の復旧	12億9800万
インフラ・県施設の復旧	**計559億2700万**
道路、河川の復旧	416億1000万（同154億1200万）
林道などの復旧	29億2300万
クリーンピア千曲などの復旧	96億　300万（同143億6800万）
県総合リハビリテーションセンターの復旧	7億6500万

千曲川早期復旧「出張所」を新設

国交省 河川事務所内に

国土交通省北陸地方整備局（新潟市）は22日、台風19号豪雨災害で被災した千曲川の早期復旧を目指す「千曲川緊急治水対策出張所」を千曲川河川事務所（長野市）内に新設した。被災箇所の早期復旧や流域整備の検討を担う。

同出張所は北陸地方整備局所属の職員5人を中心に、県外の河川事務所からの派遣で構成。常時10～15人で職務に当たる。決壊した長野市穂保の千曲川堤防の本格復旧の他、千曲川と夜間瀬川の県管理区間計5カ所を県に代わって復旧を進める。今後の洪水に備えた流域全体の整備も検討。出張所の設置期間は未定。

同整備局の吉岡幹夫局長は開所式で「地域の期待は大きい。一日も早い復旧を目指して、全力で取り組んでほしい」と職員に呼び掛けた。

気候変動踏まえ 治水対策を議論

国交省 審議会小委初会合

国土交通省は22日、気候変動に伴い頻発する豪雨災害への対策を検討するため、社会資本整備審議会小委員会の初会合を同省で開いた。県内をはじめ各地で河川が氾濫、同時多発的に浸水被害が発生し、情報発信面などで課題を残した台風19号も踏まえて議論。来年夏ごろに答申をまとめる予定だ。

赤羽一嘉国交相は台風19号で大きな被害が出た後、気候変動を踏まえた水害対策の在り方について同審議会に諮問。雨量の増加や海面水位の上昇、人口減少や高齢化といった社会構造の変化を背景に、治水対策やまちづくりの在り方、流域全体での備えなどを小委員会で議論することになった。

国交省側はこの日、民間の貯留施設や利水ダムの一部を治水に使う―といった考え方を提示。会合では「雨が降り終わってからも河川の流量が増えている。ハザードマップは空間的だが、もう一つの軸の時間的な情報の提供も必要ではないか」といった意見が出た。ほかにも、地域住民が危機管理型水位計を基に情報を把握し、避難行動に活用することを例示し「情報と避難行動のブリッジ（橋渡し）が重要」と指摘する声もあった。

「大臣代わり 災害増えた」

赤羽国交相発言

赤羽一嘉国土交通相は22日、省内で開かれた社会資本整備審議会の小委員会会場で、出席者に対し「大臣が代わったら災害が増えたなんて言われてすみません。反省しております」と述べた。議事が始まる前の雑談の中で発言した。

日韓関係改善兆しなく

「韓国が戦略的判断」評価

日本

日本政府は、日韓軍事情報包括保護協定（GSOMIA）の失効を回避する韓国政府の対応を「戦略的判断だ」と評価した。北朝鮮の弾道ミサイル発射へ迅速に対処するため、日米韓連携を重視しており、米国と歩調を合わせて韓国側に翻意を促してきたためだ。韓国側が見直しを求める対韓輸出規制問題については、貿易管理の協議を始めることで柔軟姿勢を示した格好だ。

河野太郎防衛相は22日、韓国側のGSOMIA破棄通告の効力停止は「一時的なもの」とした上で「しっかりした形で延長されることが大事だ」と防衛省で記者団に語った。

茂木敏充外相は名古屋市で記者団に「地域の安全保障環境を踏まえて韓国政府として戦略的な判断をしたと受け止めている」と述べた。GSOMIA失効による日米韓連携の乱れが現実となれば「北朝鮮のみならず、中国、ロシアを利する」と指摘してきた。

日本側が「最大の課題」とする元徴用工訴訟問題では進展はなく、引き続き国際法違反の状況を早期是正するよう迫る構えだ。

一方、安全保障上の理由で輸出規制を強化した日本とは軍事情報の共有が難しいとしてきた韓国側の主張に対し「全く次元の異なる問題」（菅義偉官房長官）と取り合ってこなかった。安倍政権は、韓国への譲歩が保守派の反発を招く可能性もあり「GSOMIAと輸出規制は別問題だ。日本の立場は全く変わっていない」（政府筋）と力説。対韓輸出規制も変更しないとしている。

ただ、新たに開始する貿易管理の会合で輸出規制の見直しを求められるのは必至で、難しい交渉を余儀なくされそうだ。

推薦名簿 6割黒塗り

桜を見る会省庁分 政治枠は廃棄

政府は22日、今年4月に開催された首相主催の「桜を見る会」の招待者に関し、各府省庁が作成した推薦名簿3954人分を参院予算委員会の理事懇談会に提出した。約6割は黒塗りで、氏名や肩書は不明。安倍晋三首相ら政治枠の名簿は、廃棄済みとして公表されなかった。野党は、首相らが関係した名簿だけが廃棄される不自然さが一層際立ったとして、引き続き追及する方針だ。

人数の内訳は外務省が各国の駐日大使などを含む891人、内閣府584人、文部科学省546人、総務省375人など。「公務員」「功績者」「特別」などに分類され、氏名と役職の記載欄があった。功績者は大半が、特別は全てが伏せられていた。

今年の桜を見る会には約1万8千人が参加。政府は、各省庁の推薦枠は約6千人、首相が約千人、自民党が約6千人などとしている。名簿は野党が公表を求め、菅義偉官房長官は21日の衆院内閣委員会で、廃棄されていない分は速やかに公表する方針を示していた。

野党筆頭理事の蓮舫氏は懇談会後、記者団に「真っ黒に塗りつぶされているが、各府省に名簿が残っていた。首相ら政治枠の名簿だけがなぜ廃棄されたのか、疑惑は深まった」と指摘した。

1 第49358号 【明治25年3月15日第三種郵便物認可】 信濃毎日新聞 2019年(令和元年)11月25日 月曜日 日刊 9版★

2019年(令和元年)
11月25日
月曜日

飯島町の米俵マラソンは好天の下、過去最多のランナーが駆け、「山の神」も登場した 23面

信濃毎日新聞
1873年(明治6年)創刊
発行所 信濃毎日新聞社
長野本社 〒380-8546 長野市南県町657番地 電話(026) 受付236-3000 編集236-3111 販売236-3310 広告236-3333
松本本社 〒390-8585 松本市中央2丁目20番2号 電話(0263) 代表32-1200 報道32-2830 販売32-2850 広告32-2860

ローマ教皇 長崎・広島で訴え

「核なき世界可能」「非武装こそ平和」

ローマ・カトリック教会の頂点に立つ教皇(法王)フランシスコは24日、被爆地の長崎と広島を相次いで訪問し演説、核廃絶を訴えた。長崎では「核兵器のない世界を実現することは可能であり必要不可欠だと確信している」と強調。広島では「真の平和は非武装の平和以外にあり得ない」として、核兵器を含む大量破壊兵器の保有や核抑止も否定、被爆地訪問は自らの義務だと感じていたと述べた。教皇として故ヨハネ・パウロ2世以来、38年ぶり史上2度目の被爆地訪問となった。【焦点3面、関連記事27面、演説全文4面に】

ローマ教皇演説のポイント

長崎
- 核なき世界実現は可能で必要不可欠
- 核兵器を含む大量破壊兵器の保有を非難
- 長崎は核攻撃が破滅的な結末をもたらすことの証人である町だ
- 核兵器禁止条約を含む国際法の原則にのっとり迅速に行動
- 武器の製造や維持、改良はテロ行為だ
- 兵器使用を制限する国際的な枠組みが崩壊する危険がある

広島
- 真の平和は非武装の平和以外あり得ない
- 核兵器を含む大量破壊兵器の保有や核抑止を否定
- 被爆地訪問は自らの義務
- 戦争のための原子力利用は犯罪以外何ものでもなく倫理に反する
- 最新鋭の兵器を製造したり、核の脅威を使って他国を威嚇したりしながらどうして平和について話せるのか
- 「戦争はもういらない」と叫ぶよう呼び掛け

広島市の平和記念公園で、核廃絶を訴えるローマ教皇フランシスコ＝24日午後7時21分

24日午前、原爆落下中心地碑がある長崎の爆心地公園に到着した教皇は、長崎について「ここは核攻撃が人道上も環境上も破滅的な結末をもたらすことの証人である町だ」と指摘した。平和実現のため「核兵器禁止条約を含む国際法の原則にのっとり飽くことなく迅速に行動していく」と強調。米国の「核の傘」に依存し、同条約に参加していない日本に対応を促す発言とみられる。

軍拡競争は無駄遣いとして、武器の製造や維持、改良は「とてつもないテロ行為だ」と批判。来春の核拡散防止条約(NPT)再検討会議を前に核保有国と非保有国側との間にある溝が浮き彫りになっている現状を念頭に「相互不信によって兵器使用を制限する国際的な枠組みが崩壊する危険がある」と警鐘を鳴らした。

午後には広島に移動。平和記念公園での集いでは、戦争のための原子力利用は「犯罪以外の何ものでもなく倫理に反する」と強調。最新鋭の兵器を製造したり、核の脅威を使って他国を威嚇したりしながら「どうして平和について話すことができるのか」と述べ、世界各国の指導者に核廃絶に向けた具体的な行動を迫った。

さらに、原爆と核実験、あらゆる紛争の犠牲者の名により「戦争はもういらない」と叫ぶよう呼び掛けた。

教皇は23日に来日。26日までの滞在中、東京都内で東日本大震災被災者との交流を行い、天皇陛下との会見や安倍晋三首相との会談も予定されている。

決意 各国首脳に響くか

【解説】ローマ教皇(法王)フランシスコが24日、被爆地から世界に向け強い言葉で核兵器廃絶を迫った。演説で示した「不退転の決意」は、袋小路に陥る核軍縮の現状に対する危機感の表れだが、日本を含む各国の指導者に実効性のある影響力を及ぼせるのかどうかが焦点だ。

来年春に国連本部で開かれる核拡散防止条約(NPT)再検討会議は合意文書の採択が危ぶまれている。NPT体制の一層の形骸化が懸念され、米ロが新型核兵器開発など戦力増強を進めていることも念頭に「核兵器は安全保障上の脅威から私たちを守ってはくれない」「国際的な枠組みが崩壊する危険がある」と指摘した。

既に核兵器を使用しなくとも保有だけで非難されるべきだと歴代教皇で初めて明確な姿勢を打ち出していたが、今回世界的な注目を集めた被爆地からのメッセージであらためて核保有や抑止論を否定した意義は大きい。

訪問前には、2017年のノーベル平和賞授賞式で被爆者として初めて演説したサーロー節子さん(87)や、同賞受賞の非政府組織(NGO)核兵器廃絶国際キャンペーン(ICAN)のフィン事務局長が相次いで教皇に会い、核兵器禁止条約に全ての国が署名するよう指導者らに働き掛けてほしいと要望した。

その通りの訴えを行った教皇の言葉に各国首脳は耳を傾けるのか。問われているのは「国々の運命に特別な役割を負っている者たちの良心」だ。

栄村から駆け付け、泥を片付けるボランティア＝24日午後2時6分、長野市津野

被災 経験したからこそ

県北部地震の栄村から水害の長野へボランティア

2011年の県北部地震で被害を受けた下水内郡栄村の住民6人が24日、台風19号被災地の長野市津野で、泥かきなどの作業を手伝った。震災時に避難所や仮設住宅で暮らした経験のある人も参加。多くの人に支えてもらった恩返しがしたい—と被災者の境遇を思いながら汗を流した。

「力を入れないと駄目だね」。千曲川の堤防決壊現場に近い住宅で、6人がスコップで泥をすくった。2人一組で、泥を掘って土のう袋に詰める作業を繰り返した。月岡みどりさん(47)は長男で高校2年の虎太郎さん(17)と参加。重さ20キロほどの土のう袋を抱えて運び「普段、事務仕事だから腰と腕にきますね。こういう時こそ助け合いだと思う」と汗を拭った。

今回の台風で村内では住宅4軒などで浸水被害があった。復旧作業は地元住民や消防団で支え合い、村社会福祉協議会の呼び掛けで飯山市や長野市での被災地支援も続けてきた。長野市への応援は10月下旬に続いて2回目。今回は11月22日から3日間で計15人がボランティアに参加した。

県北部地震で自宅が半壊した女性(47)は、自宅の片付けなどで、たくさんの人に助けてもらったことで「恩を少しでも返したいと思っていた」と、高校3年の次女(17)と参加。「地震の時も大変だったけれど、今回の台風の水害は、重い泥を片付けるのがとても大変」と話した。

台風19号の災害から1カ月半近く。冬の足音も聞こえてくる。女性は震災で避難所や仮設住宅での生活を経験しており「本格的に寒くなる前に落ち着いて暮らせるようになってほしい」と願った。

作業は午後2時半ごろ終了。「助かりました」と住民からねぎらわれた。復興にはまだまだ時間がかかる—。6人は爪痕が残る被災地を見つめながら帰路に就いた。(森優斗、園田清佳)

桜を見る会

首相発言に不信69%

全国世論調査 内閣支持5ポイント減48%

共同通信社が23、24両日に実施した全国電話世論調査によると、安倍内閣の支持率は48・7%で、10月の前回調査から5・4ポイント減った。不支持率は38・1%。公費による首相主催の「桜を見る会」に関する安倍晋三首相の発言を「信頼できない」との回答は69・2%に上り、「信頼できる」は21・4%にとどまった。【関連記事2面に】

支持率が50%を下回ったのは7月調査以来、4カ月ぶり。不支持の理由として「首相が信頼できない」と答えたのは36・0%で、前回調査から8・2ポイント増えた。桜を見る会を巡り、首相が招待者の人選への関与を否定していた国会答弁を修正したことなどが影響したとみられる。

桜を見る会に首相の地元支援者が多数招待されていたのは「問題だと思う」は59・9%で、「問題だとは思わない」は35・0%。桜を見る会を「中止した方がよい」との答えは64・7%に達し、「続けた方がよい」の26・9%を上回った。

日韓の軍事情報包括保護協定(GSOMIA＝ジーソミア)の失効回避を「評価する」は66・2%、「評価しない」は21・5%だった。

飯山市 小蘭(こらん) さくら

ことび映え 食指が動く 物事を求める気持ちが湧く
応募方法26面に

斜面 2019.11.25

終わりのない落語と言えば「のっぺらぼう」。夜更け、堀に架かる橋の欄干から身を乗り出す女性を見つけた小間物屋が、身投げだと思い込み「話を聞いてやろう」と声をかける。泣きやんで振り向いた女性の顔に目も鼻も口もない◆驚いてそば屋に駆け込み訳を話すと、「カワウソの仕業。気にすることはありません」。「そうは言っても」と怖がる小間物屋に、「それはこんな顔で」と見せたそば屋ものっぺらぼう。家に逃げ帰ると、女房までものっぺらぼう…と、際限なく続く◆カワウソは、キツネやタヌキとともに人を化かす動物と長く信じられてきた。室町時代の辞書「下学集(かがくしゅう)」は「老いて河童(かっぱ)になる」とも記している。能登地方には、人に化けて夜道で相撲を取ろうと誘い、石や切り株と組み合わせるようないたずらをする、といった言い伝えが残る◆日本人にとって身近な存在だったニホンカワウソは、毛皮目的の乱獲や河川の汚染、護岸工事などで激減し、1979年に高知県で目撃されたのを最後に姿を消した。環境省は2012年、生息を30年以上確認できないとして、絶滅したと判断している◆東南アジアにすむコツメカワウソの国際取引が26日から原則禁止される。最小種のカワウソで愛らしいしぐさが人気を呼んだ。触れ合えるカフェが各地にでき、購入者も増え、密輸が相次いでいた。絶滅が心配されている。危機を招く身勝手な人の振る舞いはここで終わらせねばなるまい。

購読のお申し込み 0120-81-4341 紙面の問い合わせ 026-236-3111 信毎web www.shinmai.co.jp
4910855732598 00136

天気
最高気温／最低気温

北部 6時 12 18 24
飯山 14 9
長野 15 9
大町 15 9
26日 27日 28日

中部 6時 12 18 24
松本 17 11
上田 14 9
佐久 15 8
26日 27日 28日

南部 6時 12 18 24
諏訪 14 10
木曽 17 7
伊那 17 9
飯田 19 9
26日 27日 28日

5ミリ以上 5ミリ未満
25面に詳しい天気情報

素肌乾燥情報

北部 注意
中部 注意
南部 注意
カサカサ注意、ひどめの3段階

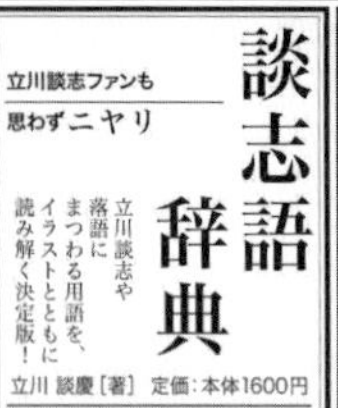

1　第49359号　【明治25年3月15日第三種郵便物認可】　信濃毎日新聞　2019年（令和元年）11月26日　火曜日　日刊　9版★

2019年（令和元年）
11月26日
火曜日

普段 話さないことを

自らの死にどう向き合う。学生も参加し、松本で初の「デスカフェ」を企画。

地域面中信から

信濃毎日新聞
1873年（明治6年）創刊
発行所　信濃毎日新聞社
長野本社　〒380-8546 長野市南県町657番地 電話（026）受付236-3000編集236-3111 販売236-3310広告236-3333
松本本社　〒390-8585 松本市中央2丁目20番2号 電話（0263）代表32-1200 報道32-2830 販売32-2850 広告32-2860
©信濃毎日新聞社2019年

長野の避難所 当面継続

市「閉鎖のめど」今月末以降も

慎重に時期見極めへ

台風19号の被災者255世帯572人（25日時点）が14カ所で避難所生活を続ける長野市で、市が避難所閉鎖のめどとしていた「11月末」以降も、運営を当面継続する方針であることが25日、分かった。応急仮設住宅の入居や自宅の修繕が間に合わない―といった理由で、11月末に避難所を出られない被災者が数十世帯に上る見通しのため。行き先が未定の被災者も複数おり、市は状況把握を続け、慎重に閉鎖時期を見極める。

長野市の避難所の一つ、北部スポーツ・レクリエーションパーク。市は12月に入っても避難所運営を当面継続する＝25日午後4時13分、同市三才

市は自宅が全壊や大規模半壊、半壊の被災者向けに「少なくとも500戸」（住宅課）の住居が必要だとして、建設型応急仮設住宅、民間アパートなどを活用する借り上げ型応急仮設住宅（みなし仮設住宅）、市営など公営住宅を用意。これまでに、公営住宅は2回の募集で計58世帯が入居し、みなし仮設住宅は24日時点で449世帯の申し込みがあった。市内4カ所に計115戸を整備中の建設型仮設住宅も、16～22日の募集で57世帯が申し込み、51世帯（52戸）が手続き中だ。

だが市によると、みなし仮設住宅で室内清掃などの入居準備が間に合わなかったり、帰宅予定の自宅の修繕に予想以上に時間がかかったりする被災者が少なくない。11月中が完成予定の建設型応急仮設住宅も入居開始は12月1日以降。11月末の避難所解消は不可能な状態だ。

今後の避難所運営方針について市は「個々の被災者の動向を見ながら考えないといけない」（市教委総務課）と説明。各避難所の状況を見つつ、滞在者の少ない複数の避難所を他の避難所に統合する可能性があるとした。

市は25日、公営住宅（57戸）は市住宅課と豊野支所、建設型応急仮設住宅（63戸）も同支所を窓口に、26日から入居申し込みを再度受け付けると発表した。空き住居がなくなり次第終了する。

長野市内の避難所

台風19号で開設中の長野市の14避難所と避難者数は次の通り（市災害対策本部まとめ、25日午前7時時点）。かっこ内は世帯数。

【市指定避難所】▽豊野東小25人（12）▽古里小17人（10）▽豊野西小130人（67）▽豊野西部児童センター32人（18）▽長野運動公園90人（38）▽南長野運動公園23人（12）▽北部スポーツ・レクリエーションパーク177人（65）▽昭和の森公園フィットネスセンター46人（17）▽信州新町大門教職員住宅2人（1）▽市営住宅千原団地2人（1）

【自主避難所】▽豊野区事務所（豊野北公民館）12人（6）

【福祉避難所】▽北部保健センター5人（4）

【二次避難所】▽アゼィリア飯綱3人（1）▽さぎり荘8人（3）

香港民主派 対中攻勢へ

区議選圧勝 行政長官の更迭論再燃

香港の金融街セントラルで、普通選挙の導入など「五大要求」の実現を求めて抗議活動する市民ら＝25日（共同）

【香港共同＝太安淳一】香港の区議会（地方議会）選挙で8割超の議席を獲得して圧勝した民主派は25日、抗議活動の継続を明言した。圧倒的な民意を後ろ盾に、香港への支配を強める中国に対し反転攻勢に出る構えだ。政府トップの林鄭月娥行政長官に対し、親中派からも批判が相次ぎ更迭論が再燃した。

【焦点3面、関連記事4面に】

中国外務省の耿爽副報道局長は25日の記者会見で「暴力と混乱を制する」ことが香港での最優先事項だと述べ、香港当局は引き続き抗議活動を厳しく取り締まるべきだとの立場を示した。香港政府に強硬対応を指示している中国の習近平指導部が譲歩姿勢を見せず、香港の過激なデモが収束するかどうかは予断を許さない状況となった。

区議会選の開票は25日午後終了し、香港メディアによると、民主派は385議席と直接投票枠452議席の約85％を獲得。親中派は選挙前の292議席から5分の1の59議席に減らした。

25日午後は、当選した民主派政党のメンバーら約100人が、警官隊とデモ隊の激しい攻防があった香港理工大近くで集会を開催。また金融街セントラル（中環）では、デモに数百人が集まった。

民主派最大政党、民主党の胡志偉主席は25日記者会見し「中央政府は香港人の民主的な政治体制への要求を直視しなければならない」と訴えた。6月からの抗議活動で平和的な大規模デモを主催してきた民主派団体「民間人権陣線」も抗議継続の方針を表明し、来月8日に抗議集会を開くことを明らかにした。

林鄭氏は25日の声明で「選挙結果は社会の現状や問題を巡る市民の不満を反映しているとの指摘がある」とし、市民の声に耳を傾け、反省すると表明。だが、民主派政党からは辞任を求める声が相次いだ。落選した多くの親中派議員からも「政府が市民の怒りを招いたことが主因だ」と批判の声が出た。

香港区議会の議席数［直接投票枠］※ネットメディア「香港01」による

	民主派	その他	親中派
2015年［計431議席］	120議席（27.8％）		292（67.7）
19年［計452議席］	385議席（85.2％）		59（13.1）

教皇 格差の拡大に警鐘

首相官邸で演説

首相官邸で演説するローマ教皇フランシスコ。左は安倍首相＝25日午後

来日中のローマ教皇（法王）フランシスコは25日、首相官邸で演説し、世界中の経済格差の拡大や、日本を含む少子高齢化の進行に警鐘を鳴らした。「各国、各民族の文明は経済力ではなく、困窮する人にどれだけ心を砕いているか、そして出生率の高さと命を育む能力があるかによって測られる」と述べた。地球環境問題について、若者の声を紹介する形で「地球を搾取するための所有物ではなく、次の世代に手渡すべき貴重な遺産として見るよう求められている」と訴えた。

【関連記事4・28面に】

貧困や環境、少子化といった地球規模の課題に国家や世代を超えた取り組みを求めた内容。会場には安倍晋三首相ら三権の長や閣僚、在京各国大使ら約200人が集まった。

教皇は、世界経済に関し「特権的なごく少数の人が甚だしい富に浴している一方、世界の大半の人は貧困にあえいでいる」と指摘。「若者や高齢者、孤独に苦しむ人のことも考える」と加えた。環境問題を巡っては、日本の自然の美しさに言及し「桜のはかなさが、私たちの共通の家である地球の脆弱（ぜいじゃく）さを想起させる」と述べた。

2020年東京五輪・パラリンピックに関し「人類全体の幸せを求める、連帯の精神を育む推進力になると確信している」と強調した。

24日に訪れた被爆地の長崎と広島については「原爆によってもたらされた破壊が二度と繰り返されないよう、阻止するために必要なあらゆる仲介を推し進めてほしい」と各国に要望した。同時に「核問題は多国間のレベルで取り組むべきものだ」と位置付けた。

死刑廃止を訴える教皇は「生命を守り、人類全ての尊厳と権利を一層尊重する社会秩序が形成されるよう応援したい」とも語った。

東京ドームでミサ

ローマ教皇（法王）フランシスコは25日、東京ドームで大規模ミサを執り行った。説教では日本の現代社会に生きる若者の問題などを取り上げた。バチカンによると、約5万人が参列した。

教皇が専用のオープンカーで会場に姿を見せると、観客席やフロアを埋めた参列者は日本とバチカンの旗を振って歓迎した。

教皇は説教で、日本で若者との出会いを通じ「社会的に孤立し、自分の命や存在の意味を理解できない人が少なくないことに気が付いた」と指摘。利益や効率を重視する競争主義が人々を不安にしていると批判した。

斜面

2019.11.26

長崎の爆心地公園にある浦上天主堂遺壁の前では、この地のキリスト教の過酷な運命を思わずにいられない。幕末、フランス人神父からの「信徒発見」の報に、教皇は「東洋の奇跡」と感激したという◆禁教下で潜伏キリシタンが住んだ地だ。幕府と明治政府は信徒に流罪や拷問を科した。生き延びた人々が計画し、ようやく半世紀近くで完成したのが浦上天主堂である。けれども20年後、東洋一と呼ばれた壮大なれんが造りの教会は原爆で灰じんに帰す◆浦上カトリック1万2千人のうち8500人が亡くなったとされる。「ここは核攻撃が人道上も環境上も悲劇的結末をもたらすことの証人である町だ」。教皇フランシスコは爆心地公園で訴えた。原爆投下後の写真「焼き場に立つ少年」が、温めていた訪問を決断させたのだという◆「核兵器は安全保障上の脅威から私たちを守ってはくれない」「軍拡競争は無駄遣い」。ごく当たり前のことなのに、核抑止論に慣らされた耳には言葉の一つ一つが新鮮に響く。国連で核兵器を非合法化する核兵器禁止条約が採択されて2年余り◆核の悲劇を証明した国がなぜ参加しないのか。米国の核の傘が言い訳になるのか―。重い問い掛けである。自ら選んだ教皇名は清貧と奉仕を貫いた中世の聖人「アッシジの聖フランシスコ」から採り、自身も質素をむねとする。核と貧困に対峙する教皇のひた向きさが伝わった来日である。

長野市　ささみ　トト

ことば 映え　一日千秋（いちじつせんしゅう）　とても待ち遠しい　応募方法28面に

購読のお申し込み 0120・81・4341　紙面の問い合わせ 026・236・3111　信毎web www.shinmai.co.jp

北信

飯山市「年度内搬出目標」
3社に委託 降雪時も作業予定
仮置き場の災害ごみ

飯山市は25日、台風19号による災害ごみの仮置き場になっている市内の旧城南中学校グラウンドに残るごみの処理を、本年度内に終わらせる方針を明らかにした。足立正則市長は同日の記者会見で「降雪時も作業する予定でいる」と説明。飯山は豪雪に見舞われる冬を迎えるが、大量に残る災害ごみの処理を急ぐ。

旧城南中学校グラウンドに高さ4㍍ほどまで積み上がっている災害ごみ=25日

飯山市は千曲川支流・皿川の決壊により中心市街地が甚大な被害を受け、市民生部の推計によると、今回の災害で発生したごみの量は約230㌧に上る。可燃ごみなどの一部は既に市内のごみ処理施設に搬出済みだが、旧城南中学校グラウンドには高さ4㍍ほどまで可燃ごみが積み上がっている状態で、「1割程度しか片付けていない」(市民生部)という。

このため、可燃、不燃、家電などの種類別に県内の廃棄物処理事業者3社に委託し、16日から順次、搬出作業に着手。足立市長は「家庭から出たごみを仮置き場に搬入する時点で分別ができていたため、比較的スムーズに搬出できるのではないか」との認識を示した。

市は、被災した市内の事業者の再建支援事業として、国や県の支援対象となった事業者に市から補助金を出す方針も示した。関連予算として1億円を盛った本年度一般会計補正予算案を市議会12月定例会に提出する。

「被災の飯山 泊まって応援を」
いいやま観光局が割引パック販売

■宿泊施設料金 最大5000円引き
■森林セラピー 格安の1000円で

信州いいやま観光局(飯山市)は、森林セラピー体験と宿泊を組み合わせた割引パック「いいやま応援割宿泊プラン」の販売を始めた。台風19号で被災した飯山市を多くの人に訪れてもらい、復興につなげようとの願いを込めて企画。鉄道などの交通インフラの復旧が完了し、市内の観光施設が通常営業している現状を知ってもらう狙いもある。

市内の自然体験施設「なべくら高原森の家」を拠点に、ブナ林を散策して心身を癒やす森林セラピーが体験できる。通常は1人4千〜5千円ほどの森林セラピーを千円で体験できる他、市内の宿泊施設の宿泊料金を最大で5千円割り引く。同観光局は「飯山に実際に来て宿泊することで、被災地を応援してほしい」と利用を呼び掛けている。

森林セラピー体験は30日午後2時から約90分間行う予定で、前日か当日のいずれかの宿泊料金を割り引く。申し込みは27日まで受け付ける。問い合わせは同観光局営業企画課(☎0269・62・3133)へ。

長野市豊野支所 来月2日に再開
本庁舎「災害相談窓口」7日以降 平日のみ

長野市は25日、台風19号の浸水被害で庁舎1階が使えず、業務休止中の豊野支所について、12月2日に業務を再開すると明らかにした。通信設備などが復旧し、1階にあった支所機能を3階に移す。

業務再開で、戸籍や税金関連の書類の交付など各種手続きが可能になる。同じく庁舎1階に執務室があった豊野保健センター(健診などは東部保健センターで実施)や豊野地区住民自治協議会、豊野町土地改良区なども3階に移って同日、業務を再開する。

一方、被災者の相談に乗る「災害相談窓口」のうち、市役所第1庁舎の市民交流スペースは12月7日以降、開設を平日のみにして土日祝日はやめる。土日祝日だけ開設している古里支所も、同日以降は開かない。市地域活動支援課によると、両方とも相談者が減少傾向で、被災地に近い窓口に集約することにした。

このほか市は、南部の篠ノ井運動場(篠ノ井)に設けた家庭からの災害ごみの仮置き場で受け入れを12月1日までで休止することも発表。搬入が減ってきたことに加え、ごみの占有率が65%となり整理を進める。南部の仮置き場はアクアパル千曲(真島町)の仮置き場を継続。同月2日から受け入れ終了時間を30分早め、開設時間は午前9時半から午後4時とする。

台風19号被災者に 冬用衣料無償提供
長野の「岡学園」28日に同校で

長野市岡田町の専門学校「岡学園トータルデザインアカデミー」は28日、台風19号災害の被災者を対象に、コートやセーターなど女性用の冬用衣料品を同校で無償提供する。県外のアパレル企業に協力を呼び掛け、未使用品を集めた。本格的な寒さの到来を前に来校を呼び掛けている。

用意したのはダウンやウールのコート、セーター、カーディガンなど各種サイズの約150点。岡正校長(61)は「ファッションを通して明るさを届けたい。楽しく選んでもらえるとうれしい」と話している。

被災者に無償提供するコートやセーター

当日は午前10時〜午後3時で、1人5点まで受け取れる。罹災証明書の提示が必要。当日来校できないといった相談も受け付ける。問い合わせは同校(☎026・226・5719)へ。

飯山市長 記者会見から 25日
災害対応 支援なども迅速に

—台風19号による災害発生からこれまでの市の対応をどう評価するか。

足立正則市長 市内に入った泥、被災家財の搬出や避難者への対応といったすぐ対応しなければいけない課題については、県外の自治体からの支援などもあり、迅速に対応できたと思っている。

—皿川の治水対策を求める要望書を県に出している。県の対応をどう考えているか。

市長 課題をすぐに理解してもらえた。ただ皿川に関しては、水門を管理する国、河川を管理する県、横断するJR飯山線を運営するJR東日本などと調整すべき点がある。そうしたことも踏まえながら、できるだけ早く改修に着手してほしい。

●**飯山市議会会期** 12月定例会は12月3日から18日間。市は総額7億円余を追加する本年度一般会計補正予算案など35議案と報告1件を提出する。主な日程▽3日 開会、議案上程▽11日 一般質問▽16、17日 委員会審査▽20日 採決、閉会

●**野沢温泉村議会開会(25日)** 村は総額58万円を追加する本年度一般会計補正予算案など20議案を提出した。

長野市が被災者向けFMラジオ局
周波数89.2メガヘルツ 県内で初の試み

長野市役所に設置した臨時災害放送局の送信機。生活支援制度に関する情報を発信する

長野市は25日、台風19号の被災者向けに生活支援制度に関する情報を流すFMラジオ局「臨時災害放送局」を開設した。周波数は89.2メガヘルツ。避難所だけでなく、情報が行き届きにくい在宅避難者や仮設住宅の避難者にも広く情報を届ける狙い。

放送機器は総務省信越総合通信局(長野市)が無償で貸し出した。臨時災害放送局は豪雨や洪水、地震などの際に一時的に開設する仕組みで、同省によると県内では初。台風19号関連では東京都狛江市と茨城県大子町が設けた。

市の臨時災害放送局は、罹災(りさい)証明書の交付や生活再建支援制度、税金の減免など各種支援制度の概要と、問い合わせ先を読み上げた約20分の音声を繰り返し流す。放送区域は、放送機器とアンテナを設けた市役所から見通しの良い場所で、千曲川の氾濫で浸水被害のあった市東北部から南部まで広範囲をカバーする。

市危機管理防災課は、仮設住宅などに移り住む人が多くなる時期だとして、「情報が入りにくい状況もある。できる限り伝達していく手段を整えたい」としている。

台風19号 生活情報
25日時点、変更の可能性があります

▽長野市

【避難所】豊野西部児童センター、豊野東小、豊野区事務所(豊野北公民館)、豊野西小、北部スポーツ・レクリエーションパーク、古里小、昭和の森公園フィットネスセンター、長野運動公園、南長野運動公園、市営住宅千原田団地、信州新町大門教職員住宅

【ごみ受け入れ】赤沼公園(赤沼)で午前9時〜午後4時。ほかに篠ノ井運動場(篠ノ井、12月1日まで)、アクアパル千曲(真島町)で、それぞれ午前9時半〜午後4時半。アクアパルは12月2日以降は午前9時半〜午後4時

【ボランティア】

▽被災家屋の片付けなどに携わるボランティアを募集。豊野、長沼、古里地区で活動する北部災害ボランティアセンター(市柳原総合市民センター内)と、長沼地区で活動する南部災害ボランティアセンター(南長野運動公園屋内ゲートボール場内)の2カ所で午前9時〜10時半に受け付ける。南部から北部へのバス輸送は26日で終了。南部災害ボランティアセンターは場所移動のため27、28日は休止。軽トラック持参で運搬支援ができる場合は午前9時半〜10時半、同市穂保の特別養護老人ホームりんごの郷内「りんごサテライト」へ。活動は午後3時半まで。最新情報は市災害ボランティアセンターのフェイスブックなどで確認できる。センター本部(☎080・5072・9607)。依頼は住民専用ダイヤル(☎080・5072・9637)

▽長沼地区のリンゴ畑で活動する農業ボランティアを募集。畑に流れ着いた漂着物の撤去、果樹周辺の泥を除去する。穂保の農産物直売所「アグリながぬま」で毎日午前9時〜10時半に受け付ける。活動は午後3時半まで。駐車場は穂保のみ〜るんビレッジか、村山のしんきんグラウンド。8人以上の団体は「信州農業再生復興ボランティアプロジェクト」ホームページの専用フォームから3日前までに申し込む。同プロジェクト実行委員会(☎080・8497・5942)

【支援物資の受け入れ】ボランティア活動をする人のために、ゴーグル、けが防止用のインソール、厚手のゴム手袋、使い捨てカイロなどを市ふれあい福祉センター内社会福祉協議会(☎026・225・1234)で受け付ける

【リサイクル品の無料提供】市リサイクルプラザは12月15、16日、「被災者限定の無料提供日」として、リサイクル品を被災者に無料で提供する。15日は生活用品、衣類、食器など、16日は日用品に加え家具や自転車も対象で、ともに午後1〜3時。罹災(りさい)証明書を持参する。被災者に両日提供するためのリサイクル品(日用品は未使用に限る)も募っており、毎日午前9時〜午後5時に同プラザに持参する。大型の品物などは訪問回収もできる。同プラザ(☎026・222・3196)

【臨時託児所】中央保育園(篠ノ井御幣川)で30日まで、豊野ひがし保育園(豊野町大倉)で12月15日まで、それぞれ午前9時〜午後4時、満1歳からの未就学児を無料で受け入れる。自宅や親族の家が浸水し、片付けをする家庭が対象。できる限り各園に事前連絡。原則的に飲み物や着替え、おむつ持参。通常の一時預かり保育(有料)も全ての公立園と認定こども園計29施設で対応。希望する園に申し込む

【居場所開設】老人福祉センター(湯福、柳町、吉田、氷鉋、鬼無里、中条)、いこいの家(松代、石川、大豆島、茂菅、若槻、新橋、氷鉋、若穂、東長野)。午前9時〜午後4時。休館日は施設ごとに異なる

【被災相談窓口】▽市役所第1庁舎1階で毎日午前8時半〜午後5時15分(土日祝日は12月1日まで)、市の柳原、豊野、松代各支所と篠ノ井総合市民センターで毎日午前9時〜午後5時15分、古里支所は土日祝日午前9時〜午後5時15分(12月1日まで)に開設。罹災(りさい)証明書の申請、災害救助法に基づく住宅の応急修理の相談や申請、公営住宅の案内のほか生活再建支援制度などの相談や申請も受け付ける。市地域活動支援課(☎026・224・7615)

▽「農業相談窓口」は月、火曜日がグリーン長野農協本所営農センターで、対象は篠ノ井、松代、若穂など。水〜日曜日は市豊野支所で、対象は長沼、豊野地区など。いずれも午前9時〜午後5時15分。市農業政策課(☎026・224・5037)

▽中野市

【ボランティア】30日から、市内のリンゴ畑やモモ畑で活動するボランティアを募集する。市豊田支所で毎日午前9〜10時に受け付ける。活動は午後3時まで。問い合わせは信州なかの農業再生復興ボランティア実行委員会(☎090・3476・0562、午前9時〜午後6時)

1　第49360号【明治25年3月15日第三種郵便物認可】　信濃毎日新聞　2019年（令和元年）11月27日　水曜日　日刊　9版★

2019年（令和元年）
11月27日
水曜日

声のチカラ「対岸にも目向けて」
須坂にも目を向けて―。台風19号の被害後、手つかずの畑が今も。本紙記者が農家の声を受けて現場へ。
地域面北信から

信濃毎日新聞
1873年（明治6年）創刊
発行所 信濃毎日新聞社
長野本社 〒380-8546 長野市南県町657番地
電話(026) 受付236-3000 編集236-3111 販売236-3310 広告236-3333
松本本社 〒390-8585 松本市中央2丁目20番2号
電話(0263) 代表32-1200 報道32-2830 販売32-2850 広告32-2860

被災鉄道 国が97.5％支援検討

「上下分離」要件可能性

台風19号で被災した各地の地域鉄道事業者に対し、国が復旧費用を実質的に97・5％負担する支援策を検討していることが26日、分かった。県内では、千曲川に架かる鉄橋の一部が崩落した上田電鉄（上田市）が、支援対象に含まれる見通し。ただ、国が手厚い支援の引き換えに、自治体側が鉄路や駅などの鉄道施設を保有する「上下分離」方式の導入を要件にする可能性もあり、その場合は地元自治体に長期的に施設維持などの負担が生じる。

上田電鉄 対象の見通し

国土交通省によると、検討中の支援策は復旧費用を国と地方自治体が2分の1ずつ負担する方式。その上で地方負担分のうち95％を交付税措置する。実質的な地方負担は2・5％に抑えられる仕組みで、事業者負担は免除する。同省は上下分離方式の導入といった支援要件の詳細を「調整中」（鉄道局）としている。支援策は政府が年内に取りまとめる2020年度予算案や19年度補正予算案に盛り込み、必要経費を計上する見込みだ。

対象は経営基盤が弱い赤字事業者とする見通し。しなの鉄道（上田市）は黒字経営のため、この支援の枠組みから外れるとみられる。

国が97・5％を負担する支援は、16年4月の熊本地震で被災した第三セクター南阿蘇鉄道（熊本県高森町）の復旧に初めて適用。支援の要件に上下分離を求め、地元自治体が鉄道施設を所有して、南阿蘇鉄道は運行に専念することになった。

南阿蘇鉄道の復旧に上下分離方式の導入を求めた経緯について、国交省は「国費を投入する以上は長期にわたり運行を続けてほしい」と説明。施設維持費用がかからなくなり、鉄道事業者の経営が「身軽」になる利点を挙げる。

被災した鉄道事業者への補助はほかに、鉄道軌道整備法に基づく制度がある。復旧費用が年間収入の一定割合を超えた場合などに、国が最大3分の1を支援する。ただ、事業者と地方自治体にも3分の1ずつの費用負担が生じるため、赤字事業者に適用すると経営への影響は大きい。

災害復旧事業費の負担割合イメージ

国が検討中の特別な制度

自治体 2分の1	国 2分の1

自治体の実質負担 2.5％

現行の制度（被災規模が大きい場合）

鉄道事業者 3分の1	自治体 3分の1	国 3分の1

一部が崩落した別所線の鉄橋＝26日午後4時59分、上田市諏訪形

上田市側には慎重論も

自治体が鉄道施設保有する「上下分離」

鉄橋が一部崩落した上田電鉄別所線の復旧に向けて、国が手厚く財政支援する一方、地元自治体が同社から鉄道施設の譲渡を受け保有する制度が浮上した。上田市交通政策課の担当者は26日、「財政支援の拡充となればありがたいが、上下分離については整理ができていない」とし、具体的な対応や是非を検討、市議会との意見疎通などはこれからだ」とした。

上田電鉄は、台風19号による千曲川増水で崩落した左岸部分の鉄橋や橋台について補修による再利用の可能性を含め測量などの調査を進めており、復旧費用が固まるには一定の時間がかかる見通し。「億単位」とされる復旧費の規模も補修で済むか、新造が必要か―など調査結果により大きく変わるとみられるが、経営基盤が弱い同社にとって費用負担は大きい。国が検討中の特別な支援制度に対し、北村健太郎常務は「どう進めていくかは現時点でコメントできない」とする。

別所線を市民生活の重要な足と位置付ける市は2004年度以降、上田電鉄と3年ごとに協定を結び、単独では鉄道運行ができない同社に安全対策や運行経費として年1億円前後を補助して大きく関与してきた。市役所内では鉄道施設を保有するという「究極の支援策」について「矛盾はしない」との見方の一方、市が安全管理上のリスクを負うことへの慎重論も見込まれる。

県交通政策課は、国の支援検討を基本的に評価した上で「地域鉄道の状況をしっかりと勘案した支援を講じてほしい」としている。

「統合避難所」長野運動公園に

市方針 来月3日～20日めど

長野市の加藤久雄市長は26日の定例記者会見で、台風19号被災者向けに運営している避難所をまとめ、12月3日から20日までをめどに同市吉田の長野運動公園総合体育館を「統合避難所」として運営する方針を明らかにした。市は当初、避難所閉鎖のめどを11月末としていたが、応急仮設住宅への入居が間に合わないなどの理由で、最大86世帯が避難所を出られない見込みのため。このうち25世帯は行き先が未定。統合対象の市指定避難所8カ所に避難者がいる場合、移動準備期間で12月3日まで運営を継続する。

【関連記事2面に】

市長は「避難者の健康面や感染症（予防）などの課題があり、できるだけ早く（仮設住宅などに）移っていただきたい」と強調。一方、入居予定が立たない世帯もあるとして「何が何でも12月20日に閉めるということでなく、寄り添って対応する」と述べ、統合避難所の閉鎖時期も慎重に検討を続ける考えを示した。

市災害対策本部によると、市内では25日時点で全14避難所（二次避難所2カ所含む）に255世帯572人が避難していた。このうち、地滑りの危険がある信州新町の2カ所の避難は当面継続。支援が必要な人向けの福祉避難所・北部保健センターは11月末に閉鎖予定だ。二次避難所2カ所も宿泊施設への短期滞在のため解消見込みだが、残る市指定避難所8カ所と、地元が開いた自主避難所1カ所の扱いが課題になっていた。

担当の市教育委員会総務課によると、自主避難所の豊野区事務所（豊野北公民館）は11月末までに解消のめどが立っているという。こうしたことから、統合避難所へ移るのは市指定避難所の被災者になる見通しだ。長野運動公園を統合先に選んだ理由について、市は他の施設に比べて暖房設備が整っている―と説明した。

市はまた、千曲川の堤防決壊で被災した市長沼支所近くに設ける住民の交流拠点について、トレーラーハウスを設置して12月15日の開設を予定していると明らかにした。

高山帯の動植物 温暖化で生息危機

県内など10道県の21世紀末予測

県環境保全研究所など「保全策検討を」

地球温暖化に伴って21世紀末に、長野県など10道県で高山帯の動植物の生息に適した環境が失われる可能性があるとの予測結果を、県環境保全研究所（長野市）などの研究グループが26日、明らかにした。温暖化で気温が上昇すると、生物は同じ気候を求めて北上するか、より標高の高い場所へ移動する。ただ、温暖化の進行で10道県の高山帯では、国内に移動先が見つからない場合もあるとの指摘で、研究グループは保全策の検討を訴えている。【関連記事3面に】

グループの研究は、温暖化による気温上昇で、同じ気候条件の場所が将来どこに生じるかを推定。どれだけの速さで別の場所に移動するか試算した。この速度が速いと、動植物が温暖化についていけず絶滅の可能性が高まる。

試算は、約1㌔四方ごとの年平均気温を現在（1981～2010年）と将来（2076～2100年）の推計値で比較。その結果、温暖化の速度が最も遅いのは山梨県の年間79㍍で、長野県は2番目に遅い同10０㍍だった。山に囲まれ、山腹では山沿いに標高の高い場所に移動すれば、同じ気候条件が比較的見つかりやすいためという。

速度が最も速かったのは沖縄県で、生息に適した場所は1年間に2174㍍移動。2位は千葉県の739㍍で、いずれも周囲に標高の高い所がなく、遠くへ移動する必要が生じた。

一方、山頂付近など高山帯では、より標高の高い場所が付近にはないことも多い。このため長野、栃木、群馬、新潟、富山、石川、山梨、岐阜、静岡県と北海道の高山帯では、温暖化が進んだ場合に動植物の移動先が見つからない場合もあった。こうしたケースでは、動植物園での飼育栽培や種子などの遺伝子資源としてしか保全できなくなる可能性もあるという。

研究成果は27日に都内で開く環境情報科学研究発表大会で発表する。筆頭著者の高野宏平・長野県環境保全研究所研究員（生態学）は「高山帯の危機的な状況や、温暖化の速度に動植物がついていけない可能性があることはまだ広く認識されていない」と指摘。温室効果ガスの削減や、気温上昇に伴って動植物を適した生息環境に移す保全策の検討を訴えている。

斜面

2019.11.27

人気の米映画シリーズ「ターミネーター」は自我を持ち人類滅亡を狙う人工知能（AI）「スカイネット」が悪の主人公だ。ロボットに命じ破壊の限りを尽くす。SFの世界にとどめたいが、同名のAIシステムが既に存在するそうだ◆米国の国家安全保障局（NSA）が運用する。数千万のパキスタン人の携帯の通信内容を分析しテロリストを割り出す。派手な破壊力はなくても人権侵害が甚だしい。中東のジャーナリスト2人が「誤認定」されたとし取り消しを求める裁判を起こした◆中国の監視システムも「スカイネット（天網）」と呼ばれる。全土に1億台余ある監視カメラと顔認識でブラックリストと瞬時に照合できる。平和博著「悪のAI論」で知った。新疆ウイグル自治区では、さらに進化したAIがウイグル族の中から「危険分子」を選び出している◆「一体化統合作戦プラットホーム」。略してIJOPという。電力を大量に使った、近所付き合いができないといった人々の36種類の日常行動を「要注意」と判定し、治安当局に収容所送りを指示している。まるで全能の神のような振る舞いではないか◆筆者がアウシュビッツ強制収容所を訪ねた際に見た写真とも重なった。貨車で輸送されたユダヤ人を親指1本で「右（強制労働）」「左（ガス室送り）」と示す軍医の姿だ。ナチスによる大量虐殺とは形を変え民族浄化が続いている。心の自由を抹殺する主役がAIであることに戦慄する。

天気　最高気温／最低気温

北部　6時 12 18 24 ／ 28日 29日 30日
中部　6時 12 18 24 ／ 28日 29日 30日
南部　6時 12 18 24 ／ 28日 29日 30日

地点	最高気温	最低気温
飯山	14	2
長野	14	2
大町	14	2
松本	15	4
上田	15	4
佐久	12	4
諏訪	13	4
木曽	12	5
伊那	12	6
飯田	11	6

5㍉以上　5㍉未満

24面に詳しい天気情報

素肌乾燥情報　カサカサ、注意、しっとりの3段階
北部 注意　中部 注意　南部 注意

佐久穂町　はな

ことば映え　食指が動く
物事を求める気持ちが湧く
応募方法30面に

購読のお申し込み　0120-81-4341　紙面の問い合わせ　026-236-3111　信毎web www.shinmai.co.jp
4910855732796　00136

北信

堤防決壊の千曲川 対岸の村山地区

須坂の農地「支援」届かず

河川敷の畑 大量の泥やごみ

「長野市側の果樹農家被害はたくさん伝えられているが、須坂市側の被害もぜひ記事にしてほしい」。台風19号の農業被害を巡り、千曲川の堤防が決壊した長野市長沼地区の対岸に当たる須坂市の農家の関係者から、本紙「声のチカラ」(コエチカ)取材班に切実な声が届いた。現地に向かうと、河川敷の畑には分厚く泥が堆積し、木には流れ着いた大量のごみが絡み付いたまま。そこには支援の手がまだ届いていない現実があった。(島田周)

リンゴ畑を厚く覆う泥について説明する黒岩さん＝20日、須坂市村山

「取り残される…」不安

長野と須坂を結ぶ千曲川の村山橋近く。須坂市村山の河川敷に広がるリンゴやモモ畑は見渡す限り、最大で厚さ40㌢ほどの泥に覆われていた。

取材班に声を寄せた女性(36)の実家、黒岩喜惣治さん(72)のリンゴの畑では、泥の上にまだリンゴが散乱していた。「とても終わりが見えません」。黒岩さんは半ば諦め顔で見渡した。夫婦2人で傾いた木を元に戻すことから始めて、今は毎日、木に絡んだごみなどを取り除いている。

堤防の決壊被害が大きく伝えられた長野市東北部では、リンゴ畑の泥やごみを取り除くため、ながの農協や長野県NPOセンター(ともに長野市)などでつくる実行委員会が活動。14～26日の作業計12日間で延べ3090人のボランティアを集めた。ただ、対岸の須坂市側は対象外。泥などの除去には手が回らず、復旧の進み具合には明らかな違いがある。

黒岩さんによると、村山地区では100世帯余の住民でつくる組織が、河川敷に広がる計約60㌶の畑を所有、管理してきた。黒岩さんは約50年間、専業のリンゴ農家を営んできたが、千曲川と支流の氾濫で、約0・7㌶の畑は全て水没した。自分の畑に近づくことができたのは、市が河川敷の道路の泥を除去した10日ほど後だった。

県農政部によると、須坂市内では千曲川右岸を中心に農地90㌶余が浸水被害に遭った(21日時点)。被災後、市は住宅支援を優先せざるを得ず、農業被害の対応を本格化させるのはこれからという。「今月30日から各区を回り、農家に支援の要望を聞き取るようにしたい」(市農林課)という段階だ。

来季の収穫に向け、年明けからリンゴの枝を剪定する必要があるが、復旧がままならないまま冬本番が迫る。近くの畑は所有者が片付けるのをやめてしまったという。「(住宅などの被害が大きい)長沼の人たちのことを思うと声を上げるのは心苦しい」とためらう黒岩さん。ただ、千曲川の氾濫から既に1カ月半。「このまま取り残されてしまうのではないか…」と不安な胸のうちをのぞかせた。

長沼地区
長野市
小布施町
決壊地点
18
村山地区
須坂市

台風19号による北信地方の農業被害　県農政部によると、台風19号による北信地方の15市町村の農業被害額(21日時点)は計329億9800万円に上る。施設や機械などを除く農作物と農地に限ると、被害額は長野市が100億8900万円、中野市が38億3200万円、須坂市が14億5500万円。5㌢以上の泥が堆積した果樹園は6市町の810㌶で、長野市は449㌶、小布施町は143㌶、中野市は102㌶、須坂市は81㌶など。泥が堆積したままでは根が呼吸できず、木が枯れる恐れがあるという。

中野市、農業ボランティア開始

浸水被害受けた果樹園で30日に

ながの農協(本所・長野市)や中野市農協、中野市は30日、台風19号による浸水被害に遭った市内の果樹園で、流れ着いたごみや泥を除去する「信州なかの農業再生復興ボランティアプロジェクト」を始める。市内では被災家屋の復旧が優先されていたが、農地の被害も大きく、本格的な雪の季節を前に作業を急ぐ。

中野市では、上今井や栗林などの地区でリンゴ畑やモモ畑が浸水。21日現在の県のまとめだと、農地や農業用施設を含めた農業被害は約53億円と、県内では長野市、佐久市に次ぐ規模に上る。泥が厚さ5㌢以上たまった果樹農地は計102㌶に及び、こうした状態が長く続くと、木が枯れる恐れがある。

上今井地区の果樹農家の男性(69)は「農業をやめようか、他の土地に行こうか―と話す人もいる」と明かす。同様の被害があった長野市や小布施町では既に農業ボランティアによる作業が始まっており、中野市も各農協などと調整し、実施を決めた。

30日は午前9～10時に同市豊田支所で参加を受け付ける。高校生以上が対象。事前申し込みは不要で、作業は午後3時まで。市は12月1日以降も農家の要望を聞きながら事業を継続する。問い合わせは、午前9時～午後6時に同プロジェクト実行委員会(☎090・3476・0562)へ。

千曲市、台風関連に50億円

補正予算案 定例会に提出へ

床上浸水の保育園修繕・河川敷復旧

千曲市は26日、市議会12月定例会に、台風19号による被害に対応するための関連費用として50億円程度を追加する本年度の補正予算案を提出すると発表した。現在は各課からの概算要求をまとめた段階で、市長が今後査定する。床上浸水した杭瀬下保育園は修繕工事を行う方針を決め、工事期間中用の仮園舎を造る。

市財政課によると、補正額は過去最高。壊滅的な被害を受けた千曲川河川敷の緑地公園の復旧工事や、農地にたまった泥の排出などに充てる。地下にある機械設備が浸水して再開のめどが立っていない市更埴文化会館の修繕に向けた設計費用なども計上する。本格的な復旧工事費は来年度の当初予算案に盛り込む。

杭瀬下保育園の園児は154人。現在は稲荷山、屋代両保育園に分かれて保育を行っている。仮園舎の設置時期や杭瀬下保育園の再開時期は未定。床上浸水した雨宮保育園は、仮園舎の設置について県や国と協議中という。

市議会12月定例会は3日から17日間。総額2億7600万円を追加する本年度一般会計補正予算案など12議案を開会日に提出し、台風関連の予算案は会期中に追加提出する。主な日程は次の通り。

▽3日 開会、議案説明▽9～11日 一般質問▽12、13、16日 委員会審議▽19日 採決、閉会

千曲の被害 半壊は329戸

基準見直しで大幅増

千曲市は26日、台風19号による市内の被害について「半壊」が329戸になったと発表した。これまで3戸としていたが、罹災(りさい)証明書の発行に伴う被災住宅の被害判定で、床上浸水の世帯は「半壊」にすると判断基準を見直した結果、大幅に増えた。

県の「信州被災者生活再建支援制度」では、半壊には最大50万円の支援金が支給される。岡田昭雄市長は26日の定例記者会見で、基準の見直しについて「『半壊』と判断するまでに台風通過から1カ月余りかかったことはおわびしないといけない」と述べた。

市は、10月下旬まで最初の調査を実施。結果に基づき罹災証明書を発行している。判定を巡っては約50件の再調査の依頼があり、約30件を調査した結果、災害発生当初には発見できなかった壁や床などに損壊を確認。判断基準を見直すことにした。

長野市長 記者会見から 26日

災害復興本部で業務に対応

―台風19号からの復旧・復興に向けた動きは。

加藤久雄市長　道筋を示すために市の復旧・復興方針を策定した。市民の生活再建の着実な推進のため、12月1日付で災害復興本部を立ち上げ、復興局や公費解体対策室も設置して業務に対応する。

―中心市街地を電飾の光で彩る「善光寺表参道イルミネーション」が始まった。

市長　明かりが街のにぎわいになり、市の復興につながることを期待し、被災者にも希望の明かりがともるように願っている。

長沼小の本復旧校舎での授業

20年度3学期 再開目標

長野市教委

台風19号による千曲川の氾濫で被災した長野市長沼小学校(児童92人)について、市教育委員会は26日、2020年度の3学期には本格復旧した校舎での授業を再開させたい―との考えを明らかにした。現在は市内の被災校で唯一、自校校舎での授業を再開しておらず、柳原小の教室を借りている。来年1月にも仮設校舎と浸水を免れた2階以上の校舎での授業などを始める予定だが、本復旧も急ぐ。

長沼小校舎は1・7㍍ほど浸水。現在は本年度一般会計10月専決補正予算により、校舎1階などの機能を移す仮設校舎の建設中で、年内完了を目指す。市教委総務課によると、本格的な復旧工事は床や壁、天井を剝ぐといった大規模な作業が必要とし、「遅くとも2020年内に改修を終えたい」としている。

台風19号 生活情報

26日時点、変更の可能性があります

▽長野市

【避難所】豊野西部児童センター、豊野東小、豊野区事務所(豊野北公民館)、豊野西小、北部スポーツ・レクリエーションパーク、古里小、昭和の森公園フィットネスセンター、長野運動公園、南長野運動公園、市営住宅千原田団地、信州新町大門教職員住宅

【ごみ受け入れ】赤沼公園(赤沼)で午前9時～午後4時。ほかに篠ノ井運動場(篠ノ井、12月1日まで)、アクアパル千曲(真島町)で、それぞれ午前9時半～午後4時半。アクアパルは12月2日以降は午前9時半～午後4時

【ボランティア】

▽被災家屋の片付けなどに携わるボランティアを募集。27、28日は、豊野、長沼、古里地区で活動する北部災害ボランティアセンター(市柳原総合市民センター内)のみで午前9時～10時半に受け付ける。南部災害ボランティアセンターは、南長野運動公園の野球場に場所を移して29日に再開し当面、12月上旬まで金、土、日、月曜に開設。午前9時～10時半に受け付け、篠ノ井、松代地区で活動する。火、水、木曜は休止となる。軽トラック持参で運搬支援ができる場合は午前9時半～10時半、同市穂保の特別養護老人ホームりんごの郷内「りんごサテライト」へ。活動は午後3時半まで。最新情報は市災害ボランティアセンターのフェイスブックなどで確認できる。センター本部(☎080・5072・9607)。依頼は住民専用ダイヤル(☎080・5072・9637)

▽長沼地区などのリンゴ畑で活動する農業ボランティアを募集。畑に流れ着いた漂着物の撤去、果樹周辺の泥を除去する。穂保の農産物直売所「アグリながぬま」で毎日午前9時～10時半に受け付ける。活動は午後3時半まで。駐車場は穂保のみ～るんビレッジか、村山のしんきんグラウンド。8人以上の団体は「信州農業再生復興ボランティアプロジェクト」ホームページの専用フォームから3日前までに申し込む。同プロジェクト実行委員会(☎080・8497・5942)

【支援物資の受け入れ】ボランティア活動をする人のために、ゴーグル、けが防止用のインソール、厚手のゴム手袋、使い捨てカイロなどを市ふれあい福祉センター内社会福祉協議会(☎026・225・1234)で受け付ける

【リサイクル品の無料提供】市リサイクルプラザは12月15、16日、「被災者限定の無料提供日」として、リサイクル品を被災者に無料で提供する。15日は生活用品、衣類、食器など、16日は日用品に加え家具や自転車も対象で、ともに午後1～3時。罹災(りさい)証明書を持参する。被災者に両日提供するためのリサイクル品(日用品は未使用に限る)も募っており、毎日午前9時～午後5時に同プラザに持参する。大型の品物などは訪問回収もできる。同プラザ(☎026・222・3196)

【臨時託児所】中央保育園(篠ノ井御幣川)で30日まで、豊野ひがし保育園(豊野町大倉)で12月15日まで、それぞれ午前9時～午後4時、満1歳からの未就学児を無料で受け入れる。自宅や親族の家が浸水し、片付けをする家庭が対象。できる限り各園に事前連絡。原則的に飲み物や着替え、おむつ持参。通常の一時預かり保育(有料)も全ての公立園と認定こども園計29施設で対応。希望する園に申し込む

【居場所開設】老人福祉センター(湯福、柳町、吉田、氷鉋、鬼無里、中条)、いこいの家(松代、石川、大豆島、茂菅、若槻、新橋、氷鉋、若穂、東長野)。午前9時～午後4時。休館日は施設ごとに異なる

【被災相談窓口】市役所第1庁舎1階で毎日午前8時半～午後5時15分(土日祝日は12月1日まで)、市の柳原、豊野、松代各支所と篠ノ井総合市民センターで毎日午前9時～午後5時15分、古里支所は土日祝日午前9時～午後5時15分(12月1日まで)に開設。罹災(りさい)証明書の申請、災害救助法に基づく住宅の応急修理の相談や申請、公営住宅の案内のほか生活再建支援制度などの相談や申請も受け付ける。市地域活動支援課(☎026・224・7615)

▽「農業相談窓口」は月、火曜日がグリーン長野農協本所営農センターで、対象は篠ノ井、松代、若穂など。水～日曜日は市豊野支所で、対象は長沼、豊野地区など。いずれも午前9時～午後5時15分。市農業政策課(☎026・224・5037)

◇

▽被災住宅無料調査

県建築相談連絡会が対応。建築士など専門家が、建物の安全性や応急修理、復旧方法、修理業者の選び方などを助言する。県のホームページなどから申込書を入手し、調査希望日などを記入して申し込む。長野、須坂、中野、飯山、千曲の各市と小布施町の被災者は各市町の担当課へ。それ以外は連絡会事務局の県建築士会(☎026・235・0561)へ

長 27　第一社会　9版　2019年（令和元年）11月28日　木曜日　信濃毎日新聞　新聞定価 1 ヵ月4,400円（うち消費税 325円）1 部 朝刊150円 夕刊 60円（消費税込み）　第三種郵便物認可

住まい選択 被災者苦悩

千曲川氾濫

制度に制約「本当に良かったのか」

自宅修理か みなし仮設か 公営住宅か

修理して自宅に住むか、民間アパートを借り上げる「みなし仮設住宅」か、それとも公営住宅か—。台風19号で浸水被害を受けた長野市民が、当初避難所閉鎖のめどとされた11月末を前に悩みながらそれぞれの今後の住まいを選択している。災害救助法に基づく住宅の応急修理制度では、最大59万5千円分まで工事費の支援を受けられるが、みなし仮設住宅に入ると使えない。こうした制約の中、被災から1カ月余りで仮住まいを決めざるを得なかった被災者には「本当に良かったのか」との思いがくすぶっている。

床板をはがして乾燥中の自宅を見つめる土屋さん。応急修理制度を使って住み続けることも考えたが、みなし仮設住宅を選んだ=21日、長野市穂保

長野の避難所閉鎖 当初めどの今月末前に

自宅が床上約1㍍浸水した同市穂保の土屋広子さん(76)は今月下旬、みなし仮設住宅の市内のアパートで1人暮らしを始めた。応急修理制度を使って自宅を修繕するかみなし仮設に入るか迷ったが「59万円余りで自宅を全部直せるわけではない」と考えた。

内閣府によると、応急修理制度と仮設住宅の提供は、ともに災害救助法に基づく。応急修理制度は元の住宅に引き続き住むことが前提で、入居期限が2年間の仮設住宅は住宅を一時的に失った被災者に提供する狙いのため「併用できない」。一方、県や市が被災者に1年間提供する公営住宅は同法の枠組みとは別で、応急修理制度と併用できる。

住宅の応急修理制度の利用の可否

被災者
- 住宅の応急修理費支援（上限59万5000円）
- 建設型応急仮設住宅／借り上げ型応急仮設住宅（みなし仮設住宅）（いずれも入居期間2年）
- 公営住宅（入居期間1年）

（応急修理費支援と応急仮設住宅の間：✕ 利用できない）

土屋さんにも、公営住宅に暮らしながら応急修理制度を使う選択肢はあった。ただ「（入居期限の）1年以内に自宅の工事ができるとは思わない。入居の抽選に当たるかどうかも分からないし…」。自宅は床板をはがして乾燥させている。修理せずに壊すことも考え始めた。

分かりにくい制度や、公営住宅に入居できた人と比べた場合の不公平感に不満も漏れる。「（応急修理制度を）使えるなら使いたいですよ」。同市津野の会社員寺田浩之さん(48)はこぼす。自宅は床上1・8㍍近くまで水に漬かった。中学1年と小学4年の息子の通学や近所とのつながりも考え、自宅を修理して住むつもりだが、応急修理制度は使えない見込みだ。

当初は公営住宅に住み、応急修理制度も使いながら自宅を直す算段だったが、10月末にあった公営住宅の入居抽選で外れた。「次の機会を待っても当たらないだろう」。そう考え、やむなくみなし仮設住宅への入居を申し込んだ。

夫、娘と暮らす同市大町の農業塚田美和子さん(50)は、応急修理制度を使いながら床上浸水した自宅を直すと決めた。犬を4匹飼っており「仮設住宅は場所が限られるし、入れたとしても周りに迷惑が掛かるかもしれない」と考えた。工事の支援を受けられる59万5千円分については「とてもじゃないけど全部は修理できない。金額的にはもっと欲しい」。一度水害に遭った場所にとどまることへの不安も消えていない。

各避難所 引っ越しの動き

台風19号災害を機に長野市が設けた避難所が長野運動公園に統合される12月3日が近づき、引っ越しやその準備をする被災者が目立ち始めた。

市危機管理防災課によると、6千人余が避難した災害直後を除き、避難所にはピークの10月23日に812人が身を寄せたが、今月27日には544人まで減少。徐々に新たな暮らしに移りつつある。

北部スポーツ・レクリエーションパークでは27日正午すぎ、避難生活をしていた女性(47)と父親(82)が、軽トラックの荷台に布団や毛布などを積み込んでいた。みなし仮設住宅となる同市朝陽地区のアパートに引っ越す。「避難所は同じ地区の知り合いも多かった」。父親は知人らにあいさつを重ねていた。

12月初めに夫ら家族と同市平林の借家に移る岩崎徳子さん(78)=同市穂保=は、服をまとめ始めている。浸水で使えなくなった日用品をそろえるのはこれから。「お箸も茶わんもお皿もない。手間はかかるね」とこぼした。

同市豊野西小学校の避難所では同日朝、女性(40)が軽トラックに寝具や食料品を積み、これから暮らす市内のアパートに出発した。「就寝時間や物音に気を使うことが多かった。これで落ち着ける」と安心した表情を浮かべた。

北部スポーツ・レクリエーションパークからみなし仮設住宅に引っ越すため、軽トラックに荷物を載せる男性=27日午後0時20分、長野市三才

全入札で受注分け合う

談合疑い 医薬品卸4社

独立行政法人地域医療機能推進機構（東京）の薬の入札を巡り談合した疑いがあるとして、公正取引委員会が27日、独禁法違反（不当な取引制限）の疑いで、メディセオ（東京）など医薬品卸売大手4社の強制調査に乗り出した。4社は、機構が2014年の設立以降に実施した、病院で扱う医薬品についての3回の入札全てで受注を分け合っていたことが判明。公取委は検察当局への刑事告発を視野に押収資料の分析を進める。

入札は1回落札すると薬を2年間納め続ける仕組みで、1回あたりの総額は数百億円に上る。公取委は、4社が利益を確保するため受注調整を繰り返していた可能性もあるとみている。

関係者によると、調査の容疑となっているのは18年の入札。機構の入札公告などによると、全国で運営する57病院に同年7月～20年6月に納入する7933種類の医薬品について、一括で一般競争入札を実施し、メディセオが156億円、アルフレッサ（東京）が159億円、スズケン（愛知）が190億円、東邦薬品（東京）が234億円で落札した（いずれも予定価格）。

機構は14年4月の設立以降、14、16年にも同様の入札を実施したが、全て4社が受注していた。

4社は、いずれも調査が入ったのは事実だと認め「全面的に協力していく」としている。

国が定める薬の公定価格（薬価）は、卸売業者が医療機関に納入する際の市場価格を基に、原則2年に1度見直される。そのため公正な競争が行われないと、価格の高止まりにつながる恐れがある。

あんずちゃん　田中しょう

ライチョウ 冬支度真っ最中 大町

冬に向けて白く装いを変えたライチョウ=27日、大町市

大町市の大町山岳博物館で人工飼育中の国特別天然記念物ニホンライチョウが、冬の姿に変わりつつある。2歳の雌1羽を公開中。白く愛らしい姿を間近に眺められる。

1カ月ほど前から白い羽が生え始めた。一部に黒い羽が残るが、12月半ばには全身真っ白な姿になる見込み。宮野典夫指導員は「野生のライチョウを見ることは難しい。博物館で見て、生態や育む自然への理解を深めてほしい」と話している。

年末年始を除き、午前11時～午後3時（12月からは午後4時半）に見学できる。無料。

高原調

○…全農県本部（長野市）は27日、薬剤散布ができる小型無人機ドローンの実演会を千曲市内の麦畑で開いた。農協の営農技術員ら約40人が参加し、タブレット端末のボタンを押すだけで離陸から着陸まで行う様子に見入った=写真。

○…先端技術を取り入れるスマート農業の普及を目指して企画。ドローンは畑の端から端までを行ったり来たりし、薬剤に見立てた水をまいた。

○…開発したアイワークス（東京）の岩熊大輔さん(42)は、プログラムを設定すれば特別な操縦技術は不要で、生育状況の調査にも生かせるとPR。参加者は「寿命はどのくらい」「重さは」と次々に質問し興味津々だった。

ベストドレッサー賞に坂城出身・小松美羽さんら

（左から）世耕弘成参院幹事長、三木谷浩史会長兼社長、小松美羽さん、藤舎貴生さん、杏さん、ムロツヨシさん、羽根田卓也選手、西川悟平さん、特別ゲストの稲垣啓太選手＝27日、東京都内

おしゃれな著名人に贈られる「第48回ベストドレッサー賞」の発表・授賞式が27日、東京都内で開かれ、俳優の杏さん、ムロツヨシさんらが選ばれた。

ラグビー・ワールドカップ（W杯）日本代表で活躍した稲垣啓太選手も特別ゲストで登場。他に、自民党の世耕弘成参院幹事長、楽天の三木谷浩史会長兼社長、埴科郡坂城町出身の現代アーティスト小松美羽さん、横笛奏者の藤舎貴生さん、カヌー・スラロームの羽根田卓也選手、ピアニストの西川悟平さんが受賞した。

長野・豊野地区の女性有志らのグループ

被災者に生活用品提供

衣類・食器・家具 新生活に備えて

台風19号災害で被災した長野市豊野地区の住民自治協議会女性部会などの有志でつくるグループ「とよの被災者支援チーム集楽元快(しゅうらくげんかい)」が、同市豊野町石の温泉施設「りんごの湯」で、衣類や食器、家具などの生活用品を被災者に無償提供している。市は12月初めに避難所を統合する方針で、仮設住宅や民間アパートを借り上げる「みなし仮設住宅」などに移る被災者の生活環境を整える狙いだ。

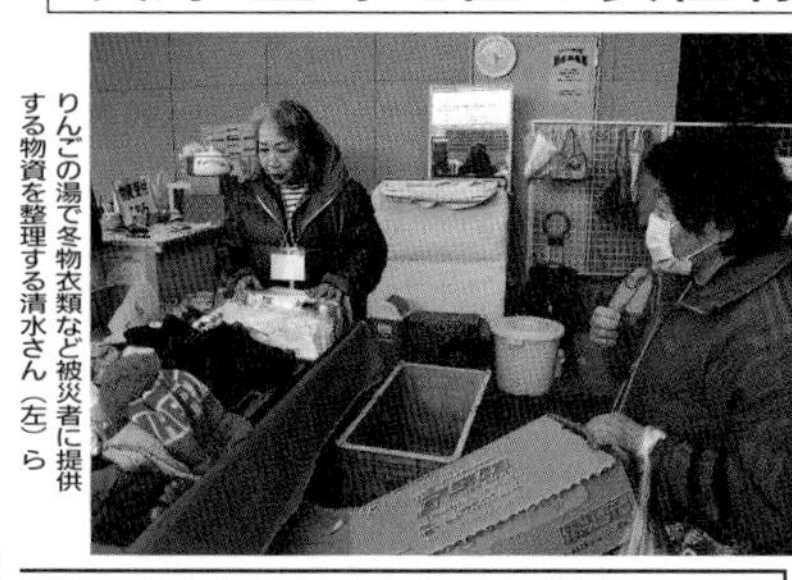

りんごの湯で冬物衣類など被災者に提供する物資を整理する清水さん(左)ら

地域には避難所に行けずに浸水被害のあった自宅で暮らす「在宅避難者」もおり、当初はこうした人に物資を届けようと活動を開始。支援物資を集める活動をしていた別のグループの協力で、衣類をはじめ生活用品を調達した。

被災者が避難所から公営住宅やみなし仮設住宅に移りだしてからは、食器など仮住まいでの生活に必要な品の提供に力を入れる。活動を呼び掛けた女性部会の一員で元ケースワーカーの清水厚子さん(67)=長野市豊野町豊野=は、避難所から公営住宅に入居する被災者を支援。その際、「やっと仮住まいに落ち着いても、箸もおわんもない」ことに気付いたという。

清水さん自身も自宅が床上浸水した被災者の1人。今後、仮住まいなどで豊野を離れて暮らす人が増える中で、地域が高齢者ばかりの「限界集落」になってほしくない—との思いをグループの名前に込め、支援を続けている。

物資の提供は平日午前10時～午後3時、土日曜日は正午～午後3時。12月中旬まで続ける考えで、食器(未使用品)や家具など支援物資の供給も求めている。問い合わせは豊野地区住民自治協議会(☎026・217・6638)へ。

全国からの支援 地図に

長野のボラセン 足跡示し感謝

台風19号災害の復旧・復興支援に当たるボランティアを受け付ける長野市の北部、南部二つの災害ボランティアセンターに、ボランティアが全国のどこから来たかを示す地図が掲げられている。地図にシールを貼る方式で、全国各地にわたっており、運営する市社会福祉協議会は「多くの人が自分にできることを考え、長野のために足を運んでくれている」と感謝している。

ボランティアの足跡を残すことで全国からの支援が被災地に向いていることを感じてもらおうと、須坂市の企画会社「オフセット」が今月13日に日本地図を寄贈。縦64㌢、横90㌢で、左上の空白部分には「共にがんばろう!!」「復興への想いをいつまでも」との文字が添えられている。

ボランティアが全国各地から訪れたことを示す市北部災害ボランティアセンターの地図

北部のセンターでは28日午前の段階で約230枚のシールが貼られていた。北海道や宮城、鹿児島など遠方から訪れた人もおり、カナダから来たことを示すシールも。市社協職員の武井未緒さん(28)によると、数日前には手話通訳者と共に聴覚障害のある女性らが広島から訪れたといい、武井さんは「これからも息の長い支援をお願いします」と話していた。

北部高生が書道手ほどき 飯綱

近くの三水小児童招き交流

北部高校生の指導を受けながら書き初めの練習をする三水小の児童たち

飯綱町の北部高校で28日、近くの三水小学校の児童を招いて書道を教える交流授業があった。近隣の学校同士で書道を通じて心を通わせよう—と昨年に続いて実施。同小5年生26人が年初めの書き初めに備え、書道の授業を選択する高校2年生25人からアドバイスを受けながら筆を運んだ。

小学生に書道に興味を持ってもらい、高校生たちが授業で学んだ技術を教えながら実践する狙い。この日は5年生の冬休みの宿題になるという「進む勇気」の文字を練習。児童たちは書き順や、はね、払いに気を付けようと助言を受けながら真剣な表情で取り組んだ。

同校の金子巧実さん(16)は「書道はきれいに書けると楽しくなる。上手になってほしい」と期待。同小学校の久保田悟碧さん(10)は「お兄さんが優しくして、自信が持てました」と笑顔だった。

長野のライブハウス 被災地を応援

今夜チャリティーライブ

長野市北石堂町のライブハウス「the Venue」は29日夜、音楽を通じて台風19号災害の被災地を応援しようと、チャリティーライブ「なんせ、やろう!」を開催する。

チャリティーライブに向けて練習する宮嶋さん(右)ら「WRN」のメンバー=28日、長野市

ライブにはヒップホップやレゲエなど県内のアーティスト8組が出演。県災害対策本部によるボランティア参加の呼び掛けもある。入場料の全額とドリンクの売り上げの30%を義援金として同本部に寄付する。

ライブハウスの大川和浩店長(35)が「自分たちができることからやろう」と10月25日からチャリティーライブを開き、4回目。これまでに約30万円を寄付した。今後も同様のライブを続ける予定という。

出演予定の県職員5人でつくるヒップホップグループ「WRN」は28日、長野の魅力を歌詞にしたラップを本番に向けて練習。メンバーの宮嶋拓郎さん(30)は「長野が元気だということをアピールして、復興につなげたい」と意気込んでいた。

午後10時開演。入場料は1ドリンク付き1500円。問い合わせは「the Venue」(☎050・1132・2631)へ。

長野市会 復旧・復興議論

加藤市長 風評被害払拭へ発信

28日開会した長野市議会11月定例会の初日は、台風19号の復旧・復興に関する議論、採決にほとんどの時間を割いた。市内で亡くなった2人を含む災害の犠牲者に対し出席者全員で黙とうをささげ、加藤久雄市長は議案説明の中で現状を「市政最大の危機」と表現。「『ワン ナガノ』を合言葉に乗り越える」と述べ、対応に全力を尽くすと強調した。【2面参照】

議案説明で市長は、被災者向けの応急仮設住宅整備や災害ごみの処理、公共施設の復旧などに取り組むと説明。一方、交通網の混乱やイベント中止で「観光需要の落ち込みが顕著」とし、風評被害を払う情報発信に力を入れるとした。人事院勧告などに基づき市職員の給与の引き上げを予定していたが、「地域経済への多大な影響などに鑑み」関連条例案の提出を見送ったとした。

市議会もこの日、復旧・復興や被災者の生活再建に向けて国・県に支援を要請することなどを盛った決議を全会一致で採択した。

応急仮設住宅の見学 きょうから

長野市 来月2日まで

長野市は29日、台風19号の被災者向けに整備している建設型応急仮設住宅の見学会を始める。12月2日まで4日間行い、送迎車も運行。市は11月末の完成、12月1日以降の入居を目指して市内4カ所に計115戸を建てており、当面の住まい選びに迷う世帯の判断材料にしてもらう。

市が整備しているのは、昭和の森公園にプレハブ造45戸、市営住宅上松東団地に木造32戸、若槻団地運動広場(みどりの広場)に木造23戸、県営住宅駒沢新町第2団地内にトレーラーハウス15戸。市住宅課によると、27日時点で59戸が手続き中という。

送迎車は、同市穂保の特別養護老人ホーム「りんごの郷」内の「りんごサテライト」を午前9時半と午後2時に出発する2便。途中で長沼支所、赤沼区公会堂、豊野支所に寄った後、4カ所の建設地を訪ねる。参加希望の申し込みや問い合わせは同課(☎026・224・5424)へ。

▼善光寺御開帳奉賛会が総会

2021年4月4日～5月30日に開かれる善光寺御開帳を支える組織「善光寺御開帳奉賛会」は28日、長野市内で総会を開いた。観光、商業関係者ら約100人が出席し、事業計画や予算案を承認。過去最高の推計707万人が訪れた15年の前回を上回る誘客を目指すことを確認した。

前回は北陸新幹線(長野経由)の金沢延伸で北陸からの参拝者が増えたとし、今回は福井県でもPRする。若年層の集客を狙い、会員制交流サイト(SNS)での情報発信を強化する。

会長に再任された北村正博・長野商工会議所会頭は「参拝者に他の観光地も訪れてもらえるようなモデルコースを考え、経済波及につなげたい」とあいさつした。

◆木島平村議会開会(28日)

村は総額2540万円を追加する本年度一般会計補正予算案など3議案を提出。議会は台風19号災害の対応費用4億5277万円の専決処分1件を承認した。

台風19号 生活情報

28日時点、変更の可能性があります

▽長野市

【避難所】豊野西部児童センター、豊野東小、豊野区事務所(豊野北公民館)、豊野西小、北部スポーツ・レクリエーションパーク、古里小、昭和の森公園フィットネスセンター、長野運動公園、南長野運動公園、市営住宅千原田団地、信州新町大門教職員住宅

【ごみ受け入れ】赤沼公園(赤沼)で午前9時～午後4時。ほかに篠ノ井運動場(篠ノ井、12月1日まで)、アクアパル千曲(真島町)で、それぞれ午前9時半～午後4時半。アクアパルは12月2日以降は午前9時半～午後4時

【ボランティア】

▽被災家屋の片付けなどに携わるボランティアを募集。29日は豊野、長沼、古里地区で活動する北部災害ボランティアセンター(市柳原総合市民センター内)と篠ノ井、松代地区で活動する南部災害ボランティアセンター(南長野運動公園の長野オリンピックスタジアム)の2カ所で、午前9時～10時半に受け付ける。北部は毎日開設。南部は当面、12月上旬まで金、土、日、月曜日のみ開設する。軽トラック持参で運搬支援ができる場合は午前9時半～10時半、同市穂保の特別養護老人ホームりんごの郷内「りんごサテライト」へ。活動は午後3時半まで。最新情報は市災害ボランティアセンターのフェイスブックなどで確認できる。センター本部(☎080・5072・9607)。依頼は住民専用ダイヤル(☎080・5072・9637)

▽長沼地区などのリンゴ畑で活動する農業ボランティアを募集。畑に流れ着いた漂着物の撤去、果樹周辺の泥を除去する。穂保の農産物直売所「アグリながぬま」で毎日午前9時～10時半に受け付ける。活動は午後3時半まで。駐車場は穂保のみ～るんビレッジか、村山のしんきんグラウンド。8人以上の団体は「信州農業再生復興ボランティアプロジェクト」ホームページの専用フォームから3日前までに申し込む。同プロジェクト実行委員会(☎080・8497・5942)

【支援物資の受け入れ】ボランティア活動をする人のために、ゴーグル、けが防止用のインソール、厚手のゴム手袋、使い捨てカイロなどを市ふれあい福祉センター内社会福祉協議会(☎026・225・1234)で受け付ける

【リサイクル品の無料提供】市リサイクルプラザは12月15、16日、「被災者限定の無料提供日」として、リサイクル品を被災者に無料で提供する。15日は生活用品、衣類、食器など、16日は日用品に加え家具や自転車も対象で、ともに午後1～3時。罹災(りさい)証明書を持参する。被災者に両日提供するためのリサイクル品(日用品は未使用に限る)も募っており、毎日午前9時～午後5時に同プラザに持参する。大型の品物などは訪問回収もできる。同プラザ(☎026・222・3196)

【臨時託児所】中央保育園(篠ノ井御幣川)で30日まで、豊野ひがし保育園(豊野町大倉)で12月15日まで、それぞれ午前9時～午後4時、満1歳からの未就学児を無料で受け入れる。自宅や親族の家が浸水し、片付けをする家庭が対象。できる限り各園に事前連絡。原則的に飲み物や着替え、おむつ持参。通常の一時預かり保育(有料)も全ての公立園と認定こども園計29施設で対応。希望する園に申し込む

【居場所開設】老人福祉センター(湯福、柳町、吉田、氷鉋、鬼無里、中条)、いこいの家(松代、石川、大豆島、茂菅、若槻、新橋、氷鉋、若穂、東長野)。午前9時～午後4時。休館日は施設ごとに異なる

【被災相談窓口】市役所第1庁舎1階で毎日午前8時半～午後5時15分(土日祝日は12月1日まで)、市の柳原、豊野、松代各支所と篠ノ井総合市民センターで毎日午前9時～午後5時15分、古里支所は土日祝日午前9時～午後5時15分(12月1日まで)に開設。罹災(りさい)証明書の申請、災害救助法に基づく住宅の応急修理の相談や申請、公営住宅の案内のほか生活再建支援制度などの相談や申請も受け付ける。市地域活動支援課(☎026・224・7615)

▽「農業相談窓口」は月、火曜日がグリーン長野農協本所営農センターで、対象は篠ノ井、松代、若穂など。水～日曜日は市豊野支所で、対象は長沼、豊野地区など。いずれも午前9時～午後5時15分。市農業政策課(☎026・224・5037)

▽中野市

【ボランティア】30日から、市内のリンゴ畑やモモ畑で活動するボランティアを募集する。市豊田支所で毎日午前9～10時に受け付ける。活動は午後3時まで。問い合わせは信州なかの農業再生復興ボランティア実行委員会(☎090・3476・0562、午前9時～午後6時)

北信

応急仮設 冬に間に合った

「建設型」あすから入居可能

長野で見学会

長野市は29日、台風19号災害の被災者向けに市内4カ所に計115戸を整備した建設型応急仮設住宅の見学会を始めた。いずれも壁と床、天井に断熱材を使い、ガラス窓は二重構造にした。初日は、既に契約済みで下見に訪れた人や、仮住まいを探している人など4組計6人が訪れた。

建設型応急仮設住宅は、昭和の森公園にプレハブ造45戸、市営住宅上松東団地に木造32戸、若槻団地運動広場（みどりの広場）に木造23戸、県営住宅駒沢新町第2団地内にトレーラーハウス15戸を整備した。30日に完成し、12月1日から鍵を受け渡す。

このうち戸数が最も多い昭和の森公園には、入居者が交流できるよう別棟の談話室も設けた。上松東団地の住宅には、床と外壁、室内の壁に県産材を使用。建築を手掛けた小林創建（松本市）の小林稔政社長(46)は「自分の空間として少しでもリラックスしてほしい」と話した。

市住宅課によると、115戸のうち28日時点で59戸が手続き中。見学会は12月2日まで行い、残り56戸は市豊野支所を窓口に入居申し込みを引き続き受け付けている。

県産材をふんだんに使った上松東仮設団地

断熱性を高くするため、ガラス戸を二重にしてある＝昭和の森公園仮設団地

トレーラーハウスの中にはロフトのある建物もある＝駒沢新町第2仮設団地

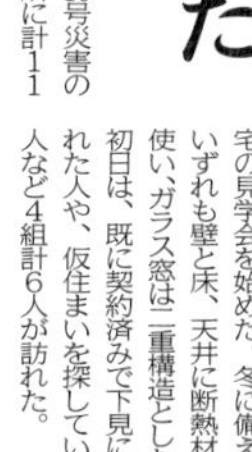

プレハブ造の昭和の森公園仮設団地の一室

須坂の作業療法士 活動

マッサージから駐車場の整理まで

ボランティアの「何でも屋」

台風19号で被災した長野市の避難所などで、県作業療法士会副会長の伝田拓男さん(43)＝須坂市＝がボランティアの「何でも屋」として活動している。仕事柄、社会福祉協議会や保健師らと接点が多く、その人脈を生かしながら被災者のニーズに対応。長野市は12月に避難所を統合し、閉鎖も予定しているが、今後も息の長い支援を続ける考えだ。

「お父さん、腰の調子はどう」。避難所の一つ、同市豊野東小学校の体育館で今月中旬、伝田さんが避難者の男性に声を掛けた。避難者の負担を少しでも和らげようと、マッサージをしたり、世間話をしたりしている。

日頃、市内の病院で患者らのリハビリに携わってきた。職場を休職し、仲間とボランティアを続ける。資材や物資の運搬、災害ボランティアの駐車場の整理など、連絡や要望があれば可能な限り対応する。「行政や社協の職員はそれぞれ持ち場での役割があって、自由に動けない。『何でも屋』も必要だと思う」

例えば被災者のニーズの把握。定期的に訪ねて被災者と向き合う中で、細かい本音が見えてくることもある。「小さい子ども用の歯ブラシがあるとうれしい」「女の子用の靴下が足りていない」―。知人や物資を集めるボランティアらに頼んで調達している。

「被災者は見えないところで気を使いストレスを抱えている」。今後は被災者同士が集まれる場をつくりたいと考えている。（森 優斗）

避難者と話す伝田さん。避難所が閉鎖されても支援を続けるつもりだ＝24日、長野市豊野東小

岳北地域 高校の将来像は

地元協議会 要望案を住民に説明

どうする高校再編

県立高校第2期再編を巡り、旧第1通学区（飯山市、木島平村、野沢温泉村、栄村）の首長や教育関係者らでつくる「岳北地域の高校の将来像を考える協議会」は28日夜、県の再編方針や、県に提出する協議会の要望案についての住民懇談会を栄村役場で開いた。今後、各自治体で開く予定で、同村が初回。

この日は、地元住民ら約20人が参加。協議会事務局の飯山市教委が、下高井農林（木島平村）を飯山（飯山市）の地域キャンパス（分校）にする―との要望案の内容について説明した。住民からは「子どもたちの選択肢が狭まるのは少し切ない」「通学方法についても、併せて考えてほしい」といった声が出た。

懇談会は今後、30日に飯山市、12月3日に野沢温泉村、8日に木島平村でも開く。協議会事務局は「寄せられた意見も参考にしながら、最終的な要望としてまとめていきたい」としている。

台風災害関連の予算を即日可決

中野市会

中野市議会は29日、開会した。市は総額43億570万円を追加する本年度一般会計補正予算案など20議案を提出した。このうち市議会は、台風19号で被災した水路や道路の復旧費など41億3900万円を盛った災害関連補正予算案を即日可決した。市は災害関連費用16億2700万円の専決処分も報告し、市議会は承認した。

◆山ノ内町議会開会（29日）町は総額5097万円を追加する本年度一般会計補正予算案など議案19件、承認1件、報告2件を提出した。補正予算案には、台風19号による風評被害を防ぐため、安全性をPRする事業費200万円などを盛った。

台風19号 生活情報

29日時点、変更の可能性があります

▽長野市

【避難所】豊野西部児童センター、豊野東小、豊野区事務所（豊野北公民館）、豊野西小、北部スポーツ・レクリエーションパーク、古里小、昭和の森公園フィットネスセンター、長野運動公園、南長野運動公園、市営住宅千原田団地、信州新町大門教職員住宅

【ごみ受け入れ】赤沼公園（赤沼）で午前9時～午後4時。アクアパル千曲（真島町）で午前9時半～午後4時半（12月2日以降は午後4時までに変更）。篠ノ井運動場（篠ノ井）は午前9時半～午後4時半で、受け入れは12月1日まで

【ボランティア】

▽被災家屋の片付けなどに携わるボランティアを募集。豊野、長沼、古里地区で活動する北部災害ボランティアセンター（市柳原総合市民センター内）は毎日開設する。篠ノ井、松代地区で活動する南部災害ボランティアセンター（南長野運動公園の長野オリンピックスタジアム）は当面、30日～12月2日、12月6～9日に開設する。ともに午前9時～10時半に受け付ける。軽トラック持参で運搬支援ができる場合は毎日午前9時半～10時半、同市穂保の特別養護老人ホームりんごの郷内「りんごサテライト」へ。活動はいずれも午後3時半まで。最新情報は市災害ボランティアセンターのフェイスブックなどで確認できる。センター本部（☎080・5072・9607）。依頼は住民専用ダイヤル（☎080・5072・9637）

▽長沼地区などのリンゴ畑で活動する農業ボランティアを募集。畑に流れ着いた漂着物の撤去、果樹周辺の泥を除去する。穂保の農産物直売所「アグリながぬま」で毎日午前9時～10時半に受け付ける。活動は午後3時半まで。駐車場は穂保のみ～るんビレッジか、村山のしんきんグラウンド。8人以上の団体は「信州農業再生復興ボランティアプロジェクト」ホームページの専用フォームから3日前までに申し込む。同プロジェクト実行委員会（☎080・8497・5942）

【支援物資の受け入れ】ボランティア活動をする人のために、ゴーグル、けが防止用のインソール、厚手のゴム手袋、使い捨てカイロなどを市ふれあい福祉センター内社会福祉協議会（☎026・225・1234）で受け付ける

【リサイクル品の無料提供】市リサイクルプラザは12月15、16日、「被災者限定の無料提供日」として、リサイクル品を被災者に無料で提供する。15日は生活用品、衣類、食器など、16日は日用品に加え家具や自転車も対象で、ともに午後1～3時。罹災（りさい）証明書を持参する。被災者に両日提供するためのリサイクル品（日用品は未使用に限る）も募っており、毎日午前9時～午後5時に同プラザに持参する。大型の品物などは訪問回収もできる。同プラザ（☎026・222・3196）

【臨時託児所】30日まで中央保育園（篠ノ井御幣川）で、12月15日まで豊野ひがし保育園（豊野町大倉）で、それぞれ午前9時～午後4時、満1歳からの未就学児を無料で受け入れる。自宅や親族の家が浸水し、片付けをする家庭が対象。できる限り各園に事前連絡。原則的に飲み物や着替え、おむつ持参。通常の一時預かり保育（有料）も全ての公立園と認定こども園計29施設で対応。希望する園に申し込む

【被災相談窓口】

▽市役所第1庁舎1階は毎日午前8時半～午後5時15分（12月2日以降は平日のみ）。市の柳原、豊野、松代各支所と篠ノ井総合市民センターは毎日午前9時～午後5時15分。土日祝日に開いてきた古里支所は30日と12月1日（ともに午前9時～午後5時15分）までで窓口を閉める。罹災証明書の申請、災害救助法に基づく住宅の応急修理の相談や申請、公営住宅の案内のほか生活再建支援制度などの相談や申請も受け付ける。市地域活動支援課（☎026・224・7615）

▽「農業相談窓口」は月、火曜日がグリーン長野農協本所営農センターで、対象は篠ノ井、松代、若穂など。水～日曜日は市豊野支所で、対象は長沼、豊野地区など。いずれも午前9時～午後5時15分。市農業政策課（☎026・224・5037）

▽中野市

【ボランティア】30日から毎日、市内のリンゴ畑やモモ畑で活動するボランティアを受け付ける。市豊田支所で午前9～10時に受け付け、活動は午後3時まで。問い合わせは信州なかの農業再生復興ボランティア実行委員会（☎090・3476・0562、午前9時～午後6時）

▽千曲市

【休日窓口開設】市は30日と12月1日、市役所で被災者支援の窓口を開ける。午前8時半～午後5時に、公的な支援策や各種減免制度、罹災証明書の判定結果などについて各担当課が相談に応じる

◇

▽休日の無料託児所

長野市の篠ノ井駅前の「アスペースしののい」で30日と12月1日、地元のNPO団体や子育て支援団体が無料の託児所「篠ノ井わくわく広場」を開く。被災世帯や、ボランティア活動のため子どもを預けたい人などが利用できる。小学生以下（3歳以下は保護者同伴）が対象で、午前9時半～午後5時。事前申し込みが必要だが、当日申し込みにも応じる。同広場（☎026・293・8860、090・1043・3909）

長野広域連合 来月2日 災害ごみ受け入れ再開

長野広域連合が運営する長野市松岡の焼却施設「ながの環境エネルギーセンター」が、10月28日から休止していた長野、須坂両市からの台風19号に伴う災害ごみの受け入れを12月2日に再開することが29日、広域連合への取材で分かった。災害ごみの搬入量を当面、両市で1日計50トンに調整することで、一般ごみと併せて日々搬入しても安定処理できると判断した。

センターの1日の処理能力は最大405トン。被災後、一般ごみに加えて災害ごみの搬入が増えたため平均約580トンとなり、ピットの約9割が埋まったため、災害ごみの搬入を見合わせていた。

また市は、近くのごみ処理施設「市資源再生センター」で、ごみを一時的にためるピットを使い始めると発表した。4月の火災後、ピットを使わずに処理をしていたが、10月末にクレーンの修理が終わり、建屋以外が復旧した。

火災の再発防止策として11月から遠隔監視カメラを運用。警備員が煙や炎を確認した場合、すぐに市消防局に通報するよう初動体制を見直し、新たに赤外線式炎感知器を設けた。火災発生時にごみを水没させて消火できるよう、貯留量は高さ約3メートルに抑える。

2019年(令和元年)
12月1日
日曜日

信濃毎日新聞
1873年(明治6年)創刊
発行所　信濃毎日新聞社
長野本社　〒380-8546　長野市南県町657番地　電話(026)　受付236-3000　編集236-3111　販売236-3310　広告236-3333
松本本社　〒390-8585　松本市中央2丁目20番2号　電話(0263)　代表32-1200　報道32-2830　販売32-2850　広告32-2860

こたつで一息 ようやく

長野市赤沼の夫妻 避難所から「みなし仮設住宅」へ

自宅戻れる日 愛猫と心待ち

ルポ 千曲川氾濫

入居したみなし仮設住宅で愛猫「くろみつ」と一息つく山田さん夫妻＝30日午前11時7分、長野市稲葉母袋

台風19号の被災者が身を寄せる長野市内の避難所の統合が迫る30日、公営住宅やアパートを借り上げる「みなし仮設住宅」に引っ越す人が目立った。市によると同日朝の避難者は212世帯480人で、仮設住宅への入居が始まる1日はさらに減る見通し。同市吉田の長野運動公園で過ごしてきた山田仁英(よしひで)さん(69)、ゆき子さん(66)夫妻は、愛猫と暮らせる同市稲葉母袋のアパートに移った。全壊判定を受けた同市赤沼の自宅の改修が終わるまでの仮住まい。戻れる日を心待ちに、こたつで一息ついた。

「くろちゃん出ておいで」。30日午前11時ごろ、2DKのアパートに移ったゆき子さんは、居間のこたつで丸まる雄の愛猫「くろみつ」を呼んだ。隣には仁英さん。一家の日常が1カ月半ぶりに戻った。

千曲川の堤防が決壊した10月13日未明。夫妻は大阪市内の長女真理亜さん(35)宅を訪れていた。テレビで長野市の惨状を見た仁英さんは「まさかここまでとは」。16日に戻った木造2階建ての自宅は泥まみれ。高さ2・2メートルまで水に漬かっていた。家具は散乱。足の踏み場はない。慌ただしく長野運動公園に移った。

避難所では食事や風呂が用意され、気心の知れた近隣住民もいた。ストレスや不満はそれほど感じなかった。ただ、避難所に連れて行けず、市内のボランティア団体に預けることになったくろみつが「心配で仕方がなかった」と仁英さん。自宅の片付けは親族やボランティアの協力で10日ほどで済ませ、猫が飼えてすぐに入れる借家を探した。

10月末には決めた。11月中旬に鍵を受け取ると、使えなくなった家具やペット用品の新調に動いた。家電量販店やホームセンターを巡り、少しずつ部屋に搬入。引っ越しは、当初避難所閉鎖のめどとされた30日にした。

仁英さんは飯山市出身。豪雪を敬遠し、40年余り前、一家で赤沼に移った。再び自然の猛威を思い知らされた。今後、二度と水害が起きないとは限らない。千曲川から離れるかどうか悩み、夫妻で話し合った。真理亜さんら娘2人は独り立ち。年金暮らしの事情も踏まえ、赤沼をついのすみかと決めた。負担はあるが、ちょうど古くなった家の改修のためと思うことにした。ゆき子さんは「あと10年、20年も住めればいいから」と言う。

引っ越して1時間ほどたった30日午前11時すぎ、宅配便の段ボール箱が届いた。猫用のおもちゃやおやつ、サツマイモなどがぎっしり。同じく猫好きという、真理亜さんの友人が送ってくれた。「ありがたいね」とゆき子さん。支えてくれる人の優しさが染みる。

夫妻には今、心待ちにしていることがある。自宅の改修が終わる予定の来年夏。片付けを手伝ってくれた親族や物心両面の支援をしてくれた知人を招き、もてなして感謝の気持ちを伝えたいと思い描いている。寒い冬を越し、春の喜びを感じ、暑さをしのぐ頃になりそうだが、仁英さんは「前向きな二人だから何とかやっていけるはず」と考えている。

（難波 淳）

県、陸自部隊に撤収要請

県は30日、長野市からの連絡を受けて台風19号の被災地で活動していた陸上自衛隊の災害派遣部隊に撤収を要請した。同日午後10時時点で、知事が要請していた活動が全て終了したため。

県は10月12日に、河川氾濫や孤立地域での人命救助のために陸上自衛隊に災害派遣を求めていた。活動は50日間に及んだ。

山雅、J1残留逃す

J2降格が決まり肩を落としてスタンドにあいさつに向かう松本山雅イレブン＝30日、大阪府吹田市のパナソニックスタジアム吹田

サッカーJ1の松本山雅FCは30日、大阪府吹田市のパナソニックスタジアム吹田で行ったG大阪との第33節に1－4で敗れ、最終節を残して今季の17位以下が確定、来季のJ2降格が決まった。J1に初参戦した2015年以来、4年ぶりに国内最高峰リーグに挑んだが、J1残留の目標は今回も果たせなかった。

前節を終えて松本山雅と勝ち点差2で16位の湘南が広島に1－0で勝ち、松本山雅との勝ち点差が5に開いたため残り1試合で逆転できなくなった。松本山雅は前半11分に先制点を許すと、その後もG大阪の攻撃を食い止められずに失点を重ねた。松本山雅は12月7日に湘南をホームに迎え、今季最終戦に臨む。

【関連記事11・28面に】

試行錯誤してきたが

反町康治監督の話　この試合で来年の立ち位置（J2降格）が決まってしまったことは非常に残念に思うし、われわれをサポートしてくれる皆さんには申し訳なく思っている。（シーズンの）最初から危機感を持って、試行錯誤しながら全ての試合に対して準備してきたつもりだが、まだまだ力が足りないということだと思う。

日印、初の戦闘機訓練へ

中国にらみ安保協力強化

【ニューデリー共同＝光山正二】インド訪問中の茂木敏充外相と河野太郎防衛相は30日午後（日本時間同）、ニューデリーで初の日印外務・防衛閣僚協議（2プラス2）に臨んだ。航空自衛隊とインド空軍の戦闘機訓練を日本で初めて開催する方針で一致。中国の海洋進出をにらみ、安全保障協力の戦略的深化を図る。自衛隊とインド軍が物資や役務を融通し合う物品役務相互提供協定（ACSA）の交渉加速も確認した。

【関連記事7面に】

会談後、こうした内容を盛り込んだ共同声明を発表した。12月中旬に見込む安倍晋三首相のインド訪問に向けた環境整備の一環となる。

共同声明は「自由で開かれ、包摂的で法の支配に基づいたインド太平洋のビジョンを共有する」と明記。首相が掲げる「自由で開かれたインド太平洋」構想を踏まえ、公海での「航行の自由」や「上空飛行の自由」を重視する姿勢を打ち出した。

会談にはインド側からはジャイシャンカル外相とシン国防相が出席。冒頭でシン氏は「この会談を通じ、防衛、安保協力をさらに強化させたい」と述べた。河野氏は2プラス2初開催に関し「インド太平洋地域における安保分野での日印関係の重要性が高まっていることを象徴する」と語った。

インドとの戦闘機訓練が実施されれば米国、英国、オーストラリアに次いで4カ国目。河野氏は会談後、訓練は来年との見通しを記者団に示した。

ACSAが締結されれば、燃料、弾薬などの物資や輸送といった役務提供が円滑化できる。首相のインド訪問に合わせた最終合意を目指す。

共同声明では、弾道ミサイル発射を続ける北朝鮮を非難し、拉致問題の解決を求めた。ほかに①南シナ海問題での協力②インドがインド洋の船舶情報を収集するため設置したセンターとの情報交換強化③防衛装備で陸上無人車両やロボット工学活用の共同研究の進展－を申し合わせた。

斜面

2019.12.1

季節外れの句を挙げるのをご容赦願いたい。〈蟻(あり)の道雲の峰よりつゞきけり〉。空には白い入道雲が湧き立つ。目の前に見えるアリの行列はあの雲から続いているのだろうか…。ご存じ一茶の作。今も続くアリの列をニュースで思い出した◆10月、東京湾の青海ふ頭でアリの巣が見つかった。南米原産のこの毒アリは2年前に国内で初確認され、これまで15都道府県で発見された。今回は繁殖可能な女王アリが50匹以上いた。もうどこかで巣を作った女王がいるかもしれないのが心配だ◆刺されるとやけどのような痛みを感じる「火蟻」。毒にアレルギーがある人は、じんましんや呼吸困難を起こし、命の危険もある。外敵への攻撃性が高く、ペットや家畜、農作物に被害を及ぼす。電気設備に巣を作り信号を故障させたり、電線をかじり停電や火災を起こす悪さも◆入道雲より遥(はる)か遠く、海の向こうからコンテナに隠れてやってくる。1940年代ごろに米国に上陸し、今世紀にはオーストラリアや中国、台湾へ。飛来した女王アリを捕食して定着を妨害する「防波堤」はその地にすむアリなど在来生物だともいう◆人の手が入り、敵が少ないからか。日当たりの良い公園や芝生、畑地を好んですみ着く。新天地への航路もグローバル化した私たちの経済活動が提供した。見慣れぬ外来生物は人の営みに順応したからこそ繁栄を[illegible]除が難しい理由も、そこにある。

天気
北部：飯山 14／-2　長野 13／-1　大町 10／-3
中部：松本 14／-2　上田 15／-1　佐久 14／-4
南部：諏訪 12／-2　木曽 13／-2　伊那 13／-1　飯田 14／0
5ミリ以上　5ミリ未満
27面に詳しい天気情報

購読のお申し込み　0120-81-4341　紙面の問い合わせ　026-236-3111　信毎web　www.shinmai.co.jp
4910855730198　00136

1 第49365号 【明治25年3月15日第三種郵便物認可】 信濃毎日新聞 2019年(令和元年) 12月2日 月曜日 日刊 9版★

2019年(令和元年)
12月2日
月曜日

別所線 エールで埋め尽くせ

中づり広告で別所線を応援―。台風19号で被災した上田電鉄別所線の再興を願う長野大生のプロジェクトが本格化。 18面

J3 AC長野 1－0 相模原 14面

1873年(明治6年)創刊
発行所 信濃毎日新聞社
長野本社 〒380-8546 長野市南県町657番地 電話(026) 受付236-3000編集236-3111 販売236-3310広告236-3333
松本本社 〒390-8585 松本市中央2丁目20番2号 電話(0263) 代表32-1200 報道32-2830 販売32-2850 広告32-2860

北陸新幹線 長野の車両センター機能回復にめど

3月14日定期ダイヤ復旧

台風19号による被災のため本数を減らして運行している北陸新幹線（長野経由）の定期ダイヤは、JR各社が大規模なダイヤ改正をする来年3月14日に全面復旧することが1日、JR関係者への取材で分かった。水没した長野市の車両センターに、2編成分の列車を止める機能を回復させることで実現のめどが立った。定期検査の設備は復旧の見通しが立たず、大型連休や週末などに運行する臨時列車を含めた復旧まではさらに時間がかかる。【関連記事23面に】

北陸新幹線は、上越新幹線から同型の「E7系」車両を転用したり、新造のE7系を北陸に優先して投入したりして、ダイヤの回復を進めている。現状のダイヤでは、センターが車両基地としての機能を失っているため、東京―長野間の「あさま」の本数が少なくなる影響が出ている。

関係者によると、新幹線は2日に1度、ブレーキやパンタグラフの状態を目視で確認する「仕業検査」をする必要がある。長野のセンターでは屋外の線路に止めていた列車に加え、屋内設備に泥や水が入って車体の修理装置なども使えなくなり、検査が不可能になった。仕業検査は新潟市のセンターが代行している。

列車を止める線路の復旧作業はダイヤ改正までに終える。JR東日本と西日本は浸水した北陸新幹線車両10編成をいずれも廃車にする方針で、年内にも解体作業に入る考え。車両を移動させ、レールや電気機器などの線路上の地上設備を点検、線路を復旧させることにしており、必要な工事や部品の調達を急ぐ。現在は長野止まりの列車をセンターに入れることができず、定期ダイヤが被災前の本数に戻らず、臨時列車の増発も難しくなっている。

JR東の深沢祐二社長は11月6日、北陸新幹線の定期ダイヤについて「本年度末までに100％化を目指す」と表明。同30日以降、東京―金沢間直通の「かがやき」「はくたか」は定期ダイヤが回復したが、東京―長野間の「あさま」は定期の本数が元と比べ上下線とも2本減で、12月27日以降も1本減。臨時列車は車両不足のため、大幅に少なくなっている。

奥原 4年ぶり日本一 バド女子単

女子シングルスで4年ぶり3度目の優勝を果たした奥原希望＝1日、東京・駒沢体育館

バドミントンの日本一を決める全日本総合選手権最終日は1日、東京・駒沢体育館で行われ、女子シングルスは2016年リオデジャネイロ五輪銅メダリストの奥原希望(24)＝太陽ホールディングス・大町市出身＝が4年ぶり3度目の優勝を果たした。

奥原は初優勝を目指した大堀彩(23)＝トナミ運輸＝と決勝で対戦。一進一退の攻防となった第1ゲームを制すと、第2ゲームは序盤から得点を重ねて大差をつけ、2―0でストレート勝ちした。今大会は東京五輪の代表選考は兼ねていない。【関連記事13面に】

奥原の次戦は、今季の世界選手権覇者とツアー成績上位者で争われるワールドツアー・ファイナル（11～15日・中国）で、年間世界一を目指す。

ざざ虫漁「寒さ忘れる楽しさ」

上伊那の天竜川で解禁

上伊那地方の天竜川で1日、伊那谷の冬の風物詩ざざ虫漁が解禁された。駒ケ根市中沢の農業菅沼重貴さん(83)は早速、同市の天竜川に入り、石をひっくり返して漁を開始。台風19号による土砂の堆積を心配していたが例年並みに捕れ、「楽しくて寒さを忘れるね」と笑顔を見せた。

ざざ虫はカワゲラやトビケラなどの幼虫の総称。菅沼さんは同日午前8時から、「虫踏許可証」の腕章を着けて冷たい川に入った。曲げた木を交差させて網を張った四つ手網の前で、くわを使って川底の石をひっくり返すと、「孫太郎」と呼ばれるヘビトンボの幼虫などが捕れた。水やぬるま湯で何度も洗い、弱火でじっくり、つくだ煮にするという。

菅沼さんは、ざざ虫漁歴約50年。若い頃は50人以上いた漁師が今では10人を切ったといい、「伊那谷の食文化で伝統だから、できるだけ続けたい」と話す。漁期は来年2月末まで。来年はうるう年のため「1日多くできる」とうれしそうに話していた。

川底の石をくわで返す菅沼さん＝1日午前9時26分、駒ケ根市の天竜川

応急仮設住宅 入居スタート

長野

生活再建へ「やっと一歩踏み出せそう」

台風19号災害の被災者向けに長野市が市内4カ所に整備した建設型応急仮設住宅（115戸）への入居が、1日始まった。この日は52世帯（122人）が契約を終えて鍵を受け取り、生活再建の願いを胸に新たな住居へ荷物を運び込んだ。【関連記事23面に】

市は、昭和の森公園にプレハブ造45戸、市営住宅上松東団地に木造32戸、若槻団地運動広場（みどりの広場）に木造23戸、県営住宅駒沢新町第2団地内にトレーラーハウス15戸を整備。被災者はこの日、市住宅課の職員から説明を聞き、契約を終えて鍵を受け取ると荷物の搬入を始めた。

長野市豊野町豊野の自宅が浸水により全壊した会社員長谷川猛さん(42)と妻の春菜さん(36)は、小中学生の息子2人と同市徳間の駒沢新町第2団地内の仮設住宅に入居。被災後は上高井郡小布施町の春菜さんの実家などを頼り、入居が決まったのは猛さんの誕生日だった11月24日。一家は自宅の改修が済めば戻る予定といい、春菜さんは「住宅が決まり、涙が出るほどうれしかった。これでやっと一歩を踏み出せそうです」と話した。

長野市穂保の自宅が大規模半壊し、昭和の森公園の仮設住宅で夫(75)と生活を始めるリンゴ農家の吉村康子さん(70)は「ゆっくり眠れる場所があるのはいいです」とほっとした様子だった。

建設型応急仮設住宅は2日以降の契約分を除き、54戸が空いている。市は市豊野支所を窓口に引き続き入居申し込みを受け付けている。

真新しい仮設住宅に荷物を運び込む長谷川さん親子＝1日午後0時35分、長野市徳間

天気

最高気温／最低気温

地点	最高	最低
飯山	14	3
長野	15	6
大町	11	2
松本	15	4
上田	13	2
佐久	13	-2
諏訪	13	3
木曽	14	2
伊那	13	2
飯田	14	5

北部・中部・南部 6時 12 18 24／3日 4日 5日

5％以上 5％未満

21面に詳しい天気情報

こと映え

喜色満面

喜びでいっぱい

長野市 トラ

応募方法22面に

斜面

2019.12.2

2019年の締めくくりとなる12月が始まった。師走と呼ばれるように何かと忙しい時期だ。仕事納めや年越しの準備に忘年会、税金の手続きもある。正岡子規も「いそがしく時計の動く師走哉」と詠む。慌ただしさは昔も変わらない◆少しでも時間がほしいのが人情か。安倍晋三首相は一日も早く過ぎ去ってほしいようだ。「桜を見る会」を巡る問題で揺れている国会は9日に閉幕する臨時国会の会期を延長しないという。野党が求めている予算委員会の集中審議にも応じない構えだ◆疑惑はさまざまだ。功績があった人を慰労する会に、首相後援会の関係者が約800人参加していたことが分かっている。これだけでも税金私物化との批判は免れないのに、前夜祭の不明瞭な会計処理や出席名簿の廃棄、反社会勢力とみられる人物の参加など枚挙にいとまがない◆首相は国会では最初に追及された予算委以降、本会議で答弁しただけ。矢面に立つ菅義偉官房長官は記者会見で、反社会的な勢力が「入っていたのだろう」と述べた翌日に「出席したと言っていない」。名簿データを復活できない理由も不明瞭な答えだ◆無実の罪で大宰府に流された菅原道真は「清き心は月ぞ照らさむ」と詠んだ。真実を知るのは月だけという心境だろう。幸いにして首相には疑惑を晴らす時間もすべもある。潔白なら名簿データを復活し、前夜祭の明細書を取り寄せ説明すればいい。師走で忙しいことは言い訳にならない。

素肌乾燥情報 北部 中部 南部

購読のお申し込み 0120-81-4341 紙面の問い合わせ 026-236-3111 信毎web www.shinmai.co.jp

新聞定価1ヵ月3,400円(うち消費税 251円) 1部150円(消費税込み)　第三種郵便物認可

仮暮らし 安心と心細さ

ルポ 千曲川氾濫

引っ越しを終えた小林さん。4畳半の和室に妻の遺影を置いた＝1日午後2時58分、長野市若槻団地(林克樹撮影)

豊野の男性 避難所から仮設住宅へ

「1人でやっていくしか」

台風19号災害から避難所に身を寄せてきた長野市民の応急仮設住宅への入居が始まった1日。濁流にのまれた同市豊野町豊野の市営沖団地から救助され、約50日間、他の住民らと共同生活を送ってきた小林捷男さん(79)も、若槻団地運動広場の仮設住宅に引っ越した。年金頼みの一人暮らしで移動手段の車も水没。限られた選択肢の中で、知り合いのいない仮暮らしが始まった。

【1面参照】

午前9時10分。自主避難所の豊野区事務所に最後まで残っていた小林さんは段ボールやベッドを片付け、生活の相談に乗ってくれてきた知人の車で約7キロ離れた仮設住宅に向かった。鍵を受け取り、新しい畳のにおいがする2DKの部屋に入ると、小林さんは「なかなかいいところだね」とほっとした表情を見せた。

市内各所の避難所にいた市民らは主に、自分で条件に合うアパートなどの物件を探し、「みなし仮設住宅」として申請するか、1年間家賃が無料になる公営住宅か、2年間家賃負担のない応急仮設住宅か移ることになる。

小林さんは車がないため自分では物件を探せず、収入も月6万円余の厚生年金だけ。事実上、応急仮設住宅しか「選択肢はなかった」。

加えて、若槻団地の他に3カ所ある仮設住宅はスーパーが遠い。抽選になって外れたら、「知り合いの家の物置に住もうと思っていた」と苦笑いする。

しばらくして、小林さんはまた知人の車で沖団地に置いていた電子レンジや布団などを取りに戻った。解体が決まっている団地の部屋は天井にもかびが生え、まだ泥の臭いがする。4年前に亡くなった妻の供子さんと1983(昭和58)年に入居し、大型トラックやタクシーの運転手として忙しく働いた。知り合いも多くできた。荷物をトラックに積み込む時、小林さんは「できるならずっと暮らしたかった」とつぶやいた。

仮設住宅に戻り、23世帯分を見回したが、知り合いの姿は見当たらなかった。避難していた豊野区事務所では最大21世帯が身を寄せ、互いの境遇を語り合い、家族のように付き合った。区の役員らも親身になって相談に乗ってくれた。市は仮設住宅でも包括支援センターなどが高齢者への支援を準備している。ただ、心細くもなる。

午後2時すぎ。荷物を運び終え、泥の中から見つけた妻の位牌と遺骨箱を四畳間のテーブルの上に置いた。「やっと落ち着いた」。ひと息ついて、団地の片付けで痛めた腰を気遣いながら、真新しい畳に横になった。

今後、病院や各種手続きのために訪れる市役所への移動手段など不安は尽きない。荷ほどきしていない生活用具などを入れた段ボールの山を見つめながら、「これから一人で少しずつやっていくしかない」。とりあえず、買い物など欠かせなくなる自転車を買わないと―と笑顔を作った。(佐藤 勝)

陸自の派遣部隊撤収開始

県内被災地で50日間活動

台風19号災害の県内被災地で活動してきた陸上自衛隊の災害派遣部隊が1日、撤収を始めた。10月12日夜に県が災害派遣を要請してから、人命救助や不明者捜索、食事、入浴の提供など多岐にわたる50日間の活動を締めくくった。

長野市内に残っていた部隊のうち、北部スポーツ・レクリエーションパークでは炊き出しを担当した松本駐屯地(松本市)の第13普通科連隊が機材を車両に詰め込んだ。下村直紀・2等陸曹(43)は「今後も寒さに負けないでほしい」と被災者を気遣った。

県は11月30日、知事が求めた全活動が終了したとして撤収を要請。長野運動公園を拠点に入浴支援をしてきた部隊も2日朝に撤収するという。

機材を車両に積み込む隊員ら＝1日午前10時、長野市北部スポーツ・レクリエーションパーク

冬への備え わらぼっち

松本城「冬囲い」

木々に「わらぼっち」をかぶせる松本古城会の女性たち＝1日、松本城本丸庭園

松本市の松本城本丸庭園で1日、恒例の「冬囲い」が行われた。造園業者や有志でつくる松本古城会の会員ら約30人が、木々に円すい形に縄を張って積雪から守る「雪つり」や、わらで編んだ「わらぼっち」を丁寧にボタンやツツジの枝にかぶせていった。

「わらぼっちで厳しい寒さからつぼみを守り、春には立派な花を咲かせてほしい」と、同会婦人部副部長の横内弥寿子さん。親子で見学に訪れた市内の石沢真理子さん(40)は「会の皆さんから、わらぼっちは"わらぼうし"が転じたと教わり勉強になった」。長女の侑子さん(10)と次女の菜奈子さん(8)は「わらで雪から守れるなんてすごい」と話していた。

雪つりやわらぼっちは来年3月まで、寒さや雪から木々を守り続ける。

8県42給油所で一時営業できず

県内5ヵ所

台風19号の大雨による浸水などにより、一時営業できなくなったガソリンスタンドが、少なくとも長野など8県の42カ所に上ることが1日、全国石油商業組合連合会(全石連)への取材で分かった。災害時の供給拠点となる「中核サービスステーション(SS)」や「住民拠点SS」も含まれ、緊急車両への給油ができないケースもあった。

全石連によると、浸水や土砂流入、停電などで、地下のタンクからガソリンをくみ上げられなくなったことが原因。大半は既に営業しているが、1カ月半以上たっても再開のめどが立っていないところもある。

台風翌日の10月13日に営業できなかったのは、福島県が17カ所で最多。栃木、千葉、長野の3県はそれぞれ5カ所で、岩手、宮城、埼玉、神奈川の4県でも被害が出た。

東日本大震災や熊本地震の混乱を踏まえ、経済産業省資源エネルギー庁は、停電しても稼働できるようガソリンスタンドへの自家発電機の整備を推進。救急車やパトカーなどの緊急車両に優先給油する「中核SS」や、地域の供給拠点となる「住民拠点SS」を指定し、防災訓練への参加や災害時の状況報告を求めている。

長野市豊野町の高見沢セルフカーケアステーション豊野SSによると、同給油所は災害時の供給拠点に指定されているが台風19号で被災。非常用発電機が水没し、燃料供給ができなかったという。12月1日に一般向けの燃料供給を再開した。

上田 男性刺される

殺人未遂容疑事件で捜査

容疑者逃走

1日午後5時55分ごろ、上田市上田原の集合住宅で、住人の男性(30)が腹部を刺された。上田広域消防本部によると佐久市内の病院に運ばれた。けがなどの状態は不明。

上田署によると、容疑者は逃走中。殺人未遂容疑事件として調べている。

現場は同市上田原の住宅地にある5階建ての集合住宅。同署によると、男とみられる人物が立ち去ったとの目撃情報がある。身長170～175センチほどでやせ形、黒いマスクに黒い帽子を着けていた。

現場近くに住む30代男性は「午後6時ごろ家を出た時に救急車が来ていた。病人かと思った。帰ってきた時には、警察が来ていた」と話していた。

ラトビア出身 世界的指揮者

M・ヤンソンス氏死去

76歳

【モスクワ共同】世界的指揮者でラトビア出身のマリス・ヤンソンス氏が11月30日、ロシア北西部サンクトペテルブルクの自宅で死去した。76歳だった。死因は不明だが心臓病を患っていた。ロシアメディアが報じた。

1943年、旧ソ連ラトビアの首都リガ生まれ。レニングラード(現サンクトペテルブルク)音楽院で学び、留学先のオーストリアでは名指揮者カラヤン氏に師事。70年代初めにソ連国立レニングラード・フィルハーモニー管弦楽団で指揮者デビューを果たした。

79年以降、オスロ・フィルハーモニー管弦楽団やピッツバーグ交響楽団、バイエルン放送交響楽団、ロイヤル・コンセルトヘボウ管弦楽団の首席指揮者を歴任した。

2006年、12年、16年にはウィーン・フィルハーモニー管弦楽団のニューイヤーコンサートで指揮し、訪日公演も多かった。

(モスクワ共同、写真はタス＝共同)

高原調

○…上水内郡信濃町平岡の中村集落で1日、無病息災を願う「だんご投げ」があった。読経や数珠回しの後、仏間でだんごが投げられると、住民30人余が歓声を上げながら受け止めた＝写真。

○…釈迦(しゃか)が悟りを開いたとされる時季に合わせ、住民交代で幹事を務めて毎年続けているという。子どもたちは新聞紙を広げ、膝立ちして準備万端。「こっちこっち」と大人も一緒になって呼び込み、だんごをかき集めた。

○…小川颯太君(3)は袋をいっぱいにして満足げに出口の方へ。「もらう物もらったらすぐ帰るなんて」と祖母がたしなめると、周りには笑顔が広がった。

水没新幹線 一部設備再利用へ

2編成は客室に水入らず

台風19号の影響で、長野市の車両センターで水に漬かった北陸新幹線10編成のうち脱線していた2編成は、客室内に水が入っていなかったことがJR関係者への取材で判明した。床下の電気機器に被害があるため10編成は全て廃車とする方針に変更はないが、この2編成の座席や車内の案内表示、空調設備は再利用する方向。最上級のグランクラスも使えるという。

関係者によると、高速で走行する新幹線は、空気圧を使ってドアを完全に閉める装置を備え、車内の気密性を保っている。運行を終えた後、時間がたつと圧力が弱まり、ドアと車体の間に隙間ができる。

脱線した2編成は、停車から浸水までの時間が短く、圧力が高いままで気密性が維持されて、車体内部に水が入り込まず、かえって水に浮いて脱線したとみられる。

ほかの8編成はセンターが浸水した後も、停車したレール上で移動せずに、客室内の座席肘掛けまで水が達していた。

北信

陸自災害部隊に「ありがとう」

長野市が感謝状

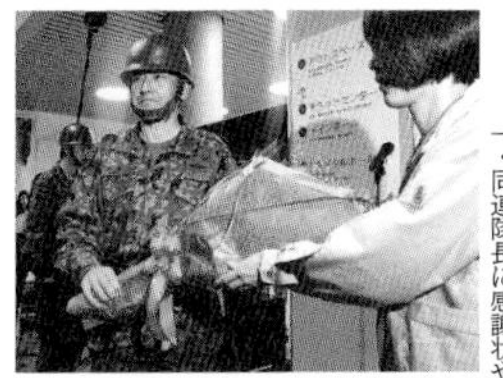

市職員から花束を受け取る伊藤裕一司令（左）

長野市は2日、台風19号による県内被災地で活動してきた陸上自衛隊の災害派遣部隊に感謝を伝える催しを市役所で開いた。松本駐屯地（松本市）の第13普通科連隊の隊員約40人が出席。市職員らが見守る中、駐屯地司令の伊藤裕一・同連隊長に感謝状や花束を贈った。

加藤久雄市長は「ここまで街がきれいになったのは皆さんの活動があったからこそ。危険も伴う中、任務に当たる姿は市民の心にも刻まれたはずだ」と述べた。伊藤司令は被災者からねぎらいの言葉を掛けられたとし、「つらい立場にもかかわらず、温かい言葉をくれた。自衛官として誇りを持って任務に臨むことができた」と振り返った。

市などによると、災害派遣部隊は10月12日から、知事が求めた全活動を終えるまでの11月末まで50日間活動。人命救助や不明者捜索、廃棄物の運搬、食事、入浴の提供などに当たった。

AC長野今季最終戦 被災者50人無料招待

8日 柳原から応援バス運行

サッカーJ3のAC長野パルセイロの運営会社が、8日に長野市の長野Uスタジアムで午後1時から行う今季最終戦のロアッソ熊本戦に、台風19号で被災した同市東北部の住民を無料で招待する。先着50人で、5日まで希望者を募っている。

同市小島の柳原総合市民センター駐車場とスタジアムを往復する応援バスを運行する。駐車場を午前10時に出発し、東和田の長野運動公園陸上競技場の駐車場を経由してスタジアムに向かう予定。帰りは逆のルートで、午後4時40分のセンター帰着を見込む。

当日はスタジアムでクラブとボランティアグループとの共同イベント「オリジナルタンブラーづくり」を開き、その収益をバスの運行費用などに充てる。問い合わせは運営会社（☎026・244・7780）へ。

長野市災害対応 県内外から応援

19市町村から24人派遣 先行14人着任式

着任式に臨む他市町村からの派遣職員たち＝2日、長野市

長野市は台風19号災害に対応するため、3月末までの間、県内外の計19市町村から職員24人の派遣を受ける。浸水家屋の公費解体や土砂撤去、仮設住宅関連などの業務を担ってもらう。2日、市役所で着任式があり、先行して14人の受け入れが始まった。

災害時の応援協定を長野市と結んでいるかを問わず、職員を派遣できる市町村を、県を通じて募集。県内からは松本市、飯田市など9市町村、中部地方からは富山、石川、福井、岐阜、愛知5県の10市が応じた。長野市は保健福祉、環境、農林、建設の各部に配属する。着任式で加藤久雄市長は「多難な状況だが、力をいただき心強い。災害を少しずつ乗り切っていきたい」と述べた。

愛知県一宮市清掃対策課の岩田将悟さん(21)は、災害ごみ撤去などを担う長野市環境部廃棄物対策課へ。「災害対応は初めてだが、これまでの経験を、迅速な対応に少しでも生かしたい」と話した。

市職員課によると、来年度も県内外の市町村に職員派遣を依頼する予定という。

一方、市企画課によると、「中核市災害相互応援協定」に基づいて6日まで、豊田、富山両市など29市の延べ292人が長野市内で活動。個別に同様の協定を結んでいる県内外14市町村からも、6日までに延べ1502人の応援を受けている。

心身のケア 仮設住宅でも

保健師定期訪問開始へ

長野市保健所「建設型」対象に 各種の相談も計画

長野市保健所は12月、台風19号による被災者の心身のケアを継続するため、応急仮設住宅などを保健師が定期的に訪ねる事業を始める。今後の避難所の統合、閉鎖などで被災者の居場所が一層散らばり、ケアが難しくなる懸念もある中、被災者が新たな環境で不安を強めたり孤立したりしないようにする狙い。各種相談の機会なども計画する。

市内4カ所の建設型応急仮設住宅へは1日に入居が始まった。市保健所によると、入居者数などの状況をみながら今後、各住宅に決まった保健師が月1回程度訪ねる活動を始める。開始時期は未定。

市や県の公営住宅、民間アパートなどを活用する借り上げ型応急仮設住宅（みなし仮設住宅）の被災者、浸水被害のあった自宅で暮らす「在宅避難者」らには、市の各保健センターの保健師が訪問などで相談に応じるとしている。

市保健所は災害発生後から、市や県内外の保健師と避難所を巡回。浸水した住宅も11月7日までに3834世帯を訪問し、持病がある被災者などの115人は再訪問などで様子を確かめてきた。同保健所は「被災者が孤独にならないよう、体の調子の変化などをみていきたい」（健康課）としている。

市保健所はまた、年明けをめどに、精神科医による心の相談も被災地近くの会場で開く予定。他に、精神科医、弁護士、社会福祉士、保健師が1カ所で各種相談に応じる総合相談会も、県と共催する予定で準備中という。

「飯綱病院は不可欠」

再編問題で峯村町長

飯綱町の峯村勝盛町長は2日開会した町議会12月定例会の冒頭あいさつで、厚生労働省が9月、再編議論が必要な公立・公的病院として町立飯綱病院を挙げたことについて、「地域における基幹的な医療機関として不可欠な存在であることを全く判断材料にしておらず、極めて遺憾」との考えを述べた。

厚労省は9月26日、診療実績などを基に再編・統合の議論が必要とする病院名を公表。県内では、飯綱病院を含む15病院を示した。峯村町長は、国が病院名を挙げたことで住民に不安が広がりかねないとし、「（町として）存続は当然のこととして取り組んでいきたい」と述べた。

町は本会議に、台風19号で被災した農地などの復旧費4400万円を含め総額1億5300万円を追加する本年度一般会計補正予算案など16議案、報告1件を提出した。

◆坂城町議会開会（2日）　町は総額1億6700万円を追加する本年度一般会計補正予算案など4議案を提出。補正予算案には台風19号で被災したさかき千曲川バラ公園駐車場の復旧工事費1500万円を盛った。

◆小布施町議会開会（2日）　町は総額2億4300万円を追加する本年度一般会計補正予算案など19議案を提出。補正予算案には台風19号で被災した道路の復旧工事費など1億8千万円を盛った。

長野市の災害ごみ指定仮置き場受け入れ

赤沼公園 15日までで中止

長野市は2日、台風19号の被災地で出た災害ごみの指定仮置き場としている赤沼公園について、受け入れを15日までで中止すると明らかにした。千曲川決壊現場に近い唯一の指定仮置き場だが、市は災害ごみを年内に撤去するため「どこかで区切りをつける必要がある」（廃棄物対策課）としている。

赤沼公園は当初、市民設置の仮置き場だった。自衛隊によるごみ搬出の終了後、市が業務を引き継ぎ、11月22日から市指定としていた。市廃棄物対策課によると、休日には500台以上の車が搬入しているが、年内に災害ごみを郊外の仮置き場に運んで撤去するため、重点的に搬出する必要がある―と判断。国や県と協議し、地元区長などにも説明をした上で中止を決めた。

災害ごみを巡っては、政府が被災者の生活再建に向けて決めた対策パッケージで「年内をめどに生活圏内からの撤去を目指す」としていた。

市は現在、赤沼公園と、アクアパル千曲（真島町真島）を仮置き場に指定している。災害後、他に3カ所を設けたが2カ所で既に受け入れを止め、2日からは篠ノ井運動場でも休止。富山県、愛知県の業者が処理するため、これらの搬出などを進めている。

被災地では地区住民が独自に設けた仮置き場も減りつつあり、市は、これらも年内の解消を目指すとしている。

災害ごみの受け入れを15日までで中止する長野市の赤沼公園＝2日

台風19号 生活情報

2日時点、変更の可能性があります

▽長野市

【災害ごみ受け入れ】赤沼公園（赤沼）で午前9時～午後4時。アクアパル千曲（真島町）で午前9時半～午後4時

【臨時託児所】15日まで午前9時～午後4時、豊野ひがし保育園（豊野町大倉）。満1歳から未就学児を無料で預かる。自宅などが浸水し、片付けをする家庭が対象。できる限り事前連絡。原則、飲み物や着替え、おむつ持参

【被災相談窓口】▽市役所は平日午前8時半～午後5時15分。市の柳原、豊野、松代各支所と篠ノ井総合市民センターは毎日午前9時～午後5時15分。罹災（りさい）証明、住宅の応急修理、生活再建支援などの相談や申請、公費解体の案内など。市地域活動支援課（☎026・224・7615）

▽「農業相談」は月、火曜日がグリーン長野農協本所営農センターで、対象は篠ノ井、松代、若穂など。水～日曜日は市豊野支所で、対象は長沼、豊野地区など。いずれも午前9時～午後5時15分。市農業政策課（☎026・224・5037）

【就学援助制度】住居が床上浸水か半壊以上だったり、被災により家計を支える人が離職・休職せざるを得なくなったりした家庭は、公立小中学校に通学する児童生徒の学用品費や給食費を補助する「就学援助制度」が利用できる。学校や市教委総務課で配る書類に記入し、通学する学校を通じて申請する。提出期限は20日。やむを得ない理由で提出できない場合は来年3月6日が最終期限。問い合わせは同課（☎026・224・8597）

【生活必需品の支給】住居が床上浸水か半壊以上の世帯を対象に、生活必需品を支給する。被災程度や世帯の人数により限度額が異なり、寝具や下着、炊飯器、タオル、やかんのうち必要な品を限度額内で選べる。対象世帯には申請書類を配布済み。申請期限は25日。問い合わせは市生活支援課（☎026・224・9732）

【生活用品の無償提供】豊野地区の有志でつくるグループ「とよの被災者支援チーム集来元快（しゅうらくげんかい）」が、毎日午前11時半～午後3時、豊野町石の温泉施設「りんごの湯」で実施。衣類や食器、家具などを無償提供。支援物資として、いずれも未使用の鍋、まな板などの調理器具、室内用物干し、洗剤など洗濯用品、風呂おけなど入浴用品、コメ、野菜を募集している。問い合わせは豊野地区住民自治協議会（☎026・217・6638）

【支援物資の受け入れ】ボランティア活動をする人のために、ゴーグル、けが防止用のインソール、厚手のゴム手袋、使い切りカイロなどを市ふれあい福祉センター内社会福祉協議会（☎026・225・1234）で受け付ける

【被災住民向け交流サロン】炊き出しなどを続ける市民有志の「穂保被災者支援チーム」が、火、金曜日は穂保研修センター、水、土曜日は赤沼公会堂、日、木曜日は津野公会堂で実施。いずれも正午から。昼食を用意する。無料。問い合わせは同チーム事務局（☎026・296・3311）へ。

【臨時災害FMラジオ】被災者向け生活支援情報を繰り返し放送。周波数は89.2メガヘルツ。

【ボランティア】

▽被災家屋の片付けなどに携わるボランティアを募集。豊野、長沼、古里地区で活動する北部災害ボランティアセンター（市柳原総合市民センター内）は毎日開設する。篠ノ井、松代地区で活動する南部災害ボランティアセンター（南長野運動公園の長野オリンピックスタジアム）は当面、6～9日に開設する。受け付けは北部が午前9時～10時半、南部が午前8時半～9時半。軽トラック持参で運搬支援ができる場合は毎日午前9時半～10時半、同市穂保の特別養護老人ホームりんごの郷内「りんごサテライト」へ。活動はいずれも午後3時半まで。最新情報は市災害ボランティアセンターのフェイスブックなどで確認できる。センター本部（☎080・5072・9607）。依頼は住民専用ダイヤル（☎080・5072・9637）

▽長沼地区などのリンゴ畑で活動する農業ボランティアを募集。畑に流れ着いた漂着物の撤去、果樹周辺の泥を除去する。穂保の農産物直売所「アグリながぬま」で毎日午前9時～10時半に受け付ける。活動は午後3時半まで。駐車場は穂保のみ～るんビレッジか、村山のしんきんグラウンド。8人以上の団体は「信州農業再生復興ボランティアプロジェクト」ホームページの専用フォームから前日午後2時までに申し込む。同プロジェクト実行委員会（☎080・8497・5942）

▽中野市

【ボランティア】市内の果樹畑で毎日活動。市豊田支所で午前9～10時に受け付け、活動は午後3時まで。問い合わせは信州なかの農業再生復興ボランティアセンター実行委員会（☎090・3476・0562、午前9時～午後6時）

▽その他

【被災住宅の無料現地調査】建築士などの専門家が建物の安全性や応急修理、復旧方法、修理業者の選び方などを助言する。申し込みは長野、須坂、中野、飯山、千曲の各市と上高井郡小布施町の被災者は各市町の担当課へ。それ以外の人は県建築相談連絡会事務局の県建築士会（☎026・235・0561）へ

1　第49367号【明治25年3月15日第三種郵便物認可】　信濃毎日新聞　2019年（令和元年）12月4日　水曜日　日刊　9版★

2019年（令和元年）
12月4日
水曜日

みんなで滑ってうまくなる

小平奈緒選手にちなんだ茅野市のスケートリンクで小学生が合同練習。クラブの垣根を越え汗を流した。　地域面諏訪から

信濃毎日新聞
1873年（明治6年）創刊
発行所　信濃毎日新聞社
長野本社　〒380-8546　長野市南県町657番地　電話（026）受付236-3000 編集236-3111 販売236-3310 広告236-3333
松本本社　〒390-8585　松本市中央2丁目20番2号　電話（0263）代表32-1200 報道32-2830 販売32-2850 広告32-2860

御嶽山噴火 教訓伝えるビジターセンター

県、王滝の施設整備へ

厳しい財政の村に代わり

火山と生きる

2014年9月に死者・行方不明者63人を出した御嶽山噴火災害を後世に伝え、登山者に安全情報を提供する場として設置が検討されている2カ所のビジターセンターのうち、木曽郡王滝村のセンターについて、県は3日、県が整備する方針を初めて明らかにした。センターは、同郡木曽町が観光客と住民向けに「里エリア」の施設、同村が本格的な登山者向けに「山エリア」の施設を設置する方向で県を含めて検討していたが、財政状況などが厳しい同村に代わり、県が主体となる。設置時期や運営主体については、県や両町村などが設けた建設専門委員会で協議する。【関連記事2面に】

この日始まった県会一般質問で、自民党県議団の風間辰一氏（長野市・上水内郡）の質問に阿部守一知事が答えた。阿部知事は「県としての考え方をしっかり示しながら、（地元町村などと）一緒にビジターセンターを造り上げたい」と述べた。

ビジターセンターを巡っては、県の「火山防災のあり方検討会」が17年2月、火山防災の発信拠点として、御嶽山の他に浅間山（長野・群馬県境）、焼岳（長野・岐阜県境）、乗鞍岳（同）の県内4火山ごとに設けることを提言。御嶽山では両町村と県などが昨年度から建設専門委員会で検討していた。

両町村は国の地方創生推進交付金を活用し、20年度に実施設計、21年度にビジターセンターを建設する計画で国と調整。村は20年度に設計費用として1千万円、21年度に6千万円の交付金を受け取る内示を受けていた。

村は、御嶽山の王滝口登山道の登山口に当たる田の原に平屋で延べ床面積約200平方㍍の建物を建設し、トイレや休憩所など最小限の機能を持つ施設を想定。ただ、事務レベル会議で県側が展示や学習スペースも設ける意向を示し、村側は施設規模が想定より大きくなるため、村単独では予算的に厳しいと考えていたという。

知事は答弁の中で、ビジターセンターが担う機能について、噴火災害の記憶・記録を伝承する場、火山情報の提供、火山防災知識を普及する場、御嶽山の文化や歴史、自然の魅力を発信する場―と説明した。木曽町が「道の駅三岳」に設置を検討しているもう一つのセンターについては、「展示内容の充実などについてしっかりと応援したい」とした。

木曽福島
御岳ロープウェイ
御嶽山
木曽町
山エリア
田の原
役場
役場
王滝村
里エリア
道の駅三岳

ビジターセンターの整備検討場所

読解力 日本の15歳低下

18年OECD調査 前回8位から15位に

経済協力開発機構（OECD）は3日、加盟国を含む79カ国・地域の15歳を対象に2018年実施の学習到達度調査（PISA）の結果を公表した。日本の高校1年生の読解力は15位で、8位だった15年の前回調査から低下。点数も12点下がり、上位層と差が広がった。低下は2回連続。【焦点3面に】

数学的応用力は5位から6位、科学的応用力も2位から5位に後退したが、文部科学省はトップ水準を維持していると分析。3分野の全てでトップは「北京・上海・江蘇・浙江」で参加した中国だった。

調査は15年に続きパソコンで実施。読解力では新たにブログなどインターネット上の多様な文章形式で出題され、文章の信ぴょう性を評価する能力も初めて測った。

文科省は読解力の低下について、根拠を示して考えを述べる力に課題があると指摘。情報の真偽を見極める力などを測る新たな出題の正答率が特に低いことも影響しているとしたほか、「OECD加盟国内で比べて授業中のデジタル機器の利用が特に少なく、本や雑誌と異なる形式の文章に慣れていない」とした。

調査は00年から3年ごとに行われ、今回が7回目。OECD加盟の37カ国と非加盟の42カ国・地域の約60万人が参加し、数学的応用力、科学的応用力、読解力の3分野のうち、今回は読解力に重点が置かれた。日本は18年6～8月、無作為抽出で国公私立183校の約6100人が参加した。

日本の読解力の得点は504点で、OECD平均は487点。前回は516点で平均は493点。平均点低下や測定のぶれを考慮しても、水準は下がったと判断された。06年の15位から09年の8位、12年の4位と上昇したが、15年は再び8位、今回は15位と下がった。

数学的応用力は前回より5点低い527点で6位、科学的応用力は9点低い529点で5位。従来と同様、OECD平均と比べて低得点層が少なく高得点層が多かった。長期的傾向でもトップ水準を維持と評価された。

世界の温暖化 鮮明

今年の平均気温 過去2番目か

WMO 台風19号も挙げて分析

【マドリード共同】今年の世界の平均気温は観測史上2番目か3番目の高さになるとの分析を世界気象機関（WMO）が3日、発表した。今年までの5年間と10年間の平均気温は、いずれも過去最高が確実だと予測。歯止めがきかない地球温暖化の現状を改めて浮き彫りにした。日本の異常気象にも言及し、熱中症の死者が相次いだほか、温暖化で勢力が強まるとされる台風の豪雨被害が甚大だったと指摘した。

WMOのターラス事務局長は、スペイン・マドリードの国連気候変動枠組み条約第25回締約国会議（COP25）の会場で記者会見し「今のペースでは、産業革命前と比べ気温が今世紀末までに3度上昇する。各国は温暖化対策への意欲が低い」と述べ強化を訴えた。

WMOによると、今年の平均気温（1～10月）は産業革命前と比べ既に約1・1度上回った。来年に本格始動するパリ協定は気温上昇を2度未満、できれば1・5度に抑えることが目標で、あまり余裕がない状況だ。

今年の高温の要因は、ほとんどの陸地で例年より暖かく、北極圏などは非常に暑かったためだと分析。欧州は40度を超える熱波が頻発し、日本は猛暑で100人以上が死亡したとのデータを示し、人の健康の大きな脅威になったと指摘した。

熱帯低気圧も例年を上回るペースで発生。甚大な影響として、長野県に大きな被害をもたらした10月の台風19号に伴う豪雨被害などを挙げた。

世界の海面の高さは、グリーンランドと南極の氷床の融解で上昇し、10月時点で1993年の観測開始以来、最高になった。平均上昇率は年3ミリほどで、加速していると警告した。

長野市 5指定避難所閉鎖「統合避難所」スタート

閉鎖する避難所から統合避難所に移ってきた避難者＝3日、長野市吉田の長野運動公園総合体育館

台風19号の災害を受けて長野市が3日に長野運動公園総合体育館に設けた「統合避難所」には、同日午後5時現在で27世帯59人が移動した。市指定避難所から被災者は応急仮設住宅など新たな住まいに大半が移り、市教育委員会総務課によると、同日夕時点で市内8カ所の指定避難所のうち、5カ所を閉鎖した。【関連記事2・26面に】

統合避難所には3日午後も、続々と市職員が支援物資などを搬入したほか、夕方からも仕事や学校を終えた家族連れの姿がみられ、作業は夜まで続いた。統合避難所に最終的に入居する世帯は、27世帯より増える見通しだ。

斜面

2019.12.4

朝礼や会議で「ワンチーム」を強調する上司がにわかに増えているらしい。ラグビー日本代表のスローガン「ONE TEAM」が新語・流行語年間大賞とのニュースを受け、テレビの街頭取材で多くの会社員が異口同音に答えていた◆悩み多き管理職に「ワンチーム」は魅惑的だろうが、行動や裏付けがないと部下の冷ややかな視線を浴びる。同調を強いれば面従腹背の空気を生みかねない。サラリーマン川柳のこんな作品を思い出した。〈空気読め!! それより部下の気持ち読め!!〉◆ラグビー日本代表は幾つもの困難を乗り越えてW杯ベスト8に達した。指導陣と選手の意見が擦れ違ったのも一度や二度ではないようだ。そのたびに膝をつき合わせて対話を重ねた。試合に出られない選手を含めて互いを尊重し信頼する「ワンチーム」は、一朝一夕にはできない◆15人の海外出身選手を含む31人が目標に向かってまとまった。その多様性が柔軟で粘り強いパワーを生んだに違いない。新語・流行語大賞は授賞理由をこう述べている。世界に広がりつつある排外的な空気への明確なカウンターメッセージになった、と◆森友、加計問題で一昨年の年間大賞だった「忖度」も、本来は人の心中をおしはかる意味だ。「笑わない男」として今年の同賞にノミネートされた屈強のFW稲垣啓太選手は「一番大事にしたのは人を思いやること」と話している。「ワンチーム」のエキスが凝縮されたような言葉である。

風邪注意情報　低・中・高・警戒の4段階
北部　注意レベル 中
中部　注意レベル 高
南部　注意レベル 中

こと映え

ならぬ堪忍
するが堪忍
これ以上我慢できないことを我慢する

長野市　こむぎ

応募方法26面に

購読のお申し込み　0120-81-4341　紙面の問い合わせ　026-236-3111　信毎web　www.shinmai.co.jp
4910855730495　00136

第三種郵便物認可　信濃毎日新聞　2019年(令和元年)12月4日　水曜日　9版　総合　2

王滝のビジターセンター　県整備方針

運営法・展示 なお課題

2014年の御嶽山噴火災害を後世に伝えるとともに、登山者への安全情報を提供するため山麓の木曽郡王滝村と同郡木曽町に設置が検討されているビジターセンター。3日に阿部守一知事が、王滝村のセンターは県が主体となって整備する方針を示したことに地元からは歓迎する声が出た。ただ、どう運営するかや展示内容など、検討課題は多い。【1面参照】

地元は「記憶の風化を食い止める」役割をビジターセンターに期待する。噴火災害から5年がたち、入山規制を解く範囲は段階的に広がる中、町や村の動きに地元では「対応が遅くはないか」(木曽町の観光関係者)との声も出ている。王滝村は財政が厳しいだけに、「山エリア」の施設を整備予定の同村の橋本悟志総務課長は同日、県の方針に「今回、県が踏み出してくれたことはたいへんうれしい」と受け止めた。

ただ、ビジターセンターは訪れる人に噴火災害や御嶽山の自然、文化を伝えるのが大きな目的。「里エリア」の施設を整備する木曽町の原久仁男町長は同日、「収益の上がる施設ではない」とし、「場合によっては食事ができるようにするのも方法」と説明。町の負担になるような「大きな費用」をかけずに運営する策を「今考えている」と話した。

被災者家族らでつくる山びこの会は両町村に、遺品展示などで噴火被害を伝える「火山防災ミュージアム」(仮称)の設置を求めてきた。ビジターセンターはこうした役割も担う方向だ。木曽町は展示内容について、「遺族らにも呼び掛けて検討する。既に収録した生還者の証言の映像も見てもらう」とする。

両町村と県はビジターセンターを、噴火災害を教訓にして設けられた御嶽山火山マイスターの活動拠点とすることも検討している。火山マイスターの竹脇聡さん(59)=木曽町=は「二つのビジターセンターが有機的に機能し、単なる観光案内所ではなく、そこに行けば御嶽山のことが分かる施設にしたい」と話している。

(鈴木宏尚、東圭吾)

登山者や観光客らでにぎわう王滝口登山道の7合目の田の原=7月、王滝村

県看護大が地域特別枠

推薦入試で検討　過疎地勤務が条件

県は3日、県看護大(駒ケ根市)の推薦入試に「地域特別枠」を導入する方向と明らかにした。卒業後に県内の過疎地域で医療に従事することが条件。過疎地域では看護師や保健師のなり手が不足しており、2021年度入学者を選考する入試からの導入を検討している。

同大看護学部(募集定員80人)の推薦入試の定員は30人。このうち一部に地域特別枠を設けることを、同大の入試検討委員会が検討している。来年11月に実施する推薦入試に向け、来夏までに正式決定する見通し。同大を卒業(見込み含む)すると、看護師と保健師の国家試験受験資格が得られる。

県医療推進課によると、1995年開学後、同大の卒業生はこれまでに計1783人。うち982人が県内で就職したが、過疎市町村に限ると25人にとどまっている。同大教務学生課は「看護師や保健師の偏在解消に向け、県立大学として使命を果たす方法を検討している」という。

関係者によると、地域特別枠の導入に合わせて給付型奨学金を創設し、卒業後の一定期間は過疎地域の市町村や医療機関で働くことを義務付けるといった案もあるという。

阿部守一知事は3日の県会一般質問で「県看護大卒業生の(過疎地域での)就業が促進される対策を幅広く検討していきたい」と述べた。佐々木祥二氏(自民党、駒ケ根市)への答弁。

けさの一句　2019.12.4

暖炉の火思ひどほりに立ちあがる　井越芳子

暖炉は火が入ってこそ完成するもの。大小の薪を組み合わせ、空気が適度に通るようにして点火する。火はちらちらと顔を見せ、ためらいながら踊り出し、次第にのびのびと立ち上がる。暖炉にもそれぞれに癖があり、思い通りに焚(た)きつけるには手のかかるものである。初めて火を手にした古(いにしえ)の時代に思いを馳(は)せ、火が美しい象形文字であったことにあらためて気づく。「青山」同人。

土肥あき子(俳人)

データあるのに「破棄」

桜見る会名簿　内閣府　5月に答弁

首相が主催する「桜を見る会」の今年の招待者名簿を、内閣府が野党議員から資料要求のあった5月上旬に廃棄した問題で、電子データのバックアップが少なくとも6月上旬ごろまでは残っていたとみられることが3日、内閣府への取材で分かった。データを取り出せたとみられる5月21日の国会で、内閣府幹部は「既に破棄した」と答弁。バックアップを確認していなかった可能性が高く、国会軽視との批判が強まりそうだ。

内閣府のシステム担当者は3日、共同通信の取材に「電子データを廃棄してもバックアップから取り出せた可能性は高いが、庁内から依頼はなかったと認識している」と回答した。菅義偉官房長官は同日の記者会見で、バックアップデータを提供できたのではないかと問われ「承知していない」と答えた。

内閣府によると、公文書のデータ保存方式を今年1月に変更。専用サーバーで一元管理し、各職員のパソコンにはデータが残らない「シンクライアント方式」を採用した。サーバーの全データをバックアップとして磁気テープに保存し、1週間に1回程度、テープを交換。テープは再利用するため、データは1～2カ月で上書きされて消える仕組みだ。

統合避難所が設けられた長野運動公園総合体育館の出入り口。閉鎖する避難所の物資を市のトラックが届けた=3日、長野市吉田

長野　統合避難所スタート

状況に応じた支援必要

台風19号被災者向けに長野市が3日、運営を始めた長野運動公園総合体育館の「統合避難所」。市によれば、27世帯(午後5時時点)が移ったものの、避難所を出た後の行き先はいずれも決まったという。ただ、同じような境遇の世帯が身を寄せて過ごした避難所を出て、応急仮設住宅などでの暮らしを始めることへの不安は根強い。統合避難所閉鎖のめどとする20日までの間は「準備期間」とも言える。移行後も含め、状況に応じた支援が欠かせない。【1面参照】

3日、古里小学校の指定避難所から統合避難所に移った同市穂保の会社員、土屋剛志さん(51)の自宅は床上約1・1㍍が浸水。同居の80代の両親らと生活再建を考える上で、避難所に張り出された行政情報や各種説明会の内容を参考にした。統合避難所を出た後、当面は上高井郡小布施町の姉宅に住む予定だが、「代々受け継いできた自宅を再建して戻る」と決断した。

市は1日から入居が可能になった建設型応急仮設住宅などの当面の住まいを十分確保する一方、避難所運営を巡っては当初、寒さが厳しくなることなどを踏まえ「11月末」をめどに閉鎖する方針を表明。だが避難所を出た後の行き先が未定の人は11月23日時点で25世帯に上っていた。

被災後、市内の避難所生活の被災者は一時800人を超えた。市は西日本豪雨被災地の取り組みも参考に、責任者を固定的に配置するなどし、被災者の移行支援に力を入れたとする。市職員が、心身のケアに当たる保健師や専門の相談役らとも連携。被災者との信頼関係づくりを進め、「避難所後」の生活を見据えた支援を図ったという。

昨年7月の西日本豪雨で59人が亡くなった岡山県倉敷市は、30ほどの避難所に最大6千人ほどが生活し、同12月に閉鎖した。今回の台風被害後の今年10月、同市防災推進課の渡辺直樹課長主幹(51)が長野市入り。各避難所に固定的なリーダーや担当を置くことなどを助言した。

長野市指定避難所の一つ、北部スポーツ・レクリエーションパークでも避難所運営の専任担当者が、応急仮設住宅などへの入居を迷う避難者に、外観写真や図面を見せて安心感を与えようとした。

ただ、11月23日時点で行き先が未定だった25世帯の中には、災害のショックで落ち込み、今後の生活への不安などから仮設住宅への移行などを決断することがなかなか湧かない人もいたという。

20日をめどに閉鎖

「避難所後」不安根強く

避難所を出て生活を再開する被災者への本格支援は、既に移行した人も含めこれからだ。市は「1世帯も逃さずフォローしていく」(加藤久雄市長)とする。保健師による応急仮設住宅訪問などを継続し、近く「被災者見守り相談センター(仮称)」も設ける。生活相談員が在宅避難者を含む被災者を訪れるなどして孤立を防ぎ、生活再建支援につなげる狙いだ。

避難者が避難所閉鎖後も交流拠点の開設を希望していた北部スポーツ・レクリエーションパークについて市は7、8日にも管理棟の一室を開放して活用してもらう方針。復興推進課は「(同じ避難所経験者が)つながっていたいという気持ちを大切にしたい」とし、被災者同士の連携も促したい考えだ。

(稲玉千瑛、鳥居哲弥、佐藤大輔)

浅川排水機場 県が復旧

県会一般質問で方針　長野市から受託

県会11月定例会は一般質問初日の3日、質問した6人中5人が台風19号豪雨災害の対策について質問した。浸水被害を受けた長野市管理の浅川第1排水機場について、市から要望して県が復旧することを検討する考えを示した。

同機場の復旧に県が支援を要望している。山本智章農政部長は「被害が甚大であり、既存のポンプを災害に強い形式に見直す全面更新が必要だ」と説明。「復旧に高度な技術を要することや、長野市からの要望を踏まえ、県として受託による施工を検討している」と述べた。【一般質問要旨4面に】

千曲川は長野市穂保で堤防を越水した末、決壊した。下流の中野市立ケ花で川幅が急に狭くなる「狭窄部」があることが原因の一つとの見方があり、今後の治水対策について質問が出た。阿部守一知事は「国がリーダーシップを取って上流と下流のバランスを取りながら改修を進めることが重要だ」と強調。「狭窄部の河道掘削に加え、遊水地などの洪水調節施設の設置も検討するべき重要な対策だ」と述べた。

千曲川は国と県の管理区間が混在している。阿部知事は、千曲川が新潟県にもまたがることから「個別の県の財政状況によって改修の進ちょくが左右されることがあってはならない。上流から下流まで国が一元的に管理し、早期に改修を進めるべきだ」と述べた。県管理部分の国による直轄化について「具体的な動きは見られない」としつつ、「今後も粘り強く要望していく」とした。

県管理河川の治水対策については、複数の県議が質問。長谷川部長は、県が管理する737の1級河川で改修が必要な約2200㌔のうち、対策済みは「約4割」と説明。被災箇所の復旧を優先しつつ、国や県、流域市町村が参加して11月末に第1回会合を開いた「千曲川緊急治水対策会議」で流域の整備を検討するとした。

参院農林水産委 被災の長野視察

知事・市長と意見交換

参院農林水産委員会(江島潔委員長)は3日、台風19号豪雨災害で被災した長野市を視察し、県庁で阿部守一知事、加藤久雄長野市長と意見交換した。

阿部知事は県庁での意見交換で、農地にたまった土砂を公共工事で撤去することを求める要望書を提出。河川の増水時に支流が流れ込めずにあふれる「内水氾濫」対策で、支流の水を吸い出す排水機場の建設への補助拡大も求めた。加藤市長は「収穫期を迎えた果樹で、農機具も被害を受けて大変な事態となっている」と強調した。

意見交換は冒頭以外は非公開。江島委員長は取材に「被害状況の大きさを実感した。農家の要望を踏まえてしっかり委員会で対策を検討する」と述べた。

千曲川の河川敷 畑の土砂除去へ

須坂市 来月着手目指す

土砂やごみが堆積した千曲川河川敷の畑＝4日、須坂市村山

須坂市は、台風19号により市内の千曲川河川敷の畑に堆積した土砂について、重機で取り除く事業を始める。支援を必要とする各農家からの申請を年内に取りまとめ、来年1月中旬の作業着手を目指す。3日夜、地元説明会を村山町公会堂で開いた。

重機が入れる場所が対象で、耕作を続ける意思があることが条件。土砂を取り除く範囲を「畑の入り口部分」「木と木の間」などと指定することもできる。他に、被災したリンゴやモモなどの木の改植や洗浄への補助なども行う。国の災害復旧事業を活用し、1月中に開く予定の市議会臨時会に復旧費用を盛った補正予算案を提出する。

河川敷には最大で厚さ約50センチの土砂が堆積し、鮎川と百々川の合流点付近の畑も被災。倒木などもあり、復旧作業が農家の負担になっている。説明会には約50人が出席。市の担当者は「本人が無理でも代わりに耕作する人がいれば支援の対象になる」などと説明した。説明会は4日に中島町公会堂で開催。6日に相之島町第1公会堂、10日に九反田町公会堂でも開く。

菅平ダムにライブカメラ

上田市 水位確認へ設置検討

上田市は4日の市議会一般質問で、県企業局管理の菅平ダムへのライブカメラ設置を検討する考えを示した。台風19号が県内に最接近した10月12日夜には菅平ダムが放流。直後に同市国分で千曲川の水が堤防を越えたり、下流域で氾濫が相次いだりしたこともあり、放流の影響やダム運用に関心が高まっている。中村栄孝総務部長は「（市民が）映像を通じてダムの増水状況や水位、周辺の天候などを確認する上で有効」と述べた。

台風19号では、上田ケーブルビジョン（UCV、上田市）が千曲川の増水で左岸堤防が削り取られた同市諏訪形一帯や、一部が落橋した上田電鉄別所線の鉄橋などをライブ中継した。中村部長はこうした情報提供を念頭に、カメラの設置場所や数、映像の配信方法などは「ダム管理者と協議が必要となる」とし、今後ケーブルテレビ事業者や県企業局と調整するとした。

一方、4日の県議会一般質問では小林透・公営企業管理者が菅平ダム放流の影響などについて答弁。大雨によりダムへの流入量は最大で毎秒約80トンに上ったのに対し、放流量は最大でも約28トンに抑えたと説明した。下流の最高水位は放流前に記録していたことなどを挙げ、「菅平ダムは治水に一定の役割を果たしたと考える」と述べた。

議会

◆信濃町議会開会（4日）町は総額2500万円を減額する本年度一般会計補正予算案など16議案を提出。減額は、民間事業者が予定している移住者向け住宅の整備への補助金1300万円が主で、事業者の手続きが整わないため計画を一時見合わせる。住宅の除雪支援員の派遣事業費は20万円を増額する。議会は補正予算案など6議案を可決した。

学習の遅れ 信大生と取り戻す

台風19号で被災 長野の2中学

大学生に教わりながら高校入試の問題などを解く生徒たち＝4日、長野市豊野中

台風19号で床上浸水した長野市の豊野、東北両中学校が、被災に伴う2週間近い授業の遅れを取り戻そうと、学習機会の確保に力を入れている。4日はそれぞれ放課後を活用し、信州大教育学部の学生による学習支援の場を各校に設けた。高校受験を控えた3年生ら計約110人が参加した。

全学年対象 生徒「家より集中できる」

学生の派遣は同学部が申し出た。両校は11月初旬の土日曜日に派遣を受け、希望した3年生が勉強。今回は対象を全学年に広げ、午後の授業がない保護者懇談会の期間中に教えてもらうことにした。

豊野中では2～6日に行っている。4日は約60人が参加。学生に疑問点を聞きながら、3年生30人余は高校入試の過去の問題などに取り組み、1、2年生も間近に迫った期末テストに向けて学んだ。

3年の松沢瑛己さん(14)は台風通過後、しばらくは被災した友人宅の片付けを手伝い、夜に自習を重ねる毎日を過ごした。「学力が落ちていないか心配だった」といい、「分かりやすく教えてもらい、家よりも集中できて良い」。教育学部4年北村遼太朗さん(22)はアルバイト先の同市豊野町の塾が被災。「困難を1人で抱え込まず、周囲の人と一緒に解決しながら受験に向かってほしい」と願った。

東北中では4日、約50人が参加。土日を除く10日までの計5日間に学習支援を行う。

両校は他にも、時間割を一部で1日7時間に増やしたりカリキュラムを組み直したりして工夫している。ただ、被災した生徒のケアなども必要で、教職員だけの学習支援には限界もあるといい、豊野中の林理恵校長は学生の支援に感謝。「できるだけ元通りの生活ができるよう（支援を）進めたい」と話した。

つらい時 我慢しないで電話してね

東北信の被災地の子にカード配布へ

県チャイルドライン推進協

専用電話番号が記されたカードを仕分けする協議会の関係者たち＝4日、長野市

子どもの電話相談に応じている県内4団体でつくる県チャイルドライン推進協議会は近く、台風19号で被災した東北信の児童生徒に、専用電話番号を記したカードを配る。被災して大人も大変な中、つらいのを我慢している子どもたちに利用してもらおうと約11万枚を用意。小中学校や高校を通じた配布を予定し、4日は長野市で協議会関係者が各校の人数分に仕分けした。

カードは毎年、県内全ての児童生徒に届けており、今年は7月に配布。今回は台風19号災害を受け、改めてカードを配って窓口の存在をアピールすることにした。協議会事務局長の宮沢節子さん(68)＝諏訪市＝は「大変な被害があり、生きづらさを口にできない子どもたちがいるのではないか。話を聞き、寄り添いたい」と話している。

チャイルドライン（☎0120・99・7777）は毎日午後4～9時に通話無料で受け付けている。「秘密は守る」「どんなことも一緒に考える」「名前は言わなくてもいい」「切りたい時に電話を切っていい」の四つの約束を掲げ、相談に応じる。

地元にできる被災者支援は

長野で在り方探る公開講座

被災者にどんな支援ができるかを話し合う参加者たち

台風19号災害で被災した人たちを支えるため、地元住民として何ができるかを考える公開講座が3日夜、長野市であった。高校生から社会人まで約60人が参加。千曲川の堤防決壊による被災農家らの話に耳を傾け、参加者同士で支援の在り方を話し合った。

長野市赤沼でリンゴを作り、約4ヘクタールの畑が浸水した徳永虎千代さん(27)がゲストとして話し、産地復興を支える事業資金をインターネット上で募るクラウドファンディング（CF）を始めたと紹介。CFに協力する波多腰遥さん(25)は「農家の高齢化など、元からあった課題が被災でより顕著になった」とし、リンゴを使った新商品の開発などで「産地の復興を目指す事業を進めたい」とした。

講座は長野市などの若者有志でつくる「長野ミライ会議」と長野県立大学ソーシャル・イノベーション創出センターが企画。同大1年の八田彩果さん(18)は「大学でまちづくりを学ぶ機会などに地域の人の世話になっており、何か被災した人の支援活動をしたい。そのためにも地域と接点を持ちたい」と話した。

台風19号 生活情報

4日時点、変更の可能性があります

▽長野市

【災害ごみ受け入れ】赤沼公園（赤沼）で15日までの午前9時～午後4時。アクアパル千曲（真島町）で午前9時半～午後4時

【被災相談窓口】

▽市役所は平日午前8時半～午後5時15分。市の柳原、豊野、松代各支所と篠ノ井総合市民センターは毎日午前9時～午後5時15分。罹災（りさい）証明、住宅の応急修理、生活再建支援などの相談や申請、公営住宅の案内など。市地域活動支援課（☎026・224・7615）

▽「農業相談」は月、火曜日がグリーン長野農協本所営農センターで、対象は篠ノ井、松代、若穂など。水～日曜日は市豊野支所で、対象は長沼、豊野地区など。いずれも午前9時～午後5時15分。市農業政策課（☎026・224・5037）

【被災農家向け支援策説明会】県や長野市、農協の担当者が営農再開に向けた補助事業などを説明する。1日2回、1時間半程度で、6日はサンホールマツシロ（松代町松代）で午後2時と6時、10日は更北公民館（青木島町大塚）で午前10時と午後2時、11～13日は柳原交流センター（小島）で午後2時と6時。問い合わせは市農業政策課（☎026・224・5037）

【生活用品の無償提供】豊野地区の有志でつくるグループ「とよの被災者支援チーム集楽元快（しゅうらくげんかい）」が、毎日午前11時半～午後3時、豊野町石の温泉施設「りんごの湯」で実施。衣類や食器、家具などを無償提供。支援物資として、いずれも未使用の鍋、まな板などの調理器具、室内用物干し、洗剤など洗濯用品、風呂おけなど入浴用品、コメ、野菜、状態の良い長座布団を募集している。問い合わせは豊野地区住民自治協議会（☎026・217・6638）

【被災住民向け交流サロン】炊き出しなどを続ける市民有志の「穂保被災者支援チーム」が、火、金曜日は穂保研修センター、水、土曜日は赤沼区公会堂、日、木曜日は津野公会堂で実施。いずれも正午から。昼食を用意する。無料。問い合わせは同チーム事務局（☎026・296・3311）

【AC長野戦無料招待】サッカーJ3のAC長野パルセイロの運営会社が8日午後1時から長野市の長野Uスタジアムで行うロアッソ熊本戦に、台風19号で被災した同市東北部の住民を無料招待。先着50人。当日は柳原総合市民センター（小島）発のバスを運行する。問い合わせは運営会社（☎026・244・7780）

【臨時災害FMラジオ】被災者向け生活支援情報を繰り返し放送。周波数は89・2メガヘルツ

【ボランティア】

▽被災家屋の片付けなどに携わるボランティアを募集。豊野、長沼、古里地区で活動する北部災害ボランティアセンター（市柳原総合市民センター内）は毎日開設する。篠ノ井、松代地区で活動する南部災害ボランティアセンター（南長野運動公園の長野オリンピックスタジアム）は当面、6～9日に開設する。受け付けは北部が午前9時～10時半、南部が午前8時半～9時半。軽トラック持参で運搬支援ができる場合は毎日午前9時半～10時半、同市穂保の特別養護老人ホームりんごの郷内「りんごサテライト」へ。活動はいずれも午後3時半まで。最新情報は市災害ボランティアセンターのフェイスブックなどで確認できる。センター本部（☎080・5072・9607）。依頼は住民専用ダイヤル（☎080・5072・9637）

▽長沼地区などのリンゴ畑で活動する農業ボランティアを募集。畑に流れ着いた漂着物の撤去、果樹周辺の泥を除去する。穂保の農産物直売所「アグリながぬま」で毎日午前9時～10時半に受け付ける。活動は午後3時半まで。駐車場は穂保のみ～るんビレッジか、村山のしんきんグラウンド。軽トラックと荷台ひも持参でごみの運搬支援ができる場合（できれば2人一組で）は午前9時～10時半、スーパー「ユーパレット赤沼店」駐車場へ。8人以上の団体は「信州農業再生復興ボランティアプロジェクト」ホームページの専用フォームから前日午後2時までに申し込む。同プロジェクト実行委員会（☎080・8497・5942）

▽中野市

【ボランティア】市内の果樹畑で毎日活動。市豊田支所で午前9～10時に受け付け、活動は午後3時まで。問い合わせは信州なかの農業再生復興ボランティア実行委員会（☎090・3476・0562、午前9時～午後6時）

◇

【県の被災事業者向け支援策説明会・個別相談会】長野地域は、県長野保健福祉事務所（長野市）で9日午前10～11時に説明会、午前11時15分～午後5時に個別相談。千曲市役所で11日午前10～11時に説明会、午前10時～午後5時に個別相談。申し込みは県長野地域振興局商工観光課（☎026・234・9528）

北信地域は、県北信合同庁舎（中野市）で10日に開催。説明会が午前9時半～10時半と午後1～2時、個別相談が午前10時半～正午と午後2～5時。申し込みは県北信地域振興局商工観光課（☎0269・23・0219）

1ページ　SHINMAI YOUNG JOURNAL

信毎ヤンジャ

情報はヤンジャ編集部
☎026-236-3215　メール yanja@shinmai.co.jp

台風19号で浸水被害

「豊野のために」できることを

台風19号で広い範囲が浸水被害に遭った長野市豊野地区で、地元の豊野高等専修学校の有志19人が、災害発生から1カ月を機にボランティア委員会をつくって被災地を支える活動を続けている。同校は、発生から間もない10月17日、豊野の被災地でボランティア活動を始めた。生徒たちは、建物内の泥かきや地域の子どもたちと過ごすなどの活動をする中で、自分たちも地域の一員であることを意識し、これからも豊野のためにできることをしていきたいと委員会を立ち上げた。取り組みを生徒2人に伝えてもらう。

長野・豊野高等専修学校 被災地で活動

長野市豊野西部児童センターが間借りした市豊野西小学校の教室で、小学生の宿題を見ながら笑顔を見せる豊野高等専修学校ボランティア委員会の田中蓮さん（中央奥）、原海斗さん（左）＝11月18日

水害で怖い思い 子どもを元気に

田中 蓮（17）情報コース2年

「3足す4はいくつ?」。小学1年生の男の子に聞かれて、私は右手で3本、左手で4本の指を立てて指折り数えました。最後に「7!」と、男の子と私の声が重なりました。

11月18日、私たちボランティア委員会は、発足後初の活動として、長野市豊野西小学校に併設された豊野西部児童センターを6人で訪ねました。水害で怖い思いをした子どもたちに「少しでも元気になってほしい」。そんな思いを事前に伝えたところ、子どもたちと触れ合う活動をさせてもらえることになりました。

この日は放課後、保護者の迎えを待つ1年生たちと、宿題をしてから、庭に出て鬼ごっこや大縄跳びをして遊びました。「おんぶをして走って」とねだってくる子もいて、大汗をかきました。

職員の方によると、自宅が浸水した児童もいて「災害と聞くと涙が出ちゃう」と話すこともあったそうです。私たちは、子どもたちが少しでもリラックスした時間を過ごせるよう、お手伝いを続けていきます。

豊野地区にも大きな被害が出たことを、私は飯山市の自宅で10月13日午前に知りました。翌日、友達からLINE（ライン）で届いた写真には、バスケットボール部の練習後によく行くスーパーの周辺が浸水した様子が写っていました。「自分は何をしたらいいのか」。そう考えていたところに、豊野高等専修学校から、登校できる生徒でボランティアに出掛けようとメールがあり、すぐ参加を決めました。

校舎に被害はなかったものの、停電や列車の運休などで、10月16日まで休校でした。17日と18日、ボランティアに集まった生徒は約40人。豊野公民館や豊野中学校、賛育会クリニックが入る建物に分かれて、建物内の掃除やごみの運び出しを手伝いました。私は豊野中で、山のように積まれたごみ袋を運ぶ作業をしました。水に濡れたごみの袋はずっしりと重く、1人では抱えきれないことも。服はすぐ泥にまみれました。

18日の活動が終わった後、学校で開いた生徒集会で、今後できることは何か、さまざまな提案が出ました。「募金はできないか」「子どもたちに学用品を届けられたら」。「子どもたちに読み聞かせをしたい」との意見もあり、その案は服飾コース2年の清水愛音さん(16)が中心となり、私たちの学校に避難所の子どもたちを招いて、2度行うことができました。

児童センターから帰る時、「また来てね」と声を掛けられると、温かな気持ちになります。豊野のためにボランティア活動をする中で、これまで知らなかった地域の人たちとの顔の見える関係が広がってきたと感じます。私もこの地域で暮らす一員として、関わりを持ち続けていきます。

炊き出し拠点を訪ね、訪れた人から暮らしの様子や要望を聞き取るボランティア委員会の戸谷田小晴さん(左)、清水愛音さん（中央）＝11月18日、長野市豊野町豊野

「必要な支援は」聞き取り続ける

戸谷田 小晴（17）美術コース2年

「子どもたちに読み聞かせを続けたい」「お年寄りの畑の片付けを手伝えないか」。11月13日、豊野高等専修学校で開いたボランティア委員会の初会合。委員長になった清水愛音さん(16)＝服飾コース2年＝が、事前に委員たちから集めた今後の活動案をいくつも読み上げたところ、「現場に行って、被災した方の声を聞かないと決められない」と意見が出て、みんなでうなずき合いました。「私たちは何に困っているか、何を必要としているか、聞くことから始めよう」と決めました。

初の活動日となった18日、清水さんと私は、豊野駅（長野市豊野町豊野）南側の住宅地に設けられた炊き出し拠点を訪ね、被災された方々や、立ち寄るボランティアの方に初めてお話を伺いました。

ある年配の女性は、台所や居間があった自宅1階が浸水し、リフォーム中でした。「何にしろ、食事を用意するのが大変。炊き出しや、お店で売っているおにぎりが頼り」と言います。浸水被害に遭った当初、「（自宅周辺の）水かさは3㍍ほどあった」と教えてくださり、驚かされました。

別の年配の女性は、空き家になっていた実家が浸水しました。「とても疲れた」様子で「泥を1人で片付けています。寒さが本格化する前にきれいにしたい」と話していました。見ず知らずの若者が伺って手伝っていいものなのかどうか、お聞きしたところ、「大歓迎ですよ」と言ってくださいました。

松本市からボランティア活動で訪れていたお坊さんたちからは、貴重な助言をいただきました。「避難所や仮住まいを転々として近所と離れ離れになり、炊き出しの場にも出てこられないお年寄りもいる」といい、「寄り添い、話を聞くだけでも、大きな力になれると思います」と話してくれました。

上水内郡信濃町に住んでいる私が、被災した豊野地区を目の当たりにしたのは10月18日の朝でした。この日復旧したしなの鉄道北しなの線の列車に乗り、車窓から見た景色は、泥まみれになった道や車、家でした。豊野の特産のリンゴの実やごみも散乱し、言葉を失いました。

疲れてつらい表情をした被災者の方々にお会いすると、どう声を掛けたらいいか分からなくなる時もありますが、遠慮をし過ぎず、もっと言葉を交わしていくことが大切だと感じています。聞き取りを続け、新たに地域のためにできることを決めて、力を尽くしたいと思っています。

第三種郵便物認可　信濃毎日新聞　2019年(令和元年)12月11日　水曜日　特集　26

台風19号 2カ月

被災地住民 今の思い

10月12日に静岡・伊豆半島に上陸し、関東を縦断した台風19号によって全国各地に甚大な被害が出てから間もなく2カ月。長野県内では千曲川流域を中心に復旧工事が続けられているが、完全復旧までには相当の時間が見込まれる場所も多い。日常生活が一変し、元の暮らしを取り戻したり、新たな環境での生活に慣れたりするのに時間を要する人も多い。この2カ月をどう過ごし、今、どんな思いでいるのか―。被災した人たちに聞いた。

選択迫られる被災者 的確な情報必要

長野市三才　太田 秋夫さん(68)
＝穂保被災者支援チーム代表

10月20日に、市民有志らと千曲川決壊で大きな被害を受けた長野市穂保地区を支援するため「穂保被災者支援チーム」を発足させました。台風19号災害から2カ月になり、被災者は今、故郷に住み続けるか離れるのか、選択を迫られています。不安な気持ちが押し寄せています。今、被災者に必要なのは生活再建に必要な的確な情報です。私たち支援チームは、弁当や物資の提供といったこれまでの支援から、被災者同士が集まって食事をしながら交流する「サロン」の開催など集いの場づくりに力を入れています。住民たちは、今まで自宅の片付けなどに無我夢中で、隣近所で話し合うことも少なく、さらに仮設住宅への入居が始まり、離れ離れになります。サロンを生活再建に向けた情報交換ができる場にし、住民のつながりづくりを支援していきたいと考えています。

県内住宅被害 8700世帯超す

【台風19号による被害】10月6日に南鳥島近海で発生した台風19号は、12日午後7時前に伊豆半島に上陸し、関東を縦断。気象庁は12日、長野県内の自治体に初めて大雨特別警報を出した。同警報は、大雨・洪水警戒レベル（5段階）で最高の「5」に相当し、同庁は13日にかけ13都県の自治体に出して、最大級の警戒や避難を求めた。

長野県内は千曲川流域を中心に各地で河川が氾濫・増水し、13日未明には長野市穂保の千曲川左岸堤防が決壊。同市北部は広範囲で浸水被害を受けた。台風19号による県内での死者は5人。共同通信の集計では、全国の死者は13都県92人（災害関連死含む）、行方不明者は4人に上る。

長野県災害対策本部によると、県内の住宅被害は12月6日現在、8708世帯。全壊は917世帯で、このうち長野市が867世帯を占める。半壊は全県で2580世帯。県によると、県内の被害総額は11月21日時点で2464億6100万円。商工業関係679億4200万円、公共土木施設621億3700万円、農業関係588億7200万円などとなっており、被害額はさらに増える見込み。

細かい損害額まで計算できない

飯山市南町　島田 一彦さん(52)
＝雑貨日用品店主

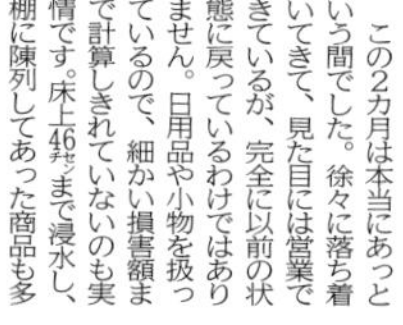

水害に遭った商品を洗浄して販売している島田さん

この2カ月は本当にあっという間でした。徐々に落ち着いてきて、見た目には営業できているが、完全に以前の状態に戻っているわけではありません。日用品や小物を扱っているので、細かい損害額まで計算しきれていないのも実情です。床上46㌢まで浸水し、棚に陳列してあった商品も多くが泥に漬かりました。ビニール傘や梱包用のひもなど、まだ使える商品については洗浄した上で、半額で販売しています。日ごろから付き合いのあるお客さんが、「何にも手伝ってあげられなかったから」と買っていってくれる。その言葉と気持ちが、何よりありがたいです。

教員になりたい思いが強まった

長野市大町　西島 陽菜さん(16)
＝高校2年生

被災の経験を多くの人に伝えたいと話す西島さん

床下浸水した自宅での生活はほぼ元通りになり、高校にも通えています。地域の水害の歴史を題材にした創作劇「桜づつみ」を一緒に演じた長沼小学校の同級生と被災の1カ月後に会い、語り合いました。最近、仲のいい同級生とラインで自分たちに何ができるか、地域のために何をすればいいかよく話し合っています。教員になりたいという思いが被災後、いっそう強くなりました。将来、この災害の経験を多くの人に伝えたい。15日に計画されている長沼地区の住民集会には、同級生と一緒に参加して大人の意見を聞き、自分たちもできれば意見を言いたい。

今後の心配 心の中は変わらない

千曲市杭瀬下　青木 幸司さん(49)
＝会社員

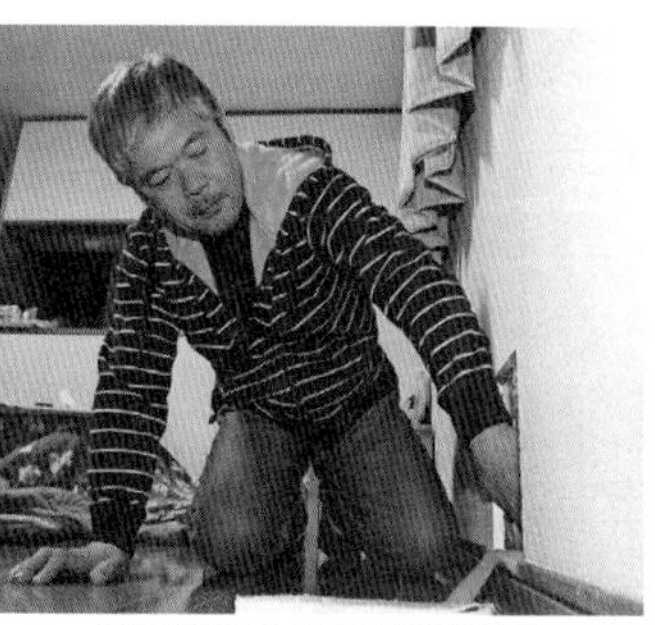

浸水で膨張した自宅の壁を確かめる青木さん

床上浸水した自宅の中は、拭いても拭いても細かい砂が残っていて、柱には水の跡が染み付いています。散乱したゴミの片付けは終わり、住むことはできるようにはなりました。でも住むのがやっとです。休日に戸倉地区にある日帰り温泉に行くのが楽しみですが、道中に千曲川沿いを通らなければならず、災害を思い出してしまいます。

これからどうなるのか、心の中は2カ月前から何も変わっていません。親戚からは転居も勧められましたが、18年前に建てたマイホームを簡単には手放せません。もう災害に見舞われたくない。静かに暮らすことが願いです。

遅れを取り返そうと土日返上で

上田市蒼久保　甲田 諭さん(46)
＝板金・溶接加工業社長

工場浸水からの復旧状況について話す甲田さん

千曲川に近い上田市国分で営む工場3棟が浸水しました。粒の細かい泥で10月は掃除に時間を取られ、11月から工程はほぼ復旧。購入すれば莫大な出費になる機械が修理で済んだり、電気設備が使えたりしたのは幸いでした。ただ、今春に導入した機械の成果が出始めた矢先だったので、計画は狂いました。

遅れた仕事を取り返そうと11月は土日返上で働きました。火災保険には入っていたものの、水害への備えがなく補償がないのが痛手です。ここで操業する限り再び水害が起きないとは限らない。取引を維持するためにも水害の保険加入や対応策が課題です。

リンゴやモモ栽培 続けるか迷う

中野市上今井　小林 英樹さん(59)
＝農園園主

自身の農園でリンゴを収穫する小林さん

自宅の廊下や台所は床上浸水でしたが、畳の間は浸水せず寝ることができました。それでも出たごみは軽トラック20台分はありました。毎年10月に大阪や東京から10組以上のリンゴ狩りの常連さんが来ますが全て断りました。贈答用も平年の半分。低い所にあったモモ畑は全て水没しました。栽培を続けるためには幹にわらを巻かないと凍害で枯れてしまいますが、どうしようか迷っています。地域では離農や廃園が進まないか心配です。周囲の親戚や友だちの自宅の被災状況を見ると、自分は自宅で過ごせるだけ幸せです。これをプラス方向に考えていきたいと思います。

ほっとする写真を こんな時こそ

須坂市北相之島　望月 良男さん(72)
＝農業

新しく購入したカメラの手入れをする望月さん

千曲川沿いの木造平屋の自宅は床上約30㌢まで浸水しました。業者に頼んで朽ちた床や壁の改修、畳の入れ替えの真っただ中です。千曲川堤防の内外で農業をしていますが、浸水で農機具も故障しました。他の農家も同様で、市などには農機具購入の支援を充実してもらいたい。

飯山市の鍋倉山のブナを撮影するなどアマチュア写真家として活動しています。一眼レフカメラ2台も水没して動かなくなり、写真データを保存したハードディスクも一部失いました。しかし、こんな時だからこそ、ほっとするような写真を撮れないか考えています。

全員同じように復興しなければ

長野市津野　渡辺 美佐さん(52)
＝農業

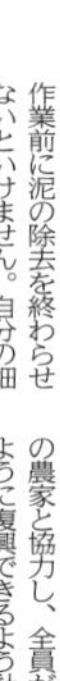

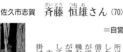

パソコンでリンゴ農家の支援制度などを調べる渡辺さん

全壊した自宅の片付けはほとんど終わり、今後は本格的な修理工事に入ります。リンゴ畑の泥の除去はこれからで、一部では根こそぎ木が流されました。来季の収穫につなげるためには、4月の消毒作業前に泥の除去を終わらせないといけません。自分の畑だけ良ければいいというわけではなく、病気の原因にもなるため地域のすべてのリンゴ畑で泥の除去が必要です。農業ボランティアの力を借りて畑のごみはほとんど取り除けたので、今後は重機も入れて泥を取り出します。同じ津野の農家と協力し、全員が同じように復興できるよう計画的に作業を進めています。

年齢も考え少しずつ業務を縮小

佐久市志賀　斉藤 恒雄さん(70)
＝自営業

鉄工所で作業に打ち込む斉藤さん

志賀川の決壊で自宅の鉄工所に大量の土砂が流れ込みましたが、近所の人たちの手を借りて撤去作業を終えることができました。ですが、溶接機など業務に欠かせない機械が浸水して故障し、修理に出しています。

主に建物の鉄骨の加工を手掛けています。工事現場で組み立て作業をすることもあるのですが、機械が使えずそれもできない。台風被害を機に、自分の年齢のことも考えて、今後は少しずつ業務を縮小しようと思っています。私のように、被災して仕事ができなくなった人が一日も早く元の仕事ができるような支援がほしいです。

台風19号 2カ月

復旧続く千曲川流域

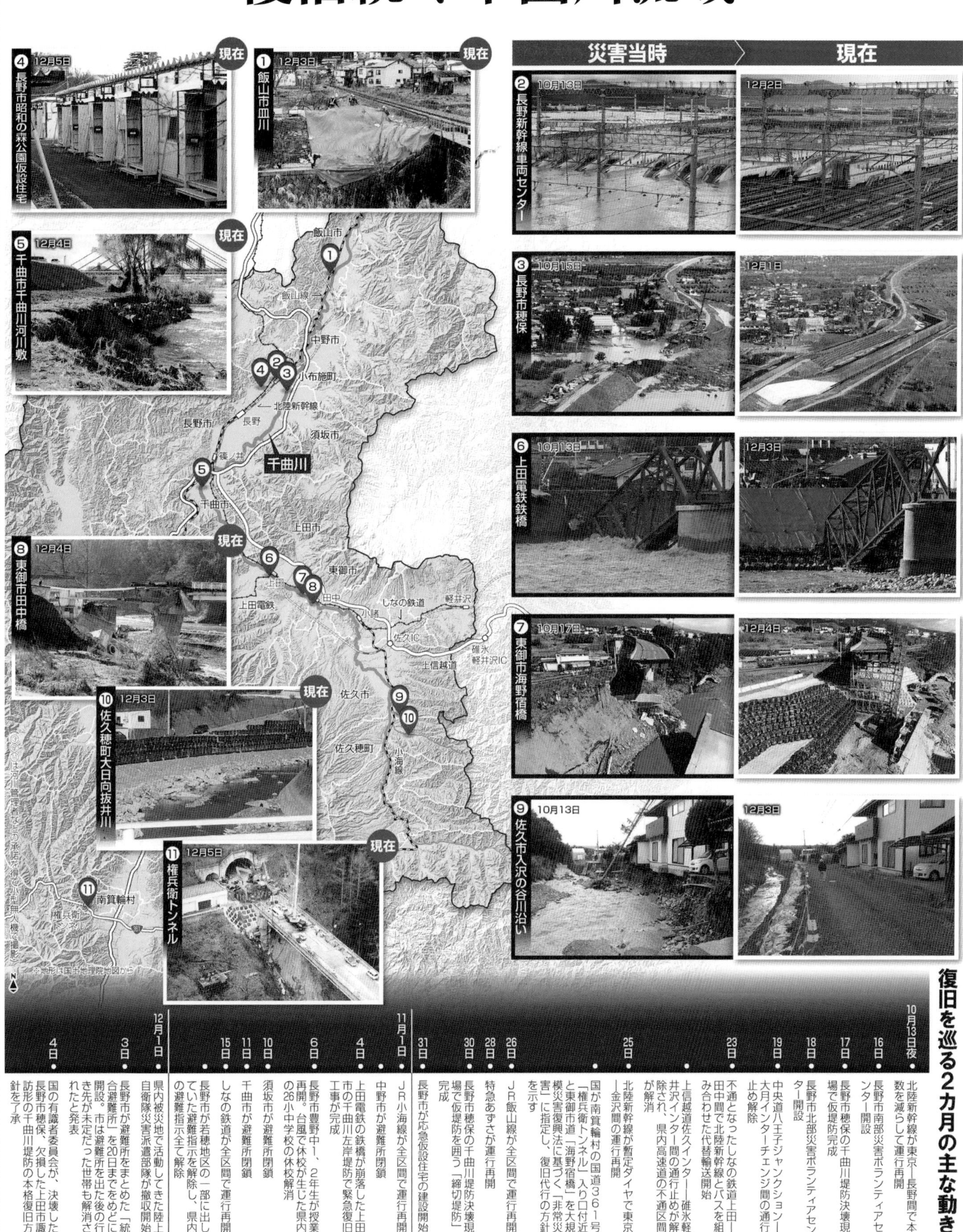

復旧を巡る2カ月の主な動き

10月13日夜● 北陸新幹線が東京―長野間で本数を減らして運行再開

16日● 長野市南部災害ボランティアセンター開設

17日● 長野市穂保の千曲川堤防決壊現場で仮堤防完成

18日● 長野市北部災害ボランティアセンター開設

19日● 中央道八王子ジャンクション―大月インターチェンジ間の通行止め解除

23日● 不通となったしなの鉄道上田―田中間で北陸新幹線とバスを組み合わせた代替輸送開始

● 上信越道佐久インター―碓氷軽井沢インター間の通行止めが解除され、県内高速道の不通区間が解消

25日● 北陸新幹線が暫定ダイヤで東京―金沢間の運行再開

● 国が南箕輪村の国道361号「権兵衛トンネル」入り口付近と東御市道「海野宿橋」を大規模災害復興法に基づく「非常災害」に指定し、復旧代行の方針を示す

26日● JR飯山線が全区間で運行再開

28日● 特急あずさが運行再開

30日● 長野市穂保の千曲川堤防決壊現場で仮堤防を囲う「締切堤防」完成

31日● 長野市が応急仮設住宅の建設開始

11月1日● JR小海線が全区間で運行再開

● 中野市が避難所閉鎖

4日● 上田電鉄の鉄橋が崩落した上田市の千曲川左岸堤防で緊急復旧工事が完成

6日● 長野市豊野中1、2年生が授業再開。台風で休校が生じた県内の26小中学校の休校解消

10日● 須坂市が避難所閉鎖

11日● 千曲市が避難所閉鎖

15日● しなの鉄道が全区間で運行再開

● 長野市が若穂地区の一部に出していた避難指示を解除し、県内の避難指示全て解除

12月1日● 県内被災地で活動してきた陸上自衛隊災害派遣部隊が撤収開始

3日● 長野市が避難所をまとめた「統合避難所」を20日までをめどに開設。市は避難所を出た後の行き先が未定だった世帯も解消されたと発表

4日● 国の有識者委員会が、決壊した長野市穂保、欠損した上田市諏訪形の千曲川堤防の本格復旧方針を了承

1 第49375号 【明治25年3月15日第三種郵便物認可】 信濃毎日新聞 統合 2019年(令和元年)12月13日 金曜日 日刊 6版

1873年(明治6年)創刊
発行所 信濃毎日新聞社
長野本社 〒380-8546 長野市南県町657番地
電話(026) 受付236-3000 編集236-3111 販売236-3310 広告236-3333
松本本社 〒390-8585 松本市中央2丁目20番2号
電話(0263) 代表32-1200 報道32-2830 販売32-2850 広告32-2860
©信濃毎日新聞社2019年

2019年(令和元年)
12月13日
金曜日

ほどいて戻して社会貢献

ニットの生地をほどいて再び毛糸に―。岡谷市の障害者作業所が不用品の有効活用に協力。 地域面諏訪から

権兵衛トンネル20日復旧目標

国交省 仮橋架け片側交互で

仮橋設置のための基礎工事などが進む権兵衛トンネル近くの道路崩落現場＝5日、南箕輪村（河川管理者などの承諾を得て小型無人機で撮影）

台風19号の影響で通行止めになっている上伊那郡南箕輪村の国道361号権兵衛トンネルについて、国土交通省が通行再開の目標を早ければ今月20日としていることが12日、関係者への取材で分かった。上伊那地方と木曽地方を結ぶ主要幹線の寸断はさまざまな影響を与えており、地元では早期の通行再開を願う声が強まっている。

トンネルは、出入り口前付近の道路崩落で通行止めになっている。同省は崩落箇所に仮橋を架けた上で片側交互通行を始める。11月21日に有識者による災害復旧技術検討委員会の会合で、崩落箇所付近に新たに橋台を作り、近くの権兵衛2号橋の橋台との間に鉄骨製の仮橋を架ける方針を決定。年内の通行開始が目標とする同省飯田国道事務所（飯田市）は「工程が最短になるようスピード感を持って工事を進めている」とする。

ただ、「悪天候などで工期が遅れる場合もある」とする。同事務所は、通行する車両の安全面を考慮し、片側交互通行の区間や、悪天候による通行規制も検討しており、「県警との協議を踏まえて決めたい」としている。

通行止めになったのは、県がトンネル出入り口の約20メートル手前で橋台付近の斜面が大きくえぐられているのを確認した10月20日。同22日にトンネル出入り口付近の権兵衛2号橋に接続する道路が長さ6メートルにわたり崩落しているのを確認した。

政府は今回の道路崩落を台風19号の影響による災害とみて、大規模災害復興法に基づく「非常災害」に指定。国が復旧に当たっている。

「あの赤い橋 また渡りたい！」

別所線エール ユーミンから

長野大生「応援プロジェクト」賛同

別所線かけはしプロジェクトに賛同し、松任谷由実さんが寄せたメッセージ

松任谷由実さん（左から3人目）と写真に納まる長野大の別所線かけはしプロジェクトのメンバーら＝松任谷さんの公式ツイッターから

赤い橋をまた渡りたい―。シンガー・ソングライターの「ユーミン」こと松任谷由実さんが、台風19号で鉄橋が一部崩落し、一部区間で不通が続く上田市の上田電鉄別所線にエールを寄せた。プライベートで訪れた別所温泉で、別所線を応援する活動中の長野大生と出会い、メッセージを贈った。自身の公式ツイッターにも掲載している。

学生らの「別所線かけはしプロジェクト」は別所線車内の中づり広告に掲載する応援メッセージと掲載料を募って今月から活動。代表で1年生の植田晃弘さん（20）らが11日午後、別所温泉駅舎内にいた女性グループに声を掛け、協力を呼び掛けた。

サングラスをかけていた松任谷さんから自己紹介を受け、「その場にいた全員が『えー』と大声で驚いた」と植田さん。活動に賛同した松任谷さんは掲載料1100円を支払い、A4判のスケッチブックに「別所線 応援してます!!」とサインとともに書き込んだ。男子学生5人と記念写真にも納まり、間もなく松任谷さんが公式ツイッターに掲載した。

松任谷さんは所属事務所を通じ「昔、別所線に乗って赤い橋を渡った想い出があり、またあの電車からの風景が見たいと願っております」とコメント。ツイッターには「レトロな電車で、あの赤い橋をまた渡りたい！」と書き込んだ。

植田さんは「多くの応援メッセージが復旧に当たる人や利用者に届いてほしい」と、年明け以降の中づり広告掲載を準備する。上田電鉄は2021年春頃の全線運行再開を目指しており「目を向けていただき非常に心強い。大きな励みになる」としている。

山雅 布新監督を発表

布啓一郎氏

サッカーJ1の松本山雅FCは12日、今季限りで退任する反町康治監督（55）の後任に、千葉・市立船橋高サッカー部を全国屈指の強豪に育て、J3群馬で監督を務める布啓一郎氏（58）の就任が決まったと発表した。近く新監督による記者会見を開く。【関連記事13・30面に】

布氏は千葉県出身。1984年に体育教諭として市船橋高に赴任し、87年の全国高校総体優勝を皮切りに2002年までに全国高校総体と全国高校選手権で各4度優勝した。03年以降は、年代別代表監督やJ2岡山のコーチを歴任。18年に群馬の監督に就任。2年目の今季はJ3で2位となって群馬をJ2昇格に導いた。

松本山雅は来季の新監督として布氏に候補を一本化していた。4年ぶり2度目のJ1に挑んだ今季、18チーム中17位に終わって来シーズンJ2降格が決まり、シーズン終了後には反町監督が辞任を表明した。

長野・穂保 千曲川堤防決壊2カ月

増す寒さ 募る不安

台風19号による豪雨で長野市穂保の千曲川左岸堤防が決壊してから13日で2カ月。甚大な浸水被害を受けた現場近くの地域ではがれきや泥の撤去が続き、12日も寒風の中、片付けに追われる住民らの姿があった。【関連記事31面に】

決壊現場近くで浸水した自宅の片付けとリンゴの収穫に追われた同市津野の農業関沢俊夫さん（72）は「寒さが厳しくなってきた。雪が本格的に降る前にリンゴは収穫したい」。泥をかぶったリンゴは売り物にならないが、片付けを手伝ってくれた知人らに配るという。

市によると、市内の被災家屋は11月30日現在、3969戸で全壊は867戸。国は堤防の決壊部分を埋めた仮堤防を撤去し、堤防を新たに本格復旧させるが、時期は未定。

片付けに追われる住民ら。奥にはブルーシートに覆われ、本格復旧を待つ仮堤防が見え、近くには新たに住民の交流拠点となるトレーラーハウス＝12日午後3時52分、長野市穂保

総計3609件 2億784万円余

ご協力ありがとうございました

台風19号被災地への義援金

信濃毎日新聞社が募った台風19号被災地への義援金は、11月30日の受け付け終了後に振込通知が届いた分を合わせて12日に最終集計し、3609件、総額2億784万5646円になりました。

県内外の幅広い世代の皆さまや企業・団体からお預かりした義援金は、全額を長野県に寄託し、市町村を通じて、被災された方々に送られます。ご協力ありがとうございました。

信濃毎日新聞社

斜面

2019.12.13

俳号は「風天」。映画「男はつらいよ」の主人公「フーテンの寅」を演じ続けた故渥美清さんは俳句をたしなんでいた。〈お遍路が一列に行く虹の中〉。元新聞記者の森英介さんはこの句と出会って魅了され渥美さんの作品を発掘した◆著書『風天 渥美清のうた』に220句を収録した。寅さんは母親代わりの葛飾柴又の団子屋のおいちゃんやおばちゃんと衝突したり、一目ぼれした女性に振られたりして風任せの旅に出る。全国各地で行われたロケ地の情景が詠まれているのだろう◆〈村の子がくれた林檎ひとつ旅いそぐ〉〈そば食らう歯のない婆や夜の紅葉〉。信州では第18作「寅次郎純情詩集」（1976年）が上田市で、第40作「寅次郎サラダ記念日」（88年）が小諸市で撮影された。見慣れた景色も寅さんの後ろ姿とともに映し出されると情感があふれる◆第1作が公開されたのは69年。もう50年。渥美さんが96年に亡くなってからも人気は衰えない。東宝のファングループは小諸で上映会を続けている。22年ぶりに制作された第50作「お帰り 寅さん」が27日に公開される。悲しい別れを思い出すけれども、近年は若者のファンも増えている。気忙しくゆとりのないデジタル社会。寅さんの生き方に温かいぬくもりを感じるのではないか。新作はおいの満男が中心の物語。寅さんも過去の映像を使って登場する。「久しぶりですね、寅さん」。人生の旅を重ね合わせそう声をかけたくなる。

天気

	6時	12	18	24	最高気温 / 最低気温
北部					飯山 7 / 0、長野 8 / -2、大町 6 / -5
中部					松本 8 / -2、上田 8 / -2、佐久 7 / -4、諏訪 7 / -3
南部					木曽 10 / -3、伊那 10 / -3、飯田 10 / -2

14日 15日 16日

5ミリ以上 5ミリ未満

24面に詳しい天気情報

風邪注意情報

低・中・高・警戒の4段階

こと映え

食指が動く
物事を求める気持ちが湧く

東御市 銀次

応募方法30面に

購読のお申し込み 0120-81-4341 紙面の問い合わせ 026-236-3111 信毎web www.shinmai.co.jp